晋江年鉴

JINJIANG YEARBOOK

(2020)

中共晋江市委党史和地方志研究室　编

方志出版社
Publishing House of Local Records

图书在版编目（CIP）数据

晋江年鉴. 2020 / 中共晋江市委党史和地方志研究室编. --北京：方志出版社，2020.9

ISBN 978-7-5144-4527-5

Ⅰ. ①晋… Ⅱ. ①中… Ⅲ. ①晋江—2020—年鉴
Ⅳ. ①Z525.74

中国版本图书馆CIP数据核字（2020）第253550号

晋江年鉴（2020）

编　　者： 中共晋江市委党史和地方志研究室
责任编辑： 王　娜

出 版 者： 方志出版社
地址　北京市朝阳区潘家园东里9号（国家方志馆4层）
邮编　100021
网址　http://www.zgfzcb.cn
发　　行： 方志出版社图书经销中心
电话（010）67110500
经　　销： 各地新华书店
印　　刷： 福州报业鸿升印刷有限责任公司

开　　本： 889×1194　　1/16
印　　张： 30
字　　数： 1256千字
版　　次： 2020年9月第1版　　2020年9月第1次印刷
印　　数： 0001~1000册

ISBN 978-7-5144-4527-5　　**定价：** 298.00元

《晋江年鉴》编纂委员会

《晋江年鉴(2020)》编纂人员

主　　　编：蔡斯坤　陈伟荣

副　主　编：洪春婷　颜清堤　黄尤敏　高红红　尤春晓

执行副主编：尤春晓

编　　　辑：林荣国　张婉萍　周来栓　庄满堂　刘吉山　许泽波
　　　　　　高忠洲　王云传

编　　　务：吴安玲　洪逢春　翁丽程　朱海林　蔡丽珍　赖安安
　　　　　　许海峰　许金鸾

编辑说明

一、《晋江年鉴(2020)》(以下简称本年鉴)以马克思列宁主义、毛泽东思想、邓小平理论、“三个代表”重要思想、科学发展观、习近平新时代中国特色社会主义思想为指导，坚持辩证唯物主义和历史唯物主义的立场、观点和方法，实事求是记载2019年晋江市改革与发展的进程。

二、本年鉴由中共晋江市委、晋江市人民政府组织编纂，中共晋江市委党史和地方志研究室负责编辑出版，是一部记载晋江市自然、政治、经济、文化、社会等方面的情况，展示晋江社会主义现代化建设崭新风貌的综合资料性年鉴。本年鉴所刊载资料系统、翔实、全面准确，具有权威性，为国内外读者全面了解、研究晋江提供帮助。

三、本年鉴记事时限为2019年1月1日至12月31日。同时，为完整反映某件事物的全貌，在彩页和个别条目中略有突破。

四、本年鉴共设37个类目、264个分目(含次分目)、1485个条目、46个表格。反映各行业、各部门工作和经济社会发展新貌的图片分列于各类目中，图文并茂。

五、本年鉴采用现代语体文记述。文字、标点符号、计量单位(除统计资料部分照录外)均以国家现行标准为准。

六、本年鉴采编的资料，由市直各单位、各镇(街道)提供，并由各参编单位的领导审定；部分类目的内容，编者亦采集有关资料编纂或融合成文。统计数字属全市性的以市统计局公布的资料为准，文稿中有些部门性数据，由于统计口径不同等原因，与市统计局公布的可能不完全一致，请读者在查阅和引用时注意；类目通栏标题图片由晋江市摄影家协会、晋江市新闻摄影学会提供。随文照片由供稿单位、晋江市摄影家协会和晋江市新闻摄影学会提供。

晋江市地图

比例尺 1：190 000

编制单位：福建省地图出版社 审图号：泉S〔2020〕8号 资料截至为2019年12月

城乡环境整治展新颜

2019年，晋江市“城乡环境整治攻坚年”共策划24个整治目标任务和108个具体实施项目，总投资约113.52亿元，年度投资约27.17亿元，全年累计完成投资约25.02亿元。

英林镇港塔溪沿岸景观　　（英林镇　供）

英林镇西埔村湿地公园　　（英林镇　供）

草庵公园一角　　（罗山街道　供）

内坑东宅村杂地变身湿地公园　　(秦越　摄)

安海瑶前村级公园　　(秦越　摄)

内坑黎山村破旧古厝变身村民休闲微景观　　(秦越　摄)

泉州(晋江)国际人才港、泉州(晋江)国际人才交流服务中心揭牌

泉州(晋江)国际人才交流服务中心揭牌仪式　(人才港　供)

泉州(晋江)国际人才港揭牌仪式　(人才港　供)

活动现场　(人才港　供)

活动现场　(人才港　供)

人才港外景　　（人才港　供）

人才港路演大厅　　（人才港　供）

人才交流服务中心　　（人才港　供）

人才交流服务大厅　　（人才港　供）

人才港创客空间　　（人才港　供）

人才港空中会客厅　　（人才港　供）

目　　录

专　记

专　文

大 事 记

市情概貌

自然环境

自然资源

历史人文

建置　区划

人口　民族　宗教

经济社会发展

年度聚焦

实现高质量赶超

更高水平全面小康建设

政协晋江市委员会

纪检　监察

民主党派

人民团体

外事　侨务　台港澳事务

经济管理

商贸服务业 对外经济贸易

金　融

防震减灾

教　育

综　述

素质教育

青少年思想政治和传统教育

教师队伍建设

学校建设管理

学前教育

义务教育

普高教育

职业教育

中等职业教育

高等职业教育

文化　旅游

群众文化

民族 宗教

民族事务

宗教事务

街道 镇(场)

街 道

镇(场)

荣 誉 榜

先进集体

先进个人

人 物

新闻人物

逝世人物

人物表

领导名表

文　献

领导讲话

文件选编

附　录

市人大代表建议

市政协委员提案

调研报告

统计表

索　引

Directory

Special record

Special article

chronicle of events

General situation of the city

Annual focus

Democratic consultation and participation in government affairs

Platform construction

Work of special committee and its members

Discipline inspection and supervision

Summary

Prevention and punishment of corruption

Inspection and supervision

The party´s work style and the building of a clean government

Democratic parties

Jinjiang Municipal Committee of the Chinese Kuomintang Revolutionary Committee

Jinjiang Municipal Committee of China Democratic League

Jinjiang Municipal Committee of China Democratic Construction Committee

Jinjiang General Branch Committee of China Association for the Promotion of Democracy

Jinjiang Municipal Committee of the Chinese Peasants´ and Workers´ Democratic Party

Jinjiang Municipal Committee of the Chinese Zhigong Party

Jiu San Society Jinjiang Branch

Taiwan Democratic Self-government Alliance, Jinjiang city Branch

Mass organization

Military affairs

Nomocracy

Foreign Affairs Overseas Chinese Affairs Taiwan, Hong Kong and Macao Affairs

Economic management

Agriculture and rural areas

Industry

Zone

Hongshan Cultural and Creative Industry Park, Jinjiang City

Communications and postal service

Communication

Postal service

Transportation

Road transportation

Marine transportation

Railway transportation

Air transport

Business Service Foreign Economic Trade

Finance

Insurance

Securities

Urban and rural contruction

Urban and rural planning

General high school education

Vocational education

Culture and Tourism

Social Science History File

Health Sports

Honor roll

Characters

Document

The Appendix

Research Report

Statistics table

The Index

国家制造强国建设专家论坛在晋江举行

2019年11月18—19日，2019国家制造强国建设专家论坛（泉州）暨“智能制造提升传统产业竞争力”系列活动在晋江举行。

工业和信息化部部长苗圩出席论坛并讲话，中国工程院原院长、国家制造强国建设战略咨询委员会主任周济院士受邀做主题发言，副省长林宝金出席论坛并致辞，泉州市市长王永礼介绍泉州市传统制造业转型升级做法和成效，国务院原参事、国家质检总局原总工程师、国家制造强国建设战略咨询委员会委员张纲主持论坛。

泉州、晋江市领导陈灿辉、刘文儒、洪自强，全国各地工业和信息化主管部门代表，智能制造试点示范企业、相关制造业企业、智能制造解决方案商、工业互联网企业等代表，中国工程院等有关科研机构、高校专家参加此次论坛。

论坛上发布传统产业智能化升级联盟设立倡议书。九牧集团有限公司董事长林孝发，徐工集团总裁陆川，中国纺织机械协会副会长侯曦，安徽海螺集团副总经理何承发，中国石化镇海炼化副总经理、总会计师熊晓洋作主题演讲。

此次论坛为期两天，旨在贯彻落实习近平新时代中国特色社会主义思想，推进制造强国建设，深入分析国内外制造业发展的新态势、新特点，交流制造强国建设的新经验、新模式，探讨传统产业进行智能化改造、提升市场竞争力的新方法、新途径。与会嘉宾在“晋江经验”发源地，围绕智能制造发展趋势、传统企业智能化改造和数字化升级、企业核心竞争力提升等议题展开交流与探讨，引导制造业朝高质量、高效率、可持续的方向发展，推动传统产业焕发新的活力。

（晋江经济报社　卢古质　李剑锋）

创新工匠暨“一带一路”产业高峰论坛在晋江召开

2019年12月28日，由大国工匠高峰论坛暨“一带一路”产业发展促进研讨会组委会承办的中国（泉州）创新工匠暨“一带一路”产业发展高峰论坛在晋江召开。

此次高峰论坛以“新时代、新工业、新发展”为主题。会上表彰中国创新工匠“全国优秀企业”“全国示范企业”“海丝一带一路优秀企业”，中国工业影响力70企业、70品牌、70人物等奖项。不少晋江企业位列其中。其中，恒安集团获评中国创新工匠“全国优秀企业”，七匹狼获评中国工业影响力70企业，晋工机械、蜡笔小新、铁拓机械、群峰机械等获评中国工业影响力70品牌，晋工机械总经理柯金鏢、蜡笔小新总裁郑育双、祺峰线业总经理苏建设等获评中国工业影响力70人物。

第十届全国政协委员、中华全国总工会书记处原书记纪明波出席并发表《“一带一路”建设背景下要加强创新工匠人才培育》主旨演讲。纪明波认为，“一带一路”的提出，大大加快中国职业教育的发展，也对人才培养模式提出了新的要求。在“一带一路”建设背景下，中国要积极营造创新创业教育环境，构建起培训工作平台。高校要做好与政府、企业的交流工作，营造好的教育环境，形成良好的育人机制，构建大学、企业、政府三位一体的发展方案，加强创新创业人才培养工作，构建深层次的创新创业教育体系。通过教育体系的优化，选拔创新创业人才，做好“一带一路”建设背景下的创新创业人才的培养工作。

论坛会上，山东社会科学院院长、研究员、博士生导师张述存作“科技创新赋能新时代新工业实现新发展”主题演讲；“一带一路”西部开发研究院常务副院长火照程作“做好民心相通工作，推动‘一带一路’项目建设”主题演讲；华中师范大学中国工业文化研究中心副主任严鹏作“产学研提速中国工业经济发展”；中欧协会阿拉伯国家商务工作委员会会长石耀华作“国际金融投资机构与中国企业发展路径分析”；泉州师范学院兼职副教授、泉州市低碳科技研究院副院长、黎明职业大学创新创业导师吴特殊作“技术创新及‘一带一路’商机”的主题演讲。

活动上还举行“海丝一带一路产业发展促进联盟”启动仪式，以及产教融合、产学研项目合作签约。

（晋江经济报社　卢古质　李剑锋）

晋江文旅国际马拉松赛

2019年12月8日上午7时30分，2019晋江文旅国际马拉松赛正式鸣枪开跑。来自中国、加拿大、美国、法国、日本、菲律宾、韩国、新加坡、泰国、印度、捷克、老挝等20个国家和地区的近1.5万名跑友一同奔跑，在“最美赛道”上展现活力，领略晋江风采。

中国田径协会副秘书长李秀华，福建日报社报业集团副总编辑任君翔，晋江市市长张文贤，省田径自行车运动管理中心副主任梁学仁，泉州市体育局副局长吴永江，晋江市委常委、宣传部部长林惠玲，晋江市副市长黄少伟，晋江经济报社常务副总编吴美章，晋江文旅集团有限公司总经理柯惠玲，特步集团副总裁吴联银为大赛鸣枪。

开幕式上，晋江籍青年作家、演说家许晋杭现场演唱晋马首支主题曲《尽力就好》。舞蹈串烧、搏击操、儿童舞蹈等表演也相继亮相，瞬间点燃跑友热情。

此次晋马的主赛道途经绿洲公园、“晋江人”雕塑、“城市之眼”广场、九十九溪田园风光项目、文化中心、博物馆等晋江地标。赛道上，除来自世界各地的跑友参与外，近百家企业跑团集体亮相，助燃赛事氛围。悦适·晋江经济报小记者跑团是此次晋马的一大亮点，近500组家庭约1000人参赛。

经过耐力角逐，男女全程冠军、男女半程冠军均被埃塞俄比亚选手获得，均创下晋马历届最好成绩。GETANEH FEKADU WONDAFRASH(格塔讷施·费卡度·完达夫那施）以2小时19分42秒的成绩夺得男子全程冠军，ZEWOLDEMARIAM KEBEBUSH YISMA（泽沃德玛若姆·科比布施·依施玛）以2小时36分55秒的成绩夺得女子全程冠军；DINKI JIRATA LELISA（丁克·吉若塔·勒丽萨）和LETA BIKILE TEFERI（勒塔·比可勒·特佛瑞）分别摘得男子半程、女子半程桂冠。

作为晋江的品牌赛事之一，此次晋马从报名开始就受到跑友们的追捧。据统计，此次晋马报名总人数达14705人，首次突破1.4万人。其中，全程马拉松3305人，半程马拉松4729人，健康跑6671人。晋马组委会还特邀肯尼亚、埃塞俄比亚、南非、卢旺达、坦桑尼亚等国家的20名选手参赛，以提升晋马的竞技水平。

本届赛事由中国田径协会、晋江市人民政府主办，福建省田径协会、泉州市体育局协办，晋江经济报社承办，福建省晋江文旅集团有限公司冠名，执行单位为路越（上海）体育发展有限公司，支持单位为晋江市跑步协会、晋江市健跑协会、晋江市长跑协会。

（晋江经济报社　卢古质　李剑锋）

国际大体联足球世界杯比赛

2019年11月21日晚，在卡尔美2019年国际大体联足球世界杯开幕式上，福建省副省长李德金宣布“卡尔美2019年国际大体联足球世界杯开幕！”

开幕式后，北京理工大学与墨西哥自治大学随即拉开战幕。国际大体联足球世界杯是国际大学生体育联合会重点打造的足球赛事，也是全球大学生足球比赛唯一的最高等级赛事。

经过11天精彩角逐，来自16个国家的24支大学生足球队，展开62场比赛，共和国大学队（乌拉圭）、渥太华大学队（加拿大）分别获得此次比赛男、女组冠军。

国际大体联第一副主席雷诺·艾德在致辞中向所有获奖队伍表示热烈祝贺，向组委会等幕后工作人员表示衷心感谢。他指出，本届赛事汇聚了世界上最好的大学球队，共同角逐这项十分受欢迎的运动项目。在晋江的近两个星期里，我们不仅见证了一场场精彩绝伦的比赛，也见证五大洲大学生之间的深厚情谊，令人久久难忘。这场精彩的赛事，为未来的赛事树立了标杆，期待两年后晋江再相见。

卡尔美2019年国际大体联足球世界杯男子组比赛中，共和国大学队（乌拉圭）获得冠军，伍伦贡大学队（澳大利亚）获得亚军，明知大学队（韩国）获得季军，伍伦贡大学队（澳大利亚）获得公平竞赛奖；共和国大学队（乌拉圭）12号球员卡洛斯·安德里斯·费雷拉·桑托斯获得最佳守门员奖，伍伦贡大学队（澳大利亚）9号球员马克思·彼迪获得最佳射手奖，共和国大学队（乌拉圭）7号球员桑提亚哥·帕拉雷斯·帕洛雷克获得最佳球员奖。

据统计，本届大体联足球世界杯共吸引线上线下观众超1亿人次。

（晋江经济报社　卢古质　李剑锋）

践行“晋江经验” 促进实体经济高质量发展

——在“民营经济创新发展高峰论坛”上的主旨演讲

国务院发展研究中心党组书记 马建堂

“城枕三峰百堞开，苍溪数曲绕楼台。”明代晋江诗人黄克缵的这首《咏晋江》，描绘了千年古城晋江的秀美风貌。当代的晋江，更是一颗镶嵌在闽南大地的璀璨明珠。今天，我们汇聚一堂，举办“民营经济创新发展高峰论坛”，围绕“深入践行‘晋江经验’，聚焦实业、专注主业，促进新时代民营经济创新发展”这一主题展开深入讨论，具有重要的现实意义。

晋江是中国改革开放的标兵、县域经济的领头羊和民营经济发展的热土，孕育了十分宝贵的“晋江经验”。习近平总书记在福建工作时，曾于六年内七次深入晋江调研，并于2002年系统总结了以“六个始终坚持”和“正确处理好五大关系”为主要内容的“晋江经验”。习近平总书记的概括总结为我们学习和践行“晋江经验”提供了根本遵循。“晋江经验”最鲜明的特色，就是坚守实业，咬住发展实体经济不放松，持续推动传统实体经济转型升级，不断培育和发展新型实体经济。习近平总书记一贯高度重视实体经济发展，强调“实体经济是一国经济的立身之本，是财富创造的根本源泉，是国家强盛的重要支柱”。习近平总书记在十九大之后首次调研、考察徐工集团时明确指出，“中国必须始终高度重视发展壮大实体经济，不能走单一发展、脱实向虚的路子”。

面对世界百年未有之大变局，面对推动实体经济特别是制造业高质量发展的时代任务，认真学习、坚决落实习总书记关于发展实体经济的指示极为重要。

落实习总书记关于发展实体经济的重要指示，要做到行动上的自觉。这就要求我们必须从理论和实践层面，进一步深化对实体经济重要性的认识。

实体经济是现代化经济体系的主体，是国民经济的基础。马克思和恩格斯在《德意志意识形态》一书中写道，一切人类生存的第一个前提，就是生产物质生活本身。社会生产首先是物质产品的生产，在物质产品生产的基础上，逐步拓展到服务产品的生产，逐步衍生出虚拟经济。没有实体经济的发展，不仅虚拟经济将无所依托，现代化经济体系将无以构建，国民经济发展将无从谈起，甚至连人类的生存都会成为问题。

实体经济是一国国际竞争力的根本决定因素。回顾大国兴衰史，可以清楚地看到，新兴大国的崛起往往依托实体经济的强大，传统大国的衰落往往伴随着实体经济竞争力的下降。英国替代西班牙、美国替代英国，成为世界第一强国，皆是如此。从1860年到1900年，美国工业生产从世界第四跃居第一，增长了六倍。1913年，美国工业产品占世界工业产品总量的1/3以上，比英德法日四国工业产品的总和还要多。目前，虽然美国的虚拟经济比较发达，但其实体经济依然十分强大。美国制造业劳均增加值是中国的7倍，考虑到美国制造业的结构优势和技术优势，美国制造业的强大绝非仅用制造业增加值的比重和总量所能衡量的。

实体经济是一国应对风险挑战的基本支撑。在开放经济条件下，一国的发展总会遇到内部和外部的风险，能否抵御风险，实现持续发展，决定于其实体经济的强弱。日本为什么会有“失去的二十年”，一个重要的原因，是在广场协议之后，日本出现了某种程度的产业“空心化”。数据显示，1985—1990年，在日本企业获得的405万亿日元融资中，64%投向了金融产业。与之相反，德国之所以能够在2008年金融危机的冲击下

"岿然不动",就是因为德国有强大的实体经济。实体经济在德国的经济结构中始终占有主体地位。20世纪90年代初以来,德国工业部门增加值占GDP的比重一直高于美日英三国。尽管德国服务业增加值的比重也在提高,但德国服务业的发展主要依靠科技和管理。其比重的提高,反映的是产业升级背景下的制造业服务化,而不是虚拟部门的过度膨胀。

正是因为各国都看到了实体经济的重要性,近年来许多发达国家都制定了一系列战略和政策来推动制造业的回归和振兴。今年上半年,德国制定了《国家工业战略2030》,日本发布了《制造业白皮书》,美国发布了《未来工业发展规划》。美国挑起中美贸易战的一个重要目的,也是促进制造业回归。

落实习总书记关于发展实体经济的重要指示,要制定和实施正确的战略和政策。这就要求我们必须清醒地认识到,中国实体经济发展的基础和面临的挑战。

中国实体经济发展具有雄厚的基础。中华人民共和国成立后的三十年间,我们在"一穷二白"的基础上,建立了较为完整的工业体系。改革开放以来,我们继续推动工业化,使实体经济规模不断扩大,工业特别是制造业的国际地位逐步提升,制造业增加值在2000年、2006年、2010年分别超过德国、日本和美国。

特别是党的十八大以来,以习近平同志为核心的党中央将做强实体经济、促进制造业高质量发展作为国家重大战略选择,并做出一系列重大部署,着力推动中国由制造大国向制造强国转变。2013—2018年,中国工业增加值年均增速6.6%,2017年中国制造业增加值达到3.56万亿美元,是美国的1.6倍。2018年,按现价美元计算,中国工业增加值占全球工业增加值比重达到23.9%,占中等收入国家工业增加值比重达到55.0%。与此同时,中国制造业也加快了向中高端迈进的步伐。2013—2018年,中国高技术制造业增加值年均增长11.7%,快于工业增加值增速5.1个百分点。

但与此同时,中国实体经济发展也面临不少挑战。一是劳动力成本上升。随着经济的发展,劳动报酬的提高是一种必然趋势,加之人口老龄化,中国劳动力成本上升势头较快。2012—2018年,中国人均GDP增长约60%,而城镇单位就业人员平均工资却增长了约80%,高出20个百分点。

二是产业用地供给趋紧,土地价格较快上涨。根据自然资源部发布的数据,2017年中国新增工矿仓储用地12.28万公顷,比2012年减少8.07万公顷。2018年第四季度,中国全国重点区域和主要城市工业平均地价达到每亩55.6万元,比2012年同期上涨24%。

三是资源环境约束加强。经过几十年来高强度的开发,中国资源环境已不堪重负。进入新时代,人民群众对于良好生态环境的需求越来越高,对资源环境领域问题也愈发关注,政府对资源环境领域指标约束性越来越强。例如,"十三五"规划规定,化学需氧量的排放量五年累计必须减少10%,二氧化硫排放量五年累计必须减少15%,分别比"十二五"规划提高2个和7个百分点。越来越强的资源环境约束,客观上会抬高发展成本。

四是关键和核心技术的"瓶颈"制约。目前,中国高端产业,如智能装备、自动控制、工业协议、高端工业软件等领域的一些"命门"仍掌握在其他国家手里。据工信部统计,在中国130多种基础材料中,52%依赖进口;95%的高档数控系统,80%的设计软件、50%的制造软件和95%的服务软件市场份额,由国外厂商占据。目前,尽管中国研发投入总规模已居全球第二位,但是研发投入强度与发达国家相比仍有较大差距。2018年,韩国、日本、美国的研发投入强度分别达到4.3%、3.5%和2.8%,而中国仅有2.2%。如果对比单个创新主体的投入规模,差距更加明显。根据普华永道公司发布的数据,2017年,在信息技术领域,美国的亚马逊公司、字母表公司的研发支出分别达到226亿和162亿美元,而同年中国互联网前100强企业的研发投入合计仅为157亿美元。在生物医药行业,美国的强生公司、默克公司的研发投入分别达到106亿和102亿美元,而同年中国医药制造全行业的研发支出只有79亿美元。

落实习总书记关于发展实体经济的重要指示,需要采取有力有效的措施。这就要求我们以"晋江经验"为镜鉴,采取综合系统而又精准有效的举措,为实体经济发展创造优良的发展环境。

一要在构建公平竞争环境上下功夫。发展实体经济需要充分发挥公有制经济、民营经济、外资经济的作用,激发各类市场主体的活力。习近平总书记曾指出,晋江成功的一条基本经验就是

晋江国际鞋纺城 (陈埭镇　供)

“以市场经济为主、外向型经济为主、股份合作制为主、多种经济成分共同发展”。从全国范围来看,也正是多种经济成分的共同发展,加速了中国改革开放以来的工业化进程。民营经济和外资经济多集中在实体经济领域,没有他们的成长进步,就没有中国实体经济的发展成就。现阶段,民营经济贡献了50%以上的税收,60%以上的国内生产总值,70%以上的技术创新成果。2018年,在规模以上工业企业中,港澳台商投资企业和外商投资企业合计达到4.8万家,主营业务收入接近24万亿元。

未来,我们要更加充分地调动各类所有制企业发展实体经济的积极性,创造更加公平的竞争环境。要实施最短负面清单制度,为各类市场主体提供公平的准入条件。要规范市场监管,对各类市场主体一视同仁。要公正执法,切实保护各类市场主体的合法权益。

二要在优化政策上下功夫。利润率偏低是制约实体经济发展的重要因素。促进各类资源要素向实体经济聚集,必须提高实体经济利润率。要通过实施更大规模减税降费,降低企业税费负担,为市场主体创造更大的利润空间。去年中央经济工作会议和今年“两会”推出了一系列减税降费的政策,包括降低增值税税率、扩大抵扣、降低社会保障费、减轻所得税负担等。必须不折不扣地落实好这些政策。

同时,要切实降低实体经济的融资成本。近年来,中国金融部门在支持实体经济的发展方面做了许多工作,但总体而言“融资难”“融资贵”仍是困扰实体经济发展的难题。根据国家金融与发展实验室提供的数据,2019年3月末,中国非金融企业部门杠杆率为156.9%,按照央行在2019年1季度货币政策执行报告公布的贷款加权平均利率(5.69%)测算,非金融企业部门需要付给金融部门的利息相当于GDP的8.92%。要采取降准、降低实际利率水平、扩大直接融资、支持市场化创业投资加快发展等措施,破解实体经济融资难、融资贵的问题,推动金融更好地服务于实体经济。

三要在深化“放管服”改革上下功夫。“放管服”改革是一场重塑政府和市场关系、刀刃向内的自我革命。习近平总书记将“始终坚持以市场为导向发展经济”作为“晋江经验”的重要内容。发挥市场的导向作用,就需要深化“放管服”改革,通过“简政放权”为企业创造更为广阔的自主发挥作用的空间。李克强总理在全国深化“放管服”改革的电视电话会议上指出,今年要把工业生产许可证种类再压减一半以上,中央层面再取消下放50项以上行政许可,企业注册开办时间减到5个工作日以内。各地区各部门要按照党中央、国务院的部署要求,进一步把该放的权力放下去、还给市场、还给企业。

发挥市场在资源配置中的决定性作用,不是不要发挥政府的作用。习近平总书记指出,“始终坚持加强政府对市场经济的引导和服务”是“晋江经验”的重要启示。我们要准确理解和把握“使市场在资源配置中起决定性作用和更好发挥政府作用”的实质和内涵,在做好“放”的工作的同时,做好“管”和“服”的工作,做到不该管的不要管、该管的管到位、该服务的服务好。

四要在构建有利于实体经济发展的社会氛围上下功夫。要弘扬“聚焦实业、做精主业”的精神。习近平总书记在今年“两会”期间参加福建代表团审议时指出,“做企业、做事业,不是仅仅赚几个钱的问题。做实体经济,要实实在在、心无旁骛地做一个主业,这是本分。”与市场上各种挣“快钱”的行业相比,实体经济利润薄、投资规模大、资金回收周期长。发展实体经济需要耐得住寂寞,经受得住诱惑。

要弘扬“艰苦奋斗、敢闯敢干”的精神。习近平总书记在总结“晋江经验”时,将“始终坚持在顽强拼搏中取胜”作为一个重要启示。在实体经济领域,企业竞争激烈,很多传统行业的附加值很低,要将企业做大做强就必须吃苦耐劳、敢闯敢拼。

要弘扬“事事处处讲诚信”的精神。习近平总书记将“始终坚持以诚信促进市场经济的健康发展”作为“晋江经验”的重要内容。对一个社会来说,“讲诚信”能够有效降低交易成本,提高经济运行效率。对单个企业来说,“讲诚信”更是安身立命之本。我们要把塑造“讲诚信”的社会氛围作为优化发展环境的关键举措。

实体经济是中国在激烈的国际经济竞争和全球政治博弈中立于不败之地的根本依托。晋江在过去几十年中,走出了一条成功发展实体经济的道路,形成了不少有益的经验。我们要以习近平总书记关于实体经济发展的重要指示为指导,进一步总结好践行好“晋江经验”,让“晋江经验”在中国实体经济高质量发展中发挥更大作用!

行到中游意更坚

——福建晋江民营经济转型升级观察

新华社记者　邰晓安

五大优势产业、五大新兴产业增速均超两位数,全市GDP实现8.4%的增长……时至年中,记者在中国东南沿海的制造业重镇福建晋江采访发现,面对国内外复杂严峻的形势,当地民营经济在克难中保稳、在攻坚中求进,转型升级行到中游意更坚。

魄力:宁愿“找死”不愿“等死”

盛夏的晋江,空气中洋溢着变革的火热。

今年以来,中国球星武磊加盟西甲西班牙人俱乐部,带“火”了晋江的一家运动鞋服企业。西班牙人俱乐部的球衣赞助品牌卡尔美,现在的控股股东是晋江的远祥服装公司。

在收购卡尔美之前,远祥服装只

是晋江一家普通的代工企业，依靠为国际品牌代工运动服装赚取利润。但随着近年来代工订单的利润空间不断缩小，远祥的老板柯永远觉得，一定要换条赛道才有出路。看准自己的老客户卡尔美的品牌商机，柯永远决定要把对方收入囊中。

以远祥公司的规模，收购卡尔美是绝对的以小博大。“2014年收购卡尔美中国区商标所有权时，资金压力很大，外界盛传我们快要倒了，就连我自己也是这么觉得。”柯永远笑着回忆道。

不经历风雨，怎能见彩虹。收购卡尔美的成功，让远祥公司打了一个漂亮的翻身仗。2014年以来，公司业绩连年翻番，2018年的销售额已经达到8亿元。

宁愿改革“找死”，也不想坐着“等死”。为适应市场需求的快速变化，晋江企业纷纷开始自我革命。

为了能让企业决策更贴近市场需求，一批龙头企业向管理体制动刀，推动“小团队经营”；放下“宁为鸡头、不当凤尾”的虚荣，一些二三线品牌主动转型成为专业代工企业；加大新技术新设备投入，“壮士断腕”淘汰落后产线，降低成本、提升效率蔚然成风。

韧劲：不惧风浪持续创新

转型之路并无定法，但需要在风浪中持续创新的韧劲。

普斯特公司已经不是第一次面对转型危机。作为国内最早使用飞织技术生产运动产品的企业之一，短短几年内，普斯特便目睹了飞织行业从起步、做大到做滥的全过程。受全行业产能过剩、同质化严重的影响，普斯特今年一季度的业绩出现明显下滑。

翻转局面的，还是企业未雨绸缪的创新储备。普斯特几年前便开始布局的3D织造产品，在2018年终于面世。3D织造屏风等新颖的产品让宜家、新秀丽等国际大牌纷纷伸出了橄榄枝。今年二季度，受益于3D织造订单的快速增加，普斯特经营业绩再次实现反弹。

改革行至中游，韧劲更显可贵。

订单利润下滑与招工难是困扰劳动密集型企业的老问题，经过持续摸索，达丽服装首席执行官吴允堆明白了一个道理：订单在哪里往哪里走，工人在哪里往哪里走。达丽公司随后采取内移外扩的策略，向订单和人工聚集的东南亚国家和国内内陆地区加速设厂，实现逆势扩张。

“这几年，我们每年都保持30%以上的增长，全球工厂年销售额已达12亿元。”吴允堆介绍说。

蜕变：危中寻机稳步前行

不管外界风云如何变化，有挑战就有机会。

不久前，安踏“报答”特别版KT4战靴在国内外发售，场面十分火爆。“这款售价999元的球鞋在国内外都被一扫而空，包括许多县级市。”安踏集团副总裁李玲说，这证明只要有好的商品，消费者是愿意花钱的。

作为率先转型的行业龙头企业，2019年安踏集团捷报频传：企业完成了对芬兰品牌亚玛芬的收购，国际化水平进一步提升；在2018年高速增长的基础上，今年上半年公司利润总额增长仍将不低于50%。

业绩狂飙的背后，是这家公司加大全球资源配置所积累的深厚储备。“我们的研发团队来自21个国家，今年上半年刚刚在意大利设立了新的设计中心，接下来还将在南非开设一个。”李玲表示，安踏目前已经从传统的制造企业，发展成以科技创新为引领的创造企业。随着企业内外部改革的持续深化，安踏品牌在全球的竞争力仍将持续提升。

千磨万击还坚劲，任尔东西南北风。在这场转型升级的洗礼中，虽有阵痛，但晋江民营经济的整体竞争力却不降反升，纺织鞋服等制造业生态圈初步建成，产业优势地位进一步巩固。

据统计，2019年上半年，晋江GDP实现8.4%的增长。以民营制造业为主体的晋江，全市32个行业大类中，有29个行业产值实现正增长，增长面达90.6%。其中五大优势产业、五大新兴产业增速均超两位数。

“通过持续创新，从高速增长转变为高质量增长，从追求规模到实现效率提升，也将为民营企业带来更多机遇。”恒安集团首席执行官许连捷表示。

安踏产业园 （陈埭镇 供）

1月

1日 晋江市第四次全国经济普查入户登记工作正式启动。市委常委、常务副市长李自力带队入户调研经普工作开展情况。

同日 八仙山全民健身中心正式对外开放。

2日 福建柒牌集团有限公司党委书记周利获全国“纪念改革开放40周年我为‘两新’党建打call”交流分享会金雁奖，并获聘全国“两新”党建“先锋导师”，聘期2年。

同日 “洪山文创园党群活动服务中心”正式营业，专门“经营”服务党员和服务园区企业，以党建带动园区整体发展。探索城市基层党建发展新模式。

3日 晋江市罗山迎梅高甲戏剧团演员朱婉卿以《骑驴探亲》(折子戏)参加“2018田汉戏剧周”中国戏曲武林荟萃项目演出，获“2018田汉戏剧周”彩旦组状元。

4日 安海镇上榜“中国乡镇综合竞争力百强”第五十九位，位列福建省第一。

7日 晋江市首届旅游推荐餐厅评选活动授牌仪式隆重举行，来自晋江各地的25家餐厅获“晋江市首届旅游推荐餐厅”称号。

同月上旬 省教育厅正式公布福建省首批示范性普通高中建设学校名单，全省共44所学校入选。其中，晋江一中、养正中学入选福建省首批示范性普通高中建设学校名单，建设周期2018年至2021年。

同月上旬 阿里巴巴公布2018年阿里县域电商销售额的十强榜单，晋江以第10名的身份入选。

同月上旬 市委、市政府确定2019年“为民办实事”项目，计划投入超7亿元，为民办实事29项，包括完善公共配套，提升城市管理，做优教育，医疗，丰富文化生活，关爱特定群体，改善人居环境等6大类。

12日 晋江市深沪镇第一个民间义务救援组织——晋江市义务救援协会深沪义务救援队举行成立大会。

13日 梅岭街道举办2019全国社区网络春晚梅岭专场，近千名观众到现场观赏，通过微信直播平台，当天活动吸引1万多人次点击观看，并参与互动。

15日 第八届中国公益节暨“因为爱”2018致敬盛典在北京落下帷幕，晋江盼盼食品获“2018年度责任品牌奖”，盼盼食品执行总裁蔡金钗获“2018年度公益人物奖”。

16日 市民政局为困难群体发放春节价格补贴。其中城乡低保、重点优抚对象每人200元，特困人员、革命“五老”人员(老地下党员、老游击队员、老接头户、老交通员、老苏委)、孤儿每人500元。全市优抚对象5864人、革命“五老”人员56人、孤儿194人、城乡低保对象8261人、特困人员453人，发放春节价

2019年1月2日，洪山文创园党群活动服务中心成立　　（青阳街道　供）

格补贴317.65万元。

18日 由新浪网财经、人民日报(客户端)、吴晓波频道联合出品的“2018十大经济年度人物”在北京揭晓，安踏集团董事局主席兼CEO丁世忠获评“2018十大经济年度人物”。

19日 祖籍福建晋江的菲律宾首富、SM控股公司主席施至成逝世，享年94岁。

20日 中共党员、晋江原县委书记、革委会主任、地委常委、地区行政公署副专员、离休干部朱义斌因病逝世，享年98岁。

23日 副省长郑新聪带队到晋江走访陆地港、安踏集团一体化科技产业园，调研一季度“开门红”情况。

25日 住房和城乡建设部、国家文物局公布第七批60个中国历史文化名镇和211个中国历史文化名村，晋江安海镇和龙湖镇福林村分别上榜。

26日 晋江市委常委班子召开2018年度民主生活会。会议书面通报晋江市委常委班子2018年度民主生活会准备工作情况，晋江市委常委班子省委巡视整改专题民主生活会、2017年度民主生活会整改措施落实情况、落实省委巡视二组巡视泉州整改意见专题民主生活会整改措施落实情况，晋江市委常委班子2018年度民主生活会会前征求意见情况。泉州市委书记康涛和泉州市纪委、市委组织部负责人到会指导，泉州市委常委、晋江市委书记刘文儒主持会议并作表态发言。

同日上午 市政府与福建医科大学附属第二医院举行合作共建晋江市医院续约仪式。

28日 泉州晋江国际机场正式重新启动国际货运业务，89件产自泉州的服装在泉州国际快件监管中心通关，成为泉州机场货栈开通后的首票出口业务。

31日上午 世中运、国际大体联世界杯系列赛事座谈会在北京召开，会议总结2018年系列赛事筹办工作，协调解决存在的问题，共同谋划下一步发展。

2月

1日 十三届市委常委会第112次(扩大)会议召开。会议研究通过《“三大任务冲刺年”活动实施方案》《“城乡环境整治攻坚年”活动实施方案》。会议还传达贯彻上级宣传部长会议精神。

2日 市领导刘文儒、张文贤分别带队慰问一线在岗人员，感谢他们节日期间坚守岗位，为他们送去新春的祝福和问候。

同日 晋江市举行为烈属军属和退役军人等家庭悬挂光荣牌工作启动仪式。此次悬挂光荣牌的对象包括烈士遗属、因公牺牲军人遗属、病故军人遗属家庭，以及中国人民解放军现役军人、退役军人家庭。

5日 泉州晋江国际机场开通首条直飞缅甸曼德勒往返航线。

10日 金井派出所启用泉州地区乡镇首台实现港澳台签注“立等可取”的出入境自助签注一体机，辐射整个晋南地区。

11日 旅港晋江乡贤、慈善家、香港华城国际投资企业有限公司董事长陈永建因病逝世于香港养和医院，享年63岁。

14日 市政府出台《晋江市支持上市公司纾困的若干措施》，支持上市企业多渠道融资。在设立纾困基金、政策性担保增信业务、发挥国资作用等方面加大政府资金支持力度；在奖励续发债券、支持并购重组、开展融资租赁“回租”业务等方面创新政策支持，最高奖励300万元；建立纾困机制、完善银行业内部考核体系等优化上市公司生态环境，防范化解上市公司股权质押流动性风险。

同日 阿一波食品有限公司获农业产业化国家重点龙头企业称号。

15日 在中国地方志指导小组办公室印发的《关于公布第三批入选中国年鉴精品工程“中国精品年鉴”的通知》中，《晋江年鉴(2018)》位列其中(全国共有10部年鉴入选)，获“中国精品年鉴”称号。

18日 省林业局发布《关于拟提交审定福建省森林村庄的公示》。其中，晋江金井镇三坑村、紫帽镇园坂村，拟被命名为“福建省森林村庄”。

同日 晋江市确定实施课后延时服务后，首批30所试点学校主要以学校老师为主开展托管服务，组织学生自主阅读、完成作业等，暂不收费，所需经费由政府财政予以保障。

19日 晋江举行百个项目集中签约暨开竣工活动，招商项目集中签约活动举行，51个项目分批次签约，计划总投资254.7亿元。此次签约项目既有传统优势产业高端产业链、现代服务业、民生补短板项目，还覆盖集成电路、新材料等高新技术产业领域。

同日 新塘街道梧林社区、罗山街道兰峰社区入选应急管理部公布的2018年度全国综合减灾示范社区名单。

20日 省政协副主席、民盟福建省委会主委阮诗玮到晋江调研晋江市豪信汽车城。

同日 晋江市口腔医院(福建省口腔医院闽南分院)工程建设项目(一期)正式开工

同日 泉州市委、市政府通报表彰“项目攻坚2018”活动一批优秀集体，晋

2019年2月，《晋江年鉴(2018)》获“中国精品年鉴”称号　(市委党史方志室　供)

江市获评下半年“综合优秀集体”“两度整治、两违治理百日拆违优秀集体”“土地例行督察整改优秀集体”。

同月中旬 根据《福建省新型工业化产业示范基地申报创建工作办法》，“晋江鞋服纸制品产业示范基地”入选福建省2018年度新型工业化产业示范基地名单。

24日 泉州市委书记康涛率队到晋江，召开晋江市2018年度全面从严治党主体责任落实情况，检查集体约谈会。康涛听取泉州市委常委、晋江市委书记刘文儒代表晋江市委所作的2018年度全面从严治党主体责任落实情况汇报和市委第一检查组的检查情况通报。

26日 泉州市市长王永礼带队到晋江市调研晋江陆地港及快递行业发展情况。

27日 市领导刘文儒、林惠玲带队调研全市融媒体建设工作情况，并召开融媒体建设工作座谈会。实地调研晋江经济报社、晋江新闻网、晋江市广播电视台，详细了解融媒体工作开展成效。

同日 西甲足球职业联盟大中华区首席执行官塞尔吉•托伦茨到晋江市考察，实地察看足球公园和卡尔美公司。

同月下旬 省科学技术厅、省财政厅、国家税务总局福建省税务局联合发布关于认定福建省2018年第一批、第二批高新技术企业的通知，共有929家企业被认定为省高新技术企业。安踏、三六一度、晋工机械等50家晋江企业榜上有名。

3月

1日 央视中文国际频道播出《记住乡愁》第五季节目——《晋江五店市红砖古厝贤为尊》，通过讲述五店市的渊源历史、建筑风貌、家训家风、侨胞故事等，展示晋江人文风采。

同日 泉州市晋江生态环境局正式挂牌。

4日 泉州市委常委、晋江市委书记刘文儒带队到陈埭镇，开展2018年度全面从严治党主体责任落实情况检查第一检查组集体约谈。

同日 福建省教育厅发布信息，福建拟新增3个“教育强县”。其中，晋江榜上有名。晋江还入选2018年度“两项督导”优秀等级县。

同日 泉州市市长王永礼到晋江市调研农村土地制度改革试点工作，就改革尚待突破的堵点、改革试点的发展空间等，展开探讨交流，泉州市委常委、晋江市委书记刘文儒参加调研。

1—4日 晋江市组织57家企业88个展位参展在上海新国际博览中心举办的第二十九届中国华东进出口商品交易会（“华交会”），参展企业涵盖家庭用品、服装服饰、装饰礼品、纺织面料等领域。展会上，市泳装企业七彩狐集团获得产品“创新奖”，系福建省获奖的三家企业之一。

5日 晋江市被教育部认定并命名“全国儿童青少年近视防控试点县（市、区）”。

同日 市长张文贤带队到磁灶镇，开展2018年度全面从严治党主体责任落实情况检查集体约谈。

同日 泉州晋江国际机场开通至柬埔寨西哈努克港航班。

5—6日 泉州市委常委、晋江市委书记刘文儒率队到长三角，考察有关招商项目，举行晋江（长三角）投资推介会暨招商项目集中签约活动。签约项目总投资达286亿元。

7日 印度韩国商机推介会在晋江市举行。

同日 晋江华侨职校、晋江职校等2个职业教育项目获批2019年第一批中央预算内投资计划资金4000万元。

同日 全国妇联在京举行“三八”国际妇女节纪念暨表彰大会。晋江公安指挥中心被评为“全国巾帼文明岗”。

8日晚8时 CCTV-9纪录频道首播《航拍中国》第二季福建篇，晋江安平桥再次展示在全国观众面前。

10日 中共中央总书记、国家主席、中央军委主席习近平参加十三届全国人大二次会议福建代表团审议。会上，全国人大代表、安踏集团董事局主席兼首席执行官丁世忠作为民营企业家代表，围绕“传承晋江经验，推动创新发展”做主题汇报发言。

同月上旬 晋江市政府与复旦大学张江研究院晋江科技创新园（筹）签订合作框架协议。根据协议，该创新园将根据晋江产业发展需求，从上海导入创新资源，吸引高科技项目落户晋江。

同月上旬 省工业和信息化厅公布第五届工艺美术大师评审公示名单，“潘山庙宇木雕”省级非遗传承人、晋江市工艺美术协会会长郑银聘获“福建省工艺美术大师”称号。

同月上旬 晋江市出台行业性企业维权援助中心工作规则，确定在晋江市区域内分行业推动设立企业维权援助中心，促进民营经济健康发展。晋江市财政还确定每年安排不超过100万元配套企业维权专项资金。

11日 2018年中国田径协会马拉松新闻发布会在厦门举行。现场，2018年特步晋江国际马拉松赛被授予“2018年中国田径协会银牌赛事”“2018年中国田径协会民族民俗特色赛事”两项称号，也是晋江马拉松赛首次同时获评两个年度大奖。

13日 “海丝古邑•体育新城”城市宣传推介活动在成都举行，晋江之美绽

2019年3月13日，“海丝古邑·体育新城”城市宣传推介活动在成都举行 （徐维耕 摄）

放蓉城。此次活动通过宣传展示推介、“非遗”表演展示、传统美食品尝、传统民俗体验等形式，多角度展示晋江城市的魅力与活力。

同日 第二十一届中国（晋江）国际鞋业暨第四届国际体育产业博览会新闻发布会在成都召开。60多家中央、四川、成都媒体参加发布会。

同日 福建天信足球俱乐部入驻晋江媒体见面会在晋江市举行，正式宣布将主场迁至晋江市泉州轻工学院。

14日 市长张文贤主持召开市政府第48次常务会议及市长办公会。会议研究《社会救助综合改革试点实施方案》《最低生活保障工作实施意见》等有关文件。会议还研究《关于进一步扶持人力资源服务产业园发展的若干措施》。

同日 泉州市人大常委会主任陈灿辉到晋江市开展走进活动室“双联”活动，实地调研深沪镇和英林镇嘉排村人大代表联系群众活动室，并召开座谈会。

15日 全省首个县级车辆制牌点在晋江市启用，晋江市民领取车辆新牌照可就近在晋江交管大队制作，并实现立等可取。

15—24日 泉州市委常委、晋江市委书记刘文儒带队赴菲律宾、印度尼西亚、越南开展友城洽谈、经贸合作等活动，引导龙头企业开展国际产能对接，加强与“海丝”沿线国家的友好往来和旅外侨亲的联络联谊。

17日 泉州市委常委、晋江市委书记刘文儒率领的福建晋江访菲经贸代表团在菲律宾吕宋岛密集展开考察、座谈、会见活动，务实推动两地经贸项目合作。

同日 晋江市与清华大学附属中学签订“双名一优”培养工程项目合作协议，晋江将依托清华附中优质资源，促进本土教师、校长队伍的专业成长和内涵提升，提升普通高中拔尖学生的学科事业和学科素养，培养更多名教师、名校长、优秀高中学生。

18日 晋江市与印度尼西亚梭罗市建立友好城市意向书签署仪式在梭罗市政府举行。双方将在经济、文化、教育、旅游、体育等方面进行交流与合作。

19日 上海体育学院大型体育赛事运作管理专家，全运会、青运会、2022年亚运会资深赛事顾问及2019年世界军人运动会执委会专家刘清早实地走访晋江市第二体育中心，并开展现场交流指导，提出针对性建议。

同月中旬 市长张文贤带队赴成都开展招商考察活动，学习借鉴当地田园风光、体育运营、文化创意、金融服务等方面的好经验好做法，推动晋江相关领域工作创新突破。并实地考察成都市规划馆、交子金融科技中心、青龙国际建材装饰城、盈石集团等。

同月中旬 晋江市出台《2019年全市人才工作要点》《关于支持行业协会开展人才工作十五条措施》，通过支持行业协会在自主开发人才、培养人才以及建设用才平台、开展人才服务，进一步提高人才工作社会化水平。

2019年3月17日，晋江市与清华大学附属中学签订“双名一优”培养工程项目合作协议
（市教育局 供）

21—23日 泉州市委常委、晋江市委书记刘文儒带领晋江经贸代表团到越南考察，拜访越南工商总会部分晋江在越南投资企业。

23日 越南晋江企业服务中心在越南天虹海河工业园成立。

26日 2019年全省旅游协会工作座谈会在晋江市举行。

同日 菲律宾前贸工部长罗伯特•王彬率家族成员返乡谒祖并访问晋江市。

27日 泉州晋江国际机场公布夏季航班计划，新航季中，新开通飞往绵阳、丽江、遵义和马来西亚吉隆坡等航班，并加密多条航线。

28日 晋江市发行2019年首批地方政府专项债券8.31亿元，期限为5年，信用等级AAA，利率3.29%，节约利息成本1338万元。

28—29日 全省春季农业生产暨农业机械化转型升级现场会在晋江市召开。

29日 养正中心小学表演队的30多名学生在晋江安平桥畔，为教育部《传承的力量》摄制组献上一场嗦啰嗹表演。该节目的电视版将在中央电视台科教频道(CCTV-10)播出。

同日 十三届市委常委会第116次(扩大)会议召开。会议传达学习福建省省管干部坚持底线思维着力防范化解重大风险专题班精神。会议通报赴东南亚公务活动有关情况。会议还研究《晋江市建设国家创新型县(市)实施方案(2018—2020年)》《晋江市社会救助综合改革试点实施方案》《晋江市最低生活保障工作实施意见》《晋江市城乡临时救助实施方案》《城乡低保、特困人员审批权限委托下放工作实施方案》。

同日 副省长李德金带队到晋江市检查防汛备汛工作，分别到金井洋下海堤、深沪渔港中心检查，要求加强对海堤巡查排查，加强渔船渔民安全监管，保障安全等工作。

31日 晋江市安海镇新店村举行怀念许集美暨授匾赠书活动。

同月下旬 国家卫生健康委发布《关于印发第一批国家分娩镇痛试点医院名单的通知》，全国有900多家医院入

2019年4月1日，第二届中国(晋江)国际家装建材博览会在晋江市磁灶镇开幕

（赖进财　摄）

选国家首批分娩镇痛试点医院，其中，晋江有3家，分别为晋江市医院、晋江市中医院、晋江市妇幼保健院。

同月下旬　生态环境部发文表彰2018年全国环境执法大练兵表现突出集体和个人。晋江市环境保护执法大队获“表现突出集体”称号。

4月

1日　中小学(幼儿园)校长(园长)陪餐制正式在晋江各中小学（幼儿园）全面实行，食材质量、午餐口味等都要经过校长亲自“检验”，守护孩子“舌尖上的安全”。

同日　为期3天的第二届中国（晋江)国际家装建材博览会在晋江市磁灶镇开幕。来自中国、美国、土耳其、韩国、日本、印度尼西亚等国内外1800多家家装建材企业集聚晋江。

同日　“磁灶陶瓷”地理标志证明商标证书颁证仪式在第二届中国（晋江)国际家装建材博览会主展馆论坛区举办，标志着“磁灶陶瓷”地理商标正式启用。

2日　省政协副主席王光远到晋江市开展“构建多元化纠纷调解机制”调研活动，实地调研晋江市“三所联动”示范点、晋江市诉调对接中心，并走访福州大学晋江科教园。

4日　《干群一条心，创业一股劲，谋发展“一盘棋”——安海走在突破之路上》刊登于福建日报头版头条。

8日　泉州市委常委、晋江市委书记刘文儒带队到相关村(社区)调研农村人居环境整治工作，并召开市委农村工作会议暨“城乡环境整治攻坚年”工作推进会和扶贫开发工作会议，深入贯彻落实各级农村工作、扶贫开发工作、农村人居环境整治会议精神，总结回顾晋江市2018年农业农村工作，研究部署2019年重点工作，扎实推进“城乡环境整治攻坚年”各项工作。

10日　泉州市委书记康涛带队到晋江，深入企业、走访乡镇，并召开现场办公会，调研推动项目攻坚、强基促稳等各项重点工作落实。

同日　晋江市社会救助综合改革试点工作启动暨爱心企业授牌仪式在磁灶镇举行。标志晋江市社会救助综合改革试点工作启动。

同月上旬　晋江市在《关于加快发展人力资源服务业若干意见》基础上，出台《关于进一步扶持泉州市（晋江）人力资源服务产业园发展的若干措施》。围绕“吸引优质机构入驻，激励入驻机构做强”的目标，从税收留成奖励、场地租金补贴、纳税总额奖励等方面扶持入驻机构及产业园运行平台。

同月上旬　省科学技术厅公布2019年入选国家科技型中小企业认定名单，阿一波食品有限公司、福建力利实业有限公司、福建顺成面业发展股份有限公司、晋江安能建材制造有限公司等33家晋江企业入选。

11日　全国人大宪法和法律委员会副主任委员胡可明到晋江市调研土地管理法、城市房地产管理法修正案（草案）有关问题，实地调研晋江市展馆、梧林古村落保护项目、高铁新区土地征收及围头村集体土地入市情况，并召开征求意见座谈会，听取晋江市关于立法修法的意见建议。

12日　全省院士专家工作站建设推进会在晋江市展开，晋江先后有16家企事业单位建立院士工作站，其中12家获得省级认定、4家获得泉州市级认定，获批国家示范站1家、省级示范站3家，建站数量位居全省各县市区前列。

15日　泉州市委常委、晋江市委书记刘文儒、市长张文贤与企业家代表座谈，学习贯彻习近平总书记在参加十三

2019年4月12日，全省院士专家工作站建设推进会在晋江市召开　　（市科协　供）

届全国人大二次会议福建代表团审议时的重要讲话精神，围绕“如何心无旁骛做实业、实实在在做主业”“如何推动产业全链条、全流程升级”“如何营造创新创业创造良好环境”开展交流探讨，深化政企互动。

16日 福建省委党校、福建行政学院与晋江市委共建“晋江经验”现场教学基地揭牌。

17日 全国政协常委、港澳台侨委员会副主任裘援平、吴国华和省政协调研组到晋江利郎集团研发中心、九牧王集团自动化生产车间，与企业相关负责人交流、了解运营情况并召开座谈会，听取诉求和建议。

2019年4月21日，卡尔美2019年国际大体联足球世界杯考察评估汇报会 （赖进财 摄）

18日 省人大常委会副主任雷春美、檀云坤带队到晋江市开展促进革命老区发展暨人大建设和工作情况专题调研。

18—22日 国际中体联主席劳伦特·佩楚卡到晋江市，开展2020年世中运赛前第二次评估考察。

19—22日 第21届中国（晋江）国际鞋业暨第四届国际体育产业博览会在福建晋江举行。该届博览会以“彰显品牌展会国际风采，谱写晋江经验崭新篇章”为主题，参会客商17.87万人次，达成意向成交额238.2亿元。

20日 跨境贸易综合服务平台专场推介会在晋江举行。伊朗工矿贸部副部长莫多迪等“一带一路”国家政商协会代表参加活动。

21日 国际大体联总干事保罗·费德拉及中国大体协主席薛彦青到晋江市，第二次评估考察卡尔美2019年国际大体联足球世界杯的筹办情况。

22日 省政协副主席洪捷序到晋江市开展“制造业高质量发展”课题调研。实地调研三创园、石墨烯产业技术研究院、海纳机械股份有限公司、卡尔美(中国)有限公司，了解晋江制造业发展情况。

23日 福建省“扫黄打非”办公室联合泉州市“扫黄打非”办公室在晋江市文化广场举办“护苗2019”绿书签行动暨知识产权集中宣传周启动仪式，同时组织侵权盗版和非法出版物集中销毁活动。

同日 宁夏回族自治区党委书记石泰峰、政协主席崔波率领党政代表团到晋江市考察，实地考察晋江市展馆、大埔村等地，详细了解晋江产业发展、城市建设、乡村振兴等情况。

同日 《晋江人才梦想乡镇(金井镇)创建规划》获得英国皇家规划学会“国际规划卓越奖”评委推荐奖。全球只有4个项目获得提名。

25日 国务院安委会第三考核巡查组在晋江市召开会议，听取晋江市2018年安全生产和消防工作落实情况汇报，并举行座谈交流。

28日 泉州晋江国际机场口岸正式启用“一带一路”通道，成为全国首批18个实施“一带一路”沿线国家（地区）人员提供出入境便利安排的口岸之一。

同月下旬 福建首批“金牌旅游村”宣传对象公示名单出炉，金井镇围头村成为晋江唯一入选的村庄。

同月下旬 晋工机械有限公司总部装车间获评2019年“全国工人先锋号”。晋江百宏聚纤科技实业有限公司获评2019年“福建省五一劳动奖状”称号。

2019年5月3日，2019棋妙柯城·中国围棋之乡联赛晋江分站赛开幕式 （徐维耕 摄）

5月

3日 2019棋妙柯城·中国围棋之乡联赛晋江分站赛开幕，开幕式上，中国围棋协会主席林建超向市长张文贤授予“全国围棋之乡”牌匾。

4日 晋江市尚好家庭社工服务中心总干事吴俊获2018年度“全国优秀共青团员”称号。晋江市天然气发电有限公司点检工程师、第二团支部书记郑美龙获第十六届“福建青年五四奖章标兵”称号。

5日 第125届广交会闭幕，中国鞋都·拖鞋名镇——晋江内坑组织24家拖鞋企业参加。晋江市泳装产业协会组团参展，以“福建晋江——中国泳装产业名城”的整体形象在展会上参展，并斩获“最佳组织奖”。

6日 市法院成立全省首家公检法“打击涉执犯罪执法协作中心”，专办拒不执行判决、裁定罪、妨害执行公务等三类犯罪。

同日 晋江新型城镇化特别顾问、英国社会科学院院士杨威博士一行到晋江金井镇，向金井镇政府赠送《晋江人才梦想乡镇创建规划》，该规划获“国际规划卓越奖”评委推荐奖(等同于银奖)证书。

同日 第二届数字建设峰会在福州召开。作为全省率先推出的县级政务云平台项目，“云上晋江”吸引众多业界目光。

8日 市检察院被最高人民检察院确定为第二批全国未成年人检察工作创新实践基地。

同日 任林举创作的长篇报告文学《晋江，奔流向海》研讨会在北京举行。中国作协、《中国作家》杂志社、《人民日报》《光明日报》《解放军报》等多家单位的专家与该书作者、晋江市负责人及有关人员参加研讨会。

9日 国际大体联考察团同国际大体联足球世界杯组委会，在晋江金锭慈善大厦召开通讯／新闻方案对接会和媒体活动对接会。

同月上旬 福建省晋江福源食品有限公司副总监级工程师宋庆明、晋工机械有限公司技术部经理张文中、兴业皮革科技股份有限公司研发经理温会涛获第三批“泉州工匠”称号，福建省晋江福源食品有限公司工会委员会获评“福建省模范职工之家”，福建恒安集团有限公司提案改善委员会获评“福建省工人先锋号”，晋工机械有限公司总装车间获评“全国工人先锋号”称号。

同月上旬 农业农村部公布20个全国农村集体产权制度改革试点典型单位名单，晋江市是福建省唯一入选县(市)。

13日 全省首座20千伏出线的公用110千伏变电站——智能园变电站正式投产送电。

14日 晋江刑侦大队受国务院命名表彰“特别能战斗刑警队”20周年活动——“践行新使命、忠诚保大庆”暨首届中国警察马拉松赛新闻发布会在市公安局举行，现场公开首届中国警察马拉松赛举办时间、路线、奖项设置等方案。

同日 晋江市安鼎妇女联合会成立大会暨妇女第一次代表大会召开，安鼎体育用品有限公司董事长范春美当选新一届执行委员会主席。标志着省首个台商投资企业妇联组织诞生。

同日 财政部副部长程丽华到晋江安踏集团生产车间和品牌展示厅，了解企业在采购、生产、批发、零售等环节的运行情况，询问减税降费对企业生产带来的影响。并走访市税务局，了解有关情况。

15日 2019年福建省体育产业高质量发展现场推进会暨福建省体育产业招商推介活动在晋江市举行。

16日 省人大常委会副主任檀云坤、省检察院检察长霍敏到晋江市开展民事行政检察工作调研。实地考察泉州(晋江)非公经济发展法治教育基地、盼盼公司、利郎公司等地，倾听企业诉求，了解晋江在保障和促进非公经济健康发展方面的具体做法及成果。

19日 晋江市2019年文化和旅游节正式开幕。这也是晋江市首个文化旅游节。此次文化旅游节的时间跨度长，前后历时21天，串起5月19日中国旅游日、6月7日端午节和6月8日中国文化与自然遗产日三个重要节日，先后举办的系列活动达200多场次。同时还举行“寻镜晋江”“悦•游晋江”“福建省新闻摄影学会晋江基地”授牌等系列活动。开通首条旅游公交专线，成立旅游产业联盟，旅游民宿正式挂牌。

20日 晋江市医院麻醉门诊正式开诊，这也是福建省首家县域麻醉门诊。

20—21日 中国科学院院士、福建省农业科学院原院长谢华安到晋江市开展“院士专家晋江行”活动，实地调研考察九十九溪流域田园风光项目，并为福建省农业科学院水稻研究所晋江市九十九溪水稻新品种示范基地和福建省农业科学院水稻研究所晋江专家工作站揭牌。

同月中旬 晋江市正式出台建设国家创新型县(市)实施方案，将以科技创新支撑产业发展为主题，深入实施创新驱动战略，实施产业创新转型、企业创新能力增强、创新平台提升、创新生态优化、创新人才集聚、创新开放合作等六大行动计划，全力打造“机制活、要素齐、生态优、产业强”的国家创新型县(市)，续写“晋江经验”新篇章。

21日 晋江市“医养结合”工作迎来重大突破。晋江市社会福利中心青鸟世嘉康复医院正式开业，这也是泉州首家、全省第二家康复专科医院。

22—26日 世界沙滩排球巡回赛(晋江站)在晋江衙口沙滩举行。来自29个国家和地区的200多名运动员参赛。

23—25日 全国推进农村创业创

2019年5月22—26日，世界沙滩排球巡回赛(晋江站)在晋江衙口沙滩举行

(徐维耕　摄)

新现场交流会暨经验推介活动在晋江市举行。

24日 以“心无旁骛做实业 传承发展‘晋江经验’”为主题的2019年晋江企业创新发展大会召开。

28日 第二届全国集成电路“创业之芯”大赛颁奖仪式在晋江市举行。本届大赛吸引255个项目参赛。

29日 晋江市召开第二届“六守六无”平安创建考评结果新闻发布会暨系列宣传活动启动仪式，全市162个村(社区)获评平安村(社区)。

同月下旬 晋江市政府出台《关于加快资本市场和金融业发展的若干意见》，鼓励企业参与资本市场、利用资本市场并购、利用资本市场发展壮大，在科创板上市的企业可获最高奖励550万元等。

同月下旬 由泉州市教育局、总工会联合开展的泉州市首届“最美教师”寻访活动结果揭晓，晋江市有11位教师获泉州市首届“最美教师”称号，同时被授予“最美劳动者”称号。

6月

1日 国家中医药管理局局长于文明到晋江市调研中医药在深化医改和健康福建建设中发挥作用情况。

同日 第五届电气工程预测控制专题国际会议在晋江开幕。作为电气工程预测控制领域全球顶级的会议首次落地亚洲。

3日起 晋江公立医院25种药品价格全面下降，最高降幅96%，每年可为群众降低药费负担1200万元。

5—6日 省人大常委会党组副书记、副主任黄琪玉带队到晋江查看晋江市力绿水产品加工企业、深沪中心渔港等检查并召开座谈会，听取晋江市政府汇报。

10日 安海镇党委、政府联合晋江经济报社成立全省首个乡镇级融媒体中心——安海融媒体中心。

同月上旬 晋江市出台《晋江市优秀人才及其双亲养老服务提升若干措施(试行)》，推出四大项养老服务，为到晋江市发展的人才解决后顾之忧。

同月上旬 晋江市公布“晋江市第六批市级非物质文化遗产代表性项目名录”，并为保护单位授牌。

同月上旬 雅客长白甘泉在世界品质评鉴大会中获蒙特奖金奖。

11日 晋江市在深圳市举行粤港澳投资推介会暨招商项目集中签约活动，现场签约项目10个、计划总投资65.2亿元。

同日 中国印染行业协会颁布“2019年度中国印染企业30强”，福建(晋江)凤竹纺织科技股份有限公司成为本土唯一上榜企业。凤竹纺织还获福建省第一批“绿色工厂”称号。

13日 晋江华侨职校代表队获得2019年全国职业院校技能大赛中职组“计算机检测维修与数据恢复”赛项团体金牌。

14日 第十一届海峡论坛2019年海峡科技专家论坛分会场活动——海峡两岸美丽乡村融合发展研讨会在晋江市开幕。此次研讨会以“生态宜居乡村振兴”为主题。

同日 十届全国人大常委会副委员长、中国关工委主任顾秀莲等到晋江调研。

同日 全国妇联党组书记、副主席、书记处第一书记黄晓薇带领调研组到晋江福州大学晋江校区、安踏公司开展专题调研。

15日 2019钢铁中国首届福建板材高峰论坛在晋江安海举行。

16日 “践行新使命、忠诚保大庆”首届中国警察马拉松赛在晋江市鸣枪开跑，来自全国各地3000名警察跑友报名参赛。

18日 国务院发展研究中心副主任隆国强到晋江市调研宏观经济运行情况。

19日 国家制造强国建设咨询委员会主任、中国工程院院士周济一行16人到晋江市考察、调研。

19—22日 晋江市贸促会组织劲峰纺织、泉商置业等7家企业参加第五届达沃投资大会。

20日 涵盖五大洲、22个国家和国际组织的驻华使节、驻华代表组成的外国驻华使节团一行39人到晋江访问，参观安踏公司，并了解晋江美食及风土人情。

同日 2019中国纺织科技成果对接会暨第六届“中国十大纺织科技”发布会在晋江举办。

同月中旬 福建省食品企业商会成立大会和晋江市食品行业协会换届大会筹备会在晋江举行。

同月中旬 市公安局灵源派出所获评共青团中央联合公安部等21个单位公布的“2017—2018年度全国青年文明号”。这是泉州市公安系统第三个获此称号的派出所。

同月中旬 省委组织部、省财政厅、省科协、省科技厅等联合对第九批福建省院士专家工作站进行授牌，晋江市新认定4家省级院士工作站。

同月中旬 晋江市第七届“我最喜爱的教师”评选，晋江市实验小学庄缘缘等10名教师获十佳称号。

同日 晋江市应急局组织开展2018年度“全国综合减灾示范社区”揭牌仪式，新塘街道梧林社区和罗山街道兰峰社区被授予该称号。

24日 第九届全国“人民满意的公务员”和“人民满意的公务员集体”表彰

2019年6月10日，安海镇党委、政府联合晋江经济报社成立全省首个乡镇级融媒体中心——安海融媒体中心 (徐维耕 摄)

大会上，市公安局刑事侦查大队被授予全国“人民满意的公务员集体”称号。

25日　泉州市委书记康涛到晋江市开展第二季度“活动周”一线办公，察看项目进展，并召开现场办公会，督促推动晋江市委、市政府各项攻坚部署落实。

28日　泉州职业技术大学举行揭牌。泉州理工职业学院正式更名为泉州职业技术大学，成为全国首批、福建首家本科层次职业教育试点学校。

同月　中国工程院院士俞建勇、卢秉恒等到晋江市开展“院士专家晋江行”活动。

2019年6月28日，泉州职业技术大学揭牌仪式在晋江校区举行

（泉州职业技术大学　供）

7月

1日　晋江市公共资源交易中心在晋江市金融广场正式挂牌。

同日　交通运输部副部长戴东昌率调研组到晋江市调研“四好农村路”高质量发展情况。

同日　中国科学院副院长张亚平到晋江市调研，实地参观考察晋江市展馆、海西研究院泉州装备所（晋江园区），了解晋江经济社会发展情况，探讨院地合作等相关事宜。

同日　全国人大常委会社会建设委员会副主任委员任贤良率调研组到晋江市开展安全生产法（修改）立法调研，实地调研安踏集团。

4日　中国地震局副局长阴朝民到晋江市调研晋江地震预警发布示范区建设。

5日　晋江市国家级非物质文化遗产“布袋木偶戏”传承人蔡美娜、林静如，受邀参加由外交部和福建省人民政府在外交部蓝厅举办主题为“新时代的中国：生态福建　丝路扬帆”的外交部福建全球推介活动。

7日　“纪念林则徐虎门销烟180周年晋江国际禁毒日主题系列创意优秀作品展览”在市图书馆开展，活动现场展出321幅禁毒宣传主题获奖作品。

9日　省委常委、秘书长郑新聪到晋江调研集成电路产业园区。

11日　老挝国家社会科学院院长、国家社会科学委员会常务副主席宋塔努·坦马冯到晋江市访问，实地参观361度公司，了解公司发展及党建工作开展情况。

同日　晋江市泳装产业协会组织企业抱团亮相2019年法国巴黎国际内衣泳装面料展。这是晋江市泳装产业协会首次组织企业参加境外的展会。

12日　省政协主席崔玉英到晋江市开展调研金门供水工程项目。

14日　民营经济创新发展高峰论坛在泉州晋江举行。受国务院发展研究中心党组书记马建堂委托，国务院发展研究中心副主任隆国强宣读题为“践行‘晋江经验’，促进实体经济高质量发展”的主旨演讲，深入阐释发展实体经济的重要性，指出要以“晋江经验”为镜鉴，采取综合系统、精准有效的举措，为实体经济创造优良的发展环境。

同日　副省长郭宁宁带队调研晋江农商银行磁灶支行、晋江农商银行，并召开座谈会，了解晋江农商银行的业务规模、资产规模、特色业务等情况。

15日　市法院成立全省首家诉源治理多元化解中心。该中心的成立标志着立足晋江全市层面的诉源治理多元化解平台建立。

19日　中国运动用品品牌集群成立大会暨“品牌力量·走进晋江”活动在晋江市举办。

20—22日　第三届海峡两岸食品交易会暨第六届闽台（泉州）食品交易会在晋江SM国际展览中心、佰翔世纪酒店及豪新食品市场举办，累计达成交易额107.8亿元。

同月中旬　晋江市内坑镇黄塘村志愿消防队获第三届福建省“热心消防公益事业先进集体”称号，这也是全省首个获此称号的村级志愿消防队。

同月中旬　工信部赛迪顾问县域经济研究中心发布《2019年赛迪县域经济百强研究》及“县域经济100强（2019年）榜单”，晋江市继续居县域经济100强榜单第5位。

同月中旬　为庆祝中华人民共和国成立70周年，中宣部等九部门联合部署在全国城乡开展“最美奋斗者”学习宣传活动，恒安国际集团有限公司董事局副主席、总裁许连捷成为晋江唯一入选全国“最美奋斗者”候选人。

22—25日　由全国中医、中药学专业学位研究生教育指导委员会、全国中医药高等教育学会研究生教育研究会主办，北京中医药大学承办，福建中医药大学和福建中医药大学附属晋江市中医院协办的“2019年全国中医药研究生教育学术年会”在晋江市举行。

24日　《福布斯》中文版第十三次发布中国慈善榜。其中，许健康、许连捷家族、施文博、丁世家家族、丁水波、周永伟、洪忠信、林聪颖、洪肇设等9名晋江籍企业家上榜。榜单中，晋江籍企业家累计捐赠金额约6.87亿元。

26日　最高人民法院党组成员、副院长杨万明到晋江市法院调研指导工作。

28日　晋江市制鞋产业技术创新战略联盟入选中国产业技术创新战略联盟协同发展网发布的《2019年通过联盟协发网注册的联盟名单（第一批）》，

成为福建省首家国家级试点联盟。

31日至8月2日　以中国皮革协会名誉理事长苏超英为组长的专家组对晋江市"中国鞋都•晋江"称号进行实地复评。考评组一致建议"中国鞋都•晋江"称号继续有效。12月25日，中国轻工业联合会召开会长办公会审定，同意晋江市正式通过复评工作，继续保留"中国鞋都•晋江"称号。

同月下旬　工信部对入选第四批绿色制造名单予以公示，其中有4家晋江企业，分别是凤竹纺织、三六一度、信泰科技、兴业皮革。

同月下旬　第五届全国非公有制经济人士优秀中国特色社会主义事业建设者人选名单进行公示。晋江企业家、七匹狼董事长周少雄上榜。

同月　晋江市"多规合一"信息共享平台获评2019中国地理信息产业优秀工程金奖。

8月

2日　全省公安机关学习推广新时代晋江刑警"背包"精神现场会在泉州晋江召开。

3日　省教育厅网站对新一批省示范幼儿园名单进行公示，晋江市第二实验幼儿园、晋江市第四实验幼儿园获评"福建省示范性幼儿园"。

5日　晋江向金门供水工程通水一周年活动在晋江市举行。晋江累计向金门供水超过366万吨，平均日供水超过1万吨。同时，两岸通水交流中心正式揭牌。

同日　第18届世界中学生运动会（以下简称世中运）组委会执行副主席、泉州市委书记康涛，组委会执行副主席、泉州市市长王永礼主持召开第18届世中运组委会第一次全体会议筹备工作会议，听取筹备工作情况及有关工作落实情况汇报，研究部署下一步工作。

同月上旬　阿里研究院发布2019年"中国淘宝镇(村)"名单，晋江共有12个镇入选"中国淘宝镇"名单，75个村获得"中国淘宝村"称号；淘宝镇、村数量均居全省第一、全国前列，成为福建省最大的淘宝村集群。

同月上旬　"2019中国最具幸福感城市"的候选城市名单公布，晋江入围"县级候选城市(区)"名单。

14日　2018年度中央马克思主义理论研究和建设工程重大项目"'晋江经验'的成功实践与启示研究"项目成果研讨座谈会在晋江市举行。

17日　2020年世界中学生运动会形象大使选拔赛全国总决赛暨颁奖仪式在晋江市举行。此次选拔赛于2018年11月启动，全国22座城市210所学校，6320名在校中学生报名参赛，历时10个月，经过初赛、复赛和五大地区决赛，60名优秀选手进入总决赛。

本月中旬　晋江籍诗人蔡其矫的部分遗物落户晋江市博物馆。这些遗物包括蝴蝶标本16件63只、贝壳标本347个、手稿17本762篇诗篇、手录23本717页、人物拓片8张、166册作家签名书籍、12套册书籍等。

21日　省政协副主席刘献祥带队到晋江市开展"培育文旅融合新业态，推动研学旅行产业化"重点提案调研。

23日　晋江农商银行与农业农村部签订《政府购买服务合同》，该行农村集体经济组织股权质押贷款——"农股贷"纳入农业农村部2019年度金融支农创新试点项目名单，成为福建省4个入围的试点项目之一，也是福建农信系统唯一一家入选的行社。

同日　在第二届全国青年运动会中，晋江籍运动员共夺得4枚金牌、4枚银牌、2枚铜牌。

27日　教育部副部长钟登华带队分批参观考察泉州海外交通史博物馆、晋江市第二体育中心、晋江市全民健身中心、晋江一中、晋江市实验小学、福州大学晋江科教园区，实地了解晋江筹办第18届世界中学生运动会工作。

同日　第18届世界中学生运动会组委会成立大会暨第一次全体会议在晋江召开。

28日　首届福建省民间职业剧团优秀剧目展演活动组织者在晋江市举行2019年福建省民间戏剧发展座谈会，并公布"2019观众最喜欢的福建民间职业剧团""十佳"名单。

31日　以"波澜壮阔七十载、同心共赞新中国"为题的晋江(海外)文化旅游推介会在香港举行。

同月下旬　第十二届(2019)全国地市新媒体创新大赛举行隆重颁奖典礼，晋江新闻网获2019"全国地方融媒体传播综合实力十强"称号。

同月　市委党校被福建省机关事务管理局、省工业和信息化厅、省财政厅授予"2017—2018省级节约型公共机构示范单位"称号。

2019年8月5日，晋江向金门供水通水一周年活动在晋江举行。两岸通水交流中心正式揭牌
（市水利局　供）

9月

1日　市公安交警部门自主研发的网上交通安全手机App《知•道》正式运行。该运用率先在全省首推驾驶员满分网上学习业务办理服务，晋江籍的小型车驾驶员可通过手机客户端进行学习，采取"5天网络学习+2天现场学习"的新模式，改变以往长达7天的现场学习教育，打破学员在学习时间、空间上的限制。

同日 晋江农商银行与晋江市公交公司联合推出"晋江农商银行卡公交支付享优惠"业务，市民使用该行IC卡（含借记卡、贷记卡）乘车刷卡支付时默认享有9折优惠，并在全省首创"公交优惠卡认证"业务，对认证为"晋江公交优惠卡"的可享受更低的对应折扣，该项目模式是银行机构基于金融IC卡在公交领域应用的新突破。

2日 晋江（澳门）文化旅游暨招商推介会在澳门文华酒店举行。

4日 第三届全国文化（群艺）馆期刊省际交流展示活动结果揭晓，《星光》获第三届全国"2019年度期刊"奖。

5日 第七届全国道德模范座谈会在北京举行。深沪镇后山社区党支部宣委、海军航空兵退伍军人吴奕澈获第七届全国道德模范提名奖。他也是晋江第二位获此荣誉的道德模范。

6日 全国政协港澳台侨委委员、中共中央统战部原副部长林智敏和全国政协台联界别召集人、全国台联副会长杨毅周率台联界委员考察组到晋江市金门供水泵站，围绕"打造台胞台企第一家园""探索两岸融合发展新路""贯彻落实两岸经济文化交流合作若干措施"课题开展考察。

同日 东石镇潘山村获评福建省乡村旅游村。

7—8日 国际大体联总干事保罗·费德拉及中国大体协主席薛彦青抵达晋江，开展2019年国际大体联足球世界杯第三次评估考察。

8日 2019厦门国际投资贸易洽谈会暨丝路投资大会在厦门开幕。在随后举行的2019年泉州市外资招商推介会上，晋江市4个项目现场签约，总投资1.64亿美元。

9日 十三届晋江市委常委会召开第131次（扩大）会议。会议传达学习习近平总书记给寿宁县下党乡乡亲们的回信，并研究晋江市贯彻意见。会议传达贯彻全国、全省、泉州市教育大会主要精神。会议还研究并原则通过《关于加强急难险重一线临时党组织建设的暂行规定》《晋江市村（社区）党组织书记备案管理实施细则（试行）》及《关于进一步强化财政收支预算管理提升预算绩效若干措施的意见》《全面实施预算绩效管理的若干措施》等文件。

同日 菲律宾宿务市市长埃德加多·拉贝利亚率队到晋江市访问，先后参观黎刹广场和晋江SM国际广场。

同日 晋江金井毓英中心小学举行"中国楹联教育基地"挂牌仪式。毓英中心小学为福建省第一个获得"中国楹联教育基地"称号的小学。

11日 中国社会科学院社会研究所"晋江经验"调研基地揭牌仪式举行。

15日 泉州市委书记康涛到晋江市调研池店镇钱头村吴鲁故居及柴塔村华侨故居闲养别墅。

17日 晋江市凤竹纺织、三六一度、信泰、兴业皮革4家企业入选工信部公布的第四批绿色制造绿色工厂名单。

19日 国家发改委副主任林念修到晋江市调研集成电路产业园区。

19—20日 晋江市委理论学习中心组学习（扩大）会议举行，开展"不忘初心、牢记使命"主题教育第一次集中学习研讨。

24日 2019年第一次农产品地理标志登记专家评审会在北京举行。"安海土笋冻"通过专家评审，成为晋江市又一个通过国家农产品地理标志登记保护的农产品。

25日 晋江市学习贯彻习近平新时代中国特色社会主义思想暨传承弘扬"晋江经验"主题宣讲活动正式启动。

同日 晋江市发展和改革局作为全国唯一县级代表在督促落实1亿非户籍人口在城市落户现场推进会上作典型发言。

29日 晋江市首家农民专业合作社联合社——"晋江市泉农种植农民专业合作社联合社"在晋江市供销社正式揭牌成立。这在晋江属于首创，联合社的成立为晋江农民专业合作社的发展开辟新模式。

同日 市委理论学习中心组学习（扩大）会议举行，开展"不忘初心、牢记使命"主题教育第二次集中学习研讨。

29日 金井镇围头村获评农业农村部第九批"一村一品"示范村称号。

30日至10月4日 第二十六届泉州国际汽车展在晋江SM展览中心举行。展出面积3万平方米，12.8万人次观展，成交额10亿元。

同月下旬 晋江掌中木偶艺术保护传承中心副主任蔡美娜当选中国好人榜"敬业奉献好人"。

10月

8日 《人民日报》发布《2019年中国中小城市高质量发展指数研究成果》显示，晋江市居全国综合实力百强县市第八位；投资潜力指数居全国百强县市第二位；科技创新指数居全国百强县市第六位；13个建制镇全部入围全国综合实力千强镇榜单。

9日 中国进出口银行党委委员、副行长孙平到晋江调研集成电路产业园区。

同日 泉州市委常委、晋江市委书记刘文儒主持开展"不忘初心、牢记使命"主题教育第三次集中学习交流研讨。

10—11日 全国人大常委会委员、中国社会保障学会会长、中国人民大学教授、博士生导师郑功成，第十一届全国政协社会和法制委员会副主任、中华全国总工会原副主席、书记处书记、党组成员张世平，中国红十字会总会事业发展中心主任江丹到晋江市拔萃双语学校指导工作。

11日 副省长林宝金到晋江市安踏公司开展重点产业聚群及龙头企业调研。

同日 世中运执委会主任、泉州市市长王永礼主持召开第18届世界中学生运动会执委会（扩大）会议，听取组委会第一次全体会议、9月4日市主要领导召开的世中运重点工作专题会议落实情况及执委会各部专项工作、世中运倒计时1周年活动进展情况汇报，协调解决有关问题，研究部署下一阶段工作。

12日 宝能物流集团副总裁张旭与金井镇政府就宝能（泉州）供应链创新产业园项目签约。

13日 2019年国际大体联足球世界杯的比赛场馆——晋江足球公园正式启用。并迎来首场专业赛事。晋江足球公园位于晋江灵源街道曾林社区，总用地面积约8.7万平方米，包括11人制足球比赛场、11人制和7人制足球训练场，配套8000个观众席位、500个停车位。这是全省首座专业足球公园。

同日 民政部社会救助综合改革试点工作评估组开始对晋江试点工作开展评估验收。

14日 省政府正式公布2018年度

省科学技术奖励名单，晋江10项成果入围，首次实现福建省科学技术进步奖一、二、三等奖全覆盖，其中一等奖1项、二等奖3项、三等奖6项，获奖项目数创下新高，位居全省县域前列。

15日 省政协副主席阮诗玮到晋江市开展“产教融合政策落实情况”民主监督式考察，实地考察华侨职校、安海职校、泉州职业技术大学。

同日 被交通运输部提名“养护最好的路”——迎宾路北延伸X321，经过评选入围前十，排名全国第八。

16日 晋江市恒安、安踏、利郎、七匹狼、乔丹等8家企业入选由CCTV《大国品牌》、中国广告协会联合发布的“新中国成立70周年70品牌”名单。

17日 菲律宾达沃市副市长塞巴斯汀·杜特尔特一行到晋江访问，探索拓展两地合作。

17—18日 泉州市委常委、晋江市委书记刘文儒主持开展“不忘初心、牢记使命”主题教育第四次集中学习交流研讨。

19日 第18届世界中学生运动会倒计时一周年活动在晋江全民健身中心举办，标志着晋江2020世中运筹办工作进入冲刺阶段。来自世界各地的学生代表参加活动，并表演精彩的文艺节目。

同日 晋江市医学会妇产医学分会正式揭牌，这是全省首家县级妇产医学分会。

21日 省委常委周联清到晋江市调研集成电路产业园区。

23日 晋江公交车首次用上太阳能充电。

24日 2019年“海峡杯”工业设计(晋江)大赛举行颁奖活动。

25日 晋江市公安局社区民警“住村”试点先行在陈埭派出所启动。该所社区民警在每周工作时间内将住进“群众家”一至两个晚上，通过零距离接触了解社情民意，着力解决一批群众反映强烈的社会治安热点难点问题。此举在全省尚属首创。

25—31日 举办2019年晋江市文化产业周。本届文化产业周以“文创助力世中运”为主题，以洪山文创园、五店市传统街区、文化中心、书香花园等文创平台为载体，共推出五大板块16个活动。

28日 晋江十三届市委常委会召开第135次(扩大)会议。会议传达习近平总书记关于城市基层党建工作重要批示和《关于加强和改进城市基层党的建设工作的意见》，听取城市基层党建工作情况汇报，部署下阶段城市基层党建工作。会议还研究《晋江市行政事业单位国有资产管理规定》；传达中央财经委员会第五次会议、省委财经委员会第三次会议和泉州市委财经委员会第二次会议精神，研究《中共晋江市委财经委员会工作规则》《中共晋江市委财经委员会办公室工作细则》。

29日 国际奥林匹克委员会在瑞士洛桑国际奥林匹克博物馆举行仪式并正式宣布：安踏成为国际奥委会官方体育服装供应商，合作将至2022年底。

同日 晋江市生态司法教育实践体验馆正式开馆。

30日 泉州晋江国际机场新增“泉州—宿务”“泉州—克拉克”2条菲律宾往返航线，通航菲律宾的航点总数4个，成为中国境内通航菲律宾航点最多的机场。

2019年10月19日，第18届世界中学生运动会倒计时一周年活动在晋江全民健身中心举办
(赖进财　摄)

11月

3—4日 水利部副部长叶建春到晋江市调研金门供水工作。

5日 第二届中国国际进口博览会在上海拉开大幕。来自全球150多个国家和地区的3000多家企业，共赴“进博之约”，其中，晋江约有105家企业观展进博会，涵盖鞋服、母婴、玩具等多个行业领域企业。

同日 福建晋江天然气发电有限公司“GE 9FA燃气轮机DLN2.6+燃烧系统改造”项目获中国电力设备管理协会全国电力行业设备管理创新奖。

11日 晋江市企业“双11”全渠道销售额超60亿元，同比增长30%；11家企业的14个品牌当日销售额超1亿元。其中，安踏销售额18.3亿元，销量全市第一，同比增长63%；恒安销售额4.9亿元，再创新高；特步销售额3.5亿元，28分钟实现全网破亿；利郎销售额1.3亿元，首次跻身“双11”亿元企业俱乐部。

12日 泉州人才“港湾计划”—晋江市第三届海峡菁英人才节开幕式暨第三届全国集成电路“创业之芯”大赛启动仪式在晋江市举行。

同日 省人大常委会党组书记、副主任张广敏，省人民检察院党组书记、检察长霍敏，泉州市委书记康涛等福建省十三届全国人大代表到晋江市开展“实体经济和民营企业发展情况”专题调研。

同日 《2019中国县域营商环境百强研究白皮书》出炉，晋江市位居百强县市第二名。

14日 晋江市梧林传统村落项目招商运营签约仪式举行。

15日 福建省军鹏特种装备股份公司董事长郑东升获评“《中国双拥》2018年度人物”。

17日 副省长林宝金、省工信厅厅长翁玉耀到晋江市调研高新技术企业提升及发展工作，实地调研金石能源公司。泉州、晋江市领导王永礼、李自力、王文晖陪同。

17—19日 菲律宾达沃市副市长塞巴斯汀·杜特尔特在中国驻达沃总领事黎林的陪同下，到晋江市进行友好访问。

17—19日 全国首届"黄炎培杯"中华职业教育非遗创新大赛暨非遗职业教育成果展示会在安徽歙县举行，泉州轻工学院获"最佳组织奖"，该校林智喜老师作品《泉州刻纸一闽南小吃》获三等奖。

18—19日 2019国家制造强国建设专家论坛（泉州）暨"智能制造提升传统产业竞争力"系列活动在晋江举行。全国各地工业和信息化主管部门代表，智能制造试点示范企业、相关制造业企业、智能制造解决方案商、工业互联网企业等代表，中国工程院等有关科研机构、高校专家参加此次论坛。

19日 中国科学院大学、中国科学院海西研究院、泉州市人民政府和晋江市人民政府签订合作办学四方协议，中国科学院大学福建学院智能制造学院正式落地晋江。该学院结合区域发展需求，围绕智能制造、人工智能新能源汽车、电子信息等领域部署和设立学科方向，以培养急需高端研发人才和工程技术人才为目标培育专业型研究生，打造成为立足福建、面向全国的国家级智能制造创新型人才培育基地。

2019年11月21日，卡尔美2019年国际大体联足球世界杯开幕式暨首场比赛在晋江足球公园举行
（徐维耕　摄）

同月中旬 中国纺织工业联合会发布《关于确认辽宁省海城市等197个地区为纺织产业集群试点地区的决定》，晋江通过全国纺织产业集群试点复查，被授予"中国纺织产业基地市""中国泳装产业名城"称号。深沪、英林、龙湖分别入选纺织产业特色名镇名单，其中，深沪获"中国内衣名镇"称号；英林获"中国休闲服装名镇"称号；龙湖获"中国织造名镇"称号。

21日 卡尔美2019年国际大体联足球世界杯在晋江足球公园举行开幕式。共有来自中国、巴西、德国、意大利、克罗地亚等17个国家（地区）的16支男队、8支女队展开62场角逐。12月1日，乌拉圭共和国大学足球队、加拿大渥太华大学足球队分别获得此次比赛男、女组冠军。

25日 "庆祝中华人民共和国成立70周年——中国书法院书法作品展"开幕式在晋江市博物馆举办。

28日 第四届"海峡杯"福建（晋江）创新创业大赛举行颁奖仪式。并发布一系列晋江双创领域成果，举行联合双创基地授揭牌仪式，以及资本助力创业、区域协同创新、参赛项目合作等签约仪式。经大赛组委会牵线搭桥和精细服务，有3个参赛项目深入晋江企业，达成技术合作，5个项目正式落地。

2019年11月25日，"庆祝中华人民共和国成立七十周年——中国书法院书法作品展"开幕式在晋江市博物馆举办
（市博物馆　供）

12月

1日 中国鞋都电子商务中心被商务部增补为国家电子商务示范基地。

同日 卡尔美2019年国际大体联足球世界杯闭幕式在晋江足球公园举行。

同日 晋江市信泰、军鹏、浔兴拉链等企业入选2019年度国家知识产权优势示范企业名单。

9日 晋江市在全省首创将不动产抵押权首次登记业务时限压缩为即办件，将从原先需2个工作日办结的首次抵押登记业务提速至当场办结。

13日 中共晋江市第十三届代表大会召开第四次会议。大会听取并审议大会提案处理意见的报告；通过晋江市委工作报告、晋江市纪委工作报告及《中共晋江市委深入贯彻〈中共中央关于坚持和完善中国特色社会主义制度、

2019年12月13日，中共晋江市第十三届代表大会第四次会议召开 （徐维耕 摄）

推进国家治理体系和治理能力现代化若干重大问题的决定〉的实施意见》等。会议期间，各代表团召开会议，审议晋江市委工作报告、市纪委工作报告、《实施意见（草案）》；组织讨论市委、市纪委工作报告及《实施意见（草案）》。当天下午还召开晋江市委十三届十一次全会，听取酝酿相关情况汇报及相关决议。

14日　泉州市委书记康涛到晋江市参加磁灶镇苏垵村党支部专题组织生活会。

同日　中央特派督导第四组组长王会平到晋江市开展扫黑除恶专项斗争工作辅导。

15日　省委统战部副部长、省工商联党组书记李家荣一行到陈埭镇走访陈埭商会并开展座谈。

16日　全国县域经济与县域发展专业研究机构、社会智库中郡研究所发布《2019县域经济与县域发展监测评价报告》，揭晓第十九届全国县域经济与县域综合发展前100名等监测评价结果。评价结果显示，晋江市县域经济基本竞争力位居全国第4位。

17日　国家市场监管总局副局长唐军到安踏公司开展检验检测和认证认可工作。

18日　晋江市被列入中央农村工作领导小组办公室、农业农村部、中央组织部、中央宣传部、民政部、司法部确定的全国乡村治理体系建设首批115个试点单位之一。

同日　晋江市慈善总会第四届理事会第二次会议召开，会议向陈文理等16名人士颁发“晋江市慈善世家”“晋江市慈善家”“晋江市慈善大使”牌匾。向元旦、春节困难对象代表颁发慰问金。

同日　2019中国海外人才交流大会暨第21届中国留学人员广州科技交流会在广州开幕，晋江作为福建唯一县级城市参会，特设晋江馆，集中展示晋江城市概况、人才政策。

19日　中国竞争力智库和中国信息化发展研究院联合发布《中国县域旅游竞争力报告2019》，报告梳理全国县域旅游发展现状，对全国旅游强县综合竞争力进行系统评价，晋江以实力登上“2019中国县域旅游竞争力百强县市”，同时榜单着重推荐安平桥景区。

同月中旬　晋江五店市传统街区获“中国华侨国际文化交流基地”称号，这是晋江市首次被授予该称号。

23日　晋江市粮食储备库（金井库）竣工验收。该项目总投资2.3亿元，建筑面积约3万平方米，金井库是全省规模最大的县级储粮库、泉州地区首个实现氮气回收再利用的储粮库。数据端口与省级平台端口对接，从进粮、储粮到出粮均采用机械化、智能化管理。

24—26日　晋江市政协十三届四次会议在戏剧中心召开。

25—27日　晋江市第十七届人民代表大会第四次会议在市委党校会堂召开。

26日　晋江市挂牌后备企业正扬科技股份有限公司取得海峡股权交易中心同意挂牌交易通知，成功登陆场外挂牌交易市场海交所，正式挂牌交易。

27日　陆地港泉州国际邮件互换局正式揭牌启动运营。该项目按出口5000万件/年规划建设，配备海关、国检、国安等办公室，使用自动化分拣传输设备；日均出口13.6万件，配有120个分拣口，每小时产量18000件。项目投用后实现本地通关，简化出口手续，国际邮件运行时间至少可缩短1天，跨境电商企业可借助跨境电商E邮宝等邮政产品降低物流成本10%。

同日　晋江市紫帽山景区获评省级旅游度假区，是晋江市首家省级旅游度假区。

28日　中国(泉州)创新工匠暨“一带一路”产业发展高峰论坛在晋江市召开。此次高峰论坛以“新时代、新工业、新发展”为主题，会上表彰中国创新工匠“全国优秀企业”“全国示范企业”“海丝一带一路优秀企业”、创新工匠“中国建阳建盏榜样人物、榜样品牌”，以及中国工业影响力70家企业、70个品牌、70位人物，并举行“海丝一带一路产业发展促进联盟”启动仪式，进行产教融合、产学研项目合作签约。

29日　晋江市农业领域首个院士工作站在晋江市梓源农业发展有限公司揭牌落地。

30日　国家邮政局授予晋江市“中国快递示范城市”称号，示范城市创建期为2020—2022年。

同日　宝龙商业管理控股有限公司正式在香港联合交易所主板挂牌交易（股票简称宝龙商业，股票代码09909.HK）。

31日　晋江市消防救援大队举行挂牌仪式。

同日　晋江市人民政府办公室印发《关于调整晋江市城乡居民医保25种特大病种报销标准的通知》，新标准于2020年1月1日开始执行。

同月下旬　在全国档案工作暨表彰先进会议上，晋江市档案馆获“全国档案系统先进集体”称号。也是全省唯一获此称号的县级市档案馆。

同月下旬　根据《中央农村工作领导小组办公室、农业农村部、中央组织部、中央宣传部、民政部、司法部关于乡村治理体系建设试点示范工作的批复》，晋江市为乡村治理体系建设首批试点单位。试点期至2021年12月底。

同月下旬　晋江创新推行非公企业和社会组织从业人员社会成就乡报制度，通过函件、喜报、贺信等形式，将在晋江从业人员的社会成就通报给他们户籍所在地的党组织。

自然环境

【位置面积】 晋江地处福建省东南沿海，位于北纬24°30′44″～24°54′21″，东经118°24′56″～118°41′10″。东濒台湾海峡，西和南安市接壤，南与金门隔海相望，北同鲤城区、丰泽区毗邻，东北与石狮相连，境内陆地面积649平方千米；三面临海，海岸线长121千米，海域面积957平方千米。

【地质地貌】 晋江市地质属闽东滨海加里东隆起带。地势由西北向东南倾斜。地貌以台地平原为主，丘陵多为低丘，呈条带状或弧丘状分布。西北部的紫帽山海拔517.8米，为境内最高峰。海拔100～300米的罗裳—灵源和灵秀山脉分别纵贯中部东西。福建省四大河流之一——晋江，流经东北部，与横贯市境的支流九十九溪于泉州湾汇合入海。流域一带的晋东平原是泉州市最大的冲积平原，土地肥沃，河网密布，为水稻主要种植区。中部及南部广大地区丘陵起伏，多属侵蚀剥蚀台地，为甘薯、花生、大豆主产区。湖泊分布在滨海一带。东部的龙湖、陁湖是福建著名的淡水湖。海岸曲折，多港湾、岛礁，海岸线长，主要港湾有泉州湾、深沪湾、围头湾。

（市委党史方志室）

【气候】 2019年，晋江市雨季雨涝和夏秋气象干旱皆重，极端天气气候事件频发，但气象灾害总体较轻，年景较好。全市年平均气温21.5℃，比常年高0.7℃；年降水量1037.4毫米，比常年少301.1毫米；年日照时数1906.6小时，比常年少112.4小时。综合分析，主要有以下气候特点：

四季气温偏高，以冬季为甚。冬季平均气温为14.9℃，比常年高1.5℃。年内降水、日照变化反差大。以8月为界，降水前多后少，秋季降水量为仅为20.3毫米，比常年少204.1毫米。秋季降水为1981年以来历史最少。日照前少后多，秋季日照时数为638.4小时，比常年多82.8小时。雨季结束迟、历时长、雨量多。结束日期为7月14日。为历史最迟，持续76天接近历史之最。台风影响个数（5个）接近常年（5.3个），其风雨影响以大风为主，影响程度较轻。夏秋季持续异常高温少雨致出现大范围气象干旱。

气温 2019年，晋江市年平均气温21.5℃，比常年偏高0.7℃，比2018年高0.1℃。年平均气温偏高。年极端最高气温为38.7℃（8月10日）。年极端最低气温为7.1℃（1月23日、1月27日、12月8日）。全年≥35℃高温日数为17天。全年无霜，无倒春寒和五月寒。“23”型秋寒出现在10月18日（属偏晚），“20”型秋寒出现在11月9日（属偏晚）。

降水 2019年，晋江市年降水量为1037.4毫米，比常年偏少301.1毫米，比2018年少87.7毫米。属显著偏少。出现大雨及以上的日数为14天，其中暴雨日数为2天。日最大雨量，出现时间为：87.9毫米（5月17日）。2019年雨季结束迟、历时长、雨量多。

日照 2019年，全市平均年日照时数为1906.6小时，比常年少112.4小时，比2018年少263.4小时，属正常。

台风 2019年，晋江市共受5个台风登陆或影响，与常年相比略偏少，影响偏轻。分别为1904号“木恩”、1907号“韦帕”、1909号“利奇马”、1911号“白鹿”、1918号“米娜”。

暴雨 2019年共有2次暴雨过程，汛期强降水天气较多，降水强度较强，暴雨天气主要出现在3月8—9日、5月16—17日、31日；6月3日、11—13日、23—24日；7月3日；8月17—18日、24—26日。

强对流 2019年，晋江市强对流活动频繁，春季冷空气频繁，同时西南暖湿气流较为活跃，强对流天气多发，主要雷暴天气出现在3月29日，4月13日、22日、26日、30日，5月15日、17日。夏季强对流雷暴天气主要出现在6月9—10日、19日、22日，7月2日、11—12日、14日、16日、19—22日、26日，8月8日、14—15日、30日。秋季雷暴天气主要出现在9月1—3日、9月4—7日、8—11日。

高温 2019年，晋江市≥35℃高温日数为17天。2019年≥35℃高温最早出现于7月1日，明显偏迟。全市极端最高气温比常年偏高，38.7℃（8月10日）。高温天气主要出现在7月1日、7月15—20日、7月29—30日、8月8—17日、8月

27—29日、9月2日、9月6日、9月21日、10月1—2日。高温极端性：最高气温(10月2日36.2℃)突破10月历史纪录。

大雾 2019年，晋江市出现能见度≤500米的浓雾天气主要出现在：1月11—12日；2月3—4日、6—7日、18—21日、23—25日，3月3—6日、9—10日、21—23日、25—26日、30日，4月7—8日、10—11日、13—14日、17日、19—21日、23—24日，5月6日、5月16日、26日。

干旱 2019年，晋江市雨季结束后，持续温高雨少，平均气温偏高0.7～0.9℃，降水偏少五成以上，其中：9—11月总降水量历史最少。气象干旱等级达特旱～重旱，9月开始，4—30日连旱日数27天，达到气象中旱标准。气象干旱综合监测显示，截至10月31日晋江市达到气象重旱。截至11月30日晋江市达到气象特旱。12月6日气象特旱解除。

(市气象局 林雄军 陈雅莲)

【空气环境质量】 2019年，晋江市城市环境空气质量达到国家环境空气质量标准(GB 3095—2012)二级标准，空气质量综合指数为3.14。环境空气质量优良以上的天数为354天，优良率97.0%，其中空气质量优的天数为165天，良的天数为189天，轻度污染11天，无中度污染及以上天气，环境空气质量AQI指数为57，主要污染因子均值分别为可吸入颗粒物 47微克/立方米、细颗粒物23微克/立方米、二氧化硫10微克/立方米、二氧化氮21微克/立方米、臭氧最大滑动8小时 (90%位)144微克/立方米、一氧化碳 (95%位)0.9 毫克/立方米，同比上年同期，空气优良率提升0.6个百分点，6项指标能达到或优于二级标准；其中可吸入颗粒物、细颗粒物、二氧化硫和二氧化氮年均浓度同比分别下降14.5%、8.0%、23.1%和12.5%，空气质量综合指数下降7.1%，空气质量得到进一步改善。全年降水pH在5.31～6.86之间，酸雨(pH酸碱度低于5.6)出现频率为3.7%，同比上年下降11.9%。

【水环境质量】 城市地表水环境质量。2019年，晋江市地表水水体监测点位断面是乌边港和杏坂，所属水体名称为九十九溪和南低渠，功能类别均为Ⅴ类，执行GB 3838—2002《地表水环境质量标准》Ⅴ类标准。2个断面全年监测频次均为6次，2019年度监测频次共12次，监测达标频次6次，全年水质达标率50%。城市饮用水环境质量。2019年，晋江市饮用水源地 (南高干渠田洋取水口)水质保持良好，达到GB 3838—2002《地表水环境质量标准》Ⅲ标准，水质达标率100%。21条生态水域质量。2019年12月，全市21条流域末端水化学需氧量、氨氮平均浓度与上年同期相比分别下降21.0%、11.9%。其中，2019年8月以来，梧垵溪富之达(晋石交界)断面化学需氧量、氨氮、总磷等3项指标均值满足地表水Ⅴ类水标准，实现从劣Ⅴ类到Ⅴ类的跨越提升。

【声环境质量】 道路交通噪声。2019年度对晋江市21条交通干道进行监测，总长15.35千米，车流量均值为3144辆/小时，21个监测点位交通噪声监测均值为70.4分贝 (A)，超过GB 3096—2008《声环境质量标准》表1环境噪声限值4a类声环境功能区标准。城市区域噪声。2019年晋江城市区域噪声共设置监测点位128个，监测均值为59.1分贝(A)，达到GB 3096—2008《声环境质量标准》表1环境噪声限值2类声环境功能区标准。城市功能区噪声。2019年，晋江市区功能区噪声监测共设置泉州市晋江生态环境局、自来水厂和晋江市中医院3处监测点位，昼间达标率分别为100%、100%、0%，平均66.7%；夜间达标率分别为0%、0%、0%，平均0%。

【土壤环境质量】 2019年，晋江市开展农用地土壤污染状况详查，开展电镀、制革、危废经营等重点行业企业用地土壤污染状况调查。全面禁止洋垃圾入境，实现固体废物零进口。全面提升危废处置能力，危险废物产生量43307吨，处置利用率97.3%，晋江市超期贮存危险废物基本清零。

(晋江生态环境局 王丹妮 林志雄)

自然资源

【土地资源】 根据2018年度晋江市土地利用现状变更调查数据，全市土地总面积74435.94公顷。其中，农用地26108.51公顷 (耕地15372.72公顷、园地1463.52公顷、林地4156.2公顷、其他农用地5116.07公顷)，建设用地36941.61公顷 (城镇村及工矿用地31589.75公顷、交通运输用地4827.58公顷、水域及水利设施用地524.28公顷)，未利用地11385.82公顷。

(市自然资源局 林福凉 蔡天文)

【矿产资源】 至2019年，晋江市境内发现矿产12种，其中金属矿产2种，非金属矿产10种。优势矿产主要是饰面用花岗岩、建筑用石材、玻璃用砂和铸型用砂四种。其中，深沪镇有一探明石英砂矿区(1986—1988年勘探)，位于深沪湾海积一级阶地，为一大型优质玻璃砂、型砂矿床、石英砂总储量7534万吨(其中玻璃砂储量1671万吨、型砂5863万吨)，分布面积6.51平方千米，尚未开发利用。另外，晋江市花岗石资源较为丰富，主要分布于永和、东石、英林、龙湖、金井等镇。开发利用的主要为饰面用花岗岩和建筑用石材。石材荒料的主要品种有巴厝白(G3503)、清透白(G3515)、陈山白(G3532)、内厝白(G3533)、东石白(G3540)等5个品种，其中巴厝白、内厝白花岗石1998年被评为“中国名特石材品种”。

(市自然资源局 王玉志 蔡天文)

【水资源】 晋江市属亚热带海洋季风气候，多年平均降水量1240毫米。最丰年份与最枯年份降雨量之比各雨量站均在3倍左右。年最大降雨量2028.5毫米(1983年磁灶站)，最小降雨量421毫米(2015年龙湖镇东溪水库站)，降雨量年际变化和年内分布不均，多年平均径流深534毫米，径流年际变化较大。年内分配不均匀，汛期(4—9月)径流量占年径流量的80%。特别是梅雨季节和台风季节，短时间内雨量大，极易产生涝水，而春灌期水量只占年水量的10%左右，缺水现象严重，境内河流多属独流入海水系，源流短促。流域面积在20平方千米以上主要河流有九十九溪、梧垵溪、湖漏溪、阳溪、坝头溪和加塘溪等。

2019年，全市降水总量相对偏多，时空分布不均，局地性较强。据统计，年降雨量1127.3毫米，折合年水量8.218亿立方米，比2018年降雨量多26.1%，比多年平均少6.8%。

全市境内水资源贫乏，多年平均水

资源量3.22亿立方米，2019年地表水资源量为20480万立方米，地下水资源量为6606万立方米，扣除重复计算量，全市水资源总量22080万立方米，属于绝对贫水区，只能依靠外引晋江客水来弥补工业、农业、生活和生态用水需要。

（市水利局　李建阳　洪贻谋）

【水产资源】 晋江市海岸线长121千米，有滩涂面积0.7万公顷，10米等深线以内浅海面积1.16万公顷，内陆水域面积0.2万公顷。水生生物资源丰富，种类繁多。海洋捕捞的主要渔获种类有100多种，经济价值较高的有带鱼、鲨鱼、海鳗、鲳、鲷、毛虾、梭子蟹、鱿鱼、乌贼等。浅海滩涂和陆上工厂化养殖的主要贝藻类有牡蛎、缢蛏、花蛤、鲍鱼、紫菜、海带、江蓠等。淡水鱼类有青鱼、草鱼、鲢鱼、鳙鱼、鲤鱼、鲫鱼、罗非鱼、胡子鲶、鲈鱼等20多种。海珍品有大黄鱼、石斑鱼、西施舌、鲍鱼、海参、日本对虾、青蟹等10多种。

（市农业农村局　王宝珍　洪俊杰）

历史人文

【概况】 民国8年（1919年），五四爱国运动以后，马列主义在晋江传播。民国16年（1927年）1月，中国共产党晋江地方组织（泉州特支）在晋江县城成立，工农革命运动蓬勃兴起。同年4月，国民党反动派发动反革命政变后，晋江党组织转入农村，继续进行革命斗争。土地革命战争时期，晋江党组织逐渐恢复和发展，并建立革命根据地和工农武装，开展抗租、抗饷、抗捐、抗税、抗粮的“五抗”斗争，在晋南周边地区开展游击战争。抗日战争时期，晋江党组织始终坚持抗日民族统一战线，高举抗日救亡旗帜，领导晋江人民进行抗日和反顽斗争。抗日战争胜利后，晋江党组织积极发动群众，开展反内战、反饥饿、反迫害的斗争，努力巩固革命据点，建立人民武装，开辟白区战场，扩大爱国统一战线，粉碎国民党反动派的“清乡”，摧毁国民党基层政权，迎接南下的中国人民解放军。1949年8月31日，配合中国人民解放军解放县城泉州。9月4日，晋江全境解放。9月6日，建立地方人民政权。从此，晋江的历史掀开新的一页。

中华人民共和国成立后，晋江人民积极投入社会主义革命和建设，各项事业都有很大的发展，特别是中共十一届三中全会之后，晋江市实行改革开放，充分发挥特有的侨乡优势和人文传统，牢牢把握革故履新的历史机遇，始终坚持以经济建设为中心，解放思想，开拓创新，率先探索建立以民营经济为主体、多种经济成分共同发展的社会主义市场经济的崭新实践，催发并不断丰富“诚信、谦恭、团结、拼搏”的“晋江精神”，开创并不断发展引人瞩目的“晋江模式”“晋江经验”，成功走出一条“实现工业化，推进城镇化，迈向现代化”的道路，极大地解放和发展社会生产力，极大地促进经济和社会、城市与农村、物质文明与精神文明及生态文明的协调发展。晋江从一个农业县一跃而成为闻名全国、海外知名的侨乡港口工贸城市，人民的物质文化生活水平得到极大提高，不但本地劳动力得到充分就业，而且吸纳100万名外来务工人员。建立和不断完善社会保障制度，人民生活富裕，社会安定和谐。2000年以来，获国家创新型（县）市、全国文明城市、国家生态市、国家生态市、国家园林城市、中国品牌之都、中国爱心城市、中国十大慈善城市、七星级慈善城市、国家级海洋生态文明示范区、全国双拥模范城、全国科技进步先进县（市）、全国文化先进市、全国体育先进市、全国卫生先进市、全国老龄工作先进市、全国平安建设先进市、全国创建文明村镇工作先进城市、全国创先争优活动先进县（市、区）党委、“四好农村路”全国示范县、国家双创示范基地、全国民族团结进步创建示范区、流动人口基本公共卫生计生服务均等化示范县、全国农村创业创新典型县、全国县域旅游竞争力百强、全国乡村治理体系试点示范县、中国快递示范城市、全国围棋之乡、全省平安建设先进市、全省首批县域集成改革试点、省级教育强市、全省“七五”普法中期先进市等称号。

获中国鞋都、中国食品工业强县、中国纺织产业基地县（市）、中国拉链之都、世界茄克之都、中国典范品牌城市、中国国家体育产业基地、中国纺织产业基地市、中国泳装产业名城、全国平安渔业示范县、全国消费品工业“三品”战略示范城市、全国知名品牌创建示范区、福建省装备制造业重点基地、中国泳装名城等产业区域名牌。磁灶镇被评为中国陶瓷重镇，永和镇被评为中国石材之乡，东石镇被评为中国伞都，英林镇被评为中国休闲服装名镇，深沪镇被评为中国内衣名镇，新塘街道被评为中国运动服装名镇，龙湖镇被评为中国纺造名镇，内坑镇被评为中国鞋都•拖鞋名镇。

【海上交通贸易】 晋江的发展，离不开港口的开放、国门的开放和与世界的经济交流。晋江地理条件优越，沿海港湾多，水陆交通便利。早在一千多年前的唐代，晋江入海口的泉州港就是中国对外贸易的四大港口之一。宋元时期，

鸟瞰安平桥　（安海镇　供）

泉州港更加鼎盛，号称“东方第一大港”，是“海上丝绸之路”的起点之一，海外交通贸易直达东西大洋彼岸。海外贸易是晋江人走向海洋、走向世界的主要途径。他们的足迹遍布菲律宾、新加坡、泰国、印度尼西亚、越南、马来西亚、朝鲜、美国、日本等国家，宋元时期，晋江人积极从事海外贸易，市场十分活跃，使县城泉州成为当时国内屈指可数的大城市。海外贸易迅速发展，使晋江的农业、手工业获得较快发展。为适应海外交通贸易进出口物资的集散转运，两宋时期晋江共造石桥90座，而以“天下无桥长此桥”闻名的安平桥（俗称五里桥）为最，因而赢得“闽中桥梁甲天下”之称。

【文化积淀】 晋江历史悠久，孕育丰富的文化，山川毓秀，人文荟萃，素享“声华文物、雄称海内”“别泉南佛国”“海滨邹鲁”之美誉。晋人南迁到晋江后，中原文化即在晋江这块土地上扎根、衍化。同时，海外交通贸易空前繁荣，招来四面八方商旅。中世纪的晋江县城，既是贸易大港，又是中外文化交流中心。外国商人及传教士把他们的文化习俗、宗教信仰传入晋江，使晋江文化既有中原古老文化遗风，又有外来文化痕迹相映交融的特色。出现既有中国古老的道教、汉化的佛教，又有阿拉伯世界的伊斯兰教、中亚的摩尼教、南亚次大陆的印度教和欧洲的基督教等多种宗教自传共存的盛况。境内拥有市级以上文物保护单位124处，其中有全国唯一、世界仅有的保存比较完整的摩尼教遗址“草庵”。在艺术方面，既保留中原文化遗韵又吸取闽南风土文化精华的南音、民间乐曲、舞蹈，以及木偶、梨园、高甲等戏曲，风靡海内外。海外贸易发展也促进晋江文教事业兴旺发达，使晋江人才辈出，历史上先后出现16名宰相、8名文状元、3名武状元、1853名文武进士。海洋文化还造就晋江人勇敢、拼搏、开拓创新、富于冒险的精神和强烈的商业意识、竞争意识、开放意识和创业意识。这种文化积淀，成为晋江最宝贵的历史财富，使晋江人更少墨守成规，更富有“勇为天下先”的改革创新精神，更注重于发展经济，更敢于面向世界、走向世界。

【华侨、华人和台胞祖籍地】 晋江是全国著名侨乡和台湾汉族同胞的祖籍地之一。早在宋元时期，即有晋江人移居海外。在明中后期、鸦片战争、抗日战争期间、中华人民共和国成立前后4个时期，晋江人大量外迁，侨居东南亚及世界58个国家或地区，以东南亚为最。“十户人家九户侨”，晋江的海外侨胞和港澳同胞达200多万人；晋江与台湾一衣带水，与隶属福建的金门相隔仅5.3海里。历代迁居台湾宝岛者为数不少，世代相传，绵延不断，地理相近，语言相通，习俗相同，血缘相亲，祖籍晋江的台湾同胞100多万人；晋江本地户籍人口有100多万人，外来新晋江人100多万人，故有“海内外500万晋江人”之说。

（市委党史方志室）

建置　区划

【建置沿革】 晋江历史悠久，早在新石器时代即是古闽人聚居地。春秋战国时，越人迁入，融合成为闽越族。西晋永嘉年间（307—313年），中原战乱不息，大批士庶南迁避乱，在这里沿江而居，称江为晋江。唐开元六年（718年），析南安县东南部置县，因地处晋江下游而得名。历来是泉州首邑。北宋太平兴国六年（981年），析东乡十六里置惠安县。宋乾道七年（1171年）起，兼辖澎湖列岛；澎湖列岛至清康熙二十二年（1683年）方划属台湾府。元，属泉州路。明清，属泉州府。民国元年（1912年），实行省、道、县三级建制，泉州府所领晋江等县属南路通。民国16年（1927年）废道，晋江县直属福建省。中华人民共和国成立后，晋江行政区域几经析变。1951年划出县城及部分近郊建立泉州市，县治南迁青阳镇；1958年和1971年分别划出部分与泉州近郊相邻地归泉州市管辖；1988年，划出石狮、永宁等乡（镇）设立石狮市。1992年3月6日，经国务院批准撤县设市。2001年，晋江市被列为福建省中等城市，是福建省综合改革试验区、加快闽东南开放开发、建设海峡西岸经济区的前沿区域。

【行政区划】 2019年，晋江市辖13个镇、6个街道，293个建制村、104个社区。

（市委党史方志室）

人口　民族　宗教

【人口】 2019年，经市、镇、村三级人口统计汇总，全市总户数330911户，总户籍人口数1193686人（男性609515人，女性584171人），比上年总人口数1176326人增加17360人。其中，出生18775人，死亡7933人；迁入20791人，其中省内迁入16473人、省外迁入4318人；迁出14050人，其中迁往省内10817人、迁往省外3233人。流动人口1104125人，比上年流动人口数1018690人增加85435人，其中2019年新登记流动人口信息1018732人，注销933297人。

（市公安局　林文限　赖礼焕）

【民族】 晋江先民主要为中原南迁的汉族，也有当地的土著和先期到达的部分畲族及来自北方少数民族，来华经商滞留的东南亚、中东地区其他族裔。晋江市回族人口比较集中的聚居村落以陈埭镇四境、花厅口、溪边、西坂、江头、岸兜、鹏头等7个回族建制村（社区）的丁氏回族为最多，也有散居在汉族村落或散居户。郭氏回族则是分散在西园街道、罗山街道、龙湖镇、金井镇、东石镇，其祖先是来自波斯、西域的阿拉伯人。畲族主要聚居在内坑镇霞美村。满族主要聚居在龙湖镇衙口村、福林村粘厝铺，均为粘姓，其原来姓氏为“完颜”。晋江市的少数民族，尚有散居在东石的蒲氏回族、白氏回族，内坑雷氏（现为许氏）畲族，青阳出氏蒙古族，以及壮族、藏族、彝族、高山族等少数民族。

【宗教】 晋江宗教主要有佛教、道教、伊斯兰教和基督教，尚有较小宗教流派摩尼教、印度教及信众众多的天公、王爷等民间宗教流派。每种宗教都有相对固定的宗教群体、固定的活动场所和活动仪式，定期开展宗教活动，而且各宗教之间能够和谐相处，有序发展。20世纪90年代初，晋江县政府陆续开放各种宗教活动场所，宗教活动场所及信徒日益增多。

晋江有代表性、突出的寺庙草庵，虽然寺庙不大，但因存有世界保存最完好的摩尼石雕佛像而闻名于世。1990年

10月23日，联合国教科文组织"海上丝绸之路"考察团，由30多个国家的50多名史学家、考古学家和记者组成，乘坐"和平号"考察船，从意大利威尼斯启航，沿"海上丝绸之路"东行，沿途考察15个国家。1991年2月16日，考察团到草庵参观、访问、考察，对草庵摩尼教遗址的文物价值给予高度评价，称其发现是"海上丝绸之路"考察活动的最大收获。

（市委党史方志室）

经济社会发展

【概况】 2019年，晋江市以"三大任务冲刺年""城乡环境整治攻坚年"活动为抓手，坚定不移推进人才强市、新型城镇化、国际化"三大战略"，国际化创新型品质城市建设迈出坚实步伐。全年实现地区生产总值2546.18亿元，同比增长8.0%，总量分别占全省、泉州市的6%和25.6%，按常住人口计算的人均GDP达120387元，比全省平均水平高出13248元；一般公共预算收入137.91亿元，同比增长2.0%；规模以上工业产值5489.10亿元，同比增长9.5%，产值超亿元企业达940家；固定资产投资（不含农户）同比增长2.7%；社会消费品零售总额783.30亿元，同比增长8.1%；城乡居民人均可支配收入43441元，同比增长8.0%，比全省平均水平高出7825元。11月30日，省人民政府发展研究中心发布的2019年度福建省县域经济实力"十强"、经济发展"十佳"县（市）评价结果显示，晋江市连续26年领跑福建县域经济。12月16日，全国县域经济与县域发展专业研究机构、社会智库中郡研究所发布《2019县域经济与县域发展监测评价报告》，揭晓第十九届全国县域经济与县域综合发展前100名等监测评价结果。评价结果显示，晋江市县域经济基本竞争力继续居全国第四位。

10月8日，中国中小城市高质量发展指数研究课题组、中小城市发展战略研究院、国信中小城市指数研究院联合在《人民日报》发布《2019年中国中小城市高质量发展指数研究成果》，并公布2019年度"全国投资潜力百强县市""全国科技创新百强县市""全国新型城镇化质量百强县市""全国综合实力千强镇"等榜单。榜单显示，晋江市投资潜力指数居全国百强县市第二位，较上年度提升一位；科技创新指数居全国百强县市第六位；新型城镇化质量指数继续居全国百强县市第十位。

（市统计局　郑智政　吴其仁）

【经济发展】 2019年，晋江市五大优势产业、五大新兴产业产值分别比增9.2%、12.8%，三次产业结构优化为0.8:62.3:36.9，传统优势产业加快全链条全流程升级，高新产业集群发展加速成型成势，现代服务业持续培育壮大，外贸出口实现逆势增长，晋江品牌"双十一"销售突破60亿元，承办中国民营经济创新发展高峰论坛、国家制造强国建设专家论坛。项目后劲接续释放。安踏收购国际体育巨头亚玛芬，恒安、特步、乔丹、百宏等企业加快增资扩营，澳门闽商基金、展志钢贸等乡贤项目加速回归，中探针、宝能等产业链项目落地建设，大型锂电池储能等项目建成投产，国际鞋纺城，海峡石化、安踏一体化，菜鸟物流等三产大市场大平台效益持续释放。新旧动能加速转换。国家创新型县（市）建设深入推进，国际人才港启航，全省首家县级国有人力资本公司挂牌成立，"国字号"科研平台加速融合，获批首家国家级产业技术创新战略联盟、首个国家地方联合工程研究中心，首次实现省科技进步一二三等奖全覆盖，新认定国家高新技术企业74家，新增院士专家工作站4家、各类高层次人才1928人。"亲清护企"持续升级。坚持"宁可政府过紧日子，也要让企业过好日子"，全面落实减税降费28条措施，兑现各级扶持资金16.97亿元，企业贷款不良率控制在2.5%以内。梳理用地空间2466.67公顷，清理批而未供土地超400公顷。常态推进产能对接，促成一批中小企业进入龙头企业供应链、代工圈。市场主体突破20万户，有效注册商标突破10万件。

【城市建设】 2019年，晋江市统筹办赛事与办城市，坚持"为民建城、为民管城、为民创城"，推动"面子""里子"双提升。功能配套日臻完善。沿海大通道、江滨南路完成拓改，晋新路建设等历史遗留问题突破解决，一批断头路实现贯通。加快危旧房屋改造、安置房建设回迁、公共交通"一镇一枢纽"建设，智慧停车系统及一批立体停车场、充电站建成投用，公共交通全面实现新能源替代。五店市业态更加丰富，梧林传统村落保护开发有序推进，晋江南岸、崎山等一批公园绿地逐步开放。生态文明建设持续深化。抓好中央生态环保督察反馈问题整改，开展第二次全国污染源普查，推进三大污染防治攻坚战，完成引水第二通道和市区3条流域生态补水工程建设，全面提速垃圾焚烧发电厂提标改造、污水处理厂及配套管网建设，建成金井综合固废填埋场、晋南热电厂集中供热项目，基本完成建成区燃煤锅炉淘汰工作，21条流域水质明显好转，空气优良率达96.8%。城市管理系统发力。深入推进16个专项行动，"数字城管"扩能提级，环卫、物业、交通等管理持续优化，启动生活垃圾分类试点，噪音扰民、占道经营等一批城市顽疾得到遏制。

【乡村振兴】 2019年，晋江市坚持"农村富才能全市富、农村美才能全市美、农村稳才能全市稳"的理念，加快城市反哺农村。产业更加兴旺。打造现代农业产业园体系，"五色"（黄色、红色、紫色、蓝色、绿色）产业提质扩面，"安海土笋冻"成为国家农产品地理标志，九十九溪田园风光、梧林传统村落、塘东村等成为新网红打卡地，全市兴起乡村旅游热。全面消除集体经营性收入10万元以下村社。环境更加宜居。稳步推进"两高"及重要通道沿线环境整治，深入开展"全民动员、绿化晋江""全民动手、美化晋江"活动，推进"三拆一清""一革命四行动"，新增植树造林1100公顷，拆除"两违"50.7万平方米，清洁家园逐渐成为群众自觉。治理更加有效。梳理整合村级人财物、事责权，全面推行基层议事协商，深入推进"三治"（德治、法治、自治）融合，完成村务（社区）专职工作者队伍管理体制改革，村庄规划工作经验亮相全国，乡村善治工作成为全省典型。

【民生福祉】 2019年，晋江市坚持把群众"表情包"作为检验工作的"晴雨表"，落实好29件为民实事项目、224件民生微实事，让群众每年得到实惠、感受变化。社会保障有力有效。持续加大困难群体兜底帮扶力度，各项保障提标扩面，237户困难家庭脱贫解困，城镇新增就业人员超2.6万人，高标准通过全国社会救助综合改革试点验收。教育更加优质均衡。国内高端教育资源加速落地，泉州五中桥南校区建设加快，晋江一中、养正中学入选全省首批示范性普通高中建设名单，全市新增优质学位8040个，获评省“教育强市”称号。医养服务扩面提质。全面打造三大医疗服务航空港，签约院士、名医分别突破10人、100人，市医院开发区院区建成投用，全省县域首套“医疗优先分级调派系统”上线运行，基本形成“15分钟生命急救医疗圈”。建成各类养老机构352所，试点运行嵌入式养老，社会福利中心老年康复医院投入运营，“三位一体”养老服务体系加速成型。文体事业繁荣发展。“古泉州(刺桐)史迹”申遗工作扎实推进，首届文旅节好戏连台，电视连续剧《爱拼会赢》正式开机，“大美晋江”惠民舞台精彩纷呈，南音、木偶、高甲戏等传统文艺常态展演，“15分钟文化生活圈”更加健全。安海镇、福林村入选第七批中国历史文化名镇名村，围头村、瑶前村入选第五批中国传统村落。全民健身中心、足球公园全面开放，CBA、马拉松、沙滩排球等品牌赛事精彩演绎，晋江健儿时隔20年重夺泉州市运会金牌、总分“双第一”，体育城市活力持续迸发。社会大局安定有序。“强基促稳”三年行动扎实推进，“扫黑除恶”专项斗争和“六守六无”平安系列创建不断深化，法治晋江、社会治安、安全生产、食品安全、防汛抗灾等工作协同推进，群众安全感满意度再创新高，刑侦大队获评全国“人民满意的公务员集体”称号。

【改革开放】 2019年，晋江市坚持向改革要动力、向开放要空间，全力争创发展新优势。重点改革稳步推进。市级党政机构改革顺利完成，3项“国字号”改革试点收官，获批全省首批县域集成改革试点，“放管服”改革持续提速提效，农村集体产权制度改革经验亮相全国，农村土地制度改革多项试点成果被新《中华人民共和国土地管理法》吸收。开放之路越走越宽。稳妥应对贸易摩擦，组织政企代表团赴东南亚开展经贸合作交流，开拓“一带一路”市场，体博会、食交会国际影响力不断扩大，企业参与全球资源配置、开拓国际市场能力持续提升。陆地港获批国际港口代码，泉州晋江国际机场旅客吞吐量突破800万人次，启动全国首批“一带一路”通道。深化晋台交流，全面落实各级惠台政策，高效保障向金门供水工程。与菲律宾达沃市友城交往更加密切，与印度尼西亚梭罗市意向缔结友城，系列赛事赢得国际“朋友圈”频频点赞。

(市委办　张毅钊　张清常)

【商标】 2019年，晋江市新申请商标27475件。累计有效注册商标116973件，有中国驰名商标45件、马德里国际注册商标351件、地理标志商标12件。

(市市场监管局　柯雅思　叶荣聪)

晋江市经国家工商总局认定的中国驰名商标名表

表1

序号	申请人	商标图形	商标名称	产品类别	认定年度
1	福建恒安集团有限公司		安尔乐	第5类卫生巾、纸尿裤	1999年
2	福建浔兴拉链科技股份有限公司		SBS	第26类拉链	2002年
3	福建七匹狼集团有限公司		七匹狼	第25类服装、皮具	2002年
4	安踏(中国)有限公司		ANTA安踏及图	第25类运动鞋、服装	2002年
5	九牧王(中国)有限公司		JOEIONE九牧王	第25类服装、皮具、箱包	2004年
6	劲霸(中国)有限公司		劲霸及图K－BOXING	第25类服装、皮鞋、皮具	2004年
7	福建省晋江市浩沙制衣有限公司		浩沙(HAOSHA)	第25类健身服、游泳衣、游泳裤、家居服、沙滩装、游泳镜	2004年
8	乔丹(中国)有限公司		第3028870号图形	第25类运动鞋、运动服装	2005年
9	三六一度(福建)体育用品有限公司		第1509113号图形	第25类运动鞋、运动服装	2005年
10	福建金莱克体育用品有限公司		1589329及1589332号图形，金莱克及图形	第25类运动鞋、帽子、包、袜	2006年

续表

序号	申请人	商标图形	商标名称	产品类别	认定年度
11	利郎(福建)时装有限公司		利郎L I L A N G	第25类服装	2007年
12	泉州寰球鞋服有限公司		A t h l e t i c	第25类运动鞋	2007年
13	福建省舒华体育用品有限公司		舒华S H U A及图	第28类跑步机、健身器械	2007年
14	蜡笔小新(福建)食品工业有限公司		蜡笔小新及图	第29类果冻、碎果冰、薯片	2007年
15	三六一度(福建)体育用品有限公司		第3011117号图形,3 6 1 °	第25类运动鞋	2008年
16	福建雅客食品有限公司		雅客及图4611578	第30类糖果	2008年及2012年
17	福建华泰集团有限公司		华鸿及图	第9类建筑砖瓦	2009年
18	乔丹(中国)有限公司		乔丹	第25类足球鞋、爬山鞋	2009年
19	泉州寰球鞋服有限公司		第1280938号图	第25类运动鞋	2010年
20	梅花伞业股份有限公司		梅花P L U M B L O S S O M	第18类雨伞	2010年
21	福建省晋江福源食品有限公司		盼盼及图	第30类糖果	2010年
22	福建柒牌集团有限公司		第1283610、1509243号图形	第25类服装、皮具	2010年
23	福建冠达星五金制品有限公司		冠达星G u d X o n及图	第20类服装、皮具	2010年
24	恒安国际集团有限公司		第1488758号图形	纸质和纤维制婴儿尿裤(一次性)	2010年
25	晋江集成轻工有限公司		集成及图	第18类伞	2011年
26	福建省晋江优兰发纸业有限公司		优兰发Y o u l a n f a及图	第16类包装和再生纤维纸、纸、纸张(文具)	2011年
27	东方骆驼制衣织造(中国)有限公司		东方骆驼E A S T E R N—C A M E L	第25类仿皮革、钱包、公文箱、手提包、旅行包、裘皮、伞、手杖、马具皮带、香肠肠衣	2011年
28	雨中鸟(福建)户外用品有限公司		雨中鸟及图	伞、伞套、女用阳伞	2012年

续表

序号	申请人	商标图形	商标名称	产品类别	认定年度
29	福建晋江市祥达陶瓷有限公司		祥达及图	瓷砖	2012年
30	源兴包装(中国)有限公司		源鑫YUANXIN及图	印刷	2012年
31	富隆(福建)洋伞有限公司		金欧及图	雨伞	2012年
32	金冠(中国)食品有限公司		金冠GOLDEN CROWN及图	糖果	2012年
33	信诚集团(福建)有限公司		X C 及图	纺织品化学处理	2012年
34	泉州安超鞋业有限公司	安 超 ANCHAO	安超ANCHAO	服装、鞋、帽、袜、领带、围巾	2012年
35	福建省好邻居食品工业有限公司		好邻居及图 1251111号	第30类糖果	2014年
36	福建省晋江市佶龙机械工业有限公司		佶龙及图形	7类染色机	2014年
37	锦兴(福建)化纤纺织实业有限公司		锦兴及图	23类弹力丝(纺织用)、长丝、人造丝	2014年
38	福建索力鞋业有限公司		索力及图	25类鞋底、鞋	2013年
39	福建雨丝梦洋伞实业有限公司		YUSIMENG及图	18类雨伞	2013年
40	三六一度(福建)体育用品有限公司		361°(注册号7745704,8566037)	25类服装	2014年
41	晋江富永雨具有限公司		FUYONG及图	18类雨具	2014年
42	晋江明伟鞋服有限公司	CAMKIDS	CAMKIDS	25类服装、足球鞋、鞋(脚上的穿着物)	2015年
43	阿一波食品有限公司	阿一波	阿一波	29类紫菜、海菜	2017年
44	利郎(中国)有限公司		利郎LILANZ及图	25类服装、鞋	2018年
45	福建晋工机械有限公司	晋工	晋工	7类压路机、推土机	2018年

实现高质量赶超

【三产发展概况】 2019年，晋江市在泉州市“第三产业提升年”和晋江市“第三产业跃升年”活动的带动下，第三产业发展态势良好，第三产业增加值938.86亿元，同比增长7.7%，对GDP的贡献率达33.9%，拉动GDP增长2.7个百分点。从主要行业看，营利性服务业较快增长。营利性服务业实现增加值172.12亿元，增长17.4%，拉动三产增长3个百分点。交通运输仓储和邮政业、金融业、房地产业、批发零售业、住宿餐饮业平稳运行，增加值分别同比增长8.1%、7.8%、6.6%、6.5%、4.2%。非营利性服务业低位运行，增加值同比增长0.2%。

紧抓完善信息通报、定期调度等工作机制，凝聚部门、镇街抓生产性服务业发展的合力，定期调度解决服务业创新发展工作推进过程中面临的问题，加强服务业运行动态监测，促进全市服务业主体信息资源在市、镇两级相关单位实现互通共享。印发《晋江市2019年三产指标及支撑工作实施方案》，并对目标任务完成情况进行通报。

整合出台《关于推动服务业提升发展的若干意见》《关于促进文化产业加快发展的若干意见》《关于加快资本市场和金融业发展的若干意见》《关于支持私募基金业发展的若干意见》《关于促进旅游产业加快发展的若干意见》《晋江市优秀人才认定管理和享受相关工作生活待遇规定》等政策，助推服务业发展。

发力生产性服务业，加快主辅分离，培育供应链管理、智慧物流、信息服务等业态；发展平台经济、数字经济，引领企业上云上平台；推动会展、专业市场、无车承运、供应链、大数据等平台做大规模、提升效益。

坚持突出项目带动，涵养第三产业增长后劲，筛选总投资1538.57亿元，年度计划投资272.87亿元的178个服务业重点项目进行重点跟踪督促。全年累计完成投资339.04亿元，完成年度投资计划的124.3%。其中，新华洲水产市场二期等28个项目新开工建设，梧林古村落保护开发建设项目等148个项目超额完成年度投资计划。

【现代服务业体系建设】 2019年，晋江市建设专业市场集群。推动鞋纺城、五金机电等专业市场加快融市，钢贸企业加快回归，海峡石化持续释放效益。其中，钢贸回归企业合计纳税6956.02万元，同比增长33.45%。鞋纺城一期全面开业，商铺入驻率达95.2%。五金机电城一期、二期加快融市，入驻商户与电商企业近千家。豪新食品市场一期正式投用，入驻商户300多家、品牌1500个。

建设现代物流业集群。全市物流业注册企业从2015年的450多家增加到900多家，3A级以上企业从22家增加到30家，物流业年纳税额2.49亿元。深化无车承运人试点，传化公路港、闽运兴“龙易配”交易额分别达3.8亿元、12.3亿元。加快园区平台、重点项目建设，现代物流园、顺丰创新产业园等11个重点建设物流项目完成投资9.5亿元。安踏一体化物流产业园区获评2019年省级示范物流园区。

建设高端商业集群。适应消费升级需求变化，推动“吃穿住用行”等生活性服务业升级，曼哈顿酒吧街、中华品牌街分别吸引60家、47家品牌商户签约入驻，喜盈门家居入驻和平国际广场。推动滨江商务区、世纪大道、和平路两侧楼宇集聚发展，滨江商务区招商工作稳步推进；万达写字楼入驻289家企业，其中47家限额以上企业全年实现销售额81.8亿元。

建设展会品牌集群。加快建设国际会展中心，提升鞋博会等展会效应。第二十一届鞋博会暨第四届体育产业博览会、第二届国际家装建材博览会、第三届海峡两岸食品交易会，分别达成意向成交额238.2亿元、103.9亿元、107.8亿元，打造行业晴雨表、风向标。举办新能源汽车展、泉州国际车展等各类汽车展会，支持晋江餐饮烹饪行业协会举办第九届全国海鲜烹饪技能大赛。

建设电子商务集群。完善电商生态圈，推动电子商务与优势产业加快融合发展，全年网络零售额295.2亿元。跨境电商洪山园入驻企业近50家，入驻率约70%；五里电商园A栋办公楼入驻企业70家、A栋入驻率95%；鞋都电商园集聚中小型鞋服供应商和电商及上下游企业400多家；云裳小镇入驻企业34家、入驻率77%。新增7个淘宝镇、25个淘宝村，总

2019年4月1日,第二届中国(晋江)国际家装建材博览会在晋江市磁灶镇举办

(赖进财 摄)

量分别达到12个、75个，形成全省最大的淘宝村集群。

(市现代服务业办公室 洪志兴 市商务局 黄仕明 肖芳族)

【精准招商】 2019年，晋江市推行主官招商、全员招商、精准招商、产业链招商,构建全市大招商格局。全年累计引进落地招商项目123个,总投资348.1亿元,涵盖集成电路、新材料、生物科技、供应链、高端商贸、高端教育医疗等领域,其中超10亿元项目7个,超5亿元项目11个。推行主官招商。市主要领导先后带队到上海、深圳、北京、香港、澳门以及东南亚开展招商推介及经贸活动，促成81个招商项目签约,掀起全市大招商、招大商新高潮。聚焦强链补链。围绕推动传统优势产业全链条、全流程升级，对接中纺院Lyocell绿色纤维产业链高端环节项目。围绕高新产业培育发展，发挥龙头项目带动作用,引进落地中探针、广塑导光膜等集成电路、新材料上下游配套项目。突出三产跃升。围绕推动第三产业加快发展,对接引进宝能供应链、展志钢贸等生产性服务业项目和SPACE国际高端酒吧等一大批生活性服务业项目,晋江•中华品牌街、万业城商业综合体等项目落地运营、产生效益。深化经贸对接。组织参加“6•18”民企洽谈会、“9•8”厦洽会、泉州统战联谊专场等经贸对接活动，超额完成泉州市下达的目标任务，各项对接指标均位居泉州市首位。

(市商务局 丁奕龙 蔡伟达)

【外贸拓展】 2019年，晋江市落实稳外贸、稳外资各项政策，实施精准帮扶，着力推动外贸稳中提质、利用外资水平不断提升。全年全市外贸出口590.11亿元，同比增长8.1%;实际利用外资15亿元，同比增长7.5%。做强优势产业。以建设服装、鞋类、伞具等四个国家外贸转型升级基地为抓手，加强产业与贸易互动，推动出口优势产业持续走强。新增外贸企业359家，全市外贸出口企业1625家。纺织化纤、服装和鞋类出口占全市出口总量的比重扩大到75%，压舱石的作用更加凸显。鞋业、机电及配件、塑料及橡胶制品同比分别增长24.92%、15.2%、18.51%。培育新型业态。建设运营跨境电商洪山园，推动园区集聚企业近50家。用好泉州跨境通、阿里一达通等平台，引导生产型企业采取一般贸易与跨境电商相结合的方式，拓宽销售渠道。国际及港澳台快递业务量实现544.25万件，泉州跨境通累计报关单量569.62万件。拓展多元市场。深耕“一带一路”沿线国家和地区市场，制定实施国内外重点展会及经贸活动计划，全年累计组织786家次企业抱团参加德国柏林亚洲服装及配饰博览会、泰国亚洲食品博览会等52个国内外知名展会，连续4年8次在广交会设立晋江专馆。信保贷、退税贷等惠企措施为企业开拓市场保驾护航，小微企业“单一窗口+信保”覆盖率100%。引导更高层次“走出去”。引导企业通过国际产能合作，参与全球市场竞争和价值链重构，市委主要领导带队赴东南亚三国五城开展经贸洽谈活动，推动8个晋菲合作项目签约，促成6家企业与印度尼西亚方面签订市场合作协议。举办印度韩国商机推介会、多米尼加—中国(晋江)“一带一路”招商发布会等国际性经贸活动。安踏成功收购亚玛芬,跻身全球第三大体育用品企业。特步与美国Wolverine合资运营国际四大跑鞋品牌之一圣康尼,百宏越南年产70万吨聚酯项目实现大部分投产。加强外资攻坚。开展外资攻坚专项行动,走访55家未分配利润超5000万元企业,上门为外资龙头解读各级外资政策,成功推动百宏等企业未分配利润再投资,进一步拓宽利用外资渠道。

(市商务局 王美蓉 丁奕龙 苏孙慰 蔡伟达)

更高水平 全面小康建设

·民生保障体系建设·

【精准扶贫】 2019年，晋江市相对贫困帮扶对象255户740人，对每一户贫困户建立完善市镇村三级管理档案，实现“一户一卡一册”。开展精准扶贫助学行动，在关工委、总工会等金秋助学奖励的基础上，市精准扶贫基金对相对贫困帮扶对象子女考入初中、高中、大专、大学本科学生，分别给予每人每年1000元、2000元、3000元、5000元的补助。加大对“三农”及扶贫工作的金融支持，为贫困户提供助学贷款、贫困户保险、“光伏贷”等金融扶贫服务，市扶贫办统一为全市相对贫困帮扶对象购买商业保险。对相对贫困帮扶对象提供个性化健康管理、健康评估、健康咨询服务，所需每人每年120元的费用全部由市财政承担。多渠道宣传精准扶贫慈善救济的事例、人物，弘扬社会正能量，组织开展一场扶贫济困公益徒步宣传活动、一场晋江伴手礼展销募捐活动、一场志愿服务活动、一次入户走访慰问活动、一系列先进事迹宣传活动等“五个一”系列宣传活动。将公益徒步活动报名费42790

元、晋江伴手礼协会将义卖所得0.6万元捐赠给晋江慈善总会扶贫基金。

（市农业农村局　吴文振　许建林）

·公共服务体系建设·

【新区教育资源配套建设】 2019年，晋江市在做好市教育布局发展专项规划的基础上，有针对性加强高铁新区、紫帽片区及部分重点区域教育配套建设规划，匹配新区发展的教育资源需求，加快推进民生补短板项目。完成《晋江市中心城区中小学、幼儿园布局发展专项规划图则（2010—2030）》的编制和备案。在高铁新区规划新建8所幼儿园、7所小学、1所初中、1所完中，确保重点项目有序推进，更好服务城市和产业发展。优化紫帽片区教育布局，完善该区域公共配套设施建设，配合做好晋江学校项目的推进工作，晋江学校完成EPC招标公示。针对新建楼盘密集区、到晋江务工人员子女集中区以及优质学校密集区等重点区域，加强专项规划及加大扩容建设力度，逐步缓解局部区域紧张的入学压力。加快推进世中运场馆建设进度（涉及教育的14个场馆基本完工），配合高铁新区指挥部建设安置组做好学校拆迁安置和配套学校建设的前期手续办理。加大住宅小区配套幼儿园治理力度，完善补充小区配套幼儿园，协调各相关部门加强督促整改，针对住宅小区配套幼儿园存在的问题提出整改意见和建议。有序推动学校项目建设，全年推动122个校舍建设项目（含在建校舍项目55个，预备校舍项目67个，新增学位44490个）。至年底，完工22个项目，建筑面积284882平方米，新增学位约9245个，完成投资34307.7万元；在建项目38个，建筑面积434910平方米，完成投资24940万元。

【第三实小金针校区开办】 金针校区位于晋江市池店镇清濛村，2017年6月动工兴建，2019年7月24日竣工验收。学校用地面积16161平方米，设置教学楼、综合楼、生活楼及风雨操场各1幢，设计规模为18个教学班。于9月1日正式开办。金针校区作为三小的分校区，与其他校区统一法人，统一管理，以实现理念共同、资源共享、文化共融、课程共建、品牌共创，同步发展。

【新校（园）区建设助推】 2019年1—7月，青阳街道办事处投入1212.12万元助推4所新校（园）区建设。第二实验小学第二校区位于陈村社区，占地面积为1.9公顷，建筑面积为22050.1平方米，建成2幢教学楼、1幢综合楼及教师宿舍楼，办学规模为24个教学班。投入980万元，2幢教学楼完工，2019年秋季开学投入使用。

中和中心小学第二校区位于和平路拓改范围，占地面积为2公顷，建筑面积为35401.76平方米，建设2幢教学楼、1幢食堂及综合楼、1幢科技楼及体育馆，办学规模为30个教学班。投入4万元，完成地下室基坑支护，进行土方开挖。

青阳街道中心幼儿园高霞园区位于高霞社区新天地广场4号楼，室内面积约3410平方米，户外占地面积约980平方米，办学规模为9个教学班。投入120万元，2019年秋季开学投入使用。

象山幼儿园位于象山社区，占地面积为0.53公顷，建筑面积为7641.89平方米，建成1幢教学楼及配套设施项目，办学规模为12个教学班、3个亲子班。投入108.12万元，2019年秋季开学投入使用。

【学校体育运动场馆均衡发展】 2019年，晋江市在5个方面推进学校体育运动场馆均衡发展。留足教育用地。通过科学分析义务教育阶段学生生源趋势，落实全市中小学教育布局专项规划，留足教育用地，不断扩大学校体育运动场馆面积。加快推进《晋江市中心城区教育布局图则》落地，实现一校一图，确定用地位置，确保教育配套同步规划、同步建设、同步交付使用。推进项目进度。建立职能部门联席会议制度，改进学校运动场馆建设项目的申报流程，缩短建设项目的申报时间。明确学校运动场馆建设项目的建设主体地位，确保建设进度。加强建设资金统筹、抓紧规划学校运动场馆的落地建设。继续组织实施《晋江市中心城区学校建设项目整合提升工作方案》，增加学校生均体育运动场馆面积。控制办学规模。通过公示学位和学位余缺情况，引导务工人员子女合理分流到体育运动场馆面积生均指标超过全市平均值较大的学校就学，适当扩大招生规模；通过“有效证件、电脑派位”、电子学籍监控、招生名单审核等措施，严格控制体育运动场馆面积资源不足学校的办学规模，制止超规模办学；通过推动集团化办学、名校办分校等措施，加快分校区建设力度，合理分流城区资源不足学校的生源数，逐步缩小学校规模，扩大生均体育运动场馆面积。缩小校际差异。一方面，对“生均体育运动场馆面积”偏低的学校积极加强体育运动场馆建设；另一方面，引导“生均体育运动场馆面积”偏高的学校适当扩大办学规模，从而逐步缩小差异系数。要求20所学校生均体育运动场馆面积偏离较多的学校根据义务教育均衡发展差异系数监测结果，分析项目指标和存在差异的原因，结合学校实际制定整改提高方案，采取措施整改到位，确保义务教育均衡发展水平得到巩固和提高。差异系数监测。在每个学年初及时开展小学、初中教育资源配置指标差异系数和综合差异系数的监测和统计工作。重点找准学校生均体育运动场馆面积造成校际间差异扩大、差异系数升高的原因，进一步做好差异系数监测工作。同时，结合学校实际制订整改提高方案，采取切实有效措施整改到位，确保学校体育运动场馆均衡发展。

【华侨职业中专教学楼、学生宿舍楼竣工】 2019年2月19日，举行晋江华侨职业中专学校教学楼、学生宿舍楼竣工仪式。该项目是晋江市的重点项目，其中教学楼占地面积920平方米，建筑面积4700平方米，建设5层，每层设置5间教室；学生宿舍楼占地面积431.8平方米，建筑面积2655.8平方米，建设6层，每层设置8间宿舍。项目建成投用，为学校增加25间教室，48间学生宿舍。

【顺英幼儿园竣工验收】 2019年6月3日下午，晋江市池店镇顺英幼儿园通过晋江市质量监督站以及项目建设单位、勘察单位、设计单位、施工单位、监理单位的竣工验收。顺英幼儿园位于池店镇清濛村，于2017年12月8日正式开工建设，系南迎宾大道（晋江段）片区配套幼儿园，与第三实小金针校区相邻。总建筑面积4217.4平方米，9个班配置，可以容纳270个学位。

【市第八实验小学开办】 2019年9

月1日，晋江市第八实验小学正式开办，位于晋江经济开发区安源路，分两个校区，共招生1700名，有34个教学班。9月4日下午，中国教育电视台、福建教育电视台记者到该校了解外来工子女入学情况。学校有1000多名的到晋江务工子女，占全校学生的三分之二，在招生编班等方面与本地生一视同仁。

【东石中学建设项目奠基】 2019年10月29日，举行晋江市东石中学高中部校区建设项目奠基仪式。东石中学高中部建设项目是市委、市政府一项重点民生工程、“为民办实事”重要项目。2月15日，泉州市政府批准东石中学建设高中部项目，该项目完成征地测量、项目编码申请、可行性研究、项目立项等前期工作。新的高中部校址位于原校区南面，与原校区仅一路之隔。用地面积为4.9万平方米，建筑占地面积为1.1万平方米，规划单体建筑7座。分别为礼堂游泳馆、办公艺术楼、科技实验楼、两幢教学楼、学术报告厅、学生食堂宿舍综合楼。整体校园风格将采用现代闽南的建筑手法，反映东石的文化特色，体现活泼、热情的校园氛围。

(市教育局　施快乐　陈建生)

【医疗服务能力提升】 2019年，晋江市加强临床重点学科建设。不断加强重点学科建设，提高学科竞争力。晋江市医院康复医学科是省农村特色学科建设单位，神经外科、急重症医学部、耳鼻咽喉科是泉州市级重点学科；晋江市中医院急诊科、脾胃科是省中医重点专科，针推科是省级第四批农村医疗机构中医特色专科建设项目，中医骨伤科、治未病科、中医产科是泉州市重点专科。开展新技术新项目和科研项目建设。对接高端医疗资源，深化与树兰医疗集团合作内涵，发挥院士专家工作站和名医工作室的作用，引入8位院士和14位名医入驻服务，提升全市医疗技术水平，填补晋江市部分诊疗领域的技空白，2019年全市累计增加新技术134项。2019年全市共有科研项目48个。拓展医疗服务面。开展日间手术病种数42个，其中开展国家推荐日间手术病种数7个，日间手术总例数4321例，其中国家推荐日间手术病种282例。晋江市医院加入厦门附一院生殖医学联盟，建立生殖中心区域，将妇科与男科并入生殖医学中心。晋江市医院晋南分院设立“多学科综合门诊室”，为患者提供多学科诊疗服务。推进临床路径管理。晋江市医院临床路径例数占全院出院病例数比例70.2%(收治例数27340/出院38948人次)，入径率95.06%(入径例数27340/符合例数28762)，完成率97.18%(完成例数26568，入径例数27340)，退径率2.82%，变异率10.19%，临床路径例数占全院出院病例数比例超过三级医院评价要求的50%。晋江市中医院实施中医临床路径的专业数20个，实施中医临床路径的病种数56种。临床路径例数占全院出院病例数比例48.80%(收治数14656/出院人数30034)，入径率89.88%(入径例数13172/收治例数14656)，完成率80.45%(完成例数10597/入径例数13172)，变异率13.51%(变异例数1779/入径例数13172)。晋江市安海医院实施临床路径管理病种135个，出院占比80.14%(15440/19632)，入径率85.77%(15734/18344)，完成率98.13%(15440/15734)。晋江市医院晋南分院临床路径入径率为59.77%(8273/13842)，完成率79.26%(6557/8273)，变异率16.91%(1399/8273)，退出率7.24%(599/8273)。晋江市医院晋南分院共有13个学科91个病种实施临床路径管理。

【高端医疗资源对接】 2019年，晋江市拓展提升合作内涵。进一步深化树兰医疗—晋江市医院合作提升，合作事宜持续推进，合作内涵不断深化。充分发挥院士专家工作站和名医工作室的作用，引入8位院士和14位名医入驻服务，带动全市医疗技术水平的提升。深化晋江市医疗机构与省内外高端三级甲等医院合作内涵，市医院成为福建医科大学附属第二医院晋江分院、中医院成为福建中医药大学附属晋江分院、中西医结合医院成为福建省中医药大学附属人民医院晋江分院、东石中心卫生院成为泉州第一医院晋江分院；加快推进晋江市与省口腔医院合作共建晋江市口腔医院项目。发挥专科协作优势。市医院成为中国胸痛中心建设单位、基层呼吸疾病防治联盟单位；中医院通过中国胸痛中心现场认证，成立胸痛中心联盟、卒中中心联盟、急救中心联盟；安海医院加入省级病理远程网络、泉州泌尿外科学习联盟；磁灶中心卫生院加入福建省中医药糖尿病医疗战略协作网；多家医疗机构加入泉州胸痛中心联盟，初步实现专科补位发展。

(市卫健局　林清火　陈志勇　陈志彬)

·安全和谐社会环境构建·

【社区民警“住村”】 2019年10月，市公安局在全省率先启动社区民警“住村”工作。社区民警带上“三个包”(即生活包、工作包、数据包)坚持住在社区、工作在社区，认真履行人口管理、信息收集、治安防范、服务群众等职责，做到隐患排查在先、矛盾调解在小、问题处置在早、

2019年10月25日，晋江市公安局启动民警“住村”工作仪式　(市公安局　供)

为民服务在前。社区民警通过"住村",走访群众7255户,采集流动人口信息8.3万余条,化解各类纠纷592起。

【村(社区)警务室建设】 2019年,市公安局树立大抓基层、大抓基础的导向,开展派出所等级创建、星级警务室评定活动,做强基层、做实基础。全市共设立警务室162个,配备社区民警194人,配备专职辅警229人。评定星级示范点1个、星级警务室60个,全市警务室覆盖率100%。

【"三所联调"机制】 2019年,市公安局推广金井派出所"三所一庭"公调对接机制,全市27个派出所均与司法所、律师事务所建立"三所联调"机制,陈埭派出所推行治保会主任进驻派出所调解室模式。全年全市派出所化解矛盾纠纷6249起。

【大数据应用】 2019年,市公安局在全市建设高清视频监控探头6.1万个、人像卡口1016路、接入社会面人像卡口89路;建成75个物联网安防小区,完成用户注册3万多个,人脸采集8200个,开锁记录375万条;投入移动Wi-Fi感知设备350台,采集手机MAC268.6万个;推进社区网格化平台三期建设,全市共绘制网格2069个,录入总人口208.3万人,楼栋26.7万幢,出租屋9.6万间,企业3.3万家,采集事件14.5万起。坚持"以建促用、以用带建"的思路,构建以安全态势感知、智能搜索和可视化分析为基础、以人脸识别大数据应用为核心的大数据智慧平台,打造晋江公安"智慧大脑"。全年通过该系统协助抓获逃犯371人。

(市公安局 林文限 赖礼焕)

【危房改造】 2019年,晋江市石结构及危旧房屋改造目标约104.2万平方米,至年底,累计拆除石结构及危险房屋110.99万平方米,投资11.28亿元。做好深沪镇华海村、东垵社区、东华村、华峰村,金井镇山头村、山苏村,英林镇英林村、龙西村等13个石结构零星改造项目的收尾工作,督促推进金井镇新市村成片改造重点项目。

(市住建局 黄嵘 陈荣松)

重大赛事举办筹办

【卡尔美2019年国际大体联足球世界杯】 2019年11月21日至12月1日,国际大学生体育联合会(以下简称"国际大体联")主办、中国大学生体育协会(以下简称"中国大体协")和晋江市人民政府联合承办的卡尔美2019年国际大体联足球世界杯在晋江举办。比赛历时12天,共有来自亚洲、欧洲、美洲、非洲及大洋洲五大洲决出的优胜队伍,中国、巴西、德国、意大利、克罗地亚、西班牙、俄罗斯、澳大利亚、墨西哥等17个国家(地区)的16支男队、8支女队,共500多名运动员和教练员参加62场比赛。乌拉圭共和国大学队和加拿大渥太华大学分获男子和女子组冠军。中国派出北京理工大学、太原理工大学、河海大学参加了男子组比赛,北京师范大学、东华大学分别参加了女子组比赛。北京师范大学、东华大学分获女子组第四名、第五名。

【世中运场馆建设】 2019年,晋江市世中运体育场馆建设部挂图作战,推进14个场馆(暂定)建设,涉及12所学校。8个体育场和足球场项目:季延中学、华侨职校、松熹中学等3个足球场完工;其余5个完成主体改造建设,电力改造施工中。6个体育馆项目:桥南中学完成主体工程及外部装修,进行内装修及室外工程施工;晋江职校体育馆主馆完成主体建设及外部装修,进行内装修,副馆完成主体封顶,进行外墙装修;陈埭民族中学体育馆、毓英中学体育馆主体工程进行内装修及室外工程施工;晋江一中体育馆和养正中学体育馆完成改造深化设计。

2019年11月21日,国际大体联世界大学生足球赛开幕式暨首场比赛在晋江举办

(徐维耕 摄)

【项目建设论证】 2019年3月27日,晋江职校召开体育馆主馆配套设施(空调系统)项目建设论证会。学校邀请泉州市教育局正科级督学、高级讲师孙炳烈,福建省垒智设计集团有限公司的高级工师、注册暖通工程师苏荣德及福建嘉宜建筑工程有限公司的暖通和空调高级工程师、注册一级建造师、注册一级消防工程师王隆凤等专家坐镇"把脉"。

会上,刘晓斌简要介绍新校区体育场馆主馆的基本情况及建设要求。随后,来自泉州市富腾电器贸易有限公司、泉州捷铭制冷设备工程有限公司及泉州金信家电有限公司3家企业的代表,一一介绍各自的方案。3家企业主要从品牌概述、空调系统模式、方案对比、国内外工程应用案例等方面,分别对自家主推项目方案进行介绍。

专家们在听取介绍方案的同时,认真查看了相关资料,与企业代表进行交流沟通,并围绕空调设备的成本、功率、噪音、外机占地面积及安全保护等方面提出具体的意见和建议。

【教育部考察世中运筹备工作】 2019年8月27日,教育部副部长钟登华在泉州市人民政府市长王永礼和泉州市委常委、晋江市委书记刘文儒的陪同下,到晋江一中考察世中运筹备。省教育厅副厅长李迅、王飚,市委副书记陈晋永及市委办、政府办、教育局等部门领导陪同调研考察。晋江一中校长陈燎原介绍,2015年,学校成为全国首批"校园足球特色学校"。智慧足球教室为五人制足球场,在市财政支持下于2016年8月建成,可通过App和学校LED现场直播球赛，很快带动校园足球氛围进一步提升，“段段有联赛、班班有球队”成为一中标配。刘文儒向钟登华介绍晋江校园足球相关情况以及世中运场馆在学校的分布情况(共有17个场馆布设在3所高校及12所中学)。钟登华对晋江校园足球的发展表示肯定，鼓励泉州、晋江两级政府好好总结校园足球发展经验。国际象棋馆内，钟登华驻足观看礼仪老师给近300名老师进行培训。当他了解到，这是学校开展主题为“为了你更美地健康成长”的礼仪全员培训时，赞赏道：“文明礼仪培训和全员英语口语培训，将助力世中运，为晋江添彩。”钟登华一行还参观晋贤堂。世中运期间，晋贤堂将成为各国中学生了解中国地域传统文化的一个窗口。

2019年11月11日，第二体育中心场馆幕墙网壳结构施工完成　(二体指挥部　供)

【晋江职校东校区场馆建设考察】 2019年11月5日，国际中体联武术项目负责人韩剑云，中国中体协武术项目主管张思思、赛事主管田径及世中运竞赛与信息部单竞委管理处副处长郭允霞、武术负责人李杰等一行到晋江职校，考察东校区体育场馆建设工作。实地了解项目施工进度及下一步工作安排，并对中央空调、显示屏、吊灯等问题进行细致的了解。现场，考察组一行对功能房房间标识牌、主副馆连廊设计及场馆赛后利用率等问题提出意见和建议。

11月6日下午，国际中体联竞赛主任约瑟普•科斯蒂克到晋江职校，考察东校区体育场馆建设情况。晋江职校校长刘晓斌详细介绍体育场馆设计方案、整体规划、预计工期及建设进展。随后，考察团一行深入工地，实地走访主馆各个功能房，并对网络信息系统、安保系统等相关内容进行细致了解。此外，约瑟普•科斯蒂克还对体育场馆的人性化设计、赛后利用率等提出建议和意见。

晋江职校东校区体育场馆由主馆和副馆组成，将承担2020年世中运武术项目的比赛任务。主馆进行二次装修，副馆封顶。2020年世中运结束后，体育馆将作为晋职学生活动的主要场所，并为省中职体育赛事以及金井镇各项体育活动的开展提供服务。

(市教育局　施快乐　陈建生)

【第二体育中心项目建设】 晋江市第二体育中心坐落于晋江市陈埭镇，位于环泉州湾核心区，毗邻晋江国际鞋纺城，东临鞋纺城人工湖，西接鞋纺大道，北连晋江市域三号路，南至双龙路。由北京市建筑设计研究院设计，中建海峡建设发展有限公司承建。

项目总用地面积25.53公顷，建筑面积19.24万平方米。设有体育馆、游泳馆、训练馆3个比赛场馆，运动员生活区和全民健身区。其中，体育馆作为2020年世中运开闭幕式场馆，依照NBA篮球赛事标准设计建设，高5层，建筑面积6.4万平方米，建筑高度41.2米，设置15000座观众席。除篮球外，也可承办排球、羽毛球、乒乓球、体操等国际单项职业赛事，兼具文艺表演、集会、展览多功能用途，赛后将作为全民健身、大型文艺演出场所对外开放使用。游泳馆作为2020年世中运游泳、跳水项目赛事场馆，设有跳水池、比赛池、热身池、戏水池及陆上训练区。高3层，建筑面积2.7万平方米，建筑高度31米，设置2000座观众席。可承办游泳、跳水、花样游泳、水球等国际单项比赛，赛后可开放供大众健身使用。训练馆为综合性场馆，分为比赛厅、训练厅和小型会展厅，建筑面积4.5万平方米。其中1号比赛厅将承办世中运篮球比赛，建筑面积2320平方米，设标准篮球场1个，座位数1288个；2号训练厅设4个标准篮球场(依赛事需要，可改为10片标准羽毛球场)，建筑面积3005平方米，供参赛队伍热身训练；3号小型会展厅建筑面积4356平方米，作为此次世中运赛事转播多媒体中心，赛后可用于小型会展活动。运动员生活区总建筑面积3.6万平方米，客房约250间，赛事期间用于竞赛官员和运动员住宿。全民健身区内有广场舞平台、儿童乐园、休闲区，配备室外健身器械，另栽有草坪、林木，为市民打造户外休闲娱乐场所。

2019年4月，场馆钢结构主体施工完成；11月11日，幕墙网壳结构施工完成；12月17日，吸音垂片施工完成；至年底，体育馆、游泳馆、训练馆主体结构建设、室内装饰装修、机电安装基本完成，外装饰面施工总体完成进度超95%。体育馆机电安装、金属屋面安装(除面层外)、涂料、吊顶、吸声垂片工程基本完成，幕墙工程龙骨安装完成，玻璃安装进度超40%。游泳馆机电安装基本完成，金属屋面龙骨安装完成，涂料、吊顶、吸声垂片工程进度达80%，幕墙工程进度约60%。训练馆机电安装、金属屋面安装(除面层外)、幕墙工程基本完成，吸声垂片龙骨安装完成，屋面覆土完成。运动员生活区主体结构封顶，转入室内装饰装修。

(二体指挥部　吴炜韬　蔡文思)

综　述

【概况】　2019年，中共晋江市委坚持以习近平新时代中国特色社会主义思想为指导，贯彻中共十九大和中共十九届二中、三中、四中全会精神，深入开展“不忘初心、牢记使命”主题教育，用好用活省委“三四八”工作机制，团结带领全市广大党员和干部群众，迸发干事创业磅礴合力。中共中央总书记习近平在全国“两会”期间强调“‘晋江经验’现在仍然有指导意义”，各地各级领导频频到晋江调研指导和学习，“晋江经验”时代价值和实践意义更加彰显。

市委贯彻“守初心、担使命、找差距、抓落实”总要求，结合创新发展“晋江经验”，推动“不忘初心、牢记使命”主题教育走深走实。坚持深入“学”。认真开展专题研讨，全面组织党员轮训，精心讲好专题党课，持续掀起“大学习”热潮，引导党员在深化学习教育中悟初心、守初心、践初心。推动精准“改”。全面落实中央及各级专项整治整改工作，查纠8个方面40个突出问题，化解4批次108个难题积案，策划生成10方面33个“群众点题”攻坚项目，着力解决学校配餐、市区停车难等一批群众的操心事、烦心事、揪心事，让群众感受到主题教育带来的新变化。加强开门“做”。开展“三进三送”(进社区、送服务，进校园、送关爱，进单位、送文明)活动，聚焦“晋江五问”，围绕破解经济社会发展的机制体制障碍，深入调查研究，形成一批高质量调研成果，转化为推动高质量发展的思路方向和具体举措。

聚焦党建主责主业，全面落实新时代党的建设总要求，把党建转化成现实生产力。基层基础更加牢固。加快推进党支部标准化规范化建设，深入实施“一体两翼”抓乡促村专项行动，推动非公企业“党建入章”(将党建工作要求写入公司章程)扩面提质，完成机关事业单位党组织集中换届，基层组织战斗堡垒作用得到全面加强。队伍建设全面过硬。贯彻新修订的《中华人民共和国公务员法》和《中华人民共和国干部任用条例》，鲜明亮出选人用人导向，推动党政机构改革队伍融合，稳妥完成公务员职级套改，一批经过实践检验的干部得到使用。全面落实意识形态工作责任制，推进新时代文明实践中心试点建设，持续深化移风易俗、志愿服务、公民道德等文明创建，掀起庆祝中华人民共和国成立70周年等爱国热潮。政治生态保持清朗。压紧压实“两个责任”，全力抓好各级巡视巡察反馈问题整改，扎实推进巡察工作，村级巡察实现全覆盖。集中整治形式主义、官僚主义问题，切实为基层减负。坚持党的集中统一领导，全力支持人大、政府、政协开展工作，保障司法机关独立行使职权，扎实做好统战、群团、人武、老干、党校、审计、双拥、民族、宗教、老区建设、对口帮扶等工作，党委总揽全局、协调各方能力不断加强。

【第十三届代表大会第四次会议】　2019年12月13日，中共晋江市第十三届代表大会第四次会议召开，市第十三届党代会代表和有关列席对象、特邀来宾参加会议。大会审议并批准刘文儒同志代表中共晋江市第十三届委员会作题为《深入学习贯彻党的十九届四中全会精神　在决胜三大任务中谱写“晋江经验”新篇章》的工作报告、《中共晋江市委深入贯彻〈中共中央关于坚持和完善中国特色社会主义制度、推进国家治理体系和治理能力现代化若干重大问题的决定〉的实施意见》。

大会肯定十三届市委一年的工作。市委认真贯彻上级决策部署，坚持以“晋江经验”为引领，在“变”的环境中保持定力，在“难”的形势中加快转型。市委坚持以事聚人、聚力成事，办成一系列大事要事好事，“晋江经验”时代价值和实践意义更加彰显，系列国际赛事发令枪打响、翻开新篇章，重大项目落地见成效，城市品牌更具美誉度。全市经济运行态势良好，城市品质持续彰显，乡村振兴提质升级，民生福祉稳步提高，改革开放效应凸显，主题教育扎实推进，党的建设质量更高，国际化创新型品质城市建设迈出坚实步伐。

大会同意报告提出的新一年工作总体要求和奋斗目标。大会强调，做好明年工作，必须以习近平新时代中国特色社会主义思想为指导，全面贯彻中共十九大和中共十九届二中、三中、四中全会精神，深入学习贯彻习近平总书记重要讲话重要指示批示精神，全面落实习近平总书记在参加十三届全国人大二次会议福建代表团审议时的重要讲话精神，坚持稳中求进工作总基调，坚持新发展理念，坚持以供给侧结构性改革为主线，坚持以改革开放为动力，坚决打赢"三大"攻坚战，全面落实省委、泉州市委决策部署，推进县域治理体系和治理能力现代化，决胜高质量赶超、更高水平全面小康、重大赛事举办三大任务，加快国际化创新型品质城市建设，不断创新发展"晋江经验"。

大会强调，实现新一年目标要求，必须大力实施"三大任务决胜年""城乡环境整治深化年""县域治理效能提升年"活动，全力抓好"六个高"(产业层次高、产品质量高、科技含量高、投入产出高、环保设备标准高、人力素质高)。要聚焦产业高级化，坚持"先进制造业立市、高新产业强市、现代服务业兴市"，推进传统优势产业强链条、固根基，高新产业建链条、壮集群，现代服务业拓链条、升业态，推动产业基础高级化、产业链现代化。要聚焦服务高质量，健全创新链条，涵养人才生态，优化金融供给，造优营商环境，持续迸发创新创业创造活力。要聚焦城市高品质，统筹办赛事与办城市，出彩办好重大赛事，提升城市功能品质，深化人居环境整治，拓展城市增长空间，推动城市品质与品牌同步跃升。要聚焦民生高保障，全力推进乡村振兴，筑牢民生保障体系，丰富群众精神食粮，建设更高水平全面小康。要聚焦治理高效能，以"法治"强保障，以"德治"强教化，以"自治"强活力，以"智治"强支撑，全力提升社会治理能力。要聚焦改革开放高水平，全面深化改革，打造区域重要节点，全力拓展开放空间，持续增强发展动力和活力。

【市委2019年工作会议】 2019年2月15日，晋江市委2019年工作会召开，对全年工作进行盘点梳理，进一步明确工作目标和重点，吹响新一轮改革创新再出发的号角。会议围绕"三大任务冲刺年""城乡环境整治攻坚年"作全面部署，并就纪检监察、组织、宣传、统战、政法、党校、群团、三农、生态文明、人武等各方块工作进行部署。

会议指出，2019年是中华人民共和国成立70周年，也是晋江改革创新再出发的启航之年。对晋江而言，既迎来全新的发展机遇，也面临着诸多困难挑战，要常怀忧患意识，不懈艰苦奋斗，时刻保持清醒头脑，既要精准把握形势发展的"风向标"，更要牢牢把稳自身发展的"方向盘"，才能持续当好主力领军。

会议强调，新一年，要做足"冲刺"文章，紧盯"存量盘活""增量挖掘""质量提升"三大关键，牢把"硬件提速""软件提升""效应释放"三个环节，发力"底线民生""基本民生""热点民生"三大领域，确保"实现高质量赶超、出彩举办世中运、更高水平全面小康"三大任务取得决定性成效。要做足"攻坚"的文章，重点把握"以人为本、问题导向、典型示范、精细务实"原则，力争城乡环境显著改观，群众的思想观念、生活方式、行为习惯显著改变。要做足"稳定"的文章，盯紧盯牢金融风险、转型风险、生态环保风险、安全生产风险、信访维稳风险、网络舆论风险等重点领域、重点区域，坚决防范，强基促稳。要做足"改革"的文章，全面深化改革，全面扩大开放合作，加快国际化步伐，持续打好新一轮的改革开放牌，在新一轮发展中增创新优势、再上新台阶。

会议要求，全市上下要拿出"想干事"的态度，做到头脑清醒、决心坚定、敢于突破。要练就"能干事"的本领，善学习、能解题、会运作，下大力气苦练内功，以过硬的本领增强担当的底气。要锤炼"干成事"的作风，既要更加苦干实干，也要做到善始善终，守好底线红线，共同维护好晋江风清气正的良好政治生态。要营造"好共事"的氛围，对内步调一致，对外广泛动员，形成新一轮发展的最强合力，再创"晋江经验"新辉煌。

【中共十九届四中全会精神学习贯彻】 2019年11月5日，泉州市委常委、晋江市委书记刘文儒主持召开十三届市委常委会第136次(扩大)会议，传达学习贯彻中共十九届四中全会和省委、泉州市委常委会(扩大)会议精神。会议强调，各级各部门要增强政治自觉，深刻领会四中全会精神和《关于坚持和完善中国特色社会主义制度、推进国家治理体系和治理能力现代化若干重大问题的决定》，站在增强"四个意识"、坚定"四个自信"、做到"两个维护"的高度，坚决把思想和行动统一到贯彻落实习近平总书记的重要讲话和四中全会精神上来，推动党中央和省委、泉州市委各项决策部署在晋江落地生根。要增强思想自觉，把学习宣传四中全会精神作为当前和之后一段时期的重大政治任务，持续掀起学习宣传热潮，杜绝形式主义和官僚主义，确保四中全会精神学习宣传工作贯彻到各领域、各方面、各环节。要增强行动自觉，以四中全会精神为引领，全面提升县域治理效能，努力成为全省乃至全国推进县域治理现代化的排头兵。会议要求，各级各部门要精心组织学习活动，把学习四中全会精神作为"不忘初心、牢记使命"主题教育重要内容，开展好全方位、全覆盖学习活动，做到学思用贯通、知信行统一，确保四中全会精神入心入脑。要用好新媒体新技术新手段，认真做好集中宣讲、新闻报道、专项调研、基层宣讲等各项工作，推动四中全会精神进企业、进机关、进校园、进社区、进军营、进网站。要深化四中全会理论研究，注重制度与实践、理论与行动紧密结合，探索县域治理现代化之路。会议强调，各级各部门要聚焦产业高级化、城市高品质、民生高质量、服务高水平、党建高引领，推进县域集成改革试点，加快补齐制度短板，不断提升基层治理能力，确保晋江市治理体系符合县域发展要求。要严格遵循党中央统一部署和国家法律制度规定，不断巩固深化基层治理体系。要大胆探索创新，深化系列改革试点工作，着力突破体制机制性障碍，推动治理体系更加系统全面、深入有效。要精准对标对表，坚决执行十九届四中全会《决定》部署要求。广大党员干部要发挥表率作用，自觉尊崇制度，坚决执行制度，严格按制度履行职责、行使权力、开展工作。要把提高治理能力作为新时代干部建设的重要课题，不断提升干部综合素质和专业水平，为推动县域治理现代化提供有力支持。会议要求，各镇(街道)、各相关部门要树牢"主人翁"意识，主动担当、协同协作，全力做好处置金融风险、劳资纠纷、安全生产、信访维稳、稳物价保供应等年底各项工作，维护社会安定稳定。要加强协同配合，科学统筹各项工作，加快全年指标任务进度和明年工作谋划，确保全年实现平稳过渡。市发改局要加快项目盘子谋划，深入研究明年经济指标，为明年经济发展和“十四五”规划奠定良好基础。

【习近平重要讲话精神学习贯彻】 2019年3月10日，中共中央总书记、国家主席、中央军委主席习近平参加十三届全国人大二次会议福建代表团的审议，并发表重要讲话，再次提到“晋江经验”，强调“晋江经验”现在仍然有指导意义。

3月15—24日，泉州市委常委、晋江市委书记刘文儒率晋江经贸代表团赴菲律宾、印度尼西亚、越南开展友城洽谈、经贸合作交流等活动。代表团9天共赴3个国家8座城市，与6个政府及社团组织官员会面，实地调研7个企业及项目，开展涵盖外事、经贸、投资、侨亲联络联谊工作等多个领域的16场公务活动，出访取得丰硕成果，企业家及社会各界反响热烈。

3月29日，泉州市委常委、晋江市委书记刘文儒主持召开十三届市委常委会第116次会议，学习贯彻上级有关文件精神。会议要求，各级各部门和全市广大党员干部要深刻领会习近平总书记重要讲话精神，自觉用习近平总书记重要讲话精神武装头脑、指导实践、推动工作，做到学懂弄通做实，确保各项事业发展始终沿着以习近平同志为核心的党中央指引的正确方向推进。要迅速掀起学习宣传贯彻热潮，把学习宣传贯彻作为检验“四个意识”“四个自信”“两个维护”的重要标尺，做到一体学习、全面覆盖、注重实效、知行合一，推动深入学习贯彻习近平新时代中国特色社会主义思想、深入学习习近平总书记来闽考察重要讲话和对福建工作的重要指示、传承发展“晋江经验”等重要工作落到实处。要切实推动各项工作落到实处，全面营造良好发展环境，切实推动两岸融合发展，加快冲刺更高水平全面小康社会，认真抓好新时代党的建设，真正把习近平总书记的嘱托期待转化为全市干部干事创业的精气神，全力推动晋江高质量发展落实赶超。

4月15日，晋江市召开企业家代表座谈会，市四套班子主要领导与企业家代表一起学习贯彻习近平总书记在参加十三届全国人大二次会议福建代表团审议时的重要讲话精神。与会企业家代表畅所欲言，谈思考、提建议。泉州市委常委、晋江市委书记刘文儒围绕“目前经济态势怎么看？转型升级路子怎么走？坚守实体，企业怎么干？营造良好创新创业创造环境，党委政府怎么做？”与企业家代表交流探讨。刘文儒指出，面对发展中遇到的困难，企业家们要保持定力，坚定信心，看到各级政策效应的释放、市场的逐步回暖，看到自身的基础和优势，看到晋江的人文特质和良好的政企互动。刘文儒强调，转型升级关键要加快全链条、全流程升级，夯实产业集群优势，筑牢产业链条。要聚焦专业化、精益化、规模化、差异化、国际化“五个化”重点发力，加快转型升级的步伐；要抓住商机，有针对性地在海外设立销售中心、加工基地，将研发布局全球，抱团开拓市场；要把“根”留在本地，将总部基地、结算中心、大数据中心、研发中心、精品工厂、原辅材料、装备制造等关键环节留下来，打响区域品牌；要建立良好的产业生态、政策环境、城市环境，进一步留住人才、留住产业。刘文儒希望，企业家们要有情怀，永葆创业激情，重视人才、爱护人才、包容人才，既看眼前利益，也看长远后劲，勇于革新、勇于开拓，更加担当、守法守信，弘扬企业家精神，打造一支优秀企业家队伍。刘文儒要求，党委政府要一如既往为企业发展加油助力、保驾护航，全力当好企业发展的“引路人、推车手、服务员”；要有跟企业“共患难”的精神，做到尽全力、无私利、有底线；要有服务纳税人的意识，践行好“不叫不到、随叫随到、服务周到、说到做到”的理念；要营造好城市环境、政策环境、人才环境，坚定企业的信心和决心；要营造良好的亲清政商关系，助推民营企业发展。

5月24日，以“心无旁骛做实业 传承发展‘晋江经验’”为主题的2019年晋江企业创新发展大会召开。泉州市委书记康涛到会指导，晋江市四套班子成员、工商企业家代表、高层次人才等千余人参加会议。会上，3名企业家代表分别做主题演讲，2018年取得突出成绩的企业和高层次人才获授牌表扬。刘文儒深入研判形势、分析问题，从城市、产业、企业三个维度深刻阐述晋江的转型升级之路，强调要全面融入闽西南协同发展区和泉州环湾城市建设，做好“产、城、人”的文章；要加快产业全链条、全流程升级，重点发力“专业化、精益化、规模化、差异化、国际化”，认真思考“走什么、留什么、怎么留”；要把抓人才作为基础性工作，加大创新投入，善于抱团发展赚天下；要深化政企互动，携手并进再出发，艰苦奋斗再创业，谱写“晋江经验”新篇章。

6月21日，泉州市委常委、晋江市委书记刘文儒主持召开十三届市委常委会第123次会议，传达贯彻省委十届八次全会和泉州市委十二届九次全会精神，研究《<关于全面加强新时代党的建设的若干措施>的贯彻意见》《晋江市关于建立防返贫控新贫稳脱贫长效机制的若干措施》《晋江市关于探索海峡两岸融合发展新路的若干措施》《关于贯彻落实泉州市<关于加快推动制造业高质量发展的若干措施><关于加速高新技术企业培训发展的若干措施>等两份政策的意见》。会议强调，各级各部门要认真抓好贯彻落实，把思想和行动统一到习近平总书记的重要讲话精神上来，推动当前和今后一个时期的工作开展。着力产业高质量。紧抓实体经济不放松，加强行业运行分析研判，加快产业全链条、全流程升级；加快培育高新产业和高新企业、“专精特新”企业，以龙头企业和龙头项目带动新兴产业形成规模集群，推动中小企业、全流程智能化升级，推动网络平台、科研平台、信息平台、数据平台等平台经济发展；加快发展生产性服务业、高端生活性服务业等现代化服务业，为经济增长提供持续动力。着力城市高品质。扎实推进城乡环境整治攻坚行动，加强城市精细化管理，加大高端餐饮、健康休闲、优质家政等服务配套引进培育力度，持续提升城市品质品味。着力民生高标准。坚持“保障全覆盖、待遇均等化”，加大名校名院引进力度，加快完善医养康融合的养老模式，推动教育、医疗、养老等高端资源优化提升；加快推动城乡融合发展，争取全国城乡融合发展试验区试点落地；做好高质量扶贫脱贫工作，实施精准帮扶，推动贫困人口全面脱贫，冲刺更高水平全面小康目标。着力服务高水平。围绕企业和人才需求，严格落实支持民营经济26条措施，重点解决公共服务配套、“放管服”改革、减税降费落地、老旧工业厂房改造提升、闲置工业用地盘活等问题，加快引育产业急需人才，全力营造有利于创新创业创造的良好环境。

会议要求，要打好文化牌、产业牌、情感牌，发挥对台民间信仰、宗族宗亲、青年交流等独特优势，加强两岸文化交流，落实各级惠台政策措施，服务台企台胞投资发展和创业就业，深化两岸科技与经济合作，全力做好金门供水保障工作，为福建打造台胞台企登陆第一家园建设贡献“晋江力量”。会议强调，要全面加强党的建设，牢牢把握新时代党的建设总要求，扎实开展“不忘初心、牢记使命”主题教育，组织好晋江市表彰先进、选树典型等系列活动，不断提高党的建设质量，为发展提供坚强政治保证。要认真贯彻中央新修订的《党政领导干部选拔任用工作条例》，落实好市委“一二三四”选人用人导向，注重提拔选用一批“冲锋陷阵”型、“专业技能”型、“老黄牛”型的干部，不断激励干部新担当新作为。要坚持不懈抓好作风建设，集中力量整治形式主义和官僚主义。

9月6日，晋江市召开“手拉手”产能对接暨党政与企业家恳谈会，泉州市委书记康涛到会指导，晋江市四套班子主要领导、企业家代表等参加会议。会上，部分企业代表分享转型品牌代工经验、介绍ODM代工供应商筛选要求，并举行品牌企业与代工企业产能对接签约仪式、品牌企业与上游原辅材料供应商产能对接签约仪式、银行金融机构与拟为品牌带动的企业(意向)授信签约仪式。与会企业还围绕“强内功、铸链条、树信心、拓市场、提品质”主题作分享交流。刘文儒围绕“讲形势、讲信心、讲合作、讲互动”作交流，强调企业要有研判大势的眼光智慧，坚定信心，苦练内功，加快转型升级，突出改革创新，推动全链条、全流程升级。要互补、互助、互通，抱团赚天下，龙头企业要有大格局、大担当、大情怀，带头作表率，扛旗挑大梁，把“根”留在晋江，带动行业整体提升。中小企业要摒弃代工就是帮人打工的思想，找准自身角色定位，既要争当“龙头”，也要乐当“凤尾”，集中精力实现专精特新发展。要求党委政府要持续当好引路人、推车手、服务员，坚持“不叫不到、随叫随到、说到做到、服务周到”，尽全力、无私利、有底线，为企业冲锋在前当好后盾。

【全面深化改革】 2019年3月29日，泉州市委常委、晋江市委书记刘文儒主持召开市全面深化改革领导小组会议，研究《晋江市社会救助综合改革试点实施方案》《晋江市最低生活保障工作实施意见》《晋江市城乡临时救助实施方案》《城乡低保、特困人员审批权限委托下放工作实施方案》。会议强调，各级各有关部门要坚持问题导向，盯紧群众最关心、最直接、最现实的问题，精准施策、精准帮扶，确保冲刺更高水平全面小康路上不落一户、不落一人。要落实改革措施，坚持系统改革思维，统筹推进制度建设、资源整合、优化审批、能力建设、创新监督等方面工作，确保社会救助制度改革顺利实施。要提升工作成效，主动延伸拓展社会救助工作领域和层次，不断提高社会救助效益，力争为全国、全省提供更多创新成果和实践经验。会议要求，市纪委监委、民政、财政、审计等部门要加强监督管理，推动改革工作在精准规范、能力提升、公平公正等方面更加深入扎实。各镇(街道)要做好救助审批事项下放承接工作，加强政策宣传和舆论引导，确保困难群众及时便捷享受改革成果。

5月28日，在全省改革培训班上，泉州市委常委、晋江市委书记刘文儒作题为《全面深化改革的县域实践探索》的授课报告，围绕“晋江的发展得益于改革”“我们正在推进的一些改革”“新时代下，实现高质量发展仍然需要依靠改革”“下一步改革的思考探索”“推进全面深化改革的体会”等五个方面做了详细介绍。

6月17日，省委政策研究室、省委全面深化改革委员会办公室在福州举办学习贯彻“习近平总书记关于全面深化改革重要论述”理论研讨会，泉州市委常委、晋江市委书记刘文儒围绕“传承发展‘晋江经验’，以改革推动高质量发展”作交流研讨。

7月3日，省委深改委召开第六次会议，听取晋江农村土地制度改革三项试点工作情况汇报，泉州市委常委、晋江市委书记刘文儒汇报总体思路，以及宅基地制度改革、集体经营性建设用地入市改革、土地征收制度改革等工作推进情况。会议要求，要持续深化全省农村土地制度改革，坚持底线思维、民生优先、稳中求进，坚持通盘考虑、系统集成、分类施策，拿出务实管用的解决思路和办法举措，维护好、实现好、发展好农民土地权益。

7月20日，泉州市委深改委召开第四次会议，听取晋江市委关于“三块地”改革工作情况汇报。会议强调，要持续深化农村土地制度改革，积极稳妥推进晋江改革试点，加强重点难点研究，拿出务实管用的解决思路和办法举措，力争提供更多可推广、可复制的有益借鉴，维护好、实现好、发展好农村土地权益。

9月27日，泉州市委常委、晋江市委书记、市委全面深化改革委员会主任刘文儒主持召开市委全面深化改革委员会第一次会议，传达学习中央全面深化改革委员会第九次、第十次会议和省委全面深化改革委员会七次会议精神，研究晋江市贯彻意见；研究《中共晋江市委全面深化改革委员会工作规则》《中共晋江市委全面深化改革委员会专项工作小组工作规则》《中共晋江市委全面深化改革委员会专项工作领导小组联络员会议制度》《中共晋江市委全面深化改革委员会办公室工作细则(送审稿)》等4份文件的起草情况和主要内容；研究实施学校空编岗位经费包干和教师管理“市管校聘”等教育人事制度改革事宜。会议强调，各级各部门要深入学习领会上级深改委会议精神，结合贯彻落实习近平总书记对福建、对晋江的指示批示精神，结合传承发展“晋江经验”和开展“不忘初心、牢记使命”主题教育，发扬刀刃向内的革命精神，大胆探索晋江市县域集成体制改革，统筹推进产业高质量、城市高品质、民生高标准、服务高水平、党建高引领，不断提升县域治理能力和治理体系现代化水平。要把改革着力点放在加强系统集成和协同高效上，统筹改革资源，整合改革力量，进一步发挥政策联动的叠加效应。要主动担当作为，推动各级精神落到实处。会议要求，各级各相关部门要全力做好全省县域集成改革试点的前期工作，结合贯彻中共十九届四中全会精神，紧密对接省上和泉州，加快完善晋江市县域集成体制改革试点总体方案，为改革工作全面开展奠定基础。要加强向上沟通衔接和请示汇报，推动晋江市集成改革事项形成共识，并取得省直和泉州市直部门支持。

10月16日，福建省委深改委召开第八次会议，会议听取县域集成改革试点筹备工作情况汇报，确定在晋江市、福清市、沙县开展县域集成改革试点，并要求抓紧制定出台相关试点方案。会议要求，要把准方向推进，围绕提升县域治理体系和治理能力现代化水平，坚持稳妥审慎，渐进有序谋划和推进集成改革。要系统集成协同推进，科学设计实施方案，把关键环节的改革设计贯通起来，把有节点效应的改革举措串联起来，提高改革整体效益。要聚焦问题精准推进，找准县域经济社会发展的堵点难点，盯住群众关切的操心事烦心事，开展原创性、差异化、特色化探索实践。要加强保障合力推进，鼓励探索、允许试错，营造聚力创新、协同配合、共同参与的改革氛围。

11月11日，泉州市委常委、晋江市委书记、市委全面深化改革委员会主任刘文儒主持召开市委全面深化改革委员会第二次会议，研究审议《晋江市县域集成改革试点总体方案（送审稿）》。会议肯定晋江市集成改革试点工作取得的前期工作成效，并指出开展县域集成改革试点是福建省、泉州市和晋江市贯彻中共十九届四中全会和中央深改委十次会议精神、推进治理能力和治理体系现代化的重要抓手，也是晋江市为全国、全省提供可复制、可推广的县域发展经验和改革样板的重要任务。各级各部门要高度重视县域集成改革试点工作，紧紧抓住改革发展机遇，用好上级政策，大胆探索创新，全力以赴落实各项改革任务，加快推动县域集成改革试点落地见效。会议强调，改革是不断探索、不断创新、不断试错的过程。各级各部门要坚持“超前、系统、完整、全面”原则，统筹考虑推进县域集成改革试点，加强政策协同配套，推动各项改革措施同向而行、相关部门同向发力。要坚持底线思维，把分析研判、防范化解风险贯穿改革方案策划、制定和实施的全过程，加强向上请示汇报，做好与人大、司法部门、法律顾问等沟通工作，及时纠偏纠错，最大限度减少负面效应。要细化落实好容错免责机制，鼓励干部解放思想，大胆试、大胆闯。会议要求，各项目牵头市领导和牵头单位要发挥牵头抓总作用，制订专门行动方案，细化分解改革任务，扎实推进改革任务。各项目责任单位要加强政治意识和大局意识，选派精干队伍，配强精锐力量，全力落实各自改革任务和措施。各级各部门既要针对上级赋予的各项政策权限，加强向上沟通对接，明确相关政策落地细节，也要立足十九届四中全会《方案》，结合发展需要，策划生成更多赋权事项，争取更多改革政策落地晋江、推动发展。

11月12日，泉州市委深改委召开第九次会议，研究《晋江市县域集成改革试点总体方案》。会议强调，要积极推进晋江县域集成改革试点，站在讲政治、讲大局的高度，用更多实际行动推动改革探索，为“晋江经验”注入新的时代内涵。要上下联动协同推进，细化实化实施方案，明确时间表、路线图、责任人，确保改革试点落地见效。要大胆探索实践，及时总结推广好经验好做法。要应用好改革容错纠错机制，激励广大干部在新时代改革试点实践中担当作为、干事创业。

11月21日，全省乡村治理体系暨乡风文明建设现场推进会在晋江市召开，省委副书记、福州市委书记王宁出席会议并讲话，副省长李德金主持会议。会前，各设区市和平潭综合实验区、省直有关部门的负责同志，深入晋江东山村、围头村、西埔村现场了解通过抓党建推动乡村自治、法治、德治融合的鲜活案例。会上，泉州市委常委、晋江市委书记刘文儒作《坚持党建引领 推进乡村善治》的交流发言。

11月28日，泉州市委常委、晋江市委书记、市委全面深化改革委员会主任刘文儒主持召开市委全面深化改革委员会第三次会议，研究修订《晋江市村（社区）干部管理规定》《晋江市村务（社区）专职工作者管理规定》两份文件。会议要求，各级各部门要学懂弄通、准确把握各项制度规定，做好宣传解读、教育培训、监督检查等相关工作，打通村级组织各支队伍管理的“最后一米”。市委组织部会同相关部门、各镇（街道）指定专人负责，加大宣传力度，坚决避免误解误读现象；要加强村（社区）集体“三资”、财务、决策等工作监管，推动农村（社区）工作规范管理。

12月31日，《晋江市县域集成改革试点总体方案》获省批复同意。

【强基促稳】 2019年3月14日，泉州市委常委、晋江市委书记刘文儒主持召开十三届市委常委会第115次会议，传达学习泉州市“强基促稳”三年行动工作部署视频会精神。会议强调，各级各部门要深刻学习领会中共中央总书记习近平在省部级主要领导干部坚持底线思维、着力防范化解重大风险专题研讨班上的重要讲话精神，切实增强政治敏锐性、鉴别力，扎实推进“强基促稳”三年行动，防范化解风险，夯实基层基础，全力营造安全稳定和谐的良好社会环境。会议要求，各级各部门要迅速行动，按照泉州市委部署及方案要求，做到紧盯节点、倒排工期，加快推动各项任务落到实处。要落实责任，领导小组办公室要做好统筹协调工作，各相关部门、各镇（街道）要按照职责分工，密切协作配合，确保专人对接、专人负责，抓好各专项工作及具体项目。

3月29日，泉州市委常委、晋江市委书记刘文儒主持召开十三届市委常委会第116次会议，传达学习福建省省管干部坚持底线思维着力防范化解重大风险专题班精神。会议强调，各级各有关部门要坚持底线思维，增强忧患意识，切实把思想和行动统一到习近平总书记关于防范化解重大风险的重要论述和省委省政府的统一部署上来，为高质量赶超营造安定稳定的社会环境。要坚持“稳”字当头，深入排查，逐一化解政治意识形态、经济、科技、社会、对外、对台、党的建设等领域的重大风险，推动社会经济健康稳定发展。要坚持守土有责，做到守土尽责，严格落实属地责任和行业主管责任，全面健全机制，完善应对预案，做好预防化解工作，坚决打赢防范化解重大风险攻坚战。

4月16日，泉州市委常委、晋江市委书记刘文儒主持召开十三届市委常委会第117次会议，研究《晋江市“强基促稳”三年行动方案（送审稿）》。会议指出，开展“强基促稳”三年行动，是保稳定、促发展的重要抓手。各级各部门要把这项工作作为“一把手”工程，聚焦“促进基层和谐稳定”，突出主题，把准问题，不折不扣抓好各专项行动及项目落实。会议强调，各级各部门要坚持问题导向、目标导向和结果导向，紧盯重点领域，着力把矛盾隐患问题消除化解在基层和萌芽状态，做到防微杜渐，切实维护社会安定稳定。要积极探索，勇于尝试，在问题突破、难点攻坚、机制创新上下功夫，努力创造更多可复制、可借鉴、可推广的经验做法，创出晋江特色和晋江品牌。

6月21日，泉州市委常委、晋江市委书记刘文儒主持召开十三届市委常委会第123次会议，传达贯彻泉州市"强基促稳"及重大风险防范化解工作推进会精神。会议要求，各级各部门要提升政治站位，深入学习领会泉州市委书记康涛讲话精神，把维护安定稳定的政治社会环境摆在突出位置，扎实推进"强基促稳"及重大风险防范化解工作。要化解风险矛盾，坚持问题导向，聚焦金融风险、安全生产、生态环保、"两违"整治、信访维稳、舆情风险、食品安全等突出风险领域，做到摸排到位、找准根源、抓住关键、集中攻坚、妥善化解，切实把更多矛盾化解在基层。要着眼体制机制，加强探索创新，努力创造更多务实管用、可推广可复制的经验机制，切实解决一批"症状"在基层、"病根"在机制的深层次问题。

7月16日，泉州市委常委、晋江市委书记刘文儒主持召开十三届市委常委会第126次会议，传达贯彻泉州市"强基促稳"2019年半年工作评议会和点评会精神。会议强调，各级各部门要保持清醒认识，绷紧思想之弦，牢牢守住社会安定稳定底线。要加大推进落实力度，认真学习领会上级的讲话精神，按照既定时间表和路线图，扎实推进"强基促稳"三年行动，持续深化18个专项行动和40个重点项目，推动更多矛盾隐患化解在基层和萌芽状态。要加大探索推广力度，坚持问题导向、目标导向，不断探索创新办法，健全完善体制机制，推动"最后一公里"问题得到有效解决。要深化拓展典型示范效应，总结推广更多可复制、提实效的经验做法，坚持以点带面、因地制宜，真正推动"盆景"变"风景"。要加大考评督促力度，扎实推进强基促稳工作，确保完成目标任务。

9月12日，泉州市委常委、晋江市委书记刘文儒主持召开十三届市委常委会第132次会议，传达全市"强基促稳"2019年半年工作评议结果。会议强调，各级各部门要持续对照年度目标任务，落实"强基促稳"三年行动部署，围绕"组织有力、治理有方、化解有效、群众有感"，聚焦基层组织、治理创新、矛盾化解、风险防控、民生服务等重点领域，加快补齐薄弱环节，着力在"小切口""微创新"中创造更多实绩。要坚持试点先行、大胆探索，深化拓展"试验田"，培育更多品牌示范，带动整体提升。会议要求，各部门要认真对照泉州市实施方案及关键指标，结合开展"不忘初心、牢记使命"主题教育，扎实推进晋江市18个专项行动落实，深入研究分析突出问题和普遍性问题，推动问题标本兼治。各镇(街道)要围绕提升村级管理服务，探索一批务实管用的办法措施，抓牢抓实基层基础，着力打通"最后一公里"。晋江经济报社、市广播电视台等新闻媒体要开辟宣传专栏，晾晒各领域、各方块工作成效，进一步总结经验做法、挖掘先进典型，推动"盆景变风景"，助推晋江市经济社会各项工作再上新台阶，为"新福建""五个泉州"建设做出新的贡献。

（市委办　张毅钊　张清常）

组　织

【概况】 2019年，晋江市委组织部以习近平新时代中国特色社会主义思想为指导，全面贯彻中共十九大和中共十九届二中、三中、四中全会精神，进一步找准定位、服务大局，推动组织工作稳中有进、质效并升，为开展"两个年"(三大任务攻坚年、城乡环境整治年)活动，加快建设国际化创新型品质城市，当好高质量赶超主力领军提供坚强组织保障和人才支撑。

至2019年底，全市共有厅级干部1人，处级及以上干部56人，科级干部1176人(正科级干部427人，副科级干部749人，不含教育、医疗卫生单位)，市直医疗卫生单位市管干部9人，中学(职校)市管校级干部161人，一类国有企业正职14人；"国家有突出贡献的中青年专家"2人、省"百人计划"专家20人、泉州市高层次人才2410人，拥有在晋江工作的博士超200人；党委(含派出工委)98个，其中镇党委13个，市直系统党委17个，派出工委11个，镇、街、经济开发区企业和社会组织党委20个，建制村党委1个，社区党委2个，机关党委15个，国有企业党委3个，"两新"组织党委16个(新社会组织党委3个，非公企业党委13个)。党总支99个，其中村党总支16个，社区党总支4个，机关事业、公有经济组织党总支60个，"两新"组织党总支18个(非公经济组织总支15个、社会组织总支3个)。党支部2335个，其中村支部321个，社区支部110个，机关事业、公有经济组织党支部711个(镇、街道236个，开发区3个，市直机关447个，国有企业25个)，"两新"组织1193个(非公经济组织党支部1077个，新社会组织党支部116个)。党员51413人，其中各镇党员29982人，各街道党员8820人，开发区党员529人，市直机关党员11691人，国有企业工委党员355人，社会组织综合党委党员36人。全市建制村党员20333人，社区党员8651人(街道社区6668人，镇社区1983人)，"两新"组织党员8846人(非公8182人，社会组织664人)，机关事业、公有经济组织党员13583人。

（市委组织部　蔡晓喆　陈文法）

【党员发展及党员教育管理】 2019年，市委组织部落实发展党员37条措施，开展提高发展党员工作质量专题调研，推动提高发展党员工作质量，全年累计发展党员680人，全面推行党员孵育机制，试点排查解决农村发展党员违规违纪问题。抓好主题党日、"三会一课"、党员"三诺"等制度落实，开展支部书记、党员集中轮训。全年举办8期入党发展对象培训班，分9个领域实施党支部"达标创星"标准化规范化建设试点，相关做法在全省基层党建工作重点任务推进会上交流。建立首批18个党员教育基地，试点推行乡村"红色喇叭"建设，加强党支部宣传教育党员群众职责。纪录片《担当》《托付》《一路同行》分获第十五届全省党员教育电视片观摩交流活动一等奖、二等奖、三等奖。

（市委组织部　朱东阳　陈倩仪）

【"不忘初心，牢记使命"主题教育】 2019年9月启动，历时3个多月。主题教育期间，晋江市牢牢把握"守初心、担使命，找差距、抓落实"总要求，认真学习贯彻习近平新时代中国特色社会主义思想，坚持抓领导班子和基层支部相结合、抓领导干部和基层党员相结合，统筹推进学习教育、调查研究、检视问题、整改落实4项重点措施，组织"群众点题"33个项目集中攻坚，建立以进村社、进企业、进项目、送理论、送政策、送信息为主要内容的“三进三送”工作机制，着力锤炼党员干部忠诚干净担当的政治品格，得到省委书记于伟国，省委常委、组织部部长杨贤金批示，相关做法在全省主题教育推进会上做交流介绍。

（市委组织部　张雅琪　施嘉奕）

【基层党建工作推进机制】 2019年，市委组织部压实基层党建工作责任制，发布《重点任务清单》25项、95条。聚焦基层党建工作创新，推进6大协同试点项目，完成村级组织“一个中心、若干网格”运行机制改革，健全完善党组织书记、村（社区）干部、基层党员集中轮训工作制度，出台村（社区）干部管理规定、村务（社区）专职工作者管理规定等规范性文件。加强抓乡促村、包村联户责任意识，健全完善基层党建述职评议考核制度，统筹抓好扫黑除恶专项斗争、各级巡视巡察整改、主题教育专项整治、强基促稳三年行动有关任务落实。

【乡村善治试验项目】 2019年，市委组织部坚持和加强党的领导这个根本政治原则，以“三治融合”为基本方向，以基层协商为基本载体，开展乡村善治试验。与厦门大学公共事务学院签订战略合作协议，共建晋江市党的建设与基层治理实验室，召开“开展乡村善治试验，推行基层协商机制”现场推进会，印发《关于开展乡村善治试验推行基层协商机制的意见》，拍摄《乡土的约定》宣传片，制作24个乡村善治典型案例汇编，推动各村（社区）制定村级自治章程，打造充满活力、和谐有序的善治乡村、善治社区。《党建引领乡村善治试验的实践与探索》调研文章获评泉州市2019年度党建重点调研课题优秀成果二等奖，《晋江市创新乡村善治议事会》案例获评泉州市强基促稳十佳示范案例。

【非公企业和社会组织党建】 2019年，市委组织部深化非公党建“质量战略”，以“一协会一学院一基地”为载体，探索建立党建孵育机制，整顿转化“空壳化”党组织228个，新成立党组织122个，1158家“三有”规上企业和社会组织实现“两个覆盖”。探索镇（街道）、村（社区）片区管辖制改革，以互联网、商务楼宇、学会协会为重点，成立35个行业性党组织，7个楼宇党组织和17家互联网企业党组织。实施“创业伙伴”行动计划，举办“两新组织”书记集中轮训、党务人才（深圳）专题研修班及第5期“红色CEO”培训班，推荐首批18名两新组织“党建入章”典型人物，向2批140名从业人员家乡送达“官方喜报”。抓实“党建入章”扩面提质，联合市场监督管理局、税务局等部门集中入企送达《致民营企业出资人的一封信》，推动1.5万家企业完成“党建入章”，其中规模较大“三有”企业6284家，业主是党员、书记的企业100%实现“入章”，培育25个“党建入章”典型项目，4篇案例获评全国民营企业党建“典型案例”。

（市委组织部　张晓玲　黄哲昉）

【领导班子和干部队伍建设】 2019年，市委组织部践行市委“一个导向”“两个一线”“三个更加注重”“四个绝对不能”的选人用人理念，运用干部考察结果对各块领导班子进行调整优化，为事业发展提供坚实组织保障。健全队伍研判常态机制，制订《晋江市管领导班子和干部队伍建设综合分析研判办法》，健全组织部分工联系单位机制，经常性、近距离了解干部。采取全面考察和专项考察交错实施、压茬推进的方式，先后组织国有企业领导人员年度考核、镇（街道）干部干事创业精气神调研，开展高铁新区二期征迁专项考察。立足干部考察结果精准选配干部，做好市直单位、镇（街道）领导班子紧缺岗位调整充实，调整市管干部196人次，其中提拔正科52人，提拔副科28人。发现使用一批经过一线锤炼的优秀干部，提拔一线干部25人，3名镇（街道）党（工）委副书记提拔担任单位正职，15名解决正科级待遇，10名镇（街道）科技副职调任行政领导岗位。

【人事制度改革】 2019年，市委组织部完成机构改革人员转隶、报到、挂牌等后续工作，保障涉改部门平稳过渡。对照上级要求对干部选任、考核、监督等工作流程进行梳理优化，制订《关于进一步规范股级干部选任工作的意见》，指导相关单位党委（党组）按照新机构“三定”配备中层队伍，建立合理干部梯队，推动机构改革后队伍进一步融合。完成两批84名县以下机关公务员职级晋升工作，出台晋江市公务员职务与职级并行制度实施方案，完成全市公务员职级套改工作。探索开展干部与民营企业管理人员双向挂职，拓宽交流渠道，盘活干部、人才资源。把握全省县域集成体制改革试点契机，向上争取县级以下行政、事业、国企“三支队伍”之间的流动试点机会，研究出台《晋江市市属国有企业领导班子和领导人员综合考核评价暂行办法》，为推动交流任职提供政策支撑。

【干部培养锻炼】 2019年，晋江市压

2019年12月20日，晋江市非公企业和社会组织党务人才协会工作人员在非公企业和社会组织党建孵育基地填写“喜报”

（市委组织部　供）

实党委(党组)干部培养主体责任，出台《关于进一步落实党委(党组)干部培养主体责任的实施办法》，推动教育局党组研究出台《晋江市校级后备干部队伍建设“苗圃计划”》，督促卫健局党组完善医疗卫生单位队伍管理办法，促成干部培养上下联动、整体推进的工作格局。紧扣建设高素质专业化干部队伍目标，开展干部培养锻炼工作。制定《2019—2022年晋江市干部教育培训规划》，推进“领导干部政治能力提升工程”“年轻干部素质能力提升工程”等7个重点项目，举办全市年轻干部素质能力提升培训班，开设数字经济、乡村振兴、城市治理等8期专题干部学堂，轮训股级干部1600人次；做实一线锻炼，抽调500余人参与高铁二期征迁，选派30名干部驻村担任第一书记，争取26名泉州市第二批选派干部到“世中运”执委会挂职，推动干部在一线实践锻炼、提升本领。持续推动年轻干部实践锻炼，不断拓宽干部成长平台，选派3名科级干部到泉州市直单位交流挂职，1名党政主要领导参与援疆工作。

【干部担当作为激励机制】 2019年，晋江市紧扣新时代激励干部新担当新作为主基调，探索正向激励新思路，丰富干部关怀新举措，致力营造担当作为浓厚氛围。利用1个月时间开展镇(街道)干部精气神专题调研，分析各级激励政策执行的短板、症结，回应基层干部诉求，完善干部保健制度，建立干部心理健康关怀机制，抓好乡镇“五小”设施建设，缓解镇(街道)干部子女就读问题。结合开展“干事创业精气神不够、患得患失，不担当不作为问题”专项整治工作，推动督查检查考核项目从300项缩减合并为25项，为基层减负。按照“三个区分开来”(把干部在推进改革中因缺乏经验、先行先试出现的失误和错误，同明知故犯的违纪行为区分开来；把上级尚无明确限制的探索性试验中的失误和错误，同上级明令禁止后依然我行我素的违法行为区分开来；把为推动发展的无意过失，同为谋取私利的违纪违法行为区分开来)精神，坚持客观评价承担改革性、探索性任务的单位和干部，着眼科学容错纠错，结合落实上级容错纠错文件精神，结合晋江实际，起草晋江市容错纠错实施意见，为担当者担当、为负责者负责，促进冲锋陷阵的干部轻装上阵。

【干部日常监督管理】 2019年，晋江市加快建章立制、堵塞漏洞，巩固深化各级巡视巡察成果，健全本级巡察机构与组织部门工作协调机制，全年建立41条涉及干部队伍建设管理问题的工作台账，聚焦共性问题、坚持防治并举，逐条予以督促整改。评估省委巡视后出台的干部请销假、因私出国(境)、重点项目借调、退出现职干部管理等制度实施效果，从严梳理晋江市“不忘初心、牢记使命”主题教育期间干部请假、公务外出流程。做好领导干部违规经商办企业自查，规范干部在社团兼职，敦促单位党委(党组)帮助干部形成良好行为规范。注重涉组涉干信访信息合理运用，规范提醒函询诫勉操作流程，书面提醒干部11人次，对苗头性、倾向性问题及时“咬耳扯袖”。

(市委组织部　郑良侨　林　楠)

【人才工作】 2019年，晋江市全面实施《晋江市人才生态链条提升实施方案》，推进落实105个项目。出台《关于推进市镇人才工作联动机制的实施意见》，市镇两级均实行“党建(人才)+经济(产业)+科技+商协会”的“大人才+”运行模式。重新梳理制订《晋江市优秀人才认定管理和享受相关工作生活待遇规定》，采取泉州市认定、晋江市配套待遇的办法，实现人才标准与泉州并轨，人才政策与泉州融入。出台《关于进一步扶持泉州市(晋江)人力资源服务产业园发展的若干措施》《晋江市进一步支持行业协会开展人才工作十五条措施(试行)》，激发市场主体活力。组建全省首家国有县级人力资本公司，统筹承担全市面向市场的人事人才服务。举办第三届海峡菁英人才节，第三届全国集成电路“创业之芯”大赛，承办2019中国福建人才创业周海外高层次人才福建行泉州专场(晋江站)活动，吸引超百名海内外博士参会。开展第五批“海峡计划”创业团队和项目评审工作，新增入选团队项目21个。开展企业家“领航班”“启航班”，统筹做好医疗卫生人才、教育人才、社工人才、农业人才等各支人才队伍培养建设。泉州(晋江)国际人才港建成投用，构建“一中心”(国际人才交流服务中心)“一窗口”(涉才事项集中服务窗口)“一网络”(聚才网)“一公司”(国有人力资本有限公司)的“四个一”人才服务机制。年度新增自主申报入选国家“特聘专家”1人、国家留学人员回国创业启动支持计划2人、省引进高层次人才B类8人、省引进高层次人才C类1人、省引进台湾高层次人才43人、省杰出青年基金获得者2人、福建省中小学名校长后备培养培训人选10人、省工科青年人才26人、泉州市“港湾计划”高层次人才团队1个、泉州市高层次人才1817人(累计2171人)。首批227名

2019年11月12日，举办泉州人才“港湾计划”——晋江市第三届海峡菁英人才节

(市委组织部　供)

高端人才顺利入驻高端人才社区。

（市委组织部　林雨铳　苏志英　杨德谱　丁锦茹）

【人才政策服务】 2019年，晋江市贯彻落实泉州人才"港湾计划"及人才政策"一体化"要求，重新修订出台《晋江市优秀人才认定管理和享受相关工作生活待遇的规定》和《晋江市优秀人才补充认定标准》，实施"靶向引才"，加快引进、培养、集聚一批适应经济转型升级、产业结构优化、跨越发展要求的人才。组织实施优秀人才政策，兑现优秀人才津补贴1633人、2514.9万元，兑现优秀人才购房补贴139人、395.45万元，受理优秀人才子女择园择校94人。

对接上级人才政策，组织各类优秀人才参加各级人才项目评选，申报入选留学人员回国创业启动支持计划2人、省引进高层次人才（ABC类）9人、入选省工科类青年专业人才支持人选26人、入选省引进台湾高层次人才43人、入选泉州市智能制造产业集群高端人才40人、入选泉州企业自主人才80人、认定泉州市高层次人才1817人。

【人才引进】 2019年，晋江市注重搭平台、建渠道，多措并举引进晋江市产业紧缺急需关键人才。畅通引才渠道，提供多样化的人才招聘对接服务，在本地举办77场招聘会，邀请60家国内院校到晋江举办对接会1次，组织人力资源服务机构与企业供需对接1次，到省内参加省内校园招聘会16场，赴省外开展引才对接活动8次。围绕对接高校、贴紧企业、服务人才"三位一体"的思路，做好博士人才与企业需求对接，新增引进博士后人才5人，累计引进博士后人才97人。主动对接高层次人才交流峰会，组织参加中国国际人才交流大会、中国海外人才交流大会，举办中国福建海外人才创业周海外高层次人才福建行晋江站活动，增强对海内外高层次人才的吸引力，累计达成海外人才及项目合作意向37个。支持学有所成的海外留学生到晋江创新创业，11月，省留学人员创业园管理中心授牌设立晋江留学人员创业园，为福建省首个县级留学人员创业园。

【大中专毕业生就业创业】 2019年，晋江市开展大中专毕业生服务季活动，为毕业生人才就业创业提供全周期、全方位服务，促进毕业生充分就业创业。开展人社局局长进校园宣讲活动，分别到泉州轻工职业学院和泉州职业技术大学开展就业创业政策、创业普法、金融知识等宣讲活动，增强毕业生就业创业能力。举办2019年晋江市大中专毕业生就业对接会，组织68家企业参会，提供岗位数1302个，进场求职人数达1021人次，促成就业对接243人。举办人才服务专员选拔活动，分别在晋江和南京两地，选拔聘用21名优秀大学生成为第三、四期晋江市人才服务专员。做好2019年离校未就业高校毕业生就业调查及服务，通过电话调查、短信推荐、就业帮扶等活动，服务1143人离校未就业高校毕业生。设立第四个大学生创业园，在泉州轻工职业学院设立大学生创业园，为"985""211"有志于从事电子商务的大学生提供创业扶持。全市大学生创业园累计入驻45家企业206人。落实毕业生就业创业政策，实施泉州市高校毕业生安居保障、就业见习、创业担保贷款贴息等政策，组织申报安居补助1548人，个人创业担保贷款审核公示12批150人，就业见习93人，兑现本级高校毕业生就业创业扶持资金34.45万元。做好档案和人事代理服务，为到非公经济组织就业的大学生提供行政关系挂靠、免费档案寄存、职称评聘、党员组织关系接转等"一条龙"服务，接收流动人员档案4619份，档案库累计55631份。新增人事代理380人次，人事代理累计4662人次。

【技能人才队伍建设】 2019年，晋江市贯彻落实省、泉州市"完善技能型人才评价办法，改革产业人才评价制度"的政策精神，实施技能人才振兴计划。培育掌握高精尖技能的带头人，指导扶持福建盼盼食品有限公司蔡金鑫技能大师工作室入选国家级技能大师工作室，推荐申报泉州技能大师5人。开展技能竞赛，在全市开展"转型攻坚当先锋·聚力跨越做贡献"主题劳动竞赛活动，举办晋江市第二届物业管理行业"兴泰杯"维修电工技能竞赛、旅游系统技能竞赛、数控车工技能竞赛等。做好职业技能培训和鉴定，举办保育员、美容师等各类技能培训和技能鉴定7期，208人取得职业资格证书，全市培训鉴定2093人、培训上岗18024人。推荐泉州轻工学院入选泉州产业实训基地，补助金额400万元。通过"校企结合、工学交替"的人才培养模式，建立行业主导、学校与企业共同参与的人才培养模式，建立深层次的校企结合培养人才的长效机制。进行新职业技能标准开发，创建晋江市重点产业国家职业技能标准，10月，人社部将晋江市申报的"制鞋工"确定为国家新一轮的职业技能标准，这是全省首个新型指标技能标准被纳入国家职业技能标准。

【用工招聘】 2019年，全市开展"春风行动"公益招聘月活动，举办招聘会75场次，参会企业3299家次，达成求职意向28375人次。分批次组织近46家次知名企业赴河南、贵州、云南、成都等地开展"招工引才"系列活动，达成求职意向721人。并在贵州遵义促成8家企业与当地人力资源服务机构、高职院校达成合作意向。举办人力资源服务机构与企业供需对接会，邀请邦泰人和、精诚人力等20家知名人力资源服务机构到晋江，与18家缺工企业进行"一对一"精准对接，达成初步合作意向10个，为企业推荐各类人员3510人次。2月21日，在阳光广场举办精准扶贫专场招聘会，138家企业参会，提供退伍军人岗位237个、妇女岗位314个、残疾人岗位193个，招聘会进场求职2371人次，现场达成求职意向412人。6月6日，在中国海峡（晋江）人才市场举办第八届残疾人就业招聘会，45家企业参加，提供390多个岗位，吸引300多名有就业意向的残疾人求职、咨询，现场与用人单位达成就业意向76人。9月12日，举办2019年晋江市残疾人就业专场招聘会，32家企业参加，提供392个岗位，吸引近200名有就业意向的残疾人求职、咨询，现场与用人单位达成就业意向65人。10月11日，在泉州轻工职业学院举办2019年秋季退役军人返乡欢迎仪式暨退役军人和现役军人家属就业创业推介会，提供1500余个岗位，现场求职退役军人、现役军人家属500余人，初步达成就业意向150余人。

（市人社局　张燕青　柯发音　林晓军）

【机关党建】 2019年，市委组织部探索建立机关事业单位基层党组织集中换届制度,424个基层党组织顺利完成换届。建立机关事业单位“三进三送”工作机制,总结形成的《晋江市以机关党建引领强基促稳的若干实践与思考》获泉州市2019年机关党建课题调研成果一等奖,选送的《践行“晋江经验”推动商务创新发展》《多区叠加推进产城高质量发展的晋江实践》等4篇案例分获全省第二届机关体制机制创新优秀案例征集评选一、二、三等奖。

(市委组织部　丁若莎　张雅琪)

【组工信息调研】 2019年,市委组织部注重加强信息调研和工作总结,相关经验做法被省级以上信息刊物刊介45条次。其中,《党建引领县域发展的生动实践》在中组部《组工研讨》专期刊发,《晋江市人才分类评价改革的探索与思考》等课题获泉州市级以上各类优秀调研成果表彰10项次。

(市委组织部　蔡晓喆　余道銮)

宣　传

【概况】 2019年,晋江市宣传思想文化工作紧紧围绕学习宣传贯彻习近平新时代中国特色社会主义思想以及中共十九大和中共十九届二中、三中、四中全会精神,牢牢抓住庆祝中华人民共和国成立70周年这条主线,高举思想旗帜,严格落实意识形态工作责任制,主动服务全市中心大局,不断传承弘扬“晋江经验”,接继奏响高质量发展更强音,持续深化新时代文明实践全国试点工作,稳步提升城市文化综合实力,为打造国际化创新型品质城市提供思想舆论保证和精神文化支撑。晋江市宣传思想文化工作亮点频出、成效明显,特别是出彩举办世中运倒计时一周年活动,推动晋江元素亮相“国字号”推介活动和美国纽约时报广场,在海内外引发强烈反响;中央马克思主义理论研究和建设工程重大项目“‘晋江经验’的成功实践与启示研究”顺利结项,并报中宣部;出版理论专著《县域现代化的“晋江经验”》和长篇报告文学《晋江,奔流向海》,电视连续剧《爱拼会赢》开机;全年在各级各类主流媒体推出新闻报道逾万篇次,市委报道组连续10年获评福建日报社“双十佳”。

(市委宣传部　蔡东升　吴清淡)

【学习贯彻习近平新时代中国特色社会主义思想】 2019年,晋江市按照学懂、弄通、做实的要求,推进习近平新时代中国特色社会主义思想进机关、进企业、进农村、进社区、进校园、进军营、进“两新”组织、进网站,兴起学习宣传贯彻新思想的热潮。开展《习近平新时代中国特色社会主义思想学习纲要》(以下简称“学习纲要”)学习宣传,印发学习宣传方案,晋江市各单位迅速订阅学习纲要,党员干部人手一册。在“不忘初心、牢记使命”主题教育中,将学习纲要作为重要学习内容。学习宣传习近平在参加十三届全国人大二次会议福建代表团审议时的重要讲话精神,市委常委会第116次(扩大)会议开展专题学习,全市党员干部围绕讲话精神,结合“两学一做”学习教育,学习研讨。4月,市委、市政府召开企业家代表座谈会,围绕“传承发展晋江经验 心无旁骛做强实体经济”听取意见建议,深化政企互动。全市广泛宣传讲话精神,开展宣讲逾130场。开展庆祝中华人民共和国成立70周年暨传承弘扬“晋江经验”主题宣讲,4—7月,联合市委党校组织开展宣讲比赛,选拔出30名优秀理论宣讲员,10名十佳理论宣讲员。9月,启动学习贯彻习近平新时代中国特色社会主义思想暨传承弘扬“晋江经验”主题宣讲活动,组织市业余讲师团、农民讲师团、十佳理论宣讲员、优秀理论宣讲员、“大宣讲”小分队等宣讲队伍深入基层开展宣讲活动近300场。11—12月,市委中共十九届四中全会精神宣讲小分队、“大宣讲”小分队深入全市各基层党委、分片挂点地区开展学习贯彻中共十九届四中全会精神宣讲活动近100场。学习习近平关于宣传思想工作的重要思想。5月24日,市委常委、宣传部部长林惠玲作为县级市代表在省委宣传部召开的“深入学习贯彻习近平总书记关于宣传思想工作的重要思想”理论研讨会上做题为“当好新时代的‘夸父’与‘庖丁’”主题发言,6月5日署名文章《基层宣传思想工作者要当新时代的“夸父”和“庖丁”》在《福建日报》的《深入学习贯彻习近平总书记关于宣传思想工作的重要思想理论研讨会发言摘登》专栏发表。

(市委宣传部　林锦鑫　黄华东)

【党委理论学习中心组】 2019年,晋江市突出统筹引领,注重学习服务,不断提升党委理论学习中心组学习实效,相关经验做法得到省委宣传部的肯定,并以案例形式向中宣部报送。注重统筹安排,制发《晋江市2019年理论学习安排意见》,明确全年理论学习的重点、热点,为全市理论学习提供指引。市委理论学习中心组举办专题学习会31场,各基层党委(党组)理论学习中心组举办专题学习逾900场。注重提升实效,市委理论学习中心组根据专题学习的实际,围绕专题作交流研讨,提升学习的针对性,促进学习成果转化为推动发展的实际举措。全年市委理论学习中心组举办交流研讨活动6场、专题研讨3场;各基层党委(党组)理论学习中心组举办交流研讨活动逾260场。注重学习服务。发挥《中心组学习参考资料》辅助导读作用,围绕“八个明确”“十四个坚持”持续推出学习专刊,全年共编发参考资料14期,向党员干部推荐阅读书籍17本,推送“晋江大讲堂”手机报48期,寄发《福建历史文化丛书》《月读》《时事报告•党委中心组学习》等书刊30余种。

【“晋江经验”理论研究】 2019年8月14日,晋江市承办2018年度中央马克思主义理论研究和建设工程重大项目“‘晋江经验’的成功实践与启示研究”项目成果研讨座谈会,该项目成果报送中宣部。8月,社会科学文献出版社出版理论研究专著《县域现代化的“晋江经验”》,该书拓展延伸2018年中宣部庆祝改革开放40周年“百城百县百企”调研晋江研究成果。9月11日,中国社会科学院社会学研究所“晋江经验”调研基地揭牌。9月12日,召开“晋江经验”主题座谈会。

(市委宣传部　林锦鑫　黄华东)

【“不忘初心、牢记使命”主题教育宣传工作】 2019年,晋江市围绕第二批“不忘初心、牢记使命”主题教育部署要求,创新宣传方式,发挥各级各类媒体平台作用,挖掘特色、成效和亮点,全方位、多角度、全媒体形式开展主题教育宣传工作,为全市主题教育的开展营

2019年9月29日，“礼赞新中国 奋进新时代”晋江市庆祝中华人民共和国成立70周年群众文艺汇演在戏剧中心高甲剧场举办

（市委宣传部 供）

造良好舆论氛围。新华社、人民日报社、新华网、人民网、中新网、福建日报社、福建电视台等各级主流媒体聚焦晋江非公党建促发展、破解“出行难”、乡村“小喇叭”让党的声音走村入户、永和镇巴厝村95岁老党员林时弁将遗留的115268元捐给党等感人事迹和特色做法。策划拍摄《坚持——百岁党员洪肇服》人物专题片，“学习强国”学习平台陆续推出5篇人物专稿，4篇“红色记忆”专稿，1个融媒体产品《一图读懂福建晋江急救大提速，画说“20宝宝”成长记》。配合泉州晚报社、泉州广播电视台专访泉州市委常委、晋江市委书记、晋江市委主题教育领导小组组长刘文儒，推出《开门抓教育 群众验成效》《晋江:“三点一心”担使命 “靶向”整改见真章》等报道。

（市委宣传部 谢佩龙 许清源）

【庆祝中华人民共和国成立70周年宣传工作】 2019年，晋江市广泛组织开展庆祝中华人民共和国成立70周年群众性主题宣传教育活动。6月29—30日，分别选取五店市传统街区、安踏（中国）有限公司为主、分会场，举办庆祝中华人民共和国成立70周年“献给祖国的歌”音乐快闪活动，组织各行业代表、文艺表演团队唱出对祖国的赞美与祝福，快闪活动视频登上“学习强国”学习平台。8—9月，在各镇（街）开展“礼赞新中国 奋进新时代”2019年晋江市文艺演出志愿服务活动，组织开展广场文艺会演，展现基层文艺事业发展成果，丰富群众文化生活。9月29日，举办“礼赞新中国 奋进新时代”群众文艺会演。举办开国将军书画展、“邹鲁两地乡愁”作品展、“祖国永恒——一位著名归侨作家的心路”主题展览、庆祝中华人民共和国成立70周年中国书法院书法作品展等各类文艺作品展示活动，激发广大干部群众的爱国爱乡之情。举办“我和祖国共成长·追梦路上看晋江”短视频征集活动，收集到作品143份，网络投票页面点击量近600万次，投票近60万次，评选出特、一、二、三等奖和优秀奖。推荐优秀作品参与中宣部“学习强国”学习平台“我爱我的祖国”微视频、摄影作品大奖赛，短视频《因为你 改变了我》《创·晋江》分别获三等奖。开展“壮丽70年·奋斗新时代”大型主题新闻宣传工作，全年推出主题新闻报道近千篇。及时转载转发中央主流媒体有关报道，将党的声音传入千家万户，各行各业；统筹协调声、屏、报、网、端等资源，组织本级媒体深入基层一线采访报道，开设《传承发展“晋江经验” 继续当好主力军》《美好生活·晋江故事》《礼赞70年·晋江镜像》《爱国情·奋斗者》等专题专栏，宣传展示中华人民共和国成立70年来特别是改革开放以来的光辉历程、伟大成就和宝贵经验，展现晋江践行“晋江经验”，推动新时代改革开放再出发的生动实践和进展成效。

（市委宣传部 蔡宇航 谢佩龙 朱诗琳 吴清淡 许清源）

【重大主题宣传】 2019年，晋江市紧扣“晋江经验”主题，本级新闻媒体开设“传承发展‘晋江经验’继续当好主力军”等专栏，推出新闻报道近千篇。围绕“晋江经验”题材长篇报告文学《晋江，奔流向海》调研、出版、研讨和电视连续剧《爱拼会赢》开机、拍摄等契机，生动讲好晋江故事。深化“在习近平新时代中国特色社会主义思想指引下”主题报道，第一时间转发习近平参加十三届全国人大二次会议福建代表团审议的新闻报道，刊发晋江市党员干部群众热烈反响感受。配合上级主流媒体到晋江采访报道，推出一批重头报道：《人民日报》刊发《两会现场观察：“实实在在、心无旁骛做实业”》《由“晋江经验”到“中国故事”》；新华社播发《行到中游意更坚——福建晋江民营经济转型升级观察》《爱拼才会赢，是晋江；把“根”留住，更是晋江》《新时代，“晋江经验”如何再建新功》《总书记关切高质量发展|一江春水听欢歌——民营经济健康发展二三事》《习近平讲述的故事|弘扬“晋江经验”做强实体经济》；《光明日报》刊发《“爱拼敢赢”性格的诗意表达》，《福建日报》先后刊发《传承发展“晋江经验” 以改革推动高质量发展》《产能对接强内功 政企合力促升级》；《福建日报》头版“壮丽70年·奋斗新时代”专栏陆续推出《小村大变》《激活“三块地”，群众享红利》《改革红利装进农民腰包》《产学研用 同频共振——福建新型研发机构建设观察之一》等报道。

【重大活动宣传】 2019年，晋江市构建多角度、全媒体、立体化的宣传格局，提升中心工作的精准宣传水平，先后策划各级“两会”“三大任务冲刺年”“城乡环境整治攻坚年”，省委省政府工作检查、扫黑除恶专项斗争、鞋(体)博会、企业创新发展大会、食交会、首届晋江文化旅游节、安海端午民俗文化节、“海峡杯”系列创新赛事、项目集中开竣工等重大主题活动宣传。全年配合上级主流、外宣、网络媒体来晋采访报道4000多人次，在中央，省级媒体累计推出新闻报道上万篇(其中省级以上报道3000多篇次)，市委报道组连续10年获评福建日报社“双十佳”称号。

（市委宣传部　谢佩龙　许清源）

【世中运筹办宣传工作】 2019年，市委宣传部制订世中运宣传报道工作方案，统筹各级媒体资源平台，紧跟赛事各方块筹办进展、重要配套活动和场馆建设进度等动态。协调泉州、晋江两级媒体开设专题专栏，全年推出有关赛事报道2000余篇，为赛事筹办营造良好舆论氛围。10月20日，委托中新社在海外社交软件Facebook(脸书)、Instagram(照片墙)、Youtube(优兔)、Twitter(推特)等开通晋江专页，以“jinjiang2020”和世中运LOGO为标识，为主介绍晋江筹办世中运动态和各类赛事、城市形象，每周做好更新维护。起草报告逐级提请中宣部、教育部、省宣、泉州市宣加大对晋江世中运赛事宣传支持。推进世中运官方网站、微信公众号、吉祥物、主题歌、视觉VI系统等工作进展，做好赛事直转播、新闻中心、火炬传递、开(闭)幕式等重点项目前期论证策划。

（市委宣传部　蔡宇航　谢佩龙　许清源）

【世中运筹办配套活动】 2019年，晋江市通过举办世中运形象大使选拔赛、“礼赞新中国 畅想世中运”中学生创意演讲大赛暨主题征文、微视频征集等主题活动。自2018年11月启动2020年世界中学生运动会形象大使选拔赛以来，历经10个月的初赛海选、复赛海选、五大赛区决赛，60名中学生从6320名全国中学生中脱颖而出，获得全国总决赛资格。8月17日，全国总决赛暨颁奖仪式在晋江举行。经过英语演讲、才艺展示、中英文互动问答三轮比赛，活动评选出最佳形象奖(综合奖)、最佳风尚奖、最佳才艺奖、最具青春魅力奖、最具体育活力奖、最具网络人气奖。其中，来自深圳市高级中学的李笑驰和成都外国语学校的李依蒙获最佳形象奖(综合奖)。10月10日，举办“礼赞新中国 畅想世中运”系列文化活动启动仪式。该系列文化活动包括2019年晋江市中学生创意演讲大赛暨主题征文、微视频征集活动和“书香晋江”全民读书月活动两个子项目。经广泛发动，2019年晋江市中学生创意演讲大赛暨主题征文、微视频征集活动共收到来自43所中学1800多名中学生1600件作品报名参赛，“书香晋江”全民读书月之“我的阅读故事”征文活动征得作品300多件。12月14—15日，分别在青阳、梅岭、池店、磁灶、永和、深沪、金井七大赛区举办创意演讲大赛复赛，每个赛区前3名选手共21人晋级总决赛。10月19日，举办第十八届世界中学生运动会倒计时一周年晚会，邀请国际中体联主席劳伦特•佩楚卡，以及教育部、国家体育总局、教育部学生体协、省委省政府和泉州市委市政府等有关单位领导，海外嘉宾、异地商会、企业代表等参加。人民日报社、新华社、中央广播电视总台、经济日报社、中新社、中国日报社等40多家中央及省内主流媒体来晋集中采访报道，晚会网络直播在线观看人数超500万人次，微博话题“晋江世中运”“晋江2020世中运”阅读量达1600万次。

（市委宣传部　肖海阳　朱诗琳　吴清淡）

【国际大体联足球世界杯宣传】 2019年国际大体联足球世界杯分别在9月11日、11月21日至12月1日举办抽签仪式、正式比赛，组织新华社、中央电视台、人民日报社、中国教育报社等30多家媒体参与活动相关报道，国内外各类电视、网络、媒体报道总关注度达2亿人次。中央电视台体育频道、福建电视台体育频道、晋江电视台、内蒙古足球频道等对开幕式和揭幕战同步进行电视直播，观看人群近1亿人次；菁体育、足球频道、虎牙、斑马邦及优酷等16家网络平台全程直播62场比赛，新浪体育直播10场比赛，网络直播总观看量2027.6万人次；国际大体联FISU.TV对赛事进行全球直播。充分应用微信、微博、抖音、头条等新媒体，利用其信息扩散速度快、传播范围广、形式丰富、互动性强等优势加大赛事宣传，其中位列新浪微博话题热搜榜第六位、阅读累计约5261万人次，官方微信推文阅读量累计超300万人次，赛事图片直播阅读量超100万人次。

（谢佩龙　许清源）

【舆论引导和舆情应对】 2019年，晋江市完善信息发布和政策解读、舆情监测预警、快速应急处置等工作机制，出台《在突发敏感舆情处置中落实意识形态工作责任制的工作方案》，实施突发敏感舆情信息实时报送和舆情风险点季度排摸工作机制，建立舆情风险点信息库，督促全市各单位逐一制订舆情应对预案，同步开展矛盾化解工作，确

2019年10月19日，第18届世界中学生运动会倒计时一周年晚会在晋江举行

（市委宣传部　供）

保每个风险点都有人盯、有人管、有人负责。落实敏感舆情处置工作"1+N"机制，成立市舆情处置工作领导小组及工作专班，实行"全年无休"网上值班制度和重大活动期间"驻部值班"制度，全年搜集网络舆情3万多条，编发《舆情日报告》238期、《舆情周小结》42期、《网络舆情提示》68期，及时发现、妥善做好各类敏感网络舆情协调、应对工作，有效推动线上反馈问题线下及时解决。加强属地自媒体管理，建立属地自媒体沟通联系机制，及时传达上级网信部门有关会议精神和要求，强调网络信息传播纪律意识，推动信息发布主体责任落实；巩固晋江市"1+N"微媒体联盟成果，推动优质资源共享、优秀内容联动推送，全年累计推送微联盟信息18期，阅读量超20余万人次；组织开展2019"清朗"专项行动，督促各网站、自媒体自查自纠，推动指导各职能部门落实责任。调整充实网络阅评员队伍，组织开展网络阅评员培训，提升网络阅评员舆论引导能力，全年布置开展网络阅评任务20余次，发动网络阅评员1000多人次。加强各类媒体阵地管理，加强采编环节制度建设，筑牢宣传安全防线。

（市委宣传部　谢佩龙　丁志俭　黄华东　许清源）

2019年6月12日，晋江市第六届网络文化节开幕式在晋江市图书馆举办（市委宣传部　供）

【晋江市第六届网络文化节】　2019年6月12日，晋江市启动第六届网络文化节。本届网络文化节以"e心庆华诞"为主题，学习宣传贯彻中共十九大和习近平新时代中国特色社会主义思想，紧扣庆祝中华人民共和国成立70周年、传承发展"晋江经验"主题，立足服务市委、市政府中心工作，策划开展系列网络活动28项，弘扬社会主义核心价值观，传播网络正能量，丰富市民网络文化生活。其中，策划开展庆祝中华人民共和国成立70周年主题系列网络活动，展示晋江发展成就，为大庆之年营造良好网络舆论氛围。打造《祥云汇》文化大讲堂，邀请专家学者聚焦当地经济和文化发展成就，挖掘城市文化内涵，共叙晋江故事，传承城市文脉，故事视频在抖音、腾讯、优酷等视频平台发布，点击量达5万人次。开设"律师帮帮忙"公益微话题，话题阅读量达60万多人次，网络公益成为晋江网络文化建设重要内容。策划助力世中运系列项目，为世中运举办营造良好氛围。连续四年开展"奔跑吧，晋江"双微互动传播活动，运维#奔跑吧，晋江#微博热点话题，结合各阶段重大主题活动对微博话题进行原创、转发等互动，话题浏览量1.1亿人次，成为展示晋江城市形象重要平台。

（市委宣传部　丁志俭　黄华东）

【对港澳、对外宣传】　2019年，晋江市对港澳、对外宣传和新闻发布工作紧扣市委、市政府中心大局，围绕全市重大赛会经贸活动，对接外宣媒体，策划选题，全年各级外宣媒体宣传推介晋江逾3000篇，提高城市知名度和美誉度。3月1日，中央广播电视总台中文国际频道（CCTV-4）《记住乡愁》栏目第五季第41集播出晋江专题《晋江五店市——红砖古厝　贤为尊》，当日收视率达0.41，位居全国前十。12月9—14日，中央广播电视总台和俄罗斯RT（今日俄罗斯）电视台《你好，中国》摄制组到晋江，围绕"山海合作、互益共赢"主题进行拍摄，成片将于2020年在中央人民广播电视总台和俄罗斯电视台播出。承接中央广播电视总台《歌唱祖国·一首歌一座城》节目到晋江录制，该节目大部分场景在晋江拍摄。2019年12月24日至2020年1月2日，美国纽约时报广场"中国屏"上滚动播放晋江宣传片，每日播出72次。同时，2019年12月27日至2020年1月2日，北京站前广场屏也同步播放晋江宣传片，每日播出60次。

晋江市新闻发布工作贯彻落实省委办公厅关于新闻发布工作的实施意见，坚持在重大赛会前召开新闻发布会，通报活动情况，举办全市性新闻发布会9场。其中，3月13日，赴四川成都举办第二十一届中国（晋江）国际鞋业博览会暨第四届国际体育产业博览会新闻发布会暨"海丝古邑·体育新城"晋江城市形象宣传推介活动，通报晋江全年重大经贸赛事活动筹备情况，多维度宣传推介晋江城市形象。3月25日，举办第二届中国（晋江）国际家装建材博览会新闻通气会。8月31日，赴香港举办晋江市（海外）文化旅游推介新闻发布会。9月2日，赴澳门举办晋江（澳门）文化旅游暨招商推介会活动。9月11日，举办卡尔美2019年国际大体联足球世界杯冠名合作新闻发布会。11月20日，举办卡尔美2019年国际大体联足球世界杯赛前新闻发布会。11月22日，举办2019晋江文旅国际马拉松赛赛事新闻发布会。11月29日，举办福建SBS浔兴篮球俱乐部&盼盼食品集团球队冠名签约暨新赛季新闻发布会。12月1日，举办国际大体联足球世界杯男子组决赛瞬间采访及赛事新闻发布会等。全年对外发布政策解读文件20余份，用好用足用活各类惠民惠企政策。配齐配强新闻发言人和新闻联络员，组织学习政策文件法规，向社会公布全市各单位新闻发言人姓名和联系方式，畅通媒体沟通渠道。

（市委宣传部　蔡宇航　许清源）

【社会主义核心价值观培育践行】　2019年，晋江市深化培育和践行社会主义核心价值观，加强新时代爱国主义教育和公民道德建设。加强爱国主义教育基地管理，命名五店市传统街区、“书香花园”——老晋江文化馆建筑群为晋江市级爱国主义教育基地，推进安海桥头许集美革命事迹陈列室、内坑亭顶“红色粮仓”等项目建设，组织爱国主义教育基地自查自评工作。提升安海石井书院“朱子家训”展馆、灵水古村落“家风家训展示馆”、金井家风家训宣传步道等一批主题阵地，常态化开展五店市“家风书场”、青阳街道永福里“欢乐诵”亲子阅读分享会等活动，引导基层挖掘、宣传热心公益、助人为乐、扶老助残等典型事迹，《写好六篇文章，深化“家+文化”》入选《中国思想政治工作研究》期刊。抓好典型事迹宣传，积极向上级推荐践行社会主义核心价值观“最美人物”、学雷锋活动示范点、岗位学雷锋标兵等群众身边的先进典型，市环境保护行政执法大队二中队队长陈清松获评泉州市“最美生态建设者”，梅岭街道竹园社区党支部书记、居委会主任王春芬获评泉州市“最美社区工作者”；中国建设银行股份有限公司晋江分行营业部营业室、中国邮政集团公司福建省晋江市分公司、市红十字会海尾江上救援服务队成为泉州市学雷锋活动示范点，市义务救援协会会长张泽虎、市医院服务中心主任詹曼艺获评泉州市岗位学雷锋标兵。

（市委宣传部　朱诗琳　吴清淡）

【“晋江经验”题材精品创作】 2019年，市委宣传部推进“晋江经验”题材精品创作。5月8日，长篇报告文学《晋江，奔流向海》研讨会在中国作协举行，中国作协党组成员、书记处书记、中国作家出版集团管委会主任吴义勤，省委宣传部副部长刘志坚，泉州市委常委、晋江市委书记刘文儒，《中国作家》主编程绍武，省文联副主席、省作协主席陈毅达等领导，作者任林举以及重要评论家、编辑等30余人与会研讨。《晋江，奔流向海》通过大量生动的故事，写出晋江人敢拼会赢的精神风貌，反映改革开放40年来晋江波澜壮阔的改革历程，展现晋江深厚的文化历史底蕴和多姿多彩的侨乡风情，是一部讴歌新时代、抒怀中国梦、讲述奋斗故事、记录历史变迁的精品力作。作品首发于2019年第3期《中国作家》（纪实版），后由海峡文艺出版社推出单行本，获评福建省第十五届精神文明建设“五个一工程”贡献奖。9月26日，以海洋文化为背景、反映福建改革开放40周年历程和“晋江经验”的大型电视连续剧《爱拼会赢》在晋江举行新闻发布会暨开机仪式。该剧是国内第一部着力反映“晋江精神”，全面展现晋江改革开放历程的现实主义题材电视剧，是为2020年全面建成小康社会的献礼剧目。

（市委宣传部　朱诗琳　吴清淡）

【“扫黄打非”工作】 2019年，晋江市以“清源”“净网”“固边”“护苗”“秋风”等行动为抓手，推进“扫黄打非”工作，形成“扫黄打非”工作合力。4月23日，承办福建省“护苗2019”绿书签行动暨知识产权集中宣传周启动仪式，集中销毁一批非法出版物活动，净化文化市场、清朗网络空间、营造良好的育才文化环境。开展“书香晋江”全民读书月暨护苗•绿书签公益讲座走进晋江中小学活动，特邀4名名家到8所中小学开展“阅读+科普”“阅读+体育”“阅读+心理”主题公益讲座。举办“我的阅读故事”主题征文活动，择优录制音频，通过网站、抖音、微信、电台等渠道开展立体宣传。引导基层开展“扫黄打非”宣传，全年在传统媒体宣传17条次，通过微信宣传181条次，营造浓烈的舆论宣传氛围。全年协调相关单位查处涉嫌登载淫秽色情及低俗信息、非法入境出版物等各类案件3批次，加强案件查处办理。

（市委宣传部　黄亚衡　曾家发）

【电影放映】 2019年，晋江市激发影视制作公司活力，在政策引导带动下，初审完成一批《广播电视节目制作经营许可证》的转报，新增泉州逸时影城有限公司民营电影放映机构，全市民营电影放映机构达17家，全年观影人数288.75万人次，电影票房达10025.61万元。积极争取上级政策资金扶持，全年兑现省级电影事业发展专项资金340万元，惠及中际影院、春天影城等6家电影放映机构。推动文化服务均等化，全年累计放映农村公益电影3516场，社区公益392场，实现“一村一月一场电影”的电影放映工作目标，较好落实农村电影放映“2131”工程。

（市委宣传部　黄亚衡　曾家发）

【宣传干部培训】 2019年，市委宣传部严格落实党管干部原则，开展增强“四力”(脚力、眼力、脑力、笔力)教育实践活动，提升宣传系统队伍能力。8月17—22日，举办2019年晋江市宣传思想文化工作暨意识形态工作责任制培训班，首次采取外出委培方式，与浙江大学合作办班，开设“不忘初心、牢记使命”党性教育、政府公共危机处理与网络舆情应对、增强“四力”提高新时代宣

2019年4月23日，省“护苗2019”绿书签行动暨知识产权集中宣传周启动仪式在晋江举办

（市委宣传部　供）

传思想工作吸引力感召力、新形势下意识形态工作面临的挑战与对策等业务知识学习以及安排安吉新时代文明实践中心、嘉兴南湖红色教育基地等现场教学，提升基层宣传干部的综合能力和水平。

（市委宣传部　陈瑞清　许清源）

【意识形态工作责任制】 2019年，市委宣传部在市委统一领导下，履行统筹协调、督促和抓好落实的职责，推动各党委（党组）、各有关单位认真落实意识形态工作责任制。定期分析研判意识形态领域情况。2月22日，十三届市委常委会第114次会议通报2018年全市意识形态领域情况，听取市法院党组、卫健局党组、市场监管局党组、灵源街道党工委、金井镇党委2018年意识形态工作责任制落实情况。8月5日，十三届市委常委会第129次会议通报上半年全市意识形态领域情况，听取检察院党组、科技局党组、城管局党组、西园街道党工委、深沪镇党委上半年意识形态工作责任制落实情况。加强党员领导干部意识形态工作的教育培训，举办2019年宣传思想文化工作暨意识形态工作责任制培训班、意识形态工作专题培训等，将意识形态相关课程纳入“晋江干部学堂”培训课程和全市干部教育培训核心班次，市委理论学习中心组邀请省委宣传部常务副部长、省新闻工作者协会主席蔡小伟作突发舆情引导处置专题讲座。出台《关于进一步落实党委（党组）意识形态工作责任制的通知》，严格落实和规范意识形态领域分析研判常态化机制及意识形态工作情况报告制度。制发《2019年度党委（党组）落实意识形态工作责任制考核办法》，12月9—11日，市委宣传部会同市委督查室、市政府督查室、市效能办组成7个督查组，通过实地督查、查阅资料并结合平时掌握情况，对85个党委（党组）、有关单位开展意识形态工作责任制落实情况专题督查。此外，通过严格执行意识形态工作“七个纳入”要求，综合运用巡察、党政领导班子和领导干部考核、绩效考核、全面从严治党主体责任检查、文明创建测评等手段，以刚性约束督促责任制常态化落地落实。

（市委宣传部　蔡东升　吴清淡）

统一战线

【概况】 2019年，市委统战部围绕实施“两个年活动”、冲刺“三大任务”，发挥统战优势，履职尽责，为实现高质量发展落实赶超、加快建设国际化创新型品质城市贡献力量。

推进政党协商实践工作，为民主党派履职尽责、发挥作用创造条件，多党合作氛围更加浓厚。各民主党派深入开展“不忘合作初心，继续携手前进”主题教育活动，不断夯实共同团结奋斗的思想政治基础。举办专题学习、主题讲座、红色爱国主义教育考察调研活动及乒乓球团体赛、徒步比赛、歌唱比赛等形式多样的主题教育活动60多场次，开展教育帮扶、义诊赠药、扶贫济困、法律讲座、健康咨询、志愿服务、主题下乡等社会服务50多场次，惠及1.8万多人次，慈善公益支出60多万元。

探索新的社会阶层人士统战工作方式方法，精心组织开展内涵丰富、形式多样的联谊交流活动，有效把新的社会阶层组织起来、凝聚起来。开展“凝聚新力量　筑梦新时代”主题教育活动，举办2019年新生代非公有制经济代表人士、新的社会阶层代表人士教育培训班、“唤醒晋江新势力”暨晋江新的社会阶层联谊会（以下简称“新阶联”）首届行业互融主题沙龙、“汇聚菁英　共联未来”五里工业园区行等系列活动，引导新的社会阶层人士增强“四个意识”，坚定“四个自信”，做到“两个维护”。

贯彻落实习近平总书记在民营企业家座谈会上的重要讲话和全国工商联十二届三次执委会议精神，牢牢把握“两个健康”工作主题，坚持“信任、团结、服务、引导、教育”的工作方针，推动非公经济统战工作改革创新发展。

依托晋江市海外联谊会、世界晋江同乡总会、世界晋江青年联谊会及晋江市留学人员暨归国创业人员联谊会平台，围绕市委、市政府工作大局，发挥统战资源优势，履行各项工作职能，促进统战联谊工作向纵深发展。

（市委统战部　许珊俐　范飞跃）

【民主党派履职平台搭建】 2019年，市委统战部为民主党派参政议政创造有利条件，构建“知情明政”“调研实践”两大平台，确保民主党派及时获得第一手材料，铺平履职参政道路。搭建“协商参政”“互动交流”两大平台，建立民主党派协商参政保障制度和建言绿色通道，确保履职参政落到实处。建设“设家立点”“党派智库”两大平台，为民主党派履职参政提供强大的后勤保障。2019年，开展各类调研108项，形成2本汇编30多万字，成果转化提案获正式立案210件，刊发《建言献策专刊》6期，举办“智库讲坛”3期。6件提案获市委、市政府主要领导批示，基层统战工作理论晋江研究基地勇夺福建省统战理论研究会年度优秀研究基地流动奖杯，2篇调研成果获全省统战理论政策研究创新成果三等奖，1篇成果获刊《八闽快讯》并获得泉州市领导批示推广，民革晋江市委会获评民革泉州参政议政先进集体，农工党晋江市委会获评农工党泉州宣传信息工作先进集体，多名民主党派成员获省级、泉州级相关工作先进。

【“一党派一品牌”建设】 2019年，晋江市各民主党派挖掘特色优势，深化“一党派一品牌”建设，打造党派工作特色亮点。民革力推双品牌，社会服务卓显成效。打造“博爱助学　放飞梦想”品牌，成立博爱助学基金，募资将近30万元，资助42名贫困学生，捐资10多万元助推学生成就教育梦想；深化“结对共建”优质品牌，设立民革晋江市社会服务基地，开展义诊赠药、法律医疗宣传、调研献策等公益活动20多场。民盟立足界别特色，打造文化教育品牌。建设民盟中央美术院晋江分院、“盟员之家”，组织书画研讨、文化下乡等活动10多场次；开展“教育帮扶”活动，帮扶53名困难学生共计19.2万元，开展法律服务进校园活动，与6所中小学挂钩签约，提供义务法律顾问服务，得到教育系统的广泛赞许。民建打造经济特色品牌，服务社会和企业发展。运营“晋江民建之声”特色论坛，开展“服务晋江经济　民建在行动”专项活动，打造“会员企业回馈社会”公益品牌。民建会员和会员企业累计捐助教育事业1743.7万元、慈善事业875万余元、体育事业23.2万元，民建经济品牌影响力持续扩大。民进助学献爱心，送教促发展。探索社会服务新模式，发挥教育专家会员学科引领作用，常态化开展“教育帮扶”活动，成立教育专家服务团；走进多所中小学开展20多场次学科课例和专题讲座，推动城乡教研资源共享；开展“星雨心愿 快乐成长”“暖心行动”“微心愿”等送教助学活动，成立帮扶小组专项辅导困难学生，累计捐资9.8万元，帮扶困难学生200余人次，社会服务工作实效不断提升。农工党找准定位，开展“同心健康行”活动。找准社会民生发力点，成立“同心健康行”活动领导小组，设立安海慈静敬老院同心健康行定点服务站，每月驻点开展义诊慰问志愿服务，并轮流在各镇（街道）送医下乡。致公党发挥“侨”“海”优势，打造侨海特色品牌。深化与菲律宾洪门的联谊互动，与菲律宾中国洪门联合总会、洪门进步党、致公党、秉公社、竹林协议总团、协和竞业总社等菲华进步社团建立深厚友谊，尝试“海外联谊+社会服务”新模式，捐办“致公学校”，修建“致公路”，资助贫困学生，参与公益事业慈善活动。九三学社发挥中高层次人才优势，建言献策助力发展。关注民生热点、难点、焦点问题，组织骨干社员深入调研考察，提交提案议案、社情民意30余篇，调研5篇，多件提案被列为重点提案，获得各级各部门的肯定。台盟加强对台交流，两岸联谊不断深入。通过举办台情研讨会和专题讲座、走访台企台胞、组织文化互动和赴台探亲交流等活动，加强与岛内和海外台胞的联谊交流；接待到晋投资考察、旅游观光以及其他交流活动的台胞台商180多人次。

（市委统战部 李毅斌 陈秋景）

【新的社会阶层人士工作】 2019年，市委统战部搭建平台载体，拓宽工作抓手。授牌成立晋江市新阶联党支部，把新的社会阶层人士紧密团结在党的周围。以晋江新阶联和晋江新阶联党支部为抓手，增设梅岭街道和洪山文创园2个新阶联分会，挂牌中国鞋都跨境电商园等5个实践创新基地，设立晋江市阳光时代广场等10个联络活动点，筹建晋江市新阶联新媒体联盟，形成纵横交错的全方位网络，为新的社会阶层人士打造温馨家园。培养骨干力量，抓好队伍建设。建立新的社会阶层人士代表队伍动态数据库，采取“广物色、重推荐、深把关、优录取”原则，在各乡镇、街道推荐基础上，听取工商、税收等主管部门意见，并实地考察，吸纳一批政治素质好、专业造诣深、社会影响大的新的社会阶层人士，收录重点人士160人。激发主体活力，服务发展大局。引导新的社会阶层人士发挥自身优势，围绕世中运赛事筹办、国际化创新型品质城市建设等主题开展调查研究，形成调研4篇，提案3件，为市委、市政府提供决策参考。号召新的社会阶层人士投身慈善公益活动，开展“匠心筑梦 精益生产”公益沙龙、“嘻哈有爱 与舞同行”公益展演、“志愿敬老行，冬日送温暖”东石镇敬老院活动、“情暖双十一”关注电商公益活动、“弘扬宪法精神 建设法治中国”宪法普及活动等大型公益活动，新增同心服务站和同心图书角50多处，公益慈善支出14万多元。

（市委统战部 李毅斌 陈秋景）

2019年2月23日，晋江市委常委、统战部部长黄文福（右一）向晋江市新阶联代表颁发党支部牌匾
（市委统战部 供）

【非公经济领域统战】 2019年，市委统战部加强教育引导，促进“两个健康”。通过季度会长会、执委会和新生代非公有制经济代表人士、全国晋江商会秘书培训班，开展深化“守法诚信经营、坚定发展信心”理想信念教育活动，坚定民营企业家听党话、跟党走的决心和对中国特色社会主义的信念，筑牢共同思想政治基础。教育引导非公有制经济人士健康成长，推荐非公经济代表人士参与各级评先评优，全国政协委员蔡金钗的提案得到国家领导人批示，七匹狼周少雄获评“全国非公有制经济人士优秀中国特色社会主义事业建设者”称号，11名非公有制经济人士获评“福建省非公有制经济优秀建设者”表彰，表彰人数位居全省县级市第一。

围绕中心服务发展大局。将统战工作和招商工作有机结合，推进产业项目回归。设立浙江、江苏等异地晋江商会招商工作联络点，为企业回归提供政策、人才、环境支持。协助举办6场招商推介活动和晋江（长三角）（粤港澳）投资推介会暨招商项目集中签约仪式，现场签约24个项目、总投资额351.2亿元。引导异地商会组织医疗专家到晋江为3000多名群众进行义诊和健康咨询，举办名医大讲堂活动，助推医疗事业发展。在南京举行“海纳百川 才聚晋江”人才政策推介会活动，聘任11名晋江籍大学生担任人才宣传专员，宣传推介晋江人才政策、产业环境等，鼓励引导晋江籍高校毕业生、优秀人才回归家乡、反哺家乡。

服务民营企业高质量发展。建立制度化常态化的政企互动机制，协助起草制定《晋江市党政领导与企业家恳谈会制度》《晋江市非公有制企业诉求受理处置反馈工作机制》等文件，组织召开党政领导与企业家恳谈会议，举办“手拉手”产能对接活动，深化政银企互动，优化提升营商环境，推动构建“亲”“清”

新型政商关系。引导有关部门为基层商会会员企业宣传解读减税降费、惠企扶持等优惠政策，推动惠企政策落地落实，助力民营企业高质量发展。推动构建民营经济领域纠纷多元化解机制，建立晋江市商事纠纷调解指导中心，聘任16名商会调解员代表为商事纠纷特邀调解员，推动商人纠纷商会解。举办新生代非公有制经济代表人士苏州培训班和晋江企业家素质提升行动“领航计划”，加强年轻一代非公有制经济人士的教育培养，提升新生代接班企业的能力，助推民营企业代际传承。

【工商联组织建设】 2019年，市委统战部加强商会组织建设，指导昆明、陕西、南京、重庆、福州等届满到期的异地晋江商会完成换届工作，选优配强领导班子，不断扩大会员规模，推动商会健康有序发展。推动基层商会把党建工作写入商会章程，着力培育“红色领航”，助推党的方针政策在非公有制经济领域的贯彻落实，南京晋江商会党支部获评泉州市先进党组织，上海晋江商会会长孙晋忠等18人获晋江市首批非公企业和社会组织“创业伙伴”党建入章典型人物。推动“五好”（领导班子好、会员发展好、商会建设好、作用发挥好、工作保障好）县级工商联和“四好”商会创建活动，晋江市工商联获“全国工商联系统先进集体”，并被全国工商联确认为2018—2019年度全国“五好”县级工商联，省政协副主席、省工商联主席王光远对晋江工商联工作给予批示肯定。晋江市安海商会获全国“四好”商会称号，海口福建晋江商会获海南省“四好”商会称号，福州晋江商会被福州市民政局评为2018—2023年5A级社会组织。《扮好“四重角色”服务民企高质量发展》先进工作经验为全省唯一获评2019年度“创新中国”区县级工商联工作最佳案例。《中华工商时报》刊登晋江工商联助推民营经济高质量发展、组织建设、党建工作等方面先进做法。以“乡愁党建”为引领，牵头与卫计、教育、社保等系统党委联合共建“桑梓人才计划”，打造“凤凰归巢”党建项目，召开“凤凰归巢”党建工作联席会及推进会，推动“凤凰归巢”共建联盟下属机关党支部与异地晋江商会党支部结对共建，印发《“乡愁党建+桑梓人才计划”实施方案》，引导异地晋江商会切实发挥异地商会信息灵通、联系渠道通畅、人脉资源丰富等独特优势，助力“青春反哺”“外脑反哺”“名医反哺”“引凤反哺”“公益反哺”五大工程。在异地晋江商会创建“名医智库”，共收集入库闽籍医疗专家160多人。组织名医回乡开展3场大型义诊活动，让晋江乡亲在家门口就能享受到优良的医疗资源。推进产业项目回归，配合举办6场招商推介活动，2场投资推介会暨招商项目集中签约仪式活动，共有11个晋商项目回归，意向投资额达近300亿元。

引导民营企业家勇担社会责任。发动商会和企业参与“百企帮百村”“光彩事业”等扶贫慈善活动，筹集3.79亿元开展扶贫、助学、助医等公益慈善。通过基层商会鼓励和引导会员企业积极参与“四帮四扶”活动，帮助237户困难家庭走出困境。倡导文明新风，推动移风易俗，引导晋江企业家简办、不办红白喜事，捐赠4920万元助力慈善。宝龙集团、劲霸男装、兴业皮革获福建省“千企帮千村”精准扶贫行动先进民营企业，北京、广东等10家异地晋江商会获得福建省“千企帮千村”精准扶贫行动荣誉证书。

（市委统战部　李志辉　陈秋景）

【海外联络联谊】 2019年，晋江市举办“‘侨’见晋江　礼赞祖国”庆祝中华人民共和国成立70周年摄影巡回展，展出中国香港、澳门地区和晋江的37名摄影爱好者以及菲律宾、印度尼西亚、新加坡、泰国、加拿大、澳大利亚等国家共80幅优秀摄影作品，展示中华人民共和国成立70周年的辉煌成就，反映海内外500万晋江人“恋土爱乡”的根脉意识和“爱拼敢赢”的奋斗精神。引导旅外社团组织开展庆祝活动，进一步涵养家国情怀。助力赛事筹办。以海内外乡亲新春座谈会为契机，引导海内外晋江乡亲为筹办世中运献计出力；利用商会换届、海外乡亲回乡访问等时机宣传推介世中运，推动晋江乡亲慷慨解囊，支持赛事筹办工作；协助做好世中运倒计时一周年庆祝活动，募集善款6200多万元，为世中运筹办工作开展贡献统战力量；举办晋江市海内外乡亲新春座谈会，泉州市委常委、晋江市委书记刘文儒，晋江市市长张文贤等领导与春节返乡的近200名海内外乡亲共谋晋江新一轮发展大计，与会乡亲围绕产业创新转型、文化教育事业发展、宜居城市建设、办好世中运等内容积极建言。助力招商引资。深化晋江与“一带一路”沿线国家经贸合作和人文交流，刘文儒率“海丝行”经贸代表团到菲律宾、越南、印度尼西亚等地，举行8个中菲合作项目签约，推动6家晋企与印度尼西亚客商签订开拓印度尼西亚市场的合作协议，成立越南晋江企业服务中心，深化晋江与“海丝”沿线国家经贸合作、友城交往和人文交流，引导晋江企业开拓国际市场。

优化海外联络联谊工作，举行晋江市海外联谊会、世界晋江同乡总会联谊

2019年9月28日，陕西晋江商会举行第二届理监事就职典礼　（市委统战部　供）

2019年7月27日，晋江市海外联谊会第四届第二次理事会议在杭州举行

（市委统战部　供）

考察活动，并召开晋江市海外联谊会第四届第二次理事会议，深化海内外晋江乡亲联络联谊；推动成立菲律宾晋江同乡总会达沃分会，推动组建欧洲晋江联盟、非洲晋江联盟、越南晋江联盟等海外乡亲联络群，进一步拓宽晋江国际朋友圈；成立西园街道侨联，并协助做好青阳、内坑2个侨联换届的相关事宜，进一步拓宽基层侨务工作抓手。利用海外代表人士回乡参加各种活动的机会，采用拜访、举行座谈会等形式，同他们进行交流互动，增进乡谊，增强他们对家乡的认同和归属感。2019年先后接待到晋江市寻根谒祖、考察访问、捐办公益的海内外团体共17团525人次。组织市领导、涉侨部门13团45人次，参加一些影响力较大、影响范围较广的海外晋江社团活动。

【新生代工作】 2019年，晋江市深化世晋青工作品牌效应，举办世界晋江青年联谊会第五届理事大会，来自菲律宾、新加坡、泰国、加拿大等22个国家和地区的近500名理事和相关社团代表共襄盛会，增进海内外晋江青年才俊的友谊。召开第六届世界晋江青年发展论坛，与会嘉宾围绕“世界晋江青年的家国情怀——新时代下‘晋江精神’的传承和发展”主题，进行交流互动。开展“情源晋江　菲律宾之行”青少年文化交流，组织选拔出25名学生代表到菲律宾开展为期5天的文化交流，拜访菲律宾晋江同乡会和菲律宾中正学院、菲律宾侨中学院，与旅菲乡贤和华裔新生代交流互动，体验菲律宾的教育体制，了解菲律宾的历史文化和习俗渊源，增强海内外晋江青年凝聚力。加强世晋青活动信息的宣传和《世晋青菁英show》专栏的运作，推广“说咱闽南话”App，注册会员超15500人；成立“世晋青心连心”慈善基金会，募集善款超千万元，为晋江慈善添砖加瓦；世晋青获网易传媒“有温度传承组织”奖。

服务留学归国人员创新创业，组织30名晋江留联理事到新加坡交流学习，拜访新加坡晋江会馆，考察新加坡资源永续馆、重建市城市规划展览馆、CPG集团，就城市规划建设、环境保护等方面进行交流学习。推动成立晋江留学人员创业园，为留学人员到晋江创新创业搭建平台载体；举办阿里巴巴跨境电商沙龙，20多名会员共同探讨企业管理之道；先后在五里开发区、金井、东石举办“汇聚菁英　共联未来”企业家座谈交流会，组织会员前往永春、德化学习考察，促进会员加强联系、增进互动。在2019年中国（晋江）国际鞋体博会开设晋江留联展馆参展；推动晋江留联捐赠20万元，建设并冠名福大晋江科教园区师生活动中心多功能厅。

（市委统战部　曾金珠　陈金尚）

【港澳联络联谊】 2019年，晋江市贯彻落实《关于加快组建港澳镇、村社团

2019年12月12日，举办世界晋江青年联谊会第五届理事会就职典礼

（市委统战部　供）

的通知》，推动成立港澳晋江紫帽同乡会、旅港澳金井布泽同乡会、香港塔头刘同乡联谊会、香港清透同乡联谊会、港澳英崙同乡会、香港晋江湖格同乡会等6个港澳同乡社团，拓宽乡亲联系网络，发展壮大爱国爱港爱澳队伍。举办澳门“闽商回归”项目集中签约活动，推动4个项目回归、投（捐）资金60.25亿元。举办“波澜壮阔七十载 同心共赞新中国”晋江（海外）文化旅游推介会、晋江（澳门）文化旅游暨招商推介会等活动，推介晋江文化旅游以及招商环境。协助举办晋江（长三角）（粤港澳）投资推介会暨招商项目集中签约仪式，现场签下24个项目、总投资额351.2亿元，掀起“主官招商”“招大商、招好商”的热潮。鼓励港澳社团、乡亲参与港澳社会事务活动，旅港乡贤洪祖杭、吴秋北、施荣忻、李胜帜、朱浴龙等5位旅港乡贤获香港特区政府授勋。助力公益事业。引导乡亲回乡支持公益事业，先后推动成立晋江市青阳庄紫祥慈善基金会、南峰中学教育发展促进会等。6月，旅澳乡贤陈荣炼回乡为29所学校捐赠205万元建设“爱心图书室”；8月，旅港乡贤庄紫祥回乡举办2019年度“庄紫祥·同心圆梦助学金”发放仪式；9月，旅港乡贤施能狮捐赠800万元支持晋江市医院晋南分院后勤保障楼建设。做好港澳乡情普查，建立港澳乡情数据库，增强港澳同胞的民族认同感和归属感。全市普查港澳乡亲140249人，台湾乡亲22061人。

（市委统战部　曾金珠　陈金尚）

机构编制

【概况】 2019年，晋江市机构编制部门围绕持续完善党和国家机构职能体系这一新时代机构编制工作的总体目标，稳步推进事业单位改革，统筹配置各类编制资源，调整优化市委编委会领导体制，制订出台《中共晋江市委机构编制委员会工作规则》《中共晋江市委机构编制委员会办公室工作细则》等相关配套文件。在全市范围内开展机构改革“三定”（定机构、定编制、定职能）工作专题调研，对各部门的“三定”工作进行具体指导，明确政策口径，统一“三定”方案模板和审核要点，整体推进全市各部门“三定”工作；同时跟踪对接泉州市级出台的各部门“三定”方案，先后三轮下发通知征求各部门及分管市领导的意见建议，及时调整完善“三定”内容，确保左右衔接、上下贯通，全面系统完成晋江市市级党政机构改革。为打造国际化创新型品质城市和“强基促稳”三年行动提供坚实的体制机制保障。

（市委编办　陈镜安　施建侨　尤国盘）

【事业单位改革】 2019年，市机构编制工作部门下发《关于规范市级事业单位调整工作的通知》，摸清市直事业单位的基本情况，并按照政事分开、事企分开、管办分离的原则，有序推进事业单位改革工作。对于行政类事业单位，结合党政机构改革“三定”工作，将承担的行政职能全部划归各自行政主管部门，确保公益性质；对于生产经营类事业单位，按照“成熟一个、改革一个”的原则，稳妥推动改革进程；对于公益类事业单位，通过逐步优化完善机构设置和职能配置，理顺管理体制机制，提升服务社会和人民群众的水平。

（市委编办　陈弘光　尤国盘）

【市级综合行政执法改革】 2019年，市机构编制部门深化行政执法体制改革，推进五大领域综合执法改革，制订出台《晋江市深化综合行政执法改革实施方案》，组建市场监管综合执法大队、农业综合执法大队、文化市场综合执法大队、交通运输综合执法大队以及城市管理综合执法大队，对5支综合执法大队执法职责进一步明确；人员编制划转方面，按照上级的要求锁定执法编制，待上级统一部署，集中推进。

（市委编办　施建侨　尤国盘）

【镇街改革初步框架构建】 2019年，市机构编制工作部门围绕构建“功能明确、权责清晰、结构优化、运转顺畅、治理有效、服务便民的镇街行政管理体制”的目标，明确职责定位，把稳改革方向，紧抓时间节点，在全市范围内组织开展镇街管理体制改革调研，推进镇（街道）机构改革，拟定《晋江市镇（街道）机构改革工作时间安排表》及《晋江市镇（街道）机构改革方案（初稿）》，并报上级备案。

（市委编办　施建侨　尤国盘）

【机构编制资源统筹调剂配置】 2019年，市机构编制部门创新编制管理理念，将“严格编制总量管理与经济社会发展需要”相结合，想方设法优化结构、盘活存量，保障涉及社会民生、经济发展等重点领域事业编制需求，持续深化“补质量补结构”短板的做法，分别提供250名、216名事业编制用于教育、卫健专项招聘。根据机构改革后部分部门对专业人才的需求情况，共向14个部门提供23名事业编制用于公开招聘紧缺专业人才。严格落实军转干部刚性安置任务，提供编制用于安置团级、营级军转干部，获得市委主要领导批示肯定。

（市委编办　陈镜安　尤国盘）

【事业单位登记管理】 2019年，市机构编制部门落实事业单位登记管理制度，优化事业单位登记审批流程，做好事业单位设立、变更、注销登记以及中文域名注册续费、网上挂标等日常业务工作，健全完善全市事业单位法人名录库，开展全市事业单位法人双随机抽查工作，完成2019年度事业单位法人年度报告公示工作。

（市委编办　吴雪莲　尤国盘）

老干部工作

【概况】 2019年，晋江市老干部工作坚持围绕中心、服务大局、开拓创新，探索优化老干部服务管理机制，从严抓好老干部“三项建设”、高标准落实“两项待遇”（政治待遇、经济生活待遇），推动老干部工作再上新台阶。至年末，晋江市有离休干部63人，“5·12”退休干部6人，其中地厅级离休干部3人；离休干部遗属166人，其中无工作遗属90人；退休干部6997人，其中实职县处级干部58人，享受县处级待遇干部30人，科级干部785人。

【老干部服务保障】 2019年，晋江市依托福建离退休干部服务管理信息化平台，对52名离休干部，按照“一人一策”建立精准服务数据。完善晋江市科级以上退休干部基本情况信息库，依托各镇(街)老干专干、社工力量开展调查,搜集整理老干部社团兼职、家庭信息、健康档案、兴趣爱好等方面资料,累计完善914份科级以上退休干部基本情况信息库,为大数据分析、精准化服务打下基础。精准化落实待遇。坚持党代会、“两会”邀请老干部参加,每半年召开市委、市政府工作情况通报会,每季度传达文件、组织参观学习,常态化开展“三节”活动、挂钩联系、走访慰问,增设为市领导挂钩联系老干部举办生日祝寿活动,落实好老干部政治待遇。以“略微从优”标准,为老干部提供离退休费、医药费、公务费、生活补贴等各项经济生活待遇。用好200万元离退休干部帮扶解困基金,落实老干部住院、去世、家庭变故“五必访”制度,为离休干部无工作遗偶发放门诊补助,先后帮扶老干部及遗偶109人次,补助各类资金103.04万元。定期组织助老服务志愿者提供义务服务,协调医疗单位办理“就诊优待卡”、开辟“绿色通道”。社会化购买服务。推进“四就近”服务,实施离休干部聚焦养护购买服务项目,引进专业服务机构,为离休干部提供日间照料、康复护理、人文关怀3个系列27项菜单式“私人定制”服务。市财政投入205万元,以市委组织部(老干部局)为购买主体,向社工服务机构购买离退休干部、老龄事业管理服务项目,为19个镇(街道)、良种场各选派1名年轻专业社工,专职协助基层退干办、离退休干部党组织开展各项工作,提升基层老干工作规范化运作水平。

【离退休干部党建】 2019年,晋江市完善离退休干部工委会运行机制,每年召开2次离退休干部党建工作会,落实《关于加强离退休干部基层党组织建设的通知》,健全离退休干部党组织领导机制、工作机制。晋江市在2019年全省离退休干部党工委研修班上做典型发言。编制《离退休干部党建指导手册》,总结提炼离退休干部党支部标准化规范化建设基本指标、基本环节、基本方法,开展调研指导,破解党组织“空转”问题。用好用足每年120万元专项活动经费,按每名党员300元/年标准,给予离退休干部党组织基本运转经费;每个班子500元/月标准,给予离退休干部党组织班子工作补贴。配套新成立党组织经费补助、活动经费补助、党内关怀慰问补助、因病因灾致贫老党员生活补助、党费100%返回等机制,对离退休干部党组织进行全方位资金保障。结合全市市直机关党组织换届选举,指导有条件的单位成立离退休干部党支部,选齐配强党组织书记、委员,全年全市新成立16个党组织、覆盖191名老党员。以党性强、威信高、身体好、经验丰富、乐于奉献为原则,严格年龄条件,指导全市离退休干部党组织,选好选优党组织班子成员。鼓励临退休在职干部职工兼任党组织书记、委员。全市离退休干部党组织书记平均年龄64.6岁,有13名在职干部兼任班子成员。将离退休干部党组织书记培训班纳入全市干训计划,每年至少举办一次。以“不忘初心、牢记使命”为主题,赴上杭古田举办第四期离退休干部党组织负责人及镇街涉老专干培训班,推动老党员忆初心、担使命、再出发。以“党建领航•夕阳增辉”为主题,于七一中国共产党建党纪念日前后,开展为期1个月的第三届离退休干部“党建文化活动月”活动,策划开展“4个周十大活动”,推动全市基层党组织在组织、参与、承办活动中提升组织力。深化离退休干部“五好党支部”创建力度,按照组织自荐、全面培育、指导挂钩、结对共建、量化考评等环节,选好对象、育好典型、树好标杆,培育第二批5个“五好党支部”。加大典型宣传力度,12个(名)党支部(党员之家、党员)获评泉州市示范离退休干部党支部(示范老党员之家、先锋离退休干部党员),16名(个)离退休党员干部(党组织)获各级“两先一优”表彰。

【老干部文化和社会活动】 2019年,晋江市策划“银龄共增辉•筑梦新晋江”正能量主题活动,围绕市委中心工作,开展5个专题15场活动,引导离退休干部利用自身优势发挥正能量。以“盛世歌华诞•银龄颂党恩”为主题,开展第八届老年文化艺术节,策划推出“礼赞盛世篇、活力生辉篇、不忘初心篇、同心共建篇”4个大篇章34项活动,带动全市基层镇(街道)、村(社区)开展活动百余场。晋江市创作的情景剧《晋江赶上好时光》,获评省委组织部八闽离退休干部舞台剧展演金奖。推动“老年文艺走基层”活动,纳入晋江市2019年为民办实事项目,组织离退休干部艺术团体开

2019年6月20日,举办晋江市第四期离退休干部党组织负责人及镇街涉老专干培训班 (市委老干部局 供)

2019年7月9日,《晋江赶上好时光》获评省委组织部八闽离退休干部舞台剧展演金奖

（市委老干部局　供）

展10场演出，参观人数2000多人，为基层送去文艺盛宴。建优工作平台，服务保障涉老单位、涉老组织，发挥群团正能量。市关工委承接市委、市政府“爱心助学金”“四帮四扶”等448.75万元资金的核对和发放，帮扶贫困学生约1500人次；市老年大学开设9个系、70个教学班、43门学科，培养学员3200余人次；市老体协先后策划举办庆祝中华人民共和国成立70周年拳功操舞交流展示等10多场活动，吸引2000人次老年朋友参加；市老促会深化“老区脱贫攻坚”，累计争取各级资金近6000万元；市老年学学会围绕人口老龄化，组织老专家学者深入调研，起草40篇调研文章等等。常态运作13支“老党员义工服务队”，337名老党员奉献在志愿服务一线，开展交警大队交通安全知识宣传、东石镇移风易俗宣导、政法系统法律咨询下乡等特色志愿服务活动，长效运营“老党员阳光会客厅”“老年义诊站”，开展各类志愿活动50余场。投入820万元，开展市老年活动中心室内二期改造工程、老干部活动中心修缮升格工程、老年大学办学质量提升工程，打造老年活动阵地。举办第二届孝心陪伴日、离退休干部庆祝中华人民共和国成立70周年合唱比赛、原创诗词作品征集活动等系列活动，展现老干部昂扬面貌。联合晋江经济报社、新闻网等媒体，发起第二届“寻找最美夕阳红，助力晋江新跨越”暨“我与新中国共成长”光阴故事馆活动，先后宣传报道15名“共和国同龄人”，通过讲述70年变迁和感悟，展现晋江“夕阳红”群体助力晋江新跨越的感人事迹。围绕百岁离退老干部洪肇服奋斗历程，拍摄《坚持》纪录片，讲述老干部“初心故事”，并作为晋江市主题教育专题学习材料，为年轻党员干部树传经验、立标杆。依托微信“晋江老年视界”微信工作号，报道离退休干部先进典型、党组织先进做法，并向上级推荐报道，2篇信息在《八闽快讯》、3篇报道在《中国老年报》、14篇报道在《福建老年报》刊发。

（市委老干部局　陈贤才　张蓓蕾）

保密工作

【概况】　2019年，市委市政府主要领导对保密工作高度重视、多次作出重要批示，要求领导干部不碰保密红线、不越保密“雷池”。市委保密委召开全市保密工作会议暨保密工作培训会，市委常委、政法委书记、保密委主任陈长义在会上强调各单位要认真落实保密工作主体责任，严格执行保密制度。市委保密委紧紧围绕主线，深化保密督查工作，做好各项保密服务保障工作，持续巩固管理、宣传防线，不断提升保密综合防范能力。市国家保密局获“全国保密工作先进集体”表彰，系全省唯一获表彰单位。

【保密督查】　2019年，市委保密办、市国家保密局与市委机要局、市公安局、工信局等部门组成联合检查组，通过查阅资料、检查计算机等形式，全面了解受检单位保密自查自评开展情况，完成对19个镇（街道）、经济开发区、58个市直单位的现场督查任务，以督查为手段，提升各单位保密综合防范能力。

【保密宣传】　2019年，晋江市开展“保密讲座进机关、单位”活动，市委保密办吴炳新先后到民政局、退役军人事务局等11个单位开展保密知识讲座。推广国家保密局金城出版社“保密观”微信公众号，组织领导干部、涉密人员进行关注学习。

【中、高考保密监管】　2019年，中、高考前，市委保密办、市国家保密局加强对中、高考保密管理工作，做好中、高考试卷保密室规范化建设的检查验收工作。高考期间，联合公安局、教育局做好高考试卷的接送、押运工作，对全市9个高考试卷保密室进行每天3至4次的安全保密巡检、巡查，确保高考试卷安全保密，实现“平安高考”目标。

（市委保密办、市国家保密局　上官泽伟　柯晓钟）

党校教育

【概况】　2019年，市委党校（行政学校、社会主义学院，以下统称党校）围绕市委、市政府决策部署，坚持党校姓党、从严治校、质量立校等办学原则，建设新时代“一流红色学府”，为服务高质量赶超、加快建设国际化创新型品质城市，不断创新发展“晋江经验”提供强大的政治保证、思想根基和人才支撑。获评“2017—2018年省级节约型公共机构示范单位”“晋江市先进党组织”“2018年度晋江市绩效评估优秀等次”“2018年度晋江市一类五星级平安单位”等称号，并作为县级党校唯一代表在泉州市干部教育培训工作会议暨党校建设工作会议上作典型发言。

【培训轮训】　2019年，市委党校统筹

谋划干训全局，把开展习近平新时代中国特色社会主义思想教育培训作为首要任务，实施“习近平新时代中国特色社会主义思想及传承发展‘晋江经验’教育培训工程”，制订《2019—2022年晋江市干部教育培训规划》及2019年全市干部教育培训计划，坚持分级分类、专题培训，全年列入干训计划核心班次52个。培训内容体系更加完善、分类分级培训更加优化，突出党的理论教育和党性教育主业主课地位，把习近平新时代中国特色社会主义思想、《党章》纳入各个培训班次，赴古田会议会址、毛泽东“星星之火可以燎原”写作地、福建省苏维埃政府旧址等教学基地开展红色教育和党性锻炼，重温党的初心使命，提升党员干部政治素养、理论素养、党性修养，全年共举办“年轻干部素质能力提升专题培训班”“基层党校专题研讨班”等21期培训班，培训人数4710人次。实施干部专业化能力和专业知识提升工程，围绕人才强市、新型城镇化和国际化“三大战略”，紧扣高质量发展落实赶超战略目标，根据干部岗位特点和实际工作要求，开展履行岗位职责必备知识技能的教育培训，在“晋江干部学堂”“组工业务培训班”等班次中，对口开设“切实提升党员干部意识形态能力”“浅析体育赛事对城市发展的作用”“新时代网络舆情情况和处置”“机关党建工作业务解读”“人才工作业务解读”“干部人事档案管理业务解读”等课程，提升干部专业素养。挂牌设立福建省委党校（福建行政学院）“晋江经验”现场教学基地，借力中华人民共和国成立70周年和宣传“晋江经验”契机，依托“晋江经验”特色课程和新型城镇化、社会治理创新、文化传承发展等7类33个现场教学基地资源，做好各级各地到晋江委培工作，承接中共福建省委党校（福建行政学院）第54期厅级干部进修班、泉州市乡镇（街道）党（工）委组织委员“强基促稳”专题班、厦门市委党校处级干部任职培训班等38个委培班次，培训人数1592人次。

【理论宣传】 2019年，市委党校站位凝练红色力量高地，依托市直系统、镇（街道）、村（社区）和企业（社会组织）三级四类52家基层党校，推行挂片联系基层党校制度，开展习近平新时代中国特色社会主义思想、中共十九届四中全会精神、“庆祝新中国成立70周年”、意识形态、“晋江经验”等主题宣讲活动，全年宣讲201场次，听众20100人次。继续推进“党课进高校”，持续延伸思想政治工作阵地，全年到泉州职业技术大学、泉州轻工学院等高校授课13场次，受众约2700人次。

【科研调研】 2019年，市委党校深化理论研究，将习近平新时代中国特色社会主义思想的研究阐释作为理论研究的重中之重，开展“习近平新时代中国特色社会主义经济思想之晋江探源”“习近平民营经济思想论述探析”“从‘晋江经验’看习近平新时代中国特色社会主义思想的重大意义”等课题调研，获全省校院系统中国特色社会主义理论研究基地2019年度课题立项，为决胜高质量赶超、深化改革创新提供强大的理论指引。深耕“晋江经验”，持续推进“晋江经验”基层巡礼科研调研系列活动，开展《“晋江经验”成功的最本质基因密码》《晋江高铁新区民生保障问题研究》《晋江市产业类行业协会发展现状与对策建议》等课题研究19项，获泉州市社科联立项1项、泉州市委党校校级课题立项6项；联合市委宣传部、市社科联举办“晋江经验”主题座谈会（入选2019年泉州市社科活动资助项目），拓展和创新发展“晋江经验”。深推智库建设，构建由教师、学员、其他部门及科研院所专业人才组成的智库团队，深研创造“晋江奇迹”的深层次动因，开展“加强新型智库建设 助推晋江高质量发展的研究”“党建引领 打造社区治理新模式”“党建引领企业高质量发展的安踏实践”等智库课题研究，编印3期《晋江市情研究参考》，建设智库党建馆，着力打造新时代“思想库”和“智囊团”。《晋江实践——习近平新时代中国特色社会主义经济思想探源》发表于《宁夏党校学报》2019年第4期；5篇课题成果获泉州市委党校校级课题结项，其中2篇被鉴定为一级（共有3篇为一级），为县级校首位；2项课题成果分获泉州市党建重点课题调研二、三等奖；5篇课题成果获省委党校，市委、市政府主要领导批示肯定。

【教师队伍建设】 2019年，市委党校加强教师队伍建设，组织开展新一轮专业技术岗位聘任工作，壮大中、高级师资队伍，选派教师20多人次参加访学深造、进修培训，组织2场33个专题课试讲。推进领导干部上讲堂，市委副书记陈晋永等2名市领导及17名部门领导到校授课；扩容社会优质师资，提升整体办学水平。

（市委党校　石作洲　戴庆阳）

综　述

【概况】 2019年，市人大常委会坚持以习近平新时代中国特色社会主义思想为指导，在履职行权中加强“作为”意识，务实担当，提升自身建设高度；锤炼“能为”本领，持续推动，加强服务发展力度；找准“善为”路径，精准发力，彰显监督为民温度，推动人大工作与党委决策扣得更紧、与发展大局贴得更近、与群众期盼靠得更实，为创新发展“晋江经验”、加快国际化创新型品质城市建设做出贡献。全年召开常委会会议8次、主任会议15次，作出决议、决定18项，听取和审议专项工作报告13个，组织视察、调研、执法检查、跟踪检查等活动23次。坚持党管干部和人大依法任免有机统一，补选泉州市人大代表5人、选举（补选）晋江市人大代表14人，任免地方国家机关工作人员146人次，较好完成市十七届人大三次会议确定的工作任务。

【晋江市第十七届人民代表大会第四次会议】 2019年12月24—27日，晋江市第十七届人民代表大会第四次会议召开。大会听取和审议晋江市人民政府工作报告；听取和审议晋江市2019年国民经济和社会发展计划执行情况及2020年国民经济和社会发展计划草案的报告（书面），审查和批准晋江市2019年国民经济和社会发展计划执行情况及2020年国民经济和社会发展计划；听取和审议晋江市2019年预算执行情况及2020年预算草案的报告，审查和批准晋江市2019年预算执行情况及2020年预算；听取和审议晋江市人民代表大会常务委员会工作报告；听取和审议晋江市人民法院工作报告；听取和审议晋江市人民检察院工作报告。大会在听取和审议各项工作报告后，作出相应决议。大会选举林仁达为市第十七届人大常委会主任，许小卫、许清心、陈伟荣、周先进、郭培源、蔡逸卿、戴庆阳等7人为市第十七届人大常委会委员，王文龙为市人民检察院检察长（须报经泉州市人民检察院检察长提请泉州市人大常委会批准）。大会还表决通过市第十七届人大常委会社会建设委员会、监察和司法委员会组成人员名单。

【助推高质量发展落实赶超】 2019年，市人大常委会聚焦高质量发展落实赶超，把握稳中求进工作总基调，综合运用法定职权，助推经济社会持续健康发展。贯彻习近平在参加十三届全国人大二次会议福建代表团审议时的重要讲话精神，当好创新发展“晋江经验”的参与者、推动者和践行者。检查促进民营经济健康发展26条措施落实情况，要求市政府及时兑现扶持政策，引导企业坚守实业、专注主业，激发和保护企业家精神，增强发展活力和后劲。市人大常委会领导深入挂钩企业排忧解难，提振信心，推动形成“亲”“清”互动、共谋发展的局面。围绕推进“先进制造业立市、高新产业强市、现代服务业兴市”，调研产业转型升级，建议加快破解土地、人才、政策等要素制约，推动老旧工业区改造，实施传统优势产业全链条、全流程升级，形成搬不走的产业优势。助推优化营商环境，开展行政审批提质

2019年12月24—27日，晋江市第十七届人民代表大会第四次会议召开（市人大办　供）

提速三级联动监督,针对突破工程项目审批制约、共享数据信息、规范中介服务等提出建议,督促审批改革举措落地见效。专题调研惠台政策落实情况,建议发挥“五缘”(地缘相近、血缘相亲、文缘相承、商缘相连、法缘相循)优势,不断完善服务台胞台商政策措施,探索推进晋台两地融合发展。

【推进法治建设】 2019年,市人大常委会坚持奉法为公,运用法治思维和法治方式深化改革、推动发展、化解矛盾、维护稳定。

优化提升法治环境,维护宪法权威,落实宪法宣誓制度,让法治成为信仰。听取市政府关于执行“七五”普法决议情况的报告,要求坚持以宪法为统领推进法治晋江建设,在法治实践中创新普法机制,拓宽普法渠道,推动尊法、学法、守法、用法成为全市人民的共同追求和自觉行动。立足法治是最好的营商环境,专题听取“两院”关于发挥司法职能、营造良好营商环境的报告,要求深刻把握习近平在民营企业座谈会上的重要讲话精神,着眼发挥法治固根本、稳预期、利长远的保障作用,建立常态化联系服务机制,坚决维护企业合法权益,护航晋江市民营经济健康发展。

支持司法体制改革,依法任免人民陪审员81人,推进司法民主,促进司法公正,提升司法公信力。发挥人大信访“窗口”作用,对信访突出问题带案下访、逐案研判、积极化解,全年受理群众来信来访265件572人次。加强基层立法联系点建设,配合全国人大常委会关于土地管理法、城市房地产管理法修正案(草案)调研工作,参与《福建省流动人口服务管理条例》《福建省女职工权益保护条例》《泉州市晋江、洛阳江流域水环境保护条例》立法调研,联动推进就业促进法执法检查,立足晋江实际提出针对性建议,反映基层群众的意愿和诉求。

【履职水平提升】 2019年,市人大常委会遵循“总结、继承、完善、提高”的理念,在实践中坚持和完善人民代表大会制度,提升履职水平。紧贴“群众点题”攻坚行动,发挥人大优势,推进“联代表、解民忧、办实事”活动。常委会领导带队走进基层,围绕“加强学校食品卫生安全”等4个调研课题走村入户、现场办公,推动解决一批群众急难愁盼的问题。总结调研成果,围绕《在新思想引领下奋力谱写“晋江经验”的人大篇章》等主题讲好党课,对照党章找准差距,推动检视问题整改落实,把初心和使命融入地方人大工作的生动实践。严格落实意识形态工作责任制,优化提升“一刊一网一微信”立体化宣传体系。举办“笔墨放歌•礼赞祖国”主题书画展,宣传人大制度,讲好人大故事。《牵挂》履职微视频获评省人大“好新闻”,并选送学习强国平台播映。《打造满意度测评的“晋江样本”》《创新发展“晋江经验”的人大探索》《监督守护“夕阳红”》在《人民代表报》《福建日报》《人民政坛》等重要媒体刊发。注重人大理论和制度研究,关于探索完善人大制度、持续监督、代表约见等3篇论文在全省人大系统课题研讨中获奖。

2019年10月22日,市人大常委会检查重点代表建议办理情况 (市人大办 供)

人大监督

【概况】 2019年,市人大常委会贯彻落实市委决策部署,紧紧围绕“三大任务冲刺年”“城乡环境整治攻坚年”活动,统筹谋划世中运筹办、人居环境整治、实体经济发展等监督议题,在综合行权中靠前推动、担当作为。常委会领导、机关干部和各级人大代表投身高铁新区、罗裳片区、第二体育中心等全市重点项目建设主战场,督促挂钩镇街落实项目开工、安全生产、“河长制”工作,保持一线状态、展现一线作为、发挥一线作用,始终做到与市委思想同心、目标同向、步调同频。

【法律实施监督】 2019年,市人大常委会聚焦农产品质量安全法实施情况,督促市政府加强农产品源头、生产和追溯全过程监管,保障群众“舌尖上的安全”。跟踪检查老年人权益保障“一法一条例”落实情况,督促执法检查交办的24项问题整改落实,推动老龄事业发展取得新成效。关注精神卫生法审议意见研究处理情况,督促市政府对标23项问题清单,聚合力、破难点,推进原疗养院危房改造、土地置换和宿舍楼安征迁等历史遗留问题的妥善解决。加强规范性文件备案审查,依法审查39份规范性文件,切实维护法制统一。

【财政审查监督】 2019年,市人大常委会关切经济运行总体态势,依法听取和审议计划执行情况的报告,要求市政府坚持新发展理念,应对国内外复杂形势,做好“六稳”(稳就业、稳金融、稳外贸、稳外资、稳投资、稳预期)工作,确保完成全年经济社会发展任务。关注“钱袋子”管理,从预算编制、执行、调整和决算审查等环节入手,督促市政府坚决落实减税降费政策,严格依法理财,加强增收节支,提高财政资金使用绩效。设立人大预算联网监督工作室,完成数据对接,实现实时监督,使财政预算监督向纵深推进。跟踪监督审计查出问题整改工作,支持审计部门依法履职,从制度层面立规范、促整改。协助市委制订《市政府向市人大常委会报告国有资产管理情况制度》，督促进一步规范国有资产管理。听取地方债务管理工作报告，要求市政府树牢债务风险意识，遏制隐性债务增量，妥善化解债务存量，切实防范债务风险。依法批准发行2019年度新增政府债券，支持重点项目及民生工程建设。

【生态治理监督】 2019年，市人大常委会紧扣绿色发展，聚焦生态治理。践行“绿水青山就是金山银山”理念，依法对2018年环境状况和环境保护目标完成情况实施“年检”，督促抓好中央生态环保督察反馈问题整改，助力打好蓝天、碧水、净土保卫战。坚持长年问水，接力监督，推动生态水域建设的决议执行由“法定作业”变为“生态蓝图”。注重系统治水，强调水质、水量、水生态一体化管理，联动调研水污染防治法实施情况，组织视察市区水系连通生态补水工程，监督推进星级河道创建、污水管网建设，推动全市21条流域水质持续向好。跟踪检查生态环境司法保护工作，要求深化协同联动，完善“两法衔接”，为推进生态文明建设提供司法保障。

【民生实事监督】 2019年，市人大常委会坚持以人民为中心的发展思想，力促民生实事办好办实。坚持全程监督、纵深推进。统筹“年初听汇报、年中促进度、年末对账单”各个阶段，将监督为民办实事贯穿全年、一抓到底。成立5个检查小组，深入机械停车库、公办幼儿园建设等29个项目一线察进度、解难题、促落实。坚持全员投入、双管齐下。发动常委会机关、镇街人大和各级人大代表共同参与，形成上下联动、一体运作的监督格局。综合运用调研、视察等手段，促使项目建设与人大监督同步推进。坚持全面覆盖、重点突破。以督办好每一件民生实事为目的，紧盯滞后项目，专题听取工作汇报，围绕手续申报、资金保障等问题提出建议，在监督中赋予更多支持，推动市政府将民生实事时刻抓在手上，严格对标对表，加大推进力度，努力兑现民生承诺。

调研考察

【人居环境整治调研】 2019年，市人大常委会围绕“城乡环境整治攻坚年”，将《关于加快提升世中运人居环境整治的建议》列为重点督办的代表建议，结合调研世中运交通组织与保障工作，督促市政府统筹“办赛事”与“办城市”，完善基础设施建设，推进城市精细管理，全面实施综合整治。聚焦市区交通秩序整治工作，坚持抓早抓实，深入交通易堵点调查研究，与主管部门面对面交流、点对点交办，有序推进专题调研、听取和审议专项报告、满意度测评等“组合式”监督。组织代表把脉问诊“停车难”，助力启动市区停车收费项目，实施“智慧管理”，盘活有限资源，让市民轻松停车、便捷出行。跟踪检查物业管理、电梯安全专题询问审议意见研究处理情况，推动深化“四位一体”物业管理模式和电梯安全监管体系建设。助推乡村振兴，专题调研乡村人居环境整治，监督推进“一革命四行动”“三清一改”，要求系统治理，凸显特色。

【社会事业调研考察】 2019年，市人大常委会力促社会事业协调发展。联动调研学校教师队伍建设情况，深入28所学校倾听一线教育工作者意见，建议市政府有效应对教师总量不足、合同教师占比攀升、产假教师日益增多等问题，实现教育事业可持续发展。考察卫生应急救援体系建设情况，督促市政府积极贯彻“健康中国”战略，以重大赛事筹办为契机，加强全天候调度能力，完善全链条运行流程，打造全方位应急体系。调研公共文化设施建设，建议夯实基层基础，整合共享资源，有序推进示范区创建。组织考察世中运场馆建设，要求既要突出质量与安全并举，保障建设进度，又要创新管护机制，实现赛后资源高效利用。组织省市县三级人大代表考察养老事业发展，促进加快多层次养老保障体系建设。考察宗教组织参与公益慈善事业工作，推动宗教慈善力量成为社会公益事业的有益补充。

代表工作

【人大代表联系群众平台建设】 2019年，市人大常委会推动人大代表联系群众活动室建设规范化、活动常态化、运行实效化。按照“建在基层、覆盖选区、方便联系”的原则，新增13个村级活动室，巩固提升“市、镇、村”三级联动、“点、线、面”立体运作工作格局。打造安海、深沪、磁灶等一批活动室样板，发挥好典型示范效应。立足晋江产业特色，指导陈埭、磁灶创新设立鞋业、陶瓷行业活动室，为促进传统产业发展凝聚合力。坚持“门常开、人常在、事常办”理念，从多层面各领域扩大公民有序政治参与。全年接待选民群众3800多人次，收集社情民意1200多条，推动解决城乡医保、道路改造等一批群众关心的问题。

【代表服务管理】 2019年，市人大常委会密切“双联系”，服务管理提标扩面。立足建设“代表机关”，致力创先争优，发扬团队精神，常委会人事代表委获评全省人大系统先进集体。力促“双联系”制度常态长效，深入开展代表主题活动，组织代表参加“市民问政团”“民生观察眼”，围绕学校配餐、环境整治等民生热点提出建议，努力让群众感受到人大离自己很近，代表就在身边。支持和保障代表依法履职，分批次组织代表赴延安、厦门参加专题培训，提高代表政治素养和履职能力。创新形式，丰富载体，组织代表列席常委会会议、参与视察及异地调研等活动，拓宽代表知情参政渠道。加强代表履职管理，健全履职档案，及时开展约谈函询工作。落实代表述职制度，组织市县两级代表153人次进行述职，引导代表牢记职责使命，自觉接受监督。

【代表建议督办】 2019年，市人大常委会坚持以解决问题为首要目标、代表满意为检验标准，完善建议督办工作机制。全年督办市十七届人大三次会议和闭会期间代表建议188件，深化重点代表建议满意度测评机制，推动办理成果转化，让建议“答”得漂亮、“办”得实在。关于加强学校食品卫生安全、市区停车管理、提升世中运人居环境等3件重点建议办理成效较好，测评均为“满意”。继续开展代表优秀建议评选，确定一盘棋治水、提升城市品牌、规范中小学生健康体检等9件优秀建议，用点赞的方法激发代表履职热情。

（市人大办　陈其泉　卢智健）

重要会议

【市政府全体会议】 2019年1月3日上午，晋江市政府召开全体会议，贯彻落实市党代会和“两会”精神，全面部署2020年工作。泉州市委常委、晋江市委书记刘文儒，市长张文贤参加会议并讲话。

刘文儒强调，2019年是中华人民共和国成立70周年，也是晋江冲刺高质量赶超、办好重大赛事、实现更高水平全面小康的关键之年；要强本领、抓落实，保持“想干事”的激情，锤炼“能干事”的本领，下定“干成事”的决心，冲在前头、干在一线，敢于挑战；要敢担当、能攻坚，有“守土有责、极端负责”的姿态、“迎难而上、敢拼敢创”的状态、“功成不必在我，功成必定有我”的心态，用担当履行责任，用攻坚破解难题；要善协作、会团结，抓好班子、带好队伍，牢树“一盘棋”思维，多方动员、凝聚合力，调动社会各阶层的积极性和创造性；要严纪律、守底线，带头遵纪守法，注重德行修养，增强法治思维，把纪律和规矩挺在前面。

张文贤要求，各级各部门要快速集结，以冲刺状态强势开局，锁定目标、锁定责任、锁定开门红，确保完成全年目标任务；要加强战役思维，拎住要害强势攻坚，重点聚焦项目招商、营商环境建设、投融资运作、人居环境整治、拦污截污体系建设、政府执行力建设等方面，推动高质量赶超展开新局面；要做好岁末年关各项工作，统筹改革发展稳定各项任务，确保完成年度目标，保持社会和谐稳定。

12月27日下午，晋江市政府召开全体会议，贯彻落实市党代会和“两会”精神，全面部署2020年工作。泉州市委常委、晋江市委书记刘文儒，市长张文贤参加会议并讲话。

刘文儒强调，2020年是全面建成小康社会和“十三五”的收官之年，是“十四五”的谋划之年，也是“三大任务”的决胜之年，各级各部门要树信心，发挥好制度优势，用好各种资源和优势，专心专注做好自己的事；要讲大局，看长远，以大格局、大担当、大协同，全力攻坚推进、谋划发展；要抓重点，抓好“稳、新、升、补、拓、治”六个关键环节，千方百计稳基本面、稳增长点、稳后劲，在升产业、升城市、升环境上做足功夫，加快补齐民生、生态、业态短板，不断提升县域治理体系和治理能力；要聚合力，持续保持“政企一起上、干群一起拼、全市一条心”的良好氛围，形成推动晋江发展的强大合力。

张文贤要求，各级各部门要按照“项目攻坚2020”要求，统筹推动安征迁攻坚，加强招商选资，突破要素瓶颈制约，分兵把守、整体推进产业、赛事保障、民生、环境整治等项目，推动“五个一批”加快梯度转化、滚动推进，夯实发展支撑；要秉承“行胜于言，落实为要”，坚持路线图思维、项目化推进、清单式收账，当好“施工队长”，拿出“施工方案”，做好“施工指导”，严格“施工监理”，真正见清单、见行动、见实效，确保一季度“开门红”、半年“双过半”、三季度“超时序”、四季度“满堂红”。

（市政府办　林齐帆　李剑雄）

【市政府常务会议】 2019年1月12日上午，市长张文贤主持召开市政府第46次常务会议，研究《关于支持上市公司纾困的若干措施》《晋江市市属国有企业工资总额预算管理暂行规定》《晋江市市属国有企业负责人履职待遇和业务支出管理规定》《福州大学晋江科教园区项目二期土地房屋征收补偿安置实施方案》，晋江市P2017-35号、P2018-49号、P2018-50号地块公开出让等有关事宜。

1月31日下午，市长张文贤主持召开市政府第47次常务会议，研究《2019年主要经济指标目标任务分解方案》《“三大任务冲刺年”活动实施方案》《“城乡环境整治攻坚年”活动实施方案》等有关事宜。

3月14日上午，市长张文贤主持召开市政府第48次常务会议，研究《晋江市党政领导干部安全生产责任制实施细则》《晋江市推进城市安全发展的实施方案》《社会救助综合改革试点实施方案》《最低生活保障工作实施意见》《城乡临时救助实施方案》《城乡低保、特困人员审批权限委托下放工作实施方案》《建设国家创新型县（市）实施方案（2018—2020年）》《关于进一步扶持人力资源服务产业园发展的若干措施》，晋江市G2018-17号、P2018-32号、P2018-38号、P2018-39号、P2018-51号地块公开出让，2018年度机关事业单位工作人员年终奖金补贴发放方案等有关事宜。

4月3日上午，市长张文贤主持召开市政府第49次常务会议，研究矽品（晋江）集成电路封装测试项目补充协议、晋江市P2018-23号地块公开出让等有关事宜。

5月20日上午，市长张文贤主持召开市政府第50次常务会议，研究《关于贯彻落实坚持农业农村优先发展做好“三农”工作的实施意见》《晋江市支持政策性融资担保业务发展实施方案》，梳理完善12份经济发展鼓励扶持政策，《促进制造业全链条全流程升级工作意见》，晋江市P2018-28号、P2019-4号、G2019-1号地块公开出让，《晋江市疗养院改建项目土地房屋征收补偿安置实施方案》《晋江市疗养院改建项目选房安置实施方案》，紫帽片区市政道路工程第二标段（兴紫大道）工程重大设计变更等有关事宜。

6月28日下午，市长张文贤主持召开市政府第51次常务会议，研究《关于建立争取中央和省级专项资金支持正向激励机制的通知》、延续《上市公司自然人股东限售减持创业奖励政策》、晋江市视频监控系统运维管理、晋江市G2019-4号地块公开出让、海峡石化运营大楼交割工作等有关事宜。

7月18日下午，市长张文贤主持召开市政府第52次常务会议，研究电力股改资金实施情况及2019年股改资金安排，《关于村务（社区）专职工作者薪酬制度改革的建议方案》，晋江市G2019-2号、P2019-2号地块公开出让，晋华公司人才房租售等有关事宜。

8月2日下午，市长张文贤主持召开市政府第53次常务会议，研究晋江市P2019-24号、P2018-40号、G2019-11号地块公开出让，引进集成电路测试探针暨中国运营总部项目，《晋江市福兴路景观提升项目选房安置实施方案》等有关事宜。

8月23日上午，市长张文贤主持召开市政府第54次常务会议，研究《关于进一步加强财政收支预算管理提升预算绩效若干措施的意见》《全面实施预算绩效管理的若干措施》，以及晋江市第六批市级文物保护单位，晋江市P2018-42号地块公开出让、中国人民银行晋江支行纳入地方公务员医疗补助统一管理等有关事宜，并部署全市批而未供土地清理有关工作。

9月6日上午，市长张文贤主持召开市政府第55次常务会议，研究《晋江市安全生产提示告知警示通报和约谈实施意见》《晋江市安全生产事故隐患挂牌督办实施意见》，以及晋江市P2019-25号、P2019-32号、P2019-33号地块公开出让等有关事宜，并研究部署当前重点工作。

9月12日上午，市长张文贤主持召开市政府第56次常务会议，研究P2019-27号、P2019-34号、P2019-35号地块公开出让，中南化工有限公司工业用地土地用途变更等有关事宜。

9月12日上午，市长张文贤主持召开市政府第57次常务会议，研究有关项目合作事宜。

9月18日下午，市长张文贤主持召开市政府第58次常务会议，研究晋江市G2019-15号、P2019-13号、P2019-26号地块公开出让有关事宜。

9月27日上午，市长张文贤主持召开市政府第59次常务会议，研究金融风险防控有关事宜。

10月23日下午，市长张文贤主持召开市政府第60次常务会议，研究梧林传统村落保护发展项目招商运营、《关于进一步加强预决算公开工作的实施意见》《晋江市行政事业单位国有资产管理规定》，2020年度城乡居民医保参保缴费、晋江市2019年度本级预算调整方案、市属国有企业第二轮整合重组、中国智能骨干网（晋江新塘）项目、共建“福州大学•晋江微电子研究院”、紫帽片区晋江学校等有关事宜。

11月4日上午，市长张文贤主持召开市政府第61次常务会议，研究《晋江市体育用品产业全链条、全流程升级行动方案》《晋江市建材陶瓷产业全链条、全流程升级行动方案》《晋江市纺织服装产业全链条、全流程升级行动方案》《晋江市休闲食品产业全链条、全流程升级行动方案》《晋江市纸制品和包装印刷产业全链条、全流程升级行动方案》及晋江市P2019-18号、P2019-19号、P2019-20号地块公开出让等有关事宜。

11月25日上午，市长张文贤主持召开市政府第62次常务会议，研究《晋江市市与镇（街道）财政事权和支出责任划分改革实施方案》、设立晋江市中城新型城镇化基金、《晋江市龙湖工程管理与保护范围划定实施方案》等有关事宜。

12月11日上午，市长张文贤主持召开市政府第63次常务会议，研究《晋江市2020年国民经济和社会发展主要预期目标建议方案》、新建福厦铁路泉州南站配套铁路停车设施等有关事宜，并部署粮食安全工作。

12月19日上午，市长张文贤主持召开市政府第64次常务会议，研究2020年政府工作报告、计划及财政报告，2020年重点项目安排、2020年市委市政府为民办实事项目，《晋江市生活垃圾处理费征收管理规定》《关于规范农村村民住宅加层审批工作的意见（试行）》，晋江市G2019-8号及9号地块公开出让，《关于扶持泉州综合保税区发展若干措施》，深圳广塑导光膜项目等有关事宜。

（市政府办　林齐帆　李剑雄）

【市长办公会】 2019年1月12日上午，市长张文贤主持召开市长办公会议，研究“一门式”行政服务大厅整合提升方案、大深线深沪段污水管道工程重大设计变更等有关事宜，并研究部署工作，开展集体廉政谈话。

2月14日上午，市长张文贤主持召开市长办公会议，贯彻落实市委要求，梳理交流当前重点工作，要求抢抓当下，强势开局，确保一季度开门红、确保完成全年目标任务。张文贤市长在会上强调九点意见：一要确保一季度“开门红”，二要扎实推进“两个年”活动，三要全力攻坚项目，四要策划重大主题活动，五要推动产业提升，六要加快城市提质，七要加强政府经营运作，八要加强风险防范化解，九要全力保障民生。

3月14日上午，市长张文贤主持召开市长办公会议，听取关于在菲律宾设立产业园有关事宜汇报。

4月3日上午，市长张文贤主持召开市长办公会议，研究关于支持商贸企业做大规模有关事宜。

9月6日上午，市长张文贤主持召开市长办公会议，贯彻落实市委部署要求，交流当前重点工作，要求进一步加强攻坚势头，奋战4个月，确保完成全年目标任务。张文贤在会上围绕经济运行调度、城市品质提升、赛事筹办举办、经营运作、防范化解风险、民生工作、“不忘初心，牢记使命”主题教育等七方面做工作部署。

(市政府办　林齐帆　李剑雄)

政务纪要

【概况】　2019年，市政府坚持稳中求进工作总基调，从容应对挑战，经济社会保持平稳健康发展。全年地区生产总值完成2546.18亿元，同比增长8.0%；一般公共预算总收入220亿元，同比下降4.35%，其中本级收入137.9亿元，同比增长2.0%；城乡居民人均可支配收入4.34万元，同比增长8.0%。县域经济基本竞争力位居全国第四位，城市投资潜力、营商环境位居全国县域第二位，入选“中国十大慈善城市”，获批全省首批县域集成改革试点。

【经济运行】　2019年，晋江市完成第四次全国经济普查，深入落实“六稳”工作要求，综合施策，定向发力，托稳经济发展大盘。

惠企措施精准落地。新一轮产业扶持政策实施，减免企业税费30.97亿元，兑现惠企资金16.97亿元。应对贸易摩擦，优化出口布局，新增自营出口企业354家，外贸出口总值增长8.43%。开展领导挂钩帮扶活动，分行业推进“手拉手”产能对接，促成合作订单20亿元，市场主体突破20万户。要素支撑稳固有力。“晋金私募汇”引入私募基金52家，规模超27亿元。银企对接常态化开展，新增贷款160亿元。信贷风险有效防范，企业不良贷款率控制在2.5%以内。全面盘活土地资源，梳理用地空间2466.67公顷，清理批而未供和闲置土地超400公顷，“445”工作法获全省推广，老旧工业区改造提升开篇破题。

有效投资持续升温。“主官招商、全员招商”深入开展，成功签约中探针、宝能物流、展志钢材等项目83个、总投资650亿元。606个“五个一批”项目高效推进，515个在建重点项目完成投资675亿元，超额完成年度投资计划。京通易购、华宇织造等85个项目开工，锂电池储能、金融广场等93个项目投产投用，安海装备园、龙湖时尚园新入驻在建企业29家。43个国企经营运作项目稳步推进。

产业能级持续跃升。新兴业态集聚成势。集成电路“三园一区”、石墨烯产业园加快建设，集成电路龙头项目投产营收。鞋都市场整体迁入国际鞋纺城，陆地港升级为国际港口。新增三产市场主体超4万家、限上商贸业和规上服务业企业200家、3A级以上物流企业3家。快递业务量突破5亿件，增长60%，占泉州比重42%，晋江获评中国快递示范城市，鞋都电商中心获评国家电子商务示范基地。

传统动能加速升级。出台传统优势产业全链条全流程升级方案，安踏、特步等龙头企业收购国际品牌，加速产业链全球化布局。恒安、乔丹、百宏等龙头企业增资扩营势头强劲，带动全市技改投资增长24.6%。一批成长型企业深耕细分市场，挺进行业高端，新增产值超亿元企业44家、省级“专精特新”企业8家。中国民营经济创新发展高峰论坛、国家制造强国建设专家论坛举办，体博会、食交会、家博会交易额再创新高。

创新活力竞相进发。国家创新型县(市)建设深入推进，福大微电子研究院、国科大智能制造学院相继落户，中科院装备所获批国家级重大创新平台，制鞋产业技术创新战略联盟成为全省首家国家级试点联盟，10项成果获评省科学技术进步奖。引导企业把税费减免资金投向科技创新，有效落实研发费用税前加计扣除政策，146家企业实行智能装备改造，认定国家高新技术企业74家，新增国家技术创新示范企业1家、省级工业设计中心2家，专利申请量、授权量分别达到8.74万件、6.02万件，位居全国科技创新百强县第六位。国际人才港投用，新增各类高层次人才1928人、“海峡”团队21个、院士专家工作站4个。

【赛事筹(举)办与城市建设】　2019年，晋江市统筹“办赛事”与“办城市”，推进16个城市专项行动计划，城市颜值和内涵持续提升，晋江元素在外交部、国新办等推介活动上频频亮相。赛事筹办。世中运组委会第一次全体会议召开，赛事LOGO、主题口号和形象大使闪亮揭晓，赛事官网、志愿者招募系统开通启用，足球公园等3个场馆建成投用，第二体育中心、少体校等场馆提速建设，通过国际中体联三次赛前考察，倒计时一周年活动闪耀全城。世界沙滩排球巡回赛、国际马拉松赛、CBA联赛等11项体育赛事成功举办，首届国际大体联足球世界杯精彩上演，16个国家24支球队驰骋绿茵，体育晋江迈向世界。承载功能持续增强。高铁二期征迁收官，晋东新区、紫帽片区加快开发。2个老旧小区完成改造，2个安置房项目实现回迁，国际人才社区启用入住，象山超高端人才社区动工开建。沿海大通道、江滨南路、深安线完成拓改，兴紫大道、晋新路军垦农场段建成通车，厦漳泉联盟路、福厦客专加快推进。晋江机场成为全国首批“一带一路”沿线国家人员出入境便利安排口岸，年吞吐量突破800万人次。2个公交枢纽站投用，公共交通全面实现新能源替代。完成1.5万户二次供水改造，新改建公厕102座。综合管理。中心市区停车收费启动实施，地下闲置停车位陆续盘活，停车难题有效破解。大数据管理中心建成投用，“数字城管”扩能提级，线上线下联动对接，小区物业、建筑工地、渣土车等专项治理有力推进。10个事故多发点、10个易堵点、35处积水点完成改造。开展133个生活垃圾分类试点，覆盖19个社区和所有学校医院。生态创建。认真抓好中央生态环境保护督察反馈意见整改，铁腕推进污染源整治“霹雳”系列行动，查处违法排污企业330家，关停“散乱污”企业245家，石材行业整治成效持续巩固。完成陶瓷企业干燥塔在线监控，晋南热电厂集中供热项目投用。建成农村污水处理项目33个，打通污水“断头网”8条，铺设污水管道47.76千米。安东园、深沪污水处理厂试运行，南港二期扩建、泉荣远东三期提标工程开工建设。加强泉州湾河口湿地、深沪湾古森林遗址等自然保护区保护管理。划定水源保护红线、龙湖工程管理保护范围，深化饮用水源地和金门供水水源保护。实施173个河流整治项目，整治河道41.2千米，引水第二通道、市区生态水系连通工程正式通水，流域水质明显改善。

【乡村振兴】　2019年，晋江市注重点面发力，推动乡村发展，磁灶、英林2个镇获评省级乡村振兴特色乡镇，瑶前、华海、檗谷等20个村入选省级乡村振兴示范村。发展路径多元拓展。农村土地制度改革三项试点完成，多项成果被新《中华人民共和国土地管理法》吸收，农村集体产权制度改革、农村"双创"成为全国典型。新增省级以上农业产业化龙头企业9家,"安海土笋冻"获评国家农产品地理标志。村级集体经营性收入全部突破10万元,其中突破20万元占68%。全面实施扶持革命老区建设三年规划,投入扶持资金1050万元。环境整治。深入开展"城乡环境整治攻坚年"活动,"两高"及重要通道沿线环境整治稳步推进,"三拆一清""一革命四行动"扎实有力,整治裸房1442栋,拆除"两违"建筑50.7万平方米。植树造林1100公顷,回填废弃石窟11个,绿化矿山迹地13公顷,崎山公园、晋江下游(南岸)生态公园部分开放,九十九溪万亩田园风光初具雏形。乡村治理。开展乡村善治试验,"三治"融合深入推进,农村治理人才认定机制全国首创,基层议事协商全面推行,"1+3+N"调解格局逐步完善。成功承办全省乡村治理暨乡风文明体系建设现场推进会,获评全国乡村治理体系试点示范县,村庄规划工作成为全国典型。

【民生建设】 2019年,晋江市财政投入86亿元用于民生建设,占本级支出71.13%。惠民实事落细落实。办好29件为民实事和224件"民生微实事",通过民生观察眼、市民考察团等活动,积极回应"群众点题",学生配餐、交通出行、课后延时服务等一批难点问题有效破解。237户困难家庭得到暖心帮扶,4166宗石结构危房完成改造。公共服务扩面提质。获评"省级教育强市",实施122个教育项目,新增优质学位8040个,普惠性幼儿园覆盖率达88.1%。精准做好控辍保学工作。福大科教园迎来首批本科生,泉州职业技术大学正式挂牌,拔萃双语学校开办,晋江一中、养正中学入选全省首批示范性普通高中建设名单。晋江运动员时隔20年重夺泉州市运会金牌、总分"双第一"。实施18个医疗卫生项目,新增病床位852张,深化与树兰医疗等优质资源对接,打造3个医疗服务"航空港",成立全省首个卫生健康人才发展促进会,全国知名专家、院士坐诊1500多人次。全市26万名中小学生享受免费健康体检。深入开展爱国卫生运动,登革热等疫情有效防控,省级慢性病综合防控示范区通过验收。建成4个镇级敬老院、20个居家养老服务站、5个"嵌入式"小型养老机构,新增养老床位653张,社会福利中心老年康复医院投用,社会救助综合改革试点通过国家验收。首届文化旅游节成功举办,第六批市级文保单位和非遗代表性项目正式公布,梧林传统村落提速建设,五店市被确认为中国华侨国际文化交流基地,安海镇、福林村获评第七批中国历史文化名镇名村,晋江入选全国县域旅游竞争力百强。

【社会治理】 2019年,晋江市全面实施安全生产技术顾问服务,推进"智慧消防"建设。深化扫黑除恶专项斗争,深入开展"强基促稳"三年行动,在全省首创民警背包住村模式,"六守六无"平安系列创建扎实推进,社会治安、信访维稳、安全生产、粮食安全、食品安全等形势保持稳定。公安局刑侦大队获评全国"人民满意的公务员集体",晋江获评全省"七五"普法中期先进市。

【政务环境】 2019年,市政府深入开展"不忘初心、牢记使命"主题教育。严格落实全面从严治党,履行意识形态工作责任制。认真办理人大代表建议188件、政协委员提案218件,满意率、基本满意率100%。建成"互联网+政务服务"市镇村三级一体平台,所有审批服务事项承诺时限压缩至法定时限17.7%,"最多跑一趟""一趟不用跑"事项占比达93%。落实政府机构改革,优化职能配置,贯彻"基层减负年"要求,改进文风会风,加强效能建设、绩效管理、审计监督,服务水平明显提高。

(市政府办　林齐帆　李剑雄)

行政审批

【审批制度改革】 2019年,晋江市深化工程建设项目审批制度改革。对工程建设项目审批制度实施全流程、全覆盖改革。推行并联审批"一窗式"收发,建立"一窗受理、一表申请、一环多评、一库共享"机制,实现项目审批从设立到施工许可,财政性投资项目仅需6道环节36个工作日、社会投资项目仅需5道环节34个工作日。推行"一件事"改革。市行政审批中心联合晋江供电公司,重点对电力工程占用挖掘道路等事项实施"一窗式"改革,设置"联合会审、联合勘察、确定费用、施工许可"4个阶段,建立"3+2+2+2"联审流程,9个工作日完成审批,在泉州市各区县内效率最快;社保分中心完成"职工医保与城乡居民医疗"合并窗口,以"收支"两条线将医保相关业务整合,形成"待遇领取(支)、参保登记(收)"的医保受理服务新格局。推进"不见面审批"改革。组织各部门深度梳理进驻省网上办事大厅晋江分厅的三星级、四星级审批服务事项,推动更多事项升级为五星级,全市1316个审批服务事项中,实现全流程网上办理的事项577个。

【企业开办专窗设立】 2019年,晋江市加快推进企业开办"一窗通办"服务,整合市场监管局、保安公司、税务局等部门职责,推动部门业务协同,对涉及企业开办环节的审批及服务流程进

2019年,晋江市开办"一窗通办"服务,图为行政服务中心大厅企业开办专区税务窗口、医社保窗口
(市行政审批中心　供)

行重新梳理，通过材料再精简、流程再优化、环节再整合，实现申请人可在一个窗口提交和接收所有办件。其中，市场监管部门办理企业设立登记压缩至1个工作日以内，公章刻制环节推行在1个工作日以内完成印章刻制，税务部门提供初次申领发票快捷办理服务，优化发票申领程序，发票申领时间压缩至1个工作日以内。

【“互联网+政务”】 2019年，晋江市做好省网办与国家平台对接的准备工作。牵头全市各职能部门，做好本级事项与国家、省级基本目录的关联匹配，确保事项名称、编码、依据、类型等基本要素与基本目录一致，同时开展网上办事大厅事项信息完整性的自查工作，做好问题整改、信息动态更新维护。上线泉州市“互联网+政务服务”一体化行政服务平台，并分期分批组织对窗口部门、各分中心、各乡镇(街道)窗口人员进行一体化平台系统操作培训，推动审批服务水平不断提升。

【便民利民服务】 2019年，晋江市推出开办企业“零费用”和便民“服务礼包”的企业群众办事红利，对新开办企业免费发放一套印章(公章、发票章和法人私章)，免费邮寄营业执照、发票、印章等，免费提供复印等服务，提升企业开办便利度。

【设立非公企业诉求受理窗口】 2019年，晋江市设立非公企业诉求受理窗口，受理非公有制企业和非公有制经济人士投诉咨询和法律维权等，为非公有制企业和非公有制经济人士提供维权服务、政策法规咨询，承担维权诉求的受理、办理、分办、回复、反馈、督办和政策法规咨询。使广大非公有制企业办事能够“找到门”，发展能够“找到路”，解困能够“找到家”，进一步激发市场主体活力。

【自助化服务】 2019年，市行政审批中心开发自助填表终端，在自助服务区配备市场监管部门智能办事终端，组织导办人员做好自助设备功能引导，方便群众自助办理简单事项，提高办事效率。在社保分中心1—8号窗口设置业务自助办理区(包含银行办理区、企业申报区、社保卡自助办理机等自助办理区等)，并配备2名专职人员协助办理，缩短群众等待办事时间，方便群众办理相关业务。

(市行政审批中心　肖志鹏　卓育青)

2019年，市行政审批中心开发自助填表终端。图为晋江市行政服务中心大厅自助填表机

(市行政审批中心　供)

信　访

【网上信访】 2019年，市信访局畅通网上信访服务平台和“晋江信访”微信公众号等渠道，在接访大厅设置网上信访客户端，引导群众通过网上信访反映诉求，变“上访”为“上网”。全年办理电邮1440件，网上信访2789件，占比上升至56.3%，呈“访降网升”局面。规范办理人民网留言，规范业务流程，及时转交网民在人民网地方留言板留言333件，跟踪督促责任单位在规定时限内将受理情况、处理意见书面答复反映人，确保群众诉求“件件有着落，事事有回音”。坚持以群众工作理念为先导，以“事要解决”为核心，有效化解一批初信初访问题，提高群众满意度。2019年，晋江市信访事项及时受理率、按期办结率均达100%，群众对信访机构满意率96.8%，参评率95.6%，对责任单位满意率92.2%，参评率72.1%，各项指标较2018年有提升。

【“强基促稳”专项行动】 2019年，市信访局完善泉州市12345便民服务平台投诉、受理、交办、反馈、跟踪等责任链条，拓展咨询、求助、建言等服务功能，形成民众诉求回应闭环。全年共受理泉州12345便民平台转交办信访件6062件，按时查阅率和按时办结率99.98%，群众满意率98.01%。自5月起，在全市开展“最多投一次”阳光信访工作机制试点，着眼群众满意和一次性办结息诉息访，着力提速增效、优质服务、全程监管，打造“最多投一次”阳光信访主渠道。全年纳入“最多投一次”办理信访事项225件，群众对纳入“最多投一次”信访事项满意率98.6%，推动群众合理合法初次投诉事项一次性及时就地解决。

(市信访局　陈金象　陈嘉凡　曾焕铁)

【信访积案化解】 2019年，市信访局排查梳理历史积案和“四重”攻坚事项，按照“三到位一处理”要求，逐案建立工作台账，逐一落实“五个一”工作机制，依法推动办结化解和息访息诉工作。泉州交办的22件历史积案，全部办结化解，息诉息访17件，办结化解率100%，息诉息访率77.27%；化解重点领域信访事项6件、重点问题6件、重点人员3人。

(市信访局　林春宝　曾焕铁)

【领导接访】 2019年，晋江市坚持做好市党政领导干部接访活动，把民生问题、社会热点难点、信访积案、历史遗留问题等作为领导干部接访重点，面对面听取群众诉求，现场答复和协调解决群众信访事项，解决一批信访疑难问题。建立领导接访件排查分析和实地了解机制，完善市主要领导定期听取接访件办理落实情况汇报机制，做好接访件跟踪回访工作，有效督促信访事项化解。全年共开展138场市领导接访活动，接访群众来访196批次，受理问题196件，其中主要领导接访38件，按时办结率100%。共组织乡镇(街道)和市有关单位主要负责人轮值接听市长专线电话87场，受理问题353件。开通"市长专线直通车"微平台，在《晋江经济报》微信公众号开通"市长专线直通车"微平台，搭建党政群企实时沟通新平台。微平台开通以来，收到各类咨询、投诉和建议1200余条，组织开展10场"专线在现场"活动，现场协调解决民生问题。

（市信访局　王玲莉　陈嘉凡　曾焕铁）

【"民生观察眼"开设】 2019年，市信访局联合晋江电视台开设"民生观察眼"版块，以贴近市委、市政府中心工作，贴近群众，贴近生活为宗旨，围绕全市重点工作、民生项目、城市治理等为观察主线，邀请人大代表、政协委员、热心群众，以群众立场和视角，通过实地走访观察、座谈等方式，提意见、谈想法，群众现场问政，部门当场解答。全年围绕"走进全民健身中心""提升公交服务""探秘食品安全便民亭""问诊市区停车""聚焦农村污水""走访嵌入式养老机构"等，举行8场"民生观察眼"活动。

（市信访局　陈嘉凡　曾焕铁）

【评理调解室组建】 2019年，市信访局弘扬新时代"枫桥经验"，创新社会治理方式，对照"七有"(有牌子、有场所、有设备、有制度、有流程图、有台账、有评理员人才库)标准，推进市、镇(街道)、村(社区)三级建立评理调解室建设，共组建评理室401个，其中市级1个、镇街19个、村社381个。健全"访调对接"机制，实行"小事村里评、大事镇里评、难事市里评"分级评理制度，2019年开展评理299件，有效化解287件。

2019年7月23日，市信访局到池店桥南海丝景城开展信访法规宣传活动

（市信访局　供）

【信访事项专案评审】 2019年，市信访局落实重点信访事项领导包案挂点制度，推动信访个案的化解，信访人员稳控，信访问题全面化解。组织"两代表一委员"、市直职能部门人员、律师等组成评审组，对6件信访事项进行专案评审，摸清案件实情，找出争议症结，依法依规按政策对信访事项提出评审意见和化解方案，并抓好落实，力争做到"案结、事了、人和"。

【信访事项复查】 2019年，市信访局发挥程序平台作用，加强办理单位的实体作用，完善复查工作流程，提高信访复核质量。全年共办理信访复查40件，依法保障信访人的基本权利。

（市信访局　林春宝　曾焕铁）

【涉黑涉恶线索收集报送】 2019年，市信访局完善扫黑除恶专项斗争涉黑涉恶线索摸排收集报送工作机制。对扫黑除恶斗争工作进行再安排、再部署，以群众信访问题的线索摸排为切入点，继续实行每月和重大情况随时排查报告制度和会商研判机制，加强排查、严密甄别，及时、准确移送涉黑涉恶问题线索，推动扫黑除恶斗争向纵深推进。2019年共排查移交涉黑涉恶线索信访件16件。

（市信访局　杨青秒　曾焕铁）

【依法分类处理投诉请求】 2019年，市信访局建立沟通顺畅的联络反馈机制，对导入法定途径的诉求，由信访部门与职能部门做好衔接和跟踪督促，确保有人接、有人管、有人办。全年共办理法定途径分类处理信访投诉请求事项245件。

（市信访局　陈全象　曾焕铁）

【信访业务培训和法规宣传】 2019年11月，晋江市举办全市信访业务培训，围绕"评理调解室"建设、泉州市12345便民服务平台办理、"最多投一次"信访工作等进行专题培训，继续推行信访业务人员跟班学习，指导具体经办人员掌握省信访信息系统操作流程及工作规范，提升基层信访业务能力。履行普法责任，开展"信访法规宣传月"，引导信访人依法理性表达诉求，正确认识信访权利和实现权益的途径。联合多部门走进青阳街道阳光广场、罗山街道百宏雅苑、池店镇桥南海丝景城、行政服务中心等开展信访法规宣传，现场宣传信访法规、网上信访，分发《信访条例》、"路线图"等各类宣传材料。

（市信访局　骆雅云　曾焕铁）

应急管理

【概况】 2019年，市应急管理局全面承接开展森林防火、地质灾害、应急救援、防灾减灾等11项应急管理新职能、新任务，邀请省、泉州市专家开展业务指导培训，加强7个新组建应急管理业务科室能力建设，确保职责清晰、分工明确。修订值班值守制度，明确上传下达、应急处置等程序，接入消防大队火情信息短信平台，全面掌握全市应急救援行动信息动态。

【应急预案完善】 2019年，晋江市修订全市突发事件、自然灾害等各类应急预案，统筹指导各相关部门修订完善各类生产安全事故应急预案，运用“智慧安监”平台，实行信息化管理。突出实战化，统筹开展全市性应急演练活动，指导防汛抗旱、学校安全、机场安全、卫生医疗等应急演练活动，举办政企联动应急演练628场次，参演人数近45万人次。

【应急能力建设】 2019年，晋江市启动全市应急物资、设备、队伍等力量调查统计，分批次对基层安监员、镇级义务消防中队、村级巡逻队、重点企事业单位开展应急处置和救护技能培训，指导成立蓝天救援队、义务救援协会等民间救援力量。提升改造市级救灾物资储备库，完成456处市镇村三级避灾点物资补充工作。超额完成地震预警终端建设任务指标，实行村(社区)、公办学校全覆盖。进学校、进企业、进社区，开展群防群治应急知识普及行动，提升全社会自防自救能力。

(市应急管理局　陈文水　连凯华)

为民办实事

【概况】 2019年，晋江市委、市政府确定29件为民办实事项目，年度投资7.17亿元，涉及公共配套、城市管理、教育医疗、关爱老妇幼、精准帮扶等多个领域。各承办单位高度重视、密切配合，按照年度目标任务要求，办好实事项目。

【“一门式”行政服务】 2019年，晋江行政服务中心完成大厅二次装修、智能化系统工程财审，进行大厅施工图审图和智能化系统工程招标，2020年1月全面动工建设，累计完成投资400万元。2020年继续列入为民办实事项目推进。

【个体工商户营业执照“自助登记打照机”】 2019年，晋江市完成18台个体工商户营业执照“自助登记打照机”安装并投入运行，2个24小时自助服务点投入运行。累计完成投资144万元。

【3个机械停车库建设】 2019年，晋江市交警大队旁停车库完成设备定制，正进行承台施工、焊接地脚螺栓；帝豪广场、金山大厦旁停车库正进行基础施工、设备定制。累计完成投资1675万元。

【住宅小区居民二次供水“一户一表”改造】 2019年，晋江市共改造15027户住宅小区居民二次供水“一户一表”。累计完成投资4730万元。

【升级城市智慧安防大数据系统】 2019年，晋江市完成人像大数据系统建设，安装650路智能识别卡口，投入运行。累计完成投资1199万元。

【“晋江市放心肉菜示范超市”】 2019年，晋江市完成大润发湖光路店、大润发安海店、沃尔玛SM店、永辉池店百捷广场店、永辉陈埭吾悦广场店等5家“放心肉菜示范超市”建设并投入运行。累计完成投资50万元。

【提升公交服务】 2019年6月1日，晋江市取消空调加收费用。开通4条定制公交线路，即五里开发区电商园至万业汇商业广场、金井公交站至福能晋南热电公司、竹园小区至高铁指挥部、晋江市医院至市医院经济开发区分院；20座公交候车亭全部完成修缮，1000个公交临时站牌全部安装完成。累计完成投资520万元。

【道路安全畅通建设】 2019年，晋江市完成50千米农村公路生命防护工程，进入组织竣工验收阶段；10处交通事故多发点段全部完成整改。累计完成投资703.6万元。

【中小学生健康体检项目】 2019年，晋江市共完成全市264652名中小学学生健康体检，体检项目包括内外科、眼科、口腔、生理功能、结核菌素等。累计投入资金384.2万元。

【小学课后延时服务试点】 2019年，晋江市确定30个试点学校实施课后延时服务，共开设课后延时服务班198个，参与学生9508人。累计投入资金274.1万元。

【儿童之家四点钟学校】 2019年，晋江市建设5个儿童之家四点钟学校(安踏鞋业公司一厂、远祥服装织造公司、三福纺织公司、紫帽镇、内坑前洪村)全部开班。累计完成投资50万元。

【新改建公办幼儿园】 2019年，晋江市10所公办幼儿园均开工建设。其中：梅岭中航城许厝幼儿园主体完工，交付验收；灵源灵水中心幼儿园林口分园正进行二次装修；新塘沙塘中心幼儿园梧林分园、安海淑惠中心幼儿园、第五实验幼儿园完成主体封顶；陈埭群德幼儿园正进行主体施工；深沪第二中心幼儿园、池店当代万国城配套幼儿园、东石潘径实验幼儿园、罗山罗裳幼儿园进行基础施工。累计完成投资8395万元。

【卫生应急保障体系建设】 2019年，晋江市体育中心、全民健身中心、报业大厦、五店市、行政服务中心、机场、长途汽车站、泉州职业技术大学、晋江一中、足球公园等10个“安心场所”均完成AED(自动体外除颤仪)等设备安装；建立紧急医学救援队、突发急性传染病防控队、突发中毒事件卫生应急处置队、核和辐射事故卫生应急救援队、心理干预队等5支市级应急队伍77人；组织急救技能培训22场，参加培训700余人。累计投入资金300万元。

【村居新时代文明实践站】 2019年，晋江市37个新时代文明实践基层所站基本完成建设。累计完成投资1007.6万元。

【乡村记忆乡村文化项目】 2019年，晋江市确定15个村（社区）建设乡村记忆乡村文化项目，其中：10个村（社区）完成建设，剩余5个村（社区）进入扫尾阶段。累计完成投资250万元。

【村(社区)综合文化服务中心】 2019年，晋江市确定25个村（社区）建设综合文化服务中心，其中：20个村（社区）完成建设，剩余5个村（社区）进入工程扫尾阶段。累计完成投资500万元。

【基层体育设施】 2019年，晋江市完成新建或改建篮球场16个，健身路径24条，笼式足球场2个，门球场、乒乓球室、健身苑各1个。累计完成投资450万元。

【文艺精品百场公益性演出】 2019年，晋江市累计完成“大美晋江”惠民舞台演出31场、戏剧精品基层公益性演出89场（其中高甲45场、木偶44场）。累计投入资金498万元。

【老年文艺走基层活动】 2019年，晋江市共演出42场次（全年任务40场次），观看演出群众3万多人次，完成“新时代文明实践·老年文艺走基层”活动微视频拍摄。累计投入资金80万元。

【“四帮四扶”工程】 2019年，晋江市帮安居：共108户，均动工或完成；帮就医：共134户，完成294.9万元就医补助资金拨付；帮就学：完成508名帮就学对象181.3万元资金拨付；帮就业：共2户，均就业或自主创业。累计投入资金1377万元。

【嵌入式小型养老机构试点】 2019年，晋江市完成西滨镇（文体中心）、紫帽镇（霞茂山庄）、梅岭街道许厝社区（融泉花都）、灵源街道（张前）、青阳街道（高阳）等5个嵌入式小型养老机构（养老照料中心）建设并投入运营。累计完成投资300万元。

2019年6月12日，围头村通过晋江市“乡村记忆乡村文化”项目验收 （市委党史方志室 供）

【残疾人帮扶工程】 2019年，晋江市完成1232户“一户多残”家庭2656人生活补贴发放，共发放补贴186.51万元；完成618名困难残疾人补助金发放，投入资金61.8万元；完成残疾儿童康复机构室外康复活动场所建设并投用。累计完成投资261.4万元。

【妇女援助中心】 2019年，晋江市完成青阳永福里、梅岭梅青、西园官前、罗山许坑、新塘湖格、安海曾埭、磁灶苏垵、东石萧下、安踏公司、龙湖等10个妇女援助点建设并投入使用。累计完成投资120万元。

【“计生特殊家庭”关爱行动】 2019年，晋江市完成符合条件对象审核、缴费，累计审核通过9007人，缴费1149.5万元，完成年度计划114.03%。

【到晋江务工人员医疗互助活动】 2019年，累计有71309名到晋江务工人员参加职工医疗互助活动，共补助177.36万元，完成年度计划101.4%。

【“全民动手 美化晋江”活动】 2019年，晋江市确定36个示范村开展人居环境整治，策划生成农村人居环境整治项目1181个，正持续推进中；30条“五彩色带”景观林完成苗木种植，现进入管护阶段；完成200个乡村微景观建设。累计完成投资3600万元。

【晋江南岸湿地公园（二期）】 2019年，晋江市完成田安大桥至晋江大桥绿化面积30万平方米、2千米长的透水混凝土慢行道铺设、溜石塔公园改造以及雨水花园、驿站、公厕、停车场等配套设施建设，项目基本完工并局部开放。累计完成投资2.5亿元。

【“厕所革命”】 2019年，晋江市共开工建设215座城镇公厕（全年任务100座），完工102座，基本完工41座。累计完成投资3500万元。

【生活垃圾分类试点】 2019年，晋江市19个试点村（社区）均完成分类垃圾桶采购、设置及宣传制品上墙等工作，各试点学校持续开展垃圾分类宣传教育工作。累计完成投资311万元。

（市委办 市政府办）

政协晋江市委员会

重要会议

【政协十三届四次会议】 2019年12月23—26日，中国人民政治协商会议第十三届晋江市委员会第四次会议召开。会议听取和审议中国人民政治协商会议第十三届晋江市委员会常务委员会工作报告，听取和审议中国人民政治协商会议第十三届晋江市委员会常务委员会关于十三届三次会议以来提案工作情况的报告，书面听取中国人民政治协商会议第十三届晋江市委员会各专委会工作报告，听取重点提案主办单位代表发言，举行大会发言，听取并讨论晋江市人民法院工作通报和晋江市人民检察院工作通报，列席晋江市第十七届人民代表大会第四次会议的有关议程并听取和讨论晋江市人民政府工作报告、计划报告、预算报告，补选中国人民政治协商会议第十三届晋江市委员会主席、常务委员，听取中国人民政治协商会议第十三届晋江市委员会关于十三届四次会议提案初审情况的报告，审议通过中国人民政治协商会议第十三届晋江市委员会第四次会议决议。泉州市委常委、晋江市委书记刘文儒在开幕会上讲话。会议选举许宏程为政协第十三届晋江市委员会主席，丁玉梅、张榕为常务委员。

【政协常委会会议】 2019年3月19日下午，市政协主席林仁达主持召开十三届晋江市政协常委会第十二次会议，传达学习全国、省、泉州市政协全会和晋江市委2019年工作会议精神，听取市纪委监委关于党风廉政建设和反腐败工作、市委政法委关于平安建设情况通报，审议修订后的政协晋江市委员会全体会议工作规则、常务委员会工作规则和委员履职量化考评管理规定，审议委员履职工作规则、市政协常委会2019年工作要点，部署2019年重点工作。会议要求，要在学习贯彻习近平新时代中国特色社会主义思想中凝聚共识，加强思想政治引领，跟进学、持续学，做到学思用贯通、知信行统一。要在贯彻各级政协全会精神中凝聚共识，务必统一思想认识，把新精神、新要求切实贯穿到政协工作的全过程、各方面。要在落实市委决策部署中凝聚共识，坚持建言资政和凝聚共识双向发力，紧扣“三大战略”“三大任务”的决策部署，主动作为、务实建言，围绕“三大任务冲刺年”“城乡环境整治攻坚年”“六大重点工作”，深入调研、精准献策。

6月27日下午，市政协主席林仁达主持召开十三届晋江市政协常委会第十三次会议，传达学习全国地方政协工作经验交流会、2019年晋江市企业创新发展大会精神，围绕“加强基层卫技人员队伍建设”专题议政协商，通过有关事项。会议要求，全市政协各参加单位、联络组、广大政协委员要认真学习贯彻全国地方政协工作经验交流会、2019年晋江市企业创新发展大会精神，认真学习借鉴各地政协工作的特色亮点及成功经验，紧扣中心履职尽责，以高质量履职服务高质量发展。要组织开展庆祝中华人民共和国和人民政协成立70周年系列活动，把加强思想政治引领、广泛凝聚共识贯穿于系列庆祝活动始终；全市政协各参加单位、联络组、政协委员要高度重视，积极参与，确保各项活动扎实有序开展，促进委员素质提升，展现委员风采。要确保完成好年度各项工作，紧盯目标任务，周密安排部署，把握时间节点，抓紧抓实年度重点协商监督课题，力求形成一批站位高、思考深、分析透、对策准的建言成果。

9月26日上午，市政协主席林仁达主持召开十三届晋江市政协常委会第十四次会议，传达学习上级会议和讲话精神，并召开议政性常委会，围绕2019年度重点提案议政建言。会议要求，要发挥好专门协商机构作用，贯彻落实全省、泉州市县政协主席工作座谈会部署，提高政治协商、民主监督、参政议政水平，推进政协工作提质增效。要围绕全市中心工作，发挥政协优势和作用，积极拓展工作载体和渠道，持续推进专委会、界别、联络组活动，为传承发展“晋江经验”、全力加快国际化创新型品质城市建设贡献智慧和力量。会议强调，要认真贯彻新时代党的建设工作新要求，进一步加强政协系统党建工作，加强党对政协工作的领导，把党的建设摆在首要位置，加强理论武装，不断深化“两个全覆盖”，持续改进工作作风，全面提高政协履职能力和水平。

12月16日下午，市政协主席林仁达主持召开十三届晋江市政协常委会第十五次会议，传达学习中共十九届四中全会、福建省委十届九次全会、泉州市委十二届十次全会、晋江市十三届党代会四次会议精神以及省委、泉州市委政协工作会议精神，审议通过市政协十三届四次会议有关文件，协商通过市政协专委会设置、有关人事事项，通报十三届市政协常委2019年度履职情况和委员履职量化考评情况。会议要求，把深入贯彻各级党委政协工作会议精神，与贯彻落实中共十九届四中全会精神结合起来，与贯彻落实《中共中央关于新时代加强和改进人民政协工作的意见》结合起来，与晋江市政协工作实际结合起来，准确把握新方位新使命，把加强思想政治引领、广泛凝聚共识作为中心环节，更好担负起把各级决策部署和对人民政协工作要求落实下去、把社会各界人士力量凝聚起来的政治责任。要认真贯彻各级重要会议精神，紧扣"三大任务决胜年""城乡环境整治深化年""县域治理效能提升年"活动和"六大重点工作"广聚良策，为在决胜三大任务中谱写"晋江经验"新篇章贡献智慧和力量。

12月23日下午，市政协主席林仁达主持召开十三届晋江市政协常委会第十六次会议，协商通过有关人事事项。

【政协主席会议】 2019年，市政协共召开主席会议14次。传达学习中共中央总书记习近平在参加十三届全国人大二次会议福建代表团审议时的重要讲话精神、《人民日报》《求是》杂志等刊发的习近平总书记重要文章，各级党委全会、政协全会、政协工作会议、纪委全会等会议精神，听取民主生活会、履职报告和委员履职量化考评等情况通报，审议有关文件和人事事项，研究讨论市政协每月重点工作，部署推进市政协机关精神文明建设、党建、提案办理、委员管理服务、信息宣传等工作。

参政议政与民主协商

【概况】 2019年，市政协及其常委会以习近平新时代中国特色社会主义思想为指导，坚持把牢人民政协新方位新使命，在建言资政和凝聚共识两方面双向发力，聚焦全市中心任务议政建言、紧扣民生实事协商监督，举行议政性常委会2次，市委、市政府与市政协专题协商2次；开展提案办理协商、对口协商等8次，调研视察39场次，委员履职3200多人次，为全力加快国际化创新型品质城市建设、传承创新发展"晋江经验"贡献智慧和力量。市政协党组发挥领导核心作用，多项工作得到上级肯定。全国政协副主席刘奇葆对市委保障政协处于"四个第一线"（凝心聚力第一线、决策咨询第一线、协商民主第一线、国家治理第一线）的做法予以肯定并作出指导。省政协主席崔玉英走访市政协机关，对政协工作予以批示肯定。泉州市委常委、晋江市委书记刘文儒作为全省县级党委唯一代表，先后在全国地方政协工作调研座谈会和省委政协工作会议上发言，得到全国政协和省政协领导充分肯定。市政府市长张文贤作为全省唯一地方政府代表，在省政协首次远程协商会上介绍有关工作。市政协作为全省唯一县级代表参加全国地方政协工作经验交流会，"坚持双向发力、展现一线作为"的经验做法在全省市县政协工作座谈会上交流。《人民政协报》、人民政协网等主流媒体先后推出委员素质提升、热心公益慈善、助推实体经济发展等报道60多篇。

【集成改革协商议政】 2019年，市政协紧抓事关改革活力、发展动力的关键问题，深入协商，积极建言。聚焦提升空间利用效率，落实市委点题"盘活闲置土地废旧厂房，提升老旧工业园区"，召开市委与市政协专题协商会，并持续跟踪督促。在泉州市委与市政协专题协商会上做"改造提升老旧工业园区，增强发展后劲"的发言。聚焦稳固实业根基，督办"大力培育'专精特新'企业，促进实体经济高质量发展"1号重点提案，配合省政协开展制造业高质量发展调研。聚焦"放管服"改革，开展"优化行政审批服务，助力打造一流营商环境"考察监督。聚焦基层治理体系建设，围绕"加强村级社会组织建设，提高农村治理能力"开展专项监督。开展"创新治理模式，提升小区管理服务水平"专题考察，配合省政协开展"构建多元化纠纷调解机制"调研，助力构建立体化"大调解"格局。

【赛事筹办协商集智】 2019年，市政协紧扣办好重大赛事，持续关注，献计出力。着眼赛事筹办，召开市政府与市政协"提升城市服务保障水平，确保世中运顺利举办"专题协商会。着眼食品安全，从溯源关注食品安全，开展"加强食品安全监管"提案办理"回头看"。着眼场馆建设，组织泉州市政协委员晋江小组、"委员问政团"考察体育场馆。

【全面小康建设协商建言】 2019年，市政协紧贴冲刺更高水平全面小康，组织系列履职活动。关注医疗保障，

2019年9月20日，市政协委员调研陈埭镇阿梅中心幼儿园　　（市政协　供）

组织调研“促进民办医疗机构健康发展”，召开议政性常委会，就“加强基层卫技人员队伍建设”议题提出16条建议。关注美丽乡村建设，开展“加快农村污水治理，推进环境整治攻坚”2号重点提案督办。关注教育提升，督办“推动学前教育优质均衡发展，进一步提高保教质量”3号重点提案。配合泉州市政府、市政协开展“实施乡村振兴战略”和“加强传统村落文化遗产保护利用”调研，建言乡村发展。联合泉州市政协调研学前教育，配合省政协开展“产教融合政策落实情况”民主监督。

平台建设

【新型政党制度实践平台】 2019年，市政协发挥人民政协作为实行新型政党制度重要政治形式和组织形式作用，完善履职保障，健全政协全会大会发言、常委会重点发言、党派团体提案办理机制，为党派团体在政协履职创造条件。加强联系互动，坚持市政协领导、专委会联系党派团体机制，定期走访，主动征求意见，发挥党派团体智力资源优势。邀请党派团体开展联合调研、协商议政、考察监督，密切合作共事。十三届三次会议以来，党派团体共提交集体提案103件，占比31.1%，提出的意见建议很多转化为党政部门的政策和举措。

【团结联谊活动平台】 2019年，市政协广泛汇聚团结奋斗的正能量，助力回归创业，加强同党外知识分子、非公有制经济人士、新的社会阶层人士的沟通联络，密切与异地商会的联系交流，广泛宣传推介，主动牵线搭桥，发动各级晋江籍委员积极参与上海、深圳、澳门等招商推介，促成一批项目回归。密切团结联谊，加强与港澳台同胞的联系沟通，支持港澳委员发挥双重积极作用，组织香港、澳门联络组考察建言高铁新区、福大晋江科教园区等项目建设，配合全国政协开展港澳台侨企业发展专题调研。围绕“发挥宗教文化作用，助推晋台民间交流”开展协商，建言举办交流论坛、建立晋台宗教信仰文化旅游区、拓宽正面影响等。连续3年组织参与台胞台属赴台探亲，助力打造台胞台企登陆第一家园。凝聚侨心侨力，拓宽与海外侨胞和社团的交流渠道，邀请海外侨胞代表、社团负责人参加政协活动，开展“充分发挥晋江市侨力资源优势，助力晋江经济发展”协商。

【委员履职平台】 2019年，市政协全面推进“界别活动月”和“委员活动日”，把界别代表性、委员专业性和群众广泛性结合起来，提升履职成效。勤下基层解民忧，深入开展文化服务、科普巡讲、聚力攻坚“大民政”工作、助推文明城市建设；善听民意纾民困，聚焦乡村产业振兴、开展“人居环境整治提升”考察监督、调研地方特色文化；多办实事暖民心，紧扣农村污水和景观提升难题，深入扶贫济困、结对帮扶、捐资助学。

【提案协商平台】 2019年，市政协坚持“围绕中心、服务大局、提高质量、讲求实效”的提案工作方针，聚力“提高提案质量”方向，聚焦“增强办理实效”目标，加强制度保障，创新工作方式，围绕“提得准、审得严、办得好、督得实”，完善履职链条，打造工作闭环，构筑多方合力格局，推动提案工作提质增效。市政协十三届三次会议以来，共提交提案448件，经审查立案331件(其中并案处理170件，合并为218号)，立案率73.88%。在立案的提案中，集体提案115件，占34.74%；委员提案216件，占65.26%。其中，经济建设方面94件，占28.40%；政治建设方面12件，占3.62%；文化建设方面42件，占12.69%；社会建设方面159件，占48.04%；生态文明建设方面24件，占7.25%。立案的提案交由55个主办单位、73个协办单位办理，截至6月15日全部办复。提案者对提案办理情况表示满意的有330件，满意率99.7%；表示基本满意的1件，基本满意率0.3%。

专委会和委员工作

【专委会基础作用发挥】 2019年，市政协优化8个专委会设置，发挥优势特色，做专做实做深专委会工作。发挥“专”的优势，提案委树立质量导向，完善预审、联审、终审流程，推进重点提案培育、双向评价等工作，提案提质控量成效明显。社会和法制委员会围绕“强基促稳”、基层治理等做好宣传政策、解疑释惑、理顺情绪、维护稳定工作。民宗委发挥少数民族、宗教界委员作用，组织“心手相连”少数民族村义诊，考察宗教文化。提升“专”的品质，经科委聚焦产业金融、实体经济等建言发力，“打造泉州国际院士港”等调研报告在泉州市政协十二届三次会议交流。文教卫体委持续关注赛事筹办、民生实事，建言特色文物资源利用、校园食品安全。突显“专”的特色，文史委编撰《政协情　晋江心》，以政协故事、履职感言讲述各级各届政协委员风采。联络委加强和改进联谊联络工作水平，有关做法在省政协港澳台侨外事工作座谈会交流。

【委员服务保障】 2019年，市政协加强委员履职服务管理，加强委员责任担当。抓规范促履职，制订委员履职工作规则，实行常委提交年度履职报告，修订委员履职量化考评管理规定，开展履职得分低位提醒，定期通报委员履职情况。抓素质促提升，开展委员参加会议、学习培训、考察调研、协商监督、提交提案或反映社情民意信息、界别或联络组活动“六个一”(撰写一份提案、反映一条社情民意、参加一次调研、办一件实事、献一份爱心、联系一个基层单位)履职考评。抓服务促保障，加强委员履职活动的统筹谋划，定期开展“访委员、走企业、建真言”活动，不断加强协商会议、调研考察、联络组和界别建设的服务保障，做好特约监察员、民主监督员推荐工作，为委员履职尽责创造更好条件。

(市政协　王健涛　李清泉　蔡阿炳)

综 述

【概况】 2019年，晋江市纪委监委坚持稳中求进工作总基调，自觉践行初心使命，忠实履行党章和宪法赋予的职责，按照省委“五抓五看”(落实主体责任看有没有抓加强教育，看有没有抓制度建设，看有没有抓“一把手”，看有没有抓查处，看有没有抓部署、检查、落实)、“八个坚定不移”(坚定不移维护核心，坚定不移学习贯彻习近平新时代中国特色社会主义思想，坚定不移落实党中央决策部署，坚定不移正风肃纪，坚定不移反对腐败，坚定不移加强党内监督，坚定不移深化监察体制改革，坚定不移紧抓“关键少数”)要求，深化实践“五抓五重”(抓日常监督，重在落实抓早抓小；抓审查调查，重在加强自办案件；抓责任追究，重在做到失责必问；抓标本兼治，重在推动建章立制；抓自身建设，重在坚持严管厚爱)，各项工作坚定稳妥、扎实有效，呈现高质量发展的良好态势。深入开展“不忘初心、牢记使命”主题教育，在真学、真懂、真信、真用上下功夫，把学习教育、调查研究、检视问题、整改落实贯穿主题教育全过程，坚持边学边查边改，抓实全系统思想政治建设和机关党建工作，推动纪检监察干部在思想上、政治上、作风上实现新提升。贯彻落实中央纪委国家监委、省纪委监委纪检监察干部监督工作培训班精神，组织全市纪检监察干部开展检视自查，撰写对照检查材料。严格执行《监督执纪工作规则》《监督执法工作规定》和“六带头、六严禁”行为规范，完善内控机制，组织基层纪委内部保密专项检查，对遵守工作纪律情况开展明察暗访。注重掌握干部“八小时以外”情况，常态化开展分级家访228人次，开展交心谈心389人次。坚持严管厚爱、严管严治，认真查办纪检监察干部信访件，办结信访件7件，坚决防止“灯下黑”。

【纪检监察组织建设】 2019年，市纪委监委紧跟党和国家机构改革步伐，科学调整市直派驻机构监督单位范围、赋予相应监察权，向镇(街道)、经济开发区派出20个监察组。完善片区协作机制，全市建立8个协作组，整合力量统筹开展专项检查、交叉监督、协作办案等。推行乡镇纪委“五统一”(对乡镇纪检监察干部统一调配使用、统一考核待遇、统一硬件配备、统一经费保障、统一工作标准)，完善“乡镇纪委+村级纪检委员+村务监督委员会”的监督链，组建395名村级纪检委员+570名党风廉政监督员、指导员的村级监督队伍，全市村级纪检组织共开展监督检查3112次，发现并推动整改问题954个，开展村级党员干部廉政谈心谈话1944人次，基层监督从“有形”向“有效”稳步推进。加强常态化学习调研培训，举办业务培训和知识测试14场1964人次，实现培训全覆盖。规范内部流程，编制《基层纪委监督执纪工作手册》，加强对基层业务指导。采取交流任职、上挂下派、以案代训等形式，选派干部到上级跟班学习、参与巡察、审查调查118人次，到乡镇纪委挂职5人，到“奋蹄马”治理转化村任职2人。开展每季度“请上来”和半年“路演”活动，提升纪检监察干部综合能力。

【“三不”机制构建】 2019年，市纪委

2019年11月16日，晋江市纪委监委在梅岭街道开展“一镇一孝廉”创建活动

(市纪委监委 供)

监委加强警示教育，组织市四套班子成员和市直单位、镇(街道)党政正职到泉州监狱开展警示教育，分批次组织村干部3300余人参与“不忘初心•廉洁履职”主题教育活动，组织旁听案件庭审4批次、430人次，加强不敢腐的震慑。落实案后整改，推进标本兼治，下发纪律检查建议书和监察建议书10份，推动相关部门加强廉政风险防范，堵塞制度漏洞，扎牢不能腐的笼子。深入挖掘廉洁文化资源，开展“一镇一孝廉”创建活动，编写《晋江清官廉吏故事》读本，摄制“江南第一清官施世纶”等专题片，举办“家风书场”系列活动，推动党风政风民风向好向善，增强不想腐的自觉。

预防和惩治腐败

【“四风”整治】 2019年，市纪委监委严肃查处顶风违纪和“四风”隐形变异问题，完善“1+X”专项督查联动机制，综合运用专项检查、随机抽查、交叉互检等方式，紧抓不放、寸步不让。全市查处违反中央八项规定精神问题15起，给予党纪处分15人，诫勉谈话4人，书面诫勉1人，通报批评2人，通报曝光4批9起。保持惩治腐败高压态势。聚焦“三类人”以及工程建设、涉黑涉恶、生态环境、行政执法等重点领域，查处一批典型案件，形成持续震慑效应。全年全市纪检监察机关共接收检控类初次举报331件，立案311件320人，其中乡科级干部20人，给予党纪处分296人次，政务处分29人次，双重处分13人次。建立健全与公检法机关的沟通配合机制，受理公检法机关移送的党员和公职人员违法案件130件。依法依规留置1人，从立案调查到移送审查起诉用时仅9天，案件质效稳步提升。

【专项治理扶贫领域腐败和作风问题】 2019年，市纪委监委紧盯主体责任、扶贫政策、项目资金三个方面，坚持清单化管理、入户访查、联合监督检查、“最后一公里”专项督查、“三个一批”直查快办等有效做法，共组织入户访查和巡回接访275次、576人，发现问题5个，立案审查1人，给予诫勉谈话1人、通报批评3人。

【专项治理民生领域突出问题】 2019年，市纪委监委聚焦群众痛点难点焦点，围绕教育医疗、生态环境保护、食品药品安全、民生资金监管、农村集体“三资”管理、征地拆迁等领域，推动相关职能部门顺着政策走向和资金流向直追末梢，深入开展重点抽查和精准督查，查处湿地保护、农业贷款贴息等领域问题线索5条，对5名相关责任人员作出处理，其中给予党纪处分5人、移送司法处理1人。

【专项治理涉黑涉恶腐败】 2019年，市纪委监委严格落实问题线索双向移送反馈、重要案件同步立案调查、案件会商研判、信息通报、沟通联系等5项协作机制，深入排查公安机关通报的17起涉黑涉恶团伙案件、破坏生态环境案件，严查背后“保护伞”“关系网”。上报涉黑涉恶问题线索3件3人，立案2件2人，其中“保护伞”问题1件1人、失职失责问题1件1人。

【专项治理移风易俗】 2019年，市纪委监委督促党员干部和公职人员带头移风易俗，督促各单位特别是各镇(街道)党(工)委履行主体责任，深挖严查隐形变异问题，防止歪风陋习反弹回潮。全市查处违规操办婚丧喜庆事宜问题7起8人，给予党纪政务处分7人，通报曝光3批6人，增强群众在全面从严治党中的获得感。

巡察监督

【政治巡察全覆盖】 2019年，市纪委监委加快建设与全覆盖相匹配的制度体系，制订市委巡察机构与纪检监察机关工作协调机制、巡察档案管理办法等制度文件8份。加强全覆盖力量保障，增配巡察机构编制14个，成立3个常设巡察组、1个巡察保障中心，更新巡察工作人才库292人。探索全覆盖有效路径，加强上下联动，开展3轮6批次常规巡察、1批次扫黑除恶专项巡察，配合泉州开展交叉巡察、上下联动巡察各1次，巡察50个单位、343个村(社区)党组织，覆盖率82.3%，实现村级党组织、国有企业巡察全覆盖，发现“四个落实”(落实党的路线方针政策、党中央重大决策部署和省委、泉州市委、晋江市委工作要求情况，落实全面从严治党战略部署情况，落实新时代党的组织路线情况，落实巡视巡察、审计、主题教育整改情况)不到位问题5418个、移交问题线索71条。

【村级巡察】 2019年，市纪委监委探索实践“重点村直接巡、上下联动同步巡、市镇联合交叉巡、专项巡察延伸巡”四种模式，制订《村级巡察监督要点清单》，推行“四必”工作法(镇干部、村民代表、小学校长等10类重点人必谈；贫困户、低保户等6类弱势群体必访；财务账册、会议记录等2类材料必查；为民办实事、“两违”整治等3类项目必看)和“一镇一报告、一村一清单”，发现村级党组织软弱涣散、群众身边不正之风和腐败等问题4705个、问题线索40条，相关经验做法在中央纪委《华东之窗》网站刊发，并写入《泉州市推进巡察向村级党组织延伸指导意见(试行)》。

【巡察成果综合运用】 2019年，市纪委监委推动巡视巡察整改与主题教育贯通融合，将整改情况纳入对照检查内容，巩固整改成效。推动巡察整改与日常监督相结合，出台“四跟进一报告”制度，建立小城镇整改落实“双督导”(针对泉州市委巡察反馈问题整改落实，泉州市委巡察机构、晋江市委巡察办同时进行督导)机制，推动整改常态长效。探索“点题整改、带题监督”模式，完善“三方会审、三级联审、三维评估”(市纪委监委、市委巡察办、巡察组集中会审，与被巡察党组织领导、党员干部、群众或服务管理对象个别谈话摸清总体成效，先后由市委巡察组、巡察办、巡察工作领导小组对整改报告进行“初审、复审、终审”)机制，严把巡察整改质量关，督促被巡察党组织真改实改，全年督促问题整改4064个，到期整改率98.7%，推动建章立制626项，挽回经济损失2亿元。印发村级巡察、扫黑除恶专项巡察发现共性问题34个，向有关职能部门提出建议6条，推动健全完善国有资产管理、购买服务等方面制度5项。

党风廉政建设

2019年3月1日，纪检监察干部下沉一线开展督查　　（市纪委监委　供）

【政治监督】 2019年，晋江市坚持以党的政治建设为统领，牢牢把握“两个维护”根本政治任务，扎实推进政治监督具体化、常态化。扛起“两个维护”政治责任。加强对践行“四个意识”、贯彻党章和其他党内法规、遵守政治纪律和政治规矩、执行党的路线方针政策和重大决策部署等情况的监督，将贯彻落实习近平总书记重要指示批示精神作为监督的重要内容，督促各级党组织和广大党员干部改作风、勇担当、抓落实，把“两个维护”落实在实际行动上。协助党委推进全面从严治党，督促整改上级主体责任检查交办问题17个，诫勉4人，推动“两个责任”落实，做到守土有责、守土尽责。破除形式主义、官僚主义。把整治形式主义、官僚主义作为一项重要政治任务，协助市委出台《晋江市集中整治形式主义、官僚主义实施方案》，聚焦六方面18类重点整治问题，深入开展集中整治。把形式主义、官僚主义问题作为执纪问责重点，全市查处形式主义、官僚主义问题7起，给予党纪处分2人，组织处理10人，通报曝光1起1人。围绕中心、服务大局。自觉把纪检监察工作放在市委工作大局中统筹谋划、部署推进，做到党委重大决策部署到哪里、监督检查就跟进到哪里。围绕市委“强基促稳”三年行动，推进“打通‘末梢神经’监督全覆盖”和“纪检监察服务基层化解矛盾”2项任务，推动问题解决在基层、化解在基层。加强一线纪律监督，重点对生态环保、减税降费、扫黑除恶、农村生活污水处理工程建设等开展监督检查，发现各类问题204个，对13名干部实施问责，推动党中央决策部署和市委工作要求落地落实。

【日常监督】 2019年，市纪委监委坚持把精准思维贯穿到监督全过程，完善监督机制，创新监督手段，让监督常在、形成常态，不断提高监督效能。贯通运用监督执纪“四种形态”。聚焦“四个深化”，深入开展约谈函询和经常性谈心谈话，对苗头性、倾向性问题及时咬耳扯袖、抓早抓小，最大限度防止干部出问题。全市运用“四种形态”批评教育帮助和处理共1564人次，其中第一、二种形态占比87.59%，推动全市各级党委（党组）开展谈话数量从2018年143人次上升至713人次，取得较好的政治、法纪和社会效果。探索创新监督方式。推动干部廉情信息库建设、管理和运用，收集科级干部廉政档案1200多份、单位廉情资料2100多份、个人廉情资料12000多份，为分析研判政治生态打下坚实基础。加强对函询结果的抽查核实，对如实说明的予以采信，对欺瞒组织的严肃处理。落实函询了结反馈制度，向61名被函询人反馈函询了结情况，为30名受到不实举报的干部澄清问题，让干部放下包袱、轻装上阵。提升监督质量。坚持走出办公室开展监督，着力从工作一线和日常生活中发现问题线索，提升情况收集、线索采集的质量。完善市纪委监委纪检监察室挂钩联系机制，建立日常监督工作台账，开展监督检查、督促案后整改、巡视巡察整改等218次。加强“末梢神经”监督，全面推行乡镇纪检监察干部进村入户“五个必”（必访、必谈、必讲、必核、必查）工作法，查访六类对象3812人（户），发现收集问题423个，协调解决问题394个，切实让党员干部感受到监督常在、监督常态，让群众感受到全面从严治党就在身边、纪检监察工作就在身边。

（市纪委监委　李志阳　史伯郎）

中国国民党革命委员会晋江市委员会

【参政议政】 2019年，中国国民党革命委员会晋江市委员会（以下简称民革晋江市委会）落实民革中央“举全党之力抓参政议政”的要求，围绕中心大局建言献策。参加中共晋江市委、市政协组织召开的各种民主协商会、情况通报会和意见征询会，就“提升小区物业管理水平”“加强垃圾分类”等多项重要问题进行协商建言。

在市政协十三届三次会议第二次常委会上，民革晋江市委会做《加强基层卫技人员队伍建设》专题协商的发言。在晋江市政协十三届四次会议上民革市委会共提交大会发言稿1件、提案20件、社情民意3件，党员洪天姿代表民革市委会在大会上做《关于做好因病致贫家庭精准帮扶工作的建议》的发言。李志勇副主委代表英林联络组作《关于做大做强体育赛事经济的建议》。2019年市委会完成3篇年度调研课题。在2019年全市统战工作会议上，作为党派唯一代表作典型发言；在民革泉州市委会2019年参政议政会议上，晋江市委会获“2018年参政议政先进集体”称号，并在会上做典型发言；做好2019年全市统战理论的调研工作；发动民革党员撰写文章参加民革泉州市委会举办庆祝中华人民共和国成立70周年征文比赛。

【社会服务】 2019年，民革晋江市委会坚持把助力打好精准脱贫攻坚战作为重要政治任务。持续开展“一对一”结对帮扶活动及“扶贫助学”活动。发动党员参与“海丝春雨”大型社会服务活动，走访慰问困难群众，为当地群众送医赠药。

深化共建共享。与灵源街道、磁灶镇的结对共建活动取得新成效。与灵源街道举行篮球友谊赛；持续开展图书捐赠，上半年向灵源街道张前小学捐赠图书，并参加群峰小学第三届校园文化节；持续做好结对健康讲座，承办2019年第一期“民主党派智库讲坛”专题讲座暨与灵源街道结对共建活动；组织参加灵源街道开展的“新时代文明实践——六守六无’平安创建暨‘倡移风易俗、树文明新风’”为主题的亲子闯关活动；与磁灶镇联合开展“礼赞新中国、奋进新时代”惠民心暖人心“三下乡”活动，派出民革医疗服务队为群众义诊赠药。

常态化开展“博爱”助学活动。2019年新增党员17人次捐助助学爱心款11.85万元；2019年捐助大学生8名、高中生32名、初中生1名、小学生1名，捐助金额达7.9万元；开展冬日暖心行爱心

2019年11月，民革晋江市委会开展“博爱”助学活动　（民革晋江市委会　供）

助学子活动，持续为西园街道1名贫困学生家中，送去爱心助学金。

关注民生，助困济贫。林松柏、许连椅、许文化、张阿南、张招山、吴孝烟、蔡庆榕等企业界党员纳税达数千万，捐赠各类公益事业达数百万元。许连椅向慎中实验中学捐资200万元。洪义芳向紫帽镇慈善会捐赠5万元。开展“行小善、聚大爱”的社会公益活动。吴仁仁长年在安海水心亭禅寺为周边困难群众及外来务工人员免费施斋，每天施斋济困人数达500余人。组织民革晋江市委会志愿者服务队与晋江“爱汝之家”志愿者，共同举办关爱乳腺病友的爱心活动。

围绕中心、融入大局。广大民革晋江市委会党员投身高铁新区、科创新区、田园风光等全市重点建设项目。在高铁新区二期项目中，民革晋江市委会共有4名党员被抽调到项目一线。副主委吴丽婷、张子牙分别担任指挥部综合协调组与征迁业务组组长，洪兴世、肖清福则分别抽调至交通系统、卫计系统工作组担任小组长，洪树林则抽调至经信系统攻坚小组，实现用23天完成1022幢房屋、103万平方米的征迁任务。

【对台联谊交流】 2019年，民革晋江市委会深刻学习领会习近平总书记在《告台湾同胞书》发表40周年纪念会上讲话精神，全面落实民革中央祖统工作的“三个坚持”指导方针，邀请台湾问题专家学者介绍分析台湾形势，时刻关注海峡两岸形势发展，牢牢把握两岸关系和平发展主题，多渠道、多层次、多方位地开展对台工作，组织参加全市对台工作会议。

民革晋江市委会历来以“凝聚力量”为核心，密切与台湾同胞的关系，组织对台资企业的走访活动。年初在主委曾献礼的率领下，前往位于东石镇的台商企业——万裕达服饰有限公司，拜访泉州台商企业促进会副会长、晋江市台商企业投资协会会长吴志超。7月，接待来访的中台湾律师同盟一行。日常加强与台湾各界人士进行交流互访，增进两岸同胞的情感。

2019年，民革晋江市委会组织党员分别深入龙湖镇、金井镇开展金门供水工程、围头对台民间交流等涉台课题进行调研，形成专题调研文章，向政府建言献策。

【思想建设】 2019年，民革晋江市委会深入学习贯彻中共十九大精神、习近平总书记“四新”要求，全面贯彻落实民革中央十三届三中全会精神以及民革省委、泉州市委相关会议精神，集中学习中共晋江市十三届第四次会议精神，切实增强“四个意识”、坚定“四个自信”、坚决做到“两个维护”。2019年，市委会把开展“不忘合作初心，继续携手前进”主题教育活动作为年度最重要的工作来抓，学习习近平新时代中国特色社会主义思想，牢记民革使命，以改革精神引领民革工作。

【组织建设】 2019年，民革晋江市委会所属4个支部重视示范性支部创建工作，召开专题工作部署会议，进行责任分工，任务明确又密切合作。2019年市委会组织开展创建的自评工作，经检查，4个支部均达标，创建指标达到“优秀示范性支部”的水平。

民革晋江市委会领导班子贯彻民主集中制，制订主委会议、市委会议事规则，健全集体领导和个人分工负责相结合的制度，在工作中互相支持、密切配合，班子凝聚力、向心力进一步得到增强。支部更具活力。市委会所属原4个支部完成换届工作，并新成立了第五、第六支部，组织体系更加健全、更具活力。党员发展更加有序。全年发展新党员7名，入党积极分子2名。市委会共有党员133名，其中女党员43名，本科以上学历97名，拥有高级职称27名，中级职称37名。

【专题教育活动】 2019年，民革晋江市委会组织召开学习教育活动专题工作部署会，成立领导机构、制订工作方案、明细学习教育重点项目，多次深入各地征求老党员、骨干党员的意见建议，组织开展批评与自我批评的民主生活会，曾献礼率先做好主题教育宣讲。民革晋江市委会承办民革泉州市委会民营企业家座谈会。组织前往河北省西柏坡、冉庄、白洋淀开展主题教育活动，旨在传承红色革命精神，更加坚定信念，履职担当新作为。各支部也都召开工作部署会，并组织各具特色的教育活动。

民革晋江市委会举办“庆祝中华人民共和国建国70周年暨纪念改革开放40周年”书画摄影展，以民革党员视野描绘晋江经济发展成就，用民革党员担当展示传承发展“晋江经验”的履职风采；坚持考察调研项目与节日特色活动相结合。在三八国际妇女节期间组织开展“踩青摄影采风”活动。先后走进晋江社会福利中心、晋江全民健身中心等晋江民生保障工程；教师节组织党员前往龙湖、金井开展涉台课题调研；重阳节开展走访慰问活动，并结合主题教育活动进行征求意见与建议。组织参加“同心”活动。组织参加中共晋江市委统战部在内坑九十九溪右汉生态公园举办的“不忘合作初心，继续携手前进”民主党派徒步考察活

2019年5月15日，民革贵州省委会考察团到晋江调研　（民革晋江市委会　供）

动；组队参加第十五届“同心杯”登山比赛，并取得团体总分第二名的成绩。开展特色活动。开展“重团结、凝人心”大走访慰问活动。年初着重对一些老党员、党员企业、重点联系对象及离任支部委员等对象进行走访慰问；第三支部组织党员深入企业开展安全生产知识宣传活动。增强交流联谊，接待来晋调研的民革贵州省委副主委陈云林考察团一行等。

2019年，民革晋江市委会副主委张子牙参加中央社会主义学院第二期民革省辖市级组织骨干党员培训班；上半年共组织6名党员参加在延安举行的“2019年晋江市民主党派骨干、无党派和党外知识分子代表培训班”，组织党员参加市委统战部“道德讲堂”“同心讲堂”，2019年还承办统战智库专题讲座，党员郑志民作为主讲者。

2019年，民革晋江市委会积极向《泉州民革》《晋江统战》《晋江政协》、晋江经济报等媒体报送活动信息，全年累计报道宣传信息60多篇，全面反映晋江民革的各项履职活动和党员风采。

（民革晋江市委会　王雅雯　张子牙）

中国民主同盟晋江市委员会

【概况】 2019年，中国民主同盟晋江市委员会（以下简称民盟晋江市委会）有下属支部9个，盟员281人。其中高级职称80人，中级职称114人，中高级职称盟员占总数的70%，离退休盟员占25%，盟员平均年龄47.4岁。

2019年，民盟晋江市委会以习近平新时代中国特色社会主义思想为指导，深入学习贯彻习近平新时代中国特色社会主义思想，中共十九大和十九届二中、三中、四中全会精神，按照中国特色社会主义参政党的要求，以政治建设为统领，全面贯彻开展“不忘合作初心，继续携手前进”主题教育活动，紧紧围绕市委、市政府中心工作，团结和带领全市盟员，传承民盟优良传统，注重发挥自身优势，切实加强自身建设，努力提高新时代履职能力，为创新发展“晋江经验”，加快国际化创新型品质城市建设做出贡献。

【参政议政】 2019年，民盟晋江市委会高度重视政治协商，认真参与民主监督。民盟晋江市委会领导班子围绕市委中心工作，建言献策。2019年，参与市政府工作报告听取民主党派意见会4次；参与市政协“民主协商会”8次；参与市人大议案审议意见落实情况跟踪检查5次；参加中共晋江市委与市政协专题协商会、通报会及民主生活会等10多次。7月26日，副主委粘文俊参加中共晋江市委与市政协围绕“盘活闲置土地废旧厂房，提升老旧工业园区”专题协商会，并做建议发言。9月20日，主委张开端参加市政协年度重点提案实地考察活动；9月26日，副主委王明镜在市政协召开的重点提案围绕 “关于推动学前教育优质均衡发展，进一步提高保教质量的建议”专题对口协商会上建言。盟员中的人大代表、政协委员、特邀监察员、行风监督员认真履行监督职责，充分利用人大视察、政协视察、议案提案办理会、大会发言等形式有效开展民主监督，在城市攻坚、办好重大赛事、重点项目建设、文化教育资源利用、反“四风”等方面发挥推动作用。为促进晋江的经济发展、社会进步、民主政治建设尽心尽责。3月29日，副主委欧阳为行应邀参加旁听晋江法院集中宣判5起涉恶犯罪案件，民主监督颇有作为。

依托“两会”平台，展现参政议政良好形象。2019年年初，民盟晋江市委会组织学习贯彻全国“两会”精神，履行好参政党职能。1月27日，民盟晋江市委会召开2018年工作年会，对一批在社情民意、提案工作方面表现突出的盟员进行表彰通报，授予12名盟员为参政议政积极分子，6名盟员为参政议政优秀分子，9名盟员为盟务工作积极分子。2019年，市人大建议、市政协集体提案、反映社情民意信息采用率提高。12月23—26日召开的晋江市政协第十三届委员会第四次会议上，民盟晋江市委会共提交集体提案24篇、个人提案37篇、社情民意9条、大会发言1篇。许文林报送的《关于确立高铁(动车)运输延误经济补偿机制的建议》信息被民盟中央采用，被民盟福建省委会评为2018年度优秀社情民意信息优秀奖。

开展课题调研，加强理论研究。开展专题调研，不断提高参政议政质量。3月12日，组织12名党派智库盟员参加市民主党派智库2019年工作会暨调研考察活动2019年，完成10多篇各级各类调研、论文。3月1日，在2019年全市统战工作会议上，盟市委会调研文章《构建新时代政商健康关系研究》(执笔人张子瑜)获优秀调研论文。

【社会服务】 2019年，民盟晋江市委会发挥智力优势，参与社会服务。

现有品牌服务稳步开展。2019年，

2019年1月27日，民盟晋江市委会召开2018年工作年会　（民盟晋江市委会　供）

民盟晋江市委会持续开展对晋江市8所中学“教育帮扶”爱心助学活动。2019年2次走访帮扶，组织对接盟员与第三批的27名挂钩贫困学生实施一对一帮扶，帮扶助学金5.4万元。

创新理念思路服务新领域。民盟晋江市委会挖掘盟员特长及资源，创新理念思路，做好义务法律咨询进校园活动。3月，组织盟内律师盟员走访挂钩的几所学校开展义务法律咨询服务，了解各学校在法律方面的困惑与现状，帮助各学校提供法律援助。

建功立业彰显盟员风采。2019年，全市盟员立足本职，为晋江经济社会发展做出贡献，也为晋江民盟组织增光添彩。盟员的科研、教育、文艺创作成果获得各类各级奖项百余项，作品、论文50余篇发表在各级刊物或各级各种专业性研讨会上，各类文艺作品几十件发表，参加各级各种展览。12月中旬，蔡长益出版《履职记忆》图文集，向中华人民共和国成立70周年和人民政协成立70周年献礼，出版信息分别在《人民政协报》和《晋江经济报》进行报道，泉州民盟、中共晋江市委统战部、仁和东石公众号也相继进行报道，此书在晋江政协第十三届四次会议上赠送市政协委员，现被晋江市图书馆、晋江市档案馆等单位收藏。

开展社会服务献爱心。2019年，盟市委会除美术院分院开展的文化下乡服务外，参与“海西春雨行动”等社会服务。1月25日，盟市委会组织10多名书法法律界盟员参加2019年晋江市“海西春雨行动•助力乡村振兴”新春社会服务活动。现场举行体检义诊送药、书赠春联、法律咨询服务、卫生知识宣传与咨询、走访慰问等，书法家现场书写赠送近千副春联，服务人数达千人。10月7日，重阳节之际，副主委欧阳为行率南英支部盟员一行8人，赴英林镇南湾敬老院送上节日的祝福和慰问品。每年春节期间，民盟晋江市委会开展扶残助残服务工作，下乡镇走访慰问“一助一”挂钩残疾对象，送去民盟组织的爱心和关怀。2019年，多名盟员企业家捐物捐资累计达数万元。民盟晋江市委会发挥服务社会的作用，树立良好的社会形象，深受群众欢迎。

【学习调研】 2019年，民盟晋江市委会加强思想建设，凝聚思想政治共识。深入开展专题学习，提高政治站位。2019年，民盟晋江市委会始终坚持将政治理论作为盟组织和全体盟员整体素质提升的必学内容，在定期组织盟员开展集中学习的基础上，结合“大学习、大讨论、大调研”活动，紧紧围绕中共晋江市委、市政府总体发展思路，以会议、微信、QQ等多种形式开展20余次学习讨论活动，共印发学习资料30万字，购买学习图书500余册，深刻领会习近平新时代中国特色社会主义思想的精神实质和丰富内涵，深刻理解中国特色社会主义进入新时代的新论断、全面建设社会主义现代化国家的新目标，把握学习重点，提高学习实效，不断增强“四个意识”，坚定“四个自信”，做到“两个维护”，在思想上政治上行动上同以习近平同志为核心的中共中央保持高度一致。每季度召开市委会委员（扩大）会议等等。通过各种形式的学习活动，进一步提升新时代参政党履职能力。

2019年，民盟晋江市委会开展2019年春季教育帮扶助学活动 （民盟晋江市委会 供）

全面开展主题教育，凝聚合作共识。开展“不忘合作初心，继续携手前进”主题教育活动，是以习近平新时代中国特色社会主义思想武装全盟的迫切需要，是建设新时代高素质中国特色社会主义参政党的必然要求。民盟晋江市委会根据民盟福建省委会、民盟泉州市委会《关于开展“不忘合作初心，继续携手前进”主题教育活动的通知》精神，结合自身实际，动员部署“不忘合作初心，继续携手前进”主题教育活动。2019年，民盟晋江市委会结合庆祝中华人民共和国成立70周年，纪念中国共产党成立98周年、多党合作制和政治协商制度确立70周年为契机，通过举办参加各种讲座、专题学习会、专题活动等形式，扎实开展主题教育活动。共举办或参加动员部署会、专题讲座宣讲、社会实践教育、书画展、摄影展、文艺演出等12场，参加盟员近349人次。9月8日，民盟晋江、石狮市委会联合举办“壮丽70年 奋斗新时代”书画摄影展及联欢会；10月10日，副主委粘为俊参加民盟中央副主席郑功成、民盟省委会主委阮诗玮在民盟泉州市委会举行的“不忘合作初心，继续携手前进”主题教育活动座谈会，并在盟务工作、自身建设等方面提出意见建议。10月12日，召开“不忘合作初心，继续携手前进”主题教育活动动员部署会。10月18日，召开民盟晋江市委会开展“不忘合作初心，继续携手前进”主题教育活动暨2019年参政议政工作会议。10月24日，民盟晋江市委会开展“不忘合作初心 继续携手前进”主题教育活动，举办《5G和区块链对未来经济的影响》专题讲座。各支部贯彻落实主题教育工作。11月16—17日，季延支部组织支部全体盟员赴漳州开展“不忘合作初心，继续携手前进”主题

2019年11月17日,民盟晋江市安海支部盟员赴德化开展"不忘合作初心,继续携手前进"红色之旅教育活动

(民盟晋江市委会　供)

教育活动。11月17日,安海支部组织盟员18人赴德化开展"不忘合作初心,继续携手前进"红色之旅教育活动。11月22—23日,文化支部组织盟员17人赴闽西北开展"不忘合作初心,继续携手前进"主题教育活动。11月23—24日,陈埭支部组织全体盟员赴红色闽东开展主题教育实践活动。12月14—15日,教育支部组织盟员8人赴龙岩古田会议会址开展"不忘合作初心,继续携手前进"红色之旅教育活动。12月10日,东石支部开展"不忘合作初心,继续携手前进"主题教育活动,组织盟员10人前往东石镇敬老院、美丽乡村潘山村、老革命基点村塔头刘村开展社会服务。12月27日下午,经济科技支部开展"不忘合作初心,继续携手前进"主题教育活动,组织盟员17人前往晋江市党建展馆和主题教育档案文献展、晋江市社会组织孵化园、泉州(晋江)国际人才港学习考察。通过开展主题教育活动,不断深化盟员对新思想的发展脉络和主要内涵的认识,加强传统教育,教育盟员不忘合作初心,引导盟员凝聚合作共识,激励盟员继续携手前进。

加强宣传工作,树立民盟良好形象。2019年,民盟晋江市委会坚持把宣传工作与盟务工作统筹安排,找准抓手,通过报纸、网络、杂志等媒体,构建全市民盟大宣传格局,为更好履职尽责提供良好的思想政治保障。突出宣传报道。凡民盟晋江市委的重大活动、重要盟务工作,所取得的参政议政成果、盟员先进事迹等,均第一时间予以报道。紧扣主题开展宣传。结合中华人民共和国成立70周年、主题教育活动开展宣传,在福建、泉州民盟网站与微信公众平台、《泉州盟讯》等平台报送信息。加强信息工作。注重信息的及时采集、深入挖掘和提升,向盟省委、市委统战部等有关部门报送各类社情民意、建议类信息百余条。配合上级做好盟刊盟讯和各种统战理论刊物的宣传、发行工作。借助《中央盟讯》《群言》《福建民盟》《泉州民盟》《福建乡土》等多种刊物,让广大盟员关注国事民生和盟情盟务,提升晋江盟员的理论素养和思想水平。

(民盟晋江市委会　雷翠云　张开端)

中国民主建国会晋江市委员会

【概况】　2019年,中国民主建国会晋江市委员会(以下简称民建晋江市委会)以习近平新时代中国特色社会主义思想为指导,加强自身建设,提升履职能力,履行政治协商、参政议政、民主监督职能,发挥特色和优势,建言践行,为促进晋江经济社会高质量发展做出贡献。

在组织发展过程中,落实民建中央文件精神,严格遵循质、数并举的原则,截至2019年12月,民建晋江市委会共有8个支部,3个工委会,共有会员270人。其中经济界人士为209人,占会员总数的77.4%;大专以上文化程度164人,占会员总数的60.74%;具有中、高级职称的55人,占会员总数的20.37%;担任各级人大代表、政协委员24人,占会员总数的8.89%。会员的群体结构、知识结构、年龄结构分布趋于合理,企业界代表人士和经济界知识分子两支骨干队伍发展壮大。

【学习调研】　2019年,民建晋江市委会按照民建省委会和泉州市委会的部署,组织全体会员深入学习习近平新时代中国特色社会主义思想,通过坚持不懈的自我教育,为构建和谐幸福晋江奉献力量。民建晋江市委会结合晋江市开展传承发展"晋江经验"和"十三五规划"承上启下的规划实施,坚定接受中国共产党领导的自觉性。

通过集中与自学、学习与培训、学习与考察、学习与辅导几个相结合,比较系统地学习中共十九大以及民建中央十一大以来历次会议精神,学习习近平总书记系列重要讲话精神,为更准确地把握时代发展的脉搏,提高建言献策、参政议政的水平,努力建设创新型、学习型的领导班子奠定坚实的思想基础。2019年,民建晋江市委会部分领导干部至陕西省延安、西安参加2019年晋江市民主党派骨干培训班;7月,市委会组织一批新入会员参加"民建泉州市委员会2018—2019年度新会员暨骨干会员培训班"。

2019年3月,民建南安、广东、广西等地基层组织主委分别到晋江考察交流。同月,民建晋江城区第二支部前往龙湖镇税务分局开展减税降费专项调研活动。4月,民建厦门市委会一行来晋作"推动同安区全面融入跨岛发展战略的建议"专题调研。同月,民建晋江市委会组织部分骨干会员参加由中共晋江市委统战部组织的"关于'医疗+康复+养老''居家+社区+机构'的双'三位一体'"服务体系调研活动。4月中下旬,民建中央社会服务部副部长汪阳一行与淮南市人大常委会主任、党组书记陈儒江一行在民建福建省委会主委吴志明的陪同下，分别到晋江开展会员企业发展情况调研工作。5月，民建晋江城区第二支部结合开放二胎政策的相关课题，开展关于“二胎家庭”生活现状调研活动。6月，民建泉州市资源环境与农业委员会一行到晋江开展“九十九溪田园综合体项目”调研。同月，民建晋江市委会领导张榕、庄伏龙，城区第二支部主任李玉琴带领城区第二支部会员开展“寻红色记忆 扬革命精神 谋乡村振兴”暨“农村人居环境整治”调研考察活动。民建晋南支部组织会员前往福建省海洋与渔业执法总队直属三支队开展“海洋生态保护和渔业资源养护”的课题调研活动。8月，民建晋江城区第二支部主委李玉琴带领部分支部会员赴安海开展“助推实体经济高质量发展”交流活动。同月，民建晋江市委会副主委庄伏龙带领由民建晋江城区第二支部和安海第三支部联合组成调研组，赴五里开展“大力培育‘专精特新’企业”调研活动。9月，民建晋江市委会联合兄弟党派——致公党晋江市委会开展以“调研世中运基础设施建设、社会福利事业建设情况”为主题的界别调研活动。民建厦门市委经济支部和妇工委会一行到晋江调研考察。

民建晋江市委会在2019年6月份正式开通公众号，包含学习园地、组织建设、参政议政、社会服务、会员风采等多个版块，借由此平台及时向会员传递会内相关活动、调研等。报送晋江统战部及泉州民建各类信息中，被采用的共计55篇。

【组织建设】 2019年，民建晋江市委会围绕履行参政党职能，贯彻落实省委会工作计划和目标任务，着力加强领导班子建设、基层组织建设、会员队伍建设、代表人士队伍建设和后备干部队伍建设，夯实基层组织基础，推动党派自身的持续良性发展。

规范会员发展程序。坚持贯彻民建中央《关于进一步加强基层组织建设的意见》精神，注意将代表性强、知识层次高、参政议政能力强的同志吸收加入民建，严格按照程序发展会员。新会员的发展历经基层会员民主评议、基层支部讨论、市委会审议、组织考核后方完成组织审批程序，确保新加入会员的质量。在经过重重考核后，新吸收14名优秀积极分子入会。

开展丰富多彩的活动。本着重在参与、增强组织凝聚力的原则，发动和鼓励基层组织参加形式多样的活动。年初，各个支部、工委会分别召开支部会议，对上一年度工作进行总结，并为新一年工作开展进行规整、策划。1月初，民建晋江城区四支部参加梅岭街道党群活动服务中心揭牌仪式暨“忆初心•强服务”主题党日活动，并与梅岭街道党工委正式签订结对共建协议。3月，由民建福建省委副主委、泉州市委主委戴仲川为设立于会员企业福建省泽鑫建设工程有限公司的晋江民建“会员之家”揭牌，将此处作为晋江民建首个“会员之家”正式启用。6月，民建晋南支部联合晋江市委会、晋江女工委共同组织民建会员和民建之友前往东山县开展“学谷文昌精神、爱岗敬业建设美丽乡村”活动。同月，民建晋江市委会组织多名领导干部参加“不忘合作初心 继续携手前进”徒步考察暨统战系统主题党日活动。7月初，民建晋南支部与深沪镇委员会签订结对共建协议。9月，民建城区第四支部组织参与共建单位梅岭街道办开展的“预防职务犯罪 护航企业发展”主题教育活动，参观晋江非公经济发展法治教育基地并听取《民营企业高级管理人员刑事法律风险防控》专题教育课。主委庄天怀、副主委庄伏龙带领多个支部主委、副主委参加民建建华课堂福建分课堂暨民建泉州刺桐讲坛。月底，市委会组织部分会员参加晋江市第十五届“同心杯”登山活动。

开展“不忘合作初心 继续携手前进”主题教育活动。为更好学习贯彻习近平新时代中国特色社会主义思想和中共十九大精神，加强中国特色社会主义参政党建设，自9月以来，根据上级民建部署要求，民建晋江市委会继续开展主题教育系列活动。9月，民建晋江市委会召开“不忘合作初心 继续携手前进”主题教育活动动员部署会议，向会员传达并解读《民建晋江市委开展“不忘合作初心 继续携手前进”主题教育活动方案》。各支部陆续开展集中学习活动，深入推进“不忘合作初心 继续携手前进”主题教育活动。晋江市副市长、民建晋江市委会主委庄天怀带领市委会委员陈艺娟等人前往泉州市海丝公园参加民建泉州市委会组织的《我爱你中国》录制活动。民建晋江市委会参加民建泉州市委庆祝中华人民共和国成立70周年“不忘合作初心 继续携手前进”主题书画摄影展暨民建福建省委会书画院泉州分院、福建民建泉州艺术馆、民建泉州市委会书画院成立仪式。9月下旬，由城区一、四支部承办的庆祝中华人民共和国成立70周年暨“不忘合作初心 继续携手前进”为主题登山比赛活动。晋江民建晋南支部联合晋江民建

2019年7月，民建晋江市委会组织新入会员参加“民建泉州市委员会2018—2019年度新会员暨骨干会员培训班”
（民建晋江市委会 供）

女工委，在深沪镇举办庆祝中华人民共和国成立70周年“不忘合作初心 继续携手前进——歌唱祖国”活动。10月初，民建晋江市委会开展“不忘合作初心 继续携手前进”主题教育暨2019年重阳节活动，弘扬中华民族尊老、敬老、爱老的传统美德。由安海一、二、三支部承办的“庆祝中华人民共和国成立70周年暨不忘合作初心，继续携手前进”为主题乒乓球比赛。11月初，由民建晋江城区第二支部与晋江市磁灶镇共同举办的“不忘合作初心 大爱携手同行”晋江民建首届公益徒步嘉年华活动在磁灶镇举行。同月，民建晋江市城区第三支部开展“不忘合作初心，继续携手前进”主题教育活动——组织会员前往福鼎革命烈士陵园，并到中国扶贫第一村——福鼎市赤溪村深入了解30年前的贫困畲族村脱贫致富史。12月1日，为深入学习贯彻中共十九大精神，持续兴起习近平新时代中国特色社会主义思想“大学习”热潮，民建晋江市女工委组织会员赴温州文成开展“不忘合作初心 继续携手前进”主题教育活动。12月7日，由民建晋南支部、民建城区四支部、民建女工委和政协金井联络组共同承办“不忘合作初心 继续携手前进”主题教育活动之“民建好声音”歌唱比赛。

【参政议政】 2019年，民建晋江市委会认真履行职责，开展调查研究，倾听和反映基层群众的心声，针对人民群众普遍关注的重点、难点、热点问题，建言献策，撰写大批较高质量的调研文章和提案议案，提出一些建设性和可操作性的意见和建议，履行参政党职能，参政议政工作取得新进展。

在晋江市人大第十七届四次会议及晋江市政协第十三届第四次会议上，民建晋江市委会共提交42篇人大议案和政协提案，其中集体提案22篇，个人议案、提案20篇，被立案计33篇，其内容涉及晋江市工业、农业、科技、经济、民生、环保、城建、教育、文化、卫生、社区建设、精神文明建设等多方面。

为更好地完成2019年晋江市统一战线理论调研重点课题拟定工作，民建晋江市委会于2019年4月召开2019年度调研工作会，与会人员围绕着金融服务、经济发展、民生管理、城市管理、乡村振兴等多个方面的课题进行探讨，为2019年参政议政课题的选择提供详细的数据，便于各支部与调研组的研究、讨论。各个支部也分别召开支部会议，对2019年的调研工作安排进行讨论与部署。9月，民建晋江市委会召开年中调研工作会，并在会上宣读新的调研工作制度，对调研工作委员会讨论审核把关拟提交各级的调研文章和提案作出强调。

履行民主监督职能，参与政协民主协商。民建晋江市委会主要领导及骨干会员分别多次出席有关单位行风评议征求意见座谈会。出席政府组成各部门绩效评估、社会公共测评会工作及座谈会。多次参加市政协、中共晋江市委统战部等有关单位组织的各类视察工作会。为加强民主监督和促进社会和谐贡献力量。

【社会服务】 2019年，民建晋江市委会凭借党派界别优势，以内增素质、外树形象为指引，以开展社会服务工作为载体，鼓励会员充分发挥自身优势，积极开展社会服务工作。

服务社会。民建晋江市委会结合晋江实际情况，每年都把开展支援社会主义新农村建设的“海西春雨”行动作为社会服务工作的重中之重。2019年，在中共晋江市委统战部的牵头下，民建晋江市委会与多方合作共同举办“海西春雨行动•助力乡村振兴”新春社会服务活动。由市委会领导带领会内律师团及其他会员共同前往灵源街道大山后社区综合文化服务中心进行送医赠药、书赠春联、法律咨询服务、卫生知识宣传与咨询、走访慰问等活动。并慰问村内贫困户，向他们赠慰问金，及食用油、方便面等生活用品，并致以春节的问候和新年的祝福。各支部会员也牵头开展扶贫助学活动，奉献爱心。2019年1月，晋江市副市长、民建晋江市委会主委庄天怀带队民建晋江市委会委员一行前往内坑镇开展慰问困难群众活动。在年初新春之际，市委会领导与各支部分别前往探望会内老领导、老会员。同月，安海3个支部联合安海派出所、安海邮政分局，在安海镇邮政分局开展爱安海“共创平安”义务写春联赠送活动暨防范电信网络诈骗主题宣传。11月底，民建晋江城区第四支部开展梅岭街道困难户、低保户走访慰问活动。

热心公益。1月，会员企业建华纺织捐款200万元给大田慈善总会，作为大田教育基金使用。2月，在晋江一中举行第二届校董会就职暨捐赠仪式上，会员企业利郎(中国)有限公司捐款1500万元，用以支持晋江一中建设；会员蔡坤普捐资晋江市青阳教育发展基金会25万元。3月，民建安海三支部携手晋江民建女工委组织前往安海坝头小学开展爱心助学活动，对校内两名贫困学子赠予学习资助金，并捐赠学校款项2.7万元，支持学校教育活动；晋江民建女工委响应爱心助学活动，特赠予坝头小学师生图书百余册，并鼓励在场学生代表

2019年11月，“不忘合作初心 大爱携手同行”晋江民建首届公益徒步嘉年华活动在磁灶镇举行
（民建晋江市委会 供）

专心读书，奋发向上。4月，会员蔡坤普向普照爱心慈善基金会捐资30万元，用于支持晋江慈善事业发展。5月，市委会委员侯帝伊在晋江市老年大学第三届校董会就职暨捐赠活动上捐款10万元，用于支持老年大学发展。5月底，安海一、二支部前往晋江市育婴院开展“让爱传递，情暖童心”献爱心活动，为育婴院捐献1万元左右的慰问品，包括儿童玩具、食品、儿童床品、儿童服装等等，并在六一国际儿童节前夕，走进安海成功中心小学开展“赠书、捐资”爱心助学活动，两个支部共向学校赠送1万多元的书籍，吴美莉捐资5万元。王秋娥在2019年晋江女企业家联谊会捐款世中运中捐资2万元，在晋江妇联对外帮扶活动中带头捐款2万元。7月，会员许金锁为晋江市第十三届运动会捐资20万元。9月，柳飞杨通过各项渠道捐资助学3名大学生，并向村老人会捐款10万元。10月，许金锁分别捐资1万元、2000元助力“晋江农商杯”公益徒步活动和少儿体能挑战赛。11月，民建晋江市委会捐资3万元，帮扶河北省丰宁县捐建“民建爱心超市”。12月，赖新达借儿子结婚之际，捐赠善款830万元。

张秀惠每年固定资助多位贫困学生；王秋娥亦多次向西边小学、妇联、爱心援助站等机构进行不定数额的慈善捐款；许金锁每年向东石镇井林村老人会捐资10万元，为村里老人们献出一份爱心。民建晋江市委会会员坚持通过微信平台或捐款、或协助各种遇到困难而需要帮助的人。

（民建晋江市委会　叶钰清　张　榕）

中国民主促进会晋江市总支部委员会

【概况】　2019年中国民主促进会晋江市总支部委员会（以下简称民进晋江市总支部）有下属支部四个：财经支部、文化支部、综合支部、教育支部。共有会员74人，其中财经支部15人，文化支部8人，综合支部24人，教育支部27人。会员中有泉州市人大代表1人，晋江市人大代表2人，泉州市政协委员2人，晋江市政协委员6人（其中常委2人）。民进晋江市总支部以习近平新时代中国特色社会主义思想为指导，紧扣新时代参政党建设使命和任务，围绕中共晋江市委、市政府中心工作，以思想政治教育、基层组织建设为年度工作主题，加强自身建设，认真履行职能，推进晋江民进各项年度工作，按照民进中央和省委会、民进泉州市委会有关工作会议要求，紧紧围绕全市工作大局，注重学习宣传，努力加强自身建设，履行参政党职能。

【参政议政】　2019年，民进晋江市总支在中共晋江市委、市政府、市政协和各委局举行的调研会、通报会、协商会和征求意见会中，履行党派政治职能。民进晋江总支先后参加民进市委会参政议政工作务虚会、市政协、泉州市委会、统战部专题调研工作会12场、总支部开展课题走访主办调研工作8次、专题调研讨论会6次。2019年在市人大十七届人大四次会议、市政协十三届四次会议，民进晋江总支共收集提案、建议共59篇，提交集体提案20篇，个人提案18篇，转送民进泉州市委会及以上提案10篇，转社情民意11篇。2019年2月，民进晋江总支部牵头联合市政协促进民办医疗机构健康发展专题调研。为履行党派政治职能做出贡献。在2019年晋江市政协的两次中共晋江市委市政府专题协商会上的代表发言都分别得到书记、市长的肯定，晋江市级采纳刊发发意见建议3篇，获市领导签批社情民意2篇，2019年2月，民进晋江总支牵头联合市政协促进民办医疗机构健康发展专题调研，得到市政协领导好评。

【社会服务】　2019年，民进晋江总支部牵头组织多场微公益、心关怀活动，取得良好社会效应。在年初晋江举办“晋江慈善之夜”世中运倒计时活动中，总支部主委许维蓄捐款200万元助力世中运。1月，开展“海西春雨行动•共谱民族团结发展新篇章”新春社会服务活动，活动内容包含免费体检义诊送药、书赠春联、提供法律咨询服务、卫生知识宣传与咨询。6月，民进晋江市总支走进平山实验小学开展六一捐书助学献爱心活动，民进晋江总支教育支部邀请泉州市教科所、晋江市进修学校教研老师开展现场观摩平山实验小学的教学，进行互动点评；为辖区内小学捐赠600副眼镜，价值30万元，并成立“晋江梅岭街道爱眼护眼基地”。开展爱眼护眼讲座和现场视力筛查公益活动，结合庆祝中华人民共和国成立70华诞，拍摄“我和我的祖国”主题快闪活动，在民进中央主网站上和民进中央头条号全文转播。通过一系列社会服务活动，民进晋江市总支传递正能量，弘扬新风尚，扩大晋江民进的影响力，树立晋江民进良好的社会形象，得到上级领导及社会各界的点赞。

【调研活动】　2019年，民进晋江总支精心组织开展统战工作调查研究。先后

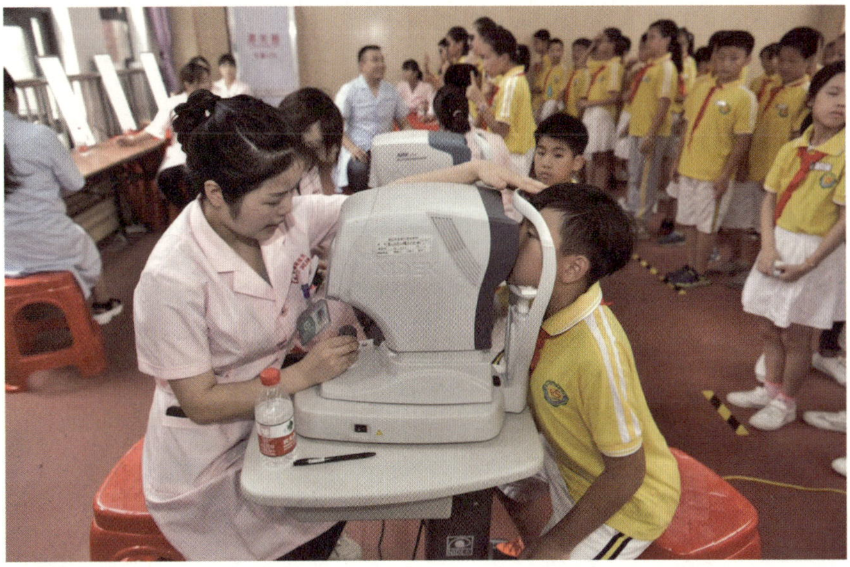

2019年6月，民进晋江市总支会员到平山实验小学开展爱眼护眼讲座和现场视力筛查公益活动

（民进晋江总支部　供）

参加民进泉州市委会参政议政工作务虚会、市政协、市委会、统战部专题调研工作会12场、总支部开展课题走访主办调研工作8次、专题研讨会6次。通过充实调整调研工作委员会,集聚民进晋江市总支部参政议政能力较强的精干力量。以各支部为支点,分解各项调研工作责任,现成员超过20人。通过制订调研工作制度,建立“年初布置、年中推动、年末总结”的运作机制。2月22日上午市政协文教卫体委、民进晋江市总支部联合开展“促进民办医疗机构健康发展,助推晋江市医卫事业再上新台阶”专题调研;根据民进晋江市总支部2019年工作部署安排,教育支部为更好地做好职业教育专题课题调研活动,10月29日至11月21日,民进晋江市总支部组成课题调研组,赴晋江市教育局、晋江市华侨职业中专学校、晋江市安海职业中专学校、晋江市晋兴职业中专学校进行实地调研。

【思想建设和自身建设】 2019年,民进晋江市总支部组织会员学习中共中央总书记习近平参加全国政协十三届五次会议的讲话、学习中共中央办公厅关于加强和改进人民政协民主监督工作的意见、关于中共泉州市委统战部《全市统一战线“五个五”》工作计划等会议精神,提升会员思想认识水平、提升参政议政意识。总支部上半年推荐5名优秀会员参加中共晋江市委统战部组织的民主党派骨干、无党派人士和党外积极分子代表参加培训班。2019年参加专项培训活动会员人数共计12人次。

【会务活动】 2019年,民进晋江市总支部不断探索开展会务工作的新思路新方法,增强基层组织活力。发挥总支组织架构领导参谋作用,先后召开五次委员扩大会并建立长效机制;营造关心关爱会员的良好氛围。定期走访关心民进总支骨干会员,共走访晋江市二中、金井锦东职校、晋江市平山小学等4位会员所在单位,协同及时帮助会员排忧解难。 通过开展丰富的会员活动,增加互动。开展“同心同行 美丽绽放”庆祝三八国际妇女节主题活动;5月,开展“凝心聚力 活力拓展”主题活动,缓解会员工作压力之余,增强组织凝聚力。9月开展“庆祝新中国成立70周年 弘扬尊师风尚”主题月系列座谈会,拍摄“庆祝新中国成立70周年与教师节祝福”视频短片;邀请民进泉州市委会刘碧文分享提案及社情民意写作交流讲座,以开元寺廉政标语建议为实例进行讲解,与会员沟通交流。10月,赴长汀开展“不忘合作初心,喜迎建国70华诞”廉政教育主题活动,以实际行动向中华人民共和国成立70周年献礼。

(民进晋江总支部 黄圆阳 许维蓄 周 莹)

中国农工民主党晋江市委员会

【概况】 2019年,中国农工民主党晋江市委员会(以下简称农工党晋江市委会)以开展“不忘合作初心 继续携手前进”主题教育活动为抓手,牢固树立“四个意识”,不断提高自身建设水平,聚焦全市中心任务,履行参政议政职能。2020年1月,被农工党泉州市委会评为2019年度五星级基层组织。至2019年年底,共有党员266名,其中男党员156名,女党员110名,医卫界128人,教育界89人,公务员及事业干部36人,其他13人,高级职称83人,中级职称67人。共设8个支部,分别是市直第一支部、市直第二支部、市直第三支部、罗山支部、陈埭支部、金井毓英中学支部、安海支部、金井中心卫生院支部。

【参政议政】 2019年,农工党晋江市委员会参与两会建言。每年两会之前,召开专门的选题研讨会,做好提案的征集、申报工作。在晋江市政协十三届三次会议上,共向大会提交集体提案18篇,委员个人提案11篇,共正式立案22篇,其中《关于加快污水管网建设,推进污水全域治理的建议》《关于推动学前教育扩容普惠发展,提升普惠性幼儿园覆盖率的建议》分别被合并为晋江市政协2号、3号重点提案。2019年12月,在晋江市十七届人大四次会议上,党员的代表议案《关于进一步规范中小学生健康体检的建议》被评为2019年晋江市第十七届人民代表大会代表优秀建议。在政协十三届四次会议上,共向大会提交了集体提案20篇,委员个人提案12篇。经大会初审,《关于推进科技创新能力建设,提升企业核心竞争力的建议》《关于加强学校食品安全与营养健康管理,保障学生安全科学营养用餐的建议》《关于健全全链条处置机制,扩大垃圾分类实施范围的建议》等5篇提案被表彰为优秀提案。2019年,组织党员参加各级座谈协商建言等会议、视察活动共24人次。

开展调查研究。年初对全年的调研工作进行部署安排,围绕“三大任务”、城乡环境整治、世中运举办、医疗卫生改革等主题,要求每个支部确定一个课题,开展调研活动,最终形成调研报告上报市委会。其中,罗山支部就《晋江经验助力乡村振兴》课题前往罗山街道兰峰社区和晋江市三创园开展实地调研。陈埭支部就《关于世中运第二体育中心周边环境的调研》课题前往陈埭镇政府党建办、第二体育中心及晋江国际鞋纺城周边进行走访、实地考察。经审核筛选,全年共向中共晋江市委统战部提交调研报告4篇。

做好信息宣传。按照农工党福建省委会、泉州市委会的要求,动员党员积极撰写社情民意信息。开展参政议政培训,邀请农工党厦门市委会宣调处处长杨军,作题为《参政议政的选题和着力点——提案和信息为例》的培训讲座。要求各支部每月至少报送一篇信息,并将信息采编情况纳入年终量化考核内容。为每位党员征订《前进论坛》杂志,为信息骨干党员征订《农工党泉讯》《福建闽讯》等刊物。开通微信公众号,及时发布党内活动。2019年,共向泉州农工投稿信息42篇。2019年1月,被农工党泉州市委会评为2015—2018年度宣传信息工作先进集体。

履行参政监督职能。15名党员受邀担任晋江市民主党派智库成员,作为智库成员的党员参与参政议政工作。共有16名党员分别担任晋江市党风廉政监督员、人民法院执法监督员、检察院特聘检察员、卫计局特聘监督员、政府政风行风监督员、食品药品荣誉监督员、中学校风监督员、教育督导责任督学等特邀职务。受邀党员发挥自身特长,参加各类建言协商座谈会,围绕“三大任务”、医疗卫生改革、职业教育、安全生产等方面进行建设性的发言。

【社会服务】 2019年，农工党晋江市委员会参与统战部门社会服务。发挥党员中医务人员多的优势，参与中共晋江市委统战部组织的“海西春雨行动•助力乡村振兴”新春社会服务活动，现场进行义诊，宣传卫生科普知识，为民众发放药品。在晋江市第十二个民族团结进步宣传月主题活动中开展义诊服务。在统战部同心杯登山比赛中，承担医疗保障工作，在登山过程中随队跟赛，在终点处提供救护服务。

巩固品牌服务项目。在安海慈静敬老院设立“同心健康行”定点服务站，定期组织党员为老年人看诊。在中秋佳节来临之际，开展敬老院中秋慰问系列活动，为老年人进行体检并建立健康档案，送去米油等慰问品，在义诊结束后，党员们还为老年人献上一台精彩的慰问演出。组织市直第二支部、金井卫生院支部、毓英中学支部前往金井镇福全村开展“不忘合作初心 继续携手前进”主题教育暨同心健康行义诊活动，并慰问贫困户，并送米油。成立卫生健康宣讲团，选派多名党员先后在罗山中学开展“中学生健康知识讲座”，在安海慈静敬老院、东石肖下敬老院开展“不忘合作初心 继续携手前进”暨“同心助医”慢性病防治知识讲座。

开展支部特色活动。开展一支部一品牌活动，要求各支部确立支部品牌服务项目，向市委会报送项目实施方案，定期开展活动。市直第二支部创建“共建基公卫进社区 同心聚力促健康”品牌服务项目，走进育婴院为育婴员普及健康知识，为孩子送去儿童常见药品和水果，走进疾控预防中心开展运动健康知识讲座，走进英林中学开展膳食健康知识讲座。市直第三支部创建“与爱同行，助学济困，传递温情”品牌服务项目，定期联合青阳街道前往中和中心小学慰问病困学子。安海支部创建“老吾老，以及人之老”品牌服务项目，前往敬老院开展慰问活动。陈埭支部创建“关爱帮扶贫困学生”和“中华母亲节”两个品牌服务项目，联合西滨中学一起为贫困学生送去助学金及学习用品，联合陈埭镇政府在陈埭各中小学中开展手抄报比赛、“给父母写一封感恩信”征文比赛、感恩母亲主题演讲比赛和礼赞母恩文艺会演等活动。罗山支部创建“情系教育，关爱贫困生”品牌服务项目，在晋江罗山街道荣宗小学开展助学活动，在罗山街道延林小学举行赠书活动，向延林小学捐赠图书500册。

2019年，参与社会服务工作的党员达近百人，服务受益的群众近千人。大部分党员均利用休息时间开展服务工作，党员的奉献意识越来越强，展示晋江市农工党的良好形象，扩大农工党的影响力。

【组织生活】 2019年，农工党晋江市委会开展组织生活。开展清明节“缅怀先烈，弘扬革命精神”祭扫活动，组织党员前往五峰公园纪念馆、金井八二三战地公园，进行爱国主义思想现场教学，教育党员珍惜现在的幸福生活。开展送温暖活动，在重阳节、春节期间慰问党员，及时慰问病痛党员，体现组织关怀。指导支部开展各具特色的支部活动。市直第一支部开展“学习党课，凝聚组织向心力”座谈会，组织党员参加“追梦海丝，奔跑新晋江”的越野活动，增进党员间的沟通交流。市直第一、第二支部前往洛江联合开展“不忘合作初心 继续携手前进”红色之旅拓展训练，加强团队凝聚力。陈埭支部前往长汀革命老区开展“寻找伟人足迹，传承红色基因”学习实践活动。市直第二支部、金井卫生院支部、毓英中学支部前往福大科技园开展调研考察活动。金井卫生院支部与中共金井中心卫生院支部共同组成党员义工宣传队，参与中共金井镇党委、镇政府主办的“金井镇2019年‘安全生产月’”宣传咨询活动，在现场为群众教授如何实施“心肺复苏术”。毓英中学支部联合中共毓英中学党支部、团委会，开展“迎新春、送春联”公益活动。

（农工党晋江市委会 周培瑜 张琳琳）

2019年，农工党晋江市委会罗山支部党员前往兰峰社区调研（农工党晋江市委会 供）

中国致公党晋江市委员会

【概况】 中国致公党晋江市委员会（以下简称致公党晋江市委会）现有青阳支部、梅岭支部、西园支部、安海第一支部、安海第二支部和晋南支部等6个直属支部；党员总数187人，其中各级人大代表6人，政协委员10人。

2019年，致公党晋江市委会以习近平新时代中国特色社会主义思想为指导，深入学习贯彻中共十九大和十九届二中、三中、四中全会精神。以开展“不忘合作初心 继续携手前进”主题教育为主线，围绕坚持高质量发展落实赶超，全面推进“五个泉州”建设和晋江国际化创新型品质城市建设要求，努力发挥优势，在自身建设、参政议政、海外联谊和社会服务等方面取得新成效。

【参政议政】 2019年，致公党晋江市委会在年初晋江市政协第十三届三次和晋江市人大十七届三次会议上，共提交集体提案16件、个人提案20件、社情民意7件，人大代表建议4件，内容涵盖了经济发展、生态环保、民生保障、社会治理等方面。其中《关于规范晋江市月嫂行业发展的建议》被评选为2019年优秀代表建议。在晋江市政协第十三届四次和晋江市人大十七届四次会议上，共提交集体提案20件、个人提案28件，人大代表建议4件，其中《关于推动晋江民营经济与菲律宾产业对接合作的建议》被确定为大会发言，《在乡村振兴中加强晋江市传统村落文化遗产保护发展的建议》被确定为大会交流材料印发。

全面落实"一支部一课题"工作，年初确定"存量工业用地的盘活利用""城市主干道旁民房裸露立面整治""农村人居环境综合治理""加强知识产权保护""关于校园周边食品安全的调研""晋江经验在统战工作中的应用""加快推进政府数字化转型为基层减负增效""关于大数字与教育现代化的思考"等作为2019年的调研课题，每个课题均成立以市委会委员、各支部主委为指导的项目课题组，制订细化调研工作方案并认真组织开展调查研究。完成全部课题的调研并提交给中共晋江市委、市政府作为决策参考。全年共向上级报送调研课题21篇，其中被泉州市委会采用17篇，省委会采用1篇，位列泉州各县市前茅。

社情民意及时反映。依托各支部活动、微信群等形式，引导全体党员积极关注经济、社会难点热点问题，全面征集社情民意并及时向有关部门反映。全年向上级反映社情民意17篇，其中被泉州市委会采用11篇，省委会采用4篇。

各种协商、监督活动主动参与。参加市人大常委会组织的"关于宗教场所慈善活动管理工作"的视察调研活动，并就如何做好该项工作提出意见建议；参加市政协"盘活闲置土地废旧厂房，提升老旧工业园区"专题协商、"充分发挥晋江市侨力资源优势，助力晋江经济发展"的对口协商；"优化行政审批服务，助力打造一流营商环境"的视察监督活动；参加"创新自理模式，提升小区管理服务水平""基层扫黑除恶工作开展情况"等视察活动。

【社会服务】 2019年，致公党晋江市委会组织慰问贫困归侨侨眷。联合菲律宾中国洪门致公党中吕宋支部开展"爱心助侨扶困"活动，春节期间组织慰问全市27名贫困归侨、侨眷、弱势群体并送去米、油及各2000元慰问金。

参加海丝春雨行动活动。组织部分党员参加中共晋江市委统战部组织的2019年晋江市"海西春雨行动·助力乡村振兴"新春社会服务活动，前往金井镇钞岱回族村岱峰中心小学开展为群众送医送药、书赠春联、开展法律知识宣传与咨询等社会服务。

倡议各种爱心公益行动。西园支部联合菲律宾洪门致公党第一支部开展"爱心助学"活动。晋南支部携手中共金井镇党委、晋南志愿者服务总队开展冬末敬老爱老慰问活动。市委会、梅岭支部联合致公党福建省委会组织慰问印度尼西亚贫困归侨及安海育婴院儿童。梅岭支部与菲律宾宿务支部共同致力于社会公益慈善事业，多次参与贫困地区"致公小学""致公路"的捐赠与贫困归侨侨眷的慰问帮扶。安海第一支部多次联合相关部门开展"点亮童心·筑梦未来""护航青春安全同行""青春心向党·建功新时代""情暖童心·爱心汇聚"衣物捐赠等系列爱心敬老助幼活动等等。

2019年4月8日，菲律宾中国洪门致公党纳卯支部来访　（致公党晋江市委会　供）

【海外联谊】 2019年4月和7月，分别接待菲律宾中国洪门致公党第一支部、宿务支部、纳卯支部，以及南美洲洪门总会会长洪维新一行的来访，并与其分别进行交流座谈。7月、10月，部分党员赴菲律宾参加菲律宾中国洪门致公党总部、联合总会暨第一支部、第二支部、第五支部、宿务支部换届就职典礼活动，市委会也为菲律宾中国洪门联合总会、中国洪门致公党总部、第一支部、第二支部、第五支部、东棉省支部、宿务支部、纳卯支部、洪门竹林协议总团、大岷北区分团就职庆典活动发贺电贺信以表祝贺。

突出特色优势，为侨建言。围绕侨务工作开展调查研究，维护华侨权益。关于《晋江民营经济对接菲律宾的调查研究》得到有关部门以及华侨的关注和重视，助推工作的开展。

【党员教育活动】 2019年，致公党晋江市委会开展主题教育，不断夯实多党合作的政治基础。2019年，致公党晋江市委会按照泉州市委会的部署安排，精心组织开展"不忘合作初心，继续携手前进"主题教育活动。9月5日，召开主题教育活动动员会，印发《致公党晋江市委会"不忘合作初心，继续携手前进"主题教育活动方案》，对主题教育进行全面部署安排，确保主题教育活动的有序推进，市委会委员、各支部主委、各级人大代表、政协委员参加会议。

开展大学习大讨论。组织党员通过自学和集中学习等形式引导党员不断深化对习近平新时代中国特色社会主义思想核心要义、基本精神、实践要求的理解，增强政治自觉、理论自信、情感融入，自觉做习近平新时代中国特色社会主义思想的坚定信仰者和忠实实践者。

开展系列爱国主义教育活动。10月26日，组织市委会委员，各支部正、副主委，各级人大代表，政协委员等一行赴古田，参观古田会议会址、古田会议纪念馆，接受红色教育。梅岭支部也组织党员参观许集美故居、晋江市革命烈士纪念碑以及安海侨史馆，缅怀革命先烈，加强爱国主义教育。西园、梅岭、晋南等3个支部分别组织党员参观泉州市党内政治生活体验馆，提升党员的政治觉悟。

开展调查研究。市委会联合民建晋江市委会开展界别调研活动，组织骨干党员参观考察晋江市二体中心、社会福利中心、全民健身中心。各支部也纷纷开展下基层调研活动。青阳支部组织党员分别参观考察晋江市防震减灾体验馆、泉州吉利汽车和晋江市社区矫正中心，调研了解新能源汽车产业和非监禁型刑罚执行工作；西园支部组织党员前往传化公路港调研“助推民营企业人才发展”工作；青阳、梅岭、西园、安海第二支部分别赴惠安县东岭镇湖埭头村，永春大羽村、东关村，安海新店村等开展“乡村振兴”主题调研活动。

【自身建设】 2019年，致公党晋江市委会紧盯目标任务，努力建设“四新三好”基层组织。坚持加强制度安排。年初召开党员大会，总结市委会2018年的工作，部署2019年工作，同时，表彰先进支部和优秀党员。每季度均召开全体委员（扩大）会，传达当季度各级有关会议、文件精神，细化部署当季度的工作。下属每个支部每季度至少组织支部活动一次，支部活动更加常态化。

坚持加强思想教育。围绕庆祝中华人民共和国成立70周年，以“我和我的祖国”为主题，在全市开展形式多样、内容丰富的主题宣传教育活动。选送党员王天准作品参加省委会“礼赞新中国，致力新时代——庆祝中华人民共和国成立70周年书画展”。报送施栋梁的《同心携手七十载，协力再续五千年》征文参加“庆祝中华人民共和国成立70周年和人民政协成立70周年”主题征文活动获二等奖。七一中国共产党建党日期间，组织市委会委员参加中共晋江市委统战部组织的“不忘合作初心 继续携手前进”徒步考察学习活动。邀请中国致公党中央党史研究和党务工作委员会委员、中国致公党厦门市委会原专职副主委王起鹍做关于“中国致公党党史”的专题讲座，加强党性教育。

坚持加强组织建设。择优发展新党员。全年发展新党员12名。加强教育培训。多次组织骨干党员参加各级各有关部门组织的培训班，着力提升党员的政治理论水平和履职能力。选派部分党员参加致公党福建省委会组织的“四新三好”履职能力培训班，组织部分骨干党员参加中共晋江市委统战部举办的2019年晋江市民主党派骨干、无党派人士和党外知识分子代表培训班，还有部分党员参加省社会主义学院组织的学习培训等等。以活动促交流。结合各种节日，组织开展系列活动，增强党员之间的交流互动。三八妇女节组织女党员前往泉州西街考察闽南传统文化。九九重阳节组织退休党员参观晋江市社会福利中心、晋江市全民健身中心，加强退休党员对晋江市举办世中运基础设施建设及社会福利事业建设情况的了解。推进支部工作。梅岭支部与中共梅岭街道党工委开展结对共建活动。西园支部的“党员之家”获得省委会的表彰。梅岭、西园、晋南支部分别在年终支部量化考评中取得第一、二、三名。各支部每季度均组织各种形式的考察调研或社会服务活动，全年共组织活动29场次，党派的凝聚力影响力不断提升。

（致公党晋江市委会　黄辉雅　颜　虹）

九三学社晋江支社

【概况】 2019年，九三学社晋江支社以习近平新时代中国特色社会主义思想为引领，履行党派职能，紧紧围绕中心、倾力服务大局，在自身建设、参政议政、社会服务等方面取得一定的成绩。

【参政议政】 2019年，九三学社晋江支社参政议政的积极性得到进一步激发。在泉州市、晋江市政协会议上，支社提交提案20余件，内容涵盖经济发展、生态环保、民生保障、社会治理等方面。提案质量较高，促进各项工作的落实。参加市民主党派智库调研考察活动，在2019年民主党派智库工作会议上，社员林水龙、颜彬彬受到表彰，授予年度贡献奖；继续最好智库专家讲坛讲座，上半年与民革晋江市委会承办2019年第一期“民主党派智库讲坛”专题讲座暨与灵源街道结对共建活动。

完成2019年晋江市统一战线理论调研重点课题工作，提交“晋江市非公企业职代会建设存在的问题和对策研

2019年1月9日，致公党晋江市委会梅岭支部与中共梅岭街道党工委开展结对共建活动

（致公党晋江市委会　供）

究”“全力巩固和推进城乡环境政治的探讨”“关于发展晋江市全域旅游的建议”为重点调研课题。并完成九三泉州市委会举办的关于开展中华人民共和国成立与中国新型政党制度确立70周年征文活动。支社领导和骨干社员、政协委员、人大代表等出席政府、政协举行的协商会、座谈会，在调研基础上提出意见、建议，参与政治协商、民主监督活动。依托各系列会议活动，引导全体社员积极关注经济、社会难点热点问题，全面征集社情民意，全年向各级提交社情民意10余篇。

【社会服务】 2019年，九三学社晋江支社组织部分社员参加市委统战部组织的2019年晋江市“海西春雨行动·助力乡村振兴”新春社会服务活动，前往金井镇钞岱回族村岱峰中心小学开展为群众送医送药、书赠春联，开展法律知识宣传与咨询等服务；组织各种爱心公益行动。晋江支社发挥自身特色，组织社员到紫帽镇园坂敬老院开展爱心义诊及健康咨询服务活动。活动期间，医疗专家免费为周边群众诊治、量血压、测血糖并接受群众现场健康咨询等。此次活动共150余名患者前来就诊，赠药5000余元，发放健康知识宣传折页200余份。晋江支社和民进晋江总支一同走进平山实验小学联合开展“关爱儿童 温暖进校园”爱心活动。向该校捐赠图书、为学生筛查视力等公益活动。林水龙为学生做爱眼护眼专题讲座，进一步增强学生爱眼、护眼的意识，提升学生用眼保健知识水平。党派志愿者参与现场布置、维持秩序、发放图书等。

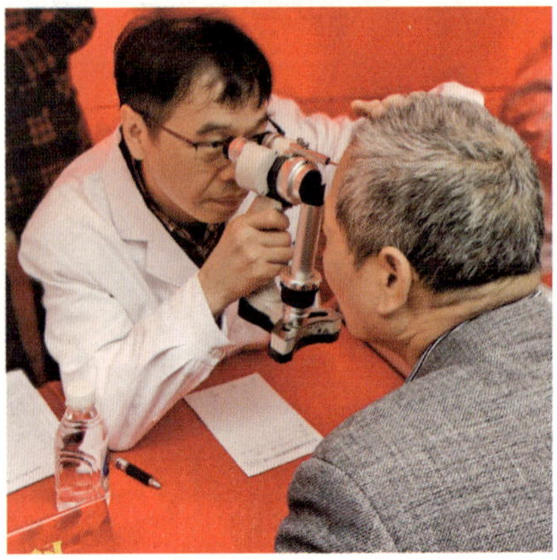

2019年，九三学社晋江支社社员到紫帽镇园坂敬老院开展爱心义诊

（九三学社晋江支社 供）

【组织建设】 2019年，九三学社晋江支社做好新社员发展工作，全年发展新社员5名，涵盖政府机关、文化教育、医疗卫生等高学历、高职称行业，进一步充实社员队伍，为党派的发展注入新生力量。组织支社社员参加各种培训，不断提升社员的综合素质和参政议政能力。组织班子成员及新社员参加九三学社泉州市委会举办的2019年暑期读书班学习。组织3名骨干党员参加中共晋江市委统战部举办的2019年晋江市民主党派骨干、无党派人士和党外知识分子代表培训班。

【主题教育】 2019年，九三学社晋江支社按照九三学社社中央提出的“政治上的坚定、履职上坚实、组织上坚强”的要求，以组织建设为基础，以制度建设为保障，加强党派自身建设，并落实实施中国特色社会主义相关的实践活动。结合各种节日，组织开展系列活动，增强社员之间的交流互动。七一中国共产党建党日期间，组织支社社员参加中共晋江市委统战部组织的“不忘合作初心，继续携手前进 ”徒步考察学习活动。9月1日，晋江支社到永春县桃城镇开展“不忘合作初心•继续携手前进”主题教育活动，此次活动旨在庆祝中华人民共和国成立70周年、九三学社创建74周年，持续深入学习贯彻习近平新时代中国特色社会主义思想和中共十九大精神。晋江支社主委苏温州、副主委蔡秋红以及20余名骨干社员参加活动。活动期间，参观位于永春县桃城镇的泉州市党内政治生活体验馆，进一步了解自中国共产党成立以来党内政治生活的发展过程。参观余光中文学馆、实地考察桃城镇美丽乡村——南星社区。

（九三学社晋江支社 苏芙蓉 苏温州）

台湾民主自治同盟晋江市支部委员会

【概况】 2019年，台湾民主自治同盟晋江市支部委员会（以下简称台盟晋江支部）共有盟员43名，本年度发展2名新盟员，培养台胞积极分子2名，其中本科及中高级职称以上36名。泉州市人大代表2名，其中泉州市人大常委1名，泉州市政协委员1名，晋江市政协委员3名。台盟晋江支部团结全体盟员，坚持以习总书记新时代中国特色社会主义思想为指导，学习贯彻中共十九大精神，以中华人民共和国成立70周年为契机，不断加强自身建设，深入开展中国特色社会主义学习实践活动。支部围绕中共晋江市委工作中心，立足自身特点、发挥自身优势，全面开展党派工作，按照中共晋江市委的决策部署、按照中共晋江市委统战部的要求，履行参政议政职能，力求在参政议政、有为履职上发挥作用。

【参政议政】 2019年，台盟晋江支部围绕中共晋江市委、市政府中心工作建言献策、提交会议发言，内容涉及经济、文教、卫生、城市建设等方面，为政府相关部门科学决策提供参考，并得到相关单位的重视与反馈，发挥民主党派参政议政的作用。2019年提交泉州台盟调研课题2份，提交晋江政协提案17份，提交中共晋江市委统战部调研课题2份。9月，支部主委洪元程与晋江龙湖镇领导一起到晋金供水工程进行安全生产检查，就湖周边截污沟、防护栏、电子监控设备的建设和维护提出具体要求，确保水质安全；支部委员参加市政协组织的围绕“盘活闲置土地废旧厂房，提升老旧工业园区”“发挥宗教文化作用，助推晋台民间交流”“充分发挥晋江市侨力资源优势，助力晋江经济发展”等议题的专题协商会，视察晋江市“创新治理模式，提升小区管理服务水平”“强基促稳”等工作开展情况，并提出意见和建议；参加中共晋江市委统战部组织的“不忘合作初心 继续携手前进”民主党派徒步考察暨统战系统主题党日活动；组织支部盟员前往围头村参观考察闽台特色民宿村、海峡水产公司鲍鱼养殖；在政协年度会议上，提出由主委洪元程撰写、副主委蔡清渺发言的关于“以赛兴城建设体育名城”的建议。

【对台交流】 2019年，台盟晋江支部充分发挥党派自身优势，根据中共晋江市委对台工作布置和要求，在市委统战部的指导下，通过开展各种形式的活动，加强对台交流，做好对台宣传和联谊工作，为台湾同胞来晋工作生活创业等各项交流活动提供服务。

加强台胞交流。主委洪元程带台湾博士吴英明一行到晋江龙湖寻根谒祖；晋江台盟支部与晋江政协办公室共同组织晋江老台胞回台湾老家探亲谒祖、接续晋台根脉；陪同台盟省委会专职副主委柯连妹率“2019两岸学生乡土文化研习营”一行约100人，参观考察五店市传统文化街区、鞋服知名企业安踏集团；主委洪元程作为台湾代表队成员参加2019年海峡两岸暨港澳地区群众体育系列赛之“晋江文旅集团杯”羽毛球赛；与2019年首届“共同家园”两岸（围头）青少年暑期夏令营全体师生开展活动；与台湾新竹县摄影学会会员在晋开展摄影交流，并与晋江相关单位联合办影展庆国庆，主委洪元程陪同参观拍摄南音、提线木偶等非遗文化演出，并介绍晋江市城市社会发展情况；组织晋台学生机器人表演赛参赛队伍带队老师召开座谈会；与华侨大学新入学的台生一起参观“八二三”炮战遗址、闽台特色民宿村、海峡水产公司鲍鱼养殖等，鼓励正在华侨大学就读的台胞们多到城市农村走走看看，深入感受大陆经济社会发展，增进互相了解、促进两岸融合。

关心在晋台胞。主委洪元程在教师节带领支部领导班子成员到晋江泉州轻工学院、泉州职业技术大学、晋江台湾声磊音乐教育看望慰问从台湾来晋江从事教育工作的台湾教师；年终关心晋江台商生产生活情况，慰问台商企业困难职工；看望并接待来参加鞋博会的台湾客商，为加强两岸的交流与互动发挥桥梁和纽带作用；与驻金井围头村的台湾农业专家团队开展座谈，深入了解台湾农业专家在晋生活、工作情况。

宣传两岸政策。台盟晋江支部主委洪元程参加台盟中央在辽宁省大连市举办的“基层组织负责人培训班”，并受台盟中央邀请作“台湾问题与当前对台政策”专题授课；主讲“晋江党派智库讲坛”2019年第三期“台湾问题与当前对台政策”专题讲座，让参训的盟员、台胞、各镇街统战委员能客观地看待台湾问题，以便更好地理解、落实中央对台各项政策。

2019年10月11日，台盟晋江支部组织盟员前往东石镇郭岑村开展义诊活动

（台盟晋江支部　供）

【社会服务】　2019年，台盟晋江支部组织盟员参与各种社会活动：市政协副主席、台盟晋江支部主委洪元程带领市政协联络民宗委调研组，前往宁德市福鼎市少数民族村赤溪村（全国扶贫第一村）学习调研。

参加中共晋江市委统战部组织的2019年晋江市“海西春雨行动•助力乡村振兴”新春社会服务活动和第十五届“同心杯”登山活动。

组织盟员参加少数民族村义诊，与晋江市政协民宗委、市民宗局共同组织到东石镇郭岑村，现场义诊、卫生健康咨询，并带医巡访慰问郭岑村少数民族患病群众。

主委洪元程书法作品《不忘初心牢记使命》入选“砥砺前行　致敬时代——泉州市庆祝新中国成立70周年暨地方人大设立常委会40周年”书画摄影联展、《两岸融合》入选“新时代　新泉州——庆祝新中国成立70周年　人民政协成立70周年”书画摄影展；主委洪元程参加台盟福建省委会庆祝中华人民共和国成立70周年文艺演出，并现场书写书法作品《两岸一家亲》。

【组织建设】　2019年，台盟晋江支部组织盟员参加中共晋江市委统战部和台盟省、市委会组织的各种学习活动，学习中共十九大精神和习近平总书记系列重要讲话精神，学习新时期中央对台大政方针，学习廉政建设有关要求。召开支部盟员座谈会，支部主委洪元程向全体盟员传达上级盟组织有关精神，并安排工作任务，听取委员和盟员的工作汇报；组织盟员学习中共中央总书记习近平在《告台湾同胞书》发表40周年纪念会上的重要讲话及参加全国人大福建代表团重要讲话精神做专题辅导、学习泉州惠台73条。

组织慰问老盟员。支部委员在春节期间组织慰问吴紫藩、李承茂、陈扬圣等老盟员；重阳节组织支部老盟员参观泉州“四朵花瓣”、泉州湾跨海大桥及海上丝绸之路生态公园。

参加培训。支部组织盟员参加中共晋江市委统战部和台盟省、市委会举办的骨干培训班及其他培训活动，提高盟员的政治素质和参政议政能力。组织盟员参加台盟福建省委会宣传思想工作培训班、泉州市委会“不忘合作初心　继续携手前进”盟史学习会及晋江市民主党派骨干、无党派人士和党外知识分子代表培训班。

与其他县市台盟组织开展活动。组织盟员与漳州市委会盟员参观五店市、与石狮支部盟员一起到晋江“八二三”金门炮战公园开展“不忘合作初心　继续携手前进”主题教育活动。

（台盟晋江支部　苏婷婷　洪元程）

人民团体

晋江市总工会

【概况】 2019年，市总工会深入学习贯彻习近平新时代中国特色社会主义思想，坚持问题导向，主动服务大局，竭诚服务职工，深化改革创新，实施“五大行动”，各项工作取得新进展新成效，并获中华全国总工会颁发的市级“工会财务工作先进单位”称号。

【思想政治引领】 2019年，市总工会加强党的建设。贯彻新时代党的建设总要求，落实全面从严治党主体责任。以意识形态教育为重点，筑牢党员干部思想意识防线，持续开展习近平新时代中国特色社会主义思想“大学习”“大宣讲”活动。开展“不忘初心、牢记使命”主题教育，把学习教育、调查研究、检视问题和整改落实贯穿始终，切实做到守初心、担使命、找差距、抓落实。加强职工政治引领。围绕庆祝中华人民共和国成立70周年，开展“劳动构筑中国梦，‘晋江经验’再‘长征’”主题系列活动，制作推出《我和我的祖国》“晋江劳动版”MV，在央视移动网点击量达13.4万。开展以“我和我的祖国”为主题的大型公益、劳模宣讲、网上工会学习答题等丰富多彩的活动，点燃职工爱党爱国激情，干事创业热情、推动全市工会干部和职工群众不断增强“四个意识”、坚定“四个自信”，做到“两个维护”，坚定不移听党话、跟党走。弘扬劳模精神。五一期间，在《晋江经济报》开辟“劳动者风采”“匠人匠心•新时代的奋进者”专栏、晋江电视台推出《倾听模范事 致敬劳动者》系列报道，展示晋江市各行各业的劳动者风采。拍摄《礼赞中国•致敬劳模》系列微视频，通过先模人物故事，引导广大职工从时代楷模所体现的时代精神中汲取力量，弘扬和践行社会主义核心价值观。2019年，共推荐评选全国工人先锋号1个，省工人先锋号6个、省五一劳动奖状1家、省五一劳动奖章4名，泉州工匠5名。

2019年4月25日，晋江市总工会开展以“劳动构筑中国梦，‘晋江经验’再‘长征’”为主题的活动 （市总工会 供）

【助力创新转型】 2019年，市总工会广泛开展劳动竞赛活动。围绕重点项目年度建设目标任务，全市360多个重点建设项目工地开展“六比一创”示范性劳动竞赛，促进重点项目又好又快建设。联合相关部门举办晋江特色小吃烹饪、晋江市首届十佳导游选拔、卫健系统免疫规划、物业管理、教师教育教学信息化应用、晋江市装备制造业数控车床等职业技能竞赛活动。全年基层工会共举办行业（企业）职业技能竞赛活动达2800多场次。推动职工经济技术创新活动，征集353项职工创新项目参加2019年省百万职工“五小”（小发明、小创造、小设计、小革新、小建议）创新大赛，获奖109项，其中一等奖10个，二等奖17个，三等奖82个；推荐创新成果优秀项目参加国际、全国职工发明展览会和第十二届“6·18”福建项目成果交易会，获中国国际发明展职工发明创新成果银奖2枚、铜奖1枚；发挥“工会大学校”和“工会大讲堂”作用，以“精准培训技术能手”“蓝领职工成才计划”“名师带高徒”等项目为抓手，帮助200多名企业职工提升学历和技能等级，3500多家企业开展各种形式的培训活动，培训员工18.3万人次；全市常年保持实现师徒结对1000对以上目标，其中农民工结对名师600对以上。

【维护职工权益】 2019年，市总工会持续加大工会源头参与力度。发挥工会参政议政作用，从维护职工权益的角度出发，提出建设性意见，争取更多的资源和手段帮助职工解决最直接、最关心、最迫切的突出问题。安海镇政府与镇总工会联席会议工作经验在全国加强乡镇（街道）工会建设现场经验交流会上做书面交流。深化创新以职代会为主要形式的民主管理工作，加强对企业民主管理工作的培训力度，进一步提升民主管理质量。《晋江市非公企业职代会建设存在的问题和对策研究》获评2019年度全省工会理论研究优秀论文和调研报告一等奖。持续深化预警调处机制建设。成立晋江市总工会劳动法律监督委员会，推动工会劳动法律监督工作的启动和运作。晋江市职工法律服务中心联合福建佳汇律师事务所为广大职工提供免费法律服务，并不定期开展法律法规宣传，提供法律服务。7月1日起，每周三上午定为“工会开放日”，提供现场接访和免费法律咨询、宣传及代写法律文书。2019年，共接到电话及现场咨询118个，免费代理劳动争议案件4件。市职工服务中心共接待职工信访40起，涉及职工人数75人，涉及欠薪金额34.7万元。持续加强职工劳动安全工作。组织职工参加“安康杯”竞赛，深入开展安全生产宣传咨询日、安全知识竞赛、事故警示教育、应急演练和“身边隐患随手拍”等活动，促进企业加强安全生产管理，提高员工的安全防患意识。市总工会连续九次被评为全国“安康杯”优秀组织奖称号。开展夏送清凉慰问一线高温作业员工活动，全市工会系统共慰问户外作业及一线职工77485人次，市总工会投入慰问经费50万元，有效预防和控制高温中暑及各类事故的发生。联合市邮政公司在市区和各镇区增设邮政网点布局26个“清凉驿站”站点建设，为一线劳动者提供避暑纳凉场所。

【服务职工】 2019年，市总工会“服务阵地”全方位。加强市镇两级职工服务中心规范化建设，工会工作更接地气，服务职工更加方便快捷，市职工服务中心等8家职工服务中心（站）通过泉州三星级职工服务中心（站）考评。市工人文化宫项目开工建设。推进公共场所“妈妈小屋”的建设，共建立20家“妈妈小屋”。服务项目多样化。建立全市工会就业信息资源共享平台，通过职工服务中心就业帮助窗口、现场招聘会等多种渠道发布，共为320多家企业发布14800多条用工信息。开展“金秋助学”活动，为145名困难职工子女发放了46.51万元的助学金；开展六一助学活动，走访慰问外来工子弟学校，发放慰问品5000多份。深入开展送温暖活动，慰问环卫工、殡仪馆工、户外建筑工、困难职工、困难女职工等746人，共发放慰问金132.57万元。深入开展“情满返乡路”活动，为1118名来晋务工人员提供团体购票服务。职工医疗互助活动成效明显。全市共有308个机关事业单位和876家企业的14.89万人次参加2019年度职工医疗互助活动，2019年共为1820人次发放506万元的补助金。开展“融合并进·共创美好明天”——晋江市外来务工人员主题宣传活动，与市中医院联合实施女职工、女环卫工乳腺癌、宫颈癌免费筛查体检活动。脊椎养护中心、火车票代售点、职工健康运动指导中心为广大职工服务。文体活动常态化。广泛开展精品化、多样化、常态化的职工文体活动。组织开展2019年泉州职工网络春晚节目选拔、“百场电影进企业”“我与改革开放40年”主题征文活动、“兴通杯”乒乓球友谊赛等丰富多彩的文体活动。加强“职工书屋”建设，2019年推荐乔丹、天然气发电公司等4家企业职工书屋申报泉州市第八批职工书屋示范点。

【优化工会组织基础】 2019年，市总工会基层工会量质并升。结合非公企业换届选举工作，推进百人以上企业建会专项行动工作，推进“八大群体”入会工作，全市12家品牌快递企业全部建立工会组织，共推进晋江市176家12979名快递员等群体入会。2019年，新组建1058家企业工会，发展会员23268人。截至12月底，全市共有基层工会8043个，覆盖企业8803家，工会会员数68.3万多人。深化基层工会规范化建设，对市级工建典型点进行考核调整，保持典型企业工会的先进性。制订《镇级工会主要工作量化考核方案》，在全面提升镇级工会实力的基础上，推动实现“一镇一亮点、一镇一特色”，梅岭街道总工会获评“全省工会系统先进集体”。全市新增教育局、柒牌等4个福建省模范职工之家，寰球公司帮面车间第10生产小组工会小组等4个福建省模范职工小家。作

2019年8月，市领导吴忠刘（左六）前往市环卫处开展夏送清凉慰问活动

（市总工会　供）

2019年5月30日,市总工会"六一助学"走进晋江市象山小学开展慰问活动(市总工会　供)

风建设不断深化。落实工会干部下基层蹲点调研制度,深入开展"面对面、心贴心、实打实服务职工在基层"活动。市、镇两级工会干部共走访企业534家,访谈职工10380余人,推动企业解决涉及职工利益的问题难题810余件。从严从实改进文风会风,始终保持整治"四风"的良好势头。各项工作统筹发展。常态化开展"1+X"专项督查工作,加强对基层经审工作的指导,逐步推进基层工会经审规范化建设,促进基层工会经审工作常态化、规范化、制度化。持续抓好巡察整改工作的巩固提升,进一步突出问题导向,注重举一反三,适时组织"回头看",巩固整改成果,营造风清气正的政治生态。加强机关纪律建设,加强监督执纪问责,持之以恒落实中央八项规定精神,坚定不移推进党风廉政建设和反腐败工作,推进机关工会工作制度化、规范化。

(市总工会　黄　晖　彭培育)

中国共产主义青年团晋江市委员会

【概况】 2019年,中国共产主义青年团晋江市委员会(以下简称团市委)以习近平新时代中国特色社会主义思想为指导,贯彻落实中共十九大,十九届二中、三中、四中全会和市第十三届党代会第三次会议精神,围绕组织、引导、服务青年,维护青少年合法权益等四项基本职能,助力晋江市"三大任务冲刺年""城乡环境整治攻坚年"活动,服务重大赛事筹办,建设国际化创新型品质城市。全年全市有3个青年集体、1名个人获国家级表彰,9个集体和项目获省级以上表彰。全市共有基层团组织1977个,其中团(工)委90个(街道团工委6个、镇团委13个、经济开发区团工委1个、企业团委19个、中学团委21个、市直团工委1个、系统团工委17个、公安局团委1个、驻外团工委2个),团总支169个(中学团总支134个、市直团总支9个),团支部1718个;全市共有团员3.8万名,少先队员17.7多万名。14周岁～28周岁青年36万人。

【服务重点工作】 2019年,团市委抽调干部参与市委巡察、招商、主题教育等工作,在全市各重点项目建设中深入开展青年文明号创建等活动。助力市委"人才战略",深入开展"晋江大学生菁英引航工程",举办第二期"大学生菁英训练营""准大学生生涯规划营"等系列活动,开展多场青年交友联谊活动。启动世中运青年志愿者骨干培养计划,并先后组织青年志愿者服务2019世界沙滩排球巡回赛、鞋博会、CBA、2019卡尔美大体联足球世界杯等大型活动,为大型赛事做好保障。

【青少年思想道德建设】 2019年,团市委常态化开展"青年大学习"活动,组织团员青年依托智慧团建,定期开展团课学习。开展"青春心向党　建功新时代"主题团日活动,引导青少年增强听党话、跟党走的思想和行动自觉。举办纪念五四运动100周年暨第十三届晋江青年文化节活动,以五四运动知识问答、晋江青年说、原创青年话剧、自行车环市骑行等形式,丰富青少年文化生活。扩大"晋江共青团"微信公众号影响力,综合影响力长期位居泉州政务类前十、团委类首位,位列全国基层团组织百强。晋江共青团新媒体工作室,以晋江共青团"团小晋、团小青"卡通形象为基础,创作玩偶、漫画、动漫、视频等成体系、青年喜爱的宣传产品。深化青年文明号创建工作,2019年,共有3家单位获评全国青年文明号,6家单位获评省级青年文明号,7家单位获评泉州市级青年文明号。

【凝聚各战线青年】 2019年,晋江市青年联合会第八届委员会第一次会议顺利召开,扎实推动青联改革,选举产生新一届青联领导班子。承办海峡两岸

2019年5月4日,团市委举办纪念五四运动100周年暨第十三届晋江青年文化节活动
(团市委　供)

大学生记者挑战赛"晋江站"赛事。举行晋江青年商会六届三次理事大会，进一步凝聚全市青年企业家力量。召开晋江青年志愿者协会四届一次会议，为青年志愿者注入新鲜血液，发布《加入我们，为晋江添彩》——晋江青年志愿者公益宣传片，持续打造"情暖回家路""晋江青年志愿者协会春节三下乡""公益巴士"等品牌活动，提升志愿服务质量。

【基层团队建设】 2019年，团市委持续开展团建项目总动员，确定45个团建重点项目。开展"智慧共青团"推进工作，重新梳理组织树，推动辖区团员网上报到，报到团员数居泉州前列。深入开展星级团支部创建，推动1516个团支部创建达标，居泉州首位。规范团费、团籍管理，一大批"失联"团员重新回到团组织怀抱。组织开展"青年大学习"专题培训暨村（社区）团支部书记培训班和"智慧团建"工作培训，全方位提升团干素质。举办少先队改革工作会议，建立团教联动共商改革机制。开展镇级少先队总辅导员竞岗聘任，创新试行少先队总辅导员任职资格考试差额考选。举办首届少先队论坛活动，探讨晋江市少先队工作新方法。成立首批少先队学科兼职教研员，进一步发挥少先队骨干在少先队活动中发挥示范、引领作用。组织少先队辅导员前往北师大学习培训，开展少先队骨干辅导员素质拓展，全方位提升少先队辅导员队伍综合素质。

【青年创新创业】 2019年，团市委深入推进"银团合作"，晋江市青年创业服务中心投入使用，推出"金翼贷3.0"，累计为2568名创业青年发放银行贷款3.76亿元，带动就业2万余人次。在"6•18"海峡项目成果交易会上举办第五批青年创新创业板挂牌仪式，累计推动151家青年企业挂牌省"青创板"展示板，推动1家实现股改。扎实推进"晋江青商素质提升计划"，举办第三期"青商大讲堂"，搭建创业青年分享交流平台。举办第十五期"青商财俊"以色列游学行，提升青年企业家创新能力。举办各类学习沙龙、创业培训班20余场，服务创业青年600余名。建立青商辅导员制度，11名青商会员被聘任为首批福州大学晋江科教园"青商辅导员"，涵盖福州大学晋江校区入驻的全部专业。建立优秀青年人才库，加强对各行业青年的凝聚和培养。

【聚焦青少年民生】 2019年，团市委加强团属社工事业建设，成立晋江市青少年事务社工中心，购买10个青少年事务社工岗位，派驻相关镇（街道）及青少年服务中心。开展重点青少年群体专项服务，打造青少年综合服务平台。全力做好禁毒、防艾、高考减压、自护教育等青少年服务工作，预防青少年违法犯罪工作专项考核位居泉州前列。关爱新兴青年群体，出台《晋江市2019年度"关心关爱快递从业青年"系列活动的实施方案》，开展"我的快递我的团"快递企业团支部建设、"暖冬心意 团团速递"快递从业青年关爱活动等模式，以"篮球赛+慈善拍卖"的形式，创新"暖冬行动"活动品牌，引导青年企业家积极捐款捐物，募集33万元善款。"爱心格子铺•爱心储蓄所"定期开展捐资助学、结对帮扶等各类爱心主题活动，全年共开展校园爱心义卖9场，公益微课堂6节，为贫困儿童实现微心愿195个，帮扶困难青少年47人，捐赠爱心善款22.5万元。晋江市青少年宫全年共开设1026个班次，培训学员2万多人次。加快推进青少年活动中心项目建设，两幢主楼分别施工至十四层和十二层，全年累计完成投资10531万元。

（团市委 张晨亮 卢奕珠）

晋江市妇女联合会

【概况】 2019年，晋江市妇女联合会（以下简称市妇联）连续两年获全国妇女新闻宣传阵地建设先进单位、晋江市绩效考核优秀单位称号、一类"五星级平安单位"，妇联系统有2个集体获全国级表彰，2个集体获省级表彰，3个集体获泉州市级表彰。全国妇联党组书记、副主席、书记处第一书记黄晓薇肯定晋江市妇联改革成效，市妇联先后收到4封来自上级妇联的表扬、感谢信。妇联改革中的"晋江经验"受主流央媒关注报道，《学习强国》平台3次、《中国妇女报》10次对晋江市妇女工作进行报道。重要内刊《今日要讯》《侨区快讯》《晋江调研》先后刊发晋江市妇联改革创新经验。

（市妇联 邱钰婧 许清心 丁玉梅）

【品牌活动】 2019年，市妇联举办"倾情礼赞新中国、巾帼奋进新时代"晋江市纪念"三八"国际劳动妇女节109周年活动，组织各镇（街道）、市直各系统、

2019年3月8日，市妇联举办"倾情礼赞新中国、巾帼奋进新时代"晋江市纪念"三八"国际劳动妇女节109周年活动 （市妇联 供）

“两新组织”、异地商会妇联组织开展缤纷三八系列活动53场，吸引近万户家庭参与。实施晋江市妇联第十二届家庭文化节品牌活动，开展邻里文化节、宝宝运动会、孕妇时装秀、“平安家庭”漫画大赛、家庭教育巡回讲座等20项活动，吸引全市近万户家庭参与。

实施晋江市家庭文化与闽南文化传承计划第三年项目，启动实施“弘扬家国情、礼赞新时代”晋江市家风家教主题宣传月活动，开展晋江市国际家庭日主题宣传活动、晋江市文明乡风巾帼馆试点打造等多个系列项目。常态化开展“寻美”活动，在全市开展2019年度寻找最美家庭活动，黄拥护等3户家庭获评福建省“最美家庭”，吴莉莉等6户家庭获评泉州市“最美家庭”。举办晋江市第二届闽南语讲故事比赛，全市中小学、幼儿园1055人参赛。

【宣传工作】 2019年，市妇联不断完善微信公众号、抖音号建设，先后发布原创微信文章372篇，抖音视频27个，粉丝数量、阅读订阅量不断提升。开展科级以上女干部“家风廉政教育”专题活动。开展晋江市“新时代、新女性、新征程”摄影作品比赛，共有1026幅参赛作品，入围80幅，特邀参展16幅。举办晋江市家庭大讲坛微课大赛，共收到参选微课作品126件，评出37件获奖作品和6个优秀组织单位，同步成立晋江市家庭健康讲师团，开通线上“家庭微课”，线上发布50个家庭教育类、家庭健康类微课视频。市妇联被省妇联系统采用信息条数位居全省前列。《光明日报》《经济日报》《中国妇女报》、中央人民广播电台、人民网、新华网、中国妇女网等中央主流媒体先后8次专题报道晋江妇联改革经验。《今日要讯》《侨区快讯》和由中共泉州市委政策研究室主管的《丝路纵横》先后推广妇联改革中的“晋江经验”。

(市妇联　王婉霞　丁玉梅)

【家庭教育】 2019年，市妇联贯彻落实2019年晋江市委市政府为民办实事项目——儿童之家四点钟学校，新增晋江市远祥服装织造有限公司、安踏鞋业有限公司一厂、晋江市三福纺织实业有限公司、内坑镇前洪村、紫帽镇儿童之家四点钟学校，各领域试点增至30个，服务达95981人次。其中市直机关儿童之家、梅岭街道桂山社区儿童之家被纳入2019年泉州市为民办实事项目。指导拍摄晋江市儿童之家四点钟学校项目宣传片《脚印》，完成《新时代　新儿童　新未来——社会工作介入四点钟学校晋江探索》编撰工作。

打造晋江市白兰花家庭驿站品牌，提升华泰社区试点、王厝社区试点服务内容，重新装修永福里社区试点，通过家庭综合服务方式，采取个案、小组和社区三大工作方法，累计开展“阳光妈妈”支援计划、反家暴宣传等各类活动263场，服务对象达54497人次。

打造晋江市妇联亲子特色品牌项目。举办“故事爸妈总动员”全城志愿活动，开展亲子阅读活动16场次。举办“我和新中国共成长”——晋江市首届社区亲子文化节，走进8个村、社区开展亲子瑜伽体验、亲子绘本阅读、亲子早教公益科普、幼儿日常保健等一系列活动，推出“我和新中国共成长”主题涂鸦活动。泉州市“大手拉小手，助力世中运”家庭亲子操在晋江成功举办。举办“礼赞新中国·拥抱世中运”第二届少儿文创市集活动，组织45所中小学、儿童之家四点钟学校参加，共设置“爱中国”文创驿站、“更出彩”意匠ID、“巧工匠”科技聚落、“家国情”亲子家园和“真好呷”美食排档等5个板块68个展位，此次少儿文创市集义卖总收入25618.1元，其中儿童之家四点钟学校共收入2158元，全部捐赠给第18届世界中学生运动会。

实施家庭教育支持行动。举办“新时代、新家教、新家风”2019年晋江市家庭教育理论研讨会暨家庭教育骨干培训班。深入村、社区、学校举办2019年“家庭教育公益大讲堂”98场，让家教新理念、新知识、新方法深入人心，推动广大家长科学教子水平的提升。开展第八届(2019年度)晋江市家庭教育优秀论文评选活动，共评选出获奖论文50篇。晋江市妇联推荐的家教论文1篇获评2019年泉州市家庭教育优秀论文二等奖，2篇获评三等奖，1个微课视频获评2019年泉州市家庭教育微课三等奖。

(市妇联　王婷婷　许清心)

【妇女维权】 2019年，市妇联以“3·8”维权月、“6·26”国际禁毒日、“11·25”国际反家暴日和“12·4”法制宣传日等为契机，将维权、反邪教、反家暴、安全生产等内容结合宣传，共计85场活动，参加人数12020人。率全省之先在农村、社区及新经济领域成立妇女援助中心，2019年，增加至15个基层妇女援助点，成立梅青社区家事纠纷调解室和蔡燕萍家事纠纷调解室，为广大妇女和家庭提供方便、灵活、快捷的维权咨询和服务。举办3期调解员培训班，提升基层维权与婚调人员业务素质。2019年，共接访97人，其中来访63人、来电30人、来信信访4人。深化“平安家庭”创建，大力开展妇联系统婚姻家庭矛盾纠纷和妇女儿童权益突出问题“大排查、大调解”工作，每月对婚姻家庭矛盾纠纷和妇女儿童权益突出问题进行集中排查梳理。连续举办十届平安家庭漫画比赛，先后有来自全市多所幼儿园、小学、中学的近2900名选手参加，提高创建“平安家庭”

2019年10月8日，市妇联举办晋江市家庭大讲坛微课开通仪式　(市妇联　供)

2019年3月4日，市妇联举办晋江市2019年“三八”维权月活动启动仪式　（市妇联　供）

的知晓率，让“平安家庭”“七无一好”走进家庭、走进校园、走进社区。

（市妇联　李育蓉　许清心）

【妇女发展】　2019年，市妇联实施晋江市“强基促稳，助力乡村振兴 深化‘家+文化’”巾帼先行系列行动，举行“政一校一企”女性电商人才培养项目签约仪式，与泉州职业技术大学、晋江经济开发区五里电商园签订项目协议书。举行“助力扶贫攻坚 助推妇女创业”捐赠仪式，扶持3名具有代表性的贫困创业妇女，帮助增加家庭收入、改变生活现状。在泉州职业技术大学、晋江经济开发区、永和镇云裳小镇分别举办3期2019年晋江市城乡妇女电商创业培训班，将免费技能培训、企业对接送到妇女群众身边。举办晋江市儿童早期发展中级育婴师培训班，发动池店镇、磁灶镇、紫帽镇等基层妇联组织妇女家政培训，吸引更多城乡创业待业妇女从事家政服务业。举办2019年“礼赞新中国、助力世中运”晋江市妇联系统西餐礼仪培训，邀请世中运申办特聘礼仪导师林秀惠授课。借力银行的金融服务支持，与晋江农商银行签订合作协议，推广“巧妇贷”妇女创业贷款，授信3年50亿元，2019年办理91笔1357.04万元，帮助妇女解决创业融资困难。协调市区小学、幼儿园巾帼文明岗和相关学校开展2019年“悦读风尚我引领、移风易俗倡文明”巾帼志愿服务活动。启动实施“全民动手 美化晋江”“五个一”巾帼千·万行计划，重点开展“最美庭院（阳台）”评选活动。

（市妇联　苏雅雅　丁玉梅）

【女企业家联谊会工作】　2019年，市妇联开展晋江市女企业家减税降费税法宣讲暨“巾帼风采 魅力女性”手机摄影培训，为全体参训人员赠送减税“大礼包”，让更多女企业家及时享受税收红利。举办“提升‘她’形象、助力世中运”晋江市第35期企业文化沙龙暨女企业家联谊会片区联谊活动，组织参观福建新宇拉链织造有限公司、晋江市捌牌纺织科技有限公司，邀请彩妆专家史丽琴老师作“你的形象价值百万”主题沙龙。母亲节期间，出资10万元，联合慈善总会慰问全市100名贫困母亲，每人2000元慰问金；开展母亲节高铁新区贫困母亲慈善慰问活动，送去慰问金3.5万元。六一国际儿童节先后走访全市8所小学、幼儿园、机构开展慰问活动，送慰问金8万元用于支持学校、机构的软硬件建设。开展巾帼拥军活动，捐赠价值10万元军民共建装备和价值2万元“拥军专线”车票。募集资金200万定向捐赠甘肃省妇女儿童发展基金会，定点帮扶甘肃贫困地区脱贫攻坚工作，组织女企业家前往甘肃省陇南市西和县实地考察产业扶贫情况，对接产业帮扶项目。市女企联获评2018年社会组织等级评估AAAA级。

（市妇联　高蓉蓉　丁玉梅）

【“两纲”实施】　2019年，晋江市妇女儿童事业快速发展。12月10日，市妇儿工委举行“两纲”重难点指标落实情况推进会。各相关成员单位就实施“两纲”各领域涉及重难点指标完成情况、存在的主要困难和问题及下一步工作计划、对策措施作了汇报。市妇儿工委对晋江市“两纲”重难点指标实施情况作下一步工作安排和部署，确保晋江市2020年如期完成“两纲”目标任务。六一国际儿童节期间，市妇儿工委和市女企业家联谊会走访慰问8所学校及福利机构，送上16万元慰问金，促进儿童健康成长和发展。

（市妇联　李育蓉　许清心）

【基层组织建设】　2019年，晋江市发挥“两新组织”妇联创建的领航者、开拓者作用，进一步织密组织网络、扩大组织覆盖面，先后指导恒安集团妇联、万达妇联、首个台商投资企业——安鼎

2019年10月22日，市妇联举办2019年“礼赞新中国、助力世中运”晋江市妇联系统西餐礼仪培训

（市妇联　供）

妇联、社会组织综合妇联、浔兴妇联、市场监督管理局妇联、浙江杭州晋江商会妇联等15家“四新”领域妇联成立。指导培优48个2019年各级晋江市妇联工作典型培育项目点，下拨青阳街道永福里社区等17个妇联典型项目培优创建点培优经费73万元，“两新组织”妇联建设等创建经费59万元。深入开展薄弱村妇联指导工作，持续推动晋江市妇女儿童工作创特色、走前列。与浙江大学联合举办为期7天的晋江市2019年基层妇联干部培训班，各级妇联执委42人参加培训。在重庆举办异地晋江商会妇联交流座谈活动，探访红色遗址，践行初心使命，上海、南京、广东、重庆晋江商会妇联主席分享经验交流。做好各地来晋考察交流工作，先后接待海峡论坛·海峡妇女论坛泉州分论坛考察组、省妇联调研组、集美大学调研组、西安市妇联、沙县妇联、长汀县妇联、石狮市妇联、德化县妇联、惠安县妇联等。

（市妇联　邱钰婧　丁玉梅）

【关爱妇女】 2019年，市妇联推进女性安康保险，与保险公司签订战略合作协议，为2410名低保户、五保户妇女购买女性安康保险24.1万元，并在全市推广，受益人数累计3.7万人次，理赔20人273万元，为妇女提供“两癌”解决方案。加强“两癌”贫困妇女救助，慰问晋江市两批患病妇女100名，发放慰问金30万元。2019年“母亲健康‘1+1’公益募捐”超26万元，为省级67名对象发放救助金29.17万元，切实把党和政府的关怀及时送到困难妇女儿童身边。

助力扶贫攻坚行动，举办“画出彩虹·口袋里的梦”慈善助学童画展及慈善晚会，共拍出22件拍品，拍卖金额15.35万元。依托各镇(街道)在全市范围内持续开展爱心妈妈与困境儿童结对帮扶活动，扩大关爱帮扶受益面，营造互助互爱的良好社会氛围。为企业家牵线结对148名贫困优秀学生，发放资助金7.4万元。

（市妇联　王婷婷　许清心　丁玉梅）

【四帮四扶】 2019年，市妇联与挂钩镇(街道)、社工机构衔接，了解掌握帮扶对象的实际困难，依托镇(街道)巾帼志愿者队伍，对有需求对象入户开展志愿帮扶。市妇联主席许清心、副主席丁玉梅带队走访慰问市妇联挂钩的“四帮四扶”重点帮扶家庭——龙湖镇后坑村、锡坑村，磁灶镇瑶琼村4户对象送去慰问金。

（市妇联等　李育蓉　许清心）

晋江市科学技术协会

【概况】 2019年，晋江市科学技术协会(以下简称市科协)围绕全市中心工作，围绕“四服务”职责，深入实施“三大战略”，在深化科协改革、助力创新驱动、建家聚力、实施全民科学素质行动等工作上推动晋江科协事业再上新台阶，为“三大任务”完成贡献力量。被国家全民科学素质纲要实施工作办公室确定为县级优秀组织单位，“全国科普日”主题科普活动被中国科协通报表扬，部分工作做法被省科协表扬和推广，在泉州市创先争优绩效评估中获得综合优秀。

【服务创新驱动需求】 2019年，市科协以承办全省院士专家工作站建设推进会为契机，推进院士专家工作站建设提质增效，助力企业创新转型升级。全市先后建有1个园区和19家企事业单位院士工作站，建站数量位居全省各县市区前列。主动服务、精准对接。先后邀请谢华安、卢秉恒、俞建勇、郑树森、李兰娟、李百炼、王立鼎、方智远、石碧等9个院士团队到晋江开展院士专家晋江行活动。每年有10余个院士团队走进晋江进行考察调研、技术咨询，形成具有晋江特色的柔性引智良好局面。持续用力、打造典型。广泛开展院士专家工作站示范创建活动，定期组织开展工作站业务培训、运营经验交流、典型表彰，发挥典型示范与传帮带作用。2019年，全市新增省级院士工作站4家，泉州市院士工作站5家，泉州市示范院士工作站及专家工作站各1家。市科协院士工作站建设经验，获省科协典型通报，相关情况在《人民政协报》《泉州晚报》《晋江经济报》做专题报道。

【助力产业转型升级】 2019年，市科协推动学会创新驱动服务站项目建设，进一步加强晋江与国家级、省级学会的交流与合作。福建正扬科技有限公司与中国水利学会所建服务站被评定为国家级“创新驱动服务站”，晋江市景俊种植农民专业合作社、东石镇立林农业开发场与省农学会建立的服务站被评定为省级“创新驱动服务站”。联合农业局承办海峡两岸美丽乡村融合发展研讨会，加强两岸学术交流活动，助推晋江市美丽乡村建设高质量发展。常态化开展“院士大讲堂”活动，2019年成功举办6场。

【提升科普服务水平】 2019年，市科协创新打造全新科普公益服务品牌。发挥市科协全民科学素质工作牵头单位作用，策划组织“全民科普、晋江先

2019年4月12日，2019年全省院士专家工作站建设推进会在晋江召开　（市科协　供）

2019年4月12—14日，承办第四届泉州市青少年机器人竞赛 （市科协 供）

行”主题科普活动，在全市20个镇（街道、经济开发区）启动“一镇街一主题”的科普宣传活动，建立市、镇、村、校、企五位一体科普联动机制，营造全民科普的浓厚氛围。举办2019年晋江市全国科普日系列活动。围绕“礼赞共和国 智慧新生活”活动主题，组织策划“互联网+科普”宣传、科普中国e站体验、“创新驱动助力行动”、科普惠农行动等20余项主题科普活动。加强新时代文明实践中心科技科普服务平台建设。招募志愿者，开展“科普下乡”志愿服务；开设“晋江科普之窗”专栏科普宣传，全年共开展27期主题科普宣传，累计受众达1800多万人次；利用节假日在科技馆，开展各类主题科技教育体检活动数十场。2019年，市科技馆和深沪湾海底古森林遗迹自然保护区被评选为泉州市“十佳科普教育基地”。

【活跃青少年科技实践活动】 2019年，市科协打造“科大侠”活动新品牌。在中共晋江市委直接指导下，市科协联合人才办、教育局等有关单位，开展高层次人才兼职学校“科大侠”试点工作。通过开展“大侠讲科普”“大侠面对面”等活动，挖掘“科大侠”科技资源，为晋江市青少年科技教育事业进行探索实践，得到上级科协领导的肯定。晋江市青少年科技竞赛活动再创佳绩。晋江市电脑机器人活动开展和竞赛水平，保持在全省前列。2019年承办第四届泉州市青少年机器人大赛，举办晋江市第十一届电脑机器人竞赛，参赛人数屡创新高。2019年，在省青少年机器人竞赛中，获得一等奖17个、二等奖16个，获奖比例达95%，位居全省首位。在第19届中国青少年机器人竞赛暨2019世界青少年机器人邀请赛中获3项二等奖。青少年科普阵地建设成效显著。在实验中学、毓英中学试点设立青少年科技实践基地，打造馆校合作的青少年科技实践平台，开展创客教育、人工智能等科技实践活动。晋江市青少年科学工作室建设经验获得省科协发文推广。

【推动科协改革发展】 2019年，市科协始终坚持政治引领，切实把党的政治建设融入机关党建全过程，推动“两学一做”学习教育常态化，开展“不忘初心 牢记使命”主题教育，常态化开展主题党日和党员义工进社区活动，努力建设让市委放心、让人民群众满意的群团组织。推动改革、深化服务。落实直接联系科技工作者制度，全力推进“三长制”。市镇两级共配备“三长”87人，完成镇街科协“三长”配备全覆盖的任务。市科协《“五个打造”推动改革出实效》典型经验得到省科协发文推广。活动牵引、重在实效。举办晋江市“全国科技工作者日”系列活动。2019年，市科协以“礼赞共和国、追梦新时代——科技志愿服务行动”为主题，在全市范围内组织开展庆祝“全国科技工作者日”系列活动。通过系列活动，进一步增进与科技工作者之间的情感交流、工作互动，增强科协组织的凝聚力、亲和力。

（市科协 张世荣 谢江漫）

晋江市归国华侨联合会

【概况】 2019年，晋江市归国华侨联合会（以下简称市侨联）在市委、市政府的领导和上级侨联的指导下，贯彻落实习近平新时代中国特色社会主义思想以及中共十九大、十九届二中、三中、四中全会精神，按照晋江市委市政府中心工作部署及全国全省泉州市侨代会精神，凝聚广大归侨侨眷和海外侨胞、港

2019年5月28日，市科协举办晋江市“全国科技工作者日”启动仪式 （市科协 供）

澳台同胞力量，参与经济社会建设，创建和谐侨界，推动侨联工作不断向前发展。助推五店市获评“中国华侨国际文化交流基地”，安海、东石、永和侨联获评省级“侨胞之家”示范点，安海、东石、梅岭侨联获评省级“侨胞之家”。

【服务经济发展】 2019年，市侨联围绕晋江国际化创新型品质城市建设和“世中运”申办承办工作大局，发挥侨界的侨资侨力侨智优势。助力“世中运”等重大赛事举办。发挥桥梁纽带作用，引导海外侨亲捐资建设公益事业，牵线搭桥助力海外侨胞到晋江捐赠事项。助力“华侨冬奥冰雪博物馆”项目捐建。通过“本地报刊宣传+专题倡议会议+海内外侨团微信群发动”三管齐下，在海内外发动，收到来自美国、菲律宾、印度尼西亚、阿联酋、坦桑尼亚、乌干达、澳大利亚等国家和中国香港、澳门捐款。联合市商务局为马来西亚晋江社团联合会颁授“晋江市海外招商引智联络站”牌匾。开展“侨与晋江经验”调研活动。联合市委统战部、厦门大学开展“侨与晋江经验”调研活动，先后多次走进东石、安海、陈埭、金井镇等著名侨企、侨村、侨校进行调研，了解晋江侨情，并举办“侨与晋江经验”调研成果交流座谈会，重点总结改革开放40年来侨对晋江的影响和贡献，了解侨与“晋江经验”之间的关系，探索侨务工作传承与创新之路，共有5篇调研成果先后在《人民日报》(海外版)、《中国侨联工作》上发表，调研活动受到中国侨联副主席隋军、省侨联主席陈式海、晋江市委书记刘文儒的肯定性批示；中国华侨华人研究所所长张春旺到晋江开展“华侨古民居保护和利用”专题调研，就如何保护好、传承好、利用好留下来的珍贵华侨文化遗产提出意见和建议。推进侨情与港澳乡情普查。牵头召开业务培训会，对各镇(街道)、教育、卫计系统普查员进行培训，指导基层侨联以公安户为基准、以村为单位，按照村户籍档案逐户过关，排查摸底，完成全市港澳乡情普查。助力晋江食品行业走出去。联合贸促会、食品行业协会、泰国福建会馆等单位在泰国举办晋江食品“一带一路品牌行”暨泰国采购对接会，共有盼盼、亲亲等20家优秀企业前往参展，为晋江食品企业走向泰国市场打下基础。搭建参政议政平台。组织部分政协委员，前往浙江杭州、嘉兴、丽水考察学习当地“发挥侨力资源优势，助力经济发展”的经验做法，动员政协委员对晋江市经济社会发展建言献策，共同推动侨界的参政议政工作再上新台阶。开展谱牒文献征集工作。参与“南洋华裔族群寻根谒祖综合服务平台”建设，通过多渠道、全方位反复动员宣传征集族谱，共征集到486册族谱。传承发展中华优秀传统文化。为更好展示晋江改革开放40周年辉煌成果，除夕至元宵节期间，联合多个部门在五店市举办2019年两岸民俗文化节暨“满园春灯心念乡”文化灯会，让广大市民和游客领略文化灯会魅力，分享“文化年味”。

【凝聚侨心侨力】 2019年，市侨联多形式开展海内外联络联谊活动，派员参加菲律宾深沪联合总会、世界泉州青年联谊会泰国分会暨泰国泉州晋江联合总会、旅菲晋江东石联乡会的换届庆典活动；接待柬埔寨泉州同乡会、印度尼西亚晋江同乡总会、世界晋江同乡总会、菲律宾金井镇联乡总会、马来西亚沙巴州华人同乡会馆等回乡参加庆典、考察、访问交流的访问团；组织来自马来西亚的50名华裔青少年回乡参加“寻根之旅”冬令营福建晋江营，指导基层侨联开展“寻根之旅”活动，安海组织134名来自菲律宾、澳大利亚、新加坡、马来西亚等7个国家和地区的华裔新生代青少年开展寻根之旅，促进根脉传承、推进乡情联谊；利用春节、中秋等传统节日向海内外乡亲送问候，同时注重海内外新老朋友的日常联系交往，向海内外侨亲发送33份贺电、唁电，让广大归侨侨眷感受晋江侨联的关注和温暖；永和侨联引导菲律宾王国阔、王华钗、王国益家族捐赠3365万支持永和教育事业。继续做好贫难侨帮扶工作。持续第五年向40名大学新生发放每人5000元的陈祖昌奖学金，继续向全市150户贫难侨发放旅菲侨领陈祖昌、蔡文雄的春节慰问金。抓好涉侨案件的处理工作。共接待来访和信访案件18起，内容涉及侨房购买、寻亲寻根、土地合同纠纷、生活困难及社会保障等多方面，对所有信访案件都热情接待、耐心疏导。

【夯实组织建设】 2019年，市侨联举行第十二届三次全委会暨基层侨联工作者培训会。会议传达贯彻全国、全省、泉州市侨联全委会，市十三届党代会三次会议及全市统战工作会议精神；总结市侨联2018年工作，部署2019年工作任务；增补十二届侨联委员会委员7名，常委7名，增补陈代锋、陈倩雯为副主席；省侨联副主席林俊德、暨南大学华侨华人研究院教授张应龙对全市近500名基层侨联工作者就学习贯彻习近平关于侨务工作重要论述、侨乡文化知识、全省侨情、上级侨联重点工作以及基层侨

2019年12月11日，市侨联举办“侨与晋江经验”调研成果交流会 (市侨联 供)

2019年3月19日，市侨联举行晋江市侨联十二届三次全委会　　（市侨联　供）

联组织建设等方面内容进行全面系统培训。推动基层侨联按时换届。加强对基层主席人选的指导和推荐，争取更多年轻化、热心侨联事业、具备较好社会影响力的侨眷属或海外乡亲担任主席，为侨联事业输送新鲜血液。西园街道成立侨联会，赖世艺当选首届主席，内坑召开第九次侨代会，姚天敬当选主席，青阳召开第九次侨代会，庄建裕当选主席。抓好“侨胞之家”创建活动。精心培育“五好”侨胞之家，组织安海、东石、永和、梅岭侨联申报省级“侨胞之家”“五好”示范点称号，发挥典型示范作用，以点带面，深化侨联“建家交友”内涵，扩大侨联组织海内外影响；拓宽组织覆盖范围，新成立陈埭江浦社区、岭山小学、平山实验小学、希信中心小学4个侨联会；抓好基层阵地建设，陈埭、西滨、紫帽侨联在当地党委的重视支持下，努力争取到独立办公场所，为侨联工作开展提供坚强保障；青阳、梅岭、安海、东石、内坑、金井、磁灶侨联在原有阵地建设基础上，对办公场所硬件设施、文化上墙进行升级改造，适应新时代侨务工作发展需要。牢筑“网上侨联”宣传平台。注重意识形态，抓好舆论引导，建好用好网上宣传阵地——侨联微信公众号，做好正能量信息和相关政策发布工作，微信共发布230条，月均更新19条，发挥参政议政直通车渠道作用，确保弘扬主旋律，传递正能量，努力培育和践行社会主义核心价值观，营造风清气正氛围。拓展侨联系统交流互动空间。与高校侨联互动，联合泉州轻工职业学院侨联举办“知我侨乡　爱我晋江——泉州轻工职业学院马来西亚留学生走进侨企侨村”活动，增加留学生对中华民族传统文化以及晋江民情风俗了解，感受晋江人文关怀；与基层侨联互动，在深沪、内坑镇召开全市基层侨联现场工作会，走访典型涉侨参访点并召开座谈会，比学赶帮超，形成互相学习借鉴启发交流创新的良好机制；与兄弟县市侨联互动，组织部分委员前往杭州、嘉兴学习基层侨联组织、侨乡文化、新侨创新创业等先进经验，接待藏胞代表、山西省长治市、广西壮族自治区防城市港口区、鲤城区、石狮市、安溪县、永春县等侨联到晋江调研，加强交流学习，共同进步。

（市侨联　蔡婉婷　庄晓芳）

晋江市台湾同胞联谊会

【概况】　2019年，晋江市台湾同胞联谊会（以下简称市台联会）按照中央对台工作大政方针和决策部署，深入践行“两岸一家亲”理念，围绕中心、服务大局，扎实开展沟通、联谊、服务、团结台胞等各项工作，发挥“台胞之家”的作用。

【服务台胞】　2019年1月17日，召开晋江市第八届理事会八次（扩大）会议，并举行晋台传统节日民俗专题讲座、“两岸一家亲”——为台胞赠送春联活动。市委常委、统战部部长黄文福参加会议并讲话；会上，副会长王巧虹传达习近平在《告台湾同胞书》发表40周年纪念会上的重要讲话精神，会长吴朝晖通报市台联会2018年工作情况及2019年工作计划，理事代表发言。

为提高晋江老台胞健康素质和晚年生活质量，做到无病早预防，有病早发现、早治疗，把疾病的危害降到最低，更好保障老台胞的身心健康和生活质量，3月5日上午，组织晋江市定居老台胞在晋江市医院进行免费健康体检，该活动连续举办4年，得到全市老台胞和台胞家属的支持。2019年共为48名老台胞进行免费健康体检并建立健康档案。

【调查研究】　2019年5月，市台联会为贯彻落实习近平总书记在《告台湾同胞书》发表40周年纪念会上重要讲话精神，秉承“两岸一家亲”的理念，从基层做起推动晋台民间交流，经晋江市台湾同胞联谊会、晋江市社会科学界联合会、中共晋江市委党史和地方志研究室协商研究，共同编纂《晋台同名村》。

【赴台联谊】　2019年4月20—30日，

2019年4月,市台联组团赴台参访台湾布袋港发展促进会（市台联 供）

市台联会第七次组团，组织15名台胞、台属赴台湾和金门开展探亲参访交流活动，先后参访金门县工商发展投资策进会、高雄闽南同乡会、高雄泉州晋江同乡会、台湾布袋港发展促进会、新北市福建同乡会、台湾晋江商会、台北晋江同乡会等同乡会、商会，宣传对台利好政策及晋江市惠台措施，参访“晋台同名村”嘉义县布袋镇岑海里（白沙）村、岑兜村等，并先后前往台东、嘉义、台中、新北、台北等地与台胞陈方图族亲张丰真、吴文星族亲吴秀莲、曾雅莉族亲黄炳琳等会面团聚，进一步奠定晋台交流的情感，拓展对台交流的民间层面。

【对台交流】 2019年，市台联会协调晋江电视台在5月29日“壮丽70年，奋斗新时代”系列报道中推介晋江宝之味食品有限公司的曾雅莉夫妇、声威电器商行的施宗苗、华利装饰设计的曾晓春、鑫仔骨汤面的王为鑫等定居台胞的创业故事，扩大台胞事业的影响力，支持青年台胞创业。

6月，特邀台湾嘉义县布袋镇、东石玉井户、新北西盛里许厝村宗亲参加第十一届海峡论坛“同名村、心连心”活动，组织他们回到家乡开展“原乡之旅”，并接待参加海峡论坛的台湾青年媒体参访团。

7月，市台联会推荐台胞大学生曾馨参加2019海峡两岸台胞青年夏令营——朱子文化之旅，推荐台胞中学生王若薇、吴睿、许悦参加2019海峡两岸中学生暑期体验营，让定居台胞学生与在台湾学生的交流交往中不仅能够收获友谊，还能增长见识。

7月27日，市台联会配合省台联做好2019年海峡两岸台胞青年暑期体验营的接待工作，组织晋台中学生（初中生）篮球友谊赛和五店市传统街区参访活动，促使台湾青年和大陆青年以球会友、增进交流联谊，深入感受晋江的历史及发展成就；接待省台联会理事、泉州市台联会理事到晋参访事宜。

10月31日至11月1日，举办晋江市第五届“中华情、两岸缘”新生代台胞联谊结对活动暨晋台学生机器人表演赛，邀请台湾彰化建国科技大学、台湾科技大学、台湾桃园市健行科技大学、台湾宜兰县罗东高工的师生到晋江参加，共有84名晋台师生参加联谊结对活动。除机器人表演赛外，还安排参观市科技馆、中国闽台缘博物馆、五店市传统街区，以及“亲情脉动”灵源山拓展活动等。

（市台联　陈　东　吴朝晖）

2019年10月31日—11月1日，举办晋江市第五届“中华情、两岸缘”新生代台胞联谊结对活动暨晋台学生机器人表演赛（市台联 供）

晋江市工商业联合会

【概况】 晋江市工商业联合会（以下简称市工商联）连续第6年被确认为全国“五好”县级工商联，2018年获评“全国工商联系统先进集体”。市工商联《扮好“四重角色”服务民企高质量发展》先进工作经验为全省唯一获评2019年度“创新中国”区县级工商联工作最佳案例。《中华工商时报》刊登多篇报道晋江市工商联助推民营经济高质量发展、组织建设、党建工作等经验做法。

【非公经济人士思想教育】 2019年，市工商联重视政治引领。通过会长会和秘书培训班等形式，深入学习宣传贯彻习近平新时代中国特色社会主义思想和中共十九大精神，特别是习近平总书记在“不忘初心、牢记使命”主题教育工作会议上和在福建代表团审议时的重要讲话精神，提高非公经济人士思想政治素质；组织传达全国工商联、省联组织工作会议精神，2019年晋江市企业创新大会讲话精神，以及弘扬优秀企业家精神和晋江党政商恳谈会制度等文件精神，贯彻落实各级决策部署，引导非公经济人士树牢“四个意识”，增强“四个自信”，做到“两个维护”。

“党建入章”。2019年，晋江市工商联探索党建工作融入民营企业公司治理结构的新实践，着力倡导“党建入章”。福建晋工机械党总支书记柯金鐤和上海晋江商会会长孙晋忠等18位民营企业家获评“晋江市首批非公企业和社会组织‘创业伙伴’党建入章典型人物”。

公益慈善。2019年，晋江市工商联发力精准扶贫，助力光彩事业，发动商会和企业开展慈善公益活动，筹集3.79亿开展扶贫、助学、助医等公益慈善；通过基层商会鼓励和引导会员企业积极参与“四帮四扶”活动，2019年，帮助237户困难家庭走出困境；市工商联捐助200万元帮扶资金支持闽宁扶贫协作，捐助10万元支持山海扶贫协作项目，帮助修建安溪县祥华乡石狮村教学楼；弘扬移风易俗，2019年引导晋江企业家通过简办不办红白喜事节约资金，共捐赠慈善款4920万元。

【实施“双航计划”】 2019年，晋江市工商联立足晋江产业实际，聚焦实业，大力实施产业升级“启航计划”。2019年磁灶启航在上海开展“新零售背景下营销渠道创新升级”课程，在海南举行“跑向大海、骑出精彩”毕业课程，学习《华为奋斗文化与人力资源管理经验》，在户外露营与骑行。磁灶镇还搭建晋江首个镇级产业协同创新平台，平台组织晋江市高新技术产业对接会暨陶瓷技术对接推介会，邀请以厦门大学石墨烯研究院的博士组团到磁灶进行调研，并组织磁灶企业家赴珠三角，开展“产业创新对标”，定期开展人才沙龙等一系列活动，助推磁灶镇产业转型升级；安海镇产业协同创新平台也于2019年正式启动运营，助力安海镇产业转型升级，赋能晋江经济发展。

2019年11月26日，市工商联举办2019年度全国晋江商会秘书培训班

（市工商联　供）

“领航计划”。2019年，晋江市工商联主席洪忠信身体力行参与培养全过程的“企业家素质提升行动领航计划”，第一期已结业，领航班二期赴深圳开展“供应链金融”主题课程，在中国科学院深圳先进技术研究院开展“科技合伙人”主题课程；领航班三期以“用知识创新 用创新创业”深圳行、“工业设计 智造未来”香港行，2019年开展4次课程，100多名年轻一代参与其中，助力年轻一代素质提升。

【服务民营经济】 2019年，市工商联定期组织会员企业开展对标学习，组织130多人次前往昆明云南白药、郑州、苏州等地，开展对标学习和培训活动；引导晋江市商协会结合商会实际积极开展对标找差活动。商协会通过“走出去”的方式，借鉴先进企业在技术创新、精益管理、人才引进等方面的好经验好做法，为企业发展开辟新视野。

服务经贸交流。2019年，晋江市工商联组织商会和会员企业参加体博会、闽台食交会、家装建材博览会、中国国际针织（秋冬）博览会等展会，泳装产业协会举办“聚势谋远泳享未来”为主题高峰论坛并组织企业抱团亮相2019年法国巴黎国际内衣泳装面料展，帮助企业寻找商机；推动英林、龙湖、永和、深沪、金井等商会举办企业减税降费政策宣讲会，梅岭商会举办“用知识产权助力企业经济腾飞”等专题讲座，金井商会举办2019年领航“金”英企业高端研修班，英林商会聘请法律顾问单位并定期召开法律知识讲座等。

党政商恳谈会制度。2019年，晋江市工商联出台《晋江市党政领导与企业家恳谈会制度（试行）》《晋江市非公有制企业诉求受理处置反馈工作机制（试行）》等制度，推广晋江经济开发区、安海、永和商会等地党政商联席会制度，落实好晋江市党政领导与企业家恳谈

2019年，市工商联组织会员企业赴郑州开展对标学习　　（市工商联　供）

会制度，2019年邀请政府有关部门开展扶持民营企业政策的解读和宣讲，邀请财政局、商务局宣讲招商引资、税源回归等优惠政策，推动惠企政策切实落到实处，面对面听取和搜集企业遇到的困难和难题；组织晋江市企业家参加“手拉手”产能对接暨党政与企业家恳谈会，推进产能对接，释放金融活力，深化政银企互动。

民营经济领域纠纷多元化解机制。2019年，晋江市工商联联合市法院构建民营经济领域纠纷多元化解机制，共同印发《关于发挥商会调解优势、推进民营经济领域纠纷多元化解机制建设的实施方案》，在市工商联建立晋江市商事纠纷调解指导中心，并聘任16位商会调解员代表为商事纠纷特邀调解员，推动商人纠纷商会解；2019年10月30日，联合市政法委在晋江市五里工业园区361度公司“职工之家”为“亲清”护企政法服务站揭牌，为民营经济健康发展提供司法保障；陈埭商会发挥商会商务调解委员会的创新举措，保障经济市场良性运转。协助泉州市中级人民法院、晋江市人民法院调解各类经济案件和执行案件105多件。

创新商会医保服务。异地商会医保“一站式代办”，市工商联联合晋江医保分局推动晋江市医保服务异地商会“一站式”代办工作，授权给异地商会，深化与全国各地晋江异地商会合作，创新服务方式，实现晋江人“出门在外，医保服务找商会”；闽医晋江行活动形成品牌效应，上海晋江商会特邀19名泉州籍医疗专家赴晋南分院开展义诊活动，福州晋江商会组织福建医科大学孟超肝胆医院著名医学专家到晋江市第二医院（安海医院）开展大型义诊活动，把高端优质诊疗服务送到家乡百姓身边。

【组织建设】 2019年，晋江市工商联将工商联所属商会改革发展列为工作要点，建立健全联系、指导、支持商会的工作机制，2019年指导昆明、浙江、陕西、南京、郑州、福州、重庆晋江商会如期开展换届工作，选优配齐商会领导班子，推进商会制度化、规范化建设。安海商会获“2017—2018年度全国‘四好’商会”称号，福州晋江商会被评为2018—2023年5A级社会组织。

加强商协会组织建设。2019年，晋江市工商联利用第九次会长会，组织各镇（街）、开发区党委，市直有关部门以及各镇（街）、开发区商会深入学习贯彻落实全国工商联、省联组织工作会议精神，并部署晋江市贯彻意见，出台《晋江市开展组织建设工作实施方案》，以“一次扩面、当年完成、逐步完善、全面提升”为思路，切实加强新时代工商联组织建设工作。在会员发展方面，联合市场监督管理局等有关部门帮助商协会摸底企业，推动晋江市商协会广泛吸收本区域、本领域的非公有制企业，扩大会员覆盖面；在商会改革方面，加强对未按期换届商会的工作领导力度，指导成立党组织，并严格按照章程开展商会活动；在协会改革方面，指导晋江市行业协会严格围绕“五分离、五规范”完成与行政机关脱钩改革工作。

加强工商联机关建设。2019年，晋江市工商联建立健全工商联（总商会）执委会议、会长办公会议、秘书长联席会等制度，在劲霸公司、云南昆明等地召开3次会长办公会议，在郑州举办全国晋江商会秘书培训班，推动商协会建设和政商良性互动；完善党组理论学习中心组学习制度，全年共开展12次学习，组织开展“不忘初心、牢记使命”主题教育活动，通过组织听取专家讲座、观看警示教育片、实地参观内坑“红色粮仓”等红色教育基地，进一步改进机关工作作风。

（市工商联　黄奕白　郑科伟）

人民武装

【概况】 2019年，晋江市人民武装部（以下简称市人武部）学习贯彻习近平总书记重要讲话精神，贯彻习近平强军思想和新时代军事战略方针，贯彻习主席“四个深入推进”的总要求和上级党委扩大会精神，抓好各项工作落实。注重制度落实。严格落实党管武装各项工作制度，协调定期召开专题党委议军会，讲评党管武装工作开展情况。12月，组织镇（街）党（工）委书记党管武装述职报告会，促使党管武装各项工作在基层末端落实。注重队伍建设。提交市委常委议军会议专项研究，指出晋江市专武干部队伍建设存在编制未能落实、年龄结构老化、兼职工作过多、进出渠道不畅等突出矛盾，提议下一步抓好编制落实、吸纳军转干部、后备干部单列、规范兼职工作、健全考核机制，为进一步加强镇（街道）专武干部队伍建设，推动基层武装工作发展，提供人才保障。营造尊崇氛围。与市人社局、退役军人事务局，组织随军家属和退役士兵专场招聘会3场，应聘人数约80余人，走访慰问辖区11名二等功臣和军龄满30年的退役军人；联合市退役军人事务局，开展退役军人返乡接送活动。通过与教育部门反复协调沟通，将照顾范围拓展到户籍在晋江的现役军人子女，解决100名部队子女入学入园；协调维护3名现役军人军属合法权益。抓好26名（9人随调、17人安置）随军家属随调和就业安置工作。

【思想政治建设】 2019年，市人武部按照“学懂弄通做实”的政治要求，真学深学活学习近平强军思想，始终坚持“思想建党、政治建军”根本原则。抓紧抓实“传承红色基因·担当强军重任”和“不忘初心·牢记使命”主题教育，引导全体干部、文职、职工进一步增强“四个意识”、坚定“四个自信”、做到“两个维护”。通过开展各类讨论交流活动，进一步抬高思想战位、培育战斗精神、加强责任担当。发挥“八·二三”炮战公园国防教育红色资源优势，全年接待全国近200多个参观团约20万余人。10月，申报国家级“国防教育示范基地”，该村党支部书记洪水平被评为首届福建省“国防人物”。

（市人武部　黄柏川　邓炎斌）

【军事斗争准备】 2019年，市人武部结合上级组织的演练，组织新任民兵营长和民兵信息员围绕“海上和辖区安全形势分析”进行集中培训，较好地提升战备执勤能力。组织参加省军区、军分区专武干部集训、民兵技术骨干培训；组织专武干部、民兵营长集训，重要目标防卫，海上民兵集训，海防哨员集训考核；组织专武干部、应急分队、民兵营长和民兵哨员实弹射击。提高现役干部指挥能力、专武干部任职能力、专业骨干组训能力以及基干民兵遂行任务的能力。

2019年6月5日，市人武部部长赖中平（示范者）组织基干民兵军事训练讲解示范

（市人武部　供）

2019年4月，市人武部召开晋江市民兵重点工作任务部署会 （市人武部　供）

【国防动员】 2019年，市人武部按照“平时服务、急时应急、战时应战”的要求，抓好国防动员能力建设。抓实民兵整组，按照压缩数量规模，优化结构布局，拓展编组领域，创新管理模式，全面展开精细化编组整组，常态化教育管理和精确化快速动员。抓好大学生军训。9月，市人武部从基干民兵中遴选107名教练班长，承担辖区2所高校5100人次大学生军训任务，达到国防教育的目的，增强大学生国防观念。抓好兵员征集准备，加大征兵宣传力度，突出抓好“感动晋江·军旅成长记”专题系统报道活动，提升大学生参军热情，晋江市2019年超额完成征集任务，大学生比例占77.71%，新兵质量较往年有较大提高，被泉州市征兵领导小组评为“征兵工作先进单位”。指导各镇(街)开展“美丽晋江·现役军人风采”展示活动，金井围头村现役军人风采活动被解放军报报道。

【从严治军】 2019年，市人武部按照“常态教育抓预防、常态管控抓规范、常态纠治抓落实”的思路，抓好安全管理工作。坚持常态教育。以贯彻落实新条令为重点，加强日常养成，进一步正规“四个秩序”，稳定思想、加强担当、严明纪律、树好形象，确保部队高度集中统一和安全稳定；传达各级安全管理电视电话会议精神，干部职工按级管理、责任管理、自我管理意识得到加强。坚持常态管控。开展安全大检查活动，重点对13个方面进行重点查纠，定期坚持安全隐患排查，安全形势分析、安全风险评估制度，较好地实现“五不出”(不出事故，不出案件、不出政治性问题、不出新发的重大违纪违规问题、不出严重影响省军区形象声誉的情况)目标。坚持常态查纠。严格落实每周五保密检查、涉密资料出入柜登记、文印室打印审批、武器库查库、重要岗位政治考核等制度，及时遏制消除安全隐患。针对国防动员部“安全大检查”所通报的问题，立即召开党委会，分析原因、深挖根源、研究措施、责任到人、狠抓整改。

（市人武部　庄文晓　李小清）

武装警察

【概况】 2019年，武警晋江中队贯彻落实各级会议精神，按照“抓班子强队伍、抓经常打基础、抓训练保中心、抓作风正风气、抓安全谋发展”的年度工作思路，狠抓经常性基础性工作落实，全面提升中队整体建设水平，为确保晋江市看守所绝对安全、晋江市城区社会面安全稳定做出贡献。

【思想政治教育】 2019年，武警晋江中队以中华人民共和国成立70周年大庆为契机，坚持把习近平强军思想作为统领部队建设的“魂”和“纲”，坚持把思想政治建设摆在首位，打牢官兵思想根基。抓实理论武装。开展“传承红色基因、担当强军重任”和“不忘初心，牢记使命”主题教育，以两本“纲要”为基本教材，结合官兵认知水平、学习能力和岗位实践基础，在分众化学习、大众化传播、通俗化解读中提升理论学习成效，确保党的创新思想和上级决策部署落地生根。抓活政治教育。通过组织诗朗诵比赛、演讲比赛、文艺节目等多种形式，深化教育效果。中队在上级组织的各项政治活动竞赛中共获得1个一等奖、3个二等奖、1个三等奖的成绩。通过“请进来”的方式，邀请晋江市委党校教

2019年，武警晋江中队开展官兵思想政治教育 （武警晋江中队　供）

师吴莲妹来队进行“传承红色基因、担当强军重任”主题教育宣讲。针对老兵复退后，官兵执勤、训练、生活压力大的实际问题，邀请晋江市第三医院医生到中队开展心理减压活动，帮助官兵缓解心理压力，并与第三医院签订双拥共建协议。抓好育人平台。满足官兵对课堂教学内容、政治教育形式和知识获取渠道的多样化需求，用好学习强国、微信公众号、军职在线、红色密码我最爱App等学习载体；参加晋江市纪念五四运动100周年主题教育活动，激发青年官兵献身祖国强军事业的动力。结合中华人民共和国成立70周年、中国人民解放军建军节、抗日战争胜利纪念日和烈士公祭等，开展爱国主义和革命英雄主义教育，增加官兵胜任本职岗位的责任心和使命感。

2019年，武警晋江中队组织官兵开展刺杀对抗训练　（武警晋江中队　供）

【“能打胜仗”能力提升】　2019年，武警晋江中队深入贯彻习主席训词训令，纠治和平积弊，坚持在强能力、保中心上持续用力。持续用力抓中心。领会执勤目标安全的重要性，加强勤务组织和勤务检查，搞好教育引导，从正规执勤秩序入手，坚持“周讲评、月议勤”制度，通过购买哨兵防瞌睡耳机纠正官兵执勤“常见病”“多发病”。结合老兵复退等时机对执勤方案进行多次修改完善，并及时开展专勤专训，与目标单位严密组织联合方案演练，确保方案安全有效。担负晋江市动车站联勤武装巡逻。精准聚力抓战备。着眼打赢“维稳战役”，中队严格落实战备值班力量体系建设要求，抓好中队战备演练。针对7、8月为台风高发期，9月满服役期人员复退等实际，加强对处置突发事件的研究部署，及时修订完善战备方案，严格落实编成、人员、装备、车辆、任务“五个定位”，加强战备力量常态备勤，确保部队始终保持“箭在弦上、引而待发”之势。问题倒逼抓训练。中队坚决克服“重勤轻训”的模糊认识，分析训练形势，查摆训练瓶颈，确立“针对薄弱科目突出训，设立目标奖惩机制训，浓厚比学赶帮氛围训”的思路，始终叫响“训练有为、训练有功、训练有位”口号，通过每周会操每月考核，制作军事训练“龙虎榜”、颁发流动红旗，将军事素质与年终评优、骨干任用直接挂钩等激励措施，调动全体官兵的训练积极性，达到以“训练促能力，用能力保中心”的目标。中队应急班班长在总队军事大比武竞赛中获得投弹科目个人第一名的成绩。

（武警晋江中队　郑琼册）

海　警

【概况】　2019年6月12日，泉州海警局晋江工作站举行挂牌仪式。晋江市委常委、政法委书记陈长义，副市长李志强，晋江海事处、市农业农村局、公安局、退役军人事务局、自然资源局、金井镇政府等有关部门领导及工作站全体官兵参加挂牌仪式。李志强代表晋江市政府对晋江工作站的成立表示祝贺，对工作站的建设给予肯定，希望晋江工作站全体官兵以此次挂牌仪式为契机，全面加强部队自身建设，提升海上执法能力，力争在短时间内形成战斗力、扩大影响力，努力为晋江经济建设发展做出新的更大贡献。泉州海警局晋江工作站紧扣“稳定、创新、发展”主题，围绕改革发展大局，把方向、谋大事，抓班子、带队伍，补短板、强根基，团结带领全站官兵真抓实干、攻坚克难，保持辖区海域和部队建设的基本稳定，各项改革任务落实落地，海上执法执勤和队伍建设取得长足进步。

2019年，泉州海警局晋江工作站开展海上执法执勤　（泉州海警局晋江工作站　供）

【海上维权执法】 2019年下半年，泉州海警晋江工作站紧紧围绕改革整编主线条，始终坚持不等不靠、主动作为，走访晋江市委、市政府，公安局及涉海部门，建立更新联通渠道。贯彻落实中央领导批示指示精神，履行中央赋予海警部队新的七项海上维权执法职责，深入开展涉海扫黑除恶专项斗争。落实巡逻、执法、训练“三位一体”勤务模式，依托“海上枫桥”模式，在深沪设立执勤待机点，推动部队对辖区岸线的全时全域掌握。聚焦非法盗采海砂热点问题，加强对辖区管控，查获砂船2起3艘，接处警6起，办理刑事案件3起，维护辖区海域社会治安环境，得到驻地党委、政府的肯定。

（泉州海警局晋江工作站　邱伟晓　李政杰）

人民防空

【“三位一体”指挥平台系统建设】 2019年，市人防办制订基本指挥所日常管理规定，明确职能分工、落实责任到人，加强指挥所的日常维护管理，确保基本指挥所指挥系统正常运行；按照“八室一库一中心”标准配置，进一步完善地面指挥中心功能，配齐各类物资器材，落实运行管理制度，确保基本指挥所和地面指挥中心指挥通信功能互联互通，实现功能有机融合、指挥手段多样化；推进第二代机动指挥平台建设，配合泉州市人防办做好机动指挥所的立项、设计等工作，并参与泉州市人防办组织的参观学习、技术研讨等活动，进一步明确实际需求及功能要求。

【指挥通信系统互联互通】 2019年，市人防办按照上级部门工作要求，配合完成泉州市人防系统指通业务现场集训任务，委派专职人员参加市人防办组织的指挥通信及无线电通信培训活动，切实提升通信指挥人员理论及实操水平。每月完成与泉州市人防办、各兄弟县市人防部门无线电联调联试工作，确保能够上下连通。

【智慧人防试点建设】 2019年，市人防办为适应新时代智能化发展趋势，探索智慧人防建设思路，经与多家相关科技公司沟通研讨，理清智慧人防项目建设任务及建设目标，完成项目前期立项工作，并就项目保密问题行文请示上级部门。

【工程审批管理】 2019年，市人防办结合机构改革和工程建设项目审批制度改革，按照工程审批四个阶段要求，组织全办干部学习研讨相关文件精神，并结合晋江市行政审批改革进展，及时提出改进意见建议，将防护设计告知书改为内部告知事项，并会同相关部门出台《晋江市工程建设项目建设许可阶段改革实施方案（试行）》《晋江市房屋建筑和市政基础设施工程竣工验收阶段改革实施方案（试行）》等审批改革文件，简化优化人防审批服务。根据晋江市实际情况，市住建局（人防办）、自然资源局等八部门出台《晋江市住宅小区竣工综合验收暂行办法》，加强住宅小区竣工综合验收管理，规范住宅小区配套建设。

【宣传演练】 2019年，市人防办扩展警报试鸣途径，确保警报试鸣全覆盖。“9·18”防空袭警报试鸣活动期间，结合晋江市建成的1000余台预警信息发布终端，同步试鸣防空警报，地点遍布全市近400个村（社区）、400多所学校及市直有关单位，拓展警报发布途径，确保全市域防空警报试鸣全覆盖。

探索宣教进网络途径，提升群众防空意识。为适应互联网信息时代宣传要求，委托广告公司制作人民防空警报知识宣传片，通过自媒体（微信公众号、微博等）、综合预警信息发布平台等，以群众喜闻乐见、随处可见的方式宣传防空袭警报知识。融合综合宣传平台，依托全市1000多台综合预警信息发布终端，9月，循环播放《中国人防生》、空袭警报知识动漫片等，丰富人防宣传途径，全面完成人防宣传“五进”活动。提升基层组织指挥能力。按照泉州人防办的任务要求，下发通知明确各级任务，协调教育等部门，要求有条件的学校、社区和企业进行试鸣演练，提升基层自我组织能力和民众的参与意识。

（市住建局　黄　嵘　陈荣松）

政法委及综治

【概况】 2019年，全市政法机关以开展“不忘初心、牢记使命”主题教育活动为动力，以中华人民共和国成立70周年大庆安保为主线，以“六守六无”（守诚无失信、守德无纷争、守约无陋俗、守规无事故、守法无案件、守廉无贪腐）系列平安创建为抓手，持续深化平安晋江、法治晋江和特别过硬队伍建设，纵深推进“强基促稳”专项行动、扫黑除恶专项斗争和社会治安问题专项治理工作，取得良好成效。全年立刑事案件8234起、比降9.2%，破刑事案件5377起、破案率65.3%；市检察院审查逮捕案件2404件3316人、受理起诉案件3344件4348人；市法院受理各类案件42968件，办结39546件，执行各类案件17939件、执行到位17.2亿元。全市社会安定稳定，连续11年获评泉州市平安建设（综治工作）优秀县（市、区），市委政法委获评泉州市深化全国文明城市创建志愿服务工作先进集体，《平安共同体》特色党建项目代表晋江市参加泉州市展播评选获二等奖，政法委机关党支部项目《燃点平安红》获评政法系统特色机关党建一等奖。

【平安创建】 2019年，市委政法委完善“六守六无”系列平安创建体系，继续落实综治平安建设主体责任，组织签订市、镇（街道）、村（社区）三级综治责任状并纳入领导干部述职考评内容；开展第二届“六守六无”平安宣传系列活动，举办“青春心向党、建功新时代、共筑平安城青年歌手大赛”“千人齐歌赞、守护平安城”主题宣传日“快闪”活动，制作发布“六守六无”动漫宣传片，上线运行平安志愿服务App，评选十佳志愿服务项目和十佳平安志愿者，开展平安村（社区）知识竞赛，营造浓厚创建氛围；细化考评方案，兑现2018年度162个星级平安村（社区）奖补1800余万元，惠及近40万人。对标国家治理体系和治理能力现代化，编制《十四五时期晋江市健全现代化社会治理体系研究专项规划》，“六守六无”平安系列创建项目获评泉州市级年度实施党建工作项目化管理优秀项目和全市“强基促稳”基层治理创新专项优秀案例，相关做法获泉州市领导康涛、林锦明、刘文儒的批示肯定，《法治日报》于8月25日以“六守六无激发人人参与平安创建”为题作专门报道。

【社会治理】 2019年，市委政法委完善智能防控体系，打造“人工巡逻”和“电子巡防”互动格局，形成“前端高清、后端智能”防控网络。新增811路城安7期监控和500路人像卡口，总计达6万路；拓展各类物联网感知、数据自动采集、视频智能化应用等技术设备，建成视频一键报警、电子警察智能取证、应急车辆定位管理、微卡口等系统。通过视频监控破获的案件占全年总破案数的七成以上，解决环境污染、抢险救灾等民生问题1000多件。发展新时代“枫桥经验”，执行市镇党政领导定点定时定人接访下访制度，实行镇（街道）每周、市每半月矛盾纠纷排查化解例会制度，与厦门海事法院联合成立“海事诉调对接联络处”，推行“乡贤议事会”“村民议事堂”“信访评理室”，创设“三乡调解”“三所一庭调解”“宗教调解”新模式；组织实施“综治平安建设创新年”活动，从8个领域打造28个社会治理创新典型示范点，培育深沪渔港“海上枫桥”、361度公司“亲情护企”政法服务站等典型。全面推行村级组织“一个中心、若干网络”运行机制，出台绩效管理关键绩效指标（KPI），推动实现“大事全网联动、小事一格解决”。推进流动人口市民化，流动人口居住证、30项市民化待遇、积分优待、落户等制度逐步完善，全市登记流动人口103万人、参与申请市民化积分排名9万人，提供优待选择住房1057套，兑现自购房（商品房）补助150万元。

【扫黑除恶】 2019年，市委政法委结合市委市政府中心工作，推动“扫黑除恶”专项斗争向“治乱”延伸，市财政拨款510万元专项斗争经费，通过加强专业力量、加强线索排查、建立办案联动机制、实行台账管理、联合市巡察办开展专项巡察、设立督导专员、委托西北政法大学举办扫黑除恶暨法治建设专题培训班等方式，提升打击能力和效果，重点打击、整治群众反映强烈的电信网络诈骗、套路贷、涉海涉砂行业、涉麻制毒、“黄赌”、保护生态环境等重点领域乱象。全年摧毁黑社会性质组织2个、涉恶类犯罪集团12个、恶势力团伙2个，村霸势力2个，批准逮捕48件144人、提起公诉16件125人，审判29件141人，查封、冻结、扣押涉案资产1.8403亿元，工作成效位列泉州第一。

（市委政法委　庄永明　王经勤）

法治政府建设

【概况】 2019年，晋江市贯彻落实《中共中央、国务院法治政府建设实施纲要（2015—2020年）》《福建省法治政府建设实施方案》，围绕中心、锐意改革，加强政府工作制度化和规范化，增强政府公信力和执行力，全面加快法治政府建设，助力晋江市建设“国际化创新型品质城市”。市委将法治建设摆在工作大局的重要位置，将法治建设纳入全市发展总体规划和市委常委会年度工作要点，召开市委常委会听取《晋江市法治建设实施方案》工作汇报，研究解决法治建设有关重大事项、重大问题、重大举措。结合晋江市实际，制订《晋江市2019年法治政府建设重点工作安排》，统筹推进全年的法治政府建设工作。按照市政府部署，以问题为导向，研究制定法治政府建设督查工作方案，实行书面督查和实地督查、综合督查和重点督查相结合，督任务、督进度、督成效，察认识、察责任、察作风，对全市部门贯彻落实《中共中央、国务院法治政府建设实施纲要（2015—2020年）》《福建省法治政府建设实施方案》《泉州市法治政府建设实施方案》开展督查，全面掌握各地区法治政府建设情况，督促及时整改问题，消除制约法治政府建设的体制机制障碍，推进法治政府建设各项任务。

【行政管理体制改革】 2019年，晋江市坚持依法建立权责体系，推进机构改革，规范政府行为。紧扣“放管服”改革工作重心，以“审批速度最快、服务效能最优”为目标，多管齐下推动清权、削权、优权、制权、理权，全面编制市直部门权责清单、镇（街）权责清单等，构建并持续完善政府部门权责清单制度。权责事项全部实现网上公开，其中审批服务事项实现与省网上办事大厅连接。建立权责清单动态调整机制，制订《晋江市直部门权责清单管理规定》，确保本级事项与上级事项调整的有效衔接，与审批服务事项办理的有效对接。2019年根据上级取消、下放、调整，法律法规立改废释及机构职能调整等情况，共调整市直部门权责事项225项，确保政府“法无授权不可为、法定职责必须为”。推进市级机构改革，因地制宜调整优化市级党政机构和职能，其中设置政府工作部门28个，抓紧进行“三定”的制订工作。

坚持马上就办，统筹推进审批服务便民化。全面落实“一趟不用跑”和“最多跑一趟”，推进审批服务标准化，开展“减证便民”专项行动，推行审批服务集中办理，提升“互联网+政务服务”水平，创新便民利企审批服务方式，深化行政审批中介改革，加强事中事后监管，提出提升审批服务便民化水平改革举措和目标任务。

坚持高效便民，推进审批服务集约化。以办成“一件事”为标准深化改革，避免企业和群众办事多头跑、跑多趟。推行二手房交易登记“一窗式”办理，实现群众办事由原来“4个地方6个回合10多天”到“1个地方2个回合5天”的转变。推行基建项目并联审批“一窗式”收发，实现财政性投资项目审批仅需6道环节36个工作日、社会投资项目仅需5道环节34个工作日。推行既有住宅增设电梯审批“一窗式”受理，在全省各县（市、区）中率先出台专项实施细则，建立“一窗受理、联合踏勘、内部流转、限时审批”机制。

【规范性文件审查】 2019年，晋江市开展规范性文件审查工作。根据《晋江市规范性文件、合同文本法律审查工作制度》，细化晋江市规范性文件审查制度，确保晋江市出台的文件合法合规。2019年，共审查以市政府、市政府办公室名义印发的文件158件，对文件的起草或者执行单位报送的初步意见进行审查、研究，提出意见建议。办理市领导、办公室领导交办的合同文本审查把关工作，为晋江市的城市建设、招商引资、经济建设等重点项目提供法律服务，依法保障市重点项目的顺利推进。建立政府涉法事务合法性审查制度。

完成规范性文件年度和专项清理工作。印发《晋江市人民政府办公室关于清理2019年度到期行政机关规范性文件的通知》，梳理各责任单位的清理意见。按照《国务院办公厅关于进一步做好“放管服”改革涉及的规章、规范性文件清理工作的通知》《福建省人民政府办公厅关于印发进一步做好法规、规章、规范性文件清理工作方案的通知》及《泉州市人民政府办公室关于进一步做好法规、规章、规范性文件清理工作的通知》要求，组织对“放管服”改革、生态文明建设涉及的规范性文件进行清理，其中废止涉及“放管服”改革规范性文件2件，修改1件，废止涉及生态文明建设和环境保护规范性文件14件，修改2件。

做好规范性文件备案审查工作。审查部门报备的规范性文件备案材料，2019年，向泉州市政府和晋江市人大常委会报备规范性文件28件。

【依法决策】 2019年，晋江市健全重大行政决策机制。贯彻落实《晋江市人民政府工作规则》，进一步健全完善政府重大决策的规则和程序。坚持重大行政决策集体讨论制度，落实邀请人大、政协领导列席政府常务会议制度，构建公众参与、专家论证、风险评估、合法性审查和集体讨论决定相结合的行政决策机制，促进决策的科学化、民主化。

加强行政决策合法性审查。把好重大行政决策事前审查关，健全重大行政决策合法性审查机制，坚持在作出重大行政决策之前，听取司法机关的审查意见，未经司法机关合法性审查或经审查不合格的，不得提交上会。2019年，司法机关提前参与介入重大行政决策、行政合同，出具法律意见20份。

推行法律顾问制度。贯彻落实省委、省政府《全面推进政府法律顾问制度的指导意见》，制订《晋江市政府法律顾问工作规定》，推动政府法律顾问制度实现市、镇（街道）、村（社区）三级全覆盖，推进“一村（社区）一法律顾问”制度，实现三级全覆盖。

【公正文明执法】 2019年，晋江市严格规范执法，不断改进和创新执法方式，减少执法冲突。深化检察监督指导中心工作机制，进一步深化行政执法与刑事司法互动衔接，加强双向交流，深化监督治理，纠正行政执法机关以罚代刑、降格处理、监管缺位等问题，力促检察机关监督职能充分行使，为经济社会发展提供坚实保障。

探索开展公益诉讼，增强行政执法合法性、主动性。积极探索创新，支持市检察院开展公益诉讼，深入贯彻落实泉州市《关于深入开展公益诉讼工作的意见》，以公益诉讼为抓手，聚焦生态和资源保护、食药品安全、国有财产保护、国有土地使用权出让和英烈名誉保护等问题，增强府院府检良性互动，加强对行政执法行为合法性监督，提升依法行政水平，形成监督合力，推进行政执法与刑事司法的有效衔接。

规范行政执法主体管理，核发行政执法证件。根据《福建省行政执法资格认证与执法证件管理办法》，对全市行政执法主体和人员进行再梳理、再审查、再确认，清理结果在政府门户网站上公布；全面清理不合格行政执法主体和执法人员。确保所有执法人员执证上岗，依法履职，接受监督。

【社会矛盾化解】 2019年，晋江市提升办案质量，加强行政复议和应诉工作。严格规范办案程序，保障公民权利，规范政府行政行为，化解矛盾纠纷，加强行政复议监督，督促复议决定履行，促进政府依法行政。全年受理行政复议案件55件，办结55件，发挥行政复议层级监督作用。完善应诉机制，加强应诉能力，落实行政机关负责人出庭制度、行政机关答辩举证制度。2019年，参与行政诉讼案件46件，力争实质性化解行政争议。

坚持分类处理，推进“法治信访”。建立依法分类处理信访诉求沟通反馈机制，进一步畅通信访事项沟通、流转、反馈渠道，处理各类信访投诉请求事项。市依法治市办与市信访局联合组织开展信访法规宣传月活动，以信访工作制度改革、依法分类处理信访诉求等为主题，营造依法文明上访的社会氛围。成立由市委政法委牵头，公、检、法等部门及各镇（街道）组成的处置信访违法行为工作专班，排查梳理违法信访行为，对涉嫌犯罪的行为进行精准打击。

发展“枫桥经验”，健全完善“大调解”工作体系。着眼满足群众新期待，构建更加安全稳定社会环境。优化提升多元化纠纷解决机制，打造“1+3+N”的大调解工作新格局。深化区域性、行业性调委会建设，打造人民调解中心“升级版”，探索将区域性、行业性调委会与人民调解中心集中整合办公。加强个人调解工作室建设，打造调解员“专家型”品牌。开展“坚持发展‘枫桥经验’，实现矛盾不上交”试点工作，探索开展“访调对接”工作，推动人民调解柔性化解信访矛盾。

【规范行政行为】 2019年，晋江市做好政府信息公开。贯彻落实《信息公开条例》及《福建省政府信息公开办法》，推进政务公开，提升政府公信力，让权力在阳光下运行。对涉及群众切身利益、影响市场预期和突发公共事件等重点事项，及时发布权威信息，回应社会关切。

接受各方监督。建立健全党内监督、人大监督、民主监督、行政监督、司法监督、审计监督、社会监督、舆论监督等综合协调的监督体系，增强监督合力与实效。接受行政监察、审计等专门监督机关的监督，畅通群众投诉举报和舆论监督的渠道。坚持向人大报告、向政协通报的工作机制，接受人大依法监督和政协民主监督。办理人大代表、政协委员议案、建议和意见。

建立法治政府建设情况报告制度。每年年初制定年度推进依法行政建设法治政府工作要点和绩效评估察访核验评分细则，明确任务、提出措施，有计划、有重点地推进，增强法治政府建设的针对性和实效性；定期向泉州市政府、晋江市委和晋江市人大常委会报告上一年度法治政府建设情况；定期听取各有关部门、镇（街道）政府法治政府建设情况，督促推进法治政府建设。

加强检查考评。将依法行政作为全市绩效考评的重要指标之一，细化考评细则，对法治政府建设实施情况开展定期督查、专项督查，将平时督查检查与年底考评相结合，监督各级各部门做好依法行政工作。

（市司法局　林雨杰　张贻潜）

【警律合作】 2019年，市公安局建立与天衡律师事务所的联动机制，律所既提供一般性日常法律事务咨询，还组织开展行政诉讼、信访专题培训，将上访人“信访不信法、信上级机关不信办案机关、信律师不信办案民警”的认识误区作为突破口，打破“公安机关—信访人”两元信访工作模式，打造律师处理涉法涉诉信访问题的平台。

【公职律师队伍】 2019年，市公安局有公职律师17人（取得国家法律职业资格证书32人）。市公安局加强公职律师队伍管理，确保该队伍能为单位提供专业法律意见，建言献策，为重大决策、重大行政行为提供法律论证，预防法律风险，并在疑难案件研究、涉法涉诉案件化解、普法宣传开展等法律实务方面发挥作用。

【公安局执法管理中心】 2019年，市公安局推进执法管理中心软硬件建设，围绕书面记录、视频记录、电子数据记录等方面，打造覆盖接处警、现场执法、调查取证、办案区管理使用到案件处理终结的全流程执法记录机制，全过程留痕、可回溯管理，实现对执法活动全程闭环监督。

（市公安局　林文限　赖礼焕）

【城市管理教育培训】 2019年，晋江市创新“实体运作，执法规范”的教育培训模式。出台《晋江市城市管理局推进城市管理教育培训“四化”建设工作方案》，围绕城市管理教育培训“四化”建设（实体化运作、规范化执法、精细化管理、示范化推广），以城市管理提升涉及的50个“点、线、面”项目为载体，夯实教育培训工作基础创新规范执法实体教学平台，突出城市管理执法重点，打造精细管理模板，全面提升规范执法水平。

（市城管局　周嘉庆　黄世军）

【规范行政执法行为】 2019年，市市场监管局规范行政处罚裁量权行使，保证行政处罚的公正公平，提高执法水平。全年查办违法案件4306件，罚没2679.2万元。全面推行“双随机、一公开”（在监管过程中随机抽取检查对象，随机选派执法检查人员，抽查情况及查处结果及时向社会公开）监管方式，按照双随机抽查事项清单中的任务安排，根据抽查事项工作部署，突出具体检查事项，掌握检查对象基本情况，有针对性地开展检查；同时执法人员在检查过程中加强对企业的行政指导，寓服务于监管中，引导企业守法诚信经营。保障食品、药品、特种设备等安全，全面完成食品生产经营企业风险等级评定和数据录入工作。加强普法宣传，提高人员法治素质。

（市市场监管局　柯雅思　叶荣聪）

公　安

·刑事犯罪侦查·

2019年，市公安局深入践行“三即十快”警务机制，始终保持对黑恶犯罪、电信网络诈骗犯罪等各类违法犯罪的严打高压态势，维护全市社会治安和谐稳定，提升群众安全感满意度。全市共立刑事案件8234起、比降9.2%，破5377起、破案率65.3%，高出全省平均值17.4个百分点。

【诈骗犯罪侦查】 2019年，市公安局将打击治理电信网络诈骗违法犯罪作为重点来攻坚，做强专业力量，发挥派出所、专业警种职能优势，创新打防机制，构建起“主动打击、部门联动、警种合成、专班运作、立体防范”的反诈骗工作格局，持续保持“两降两升”目标。全市共立电信网络诈骗案件2946起、比降2.2%，破案853起、比升56.8%，抓获犯罪嫌疑人999人、比升73.4%。

【扫黑除恶专项斗争】 2019年，市公安局将扫黑除恶专项斗争作为中心任务贯穿始终，围绕“深挖根治”的阶段性目标要求，采取专案经营和专案攻坚等超常办法，形成严打高压态势。综合运用判处财产刑、行政处罚等手段，加大对涉黑涉恶财产追缴、没收力度、打财断血。落实“两个一律”（对涉黑涉恶犯罪案件，一律深挖其背后腐败问题。对黑恶势力“关系网”“保护伞”，一律一查到底，绝不姑息）和“一案三查”（查办黑恶势力、追查黑恶势力背后的“关系网”和“保护伞”。倒查党委、政府的主体责任和有关部门的监管责任），对已侦破和在侦办的所有涉黑涉恶案件深挖“保护伞”，做到打伞破网。全市共摧毁黑社会性质组织2个、犯罪集团11个、恶势力团伙3个，查封、冻结、扣押涉黑恶案件财物价值1.67亿元，打掉“保护伞”1件1人。

【经济犯罪侦查】 2019年，市公安局坚持以“云端”打击为主战模式，以“惊雷”“猎狐行动”、打击恶意逃废债务等系列专项行动为抓手，严厉打击各类突出经济犯罪，维护晋江市经济安全。全市共破获各类经济犯罪案件430起，抓获经济犯罪嫌疑人460人，挽回经济损失折合人民币2.5亿元。

【禁毒】 2019年，市公安局始终保持对毒品犯罪“零容忍”，坚持“查吸毒必查贩毒，查贩毒必查毒源”，开展“飓风肃毒2019”和“2019两打两控”专项行动，遏制毒品危害的发展蔓延。全市共破获毒品案件309起，抓获涉毒犯罪嫌疑人377人，起诉201人，缴获各类毒品100.793千克、麻黄碱1353.15千克、制毒化学原料15吨、查获吸毒人员680人。

【追逃】 2019年，市公安局以网上追逃、“云剑”追逃专项行动、集中抓捕涉黑涉犯罪嫌疑人犯专项行动为抓手，坚持科技手段与传统方法、专门工作与群众路线、集中抓捕与政策劝投相结合，加大对各类在逃犯罪嫌疑人的缉捕力度。共抓获在逃人员2062人，其中晋江市在逃人员1173人、外地在逃人员889人。

（市公安局　林文限　赖礼焕）

·治安管控·

【治安热点整治】 2019年，市公安局围绕治安热点，组织专项整治行动，健全长效机制，加强、落实各项巩固措施，改善全市社会治安面貌。2019年，全市共查处治安案件18476起9397人，获“全国维护妇女儿童权益先进集体”和“泉州市五一先锋号”，保持泉州市公安局治安部门综合考评十连冠。

【涉黄涉赌查处】 2019年，市公安局聚焦农村赌博、黄赌猖獗的场所、网络卖淫嫖娼和赌博、跨境赌博等重点，开展打击整治黄赌违法犯罪专项行动，深度打击整治黄赌问题。全市共破获涉黄涉赌刑事案件306起635人、行政案件1637起6758人，其中逮捕450人、起诉455人，办结省督案件5起。

【“食药环”违法犯罪整治】 2019年，市公安局打响“碧水”“净土”“蓝天”保卫战，推进打假“利剑”“昆仑”行动，快侦快破一批公安部督办大要案和集群战役。全市共破获“食药环”刑事案件81起、起诉123人，发起全国性集群战役2起，破获省督案件19起，总体战绩居泉州前列。

【缉枪治爆】 2019年，市公安局实行专班运作研判、挂牌督办案件、划定枪爆隐患重点区域等举措，打击整治枪患爆患和烟花爆竹隐患。全市共查获涉爆涉枪涉危案件268起283人，收缴枪支58把、子弹2978发、手榴弹5枚、剧毒6.15千克、黑火药15千克、索类爆炸物品0.5米、管制刀具626把、烟花爆竹8000余件。

（市公安局　林文限　赖礼焕）

·公安行政管理·

【户政管理】 2019年，市公安局共新登记流动人口信息1018732人，注销933297人，办理居住证77136张。全市出生登记18775人，死亡注销7933人，办理户口迁入20791人，迁出140520人；办理二代证77942张、临时居民身份证3170张、港澳台居民居住证5517张。

【出入境管理】 2019年，市公安局共受理内地居民出国（境）申请298264人次，其中护照48344人次；往来港澳探亲11259人次，港澳旅游183433人次，港澳定居508人；往来台湾47333人次；“立等可取”办理港澳台旅游签注108126人次；办理台胞证163人次；办理出入境通行证142人次。全市共查处“三非”（非法入境、非法居留、非法就业）案件96起329人次，登记境外人员住宿登记33488人次，受理各类外国人签证证件申请915件。

【监所管理】 2019年，市公安局落实监所安全管理制度，定期不定期开展监所安全大检查，及时整改安全隐患，确保监所绝对安全。拘留所加大设施更换修缮投入，开发被拘留人人像识别系统，探索社会志愿者与被拘留人双向选择机制。看守所以省公安厅“智慧监所”试点为契机，促进新旧监所信息系统的全面融合和升级，推进安全“铁桶工程”建设整改工作，开辟在押人员急救绿色通道，完成8000多人的羁押任务，确保全年安全无事故。

（市公安局 林文限 赖礼焕）

·交通安全管理·

【概况】 2019年，市公安局交警大队围绕“大庆安保”、中心市区交通秩序整治提升等重点中心工作，开展源头隐患清零行动、路面秩序净化行动、农村安全守护行动、宣传警示曝光行动、社会协同共治行动等“五大行动”及“叠浪攻坚”、私占公交站点整治等专项行动。全市交通堵情同比下降11.34%，全年道路交通事故亡人数同比下降0.79%，连续七年保持亡人交通事故肇事逃逸案件100%侦破，未发生一次死亡3人以上（含3人）较大道路交通事故。市区交通秩序整治工作获人大审议通过。

【县级机动车号牌制牌点建设】 2019年，市公安局交警大队进一步深化公安交管“放管服”，以车驾管、交警业务为重点，获批建设全省首个县级车辆制牌点。群众查验—登记—选号—制牌—安装的全部流程当天就能完成，提高办理机动车报牌效率，大幅缩短群众办事时间，实现让车主“最多跑一趟”。

【外卖车管理】 2019年8月1日起，市公安局交警大队在全省率先对外卖配送车辆实施有效监管，将外卖车辆纳入重点车辆监管，与企业签订安全承诺责任书，通过建立送餐企业交通文明信用评级机制，督促企业落实主体责任。建立全市送餐企业人员车辆信息库，开发行业专用交通安全App平台，实行“一人、一车、一证、一码”监管，全市纳入监管平台的外卖送餐企业26家、外卖骑手2905名。

【停车收费电子系统建设】 2019年10月20日，市公安局交警大队推动中心市区一期停车收费项目正式启动，涵盖泉安中路、崇德路、迎宾路、新华街、塘岸街、江滨路东段及五店市周边3个路段共9条街1523个公共停车泊位。市医院（230个停车泊位）停车收费于10月20日同步启动，11月1日启动中医院（238个停车泊位）和体育场（305个停车泊位）的停车收费，“城市停车难”问题得到有效缓决。

2019年3月15日，全省首个县级机动车制牌点正式启动 （市公安局 供）

【驾驶员满分网上学习】 2019年，市公安局交警大队自主研发网上交通安全学习手机App“知•道”，加强重点驾驶人宣传教育，并借助该App率先在全省首推驾驶员满分网上学习业务办理服务，实行满分学习5+2（5天网络学习+2天现场学习）新模式。

（市公安局交警大队 郭镇蓉 王文士）

·森林公安·

【概况】 2019年，晋江市公安局森林分局围绕晋江市经济社会发展大局，加强学习，加强队伍建设，履行工作职责，推进森林公安工作，开展一系列打击涉林违法犯罪的专项行动，打击破坏森林资源和野生动物违法犯罪的行为，维护晋江市林区秩序稳定。

2019年7月31日，交警大队开展外卖车辆管理提升整治行动 （市公安局 供）

【打击涉林违法犯罪】 2019年，市公安局森林分局共查处各类涉林林政案件21起，其中查处林政案件16起，收缴罚没款近27.8万元，恢复植被面积2.24万平方米；立刑事案件5起，破案5起，其中2起系公安部、福建省公安厅督办的特大刑事案件，共抓获犯罪嫌疑人8名，收缴国家一级保护动物活体6只、制品1件，国家二级保护动物活体28只。

查大案要案，开展专项打击行动。根据省、市森林公安局的部署，组织开展集中打击涉林犯罪“昆仑”4号行动、“夏季攻势”行动、打击非法猎捕经营鸟类等野生动物资源违法犯罪等活动。行动期间，共破获2起公安部、省公安厅督办的特大刑事案件，抓获犯罪嫌疑人3名，收缴国家一级保护动物活体6只、制品1件，国家二级保护动物活体28只，打出森林公安的声威。

扫黑除恶专项斗争。提高政治站位，坚持“有黑扫黑、无黑除恶、无恶治乱”，深入开展“扫黑除恶”专项行动。不断创新宣传载体，丰富宣传内容，将黑恶势力的类型和线索举报电话、举报箱等广而告之，使线索摸排工作全民知晓。行动以来，共悬挂横幅4条，利用党员活动日发放宣传材料250余份；共收到自查线索8条，经核查均无发现涉黑涉恶可能。

警务协作工作。市公安局森林分局针对警力不足，探索开展多方位、多领域、多层次的深度警务间合作机制，破获“4•1”全国特大非法收购、出售珍贵、濒危野生动物案。加强警力。与行政公安建立良好的合作网络，“4•1”犯罪嫌疑人的抓捕工作，在5名特警人员的增援下完成。协同作战。“4•1”案件案情复杂、线索多，牵涉面广，被省公安厅、公安部相继督办。为加强案件的侦办力度，市森林公安分局借调兄弟成员单位永春、德化、洛江分局精干民警成立专案小组。联合打击。积极与法院、检察院、工商、公安等部门协调沟通，密切配合，联合下发《关于建立部门间联合打击破坏森林和野生动植物资源违法犯罪工作机制的意见》，增强联合打击能力。

打击整治枪爆违法犯罪。依靠广大人民群众，健全完善联动、联查、联控工作机制，严管严控枪爆物品，从源头上解决枪爆突出问题，发挥职能作用，不断提升打击整治工作针对性、实效性，坚决遏制枪爆违法犯罪发展蔓延势头。

【执法规范化建设】 2019年，市公安局森林分局按照上级关于加强执法规范化建设的部署要求，从执法源头和基础环节入手，将端正执法思想、创新执法理念、改进执法方式的思想深植民警心中，贯穿执法规范化建设始终，构建执法规范化工作新格局，全面提升执法能力和水平。

加强教育训练工作，加强执法主体建设。为深入贯彻落实全国公安工作会议精神，全面及时把准民警思想脉搏，开展思想政治工作，从5月份起，市公安局森林分局安排全局民警分期分批参加市公安局举办的“践行新使命、忠诚保大庆”警务实战培训班，以学习党的十九大精神应知应会知识和警务实战基本知识、信息化应用、体能训练等形式，进一步提高队伍整体综合素质。组织民警参加省森林公安大数据分析及信息化侦查业务培训、省执法基础业务培训、执法资格等级考试，从整体上提高民警的执法水平。

加大基层基础建设，改善执法环境规范。市公安局森林分局加大基层基础设施建设，争取支持，建设沿海森林派出所业务用房，位于晋江市深沪镇，用地面积3210平方米，建筑占地面积458.4平方米，建筑面积1022.1平方米，按“四区八室”“暖警工程”标准建设。该项目正进入二次装修及室外配套工程招标程序。沿海森林派出所建成后将极大改善民警以往简陋、借用的办公条件，推动基层派出所执法规范化建设，提高派出所队伍建设、执法办案水平。

完善执法管理机制，促进民警执法精细。制订考核办法，调动民警工作积极性。将执法质量考评作为民警绩效考核的重要内容，根据相关规定，制订《晋江市公安局森林分局日常考核实施办法》，明确考核范围和考核标准，建立相对完善的考评体系和考评制度，提高民警执法规范化的自觉性，主动性和积极性。实行案件“四级审核”制度，加强案件审核把关，对办理的每一起案件，实行层层审核把关，确保不出现纰漏，使执法与制度形成良性循环体系。

【森林防火工作】 2019年，市公安局森林分局始终坚持宣传引导为主、强制打击为辅的原则，开展秋冬打击森林火灾违法犯罪专项行动，在森林防火期内保持高度警惕状态，开展各项护林防火工作，严防死守、疏堵结合、以人为本，引导群众文明祭祀、文明旅游，2019年全市未发生一起森林火灾刑事案件。

【信访化解工作】 2019年，市公安局森林分局坚持执法为民，开展涉林信访矛盾纠纷排查化解，以源头预防、加强基础、创新机制和依法信访等工作为重点，完成各项工作任务，实现2019年零信访的目标。

（市公安局森林分局　蔡菲飞　蒋灿阳）

•海防•

【概述】 2018年12月31日，市边防大队正式改名为晋江市公安局海防大队。更名后，海防大队继续立足本职岗位，忠诚履职尽责，各项工作扎实推进，确保晋江沿海和单位内部的“双稳定”，完成体制改革和维稳安保的各项使命任务。

【沿海管防】 2019年，海防大队完成沿海重点港澳口、码头监控建设任务，实现辖区沿海一线视频监控全覆盖，开展沿海治安巡逻200余次，视频巡逻300余次，未发生利用渔船偷渡和被走私分子冲滩利用的情况。全年共查处成品油案件12起，其中4起刑事案件，8起行政案件，查获成品油63.73吨，涉案金额约70万元，成效位列泉州市公安局考评前列。全年查处船舶类案件48起，责令整改问题211个，成效位列泉州市公安局考评第一名。

（市公安局海防大队　彭萍实　邱国评）

•消防•

【概况】 2019年，晋江市消防救援大队火灾形势和队伍建设保持“双稳定”。

晋江市消防救援大队是一类大队，下辖青阳、安海、陈埭、陈村、龙湖、晋华科学园等6个消防救援站。2018年12月28日上午，大队举行消防队伍改革迎旗、授衔和换装仪式；2020年1月2日，正式挂牌成立为晋江市消防救援大队，身穿火焰蓝，踏上消防改革转隶的新征程。

截至12月31日，大队共接警6507起（其中火灾500起），死亡6人，受伤4人，抢救被困人员462人，疏散人员132人，抢救财产价值784.3万元。

【重要活动】 2019年，市消防救援大队完成国务院消防工作考核、应急管理部消防救援局政委詹寿旺调研等各项中心任务及晋江市国际、国家级重要赛事活动和重大节日消防安全保卫。特别是作为延伸单位参加2018年省级政府安全生产和消防工作考核，为福建省取得全国第一的成绩作出贡献。

【创先争优】 2019年，市消防救援大队总结提炼“敢于担当、敢闯敢试、敢打必胜”的晋江消防“三敢”文化，大队党委“阳光党建”品牌被应急管理部消防救援局采用；大队党委获总队2019年先进基层党组织，2名同志分别获评总队优秀党务工作者和优秀共青团员；大队获晋江市政府2019年集体三等功、1名同志被晋江市授予五一劳动奖章、五四青年奖章；微电影《未完的信》获得福建省消防救援总队二等奖，实现全员共参与和比赛扛红旗的双丰收。一对母女精心制作消防主题蛋糕慰问指战员，阅读量高达1.4亿次，《人民日报》、央视新闻、人民网等报道。

【基础建设】 2019年，市消防救援大队全年财政预算7071万元，同比上年提高45.13%。预算外“消防安全综合整治年”“两室一站”、正规化建设、文化建设和营区绿化提升工程四个专项经1181.5万元。消防救援大队承担省、市两级消防装备数字化管理试点，“智慧消防”建设、消防救援队伍正规化建设“三个”试点工作及筹建2020年“世中运”消防安保中心工作，力争为兄弟单位提供“晋江样板”。“世中运”消防安保建设中，晋江市政府在泉州市消防支队特勤大队指挥中心暨洋埭特勤消防站建设“世中运”消防安保中心，项目总用地面积约为11812平方米，地上总建筑面积19900平方米，总造价约5778万元。项目拟分两期建设，一期项目总造价约2980万元。推进福建省集成电路产业园区（科学园）消防站暨晋华科学园消防救援站，安排专人对接，于年底前推进建设并举行揭牌。

【服务保障】 2019年，市消防救援大队成立工会第一届委员会、第一届经费审查委员会以及第一届女职工委员会。市总工会划拨7万元经费落实工会成员福利待遇。增加政府专职消防员福利待遇，率先落实文员十三薪制度，提高政府专职员、消防文员住房公积金额度。选送5名消防员参加国家开放大学在职教育，与泉州广播电视大学建立合作关系，提供在职学历教育便利。参照市财政保障政府专职消防员9万/年，文员6.5万/年的标准从优保障，并将政府专职消防员公积金提升至每人每月600元。

【火灾防控】 2019年，市委、市政府主要领导先后15次对消防工作做出部署，2次市委专题会议协调解决工作难点；市委办、市政府办将“消防安全综合整治年”工作纳入督导考评体系，成立以分管副市长为组长的督导暗访组，对全市镇街、开发区进行消防工作督查暗访。探索建立市法院、检察院、公安局、自然资源局、住建局、应急局、司法局、消防大队等执法部门“打击消防安全违法犯罪”联席会议制度，就从严从快从重办理火灾事故案件、纪律监察部门对监管不到位的单位和个人研究问责细则及委托镇、街消防执法等工作进行探讨。市政府研究下发《消防安全约束问责和表彰奖励若干规定（试行）的通知》，推动落实消防安全责任，发挥正向激励和反向约束作用。将陈埭镇作为探索智慧用电建设的试点乡镇火灾起数同比下降46.0%。推动陈埭镇推行每周每村20家安全生产检查任务数、安海镇成立夜间及周末消防安全专项整治工作组、东石镇政府建立危险源监控中心等消防创新举措，加强消防安全隐患的监管工作。持续以消防宣传“七进”活动为中心，组织基层力量走村入户开展消防宣传；组织1100个村（社区）“两委”班子成员消防培训；将消防培训纳入民兵骨干培训内容；组建轻工学院“百人消防志愿服务队”、社区亲子消防志愿队、联合市公安局开办警察子女消防夏令营、开展农民工火场烟感体验室逃生等活动。大队“智慧消防”、社区消防和救援工作等事迹在中央、省市媒体报道。

（市消防救援大队　蔡丽萍　郭首政）

检　察

【概况】 2019年，晋江市人民检察院围绕市委工作大局，立足人民群众对民主、法治、公平、正义、安全、环境等提出的更高要求，坚持讲政治、顾大局、谋发展、重自强，自觉践行初心使命，忠诚履行检察职能，各项工作稳步开展。2019年，市检察院审查逮捕案件2404件3316人、受理起诉案件3344件4348人。

【法治营商环境优化】 2019年，市人民检察院把“亲清护企”落实到检察工作各个环节，依法保护企业合法权益，批捕合同诈骗、强迫交易、制假售假、职务侵占等犯罪嫌疑人64人，起诉193人。落实最高检关于“对民营企业家案件可捕可不捕的不捕，可诉可不诉的不诉”的办案理念，依法不捕4人，不诉3人，建议变更强制措施15人，适用认罪认罚制度从宽处理23人，防止“案子办了，企业垮了”。加强犯罪预防，改造升级非公企业法治教育基地，全年接待企业人员及社会各界学习培训150场20000余人。在基地内建设涉企案件检察宣告室，邀请企业人员旁听不捕、不诉等案件的检察宣告，把宣告室作为面向企业普法宣传的新平台。响应泉州市检察院开展“走百家企上百堂课”活动，为企业举办职务犯罪预防讲座18场，受教育人数1800余人。在掌上检察服务中心设置专门模块，把非公法治教育基地搬到线上，方便企业直接在线上开展学习培训，该平台于12月20日正式上线运行。市检察院还在安踏集团、晋华集成电路有限公司分别设立检察官联络点，指派员额检察官对接企业，第一时间响应企业需求，帮助企业解决内部员工职务犯罪、金融风险防控等有关法律问题。

【金融风险防范化解】 2019年，市人民检察院筑牢金融安全司法防线，依法批捕恶意逃废债、非法集资、地下钱庄洗钱及贩卖银行卡等金融领域犯罪嫌疑人420人，涉案金额33.63亿元；起诉396人,涉案金额2.42亿元。严厉打击涉“网络黑灰产”违法犯罪,依法批捕一起13人跨境贩卖6万余套银行卡案,并就该类犯罪暴露的风险隐患撰写情况反映,获省委、省政府专报采用。通过审前主导、引导侦查,依法批捕一起51人利用“第四方支付平台”非法经营案,涉案金额近30亿元。加强金融风险防范,关注非法集资、“套路贷”“校园贷”等风险,深入类金融机构、社区、学校开展法律知识讲座和普法宣传活动16场。

【生态文明建设服务】 2019年,市人民检察院贯彻市人大常委会决议,持续加强生态环境资源司法保护,批捕污染环境、非法采矿、非法捕捞水产品等犯罪嫌疑人19人,起诉27人。用心守护绿水青山,由市检察院倡议,晋江、南安、鲤城三地河长办、检察院共同成立泉南安全供水保护联盟,推进检察官巡河工作,共同保护饮用水源地及周边环境。完善生态修复机制,督促违法犯罪人员缴纳生态修复基金15万元,增殖放流7.46万尾,补植复绿6000余株,恢复耕地1公顷。市检察院办理的宏盛模具公司生态环境损害赔偿一案,入选参评国家生态环境部“生态环境损害赔偿磋商十大典型案例”。

【扫黑除恶专项斗争】 2019年,市人民检察院提前介入黑恶势力犯罪案件15件,批捕涉黑犯罪嫌疑人40人,起诉38人;批捕涉恶犯罪嫌疑人84人,起诉79人。依法快捕快诉一起由18人组成的组织、领导、参加黑社会性质组织罪等重大黑恶案件,打击黑恶势力嚣张气焰。追加认定涉恶犯罪2件,依法排除涉恶犯罪3件。坚持“破网打伞”和“打财断血”并行,依法起诉黑恶势力“保护伞”4件4人,办理的涉黑涉恶案件中,由公安机关查封、冻结、扣押涉案财物共计1.3亿元。紧盯重点行业领域,加强源头治理,向相关部门提出检察建议13份。

【检察环节社会治理】 2019年,市人民检察院对受理的278件信访件,均能做到7日内程序性回复、3个月内办理过程或结果回复。落实宽严相济刑事政策,对过失犯罪、民间纠纷引发的轻微犯罪全力促成和解,依法作出不起诉决定,共不起诉104人。关注弱势群体合法权益,落实司法人文关怀,为陷入生活困境的涉案被害人、未成年人、残疾人发放司法救助金20.2万元。重视未成年人司法保护,严厉惩治性侵、拐卖、虐待等伤害未成年人犯罪,批捕犯罪嫌疑人53人,起诉73人。针对部分涉罪未成年人因遭受校园欺凌而辍学走上犯罪道路的情况,向教育部门提出检察建议,推动全市开展校园欺凌专项排查1304次,发现校园欺凌事件56起,均得到妥善处置。针对连续发生的多起在校生自杀极端事件,落实党委部署,聚焦中学生心理健康,通过走访调查8所学校,对7323名师生开展问卷调查,形成调研报告,推动有关部门加大投入,完善学生心理健康普查、疏导和危机干预机制,让孩子们在阳光下成长。落实“法治教育从娃娃抓起”,派出4名员额检察官兼任4所中学法治副校长,常态化开展法律讲座、模拟法庭等活动,提供法律咨询,设置普法长廊,让法治种子埋入孩子心灵深处。2019年,市检察院入选第二批全国未检工作创新实践基地。

2019年9月27日,市人民检察院深入类金融机构开展普法宣传活动　(市检察院　供)

【刑事犯罪案件检察和审理】 2019年,市人民检察院共批准逮捕各类刑事犯罪案件1865件2564人,提起公诉3032件3837人,案件数与2018年同期基本持平。以零容忍的态度,严厉打击故意杀人、抢劫、强奸、放火、绑架等恶性刑事犯罪,共批捕、起诉此类案件228件265人,提升人民群众安全感。对安海“11•27”纵火者伤害消防队员案、池店“12•10”特大纵火案等社会影响大、群众关注度高的犯罪案件,依法提前介入、引导侦查,均在2日内批捕犯罪嫌疑人,并及时在检务公开平台上公布处理结果,以回应人民群众的关注。依法惩治职务犯罪,完善与监察委的衔接配合机制,增强反腐败合力,提前介入调查案件4件,起诉职务犯罪案件6件6人,其中科级干部3人。

【刑事诉讼监督】 2019年,市人民检察院对不构成犯罪或证据不足的决定不批捕297人,不起诉17人。加强对刑事立案、侦查、审判活动的监督,督促侦查机关撤案16件,依法追捕1人,追诉10人;对违法取证、适用强制措施不当等问题向侦查机关提出纠正意见和检察建议22件;对认为确有错误的刑事裁判提请抗诉2件,均获泉州市人民检察院支持,并得到泉州市中级人民法院改判。其中,一起2人诬告陷害、非法持有毒品案入选“福建省打击毒品犯罪典型案例”。加强刑事执行监督,提出纠正违法意见和检察建议10份,纠正判处实刑罪犯未及时交付执行29人,对未及时立案执行的2475件财产刑案件督促立案执行。依法开展看守所检察,监督维护在押人员合法权益,对不需要继续羁押的犯罪嫌疑人、被告人建议变更强制措施120人。贯彻全国人大常委会对部分服刑罪犯予以特赦的决定，同意报请特赦38人，均获决定机关采纳。推动社区服刑人员监管措施落实，对2019年入矫的649人和解矫的741人实现监督核对100%。

【民事检察监督】 2019年，市人民检察院依法对民事生效裁判开展监督，受理当事人申请监督案件17件，经审查认为判决错误的，向法院提出再审检察建议2件；对不符合监督条件的，依法不予支持10件，其余5件尚在办理中。严惩虚假诉讼，发现一起企业老板与车间负责人串通逃避工伤赔偿责任的“假官司”，向法院提出检察建议，纠正错误民事判决，并依法以虚假诉讼罪对2人提起公诉。支持法院依法开展集中执行行动，起诉拒不执行判决裁定的“老赖”12人，追究其刑事责任，判决11人。开展协助农民工讨薪专项活动，依法支持农民工提起诉讼，帮助15名农民工追索劳动报酬76万元。

【行政检察监督】 2019年，市人民检察院服务保障法治政府建设，开展行政非诉执行专项监督，重点监督罚款类行政处罚进入司法执行领域，督促行政机关及时向法院申请强制执行5件；对行政机关申请强制执行的案件，向法院提出检察建议23件，推动及时执行，收缴罚款50万元。主动回应社会舆论，督促市场监管部门清理虚假注册国家机关办公地址行为，查处相关违法商户、公司28家。

【公益诉讼检察】 2019年，市人民检察院依托党委政府支持，坚持双赢多赢共赢，当好生态环境资源、食品药品安全、国有财产保护等公共利益的代表，依法对2起污染环境案提起刑事附带民事公益诉讼，追偿修复生态、治理环境费用354万元。其中，一桩污染环境案被生态环境部评为“生态环境执法典型案例”。提出公益诉讼诉前检察建议41件，行政部门均采纳并主动履职。融入城乡环境整治，重点开展世中运场馆周边生态环境治理监督，督促相关职能部门清理建筑垃圾、生活垃圾等1300余吨，推动修复受污染土壤、增设警示牌、处罚违法行为人。依法守护食品药品安全，开展“保障千家万户舌尖上的安全”公益诉讼专项监督活动，督促相关职能部门整顿不合格网络餐饮店铺40家；推动卫健部门持续开展打击无证行医专项行动，取缔“黑诊所”192家。

【司法改革创新】 2019年，市人民检察院坚持以改革为契机，深化司法体制改革和工作机制创新，探索打造富有晋江特色的检察工作品牌，为检察事业创新发展注入生机活力。深入推进司法体制改革。完成内设机构改革，设立8个办案部门和4个综合、后勤部门，让资源配置更科学、权责更明晰、运行更高效。推行“捕诉一体”办案模式，实行谁批捕谁起诉，同一案件由同一检察官负责到底，节约司法资源，提升办案效率。推进司法体制综合配套改革，不断完善检察人员分类管理制度，落实检察官办案责任制，逐步健全检察官绩效考核制度，提升办案质量和办案效率。全年员额检察官人均办案160件，位居全省基层检察院第一。入额院领导带头办理重大疑难复杂案件，在规范办案上作好表率，共办理各类案件381件。全面推行认罪认罚从宽制度。学习贯彻修改后刑事诉讼法，发挥审前主导作用，落实认罪认罚从宽制度，推动繁简分流、节约司法资源。加强人权司法保障，与司法局沟通协调，邀请驻点值班律师全程监督及提供法律帮助1060次。将执法办案与社会关系修复相结合，创新认罪认罚社会服务机制，动员44名认罪认罚的轻刑犯罪嫌疑人自愿从事社会服务，服务时长共计2080小时，经第三方考察合格后依法对34人适用不起诉。6月，该机制得到最高人民检察院批复肯定，系2019年全省检察机关唯一获得认可的工作创新机制。打造24小时检察自助服务中心。推动科技创新和检察工作深度融合，改造升级检察监督指导中心，打造24小时检察自助服务平台，提升群众体验感和满意度。在中心设置智能服务终端，实现案件信息查询、量刑咨询、电子卷宗快递等业务全天候自助办理，让检察服务更加便捷高效、智能精准。在中心设置高清显示屏，联合法院在屏幕上同步播放现在开庭，方便群众庭审观摩；滚动播放检察宣传片、普法视频、普法微电影等，使普法更直观、更有针对性。创新检察宣传品牌。打造“唐生学法”系列普法漫画，运用幽默有趣的语言、引人入胜的故事，讲述现实中高频出现的典型案例，向群众普及法律知识。该系列作品自9月创办以来，先后得到中国长安网、正义网等国家级媒体多次转发，连续5期获评正义网“正点巡检”周榜冠军，2期获评月冠军。“唐生学法”栏目入选参评2019年福建检察十大“优秀新媒体品牌”。2019年，宣传稿件被各级媒体采用166篇，其中国家级媒体采用51篇次，省级媒体采用53篇次。

（市人民检察院　李燕萍　谢丽明）

2019年12月18日，市人民检察院“法治进校园”巡回展“唐生学法”系列漫画在晋江一中举办

（市检察院　供）

法　院

【概况】 2019年，市人民法院开展“不忘初心、牢记使命”主题教育，以“保障发展年”为工作主线，完成各项工作任务。2019年，市法院受理各类案件42968件，办结39546件，执行各类案件17939件、执行到位17.2亿元。员额法官人均结案449件。

【刑事案件审理】 2019年，市人民法院打击违法犯罪活动，审结各类刑事案件3126件，包括审结泉州市首起争抢公交车方向盘犯罪案件、晋江市首起境外“杀猪盘”诈骗犯罪案件；审结未成年人犯罪案件110件134人，轻刑适用率达95.5%，移送17人到“民企帮教基地”帮教，依法特赦未成年缓刑犯10人。

【民商纠纷化解】 2019年，市人民法院审结各类民商事案件16488件，标的额41亿元，结案率同比上升4.1个百分点，7个派出法庭审结民商事案件9392件，占全院民商事案件结案数的56.9%。陈埭法庭因积极维护人民群众合法权益，被省高院评为全省优秀法庭，并记集体二等功。支持法治政府建设，协调处理涉晋江市的、属其他法院审理的行政诉讼案件8件，审查裁定准予行政非诉执行案件417件，选派法官入驻晋江市行政争议调解中心开展调解工作，联合市政府召开府院联席会，拓展互动领域，深化沟通协作。

【案件执行】 2019年，市人民法院执结各类执行案件17299件，同比增长22.8%，执行到位16.7亿元。成立全省首家公、检、法联合设立的“晋江市打击涉执犯罪执法协作中心”；开展“晋江风暴”“夏季攻势”等集中执行行动65场，执行到位7602万元，发放民生案件救助款237万元；组建综合、速执等7个团队，联合南安法院打造执行协作机制，协同不动产登记中心构建“五分钟”一键查控平台；外包司法拍卖等辅助工作，淘宝网司法拍卖成交219件，成交金额6.3亿元，同比分别增长23.7%、61.5%。因执行攻坚表现突出，执行局、研究室分别被泉州中院记集体三等功、嘉奖，10人次被记功、授予“执行先锋”称号。

【黑恶势力犯罪案件审理】 2019年，市人民法院打击黑恶势力犯罪，审结涉黑恶犯罪案件20件98人，收、结案数以及被告人数均居全市两级法院第一，全市两级法院首次适用认罪认罚从宽制度审结被告人16人涉黑案件。判处罚金及没收财产1359.5万元，追缴违法所得795.3万元，占全市两级法院涉黑恶案件判处财产刑总金额的近50%，开展涉黑恶案件财产刑专项执行行动2场，相关做法、经验被省高院和兄弟法院借鉴。组建专业审判团队，创新“四位一体”模式和“1+2+3+N”工作机制，办案法官入选泉州法院首批扫黑除恶工作业务专家库名册，并被评为晋江市十佳平安志愿者。

【法治营商环境优化】 2019年，市人民法院出台“保障城乡环境整治攻坚意见12条”“保障世中运意见20条”等司法保障意见，成立世中运巡回法庭、闽西南五地基层法院民营企业协同保护基地。知识产权审判实行“三审合一”审判机制，审结知识产权案件771件，召开新闻发布会，公布10大典型案例，聘请16名专家调解员，发布2009—2019年知识产权司法保护白皮书，被《人民法院报》等主流媒体专版报道。成立台胞权益保障合议庭、诉讼服务站，并分别在泉州台协晋江联谊会、围头村成立法官工作室。“活封”尚在经营企业资产的执行案件193件，涉及资产2亿元，移送执转破案件7件。审结金融纠纷案件1359件，开展专项执行行动3场，执行到位1.8亿元，参加府院金融工作联席会。

【社会治理体系建设】 2019年，市人民法院成立诉源治理多元化解中心及工作站，并在村（社区）建立396个多元化解工作点、10个示范点。联合市妇联成立法官家事纠纷调解室，分别在市工商联、陈埭镇商会人民调解委员会、陈埭法庭成立商事纠纷调解指导中心、“网格化+人民调解”工作站以及人民调解员驻庭工作室，共协助调撤案件4581件。开展在线调解工作，发起调解1560件，调解成功768件，精准研判矛盾纠纷规律态势，开展矛盾纠纷发展趋势预警。打造生态司法样本，办结涉生态审理及非诉执行案件255件，执结执行案件324件625万元。督促38名被执行人缴纳罚款137万元，联合生态环境局开展“蓝天绿水”专项执行行动18场，查封、关停130家环保不合格被罚企业。出台《健全和完善替代性生态修复工作实施意见》，加强联络机制，在英林镇打造晋江市替代性生态修复基地，在陈埭民族中学设立生态司法教育实践体验馆，开展巡回审判，并组织全市皮革企业负责

2019年10月29日，晋江法院与泉州中院、晋江市教育局、陈埭民族中学共同设立的生态司法教育实践体验馆正式开馆
（市法院　供）

人旁听，开展“6•5”世界环境日系列活动。《福建法治报》专题报道市法院生态环境司法保护做法及成效。

【司法体制配套改革】 2019年，市人民法院贯彻落实省委编办的批复意见，设置12个内设机构，选任、调配中层干部49人，适岗调整干警岗位25人次；遴选第三批入额法官10人，形成16个庭室47个审判团队的新格局；创新“速调•速裁•速执”司法服务模式，立、审、执全流程时限由平均每件70天缩短至45天；前三季度全院结案率达80.3%，得到省高院党组书记、院长吴偕林的批示和肯定，相关经验做法在全省法院推广。提升司法智慧水平，建立“互联网+审判服务”新模式，智慧审判团队审结案件1610件，收、结案数位列全市基层法院首位，审理周期同比缩短20天；成立电子文档中心，全面实现办公文件线上流转；与同济大学等高校开展智慧法务合作，开通诉讼费缴费扫码支付功能，搭建远程跨域视频系统，通过远程跨域方式立案445件，审结178件。加强法官履职保障。探索开展作为全省法官履职保障机制试点法院的各项试点工作，成立4个专业法官会议，按期晋升41名员额法官的等级，7名员额法官获得最高法院荣誉天平奖章。联合公安局建立联动联防机制，将法院整体列入辖区派出所重点保卫单位，设立警务室，安装“110”一键报警系统；成立法官自主管理委员会，将调研、信息指标任务作为提拔任用、晋级晋升等方面的重要考核标准；协调解决法官子女就学和暑期看护等问题，加强法官职业发展保障。参与最高法院2018年司法研究重大课题“法官履职保障机制研究”，保障法官履职权益工作得到省高院党组书记、院长吴偕林的批示和肯定。加快“两庭建设”步伐，在建审判大楼被列入市重点建设项目，通过地基与基础工程验收，7个派出法庭投入277万元，完成搭建视频会议系统以及配齐科技法庭云识别、庭审直播等设备；多个法庭陆续开展诉讼服务中心、调解室、安检室等用房功能改造。

（市人民法院　林小兰　陈维山）

2019年11月21日，晋江法院联合市妇联在龙湖法庭设立“蔡燕萍家事纠纷调解室”

（市法院　供）

司法行政

【概况】 2019年，市司法局围绕“1355”工作思路，坚持“一条主线”、抓好“三大活动”、突出“五个聚焦”、推进“五个更加”建设，发挥司法行政职能，推动司法行政工作高质量发展，为晋江市建设国际化创新型品质城市提供优质法律服务和坚强法治保障。2019年，晋江市获评福建省“七五”普法中期先进县（市、区），市司法局获评福建省“七五”普法中期先进集体、全国人民调解宣传先进集体。

【法治建设】 2019年，市司法局加强法治建设，发挥全面依法治市工作牵头抓总、协调各方职能作用，推动召开市委全面依法治市委员会第一次会议，制订“全面依法治市两规则一细则”，抓好全面依法治市工作责任落实。落实重大决策合法性审查制度，为政府重大行政决策把好关、护好航，2019年共参与审查合同文本30份，列席市政府常务会、各类专题会议、专项协调会议60场，提出法律意见35条，保障中心重点工作顺利推进。严格执行规范性文件备案审查规定，全年共向泉州市政府和晋江市人大常委会报备规范性文件30件。加强行政复议、行政应诉工作，发挥行政复议层级监督作用。全年共处理涉及市政府行政诉讼案件46件，受理行政复议案件55件。加强行政执法监督，推动行政执法与刑事司法衔接，联合市检察院于11月对全市知识产权类行政执法案件开展督查工作。开展行政执法主体资格确认和行政执法人员清理的专项行动，对26个行政机关、9个法律、法规授权的组织、12个受委托的行政机关或组织进行主体资格确认，并对全市行政执法机关的行政执法人员进行公示。开展“法治政府建设年”活动，开展法治政府示范创建工作，推动各执法部门落实行政执法“三项制度”。召开府院联席会，总结法治政府建设情况，提高政府依法行政水平和司法公信力。10月，举办晋江市领导干部法治专题培训班，提升政府法治机构干部的依法行政工作水平，努力实现法治政府建设目标。

【法治宣传教育】 2019年，市司法局实施“七五”普法规划，健全完善重点对象学法用法、“谁执法谁普法”责任制、媒体公益普法等一批重点普法机制。丰富“法律六进”的方法和途径，开展法治宣传“百千万”计划，拓展全市“社工+义工”普法服务项目，组织19个司法所每月开展30场以上的“普法惠民村居行”活动，组织分发《百姓法治宝典》、扫黑除恶等各类法治宣传品10万多份，进一步提升全民法治素养；举办“法润晋江•你我同行”法治剪纸艺术作品征集活动，组建“晋江法治宣传跑团”参与2019年晋江国际马拉松赛，提升法治宣传影响力。开展“12•4”国家宪法日活动，先后举办2019年晋江市中学生宪法法律知识竞赛、“宪法进社区”主题日活动、“宪法进乡村”普法游园、“关爱外来务工人员”普法行动进企业、宪法读本赠阅和宪法知识讲堂等集中宣传教育活动，营造全民守法用法浓厚氛围。全年共开展各类法治讲座、法律咨询、普法游园等活动480多场。加快打造新媒体普法矩阵，深入开展“新媒体法雨行动”，利用晋江新闻网“1+N”微媒体联盟每月推出1期“以案释法”案例解读，在晋江电视台每周推出1期闽南语法治栏目《说法》，在全市100多辆公交车、1400多部楼宇梯视定期播放《宪法修正案宣传》等各类普法公益广告等，“法治晋江”微信公众号全年累计推送98期。提升全市法治文化阵地覆盖面，加强市、镇、村三级法治文化阵地建设，加快打造市级法治文化阵地品质工程，深入挖掘镇（街道）文化底蕴和区域特色，拓展“个性化”法治文化阵地，梅岭司法所利用桂华、梅龙两个安置小区打造桂华法治文化园；磁灶司法所在海西文化广场建设磁灶镇法治文化广场等。全市共有市级法治文化阵地12个，镇级法治文化阵地20个，镇级覆盖率达100%；建立村（社区）法治文化阵地280个，村级覆盖率达70%。

【特殊人群管教帮扶】 2019年，市司法局落实社区矫正监管措施，抓好全国“两会”、国庆70周年等重大时间节点社区矫正安全管控工作，维护重大敏感时期社会环境安全稳定。探索社区矫正工作新机制，打造以县级社区矫正中心集中化管理为特色的社区矫正对象监管教育创新模式，建设高标准集中管理场所，总投入建设经费500多万元、使用面积2000多平方米的县级社区矫正中心建成投入使用。提升监督管理效率，建成社区矫正监管指挥中心、远程视频督察系统、远程教育系统“三大系统”，推动全市在矫社区矫正对象实现电子腕带应戴尽戴，佩戴率达98%。提高矫正教育活动实效，全市19个镇（街道）社区矫正对象教育活动服务外包工作实现全覆盖。市社区矫正中心自建成运行以来，先后有司法部、省司法厅、泉州市委政法委、泉州市司法局和晋江市委政法委等各级有关领导到中心现场调研指导工作，并对中心建设工作给予肯定。落实安置帮教政策措施，提高安置帮教工作水平，最大限度预防和减少刑满释放人员重新违法犯罪。2019年，全市共计接收779名刑满释放人员，安置754人，安置率96.8%；帮教755人，帮教率96.92%。

【矛盾纠纷化解】 2019年，市司法局发挥人民调解“第一道防线”作用，深入开展“社会治理专业化提升年”活动，落实上级“大排查、早调解、护稳定、迎国庆”专项活动工作部署和要求，最大限度将矛盾化解在源头、稳控在基层、解决在当地。制订《坚持发展“枫桥经验”实现矛盾不上交三年行动实施方案》，组织人民调解组织和人民调解员，围绕党委政府中心工作，针对劳资、医疗、环保、民间借贷、房产物业、互联网电商等重点领域，开展矛盾纠纷排查化解工作。2019年，全市共调解矛盾纠纷21053件，成功调解20358件，调解成功率达96.7%。深入构筑“1+3+N”调解格局，优化提升“三调对接”机制，加快打造人民调解中心“升级版”，联合市法院在市矛盾纠纷多元调解联动指挥中心设立晋江市行政争议调解中心，为行政争议案件处理畅通调解渠道。4月，泉州市委书记康涛到金井镇走访调研晋江市首个“公调对接示范点”，对晋江市“三所一庭”联动调解做法给予肯定。健全完善调解组织网络。2019年，东石、池店镇分别新增1个商会商事调委会，梅岭街道增设5个小区物业纠纷调委会，深沪镇成立泉州海警晋江工作站海上纠纷人民调解委员会等。加强人民调解保障支撑机制，推动矛盾纠纷排查调处工作纳入晋江市综治领导责任书和“六守六无”平安单位、平安村（社区）、平安企业的考评内容，将案件补贴与“六守六无”平安村（社区）创建工作相结合，2019年起，对获评晋江市“六守六无”五星级、四星级、三星级的村（社区）增加15%、10%、5%的补贴。6月，晋江市矛盾纠纷多元化解中心获评福建省人民调解工作先进集体。庄茹娟同志被聘为第二批“福建省人民调解专家”。

【法律服务体系建设】 2019年，市司法局推进法律服务供给侧改革，以三大平台融合发展为抓手，加快实体平台、网络平台、热线平台“三位一体”建设步伐，进一步整合线上线下法律服务资源。提升“一村（社区）一法律顾问”整体水平和服务成效，全面实施村（社区）法律顾问属地化管理新机制，晋江电视台对晋江市村（社区）法律顾问工作进行12分钟专题报道。完成全市村（社区）法律顾问重新选聘工作，组织全市第一、二、三批（2018—2019年度）村（社区）法律顾问年度考核复查。深入开展村（社区）法律顾问示范点创建工作，全市共建成村（社区）法律顾问示范点80个，占比达20%。打造“互联网+法律服务”模式，加快“一村（社区）一法律顾问”网上咨询平台建设，健全完善村（社区）法律顾问工作微信群制度，开展“掌

2019年12月4日，晋江市司法局开展国家宪法日系列宣传活动 （市司法局 供）

上公共法律服务"平台社区律师解答工作，为基层群众提供全时空、全业务法律服务。扎实深入开展扫黑除恶专项斗争，做好晋江市律师办理黑恶势力犯罪案件指导监督工作，执行扫黑除恶案件立即报告和每月零报告制，晋江市律师共办理132起黑恶势力犯罪案件。坚持"能援尽援、能援优援"，优化法律援助服务方式，开展农民工法律援助特色服务，对民营企业农民工和困难员工法律援助案件优先受理、审查和指派，营造和谐稳定用工环境。市法律援助中心获评"泉州市农民工法律援助品牌建设示范点"；晋江市2件农民工援助案例获评2019年泉州市十佳农民工法律援助案件。加强法律援助案件监督管理，细化受理、审查、指派等服务规定，缩短受理审查期限，完善和规范案件指派方式，量化回访、听庭、评查等质量监管指标，进一步提高法律援助社会满意度。全市累计受理法律援助案件1538件，其中刑事案件1056件，民事案件482起，解答群众咨询1379人次。加快推进刑事案件辩护全覆盖试点工作，全市累计受理扩大辩护案件617件，法律帮助案件1505件。11月，晋江市法律援助中心被泉州市司法局推荐参评全国法律援助工作先进集体。晋江市法律援助工作在泉州市司法行政系统重点工作评比中获得第一名。开展人民陪审员选任工作，联合市法院选任人民陪审员74人。加快推进"最多跑一次"改革，提升公证服务效率，推出公证扫码缴费、邮寄送达等一系列便民惠民新举措。全年办理各类公证5689件。

（市司法局　王名乙　张贻潜）

仲　裁

【概况】 2019年，泉州仲裁委员会晋江分会（以下简称晋江仲裁分会）围绕全市中心工作和发展大局，发挥仲裁法律制度的特色和优势，依法履行职责，依法公正、快捷地解决各类民商事纠纷。2019年，晋江仲裁分会共受理各类案件1221件，涉案标的金额共19.2989亿元（其中：2019年新收1197件，涉案标的金额18.7453亿元，旧存24件，涉案标的金额0.5536亿元）。比2019年同期（1023件）增加198件，增长19.35%；案件总标的金额比2018年同期（6.12亿元）增加13.1789亿元，增长215.34%。从整体来看，案件数及标的额与2018年相比增长幅度较大。在新受理的案件中，涉及案件类型28种，其中，交通事故赔偿纠纷709件，占受理案件总数的59.23%；经济类纠纷案件488件，占受理案件总数的40.77%。

全年结案1197件，结案标的金额18.65亿元，结案率98%。结案方式中：调解1103件，裁决64件，撤回申请29件，不予受理1件。尚有未结案件24件。

【办案点设置】 2019年，晋江仲裁分会以增强服务意识、提高服务水平、方便群众仲裁为出发点，拓宽仲裁服务的渠道，加强办案点的建设与管理。在巩固原有的青阳、陈埭法庭仲裁工作点、驻法院诉调对接中心仲裁庭及晋江市公安局交警一中队、安海交警中队基层仲裁工作点的基础上，为延伸和扩大仲裁业务范围，满足偏离市区较远的企业和群众的仲裁需求，从2019年7月开始，又依托磁灶法庭，在该庭新增设一个仲裁办案工作点，并配备2名工作人员。

【仲裁技能提升】 2019年，晋江仲裁分会为进一步提高仲裁的公信力，从抓案件质量入手，开展案件质量评查。组织对2019年第一至三季度作出仲裁裁决的案件进行全面评查，针对办案中存在的不规范问题进行全面总结分析，查找原因，提出整改措施，并于2019年11月22日组织召开由仲裁员、仲裁秘书及其他工作人员参加的全体仲裁人员工作会议，通报案件质量评查情况，出台《仲裁业务工作的指导意见》及《仲裁案件质量评查办法（试行）》；成立仲裁业务咨询顾问小组。为更好地严把仲裁案件质量关，聘选9名经验丰富，业务精湛的仲裁人员成立仲裁业务咨询顾问小组，为一些疑难复杂的案件进行把脉，并提供法律咨询和业务指导。特别是对被人民法院撤销仲裁裁决的案件或要求重新仲裁的案件；仲裁庭组成人员对仲裁案件的处理，意见分歧较大的案件，必须提交仲裁业务咨询顾问小组讨论，由其提出参考意见。建立仲裁裁决的核阅制度。为加强对案件裁决前的把关，确保案件质量，决定建立仲裁案件裁决前的内部核阅制度。所有仲裁案件在裁决书形成后、签发裁决前，应填写案件审理核阅意见书连同卷宗材料一并报送秘书长核阅（秘书长任独任仲裁员或首席仲裁员的案件，报送副主任核阅）。其核阅后，对裁决书的证据采信、事实认定、法律适用、裁决结果有不同看法的，可提出核阅意见，供独任仲裁员或仲裁庭裁决前参考。加强业务培训。为进一步提高仲裁员、仲裁秘书的业务素质和工作水平，提高庭审技能和调解技巧，增强仲裁人员遵章守纪、勤勉敬业、公正仲裁的意识。特邀请泉州仲裁委员会的副主任及秘书二处的处长对仲裁员和仲裁秘书进行业务培训，分别讲授《仲裁员办理案件实务应注意的问题》和《仲裁秘书工作实务》及职务道德等方面的专业培训，打造一支政治意识强、业务能力精、道德品质好、作风过硬的仲裁队伍。

（晋江仲裁分会　柯贤镖　吴清滨）

外　事

【概况】 2019年，晋江市政府办公室深度挖掘整合对外联络资源，邀请重要外宾来访交流。接待重要外宾团组41批次696人次。接待外宾涵盖意大利、德国、保加利亚、日本、澳大利亚、新加坡、菲律宾、马来西亚、印度尼西亚、缅甸、老挝等15个国家，包括各国政要、驻华大使、警察及学校师生等群体代表。

【因公出国（境）、APEC商旅卡管理】 2019年，晋江市加强对因公出国（境）团组事前、事中、事后监管，优先保障世界中学生运动会（简称世中运）、国际大学生体育联合会（简称国际大体联）足球世界杯等国际重大赛事及对外经贸合作交流重点项目团组报批，做好服务。全市因公出国团组共计53批次149人次，其中经贸往来、招商引资团组8批次30人次，世中运团组5批次21人次。

办理APEC商务旅行卡16批次22人次（张），提高外贸企业商务出行便利度，助推本土企业走出去拓展海外市场，引导企业在“一带一路”建设中展现更大担当作为。11月，由泉州市人民政府外事办公室、晋江市人民政府联合举办的APEC商务旅行卡推介会在晋江举行，吸引劲霸、利郎等149家外贸企业、175名企业界代表参会，扩大和提升APEC商务旅行卡的认知度和影响力。

【重要礼宾到访】 2019年1月18—19日，菲律宾比尼扬市市长阿尔曼•迪马圭拉对晋江市进行友好访问。

3月26—28日，菲律宾前贸工部长罗伯特•王彬率家族成员返乡谒祖并访问晋江。

4月12日，菲律宾外交部部长助理兼海洋司司长杰纳罗索•卡隆赫一行4人到晋江访问，参观晋江市历史文化名胜，实地了解晋江市经济社会发展情况。

7月11日，老挝共产党中央委员、国家社会科学院院长、国家社会科学委员会常务副主席宋塔努•坦马冯一行12人到晋江访问，参观361度体育用品有限公司。

9月9日，菲律宾宿务市市长埃德加多•拉贝利亚一行47人到晋江访问。

9月10日，马达加斯加工业、商业贸易和手工业部总经理嘎也堂•拉民杜到晋江市进行经贸交流访问。

11月6日，菲律宾东南棉兰老海岸警卫队司令罗伊•艾切维拉、西维萨亚海岸警卫队司令艾伦•维克多•德拉维佳等一行6人对晋江市进行友好访问。

11月23日，新加坡文化、社区及青年部长兼社区事务署主管部长傅海燕一行64人对晋江市进行友好访问。

【与外驻华使领馆对接】 2019年6月21日，由五大洲、22个国家和国际组织的驻华使节、驻华代表组成的外国驻华使节团一行39人到晋江访问，参观安踏体育用品有限公司。

9月5日，菲律宾驻厦门总领事付昕伟到晋江访问，参观黎刹广场，并捐赠黎刹木雕。

9月25日，新加坡驻厦门总领事池兆森到晋江访问，参观晋江知名企业。

10月24日，印度驻广州总领事高士到晋江访问，参观兴济寺印度教石刻及晋江企业。

11月12日，印度驻华大使唐勇胜到晋江访问，参观兴济寺印度教石刻。

11月17日至19日，菲律宾驻厦门总领馆副领事何怡莲到晋江访问，参观黎刹广场及晋江知名企业。

【友城交往】 2019年，晋江市与意大利库内奥省、菲律宾达沃市等国际友城交往频繁，双方在经贸、文化、旅游、教育等领域交流合作持续深化。

3月15—17日，泉州市委常委、晋江市委书记刘文儒率团赴菲律宾参加达沃市建市庆典活动，开展经贸交流活动，深化晋江与达沃市在经贸合作、友城交往、人文交流等方面务实合作。

4月17—20日，菲律宾达沃市合作发展和人民参与委员会青年体育委员会顾问爱普尔一行到晋江市参加鞋（体）博会并访问交流。

5月8—11日，菲律宾达沃市工商会主席阿图罗•米兰率达沃市工商会代表团一行18人到晋江市访问，深入了解与晋江市贸易和投资交往情况。

7月19—21日，意大利库内奥省副省长弗拉维尔·马纳维拉率团一行9人到晋江访问，考察晋江市历史文化、经济发展和城市建设情况，参加海峡两岸食品交易会暨闽台(泉州)食品交易会。

9月，菲律宾达沃国际机场移民局代表团一行5人到晋江访问，与晋江国际机场负责人举行座谈会。

10月，菲律宾达沃港区关长伊拉斯塔斯·桑迪诺·B·奥地利率达沃海关代表团一行8人到晋江访问交流。

10月30—31日，菲律宾达沃市议员、国际关系事务委员会主席奥古斯托·哈维尔·坎波斯率达沃市议员代表团一行6人到晋江访问。

11月17—19日，菲律宾达沃市副市长塞巴斯汀·杜特尔特率团一行17人，对晋江市进行友好访问，探讨与晋江市在经贸文化等领域的交流合作。

【青年交流】 2019年3月28日，印度尼西亚青年互访交流游学活动代表团一行60人到晋江访问，参观晋江市知名企业和传统文化景区。

4月17—24日，由晋江市人民政府外事办公室主办，晋江理工学院承办，晋江国际人才交流协会协办的2019年中菲青年互访交流游学活动在晋江举办。启动仪式上，福建省人民政府外事办公室国交处处长黄劭蓉为2019年中菲青年互访交流游学活动授旗，晋江市委常委、市政府副市长李自力宣布活动正式启动。游学活动为期8天，来自菲律宾达沃市的40名青年师生代表与泉州职业技术大学40名青年师生代表结对交流，参观晋江知名企业，深入了解晋江民俗风情和中国传统文化，感受传统文化民俗的非凡魅力。

8月8日，以日本浦添市教育委员会指导部长平良亮率浦添市少儿友好交流团一行22人到晋江市访问，参观五店市传统街区，深入了解闽南传统文化。

9月16日，由福建省人民政府外事办公室主办，晋江市人民政府外事办公室承办，旅菲华侨工商联总会、菲律宾达沃华助中心、菲华青商会、菲律宾福建青年联合会、东方友利集团协办的第二届中菲青年互访游学交流活动在菲律宾马尼拉启动。游学团由来自福建省和菲律宾各界的青年官员、大学生及媒体代表共58人组成。活动期间，游学团实地走访马尼拉、宿务、达沃以及福州、厦门、武夷山和晋江等地，参观当地企业、高校，深入体验当地风土人情和民俗文化。

【多领域民间交往】 2019年1月，晋江市掌中木偶剧团赴泰国参演2019年泰国“欢乐春节”。3月，市高甲剧团、掌中木偶剧团、南音艺术团和晋江市食品协会赴菲律宾参加达沃市“姐妹城市贸易博览会”，展示晋江传统文化和特色食品；晋江市南音艺术团与菲律宾达沃华助中心成立“福建南音传承中心”，拉近两地人民精神纽带。10月26—29日，马来西亚拿督、马六甲培风第一华文小学校董会总务兼校友会主席率马六甲培风第一华文小学代表团一行14人到晋江访问。10月28日，晋江第六实验小学与马来西亚马六甲培风第一华文小学缔结为友好学校。

【对外经贸合作】 2019年3月15—24日，泉州市委常委、晋江市委书记刘文儒率团赴3个“一带一路”沿线国家交流访问。深化与菲律宾达沃市交流合作，签约8个经贸合作项目，总投资5亿美元；对接菲律宾工业园区建设事宜，成立菲律宾晋江同乡总会达沃分会；推动与印度尼西亚梭罗市经贸往来，在印度尼西亚雅加达市，晋江市6家企业与印度尼西亚客商签订开拓印度尼西亚市场合作协议；实地走访越南工业园区，成立越南晋江企业服务中心。4月22日，由多米尼加共和国经贸投资促进会、多米尼加共和国对外友好协会、晋江市人民政府主办，晋江市商务局、福建晏禾商务咨询有限公司协办的多米尼加——中国(晋江)“一带一路”招商发布会在晋江举行。安婷妇幼、联合纸业、森帝克体育等70多家企业代表参加发布会。11月15—22日，晋江市委副

2019年9月16日，菲中青年第二届游学互访交流通活动开幕仪式在菲律宾马尼拉举行　（市外事办　供）

书记、市长张文贤赴法国、西班牙开展经贸交流活动，与智奥会展公司、西甲联盟等企业组织探讨合作事宜，参加外交部福建全球推介海外延伸法国站、西班牙站活动，开展宣传推介和经贸对接。

（市政府办　郑　琦　黄晓芬　陈　凌）

侨　务

【暖侨帮扶行动】 2019年，市委统战部关注侨界民生，深入摸底调查，建立贫侨工作台账。走访慰问贫困归侨67人次，向贫困归侨送去党和政府的关心关怀。落实各级惠侨政策，为13名低保户及大病大灾贫困归侨申办病困补助，为24名归侨离退休职工办理生活补贴。开展侨法宣传活动，普及涉侨法律法规与惠侨帮扶政策，营造爱侨护侨良好社会氛围。

【便民服务举措】 2019年，市委统战部规范办事流程，压缩办理时限，主动延时服务，提升侨亲满意度。开具579份《出入境记录查询函》，帮助303名华侨办理回国定居手续，为224名国外中国公民出具《不具备华侨身份认定书》，为10名“三侨生”出具升学照顾身份证明，协助审核91名海外侨胞危房翻建手续。

【侨情乡情普查】 2019年，市委统战部做好侨情普查，建立侨情数据库，增强海外侨胞的民族认同感和归属感。全市共普查海外华侨、华人228197人。

【侨务资源挖掘】 2019年，市委统战部深挖侨务资源，推进涉侨历史建筑和涉侨文化遗产保护，打造侨乡文化名镇名村，留住海外侨胞“乡愁”记忆。安海镇获评“福建省侨乡文化名镇”，金井镇获评“泉州市侨乡文化名镇”。

【侨胞捐办公益事业】 2019年，市委统战部引导海外侨胞捐资兴办公益事业，加强“一季一报”侨捐信息数据采集制度，做好资料库更新、管理工作，维护捐赠人合法权益。全年侨捐总额达3.44亿元，占泉州46.46%，24名捐赠超千万元侨胞获省政府颁发感谢牌。“侨与晋江经验”调研成果获中国侨联、省侨联领导批示肯定。

【海外华文教育】 2019年，市委统战部指导基层侨联举办3场“寻根之旅”活动，近200名华裔新生代交流学习，促进根脉传承、推进乡情联谊。协助本地中小学与海外学校开展教育合作交流，增进海内外青少年交流交往，推动中华文化传承与发展。

（市委统战部　许凤仪　陈金尚）

2019年11月29日，省侨乡文化名镇名村考评工作组到安海镇开展评定工作

（市委统战部　供）

台湾事务

【文化交流】 2019年2月14日，东石镇举办“闽台东石灯俗”系列活动，240多名台湾同胞参与。东石镇与金门县金湖镇续签乡镇友好协议，台湾嘉义大学、金门金湖中学青少年参与两岸羽毛球、乒乓球、篮球友谊赛，组织美食节、海峡两岸元宵晚会和花灯游园会等线下活动。

2月22日，台湾新党主席、金门县前副县长吴成典一行5人到晋江参加金井镇围头村“两岸一家亲、共赏元宵灯”闭幕式活动。

3月8日，金井镇围头村举办“两岸巾帼情•走进新时代”第四届“围头新娘”跨海“过三八”系列活动，围头、金门两地同胞500多人参与活动，营造围头“两岸交流先行村”氛围。

5月16日，2019海峡两岸青年学子“光明之城建筑文化体验营”在晋江市永和镇永和村开营。活动以“弘扬海丝文化、共筑光明之城”为主题，来自华侨大学、台北市立大学、台北科技大学等两岸10所高校的125名师生参加。台北市立大学、华侨大学、晋江市永和镇、晋江市农业农村局签订《永和镇乡村振兴共建框架协议》，设在永和镇的海峡两岸建筑类大学生乡村振兴实践基地揭牌。

6月6日，安海镇举办晋江市（安海）第八届两岸端午民俗旅游文化节，作为第十一届海峡论坛同期举办活动，紧扣“文旅融合、品质晋江”及“两岸两安平”主题，策划推出七大活动项目，43名台湾同胞参加此次活动。

6月8日，“偶韵薪传”2019年布袋木偶戏展演节暨非遗记忆活动在晋江举行，通过展示展演、宣传传播的方式，弘扬传承传统文化，宣导文化遗产保护观念。来自台湾高雄市天宏园掌中剧团的6名成员进行专场演出。

6月17—19日，台湾中华港澳闽妇女协进会、台湾农村美国际观光发展协会、新北市文教工商经贸交流协会一行31人到泉州开展系列考察交流活动。考察团在晋江金井镇围头村部故事馆参加家庭联谊结对签约仪式，两岸5对家庭现场签约结对。

7月10日，台盟福建省委会专职副主委柯连妹率“2019两岸学生乡土文化研习营”一行100多人到晋江参访交流。通过参观大学生创新创业基地、举办乡土文化讲座等活动，推动两岸青少年交流交往，进一步增强台湾青少年对福建祖地文化的认识与了解。

7月13—14日，2019年海峡两岸暨港澳地区群众体育系列赛——“晋江文旅集团杯”羽毛球赛在晋江开赛。14名海峡两岸和港澳地区羽毛球爱好者同场竞技、以球会友，促进两岸体育文化交流和认同。

7月19—22日，台湾澎湖科技大学一行28人到晋江开展研学交流活动，与泉州职业技术大学进行结对交流，参观草庵、五店市传统街区和安踏公司。

7月22—29日，2019年首届“共同家园”两岸(围头)青少年暑期夏令营在金井围头开营。台中利众服务学会组织15名台湾学生和10名家长、老师，与金井围江小学16名学生家庭，以营员“一对一”组合结对方式开展活动，推动两岸民间交流交往。

7月22—28日，2019年“寻根之旅”夏令营——台湾地区青少年福建省晋江营在晋江举行。此次活动紧扣“汉语、文化、寻根”主题，将课堂教学、文化考察和参观访问相结合，金门县金城中学40名营员参加。

9月14—16日，第六届闽台乡村旅游文化节在晋江市金井镇举办。活动以“两岸一家亲•文旅新融合”为主题，围绕“乡村活动”“产业融合”和“文旅宣传”开展系列闽台交流活动，涵盖音乐、摄影、美食、设计等方面，并举行泉州旅游协会乡村旅游分会成立大会暨闽台乡村旅游推介会。

10月10—11日，金门大学43名学生到晋江开展“携手红十字走进品牌之都”企业研习活动，参观城市展馆、梧林古村落、安踏公司、五店市传统街区和泉州职业技术大学。

10月29日至11月3日，晋江市第五届“中华情、两岸缘”新生代台胞联谊结对活动暨晋台学生机器人第三场表演赛在晋江举行。台湾科技大学、桃园健行科技大学、宜兰罗东高工等学校43名学生参加活动，与晋江青少年开展科技创新实践和技术交流。

【经贸合作】 2019年4月19—22日，第二十一届中国(晋江)国际鞋业(体育产业)博览会在晋江举行。台湾制鞋工业同业公会、台湾机器同业公会等组织参会，天岗、鼎圣等知名企业的展商团设立台湾鞋机馆。该届参展规模达历年之最，来自台湾地区的展商团确认近100个展位，台湾地区主流媒体随团跟踪报道。

4月17—21日，2019年海峡两岸青年体育产业创业成长营在晋江举办，来自台湾元培医事科技大学、金门大学等多所台湾、金门高校的大学生和青年代表共51人参加。台湾、金门青年们参加鞋(体)博会开幕式，参观晋江城市展馆、洪山文创园、晋江台湾青年创业就业服务中心、晋江鞋纺城、福大晋江科教园区、安踏公司，与泉州职业技术大学学生互动交流。

6月15日，以“两岸融合发展共谋乡村振兴”为主题的2018年海峡科技专家论坛之海峡两岸美丽乡村融合发展研讨会在晋江举行。台湾地区专家学者30人到场参与研讨会，旨在集合两岸聪明才智，促进乡村振兴。

7月4—5日，台湾地区澎湖县县长赖峰伟一行到晋江考察交流，探讨泉州晋江机场与澎湖马公机场直航事宜。

7月11—31日，2019年“海峡杯”工业设计(晋江)大赛以“聚智实业、创享共赢”为主题，恒安、361度等16家晋江制造业企业参与承办，涵养体育用品、纺织服装、伞具、婴童用品等行业。两岸50多所高校的500多名学子报名，最终确定128名优秀学子和16名指导老师参加活动，包括台湾15所高校70多名台湾师生。

7月19—22日，第三届海峡两岸食品交易会暨第六届闽台(泉州)食品交易会在晋江举行，共有16个国家和中国台港澳地区的456家食品企业参展。特设台湾食品展区，41家台湾名优企业共计200人参展。

7月19—21日，金门县政界人士洪允典率团一行13人到晋江参加第三届海峡两岸食品交易会暨第六届闽台(泉州)食品交易会开幕式，参观草庵、龙泉书院和五店市传统街区。

8月15日，晋、金两地通水一周年活动在晋江市龙湖镇举行，两岸通水交流中心正式揭牌。晋江累计向金门供水超过366万吨，平均日供水超过1万吨。

9月22—26日，“福建省第九期台湾青年创业公益培训班”在晋江举行，60名台湾青年参与专业授课、创业分享、商务对接、实地考察等活动。此次活动系共青团福建省委“101台湾青年创业扶持计划”系列公益活动之一，旨在鼓励和引导台湾青年到闽创业就业。

10月22—24日，2019年“海峡杯”工业设计大赛颁奖仪式在晋江举行。此次参赛作品数量1236件，较2018年增长4.4%，其中中国台湾、香港地区作品达1119件，较2018年增长4.2%，另有美国、意大利、英国、韩国等25个国家提交作品117件，较2018年增长6.4%。

12月4日，2019年度闽西南协同发展区对台部门第三次会议在晋江市召开，厦门、漳州、泉州、三明、龙岩市台港澳办领导和金门县、澎湖县代表参加。

【参观访问】 2019年1月23—25日，澎湖县菊岛乐活发展协会理事长颜嘉弘率团一行18人到晋江市参访交流，参访团一行参观安踏公司、五店市传统街区、城市展馆。

3月21日，澎湖县政府县政顾问欧修智到晋江市参访交流，参观五店市、城市展馆，探讨推动晋江与澎湖直航事宜。

4月11日，中华统一促进党嬴政党部主委吴金虎一行29人到五店市传统街区参访交流。

4月12日，台中政界人士吴显森一行19人到晋江参访交流，参观安踏公司、城市展馆和五店市传统街区。

4月13日，金门县政界人士洪允典一行20人到晋江参访交流，参观安踏公司和五店市传统街区。

4月24—30日，晋江市政协、晋江市台湾同胞联谊会组织在晋台胞一行23人赴台开展探亲参访交流活动。前往台东、嘉义、台中、新北、台北等地，传承血脉亲情，畅叙乡谊乡情。

5月15—16日，台湾清华大学教授王伟中一行4人到晋江参访交流，参观市台湾青年创业就业服务中心、五店市传统街区和安鼎体育用品有限公司。

5月21日，大高雄里长主席联谊总会副总主席张宇讃一行6人到五店市传统街区参访交流。

6月21日，台湾振兴中华暨文经促

进协会理事长臧幼侠一行11人到晋江参访交流，参观五店市传统街区和城市展馆。

6月27日，台中市民防队参访团郑赣麟率团一行28人到晋江参观五店市传统街区。

9月25日，台中市社区青年交流协会一行10人到晋江市参访交流，参观城市展馆、五店市传统街区。

12月11日，黄埔四海同心会理事长、台中市政界人士陈天汶一行16人到金井镇参访交流。

（市委办　郑媛媛　陈建军）

港澳事务

【参观访问】 2019年4月1—3日，澳门特别行政区行政长官崔世安夫人霍慧芬一行10人，在全国政协委员、澳门特别行政区行政会委员陈明金陪同下到晋江参观访问。考察团走访五店市传统街区、SM广场，了解晋江社会经济发展状况。省委台港澳办副主任刘良辉，泉州市委常委、晋江市委书记刘文儒，晋江市领导张文贤、李自力、黄文福出席活动。

4月19日，参加第四届"海丝情•中国梦"港澳青年精英故乡行活动的香港泉州市社团联合总会会长曾少春、澳门福建同乡总会理事长黄天松一行91人访问团到晋江参观访问。访问团参加第二十一届中国（晋江）国际鞋业暨第四届国际体育产业博览会开幕仪式并参观参观五店市传统街区。

6月20日，香港特别行政区政府高级公务员清华大学国家事务研习班何润胜（香港警务处油尖区指挥官）一行26人到晋江参观安踏公司。

【文化交流】 2019年8月1—9日，中央人民政府驻香港特别行政区联络办青年工作部、福建省台港澳办支持，泉州市台港澳办、晋江市人民政府主办，晋江市台港澳办、晋江市海外联谊会、晋江市青年联合会、泉州职业技术大学、香港青年领袖学院、香港生涯规划协会联合举办2019"微影泉州•印象晋江"香港青年研学夏令营。此次夏令营有近80名香港青少年参加，在为期8天的结对交流中，两地学子们团结合作，深入沟通交流，用镜头记录晋江、泉州乃至福建沧桑巨变，用作品讲述"晋江印象""晋江故事"。

8月15日，澳门青少年中华民族文化研习营访问团一行22人到晋江参观访问。访问团一行到洪山文化创意产业园、晋江城市展馆、龙泉书院、草庵实地参观，了解晋江社会经济发展状况，体验中华传统文化，加深澳门青少年对祖国、文化的认同感。晋江市委常委、统战部部长黄文福出席活动。

11月2日，澳门特别行政区政府社会文化司司长办公室主任叶炳权一行6人到晋江参观访问。晋江市副市长黄少伟接待访问团一行，双方就晋江与澳门在文化产业合作方面进行深入的交流。访问团还参观龙山寺、安平桥、安踏公司。

（市委办　林伯新　陈建军）

2019年8月1—9日，举办2019"微影泉州•印象晋江"香港青年研学夏令营　（泉州职业技术大学　供）

经济管理

宏观经济管理

【概况】 2019年，晋江市地区生产总值计划增长8.7%；实际完成2546.18亿元，同比增长8%。工业总产值完成5930.16亿元，增长9.2%。其中，规上工业产值计划增长13.2%，实际完成5489.1亿元，增长9.5%。一般公共预算总收入计划增长6.5%，实际完成221.62亿元，下降3.6%。其中，一般公共预算收入计划增长6.5%，实际完成137.9亿元、增长2%。全社会固定资产投资计划增长15%，实际增长2.7%。其中，工业投资计划增长15%，实际下降1.2%。自营出口计划增长2%，实际完成590.1亿元，增长8.1%。实际利用外资计划增长5%，实际完成15.01亿元，增长7.5%。社会消费品零售额计划增长10.5%，实际完成783.3亿元，增长8.1%。其中，限额以上零售总额计划增长15.5%，实际完成324.08亿元，增长6.7 %。全体居民人均可支配收入计划增长8%，实际完成43441元，增长8%。

（市发改局 陈 林 熊俊诚）

【产业质量提升】 2019年，晋江市第一产业增加值完成20.43亿元，同比下降1.9%；第二产业增加值完成1586.89亿元，同比增长8.3%；第三产业增加值完成938.86亿元，同比增长7.7%，三次产业比例为0.8：62.3：36.9。农业现代化建设稳步推进，新增省级现代农业蔬菜产业园1个、国家级农林专业合作示范社1家、省级以上农业产业化龙头企业9家、“三品一标”认证企业14家，建成省级农业创业示范基地3个、蔬菜商品化处理中心4个，“安海土笋冻”获得国家农产品地理标志登记保护，九十九溪流域田园风光拓展区开始市场营运，一二三产业融合发展模式加速形成。五大传统工业产业、五大新兴产业分别完成规模以上产值4414.1亿元和664亿元，同比分别增长9.5%和12.8%；32个工业大类有26个实现正增长，增长面达81.3%。传统产业强链提升，全年新增产值超10亿元企业15家、“上云”企业400家、省级智能制造试点示范企业8家、省级“专精特新”企业8家、省级首台（套）重大技术装备3项，规模以上企业智能化、数控化装备应用率提升至50%。高新产业建链拓展，集成电路产业园、石墨烯产业园建设持续加快，集成电路龙头项目、大型锂电池储能项目、矽品封测项目投产，中探针、HDT等项目签约落地。142个第三产业重点项目完成投资312亿元、完成年度计划的114%，其中喜盈门、豪新食品市场一期等37个项目建成营运。鞋都电商中心被评为国家电子商务示范基地。新增限上商贸业和规上服务业企业213家、限额以上电商企业5家、3A级以上物流企业3家、省级示范物流园区1个，全年新增注册三产主体4万多家、增长28%；快递业务量突破5亿件，占全省快递总量的比重提升到18%，获评“中国快递示范城市”。平台经济加快发展，辅城网、一品嘉等原辅材料交易平台、供应链云平台持续拓展功能、完善生态，全年平台交易额达85亿元以上。

【创新动能释放】 2019年，晋江市新增国家技术创新示范企业1家、国家高新技术企业74家、省级科技型中小企业98家、省科技小巨人企业20家、省级工业设计中心2家、泉州市瞪羚企业14家。新设镇域产业协同创新平台7个，国科大智能制造学院、福州大学微电子研究院相继落地，中科院泉州装备制造研究所获批国家地方联合工程中心，制鞋产业技术创新战略联盟成为全省首家国家级试点联盟。在全省率先成立县级人力资本公司，建成泉州（晋江）国际人才交流服务中心，新增设立院士专家工作站4家，投入人才公寓425套，新增各类高层次人才1901人。实现人才自主申报零的突破。10个创新项目获评省级科技进步奖，全年专利申请量、授权量分别达11233件、6678件，万人发明专利拥有量9.1件，科技创新指数位居全国百强县第6位。

（市发改局 魏美妹 熊俊诚）

自然资源管理

【农村土地制度改革】 2019年，市自然资源局根据第十三届全国人民代表大会常务委员会第七次会议决定,农村土地制度改革试点期限再延长一年,至2019年12月31日。深化农村土地制度改革三项试点工作,探索总结组团片区改造、旧村整体改造、生态景观提升、空心村盘活、产业带动和借地退出等6种宅基地综合利用模式,助力乡村振兴;破解集体经营性建设用地入市难题,新增71宗入市地块、面积23.13公顷,成交金额1.32亿元。和谐征迁"257"("2"是两个"就",就地安置、就近安置,确保征迁群众利益最大化;"5"是加强住房、社保、教育、医疗、就业等"五个保障",解决被征地农民"后顾之忧";"7"是农民可以拿宅基地和房屋换安置房、办公楼、店面、商场、公寓、现金和股权,最大程度确保农民住房财产权益)征地多元保障机制运用于高铁新区二期等项目征迁工作,再刷和谐征迁"晋江速度"。7月3日,省委书记、省委全面深化改革委员会主任于伟国召开省委全面深化改革委员会第六次会议,听取晋江市农村土地制度改革三项试点工作情况汇报,要求持续深化晋江农村土地制度改革试点,坚持底线思维、民生优先、稳中求进,坚持通盘考虑、系统集成、分类施策,针对宅基地制度等改革中出现的新老问题,拿出务实管用的解决思路和办法举措,维护好、实现好、发展好农民土地权益。"和谐征迁工作法""因地制宜分类实行户有所居""宅基地借地退出""开发宅基地审批系统"等多项试点工作做法被纳入自然资源部三项试点工作总结报告,宅基地有偿退出、下放宅基地审批权限、集体建设用地入市、征收补偿安置等多项试点成果被新《中华人民共和国土地管理法》吸收采纳。

【全民所有自然资源资产清查试点】 2019年11月29日,福建省自然资源厅决定在晋江市、南安市、浦城县开展全民所有自然资源资产清查试点工作。随后,晋江市立即启动省级全民所有自然资源资产清查试点工作,开展各类自然资源相关成果收集等前期工作。

【重点项目用地保障】 2019年,市自然资源局服务中心大局,创新要素保障机制。完善报批前期指导、协调等制度,专人密切对接省上,争取指标及政策倾斜,同时架设服务梯队,做足指标购买等前期工作,挂钩联系镇域业主单位,精准对接。全年农转用和土地征收获批38个批次104宗用地,面积307.2公顷,确保二体配套项目、高铁新区、集成电路产业园区等一批公建民生工程及重点工业项目顺利推进。用地获批量位居泉州各县市第一,超额完成泉州项目攻坚用地保障任务。策划招商推介,促进地块升值,共出让经营性和工业用地362.07公顷,回笼财政资金95.08亿元,出让金额位居泉州各县市第一。结合"限房价、竞地价"的竞价方式,有序增加住宅用地的供应,推进房地产市场平稳健康发展。土地出让工作获市政府主要领导批示肯定。编制土地收储计划,完成国有用地收回79公顷。

【节地增效潜力挖掘】 2019年,市自然资源局实行建设用地总量和强度双控,落实建设用地"增存挂钩"机制,2019年单位国内生产总值(GDP)耗地下降率7.57%,并列泉州第一。开展批而未供与闲置土地清理处置专项行动,通过"445"("四个一":一宗一档案、一宗一对策、一宗一保障、一宗一时间;"四种模式":供、用、盘、撤(补齐手续、供应一批,化解问题、用好一批,调整用途、盘活一批,依法依规、撤销一批);"五个机制":分类处置机制、快速协同机制、高效服务机制、科学供地机制、精细管理机制)工作法完成批而未供土地清理处置430.33公顷,总体处置率43.1%。对自然资源部下发的闲置土地按照上级要求处置56.6公顷,处置到位率55.39%,超额完成25%的年度处置任务。"445"工作法被人民网报道,获省厅肯定并专门行文全省推广。

【自然资源保护】 2019年,市自然资源局坚持保护优先,巩固生态红线,提升治理能力。第三次全国国土调查成果通过国家检查复核,一级错误率远低于国家控制率范围。地籍和房屋调查实现全市行政村全覆盖,完成186个行政村调查,其中65个行政村已通过地市级验收。基本摸清全市存量土地3793.33公顷。2018年度土地变更调查与遥感监测数据成果通过自然资源部审核。国土空间规划有序推进。国土空间总体规划编制工作启动,省级生态保护红线评估成果和调整建议方案送省自然资源厅审核。完善《晋江市村庄规划编制导则》,推进49个村庄"两规合一"试点村村庄规划编制工作。晋江村庄规划工作作为典型,代表福建在全国村庄规划工作推进会上做经验交流。"多规合一"信息共享平台获评2019年中国地理信息产业优秀工程金奖。国土空间保护修复扎实开展。签订耕地保护及矿山生态修复责任书,将耕地保护、"两违"治理纳入镇(街道)绩效考评,开展永久基本农田储备区划定和核实整改工作。解决耕地指标难题,超额完成泉州下达的补充耕地任务,实际完成78.80公顷。加强矿山生态环境综合治理,运用矿山视频监控手段全天候巡查监管,实现全年矿山零盗采;组织回填废弃石窟11个,迹地绿化13公顷,完成泉州下达的矿山治理任务。落实外曾溪河道监管职责,外曾溪水质得到改善。执法监管持续深入。开展自然资源部下发的年度、季度卫片图斑,省厅下发的"月监测"图斑,省治违办下达的"两违"疑似图斑以及每月新增"两违"卫星遥感监测图斑等核查任务。"两违"综合治理年度考评成绩位列泉州各县市第三名,被评为"项目攻坚2018"下半年综合优秀集体、"两高整治、两违治理百日拆违"优秀集体。加强测绘地理信息市场监管,进一步规范测绘业务承担单位选取机制。专项攻坚强力整改。落实中央环保、省环保、省信访"三合一"反馈问题整改,国家海洋督察反馈涉及的10项整改任务全部完成整改,大棚房问题整治、土地例行督察整改工作顺利通过验收,获评"项目攻坚2018"下半年土地例行督察整改优秀集体称号。推进扫黑除恶专项斗争、第二轮中央环保督察、审计及清查整治等整改工作。

【群众权益维护】 2019年,市自然资源局办理不动产登记再创新高。各项登记业务办理平均用时提速至1.4天,其中抵押注销、权籍调查入库等业务实现窗口即办,全省首创将抵押权首次登记业务压缩为即办件。在建设银行、农商银行设立抵押登记便民服务点,共受理抵押登记业务2677笔,真正实现抵押登记"最多跑一趟"。实行外网申请、内网审理,利用存量数据整合成果,让数据多跑路。共受理各项登记业务13.5万宗,办结12.4万宗,颁发不动产权证书及证明13.3万份，服务抵押融资超500亿元，办理安置房登记办证9905宗，助力泉州民生“XIN”行动。不动产登记中心被泉州市总工会授予“泉州市五一先锋号”称号。服务群众务实高效。出台《无权属来源证明危旧房就地改建土地权属认定工作规程》《晋江市规范农村村民住宅加层审批工作意见（试行）》，规范危房翻建、农房加层审批流程，审核无权属来源危房翻建529宗。档案中心为相关部门、群众提供档案查询服务超13万余人次；完成晋江市展馆优化改造布展工作，累计接待参观团数达741团，参观人数19263人次（其中市民及个人参观占45%）。城市展馆管理服务中心被共青团泉州市委、泉州市青年联合会授予第十二届“泉州青年五四奖章”集体称号。做好行政复议、行政应诉和接访工作，办理完成人大建议、政协提案19件，满意率100%。开展“6•8全国海洋日”“6•25”全国土地日等主题宣传，通过微信公众号、电视台等方式全面宣传。地灾防治科学有效。发布地灾气象预警，督促镇（街道）组织群众转移，实施地灾点巡查全覆盖，完成地灾治理1处、正在治理3处。落实地下水污染防治，全面巡查地下水地质环境监测设施，完好率100%；完成省、市下达的地下水质量极差比例控制任务。

（市自然资源局　魏智文　蔡天文）

财　政

【概况】　2019年，晋江市一般公共预算总收入221.62亿元，比上年下降3.64%。其中，地方一般公共预算收入137.91亿元，比上年增长2.01%。一般公共预算支出120.9亿元，比上年增长0.94%。

【市场主体新动能激发】　2019年，市财政局坚持以供给侧结构性改革为主线，贯彻“六稳”（稳就业、稳金融、稳外贸、稳外资、稳投资、稳预期）工作要求，落实“巩固、增强、提升、畅通”方针，发挥财税杠杆效应，推动实体经济高质量发展，培植和夯实财源基础。实施更大规模减税降费，加强政策效应动态分析，制订落实减税降费28条措施，全面执行深化增值税改革、小微企业税收减免、个人所得税专项附加扣除、降低社保费率等政策，加强收费项目清单化管理，降低实体经济成本。全年全市减免税收29.33亿元、减征社保费1.64亿元，办理出口退税66亿元、期末留抵退税14.9亿元。完善产业扶持政策体系，制订新一轮经济发展鼓励扶持政策12份，惠企措施精准落地，全年兑现各级产业扶持资金18.28亿元，支持推动传统优势产业加快全链条全流程升级、企业增资扩营、高新产业集群发展、现代服务业培育壮大。支持实体经济创新驱动，加大重点领域和关键环节支持力度，投入人才引育资金1.23亿元、创新平台和创新服务体系建设1.83亿元，发挥创新研发平台作用，提升创新服务能力；落实企业研发费用税前加计扣除政策，引导企业将税费减免资金投向科技研发和技术改造，企业研发投入增长25%，技改投资增长24.6%，激发实体经济发展新动能。

【民生投入优先】　2019年，市财政局规范财政分配保障次序，着力优化支出管理，优先安排民生投入，年度民生支出86亿元，增长2.08%，占一般公共预算支出71.13%。教育总投入37.63亿元（含社保缴费、上级补助、债券支出等），支持实施122个教育补短板项目，新增学位8040个，教育资源更加优质均衡。医疗卫生投入12.42亿元（含上级补助），保障医疗卫生体制改革、基本公共卫生服务及18个医疗卫生项目建设，新增病床位852张，医养服务扩面提质。社会保障投入14.83亿元（含上级补助），支持实施29件为民办实事项目和224件民生微实事，持续加大困难群体兜底帮扶力度，各类保障进一步提标扩面，237户贫困家庭脱贫解困；率先试点老年人长期照护保险，支持社会福利中心及29所镇村养老机构建设，新增养老床位653张，社会保障有力有效。支持实施乡村振兴战略，兑现强农惠农政策7.69亿元，投入16.49亿元支持生态修复、环境治理以及“美丽乡村”建设、“四好农村路”创建、“厕所革命”，城乡人居环境持续改善。以赛兴城，投入7.49亿元支持推进16个专项行动计划，足球公园、全民健身中心等场馆投用开放，二体中心、少体校等场馆建设提速推进，支持足球、篮球、沙排、马拉松等赛事举办和文化惠民活动常态展演，文体事业繁荣发展。深入开展“强基促稳”三年行动，投入8.81亿元支持社会治安、安全生产、食品安全和防汛抗灾等公共安全体系建设，深化扫黑除恶专项斗争，加强社会治理。

【财政运行安全网】　2019年，市财政局坚守底线思维，处理好防风险与促发展的关系，增强财政可持续性。多渠道弥补财政减收缺口，树立盘活就是增收理念，加大存量资金资产资源盘活力度，清理收回结转结余沉淀资金559笔5.61亿元，清理往来款项2520笔35.64亿元，清理工程结算款项64笔4.41亿元；加大土地、安置房源等存量国有资产资源处置力度，盘活回笼资金133.68亿元。兜牢兜实“三保”底线，树牢政府过“紧日子”思想，压减一般性支出，集中财力保工资、保运转、保基本民生，实施支出动态监测，严格财政支出管理，压缩部门公用经费和经常性业务费各5%，调减一般性开支2480万元；严格落实中央八项规定，全市“三公”经费同比下降2.6%；合理控制政府投资，调整财政性投资项目11个、调减金额74.18亿元；严格执行“先评审、后招标”投资评审机制，完成投资评审项目529个，核减资金4.6亿元，核减率6.7%；组织政府集中采购793批，节约资金5.4亿元，节约率8.1%。防范债务风险，坚决打好防范化解重大风险攻坚战，严格落实政府债务限额管理和预算约束，加强债务统计监测和风险预警，稳妥化解隐性债务166.65亿元，债务风险总体可控。加强经营运作，持续推进国企优质资产资源整合，组建国有资本投资运营平台，国资国企改革稳步推进；支持国企整合盘活城市公共资源，启动涉水资源整合并购，实施环卫保洁、道路绿化管养、市政道路管护、地下管网租赁等特许经营权委托经营，增加企业现金流；鼓励国企参与土地二级开发，实施43个国企经营运作项目，实体化市场化改革步伐加快；发挥国企投融资主体作用，推进政府性投资项目企业化运作，综合运用债券、基金、租赁、信托等方式筹措资金354.3亿元，保障重点领域和重点项目资金需求。

【理财机制规范化】　2019年，市财政

局围绕加快建立现代财政制度,持续深化财税体制机制改革,促进财政管理科学化规范化精细化。加强预算硬约束机制,坚持“先预算后支出、无预算不支出”,严格预算执行管理,增强预算统筹能力,实施新《政府会计制度》,编制中期财政规划和政府综合财务报告,依法及时公开预决算信息,加快建立全面规范透明、标准科学、约束有力的预算制度。健全预算绩效管理机制,落实“花钱必问效、无效必问责”,出台《全面实施预算绩效管理若干措施》,推动部门全面开展绩效自评,部门绩效自评覆盖率达82%;开展预算绩效重点评价30个,建立预算安排与绩效目标、资金使用效果挂钩的激励与约束机制,及时清理退出政策到期、绩效低下的政策和项目。完善国资国企监管机制,修订行政事业单位国有资产管理规定,加强资产购置、使用、处置全过程监管;建立健全国企监管机制,国有企业资产管理、负责人薪酬、履职待遇、工资总额、考核评价等“1+N”顶层制度体系基本形成。夯实财政监督管理机制,持续推进法治财政建设,规范管理行为,出台资金及财务管理制度33份,依法调整财政部门权责事项清单,梳理优化财政业务流程,不断完善内控操作规程;加强财政监督检查,开展民生、扶贫、惠企等领域专项检查27项,挽回和减少损失1242.9万元;全面加强财政领域党的建设,接受党内监督、人大监督、民主监督、审计监督,建立健全预算编制、执行、监督相互协调、相互制衡的财政运行控制体系。

(市财政局　苏进盘　吴东进)

2019年10月8日,晋江市税务局工作人员到安踏公司开展减税降费政策宣传

(市税务局　供)

税　务

【概况】 2019年,国家税务总局晋江市税务局(以下简称市税务局)紧扣主题主线,聚力主业主责,上下同心、攻坚克难,严格落实“三个务必、三个坚决”要求,依法依规抓好组织收入工作,全年组织各项收入222.19亿元,同比下降5.3%。其中:组织税收收入183.1亿元,同比下降12.6%;组织非税收收入39.1亿元,同比增长55.6%。较好地完成新税务机构运行第一个完整年度各项工作任务。在全国文明单位前期届中总评中位列晋江市第二名、泉州市第八名。

【减税降费】 2019年,市税务局树立“减税降费是政治任务、硬任务”的工作导向,以最实的政策、最优的服务、最严的纪律确保减税降费落实落细。推动建立市政府牵头的减税降费工作协同共治机制,打造“党政牵头、税务主责、部门合作、社会协同、大众参与”的减税降费融合宣传新格局。建立市局—分局—网格员三级减税降费电子台账。全年累计新增减税降费30.89亿元。

【纳税服务】 2019年,市税务局坚持以纳税人为中心,坚持纳税服务再靠前、创新服务再提升。推行税收优惠清单式管理、证明事项告知承诺制试点、新办企业“一表”办理涉税业务、房地产交易事项“一窗”办理、城镇土地使用税和房产税合并申报等举措,拓展“非接触”服务覆盖面。创新开发、率先试点并在全省推广“纳税信用动态提醒服务系统”,帮助企业最大限度修复好、维护好自身纳税信用。

【出口退税】 2019年,市税务局加快退税回函速度,晋江本地供应商回函天数由原来平均30多天缩短到20个工作日,龙头企业缩短到12个工作日,提速40%;实现龙头企业由“每周一退”提速为“三天一退”;服务“海关特殊监管区域增值税一般纳税人试点”业务。全年累计办理出口退(免)税66.38亿元,同

2019年12月31日,福建省电子税务局纳税信用动态提醒服务系统启动仪式在晋江市税务局举行

(市税务局　供)

比增长10%。

【营商环境优化】 2019年，市税务局联合5家金融机构签订税银合作协议，为1345户企业发放贷款8.76亿元。对接省、泉州市局两次纳税人满意度测评结果，聘请第三方机构开展提升纳税服务质量、优化税收营商环境项目建设。启动税企直通车，建立税企定期沟通、随时反馈、后续跟踪的线上线下互动机制。开展经济税收调研，39篇调研信息被国办和省委、省政府采用。

【税收治理】 2019年，市税务局全面推行“三项制度”(全面推行行政执法公示制度、执法全过程记录制度、重大执法决定法制审核制度)，建立领导班子学法机制，搭建税收执法公示平台。有序推进扫黑除恶专项斗争和防虚防骗专项行动，全年清理稽查积案435件，清理欠税2.3亿元，推送风险任务79批共580户次；联合公安、市场监督、卫健等部门开展专项整治和综合执法，多渠道推送扫黑举报通告信息16980条。深化增值税留抵退税制度，平稳有序地做好社保费和非税收入征管职责划转衔接等后续工作，稳妥推进税制改革持续深入。

（市税务局 王远航 洪晓东）

审 计

【概况】 2019年，晋江市审计局抓好审计监督，深化改革创新，打造过硬队伍，立足“五个聚焦”，找准党政所急、人民所需、审计所能的结合点，落实服务保障。全年完成审计项目38个，结合实施项目7个，审计过程涉及81个部门和单位，并延伸抽查113个基层单位；审计发现问题391条、涉及金额9.4亿元，提出审计建议128条；依法处理应上交财政资金336万元，应减少财政拨款或补贴443.88万元，应归还原渠道资金316.65万元，应缴纳其他资金59.47万元、应调账处理金额5.33亿元；下达审计决定9份，涉及金额2130.24万元。晋江市审计局机关工作获得各类先进称号11次，机关干部被表彰9人次。

【预算执行审计】 2019年，晋江市审计局以促进公共资金使用安全高效为目标，契合财政政策重点完成14个预算执行审计项目，审计过程关注2018年度市本级预算管理和财政预算绩效管理情况，扶贫资金、支持企业创新发展资金管理使用情况，公车改革执行情况以及体育场馆建设等项目建设进展情况。审计共发现问题134条、涉及金额9.16亿元，下达审计决定5份，处理金额1960.32万元，提出审计建议49条。在审计后续整改中，促进补入库预算资金5.2亿元，促进支付被征地人员养老保险基金占用费1.02亿元，促进被征地人员养老保障费用和调剂金2.82亿元拨付社保专户，核减工程款411.25万元；推动相关单位修改完善、制订出台规章制度17项。依法向市政府报告预算执行审计结果并向市人大常委会做审计工作报告，市人大常委会肯定预算执行审计工作。

【政策跟踪审计】 2019年，晋江市审计局以检查重大政策落实、重点项目落地为切入点，加大对民生领域政策、资金和重点项目的审计力度。关注10所新建公办幼儿园建设、办学情况和外来人口市民化情况，跟踪相关政策的实施效果和社会效益，完成为民办实事(教育类项目)、非户籍人口在城市落户2个政策措施落实情况跟踪审计。审计共发现问题24条，提出审计建议7条，更好地服务于晋江市加快社会事业发展补齐民生短板的发展要求。关注项目投资到位情况、建设进展情况，完成洪山文化创意产业园、经济开发区安东园综合污水处理厂等3个省重点建设项目进展情况跟踪审计。审计共发现问题14条，提出审计建议7条，加快助推重点项目建设工程进度。

【领导干部经济责任审计和自然资源资产离任(任中)审计】 2019年，晋江市审计局统筹推进领导干部经济责任审计和自然资源资产离任（任中)审计，进一步完善领导干部责任审计制度。围绕领导干部贯彻落实上级重大决策部署、预算执行和财政财务管理、落实中央八项规定精神等情况，完成7个部门单位及2所学校的领导干部任期经济责任审计；注重党政同责、同责同审，完成晋江市2个街道及永春县桃城镇党政领导干部任期经济责任审计。审计共发现问题171条、涉及问题金额2328.43万元，审计期间立审立改金额916.58万元，提出审计建议46条，下达审计决定2份，涉及金额137.29万元。围绕自然资源资产管理和生态环境保护责任主线，重点关注生态文明建设决策部署执行、目标任务完成、监督职责履行等情况，关注乡村振兴、垃圾分类、村容提升等热点领域，完成青阳街道、罗山街道和农业农村局领导干部自然资源资产离任(任中)审计。审计

2019年2月22日，晋江市审计局派出审计组开展减税降费政策措施落实跟踪审计

（市审计局 供）

共发现问题35条，提出加强自然资源节约集约、提高生态环境质量、加强资源环境监管执法等审计建议12条，推动高质量发展赶超与生态环境保护的协同共进。

【政府投资审计】 2019年，晋江市审计局围绕节约建设资金、规范建设程序、保证建设进度、提升建设质量，抽查财政投资评审部分结算审核项目，完成桥南中心公园工程、安海镇兴安路道路改造工程、公交磁灶枢纽站工程、金井镇水城中路道路工程等4个政府投资项目概(预)算执行情况审计。审计共发现问题32条，提出审计建议16条，下达审计决定4份，核减项目投资额446.12万元。为落实十届省委巡视有关共性问题的整改要求，深入审查项目指挥部管理工作的真实、合法和效益情况，完成市项目指挥部管理情况专项审计调查。审计发现问题11条、涉及金额57.97万元，促进项目指挥部的规范管理。

【综合审计】 2019年，晋江市审计局根据上级审计机关工作安排，采取“同级审同级”“一审多项、一审多果、一果多用”的方式，将部分政策审计、专项审计与立项审计项目结合实施、同步开展，并将结果上报上级审计机关。期间完成地方政府债务和隐性债务、减税降费政策措施落实、清理拖欠民营企业中小企业账款等3个政策专题审计。按月或季度报送专题报告共20份；完成精准扶贫和乡村振兴战略相关政策和资金、推动中央八项规定精神深入落实、信息系统和网络安全等3个专项审计，形成综合报告3份。围绕市委、市政府中心工作，抽调外派审计人员，注重加强与纪委监委、组织、人事、财政等部门在案件查办方面的沟通、协调和配合，增强办案合力，持续保持反腐败斗争的高压态势。全年共抽调参与泉州市及本级巡视巡察12人次，抽调参与上级审计任务、市委市政府重点项目建设以及其他监督检查等21人次。

【审计转型升级】 2019年，晋江市审计局立足宏观找准审计定位。紧扣审计作为“宏观管理部门”新定位，向党委、政府反映体制机制方面存在的问题，提出建设性意见建议，服务宏观管理和决策；成立审计宣讲团，以新时代审计新职责新使命为内容，通过开展专门宣讲、联合宣讲，发挥审计预警防控作用。全年编发《审计动态》16期，提交审计信息208篇、被各级采用800篇次，提交综合分析报告、专题分析报告10篇，向市委、市政府提交要情专报9篇，市领导批示审计报告、综合报告等149次，开展审计宣讲13场。

统筹融合助推资源优化。加强审计项目统筹，采用“常审”“轮审”和“抽审”相结合，探索融合式审计，在青阳街道、罗山街道、农业农村局3个自然资源资产审计项目实施过程中首次进行数据集中调取，整合共享同时期同类型项目资源，提升工作效率，减轻被审计单位的负担。加强审计组织方式统筹，对内深挖，完善审计数据分析团队建设，市审计局非计算机专业审计人员取得审计署计算机审计中级资格9人，居泉州市县级审计机关首位；对外借力，首次开展面对内部审计人员的审计宣讲，加强对部门内审工作的监督指导。

跟踪整改促提监督实效。提请市委办、市政府办转发《省委办公厅、省政府办公厅关于完善审计整改提升成果运用的意见》，推动完善审计整改制度。抓好本级预算执行审计整改工作，常态化配合市人大“同级审”整改督查，组织开展2017—2018年度审计发现问题整改落实情况“回头看”，对2年共69个审计项目的整改落实情况进行再跟踪。2年审计项目共涉及问题783个，通过此次整改落实情况“回头看”，整改658个，部分整改125个，整改率84.04%。

（市审计局　施振裕　陈恩典）

统　计

【统计信息服务】 2019年，市统计局坚持“用数据说话，为决策服务”理念，增强统计服务的前瞻性、预警性、时效性，加强统计数据资源的开发利用，重点挖掘新常态下全市经济增长速度、经济结构、发展动力等方面呈现的新特点，进一步发挥“智库”和“数库”的作用。高质量完成月度全市经济运行状况监测分析、季度分析和全年预测分析，为市委、市政府科学决策提供参考意见。全年共完成统计信息230余条，被市委办、市政府办采用信息居市直单位前列，其中5月下旬撰写的《1—4月晋江市GDP和固定资产投资完成情况分析及建议》获市主要领导批示。根据市场需求以及领导和社会大众关注的问题不定期地开展专项调查和重点调查工作，完成《晋江市高质量发展统计调查报告》和《晋江产业升级：从运动鞋到体育城的跨越》等专项课题调研报告，形成有深度、有创新性、前瞻性的统计调研分析49篇，实现信息分析数量、质量双提升。多渠道丰富信息公开方式，通过“晋江统计”微信公众号、政务门户网站、晋江经济报统计之窗等渠道，加强统计工作动态发布和统计资料展示，统计出版物线上线下互为补充，方便快捷地为社会公众提供统计服务。精心组织月报、年报、统计公报等资料编撰，全年完成《统计月报》11期、《统计公报》1期、《统计年鉴》1期。全年报送市档案馆、图书馆信息各12期，方便群众查阅了解晋江经济运行情况和统计工作近况。

【联网直报】 2019年，市统计局加强基本单位名录信息收集，严格在库单位核查，注重源头摸排、开展重点核查，多措并举推进名录库维护更新工作，确保调查单位真实完整。截至年底，在库法人及产业单位数量达55728家。做好“四上”(规模以上工业企业、资质等级建筑业企业、限额以上批零住餐企业、国家重点服务业企业）单位新增纳统工作，加强部门联动，及时跟踪新开业企业和成长型企业的生产经营情况，做好新增单位的核实、筛选，对申报企业的申报材料进行严格审核把关，确保材料齐全完整性，提高申报成功率。2019年，月度“四上”单位新增63家，年度“四上”单位新增438家，共计501家，同比增长13.1%。建立联网直报企业QQ工作群，与企业统计人员充分交流网页故障问题，及时帮助答疑解惑。为分散季报、年报时期集中报送的网络高峰，鼓励企业争取及早报送。加强与乡镇统计站人员沟通交流，针对各镇域企业联网直报反映的问题，印发《联网直报常见问题解答指南》，对30个常见技术问题进行详细指导和解答，指导各镇街、企业提升联网直报质量，减少数据错误。

【经济普查】 2019年，市统计局安排入户登记。从1月1日起，市、镇（街）两级普查办加强组织协调，全面发动普查员深入普查小区、企业进行现场入户登记，全市经济普查现场登记工作有序开展。加强统筹安排。制订入户登记工作步骤，严格入户登记程序，规范入户登记操作，明确时间进度节点，于4月10日全面完成普查现场入户登记工作，比普查方案要求提前20天。加强检查督促。市经普办先后3次对各镇（街）进行检查，查找存在的问题，及时协调解决，推进工作进展。加强质量审核。要求普查员灵活运用调查询问技巧，规范PDA操作，确保普查对象如实提供数据资料。做好数据审核。市、镇（街）、村（社区）三级联动，根据上级下设审核公式和晋江市自行设置的审核公式，对表内和表间数据异常的情况，及时反馈给普查人员，多次入户确认，数据质量明显得到提高。夯实数据质量。以此次国务院经普办对经普工作的事后质量抽查为契机，发现工作中的不足。于6月底至7月上旬开展自查自纠，夯实普查数据质量，如实反映全市的经济发展状况，为今后制定规划、决策提供数据支撑，为实现高质量发展打下坚实的基础。

【镇域规范化考核】 2019年，市统计局梳理基层统计队伍配备情况，根据镇街统计工作实际，督促镇街按要求配足统计人员，提高基层统计队伍稳定性。严格落实基层辅助统计调查员绩效考核工作，严格执行《镇域辅助调查员绩效考核办法》，尊重镇街意见，把镇域辅助统计调查员考核权力下沉至镇一级，加强量化的真实性、客观性，促进考核工作真实体现基层辅助调查员工作实效。修订完善《晋江市镇域统计工作规范化管理实施细则》，对21个镇街基层基础、统计业务、统计法制内容进行考核，加强对镇域统计基础工作的指导和检查。

【统计人员培训】 2019年，市统计局加强培训，提升队伍素质，以训代学增强法制意识。利用企业统计业务培训会对统计一线从业人员开展法制宣传，采取日常专业培训自己讲、具体讲与上级专家集中讲、重点讲相结合的形式，提高宣传质量和统计队伍法纪意识。统计业务培训常态化。将任务布置与业务培训相结合，针对专业特点制定培训计划，加强指标解释，讲解难点对策，提高培训的针对性，提升基层统计人员业务水平，减少差错率和上级查询数量。全年共开展各类培训20余场，受训人数达1800人次，提升统计干部队伍业务能力和综合素质水平。

（市统计局　林胜利　蔡家煌）

【固定资产投资统计】 2019年，晋江市固定资产投资（不含农户）比上年增长2.7%，分产业看，第一产业投资下降34.3%；第二产业投资下降1.4%，其中，工业投资下降1.2%；第三产业投资增长6.7%。基础设施投资下降2.1%，占固定资产投资的比重为15.0%。民间固定资产投资下降2.4%，占固定资产投资的比重为64.1%。房地产开发投资154.76亿元，比上年增长16.1%，其中，住宅投资124.56亿元，增长24.8%。商品房销售面积378.82万平方米，增长5.5%，其中，住宅销售面积312.99万平方米，增长8.7%。年末商品房待售面积112.22万平方米，比上年末增加19.84万平方米。

（市统计局　王江畔　陈聪鹏）

【消费市场统计】 2019年，晋江市社会消费品零售总额783.30亿元，比上年增长8.1%。其中，限额以上零售额324.08亿元，增长6.7%；限额以下零售额459.21亿元，增长9.1%。在限额以上企业商品零售额中，粮油食品类增长10.6%；服装鞋帽针纺织品类增长17.9%；建筑及装潢材料类增长6.9%，五金电料类增长7.5%，家用电器和音像制品类增长14.2%，家具类增长19.2%；汽车类增长2.3%，石油及制品类增长8.8%；体育娱乐用品类增长4.1%。975家限额以上批发和零售业企业，全年实现销售额2813.77亿元，增长13.1%。其中，销售额超亿元企业达454家，实现销售额2580.49亿元，增长22.2%。

（市统计局　洪钦佩　吴其仁）

【城乡居民收支调查】 2019年，市统计局根据抽样调查结果显示，晋江市城乡居民人均可支配收入43441元，比上年增长8.0%。其中，城镇居民人均可支配收入53185元，增长7.0%；农村居民人均可支配收入25965元，增长9.2%。城乡居民人均收入比值为2.05，比上年缩小0.04。城乡居民人均生活消费支出27476元，比上年增长8.9%。其中，城镇居民人均生活消费支出32003元，增长8.5%；农村居民人均生活消费支出19357元，增长8.3%。

（市统计局　陈明红　蔡家煌）

安全生产监督管理

【完善监管机制】 2019年，市应急局建立落实镇村两级安全生产工作机制、镇街主官"七个一"消防工作责任清单、暗访督查、问题抄告等创新举措，破解安全生产监管难题。调整充实市级安委会，组建18个安全生产专项委员，编制印发21个重点行业领域36类安全监管导则，助推基层安全监管专业水平。出台《安全生产提示告知警示通报和约谈实施意见》，进一步加强责任落实和约束问责。

【重点行业专项整治】 2019年，市应急局狠抓消防、危化品、工业企业等专项治理。组织推进隐患排查治理专项行动、"消防安全综合整治年"活动等重点领域攻坚任务，管控治理长城石化、机场油库、危化品仓储专区等24个重大安全生产问题，完成工业企业"智慧用电"系统5498家、7574套，电气线路套管9941家，建成电动车集中充电场所3032家。打击安全生产违法违规行为，全年累计办理案件36起，罚款400余万元，位列泉州第一。

【防治体系建设】 2019年，市应急局系统调研48个行业领域和20个区域，完成市级城市安全风险评估报告，管控重大、较大风险点。在危化品、制伞、电镀等行业29家企业，试点推广企业安全生产责任保险，保障额度达4.68亿元。持续推广安全生产社会化服务，累计覆盖50个单位、672家企业和2905家沿街店面。推行"152030"隐患（每月15日前报送隐患排查治理情况，20日前将隐患问题提请市领导协调解决，30日前通报整改落实情况)排查治理机制,有效闭环销号138项“老大难”隐患。

【宣教培训】 2019年,市应急局开展“安全生产月”“安全生产宣教七进”等活动,实施安全生产教育培训系统工程,开展生产经营单位主要负责人和安全管理人员培训35期、入企宣讲39场。安全生产宣教培训基地接待各类群体459场次、1.1万人次。

【隐患整治】 2019年,市应急局持续推动“152030”隐患排查治理,推动整改闭环重大安全隐患。深入开展安全生产“春季攻坚”和隐患排查治理专项行动,排查整改各类安全隐患1.6万余项。建立重大安全生产问题摸排整治机制,实行市领导挂钩整治,按时序推进24个重大安全生产问题和3个消防安全突出问题整治任务。

【安全生产社会化服务推广】 2019年,市应急局主推“技术顾问、送教上门、专家驻点”等模式,深入590家生产经营单位排查隐患5100余项,分类分级指导804家沿街店面健全“一户一档”,分批派驻4名专家协助各单位工作34次。推广安全生产责任保险,开展风险评估、安全培训、隐患排查等事前预防服务。编制印发消防、电气、特种设备等21个重点行业领域36类安全监管导则,助推基层安全监管专业水平。

(市应急局 陈文水 连凯华)

市场监督管理

【商事登记改革】 2019年,晋江市推行公司制企业全程电子化登记,压缩企业开办时间,实现从工商登记、公章刊刻到税务申领发票压缩到3个工作日,推行个体工商户全程智能化登记。推动开办企业“零费用”。8月起免费为企业刊刻一套印章(含企业公章、法人章、发票专用章)。全市新设立市场主体45717户,市场主体总量突破20万户,达200684户,其中个体工商户133091户、企业67593户。深化企业简易注销改革,全年办理企业简易注销2653户。推进非公企业党建工作写入公司章程,自7月1日起新设立和变更备案企业100%推行“党建入章”。

【质量工作提升】 2019年,晋江市推进品牌战略实施,引导企业加强品牌建设,会同中国品牌建设促进会举行中国运动用品品牌集群成立大会。开展知识产权执法行动,查处各类商标侵权案件149件,配合上级知识产权管理部门查处专利侵权案件2起。推进标准化工作,鼓励和引导企业参与标准制修订,全市企事业新增主导或参与国家标准制修订79项、行业标准35项、地方标准3项、团体标准31项;累计464家企业通过网络公开1690项标准,涵盖1950种产品。加强质量安全监管,开展儿童和学生用品、童鞋等产品质量专项整治。落实计量监管,开展医疗机构强制检定和依法管理医用计量器具、配镜行业计量器具等监督检查。

【市场监管执法】 2019年,晋江市推进“双随机一公开”(在监管过程中随机抽取检查对象,随机选派执法检查人员,抽查情况及查处结果及时向社会公开)监管,开展企业跨部门联合抽查工作等3批次“双随机”抽查行动,共抽查企业3459家。实施企业经营异常名录和个体户异常标注管理,加强部门间协同监管和联合惩戒,牵头做好“国家企业信用信息公示系统(福建)”录入工作,全市归集部门扩大到52个,归集信息21480条。维护健康消费环境,加强消费维权宣传教育,受理各类投诉举报12675件,查处消费权益类案件46件。维护市场秩序,加强无证无照经营整治,开展网络市场监管网剑行动、网络定向监测,加强广告监测监管,加强反不正当竞争执法,加强医疗服务等重点领域价格监管,加大证照、合同、节日市场、打击传销等监管力度,全年查处各类案件4306件。

【食品、药品安全监管】 2019年,晋江市查处食品安全案件768起。聚焦群众高度关注的学校食品安全问题,突出学校食堂、集体配餐企业监督检查,推进学校食堂和集体用餐配送单位“明厨亮灶”全覆盖。推进“一品一码”追溯体系建设,全市10418家食品生产经营主体注册追溯管理系统,上传追溯信息786.6万条。加强网络餐饮监管,发放3批、700万份外卖“食安封签”。规范提升食品加工小作坊,实施“七个统一”(一个窗口办执照和行政许可、一支队伍管市场、一个部门管垄断、一个部门管信用、一个部门管投诉、一个部门管维权、一个部门管广告)创建食品生产集中加工区做法在全省小作坊整治观摩现场会推广。开展食品经营、生产环节监督抽检3777批次,有序运作市质检中心、快检车、食品安全便民亭、基层所快检设备等快检体系。推进食品安全民生工程,有效运作10个食品安全便民亭,创建5家“晋江市放心肉菜示范超市”。开展药械安全专项整治,严查执业药师“挂证”、非法渠道购进药品、未凭处方销售处方药等违法行为,对药品零售企业检查达到100%全覆盖,全年查处药品安全案件309起。

【特种设备安全监管】 2019年,晋江市突出特种设备安全监察,深化电梯、大型游乐设施等专项整治,全年督促整改问题设备(闭环)1664台,查处特种设备案件14起;联合泉州特检院、小区、电梯协会和维保公司等单位开展5场电梯、大型游乐设施应急演练活动。

(市市场监管局 柯雅思 叶荣聪)

海关监督管理

【概况】 2019年,泉州海关驻晋江办事处办理进出口报关单48348份,同比减少37.64%;进出口货值66.05亿美元,同比减少24.85%;货运总量542.24万吨,同比增长75.74%(根据总署关于内部业务统计的规定,剔除金门供水后,进出口货值66.04亿美元,同比减少24.85%;货运总量155.10万吨,同比减少49.73%);征税入库7.06亿元,同比减少21.86%。监管进出境航班7881架次、旅客98.98万人次,同比分别增长16.74%、23.44%。监管进出境快件560.32万件,同比减少1.26%。实施货物检验检疫7421批、货值6.13亿美元,比增60.0%、148.5%;签发各类原产地证15406份、金额7.16亿美元,同比增长16.2%和29.0%。

全面落地实施机构改革,第一时间

保证机构、人员全部到位，各项工作实现无缝衔接，推进关检深度融合，完成“全员培训年”培训工作任务，一线关员获得各类专业资格证书；持续加强象牙、洋垃圾等重点领域的监管，首次快件现场查缉象牙，全年查获90起象牙制品违法出入境案件，合计103件、总重4.558千克，围头口岸查扣的总计4个集装箱95吨长期滞港固体废物顺利退运；制订《促进泉州综合保税区高水平开放高质量发展工作方案》，召开大型企业宣讲会，宣传国发21条政策，一般纳税人资格试点、委托加工、“四自一简”（自主备案、合理自定核报周期、自至核报、自主补缴税款，海关简化业务核准手续）、优化企业信用管理、简化进出区管理、境外进入区内食品检验放行等政策成功落地实施。严密防控非洲猪瘟疫情流入，以最严格措施全链条防控，加大对旅客行李、航空配餐的查验力度，全年累计截获猪肉及其制品291批次、563.8千克。

【正面监管】 2019年，泉州海关驻晋江办事处坚决守住国门生物安全防线，共检疫查验出入境人员88.66万人次，发现有症状者453人次，确诊传染病77例，发现核辐射超标7例，截获进境有害生物418种次，其中检疫性有害生物6种、39种次。首次发现鼠携带汉坦病毒疫情，入境截获关检融合以来全国口岸最大批量病媒生物（活鼠3只、蜚蠊1.5万余只），首次在航空器上截获活鼠1只。严把进出口食品安全关，检出1批经香港转口的原产于日本的8个品项，货值9438美元的进口食品来自禁止进口地区或不能提供官方原产地证书，判定为不合格后对货物进行监督销毁。根据综保区区内酒类商品业态，理顺进口酒类全过程监管，形成规范及优化酒类商品监管的机制制度。确保口岸卫生安全，将口岸核心能力总署复核迎检作为年度重点工作，组织开展口岸涉恐突发事件应急处置演练，开展口岸卫生监督，首次组织开展口岸生活饮用水与船舶供水军团菌监测、食品风险监测抽采样等工作，全年共发现卫生问题59个，发放限期卫生整改通知书18份、卫生监督意见书8份，并督导其整改到位。严厉查办各类违法违规案件，货运、旅检、快邮件监管现场共查获并向缉私部门移送行政案件62起，办理“两简”（简单案件和简易程序案件）案件191起，查获政治性印刷品13件，“心灵法门”宣传品3139件，其他非法宗教出版物16件，六合彩赌博印刷品7件，淫秽刊物8件。

【营商环境优化】 2019年，泉州海关驻晋江办事处深化业务改革，做好原产地证书自助打印、行政审批电子化等便民措施的推广工作，打通为民服务最后一公里。拓展新业务，机场货栈启动并开通进出境快件、普货和空运转关业务，监管空运进出境普货651批次，重量448.73吨，货值862.29万美元。泉州国际邮件互换局12月27日启动正式投入运行，至12月31日，监管放行出境邮件23131件。服务对台工作大局，对泉金供水推行“远程视频监控+人工实地巡查”的个性化便利监管服务，共监管福建向金门供水报关单10票，重量317.87万吨，货值101.07万美元。持续推进提速降费工作，通过采取“舱单每日监控”“一票一催”“掐准抵港数据节点”等举措，提升口岸整体通关时效，整体通关时间低于关区平均水平。进一步支持深沪中心渔港远洋渔业发展，推动“提前报关”“担保放行”等模式，消除机构改革前的交叉监管，操作流程更加优化，通关效率有效提升，由原先1天卸货400吨提升至650吨，理货费用每吨节省5元。共监管远洋捕捞水产品重量4.92万吨，货值2.21亿元，同比分别增长15.88%、20.28%，并为企业节省费用近25万元。健全服务地方新机制，与福建集成电路产业园区建立协调联系机制，开设专门窗口，为园区企业报关提供预约检验服务，缩短进口成套设备及危险化学品检验周期。帮助芯片矽品公司量身定制以“企业为单元”的加工贸易监管模式，为企业节省1200万元的年周转资金。定期开展政策宣讲和外贸形势分析，共撰写统计专报20余篇和地方专报2篇。

（泉州海关驻晋江办事处　罗根照　辛锡龙）

海事管理

【概况】 2019年，晋江海事处围绕辖区水上交通安全中心工作，突出海上现场监管，服务地方经济建设，稳步推进各项工作开展，保障辖区安全形势的持续稳定，为晋江港航经济发展保驾护航。全年辖区进出港船舶8037艘次，同比增长9.3%（其中外贸船舶533艘次，同比减少22.2%）；港口货物吞吐量1642万吨，同比增长42.2%（其中外贸货物185万吨，同比增长178.2%），集装箱48.9万标箱（TEU），同比增长34.0%；实施船舶安检初查101艘次，查出缺陷877项，滞留船舶12艘次。全年共接到海上遇险报警20起，遇险人员49人，救助49人，人命

2019年，晋江海事处开展海上日常巡航　（晋江海事处　供）

2019年3月13日，晋江海事处在围头湾水域开展船舶溢油应急演练（晋江海事处 供）

救助成功率100%，挽回直接经济损失约4000万元。

【海上交通安全保障】 2019年，晋江海事处根据季节防范特点和辖区监管重点，相继组织开展防范商渔船碰撞、海上非法载客、“两船”(参与海上运输的内河船、砂石运输船)整治、春季攻坚百日行动、水污染防治、危险化学品百日行动、救生设备检查、“安全生产月”等一系列海上专项活动，打击海上交通安全领域中各类违法违章行为，破解辖区监管难点热点。特别是针对辖区非法采运砂这一顽疾，发挥海上现场综合执法机制优势，联合海洋与渔业、海警等涉海部门通过全天候执法、全区域协作、全部门联动，精准打击，铁腕整治，突破砂船活动昼伏夜出、船艇巡航范围覆盖不足、多部门执法协同不够顺畅等问题。全年共查处19艘违法采运砂船舶，向公安部门“打黑办”移送1案涉黑线索，扣押1名违规运砂商船船员证书，罚没款200余万元，围头湾内非法采运砂得到遏制。

【港口经济保障】 2019年，晋江海事处始终把履职服务的重点与晋江经济社会发展热点紧密结合，强作风、优服务，为地方港航经济发展保驾护航。承接福建对金门海上供水管道日常保障任务，配合上级部门做好晋金海上供水管道专用航标抛设现场监护、位置复核、效能验收和日常性巡查，促成4个专用标按期完成效能验收、正式投入使用。安海湾跨海大桥等水工项目建设，做好日常安全监管，督促施工单位落实好安全生产主体责任。助力围头港区提升港口服务能力，联合港口行政管理有关部门，完善码头应急处置区域建设，在保障安全前提下，引导引航、码头和船舶代理等相关方，科学制订包装危险品船舶进出港安全保障方案，推动解决围头港危险包装货物中转问题，保障中转货船的正常进出港，助推晋江港口发展。

【海上人命和财产保障】 2019年，晋江海事处全面做好晋江市海上搜救分中心的日常工作，坚持“以人为本，科学决策，快速高效”的搜救原则，做好应急管理和海上搜救工作，完成搜救责任海区“两防一救”(防抗热带气旋、防止海洋污染和海上人命救助)的任务。注重提升辖区海上搜救应急能力建设，修订完善防台会商机制、海上危化品应急机制、海上搜救协调机制等，先后组织开展船舶油污应急综合演练、港口设施保安及消防应急演练等，提升辖区海上应急反应能力，处置“永大98”轮主机失控、“鼎恒1”轮搁浅等多起险情。注重海上安全知识宣教，联合泉州海事学校专业教员组成宣教小组，前往晋江市金山小学开展“平安假日、预防溺水”主题教育活动，联合晋江市农业农村局、应急管理局先后走进陈埭镇、深沪前山村、深沪中心渔港等地开展海上交通安全知识、海洋伏季休渔规定等知识宣传。

（晋江海事处 刘金华 柳明峰）

综 述

【概况】 2019年，晋江市农林牧渔业总产值398291万元，比上年减少6906万元，降幅1.6%。其中，种植业总产值74715万元，按可比价计算，增长6.3%；畜牧业总产值43451万元，下降5.0%；林业总产值149万元，下降75.5%；渔业总产值261977万元，下降2.5%；农林牧渔服务业产值18000万元，比上年增加6.3%。全市383个村(社区)(不包括12个新型社区，以下简称村)11月份集体经济经营性收入15867.63万元，同比增加8.56%，比2018年11月环比增长3.79%，增加579.48万元，村均41.43万元。村集体经济经营性收入达到10万元以上的382个村，占比99.74%(其中达到20万元以上的265个，占比69.19%)。

(市农业农村局 陈建福 尤德文 蔡章棣 许建林)

【省级农产品质量安全县创建】 2019年，晋江市深化省级农产品质量安全县创建活动，全面推进农业标准化建设，加快建立农产品质量安全可追溯体系平台和农资监管平台，健全农产品质量安全监管长效机制，获得“福建省农产品质量安全县”称号。

【农产品质量安全抽样】 2019年，市农业农村局印发《晋江市2019年农产品质量安全监测工作方案》，组织对全市蔬菜农药残留、生猪瘦肉精、畜禽免疫进行监督抽样检测，配合省、泉州市开展农产品质量安全监督抽检工作和“不忘初心、牢记使命”主题教育期间农产品质量安全抽检；开展本级快速检测。

【农业“三品”认证】 2019年，晋江市新增无公害生产基地11个和3个绿色食品认证产品，开展“安海土笋冻”“晋江胡萝卜”农产品地理标志申报工作。

【农产品质量安全可追溯体系建设】 2019年，晋江市将190家农产品生产主体纳入省级一品一码追溯体系平台管理，组织开展线下检查。

(市农业农村局 陈坤明 王银姬)

【新型职业农民培训】 2019年，晋江市完成全年新型职业农民培训任务，培训609人，占比102%，满意度92.93%；认定新型职业农民98名，其中生产服务型42名、专业服务型28名，专业技能型28名；协助漳州龙海市农业农村局在晋江市举办2期新型职业农民培训；组织评选晋江市首届十佳新型职业农民10人。

【搭建育才平台】 2019年10月28日，晋江市梓源农业发展有限公司方智远院士工作站，被认定为第十一批泉州市院士工作站，实现农业领域首个院士工作站落地的突破。3月21日，晋江市九十九溪与谢华安院士团队签订合作协议，建立福建省农业科学院水稻研究所(华晋公司)晋江工作站；实现科技特派员与农户对接，达成7家专业场户和7名科技特派员技术对接工作；评选晋江市首届优秀农村实用人才20人。

(市农业农村局 陈建福 蔡章棣)

【农业行政执法】 2019年，市农业农村局的农业行政执法工作紧紧围绕服务“三农”，实现乡村振兴战略，按照省、市农业行政执法工作的总体部署，推进各项工作深入开展，做好法制宣传、农资市场监管和违法案件查处等工作，深入推进农业行政执法规范化建设，全面提高农业执法能力和水平，保障农业生产的安全，保护农民的合法权益。全年累计查处农业行政案件3起，累计罚没款0.50万元。

(市农业农村局 张晓辉 林国辉)

【农村公益事业发展】 2019年，市农业农村局推动村级公益事业一事一议财政奖补工作，组织实施的一事一议项目建设有12个镇，36个村（项目），项目工程预算总额2170.97万元，财政奖补资金791.90万元，其中省级财政奖补514.74万元。

【农村集体“三资”监管】 2019年，市农业农村局规范农村集体资产管理。出台《晋江市2019年农村集体“三资”监管年工作方案》《晋江市农村集体“三资”监管整治专项行动方案》《关于建立村级财务网上公开工作机制的通知》，在灵源街道、池店镇、安海镇、龙湖镇开展第一批农村集体“三资”监管专项整治试点工作，在泉州市率先全域推开村级财务网上公开。

【新型经营主体培育】 2019年，市农业农村局通过镇级推荐和现场勘查相结合方式，择优筛选获评2019年泉州市级农民合作社示范社2家，培育泉州市级家庭农场4家，晋江市级家庭农场6家。

（市农业农村局 尤德文 许建林）

【农村人居环境整治】 2019年，市农业农村局制订《2019年农村人居环境整治实施方案》，确定36个农村人居环境整治试点村，明确各相关部门职责分工，组织召开多次农村人居环境整治现场会，推进“一革命四行动”（农村“厕所革命”、农村垃圾治理行动、农村污水治理行动、农房整治行动、村容村貌提升行动），集中力量清垃圾、拆搭盖、清水沟、种大树、修地貌，打造干净整洁的宜居家园。举办晋江市第三届海峡两岸大学生乡村营造夏令营活动、首届泉州乡村文化旅游微景观工作营，制订微景观建设补助规定，引导支持村（社区）利用闲置地块，“四旁四边”（四旁：农村宅旁、路旁、水旁、村旁。四边：道路河流两边、城镇村庄周边、单位周边、景区周边）进行乡村微景观创作，全年累计创建微景观220个。

【沈海高速晋江段环境综合整治】 2019年，市农业农村局将农村环境整治与“两高”沿线周边整治相结合，突出农房整治重点，让“裸房”“穿新衣”，丰富乡村景观。全市筛选确定20个省级乡村振兴试点村、20个晋江市级乡村振兴示范创建村和36个晋江市级农村人居环境整治示范创建村，采取“陪伴式”培育方式，通过“以奖代补”的办法，确保完成村庄的农房整治任务；福厦铁路晋江沿线累计完成裸房整治755户，绿化面积44758平方米；沈海高速公路晋江沿线累计完成裸房整治607栋，绿化美化面积76.96万平方米。

【山海协作对口帮扶】 2019年，市农业农村局引导企业到长汀发展投资，帮助长汀县引进2家企业到长汀投资设厂。引导农产品销售企业引进长汀农特产品来晋销售，汇利电商、力豪农业开发公司等与长汀农业种养企业、场户建立长期合作关系，代销河田鸡、槟榔芋等长汀农特产品，年销售额达700多万元；举办1期农产品产销对接活动。每年签订帮扶协议，明确两地居民凭有效身份证件、工会会员卡旅游免收门票，帮助长汀打响红色旅游品牌，邀请长汀县来晋召开招商推介会。晋江长汀的对口帮扶工作由单纯的党委政府层面合作进一步拓展到民间交流、企业合作、社会参与，基本形成“县镇村三级结对，民企社合作共赢”的合作模式。晋江市每年拨付对口帮扶资金2000万元，9个对口帮扶镇拨付长汀对口镇180万元。

【城市反哺农村】 2019年，市农业农村局组织第三届海峡两岸大学生乡村营造夏令营、首届泉州市乡村文化旅游微景观工作营、晋江市“侨村侨校•寻根寻美”大学生寒假社会实践营、2019海峡两岸光明之城青年学子建筑文化体验营暨海外华裔大学生侨村振兴工作坊等“五微五营”（“五微”指微景观、微菜园、微庭院、微森林、微墙绘。“五营”指大学生夏令营、国庆建造营、校园双微创意营、大树微景观工作营、大学生寒假社会实践营）双创活动，创建乡村微景观220个，吸引500多名建筑专业、设计专业、规划专业大学生深入村庄参与乡村振兴。举办晋江市青年设计师驻村设计恳谈会，启动青年设计师驻村计划。

【乡村振兴】 2019年，市农业农村局成功申报全国乡村治理体系建设试点示范县。11月20—21日，全省乡村治理体系建设暨乡风文明体系建设现场推进会在晋江市召开，并在会上做典型发言。乡村治理工作经验得到《福建日报》等媒体报道。建立乡村振兴金融联络员制度，举办“助力乡村振兴 服务小微企业”金融专场对接活动，聘任晋江农商银行19名支行行长为乡村振兴金融联络员，进一步加大金融支农力度，加强乡村人才振兴，助力乡村普及普惠金融，有效破解乡村振兴融资难问题。印发《晋江市“侨村侨校 寻根寻美”大学生寒假社会实践营活动实施方案》，组织开展大学生社会实践营活动，挖掘侨乡文化资源，助力侨乡振兴，组织汇聚各村调研报告，编撰《侨村侨校 寻根寻美》书籍并出版。

（市农业农村局 吴文振 许建林）

农业资源区划

【概况】 2019年，晋江市的休闲农业创建四星级企业（园区）2家、泉州市休闲农业示范点1家，新增休闲农业示范点6家。推动市休闲农业与乡村休闲产业的发展，为晋江市转变农业农村经济增长方式，优化农业产业结构和区域布局，加快发展现代农业和“美丽乡村”建设做贡献。

【建设农业资源可持续利用示范项目】 2019年，市农业区划办开展农业资源可持续利用示范项目建设，以示范创建为抓手，为具备条件的休闲农业企业或乡村开展休闲农业示范点创建工作，出谋划策，完善基础要素。开展农业区域规划工作，做到“先规划，后开发”，指导福祥休闲山庄、豪泰农场、鼎基农场进行专项规划，结合晋江市田园风光区域布局提出发展休闲旅游、农家乐和生态旅游的发展思路；引导晋江市新福尚农业开发有限公司申报泉州市和晋江市休闲农业发展资金项目，加强农业基础设施建设、提高农业综合生产能力，改善农业生态环境，促进农业企业可持续发展。

【区划研究和信息工作】 2019年，市农业区划办聘请福建农林大学开展编制《晋江市农业生产和休闲旅游配套设施建设用地保障机制创新研究》课题研究并通过专家评审；指导晋江市九十九溪流域田园风光与福建农业科学院建立院地合作机制，设立“共建专业实践基地”，利用其技术优势、人才优势和公共资源平台，促进科技成果转换；与果蔬协会在龙湖绿萌农场联合开展“四季水果栽培技术研究”工作，提高果蔬产业的科技含量。

【农业资源可持续研究】 2019年，市农业区划办在龙湖绿萌农场联合开展“四季水果栽培技术研究”工作，提高水果产业的科技含量；开展农业区域规划工作，倡导规划先行，科学发展，指导恒丰休闲农庄、豪泰农场、鼎基农场、闽台田野风光进行专项规划；与福建农林大学联合开展研究，建立农场在农业资源可持续利用评价指标体系和评价体系。

【休闲农业】 2019年，市农业区划办重点开展示范创建活动，打造休闲农业品牌。以示范创建为抓手，为具备条件的休闲农业企业或乡村开展休闲农业示范点创建工作；加大休闲农业区域规划工作，指导九十九溪流域田园风光、福祥休闲山庄、豪泰农场、鼎基农场、闽台田野风光进行专项规划，了解项目建设运行中的困难和问题并帮助协调解决，保障其顺利实施；结合晋江市休闲农业企业及相关企事业单位对休闲农业发展的需求，举办“晋江市休闲农业和乡村旅游职业经理人”培训班；加强宣传、营造氛围。在晋江电视台开辟晋江休闲农业与乡村旅游电视专栏—“带您体验休闲农业”系列报道；与晋江经济报社联合开展第三届“小记者走乡村游农业”系列活动——我和晋江休闲农业、乡村旅游有个约会系列活动暨主题征文、写生活动；在九十九溪流域田园风光举行首个“公益徒步”主题活动；创建休闲农业+体育发展模式，在福祥休闲山庄建设首个福建省飞行营地，联合省体育局、省教育厅、省航模协会，晋江市文旅局、教育局、农业农村局开展省级青少年航模比赛活动和全民赛活动，并举办福建省航模飞行表演展示活动；加大农业文化遗产的发掘保护传承工作，推动遗产地经济社会可持续发展。配合福建、泉州、晋江电视台，《晋江经济报》、新闻网记者采访，在相关报刊、网站上广泛宣传报道晋江市农业区划、休闲农业、创意农业和循环农业信息。

（市农业农村局　林英泼　林群雄）

种植业

【概况】 2019年，晋江市农作物播种面积16746.67公顷。其中：粮食播种面积3593.33公顷，产量2.33万吨（其中早稻种植面积500公顷，产量0.31万吨；晚稻种植面积300公顷，产量0.17万吨；甘薯种植面积2346.67公顷，产量1.63万吨；玉米种植面积353.33公顷，产量0.22万吨）；大豆种植面积153.33公顷，产量0.03万吨；花生种植面积1740公顷，产量0.7万吨；蔬菜种植面积9113.33公顷，产量22.23万吨。瓜果类种植面积0.22公顷，产量3.59吨，园林水果采摘面积326.67公顷，产量0.42万吨，食用菌产量0.93万吨。

【省级农民创业示范基地建设】 2019年，市农业农村局完成2018年东石镇省级农民创业示范基地4个重点项目验收，拨付省级补助资金140万元，策划2019年4个重点建设项目。

【栽培技术推广】 2019年，市农业农村局承担省级再生稻机收生产示范项目，设置4个示范点，核心示范片面积53.33公顷；承担泉州市级粮食高产创建项目，设置水稻高产创建点4个，核心示范片面积53.33公顷；推广马铃薯稻草包芯高产栽培技术，推广面积133.33公顷；推广果蔬水肥一体化栽培技术，大棚蔬菜、露地蔬菜（包括胡萝卜）、露地果树（番石榴、火龙果）等水肥一体化栽培技术应用面积达4000公顷次。

【植保绿色防控】 2019年，市农业农村局建立作物病虫测报点，利用智能虫情测报灯自动诱集、分析虫害发生情况，并连接到手机和电脑云平台上，每月发布1期病虫情报；完成灵源街道、西园街道、内坑镇专业化红火蚁防治工作，防治面积933.33公顷，危害程度降低到1级以下；组织红火蚁防治储备药剂公开招投标工作，采购饵剂16吨、粉剂4吨，于5月开始陆续发往各镇、街道，全年发放药剂12吨。实施农药零增长减量化行动，设置10个农药使用监测点，主要监测作物为胡萝卜、水稻、马铃薯、花生；开展水稻种植无人机专业化统防统治面积800公顷次，2019年，完成农作物绿色防控22666.67公顷次，完成统防统治25333.33公顷次。

【作物品种示范】 2019年，市农业农村局承担省级优质甘薯新品种试验示范片项目，设置示范点5个，试验示范品种8个，核心示范片面积33.33公顷；承担泉州市级水稻新品种试验示范项目，设置晚稻示范点2个，示范品种4个，示范面积26.67公顷；开展胡萝卜新品种种植试验，由中国农科院提供的100个胡萝卜新品种在东石镇进行适应性试种。

【化肥减量化行动】 2019年，市农业农村局推广测土配方施肥应用面积20000公顷次，建立4个水稻核心示范片，示范面积26.67公顷；推广商品有机肥面积666.67公顷，建立17个核心示范片，示范面积140公顷；推广水稻机收秸秆还田技术，设置4个核心示范片，示范面积46.67公顷，带动周边稻作区机械化收割秸秆还田面积333.33公顷；开展地力监测，做好4个省级1个泉州市级地力监测点的观察记录及地力分析，编制并发布年度耕地质量监测报告，2019年度耕地质量较上年有所提升。

【水稻生产功能区划定】 2019年，市农业农村局开展水稻生产功能区划定工作，划定面积900.50公顷，超额完成上级下达800公顷任务，涉及7个镇街道、56个村居，划定1561个地块、182个片块，通过省级、农业农村部质量检验，并完成建档立库。

【种子管理】 2019年，市农业农村局共转商（出仓）到期杂交稻储备种子3.75万千克，续储（入仓）杂交稻储备种子3.75万千克，总储备量6.45万千克。开展农作物种子经营主体网上备案工作，共备案8家经营主体计16个作物品种；开展省级主要农作物品种联合体试验及引种备案适应性监督检查，主要督查“玉米引种备案适应性试验”及“水稻联合体试验”。

【规模经营扶持】 2019年，晋江市水稻规模经营项目补助面积共601.33公顷，发放补助资金225.5万元。补助范围涵盖5个镇（街道），共17户农户受惠。

【种植业保险】 2019年，市农业农村局共计开展4类农业政策性保险，其中为水稻种植保险投保农户15户，面积559.27公顷，合计保费10.07万元；马铃薯种植保险投保农户11户，面积103.47公顷，合计保费7.76万元；胡萝卜种植保险投保农户2户，面积23.33公顷，合计保费3.5万元；设施大棚投保农户3户，面积

15.33公顷，合计保费58.65万元。

【“三项”补贴政策落实】 2019年，市农业农村局开展农业“三项补贴”（农作物良种补贴、种粮农民直接补贴、农资综合补贴）的申报、汇总、上报、兑现等工作。通过市农商银行以“一卡通”的直补形式，共计发放农业“三项补贴”资金1420.4万元，其中种粮大户奖励对象14户，奖励面积260.4公顷，奖励资金为73.47万元。

（市农业农村局　黄伟彬　蔡章棣）

林　业

2019年3月16日，紫帽山植树节暨“绿色世中运、全民齐动手”义务植树活动在紫帽山脚下拉开序幕　（紫帽镇　供）

【概况】 2019年，晋江市开展“全民动员、绿化晋江”活动，推进造林绿化工作，建立义务植树基地，掀起造林绿化高潮。全年全市共举行25场义务植树活动，完成植树造林1100公顷，完成年度任务100%。

【“全民动员、绿化晋江”义务植树活动月】 2019年3月12日，晋江市党政军民学义务植树活动在晋江南岸生态公园开展，共种植小叶榕、大叶榕、大花紫薇、风铃木、小叶榄仁等各类苗木近500株，拉开2019年“全民动员、绿化晋江”义务植树活动月的序幕，后续也开展紫帽山植树节、南岸生态公园苗木认植认养活动、校园微景观和微菜园创新大赛活动等一系列活动，形式多样，内容丰富，让更多的市民动手参与建设绿美晋江。

【第七届紫帽山植树节系列活动】 2019年3月16日，紫帽山植树节暨“绿色世中运、全民齐动手”义务植树活动在紫帽山脚下拉开序幕，2000多名市民栽下银叶金合欢、山杜英、小叶紫薇等1000多株新苗，为紫帽山2公顷荒山增绿添彩。

2019年，晋江市校园微景观创作活动　（市林业和园林绿化局　供）

【南岸生态公园苗木认植认养活动】 2019年6月9日，晋江市首批认养活动在晋江南岸生态公园示范段举行，认养者为《晋江经济报》小记者。活动当天举行“晋江经济报小记者成长林”揭牌仪式，并颁发认养纪念证书。共认养41株蓝花楹，筹集资金5万元。

【重点山体林分修复提升】 2019年，市林业和园林绿化局实施紫帽山、灵源山、罗裳山、灵秀山等重点山体林分改造和花化彩化，共完成山体林分改造林地清理146.67公顷。

【村级公园建设】 2019年，市林业和园林绿化局在市区主要地段、村庄入口、道路两旁、河边湖畔等关键景观节点，统筹规划，建设公园绿地。全年共完成2轮18个村级公园的评审工作和9个村级公园的建设工作。

【“五彩色带”乡村景观林建设】 2019年，市林业和园林绿化局以身边增绿、改善生态、突出特色为重点，结合美丽乡村建设，利用“村边路旁”等非规划林地，种植珍贵和优良乡土树种，开展“五彩色带”乡村景观林营造活动。全年共完成30个“五彩色带”乡村景观林营造，为美丽乡村建设奠定坚实的基础。

【沿海风口防护林建设】 2019年，

晋江市实施沿海大通道陈埭外线绿化景观提升工程，全线长9.3千米，绿化范围包括中央分隔带、两侧边分带及西侧50米。延伸东石沿海基干林带建设，在白沙村种植木麻黄等防护林4公顷。

【校园“双微创”创作活动】 2019年，晋江市校园微景观、微菜园创新大赛活动在晋江各中小学校（包括幼儿园）中举行，共有50个学校组织参与，分幼儿组、小学组、中学组，由学生及老师组成参赛团队，通过自己设计自己动手，对面积大于50平方米小于500平方米的地块进行创作，活动最终评选出一等奖5个、二等奖9个、三等奖14个。

（市林业和园林绿化局　王辉庭　林志阳）

畜牧业

【概况】 2019年，晋江市完成肉蛋奶产量12593吨，其中肉类产量5505吨，禽蛋产量4410吨，奶类产量2678吨。全市生猪存栏28475头，出栏32821头；牛存栏2311头，出栏3888头；羊存栏5750头，出栏3850头；家禽存栏63.64万羽，出栏144.46万羽；兔存栏10404只，出栏11672只。

【晋江马品种资源保护】 2019年，晋江市经鉴定验收的晋江成年公马12匹、母马31匹，兑现补贴资金5.5万元。

【养殖废弃物资源化利用】 2019年，晋江市被列为畜禽粪污资源化利用非畜牧重点县整县推进县，全市3家规模化生猪养殖场全部纳入提升对象。委托中介服务公司编制全市畜禽资源化利用实施方案，方案通过评审并进入实施阶段，3家生猪养殖场总投资281.1万元。根据农业农村部养殖场直联直报信息平台核算结果，晋江市2019年畜禽粪污综合利用率89.13%，2019年规模养殖场粪污处理设施装备配套率达到100%。

【动物疫病防控】 2019年，全市累计免疫注射家禽103.34万羽次，生猪2.68万头次，羊1.06万头次，牛0.679万头次，应免畜禽免疫密度达到100%，集中免疫期间抗体合格率达到80%以上。全年无发生区域性重大动物疫情；选派4名专业技术人员参加泉州举办的动物防治员技能竞赛。其中，晋江市农业农村局获得团体一等奖，4名参赛选手均获得名次及“泉州市农业技术能手”的称号。

（市农业农村局　郭明好　施建成）

【动物卫生检疫】 2019年，晋江市全年生猪屠宰检疫38.13万头，生猪产地检疫2.63万头，羊0.81万头，检出489头病死畜，均按GB16548规范作焚烧、发酵法进行无害化处理。

【动物卫生监督执法】 2019年，市农业农村局以“晋动监”立案17起，罚款172736元；以“晋农”立案6起，罚款121238元；移送公安机关刑事处罚2起；以“晋动监”行政警告11起；全部结案。动物卫生监督执法和屠宰监管执法案件办案数量居泉州市第一，其中《晋江市食品公司肉联厂未实施肉品检验制度案》，被农业农村部办公厅评为“全国农业行政执法优秀案卷”；被福建省农业农村厅评为“全省2019年动物卫生和动物产品质量安全行政处罚优秀案卷”。

【瘦肉精抽检】 2019年，市农业农村局生猪养殖环节抽检“瘦肉精”12批次，120头份；生猪屠宰环节抽检“瘦肉精”8703批次，21817头份；羊屠宰环节抽检“瘦肉精”355批，1062头份。盐酸克伦特罗、莱克多巴胺和沙丁胺醇检测结果全部为阴性。

【动监执法队伍建设】 2019年，市农业农村局开展每月1次班组长会议及每月1～2个班组轮训工作，督促驻场官方兽医每月对所在地进行安检监督记录。6月5日，举办安全生产讲座“当前形势下安全生产问题重要性”，选派官方兽医许燕贞、杨丽云及检疫人员许清户参加泉州市农业农村局、人力资源与社会保障局、工会联合举办“2019年泉州市农业行业职业技能竞赛——动物检疫”活动，许燕贞、许清户获得个人二等奖；动物卫生监督所获得优秀组织奖。

（市农业农村局　林金顶　施建成）

海洋与渔业

【概况】 2019年，市农业农村局省内首个提出“智慧渔港”建设概念，达成晋江“智慧渔港”项目打造“1+N+3”应用体系建设战略合作协议，被中国经济网发文推广介绍。编制《晋江智慧渔港（一期）——深沪中心渔港智能化应用项目可行性研究报告暨初步设计方案》，出台《关于进一步发展特色现代农业促进乡村振兴的若干意见》，晋江市本级兑现现代渔业扶农资金1205.2万元，其中远洋渔业项目补助资金1052.1万元。策划生成深沪渔港码头提升改造、海丝公园二期等14个港区综合体建设项目，项目总投资3.5亿元；启动晋江市智慧渔港、深沪人工渔礁和东石二级渔港建设等项目。开展渔船标准化更新改造项目，新建造完工渔船56艘，兑现补助资金1199.81万元。

（市农业农村局　陈宝强　洪俊杰）

【渔业资源增殖放流】 2019年，晋江市共开展3次渔业资源增殖放流活动，分别在深沪湾海域放流黑鲷鱼苗47万尾、中国鲎苗21.5万尾、西施舌苗74.6万粒。通过增殖放流增加渔业资源量和生物种群结构，保护生物多样性，维护渔业水域生态平衡，促进渔业生产的良性循环。

【水产品质量安全监管】 2019年，市农业农村局开展水产品质量安全监督，配合省海洋与渔业局抽取鲍鱼、牡蛎样品9份，检测结均果合格；配合泉州市海洋与渔业局抽取鲍鱼、对虾、鱼样品38份，检测结果均合格；以氯霉素、硝基呋喃类代谢物、孔雀石绿为重点，开展晋江市养殖环节水产品中禁用药物残留快速检测工作，组织抽检6批次，采集鲍鱼49份、对虾10份、鱼类6份共计65个样品，产品检测结果为合格，合格率100%。水产品质量安全监督抽检鲍鱼、虾、鱼样品80份，检测结果均合格。组织养殖户和相关从业人员50多人次参加省、市级组织的水产品质量安全及水产养殖技术指导等相关培训，促使养殖户提高水产品质量安全责任意识、加强养殖生态环保;推进水产品“一品一码”全过程追溯体系工作,全市新增34家养殖企业、初级加工企业纳入平台监管,对纳入平台监管的养殖企业、初级加工企业督促上传养殖、用药、销售三项纪录,提升赋码销售水平。

【水产质量安全监管能力建设】 2019年,市农业农村局分别建立水产品养殖户日常检测数据库和水产品养殖场户执法监督数据库,并实行动态化管理,由海洋与渔业技术服务中心和执法大队各自负责,根据实际情况及时更新。把水产品质量安全监管纳入主要工作内容,建立市场主体和执法监督双随机抽查工作机制。

【水产养殖技术服务】 2019年,市农业农村局完成1个水产监测品种(鲍鱼)的病害测报,及时预估晋江市水产养殖病害发展形势,指导水产养殖户做好相关病害防治措施;开展重点海水养殖区水质环境监测。根据《泉州市重点养殖区的水质环境监测与预警报方案》要求,通过每月2次到晋江市围头湾内养殖区水质抽样,及时掌握重点养殖区水质状况,保障海区养殖安全;开展渔业科技服务。累计实地走访养殖户50多户,为每位受访户量身定做个性化的指导方案、解忧答疑,为全市水产养殖户解决养殖过程中存在问题,促进全市的水产养殖生产。

【规划外养殖清退】 2019年,市政府下发《晋江市海水水域滩涂养殖业清退整治工作方案(2018—2020)》,市农业农村局配合做好泉州湾河口湿地保护区水产养殖业退出转产补偿标准制订和清退工作,全年共完成泉州湾河口湿地保护区养殖清退面积438.13公顷。

(市农业农村局　王宝珍　洪俊杰)

农业机械化

【概况】 2019年,晋江市农业机械管理站(以下简称市农机站)以全面建设小康社会和美好乡村为目标,以实施乡村振兴战略为抓手,积极推进农机化推进工程和农机富民提升行动,全面落实农机购置补贴政策,扶持壮大农机服务组织,调整优化农机装备结构,开展农机社会化服务,巩固“平安农机”创建成果,促进晋江市农业增效、农民增收。至2019年底,全市农机总动力约为26.79万千瓦,全市主要农作物机耕作业面积4460公顷,其中水稻653.33公顷;机插作业面积1306.67公顷,其中水稻533.33公顷;机收作业面积1966.67公顷,其中水稻590.67公顷。实现水稻耕种收、植保全程机械化,综合机械化率87%。

【农业机械购置补贴政策】 2019年,市农机站根据《2018—2020年福建省农业机械购置补贴实施意见》,为确保2019年晋江市农业机械购置补贴政策顺利实施,严格落实“自主购机、定额补贴、县级结算、直补到卡”的总要求,利用各种手段、多种形式进行宣传发动,让农民及时了解农机购置补贴申请程序及相关要求,便利农民选机购机。利用好农机购置补贴信息公开专栏,及时向社会发布补贴政策解读、资金使用情况、受益农户公示等相关信息,挖掘购机潜力。2019年度共使用补贴资金332.5786万元,其中中央补贴资金176.718万元,省级补贴资金57.449万元,地方累加补贴资金98.4116万元。

【水稻机械化育插秧技术推广】 2019年6月,市农机站在省、泉州市农机业务主管部门的指导下,由磁灶镇李锦成农场承办晋江市水稻生产全程机械化示范项目,农场承包水田54.46公顷从事水稻种植,拥有大型拖拉机3台、手扶拖拉机3台、收割机1台、配套旋耕机6台,农用车2辆、高压喷雾机2台、抽水机4台、中耕培土机3台、开沟机1台、稻谷烘干机2台,水稻生产配套机械齐全,全年综合农机化率达90%以上。8月,陈埭镇芳惠农场承办泉州市农业机械管理总站组织的水稻生产全程机械化现场演示会,向周边县市场户示范水稻机耕机插作业。芳惠农场2019年承包水田48.67公顷,从事水稻种

2019年,晋江市马铃薯种植实现耕种收全程机械化　　(市农机站　供)

植，拥有大型拖拉机4台，配套旋耕机4台，久保田联合收割机2台，久保田高速坐式插秧机3台，手扶拖拉机1台，农用运输车2台，高压喷雾机3台，抽水机6台，中耕培土机2台，开沟机2台，30吨水稻烘干机1套，水稻工厂化育秧流水线1套。农场全年水稻耕作作业从耕田、溶田、插秧、植保、收获、烘干实现全程机械化作业。

【新机具、新技术应用】 2019年，晋江市旱地耕作以专业场户为主，花生、马铃薯种植实现耕种收全程机械化，旱地蔬菜种植普遍配套喷灌、滴灌等节水设施，胡萝卜种植实现机械化播种，农业生产全面实现以机械替代畜力耕作。晋江市华淇农业专业合作社于8月2日举办花生机械化采收现场比对项目，取得良好的推广先进适用农机具效果。重视农机化生产，在重点农时季节及时安排工作人员，多次深入乡村、场户进行实地检验，督促新机具的供货、安装、调试等工作，促使新购机具尽快在重点农时季节中投入使用；组织技术人员，进行机具维修、操作技能、安全生产等知识讲解，并指导农机手维修保养机具，确保机具以良好的状态投入作业；针对各个农户在各自实地操作中所遇到的困难，联系实际操作环境，给予提供技术支持，助其攻克难关，提高农户对农机具的使用效率，办理并发放联合收割机和插秧机跨区作业证16张。旱地农机化工作围绕晋江市主要农作物胡萝卜、花生和马铃薯展开，开展新型适应农机具的推广实验示范。

【农机专业合作社建设】 至2019年底，晋江市成立晋东联、现时代、万顺、东石绿泰和农昌达5家农机专业合作社。拥有社员157人，合作社服务面积156.67公顷，建有机库棚5个，建成机库面积达1890平方米，农机具总动力1302千瓦，农机具数量217台/套，其中：大中型拖拉机96台/套，联合收割机4台/套，乘坐式插秧机4台/套，植保机械67台/套。发挥管理职能，加强对农机专业合作社的管理、监督和引导。坚持把农机合作组织作为农机社会化服务的指导力量来培育和发展，建立一批设备完备、功能齐全、规范运作、诚信服务的农机专业合作社示范点，提高农机服务专业化、组织化程度，提高农机作业效率和经营水平，把农机服务组织培养作为延伸农机公共服务的载体和引领农机化发展的龙头。

【农机监理管理】 2019年，市农机站严格执行拖拉机注册登记管理制度。在办理拖拉机注册、登记工作中，严格执行牌证管理和档案管理规定，按要求做到手续齐全，表格填写规范，有效有序。对注册登记的拖拉机严格按国家标准进行检验，对不符合条件的严禁发放牌证。坚决杜绝为不符合标准的拖拉机办理注册、登记、发牌证。全年办理各类拖拉机注册登记69台。

抓好拖拉机年度检验和拖拉机驾驶证换证工作。在拖拉机检审中，执行检验标准，逐车查验发动机号、车驾号，落实“谁检验、谁签字、谁负责”的责任制，严禁不检车就签字走过场现象发生，确保检审质量。凡参加年度检验的拖拉机必须在机车货箱后栏板上喷涂与号牌号码字样相同放大字号，在车身显著位置喷涂“严禁拖拉机非法载人”字样，确保参检的拖拉机车容整洁，车况良好。全年检验各类拖拉机1060台。

制订农机隐患排查治理工作方案。每月开展安全生产督促检查工作，按时将隐患排查治理情况统计表和重大安全隐患及需协调解决问题汇总表，并通过市农业农村局向社会通报农机安全隐患的整改情况，及时滚动更新隐患整改信息管理台账，做好隐患跟踪落实，做好隐患排查的闭环工作。

做好农机安全生产大整治大排查工作。以农机专业合作社、农机大户、各类农业机械为重点，突出对6种违章行为（没有办理上户手续；无驾驶操作证驾驶机车上路行驶作业的“黑车非驾”；拖拉机违法载人；酒后驾车；无故不参加年度检审验；超速超载；机具作业时在机具上站人或擅自攀爬或靠近作业机具），农机安全生产规章、规程、以及各项安全生产制度等制订和贯彻执行情况，开展隐患排查、登记、整改情况等进行检查。开展执法行动15次，共出动执法人员50人次，共检查合作社32个次，拖拉机104台次，安全教育拖拉机驾驶人56人次。

开展农机安全生产大检查。制订农机安全生产大检查工作方案，明确目标任务、要求和职责分工，广泛发动、全面动员各农机安全生产经营单位开展安全生产大检查。对辖区内各农机生产经营单位进行全覆盖检查，重点检查安全生产大排查大整治自查自纠工作落实情况，全面掌握重大安全风险，制订落实管控措施。

开展农机安全宣传教育。利用手机信息平台，向到期应检验的拖拉机车主发送提示，向广大车主、农机手群发专项整治重要性和相关的内容的信息（群发信息1100多人）。张贴、分发《平安农机倡议信》《农机安全生产宣传教育材料》《致拖拉机驾驶员的一封信》等共1000余份，制作农机安全宣传专栏，进一步增强农机手和广大农民群众守法意识、安全意识和农机事故防范意识。

做好“平安农机”示范镇创建工作。龙湖镇配合“平安农机”示范镇创建，率先完成创建目标任务。泉州市农机总站于2019年12月6日下发公布示范乡镇名单通知。

（市农机站　徐学锋　陈飞熊）

综 述

【概况】 2019年，晋江市工业产值累计完成5930.16亿元，比上年同比增长9.2%。五大传统产业、五大新兴产业比上年同比分别增长9.2%、12.8%。1769家规模以上工业企业(年主营业务收入2000万元及以上企业，下同)完成产值5489.10亿元，比上年增长9.5%。

分经济类型看，股份制企业完成产值2763.22亿元，增长10.9%；外商及港澳台投资企业完成产值2702.66亿元，增长8.0%；股份合作制企业完成产值1.31亿元，增长5.8%；其他经济类型企业完成产值21.91亿元，增长22.3%。

分企业规模看，产值超亿元工业企业达940家，比上年增加41家，实现工业产值5072.70亿元，增长12.9%，其中产值超10亿元的企业110家，完成产值2425.71亿元，增长16.5%；产值在5亿～10亿元的企业154家，完成产值1059.83亿元，增长11.2%；产值在2亿～5亿元的企业344家，完成产值1112.43亿元，增长9.2%；产值在1亿～2亿元的企业332家，完成产值474.74亿元，增长7.6%。

分行业情况看，纺织服装业产值1487.23亿元，增长8.1%；制鞋业产值1396.77亿元，增长9.7%；建材陶瓷业产值625.00亿元，增长14.7%；食品饮料业产值514.72亿元，增长6.3%；纸制品及包装印刷业产值390.49亿元，增长7.6%；新材料业产值304.63亿元，增长12.7%；智能装备及机械制造业产值206.20亿元，增长14.5%；海洋生物业产值69.15亿元，增长38.2%；光伏电子业产值56.57亿元，下降1.7%；汽车制造及零部件业产值27.45亿元，下降11.4%。

从能耗情况看，全年规模以上工业单位增加值能耗下降17.7%。

全年规模以上工业企业实现销售产值5255.91亿元，比上年增长9.2%，产销率95.8%；实现营业收入4986.57亿元，增长7.9%；实现利润总额312.38亿元，增长5.5%，每百元营业收入中的成本为86.3元，营业收入利润率为6.3%；资产负债率44.5%，比上年提升2.2个百分点；“两金”占比(应收账款和产成品库存占流动资产比重)36.0%，比上年下降3.3个百分点。

全年全市用电量163.12亿千瓦时，比上年增长0.8%，其中工业用电量124.47亿千瓦时，下降1.3%。

(市统计局　许承龙　唐建新)

【工业企业技改升级】 2019年，晋江市发挥各级技术改造政策叠加效应，鼓励推动企业加快技术改造。策划实施291个本级重点技改项目(年度计划投资123.93亿元)，带动技改投资增长20.3%。组织企业对接智能化系统集成商和科研机构，发挥各级智能制造政策叠加效应，推动企业加快基于减少用工、提升效率的智能化、自动化改造步伐。新增省级智能制造试点示范企业8家，泉州级数字化车间10家，新获省级首台(套)重大技术装备3项、省级智能制造重点项目23个。有450多家次企业导入云上软件以及ERP、SCM、CRM等管理系统实施流程再造。策划组织晋江海峡两岸大学生设计营以及泳装、伞业、拖鞋等行业工业设计赛事，提升企业产品差异创新能力。策划举办8场技术对接活动，组织企业定期分享行业技术、标准资讯，促成43个技术成果签约，打通成果转化“最后一公里”。组织100多家次企业实地参观天守、大东亚、利郎、华昂等精品工厂，举办“走进九牧王、走进乔丹”管理创新现场会，引导企业对标先进，实施管理变革，向精益要品质、要效益。全年新增单项技能竞赛冠军4家、省级专精特新企业8家，认定晋江市级专精特新企业87家。

(市工信局　洪金中　黄金发)

集成电路产业

【概况】 2019年，晋江市抓住获批“海峡两岸集成电路产业合作试验区”的契机，着力引项目、强基础、聚人才、提服务，集成电路产业园区建设取得阶段性进展，产业集聚态势逐步呈现。5月，出台《晋江市加快培育集成电路全产业链的若干意见的补充意见》，增补2条政策条款，修改11条政策条款，扶持力度进一步加码。制订解读文件和操作细则，优化政策兑现流程。泉州半导体高新区晋江管委会深化“单一窗口”工作机制，全年累计协调解决进口设备减免税延期、生产污水应急排放、燃气接入、辐射安全操作培训及办证等企业需求60余项，做好园区落地企业的服务保障工作。重点项目有序进展，晋华项目按时序顺利推进；矽品项目于2019年8月完成设备安装，2019年第四季度开始量产；中探针项目于2019年9月11日完成项目公司注册登记。

【招商引资】 2019年，集成电路产业园区全方位开展产业链招商，对接集成电路、新能源、石墨烯产业领域企业及项目，签约落地项目6个，总投资32.75亿元，包括台湾矽品逻辑芯片高阶封测、台湾中探针集成电路测试探针暨中国运营总部、信同无线通信芯片、台湾光芯科技光通信器件、昆腾集成电路机械手臂、世喆集成电路前驱体材料等项目，进一步完善集成电路产业链条。

【园区建设】 2019年，泉州半导体高新区晋江管委会推进基础设施建设。完成科学园控规修编及城市设计、工业园控制性详细规划，园区规划持续完善。总计完成约73.33公顷场平工程。加快建设园区道路，灵里路b段矽品段竣工，后曾路矽品段完成路面施工，新塘中路、灵里路、邻里中心西侧区间道路竣工验收，十五号路、邻里中心东侧道路、府研路、新研路等园区道路均按时序推进。配套设施日益完善，科学园污水预处理厂建成并进入试运营，景观提升工程一期完成联华大道及灵里路、十五号路施工，二期完成财审及招投标，公交站组织进场施工，垃圾转运站完成设备采购，消防站进行施工图审查。

加快工业园用海手续报批进程。完成集成电路工业园控制性规划编制及工业园用海项目产业布局编制，梳理出10个生态修复项目和6个项目并完成立项。在海洋生态损害评估和修复方面，委托国家自然资源部第三海洋研究所编制工业园生态评估和修复方案并通过省自然资源厅审查。

保障项目用地。围绕招商项目用地需求，完成IC测试探针供地前期工作，确保项目落地。做好邻里中心、广塑导光膜、HDT等3宗项目19.73公顷供地手续对接，完成垃圾转运站、新研路及府研路、景观工程、后曾路、丰华路等9宗19.07公顷用地供地手续办理。

【科技服务平台建设】 2019年，泉州半导体高新区晋江管委会做实科技服务平台内涵。推进工信部知识产权服务平台建设，开展集成电路专利态势分析，完成《晋江市集成电路相关单位知识产权工作调查报告》(2019版)、《集成电路产业发展概况》等调研，建立全国主要城市集成电路产业政策库。推进6•18协同创新院微电子分院建设，入驻专家120位，推介项目成果74项、集成电路技术需求41项、推进成果对接8项。与福州大学共建微电子研究院。研究院落地福州大学晋江科教园，面向产业与应用，开展新材料、新器件、新工艺和新产品研发，服务区域经济建设与发展。

【人才引育留】 2019年，晋江市兑现优秀人才政策，修订人才优惠政策，将原本的集成电路产业优秀人才五个类别细化为7个层次，加大集成电路产业人才的储备量。举办第三届“创业之芯”大赛，历时6个月，京东方和海信两大集团举办企业主题赛，9个赛区联动，255个项目报名，106个优质项目参加路演，100名行业专家参评，最终20个项目入围总决赛并角逐大赛奖项。开展产教融合工作，持续开展产业课程进校园，共合作学校8所，开课96课时，授课372人，得到院校师生认可；促成矽电公司与晋兴职校就微电子技术与器件制造专业开展校企合作订单培养；推进福州大学示范性微电子学院建设，招生1203名；举办2019年寒假回乡晋江籍大学生集成电路人才政策推介座谈会，共吸引清华大学、南京大学、厦门大学等30多所高校约100名晋江籍大学生前来参加、交流；组织磁灶中学和大学生菁英训练营约470名学员开展“集成电路产业观摩与人才政策推介”活动。

【科学投融资体系构建】 2019年，泉州半导体高新区晋江管委会增强营运资金管控机制，建立财务统一核算平台，创新融资方式，增强集团整体融资能力，挖掘、整合母子公司资源，实现“资源到资产、资产到资本、资本到资金”的转变。推动园区投资引财工作，主动对接红桥创投、前海创投、迅捷投资、中和元控股等多家行业内知名基金管理公司，寻求合作，推动设立政府引导性基金。

【产业氛围营造】 2019年，泉州半导体高新区晋江管委会依托主流媒体、专业媒体加大晋江市集成电路项目和产业宣传力度，以精细化宣传为主导方向，全面深入到园区，以点带面地做好宣传工作，发布宣传工作新闻259条，其中上级媒体报道24条，纸媒报道72条，互联网新闻163条。建设集成电路产业展馆，着手摄制园区宣传片，创办《晋芯资讯》并编印5期，编制新版宣传手册

2019年11月12日，第三届全国集成电路“创业之芯”大赛启动仪式

（泉州半导体高新区晋江管委会 供）

等，对外多元化宣传园区形象，对内提振干部队伍精气神。

(泉州半导体高新区晋江管委会 陈弘毅 谢建新)

纺织服装业

【概况】 2019年，晋江市有纺织服装企业4474家，其中规模以上工业企业715家，从业人员14.2万人，实现规上产值1487.23亿元，增长8.1%，占全市规上产值比重27.1%。

【产业协作配套链条】 2019年，晋江市形成上、下游一体化产业协作配套链条，织造领域全力布局梭织、经编、飞织等运动鞋服、鞋材邦面、产业用布等配套材料，龙峰公司产量长期稳居中国锦纶新材料行业首位，华宇公司是国内领先的经编行业龙头；染整领域通过规划建设安东园、东海垵两大印染集控区，推动印染企业进驻发展，成为国内机织布、针织布、纱线印染的重要基地；成衣领域在七匹狼、利郎、柒牌等品牌龙头企业带动下，晋江市休闲男装成为国内区域品牌男装三大板块之一，内衣、泳装则深耕国外出口市场，保持稳定业绩。

【产业聚焦发展】 2019年，晋江市坚持产业集聚发展，致力完善产业配套服务功能，形成区、园、基地、市场等多点辐射、互为补充的支撑载体。“区”——福建晋江经济开发区，“园”——晋江时尚服饰织造园，“基地”——超百亿的特色镇域生产基地(中国织造名镇——龙湖镇、中国内衣名镇——深沪镇、全国泳装重要生产基地——英林镇)，“市场”——晋江国际鞋纺城。

制鞋业

【概况】 2019年，晋江市有制鞋企业5355家，其中规模以上工业企业461家，从业人员16.8万人，实现规上产值1396.77亿元，增长9.7%，占全市规上产值比重25.4%。与国内其他鞋业主产区一样，晋江制鞋行业在历经发展顶峰后，开始进入调整期，产能过剩、同质化竞争加剧倒逼一批企业通过实施渠道、产品结构变革，率先在国内同行业转型突围。

【产品差异化转型】 2019年，晋江市部分龙头企业的产品朝多元化、个性化、高端化特色转型升级，安踏、361度、特步分别推出呼吸网3.0科技跑鞋、智能童鞋、智能跑鞋等。

【渠道扁平化转型】 2019年，在供应链供给上，斯兰、宗兴相继发起搭建一品嘉综合型供应链生态平台、辅料全产业链交易服务平台等生产原材料B2B交易平台等，加速鞋辅材料供给渠道扁平化进程；在产品营销上，安踏、特步等品牌企业加快布局O2O平台，打造线上交易、线下体验的新型营销体系。

【品牌细分化转型】 2019年，晋江市通过实施品牌收购、培育副线品牌，实现低成本扩张升级。安踏相继收购瑞典时尚品牌菲乐、日本滑雪运动装备品牌迪桑特、韩国户外品牌KOLON、芬兰体育器材品牌亚玛芬的代理权；贵人鸟斥资买下国际知名篮球品牌AND1未来31年大中华地区商标权。

【跨界融合转型】 2019年，贵人鸟通过投资“虎扑网”，与景林投资联合成立体育产业基金，探索“互联网+体育制造业+体育服务业+文化传媒+金融”的新模式，实现跨界融合。

【产能合作配套转型】 2019年，晋江市一批中小型企业专注细分市场，专注为品牌企业做配套，拥有稳定的订单和市场。如：信泰专业从事经编网布生产，研发能力保持行业领先，成功进入特步、乔丹、361度、斯凯奇等品牌原辅材料供应链；普斯特成为安踏飞织横编成型鞋面唯一供应商，年代工量超过700万双。

(市工信局 洪金中 黄金发)

陶瓷建材业

【概况】 2019年，晋江市有陶瓷建材企业720家，其中规模以上工业企业135家，2019年实现规上产值624.90亿元，增长14.7%，占全市规上产值比重11.4%。作为“两高一资”(高耗能、高污染、资源性)业态，晋江陶瓷建材业历经多次行业规范整治，特别是启动清洁能源替代工程后，整个行业在能源革命带来的成本提升倒逼下，正逐步向高端发展。

【产品结构转化】 2019年，晋江陶瓷产品实现由原来单一的外墙砖生产格局向外墙砖、内墙砖、地板砖、功能陶瓷多元并进的华丽转身，尤其是随着喷墨技术、薄型砖技术的兴起，晋江的陶瓷产品可以高度还原出石材、金属、木材、墙布等花色，陶瓷产品厚度可以做到传统外墙砖的1/2以下，产品规格可以做到600毫米×1200毫米的大规格薄砖。相继推出环保杀菌砖、保温隔热轻质砖、TOB陶板、太阳能陶板等陶瓷新品。

【生产环节转化】 2019年，晋江陶瓷企业实现陶瓷业全行业清洁能源替代，明显改善晋江陶瓷产区周边环境。

【市场领域转化】 2019年，晋江陶瓷企业除加快抢占国内市场份额，部分陶瓷企业在巩固国内市场的同时，相继把眼光转向国际市场，通过参加西班牙、阿联酋迪拜、美国奥兰多等国外陶瓷博览会和组建专业进出口公司、委托外贸公司代理等办法，不断开拓境外市场。

【销售方式转化】 2019年，相继有丹豪、华泰、腾达等一批企业着重培育自主品牌，掌控终端销售渠道，并先后有部分陶瓷企业在国内多个城市建立终端销售门面。

(市工信局 洪树林 杨达妮)

食品业

【概况】 2019年，晋江市有食品企业806家，其中规模以上工业企业69家，实现规模以上产值514.72亿元，增长6.3%，占全市规上产值比重9.4%。顺应“一带一路”发展规划，以商业贸易交流带动工业、科研、生产全产业链的转型升级，“引技术、扩市场”抱团拓展境内外市场，打造晋江食品国际知名品牌，扩大晋江食品行业品牌影响力和国际知名度，做大做强晋江市食品产业。

【第三届海峡两岸食品交易会】 2019年，在晋江市SM国际展览中心和佰翔世纪酒店举办的第三届海峡两岸食品交易会暨第六届闽台(泉州)食品交易会，参展面积42000平方米，1900个标准展位，到会人数再次创新高，达7.78万位，累计达成交易额约107.8亿元，比上年增长13.02%；大会共吸引来自意大利、乌克兰、俄罗斯、英国、荷兰、菲律宾、泰国、马来西亚、越南、韩国等16个国家和中国台港澳地区共456家特色食品企业参展，其中境外食品企业达96家，约占参展企业总数的五分之一。展会期间有德国、法国、菲律宾、印度尼西亚、越南等200多名境外采购商代表到会进行项目及采购对接。

展会期间还举办中华之星食尚盛典暨第六届中国休闲食品行业年度颁奖盛典、海峡两岸名优食品新品推介会、中国国际烘焙工艺技术对接会、中国巧克力工艺高端技术研讨会、食交会采购商对接会、中国休闲食品工艺技术高峰论坛等10多个重磅级配套活动。组委会与第三方结盟，邀请京东、零售通、三只松鼠、良品铺子、百草味、来伊份等重大销售渠道商、新零售商参会。

【组织参展】 2019年，晋江市组织食品企业参加国内外各类展洽活动，主要参展。3月15—17日，菲律宾达沃展；3月16—22日，成都春季糖酒会；5月14—16日，上海中食展；5月28日至6月1日，泰国国际食品展；6月26—28日，马来西亚国际食品饮料商贸展；10月24—26日，天津秋季糖酒会；12月12—15日，福州商博会。参展期间，还考察当地食品市场及企业，了解举办地食品需求情况及发展现状，学习先进经验及加工技术。利用多年的抱团参展考察成功经验，以统一布展、统一宣传的模式，集中展示晋江品牌风貌，彰显行业实力。

【食品人才培训】 2019年4月，联合晋江市市场监督管理局举办“晋江市行业性企业维权援助中心知识产权专项培训”，并提供商标、专利和消费维权现场咨询服务，加大知识产权宣传保护力度，普及企业依法维权知识。同月，还联合晋江市工业和信息化局、泉州市高教发展中心管理委员会办公室举办“卓越管理模式——十倍增长”课程培训及浙江大学重点产业领军人才研修班，打造高素质的、具备现代企业管理思维和能力的企业经营者，建立企业标准管理体系，并前往浙江大学生物系统工程与食品科学学院学习高新信息和技术，参观考察综合公共食品平台及部分实验室，了解国际休闲食品发展方向。12月，联合泉州市工业和信息化局、泉州市中小企业服务中心举办《业绩突破—精益运营系统》研修班，助力传统制造业打造持续精进的精益管理系统，帮助企业“降本增效”，加速健康发展。

（市工信局　柯永定　黄金发）

电　力

·国网福建省电力有限公司晋江市供电公司·

【概况】 2019年，国网福建省电力有限公司晋江市供电公司(简称市供电公司)供电营业区全年累计完成售电量157.8亿千瓦时，同比增长0.45%，售电量稳居全省县级供电单位之首。城网供电可靠率99.974%，农网供电可靠率99.9412%；全年电网日最高负荷274.85万千瓦，日最高用电量5821万千瓦时。公司获评“2018年度晋江市平安单位”“2018年度安全生产工作考评优秀单位”“2018年度五四红旗团委”称号，连续十一届保持全国“安康杯”竞赛优胜单位称号。

【电网建设】 2019年，市供电公司推进陈埭、池店、英林3个“一流新型城镇配电网”示范区建设，英林及陈埭示范区内中压线路标准化接线率达100%，其中陈埭“横玉、横强双环网”是省内首个按“接组”模式建成的双环网项目。探索电力物联网建设，承接“晋江能源互联网综合示范工程”，完成竹树下开闭所10千伏配电站房环境监测系统建设改造，与电信运营商试点开展业务共享及5G应用研究；推进房产交易用电过户“一趟不用跑”等政企数据共享项目；开展实物ID建设与应用，完成一、二次设备存量设备标签张贴工作；推进围头码头岸电建设、推广车联网平台，建成省内首个光储充一体电动汽车直流快充站项目(滨江片区)。

夯实电网基础。实现220千伏洋埭、后坑变电站及其110千伏配套等9个超长工期项目全面竣工投产。投产送电110千伏智能园输变电工程、英厝变二期扩建工程及110千伏晋南热电厂线路工程。全面落实迎峰度夏项目，新建改造过重载线路38回、配变87台，缓解局部供电紧张态势。全年共新投产110千伏变电站4个、容量465兆伏安；110千伏线路20条、66千米。10千伏线路82回、168千米。新增配变105台、增容48兆伏安。

【安全生产】 2019年，市供电公司未发生考核责任的电网、设备、人身事故。持续优化安全奖惩激励机制，加强违章责任连带考核，重点提升“两票三种人”(“两票”指工作票、操作票，“三种人”指工作票签发人、责任人、工作许可人)履职能力及主观能动性。优化隐患排查治理周期制和责任制，开展“配网设备图实不符”等20项隐患排查专项行动。加强反违章管理和周末节假日执规巡查机制，共开展违章约谈25场次、责令停工6支队伍。落实电网风险预警闭环管控，部署应用ECS系统和应急抢修App，共组织应急演练30场次。完成庆祝中华人民共和国成立70周年、国际大体联足球世界杯等各类重要保电任务共计98场次。

【优质服务】 2019年，市供电公司以“‘晋江经验’再出发，服务‘三大任务冲刺年’”为主题举办2019年度服务地方发展承诺发布活动，向全社会作出2019年服务晋江经济社会发展“六项”(主要涉及服务乡村振兴、蓝天保卫战、客户综合能效提升、营商环境优化、客户故障快捷抢修、社会发展用电需求等服务内容)承诺。落实全业务环节“一口对外、一次办结、一次性告知”；高低压办电环节分别减至3步、2步；接电时间分别缩短至28.83天、3.41天，平均缩短

44.78%。实行业扩报装"三省"(省力、省时、省钱)服务,实现1000千伏安以下供电方案现场答复,实现普通高压客户检验合格当天送电"三同时"(竣工检验、供用电合同签订、装接电同时完成)。推广低压小微企业"三零"(零上门、零审批、零投资)服务;实现160千瓦及以下低压接入率100%;推行基建箱变租赁模式;"电e贷"全年累计授信1600余万元;完成一般工商业降价2次,累计调降0.649元/千瓦时。靠前服务"世中运"赛事场馆供配电设施建设改造。

【社会责任履行】 2019年,市供电公司落实供电保障。助力市政府重大产业项目落地,提前完成利郎文创园、二体中心等省市重点项目送电,超短工期建成全省首个20千伏出线的110千伏变电站,满足矽品项目供电需求。紧密跟踪百宏、烯电、逸锦化纤等重点项目推进,靠前开展变电站建设与运营、用电成本综合分析供用户决策。倡导绿色能源消费,聚焦用户侧用电安全管理、能效诊断与改造、综合能源服务等领域,探索开展客户设备代运维、故障抢修、共享电工等公共服务项目,拓展供电服务范围。开拓用电市场,投资充电桩全年充电量287万千瓦时,充电量及充电设施利用率均位列泉州地区首位;签约市场化售电61家,合计签约计划电量8.465亿千瓦时,占市公司签约电量40.3%。实现替代电量9.28亿千瓦时,综合能源营收1182万元。协调市安监局联合开展高危化工企业安全专项检查;完成万达广场、宝龙广场等6个大型综合体用电消防安全检查;配合政府对从事环保污染经营活动的场所、石材生产污染企业、违章建筑等采取断电措施。

(市供电公司 陈思怡 陈白露)

2019年4月30日,市供电公司建成全省首座20千伏出线的110千伏智能园变电站

(市供电公司 供)

·晋江热电有限公司·

【概况】 2019年,福建晋江热电有限公司(以下简称晋江热电)完成上级公司下达的各项经济技术指标,发电量3.63亿度,售热量211.89万吨,供电标煤耗237.09克/千瓦时,先后获"福建省工人先锋号""泉州市级产业龙头企业""泉州市环保诚信企业"等称号。

【安全环保】 2019年,晋江热电落实安全环保一号文件要求,开展"责任落实年"各项工作,建立安全生产"四个清单"管理机制,完善安全责任体系,推进安全检查常态化管理,全年各类安全检查共查出问题3979条,整改完成3955条,查纠各类违章143起,保持安全生产监管高压态势。开展隐患排查分级治理,排查出一般隐患14条。严格审查外委队伍资质与履约能力,加强"三级安全教育",启动外委法人警示约谈,建立安全管理连带追责机制,外委队伍管控能力显著增强。深化"双盲演练"(事前参演单位并不知道参演时间、地点和内容)模式,建设消防站,组建专职消防队伍,修订完成应急演练脚本22项,开展应急演练109次,提升员工事故预判与应急处置能力。代表晋江市参加泉州市首届应急管理知识竞赛,获二等奖。

严守生态环保红线,梳理、健全公司主要污染源台账,排查环保隐患,制订环保三年规划并严格执行,坚决打赢蓝天、碧水、净土保卫战。加强环保排放管理和环保设备维护,环保设备投运率、监测系统数据上报率100%。与晋江市生态环境局联合举办"环保开放日"活动,接受社会监督,牢固树立绿色发展良好形象。全年二氧化硫、氮氧化物、烟尘等污染物排放达标率100%,粉煤灰、炉渣等固废利用率100%。通过环境管理体系2019年认证复评,成为泉州市2019年首批"环保诚信企业"。

2019年3月6日,市供电公司举办以"'晋江经验'再出发,全力服务'三大任务冲刺年'"为主题的活动

(市供电公司 供)

【转型发展】 2019年,晋江热电坚持

新发展理念，以深化供给侧结构性改革为突破口，完成2号背压机组改造项目，机组供热能力、热电比、供电标煤耗、发电水耗等指标实现大幅度优化，实现清洁低碳、安全高效的发展新局面。推进机组超低排放改造，完成脱硫除尘项目可研编制、审查、收口以及招标技术规范书编制、审查，为改造做好前期准备工作。蒸汽汽化氨水脱硝完成科技项目申报。

【运营管理】 2019年，晋江热电开展“生产运营百日会战”“开源节流，增收节支”等活动，开展机组检修2次，完成标准项目242项、特殊项目31项，全年实现“零非停”(没有出现非正常停机)。开展“五小”技术革新和专利成果申报，在省总工会“五小”创新项目大赛中获得二等奖1项、三等奖2项，全年共申请专利21项，以技术创新持续提升设备可靠性和机组经济性。开展背压机运行优化试验和小指标竞赛活动，供电标煤耗同比降低73.83克/千瓦时，石灰石单耗同比降低2.49千克/吨汽。精细管理燃料采购、运输、接卸，全年节约燃料成本330万元；统筹安排收支计划，融资余额较年初下降8900万元，财务费用同比下降215万元。实施72项降本增效措施，电热单位完全成本较预算下降59.21元/兆瓦时，可控成本较预算节约729万元。

落实以法治建设第一责任人为中心的法治建设责任制，举办法治专题讲座2期，严格执行“涉法重大决策、合同、制度应履行法律审核程序”的规定，“三项审核”100%。组织开展内部控制评价，完成26个业务领域、65个流程、423个风险事项的自评，编制管控措施。加强重大风险管控，对长输热网66家用户实行预收费。

【电热营销】 2019年，晋江热电坚持效益优先，深入研究热电联产机组政策，协调省工信厅，实现2号背压机组不参与直供电交易，避免电价收入减少150万元。紧盯现货规则制订，争取热电联产机组暂不参与现货市场交易，避免电价收入减少300万元，实现电量计划效益最大化。深耕供热市场，在实施阶梯汽价、煤气价格联动等营销策略的基础上，出台支持热用户自建供热管道优惠政策，修订完善《定型机改造优惠办法》，拓展供热市场，年新增用热35.88万吉焦。全年最高瞬时供热量突破1172吉焦/小时，年售热量621.17万吉焦，同比增加110.48万吉焦，瞬时供热量和售热总量均创历史新高。

(晋江热电　吴清珮　唐丽娟)

·福建晋江天然气发电有限公司·

【概况】 福建晋江天然气发电有限公司(以下简称晋江气电)是福能集团上市公司福能股份权属企业，是一家集气电、风电、光伏和热电于一体的绿色清洁能源发电企业。拥有4台38.2万千瓦的9FA燃气——蒸汽联合循环机组，总装机容量为152.8万千瓦，2010年10月全部投产发电，2019年，年发电能力60亿千瓦时。

【安全管理】 2019年，晋江气电全年无安全生产事故，晋江气电连续安全生产2919天，风电连续安全生产1892天。贯彻安全生产责任，确保责任分解和传导到位，加强现场安全监管，创新开展安全专项检查，组织大修每日安全巡查，完成两会保电及护网行动等安全保障工作。加强隐患整改闭环，抓好“两票三制”日常管理，保障安全生产。加强环保监管，完成排污许可证变更，按时上传环保数据，通过省市县三级环保部门危废专项督察核查，保持环保良好态势。

【生产管理】 2019年，晋江气电开展“生产精益管理年”活动，完成3号机组大修及四大技改项目，实现联合循环效率提高，解决设备隐患，机组安全、经济和环保方面均得到提升。推进节能改造，4个节能项目年节约厂用电121.8万千瓦时，创效85.2万元。开展1号机和公用DCS升级改造，提高设备可靠性。落实设备消缺和机组检修工作，推进能耗监督和对标分析，保障机组平稳经济运行。开展精益课题，突出创新创效，组织绿色工厂和智能制造单位评选，获7项实用新型专利，获评中国电力设备协会技术管理创新奖，实施QC改进，3个QC项目均获得福建省2019年度质量管理小组成果二等奖。

【社会责任】 2019年，晋江气电发挥燃气电厂启停灵活、调峰保电的作用，4台机组共启动546次，投产后启停次数超过8000次，满足电网调峰和社会用电需求。落实中华人民共和国成立70周年等重要活动及节日保电方案，做好护网行动安全部署，加强出入检查，加强反恐怖工作，完成“防风险保平安迎大庆”活动用电任务。按照省委组织部的统一安排参与社会公益，扶持、走访慰问南平市浦城县濠村乡后濠村，拨付20万元扶持资金、1.23万元春节走访慰问金。

(晋江气电　郭丽婷　吴传强)

2019年，晋江气电落实检修工作，图为3号机组电机检修　(晋江气电　供)

泉州综合保税区

【概况】 泉州综合保税区前身为泉州出口加工区,2016年1月17日获国务院批准整合优化为泉州综合保税区,2016年12月海关总署等国家十部委组织联合验收,2017年8月4日获海关总署批复同意正式封关监管运作。

泉州综合保税区园区首期封关验收面积2.05平方千米,区内基础设施“五通一平”(通路、通电、通信、给水、排水、场地平整)配套完善。区外规划配套面积2平方千米,主要用于区内产业配套及公共、行政、生活等配套服务设施建设。园区位于国道324线北侧,晋江市磁灶镇与紫帽镇交界处,地理区位优势明显、海陆空交通网络发达,距离泉州晋江国际机场15千米,紧邻福厦高铁晋江站,距泉三高速公路入口2千米,距沈海高速公路入口9千米,距泉州港后渚港区15千米,石湖港区30千米,深沪港区40千米,围头港区45千米。

泉州综合保税区具备保税区、出口加工区、保税物流园区乃至部分口岸通关的所有政策和功能,具备保税加工、保税仓储、保税研发、保税检测、保税维修及国内外采购分销配送、国际转口、融资租赁、商品展示等功能,是国内所拥有的对外开放层次最高、政策最优惠、功能最齐全、通关最快捷、区位优势最明显的综合保税平台之一,是福建省除福建自贸区以外唯一的国家级海关特殊监管区域,是复制推广自贸区政策功能的主要载体,落实国家“一带一路”重要倡议、打造泉州市“海上丝绸之路”先行区战略的重要平台。

【基础建设】 2019年,泉州综合保税区建有6栋10.8万平方米标准厂房、监管仓库、验货平台、保税物流仓库等设施,建有专用11万伏变电站和两级供水加压泵站、日处理量1万吨的污水处理厂;区外配套区域建有综合服务大楼、3栋3.8万平方米宿舍楼、食堂及商业服务、文化、娱乐、体育、休闲设施等生活设施,商业住宅房地产项目金丘小区基本完成一二期共近2000户的建设规模;园区绿化绿地面积20多万平方米,累计栽种10万株(棵)树木。泉州海关入驻园区驻点监管,区内设立报关行等专门办事机构,入区企业享受叠加保税区、出口加工区、保税物流园区及口岸通关的所有政策功能,手续办理方便快捷。

【生产态势】 2019年,泉州综合保税区规模以上产值77.49亿元,同比增长9.9%;全社会固定资产投资34200万元,同比增长7.33%。园区进出口总额达130亿元,在全国73个综保区(出口加工区)中排名第二十七位。其中,综保区航空维修业务继续保持强势增长态势,进出口总额47亿元,同比增长26.33%;外贸政策优势明显,保税物流业务增长迅猛,区内进口葡萄酒进出报关2412万千克,同比增长24.91%,总量占泉州市进口总量的80%以上,成为泉州市最大的葡萄酒进口和分拨重要集散中心。

【招商引资】 2019年,泉州综合保税区融入国家“一带一路”重要倡议,推动福建省21世纪海上丝绸之路核心区建设,贯彻国家高水平开放高质量发展总体战略,培育综合保税区产业配套、营商环境等综合竞争新优势,推动泉州综合保税区发展成为具有国际竞争力和创新力的海关特殊监管区域。引进利郎物流园项目、吉伦特进口酒类项目、双桥糖浆项目、燕窝加工中心、御金跨境电商等一批优质项目。至年底,全区累计引进项目79个,其中加工生产项目31个,商贸物流项目43个,房地产项目2个。项目总投资规模超过百亿元,主要涉及航空修造、高端印刷、电子元器件、陶瓷喷墨机械、五金制品、酒类食品、新型材料、贵金属加工、保税仓储物流等多个行业。

【服务与管理】 2019年,泉州综合保税区推进机关效能建设,加强服务企业意识。深入推进园区制度建设,构建亲清政商关系,加强干部队伍建设,提升干部素质及服务意识,为企业开展服务工作实现制度化、常态化;坚持一线服务项目企业,为入区企业开展全方位“保姆式”服务,建立领导班子成员挂钩重点企业、困难职工制度,协同解决企业自身生产经营困难,加大惠企政策的宣传和兑现力度,联合泉州海关、税务、商务部门开展一次政策宣讲大会,惠及泉州市250余家类型企业。全年兑现本区奖励扶持资金项目30个共2000万元；建立综保区与驻区海关联动机制，协调海关、税务等部门，推动“企业增值税一般纳税人资格试点”落地，成为福建省首家运行售票该项目业务的园区。

（泉州综合保税区　苏达丽　杨春天）

晋江经济开发区

【概况】 2019年，福建晋江经济开发区（以下简称开发区）新增规上企业20家、“四上”企业35家、高新企业10家，全区完成规模以上工业总产值1052.16亿元，同比增长11.38%；限额以上企业批发销售额完成355.63亿元，同比增长18.47%；全社会固定资产投资完成58.8亿元，同比增长8.87%。开发区“一区多园”入驻企业859家，其中投产企业485家，在建企业147家。国家火炬计划重点高新技术企业3家，国家级企业技术中心3家，国家级工业设计中心1家，省级院士工作站3家，省级高新技术企业32家；省级创新型企业1家；省级创新型试点企业5家；省级行业星火计划创新中心4家；省级重点实验室4家；省级技术中心6家；泉州市行业技术开发中心8家；福建企业工程技术研究中心1家；泉州市工程技术研究中心6家；泉州企业技术中心18家；科技小巨人21家；瞪羚计划重点培育企业2家。园区入驻企业中获中国驰名商标14家，福建省知名商标18家。基本形成以鞋服纺织、纸制品、食品饮料等3个传统产业为主，装备制造、高端印刷、光电能源等3个新兴产业为辅的产业格局，囊括恒安、安踏、三六一度、利郎、亲亲、蜡笔小新、雅客、优兰发等传统产业知名企业，以及金保利能源、三力机车、佶龙机械新兴产业优质企业。

【项目建设】 2019年，开发区加强重点项目调度推进机制，加强分析研判，夯实要素保障，细化工作责任，确保重点项目投资力度不减。会同相关镇（街道），以点带面，逐步化解食品园北片区征迁历史遗留问题，完成海天项目、时尚园基础设施、第八实验小学项目等3个征迁问题销号，保障项目落地建设及快速推进。围绕企业投产做足配套文章，预判企业用水、用电、用汽、排污等需求，协调相关市直部门，减轻企业后顾之忧。2019年，92个重点项目完成年度投资68.74亿元，完成年度投资计划103.94%；新增21个项目开工建设，25个项目投产投用。

【基础设施建设】 2019年，开发区配套功能更加完善，发展载体基本建成。完善园区路网体系，完成中源路等4条道路建设，推进时尚园阳溪北路等7条道路工程建设，加快进度解决新塘园横八路与泉州环城高速石狮收费站匝道工程项目可研批复相关工作。完成食品园景观配套用房工程桩基建设和新塘园垃圾转运站设备采购事项，安东园综合污水处理厂8万吨完成建设及设备联动调试。加大优质教育资源供给，第八实验小学及其大山后校区9月正式投入使用。深化与晋江市医院共建医疗联合体，晋江市医院经济开发区院区暨晋江经济开发区社区卫生服务中心6月份正式投入运营，满足园区企业职工看病就医、卫生保健需求。推进林格廉租房的复工工作，1号、3号、5号楼的装修完成，2号、4号、6号楼的装修工作进行中。

【企业服务】 2019年，开发区聚焦政策落实，提升服务质量，营造良好营商环境，服务企业既“定心”更“贴心”，努力构建“亲”“清”政商关系。推进“党建（人才）+经济（企业）+科技+商会”联动机制，开展企业总裁班、惠企政策、企业家沙龙等各类培训活动14次，受益1000多人次，全面提升企业家素质。推动优惠政策落地生效，全年协助企业申报132项优惠政策补助约计2237万元，73人申报高层次人才。以获批“2018年度省级新型工业化示范基地”为抓手，创建高新技术企业培育库、科技项目库，指导凤竹鞋业、美力艾佳公司申报数字化车间；抓牢用地要素保障，完成农转用报批5.53公顷、供地198.95公顷，协助企业办理不动产权证49宗共98.99公顷；依托“六大平台”，着力提升精细化管理水平。启动晋江经济开发区人才交流服务共享中心建设，举办“六个一”（开设一期政策宣讲员集中培训班、举办一系列“大人才”政策宣讲活动、开展一批人力资源机构业务推广活动、开展一份人才需求问卷调查、建立一个企业微信联络群，及建设一支专业运营团队、开展一批产才对接活动）调研宣讲活动和“春风行动”大型招聘会，帮助企业破解招工、引才难题。打造“智慧园区”可视化平台，建成1个指挥中心、建设10个“瞭望天网”、增设150多个电子监控，实现基础设施网络化、日常管理敏捷化、功能服务精准化和产业发展智能化。

【安全生产】 2019年，开发区开展安全隐患大排查专项整治行动，坚持安全生产“党政同责一岗双责”，深化危化品管理模式，加强火灾防控，加强日常消防检查、在建筑安全检查。全年累计查处“三合一”场所72家，行政处罚56家，排查隐患1200多条，全年事故发生率下降60%。全面推进应急管理建设，

2019年6月26日，晋江市医院经济开发区院区暨晋江经济开发区社区卫生服务中心正式揭牌成立

（市经济开发区　供）

指导菜鸟物流等49家公司开展应急救援演练，累计参加演练人数近8500人；开展专题培训9期，提升企业主体责任意识。

【生态环保建设】 2019年，开发区优化人居环境。抓生态水域治理，坚持每周召开环保专题会议，建立“网格+微信”工作机制，督促整治工作快速开展、落实到位。以梧垵溪、坝头溪流域治理为核心，以消除黑臭水体为目标，采取重点片区雨污分流和河道排污口截污整治相结合，实现河畅、水清、岸绿。全面排查管网231千米，编号溯源271个市政排放口，落图登记987个企业排放口，增设95个电子监控点，提升智能监管水平。加大环卫保洁投入力度，继续在全市卫生考评中保持前列。加强河道整治力度，严格按照“边排查、边建档、边整治、边验收”的原则，采取自来水放水的措施，对企业进行排查，加大约谈、处罚力度，督促企业立即采取措施，确保问题立即整改、全面整改、逐件落实。全年约谈34家企业负责人，办理环保查封扣押案件3起，行政处罚案件38起，累计罚款197.275万元。

（市经济开发区　陈丽芬　庄特强）

晋江市创新创业创造园

【概况】 晋江市创新创业创造园（以下简称三创园）是晋江重要科技创新平台载体之一。2018年入选泉州市首批市级“人才之家”，2019年被福建省人社厅确定为“晋江留学人员创业园”。

三创园园区以科技创新、科研孵化为主导，以引进高层次创业创新人才（团队）为核心，以电子信息（集成电路）、互联网+、新材料（石墨烯）、新能源、智能制造、节能环保、食品生物科技等产业为重点，致力打造海峡西岸“智岭•慧谷”、福建“中关村”。规划建成公共科研平台、科技创新孵化、高端人才创业、大院大所合作、高端商务生活配套等功能专区，打造由苗圃到孵化到加速的全方位的科技创新创业生态圈。

（市三创园办　郭真真　阮良州）

【项目建设】 2019年，三创园（一期）完成投资额1.65亿元，累计完成投资18.62亿元。建成服务中心、海归人才创业中心、创客大街、人才公寓，研发设计中心一、二、四、五、六号地块；在建孵化器室外景观工程，研发设计中心三、七号地块及研发中心五号地块景观工程。

（市三创园办　陈耘国　阮良州）

【招商引智】 2019年，三创园高起点建平台，重点对接国家级、台字号、龙头型等知名科研院校/机构，新引1家平台，累计引入中科院泉州装备制造研究所、中纺院海西纺织新材料工业技术（晋江）研究院等平台8家，对接复旦、江南等5家科研中心，其中，复旦大学张江研究院项目签订院地“双基地”合作框架协议，星皇集团研发中心项目正筹备落地，平台类别、服务功能日趋完善。高标准聚人才，紧盯前沿科技领域，瞄准创新领军团队，加大内引外联力度，全年新引人才256人，其中硕博76人，占比29.7%；累计集聚本科以上学历人才1064人，其中硕博士550人，占比51.7%（省“百人计划”6人），被福建省人社厅确定为“晋江留学人员创业园”。高质量引项目，重点发力新材料、新一代信息技术、智能装备、节能环保、食品生物科技等产业，全年新引进企业21家，累计入驻企业75家，研发设计中心区域招商入驻取得突破，创客大街入住率94.4%；在孵企业市值超千万元企业达25家，筹备上市企业8家。

（市三创园办　郭真真　黄丹蓉）

【园区活动】 2019年，三创园累计组织开展各类创业培训、交流、对接活动共计24场，包括项目路演汇3场，创业大讲堂11场，交流活动2场，产业/资本对接会2场，“千百计划人才”讲座3场，政策辅导3场，共吸引近800人次参与。1月3日，举办三创园双创孵化系列活动（第70期）——魔果子系统产品发布会暨孵化融资对接会。1月29日，开展晋江市第四期“千百计划人才”讲座暨三创园孵化市场拓展会，邀请美国维克森林大学教授崔征作“粒细胞输血抗癌疗法”主题演讲，福建省“百人计划”专家陈炳地作“新型循环肿瘤细胞检测纳米技术”项目分享。7月1日，举办晋江市第五期“千百计划人才”讲座暨科技（院士）大讲堂。12月6日，举办芯创•未来——晋江市第六期“千百计划人才”讲座暨产研科技对接会活动。

【宣传推介】 2019年，三创园园区结合工程建设进度，加大宣传推介力度。常态化接待国家、省、市各级参访，全年累计接洽参观团174批，共计4209名人员，其中省级以上考察团8批、181人次；海外团体3批、95人；各类台商5批58人次。中央、省市各级领导先后多人来访考察三创园建设发展情况。

（市三创园办　丁　洁　黄丹蓉）

【成果转化】 2019年，三创园共有32家入孵企业与48家国内高校合作46个产学研项目，产生效益1880万元；32家入园企业与省内外80家企业合作75个项目，产生效益5240万元；市值超千万企业24家，其中超亿元企业5家；9家入园企业实现产业化落地，投资额1.6亿元。

此外，园区通过持续开展10场项目推介、融资对接、产业对接等各类双创孵化活动，协助13家企业共获融资9200万元。其中，入孵企业七剑公司与泉州聚鼎网络科技、厦门驰麟科技达成400万融资；致慧医疗与深圳粤丰域科技签订400万项目合作协议；23家企业与安踏、舒华、盼盼、金冠、卡尔美、意尔康等泉州知名企业和国内外品牌企业达成合作协议。

（市三创园办　许育胜　黄丹蓉）

【参观考察】 2019年4月22日，省政协副主席洪捷序一行到三创园参观。5月10日，省委组织部常务副部长杨国豪带领中央党校中青二班五支部一行20人访问三创园。9月5日，省委宣传部副部长、网信办主任许守尧一行到三创园。9月19日，中共福建省委党校、福建行政学院第11期新任厅级领导干部党内法规专题培训班一行46人访问园区。11月28日，黑龙江鹤岗市委书记张恩亮一行参观园区。12月6日，日本UNIFIVE集团执行顾问陈永钟一行考察三创园场地。

（市三创园办　丁　洁　黄丹蓉）

【第四届“海峡杯”（晋江）创新创业大赛】 2019年，第四届“海峡杯”（晋江）创新创业大赛由晋江市人民政府主办，晋江市委人才办、晋江市科技局、晋江市人社局、晋江市三创园、晋江市洪山文创园、福建省集成电路产业园承办。该届大赛突破往届大赛全产业、全覆盖的赛制模式，精准聚焦本土产业创新需求。根据赛前本土产业创新需求调研结果，确定“2+1”的全新赛制，即“智能制造专业赛道+新材料专业赛道+综合行业赛道”，以“精准产业、精准引才、精准孵化”为重要导向，垂直深挖产业创新与人才需求，全程开展本地产业与优质项目的精准对接。大赛征集来自中国、美国、日本、英国、德国等多个国家和地区的参赛项目1112个，经初赛筛选出135个优质项目参与北京、深圳、宁波、晋江、全球视频、中国台湾专场视频、日本等7场分站赛的选拔，最终前20强项目入围决赛。11月27日，完成总决赛，“铁电存储器 FRAM 芯片项目”获得本届大赛一等奖。11月28日，举行“创新引领，创链未来”双创主题盛会及颁奖典礼。

（市三创园办　庄君楠　黄丹蓉）

2019年10月24日，举行2019年福建省“海峡杯”工业设计（晋江）大赛颁奖仪式

（洪山文创办　供）

晋江市洪山文化创意产业园区

【概况】 2019年，晋江市洪山文化创意产业园区（以下简称洪山文创园区）围绕晋江市实施“三大战略”、冲刺“三大任务”等工作部署，重点落实高质量赶超目标要求，融入世纪大道科创产业带，推进洪山文创园企业改造和运营建设，全年引进各类企业（或机构）62家，园区在驻企业近240家，集聚各类创意人才逾2400人，园区整体平稳发展。推动子园区海峡青年创客坊获评“福建省众创空间”“泉州市青年创业基地”。新引进中轻（晋江）卫生用品研究有限公司进驻奇峰电子商务园并完成办公场地及实验室装修。入驻企业中鞋革晋江院签约成立卢秉恒院士工作站，园区省院士专家工作站达2个，新引进晋江博士后工作站一个（易库物联网）。培育新增漫鱼动漫、熊仔动漫2家国家高新技术企业，园区累计达6家。新增数坊科技、烨烽软件、国科文化等8家省青创板挂牌企业，1家首批省科创板挂牌企业（瑞思蚂蚁），累计达29家。

【园区活动】 2019年，洪山文创园区重点围绕文化创意、互联网、现代服务业、高新技术产业等领域建设小型微型企业双创基地，开展设计研发人员、技能人员交流活动，造浓创新创业氛围。依托共享空间载体，举行“海创首脑班”培训、极地学院“创业集训营”、洪山文创园春季招聘会、省服装协会服装制版高级研修班、晋兴职校“厂中校”产学研活动等活动。全年共举办开放式沙龙、主题讲座、人才交流、项目对接等活动共64场。接待各级各地领导考察团及参观团100多批次，近4000人次。

【福建省“海峡杯”工业设计（晋江）大赛】 2019年福建省“海峡杯”工业设计（晋江）大赛于5月启动，10月24日落幕，吸引20所台湾院校、118所内地院校、美国普渡大学以及意大利中意设计协会、台湾产业与设计学会、台湾感性学会、广东省工业设计协会等一批行业机构倾情组团参赛，累计收到参赛作品11407件，参赛作品区域涵盖美国、德国、意大利、日本等25国家，境外参赛作品数量达到1236件，较2018年增长4.4%。经过大赛初评、复评、终评、公示等环节，10月23—24日，共有181件大赛入围作品在园区国际工业设计园进行终评答辩。24日晚上，大赛颁奖仪式在晋江世纪佰翔酒店举行，5个组别各揭晓出金奖1名、银奖2名、铜奖3名，优秀奖10名及若干入围奖，其中张晓辉、王强、张建廷团队的参赛作品“PlusBot手机外设机器人”获大赛特别奖。

【晋江市工业设计高级研修班】 2019年8月26—27日，洪山文创办在国际工业设计园5号楼展厅举行为期2天的晋江市工业设计高级研修班。活动邀请湖北大学艺术学院院长许开强、沈阳航空航天大学设计艺术学院院长刘洋、贵州省机械工程学会工业设计分会主任委员杨勤、昆明理工大学艺术与传媒学院院长许佳4人，从设计方法、设计思维、设计管理、设计策略等多角度为大家诠释设计理念，吸引本地制造企业、设计机构的设计师以及院校师生的参与。

（洪山文创办　许雅琪　王晓人）

通　信

·中国电信股份有限公司晋江分公司·

【概况】 2019年，中国电信股份有限公司晋江分公司（以下简称晋江电信）下辖7个部室、5个中心、22个中心分局，超750名员工，是全省电信系统规模最大的县级分公司。晋江电信融入地方经济建设，开展基础网络建设和信息化建设，满足晋江广大市民的智慧生活需求。配合市文明办开展便民志愿服务及网络文明传播活动，连续五届被评为“省文明单位”称号。

【惠民工程】 2019年，晋江电信推进天翼、宽带品质升级，为用户提供优质的体验和更优惠的资费。加快VoLTE高清通话功能的推广，为4G用户提供边打电话边上网、高清视频通话、语音接续“秒通”等更好的服务体验。组织开展品牌手机终端内购会512场，利用“终端厂商让利优惠+消费分期”的方式，降低用户购买手机终端的门槛，提升用户感知。组织开展“千兆宽带行动”，升级智能宽带，调优宽带速率体系，全市具备千兆带宽业务接入能力，用户平均接入速率达114兆(M)。推进惠民工程进农村专题活动，通过发放惠民通信补贴的方式，降低用户通信消费，全年开展惠民工程进农村专题活动450场，发放惠民通信补贴超4750户。

【“智慧晋江”建设助力】 2019年，晋江电信依托优质的基础网络、雄厚的技术实力与完备的服务体系，拓宽和加深信息技术在各领域的应用。助力智慧交通管理，为晋江交警打造智能停车管理云平台，聚集市区改造1523个收费停车位，并为市区重点道路安装预警云监控点位超百个，解决交通管理的迫切需求。践行“互联网+校园”策略，推进智慧校园、智慧课堂建设，累计建设智慧校园5所，通过“阳光学子卡”、人教数字教材等信息化产品，加快校园管理、课堂教学信息化发展。加快“互联网+农业”建设，紧跟乡村振兴战略，为市农业农村局完成益农信息社293个站点建设，助力农业农村部信息进村入户工程。加快智慧城镇建设，立足金井镇发展现状和前景，建设以“AR立体指挥系统”为主、多个子系统为辅的金井镇智慧城镇安防系统，打造智能化物联网城市建设先进示范区。信息化场馆助力世中运，以独特的网络优势和智能化项目建设经验为切入，打造3个智能化体育场馆和训练基地，实现场馆控制智能化、管理区域化和功能集成化，助力世界中学生运动会。加快云业务、物联网等新兴业务发展，以“专属定制+属地服务”的云服务为抓手，打造晋江政务云平台、地震预警云系统、交管预警云系统等，并助力三六一度、天仓物流、浔兴、利郎等企业上云。

【信息化生态圈构建】 2019年，晋江电信深化信息化生态圈建设，丰富信息化生态圈内容。实时更新天翼高清节目资源，内容涵盖娱乐、体育、教育等多个领域，并特别推出教育专栏，助力中小学生娱乐和学习。加快全屋Wi-Fi覆盖，丰富设备种类，通过路由器、AP面板、电力猫等多种形式实现不同需求不同服务，确保居家Wi-Fi全覆盖、无遗漏。提供天翼看家服务，对内进行线上看家护院、远程看老护幼，将便民惠民落到实处，对外助力楼道口、出入口等区域的公共安全监管，为用户安全保驾护航。通过小翼管家实现移动App与家庭内部智能设备的互联互通，加快家庭信息化进程，推动生活便捷化、智能化。

【网络基础建设】 2019年，晋江电信围绕企业转型升级战略，精细网络规划，精确建设管理，夯实基础网络建设。全面提升移动网络信号覆盖，落实“五高一地”优化。开展LTE八期建设，解决59个大企业、高校、商场等高流量区域疏忙需求，推进343个地下室及电梯信号覆盖建设，解决率达93.87%。加强光宽网络建设，完成全部接入网的10G PON设备部署，实现所有城区、行政村具备提供千兆接入能力，组织开展光衰整治、光交整治、高清组播整治等专项行动，光衰合格率达98%，光交整治完成率107.9%，高清组播整治完成率135.85%。

【服务质量提升】 2019年，晋江电信加强服务基础管理，规范各触点服务行为，提升服务质量，加强用户感知。构建"全方位、全过程、全员"的"三全"服务体系，精细投诉处理过程管控，加快问题解决效率，全年未发生群体申诉和人为差错引发的客户强感知服务事件等。组织实施宽带"三项承诺"专项提升活动，践行宽带业务"当日装、当日修、慢必赔"服务承诺，加强中国电信宽带金牌服务品质，承诺区域100%覆盖全市，当日装、当日修完成率均超99%。加强服务红线意识，落实相关法律法规学习与培训，全年未发生用户信息泄露安全事件。

【央企责任履行】 2019年，晋江电信践行社会责任。在2019年"白鹿"台风期间，迅速调集人员、物资加强通信设施维护，克服重重困难修复损坏的线路、设备，累计出动10个抢修小组72人次、车辆40辆次、油机32台次，保证台风期间网络整体平稳，未出现重大通信阻断、干线故障及大面积用户申告，为人民群众防抗台风提供通信保障。做好2019年晋江市五店市元宵灯会、第二届国际家装建材博览会、世界沙滩排球巡回赛、首届中国警察马拉松赛、第三届海峡两岸食品交易会、国际大体联足球世界杯、国际马拉松赛等重要会议和活动的通信保障工作。搭建5G网络覆盖环境，完成2019年道路运输事故应急救援演练、泉州市中小学数字化教学教研5G直播互动课堂等超20场5G通讯保障活动。

（晋江电信　洪少蓉　王杰飞）

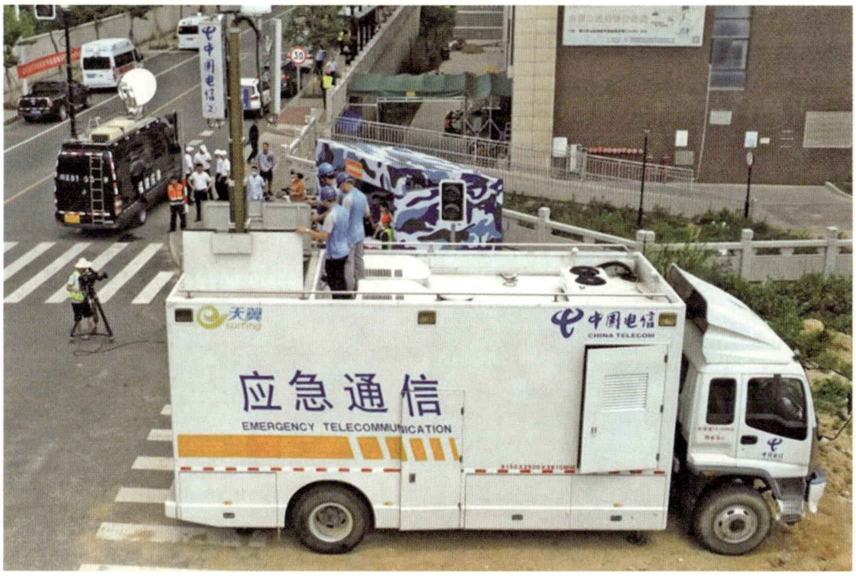

2019年，晋江电信危化品运输事故应急救援演练通信保障　（晋江电信　供）

·中国移动福建公司晋江分公司·

【概况】 2019年，中国移动福建公司晋江分公司（以下简称晋江移动），设4个部门，其中市场部下设19个网格，政企部下设7个政企组，员工293名。年度运营收入14.07亿元，移动电话用户数145.8万户，其中4G用户数131.1万户。

【网络建设】 2019年，晋江移动4G站点规模超2500个，初步完成第一批次5G站点规划，站点总数超500个。晋江移动与福建柒牌签订5G智慧工厂商用协议，该项目融合5G+MEC、5G+AVG、5G+CPE等5G前沿技术，为企业提供5G无线专网，利用5G"超大带宽、超低时延、超大连接"的特点，提升企业的生效效率。利用5G网络助力2019年国际大体联足球世界杯开幕式。

【宽带端口】 2019年，晋江移动宽带端口累计新增7.05万个，总端口达到61.05万个，建制村覆盖率100%，户籍覆盖率100%。

【信息化建设】 2019年，晋江移动联合市公安局开展福建省内首个公安人像大数据平台建设，依托5G网络、人像识别、多维感知、智能分析等技术，构建视频大数据智能支撑体系，助力当地公安机关对违法犯罪行为精准打击，提升警务工作效率。

（晋江移动　王婷婷　林智勇）

·中国联合网络通信有限公司晋江分公司·

【市场经营】 2019年，中国联合网络通信有限公司晋江市分公司（简称晋江联通）深入贯彻落实集团公司、省公司聚焦战略，以党建为统领，紧抓四大市场（创新业务市场、销售交付市场、全量运营攻坚、家庭互联网攻坚），持续培养团队攻坚突破能力。

抓创新业务，推动标准化产品和重点名单客户规模突破。标准化产品提升快，重点名单客户取得新突破，产互团队创新签约能力稳步提升。抓基础业务三大市场攻坚，推动互联网化转型。抓销售交付市场销售转型攻坚，实体渠道精细化组织，量质面有效提升，新型渠道触点合作发展。紧抓全量市场转型攻坚，全年坚持"价值填充、稳定客户、维系前移"三大重点工作，存量收入保有得到明显改善。紧抓家庭市场攻坚。聚焦全场景全通路全融合、社会化合作破局、智能家居规模发展三件大事，持续推进实体渠道融合营销，加快推进代理商整合，扩大装维营一体化区域，全面推进智能家居融合发展，聚焦渠道扩面、用户挖掘、终端提价值，增存量全面发展。

【客户服务】 2019年，晋江联通以"百倍用心，十分满意"为服务主线，全通路、全渠道开展以"您的心声，沃来聆听"为主题的万名客户同反馈活动和"不忘初心，满意加倍"客户满意提升固化行动，深化"一切为了客户"的服务理念，提高各渠道服务能力，推动客户满意度提升再上新台阶。

【网络建设】 2019年，晋江联通共投资3580万元进行FDD-LTE的4G网络建设，新建设开通4G基站345个，室分35个，同步增长23PP，4G覆盖率达到99.2%，网络优势突显；5G网络开通11个5G基站，规划与电信共建576个基站。在传输基础网络建设上新投资1250万元，提升基础骨干网络能力、带宽容力，为4G建设和宽带发展提供强有力的基础；在宽带网络建设方面，在公司统一部署下紧抓光纤到户统一迁转政策，末梢接入能力提高到200兆光纤到户，总接入能力端口达到26.5万个，在原有基础上提升公众用户的带宽使用率。在引进社会资本进入通信政策上突显社会合作形式进行扩充，打造精品宽带，截至2019年底，晋江联通宽带网络覆盖晋江市区及各乡镇主要镇区、街道、厂区。

(晋江联通　张秋煌　黄乌辣)

邮　政

·邮政经营·

【概况】 2019年，晋江市邮政分公司(以下简称晋江邮政，含寄递事业部)实现业务收入4.67亿元，其中寄递业务收入3亿元，代理金融业务收入1.24亿元，邮务业务收入3884万元；人均劳动生产率47.5万元，继续保持全区县(市)邮政公司第一。全市26个代理邮政储蓄网点金融存款余额规模为61.25亿元，规模继续保持全省县(市)邮政第一。

(晋江邮政　黄佳丽　陈　飞)

【通信建设】 2019年，晋江邮政下辖20个分(支)局、26个金融网点、84台自助终端设备(ATM)、22个EMS揽投站、380个便民服务站、18个海西报刊亭，EMS营运车辆28部，揽投段道199段，普邮段道238段，实现全市各乡镇、街道、农村全覆盖。

(晋江邮政　黄佳丽　张桂芬)

【社会服务】 2019年1月，晋江邮政助力市委、市政府举办"畅响新时代"——2019年晋江新年音乐会，邀请指挥大师奥威迪·巴兰以及被誉为"地中海旋风"的意大利国家顶级交响乐团爱乐乐团到场演奏。携手市新时代文明实践中心、中共晋江市委文明办、市总工会、市城市管理局联合开展的"邮爱公益·心系环卫"新时代文明实践志愿服务常态活动。活动授予晋江五店市邮局"新时代文明实践点·邮政爱心驿站"称号，并成立26支"晋江邮政新时代文明实践志愿服务小队"，依托晋江邮政各分(支)局网点每月为环卫工作者"同庆生·送温暖"。与交警大队在青阳分局联合举行警邮合作"放管服"改革便民服务项目启动仪式。

2月，晋江邮政助力市公安局举办"扫黑除恶·防诈骗"平安宣传暨"关心关爱·送温暖"服务流动人口宣传系列活动。

4月，晋江邮政与市流动人口综合服务中心、市公安局联合主办"流动人口市民化政策咨询点"公益项目，通过晋江邮政的渠道网络优势，在全市邮政网点成立26个"流动人口市民化政策咨询点"，以提供高效、便捷、优质的便民服务。

6月，晋江邮政携手市金融工作局举办晋江市服务金融人才系列活动，并于晋江五店市邮局举办"晋江市金融人才交流坊揭牌仪式"，旨在为晋江市优秀金融人才提供一个交流、学习、互动的场所。晋江邮政作为"践行新使命、忠诚保大庆"首届中国警察马拉松赛协办单位参与赛事筹备及执行，并于赛事会场开设"首届中国警察马拉松主题邮局"，为参赛的选手提供现场收寄、集邮、明信片、文创产品、加盖纪念戳等服务。

10月，晋江邮政助力市委、市政府举办2019年"壮丽70周年·奏响新时代"国庆专题音乐会，邀请指挥马里奥·柯西克执棒、斯洛伐克广播交响乐团献奏。10—12月，晋江邮政策划执行2019年多场"大美晋江"文化惠民工程演出项目，演出内容涵盖音乐会、杂技演出、舞蹈等。

(晋江邮政　黄佳丽　陈　飞)

【公益活动】 2019年，晋江邮政携手市新时代文明实践中心等多个政府部门联合开展的"邮爱公益·心系环卫"新时代文明实践志愿服务常态活动。依托晋江邮政各分(支)局网点每月为环卫工作者举办"同庆生·送温暖"集体庆生活动并赠送生日礼包。2月，晋江分公司组织干部职工参加2019年晋江市党政机关"热血送暖·为生命接力"献血活动。3月，晋江邮政党总支为响应习近平总书记提出的坚持精准扶贫、精准脱贫战略，前往革命老区武平县中赤镇开展扶贫工作。9月，晋江邮政党总支参加由晋江发改委组织的发改系统"不忘初心　牢记使命"主题党

2019年1月5日，"大美晋江"惠民工程——畅响新时代2019年新年音乐会于戏剧中心举办　(晋江邮政　供)

2020年6月16日，晋江邮政助力首届警察马拉松赛，并开设“首届中国警察马拉松主题邮局”

（晋江邮政　供）

日活动暨“党员义工进村企”现场服务活动。

（晋江邮政　黄佳丽　陈　飞）

·邮政管理·

【概况】　2019年，晋江市邮政业继续保持“稳中有进”的发展态势，邮政业务总量累计完成104.4亿元，同比增长49.32%，快递业务量完成5.07亿件，同比增长56.8%，邮政业务总量及比增速度居泉州各县（市、区）双第一，获评国家邮政局“中国快递示范城市”称号。

【邮政监管】　2019年，晋江邮政管理局共出动执法人员400人次，检查寄递企业（含邮政企业）及其分支机构和末端网点共计170家次，与公安、烟草等部门开展联合执法14次，约谈企业负责人7起，责令企业整改8起，查处11起违法行为，排查并督促整改52处安全隐患。

【县级邮政快递业委托执法】　2019年10月23日，泉州市邮政管理局与晋江市邮政业发展中心完成快递市场监督管理委托执法协议续签工作，继续将晋江辖区的快递市场监督检查、行政处罚等行政执法权委托给晋江市邮政业发展中心。这是泉州市首份县级邮政快递行业委托执法协议。协议签订后，晋江邮政管理局向市政府法制部门、晋江市交通运输局正式报备委托书，完成委托执法备案工作。

【警邮便民服务】　2019年1月17日，晋江市交警大队与晋江邮政管理局、晋江市邮政分公司联合举行警邮合作“放管服”改革便民服务项目启动仪式。项目启动后，邮政网点可以提供机动车业务、驾驶证业务、交通违法自助处理、互联网平台用户注册三大类20项交管业务代办服务。

【关心关爱快递从业人员】　2019年2月1日，为深入贯彻落实习近平总书记关于关心关爱快递小哥重要指示批示精神，共青团晋江市委员会、晋江邮政管理局、晋江经济报社等单位联合举办“暖冬心意　团团速递”快递从业青年慰问关爱活动，与快递小哥同吃年夜饭，发放过年礼包。

【上级领导调研晋江快递业发展】　2019年7月19日，福建省交通厅厅长黄祥谈到晋江调研快递物流业发展，实地调研晋江陆地港、福建中通等地。2019年4月17日，泉州市邮政管理局局长薛军军、副局长牛振国到晋江邮政管理局开展工作调研，肯定晋江市邮政业发展。

【泉州国际邮件互换局正式启动运营】　2019年12月27日，泉州国际邮件互换局正式启动运营。市政府投资1500万元推动泉州国际邮件互换局及交换站建成并正式投入运营。

【晋江获评“中国快递示范城市”称号】　2019年12月30日，国家邮政局印发《国家邮政局关于同意授予沈阳等15个城市“中国快递示范城市”称号的复函》，正式向晋江市政府复函同意授予晋江市“中国快递示范城市”称号。这也是泉州市获评“中国快递示范城市”称号后又一称号，泉州也因此成为全国357个地市中唯一一个市、县两级同时拥有“中国快递示范城市”称号的城市。

（晋江邮政管理局　庄子瑜　陈荣裕）

2019年12月27日，泉州国际邮件互换局正式启动运营　　（晋江邮政管理局　供）

道路运输

·概况·

【运输审批】 2019年，市交通运输局根据省、泉州政府三级纵向权力清单2018年公布的，结合晋江市审改办的工作部署，对行政权力清单、公共服务事项清单和责任清单进行动态调整，共编制“权责清单”416项，并在“晋江市人民政府”网站上公布；推进“多证合一”，按照市委、市政府统一要求，涉及交通运输行业的货运代理(代办)备案、货物运输配载备案等3项行政服务事项统一整合到营业执照上；重新梳理交通窗口涉及群众办理事项的219项“办事指南”，按照法律、法规、规章及上级出台的规范性文件及时动态调整交通“办事指南”的办理条件、办理流程、申请材料、办理时限等，并上报市行政服务中心在省网上办事大厅、市行政服务中心网站上公布，打造规范服务平台，推进行政审批服务“阳光化”，做到信息公开透明；2019年，交通窗口受理办件累计32391件，其中行政审批服务事项承诺件82件，行政审批服务事项即办件共32309件，主要包括从业资格业务4301件、新增报批道路运输车辆778部、道路运输车辆过户248部、道路运输车辆迁入284部、道路运输车辆换证2131部、道路运输车辆年审6665部、道路运输车辆补证77部、道路运输车辆迁出355部、道路运输车辆注销14655部、道路运输车辆复驶8部、道路运输车辆报停23部、网络预约出租车证办理2588部、教学车辆办理196部。

（市交通运输局　陈天祥　吴鸿斌）

【机动车维修业】 2019年，晋江市机动车维修业均为个人独资和合资股份制的民营企业。至年底，全市拥有机动车维修企业82家，其中一类15家，二类38家，三类29家，分布在全市各镇（街道）、工业园区，方便机动车辆维修保养。

（市交通运输局　陈志明　吴鸿斌）

【机动车驾驶员培训】 晋江市机动车驾驶员培训行业以个人独资和合资股份制为经营主体，为社会提供有偿驾驶培训服务。2019年，市交通运输局稳妥推进驾培行业，全面落实《机动车驾驶员培训机构资格条件》和《机动车驾驶员培训教练场技术要求》2项国家标准，进一步规范培训学时管理系统使用，实施先学后付、计时收费、分段式收费模式，使用机动车驾驶理论网络教学平台。全市拥有机动车驾驶员培训机构24家，教学车辆1155辆，驾驶操作教练员1291人，理论教练员122人，2019年度结业学员34431人。

【交通综合执法】 2019年，晋江市交通综合行政执法大队开展交通运输安全“打非治违”工作，持续组织“两客一危”“打击非运客运”“联合治超”等各类专项整治行动。全年共出动18263人次，立案查处违法行为2761起，罚款金额333.40万元（其中：客车223辆、公交车24辆、出租车57辆、非法客运108辆、教练车116辆、货车957辆、危货2辆、货运物流39家），另联合公安交警查处违法超限超载货车1235辆。

（市交通运输局　陈天祥　吴鸿斌）

·旅客运输·

【班车客运】 2019年，全市汽车客运站5家，其中一级站1家、二级站1家、三级站1家、四级站1家，简易站1家，分布在市区及部分镇(街道)。班车分为:快速班车、直达班车、普通班车等。客运线路分为:省际、市(地)际、县际等。全市拥有从事营业性客运企业7家、客运车辆131辆、4411座位。营运线路:省际(始发)30条，通达9个省市;市际9条，通达5个地市；县际11条。完成旅客运输量384.29万人次，与2018年完成407.89万人次对比，降低5.78%，完成旅客周转量19579.05万人千米，与2018年完成34913.64万人千米对比，降低43.9%。

【出租汽车客运】 2019年，顺通出租汽车有限公司是晋江市唯一一家出租车企业，拥有出租汽车动力指标200辆，拥有116辆。全年实现出车班次62456次，出车率96.7%，载客量约158.6万车次。

【公共交通客运】 2019年，晋江市公共交通客运保持快速发展，新增4条微循环公交线路，分别为英林至金井的Z3路、五里公交站至永和工业区的Z4路、环安海镇的Z5路、第二体育中心至鞋坊城的Z6路，优化延伸17路、31路、36路、Z1路4条公交线路，村村通公交工作得到进一步发展。开通4条定制公交专线，解决市民群众往返市区和各镇区的通勤问题。全年公交发车118.4万班次，运营总里程2542.4万千米，客运量2308.1万人次。持续推进场站建设。金井、磁灶、东石、深沪公交枢纽站建成投入使用，安海、英林公交枢纽站完成地面硬化，先行作为换乘站使用。进一步建设公交充电桩，满足纯电动公交车辆的充电需求，建成的公交充电站18处，可同时为350部公交车充电，规模在县级市排名第一，处于全省领先。全市共有纯电动公交车410辆、气电混合公交车100辆、LNG清洁能源公交车60辆。实施公交站台及站牌修缮改造提升工作。为迎接2020年世中运，提升晋江人居环境，对全市1000个临时站牌进行改造升级，将中心市区的临时站牌升级为灯箱式站牌，将乡镇的临时站牌升级为具有晋江本地特色的不锈钢烤漆立牌。站牌设计中融入“你好，世界！我是晋江”的晋江元素，采用抽象的闽南建筑风格图形+烟炙砖图纹，具有高度城市识别特征，材料采用不锈钢+烤漆，结构设计更为牢固，防台风，防腐蚀。2019年度开始取消加收夏季公交车空调费用，晋江市所有公交车开启空调营运时不再加收空调费，为群众节省300万元公交出行费用。

（市交通运输局　陈天祥　吴鸿斌）

·货物运输·

【概况】 2019年，晋江市道路货物运输以个人独资和合资股份制的民营企业为经营主体，规模普遍为小型企业。晋江市政府出台《晋江市促进物流业发展行动方案》《促进物流业发展四项措施》等各项优惠税费政策，简化相关审批手续，鼓励运输企业发展。

【智慧物流发展】 2019年，晋江市许可无车承运物流企业4家，分别为泉州传化公路港和闽运兴物流有限公司、晋江飞畅网络科技有限公司、福建省佳迅通物流科技有限公司。传化公路港依托陆鲸、易货嘀两大平台，基本实现泉州水头等区域、福州地区、龙岩地区80%以上信息部覆盖，发展安装货运车85467辆，物流经营业户数5516户，累计发展用户数12691个。泉州市闽运兴物流有限责任公司依托龙易配智慧物流平台，实现“线上交易+线下服务、物流金融+技术赋能”的现代物流服务模式，基本实现全国大部分地区的加盟站点覆盖，发展有效车辆会员数74917辆，物流经营业户数5997户，截至2019年，累计成交11.5万次，大大缩短货车配货时间，为客户提供一站式智能配载服务，推动传统物流增效降本，助推本地实体经济实现进一步的发展。

【甩挂运输、多式联运】 2019年，晋江市力促鸿达、英豪、晋江陆地港等成为国家级甩挂运输试点单位。为促进物流企业做大做强，贯彻落实晋江市交通物流行业优惠政策，落实各级优惠政策。2019年，全市参加道路质量信誉考核的运输企业103家。考核结果如下：AAA级客运企业3家，A级客运企业1家，AAA级货运企业1家，AA级货运企业85家，A级货运企业7家，B级货运企业6家。全年新审批许可运输企业29家，新增营业性车辆1255辆，总吨位为16482.51吨；迁入车辆249辆，总吨位为2933.148吨；公路运输总周转量近588205.185万吨千米，增幅为8.5%；水路运输总周转量近142614.46万吨千米，增幅为14.72%，运输量稳步上升。

（市交通运输局　陈天祥　吴鸿斌）

·公路建设·

【概况】 2019年，市交通运输局实施“大交通撑起大城市”“十三五规划”战略，重点打造“152030”（全市任何一个地方15分钟上高速、主城区至各镇街20分钟可达、各镇街之间30分钟联通）快速交通体系，不断完善“两横一纵两连”高速路网和“三环七射”快速路网。全面完成交通建设目标任务，推进18个交通公路建设项目，年计划投资15.62亿元。至12月底，累计完成投资约20.27亿元，占年计划投资的129.8%，超额完成年度目标；完成交通项目固投约30.2亿元，占年度计划的92.35%。重点完成横九线龙湖段、晋新路军垦农场改线段、深安线永和马坪至安海外曾段3条道路主车道建设任务、新改建公路里程26.7千米；2019年晋江市X370快速通道东石连接线项目建设新技术、新工艺、新材料、新设备、微创新在泉州市普通公路项目上得予推广和借鉴，并获得泉州市交通运输部门给予的普通公路示范项目奖金60万元。

【在建项目推进】 2019年，横九线龙

2019年，370县道（快速通道东石连接线）施工现场　（市交通运输局　供）

湖段改造工程完成路基工程83%，雨污水管线工程99%、路面工程63%、古盈天桥桩基100%、涵洞工程98%，完成投资1.85亿元，占年度计划投资1.8亿元的102.91%；市域8号路一期工程完成路基工程31.1%、路面工程完成15.7%、桥梁及涵洞5.1%、市政管线工程40.2%，完成投资1.3亿元，占年度计划投资1亿元130.49%；深安线永和马坪至安海外曾段改造工程完成路基工程100%、路面工程98.5%、桥涵工程72.79%、市政工程95.35%，完成投资2.06亿元，占年度计划投资2亿元的102.85%；晋新路军垦农场改线段工程完成路基工程100%、污水工程100%、雨水工程100%、管涵工程100%、七一桥桥台、桩基工程100% 、护管桥工程100%、路面工程99%、交通标志牌60%，完成投资1.11亿元，占年度计划投资1亿元的111.79%；快速通道东石连接线完成路面工程20.3%、路基工程80%、涵洞施工96%、桥梁桩基99%，完成投资6.04亿元，占年度计划投资3.2亿元的188.81%；龙狮公路龙湖段完成路基工程90%、路面工程60%、桥涵工程79%、雨污水管道工程83%，完成投资1000万元，占年度计划投资的33.3%。

【前期项目策划】 2019年，国际企业大道南延伸（侨晖路至围头支线段）完成项目建议书文本报批、方案修编和工可修编、初步设计评审，正在进行初设报批及施工图文件编制；草马路永和段工程完成项目建议书、勘察设计招标、方案设计评审、工可批复及水保批复，正办理环评报批手续；纵二线磁灶井边至新垵段改造工程完成工可、初步设计批复、施工图设计审查；西部快速通道完成项目建议书批复、方案审查、工可审查、初测外业验收、水保批复及初设编制，正在进行工程量拆分，准备分段报批工作；智造大道龙湖段完成选址意见书、蓝图、用地预审，正进行工可修编、工可报批准备手续、初步设计文件编制及办理环评、水保等前期手续；泉州市二重环湾快速路（晋江段）新建工程完成施工、监理单位招投标，完成大部分征地拆迁工作；东部城市快速通道完成项目建议书批复、工可批复、初测初勘审查、初步设计审查及修编、水保批复，完成大部分征地拆迁工作；359县道（深安线）深沪东山至永和马坪改造工程完成项目建议书报批；晋江南出入口延伸线完成项目建议书报批、方案审查及修编、工可立项，正在开展初步设计文件编制工作；社马路及周边交通道路提升改造工程、侨晖路（福建省国省道干线横九线（G358）坂头至梧垵段改造工程）、围头支线改线工程正在进行前期研究。

【村村通公路硬化】 村村通（自然村）硬化公路情况。2019年，晋江市在乡村道路建设方面，实施“村村通”“新农村”“美丽乡村”“革命老区村”等一系列惠农扶持政策，通过多渠道、多部门联动，分类对农村道路建设和绿化、亮化及其他配套雨污水工程进行补助，通过各级配套、企业捐赠、群众集资、华侨乡贤冠名捐建等方式，推动农村公路建设和等级提升，农村公路路域环境得到改善。2019年，晋江市交通运输部门通过“村村通”工程共补助2个村2条农村公路共1.391千米，补助99.727万元，实现全市所有建制村之间、自然村之间及对外道路全部连通至少一条四级以上公路，形成县乡村道互联互通的网状结构。

·公路养护管理·

【概况】 2019年，晋江市公路总里程2412.636千米，公路密度371.747千米/百平方千米，是全国公路密度的7.4倍，位居全国前列，实现所有自然村全部通水泥路面；全市县道二级以上公路标准比例达100%，乡村道双车道四级以上公路比例达91.5%；建制镇二级以上公路达100%，建制村通双车道四级公路比例达100%，等级公路养护覆盖率、经常性养护率全面达到100%。

晋江公路分局负责管养国道117.718千米/3条（G228、G324、G358），代保洁县道65.755千米/3条（X322、X359、X373）。2019年，开展公路小修养护、专案工程、路产路权保护、安全生产等工作，提高公路服务水平，确保专养公路安畅舒美，干线好路率达到100%。完成养护资金投入2522万元。组织公路精细化养护。做好公路日常保洁工作，每天组织10部扫路车、180余名工人在各条线路进行保洁作业。提升普通国、省道路况，通过开展国、省道路况提升专项行动，快速提升路况水平。加大日常小修养护投入，加强公路路面及其附属设施的维护。督促站班动态掌握公路情况，消除危及通行安全的各种隐患。完善公路排水系统养护与加强防台抗毁，加强桥梁养护管理，落实桥梁养护分级管理的工作制度，加强对桥梁的日常巡查，组织人员展开桥梁专项检查和桥梁病害处治。落实公路防汛防台工作，修订《晋江公路分局防汛防台应急预案》，充实抢险物资储备，做好公路应急准备。

推进专案工程建设。2019年共有专项工程11个，至年底共完成9个，未完工

2019年4月，晋江公路分局组织泉晋公路站工人在G324线清理易积水路段边沟
（晋江公路分局　供）

项目2个。完成省级为民办实事项目——G228线深沪科任路口和X373线柳山信号灯路口改造工程建设。

（市交通运输局 林天祥 吴鸿斌
晋江公路分局 张 丹 戴伟顺）

【管理机制创新】 2019年，晋江市深化提升"1234养护模式"（"1"即成立了一个专门的农村公路管理机构，农村公路养护工程管理股。"2"即二个机制，建立了以公共财政投入为主的农村公路养护经费来源机制、以明确责任与监管主体权责为主的农村公路分级管养机制。"3"即三项制度，形成了政府领导、行业负责、部门配合、全民参与的农村公路管理领导制度，与养护补助资金相挂钩的检查考核制度和路政养护巡查一体化制度。"4"即规范四个环节，加大了对农村公路规划、建设、养护、路政管理四个环节的规范力度）。采用特许经营方式将市域骨干道路巡查养护工作的日常管理运营维护委托市路桥公司实施，依托其丰富的工程管理经验和技术力量，由其负责市域骨干道路巡查维护整体业务的开展，推进晋江市骨干道路"建养一体化"〔县（市、区）政府将拟实施的公路项目建设任务和一定期限内的养护任务打捆采用市场化模式，通过公开招标等方式选择省属国有企业作为合作企业，双方共同签订建养一体化协议，按协议实施普通省道、旅游公路及农村公路的融资、建设及养护〕进程，发挥市路长办的指导协调作用。2019年，将养护市场模式向乡镇延伸，鼓励东石、英林等5个相邻乡镇将养护工作打包向社会购买服务，逐渐在全市推广市场化、专业化、标准化、精细化等"四化"养护模式，提升镇村养护管养水平。完善路长体系，加强专管员队伍管理。起草出台《加强乡村道专管员管理若干制度的通知》等一系列政策性文件，建立农村公路管理信息综合平台及App，推进农村公路巡查、养护、应急处理、路政管理、灾毁上报等工作，促进农村公路管理网格化、信息化发展。建立教育培训、例会、汛期值班、积分管理等七项制度，加强专管员队伍管理。8月，举办一期专管员专题培训，采取讲座、现场教学、互动交流等形式，针对道路巡查、桥梁养护等方面专业知识及上级资金补助政策等各类业务进行培训。针对履职尽责、工作成效、专业技能、协作配合等方面加强乡镇专管员综合管理，并与个人年度绩效考核和所在乡镇"四好农村路"（把农村公路建好、管好、护好、运营好）建设考评挂钩。

【危病桥梁改造】 2019年，晋江市交通局密切协调各相关镇启动改造工程，完成2座危桥改造项目，2座通过泉州验收核销；继续延续实施农村公路生命防护工程，该工程被纳入晋江市2019年为民办实事项目，计划实施50千米，实际完成里程52千米（处），投资240.7999万元，主要实施内容包括增设波形钢护栏、标志牌、标线及警示柱、减速带等。

（市交通运输局 陈天祥 吴鸿斌）

【路产路权保护】 2019年，晋江公路分局利用各种宣传媒介，通过各种宣传方式，开展"路政宣传月"活动，提高民众爱路护路意识。

规范完善路政许可审批。重新梳理审批服务事项流程，规范办理许可审批工作，做好业务培训。办理路政案件14起（许可案件2起，赔偿案件8起，监督检查案件4起），收取公路赔（补）偿费179760元。

加大保护路产路权力度。加强涉路燃气等危化管线的事中事后监督检查并落实抄告协作制度。开展联合执法，消除路政类安全隐患，借力保护路产路权。共组织路政巡查495人次/205车次，现场劝止违法搭接平交道口、污染公路、毁坏公路设施等行为77起，与执法大队开展联合行动11次。

【安全综治工作】 2019年，晋江公路分局以"打造六守六无平安品质"为标准，以深入"平安公路"建设为载体，积极开展综治（平安建设）活动。深入基层、深入一线统筹开展矛盾纠纷排查调处化解工作，预防和化解各类矛盾。持续开展扫黑除恶专项斗争，分局分信访案件、治安（内保）案件、职务犯罪案件、公路养护工程建设、联合执法（路政许可）案件5个排查小组进行排查，均未发现涉黑涉恶问题。

抓安全生产。加强安全生产教育，召开各种形式的安全会议13场、参会399人次；利用微信、短信、横幅等形式发送、制作宣传标语39条，板报9块；举办岗前安全生产教育培训6场/168人次。加强日常安全检查及各项专项检查，开展各类安全检查36次/169人次，发现各类安全隐患38项，发出整改通知书22份，安全巡查函14份，整改38项，整改率100%。开展安全隐患排查及整治，完成G228线东石镇塔头长坡路段交通安全隐患整治、G228线安海镇幸福楼灯控路段车道分配改造、G228线东石镇区路段道路标柱更新、X359线部分路段路面破损修复等项目。

【养护机械化信息化管理】 2019

2019年5月，晋江公路分局路产所工作人员到晋江传化公路港开展"路政宣传月"宣传活动

（晋江公路分局 供）

年，晋江公路分局为小修养护提供物资设备保障。完成乳化沥青生产车间流量仪更换及配电箱老化线路修复；完成灵水站扫路车用水泵的安装；生产乳化沥青16吨，修复破损路面；采购破碎镐、冲击夯、应急切割机等应急设备；及时补充英厝公路站应急仓库锥标；新建灵水公路站应急仓库。

加强对机械工效、成本的管理。运用奖罚手段，从扫路作业、车辆维保与安全生产三方面对机车驾驶员进行考核管理；通过抽查机车GPS运行轨迹，加强使用管理；组织对机车定点维修厂、定点加油站进行走访，了解情况，查堵漏洞；建立分局全部机车加油卡明细台账，落实动态及时管理；举办机车驾驶员培训班，组织学习车辆维修保养与成本节约知识。

加强路网监控及信息化管理。晋江公路分局路网中心共有9个外场视频监测点。完成6部养护车及1部路产巡查车辆车载视频采集系统服务安装及华表山隧道视频监控工程。完善设备巡检、应急报备等制度，落实路网中心24小时值班值守与信息（含晋江市便民服务中心与数字城管系统信息）的上报反馈。

（晋江公路分局　张　丹　戴伟顺）

海上运输

【概况】　全市共有货运船舶2艘，总载重50227吨，航行国内沿海航线及长江中下游之间港口，完成货运量110.08万吨，水路运输总周转量142614.46万吨/千米，同比增长14.72%。

（市交通运输局　陈天祥　吴鸿斌）

【港区航线】　晋江围头、深沪两港区是国家对外开放口岸、晋江市主要出海通道，两港区位于晋江市东南沿海，靠近沿海主航道，进港航道短、宽、深，常年不淤积，与台湾、金门隔海相望，具有得天独厚的区位优势，是福建省天然良港。其中，2号泊位长441米，前沿水深—15.3米，泊位规模及条件十分优越。2019年，晋江太平洋港口发展有限公司（以下简称太平洋公司）围头港区现有贸航线10多条，覆盖北至环渤海湾、南至广西北部湾以及长江沿岸主要港口；外贸航线1条，直达菲律宾以及国内香港、台湾、金门和厦门，形成层次分明、密集有序的集装箱运输网络。

深沪港区荒料石作业现场　　（晋江太平洋公司　供）

深沪港区是泉州地区大宗件杂货的重要集散地，主要开展建材、钢铁、化工原料、荒料石、水泥等散杂货的装卸、储存业务。

【运输业务】　2019年，太平洋公司紧紧围绕年度工作目标，以市场营销为核心，以提质增效为抓手，精心组织、突出重点，继续发挥围头、深沪两港区的区位、集疏运优势，以市场为导向，掌握市场信息，贴近客户需要，采取各种措施促进集装箱、散杂货业务的发展。围头港区完成集装箱吞吐量49.88万标箱，同比增长17%，其中外贸箱总量2.87万标箱。深沪港区完成散杂货吞吐量162.32万吨，同比增长12%，其中进口荒料石总量9.73万吨。

内贸箱方面，2月，引入“南沙—泉州—营口”航线，带动温州、汕头等支线的开通，发挥围头港2号泊位的优势，3月，完成集装箱吞吐量5.8万标箱，创建港以来的单月历史新高；加大与上海泛亚的协作，11月27日，开通IC39日照—围头—钦州航线。外贸箱方面，受多重因素影响，外贸箱业务整体形势十分严峻，全年完成2.87万标箱（TEU），下降58%。散杂货方面，公司在稳定PTA、乙二醇、水泥、荒料石等基础货源的同时，引进散沙、印度尼西亚进口高岭土新业务和白碎石新客户。

【港口安全管理】　2019年，太平洋公司坚决贯彻“以人为本、安全第一、预防

2019年2月，晋江太平洋港口发展有限公司开通“营口—围头—南沙”新航线

（晋江太平洋公司　供）

为主”的指导思想和“视隐患为事故、将安全当效益”的安全理念，加强安全生产管理，全年公司安全生产形势保持平稳，未发生重大安全责任事故。

（晋江太平洋公司　洪鹤鸣　洪春晓）

铁路运输

【概况】 2019年，晋江火车站树立“以人为本、安全发展”理念，坚持“规范、落实、创新、发展”的工作思路，围绕“安全好、效益好、管理优、人心齐、风气正、队伍稳”六大目标，推行“规范化、科学化、标准化、精细化”管理，各项工作呈现持续、健康、稳定发展态势。

晋江火车站具备客货运双重功能，共有正线2条，到发线3条，货物线2条，牵出线1条，调车线1条，货物仓库1座，堆场2座。旅客站台2座。车站设有两层候车厅1座，一楼候车厅4064平方米，共有1000个候车椅，通往基本站台（1号站台），发送厦门、龙岩、赣州、深圳等方向旅客；二楼候车厅2000平方米，共有888个候车椅，经过天桥通往2号、3号站台，发送福州、上海、北京、青岛、贵阳、汉口、郑州、合肥、南昌、长沙、重庆等方向旅客。晋江火车站根据晋江经济发达地区人流量大，商务流、探亲流、学生流、务工流和香客较多的特点，车站拓展火车票代售点，并借助媒体、广告等形式，大力宣传高铁客运“安全、便捷、舒适”等特点，加强客运市场营销，精心组织售票，开拓客运市场。2019年晋江火车站客运吞吐量达到668万人次（其中发送旅客361万人次、日均发送旅客9885人次），客运收入达46112万元（日均客运收入126万元）。

【安全运输】 2019年，晋江火车站一直秉持“规范管理、强基达标”理念，落实安全风险管理，抓好高铁车站安全和客车安全，以加强现场安全管理为重点，以深化“五标”（标准化车务段、标准化科室、标准化车间、标准化班组、标准化岗位）创建为抓手，练内功、强基础，促进班组、岗位全面达标，提升车间、班组管理能力。坚持抓小防大、从严管理的工作思路，结合车站实际情况，突出抓好安全关键点和关键作业的卡控，细化整治项目和整治内容，落实责任，限期整改，实行动态管理、闭环管理，消除一批安全隐患，取得较好成效。加强安全管理、技术管理、设备管理和专业管理，夯实安全基础，确保高铁安全和客车安全。制订、落实节假日铁路旅客运输方案，在春运、清明、五一国际劳动节、暑运、中秋、国庆期等节假日期间，合理组织岗位人员，采取非常措施，加大安全风险防范力度，确保铁路运输安全有序可控、稳定发展。至2019年12月31日，车站实现运输安全3536天，劳动人身安全3536天。

【“服务旅客争先创优”活动】 2019年，晋江火车站抓好“服务旅客争先创优”活动，打造“温情伴你行，满意在晋江火车站”品牌。推行实名制购票、电话订票、代售点购票、自助售票、取票、网上购票及使用二代身份证直接刷卡进站上车等便民措施，解决旅客购票难的问题。实施常态化服务，因地制宜开展“多一句话”服务活动，在售票过程中，为旅客出谋划策、推荐出行方案，引导旅客如何中转车、如何购买车票等；在候车厅、检票口、站台主动为旅客多一句问候、多解决一个困难，加强天桥、地道等处的引导和自动扶梯的防护，多帮助旅客提行李、抱小孩等。创新重点旅客服务方式，成立老幼病残孕等重点旅客党、团员爱心服务队，开设“爱心通道”做好重点旅客预约服务，突出对重点旅客的候车、进出站、上下车等服务。设置残疾人无障碍购票专窗，实行购票、登记、交接、信息通报等环节的“无缝链接”服务。实施特色服务，2019年春运期间，晋江站“妈妈小屋”投入使用，携手晋江团市委、泉州理工学院、内坑中学及驻晋部队等单位，成立“侨乡之家”品牌服务队，相继开展“情在晋江站”志愿者服务活动，在车站进站口设立“侨乡之家服务台”，组织车站党员、团员利用休息日开展义务奉献活动。

（晋江火车站　卢恒全　吴国富）

航空运输

【概况】 2019年，泉州晋江国际机场（以下简称晋江机场）年旅客吞吐量突破800万人次、货邮吞吐量突破7万吨。晋江机场坚持稳中求进、进中提质总基调，坚守“飞行安全、廉政安全、真情服务”底线，全年完成航班起降6.5万架次、旅客吞吐量843.58万人次、货邮吞吐量7.5万吨，比增11.4%、13.3%和17.9%；28家国内外航空公司驻场运营，通航航点70个（国内53个、国际地区17个），客座率提升至79.9%；完成总收入14亿元，完成建设投资1.01亿元，停机位数量增加至34个。获评“2019年度全省学雷锋活动示范点”和“第十三届福建省职工职业道德建设标兵单位”。

2019年12月13日，泉州晋江国际机场年旅客吞吐量首次突破800万人次（晋江机场　供）

【实现第24个航空安全年】 2019年，晋江机场深化安全领域改革发展，落实行业监管模式改革要求，高标准通过“平安民航”建设考核，连续24年实现航空安全年。

完善责任体系。贯彻落实《泉州市党政干部安全生产责任制实施细则》，修订安全生产责任制，进一步健全安全责任体系。全面启动对标找差工作，制订对标千万级机场提升“三年行动”实施方案，整理83项待提升问题，逐条逐项抓好整改落实。制订《安全绩效管理规定》，细化安全绩效指标及配套行动计划，累计扣罚150分，落实安全主体责任。

深化法定自查。持续开展安全风险分级管控体系建设，完善双预防机制，梳理8个重要风险问题并督促落实。加强安全隐患排查治理，修订《安全隐患排查治理办法》，将法定自查工作与机场现有制度进行融合，全年局方下发整改项32项，完成25项，机场级整改项109项，完成106项目。全面落实航站楼出入口防爆检测要求，开展联合监督检查8次、安保测试11个部位12次。

加强三基建设。开展工作作风大整顿活动，持续加强专业技术人员的工作作风和资质能力建设。聚焦不停航施工监管，加强不停航施工监察，纠正不停航施工违规行为，督促落实不停航施工安全措施。制订航空器道路活动区交通安全管理规则，规范内场交通管理。组织开展全员作风宣教活动，牢固树立全员底线思维和红线意识，构建企业安全文化。

优化应急体系。成立应急保障部，调整人员配置，增加物资储备，逐步形成机制完善、制度健全、边界清晰、信息互通、能力互补的应急救援工作模式。根据机场组织架构调整，组织修订机场级应急手册，指导督促各部门细化衔接预案，加强消防、医疗等专职应急队伍建设，开展大面积航班延误、围界入侵等联合演练70余场次。

【建设管理型机场】 2019年，晋江机场完善制度体系。优化机构设置，修订《公司部门及权属公司职责管理办法》，明确优化部门职责分工；完成3家权属公司内部审计和1项经济责任审计；全面开展规章制度体系建设，先后修订资金审批、投融资管理、差旅费管理、业务接待管理、招投标管理、见习生管理、服装管理等系列规章制度。

落实管理职责。优化绩效考核工作，落实项目式绩效考核，发挥绩效激励作用；根据工作和机构优化调整需求，完成部分中层、科队长的选任工作；严格执行全面财务预算，申请民航发展基金返还、建设补助和贷款贴息，筹划落实大盘资金，满足建设运营发展资金需求，财务信息化系统正式投用，打通数据壁垒，提高财务精细化核算水平。

加强内部管控。健全资产管理项目责任绩效考核机制，全面推行单车核算制度，实现资产收益5000万元；落实合同会签制度，简化审批流程；推进智慧机场建设，实施12项信息化建设项目，8项建成投用；联合驻场航空公司打赢蓝天保卫战，逐步推进车辆油改电、新能源车辆配备、充电桩建设等工作；对标千万级机场公共服务标准，完善公共服务管理方案，改善整体服务环境，提升公共区域管理品质。

【提升地面运行保障效率】 2019年，晋江机场成立运行控制中心，完善以现场运行为核心的保障管理体系，提高运行保障能力和效率；每周召开航班正常分析会，运用A-CDM系统密切关注航班运行动态，逐个对错过CDM时间的航班分析查找原因、整改提升；修订《不正常航班保障预案》《航班备降应急预案》《备降航班地面服务保障工作程序》等制度，健全不正常航班保障制度；推进军民航深度融合发展，组织飞行区精细化管理，及时跟踪解决净空管理问题，确保军民航同场运行安全有序；开展“管制方式转变”工作，邀请民航局有关单位召开现场办公会，明确工作路径和时间节点；建立与部队、空管单位、查验单位和航空公司的协作配合关系，加强现场运营保障管理监督，提升服务保障水平；开展跑道立体检测，启动全跑道注浆工作，开展围界、虫害、鼠情、鸟击等专项治理，确保飞行区安全适航；协调市政府将净空管理工作纳入净空保护区内各镇(街道)年度安全绩效考核，健全联防联控联动长效机制，推进净空管理落到实处。

【生产经营】 2019年，晋江机场精准发力供给侧改革，提供高质量民航产品。在民航实施“控总量、调结构”政策环境下，加快供给侧结构性改革，做优做大泉州民航市场，拓展航线航班，优化航班网络和航班结构，满足人民群众的出行需求。抓住客座率、正常率、执行率等主要指标，推动泉州、晋江市政府履行与厦航、深航战略合作协议，发挥基地航空公司的市场压舱石、稳定器和增长点的重要作用；创新营销模式，引导航空公司新开、加密15条航线，构建合理有序、适度竞争的市场格局；落实国家“一带一路”倡议，通航国际(地区)城市17个，完成航班起降0.8万架次，旅客吞吐量96.4万人次，比增22.9%和23.3%。

市场营销工作持续推进。创新营销方式，调整延伸服务政策及收费方式，启用延伸服务软件，降低市场营销成本；完善集疏运体系，引进网约车开通定向线路，加密高铁站班次，完善空铁联运，运营5条专线班车；完成莆田、厦门城市候机厅改造投用；承办华东地区夏航季航班时刻换季预协调集中办公会议，扩大机场影响力和朋友圈。

【争取政府支持】 2019年，晋江机场推动泉州、晋江市政府落实扶持民航发展专项资金意见，筹措资金拓展航线航班；制订落实与厦门空管站战略合作框架协议，推动空域资源开发利用，提高空域容量和航班正常性；完善口岸协调机制，机场被列入全国首批实施“一带一路”沿线国家(地区)人员出入境便利安排的口岸。

【提升服务满意度】 2019年，晋江机场落实真情服务要求，制订《服务质量攻坚行动实施方案》，跟踪“九大便民措施”的落实情况。制订年度服务质量奖惩办法，完善服务奖惩机制。推出行李手推车“对车门服务”、黑车专项整治、行李运输增加柔性软垫、厕所革命、失物认领等11项为民办实事举措，协调口岸单位提升航班时刻重叠航班服务保障，理顺晚到旅客和补办手续旅客乘机流程，提升旅客出行的幸福感和满意度。加强投诉管理，定期对投诉案例进行分析总结，查找薄弱环节，从措施标准上予以改进，全年受理旅客投诉105起，处理满意度100%。

【提升基础设施保障能力】 2019年，晋江机场抓好不停航施工组织和安全管理，基础设施建设取得重大成果。有序推进“十三五”工程。完成中央机坪及滑行道改建工程4个机位投用；完成北机坪及配套设施工程9个机位验收投用；航站楼扩能改造工程获得省发改委批复；安防提升工程完成施工图纸深化、施工和监理招标准备；油库及航空加油站迁建工程开工建设；航空保障楼完成设计方案报规划局审批；完成高霞2.33公顷地块以及扩征0.87公顷地块的征迁工作。谋划机场长远发展规划。推动泉州航空运输发展问题研究，组织专家对研究成果进行研讨；完成总规修编初稿，并对近远期总平面图方案及文稿进行调整；完成东侧临空产业项目规划审定稿，为临空产业项目落地提供参考依据；与薛航合资公司项目获市国资委批复同意，与中航油签订框架合作协议；完成办公商业区和护场沟整治概念性规划方案。

【承办民航华东地区2019年夏航季航班时刻换季预协调集中办公会】 2019年1月14日至18日，在泉州召开由民航华东地区管理局主办、泉州晋江国际机场承办的2019年夏航季航班时刻换季预协调集中办公会。会议方便各航空公司统筹工作计划，提高协调效率。国内外近90家航空公司、机场300多位负责人参加此次会议，泉州市人民政府副市长季翔峰、民航福建安全监督管理局副局长潘军出席会议并讲话，华东管理局副局长西绍波作会议总结并部署2019年航班换季工作。

【首票国际进出港业务通关】 2019年2月26日，首票国际进港业务正式通行，69件862千克来自菲律宾的春蟹通关进入国内。这是自2018年12月底，重新获得“中华人民共和国泉州海关经营海关监管作业场所企业注册登记证书”以来，首票进出港货物。国际进出港业务的开展，为广大货主提供便利，促进地方对外贸易发展。

【获评2019年度全省学雷锋活动示范点】 2019年4月19日，晋江机场获评2019年度全省学雷锋活动示范点。作为窗口单位，机场始终将“立足岗位学雷锋，与时俱进树新风”作为内提素质、外树形象的有力抓手，着力加强精神文明建设。在候机楼、地下停车场，机场利用LED显示屏、灯箱、建筑围墙等载体，刊登、播放公益广告，营造学雷锋浓厚氛围。在学雷锋志愿服务驿站，机场工作人员为旅客提供问询、药品、雨伞、针线等便民服务。同时，晋江机场将志愿服务与支部主题党日相结合。各个窗口党支部结合自身工作实际，开展形式多样的学雷锋主题党日活动，创建25个特色服务品牌以及刺桐、五心、丝绸等特色服务班组，着力为旅客提供人性化、个性化服务。设立爱国主义教育基地，24小时免费对外开放，成为泉州市第二批爱国主义教育基地，机场成立一支讲解员队伍，为参观团队提供义务讲解服务。

【纳入首批实施“一带一路”沿线国家（地区）人员出入境便利安排口岸】 2019年4月28日起，为执行“一带一路”建设重点工程、重要合作、重大项目或参加“一带一路”有关会议、活动的中外人员和车辆，快捷办理边检手续提供便利，晋江机场口岸开始执行“一带一路”通道。该通道的启用，更加方便出入境通关旅客进入通道办理手续，整个通关过程用时不到2分钟。通道开启后，每天约有五六百名“一带一路”沿线国家和地区的工作人员从这里快速通关。

【获评第十三届福建省职工职业道德建设标兵单位】 2019年7月2日，省总工会、省委宣传部、省委文明办、省工信厅联合发布第十三届福建省职工职业道德建设标兵单位、标兵个人和先进单位、先进个人的名单，晋江机场获第十三届福建省职工职业道德建设标兵单位。晋江机场秉承“人民航空为人民”的服务宗旨、“精诚、尚仁”的企业价值观和“德义、笃实”的企业精神，坚持以加强职工职业道德建设为抓手，引导广大职工在本职岗位上践行爱岗敬业、诚实守信、助人为乐的职业理想和道德品质，完成中共十九大、治国理政研讨会、两会、春运等重大服务保障任务，完善服务质量评价机制，加强旅客、客户权益保护，较好履行国企社会责任，取得良好经济效益和社会效益。

【澎湖县与机场商谈开通泉州澎湖直航事宜】 2019年7月4日，台湾澎湖县长赖峰伟一行6人到晋江机场商谈泉州与澎湖马公机场直航事宜。参观机场国际候机厅，对机场现阶段国际（地区）航班的运行情况进行详细的咨询及了解。机场副总经理李龙新出席接待，双方都表示愿意在将来合适的时机促成泉州与澎湖直航航班的开通。

【民航华东局调研泉州机场军民航应急救护联合保障情况】 2019年7月8—9日，中国民用航空华东地区管理局航卫处与福建民航监管局、江苏民航监管局航卫监察员组成调研组，对泉州机场军民航应急救护联合保障实施情况进行调研，对机场应急救护保障能力进行验证检查。

调研组听取机场和部队医院晋江医疗点对军民航应急救护联合保障工作开展情况及地方医疗机构参与机场应急救护保障的工作情况介绍，就如何进一步推动军民航应急救护联合保障向纵深发展进行座谈。

为检验机场应急救护实际保障能力，调研组通过模拟航空器空中颠簸导致部分旅客受伤的场景，进行应急拉动，主要从突发事件信息通报、救护车辆出动及车载设备情况、救护人员到位情况、现场各相关单位和人员协同开展救护和后送等处置方面，对机场进行验证检查。泉州机场在此次应急拉动中，应急救护信息报告畅通、应急救护处置流程完整，救护人员、救护车辆和设施设备均满足现场救护需要，设施设备完好适用。

（晋江机场 叶 扬 陈火斌）

商业零售

【概况】 2019年，晋江市社会消费品零售总额783.30亿元，增长8.1%。其中，限额以上零售额324.08亿元，增长6.7%；限额以下零售额459.21亿元，增长9.1%。全市975家限额以上批发和零售业企业实现销售额2813.77亿元，增长13.1%。其中，销售额超亿元企业454家，实现销售额2580.49亿元，增长22.2%。

（黄仕明　肖芳族）

【商贸流通管理】 2019年，晋江市在商贸流通上，坚持生产性服务业和生活性服务业并重，加快培育一批现代服务业集群。国际鞋纺城、豪新食品市场（一期）正式开业，五金机电城一期、二期加快融市，营销中心、电商中心、钢贸中心加快回归，海峡石化持续释放效益。物流快递枢纽作用更加凸显，物流业注册企业从2015年的450多家增加到900多家，AAA级以上企业从22家增加到30家。顺应消费升级，加快打造主题商圈、特色街区，万达五店市商圈获评泉州市唯一省级示范商圈，曼哈顿酒吧街、中华品牌街等特色街区加快集聚，喜盈门家居入驻和平国际广场。发展楼宇经济，推动滨江商务区、世纪大道、和平路两侧楼宇集聚发展。万达写字楼入驻企业293家，其中47家限上企业2019年实现销售额81.8亿元。顺应数字经济发展新要求，完善电商生态圈，推动电子商务与优势产业加快融合发展。全年实现网络零售额295亿元，晋江品牌“双十一”当日销售额超60亿元，14个品牌销售额超1亿元。

（黄仕明　肖芳族）

【农贸市场建设】 2019年，市商务局制订农贸市场提升行动工作方案，系统推进农贸市场改造提升工作。梅岭综合市场二期完成主体验收；紫帽综合农贸市场创新引入第三方，完成改造升级并投入使用；王厝农贸市场完工投用，许厝农贸市场主体封顶。新增2家泉州市级蔬菜副食品基地、2家优化“菜篮子”基地，初步完成全市屠宰场重新整合规划编制及新建屠宰场选址工作。

（市商务局　陈文候　肖芳族）

粮油贸易

【粮食安全考核】 2019年，市发改局按照省粮安办和泉州市粮安办相关要求，组织协调农业、财政、自然资源、水利、环保等部门和相关乡镇，对2019年全市粮食安全行政首长责任制落实情况进行梳理总结、整理上报相关佐证材料、迎接上级考核。经泉州市评审，2019年度晋江市粮食安全行政首长责任制考核结果被评为“好”。

【粮食储备管理】 2019年，市发改局组织开展地方储备粮轮换。通过组织储备粮轮换，推陈出新，确保市级储备粮数量真实、质量良好。组织政策性粮食安全检查。检查全市政策性粮食储备情况，全部储粮没有发现发热、霉变以及鼠雀虫害等情况，储粮安全，粮情稳定，品质良好。

【粮食收购】 2019年，市发改局组织2家大型粮油经营企业参加在河南郑州举办的第二届中国粮食交易大会，通过大会对外发布采购3.9万吨优质大米以及销售通心粉和胚芽粉的信息。组织3家粮食企业参加第十五届粮食产销协作福建洽谈会和第十八届省内产销区粮食购销协作洽谈会，共签约5万吨的粮食购销合同。开展“粮食应急供应网点”认定，经企业自愿申请、组织审核，全市共确定19家粮油经营企业为“粮食应急供应网点”。

【军粮供应】 2019年，市发改局确保军粮供应和质量安全，全年共抽检军供粮油26批次，军粮质量合格率100%。

【仓储设施建设】 2019年，晋江市粮食储备库建设选址金井物流园区，粮食储备库项目总用地6.96公顷，总投资23266万元，建设标准化仓容12.11万吨，为全省最大的县级粮食储备库。按照统一规划，一次完成配套设施建设、分阶段建设的工作要求，项目分两期实施。一期工程于2017年12月开工，二期工程于2018年11月开工，两期粮库建设工程于2019年12月15日全部完成竣工验收。

（市发改局　王德意　丁锦鸿）

供销合作

【概况】 2019年，晋江市供销社实现商品总购进119565万元，同比增长23.46%；商品销售总额184461万元，同比增长24.40%。其中，农产品购进额5303万元，同比增长30.33%；农业生产资料销售额9452万元，同比增长2.52%；生活消费品零售135113万元，同比增长25.98%；完成利润总额1744.87万元，同比增长25.30%。

【农资供应】 2019年，市供销社按照"数量充足、结构合理、质量保证、价格稳定、服务优质"的总要求，全面细致做好农资供应保障工作。贯彻落实中央农村工作会议及中央一号文件精神，采取不加进销差价的做法，降低农民群众生产成本，做好春耕农业物资储备工作，至3月底，全市供销社库存各种化肥9925吨，库存农药189.52吨、农用薄膜53.26吨，保障晋江市农业生产之需。

【为农服务】 2019年，市供销社搭建信息平台，支持现代化农业发展，全系统建成有1个农副产品信息服务中心，19个信息服务站，23个信息服务点，为农产品生产者、加工企业提供无偿信息服务。全年供销社收集发布各类农资产品价格信息312条、接受各种咨询5756人次，发布市场价格行情及大宗农产品价格走势预测796次。市供销社宣传党和政府的惠农支农政策，结合"不忘初心、牢记使命"主题教育、主题党日，分别于3月19日、10月15日、11月8日在英林镇谢厝街村、西园街道霞浯村、东石镇东埕村开展为农服务专题活动。3次活动共向农业种植大户、农民朋友赠送化肥390包、蔬菜种子1150包、除虫剂950包，分发农技科普材料1100份，接受农民群众咨询161人次。

【基层组织建设】 2019年，市供销社新建农资连锁经营网点2个、日用消费品连锁经营网点2个，按照全国总社行业标准改造提升农资网点1个、日用消费品网点1个。兴办10家农民专业合作社、1家农民专业合作社联合社，累计达50家（含4家联合社）。市社共有直属公司4家、基层社12个、农村综合服务社114个、农村社区综合维修服务站点35个、行业协会11个，服务范围覆盖全市90%的乡镇和社区，基本实现乡镇全覆盖。

【项目建设整合】 2019年，市供销社完成安海农资配送中心、仓储设施、运输配送体系、消防设施等建设。改扩建仓储设施面积2108平方米，连锁经营店51个，其中直营店22个、加盟店29个，农资连锁经营网络覆盖14个乡镇57个行政村，配送服务范围覆盖全市90%的乡村，农资销售市场占有率达80%以上。承接市政府"菜篮子工程"。春节期间市供销社从龙湖、西园、陈埭等多个镇街的蔬菜基地调入蔬菜10多种，在全市各镇、街道主要农贸市场设立12个供应点，针对花菜、大白菜、包菜、芋头、鲜蒜等10多种蔬菜，以政府补贴的形式实行比市场价下调30%平价销售，平衡蔬菜市场价格，确保市民实惠购菜，7天蔬菜供应量共计233230千克，切实保障了民生需求。坚持以社有资产保值增值为目标，建立健全资产经营预算制度，推行企业领导人年度目标经营责任制。深沪供销社与镇政府合作，将旧冷冻厂、酱油厂改建为"深沪第三农贸市场"，两旧厂平整完毕。罗山供销社配合高铁新区项目建设，主动签订征迁协议，置换优选套房3套。深沪供销社半岛酒店通过提高服务水平，吸引更多的企业、社区、旅行社签订消费协议。2019年，深沪社分红达40万元。深入到挂钩乡镇（磁灶镇）及所属各个村庄，与镇村组三级责任主体一道，全面梳理村庄内部存在的突出问题，消除部分农村脏乱差问题，提升乡村靓丽颜值。发挥再生资源回收利用职能，与城市管理局、农业农村局等部门沟通协调，共同推进以居民主体分类为主的资源回收体系建设，采取在试点村（社区）内适当位置设置宣传标语，并组织志愿者，进行生活垃圾分类科普知识宣传，教授居民如何对垃圾进行分类、如何在家中对垃圾进行打包，引导居民用最简单的办法分拣垃圾、投放垃圾。坚持"党政同责、一岗双责、齐抓共管、失职追责"，加强供销社系统安全生产。抓好安全生产日常管理，指导督促各基层单位扎实开展自查自纠。2019年，市供销社系统共出动检查人员752人次，检查系统所属生产经营单位各经营网点、出租经营场所296个，责令改正各类安全隐患96处，投入安全生产整改资金5.56万元。

（市供销社　詹雅芬　吴金猛）

烟草专卖

【概况】 2019年，市烟草专卖局以"五保"（保税利、保销量、保状态、保规范、保稳定）卷烟经营指导思想为指引，做好调状态、管市场、稳销量、提税利各项工作，经济运行保持平稳有序。全年销售卷烟8.46万箱，实现税利8.25亿元，比增6.01%。全年查处涉烟违法案件260起，其中5万元以上案件50起，同比增加8起；查获烟丝14.93吨，同比增加11.63吨；查处各类违规卷烟1200件，其中假烟420件，走私烟180件，乱渠道烟600件，总案值1300万元。移送公安机关立案侦查17起，被列为"省督"案件3起，破获国标网络案件3个。

【卷烟打假】 2019年，市烟草专卖局加强专卖市场监管，卷烟打假取得新成果。先后与机场公安分局、邮政管理局联合开展航空货运渠道、寄递渠道涉烟违法行为综合治理专项行动；与市邮政管理局合作，首次采用"企业名址库邮寄"方式，向陈埭、龙湖、英林、深沪、永和、东石等6个镇的1万家民营企业投递卷烟打假宣传材料；完善与市公安局联合打假协作机制，加强大要案经营，实施"大数据打假"，摧毁制售假烟网络3个。

【营销策略】 2019年，市烟草专卖局围绕营销转型升级，经济运行工作取得新发展。资源互补，客我协作，通过评选客户培训师等开展线上线下客户培训，持续提升客户经营水平；持续拓展开发非烟经营业务，精选非烟商品，优选零售客户，精细推广服务，助推非烟业务上水平；持续提升客户服务管理效率，落实1+2中小户帮扶工作，精准开展扶贫工作，严格终端建设经费投入，实现零售客户满意度上水平；持续把控卷烟规范经营，严格落实大户限量管理，专销协同核查同一IP客户，严查借证套订客户，常态化开展天价烟治理工作，助力卷烟规范经营上水平。

【企业管理】 2019年，市烟草专卖局企业基础管理取得新突破。弘扬志愿服务精神，联合晋江市育婴院、疗养院、残疾人服务中心等开展志愿活动。根据地方文明委的部署要求，配合做好文明城市创建工作，开展三下乡等活动，全年人均服务31小时，推动形成良好社会风尚。全面推进创新型企业建设，晋江"五要素"应用课题先后获市烟草专卖局QC成果发布一等奖，省烟草专卖局三等奖、省学会学术论文二等奖，获省百万职工"五小"创新大赛三等奖。青阳所部被省总工会授予"福建省模范职工小家"称号。

（市烟草专卖局　吴蕾蕾　庄进勇）

食盐专营

【概况】 2019年，晋江盐务局依照《食盐专营办法》，参与维护盐业市场秩序，保障合格碘盐供给，确保群众用盐安全。盐务局人员18人，设置2个盐政管理中队，2大营销区域，A类碘盐配送网点20个，B、C类碘盐配送网点580多个。全年供给盐产品21214吨。其中，碘盐6514吨，加工用盐14700吨。全年盐政发现省外违规盐案件数349起，发现省外违规盐小包装共计23.65吨，移交市场监管部门17起，罚没总额2.84万元。全市碘盐合格率、碘盐覆盖率、碘盐食用率达95%以上。

【食盐营销】 2019年，晋江盐务局直面盐业改革，认真分析食盐市场现状，适应盐业体制改革的形势要求，在改革后，盐政人员更要认清自己的身份，转换自己的社会职责，担当起自己的职责，业务人员更要爱业敬业，投入市场。全市分为两大区域，了解市场、监控市场、服务市场为宗旨，深入走访市场，掌控辖区内碘盐批发网点和食品加工用盐厂家的销售、运输、质量、价格、供需信息，进行登记造册，掌握客户的经营现状。与客户签订《盐产品购销协议书》，理顺购销关系，敦促食盐代批网点遵守盐业法规。建立电子商务系统，实施物流配送，向社会公开物流配送流程、服务承诺、举报投诉电话，手机短信订货、货款启用POS机刷卡。利用大中型商超为平台，推广低钠海盐、餐桌盐、福建贡盐、美味海盐、福盐一品等中高端品种，形成多层次、多品种、多价位的盐产品结构。通过入户抽查、检测，以大超市为平台，深入乡镇、社区、行政村进行闽盐品牌宣传引导，让群众了解食用碘盐、闽盐品牌的益处。加强与食品药品监督局联系和配合，规范食品生产企业的进货渠道，防范工业盐或非法食用盐流入食盐市场。重申《晋江市食盐市场异常波动应急工作预案》，加强对各大碘盐销售网点的管理，建设地方贮备盐仓，增加食盐库存量，应对意外事件的发生。晋江盐务局坚持市场检查与"三进"宣传工作相结合，宣传盐业法律法规。加强对食盐销售用盐客户的宣传，并促成食盐经营者与盐业公司签订各种经销协议，规范现有客户的经营行为。有针对性地对使用省外盐比较集中的地区进行重点的入户宣传、检测、调查，准确及时地了解市场信息。提高群众对碘缺乏病危害和食用碘盐重要性的认识，提高闽盐的市场知名度。

【食盐安全宣教】 2019年，晋江盐务局加强对盐业法律法规的宣传，通过开展大型宣传活动和深入商超网点、农贸市场、学校、社区进行"吃好盐，选闽盐"的品牌宣传，使群众认识到食盐安全的重要性和食用私盐、散盐、工业盐等的潜在危害性，提高群众安全意识。开展大型活动进行宣传。

通过3月15日参加晋江市市场监督管理局主办的以"信用让消费更放心"为主题的"3·15"国际消费者权益保护日宣传活动，盐政一大队参加由晋江市市场监督管理局在晋江SM广场举办的"3·15"国际消费者权益日宣传活动。盐政人员在现场向消费者宣传国家食盐专营政策，并对"不是放开专营而是进一步完善专营"等一系列容易让群众误读的信息，作详细解答。配合晋江市卫生健康局、疾病预防控制中心等部门，开展主题为"科学补碘益智，健康扶贫利民"宣传咨询活动。以主题宣传背景墙、横幅悬挂、宣传板展示及发放碘缺乏病防治知识宣传单、碘缺乏病防治知识解答、识别真假碘盐、正确食用碘盐及为群众测量血压等活动向群众宣传防治碘缺乏病知识，开展碘缺乏病防治知识有奖问卷调查人数达400多人次。多种模式参与和组织4场大型宣传活动，其中有参与晋江市团委组织的三下乡活动；有与泉州电视台、晋江市梅青社区居委会共同组织录制"吃好盐，选闽盐"宣传进社区"泉城搜go"闽盐宣传专题片；参加"龙翔杯"第九届全国海鲜烹饪大赛食材展并争取到比赛指定用盐资格。通过系列宣传活动，推介"闽盐"系列产品。

【盐政执法】 2019年，晋江盐务局盐政大队加强对辖区各类餐饮业、工厂学校食堂的巡查力度，共巡查饮食店、食堂案件7395家，学校食堂32家。为规范用盐秩序，晋江盐政大队对辖区内餐饮业进行不间断的巡查，并对其进行政策性的宣传，对违规者进行相应的整改，小配送及时跟进。2019年，晋江盐务局共查获各类外省违规盐的企业和生产厂家（食盐品牌）有10多家20多个品牌，发现各类涉盐违法案线索件328起，发现各类外省违规盐23.65吨。其中查处18起比较有代表性典型外省省级盐业公司或生产企业涉嫌"假配送，真销售"的食盐违规销售案件，并移交给市场监管部门进行相应的调查处理。上述18起案件的查处（部分办结），涉及11家省级盐业公司和生产企业生产销售的15个品牌的食盐。晋江盐政大队加强对碘盐网点销售情况和食堂餐饮店的跟踪管理，发现销售有异常，及时介入，给予必要的整治和教育。加强对边邻地区的市场检查力度和宣传力度，对违规冲销盐以宣传为主，以整改教育为辅的方针。

（晋江盐务局　吴培铨　张志强）

燃气销售

【概况】 2019年，晋江新奥燃气有限公司完成天然气管道建设投资4790万元，铺设中压管网51.88千米，新增通气居民用户数1.33万户，新增E城E家蓝牙智能卡用户使用数1.03万户，新增接驳工商业用户199户，38万方/日。

【天然气销售】 截至2019年底，晋江市共有1690家工商业用户/福利户、8.5万户居民用户使用管道天然气，全市天然气用气规模达290万方/日，中低压管网总长1079千米，天然气管网实现镇镇通。

（晋江新奥燃气公司　林雪琪　陈文清）

会展业

【概况】 2019年，晋江市加快建设国际会展中心，项目工程进入装修阶段。鞋博会、食交会、家装建材博览会三大展会越办越好，分别达成意向成交额238.2亿元、107.8亿元、103.9亿元。策划举办第三届晋江购物节，做大节庆经济。举办新能源汽车展、五一汽车展等各类汽车展会，支持晋江餐饮烹饪行业协会举办第九届全国海鲜烹饪技能大赛。深耕"一带一路"沿线国家和地区市场，制订实施国内外重点展会及经贸活动计划，全年累计组织786家次企业抱团参加德国柏林亚洲服装及配饰博览会、泰国亚洲食品博览会等52个国内外知名展会，连续4年8次在广交会设立晋江专馆。自1999年举办首届晋江鞋博会以来，晋江市举办、承办多项展览会。诸如，闽台食品交易会、家装建材博览会、家装文化节、晋江国际网印及数字化印刷展、晋江国际纺织品印花工业技术展览会、泉州国际汽车展、全国陶瓷石材（晋江）博览会、佛具展、雨伞展等。逐渐形成以鞋（体）博会为龙头，闽台食品交易会、家装建材博览会、汽车展、纺织机械展等一批与晋江产业结合紧密的成熟品牌展会为代表、众多中小型展会并存的局面。

（市商务局　黄仕明　王美蓉　肖芳族　苏孙慰　市贸促会　林子文　蔡育树）

【第二十一届中国（晋江）国际鞋业暨第四届国际体育产业博览会】 2019年4月19日至22日，晋江市人民政府、晋江市国际商会、晋江市制鞋工业协会承办的第二十一届中国（晋江）国际鞋业暨第四届国际体育产业博览会在晋江市美旗城1号馆举行。

该届博览会展出面积6万平方米，设置国际标准展位2200个，分设鞋类成品、体育用品、鞋材辅料、鞋机等主要展区。参会客商17.87万人次，同比增长12.1%，达成意向成交额238.2亿元，同比增长15.7%。展会主要突出5个特点：

国际合作成新常态。"一带一路"参会国家更多、组团规模更大，组团级别更高、交流层次更深，伊朗组团由工矿贸部副部长莫多迪率团，开展现场经贸交流对接活动，首次出台对参加晋江鞋（体）博会企业进行补助的扶持政策。意大利、乌兹别克斯坦、印度、泰国、越南、菲律宾、南非等商协会或展览公司组团企业或客商参展参会，博览会在"一带一路"沿线国家的影响力持续提升。展会期间，共有来自法国、英国、意大利等近80个国家和地区的专业采购团及客商参会。

2019年4月28日至5月2日，在晋江市SM国际展览中心举办第二十五届泉州（晋江）汽车展览会

（市贸促会　供）

体育元素更加精彩。博览会上，安踏、361度、森地客等体育用品企业，舒华、康乐佳等品牌健身器材企业集中亮相，跑步、足球、篮球、冰雪、泳装、赛事运营等细分领域以及电子竞技、健身健美、体育旅游、房车露营等新业态在展会上得到展示，首次设置世界上最大的仅针对运动行业的创新大赛——"ISPO全球创新大赛"获奖产品展区，为业内人士展示更多行业发展新的方向。此次展会体育用品参展面积大幅度超过成品鞋类，博览会的体育元素得到进一步的巩固和拓展。

经济效益持续提升。经济效益是展会的生命线，组委会在着力提升参会展商质量。搭建平台、引导展商深入对接。在开幕式巡馆后的签约仪式上，晋江华信智能产业创新服务项目落地池店，总建筑面积10.2万平方米，计划总投资5.2亿，拟建设为集可穿戴智能设备、微波毫米波通信零部件研发孵化中心、展览营销中心及物联网电商交易为一体的综合性平台；促成工业设计大赛获奖设计师作品落地，实现工业设计成果转化为产业生产力，让作品转化为商品、让概念走向市场，打通设计成果转化的"最后一公里"。

科技引领含量足。作为引领行业风向标的专业展会，博览会集中展示智能穿戴、集成电路、石墨烯等技术的最新运用，发布"互联网+鞋业"公共服务平台、石墨烯智能穿戴、世中运智能住宿管理方案等产业化项目，邀请科研机构现场对接、引领体育制造业向智能化高端化转型。降人工、省材料、自动化、智能化"四大法宝"，加快推动劳动密集型制鞋企业向自动化、智能化无人车间转变；以"创新""绿色"为主打概念，追求更高性价比、更高效率，成为各个鞋材企业的发展方向。

平台功能不断延伸。融合开拓"一带一路"市场的资源共享、实现线上线下贸易一体化的供应链服务平台以及贸易仲裁的保驾护航，并组织"一带一路"国家政商协会代表和外贸型企业参加跨境贸易综合服务平台专场推介会，竭力为业界构建新形势下服务经贸交流生态圈，帮助企业对接资源、拓展市场、提振信心，支持企业发展、产业做强。

【第二十五届、二十六届泉州(晋江)汽车展览会】 2019年4月28日—5月2日和9月30日至10月4日在晋江市SM国际展览中心举办的第二十五届、二十六届泉州(晋江)汽车展览会,两届展会合计展览面积6万平方米,现场成交汽车13768台。其中,第26届展会共有78个整车汽车厂家及经销商参展,展出车型700余款,发布新车51款,共吸引观众12.8万人次。

(市贸促会　林子文　蔡育树)

对外经济贸易

【概况】 2019年,全市实际利用外资15亿元、比增7.5%,合同外资20.6亿元。2019年全市外贸出口590.11亿元、增长8.1%。全面落实稳外贸各项政策,实施精准帮扶,着力推动外贸稳中提质。以建设鞋类、服装、泳具、伞具等四个国家外贸转型升级基地为抓手,加强产业与贸易互动,推动出口优势产业持续走强。新增外贸企业359家,全市外贸出口企业达1625家。纺织化纤、服装和鞋类出口占全市出口总量的比重扩大到75%,压舱石的作用更加凸显。2019年,鞋业、机电及配件、塑料及橡胶制品分别增长24.92%、15.2%、18.51%。建设运营跨境电商洪山园,推动园区集聚企业近50家。用好泉州跨境通、阿里一达通等平台,引导生产型企业采取一般贸易与跨境电商相结合的方式,拓宽销售渠道。引导企业通过国际产能合作,参与全球市场竞争和价值链重构,市委主要领导带队赴东南亚三国五城开展经贸洽谈活动,推动8个晋菲合作项目签约,促成6家企业与印度尼西亚方面签订市场合作协议。举办印度韩国商机推介会、多米尼加—中国(晋江)“一带一路”招商发布会等国际性经贸活动。安踏成功收购亚玛芬,跻身全球第三大体育用品企业。特步与美国Wolverine合资运营国际四大跑鞋品牌之一圣康尼。百宏在越南年产70万吨聚酯项目实现大部分投产。

(市商务局　丁奕龙　王美蓉　蔡伟达　苏孙慰)

【对外交流合作】 2019年,晋江市贸易促进会组织赴菲律宾开展经贸洽谈活动。晋江市贸促会组织劲峰纺织、泉商置业等7家企业参加第五届达沃投资大会,实地走访中国驻达沃总领事馆、菲律宾晋江同乡总会达沃分会、菲律宾达沃华助中心。

加强一带一路交流与合作。组织意大利、乌兹别克斯坦、印度、伊朗、泰国、越南、菲律宾、南非等商协会或展览公司组团企业或客商参加鞋体博会,扩大对外交流与合作,持续提升博览会在“一带一路”沿线国家的知名度和影响力。

【组织展览工作】 2019年,市贸促会组织企业出展。立足带团参展,做到服务全方位,突出晋江市“抱团”出展整体形象。联合晋江市泳装行业协会、安海玩具协会等商协会,组织39家企业120个展位参加第31届广州国际玩具及模型展览会和第10届广州国际童车及婴童用品展览会、2019年中国内衣文化周暨SIUF中国(深圳)国际品牌内衣展、2019年中国国际针织(秋冬)博览会、2019中国国际玩具及教育设备展览会等项目。

搭建平台,促进供需对接。举办跨境贸易综合服务平台专场推介会,与“一带一路”国际经贸会展联盟秘书处签署战略合作协议,帮助晋江企业破解传统外贸难题;与辅城网络签订鞋体博会线上线下战略合作协议,运用“辅城支付”供应链交易系统,实现供求数据化、信息化,加强展会线上线下展示、体验和交易功能。对接海外晋江同乡会,支持晋江市食品行业协会组织25家企业赴泰国开展晋江食品“一带一路品牌行”暨泰国采购对接会。联合泉州市贸促会和广州韩国贸易馆,举办2019韩国经济自由区投资环境(晋江)推介会,共有60余家韩国和晋江企业参会。

抓好规范,不断完善服务制度。围绕会展工作,为企业做好展会信息服务,通过微信公众号向全市企业征询参展意见,加强与商协会沟通,精准调查企业参展需求,为制订年度展览计划提供依据。出台《关于进一步规范企业参展补贴申报工作的通知》,建立补贴审核专人初审和专人复核制度和《参展企业名单管理台账》制度,进一步规范企业补贴申报。

【商事法律服务】 2019年,市贸促会做好出证认证工作。签发原产地证书9877份、优惠原产地证书977份,出具国际商事证明书416份,代办使领馆认证252份,涵盖世界100多个国家和地区。

全面推行原产地证书自主打印项目。重视对企业自主打印项目的宣传推广,提升贸促会原产地工作影响力。综合利用网上签证数据分析、实地下场指导等方式了解企业原产地证书申办实际困难,将贸促会自主打印服务到更多企业。

开展经贸摩擦预警工作。协助国家贸促总会组织企业开展“301调查”意见征求、进出口企业信用环境调查问卷等调查。通过该会微信公众号、QQ群等多种信息平台,积极传递经贸摩擦预警信息,帮助相关企业密切关注事态进展情况,提早预防,做好必要的应对准备,为企业防范贸易风险提供帮助。

(市贸促会　林子文　蔡育树)

金融服务与保障

【概况】 2019年，晋江市金融工作局（以下简称市金融局）深入学习贯彻党中央金融工作决策部署，准确把握金融在实体经济发展中的重要作用，坚持金融回归本源、服务实体，加强金融改革与创新，改进金融服务与保障水平，为晋江市经济转型升级提供有力支撑。2019年，全市累计实现金融业增加值88.51亿元，同比增长7.8%，占第三产业产值9.43%。全市银行业金融机构本外币各项存贷款余额3319.83亿元，同比增长9%。其中，本外币各项存款余额1810.34亿元，同比上升11.6%，本外币各项贷款余额1509.49亿元，同比增长5.72%，较年初净增贷款81.67亿元。市金融局在编制《晋江市金融业创新发展行动方案（2018—2020）》的基础上，谋划和细化具体操作项目，梳理《2019年晋江市金融创新项目表》，明确提出2019年晋江金融改革创新项目21项。紧扣晋江市扶持民营经济26条措施，完善《关于加快资本市场和金融业发展的若干意见》，出台《关于支持私募基金业发展的若干意见》，进一步加强政策支持，提升金融服务民营企业工作力度。晋江市辖内各金融、准金融机构现有125家，其中银行21家，保险（含营销服务部）37家，证券14家，期货5家，企业集团财务公司1家，小贷、典当、担保、融资租赁等准金融47家。2019年，新增海通证券、钧阳融资租赁2家机构。推动各类金融机构有49名金融人才成功申报泉州市高层次人才，位居泉州市各县（市、区）首位。推进福州大学晋江研究生院3批、124名金融、会计专业研究生对接晋江市银行、证券及上市挂牌企业实习。设立晋江市金融人才交流坊，为金融人才提供交流活动场所。邀请金融监管部门业务领导、行业协会秘书长、高等院校教授，组建金融人才评定专家组。2019年晋江市金融人才工作考核在泉州市各县（市、区）排名第一名。

【信贷服务保障】 2019年，市金融局引导银行机构向上级行争取信贷规模和倾斜政策，加大信贷投放力度。晋江市本外币各项存款余额1810.34亿元，年净增188.14亿元；本外币各项贷款余额1509.49亿元，年净增81.67亿元，还原处置不良贷款共新增164.94亿元。市金融局、工信局联合开展3场供应链金融对接活动，促进供应链平台与银行、保险机构对接合作。全市“手拉手”产能对接暨党政与企业家恳谈会上，组织银行机构与拟为品牌代工的企业（意向）授信签约，共计为8家企业授信2.5亿元。推动银行依托风险补偿共担基金累计发放“助成贷”系列产品9.08亿元，缓解轻资产型企业融资难题。拓展线上、科技金融，支持“农e贷”“惠农e贷”“小微快贷”等线上自助审批产品做大规模，其中“农e贷”累计发放3.32万户、36.09亿元。推动晋江农商行开展“农房贷”“农地贷”“农股贷”试点，其中参与“农房贷”试点银行机构增至

2019年9月6日，晋江市金融局举办晋江市“手拉手”产能对接暨党政与企业家恳谈会
（市金融局　供）

14家,贷款余额13.69亿元,全年累计发放9.58亿元。

【资本市场运作】 2019年,晋江市累计培育境内外上市公司46家,首发融资金额约199亿元,证券市场总市值超3000亿元,再融资金额累计超300亿元,并购重组金额累计超670亿元。新三板累计挂牌15家,新增海交所挂牌2家(累计挂牌交易5家),新增海交所青创板挂牌展示82家(累计182家)。后备梯队建设方面,推荐晋江市企业纳入泉州重点上市后备33家和挂牌后备12家,晋江市上市后备40家和挂牌后备9家,其中1家证监会过会,1家获证监会受理,2家获证监局辅导备案,3家香港上市尽职调查基本完成。推动"晋金私募汇"首期百亿级项目签约落地,截至2019年12月,注册54家(其中股权基金36家,证券基金18家)。2019年初,于三创园举行孵化融资对接会,吸引10家科创企业与10家股权(创投)机构开展投融资对接。11月28日,第四届海峡杯福建(晋江)创新创业大赛颁奖仪式期间,"晋金私募汇"基金集聚平台与三创园签订战略框架合作协议。对接上海基金同业公会来晋考察等15次接待。完成科创板上市、境外上市公司防做空、股权激励等各级相关培训10余场。

【区域金融风险防范】 2019年,市金融局会同镇街、公检法系统、财政、人行、银保监等部门,完善政司银企联动机制,通过加快金融案件审执、打击恶意逃废债、处置盘活企业资产等措施,消化存量不良贷款。累计处置不良贷款约83.27亿元,不良贷款率下降至2.48%,完成泉州下达防控任务。加强"一企一策"帮扶化解,通过协调银行一致帮扶、国企参股收购、担保增信、探索供应链化险、政府收储资产等措施,帮扶多家重点大户企业维持信贷稳定,累计金额超60亿元。33家重点风险企业不良贷款148.64亿元,处置出清137.95亿元,25家实现风险全部出清。印发《关于支持上市公司纾困的若干措施》和《关于有效应对上市公司被做空和股权质押违约等资本市场风险的通知》,并及时做好舆情应对。防范非法集资及互联网金融风险。协同各镇街、公安局全力配合做好e租宝非法集资案件全国集资参与人核实登记工作,累计完成登记晋江市集资受损参与人531人;联合政法委、公安、检察院、法院、人行、银监办等部门,于主要商业广场、社区人流集中区域组织开展防范非法集资宣传活动。启动起创公司良性退出工作,督促其有序退出经营,组织对大爱金融、安通公司等僵尸类企业清理整顿。密切关注信访投诉案例及互联网协会举报平台信息,组织各分领域互联网金融风险专项整治办,加强核查工作力度,及时做好化解处置。

【准金融健康发展】 2019年,晋江市不断完善准金融机构发展政策措施,引导各地民间资本到晋江市投资、参股设立准金融机构。新增设立1家融资租赁公司,准金融机构合计达47家。47家准金融机构累计业务总额近300亿元,成为中小企业融资重要补充。出台《关于支持政策性融资担保业务发展的实施方案》,推动晋江市厚信、利农两家政策性融资担保公司开展业务,为晋江市中小微企业提供担保增信,2019年下半年,累计为30家企业提供融资担保超1.14亿元,位列泉州市各县(市、区)首位。建立准金融机构月报制度,及时掌握有关信息;采取实地现场检查等现场检查和非现场监管相结合的动态监管,防范准金融机构违规经营以及非法集资等非法金融活动。

【金融扫黑除恶】 2019年,市金融局组织各类准金融机构召开晋江市金融领域扫黑除恶专项斗争知识培训,要求各机构利用横幅、电子显示屏积极宣传扫黑除恶,落实扫黑除恶专项斗争工作实施方案,加强线索排摸基础工作。印制扫黑除恶宣传手册发放到各类金融、准金融机构及服务对象。全年累计组织专场宣传活动4场,悬挂、播放宣称标语超30条,发放宣传材料逾1500份。联合公安、市场监督、人行、银保监管等相关单位在青阳、梅岭、池店等写字楼集中的重点区域,组织开展3场非法金融"扫楼"专项排查行动,累计排查、核实1000多家企业,移送公安、市监部门调查处置19家。加强社会监督,深入开展金融领域扫黑除恶线索摸排工作,2019年新增摸排3例涉黑涉恶线索,累计移送5条涉黑涉恶线索及相关材料移送市公安机关。

(市金融局　柯鸿炎　刘向阳)

2019年9月27日,市金融局联合多部门在安海上悦城举办防范非法集资与互联网金融风险暨扫黑除恶宣传活动
(市金融局　供)

银行业监管

【概况】 2019年,晋江市各银行业机构应对日趋复杂严峻的经济金融形势,紧抓各项工作落实,打好金融风险防控攻坚战,加大力度支持民营企业,推进金融创新,加强服务实体经济,资产、存款等主要经营指标保持稳定增长,带动实现金融业增加值88.5亿元,同比增长18.47%,促进晋江经济平稳发展。至年末,辖内共有银行业金融机构22家、网点287个(其中政策性银行1个,大型银行85个,股份制银行43个,城市商业银行24个,邮储银行32个,农村中小金融

机构101个、集团财务公司1个）。年末全市银行业本外币各项存款余额1810.34亿元，比年初增加188.14亿元，增长11.59%；本外币各项贷款余额1509.49亿元，比年初增加81.66亿元，增长5.72%；存量存贷比83.38%，同比下降4.64个百分点，增量存贷比达43.4%；银行承兑汇票余额286.32亿元。全年银行业机构无重大案件和事故发生，总体保持稳健运行。

【实体经济发展服务】 2019年，晋江市银行业机构以“进”为思路，聚焦普惠金融和乡村振兴，增加资金投放和融资供给，助力实体经济发展，2019年度全年实际新增贷款144.19亿元。各机构根据企业生产、建设、销售的周期和行业特征，适当提高中长期贷款比例，年末企业中长期贷款余额占企业各项贷款余额35.2%，同比增加3.27个百分点；卫生和社会工作、金融业、文化体育和娱乐业、建筑业、电力热力燃气及水生产和供应业等五个行业支持力度显著增加，全年新增40.47亿元，贷款余额同比增长393.86%；持续发力支持小微企业、“三农”领域，至年末，晋江市涉农贷款余额1042亿元，与上年末基本持平；在落实续贷条件、防控续贷业务风险的同时，提高续贷工作效率，持续推进快速转（续）贷机制，加强服务实体经济，全市银行业机构全年累计办理转（续）贷730亿元；持续扩大“无间贷”等无还本续贷、年审贷、农e贷等产品的覆盖面，发展“银税保互动”“金融+供应链平台”等新服务模式，增强信贷支持，发挥福建省金融服务云平台，促进银企对接，提高融资效率，进一步纾解民营企业融资困境，促进民营企业转型升级。

【普惠金融服务创新】 2019年，晋江市银行业机构紧跟经济发展，落实乡村振兴、普惠金融、绿色金融、科技金融等工作部署，扩大优质服务产品覆盖面，不断提升普惠金融服务水平。推进普惠金融专营机制建设，截至年末，辖内共有4家银行机构设立普惠金融事业部，建设银行晋江分行建立“裕农通”普惠金融服务点，扩展乡镇农村地区渠道布局，进一步健全普惠金融组织服务网络。乡村振兴有效助推。晋江农商银行“农股贷”纳入农业农村部2019年度金融支农创新试点项目名单，并获得政府购买服务资金，激活农村生产要素潜能；依托大数据及互联网技术，推出的“精准建档+农e贷+白名单批量授信”新模式获中央金融团工委表彰优秀项目；与晋江市委乡村振兴办加强联动，建立金融联络员制度，促进金融扶持政策与涉农金融产品进村入户，激发乡村振兴新潜能。农业银行晋江支行为晋江市首家农民专业合作社联合社授信2亿元，加快创新步伐，满足“三农”金融需求。民营企业金融服务不断推陈出新。工商银行晋江分行、中国银行晋江分行、建设银行晋江分行、农业银行晋江支行等机构发挥金融科技和大数据建模优势，加快“工银e贴”“中银晋江退税通宝”“跨境快贷—出口贷”、网络供应链融资、“纳税e贷”等一系列新服务产品宣传推广，加强普惠金融服务，助力民营企业发展。银、担、保合作持续深化。晋江农商银行联合晋江市厚信融资担保有限公司、辅城全球供应链专业平台，创新推出“银行+担保+平台+政策”供应链金融服务模式，提升企业融资便利性；晋江农商银行加强“银团保”三方联动推出“金翼贷3.0”的信用产品，助力青年创业。便民服务逐步优化。建设银行晋江分行深化工商合作，在福建省金融系统布设首台24小时工商智能登记打照机。

【风险防控】 2019年，中国银行保险监督管理委员会泉州监管分局晋江监管组（以下简称晋江监管组）紧跟市委、市政府决策部署，坚持按照“真实反映、加快处置”的总体思路，推进打赢金融风险防控攻坚战。加强督导落实。召开全辖银行业保险业监管情况通报会，传达上级监管工作会议精神，加强“合规化险”等重点工作的督促落实；关注大型企业不良贷款劣变动态情况，督导相关银行报告地、市两级政府，依法合规分类处置不良贷款。加强形势研判。按照“真实反映、加快处置”的总体思路，对辖区银行业机构2018年末不良存量及可能产生劣变的潜在风险资产进行摸底，督促银行提高贷款分类准确度，提升风险处置效率；调研分析辖区银行业信用风险情况及中美贸易摩擦可能带来的影响，督促银行机构加强风险防控。加强参与协调。参与市政府组织的金融风险防控化解专题工作会，研究风险化解处置；实地督导邮储银行信贷风险、操作风险管理情况；列席辖区债权银行会议，督导机构做好债权委员会工作，努力采取“一企一策”帮扶企业渡难关，推进协调化解处置风险。加大处置不良。全年辖内累计处置不良贷款74亿元。督促加强机构安保工作。联合晋江市公安局开展2019年“两节”期间银行业金融机构安保检查，开展2019年晋江市第六轮银行业金融机构安全评估，督促机构抓好问题整改，落实安全防范措施；督促晋江农商银行对门户网站风险监测情况开展安全排查整治。做好网贷风险整治。组织开展泉州市起创金融服务有限公司整治现场督查，按月督促其严格落实整改；联合晋江市金融局等部门对福建省呼呼管家互联网信息服务有限公司经营情况进行约谈检查，督促其妥善处理投诉事项，加快落实整改；联合晋江市金融局等部门在重点楼宇街区开展金融风险排查，组织辖内银行业保险业金融机构开展“套路贷”违法犯罪活动专项整治，打击非法金融活动。

【法人机构监管】 2019年，晋江监管组加强晋江农商银行各类监管措施，促进该行提升经营管理水平。针对风险合规、不良清收、信用卡资产质量情况等有关事宜，开展监管约谈，提出15个方面存在的问题及12条监管意见，推动完善内外联动、监审联动；就异地授信压降、对村镇银行管控等情况发出监管意见书、风险提示书共9份，扎实非现场监管；动态更新高管和员工问题库，为高管履职做好监管评级、高管履职评价夯实基础；跟进督导该行落实“员工行为专项检查、内控专项检查”“股权专项检查”“信息安全专项检查”等17项内审自查，推动完善内控管理；围绕内控建设与合规管理、案件防控与流动性管理、小微涉农贷款完成度等情况，开展进行入社30次，跟进问题整改落实；组织该行研究完善公司治理和股权管理有关方案，督促开展自查自纠，加强公司治理，优化股权管理；将“党风廉政要求”纳入监管评级，督促该行切实严格执行廉洁从业纪律，推动加强廉政建设。

【基础管理】 2019年，晋江监管组把握好新时代银行监管与银行业发展的关系,加强责任担当,抓好各项基础管理工作,提升监管履职。做好监管机构更名工作,于5月9日正式挂牌中国银行保险监督管理委员会泉州监管分局晋江监管组。加强党建引领,开展谈心交心,增进了解、加强团结、促进工作;紧跟部署,组织召开支部专题会议,开展“不忘初心 牢记使命”专题教育集中学习、检视反思,加强队伍党性教育;组织开展党规党纪知识测试系列活动,开展监管组人员执纪情况、“小金库”专项治理自查,加强廉政风险防控,督促做好廉洁自律;开展“五法”(国防法、国家安全法、军事设施保护法、保守国家秘密法、反间谍法)普法知识答题活动,学习保险监管知识及文件精神,推进监管能力建设。衔接保险业监管,多方合力,摸清辖区保险业机构设立信息情况;召开专题会议,传达省、市有关会议精神,要求建立重大突发事件报告机制和加强舆情管理工作;走访中国人寿等10家财寿险及代理机构,调查摸底机构近年的经营情况、机构设置、人员配置、业务品种、市场占比等,并设立专门档案;按月做好保险业机构经营指标统计工作,加强行业经营监测。严格规范准入管理,做好机构更名、高管人员任职的审核管理工作,促进营造良好的银行业金融环境。组织开展扫黑除恶专项斗争知识答题活动,加强工作认识;通过实地督导、开展主题宣传活动、按月摸排线索、布置各银行业保险业机构规范开展宣传工作等形式,落实扫黑除恶工作责任。加强银行业协会工作指导,指导开展“践行普惠金融 服务实体经济”主题宣传活动、“3·15”国际消费者权益日宣传活动、扫黑除恶宣传、“金融知识进万家”等活动,提升行业机构主动服务;督导做好经费收取管理使用情况、“小金库”专项治理自查工作,推动完善银行业协会内部管理。

(晋江银保监管组 吴震家 许一平)

【货币政策】 2019年,中国人民银行晋江市支行(以下简称人行晋江市支行)贯彻灵活稳健货币政策,全面推进金融支持实体经济工作。畅通货币信贷政策传导,让实体经济感受到适宜的金融新环境。加强形势调研分析和预判,加强政策宣传和舆情引导。通过呈阅件、召开金融运行分析会、深入金融机构了解、下乡调研和组织宣传,向市委、市政府、社会各界宣传货币政策,增强对稳健货币政策的认识与理解,加强经济金融运行情况的调查、了解、分析、研判,推进稳健货币政策在辖区的贯彻落实。举办“晋江金融创新助实业”系列宣传报道,加强舆情引导,营造良好的贯彻落实货币政策环境。加强对地方法人金融机构贯彻落实宏观审慎(MPA)管理情况的监测、窗口指导、风险提示。落实准备金政策,加强对辖区内法人金融机构流动性状况的日常监测。推进差别化准备金政策在辖区法人金融机构的贯彻落实,引导其将降准资金切实用于支持民营和小微企业。贯彻落实利率市场化改革措施,8月20日,启动辖区贷款市场报价利率(LPR)指导及推广运用,加强法人银行机构LPR应用情况统计与监测。围绕高质量发展需求,在支持民营、小微企业发展上有站位、有举措、有成效。先后走访10家银行机构和20多家企业。跟踪督促金融机构落实金融支持民营小微企业等政策措施的情况。至12月末,辖内全口径普惠小微企业贷款余额345.74亿元。引导金融机构结合实际,完善金融产品服务内容,丰富服务载体。多家银行创新推出银税协作产品,并推行线上办理等。推广运用技改贷款、融资租赁、商标权、专利权、供应链金融、贸易融资、环境服务项目未来收益权质押融资、特许经营权质押融资等金融产品,引导金融机构进一步加大对智能制造、服务型制造、绿色制造等信贷投放力度。至12月末,制造业本外币贷款余额433.29亿元,占各项贷款余额的29.4%。补足金融服务短板,在普惠金融、绿色金融与金融精准扶贫上有新探索、新载体、新收获。持续推进普惠金融体系建设,创新推出“互联网+信贷”模式,“小微快贷”“云税贷”“银电贷”“农e贷”等推行全流程线上操作。继续推广无还本续贷业务,推动晋江农商银行升级“年审制贷款2.0”。至12月末,“年审贷”余额25.5亿元,累计发放85亿元,为客户节省转贷费用1.36亿元。推动绿色金融发展,至12月末,辖内绿色信贷投放余额达26.15亿元,比年初增加5.93亿元。推进“插花式”金融精准扶贫,如:晋江农商银行推出计生小额扶贫贴息贷款“育乐贷”“光伏+金融”,获得“育乐贷”,贷款的计生贫困户人数102人,贷款余额693万元,获得“光伏+金融”贷有13个贫困户共获授信13.31万元。至12月末,辖内建档立卡贫困人口贷款余额0.50亿元,比年初增加0.19亿元。持续推进“集地贷”“新型职业农民贷款”“集股贷”产品的运用与提升,至12月底,新型职业农民贷款,授信22户、金额428万元,用信余额354.62万元。“集股贷”为4个经联社分别授信2亿元,为金井镇围头村31户经联社成员发放贷款合计金额560万元。

【金融稳定】 2019年,人行晋江市支行把牢风险底线要求,在防范化解重点领域金融风险出实招、求实效。开展存款保险各项工作,做好辖区法人银行机构投保指导、年初评级和存保核查等工作。开展稳健性现场评估,持续夯实“两管理、两综合”工作,完成上年度对工商银行综合执法检查扫尾工作,对相关违规行为给予警告并处以罚款人民币5万元,直至对相关责任人进行处罚。加强对辖区金融风险的监测和动态排查,重点加强大型重点企业资金链断裂、不良贷款、地方政府性债务、房地产业、互联网金融等风险高发领域以及银行机构保险理财、表外业务、同业业务等跨行业、交叉性金融产品的风险研判和排查。配合政府部门采取措施防范和妥善处置企业不良信贷风险;协助晋江“打非办”组织辖区金融机构开展防范非法集资宣传月活动和地方金融风险排查整治活动。

【外汇管理】 2019年,人行晋江市支行注重管理与服务,在支持外向型经济发展有“新声音”“新身影”。开展服务上门活动,由行领导带队,走访辖区创汇大户,了解改进外汇需求,走访40多家。印发境外投资用汇程序图,进一步方便办理购汇。多措并举支持贸易便利化,采取银企联动开通绿色通道、公布475期贸易收付汇单位名录、每月清理贸易名录(共注销112家)、加强企业贸易分类管理适时确认和调整等级。应对中美贸易摩擦,对于进出口美国的企业名录管理给予一定的宽容。做好资本项目外汇工作。加强非现场核查工作,每周做好购汇100万美元以上资本项下资金的核查。办理外商投资企业外债登记业务，为矽品电子（福建）有限公司办理登记外债两笔共7.5亿元，以缓解企业的资金周转困难。组织开展2018年度外方权益登记工作，参检企业户数达721户，居泉州市首位。对境内银行和企业开展调查摸底，做好新的外商投资法的调查反馈。加强国际收支统计监测。继续加强国际收支统计的各项基础工作，提高统计质量，涉外收入申报率、对外付款申报率均达到100%。加强银行结售汇监测分析。指定专人加强对银行结售汇差额监测分析，反映各个时期银行结售汇差额的变化趋势和特点，找准银行结售汇差额较大或增长过快的主要影响因素。详细了解差额的结构和原因，要求制订下一步"促均衡、稳预期"的具体措施。贯彻监管要求，开展外汇检查工作。根据上级提供的异常线索，配合上级局组织对工行晋江分行、福埔支行、英林支行2018年办理的NRA账户业务开展现场检查。对泉州瑞阳儿童用品有限公司违反外方权益登记规定移案上级查处，并处以罚款1万元。组织对建行晋江分行、深沪支行2018年1月至2019年6月期间办理的外汇业务开展现场检查。配合上级局对1名涉嫌非法买卖外汇进行查处，处以罚款182万元。配合晋江经侦大队对福建盛欣化纤有限公司2010—2014年期间进口付汇业务是否涉及骗汇行为开展调查。

【金融服务】 2019年，人行晋江市支行坚守履职尽责理念，金融服务和管理水平进一步巩固提升。推动征信业务发展。增设自助查询点，加强设备维护，方便个人征信查询服务。全年累计受理个人信用报告查询60547人次，受理企业信用报告查询1172次。协助上级行做好征信系统（二代征信系统）升级优化试点工作。继续推进农村信用体系建设，构建良好的农村信用环境，提高金融支农成效。晋江涉农金融机构共为25.60万农户建立信用档案，完成评定信用农户数25.20万户，占比98%，完成评定信用村（社区）182个，信用镇1个，信用船213艘。推动中征应收账款融资平台业务的发展，帮助企业降低融资成本。全年新增注册企业用户数26户，成交笔数22笔，金额16.72亿元。提升支付结算管理服务水平。深化移动支付便民工程建设，结合晋江地域工业园区集中的特色，全面建设小微商户场景，重点推进工业园区"衣、食"的场景建设，打造便民示范生态圈。完成政府、医院、企业食堂场景建设。创造条件，落实取消企业银行账户许可的前期准备和事后跟踪督导。全面推进普惠金融服务点规范化升级改造工作，推动服务点加载云闪付、金融需求预约等金融服务，提升服务点可持续发展能力，满足农村地区多元化金融服务需求。持续加大防范打击电信网络新型违法犯罪工作力度，指导银行利用福建省公民身份信息核实系统新增居民身份证有效期核实功能，防范不法分子使用虚假证件或冒用他人已失效、已挂失证件开立银行账户。推进反洗钱监管。加强重点可疑交易报告力度，指导金融机构将可疑交易监测工作贯穿于金融业务办理的各个环节，甄别可疑交易线索，加强与公、检、法的沟通、会商、协作工作，提升反洗钱工作成效。2019年，共向公安移送线索8条，立案4起。夯实国库会计核算基础，严守国库资金安全和系统安全两个底线，防范国库资金风险。配合做好国、地税合并有关工作。加强国库业务监督管理，履行国库监管职责。加强国债宣传工作，开展2019年"唤醒沉睡国债"专项行动，兑付4笔、合计金额4000元的1985—1988年发行的国债收款单，实现晋江市国债收款单催兑工作近二十年来零的突破。贯彻落实中央减税降费政策，推进社会保险费和非税收入征管职责划转、个人所得税征缴及退税改革等工作顺利开展。配合税务部门试点上线电子退更免业务，进一步推动电子收缴非税收入业务，提升国库业务电子化水平。至12月末，共办理减税降费业务71500笔，金额765.47万元。加强宣传、暗访监督、反假币斗争，加强流通人民币管理，维护人民币信誉和人民群众的利益。全市收缴假人民币10440张，金额88.176万元。稳步推进金融消费权益保护工作。积极探索金融知识进校园机制，组织开展"3·15金融消费者权益日""普及金融知识，守住'钱袋子'""金融知识普及月"等具有本地特色金融知识宣传、咨询活动，受理金融消费投诉，推动社会公众提升金融风险防范、金融消费维权意识。全年受理及办结2起投诉。

（人行晋江市支行　吴振辉　苏亚民）

银　行

·中国农业发展银行晋江市支行·

【概况】 2019年，中国农业发展银行晋江市支行（以下简称农发行晋江支行）推进各项工作持续向好，截至12月末，贷款余额60.62亿元；存款余额13.64亿元，较年初增长0.4%；账面利润0.98亿元。

【业务发展】 2019年，农发行晋江支行高效推动"重点客户""重点项目"两个重点。上级领导高层推动，带领晋江市农发行营销，创新提出"产业+"双驱模式、政府奖补资金补助模式推动"两个重点"工程。截至12月末，为盼盼集团、劲霸集团各授信2亿元流动资金贷款，并实现有效投放；累计审批项目5个、金额31.25亿元。

多方优化"存款工程"。创新提出"存债一体化"营销策略，累计到位全年地方自筹粮食风险基金5000万元，到位率达649.35%；引存财政性被征地人员保障基金1年期定期存款3亿元，存量4.5亿元财政性定期存款继续转存2019额32.3亿元，较2018年全年增加5.02亿元，增幅18.4%。

创新服务"民营小微"。创新提出"产业链金融"新型服务模式，为3家链上民营小微企业提供贷款930万元，解决小微企业"痛点难点"问题。

（农发行晋江支行　林　静　王伟雄）

·中国工商银行股份有限公司晋江分行·

【概况】 2019年度，中国工商银行股份有限公司晋江分行（以下简称工行晋江分行）深入贯彻国家相关宏观调控政策，执行各级政府部门工作要求，贯彻落实各项方针政策，坚持以依法合规经营为最重要前提，深入学习并响应国家的宏观调控与金融发展方向，执行党和国家经济、金融方针政策，严格执行金融法律、法规及各项监管规定，扎根依法合规经营，加强风险防控力度、提升金融服务水平、支持实体经济发展。截至2019年末，工行晋江分行各项存款余额203.05亿元，比年初增加43.54亿元。

【实体经济发展金融支持】 2019年度，工行晋江分行立足分行及区域发展实际，不断探索改善民生、服务实体经济的路径与做法。着力于改善民营企业的金融服务，稳步扩大融资规模，提升融资效率，降低融资成本。推进短融中票、ABS等投行创新手段的运用，为优质民企提供新式融资渠道，以满足实体经济的各种融资需求。2019年末，民营企业贷款（还原不良处置）余额占公司贷款比重33.12%，比年初增长2.54个百分点。对于困难企业持续推行无还本续贷业务。主要是针对那些尚处于正常经营，能按时付息，但无力偿还本金的企业。突出支持制造业高质量发展，聚焦新兴制造业、传统产业转型升级、各细分领域龙头企业等重点领域优质客户，将制造业作为当前服务支持实体经济、服务供给侧结构性改革、推动转型发展的重要手段，创新服务方式，挖掘有效客户，加强项目储备。全年实现制造业企业贷款新增投放5.47亿元。重点关注交通、能源、石化、城市基础设施、先进制造业和幸福产业“六大板块”，围绕晋江地区城市建设的总体规划推进基础设施以及医、教、养等社会民生领域项目建设。全年重点项目贷款投放额为10.39亿元。

【金融产品创新】 2019年，工行晋江分行创新开展商业联盟活动，为商家、消费者、银行建设合作交流平台，以工行晋江分行优势产品和专业服务为突破口，整合行内外资源为客户提供综合服务。开展“始于梦想”商家联盟启动会，紧跟市场需求采用“线上+线下”的方式，为合作商户搭建宣传平台，为商场拓客引流，实现多方共赢。在拥军服务上，首发民兵保障卡，该卡是晋江市人民武装部与晋江工行联合为晋江民兵量身打造的“特殊名片”，可实现一键查询民兵的基本身份信息，一窗办理各项金融理财业务，一趟办结多种缴费查询事务，真正让民兵感受到快捷与方便；还特别为民兵保障卡推出免开卡工本费、年费、转账汇款手续费等一系列优惠措施，实现为民兵“私人定制”的专属银行卡。在信用卡业务方面，创新采用工银合伙人二维码形式，借助线上渠道开展信用卡业务推广；推动工银e生活、云闪付和第三方支付绑卡消费，持续做好微信、支付宝等主流第三方平台绑卡促销活动，依托营销活动逐步培养客户的绑卡、用卡习惯，充分发挥集团资源整合优势，通过精准营销、一键绑卡等加快推动工银e生活、云闪付和第三方支付绑卡业务发展；深入推动“e商助梦计划”“移动支付便民示范街”“e商通”等主题活动，打好产品与服务“组合拳”。在普惠金融方面，晋江工行积极响应普惠金融的政策导向，推进跨境贷、E抵快贷等特色业务，立足于“百行进万企”热点活动，为小微企业提供多样化的创新融资方式。投行方面，以风险参贷方式参与晋江本土上市公司跨境并购国际银团贷款项目，该笔业务是近年来中国服装业的最大一笔海外并购。在票据业务方面，积极运用“大票据平台”，为不同客户提供分层次、差异化的优质服务。在个人业务方面，随着移动互联网技术的发展和客户快捷支付需求变化，晋江工行不断创新并丰富服务功能，基于工行互联网金融服务平台构建和E-ICBC互联网金融战略深化的大趋势下，全面推广“融E联”“融E借”“E生活”等新兴互联网战略工程，搭建无缝连接客户与商户的开放式互联网支付和个人融资体系。

【便民渠道升级】 2019年，工行晋江分行进一步完善精细化和高品质的金融服务，优化办理流程、提升办理效率、加强合规文化建设，做好智能银行的维护升级和对外普及工作，为晋江市民提供更为优质的金融体验，全面保障消费者权益。在网点优化上，2019年度晋江工行逐步开展网点改造工作，顺应时代潮流和民众金融需求的变化，网点装修7家、搬迁2家、撤并2家，持续改善网点环境与客户到店体验；对分行营业部、个贷业务处理中心、会议室微改造，提升内外部形象；改造23家网点“工行驿站”设备及标识，借力“工行驿站”，为广大客户提供最便捷、最贴心的服务。在机构管理上，成立二手房和汽车消费金融中心，提升集中业务办理效率和外部形象；优化增设本部市场部门，加强本部直营功能，突出对机构未覆盖区域和特定客群的金融服务水平。在智能化改造方面，实现智能化网点全覆盖，根据智能业务时、客户需求习惯情况，增设3台智能柜员机、2台自助回单机，加快提高智能运营服务水平；在便携式智能机具使用频度与效率方面，通过增补7台外出办卡机、分片区落地管理的方式，提高镇区支行服务水平。在服务提升上，晋江工行开展服务面貌整治提升，开展“服务提升 百日行动”专项活动。

【民生金融服务】 2019年，工行晋江分行根据晋江地区的区域特点和网点规模，响应市政府构建完善民生体系的规划，不断优化经营环境，探索优质服务路径，持续提供高质量金融服务。深入推进小微和普惠金融。发挥线上融资产品的支撑作用，解决银企信息不对称问题，提高小微企业贷款的体验感和可得性。遵循“数字普惠”发展方向，认真做好“经营快贷”“e抵快贷”“跨境贷”等线上创新金融产品的营销组织工作，精准聚焦小微客户，满足小微企业主和个体工商户“短、频、快”的资金需求。2019年末，银监口径普惠贷款余额为5.43亿元，比年初净增1.12亿元。完善内部机构建设。深化分行小微中心建设，加强经营职能，提升专营效能，使之成为小微信贷业务的营销组织中心、业务处理

2019年，工行晋江分行改造23家网点“工行驿站”设备及标识 （工行晋江分行 供）

2019年3月13日，工行晋江分行开展3·15金融消费者权益保护宣传周活动

（工行晋江分行　供）

中心、风险管控中心和020落地服务中心，实现集约化运营、工厂化运作，不断提升普惠金融服务水平；设立普惠金融工作站，配备专属惠民措施、设立专门座席对接、推广专项金融产品、提供专用热线电话、指定专业服务人员，为人民群众、民营企业和小微企业提供更加便利的金融服务；增设市场部门，优化调整内设机构，进一步加强分行本部营销直营功能，提升机构未覆盖区域和特定客群的金融服务水平。做好泉工惠卡、社保卡的推广办理工作。联系各单位工会，将外出上门现场办卡与批量办卡相结合，为民众办理社保卡，提升便民服务质量，扩大便民服务范围，促进金融社保卡业务健康发展。晋江工行多次开展客户服务改进暨服务面貌整治专项推动工作，全面提升服务水平及服务面貌，为来行客户带来更高品质的服务体验，并通过金融进社区、金融进校园、“3·15”金融消费者宣传、守住钱袋子、金融知识进万家等宣传活动，以点带面、多点多面地推动诈骗整治及金融普及工作。

（工行晋江分行　许智云　周朝晖）

·中国农业银行晋江市支行·

【概况】 2019年，中国农业银行晋江市支行（以下简称农行晋江市支行）融入国际化创新型品质城市建设，始终以高质量服务晋江实体经济为己任，融入晋江经济社会发展大潮，服务实体经济、服务乡村振兴、服务民生，为晋江经济高质量发展提供强劲的金融助力。先后被农总行评为“小微企业服务示范支行”“普惠金融先进集体”以及在中国县域金融年会上被评为“中国小微金融十佳县域银行”。本外币各项存款余额260.77亿元，比年初增加36.73亿元，存款增量同业“四大行”市场份额排名第二，占比达34.98%。本外币各项贷款余额226.65亿元，比年初增加24.42亿元，贷款增量位居同业“四大行”第一，占比达48.61%。全行不良贷款余额3.42亿元，比年初减少2.36亿元，不良率1.51%，比年初下降1.35%。

【绿色金融】 2019年，农行晋江市支行依托国有银行顶尖的产品科研能力以及大平台、大数据的优势，服务实体经济。通过开展金融服务进乡村活动，农行晋江市支行金融服务工作队深入全市行政村（社区）开展金融服务，围绕村两委、新型职业农民、农业龙头企业、农村专业合作社、各类农业相关协会开展金融服务。在晋江市乡村振兴项目对接活动上，农行晋江市支行推出“惠农兴村贷”，为乡村发展提供“源头活水”，壮大集体经济，推动农业基础设施建设，服务好“农业　农村　农民”，带动农民实现大丰收，助力农业农村大发展。服务乡村振兴“惠农e贷”余额达到16.30亿元，比年初新增9亿元，支持和帮助3000名农户和农民解决了生产资金问题。推出“惠农兴村贷—经联社贷款”，为全市395个行政村（社区）的经联社整体授信30亿元，为乡村发展提供资金保障，壮大集体经济。

【普惠金融】 2019年，农行晋江市支行围绕缓解小微企业融资难，坚持综合施策、量体裁衣、精准发力，开展创新实践，形成“专营机构、专属产品、专门流程、专业团队”等更加适应小微企业特点的服务模式和运营体系，实现线上线下协同发展。农行晋江市支行率先落地

2019年，农行晋江市支行与晋江市农业农村局签订预授信金额达30亿的“惠农兴村贷”合作框架协议

（农行晋江市支行　供）

农行系统全省首笔“纳税e贷”业务。在农总行近期发布的普惠金融专营机构2019年季度评价结果，农行晋江支行位列全国示范支行第10名，全省示范支行第1名。普惠小微贷款有贷客户数达458户，比年初新增328户，有贷户数总量、增量均居农行系统全省第一。普惠小微贷款余额9.32亿元，比年初新增4.71亿元，贷款存量、增量均在农行系统全省一级支行排名第一。

【服务品牌创建】 2019年，农行晋江市支行始终秉持“客户至上，始终如一”的服务理念，2017年启动“创服务品牌”试点工作，全行上下齐心协力，以打造“五个最好”为抓手，全面推进“创服务品牌”工作，全行服务环境更美、服务流程更畅、服务渠道更全、服务产品更优、服务团队更强。在全行推行暖心服务，从一杯茶水、一把雨伞、一次搀扶等细心周到的贴心服务，到便捷、高效、专业的增值服务。把民生工程好事办好，自晋江全市启动ETC发行安装工作起，农行晋江市支行始终把该项工作作为重要的民生工程来抓，配合相关部门推进ETC工作。全年新增ETC签约数27095户，新增总量在农行系统全省一级支行排名首位。连续两届协办晋江市第二届少儿文创市集“礼赞新中国·拥抱世中运”活动。多次组织青年志愿者开展“共创文明城 喜迎世中运”活动。组织青年突击队参加“出彩世中运 多彩新晋江”世界城市定向挑战赛。

（农行晋江市支行 苏炳秋 施文执）

·中国银行股份有限公司晋江分行·

【概况】 2019年，中国银行晋江分行（以下简称中行晋江分行）围绕省中行工作重点，践行“三比三看三提高”（与市场同业比，看自己的优势和差距，提高市场战斗力；与兄弟单位比，看自己在集团中的位置，提高对集团的贡献度；三与自己比，看自己的进步率，提高经营业绩的成长）工作要求，全年无案件事故发生。至2019年末，本外币各项存款余额112.49亿元，较年初增加4.81亿元；本外币各项贷款103.7亿元，较年初增加5.6亿元；不良贷款余额15.86亿元，不良率15.12%。全年实现净收入2.49亿元，同比下降18.15%。

【个人业务】 2019年，中行晋江分行抓个人金融业务提质升效，实现个人金融业务排名争先进位。加大个人贷款和信用卡分期业务投放，贡献度不断提升。至2019年末，个人贷款累计投放11.54亿元，较年初新增8.01亿元，增幅37.34%，占泉州全辖投放总额的29.52%，投放贡献度排名第一；信用卡专项分期累计投放2.06亿元，占泉州全辖总投放26.31%，有效带动个人资产业务增长。以项目带动业务发展，结合工惠卡、智慧工地、智慧食堂、校园一卡通等项目做好批量获客，做好客户的内挖外拓。通过入驻高速公路收费点，进驻村（居）委会、行政事业单位，多场景宴会拓展ETC业务，结合工会卡，加大产品宣传推介，推动个人金融产品发展，既拓展ETC业务，又扩大优质客户群体，至年末，ETC拓展达8755户，拓客数占泉州全辖23.13%，排名第一；“泉工惠”职工服务卡发卡40447张，占泉州全辖32.8%，排名第一；智慧工地项目开户17家，代发11家，开户数、代发数及代发量均居泉州全辖第一。与上级行沟通，核销个人大额不良贷款484万元，银行信用卡不良1543万元，有效缓解不良压力；加强与法院联系，拍卖、扣划被执行人本息384.98万元，超额完成上级行下达任务。至2019年末，个人贷款不良余额1555.53万元，较年初减少340.57万元，不良率0.53%；银行卡不良余额1580万元，较年初减少148万元，不良率2.12%，不良余额、不良率实现双降。

【存款提升】 2019年，中行晋江分行把存款拓展作为工作重中之重，千方百计抓公司日均存款，坚持“抓大不放小”，深耕客户关系维护，以产品带动存款增长。至年末，本外币公司日均存款余额45.88亿元，较年初新增8.44亿，其中人民币公司存款日均42.65亿元，较年初新增6.99亿元，完成全年任务的162%，人民币公司日均存款、外币日均存款、对公表外理财日均余额在泉州分行贡献度均居第一。通过投行发债业务带动27.3亿元资金募集，沉淀日均存款超过5亿；引导客户叙做低风险业务，新增三年期大额存款3.77亿元；通过党建共建、系统开发建设，加强对行政事业单位客户维护，增加行政事业单位日均存款7.63亿元；以产品为抓手，加强表外理财营销，表外理财日均余额达1.19亿元，较年初新增0.63亿元，新增额居泉州全辖第一。

【信贷投入】 2019年，中行晋江分行支持地方经济建设，加大对重点客户和政府项目的信贷支持，提升公司项目贡献度。全年落地重点项目10个，包括海峡石化新增流贷、城投集团发债、晋江文旅集团新增流贷、晋江机场投放、《晋

2019年4月26日，国家税务总局晋江市税务局与中行晋江分行战略合作协议签约暨中银退税通宝产品推介

（中行晋江分行 供）

江经济报》投放、晋江水务集团投放、中辰地产投放开发贷、盼盼食品新增投放，以及七匹狼电子商务、百宏高新材料低风险开票业务等，为晋江经济持续发展提供支撑。深化推进普惠金融贷款，至年末，对公“两增两控”（“两增”即单户授信总额1000万元以下（含）的小微企业贷款同比增速不低于各项贷款同比增速，贷款户数不低于上年同期水平。“两控”即合理控制小微企业贷款资产质量水平和贷款综合成本）口径新增1.10亿元，完成全年任务137%；人行定向降准口径新增1.01亿元，完成全年任务132%，普惠金融对公有效授信客户增加37户，新增有效户居泉州全辖第一。根据晋江企业实际情况，设计创新4个批量化产品，解决部分无法落实担保条件企业的融资难题，助力当地企业发展，信贷工厂创新产品居泉州全辖第一。针对建筑行业产业集群，创新推出针对参与市政项目招投标企业的“投标保函授信模式”；针对五金机电及食品专业市场，创新推出“中银五金机电置业通宝”；为晋江豪新食品城项目定身打造“通宝产品”；针对企业应退未退税款提供融资“退税通宝”产品。

【跨境业务】 2019年，中行晋江分行拓展国际结算业务，提升市场竞争能力，全年实现国际结算量13.12亿美元，同比上升8.5%，占泉州中行辖内贡献度20.75%，较2018年同期提升2.14%；跨境人民币结算量26.66亿元，同比上升68.74%，占泉州中行辖内贡献度25.77%，较2018年同期提升5.98%，当地市场份额25.41%，排名第一位。抓住业务首推时间窗口，加大宣传。单一窗口金融服务上线投产首日，实现对公客户在线预约开户及在线电子汇总征税保函业务首发；发挥外汇专业优势，加强营销。密切关注市场汇率变动，叙做业务，根据结售汇市场报价营销客户办理50笔结汇业务，金额合计1753万美元，带动6063万美元结算量；关注涉外企业的资金动向，深化合作。紧盯人民币利润汇出大户，主动营销，仅安踏集团就办理利润汇出4笔，金额16.5亿元人民币，提高跨境人民币结算量市场份额。

【不良贷款化解】 2019年，中行晋江分行面对出现新的大额不良贷款，有效落实“优绩效、控风险”，按照“真实反映、加快处置”原则，发挥主债权行牵头作用，在监管及政府相关部门的协调和指导下，组织召开债委会、碰头会，与同业探讨化险对策，主动联系资产公司，通过资产包转让，抵押物拍卖等手段，多措并举化解不良贷款。至年末，累计处置不良贷款5.19亿元，其中核销5.18亿元，表内现金清收27.16万元，表外清收404.76万元，减轻不良压力。

【内控管理】 2019年，中行晋江分行坚持思想引导和制度治行相统一，狠抓合规经营，防控案件风险，推进内控合规长效化机制建设，实现业务安全运行。加强警示教育，组织全员签订《合规承诺书》，层层传导内控案防高压态势，加强全员合规意识和责任担当，不定期开展合规测试、合规宣导，组织参观警示教育基地，以学促行，不断加强合规经营管理和禁止性规定精神传导和监督管理，严格落实监管要求。深化专项排查，防范案件风险，结合“碧水蓝天2019”、案件警示教育活动，开展合规问题反思讨论，严肃违规问责，开展巩固治乱象成果、促进合规建设自查和监督检查发现问题问责情况“回头看”，深入开展员工行为大排查，开展侵害员工利益问题、违反中央八项规定精神突出问题专项整治，结合实际细化责任分工，监察、人力、财务、党务条线按照时序进度对礼品、礼金、宣传品、休假情况、周转房、承诺为基层办实事等情况开展排查。根据银保监、人行工作要求，加强反洗钱、消保管理，2019年度组织13场反洗钱业务培训，观看1次反洗钱与制裁合规案例教学视频，组织4次反洗钱宣传活动，开展70余场消费者权益保护宣传活动及4场宪法宣传活动。加强责任落实，加强安防管理，加强网点人员防范诈骗综合处置能力，堵截多起电信诈骗。

（中行晋江分行 胡传龙 陈志森）

·中国建设银行股份有限公司晋江分行·

【概况】 2019年，中国建设银行股份有限公司晋江分行（以下简称建行晋江分行）紧跟省分行“全力当好开启第二发展曲线标杆行”的目标，围绕上级行战略决策部署，以增强“三个能力”担当大行责任，以加强“三大战略”创新动力引擎，不忘初心、牢记使命，集中精力“抓存款、拓客户、创价值”，开拓高质量发展新格局。截至2019年末，一般性存款、企业存款、个人存款日均余额分别为285.24亿元、97.02亿元、188.21亿元，四行占比分别为34.82%、34.56%、34.95%，均居四行第1位。各项贷款、对公贷款、个人贷款余额分别为273.06亿元、160.53亿元、112.52亿元，四行占比

2019年4月2日，全省首个普惠金融个人服务品牌“普惠金融丽凤工作室”揭牌

（建行晋江分行 供）

35.34%、34.79%、36.16%，均居四行第1位。按四行口径不良贷款率1.2%，低于四行平均4.89个百分点，低于全市平均水平1.66个百分点。

【战略推进】 2019年，建行晋江分行推进普惠金融、住房租赁、金融科技“三大战略”。至年底，全行8+1普惠贷款余额26.46亿元，较年初新增5.89亿元，完成“两增两控”监管要求。打造全省首个普惠金融个人服务品牌“普惠金融丽凤工作室”，相继突破办理全省首笔小微快贷“云电贷”、首笔“个体工商户经营快贷”、首笔“科技云贷”。至年底，累计上线社会化房源43360套，居全省第6位；房源核验20027笔，居全省第2位，成为全省第一个突破该项指标的县域行，第二个突破2万笔的二级行；合同签约备案数463笔，居全省第1位。在全省住房租赁KPI考核中排名乙组第2名。营销晋江机场智慧停车场项目，打造全省首个机场无感支付项目和全省最大的智慧停车场；相继上线泉州轻工学院迎新系统、泉州职业技术大学水电费悦生活直联、晋江市住建局“物业管理平台”等多个“智慧+”应用系统，服务百姓安居、乐业、共享的能力进一步提升。

2019年7月6日，“裕农通”农村普惠金融综合服务点揭牌 （建行晋江分行 供）

【实体经济金融服务】 2019年，建行晋江分行加强信贷投向管理，加大民营小微企业等实体经济重要领域信贷投放，至年底，全行民营企业（除国企外）贷款余额150.53亿元，较年初新增3.74亿元，占全行对公贷款余额的93.77%。2019年，全行ETC签约总量6.09万户，居全省第4位；人均拓展154户，居全省第1位；点均拓展2964户，居全省第3位。落地晋江市行政机关公务车平台ETC业务的全流程签约及对公绑定账户开立，在全省率先实现突破。共建成“裕农通”服务点304个，较年初新增176户，行政村覆盖度达108.9%，是全省第三个实现“裕农通”全覆盖的分行。完成善融扶贫交易额4087万元，完成率204.36%，位居系统第1位。推动智能化转型，提升客户服务质效。2019年底，全行柜面现金业务替代率14.74%，比全省平均水平低3.25个百分点，居全省第3位；智能柜员机业务迁移率84.76%；关键营销岗位人员占比率50.89%，居全省第2位；网点客户经理充足率73.78%，居全省第1位。

2019年7月11日，打造全省建行系统首个和晋江当地首个“无障碍网点”和平支行

（建行晋江分行 供）

【风险防控】 2019年，建行晋江分行深入推进全面主动风险管理，加快不良资产的防控和化解处置工作，严防死守、筑牢底板。通过对风险客户的科学权衡，灵活运用再融资、调整期限、贷款展期、变更借款人、贷款承接表外等处置手段有序做好风险化解工作，全年累计为24家大中型客户办理上述业务24.15亿元，余额22.88亿元。制定“一户多策”方案，坚持“分类处置”原则，促进不良资产有效处置，全年累计处置不良贷款6.94亿元，完成综合经营计划。深入推进“合规管理深化年”活动，通过专项检查、突击抽查，结合内外部审计检查、非现场检查监测等，梳理流程、查找不足、举一反三，夯实全行内控合规基础。累计向晋江人行报送7条重点可疑交易线索，其中5条报晋江市公安局立案，2条已破案。

【合规文化建设】 2019年，建行晋江分行合规管理、稳健经营，收获累累硕果。在第六轮银行业金融机构安全评估中，居当地四行第1名。在2019年度晋江市金融机构反洗钱工作评估中，反洗钱工作评价“BBB级”，在非法人银行业金融机构中位居第一。在人民银行晋江市支行年度消费者权益保护工作考评中居同业第一，持续打造着优良的服务口碑。相继获得全省资金结算与会计工作先进单位等多项行内奖项，摘得省分行网络金融与信息技术条线7个集体奖中的5个。在总行星级网点评定中，分行营业部、和平支行被评为总行五星级网点，灵源支行、磁灶支行被评为四星级网点，青阳支行、五店市支行被评为三星级网点，打造全省建行系统首个和晋江当地首个“无障碍网点”和平支行。晋江分行代表省分行参加总行“3721全面出击”金融市场业务系列营销活动，获“优胜团队一等奖”“最佳联动奖”“优秀团队长”3项称号。全年共有5名员工获总行新零售营销活动最佳个人，有2名员工获总行优秀柜员，有2名员工获2019年度省分行网点服务十佳明星及网点服务启明星。

（建行晋江分行　王真真　陈希枫）

·交通银行泉州晋江支行·

【概况】 2019年，交通银行泉州晋江支行围绕转型发展及风险防控的工作方针，结合该行的实际情况，坚持“一手抓风控，一手抓发展”，坚定信心，砥砺前行，齐心协力抓好工作落实。至年底，该行人民币存款余额3.31亿元，人民币贷款余额6.39亿元，个人住房按揭贷款余额2.26亿元。

【项目拓展】 2019年，交通银行泉州晋江支行加大新客户的拓展力度，坚持做大客户群体，推进各项业务深层次合作及发展。

零售业务方面，交通银行泉州晋江支行敏锐捕捉并切入市场及客户的需求点，以重点业务推广为契机，创新思维，整合业务品种，拓宽发展渠道。通过“引进来”+“走出去”，多种渠道、多种方式与市场形成紧密互动，积极推动ETC、云闪付、惠民贷等各类零售指标多元化发展。交通银行泉州晋江支行2019年“云闪付”App新增用户数和“云闪付”App活跃用户数的完成率排名全辖第二；发卡侧移动支付交易笔数和收单侧移动支付交易笔数完成率排名全辖第三。

业务方面，交通银行泉州晋江支行寻求与存量客户的深度合作，多领域多层次的了解客户需求，营销，深入推进公私联动等业务，拓展新目标客户，推动项目尽快落地。2019年，交通银行泉州晋江支行加大对政府和国企的拓展力度和交流沟通，营销开展授信合作，通过多次走访接洽，拓展与晋江国际鞋纺城的合作关系。政府和相关国企对该行业务能力和服务态度高度评价。交通银行泉州晋江支行积极拓展和加强同当地民营企业的授信合作，为企业提供优质的金融服务。百宏集团、盼盼集团、华宇集团等辖内优质民营龙头企业均与交通银行泉州晋江支行有合作。

【风险防控】 2019年，交通银行泉州晋江支行持续开展合规文化提升年活动，加强全面风险管理，让风险管理意识渗透到各项业务的全流程，保障资产质量。坚持风险排查制度，通过工作日志、一户一册等手段，引导客户经理及时掌握客户经营动态及风险预警信号。加强存量不良贷款的渐退和加固，切实发挥减退加固工作主动管控风险、降解风险的作用，确保发展质量。坚持支行晨会制度，利用晨会学习有关政策法律法规，最新信贷政策，授信审查审批要求，及时关注内外部监管部门最新动态，保障各项业务健康发展。不忘加强党风廉政建设和安全保卫工作，严格落实从严治党，加强党建工作，着力做好支部三会一课和支部共建活动，以党建工作凝聚人心，常态化制度化开展“两学一做”学习教育，深入贯彻学习党的十九大精神，使党建工作和业务发展同向发力，围绕职责落实，抓好安全保卫工作，确保金融服务安全。

（交通银行晋江支行　陈小红　曾世明）

·兴业银行股份有限公司晋江支行·

【概况】 2019年，兴业银行股份有限公司晋江支行（以下简称兴业银行晋江支行）坚持以“稳发展、保安全、促转型、夯基础”为基本工作主线，加大服务晋江实体经济的发展力度，严格执行分行的各项工作部署，把握市场机遇，明确思路和目标，适应市场变化，调整经营策略，进一步提升区域的业务推进能力和风险管控水平，业务规模稳步增长，市场份额继续巩固，客户基础进一步夯实，业务总体上保持平稳发展态势。截至2019年底，晋江区域存款余额169.85亿元；贷款余额173.3亿元。

【资产业务】 2019年，兴业银行晋江支行深入贯彻总、分行工作会议精神，做好业务沙盘计划，各业务板块的营销能力持续增强，资产业务余额市场占比处于同业领先地位。各公司业务部积极储备及对接项目，通过采取融资业务延期、产业基金、企业债等产品对接好各类政府业务，继续支持地方经济建设，持续保持政府业务的强势地位。加大对上市、龙头企业的拓展力度。转变观念，在授信主体选择上，加强对实际经营、现金流回行率的考量，加强对上市龙头企业的投放力度，对中小型客户，根据不同客户的业务特征，采用不同策略和业务产品，通过设计差异化产品和金融服务方案，满足企业的发展需要。通过制订营销计划，加强跟进措施，逐一落实责任人和进度，在不同的部门、不同的行业制定差异化的客户沙盘，做到“每个业务部、支行一沙盘、每位客户经理一沙盘。”并通过开展项目论证会，做好与分行有关部门沟通接工作，确保项目能够及时落地。

【负债业务】 2019年，兴业银行晋江支行通过供应链融资、结构性存款等业务的带动，推动负债业务稳定增长，主要得益于：供应链融资的持续开展，带来主体企业以及供应链客户群在行资金的沉淀。持续加大政府类项目的投放，维护政府类存款在兴业银行晋江支行沉淀。结构性存款带动负债增长，通过结构性存款，营销一批上市龙头企业的行外存款，加深与上市企业的合作深度与黏度。保证金存款规模的稳定增长，为各项创新业务的开展以及负债规模的扩大打下坚实的基础。

【风险防控】 2019年，兴业银行晋江支行把资产质量防控作为工作中的重中之重，以拓展业务的干劲和服务意识投入到不良贷款处置化解工作中。一方面坚持“降旧”与“控新”两手抓，采取灵活有效的化解措施，争取“以时间换空间”，最大限度减少损失。加强对风险项目的梳理分类和筛选，并“一户多策”制定处置措施，灵活采取重组、化解、借新还旧等多样化手段。在总、分行的支持下，支行化解多笔风险资产，处置工作取得一定的进展。另一方面做好内部管理工作，加强贷后管理和风险排查，做好续作授信、到期业务还款、利息催收等存续期管理工作。机构负责人、客户经理增强主动管理意识，对所辖客户的资产质量状况做到心中有数，坚决避免因管理环节上出现问题，导致不必要的临时性逾期、欠息发生，影响区域资产质量。落实“风险为本”的反洗钱工作要求，加强客户身份识别，加强可疑交易监测分析，确保反洗钱工作落到实处。

【合规管理】 2019年，兴业银行晋江支行持续做好团队及人才资源建设工作。重点加强客户经理队伍素质，提升专业化营销能力，加强员工合规经营意识，提升团队的战斗力。切实加强内部管理，做到“层层落实，守土有责”，杜绝不作为、乱作为的工作作风。积极防控道德风险和操作风险，加强客户经理尽职履职管理，严格执行周例会、学习例会、晨会制度。要求员工严格落实总、分行各项内控制度以及操作规程，实施一把手负责制，严格筛查员工参与民间借贷以及非法融资行为，提高员工合规经营意识和自我保护意识；通过组织训练和加强业务流程监控管理，提升员工队伍素质，防范操作风险，推动晋江总部区域业务稳健有序运营。

（兴业银行晋江支行　王海东）

·福建晋江农村商业银行股份有限公司·

【概况】 至2019年末，福建晋江农村商业银行股份有限公司（以下简称晋江农商银行）各项存款371.39亿元，各项贷款222.52亿元，存款市场份额位居晋江市银行业首位，贷款市场份额位居晋江市银行业前三位，存贷经营规模位居全省农信系统县级行社首位；连续多年被晋江市政府评为纳税大户企业、经济发展先进企业、行风评议“好”的金融单位，发挥本土银行服务“三农”、服务小微、服务民生的金融“主力军”作用。

【服务实体经济】 2019年，晋江农商银行加强与辖内政府、税务、商会、行业协会等沟通协调，建立合作关系，服务实体经济发展。至12月末，小微企业贷款余额164.59亿元，比年初增加9.45亿元，增幅6.09%，其中授信1000万元（含）以下小微企业129.91亿元，比年初增加13.23亿元，增幅11.34%，高于各项贷款增幅0.33个百分点，贷款户数43143户，比年初增加3947户，实现普惠型小微“两增两控”（“两增”即单户授信总额1000万元以下（含）小微企业贷款同比增速不低于各项贷款同比增速，贷款户数不低于上年同期水平，“两控”即合理控制小微企业贷款资产质量水平和贷款综合成本；突出对小微企业贷款量质并重、可持续增长的监管导向）目标。

2020年12月20日，晋江农商银行举办晋江市紫帽镇“信用镇”授牌仪式（晋江农商银行　供）

【涉农贷款】 2019年，晋江农商银行践行服务“三农”的社会责任，做实做活农户、商户、小微企业信息建档运用，培育良好信用环境，推进诚信建设，新增评定紫帽镇为信用镇、梅青社区等41个村（社区）为信用村（社区），累计评定信用镇2个、信用村170个、信用户11.70万户。至2019年末，涉农贷款余额201.12亿元，比年初增加20.67亿，增幅11.46%；涉农占比90.38%，比年初增加0.37个百分点，实现涉农“一个不低于”目标。

【普惠产品创新】 2019年，晋江农商银行围绕农户、小微、民企融资难问题，通过产品优化和整合，创新推广农民住房所有权及所占宅基地使用权抵押贷款“农房乐”、农村集体经济组织股权质押贷款“农股贷”、无还本续贷“年审贷”等特色拳头产品。至12月末，“农房乐”贷款户数1106户，余额10.57亿元，占全市农房抵押贷款余额的85%以上；发放“农股贷”23户，余额410万元；无还本续贷“年审贷”户数2223户、余额23.12亿元。“农股贷”产品获国家农业农村部2019年度金融支农创新试点，系全省获奖的四家金融机构之一。

【渠道建设】 2019年，晋江农商银行设立自助银行145个，投放自助设备311台，设立143个普惠金融便民点；加强银医合作场景，合作医院累计达10家；推广公交支付场景，实现银行卡替代原公交卡，覆盖46条公交线路500辆车；推广银税合作场景，累计布设银税一体机6台，实现“进银行门，办税务事”；深化银校合作项目，推进“校园一卡通”业务，累计为4400名师生办理校园卡；加强微信缴费平台建设及推广，打造统一用户入口，完成医疗费、物业费、租金、学校订餐、电影票、话费、电费、有线电视等多个缴费项目接入，促进金融服务功能不断提升和优化。

【品牌形象提升】 2019年，晋江农商银行落实"党建+金融助理"乡村振兴服务机制，选派19位支行行长担任晋江市19个镇（街道）金融助理，245位客户经理（含分理处主任）担任全市395个村（社区）的金融助理，建立金融助理驻点办公制度，进村入户提供服务。

（晋江农商银行　姚智清　蔡灿辉）

·中国邮政储蓄银行晋江市支行·

【概况】 2019年度，中国邮政储蓄银行晋江市支行（以下简称晋江邮储银行）深入贯彻国家相关宏观调控政策，执行各级政府部门工作要求，响应各项方针政策，坚持以依法合规经营为最重要前提，紧跟时代潮流，优化信贷结构、提高服务水平、加强风险防控，实现行处经营管理和企业文化的和谐发展。截至2019年12月末，晋江邮储银行各项存款余额116736万元，各项贷款余额411503万元。晋江市灵源支行获得中国银行业协会颁发的"2019年度中国银行业文明规范服务三星级网点"称号。

【小微企业金融服务】 2019年，晋江邮储银行助力产业创新、支持地方经济。发挥产品优势，做大做强零售信贷。截至2019年末，全市共创建信用村41个，创建安海信用镇，利用晋江邮政储蓄银行产品特色（免担保、纯信用、利率低、速度快），批量开发农村区域小额客户。全年各项贷款新增69184万元，推动地方区域经济发展。晋江邮储银行新产品小额极速贷、小微易贷等产品，实现手机银行申请授信。运用资金优势重点开辟小微企业票据融资业务，推动晋江地区小微企业的发展。

【产品创新】 2019年，晋江邮储银行抓住智慧医疗改革时机，领导带领团队多次与晋江市医院洽谈，并突破医改项目合作，实现医院资金提升3000万元。

加强基础客户营销，不断拓宽获客渠道。重点针对工业园区内企业进行精准营销，同时通过个商和小企业贷款客户进行交叉营销，争取代发工资落地晋江邮储银行；落实每日"邮储18日"活动，结合中国传统佳节时机，邀约客户到晋江邮储银行参加沙龙，包括理财、保险、贵金属等；对所有客户开通手机银行、网上银行、快捷支付等，同时将云闪付、微信、支付宝关联账户绑定晋江邮储银行，引导客户资金流转晋江邮储银行。截至12月底，新增代发工资单位11家，累计代发38家3674户1841.59万元。新增农民工工资专户12户，代发2082笔942.59万。

个人零售信贷规模（不含公司贷款和票据）稳步增长。主要得益于个人经营性贷款和住房消费贷款拉动。截至12月末，零售贷款结余236719万元，年净增60909万元；小企业贷款业务厚积薄发。截至12月31日，小企业贷款结余63420万元，首次突破6亿元，年净增8275万；公司贷款有所突破，票据规模、国际结算再上新台阶段。截至12月，支行公司贷款新增授信5笔，金额34.5亿元，放款33443万元；票据累计贴现14.26亿元。

（晋江邮储银行　庄永和　吴仁查）

·中国民生银行股份有限公司泉州晋江支行·

【概况】 2019年，中国民生银行股份有限公司泉州晋江支行（以下简称民生银行晋江支行）以习近平新时代中国特色社会主义思想为指导，积极学习贯彻落实中共十九大精神，以金融服务实体经济、金融服务民营企业、金融服务普惠大众为己任，把"民企金融"和"小微金融"确立为战略重点。截至2019年12月31日，民生银行晋江支行本外币各项存款余额44.61亿元，本外币各项贷款余额26.1亿元，其中境内住户贷款余额14.34亿元，非金融企业及机关贷款余额11.2亿元。

【实体经济金融服务】 2019年，民生银行晋江支行立足晋江经济发展，聚焦民企、小微战略，细分"战略、供应链、中小"三大民企客群，深化客群差异化、精细化经营，加大对中小基础客群的盘存拓新力度，提升一体化、综合化金融服务。通过有力推动和落实，打好民企战略和小微金融的基础，深度开发战略客户及小微客群。与多家晋江龙头企业合作，助力晋江实体经济发展。截至年末，新增小微贷款终审笔数266笔、金额20530万元。

【普惠金融】 2019年，民生银行晋江支行致力于为群众普及金融知识，提升公众金融防范意识，树立负责任的民生品牌形象。联合晋江银保监管组开展"3·15"金融消费者权益日宣传活动；参与晋江金融局主办的"争创'六守六无'、联手共建平安晋江"金融知识宣传活动；受邀参加"2019年第九届中国品牌之都（晋江）金融理财节"等公益宣传活动。

（民生银行晋江支行　蔡茹婷　罗进川）

·招商银行股份有限公司泉州晋江支行·

【概况】 2019年，招商银行股份有限公司泉州晋江支行（以下简称招商银行晋江支行）始终践行招总行"因您而变"的服务理念，致力于成为晋江地区"最懂客户的银行""消费群众周边的金融服务管家"。截至2019年底，招商银行晋江地区各项贷款余额达365380万元，各项存款余额达263469万元。

【科技领域】 2019年，招商银行晋江支行以金融科技为引擎，科技敏捷，实现资源、产品和客户的最大整合。支行累计签约校园缴费学校15家，缴费人数1.52万人，交易笔数2.1万笔，交易金额3100万。与晋江政法委联合开发上线晋江平安志愿者服务平台。借助招商银行手机App的强大平台，为当地政府节省资源做好管理工作。

【社会责任】 2019年，招商银行晋江支行对不同客群采取针对性特色宣传活动，开展形式多样的活动共计92场，涉及人数10000人次。通过活动，带动支行人气，宣传金融品牌，客群增长。特色活动主要有小小银行家体验课程、“冰雪奇缘”儿童音乐剧、母亲节进社区、中秋博饼、“绿茵女神”世界大体联足球杯赛，11周年厅堂感恩回馈活动、万达周年庆活动等等大型户外活动。

(招商银行晋江支行　刘海鹰　曾友余)

·平安银行股份有限公司泉州晋江支行·

【概况】 2019年，平安银行股份有限公司泉州晋江支行(以下简称平安银行晋江支行)全面定位为零售支行，通过“综合金融+互联网”和“互联网+综合金融”两个模式，整合客户和产业链上下游资源，向客户提供一站式、多样化的金融服务。截至2019年12月31日，平安银行晋江支行各项存款余额为88249.47万。各项贷款余额为113131.47万元，其中公司贷款为39416.12万元，个人贷款为73715.35万元。

【业务办理】 2019年，平安银行晋江支行贯彻落实各级监管部门以及总行支持小微企业发展的各项政策，结合晋江区域特色为晋江中小企业及零售客户提供多款金融产品。支行先后推出“房易贷、宅易通”等产品，为中小企业提供经营周转资金，缓解中小企业融资困难，降低企业融资成本的特色服务深受广大中小客户赞许和欢迎。

在零售业务方面，服务晋江区域广大的个人客户，提供便利的个人结算，结合中国平安的综合金融平台优势，提供合法合规有竞争力的理财产品，为晋江市民提供更多的银行产品与更优质的服务体验。

【一站式零售门店打造】 2019年，平安银行晋江支行新门店以提供“一个客户、一个账户、多个产品、一站式综合金融服务”为目标，打造“全产品、共享式”零售门店。可以同时办理投资理财、信用卡、消费信贷、汽车金融等银行零售业务。晋江支行二楼专属贷款面签区域方便当场完成面签及办理贷款相关手续。平安银行晋江支行新门店还设立“综合金融服务区”。承载平安集团综合金融业务，可以与专业综合金融团队经理商讨适合自己的金融解决方案。扫二维码即可了解产品详情，进行产品咨询或购买。

【线上线下无边际服务智能化】 2019年，平安银行晋江支行新门店通过引进各种智能化设备和工具，利用金融+科技的手段，打造线上线下融合的无边际服务，延伸服务时间和空间。平安银行构建的智能服务系统方便您随时随地通过口袋银行App、微信公众号、网银等多途径完成业务预约、填单等事项。客户提交信息后，系统立即将个人基本需求、风险偏好评估数据，与内置的平安智能数据库结合，进行深度需求分析及智能服务推荐匹配，将个性化、定制化的解决方案同步至网点。平安银行晋江支行新门店中90%的业务均可以通过自助业务办理区快速完成。该区域布放的多台智能化设备可以支持7大类30余种银行业务的自助办理，如开户业务、信用卡业务、投资理财业务等。另外还设置了FB自助设备、大额存取款机、CTM等设备，即来即办无须排队等待。

(平安银行晋江支行)

·泉州银行股份有限公司晋江区域支行·

【概况】 2019年，泉州银行股份有限公司晋江区域支行（以下简称泉州银行晋江区域支行）及下辖的12家综合性支行、8家社区支行。2019年，泉州银行晋江区域支行加快推进发展模式转变，增强市场竞争力和可持续发展能力。深入服务地方经济，为晋江当地居民、企业及政府提供差异化、便捷的金融服务。截至12月末，泉州银行晋江区域支行帮助福建省晋江城市建设投资开发集团有限责任公司、福建省晋江产业发展投资集团有限公司、晋江市房屋建设开发有限公司在北京金融交易所成功备案债融额度40亿元，并挂牌发行23.3亿元，募集资金用于归还企业原有银行借款，帮助企业降低财务成本，优化企业债务结构。泉州银行晋江区域支行参团承销晋江城投的债券9.6亿元，助力晋江当地国有企业加大对产业发展、城镇建设方面的投入。2019年，泉州银行晋江区域支行各项存款余额123.86亿元，同业排名第6，较年初增加7.01亿元；各项贷款余额69.08亿元，较年初增加4.46亿元。

【产品创新】 2019年，泉州银行晋江区域支行在加快发展步伐的同时，持续加强产品创新。产品体系覆盖公司、小微、零售、金融市场等板块，线上线下共同发力，构建新型普惠金融模式，打造“泉行快贷”与“泉行惠贷”两大普惠金融品牌，创新推出惠渔贷、惠农贷、惠民贷、便利贷、好税贷、商品房抵押快贷、创业担保贷、押余贷等众多产品。

“泉行快贷”线上产品持续发力，以“信用、小额道义担保、政策性担保公司担保、抵押”等多形式的担保方式，满足不同层次客户融资需求，解决担保难题，提高融资可获得性。借助互联网等现代信息技术手段，创新产品和服务渠道，实现标准化的产品，降低交易成本，提升服务可获得性，培育普惠金融服务新动能。

“泉行惠贷”线下产品深耕普惠金融。泉州银行晋江区域支行积极响应国家“大众创业　万众创新”的号召，率先落地晋江首笔个人创业担保贷，支持农村自主创业人士、高校毕业大学生、网络商户等11类人群的创业资金，截至12月末，累计受理超150笔，发放贷款83笔，贷款金额788万元，累计为创业客户节省利息21.1万元。以“普惠无间”为切入点，根据晋江地区特色，针对民生相关的农林牧渔等行业小微客户，创新推出惠渔贷、惠农贷、惠民贷等地域特色产品，满足客户多元化金融服务需求。

泉州银行晋江区域支行提供全面的零售信贷、储蓄结算和财富产品体系，创新性启动个人微贷业务，延伸社区银行服务触角，致力为当地居民提供全面的零售金融服务。通过金鲤贷、公务(超能)卡、满分卡、贷生活等延伸产品，打造零售核心产品新形象，满足个人及家庭日常消费融资需求。在客户财富管理方面，响应监管“普惠金融”政策，推广大额存单、惠生活等系列品牌产品，并推出一元就能做的理财——悦钱包，让客户体验随存随取、积少成多的理财方式，满足学生、老人、白领等各阶层人士对闲散资金的理财需求。

【小微企业金融服务】 2019年，泉

州银行晋江区域支行共办理无间贷548笔，贷款金额17.48亿元；截至2019年12月31日无间贷贷款余额15.13亿元。

泉州银行晋江区域支行推出“好税贷”线上贷款业务，以“银税互动”为切入点，通过对接省国税税源数据，借助互联网大数据，搭建银税信息共享，支持小微企业“以税促信、以信申贷”。实现贷款“在线申请、自动审批、自助提款、自助还款”，从申请至提款全部在线完成，审批时效大幅提高，优化小微企业的申贷体验。全年“好税贷”累计进件2285笔，累计用信超2亿元，授信签约客户352户，用信余额达7543.9万元。

泉州银行晋江区域支行提供安置房按揭贷，通过与晋江市房屋建设开发有限公司达成合作方案，通过政府、第三方中介、银行的联动，打通存量安置房买卖渠道，为晋江紫帽片区存量安置房市场化交易提供融资支持，以较低的房价吸引外地人才到晋江就业、创业。在有效解决新市民购房需求的同时，促进政府资产通过市场化交易变现，实现回笼资金。至2019年，累计受理按揭283件，金额约1.4亿元。

【普惠金融】 2019年，泉州银行晋江区域支行在晋江生活集聚区和成熟商圈周边共设立社区银行网点8家。扎根社区、贴近市民，社区银行为居民提供特色化的金融及非金融服务，包括理财及贷款咨询、业务办理、设置体检仪、照片打印机、便民图书角等便民设施，逐步形成“社区服务+金融模式”的深入融合，形成银行、社区互惠互利的长期合作态势。

泉州银行晋江区域支行以课程体系为核心，活动及产品体系为抓手，着力打造泉州银行第二家儿童主题银行——晋江宝龙国际社区支行。泉州银行晋江区域支行所辖8家社区银行于春节期间开展定存送积分，零花钱大作战的活动；联合多方开展儿童朗读赛、国学礼仪夏令营、“福佑善缘”礼佛、公益讲座、义诊等主题活动。

【合规建设】 2019年，泉州银行晋江区域支行加强员工警示教育，严防红线底线。2019年，3次组织辖内管理人员及30周岁以下青年员工赴晋江市看守所开展案防警示教育及金融反腐败主题教育活动，增强员工廉洁自律意识和法治理念；按季开展案件防控经验分享会，组织观看案件警示教育宣教片，引导员工树立正确的职业观、道德观，杜绝各类违法违规行为和腐败案件。通过员工自查与机构排查形式，从员工工作表现、言谈举止、群众反映、日常消费等渠道，多维度监测员工八小时内外的动态，保持对员工参与民间借贷、非法集资活动等行为的高压态势。

泉州银行晋江区域支行开展合规问题反思大讨论，从管理职责出发，深刻反思和查找各机构在制度建设与执行、流程管控、员工行为管理等方面存在的问题，交流沟通，总结提炼出行之有效的对策措施用于补齐合规管理短板，提升行内合规管理水平。

（泉州银行晋江区域支行　庄金燕　邱志远）

保 险

·中国太平洋财产保险股份有限公司晋江中心支公司·

【概况】 中国太平洋财产保险股份有限公司晋江中心支公司（以下简称太平洋产险晋江中支）下辖石狮支公司和晋南、安海、福埔、紫帽4家营销服务部，2019年，员工129名，经营险种包括机动车辆保险、财产保险、责任保险、意外伤害保险以及船舶险等250多个主险和1600多个附加险。2019年，太平洋产险晋江中支围绕总公司“对标一流、看齐先进”转型目标，紧扣分公司“夯实基础强管理、专业建设促分享”发展主题，聚焦“双优”年度目标，夯实管理基础，开拓市场，全年实现保费收入2.5302亿元，全年综合赔付率61.05%，综合成本率97.94%，向政府缴纳税额3132.36万元（车船税2228.67万元）。

【车险电子保单上线】 2019年9月，太平洋产险晋江中支开始推广车险电子保单，正式进入车险电子保单时代，实现从客户微信询价、App移动出单、手机支付保费、保单生效至生成电子保单的车险承保全流程电子化。客户完成车险投保电子化流程后，通过投保成功的短信，可自行查阅和下载电子保单，也可通过关注“太平洋产险福建分公司”公众服务号或进入太平洋保险官方网站进行保单查询、下载和验真。

2019年12月，太平洋产险晋江中支商业险电子保单覆盖率49.32%，并将在2020年推进车险电子保单全覆盖。

【警保合作农村交通安全劝导站落成】 2019年9月，太平洋产险晋江中支联合公安交警部门建立的两个农村道路“警保合作”交通安全劝导站正式落成，分别位于青阳街道阳光社区和紫帽镇园坂村。劝导站由个人客户服务部派人和公安部门工作人员轮流值守，以警保合作劝导员形式，履行交通安全劝导、交通安全宣传、基础信息采集、道路隐患排查、保险事故快处快赔、保险业务代理等工作职责，依托劝导站，扎根基层，为社区居民、小微企业及前来咨询人员普及金融知识，提供便利的金融服务，实现“队伍扩大、职能扩充、业务融合、服务农村”的警保联动新模式。

【合规管控】 太平洋产险晋江中支设立合规管理部，与综合管理部合署办公，并配置风控管理专岗1人，通过完善风险管控组织，发挥“三道防线”的合规管理职能，改进“齐抓共管”合规工作。太平洋产险晋江中支还通过定期梳理排查、视频培训、以会代训、晨会宣导、合规专栏、网络学习测试等多种形式，持续加强员工合规经营理念教育，开展扫黑除恶、反洗钱、防范非法集资等工作，不断提升一道防线责任意识，梳理二道防线岗位职责，推动一、二道防线形成合力，持续提升公司合规与风险管控能力。

太平洋产险晋江中支向社会公众宣导金融知识，参加由中国人民银行晋江市支行、泉州银保监分局晋江监管组、晋江市银行业协会、晋江经济报社举办的“2019第九届中国品牌之都（晋江）金融理财节”，由泉州银保监分局、泉州市保险行业协会、泉州市保险学会主办的“7·8”保险扶贫公益跑活动，参与“卡尔美2019年国际大体联足球世界杯”现场设点等外场活动，深入到泉州文庙、晋江五店市、锦洲瑞苑、五里桥公园、阳光时代广场、华泰小区等地，为社会公众普及扫黑除恶、反洗钱、防范非法集资和电信诈骗等金融保险知识，扩大金融知识的宣传效应和影响力，提升行业形象。

(太平洋产险晋江中支　陈雅真　吴紫芳)

·中国人寿保险股份有限公司晋江市支公司·

【概况】 2019年5月，中国人寿保险股份有限公司晋江市支公司(以下简称人寿晋江支公司)获得中国人寿总公司“青年五四奖章集体”称号；12月，人寿晋江支公司获得全国保险业“顾客满意度AAA单位”称号，获得泉州分公司“重振国寿再出发”职工线上健步走活动达标奖及机构竞赛三等奖。

【人力资源】 2019年，人寿晋江支公司坚决贯彻“队伍驱动发展”战略，以“C计划”为引领，实施五大工程。

人寿晋江支公司领导高度重视功能组的建设，特别是功能组组长的培育，要求功能组组长必须要是入司两年内，年轻、学历高的组经理以上职级主管担任，正确落实职场五大功能组运作职责，公司也定期集训提升组长、组员技能，如今功能组成为晋江支公司各职场早会、增员、辅导、小说小创会、客养组织、星级工程追踪的主力军。

人寿晋江支公司加强辅导训练组长培育，使之与导师成为新人育成重要力量。2019年，以中心职场为单位共开设16个新兵营，入营新人突破500人，营长副营长及授课讲师均为外勤主管。同时，公司借助远程培训支持，培育导师队伍，现有导师243人，不断推进主管导师化进程。

【业务发展】 2019年，人寿晋江支公司综合得分位列全市综合公司第一名，同时在行业处于双领先地位，期交比值116%，人力比值213%。

截至2019年12月31日，人寿晋江支公司实现总保费收入15.94亿元，同比增长4.2%，其中续期保费12亿元，同比增长8.3%；长期险首年标准保费1.62亿元，完成率108%，同比增长36%；长险首年期交保费3.26亿元，完成率118%，同比增长6.7%；10年期及以上首年期交保费1.7亿元，完成率104%，同比增长52%；保障型产品期交保费1.13亿元，完成率102%，同比增长43%；短期险保费6567万元，完成率115%，同比增长29%；寿代产保费4617万元，完成率90%。个险渠道长险首年期交完成率118.27%，标准保费完成率108.21%，保障型保费完成率102.11%，10年期保费完成率103.55%，短险保费完成率118.45%，持证人力完成率111.72%，月均长举完成率106.38%，季均有效完成率102.66%。在实现既定目标的基础上，实现大幅度增长，主要指标完成总量均位居全省全市第一名。

银保渠道首年期交完成8163.4万元，完成率111.54%，同比增长27.75%，全市占比34.27%。渠道网营期交2589.6万元，完成率110.2%，同比增长26.9%，全市占比35.16%。保障型产品1256.4万元，完成率151.10%，同比增长122.9%。长险首年标准保费完成2104.24万元，完成率119.66%，同比增长31.97%，全市占比25.85%。10年期保费完成2123.8万，完成率146.47%，同比增长24.49%，全市占比27.65%，短期险保费完成498万元，完成率150.91%，同比增长88.78%，全市占比29.62%。年度职能考核得分全市第一。

2019年团险渠道合计保费2048.1万，同比增长8.5%，完成率93.1%。大短险保费收入6587万，同比增长28.9%，完成年度任务103.74%。同时渠道还竞争中标，成为晋江市政府老人保险等多项政保民生业务的服务商。

【科技创新】 2019年，人寿晋江支公司坚持科技创新，数字化自主经营体系嵌入晋江支公司全体营销员日常经营活动中，运用拜访签到等多项功能板块，加强时间管理，提升工作效率。对主管而言，全面组建自己的线上团队，借助拜访签到进行团队访量管控，借助金网系统、团队报表等模块进行日常考核追踪。在职场层面，借助线上职场建设，实现100%线下职场线上化，将职场运营的各板块资讯上传，利用远程视频系统提升辅导能力，加强功能组建设。在公司层面，借助各类报表、大数据，把握整体经营节奏，提升经营决策的科学性，并借用科技手段加强统一运营，实现科技助力转型升级。线上职场覆盖率100%，线上获客数占比超40%，累计拜访签到有效访量超50万人次，掌上短险举绩人数超2500人。通过大健康建议书的开发及完善，人寿晋江支公司保障型各项经营数据均居全省前列。通过数字化自主经营体系，人寿晋江支公司不断丰富报表体系，实现拜访、人力、业务全覆盖，将数据支撑至职场、团队一级，进一步助力团队提升自主经营能力。

运用科技国寿，增强客户临柜体验。全面推广寿险App，用科技的力量提升服务质量。对外做好临柜客户寿险App宣导，并为客户开通权限。引导临柜客户通过手机通道办理相关业务，减少客户等待时长，优化客户体验。对内加大下职场宣导力度，定期组织柜员到各职场进行宣导和培训。引导公司内部员工及营销员进行寿险App的开通及体验，更好地为客户服务。

【风险管控】 2019年，人寿晋江支公司重视风险管控工作，积极促进依法合规经营，加强关键风险防范点管理。针对工作实际，加强销售诚信服务管理，定期开展营销队伍诚信教育、严密防范销售过程中的误导风险。加强督导，定期检查，进一步加强内部控制管理，提升风险防范能力，建立规范经营的长效机制。

(人寿晋江支公司　蔡少泽　陈善源)

·中国人民财产保险股份有限公司晋江市分公司·

【概况】 中国人民财产保险股份有限公司晋江市分公司(以下简称人保财险晋江市分公司)2006年2月从人保财险泉州市分公司独立分设，直属省公司管理，辖区覆盖晋江、石狮、泉州经济开发区，下设8个县公司级分支机构，员工430余人，代理人员1200余人，服务网点遍布辖区城乡。经营保险产品涵盖机动车保险、企财险、船舶货运险、责任险、信用保证保险、农险、意外健康险等非寿险领域。2019年，人保财险晋江市分公司保费收入8.67亿元，承担社会风险

2019年5月9日，人保财险晋江市分公司举办兑现女性安康保险履赔仪式
（人保财险晋江市分公司 供）

责任6193亿元，缴纳地方税收1.02亿元，累计服务客户59.17万人，全年处理赔案7.1万件，支付赔款4.43亿元。获人保财险2019年全国地市分公司IT500强，人保财险福建省分公司2019年度“满意在人保”活动服务标兵三等奖、财会工作质量考评二等奖、信息宣传工作先进单位三等奖等，推出的晋江市老年人长期护理保险获泉州市2018年度创新金融产品（项目）——创新应用奖一等奖，所辖石狮支公司获人保财险福建省分公司2019年度先进集体、经营管理先进单位一等奖，所辖福埔营销服务部、陈埭支公司分获人保财险福建省分公司2019年度经营管理先进单位二、三等奖。

【保险业务】 2019年，人保财险晋江市分公司持续承保辖区农房保险、校园方责任险、自然灾害公众责任险、渔工渔船保险、水稻和森林保险等政策性保险。提供各类保险服务，协助开展社会治理，获得地方党委和政府的信任和支持，成为辖区政府安全生产委员会、防汛抗旱指挥部、校车安全委员会成员单位。不断探索新型保险产品，助力补齐民生和治理短板，联合政府部门持续推进社会治安综合保险、长期照护保险、妇女安康保险、安全生产责任险、“青年创业”个人贷款保证保险、政银保等民生类、治理类险种，开展“警保联动”、助力政法委“六守六无”创建活动等等，响应地方政府经济发展与和谐社会建设的各项政策。

【协同融合】 2019年，人保财险晋江市分公司对外服务方面，上架晋江机场贵宾厅候机、现场书写春联活动等增值服务项目；持续参与“警保联动”联合巡查、协同推进7个农村警保劝导站的设立。对内保障方面，根据各部门需求开发了各类管理工具，提升公司信息化水平；通过工会、团委落实员工关怀、评先评优，举办职工运动会、创新创意大赛等各类活动活跃职工生活。

【合规管控】 2019年，人保财险晋江市分公司在降赔减损方面，抓好进项税抵扣、反欺诈、追偿、科技理赔、驾安配、低碳修复六大降赔增效工作。考核奖惩方面，将对标、利润、增员等关键指标固化进干部千分制考核方案；出台基层管理人员问责办法，提高干部队伍的责任心和执行力。“三定”工作方面，机关由14个部门减少至10个，本部人员压缩比例近13%；分支机构由11家调整为8家，班子职数28人，区县中后台人员未突破上限；共6人退出管理序列。合规经营方面，严格执行车险“报行合一”，聚焦信贷类、扫黑除恶、非法集资等重点领域风险防范；定期巡查，整改问题，堵塞漏洞。

（人保财险晋江市分公司 连文兰 施扶摇）

证 券

·兴业证券股份有限公司晋江崇德路证券营业部·

【概况】 2019年，兴业证券晋江崇德路证券营业部（以下简称兴业证券晋江营业部）秉承“开拓进取、担当奉献、创新协同”的兴业精神，坚持“提升员工价值、创造客户价值”的核心价值观，贯彻落实年初的工作部署，加大创新力度，加快转型步伐，严格控制经营风险，持续加大对人员队伍的投入，不断提升理财顾问专业素养，增强业务的持续竞争力，提高业务收入。晋江营业部截至2019年底，总客户数为62471户，客户总资产38.45亿元，本年A股和基金累计成交额362.03亿元，有员工人数18人，全部为正式员工。

【业务创新转型】 2019年，兴业证券晋江营业部拓展创新型业务，通过定价服务、股票、理财产品、港股业务、融资融券、科创板、机构业务、金融衍生品等多元化、全业务经营，进一步实现收入的多元化，扎实推进转型。通过各项业务的协调发展，形成较为完善的业务结构，减少盈利波动性，增强自身抵抗风险的能力。

【投资者教育】 2019年，兴业证券晋江营业部在现场悬挂理性投资的宣传标语，向社会公众和广大投资者进行宣传；通过营业现场及分公司微信公众号等新媒体平台推广由协会和人行联合制作的反洗钱宣传微电影《利益的诱惑》；编制和订制理性投资知识手册、宣传手册、宣传单，摆放在营业部展架上，供社会公众和投资者领取，并向办理业务的客户进行发放。通过公司统一技术平台，短信平台向客户提

2019年6月，兴业证券晋江营业部通过LED开展反洗钱宣传 （兴业证券晋江营业部 供）

供提醒服务。向社会公众和广大投资者宣传公民反洗钱配合义务及防诈识骗知识，增强反洗钱意识，防范洗钱风险，保护自身安全。

【合规经营】 2019年，兴业证券晋江营业部坚持稳健经营，规范发展的原则，加强内部风险管理，落实各项公司制度措施，加强从业人员对行业、公司各种规章制度的学习和执行，发展各类业务。加强创新业务的研究，做好创新业务的资格审批工作，严格按公司要求，完善业务流程和风险控制。坚持对员工进行定期或不定期地合规专项业务学习，定期开展合规专项自查工作，消除风险隐患，全年未发生重大违规事件。遵照执行分公司最新修订的《反洗钱工作管理办法(2019年9月修订)》《分公司反洗钱工作管理办法(2019年12月修订)》等流程和制度。

（兴业证券晋江营业部 吴洁琪 傅子勤）

·中国中金财富证券有限公司晋江迎宾路证券营业部·

【概况】 2019年，中国中金财富证券有限公司晋江迎宾路证券营业部（以下简称中金财富证券晋江营业部）秉承“客户至上、以人为本、市场导向、合规诚信、合作共赢”的经营理念，以为客户创造价值，为员工提升价值，为股东实现价值，为社会奉献价值为使命，通过规范、优质、高效的专业服务与国内外客户携手前进。2019年，根据福建省证券业协会公布的省内券商营业部交易份额排名，中金财富证券晋江营业部位居晋江区域内15家营业部排名第1位；泉州地区89家营业部排名为第8位；福建省408家营业部中排名为第43位。

【投资者教育】 2019年，中金财富证券晋江营业部把投资者教育工作作为营业部的工作重点，为保护中小投资者并提高投资者的风险意识，通过公司统一的技术平台、短信平台向客户提供提醒服务，确立投资者教育目标、工作计划和实施方案，本着“全员参与，分工明确，责任到人”的原则，明确各成员在投资者教育工作中的具体职责，保证投该项工作在各个环节都能落到实处，做好投资者教育和保护投资者利益。

【合规经营】 2019年，中金财富证券晋江营业部配合落实公司总部关于文化建设的各项部署，恪守廉洁从业，贯彻执行廉洁从业有关规定，建立健全内控制度；加强对员工廉洁教育和文化宣导，培育廉洁从业文化。营业部把防范和化解金融风险作为重要任务来抓，严格落实各项监管要求，始终将合规问题立于运营之上，从高层做起贯穿至每位员工，逐步建立、完善合规管理的长效机制，贯穿于各项业务流程和工作环节当中。营业部定期组织员工进行合规学习，加强员工的合规培训，督促从业人员增强合规意识，配合公司合规垂直管理制度，严格把控风险，全年未发生客户投诉和重大风险。

（中金财富证券晋江营业部 蔡昌远 蔡命港）

城乡规划

【完善城市功能】 2019年，市自然资源局规划先行，配足配强一批教育医疗、健康养老等功能项目。完成高铁新区等项目控规编制工作、世纪大道双创活力走廊土地资源盘点与行动规划研究、草庵文旅街区、科创新区概念设计、机场周边及空中景观整治提升专项研究等。做好田园风光项目、超高端人才社区建设等一批重点项目的规划设计、规划审批等服务。保障世中运，重点服务场馆建设、周边配套、道路沿线整治提升，美化城市展示窗口，高标准推进晋江主题雕塑建设。

【加快区域融合】 2019年，市自然资源局立足晋江全城一体，对外融入泉厦漳，辐射中西部地区，对接福厦客专、世纪大道南延伸、东海通道等市域通道规划研究，开展高铁新区交通规划、地下空间和市政专项规划等专项规划编制；以点带面，逐步完善城市慢行系统，完成双龙路立体过街设施、机场周边配套道路、双龙路等重要通道环境综合整治规划。服务市政基础设施项目的前期选址工作，开展变电站等项目前期工作以及提出等级道路项目前期选址意见。

（市自然资源局　魏智文　蔡天文）

市政公用事业

【公园建设管理】 2019年，晋江市建成区城乡绿地率达39.95%，绿化覆盖率44.03%，人均公园绿地面积13.58平方米。

2019年，晋江市继续稳步推进市区公园品质提升工作，通过对标找差，加快完善设施配套、优化景观效果，提升精细化管理水平，为市民提供环境更优美舒适的绿色休憩空间。

崎山山地自行车公园　2019年，基本完成石艺、花海两个主题区80%的建设，完成山林区的基本路网、水系、绿化框架建设，完成亲子游乐区建设，景观效果初步展现，向公众开放的区域逐步增加。

晋江南岸生态公园　继续推进晋江下游生态整治工程建设，以休闲运动区为主，实施田安大桥至晋江大桥部分的绿化景观、运动步道、广场铺装、停车场及其他配套设施（包括给排水设施、环卫设施、园路灌溉设施、照明设施、休息设施等）的建设。截至年底，绿化、园路、桥梁及驿站公厕等基本园区框架及配套设施已完成，累计完成总投资约3.9亿元，占工程总体工作面75%。

八仙山公园配套　主要完成八仙阁及附属用房建设工程主阁封顶，设备

2019年，崎山山地自行车公园花海主题区　（市林业和园林绿化局　供）

用房、配电室、电梯、石雕构件、廊亭楼台、周边景观等配套项目全面同步推进。完成西入口建设。

晋阳湖公园　自2019年9月1日起，市林业和园林绿化局正式介入晋阳湖公园管理，开展绿化养护、环卫保洁、安保巡逻等整治工作，短时间内迅速改变公园脏乱差的形象；及时修缮破损的平台、栈道、园路、照明系统等设施，消除大量安全隐患。

公园养护管理　至2019年底，晋江市公园绿化养护及保洁面积增加至235万平方米。共分成3个作业标段，完成养护资金投入约1600万元，严格要求项目负责人、各公园技术负责人及作业人员各司其责，做好工人队伍的技术指导及调配，确保现场作业按要求落实到位。

图为2019年，世纪大道绿化养护一角　（市林业和园林绿化局　供）

【道路绿化养护】　2019年，市林业和园林绿化局以巩固国家园林城市为抓手，建养并重，持续推进道路绿化养护。按照“保障行车安全，美化道路景观”的思路，实施道路绿化养护及硬地保洁服务面积346.51万平方米，日均投入养护作业人员约728人次，完成养护资金投入约3745.98万元。

【世中运城市绿化景观提升】　2019年，市林业和园林绿化局以“提升城市生态环境，展现晋江精神风采”为目标，按照“增绿、添彩、提质”的工作思路，点线结合，推进城市景观绿化项目建设。重点围绕世中运交通干道和场馆沿线，实施晋新路两侧绿化慢道、深安线永和马坪至安海外曾段改造绿化、世纪大道南拓段两侧景观提升等17个道路景观项目建设，规划双龙路、世纪大道、和平路、博览大道等21条道路绿化景观提升。重点围绕城市重要节点位置，实施晋江下游生态整治工程、市民广场绿化工程、晋江大桥桥下互通绿化景观提升和市区垂直绿化景观工程。

【绿化配套功能完善】　2019年，市林业和园林绿化局以补齐重点领域短板、带动民生社会事业发展水平整体提升为目标，及时跟进道路新改建进度，完善配套绿化建设，不断增进民生福祉，提升群众获得感。完成草马路（永和至英林段）改造绿化工程建设，规划推进晋江市域8号路（一期）、龙狮路（龙湖段）、泉安中路（崇德路—长兴路）辅路、国际会展中心周边配套道路绿化项目。在元旦、春节、五一国际劳动节、十一国庆节等节假日期间，利用广场、各主要交通节点、街头绿地等空地摆放、种植鲜时花，完成道路鲜时花种植约86万株，完成投资约142万元。

（市林业和园林绿化局　王辉庭　林志阳）

2019年，南港污水处理厂一期二沉池水处理　（市水利局　供）

【污水处理】　2019年，市水利局推进污水处理厂建设。晋江市共有7座污水处理厂，污水处理总规模34万吨/日，2018年日均处理26.86万吨，日产污泥150.65吨，2019年日均处理30.91万吨，日产污泥188.23吨。其中深沪污水处理厂于2019年6月完工，该处理厂的建成标志着晋江市实现全市域生活污水处理厂全覆盖。针对部分污水处理厂接近满负荷运营的问题，持续推进南港污水处理厂二期5万吨/日扩建工程和晋南污水处理厂二期2万吨/日扩建工程，其中：南港污水处理厂二期扩建工程于2019年12月开工建设，计划2021年建设完成。

开展农村生活污水治理。截至2019年底，全市有332个村(社区)开工，其中完工186个、在建146个，其余28个处于预算或招标阶段；全市计划建设小型污水处理设施157座，开工76座，其中已完工39座、在建37座，其余81座有30座因用地问题尚未动工、51座正在组织招标；累计建成农村污水管道2837千米，完成投资10.7亿元。其中，2019年计划实施全市农村生活污水治理项目194个，完工69个、在建119个、正在招标6个，完成投资6.01亿元。

实施配套管网和截污工程。推进“断头管”攻坚项目。持续推进全市77个“断头管”攻坚项目，年度完成管道建设51.06千米，完成投资15241.93万元。推进生态流域截污工程。重点推进阳溪、钞井溪、九十九溪支流双溪内溪、湖漏溪等流域截污工程建设，完成9.65千米截污管道埋设。其中梧垵溪、坝头溪、鸿江河道、双溪外溪、埭边东溪、缺塘溪、钞井溪、阳溪等流域截污工程完工，加塘溪、湖漏溪、双溪内溪等截污工程正在抓紧施工，大坝溪正在抓紧前期设计。

加强污水设施设备管理。加强管道维修维护。加强市区排水管网维护工作，3支维护队伍2019年完成管道清淤55.5千米，清理雨水篦4026个。加强泵站运行管理。指定专人负责15个泵站的运行管理，确保污水泵站正常运行，收集生活污水至污水厂处理。

提升市区防洪排涝能力。2019年，经组织全面梳理排查，全市共发现易积水点106处。其中，推进整治58处，市水利局负责整治29处，23处完成整治，6处正抓紧推进整治；相关市直部门和镇(街道)负责整治29处，21处完成整治。其余48处纳入日常管理维护，20处由市水利局委托3支维护队伍负责巡查维护，28处由相关市直部门和镇(街道)负责日常管理维护。

(市水利局　李培波　洪贻谋)

【供水】 2019年，晋江市以深入贯彻落实习近平总书记关于“要让农村人口喝上放心水”“不能把饮水不安全问题带入小康社会”等重要指示批示精神，以及全省农村饮水安全巩固提升暨加快补齐老区苏区农村饮水安全短板工作现场会精神等为契机，出台《晋江市人民政府办公室关于印发晋江市巩固提升农村饮水安全水平实施意见的通知》和《晋江市人民政府办公室关于印发晋江市提升供水水质三年行动方案的通知》等文件，重点从水源管理、人员配置、水质管理、净水生产管理等9个方面对各自来水公司进行规范化管理。

各自来水厂均加大资金投入，对水厂工艺及化验设备升级改造，组织全市水厂共计14名化验人员到福州、厦门等地进行化验员水质能力培训，并发放化验人员培训合格证书，提高各水厂检测人员的检测能力。2019年，全市各自来水厂出厂水抽样100份，合格100份，合格率100%；管网末梢水抽样400份，395份合格，合格率98.8%，全市水厂年度106项全化验均达标。

2019年，市水利局持续推进二次供水工作改造，全年完成15027户二次供水改造，圆满完成1.5万户的目标任务，联合住建、卫健部门举办生活饮用水卫生管理知识培训班，培训人数达189人次，发放培训证189份。不定期联合住建、卫健部门抽检住宅小区二次供水管理情况，全年共组织抽检89个住宅小区，并对不规范住宅小区进行通报，要求限时整改，全市住宅小区二次供水管理能力有明显提升。

(市水利局　周文从　洪贻谋)

2019年，晋江市自来水公司加强水质管理，图为水池日常管理　(市水利局　供)

【市政道路建设】 2019年，晋江市市政道路项目17个。江滨南路道路改造工程(陈泉路口—晋江大桥)、沿海大通道(晋江大桥—南港路)、沿海大通道(南港路—石狮界)、梅岭三光天市政道路工程等7个项目按照计划完工；池店南片区一期市政配套道路、罗裳片区(一期)市政道路工程、晋江市陈埭镇鞋纺大道、二号路、三号路、鞋纺二路市政道路工程、西环路南延伸(晋光路—长兴路)及天桥工程、香港路延长线工程等7个项目推进；莲屿片区改造(一期)市政配套道路工程、国际会展中心周边配套道路项目、牛山高速出入口及池店高速出入口交通改善工程等3个项目2019年年底开工。

(市交通运输局　陈天祥　吴鸿斌)

【市政道路养护与管理】 2019年，市交通运输局根据《市政道路设施日常管养城市管理制度》，进一步完善道路管理项目组职责、日常巡查人员职责、监理职责、管养流程等管理制度，细化管理内容、工作流程、奖惩措施，明确具体责任。

完成市政维修维护市场化招标工作。在2017年、2018年完成两轮市政设施日常维修维护招投标工作基础上，2019年3月完成交通设施维护标及监理标，实现市政设施零星维修工程社会公开化招投标。

加强巡查，排除隐患。加强道路巡查，及时修复、更换损毁的市政设施，要求井盖、雨篦维修不过天，道路及其他市政设施维修不过周，保证路面平整，通行顺畅。2019年，共计修复人行道砖1.45余平方米，修复破损路面约3.7万平方米，路缘石3530余米，修复河道护栏380余米，更换雨污水井盖、雨篦约1400余套。坚持预防为主。做好管辖范围内主次干道的雨污检查井日常检查，陆续更换、安装4300余套尼龙防护网，防止人员坠落，确保雨污检查井的安全使用。明确工作责任。处理城市网格化管理指挥平台（“12319”）、“12345”平台、“110”联动等反映的问题，并及时反馈办理结果，确保整改落实到位。加强信息联动。注重巡查信息共享，巡查中发现的其他管线单位井盖隐患，主动通报相关权属单位处置约89件次。

完善养护措施，提高养护技术。因交通流量较大，重载车辆较多，普通的混凝土井盖无法承受荷载，经常破损塌陷，严重影响交通安全。市区内的主次干道全部采用双层SMC及防沉降双层铸铁井盖(雨篦)。在晋江市市政维修维护信息化管理平台基础上，实现实时在线监管养护过程，控制管养时限、质量和数量。为确保沥青路面的修复质量，达到环保目标要求，引进沥青热再生修补技术，提高沥青路面的养护水平。

(市交通运输局　陈天祥　吴鸿斌)

【路灯设施管理维护】 2019年，晋江市城市管理局(以下简称市城管局)开展路灯设施管理维护。全年共排除1536次线路故障，修复普通路灯2796盏，修复景观节能灯6066盏，保证路灯设施完好率达95%以上，亮灯率达98%以上。2019年4月，完成全部站点的支路漏电保护改造工作，共整改13条支路约3391米电缆。完成沿海大通道(晋江大桥至南港路)市政道路改建路灯工程、沿海大通道(南港路—石狮界)市政道路改建路灯工程、S308(金井西环—横九线)路灯改造工程、晋石高速晋江南出口连接线路灯迁改工程等路灯工程改造项目。完成浔兴支路40套老旧灯臂更换工作；以LED灯具替换S308(金井西环—横九线)、竹园小区周边等道路的传统路灯灯具，共计87套。完成泉安路、金溪路、七一路等18台老旧路灯控制柜电气改造。对路口改造、外力撞击损坏的路灯进行增补，共计补缺路灯104套。完成中梁首府壹号、象山小学学校门口等16个路灯迁移工程。

【夜景照明工程】 2019年6月30日，市城管局完成为期三年的夜景工程一期维保管理工作，保障维保期间夜景正常运行。制订完成《晋江市夜景照明管理办法(初稿)》。持续推进中心城区夜景照明专项规划和夜景照明工程建设，进一步完善中心城区夜景体系。

【市政设施建设】 2019年，金井镇、英林镇综合固废填埋场暨废弃石窟生态修复项目均全面完工。垃圾焚烧发电厂提标改建项目，累计完成投资7亿元，占总投资额的79.5%，完成新电力升压站建设、垃圾池及1#渣池、综合主控楼主体工程建设、全部主体设备采购工作、完成1#锅炉的安装及水压试验，烟囱完成6.3立方米浇注，完成边坡爆破工程。

【公用自行车租用】 2019年，市城管局先后投建249个站点，基本覆盖全市达到成网成系的网络化布局。租用量达10949036次(含手机扫码)，手机注册量达57191次。单日租用量首次高达7054次，日均租用量约5837次。调运量：690144次，自行车维修53630辆，锁止器维修7053个，中控维修692个，续费租用次数6083次—免租率达99.94%。

(市城管局　周嘉庆　黄世军)

城市行政执法

【概况】 2019年，市城管局围绕晋江市“三大任务冲刺年”和“城乡环境整治攻坚年”中心工作，探索城市管理新理念，持续推进便民服务、城市精细化管理和规范执法工作。2019年7月，市城管局获得“全省住房城乡建设系统先进集体”称号。

【市容管理】 2019年，市城管局持续开展城市精细化管理专项整治行动，日常巡查监管和专项联合行动相结合，重点整治各种违规占道经营、乱拉横幅、违规广告牌、露天烧烤等市容市貌问题，提升城市精细化管理水平。全年，共整治流动摊贩82397宗次、出店经营2558宗次，整治“滴洒漏”和工地噪音423宗次，整治垃圾倾倒及焚烧39宗次。组织开展专项整治行动，重点围绕筹办世中运涉及的8个交通枢纽、22所接待酒店、23个比赛场馆、15个旅游景点、11个商业中心等重要点位以及赛事主要通道28条路段，细化占道经营、违规户外广告、露天烧烤、工程车辆“滴洒漏”以及环卫保洁等13项具体整治任务，坚持每周至少组织一次专项整治行动。共整治占道经营3143宗次，拆除违规广告牌116块，查处“滴洒漏”车辆68部。

推广便民服务活动。在2018年设置的12个便民服务点的基础上，继续推广设置中医院、桥南片区等2个便民服务点，进一步对流动摊贩规范管理。先行试点规范夜市经营，在湖光路、石鼓路街区规范经营区域、时间、秩序、卫生等标准，组织交叉巡查。扩大建设公共自行车站点，先后投建249个站点，基本覆盖全市达到成网成系的网络化布局。

开展示范街区创建竞赛。2019年4月，市城管局出台《2019年示范街区创建竞赛方案》，从解决城市管理中市民关心的热点、重点、难点问题入手，根据晋江市城市管理实际，按照创建标准开展竞赛，培育一批精细化、创新型示范街区。从市容管理、环卫保洁、规划建设三方面细化20项评比内容，实行量化积分制考评，采取一月一评、年终总评的方式，逐步破解占道经营、乱倒垃圾、噪音扰民等城市难题。

开展夜间专项整治。对涉及占道经营的露天烧烤、夜市大排档引导其入店经营，对于屡劝不听的违规行为人，采取暂扣经营工具及车辆等方式，依法依规进行查处。

户外大型广告牌专项整治。组织开展城乡重要通道违规户外广告整治。制订《2019年违规户外广告整治方案》，对照责任清单，对未自行整改的违规户外广告，依法依规组织拆除，共拆除违规户外广告202块，完成全部整治任务。主动服务，规范店招设置。对世中运重要景观通道两侧的商店招牌设置审批主动服务，在双龙路两侧小区上门宣传商店招牌设置审批相关事项，现场发放宣传资料、审查申请资料，对于符合要求的招牌进行现场审批。

规范餐厨垃圾管理。完成餐厨垃圾收运服务的采购工作，规范收运工作，收运量增加至20吨/日，对医院及学校食堂、酒店的餐厨垃圾进行给收运处理。

【"两违"治理】 2019年，市城管局创新执法手段、完善工作机制、提升执法能力，全面深化"两违"治理，保障重点项目顺利推进。

创新巡查手段，完善"治违"机制。2019年5月，晋江市"两违"综合治理专项行动领导小组办公室（以下简称市治违办）制订印发《晋江市土地卫片监测与防控新增"两违"工作方案》，推动全市建立巡查、发现、核实、制止、报告、查处、拆除、考评、追责等9项"两违"治理机制，实现镇（街道）与市直部门"治违"工作的紧密对接。应用卫星影像技术，建立卫星遥感影像底图，以2018年年底晋江市遥感影像底图为基础，实行全区域一月一拍一采集，对全市19个镇（街道）及经济开发区进行全面监测。监测精度达到面积变化10平方米以上，高度改变1.5米以上。2019年，共下达七期卫片监测图斑核查销号任务共6682宗，完成6671宗（含拆除新增"两违"542宗），拆除面积144109.37平方米，其中拆除占用耕地面积65544.25平方米，拆除占用永久基本农田面积13434.78平方米。

加大拆违力度，开展主题拆违。重点围绕"三拆一清"工作，盯住"四重点""五部位""三边""三节点"，发挥市治违办高位协调作用，联合多部门，压实各镇（街道）"治违"责任。开展春季攻坚行动。下发《晋江市城市管理局关于做好2019年新增"两违"防控工作的通知》，巡查到位、迅速制止、如实记录、汇总上报，并及时组织拆除，做到早发现、早制止、早拆除。春季攻坚行动中，晋江市共拆除"两违"140宗，拆除面积77355平方米，在媒体上曝光典型案例11批（73宗），拆除面积达29158平方米，完成泉州市下达重点任务清单14宗，拆除面积5652平方米，全市共组织大型拆违21场次。在泉州市"春季攻坚行动"中，晋江市被评为"两高整治、两违治理"优秀集体。推进生态水域违章建筑污染源查处工作。按照河流保护范围内重点防控的原则，坚持领导不定期走访制度，落实责任，坚决遏制河流保护范围内的新增"两违"，调剂和安排治违执法力量，巡查人员对全市河流保护范围内开展拉网式的全面巡查。

完善考核规定，加强考核督促。组织修订完善《晋江市"两违"综合治理工作考核规定》，经十三届市委常委会第5次（扩大）会议、市政府第77次常务会研究通过，发挥各镇街治违主体责任，各治违成员单位各司其职，共同做好"两违"综合治理工作。2019年1月14日至16日、8月19日至23日，由市治违办牵头，联合市城管局、市住建局、市自然资源局等相关单位，先后组织2次"两违"治理考核。

【智慧城管】 2019年，晋江市智慧城管平台依靠大数据和物联网等信息手段进一步得到充实完善。全年，智慧城管平台共接收上报案件115742件，审核立案114634件，处置结案114376件，按期处置率90.33%，一次性完成率96.79%，结案率99.77%，综合指标评定96.35分。

加强网上巡逻。对接公安综治视频监控6万多路，对接高铁新区70路可360度旋转的视频资源，加强线上巡逻手段，对高铁新区违法建设、乱倾倒垃圾、工程车辆"滴撒漏"等违法行为开展专项巡查，利用视频监控溯源、固定证据并移交相关中队进行查处。

升级硬件设施。对中心机房的网安、防火墙、存储设备和视频矩阵进行升级改造，同步更换座席办公电脑，解决因设备老化导致的系统卡顿、宕机，以及大屏切换缓慢、画面变形等异常问题。

加强指挥协调。机构改革后，根据职能变化，即时组织专业处置单位召开联席会议，通报年度案件处置和绩效考评情况，并针对职能转变征求的职能部门征询意见，修订《指挥手册》。建立专业处置单位微信通信群，在群里或电话或现场查勘等方式加强对疑难案件的协调处置。

【环卫保洁】 2019年，市城管局以"城乡环境整治攻坚年"为契机，完善精细化长效管理机制，全面提高环卫管理水平。

推进生活垃圾分类试点工作。作为"为民办实事"项目，细化任务指标，规范垃圾分类标准、内容、形式，召开现场部署会、培训会，开展宣传活动，鼓励试点单位开展"废品置换"活动，引导群众养成垃圾分类的行为自觉。2019年，全市共有19个村（社区）、47个市直机关单位、55所公办小学、7个车站、1个机场、2个体育场馆和2个演出场馆等133处场所开展生活垃圾分类试点工作。

实行常态考评督促。每月组织开展村（社区）保洁、道路保洁、生态流域保洁、市区道路和城市公厕保洁、农村公厕保洁、重大活动市容提升等6个环卫专项巡查考评，2019年共考评村（社区）688个次、道路404条、公厕480个、流域252条、专项巡查18次，共发现环境卫生问题8180处，整改8116处、整改率99.2%；每月督促各镇（街道）落实泉州市"美丽乡村"环境卫生考评发现问题的整改，累计整改7863处。

加大环卫领域执法。2019年3月14日，市城管局召开环卫执法专题会议，对各派驻镇（街道）中队就环卫保洁考评业务、垃圾乱倾倒案件办理、环卫联动执法处置等内容进行培训，建立环卫联动执法处置机制，每月通报案件查处情况，加大违规乱倒垃圾行为的行政执法力度。2019年，共立案查处环卫管理案件251宗。

（市城管局　周嘉庆　黄世军）

新型城镇化建设

【概况】 2019年，晋江市推进形成晋江市新型城镇化的新体制新机制，市发展和改革局（以下简称市发改局）发挥改革引领和统筹协调的作用。推动中心城区建成区面积拓展至113平方千米，城镇化率提升至67.4%，加快农业转移人口市民化等相关经验做法得到全国推广。2019年6月，国务院参事杜鹰到晋江调研城乡融合工作，推广晋江农业转移人口市民化经验。9月，晋江市作为唯一县级市代表赴东莞市参加国家发改委督促落实1亿非户籍人口在城市落户现场推进会,做经验发言。

【机制保障】 2019年3月8日,市发改局围绕“积极推进农业转移人口市民化、提升城市功能和宜居水平、优化城镇布局和形态、推动城乡融合发展”等方面组织各有关部门贯彻落实,深入对接乡村振兴战略和区域协调发展战略,推进以人为核心的城镇化,推动新型城镇化高质量发展。

坚持以人为本,推动外来人口与本地居民融入融合。在全省率先实行居住证管理制度,全面放开落户限制,2019年共有1.3万名外来人员落户成为“新晋江人”,办理居住证6.7万张。

坚持城乡一体,推动城镇化建设与乡村振兴双轮驱动。打造各级“美丽乡村”51个;英林镇、磁灶镇获评省级乡村振兴特色乡镇,村级集体经营性收入全部突破10万元,突破20万元的达68%。城乡居民人均可支配收入达到4.34万元。

坚持和谐发展,推动现代化治理与文化文明同步提升。在全省率先实行市镇村三级网格化管理,全市网格化管理试点村覆盖率达98.5%。实施市民文明素质提升工程,完成所有村(社区)移风易俗村规民约的制订,不比“排场”比“慈善”蔚然成风,慈善总会礼俗简办公益捐赠达15.9亿元。

(市发改局 柯婉瑜 饶一兵)

小城镇建设

【安海镇】 2019年,安海镇把握上级赋予小城市试点、晋江筹办世中运等重大赛事、创建中国历史文化名镇等“三大机遇”,攻坚推进“三大任务冲刺年”“城乡环境整治攻坚年”活动,聚焦问题、有为担当、创新突围,在传承发展“晋江经验”中探索提升,推动产业、乡村、名镇“三大振兴”,确保经济社会平稳较快发展,合力打造更高品质的“安平古镇,海丝名城”。安海镇省级小城市项目10个,总投资41.48亿元,年度计划投资12.79亿元,累计完成投资13.44亿元,完成年度任务的105.08%。招商引资实效提升,大型储能、聪勤机械、荔松(安能)材料、欧洲海洋大马戏等项目加快落地。少体校等场馆建设提速推进,实施世中运场馆周边及城乡重要通道环境整治。

【金井镇】 2019年,金井镇贯彻上级工作部署,紧密结合自身产业特色、自然人文资源、对台区位优势等,统筹推进新型城镇化建设。获评2019年度泉州市侨乡文化名镇,被列为泉州市全镇域裸房整治试点。围头村列入第五批中国传统村落、第六批省级历史文化名村,三坑村获评“福建省森林村庄”,围头、塘东、三坑、南江、福全、溜江等6个村获评省级乡村振兴试点村。金井镇省级小城市项目24个,总投资151.53亿元,年度计划投资27.49亿元,累计完成投资34.41亿元,完成年度任务的125.17%。福大科教园启动区建成投用,首批本科生正式入驻园区。项目二期仅用25天全面完成房屋征迁任务并启动建设,科技园A区建设有序推进。投资24亿元的宝能(泉州)供应链创新产业园、投资4亿元的金井铧龙酒店签约落地,与斯凯奇签订投资协议引入税源3.3亿元,中纺绿色纤维等大型项目达成初步意向。

【东石镇】 2019年,东石镇落实省、泉州、晋江关于小城镇试点建设及宜居环境建设行动计划部署要求,以打造晋西南新门户为目标,融入厦漳泉同城化进程和泉州南翼、晋西辅城发展大局,持续实施项目带动、拓展连片开发、统筹城乡发展,推进小城镇综合改革试点建设暨宜居环境改造提升。获“全国文明村镇”“全国综合实力千强镇”,通过“中国伞都”复评认定。东石镇市级小城市项目20个,总投资98.56亿元,年度计划投资22.42亿元,累计完成投资22.82亿元,完成年度任务的101.78%。福建省集成电路产业园(工业园)、中片工业园、中小企业创业园等几大园区建设步伐

2019年,加速推进福厦高铁客运专线重点项目建设 (东石镇 供)

加快，做好规划修编、用地用海报批等前期工作。依托高新技术产业园区，加快高新技术产业落地建设，园区基础配套设施建设项目有序推进，环湾新区持续连片提升。泉厦漳城市联盟高速公路、福厦高铁客运专线及晋南快速通道东石连接线等一批省市级重点道路加速推进。

【磁灶镇】 2019年，磁灶镇严格按照“三个一”(建设现代产业基地、商贸物流中心、现代化新区)的定位要求，牢牢把握泉州市小城镇建设试点机遇，全面贯彻中共十九大精神，坚持稳中求进工作总基调，围绕习近平新时代中国特色社会主义思想这条主线，践行新发展理念，推动高质量发展，经济社会持续保持稳中优进良好态势，完成全年各项目标任务。磁灶镇泉州市级小城市项目23个，总投资133.08亿元，年度计划投资29.03亿元，累计完成投资29.03亿元，完成年度任务的100%。特步产业园、五金机电城三期、京东智慧物流等项目动工建设，豪优奥兴、冠兴包装等一批项目竣工投产，中骏丽璟府一期封顶，世贸云玺二期建成。香埔公园改造提升推进有序，将军山镇级公园概念性规划即将收尾。推进磁灶窑系金交椅山窑址申遗工作，磁灶陶瓷雕塑技艺、闽南红砖传统烧制技艺入选市级非遗代表性项目。

(市住建局　黄　嵘　陈荣松)

房地产业

【概况】 2019年，晋江市房地产市场呈现量涨价稳，继续保持平稳健康的发展态势，全国百强房企纷纷抢驻晋江市，继世茂地产、中骏地产、宝龙地产、龙湖地产等知名房企之后，2019年蓝光地产、中海地产、中南地产、正荣地产等大型上市房企首次入驻晋江市，分别定名蓝光雍锦府、中海锦城、中南天樾、正荣世纪春天，环湾片区、池店南片区、中心市区、晋东新区等晋江市当前重要发展区域，均有大型房企入驻开发。

【土地市场】 2019年，全市累计出让商住用地25幅，出让面积96.40万平方米，总成交价为76.21亿元，最高成交楼面价首次突破6700元/平方米。

【商品房销售】 2019年，全市批准商品房预售许可面积289.04万平方米，其中住宅面积216.79万平方米，占比75.00%；根据统计核算，2019年全市房地产累计完成投资154.76亿元，同比上升16.1%，商品房销售面积378.82万平方米，同比上升5.5%，其中住宅销售面积312.99万平方米，同比上升8.7%，新建住宅均价9236.25元/平方米，同比下降2.37%。

【行业发展】 截至2019年底，全市共有房地产开发企业137家，其中二级资质8家，三级资质51家，暂定三级资质66家，四级资质9家，暂定四级资质3家。

【商品房交付】 2019年，全市交付项目204个，建筑面积3498.58万平方米，辐射人口范围约70万人。

(市住建局　黄　嵘　陈荣松)

建筑业

【概况】 2019年，全市实现建筑业产值317.208亿元，同比降低0.3%，其中本市建筑企业产值106.479亿元，同比增长30.7%。晋江市建筑企业资质门类逐步齐全(包含施工总承包8类，专业承包18类)，全市取得资质建筑企业255家，其中总承包企业143家，专业承包企业72家，施工劳务企业40家。

【建筑市场监管】 2019年，市住建局严格执行全省统一的房建市政施工项目招投标“3+2+1”(评标办法、招投标若干规则、行政监管办法等 3份规范性文件，类似业绩、省信用评价应用等2份重要通知，1份施工招标文件范本)机制，并运用福建省公共资源交易电子行政监督平台开展招投标监管，维护“便捷、高效、公开、透明”的招投标环境。全年累计招投标项目213个，招标控制总价约29.9亿元，中标总价约27.431亿元，节约资金约2.469亿元，节资率近8.26%。持续推动全市房建和市政基础设施项目深入开展“无欠薪项目部”创建活动，全市房建及市政基础设施工程“无欠薪项目部”创建率达100%。全年对晋江市国际会展中心、晋江市粮食储备库(金井库)二期、晋江足球公园、晋江市第五实验幼儿园等活动创建的先进单位通过考评验收，授予“无欠薪项目部”称号。

【绿色建筑建设】 2019年，市住建局加大绿色建筑推广力度，全年全市累计108个项目按照绿色建筑标准进行设计并进入实施阶段，总建筑面积近468.9万平方米；竣工绿色建筑面积占竣工民用建筑面积比例为81.1%。

推动将装配式建设要求纳入建设项目土地出让合同及规划设计条件，全市新出让建设用地、总建筑面积2万平方米以上的商品住宅项目，设定装配式建筑面积达到商品住宅项目总建筑面积的20%以上。万科金域滨江三期、保利上城、阳光城、君逸花园等17个项目在土地出让合同中明确装配式建筑要求并先后进入实施阶段，累计装配式建筑面积近59万平方米。

(市住建局　黄　嵘　陈荣松)

生态环境保护

环境保护

【概况】 2019年，泉州市晋江生态环境局落实上级各项决策部署，攻坚整治突出环境问题，推动全市生态环境质量稳步改善。完成梧垵溪消劣整改任务，获得泉州市委书记康涛肯定批示；持续推进燃煤锅炉淘汰和集中供热建设，基本实现全市域清洁能源替代全覆盖；生态保护与修复力度不断加大，全市生态环境质量保持优良，2019年度党政领导生态环保目标责任书再次考核获优秀。生态整治，开展10项区域性、行业性整治提升工作，重点整治生态短板问题，生态环境公众满意率，由2017年72.15%提升至2019年的87.33%。各部门加强协同协作，从严打击环境污染违法犯罪，全市查办的内坑镇土炼油加工点污染环境案入选全国六大执法典型案例并受到生态环境部通报表扬，陈埭镇鞋模咬花加工点排放含重金属废水生态环境损害赔偿案入围生态环境部全国十大典型案例评选；晋江生态环境局获评2019年度生态环境部“环境执法大练兵表现突出集体”，在全国147个参选县级集体中位列第一名。

【绿色发展】 2019年，泉州市晋江生态环境局推进节水型社会和节水型城市建设，实行最严格的水资源管理制度，水资源消耗总量和强度双控均有效落实，用水指标全面达标；完成能源消费总量和强度“双控”下降目标任务，在“十二五”期间完成27.39%的基础上，“十三五”全市规上工业单位增加值能耗下降47.08%，提前超额完成泉州下达晋江的“双控”任务；完成污染物总量减排任务，完成减排项目90个，减排化学需氧量3413.21吨，氨氮411.25吨，二氧化硫2227.73吨，氮氧化物712.09吨；划定并严守生态红线，将生态功能重要区域、生态环境敏感脆弱区域纳入生态保护红线，将省级陆域生态保护红线范围与晋江市“多规合一”控制线体系衔接，进一步守好生态空间。

【督察整改】 2019年，泉州市晋江生态环境局、市直各部门加强合力，统筹推进生态环境问题整改，各项整改目标按时完成。完成第二轮中央生态环保督察迎检。做好材料提供、部门问询、信访查处、现场核查、宣传报道、下沉现场督察等配合工作，督察信息采用排名泉州各县(市、区)第一名；建立重点信访件(标*件)及重复投诉件会商、市领导挂钩督办、信访件一线核查、坚决反对“一刀切”等工作机制。至年底，第二轮157件交办信访件已通过验收销号144件。第一轮及省级环保督察整改有序开展。综合运用告知、预警、通报等形式发函28份督促整改，开展联合督查4次、下发督查通报3期。第一轮中央环保督察整改任务19项，到年底，14项共性问题完成整改10项、正在销号1项、正在整改3项，5项个案问题完成整改4项、正在销号1项，交办信访件178件全部销号；省级环境保护督察整改任务29项，完成整改22项、正在整改7项，41件交办信访件全部完成整改。全面推进党政领导生态环保目标责任书考核工作。全面推进党政领导生态环保目标责任书考核工作，完成自然保护区违规项目整治以及深沪、安东园污水处理厂建设等硬任务。

【服务经济发展】 2019年，泉州市晋江生态环境局在靠前服务中坚持从严把关、坚持绿色发展。坚守生态底线。从严把关位于环境敏感区、排污量大以及生态影响严重的项目环评审批，确保“三线一单”(生态保护红线、环境质量底线、资源利用上线和生态环境准入清单)硬约束落实到位，为优势产能留足空间。提升审批服务。对重点项目、规上企业实行单一窗口办理制，开通绿色通道、专人跟踪指导；试行环评审批告知承诺制。全年办理环评审批233件，办理排污许可证171份、午(夜)间作业施工许可288份。扩容总量空间。开展排污权有偿使用和交易，晋江市储备排污权总量化学需氧量(COD)3388.556吨、氨氮(NH3-N)110.317吨、二氧化硫(SO_2)8023.7758吨、氮氧化物(NOx)15067.3382吨，市值约11亿元，均位于泉州市前列。

【蓝天保卫战】 2019年，泉州市晋江生态环境局开展建陶行业整治，安装喷雾干燥塔烟气自动监控设施，实时掌握建陶企业污染物排放情况和错峰生产情况，完成70座建陶企业冲洗台建设，

2019年8月29日，监测站工作人员在高空对干燥塔取样监测

（泉州市晋江生态环境局　供）

制订实施《晋江市建陶行业运输车辆“滴洒漏”专项整治实施方案》。加强城市扬尘污染管控，落实建筑施工扬尘防治常态化，采取动态记分方式对责任单位予以惩戒，持续提升全市建筑工程安全文明标准化施工水平；落实道路扬尘治理精细化，对中心市区、主干道等区域清扫、洒水喷淋、雾炮车作业等进行重点考评，渣土车全部安装GPS定位进行上报时间、路线行驶的重点监管。推进燃煤锅炉淘汰和集中供热，全面开展“禁燃区”高污染燃料设施、“建成区”35蒸吨以下燃煤锅炉以及其他区域10蒸吨以下燃煤锅炉淘汰工作，共淘汰191台燃煤锅炉；经济开发区福建晋江热电有限公司2号机组背压机完成改造投产，2019年供热212.08万吨，同比2018年度增长21.16%；建成东海垵福能热电并完成试运行，具备对外供热条件，达产后年供蒸汽189万吨。策划实施重点项目治理，以57个省级大气污染防治重点治理项目为基础，谋划大气治理项目，完成136家制鞋企业VOCS废气整治、29家印染企业定型机废气治理设施升级改造、12家恶臭异味企业整治工作。开展柴油货车污染防治，完成全市13家机动车排放检验机构新国标检验仪器安装并实行新国标检验，联合开展3次机动车尾气超标排放联合执法行动，查处8辆尾气排放超标车辆。加强污染天气应急，制订《晋江市重污染天气应急预案》，修订《晋江市轻微污染天气应急工作预案》，实施区域联防联控，精准落实各项应对措施。

【碧水保卫战】 2019年，泉州市晋江生态环境局开展生态水域综合治理，持续推进河长制工作，推动各级巡河工作常态化。开展河道清淤工程，完成河道清淤整治36.721千米。开展截污拦污工程，全市218个流域周边村（社区）生活污水工程完成项目101个，在建108个，新增埋设管网617千米；18条主要流域规划建设沿河主干管网累计埋设178.42千米，15条流域建设任务全面完成。加强水质监测分析，全市建设河道水质自动监控设施17套并全部实现联网，布设185个水质监测点位，每月分析跨境水质变化。建立跨区域协作机制，与南安、石狮签订跨境流域管理保护协作协议，加强流域治理区域协调。开展饮用水水源地专项行动，完成龙湖截污沟闭合、环湖电子监控加密、环湖隔离网闭合及修复工程项目，制订《晋江市龙湖饮用水水源地突发环境事件应急预案》，拆除溪边水库周边临时搭盖及非法加工点50余处、拆除面积超4万平方米，有效改善水源地周边环境。开展企业尾水纳管，分阶段推进全市21条流域周边335家涉水工业企业尾水纳管，完成纳管整治284家。开展农业农村污染治理，加大农业面源污染整治力度，完善晋江市4家核定保留的规模化以上生猪养殖场环保手续，废水稳定达标排放；开展村（社区）保洁、道路保洁、生态流域保洁、市区道路和城市公厕保洁、农村公厕、重大活动市容提升等6个环卫专项巡查考评。

【净土保卫战】 2019年，泉州市晋江生态环境局加强土壤污染管控和修复，开展农用地土壤污染状况详查，开展电镀、制革、危废经营等重点行业企业用地土壤污染状况调查；严把供地关口，对列入负面清单且未完成治理修复的地块不作为公共管理和公共服务用地，划拨供地未涉及负面清单地块。落实固体废物污染防治，推进固体废物进口管理制度改革，全面禁止洋垃圾入境，大幅减少废纸等固体废物的进口数量，实现固体废物零进口。加强危险废物源头管控，全面提升危废处置能力，2019年危险废物产生量43307吨，处置利用率97.3%，全市超期贮存危险废物基本清零；率先在省内推行固体废物视频监控体系建设试点工作，完成51家企业视频安装，对固体废物产生、贮存、处置情况进行全过程监管。

【环境执法监管】 2019年，泉州市晋江生态环境局深化部门联动，制订《晋

2019年4月29日，泉州市晋江生态环境局开展执法行动，夜查陶瓷企业

（泉州市晋江生态环境局　供）

江市打击破坏生态环境违法犯罪联席会议制度》,坚持勤查重罚,扎实推进生态领域“扫黑除恶”专项斗争,执法力度保持省市前列。专项行动接续铺开,相继开展“清塑”“散乱污”整治、水源地“清源”、梧垵溪流域工业污染源“百日攻坚”以及自然保护区围垦养殖清退整治等执法行动,取缔“散乱污”企业263家,拆除非法围垦约4.67公顷。违法查处从严从重,累计出动执法人员28980人次,检查企业11592家次,办理环境行政处罚案件351件、罚款约2728万元,移送行政拘留38起、查封扣押114起、限制生产11起、刑事案件3起;办理刑事附带民事公益诉讼2起,收缴生态环境损害赔偿金51.78万元。信访查处及时快速,落实信访件星级管理、销号处置、重难点件领导包案和带案下访机制,办理环境投诉3330件,开展带案下访119件,累计销号化解攻坚件200件,较好保障群众生态环境需求。风险防范有序开展,加强环境风险隐患排查、环境安全生产大排查大整治、核辐射安全监管,制订下发《晋江市突发环境事件应急预案》,全年未发生重大环境污染事件。

【环保数字化建设】 2019年,泉州市晋江生态环境局持续推进第二次全国污染源普查工作,完成1.5万多个(占全省1/7)各类污染源的产排污核算、质量核查和数据定库上报等工作,通过国家和省普查办质量评估,有关工作受到考核评估组肯定。加强污染源在线监控,完成全市100家建陶企业117台烟气自动监控设施安装,实现与监控平台联网;完成107家企业重点污染源自动监控设备验收登记备案;完成46辆转运废水槽车、转运一般工业污泥车辆的GPS定位安装,对行驶轨迹有效监控管理。做好执法监测保障,出具各类监测报告563份,开展重点排污单位废水监督性监测55家、废气13家;新增145家重点监控企业纳入自行监测名单,总计287家。

【环保宣传教育】 2019年,泉州市晋江生态环境局丰富宣教形式,扩大生态环保宣传面和影响力,推动群众自觉参与、企业自觉守法。以“6•5”环境日为契机,组织开展环境刑事案件现场公开庭审、异地造林修复环境、徒步巡河、中小学生主题绘画、朗诵比赛、知识竞赛等形式多样的宣传活动,成立生态环境普法讲师团并开展宣讲10多场。以公众媒体为载体,把准舆论导向,全年在主流媒体宣传报道近百篇、在“晋江环保”微信公众号推送193篇,展现晋江环保铁军风采《不畏艰险,不忘初心,守护福建晋江的蓝天碧水净土》一文获生态环境部微信公众号转载报道。以落实制度机制为抓手,开展生态环境损害赔偿、“从业禁止”、企业违法登报承诺和道歉、环境污染责任险、环境信用评定等工作,责令32家违法企业登报承诺,完成31家企业环境污染责任险投保,完成108家企业环境信用评定。

(泉州市晋江生态环境局 王丹妮 林志雄)

林业资源保护

【森林资源保护】 2019年,晋江市完成森林资源二类调查,全市林地面积8153公顷,森林覆盖率14.53%,森林蓄积量35.29万立方米,均高于“十三五”上级对晋江市的考核指标要求。继续推进全国林地占补平衡扩大试点工作,全年共筛选2863宗584.4公顷地块,完成不动产林权登记发证94宗27.6公顷地块,发证数量大于当年林地报批数量。开展第二轮中央环保督查交办工作,共完成信访转办件11件。严格开展森林督查自查和森林资源监测巡查,查处各类涉林案件21起。

【森林防火体系建设】 2019年,晋江市财政共拨出森林防火专项经费400万元,全年累计发放各类森林防火材料50多万份,举办各类森林防火安全培训及演练2次,累计培训人员160人次。全市共有灵源、罗山、金井、内坑、紫帽、西园、永和7支半专业的镇级联动队伍,全市半专业以上森林消防队员共177人。2019年晋江市森林防火形势总体平稳,全市未发生一起一般性以上森林火灾,全面实现辖区主要山脉“零火情”的好成绩。

【林业有害生物防治】 2019年,全市共投入林业有害生物综合防控资金427.886万元(省、市补助资金298万元,本级财政资金129.886万元)。全年共清除枯死木6262株,喷施白僵菌粉炮14000颗,挂设诱捕器1038套,诱捕天牛77949头,完成紫帽山松林林分改造242公顷。

【自然保护地及野生动植物保护】 2019年,市林业和园林绿化局组织开展全市湿地现状监测,摸清晋江市湿地家底;联合开展自然保护地巡查,严厉打击各类自然保护地违法行为。加强野生动植物的宣传和保护工作,重点组织开展欢乐游园平安共建野生动物栖息地、护飞行动、栗喉蜂虎保护等宣传活动,全年共完成多起蟒、猫头鹰、狐、白鹭等野生动物的保护救助工作。

【林业行政审批服务】 2019年,市林业和园林绿化局继续简化优化林业行政审批服务,推进“放管服”工作,及时完成“电子证照”生成及调用,梳理互联网监管涉及的检查清单,开展行政监督检查事项的“双随机一公开”检查工作,落实行政许可、行政处罚“双公示”制度。全年共办理审批641件,其中森林植物检疫审批494件,林木采伐许可71件;优化林地审批统筹组合,注重发挥“用林批次”组件报批,采取网上调取法人资质、项目批复文件等电子证照,实现林地申报“最多跑一趟”,保障福州大学科教园区、第二体育中心、高铁新区、宝能物流等重点项目的用林需求,全年共获批23宗,总面积约27.33公顷。

(市林业和园林绿化局 王辉庭 林志阳)

海洋资源保护

【海域管理】 2019年,市自然资源局推进围填海历史遗留问题处置,“四湾区、两片区”等7项专题14份报告通过专家评审,集成电路园区项目处置方案获自然资源部批复备案;深沪泉荣远东污水处理厂污水深海排放海域的海洋环境功能区划调整顺利通过省政府批复同意。

【基础调查】 2019年,市自然资源局

完成围填海现状调查，纳入历史遗留问题清单137宗。新一轮海岸线修测形成初步修测成果。

【生态修复】 2019年，市自然资源局完成全市自然岸线调查及比对，2019年自然岸线保有率51.68%，远高于45.81%的十三五目标。

【加强执法监管】 2019年，市自然资源局加强海域海岛保护，开展海岸线巡查，防止新增围填海。加强涉海涉砂行业乱象整治，建立部门协同协作、共享共治的长效工作机制，共出动海上巡航88次。

（市自然资源局　张文福　蔡天文）

【海上巡航执法管理】 2019年，市农业农村局每月制订《海上巡航执法计划》，提高海上执法频率，实施轮班制度，做到天气适航，装备条件适宜，即组织渔政船艇出海执法。全年累计出动执法人员266人，执法车辆94次，执法船艇109次，检查渔港码头及渔船自然停靠点193次，检查渔船308艘，检查市场10个，检查船舶网具修造厂点17个，海上巡查2932海里，查办渔业违规违法案件11起，上缴罚没款6.1万元，其中5起涉嫌刑事犯罪移交公安部门查处。

【涉渔“三无”船舶整治】 2019年，市农业农村局完成主动上交拆解44艘，抓扣3艘待拆解，另有16艘卖出外地，不符合补助条件销号1艘，2019年完成64艘的任务量，自2015年起累计完成164艘，完成率达到98%，超额完成省、泉州市安排2019年度任务。

【渔业安全宣传教育】 2019年，市农业农村局制订全年渔业安全宣传计划，并分别于3月15日、5月15日，6月28日，举办渔业安全生产“春季攻坚行动”现场咨询日活动、渔业防灾减灾宣传活动、渔业“安全生产月”系列活动，向渔民宣传渔业安全生产知识；推进涉渔“三无”船舶（无船名船号、无船舶证书、无船籍港）宣传动员工作。制订《涉渔“三无”船舶拆解动员工作方案》，于4月10日和4月18日，开展2场进村入户动员宣传工作，签发通知书54份；召开敏感海域宣传教育会。8月22日，在深沪镇政府召开全市60马力以上渔船船东船长敏感海域管控宣传教育会。

【渔业船员培训】 2019年，市农业农村局利用休渔期间渔民相对集中的时机，组织渔业船员参加“四小证”（《熟悉和基本安全培训合格证》《精通救生艇筏和救助艇培训合格证》《高级消防培训合格证》《精通急救培训合格证》）、渔业安全知识、各类实用技能和渔业法律法规等培训。共组织6个职务船员培训班，3期普通船员培训，共培训船员389余人，其中职务船员170余人，普通船员219余人（通过199人）。

【伏季休渔监管】 2019年5月1日起，晋江市开始休渔，历时3个月，全市共有542艘渔船及捕捞辅助船参与伏季休渔，其中灯光围网173艘、灯光敷网4艘、拖网46艘、杂渔具164艘、刺网77艘、笼壶1艘、捕捞辅助船77艘。晋江市印发《晋江市2019年度海洋伏季休渔工作方案》，成立伏季休渔工作领导小组；在电视台、《晋江经济报》刊登伏休公告，在重要渔业港口、渔村主要道路两侧拉横幅、张贴公告、发放传单以及村广播宣传等形式多样的宣传，宣传休渔法律、政策；加强渔船伏休期间安全管控，结合伏季休渔几个重要时间节点，不定期开展港口渔船清点；联合省直属三支队、泉州市海洋与渔业执法支队开展专项执法行动，不定期组织中国海监8003、中国渔政35318开展伏季休渔期间海上执法检查。

（市农业农村局　杨伟龙　洪俊杰）

【渔船渔工保险】 2019年，全市完成渔船承保283艘，保费1199.01万元；渔工承保3606人，保费314.37万元。全年总保费1811万元。

（市农业农村局　曾长沛　洪俊杰）

深沪湾海底古森林遗迹保护

【概况】 福建深沪湾海底古森林遗迹自然保护区（以下简称深沪湾自然保护区）是1992年国务院批准的国家级自然保护区，主要保护对象是距今有7000多年历史的海底古森林遗迹和距今9000—25000多年的古牡蛎礁遗迹。

福建深沪湾海底古森林遗迹自然保护区管理处（以下简称深沪湾保护区管理处）是2004年批准成立的晋江市人民政府直属副处级事业单位（加挂福建晋江深沪湾国家地质公园管理处牌子），承担市政府对深沪湾自然保护区和深沪湾国家地质公园的管理工作。

【管护设施建设】 2019年，深沪湾保护区管理处投入基础设施建设经费主要包括：聘用保洁公司、设置分类垃圾箱及宣传和日常管理；投入资金近10万元，在核心区首峰段海堤建设镀锌管海堤防护栏220多米，不锈钢海堤斜坡防护栏30平方米，加强核心区管护设施建设，防止游客、群众随意进入核心区；投入69990元，用于保护区绿化地管护，改善周边生态环境；投入资金498.2414万元，建成一个总面积近1600平方米的海洋科普馆，打造晋江市生态文明建设的一个重要窗口，通过弧幕联动地幕沙盘系统、半球幕投影系统、互动体验、VR、实物标本模型以及其他多媒体等方式，全方位阐释深沪湾特殊地质地貌景观，传递生态环境保护理念。

【生态环境保护】 2019年，深沪湾保护区管理处开展海岸生态修复，清理位于保护区区碑广场华海村段海堤内通道（500米左右）雨水冲刷堆积的泥土，平整海岸斜坡，使用生态袋堆砌近1200平方米护坡，种植薜藤；加大海漂垃圾治理力度，施行市场运作机制，建立日常保洁长效机制。全年累计清理海漂垃圾486次，清理垃圾约115吨。保护区海岸带环境卫生得到极大改善。2019年1—8月，深沪湾保护区修复工作成绩连续8个月位列晋江市第一名。配合有关部门在深沪湾开展海洋增殖放流活动，维护海洋生态系统。

【日常巡护管理】 2019年，深沪湾保护区管理处建立专职巡护队伍，加强日常巡查，坚持每日对保护区进行巡查和核心区值勤，及时发现和制止保护区内违法违规行为，及时向相关主管部门通报巡查情况；配合、参与省、泉州市、晋江市林业业务主管部门和晋江市环保、国土等相关职能部门在保护区内的执法活动，严肃查处保护区内的违法违规行为。全年累计巡护次数547次，累计巡查路程12245千米，处理违规捕捞6起，拆除清理渔网20张，配合深沪镇政府拆除2处违章搭盖。加强核心区值勤，及时劝导、劝止欲进入核心区的群众、游客，加强保护区核心区管护。

【环保问题整改】 2019年，深沪湾保护区管理处根据省、泉州市、晋江市有关中央环保督察反馈问题整改工作总体部署和《泉州市"绿盾2019"自然保护地加强监督工作方案》要求，结合全国保护地大检查工作，通过牵头建立保护区多部门联合执法行动工作机制，牵头同开展保护区联合巡查、监管和执法行动，严防整改项目回潮，合力打击保护区违法违规行为。做好"绿盾2019"专项行动问题排查和整改工作。

在生态环境部报告中，深沪湾保护区排查出的19处人类活动点中，共查处整治违法违规问题11处，处罚企业或个人4个，拆除建筑面积1779平方米，罚款3.339万元，完成整改19处，整改完成率100%，完成销号19处，销号率100%。

【科研科普宣传】 2019年，深沪湾保护区管理处结合"3•22"世界水日、"4•22"世界地球日、"6•5"世界环境日、"6•8"世界海洋日等重要节日组织开展科普主题宣传活动，编印、分发宣传手册1万份，累计开展深沪湾生态环境保护科普活动12场，受益学生1000人次；通过微信公众号、中国晋江深沪湾保护区专栏两个"软"平台，发布保护区动态、科普知识等信息53篇；编印、分发保护区简介及相关法律法规条款宣传折页近1万份；在区碑广场周边增设LED宣传板，提升社会大众自觉保护地质遗迹的意识；与水下中国摄制组共同拍摄完成"水下中国—海底古森林"纪录片，与晋江电视台侨乡频道老闽南栏目组共同拍摄完成《沿海行》系列节目"海底森林沧桑变"。2019年3月29日，被中国海洋学会第八届五次常务理事会批准为全国海洋科普教育基地。2019年6月10日，获泉州市"我最喜爱的十佳科普教育基地"。

（深沪湾保护区管理处　吴世恩　苏文伟）

水　利

【概况】 2019年，市水利工作践行"节水优先、空间均衡、系统治理、两手发力"的治水方针，紧紧围绕"三大任务"冲刺、项目攻坚突围、世中运筹办等市委、市政府重点工作，按照"水利工程补短板、水利行业强监管"的总基调，以民生水利建设为重点，以全面推行河长制为抓手，立足晋江市水资源短缺、水污染严重的实际，以"建、管、治"并举方式全面推动2019年水利建设，发挥水利支持发展、改革民生、修复生态的独特作用，为全市经济社会可持续发展提供水利支撑与保障，全年完成水利投资6.91亿元。

（市水利局　周良偶　张源昌）

【引供水工程】 2019年，市水利局以晋江市引水第二通道工程等省、市重点项目为依托，加快水资源外引内供网络建设，启动湖库连通工程、水源地水资源保护项目前期设计工作，构建引、提、蓄、供和水质保护为一体的水资源保障工程体系。配合福建省晋金供水公司开展金门供水工作。

引水第二通道工程。引水第二通道工程设计供水规模为21立方米/秒，从旧金鸡拦河闸上游约150米处的晋江南岸建设取水口，工程全长17.158千米。2018年12月18日工程全线贯通，主体工程全部完成，并于2019年4月30日建成试通水，实现南安金鸡水闸至龙湖的封闭式输水。同时，南高干渠和引水第二通道互为备用，改善用水水质、保障供水安全。

湖库连通工程、水源地水资源保护项目。推进"五库两湖"（新安、东山、溪边、草洪塘、达群等5座水库和龙湖、虺湖）湖库连通工程和水源地水资源保护项目前期，其中：湖库连通工程完成可研报告、水保、环评、水资源论证等相关专题编制工作，继续推进金门供水应急水源工程试验段建设，324国道溪头—井边段累计完成管道敷设1.34千米，累计完成投资3184万元，井边新安水库管道段完成施工图编制；龙湖虺湖水资源保护工程完成初步设计批复、水保批复等工作，策划实施龙湖截污沟闭合工程、截污沟清淤、环湖监控设施提升、水源地安全保障达标建设等一系列龙湖水源地保护项目。

金门供水工程，足量供水。按照金门方购水计划足量向金门供水，正式通水后稳定运行超过500天，日均供水超过1万吨。通过日检、月检、半年检等措施，全面落实115项水质指标检测，水源地水质常年保持在Ⅱ类，优于全省平均水平。水源地龙湖实行"湖长制"，设立晋金微警务室，组建龙湖巡防警务队，实现水源地、陆地管道、厂区的全天候、全覆盖安全监控；建成龙湖环湖截污工程6.3千米；加快推进龙湖保护区周边6个村庄生活污水管网建设。

2019年，向金门供水得到金门同胞的热烈拥护，12批次、600余名台湾同胞到晋江参观金门供水工程。省水利厅以通水1周年为契机，启用两岸通水交流中心，将其打造成两岸民生领域交流合作的平台，促进两岸同胞的互通互访、交流交心，为推动两岸"新四通"（通商、通航、通邮、通贸）凝聚更多共识，当好"四通"先锋，也引起海内外华人华侨的反响。

（市水利局　陈正道　洪佳兴　刘地强）

【水资源管理保护】 2019年，市水利局实施严格水资源管理制度。落实最严格水资源管理制度，严控"三条红线"（确立水资源开发利用控制红线，确立用水效率控制红线，确立水功能区限制纳污红线），加强水资源节约、配置和保护；严格落实取水许可及水资源有偿使用制度和水土保持补偿费征收制度，征收水资源费848.86万元，征收水土保持补偿费540.44万元；加强"三库一湖"饮用水源保护区水质监测工作，在饮用水源地布设监测点，每月或每两月开展一次进行水质监测，及时掌握水质变化情况，排查隐患。

健全水利运行管理体制。开展全市河道、水利工程（海堤、水闸、水库）管理与保护范围线划定。在全省率先全域划定河道岸线及河岸生态保护蓝线规划（包括13条市级河道、8条镇级河道），并获市政府批复实施。蓝线规划成果与城乡规划、土地利用规划、环境保护、综合交通等各类规划相衔接，纳入"多规合一"，进行统一管理。完成龙湖工程管理与保护范围线划定，并由市政府发出正式通告，明确相关禁止事项。

坚持依法行政。加强水利行政审批规范化建设。结合机构改革和部门“三定”方案，重新梳理和动态调整权责清单及进驻行政服务中心审批事项，从规范行政审批、细化自由裁量权、实施并联审批等三方面入手，全方位规范水利行政审批工作。深入推进水利工程建设项目审批制度改革，联合发改、自然资源、生态环保、林业、文旅、档案等部门，制订出台《晋江市水利局关于推进晋江市水利工程建设项目审批制度改革的实施意见（试行）》。实行“一个窗口”受理、“一张表单”申请、“一张办事指南”告知、“一张路线图”审批制，水利工程建设项目审批时间由平均260个工作日减至59个工作日以内。全面推进“互联网+政务服务”，提高办事效率和服务水平。2019年行政审批中心水利窗口共受理企业和群众申请108件，办结108件（其中包括并联审批10件，取水申请5件，取水许可证核发5件）。

规范信访诉求件办理。2019年，共受理各平台群众信访诉求件699件，全部按时办结并规范答复，做到件件有落实，件件有反馈。规范水行政执法。全局执法人员分两个巡查组全天候对全市13条市管流域、28座水库进行例行巡查，全年出动执法人员416人次，巡查里程达7213千米，整理巡查记录表181份，当场协调处理各类水事纠纷案件24起，办理立案3起、罚款7万元。

（市水利局　周良偶　李建阳　蔡聪语　吴我彬　王黎光　洪贻谋　张源昌　陈一啸）

【生态水域综合治理】 2019年，市水利局开展市区水系综合治理。遵循“生态、自然、环保”的水系综合治理理念，统筹考虑防洪排涝、城市景观、农业灌溉、生态补水、自然净化等功能，持续推进市区水系综合运行调度。持续开展市区水系317公顷水面保洁工作。针对下半年气象重旱、上游来水量减少的实际，实施水情监测、蓄水、调水等措施，实时监控水位变化，调控南渠节制闸及晋东水闸对市区水系进行生态补水，全年引调金鸡南渠生态水量0.9亿立方米；全年九十九溪乌边港断面水质全面达到Ⅴ类及以上。

全面推进生态水系综合整治。重点推进市域小流域整治工程，实施梧桐溪新塘段、钞井溪（永和南、溪前片、曾厝片）、缺塘溪新塘段等河道综合整治，开展梧桐溪金冠段、梧桐溪和平南路段、梧垵溪晋江下游段、侯厝溪安海片、霞浯直溪等流域涉及标段扫尾验收工作，完成河道治理1.454千米，完成年度投资2184万元，占年度投资计划的109.2%。

推进凤湖综合整治工程项目，开展湖区清淤、水闸、景观桥、管理房等工程建设，完成凤湖水闸主体结构及机电设备安装，累计完成建安投资3490万元（2019年度完成880万元）。

实施陈埭品牌园区桥梁、水闸、河道3个项目建设工作，完成渠道排涝工程、桥梁、引水闸工程建设，开展项目扫尾验收工作；启动紫帽组团流域治理工作，完成紫帽片区湖盘溪、大坝溪、下落沙溪河道整治工程前期工作，全面开展河道整治建设工作。

启动市区水系连通及生态提升工程。开展生态补水工程C1标项目建设，完成东山提水泵站建设及7.9千米管道埋设，实现对市区梧垵溪、缺塘溪、梧桐溪进行生态补水的目标，累计完成投资4400万元（2019年度完成投资2200万元）；实施仕头电灌站至东山水库段渠道整治，全长7978米，整治渠道1026米，新建水闸1处，2019年主要开展施工图设计；开展缺塘溪、梧桐溪、梧垵溪等3条河道生态修复提升，总河长约32.3千米，主要包括建设全断面生态溢流堰12座、河道护岸整治3688米、河道疏浚10.3万立方米等，2019年完成梧垵溪河道部分施工图设计。

深化落实河长制。推动并完成市级河湖长、流域保障部门、市级流域河长办、河长办成员单位工作职责等调整，增设工信局、自然资源局、城市管理局等3个单位挂钩联系梧桐溪、普照溪、缺塘溪、外曾溪等4条市级流域，市级流域保障力量进一步加强。钞井溪并入湖漏溪流域，全市13条市级流域调整为12条，新增陈埭镇域水系，镇级流域由8条调整为9条，并明确晋江、九十九溪、陈埭镇域水系、南低干渠、南高干渠等流域范围，市镇两级流域设置进一步优化。与石狮、南安建立跨区域协作机制。揭牌成立市法院驻河长办法官工作室。策划实施173个流域综合治理项目，累计完成投资8.3亿元。完成全市21条河流、龙湖、凤湖河岸生态保护蓝线界桩、里程桩等设施安装，启动河道管理范围及水利工程管理与保护范围划定工作，完成龙湖工程管理与保护范围划定。完成21条流域一河一档一策更新。成立并引导市民督导团、小小河长、民间河长、晋江青年志愿护河队等民间力量参与河湖生态

2019年12月31日，晋江市人民法院驻市河长制办公室法官工作室揭牌成立 （市水利局　供）

保护，通过设置治水"红黑榜"、群众随手拍及96133举报电话引导群众监督，汇聚治水力量。

（市水利局　蔡旺发　李为民　曾连灯　吴我彬　陈一啸　刘地强　张源昌）

【农村水利】　2019年，市水利局高标准实施农田节水灌溉项目。完成2017年度高标准农田节水灌溉项目建设扫尾工作，累计完成建设蓄水池改造及新建25处，新建泵房4座，新建滚水坝1座，水渠改造6条，累计完成建安投资742万元（占合同价100%），项目实施后恢复和改善灌溉收益面积400公顷。

农村饮水安全巩固提升项目。东石镇金瓯村、金井镇山苏村做好农村饮水巩固提升项目建设管理工作，截至2019年底，两个项目均基本完工。

开展灌区配套改造。推进灌区渠系建设、会展中心渠道改造项目，完成南低干渠桥南片区段河道改造及配套工程、城北组团安踏段扫尾工作，完成泉州市山美灌区续建配套与节水改造工程（2013年度）剩余资金投资工程、晋江市2017年度高标准农田节水灌溉项目建设，共完成投资1200万元。

（市水利局　李为民　陈明星　陈一啸）

【海堤、水库、山围塘除险加固】　2019年，市水利局推进海堤、水库（山围塘）等水利工程除险加固，完成金井镇石圳段、东石镇张厝—潘山段、英林镇嘉排岑张段共1.7千米海堤除险加固，完成总投资约1347万元。开展五道水库常态化除险加固工程前期工作，完成工程招投标和施工准备工作。开展溪边水库除险加固工程前期工作，完成安全鉴定审查及初步设计编制工作。完成溪边、广井、芸沟、吴厝、紫溪、玉湖、塘下等7座水库安全鉴定工作。完成林口、五道、后望坑、湖内、东埔、草洪塘、达群、芸沟、洪溪等9座水库安全检测工作；开展洋柄、吴厝、前村、塘下、钞岱、群洋、东山等7座水库安全检测工作。

（市水利局　李为民　蔡剑波　陈一啸　刘地强）

【水土保持】　2019年，市水利局推动水土保持强监管、补短板落地见效，抓好水土保持社会监管、行业监管、治理补短板和基础支撑工作。全市完成水土流失治理面积513.33公顷，完成泉州市下达任务107%，累计投资600多万元；现场核查扰动图斑1213个，查处非法扰动图斑31个；共计出动执法人员420人次，检查生产建设项目105个；批复生产建设项目水土保持方案55件，征收水土保持补偿费540.44万元。

2019年，市水利局完成金井镇石圳段海堤除险加固　（市水利局　供）

水土流失综合治理。2019年，全市申报实施水土流失综合治理项目12个，建设挡土墙400米，排水沟505米，护岸350米。协调林业等部门及镇、街道共同推进并完成水土流失治理面积513.33公顷，占泉州市下达任务107%，累计投资600多万元，其中：水利部门完成紫帽山封禁治理133.33公顷，林业等其他部门完成造林面积380公顷。

审批服务管理。提高水土保持方案审批效率，缩短审批时间，优化审批流程，提升审批时效。优化水土保持审批服务质量。加强服务意识，落实财政性投资项目水土保持方案并联审批，规范项目审批受理流程，推行"最多跑一趟"，实现水保方案快审、快批。2019年共批复生产建设项目水土保持方案55件，征收水土保持补偿费540.44万元。加强工程项目土石方动态监管。建立生产建设项目土石方调配台账，遵循土石方"优先就地利用，就近合理平衡"原则审批项目，严把平衡利用关口，减少外运。督促工程项目方对施工中遗留下的取土、采石、弃土（石渣）堆放场、工程施工裸露地等采取必要的水土保持临时措施，避免施工过程造成二次水土流失。

预防监督管理。加强水土保持监督管理，坚持"属地负责、部门联动、综合治理"原则，形成市、镇上下联动、协作有力的水土保持监督管理网络。打击破坏水土资源违法行为。坚持经常性巡查，多部门协同开展生产建设项目水土流失治理预防监督和水土保持执法专项行动，特别是市、镇两级联合执法，严厉打击非法取土、挖土洗砂等违法行为，共计出动执法人员232人次。加强项目事中事后监管。全面落实"双随机一公开"（在监管过程中随机抽取检查对象，随机选派执法检查人员，抽查情况及查处结果及时向社会公开）监管方式，提升事中事后监管规范性和有效性。年度随机抽检已批复的生产建设项目47个，对水土保持防治措施不到位、未按时足额缴纳水土保持补偿费等违法行为，依法发放执法文书，督促建设单位履行主体责任，确保"三同时"（建设项目的安全设施，必须与主体工程同时设计、同时施工、同时投入生产和使用）制度落到实处。推进自主设施验收。加强水土保持设施自主验收政策宣传，会同相关镇、街道对已完工未及时报备水土保持设施验收项目进行集中清理，发放落实水土保持设施自主验收通知书，督促建设单位及时组织验收。提升信息化监管水平。实现“天地一体化”卫星遥感监管全覆盖，并通过信息系统的信息汇集、处理、传送、自动识别与判断功能，围绕项目水土流失防治责任范围、扰动地表情况、弃渣场数量与位置、水土保持措施落实情况等逐步开展项目日常监管、巡查，2019年累计现场核查扰动图斑1213个，查处非法扰动图斑31个。

水保宣传教育。通过多种多样的形式开展水土保持宣传教育，实现宣传工作的常态化。利用微信载体，常态化开展水土保持宣传工作，全年推送63篇关于晋江市水土保持工作动态、政策法规、科普知识等水保资讯；以水土保持科普教育示范校为阵地，开展以“水土保持”为主题的现场作文赛、手抄报、少年队、讲座等宣传活动，9月底向10家示范校调配苗木600多株，美化校园环境；继续与团市委、教育局、文旅局联合举办第十三届“水保杯”校园歌手大赛；与《晋江经济报》等联合举办“省水土保持宣传日”系列活动，“水土保持小记者周末生态游”“水土保持晋马跑团”、亲子彩绘等活动。

（市水利局　陈书琴　张金奖）

2019年，市水利局举办晋江市水土保持宣传月系列活动——八仙山亲子绘画活动

（市水利局　供）

【水利工程管理】　2019年，市水利局抓好日常巡查管理。严格落实小型水库和山围塘安全管理制度，完善日常巡查制度，通过福建省水库运行管理信息平台及手机App加强水库运行管理及巡查检查工作。通过政府采购公开招标方式由泉州市水利水电工程有限公司中标实施小型水库山围塘日常维修养护工作任务，中标价188.4795万元，落实管理人员135人，完成107座小型水库山围塘除草、灭蚁、灌浆等日常维修养护年度工作。

抓好水利工程管护。完成28座水库湖长公示牌制作安装及科任水库水位界碑设立工作。完成山围塘保险续保工作，与中国人民财产保险股份有限公司晋江市分公司签订全市79座山围塘保险协议，共计保费19.503万元。推进草洪塘水库清淤工程，完成工程招投标和施工准备工作。委托上海市政工程设计研究总院（集团）有限公司对晋江市原在册的82座山塘完成测绘、摸底等信息清查与注册登记工作。完成新安水库“一档一策”报告编制工作。完成2019年小型水库放水涵洞探测工作。开展小型水库安全运行排查问题整改工作。

抓好安全生产。探索社会化服务，委托第三方有资质单位开展安全生产标准化延期评审及消防安全工作，完成6家水管单位的安全生产标准化延期评审及消防安全工作。全年共检查水利工程92处，组织199人次，排查隐患426项，完成整改426项，发放整改通知书54份，全市水利建设项目检查率100%；检查运行管理单位15家，组织检查32人次，投入整改资金111万元，排查一般隐患108处全部整改。

（市水利局　李为民　颜剑南　陈一啸　刘地强）

科技创新和高新技术产业

【概述】 2019年，市科学技术局围绕市委市政府各项决策部署，实施创新驱动发展战略，持续不断打磨科技发展“利器”，全市科技创新工作亮点频频，科技创新治理能力稳步提升。

【国家首批创新型县（市）】 2019年10月8日，《人民日报》第8版刊发《2019年中国中小城市高质量发展指数研究成果发布》，晋江科技创新居2019年度全国科技创新百强县市第六位。

【国家级重大创新平台】 2019年，中科院泉州装备所获批国家级重大创新平台。

【国家级试点联盟】 2019年7月，由科技部指导的中国产业技术创新战略联盟协同发展网发布《2019年通过联盟协发网注册的联盟名单（第一批）》，晋江市制鞋产业技术创新战略联盟上榜，成为福建省首家国家级试点联盟。

【中国科学院大学福建学院智能制造学院】 2019年11月19日，中国科学院大学福建学院智能制造学院在北京举行共建签约仪式，正式落地晋江，是泉州地区首个国家“双一流”世界一流学科建设高校，即将打造成为立足福建、面向全国的国家级智能制造创新型人才培育高地。

【晋江市福大科教园区发展中心】 2019年11月12日，晋江市政府与福州大学正式签约，双方共建“福州大学—晋江微电子研究院”。2019年福州大学晋江科教园首批本科生正式入驻。

【调研工作】 2019年7月4日，内江市委常委、市政府副市长付大为到晋江调研科技创新工作。7月7日，中国农业科学院北京畜牧兽医研究所科研处处长唐湘方到晋江市调研，并举行福建省智慧畜牧业机遇与挑战座谈会。7月22—23日，福州大学土木工程学院一流学科建设暨晋江产教融合科技研讨会在晋江市举行。8月30—31日，宁波市科技局局长黄志明、北仑区副区长潘群威到晋江市泉州装备所考察。9月4日，福建省科技厅党组成员、副厅长林旹然到晋江市调研省级新型研发机构、R&D投入情况以及精准帮扶挂钩高新技术企业。9月5—6日，中科院上海分院分党组书记、副院长，沪区党委书记李正华到晋江市调研泉州装备所。11月20日，福建省科技厅副厅长林旹然到晋江市开展精准帮扶挂钩高新技术企业调研活动。11月22—24日，中国科学院武汉分院党组成员、纪委书记蔡长塔到晋江市调研交流，开展国科大科普及招生宣传、所地合作建设经验交流等活动。11月27日，省科技厅副厅长游建胜到晋江开展企业研发费用投入调研工作。12月10日，衡阳市副市长龚学余到晋江开展科技创新考察工作。

【科技项目】 2019年，晋江市推荐一批具有较高水平的科技项目纳入福建省、泉州市科技计划专项，争取福建省的创新资源布局和资金支持。全年获得省、市级科技计划项目31项，资助资金971.84万元。

【高新技术产业】 2019年，晋江市高新技术工业企业实现规上产值1185.09亿元，同比增长9.8%，占全部规上工业产值的比重达21.6%。新增国家高新技术企业74家、省级高新技术企业76家，全市国家高新技术企业有效数达165家（数量位居泉州各县（市、区）第一名）；新增省级科技型中小企业98家，省科技小巨人领军企业20家，泉州市瞪羚企业入选14家，形成科创型企业“铺天盖地”、高新技术企业“顶天立地”的格局。

科技服务

【科技扶持措施】 2019年，晋江市出台《晋江市建材陶瓷产业全链条全流程提升行动方案》，坚持“以产业带动创新、以创新驱动产业”的原则，推动产业链与创新链双向融合。

整合推出“晋江市推进科技创新21条”，坚持“普惠+重点”的原则，聚焦企业研发投入、高新技术企业培育、科技成果转化等关键领域，发挥创新在高质量发展中的引领作用。

出台《关于加强全市公共科技创新平台建设与运行管理的通知》，实现全市科研平台统一归口管理，优化公共科技创新平台建设与运行管理机制，构建高效创新服务体系。

全面升级海峡科技大市场，推进技术转移体系深化构建，新增技术合同登记额920万元。

【科技金融服务】 2019年，市科技局推进“科技贷”“研发贷”“专利质押贷”等金融产品，与光大银行签订战略合作协议，为晋江市科技型企业提供整体授信总额为10亿元的“科技贷”服务。加快科创板后备企业培育，筛选推荐22家创新型企业入选福建省“科创板后备企业库”，激发科技型中小企业利用资金市场资金驱动企业科技创新发展。

创新研发激励继续加大，用足用好各级科技创新优惠政策，全年兑现政策扶持资金1.35亿元，同比增长72.7%，其中争取上级资金4734.94万元。组织64家企业申报省级研发费用分段补助资金3600万元，86家企业享受研发费用加计扣除额5.32亿元，同比增长52.87%。全社会研发投入持续增长，得到新华社、《人民日报》等报社通稿报道。

【科技服务】 2019年，市科技局依托“大走访、大调研”活动，带领300多名专家服务企业1200多家次，解决100多项关键技术难题。推进科技特派员服务农村，新增省（市）级科技特派员（团队）75个，实现全市乡镇全覆盖。全面升级海峡科技大市场，推进技术转移体系深化构建，新增技术合同登记额920万元。定期开展科技大讲堂、成果交易对接会、军民融合项目专场对接等活动，累计对接项目近百项。

【双创人才高地打造】 2019年，市科技局推动全市科研平台人才与企业签订产学研合作264项，金额5750万元。加强各平台间联动合作，促进不同技术领域的跨界融合，推动中科院装备所与皮革院合作开发原料皮缺陷智能检验机。

推进科技特派员服务农村，2019年晋江市新增省科技特派员33人、特派员团队1个，泉州市科技特派员41人、特派员团队2个。全市共有省级科技特派员49名、科技特派员团队2个，泉州市级科技特派员42名、科技特派员团队2个，实现科技特派员乡镇全覆盖。

【众创空间】 2019年，晋江市双创载体层级持续提升，加强孵化器、众创空间、星创天地建设，优化创业孵化平台运行管理机制，促进创新创业企业发展壮大。全年新增省级众创空间2家、省级星创天地1家、泉州市星创天地2家、泉州市新型研发机构2家。其中海峡青年创客坊、鸿盛果蔬星创天地从泉州级升格为福建省级载体平台。

科技成果

【科学技术进步奖】 2019年，晋江市组织企业参评2019年度省科学技术进步奖。2019年10月14日，福建省人民政府正式公布2018年度省科学技术奖励名单，晋江市10项科技成果获得2018年度省科技进步奖，首次实现一、二、三等奖全覆盖，获奖项目数创下新高，位居全省县域前列、泉州市各县（市、区）首位。

【中国创新创业大赛】 2019年9月4日，第八届中国创新创业大赛（福建赛区）暨第七届福建创新创业大赛落下帷幕，晋江市福建兴翼机械有限公司获优胜奖。

【“海峡杯”创新创业比赛】 2019年11月27日—28日，第四届“海峡杯”福建（晋江）创新创业大赛决赛及颁奖仪式在晋江市举行，“铁电存储器FRAM芯片”项目最终夺得本届大赛一等奖，独享80万元奖金。

2019年11月评选出第五批高层次人才“海峡计划”创业团队和项目21项，其中二类项目3项，三类项目5项，四类项目8项，五类项目5项。

科研基地

【中科院海西研究院泉州装备制造研究所】 2019年，晋江市依托中科院系统院地合作契机（STS项目），构建中科院、省、市、县四级联动机制，精准嫁接中科院科研资源。信泰科技、卓亦丽与中科院装备所、深圳先进院、中科院电工所等合作实施“智能经编机械关键技术研究及其应用”项目，解决国内经编机械关键技术“卡脖子”的问题。

【创新平台】 2019年，市科技局持续构建高水平公共创新平台，中国科学院大学福建学院智能制造学院、福州大学微电子研究院签约落地，福州大学晋江科教园首批本科生正式入驻，泉州职业技术大学挂牌，三大本硕高校版图正式成型。中科院泉州装备所获批国家级重大创新平台。皮革院发起的制鞋产业技术创新战略联盟获批全省首家国家级试点联盟。全面激活“国字号”科研平台，出台《关于加强全市公共科技创新平台建设与运行管理的通知》，实现全市科研平台统一归口管理，优化公共科技创新平台建设与运行管理机制，构建高效创新服务体系。推动全市科研平台人才与企业签订产学研合作264项，金额5750万元。加强各平台间联动合作，促进不同技术领域的跨界融合，推动中科院装备所与皮革院合作开发原料皮缺陷智能检验机。继续拓建镇域产业服务平台，按照“一镇（街）一创新平台”的要求，引导各镇域结合各自产业特点，加快建设乡镇产业创新服务平台。磁灶、安海、池店、内坑、东石、英林、永和等镇域建成镇级产业创新服务平台，推动创新型乡镇建设，逐步构建市镇两级协同抓科技创新的工作格局。

（市科技局　曾清华　施文协）

知识产权保护

【维权保护检查】 2019年，晋江市贯彻落实省、泉州市“双打”工作部署，开展知识产权执法“铁拳”行动、专利代理行业“蓝天”专项整治等专项行动，履行监管职责。结合“4·26”世界知识产权日、晋江市鞋业(体育产业)博览会、食交会、第十三届中国专利周等活动开展商标专利执法宣传及执法检查，全年查处各类商标侵权案件149件，罚没276.38万元，配合上级知识产权管理部门查处专利侵权案件2起。

【专利申报】 2019年，晋江市实现授权专利奖励网上申报，共收到681个(其中个人用户233、企业用户448)注册用户的4378件授权专利奖励申请。全年专利申请11233件，授权6678件，其中发明专利申请1264件，授权298件，每万人发明专利拥有量9.1件。新培育知识产权代理机构2家。指导企业申请各级质押贷款补助资金65.6万元，协助企业通过专利权质押申请银行贷款。

【专利优秀(势)企业】 2019年，利郎、恒溢公司获得中国专利优秀奖；信泰、金冠、夜光达、军鹏4家企业获评国家知识产权优势企业；海纳、兴翼2家企业获评福建省知识产权优势企业。

(市市场监管局　柯雅思　叶荣聪)

气象服务

【概况】 2019年，市气象局完成晋江市环境提升三年行动微气候效应评估与改善规划编制有关工作，并于7月完成总验收任务。该项目通过建立城市通风廊道模型，为住建、自然资源、生态环境等部门提供城市规划、建筑设计、园林设计等参考数据，可有效改善城市热岛效应，提升城市宜居水平。项目获得2019年福建省专业气象服务材料评比暨第二届气象服务创新大赛一等奖。

【大型社会活动气象服务】 2019年，市气象局为全市10场各类国际性、全国性重大赛事活动和重大社会活动做好气象服务保障工作：如5月世界沙滩排球巡回赛、11月晋江国际大体联世界杯赛事。其中6月首届中国警察马拉松赛举办后获得感谢信。

【晋江风廓线雷达配套工程】 2019年，晋江风廓线雷达配套工程于4月3日立项，9月27日招投标，11月1日开工建设，在11月中旬完成工地围挡，土地平整，基础水泥浇筑等工作，2020年1月初封顶。

(市气象局　陈文龙　叶秀枝)

防震减灾

【概况】 2019年，晋江市辖区内未曾发生2.0级以上地震。2019年，晋江市地震办公室获评“2019年度全省市县防震减灾工作考核先进单位”“全省地震科普宣传工作先进单位”，晋江市地震预警信息发布系统示范建设获福建省地震局防震减灾优秀成果奖一等奖。

【地震监测】 2019年，晋江市地下流体数字化地震前兆观测仪器性能优良，整体工作稳定，观测资料质量稳定、可靠，全年资料齐全。在2018年度监测预报工作质量评比中，青阳台的水温测项取得全国第三名和全省第一名、深沪台的水温测项取得全省第三名的优异成绩。监测数据。水位测项。晋江青阳台水位数据完整率99.65%，数据缺失主要原因是监测设备故障，9—12月受附近多个工地施工干扰造成水位波动变化明显，同时部分降雨带来的水位影响出现明显上升。深沪台水位数据完整率99.89%，数据缺失主要原因是监测设备故障，全年整体运行连续、可靠、较为稳定，固体潮明显。安海台水位数据完整率99.99%，观测资料连续，动态稳定，受降雨影响出现较大幅度的波动。水温测项。晋江青阳台水温完整率99.65%，全年呈平稳上升形态，与往年相似，数据缺失主要原因是监测设备故障，出现的几次较大波动为受外界干扰影响。深沪台水温数据完整率99.89%，数据缺失主要原因是监测设备故障，受交直流切换影响，2—5月出现几次突跳现象，全年整体变化幅度稳定。安海台水温数据完整率99.89%，全年呈平稳上升形态，与往年相似，数据缺失主要原因是监测设备故障。宏观异常。2019年10月，陈埭镇湖中村某企业的员工电话反映，其所在企业出现大群蟑螂和蚂蚁从下水道等角落爬出，不久大量蟑螂死亡，还发现蛇出没，疑似地震前兆宏观异常。在接到报告后，地震办工作人员立即前往处理，经调查，当时晋江市各镇、街正在开展以化学药物消杀灭蚊的环境卫生整治。从蟑螂大量死亡的情况分析死因主要是化学药物消杀引起，结合地震监测数据，排除是地震前兆宏观异常的可能。

【地震预警】 2019年，晋江市继续推进地震预警信息发布终端的建设工作，在全市200所学校安装预警终端，全市预警终端达852个。全年晋江市地震预警终端发布地震预警信息7次，其中：蓝色等级预警信息2条(2019年4月18日13是01分台湾花莲附近海域6.7级地震、8月8日05时28分台湾宜兰县海域6.4级地震)，无预警等级的震情信息5条；发布地震速报信息1154次，其中：国内地震速报信息728条，国外地震速报信息426条。

6月13日，中国地震局组织《中国日报》《科技日报》、中国新闻社、《新京报》《应急管理报》及福建电视台等中央及省内主流媒体到晋江市采访地震预警信息发布工作。7月4日，中国地震局阴朝民副局长调研晋江地震预警信息发布工作。11月，国家地震台网中心国家地震烈度速报与预警工程项目信息服务终端建设培训班在晋江市举行。

【科普展馆】 2019年，晋江市防震减灾科普体验馆(金井石圳馆)面向社会开放，实行“全年无休、免费开放”的管理模式，全年接待参观者2.3万人次，自2014年2月开放起，累计接待学生和群众超14万人次。2019年6月，在泉州市科协、中共泉州市委宣传部、泉州市教育局、泉州市科技局、泉州市文化和旅游局联合组织的评选活动中，确定为泉州市“我最喜爱的十佳科普教育基地”入围基地。

晋江市防震减灾科普馆(紫帽)主要对在紫帽中小学生教育基地受训的学生开放，2019年接待1.6万名学生参观。

2019年10月，两个科普馆被省地震局确定为福建省防震减灾科普教育基地。

【科普宣传】 2019年，市地震办开展“六进”(进机关、进乡村、进社区、进学校、进企业、进家庭)防震减灾知识宣传活动。1月16、17日，市地震办参加市委、市政府组织的开展2019年两节期间新时代文明实践——文化、科技、卫生集中“三下乡”活动，以及市团委组织的晋江市第21届青年志愿者春节“三下乡”活动，分别到东石镇古寨、金井镇三坑村、新塘街道后洋社区、龙湖镇古盈村开展防震减灾知识宣传服务活动。3月12日，市地震办参加青阳街道在阳光广场举办的“新时代公民道德建设宣传月”开展防震减灾知识宣传活动；5月7日上午，市地震办参加晋江市减灾委在晋江SM广场组织的“防灾减灾宣传周”主题咨询日活动；5月9日下午，到市第二实验小学开展防震减灾知识讲座；5月13日上午，在华侨职校开展地震科普知识宣传活动。5月13日下午，到晋江市第五实验小学开展防震减灾知识讲座、地震VR体验和防震减灾知识有奖问答等活动。8月19日，参加市科协在五店市组织的集中宣传活动。9月9日下午，在青阳街道阳光社区开展综合防灾科普教育讲座。

2019年5月7日，市地震办联合新侨中学开展避难场所应急演练活动　（市地震办　供）

校园地震安全教育。为进一步加强入学新生地震安全教育工作，助力学校做好防震减灾工作，降低校园地震灾害风险，根据《泉州市地震局 泉州市教育局关于开展新生入学地震安全教育工作的通知》文件精神，2019年9—10月，市地震办组织防震减灾讲师团成员先后到晋江一中、平山中学、晋兴职校、民族中学、远华中学等学校，为入学新生开展地震安全教育专题讲座。

科普讲解大赛。为深入贯彻落实习总书记关于防灾减灾新理念新战略的重要论述，晋江市组织参加中国灾害防御协会举办的第三届全国防震减灾科普讲解大赛，获得全国总决赛三等奖。

全国示范学校创建。为进一步向晋江市中小学生普及防灾科学知识、传播科学思想、提高防灾技能，以“教育一个孩子，带动一个家庭，影响整个社会，保障一方平安”为目标，按照“主动、慎重、科学、有效”的方针，指导平山中学和新侨中学，在福建省防震减灾科普示范学校基础上，继续创建全国防震减灾科普示范学校。

2019年10月17日，市地震办到陈埭镇民族中学开展防震减灾知识讲座（市地震办　供）

【地震应急】　2019年，晋江市做好抗震救灾民兵专业骨干培训。6月24—28日，市地震办配合市人武部，在泉州市综合性示范教育基地（金井石圳华侨中学）举办泉州市抗震救灾骨干集训。

应急避难场所巡查工作。2019年10—11月，联合各镇（街），对全市19个镇（街）建成的全部32个应急避难场所设施设备进行一次全面巡查。针对巡查中发现的问题建立问题清单，督促各避难场所管理单位及时做好修复工作，并向市财政申请专项资金，用于地震应急避难场所设施设备修缮、应急物资更新补充，以及日常运行维护经费补助，确保应急避难场所功能完备、需时能用。

应急演练活动。市地震办每季度定期开展流动观测、无人机灾害普查和应急通讯演练。11月，组织3名干部参加泉州市地震局举办的现场工作培训演练活动。利用防灾减灾日、全国科普日等特殊纪念日协助晋兴职校、青阳街道阳光社区等中小学、村（社区）开展应急疏散演练活动，5月7日，市地震办联合新侨中学开展应急避难场所启用应急演练活动。

（市地震办　张群英　陈瑞伟）

教　育

综　述

【概况】 2019年，市教育局加强教师队伍建设，持续改善学校办学条件，扩充基础教育容量，推进各类教育协调发展，通过省级“两项督导”评估，被认定为省“教育强市”。

【召开教育大会】 2019年12月18日，晋江市召开全市教育大会，晋江市领导刘文儒、张文贤、陈晋永、林惠玲、许仰东、黄文福、吴忠刘、陈长义、曾献礼、黄少伟、洪元程等参加会议。晋江市市长、晋江市委教育工作领导小组第一副组长张文贤主持会议。

大会对2019年泉州市教育世家、晋江市教育工作先进单位、晋江市优秀教师等进行表彰和颁奖。

【省级督导评估】 2019年3月17日，福建省人民政府教育督导委员会下发《福建省人民政府教育督导委员会关于公布2018年“两项督导”和“教育强县(市、区)”督导评估结果的通知》，晋江市在“对县级人民政府教育工作督导评估”中获得“优秀”等级，在“对县级党政主要领导干部抓教育工作督导考核”中获得“优秀”等级，在“教育强县(市、区)督导评估”中被认定为“教育强市”。

【继续教育】 2019年，晋江市继续推行民办幼儿园教职工学历提升补助计划，开设本、专科学前教育专业，共招收学前教育教职工本、专科学员76名，减免学费15400元。在全省率先与泉州幼高专、泉州职业技术大学开展晋江市民办学前教育师资学历提升“二元制”项目试点。推行“乡村振兴人才学历提升计划”，面向全市各村招收专科学员29名。开展助推高质量赶超“求学圆梦”学历提升行动，面向本市公安系统招收学员123名。落实退役士兵安置政策，执行退役士兵参加职业教育和技能培训补助，三年内给予学费全免补助。

2019年12月18日，晋江市召开全市教育大会，泉州市委常委、晋江市委书记刘文儒(左三)为获2019年泉州市教育世家颁奖　(市教育局　供)

【语言文字工作】 2019年，晋江市开展县域普通话普及情况监测调查工作，共采集样本量517份。加强语言文字宣传工作，推动各类学校共组织600多场“推普周”专题活动，组织8人参加泉州市普通话水平测试员培训班、513名“四个重点领域”人员参加泉州市普通话水平测试报名工作、遴选7个作品报送泉州、省里，其中1个作品入选全国大赛。

【学生资助】 2019年，晋江市先后制发《晋江市教育局关于印发晋江市家庭经济困难学生认定办法实施细则的通知》《晋江市开展高中阶段学生资助经费管理使用突出问题专项治理工作实施方案》等文件。学生资助管理中心把每年9月第一周定为“资助宣传周”，10月定为学校“资助宣传月”，借助学校、晋江市教育网、微信公众号、微信群等工作平台广泛宣传各项惠民惠生政策。

积极对接社会各界助学活动开展。2019年累计完成124711人次学生申请审核及1892.47万元助学金发放工作。开展生源地助学贷款，累计发放378笔(283.7845万元)助学贷款。

【教育服务“一站式”】 2019年3月，晋江市教育服务窗口由分中心正式入驻晋江市行政服务中心46号窗口，严格实行即办制度和限时办理承诺制度，推进个人事项、简单事项“马上办”，全面推进电子证照调用，并及时完善电子证照库，减少群众办事纸质申请材料。2019年度，共办理学历证明验印210人，办理校车许可审核转报11件，办理民办学校设立、变更、终止审批110件，推进民办学校设立申请法人办理办学许可证免费快递派送服务5件，办理教师资格认定778件，引导和配合群众办理教师资格证快递派送服务700件，快递派送率达90%，方便办事群众。开展2018年民办学校年检工作，全市应检民办中小学、幼儿园、培训机构239所。

【“服务+”机关运行模式】 2019年，市教育局配合做好教育部部长陈宝生、副部长钟登华以及省教育厅领导到晋江参加世中运组委会会议等各项工作。牵头做好巡察整改工作，严格实行整改销号制。牵头做好形式主义、官僚主义治理工作，出台实施《晋江市教育局关于进一步改进文风会风的意见》，进一步规范发文登记，建立发文登记台账，加强对文件的业务指导和统筹管理，逐渐减少发文数量、压缩文件篇幅，推行“多会合一”“多检合一”。推进教育城域网视频会议系统，设立18个分会场，减少基层开会往返负担。制订实施《晋江市教育系统网络舆情管理工作制度》，组建教育系统新闻发言人队伍，举办全市教育系统新闻发言人、新闻联络员专题视频培训班。制订出台《晋江市教育系统信访工作管理暂行办法》，健全完善信访联办工作机制，落实教育系统每季度信访分析会制度。牵头召开全市教育大会和教育工作务虚会。晋江市教育局获评“2018泉州政务微信最具影响力公众号(教育)”和“2018泉州十佳政务微信公众号”。获2019年度《福建教育》品牌提升力先进单位。

【外派支教】 2019年9月2日，晋江华侨职校与宁夏回族自治区盐池县职业中学在中等职业教育方面搭建“一对一”结对帮扶关系，经过层层选拔，严格考核，学校选派汽修系教师张斌全前往盐池县职业中学支教一年。

青阳街道青华幼儿园教师曾惠玲作为晋江市唯一幼师赴省级扶贫重点县宁化支教，与来自泉州市各县市选派的10名骨干教师到三明市省级扶贫开发工作重点县支教行动。

【省内教师校长跟岗学习】 2019年11月4日，晋江市实验中学安排9位来自龙岩市的校长与教师开启为期20天的跟岗学习任务。此次任务根据《福建省教育厅办公室关于做好2019年选派省级扶贫开发工作重点县中小学教师校长到省市优质校跟岗学习的通知》精神。跟岗期间，实验中学实行“一对一”结对帮扶，学校各专用教室、课堂、教学与教研等教育教学活动全面开放。学校安排教学和德育管理工作经验交流会，组织参观心理辅导中心，观摩体验心理沙盘教学活动，开展主题班会观摩活动、晋江经验学习考察等丰富多样的学习活动。11月23日，跟岗任务完成。

【学校美育工作推进会】 2019年9月28日，晋江市学校美育工作推进会在市教育局二楼会议室召开。

会议首先由平台项目开发技术人员介绍福建省中小学生艺术素质测评平台各模块设计的情况。与会人员分别从美术、音乐等不同学科对测评平台进行交流和分析，对每个指标如何更科学合理的细化和操作进行全面的探讨，并达成互相协调与整合的共识。福建省学校美育与艺术教育研究中心主任、教授王福阳肯定此次推进会研讨效果，对各学段指标的细化做点评和分析，提出修改建议。

【美育成果展演】 2019年5月19日，由晋江市教育局、泉州市高教发展中心管理委员会办公室主办，泉州理工职业学院(本科)承办的“礼赞新中国 奋进新时代”晋江市学生美育成果展演活动启动仪式暨首场展演活动在五店市传统街区戏台成功举办。

启动仪式上，晋江市人民政府副市长黄少伟致辞并宣布“‘礼赞新中国 奋进新时代’晋江市学生美育成果展演活动”正式开始。泉州理工学院的同学展演首场美育成果。

“礼赞新中国 奋进新时代”晋江市学生美育成果展演活动由泉州理工学院、泉州轻工学院、晋江职校、华侨职校、安海职校、晋兴职校以及每个镇街轮流承办，在五店市传统街区戏台进行美育展演，展演活动除寒暑假期间不举办，原则上每两周一次，时间固定在周六下午。

【25个重点学科建设名单公布】 2019年，晋江市教育局下发《关于公布晋江市第二批普通中学市级重点学科名单的通知》文件，公布晋江市第二批重点学科建设名单。

25个首批重点学科建设学校取得阶段性的成效，部分学科在上级主管部门的名学科、优质学科遴选中显示实力，晋江一中地理学科被确定为福建省普通高中优质学科。养正中学英语学科、季延中学历史学科，晋江一中地理学科被确立为泉州市普通中学首批学科教学联盟基地校，晋江一中化学学科、政治学科，养正中学语文学科、数学学科、信息技术学科，季延中学英语学科、生物学科、物理学科，侨声中学物理学科、地理学科，南侨中学政治学科分别被确立为泉州市普通中学首批学科教学联盟校及联盟建设项目。

【省委教育工委调研】 2019年11月14日至15日，省委教育工委副书记王建南一行到晋江开展新时代文明实践中心教育平台建设调研活动。

调研组一行走访晋江中小学生示范性实践基地、金井镇围头村新时代文明实践站、梅岭街道新时代文明实践所、晋江市未成年人心理健康辅导站南山站、晋江市新时代文明实践中心，详细了解晋江新时代文明实践中心(所、站)的统筹领导、点位布局、资源整合、阵地运行、志愿服务等平台建设进展情况，考察调研中，王建南对晋江新时代文明实践中心(所、站)平台发展建设、存在问题提出指导意见。

实地考察活动结束后，调研组在晋江市文化中心召开专题座谈会，在听取晋江市教育局局长陈建生关于晋江新时代文明实践中心教育平台建设工作开展情况后，王建南对晋江市新时代文明实践中心建设工作所取得的成效给予肯定，并就晋江新时代文明实践中心教育平台建设工作作强调讲话。

素质教育

【概况】 2019年，晋江市确定第二批55所垃圾分类试点校，持续推进校园生活垃圾分类试点工作。评估验收一批泉州市级文明校园、晋江市德育先进校、示范性家长学校，晋江一中被确定为第二批省级中小学心理健康教育名师工作室。全面推进实践育人活动，组织开展中小学生研学实践活动25万多人次，联合相关部门组织开展“情缘晋江 菲律宾之行”青少年海外文化交流，组织前往美国加州大学伯克利分校开展首届晋江中学生“世界名校行”游学活动。组织开展晋江市德育指导组成员纳新换届遴选活动，评选确认96名晋江市第二届名班主任培养对象。

【体艺卫工程】 2019年，晋江市组织开展14场“礼赞新中国 奋进新时代”学生美育成果展演活动，开展“阳光体育”运动，深化“两操两锻炼”、中小学“体育、艺术2+1项目”等活动开展。教育部部长陈宝生、副部长钟登华到晋参加世中运组委会成立暨第一次全体会议，钟登华副部长带队考察晋江一中、实验小学，晋江教育驶入“世中运时间”。举办晋江市全国青少年校园足球“满天星”训练营，蝉联泉州市中小学生运动会小学组、初中组冠军。全市共有11所幼儿园、33所中小学被确认为全国青少年校园足球特色学校，远华中学被确认为福建省校园足球示范学校。成立主题教育“群众点题”攻坚行动工作专班，推进“实施中小学生健康体检项目”为民办实事项目，推进儿童青少年近视防控工作。

【艺术教育】 2019年，晋江市作为全国中小学生艺术素质测评实验区，发挥试验区示范带动作用，全市开展一系列行之有效的措施。

成立机构，加强组织。成立由市政府副市长黄少伟担任委员会主任的晋江市全国中小学生艺术素质测评试验区管理机构和晋江市中小学生艺术素质测评工作核心组。

立足实际，搭建舞台。晋江教育有两大特点：体量大。全市有普通中学55所，中职学校4所，完全小学283所，特殊教育学校1所，中小学、幼儿园在校生近38万人，呈逐年净增的趋势；到晋江务工人员子女多。晋江市是一个拥有庞大流动人口的城市，全市中小学在校生中来晋务工人员子女21.29万人，占56.61%，规模超过泉州市1/3，约占全省1/6，亦呈逐年净增的趋势。为提升学生艺术素养，晋江市教育局组织开展晋江市第二十一届中小学生美术、书法现场比赛、“童享晋江情 礼赞新中国”晋江市第三十七届少儿文艺会演、晋江市第十八届中小学生器乐独奏比赛、晋江市第十三届“水保杯”校园歌手大赛、晋江市第五届校园舞蹈大赛等多项艺术比赛和活动，吸引中小学生参与，涌现出一批优秀的艺术人才和团队。举办晋江市第十届校园灯谜赛、晋江市第二十四届中小学生南音演唱演奏比赛等乡土文化突显的艺术活动比赛，进一步传承和弘扬闽南文化，促进传统文化进校园，全面推进素质教育的实施。依托五店市传统街区舞台，定期组织开展“礼赞新中国 奋进新时代”晋江市学生美育成果展演活动，截至2019年12月底，开展13场次。在泉州市中小学生美术书法现场比赛中，121人获奖。在泉州市中小学生民乐独奏比赛中，全市25人获奖。在全国第六届中小学生艺术展演活动中，全市获一等奖2个，二等奖1个，获奖比例占泉州1/3。

提高认识，架构模式。召开工作推进会，完善艺术素质测评指标、内容和相关配套政策。明确工作思路，按照“综合统筹、积极创新、以点带面、小步快跑”的工作推进思路，规划“建立体系—细化指标—开发平台—完善方法—全市推广”的工作路径。即形成晋江市中小学艺术素质测评300综合体系；通过专项课题研究，初步细化艺术素质测评指标、内容；开发晋江市中小学生艺术素质测评平台；遴选10所具有典型地域特点、校情迥异的中小学作为晋江市中小学生艺术测评试点学校小范围尝试实施。

【校园体育】 2019年，市教育局全力配合做好晋江市申办和筹备2020年世界中学生运动会工作，全面实施《国家学生体质健康标准》，开展“阳光体育”运动，各类学校结合“两操两锻炼”、中小学“体育、艺术2+1项目”等活动的开展，确保在校学生每天参加锻炼一小

2019年8月27日，教育部副部长钟登华(前右三)一行到晋江实验小学考察(市教育局 供)

时。组织开展第十四届“SM杯”校园三人篮球对抗赛、晋江市第十四届中小学生幼儿围棋赛、晋江市第三届中小学生啦啦操比赛、第七届晋江市中小学生“泉州南少林五祖拳健身操”会操比赛、晋江市中小学生篮球赛、足球赛、排球赛和乒乓球赛等赛事，组织开展2019年晋江市全国青少年校园足球“满天星”训练营选拔工作，全市100多名学生参加晋江市全国青少年校园足球“满天星”训练营活动以及50名学生参加晋江市牵手球童夏令营活动。

【近视防控管理】 2019年，晋江市作为全国儿童青少年近视防控试点县，市教育局联合卫健局推进落实“实施中小学生健康体检项目”为民办实事项目工作。拟定《晋江市推进全国儿童青少年近视防控试点县建设工作方案》，开展儿童青少年近视防控宣传教育。开展2019年“全国爱眼日”主题宣传活动。联合市卫健局开展中小学校教室采光和照明检测工作，对教室桌面的平均照度及照度均匀性、黑板面的平均照度和照度均匀性等技术指标进行检测评估，优化健康育人环境。成立福建省儿童青少年近视防控专业委员联盟工作小组暨福建省儿童青少年近视防控2号公益筛查点。

【科技普及】 2019年，晋江市教育局组织开展2019年晋江市青少年科技创新大赛、电子制作锦标赛、电脑机器人竞赛、青少年科普剧表演大赛等活动，组织参加上级青少年科学影像节活动、“数字中国”科技创意展示、青少年机器人竞赛、科技创新大赛等，举办“科普公益进校园”活动，进一步提高晋江市广大青少年科学素质。开展科技教育宣传，培养学生创新能力，增强学生科技意识。在泉州市第十五届青少年科技教育论文评选活动，全市3篇获一等奖，6篇获二等奖，16篇获三等奖等。

【德育一体化建设】 2019年，晋江市教育局聚焦育人内涵发展，全面推进德育一体化建设。

加强思政引领，推进管理育人。召开全市教育系统“办好思政课 潜心育新人”专题交流座谈会，依托新华社“德育学堂”等德育资源，通过校园微拍、快闪、课本剧等形式，推送“铸魂育人 讲好晋江教育故事”专题影像推文。出台《关于进一步规范各类“进校园”活动的意见》，组织开展晋江市德育指导组成员纳新换届遴选活动，评选确认96名晋江市第二届名班主任培养对象，并组织前往北京、杭州等高等院校进行高端专业培训，加强班主任绩效考评和奖励性绩效工资的规范管理。组织指导磁灶中学、南侨中学通过2018年福建省中小学德育研究课题结题工作。

精准德育专题，推进活动育人。深入开展“我和祖国共奋进”等庆祝中华人民共和国成立70周年爱国主义系列教育活动，配合世中运执委会举行2020年世界中学生运动会形象大使选拔赛活动，举办学校少年宫文创市集活动，举办“环保情 晋江梦”等弘扬生态文明专题实践活动，确定第二批55所垃圾分类试点校，出台《晋江市学校生活垃圾分类工作实施方案》，持续推进校园生活垃圾分类试点工作。

加强品牌意识，推进文化育人。着力推进品牌德育创建活动，加强校园精神文化建设，组织创建晋江市德育先进校31所、心理健康教育特色学校22所、劳动教育特色学校12所，5所省级文明学校参评全国文明校园创建先进学校，9所晋江市级文明校园参评泉州市文明校园创建工作先进学校。举办“家风书场”闽南语公益专场演出和闽南语讲故事比赛、中小学生课本剧大赛活动，进一步弘扬“家风文化”，延续晋江闽南传统文化传播力量。

挖掘德育资源，推进实践育人。组织开展校园“双微创”和英语小导游海选大赛活动，组建“侨乡杏坛”教育志愿服务团，全面启动新时代文明实践教育志愿服务活动，白兰花教师志愿者联盟入选第二届全国最美教师志愿者团队。承办全省未成年人校外教育管理和骨干师资培训活动，遴选确认6个晋江市中小学生研学实践教育基地，组织开展中小学生研学实践活动25万多人次，联合相关部门组织开展“情缘晋江 菲律宾之行”青少年海外文化交流，组织前往美国加州大学伯克利分校开展首届晋江中学生“世界名校行”游学活动。

增强德育合力，推进协同育人。加强与相关部门、社会组织的沟通联系，统筹协调、共同推进德育工作。联合晋江市妇幼保健院举办全市学校青少年儿童精神卫生教育专题讲座和初中、高中毕业班专题心理辅导讲座活动。晋江一中被确定为第二批省级中小学心理健康教育名师工作室。联合举办“新时代好少年——我为祖国点赞”主题教育读书活动。晋江市教育系统关工委获评教育部关工委主题教育读书活动先进集体。联合团市委组建晋江市少先队工作专家库并从中遴选少先队学科兼职教研员。联合晋江市妇联开展“最美家庭”、家庭教育论文、家教微课等评选活动，推进家庭教育，培育时代新人。

【省中小学生艺术素质测评经验分享】 2019年11月27日上午，福建省中小学艺术素质测评培训班在福州开班，此次培训共240余人参加此次开班仪式。培训班上，晋江市作为全国中小学生艺术素质测评试验区进行经验交流。晋江市教育系统党委专职副书记蔡朝阳介绍晋江市推进全国中小学生艺术素养测评试验区的实践工作。晋江市实验小学校长傅彩虹则作题为“基于课程、规范有序、创新模式”主题经验分享发言。

【主题教育读书活动】 2019年，市教育局联合晋江市教育系统关工委开展“我为祖国点赞”主题征文、演讲比赛。演讲比赛于2019年4月19日在市图书馆三楼学术报告厅举行。来自全市各中小学（中职校）的72名选手（中学41名、小学31名）同台竞技，经组织评审，分别评出小学组一等奖2名、二等奖4名、三等奖7名，中学组一等奖3名、二等奖5名、三等奖8名。征文比赛活动共收到中学组来稿230篇，小学组来稿280篇。经组织评审，分别评出中学组一等奖5名、二等奖10名、三等奖20名，小学组一等奖5名、二等奖10名、三等奖20名。

【省课题中期汇报】 2019年5月22日，福建省教育科学“十三五”规划2018年度立项课题《“语文+X”跨学科融合，提升小学生综合素养实践研究》中期汇报交流研讨活动（第一场）在课题实验校——晋江市梅岭街道希信中心小学实验楼电脑室举行（此次课题中期汇报交流研讨活动共两场，第二场于六月份在课题实验校——晋江市第三实验小学举行)。

福建省教育科学“十三五”规划2018年度立项课题《“语文+X”跨学科融合，提升小学生综合素养实践研究》是一个跨学校、跨学科的课题，学科教师涉及语文、信息技术、综合实践、道德与法治、书法、音乐、美术、体育、科学等，力求通过开展跨区域、跨学校、跨学科融合教学，打破学科壁垒，打造“跨学科发展共同体”，提升小学生综合素养。课题实验活动开展9个多月，课题组实验教师发表CN级课题实验论文4篇，7人次在市级以上开设公开课、讲座或比赛获奖，11人次在镇级以上开设公开课或举行讲座，3人次获晋江市科研素养比赛一、二等奖；实验班学生6人次获国家级竞赛奖励、13人次获省级竞赛奖励、13人次获市级以上竞赛奖励。

【晋江市全国青少年校园足球“满天星”训练营】 2019年7月27日至8月2日，2019年晋江市全国青少年校园足球“满天星”训练营在晋江市远华中学举行。此次活动由晋江市教育局主办、晋江市远华中学承办。

此次训练营通过层层选拔，确定100名学员进行为期7天的集中培训，其中初中男子组20人、初中女子组20人、小学男子组30人、小学女子组30人。同时，聘请一支高水平的专业教练团队，包括5名外籍足球教练员（1名总教练具有欧足联A级教练员资格证书，4名主教练具有欧足联B级教练员资格证书）以及10名中方足球助理教练员。这支教练团队除培训这100名学生外，还将为晋江市20余名足球骨干教师提供提高教学水平的培训，进一步提升晋江校园足球工作水平。

【福建省五星级鼓号队】 2019年9月2日，晋江市紫帽镇中心小学“希望之星”少先队鼓号队获评2018年度“福建省五星级鼓号队”称号。

【美国博特纳教育集团到校考察】 2019年2月28日下午，美国博特纳教育集团董事长、博士丁铁强一行在市教育局副局长、教育系统党委书记蔡惠琼、副科级督学陈永益的陪同下到晋江五小考察足球教育开展情况。

丁铁强一行观看晋江五小自创的足球操，参观学校足球场地、设施等，详细交流教师配套、足球特色教育开展等各方面情况。

丁铁强肯定学校足球教育开展的情况，对学校足球教育和两地足球教育交流等方面提出意见和建议。

【泉州市首批“中小学艺术特色学校”】 2019年2月25日，根据《泉州市教育局关于开展泉州市中小学艺术特色学校评选认定工作的通知》精神，经各县（市、区）推荐和专家评审，晋江市共有11学校确认为泉州市首批 “中小学艺术特色学校”。

【泉州市首批“书法教育示范学校”】 2019年2月25日，根据《泉州市教育局关于开展泉州市书法教育示范学校评选认定工作的通知》精神，经各县（市、区）推荐和专家评审，晋江市共有13学校确认为首批泉州市“书法教育示范学校”。

【拍摄“嗦啰嗹”】 2019年3月27日至3月28日，由教育部主办，中央电视台科教频道负责拍摄制作的《传承的力量》端午篇摄制组一行8人到晋江市安海镇养正中心小学拍摄《嗦啰嗹》。

27日下午，摄制组一行与学校书记颜新疆、校长姚建安、副校长黄丽蓉和音乐组老师苏晓玲、林雅芬、吴若琳、黄雅斯及演员各角色代表、校外艺人等在学校行政会议室召开拍摄协调会。下午拍摄组在学校多功能厅对《嗦啰嗹》节目的排练情况进行拍摄。28日上午拍摄组又在安海本地《嗦啰嗹》老艺人的带领下到安平桥古厝里进行《嗦啰嗹》实地取景拍摄。

【第四届“静·融”美育论坛】 2019年4月9日—10日，在晋江市实验小学举行第四届“静·融”美育论坛暨泉州市美术教研员研修活动。

4月9日，晋江实验小学和联片发展共同体学校的3位老师围绕着“基于智慧课堂的项目式跨学科综合美育教学”主题进项现场课展示。分别由晋江实小林燕婷执教综合实践——《方寸世界——发现之美》；吴建汉执教美术——《方寸世界——表现之美》；由庄秋红执教阅读《方寸世界——表达之美》。随后，晋江市实验小学的姚育晓结合《方寸世界》的课例做《项目式学习之跨学科整合实践与思考》的专题讲座；广东佛山罗格实验学校的王飞雪做题为“PBL赋能教学”的讲座；石狮市教师进修学校的陈桂蓉做“闽南狮文化在中学教学中的运用”专题讲座。

4月10日，四川省教育科学研究所的冯恩旭做“传创民族文化，弘扬工匠精神——中小学美术教育实践工作坊缘起及其构建模式”专题讲座。举行泉州市美术教研员及教师代表工作会，多位县区美术教研员开展专题讲座交流，泉州市美术教研员陈德煌做年度美术工作布置。

【全国跳绳联赛】 2019年3月29日至31日，晋江市陈埭镇花厅口小学跳绳队参加在哈尔滨科学技术职业学院体育馆举行的“2018—2019年全国跳绳联赛（黑龙江—哈尔滨站）”，并收获2枚金牌、3枚银牌、1枚铜牌、13项前八名的成绩。此次共有来自北京、天津、山西、辽宁、吉林、黑龙江、福建、山东、广东、重庆、新疆、内蒙古等12个省、市、自治区的46支参赛队伍，448人参加此次比赛。此次赛事共分为计数赛、花样赛、集体自编赛、规定赛和传统特色项目等五大项比赛。

【灯谜大会】 2019年4月14日，晋江市安海中学代表队在“梁丰杯”首届中外学生谜语大赛中获团体电控一等奖，杨知立同学获得个人笔猜第四名，安海中学教师伍耿怀代表中华灯谜学术委员会在开幕式上发言，安海中学郑玉火获优秀教练的称号。

此次大赛赛题有四分之一左右为英文谜语。此次大赛共邀请海内外50支中学生代表队参赛，其中，外省市20支代表队，苏州地区13支代表队，梁丰16支代表队，以及16名外国学生参赛。

10月19日，晋江市安海中学代表队、晋江市英林中学代表队分别参加“广厦杯”第二届全国校园灯谜大会初中组及高中组。此次灯谜大会邀请全国10所大学、10所高中、10所初中学校的灯谜代表队参加。

比赛中，由杨知立、陈泽泓和吴书桓三位选手组成的安海中学代表队获初中组团体电控特等奖，杨知立获得个人笔猜金箭奖。

洪钰杭、李玲、赵恬3位选手组成的英林代表队获高中组一等奖。赵恬获个人笔猜铜箭奖。

11月16日，晋江市安海镇西安小学接受"平望杯"全国小学生灯谜大会的邀请，选派阮子华、邱奕朗、颜贝铌3位射虎小将组成的代表队，在辅导老师苏子溪的带队下赴江苏平望镇参赛，获团体一等奖，邱奕朗同学在个人赛获银奖。

【福建省大型校园诵读活动】 2019年10月24日，福建省"2019年少年中国颂"大型校园诵读活动走进晋江市实验小学。活动旨在贯彻落实习近平总书记关于青少年思想道德教育的一系列重要讲话，庆祝中华人民共和国成立70周年和中国少年先锋队建队70周年。

【非物质文化遗产展示】 2019年11月23日，晋江市东石镇金山小学南音•十番艺术团受泉州市非遗保护中心、泉州市艺术馆邀请，参加泉州市非物质文化遗产博物馆开馆日暨第二届海上丝绸之路非物质文化遗产展活动。晋江东石金山小学作为世界非遗泉州南音的活态传承展示标本，接受文化和旅游部非遗司副司长张玉红等各级领导检阅。

此次非遗展示活动是文化和旅游部和福建省政府联合主办的第四届海上丝绸之路国际艺术节中重要的一部分。吸引50多个国家和地区的130多个文化团体1500多名艺术家、专家学者和国际友人。

【泉州小学生足球赛】 2019年12月26日，晋江市心养小学在2019年泉州市小学生足球联赛总决赛中，以3:1击败东门实验小学，夺得该赛事女子组冠军，取得晋江历史性突破。

此次泉州市小学生校园足球联赛总决赛共有50支队伍参与角逐，其中女子组有26支队伍。心养小学以进24球失2球优异的战绩挺进决赛，迎战此次夺冠热门东门实验小学。

【国家羽毛球青年队参观交流】 2019年9月5日下午，中国羽毛球协会副主席兼秘书长王伟、国家羽毛球队顾问田秉义率领国家羽毛球青年队教练、运动员，在晋江市人民政府副市长王海飞、晋江市体育局局长许紫竹、晋江市体育中心主任陈永记等人的陪同下到晋江市养正中学参观交流。

国家羽毛球青年队一行到学校体育发展史馆和校史馆，听取养正中学办公室副主任吴浒对学校办学发展和体育建设情况的介绍。随后青年运动员们来到体育馆二楼，与学生社团养鱼（羽）社社员进行互动交流。最后，国家羽毛球青年队赠送羽毛球拍球衣，校党支部书记颜建增代表学校接受捐赠。

【福州市马尾区艺狮同仁到晋江考察学习】 2019年10月28日，福州市马尾区中小学艺术学科名师工作室同仁到晋江，展开为期4天的学习交流之旅。

短短4天，福州市马尾区中小学艺术学科名师工作室同仁分别走访东石镇金山小学、安海镇养正中心小学、晋江市实验小学、池店镇钱头小学、青阳街道象山小学、青阳街道中和中心小学等6所美育特色窗口学校。此次活动展示晋江市小学艺术教育高质。

（市教育局　施快乐　陈建生）

青少年思想政治和传统教育

【概况】 2019年，市关工委围绕中心，服务大局，突出庆祝"新中国成立70周年"为主题，组织开展各类主题教育活动，教育引领广大青少年爱国爱党、听党话跟党走，践行社会主义核心价值观，推进全市关心下一代工作创新发展。中国关工委主任顾秀莲、省关工委主任刘群英到晋江调研时赞扬晋江市关工委工作，肯定青少年教育基地建设，并授予"全国关心下一代党史国史教育基地"和"福建省关心下一代传承红色基因教育基地"牌匾；安海镇东鲤社区关工委、晋江市特殊教育学校关工委被省关工委确定为全省"基层五好关工委示范点"。

【组织建设】 2019年1月16日，市关工委举行关心下一代工作会议暨"双先"表彰会议，向获得省关工委、泉州市关工委关心下一代工作的"先进集体""先进工作者""突出贡献奖"的单位和个人颁发荣誉证书和奖牌，向从事关心下一代工作10年、15年、20年以上的代表颁发荣誉奖章，总结交流2018年全市关心下一代工作情况和部署2019年工作。

11月6日，泉州市关工委主任宋长青一行到晋江调研"基层建设提升年"工作，调研组一行听取晋江市和金井镇围头村贯彻落实"基层建设提升年"工作情况，并就推进过程中的重点、难点问题进行交流探讨。

3月6—7日，泉州市教育系统关工委工作座谈会在晋江召开。

8月20日，晋江市关工委副主任郑清爽主持召开由各镇（街道）关工委所推荐"五老"人员组成的市关工委"庆祝新中国成立70周年"宣讲团成员座谈会。会上，副主任郑清爽向与会的报告员作宣讲课件和报告文稿的业务交流，并就宣讲团进校园、进社区开展宣讲活动做部署。

省关工委下发《关于设立全省基层五好关工委示范点的通知》，公布123个单位（其中，教育系统34个）作为"全省基层五好关工委示范点"，晋江获此称号的基层关工委有2个，分别是安海镇东鲤社区关工委和晋江市特殊教育学校关工委。

【阵地建设】 2019年，晋江市关工委在暑假期间，9个青少年社会教育活动中心都开展夏令营活动，让青少年学生的假期生活更加丰富多彩。

2月17日，金井镇围头村青少年社会教育活动中心举行为期5天的"两岸一家亲，共赏元宵灯"首届元宵活动。

4月14日，省关工委主任刘群英一行到金井镇围头村青少年教育活动中心开展"海峡两岸青少年交流基地"工作调研，刘群英一行实地考察围头村"两岸青少年交流基地""青少年爱国主义基地""青少年敬老孝道体验中心""青少年社会教育活动中心"和"八二三战地文化公园"等，详细了解两岸青少年交流基地建设情况，并对泉州市、晋江市、金井镇、围头村四级关工委联建围头村两岸青少年"第一家园"建设提出期许。

6月14日，第十届全国人大常委会副委员长、中国关工委主任顾秀莲到金

2019年7月22—29日，金井镇围头村青少年社会教育活动中心举办2019年首届“共同家园”两岸青少年暑期夏令营活动 （市关工委 供）

井镇围头村调研两岸青少年交流及关心下一代工作。顾秀莲对围头村关工委立足于围头村独特的区域优势和人文环境，打造两岸青少年沟通交流平台，增进两岸青少年情谊和对祖国认同感的做法给予肯定。顾秀莲和省关工委主任刘群英还分别授予围头村“全国关心下一代党史国史教育基地”和“福建省关心下一代传承红色基因教育基地”牌匾，并共同为泉州市、晋江市关工委“两岸青少年关爱基地”揭牌。

6月13—14日，围头村青少年社会教育活动中心举办“两岸青少年社会教育实践交流活动”，此次活动以“手拉手 心连心·共筑第一家园”为主题。7月22日，围头村青少年社会教育活动中心还举办为期8天的2019年首届“共同家园”两岸青少年暑期夏令营活动。

11月13日，南平市光泽县关工委在主任王信实、常务副主任夏资根一行5人参观考察围头村青少年社会教育活动中心。12月10日，厦门市关工委常务副主任林文佈一行21人，在泉州市关工委常务副主任陈元殿、晋江市关工委副主任郑清爽等陪同下，参访金井镇围头村青少年社会教育活动中心、两岸青少年活动基地、青少年爱国主义教育基地。

【精准关爱】 2019年，市关工委共审批发放“爱心助学金”259.15万元、扶助困难学生969人；审批发放市委市政府为民办实事项目晋江市特困家庭“四帮四扶”帮就学扶助金181.3万元、扶助困难学生508人。各镇(街道)、村(社区)关工委发放“爱心助学”金848.43万元、扶助3401人，其中，扶助外来学生27.02万元、615人。

4月13日，省关工委、省总工会在三六一度(中国)有限公司举行“关爱农民工子女进企业”专题活动，向70名企业的困难农民工子女发放慰问金（每人500元）和向农民工子女、幼儿园小朋友赠送书包、文具等学习用品(价值3.5万元)。

5月31日，泉州市关工委、泉州市老促会到金井镇围头村青少年社会教育活动中心开展“六一”国际儿童节慰问围江小学师生活动，并与围江小学全体师生欢庆“六一”国际儿童节。捐赠仪式上，泉州市关工委、泉州市老促会、晋江市委市政府、金井镇党委政府分别向围江小学捐赠奖教奖学金各5万元。捐赠仪式后，与会人员一起观看围江小学的“六一”国际儿童节文艺演出。

6月14日，晋江市退教协青阳街道分会、青阳街道教育办关工委与晋江市特殊教育学校在金井镇围头战地文化渔村举行“大手牵小手爱心助残”主题活动。退休教师、特教师生、青阳6所小学及晋江实小、晋江二实小少先队员代表共171人参加。

【爱国主义教育】 4月19日，由晋江市教育系统关工委承办的晋江市中小学生“我为祖国点赞”演讲比赛在市图书馆三楼学术报告厅举行，来自全市各中小学、职校的80名选手(中学39名、小学31名)同台竞技。

5月24日，晋江市关工委联合市委文明办、市教育局、团市委、市妇联开展“庆祝新中国成立70周年”主题征文活动，共收到学生作品337篇，评审出获奖作品100篇，并将获奖作品汇编成《礼赞新中国·奋进新时代》分发至各校做广大青少年学习、交流之用。

5月31日，晋江市关工委联合市档案馆在毓英中心小学举行“金井教育老照片巡展”活动启动仪式，随后在金井镇各中小学校开展巡展活动。“金井教育老照片巡展”以庆祝中华人民共和国成立70周年为主题，汇集中华人民共和国成立初期到90年代金井中小学、幼儿

2019年5月31日，晋江市关工委、市档案馆在金井镇各中小学校开展“金井教育老照片巡展”活动 （市关工委 供）

园的300多张老照片，从校舍建设、教学场景、体育赛事、校外活动等方面展示金井教育发展状况，呈现晋江教育从艰难曲折到蓬勃发展的缩影。

6月12日，晋江市委文明办、市关工委、市教育局在晋江一中联合举办2019年“我和祖国共奋进”晋江市中小学生“童心向党”现场歌咏展演活动。此次歌咏展演以“礼赞新中国·拥抱世中运”为主题，分为“助力世中运”和“我和祖国共奋进”两个系列，来自全市15所中小学的学生们用歌声和舞姿展示青少年学生的蓬勃朝气和健康向上的精神风貌，表达中小学生对党和祖国的祝愿。

9月2日，晋江市关工委在青阳街道中和中心小学大礼堂举行“庆祝新中国成立70周年”主题宣讲进校园活动启动仪式并为宣讲团成员颁发聘书，启动仪式后，由晋江市关工委副主任郑清爽作《砥砺前行的中国梦》首场报告会。市关工委“庆祝新中国成立70周年”宣讲团成员深入70所中小学开展主题宣讲活动，进一步激发广大青少年学生树立理想信念，培育爱国、爱党情怀。

9月19日，青阳街道关工委举办“辉煌70年，共圆中国梦”庆祝中华人民共和国成立70周年华诞书画展，共展出了113幅画作，歌颂伟大的党和伟大的祖国，歌颂改革开放。展出结束后编印《庆祝新中国成立70周年书画作品选》。

10月24日，福建省关工委联合省委文明办、省少工委及省广播影视集团等参加晋江市实验小学举办“2019年少年中国颂”大型校园诵读活动，此次活动由福建省少儿频道全程录制，并在福建少儿频道专场播出。实验小学还在校内举办“吟诵经典·歌唱祖国”系列活动，带领学生学习、感受中华传统经典魅力，提升道德情操，增进家国情怀，体现新时代好少年新风貌、新姿态。

11月20日，晋江市委组织部、晋江市关工委联合举办“盛世歌华诞·银龄颂党恩”离退休干部原创诗词吟诵会，退休老干部和学生代表们齐聚一堂，忆往昔颂今朝，共同讴歌中华人民共和国成立70年来发展的光辉历程。

【普法帮教活动】 2019年春节前夕，晋江市关工委深入基层，走访慰问“四帮四扶”挂钩对象和看望“五失”（失足、失管、失学、失业、失亲）青少年，把温暖送到挂钩帮扶对象和困难青少年的心坎上，让他们感受到政府和社会的关怀。

5月14日，晋江市未成年人保护联盟启动仪式在陈埭民族中学举行，晋江市委常委、政法委书记陈长义出席启动仪式。晋江市未成年人保护联盟由市委政法委、市法院、市检察院、市教育局、市公安局、市民政局、市司法局、市卫生健康局、市场监督管理局、团市委、市妇联、市关工委等12个单位联合组建，整合相关部门履行未成年人保护的职能，出台“未成年人保护十项措施”，包括加强未成年人保护联盟工作组织领导，建立未成年人司法保护联席会议制度，建立刑事案件未成年被害人“一站式”询问、救助制度，加强涉罪未成年人社会支持体系建设，推行教育行业从业资格申请人犯罪信息前置查询制度，维护未成年人民事、行政权益，积极开展未成年人法治教育，推动校园及周边安全整治工作，建立未成年人临界预防机制，加强未成年人重点群体的关爱保护。

6月11日，晋江市关工委联合市委政法委、市司法局、教育局、团市委在晋江市实验中学举行2019年“法治教育关爱青少年活动”启动仪式，并为“泉州市青少年法治教育基地”授牌。市关工委于暑假期间邀请律师分别深入全市9个青少年社会教育活动中心开展“预防未成年人犯罪法”专题宣讲活动。

【科普教育活动】 3月24日，市科协、市关工委、市教育局、团市委、市教师进修学校、市青少年科技教育协会联合在养正中学承办晋江市第11届青少年电脑机器人竞赛。此次竞赛共有63所中小学251支参赛队552名选手参赛，共设置6个项目，包括机器人综合技能比赛、FLL机器人工程挑战赛、机器人综合技能比赛、VEX机器人工程挑战赛、教育机器人工程挑战赛和机器人接力赛。

12月15日，晋江市青少年人工智能创想暨第五届青少年Scratch创意编程大赛作品终评活动在晋江市实验中学举行。

【夏令营活动】 7月15日，晋江市关工委联合市委文明办、市教育局、团市委、市妇联在晋江市中小学生示范性综合实践基地举办为期5天的“礼赞新中国·走进新时代”中小学生夏令营活动。夏令营活动中，营员们参观革命传统教育基地、爱国主义教育基地和美丽乡村建设，感受革命先辈的丰功伟绩和中华人民共和国成立70年来栉风沐雨、砥砺奋进、中国特色社会主义事业的伟大成就；走进闽南侨乡塘东村，了解华侨远赴重洋的艰辛与成就；前往“海峡第一村”围头村，探访八二三炮战遗址、安业民烈士陵园、战争与和平馆、海峡两岸青少年交流基地、青少年社会教育活动中心等研学，夏令营还安排团队拓展活动。

（市关工委　郑清爽　陈龙琪）

教师队伍建设

【概况】 2019年，晋江市中学专任教师5697人，中职教育专任教师620人，小学专任教师6811人，幼儿园专任教师4729人，特殊教育学校专任教师85人。

【开展监察】 2019年，市教育局提升“纪检组—纪检委员—校务监督小组”三位一体的网格化监督体系，共开展监察事项2809项。组织开展惠民资金使用管理落实情况、零星工程建设和零星物资采购、公共资源出租、招生、教育收费、教辅材料等重点敏感领域专项督查。2019年推进实施内部审计项目22个，审计总金额达7.85亿元。运用监督执纪“四种形态”，全年处理违纪违法人员29人次。

【教育人才培养】 2019年，晋江市深入实施“千百十一”名师名校长名班主任孵化计划、“硕师”计划。创建首批49个名师名校（园）长工作室、71个“1+3+N”名教师工作团队。举办7场名师名校长大讲堂，遴选确认首批骨干校（园）长培养人选45人，选派9名校长参加泉州教育“领航团队”项目，约占泉州市1/3。确认第二批晋江市骨干教师702名、乡村学校特岗骨干教师93名（全省率先设立，并与清华附中合作开展“双名一优”培养工程），遴选确认中小学（幼儿园）名班主任培养对象99名、晋江市学科教学带头人培养对象26人、学科教学名师19人并组织开展相关培训，推荐331名教师参评泉州市中小学骨干教师培养对象。初步形成合理的名教师梯队，名师和培养对象的数量翻一番，让每所公办学校都有1名以上的名教师的目标基本实现。

【师资补充和管理】 2019年，晋江市实施“5121”教育人才引育计划，引进培育485名各层次人才，比2018年翻一番，通过泉州市高层次人才认定895人，约占全市43%。举行8场引进人才业务考核，高端高级人才引育21名，比2018年增长1倍，引进2名中学校长到晋任职。加大教师招聘力度，新招聘教师188名，合同教师1039人，合同校医16人，建立后备师资库等3个师资储备库共4085人，保障学校教学需要。组织新任公办教师到部分市直学校、中心学校开展为期一学年的跟班学习，促进尽快适岗、尽快成长。实施教育系统教师培训计划，实现教师培训全覆盖，全年组织举办各类培训班58个，培训教师1.276万人次。接收并整理人事部门及各学校缴交材料近5万份，完成近2000份教师档案电子目录输入工作，服务教育系统各单位查询党员档案及干部档案近万人次。

【师德师风建设】 2019年，晋江市严格落实教师乡镇工作补贴和乡村教师生活补助政策，实行合同教师分级管理等级和学校班主任绩效等级考评。组织第二届全市教师教学技能大赛，全市1332名教师参赛，10人获特等奖。组织开展寻找“最美教师”“最美幼教工作者”等活动，利用教育微信公众号、《晋江经济报》、全市教育大会等平台对优秀教师事迹宣传达400多人次。开展第七届“我最喜爱的老师”评选活动，组织晋江市优秀教师和教育工作先进集体的评选表彰。2019年，晋江市1名教师获评全国优秀教师，3名教师获泉州市首届“最美教师”称号，30名教师获评泉州市优秀教师（教育工作者）。出台实施《晋江市教师师德师风建设实施计划(2019—2021年)》，开展中小学教师不良教学行为专项整治，出台25项师德考核负面清单，完善诚信承诺和失信惩戒机制，严厉查处师德违纪行为。

【干部队伍管理】 2019年，晋江市开展学校空编岗位经费包干、教师管理“市管校聘”等部分教育人事制度改革。对中小学校干部队伍进行充实调整，着力加强青年干部和后备干部培养，出台《晋江市校级后备干部队伍建设“苗圃计划”》，组织开展副校(园)级后备干部推荐工作，开展各中学职校第二轮中层干部聘任工作，构建更加规范、合理的教育管理人才梯队。开展教委(育)办一般工作人员聘任期满考核和交流轮岗，鼓励向基层学校流动，盘活教委(育)办队伍。组织义务教育学校教师校际交流共716人，实行中学超编学科教师校际分流3人。进一步规范教育系统在职人员借调抽调管理和校级干部请销假制度。开展中小学教师资格定期注册工作，11644人注册合格，并按规定取消不合格教师资格。组织教育系统各单位修订教师职务评聘量化方案，着力推进教师岗位聘任管理，发挥职称激励导向作用。

【百场培训宣讲活动】 2019年4月，市教育局和市教师进修学校联合举办百场教育信息化专题培训宣讲活动。宣讲活动从4月8日到30日，为期1个月。宣讲活动从晋江市教育信息专家库中抽选43名经验丰富教育信息化骨干教师开展下校开展宣讲活动，共开设94个专场，开展100多场专题宣讲活动，各职校、中小学、教委(育)办、幼儿园教师参与此次培训活动，参训教师数达5000多人次。宣讲活动围绕一线教师课堂教学常用的电子交互白板以及教师网络空间的操作应用展开培训。

【适岗期教师集中培训】 2019年1月2至4日，2018新入职小学幼儿园适岗期教师97人，在市委党校B区教学楼，集中接受市教师进修学校组织的教学常规培训。

【校园足球教练员培训班】 2019年8月5日，晋江市校园足球教练员培训班在武汉体育学院举行开班仪式。参加开班仪式的有武汉体育学院足球学院副院长郑原、晋江市教育系统党委专职副书记蔡朝阳、武汉体育学院银湖产业中心副总经理徐旺春以及晋江市40名足球骨干教师。

培训活动为期6天，邀请武汉体育学院郑原教授、彭小伟教授及相关领域的专家学者进行授课，共安排了11场专题讲座、5场实践教学及1场外出观摩训练。

【教师培训者培训班】 2019年，晋江市在4月15日至4月20日与12月3日至8日分别举办晋江市第一期和第二期教师培训者培训班。举办教师培训者培训班是晋江市贯彻落实《教育部关于深化中小学教师培训模式改革全面提升培训质量》和《福建省教育厅省委编办省财政厅省人社厅关于加强教师进修院校建设的意见》文件精神的一项举措。第一期侧重小学幼儿园，第二期侧重中学。该培训班与南京师范大学合作，培训采取集中面授与走进学校相结合的方式进行。培训内容主要为教师专业发展创新、现代教师培训模式变革、培训管理艺术、“苏式教育”与教师专业发展、研训一体的实践探索等。

【公办教师岗前培训】 2019年，市教育局、市教师进修学校在晋江安海职业中专学校，举行2019年晋江市新招聘公办教师岗前集中培训。培训时间为8月21日至24日。

8月21日下午，2019年晋江市新招聘公办教师岗前集中培训开班动员会与师德宣誓大会在安海职校办公楼五楼会议室召开。开班仪式由市进修学校校长姚荣祖主持，市教育局副局长郭俊慨、市教育局人事科科长张贻集、进修学校培训部主任黄集体等领导出席，将近200名新招聘教师参加。

培训活动以体验式、讲座式、工作坊、才艺展示、文化布置等多样化的方式展开。施世杰、黄集体等10位主讲人为大家带来涵盖团队建设、职业激情、职业理想、教育教学常规、口才培养、感恩与欣赏等多项内容的讲座，对新教师在职业生涯起步阶段的成长起到多方面的促进作用。

【农村小学校本研修】 2019年8月30日，晋江市农村小学学科教师教学能力提升校本研修培训，继第一阶段学科指导团队培训之后，第二阶段全员通识培训在市委党校(永和分场)和东石郭岑小学(东石分场)开展，来自永和教委办和东石教委办两单位的1300多名小学教师参加此次师德和教师专业成长培训。

2019年晋江市农村小学学科教师教学能力提升校本研修培训历时5个月，分6个阶段开展。采用骨干培训与全员培训相结合、线上学习与线下实践相结合、区域资源与校本资源相结合、课堂观察与教学诊断相结合等形式开展培训活动，以更好地服务区域教师专业成长的需求，促进区域教育均衡发展。

【教师SWOT分析与专业发展规划】 2019年3月4日，晋江市第五实验小学启动教师SWOT分析与专业发展规划项目。该项目是学校“5C”团队文化建设的一个重要子项目，也是第五实验小学“省首批义务教育教改示范校建设学校”重点项目之一。项目启动仪式上，校长徐建平为项目进行全面解读。

【教研员交流学习研修班】 2019年5月，晋江市与福建教育学院培训中心签订战略合作协议。在2019年7月3日至4日，由福建教育学院培训中心承办的古田县、福州市长乐区教研员交流学习研修班开班活动在晋江市教师进修学校举行。活动由福建教育学院副教授沈家华主持。

开班活动后，姚荣祖作“传承晋江经验，推进教科研培一体化建设的思考”的主题发言，从晋江经验的缘起、晋江社会经济发展状况、晋江教育概况、学校开展教科研培的特色亮点和成效情况等方面做详细介绍。陈淑端作“教科研工作的组织实施与管理策略”的专题讲座，从教科研工作现状、教研员工作定位与任务、教科研工作创新点及名师工作室的示范引领作了经验分享。施世杰“教育本质与教师成长”的专题讲座，从教育的意义、教育的本质、教师成长的路径等方面做了深入交流。研修班成员还走进教师进修学校各个科室与教研员开展面对面地交流。

此次活动在晋江举办，既是区域优质教育资源的共享融通，也是晋江市教科研培工作的又一次展示。

【岗位练兵获佳绩】 2019年4月12日上午，泉州市2018年教师教育教学技能岗位练兵竞赛表彰会，在泉州市行政中心举行。晋江市平山中学林金灿老师获此次大赛特等奖，被授予泉州市“五一劳动奖章”、泉州市“教学能手”等称号，并作为获奖代表发表题为《经历即成长 且赛且珍惜》的获奖感言。

2019年10月28日—11月1日，晋江市在泉州市总工会、泉州市教育局、泉州市人力资源和社会保障局、泉州市教育工会联合主办的2019年泉州市教育系统初中、小学教师教育教学信息化应用及技能岗位练兵竞赛活动中，共有22名教师在此次大赛获较好成绩，其中，晋江市第三实验小学教师吴丽红获小学数学组特等奖；陈埭民族中学教师黄碧玲、安海镇西隅小学教师蔡达娜分别获得初中语文和小学数学一等奖。

【作品征集】 2019年，晋江市教育系统在承办“平安印象•和谐泉州”暨泉州市首届“平安校园”作品征集比赛中，获18个一等奖、39个二等奖、54个三等奖作品，其中陈诗琳（晋江市第四实验小学）、张婉婷（晋江市第三实验小学）、王逸萱（晋江市青阳街道普贤小学）等3名学生获小学组“绘画（手抄报）”一等奖；吴洛馨（晋江市华侨中学）、魏双飞（晋江市深沪中学）获初中组“绘画（手抄报）”一等奖；王艳红（晋江市安海职业中专学校）、崔金双（晋江市安海职业中专学校）、施凯茵（晋江市南侨中学）、洪华榕（晋江华侨职业学校）、邱凤珍（晋江市安海职业中专学校）、袁烈霞（晋江市安海职业中专学校）、谢伟信（晋江市安海职业中专学校）等7名学生获高中组“绘画（手抄报）”一等奖。陈楚彤（晋江市华泰实验小学）、蔡雪茹（晋江市紫帽中学）获小学组“征文”一等奖；黄筱曼（晋江市侨声中学）、赵婉茹（晋江市南侨中学）、许秀（晋江市远华中学）获初中组“征文”一等奖；黄应杰（晋江市侨声中学）获高中组“征文”一等奖。

【泉州市中学化学教学设计评选晋江教师获佳绩】 2019年，晋江市泉州市中学化学基于核心素养培养创新教学设计评选活动中，选送的初中6篇作品、高中8篇作品全部获奖。其中，紫华中学李文良的作品获得泉州市第1名。

【晋江教师获评泉州市首届“最美教师”称号】 2019年，晋江职校财会专业德育主任陈涛获泉州市首届“最美教师”称号，并被授予泉州市“最美劳动者”称号。陈涛被列为福建省第二届“最美教师”的推荐人选。

【晋江教师获泉州组织的比赛奖项】 2019年，晋江市初中物理教师在2018—2019学年泉州市组织的初中物理教师六大赛事中获全部项目的第一名。全青赛第一、优课第一、微课第一、实验说课第一、创新赛第一、说题赛第一。

2019年4月，2018年泉州市初、高中毕业班关键问题“微课”比赛评选，英林中学老师刘菊贤获泉州市一等奖的第一名，季延初级中学老师杨雪香获一等奖的第三名，养正中学老师邵邦武获一等奖的第四名（泉州一等奖共5名，晋江占3名）。推送省级微课评选，刘菊贤获省一等奖，为泉州最好成绩。

2019年6月，2019年泉州市中小学实验教学说课活动评选，晋江一中郭尧松、蔡水旋包揽初中物理实验说课全部一等奖（一等奖共两名），泉州第一名的郭尧松将代表泉州参加省赛。

【民办幼儿园园长培训】 2019年1月4日上午，晋江市民办幼儿园园长培训班在福建广播电视大学左海校区开班。此次培训班依据《中小学和幼儿园教师专业标准（试行）》《教育部办公厅关于开展幼儿园“小学化”专项治理工作的通知》等文件要求，聚焦幼儿园“去小学化”工作重点，从幼儿园发展规划的制定与落实、幼儿园精细化管理、幼儿园文化与特色建设等方面安排培训课程，着力提升幼儿园园长的管理领导力与文化向心力。

【学前教育活动】 2019年2月28日，晋江市2019年春季学前教育教科研工作会暨“提升学前教育保教质量”专题研训活动在第二实验幼儿园召开。

会上，市教师进修学校学前教研室主任苏海云以“实施精准服务•引领教研发展”为题，对2018年秋季晋江市学前教育教研工作进行回顾总结，并结合国家关于加快发展学前教育的文件精神，对2019年秋春季教科研工作进行全面规划和部署，提出“夯实教师素质、重组教研模式、发挥教育合力、营造公平环境、补足民生短板、抓实课题研究”等六项重点工作。第二实验幼儿园园长何秀凤作《体验，让教研更有温度》主题交流，分享幼儿园体验式教研活动的多种互动实践形式及教研工作的典型经验。市教师进修学校副校长陈淑端用“走心工作、实效扎根、深度学习、广度呈现”四个方面肯定2018年秋季学前教科研工作成效，并作题为《激发活力·奋发有为打造晋江最美教科研图景》的专题报告。同时，聚焦教育发展的突出问题和薄弱环节，立足当前教研实际，对2019年工作进行指导与部署，提出要“高标准落实、创造性落实、在奋进中落实”等三点工作建议。

【创客教育师资培训】 2019年11月6日至11月8日，晋江市教师进修学校在晋江市第八实验小学举办晋江市创客师资培训活动。参加此次培训的有来自市各中小学科技辅导员、拟开展人工智能课程的学校教师。此次培训邀请厦门大学信息学院教师叶耀辉、吴德文及郑灵翔就“人工智能、物联网”的主题为大家讲解。

【第二期特殊教育师资培训】 2019年11月23日，晋江市教师进修学校组织的第二期特殊教育师资培训在南京落幕。

参加培训的有晋江市特殊教育学校的骨干教师、随班就读基地校的校领导和教师，以及幼儿园保健医生等50人。此次培训为期5天，采用参与式培训的方式，将专题讲座、实地观摩、现场探询等多种培训方式结合起来，突出培训的实践性，重视培训的实效。

【孵化工作室和工作团队管理工作会议】 2019年11月21日，晋江市召开市名师名校（园）长孵化工作室和“1+3+N”名教师工作团队管理工作会议。

会议首先由晋江市教师进修学校校长姚荣祖做动员指导讲话。接着晋江市教育局人事科科长张贻集进行工作指导、布置。最后，由晋江市教师进修学校教研处主任许白恩为与会人员作晋江市名师、名校（园）长孵化工作室和“1+3+N”名教师工作团队相关管理工作事项的培训。

学校建设管理

【资源布局】 2019年，晋江市加强高铁新区、科创园区及部分重点区域教育配套建设规划，着力匹配新区发展的教育资源需求。完成《晋江市中心城区中小学幼儿园布局发展专项规划图则》（2010—2030年）的编制；在高铁新区规划新建8所幼儿园147个教学班，新建7所小学264个教学班；在科创新区规划建设2所占地1公顷幼儿园，1所占地3公顷市直小学；针对新建楼盘密集区、来晋务工人员子女集中区以及优质学校密集区等重点区域，加强专项规划及加大扩容建设力度。

【推动学校项目建设】 2019年，晋江市在做好全市教育布局发展专项规划的基础上，有针对性加强高铁新区、紫帽片区及部分重点区域教育配套建设规划，着力匹配新区发展的教育资源需求，加快推进民生补短板项目。完成《晋江市中心城区中小学、幼儿园布局发展专项规划图则》（2010—2030年）的编制和备案。在高铁新区规划新建8所幼儿园、7所小学、1所初中、1所完中，确保重点项目有序推进，更好服务城市和产业发展。进一步优化紫帽片区教育布局，完善该区域公共配套设施建设，配合做好晋江学校项目的推进工作。针对新建楼盘密集区、来晋务工人员子女集中区以及优质学校密集区等重点区域，加强专项规划及加大扩容建设力度，逐步缓解局部区域紧张的入学压力。加快推进世中运场馆建设进度（涉及教育的14个场馆基本完工），配合高铁新区指挥部建设安置组做好学校拆迁安置和配套学校建设的前期手续办理。加大住宅小区配套幼儿园治理力度，完善补充小区配套幼儿园，协调各相关部门加强督促整改，针对住宅小区配套幼儿园存在的问题提出整改意见和建议。有序推动学校项目建设，全年推动122个校舍建设项目（含在建校舍项目55个，预备校舍项目67个，新增学位44490个），截至年底，完工22个项目，建筑面积284882平方米，新增学位约9245个，完成投资34307.7万元；在建项目38个，434910平方米，完成投资24940万元。

【智慧校园网络】 2019年，制订晋江市教育城域网采购及服务系统项目市级验收工作方案和验收工作流程，做好教育城域网和智慧云平台应用培训和全面验收工作，完成“三通两平台”（“三通”指宽带网络校校通、优质资源班班通、网络学习空间人人通。“两平台”指教育资源公共服务平台、教育管理公共服务平台）建设；全市共9所学校纳入泉州市智慧校园管理平台试点校，率先开展试点工作，涉及义务教育阶段的各学段；做好2018年为民办实事项目（投入2000万元建设50个智慧教室、30个特色功能教室、20个精品录播教室）市级审计的迎检工作；依托教育城域网开展“名师网络工作室”建设与应用，2019年全市教育资源平台和全市数字图书馆访问量共突破100万人次。

【挂牌督导经验分享】 2019年6月24—28日，晋江市在福建省人民政府教育督导办举办为期5天的中小学责任督学培训班，作题为“责任督学勇担当，挂牌督导显成效”主题发言。主要从工作背景、督导模式、督导成效和思考探索四个方面阐述晋江市建立督学责任区实行挂牌督导以后，坚持“督”“导”并重，依据相关法律法规、意见要求，制订完善晋江市责任督学挂牌督导工作系列文件、制度、通知、方案等，确保责任督学到校督导有制度有工具能落实。结合挂牌督导相关事项，聚焦机制、队伍、课程和文化建设，督促挂牌督导学校贯彻落实《学校艺术教育工作规程》。

【工会管理】 2019年，晋江市批复各基层学校的教代会、工代会和工会换届选举的报告52份。健全工会女工委员会、经费审查委员会，依法规范基层工会委员会工作。参加学校基层工会教代会、工代会达27人次。组织对全市教育系统基层工会财务管理进行专项检查开展慰问教职工“送温暖”“送关心”活动，充分组织荐送初中小学教师岗位练兵活动。晋江市共有22名教师在2019年泉州市教育系统初中、小学教师教育教学信息化应用及技能岗位练兵竞赛活动获得佳绩。开展全民健身系列活动，丰富教职工业余文体生活。

【学生资助工作暨业务培训会】 2019年9月20日，晋江市召开2019年秋季学生资助工作会，全市学生资助业务工作人员210多人参加会议。

9月27日，在晋江市华侨职校举办全市学生资助工作业务培训会。全市义务教育初中学校、各镇、街道教委办（教育办）、小学及幼儿园学生资助工作人员共356人参加培训。

培训特别邀请泉州市学生资助王田宾为与会人员解读《福建省家庭经济困难学生认定办法（试行）》《义务教育家庭经济困难学生生活补助政策》文件精神，要求各学校要在规定时限内，按统一的工作流程和认定方法，对困难学生进行认定。培训会还详细解读"福建省建档立卡等学生信息管理系统"和"全国学生资助管理信息系统"两个应用系统的操作规程。2019年义务教育家庭经济困难学生资助，不再局限于"公办"和"寄宿制"，实现范围全覆盖。

【"安全教育和管理标准化建设"一级达标学校】 2019年，根据泉州市教育系统《开展落实安全教育和管理"标准化建设三年行动"暨创建"平安先行学校"工作方案》的精神，经泉州市教育局考核验收，晋江市共有78所学校被确认为"安全教育和管理标准化建设"一级达标学校，获评数额居各县（市、区）榜首。

【学校食品安全监管】 2019年4月1日起，晋江市根据教育部、国家市场监管总局、国家卫健委共同发布的《学校食品安全与营养健康管理规定》，全面实行学校用餐陪餐制度，晋江市电视台、《晋江经济报》均对此进行跟踪报道。4月9日下午，市教育局召开全市学校食品安全工作紧急视频会议，围绕《学校食品安全与营养健康管理规定》，强调当前要重点落实好学校的主体责任、用餐陪餐制度、学校食堂明厨亮灶、学校食品经营场所设置规定以及风险隐患排查等五方面，严防严控学校食品安全事故。其中学校食品经营场所设置，根据《学校食品安全与营养健康管理规定》精神，中小学、幼儿园一般不得在校内设置小卖部、超市等食品经营场所的，确有需要设置的，应当依法取得许可，并避免售卖高盐、高糖及高脂食品。4月28日，市教育局牵头提请市政府办公室印发《晋江市进一步加强中小学校集体配餐食品安全管理工作的意见（试行）》，进一步明确落实食品安全管理责任、主体责任和监管责任，加强学生用餐服务质量监督，规范学校午餐服务费管理，共同做好学校集体配餐食品安全监管工作。4月29日，市教育局联合市市场监督管理局、市卫生健康局举办《学校食品安全与营养健康管理规定》专题学习培训会，进一步解读学校食品安全操作规范，开展学校食品营养健康知识培训，部署全市学校食品安全工作。8月28日，联合市场监督管理局召开晋江市中小学校集体配餐食品安全管理专题会，对《晋江市人民政府办公室关于印发晋江市进一步加强中小学校集体配餐食品安全管理工作的意见（试行）》进行解读，帮助学校更好地做好学校集体配餐食品安全监管工作。9月，联合市市场监督管理局、卫健局、公安局、《晋江经济报》、晋江电视台等对全市学校食堂及集体用餐配送企业开展专项督导，就发现的问题，责成立即整改。联合市市场监督管理局、市卫生健康局，于10月份举办集体用餐配送单位食品安全与营养健康管理2期培训班，全市集体用餐配送单位食品安全管理人员及营养配餐人员近500人参加。联合市卫健局委托第三方机构制订符合中小学实际的营养食谱，并下发给学校及集体用餐配送企业。11月19日为推动"不忘初心、牢记使命"主题教育，针对食品安全工作，市教育局局长、党组书记陈建生以《守初心、担使命，让学生在校吃得安全健康》为主题，为全局人员和市直小学、教委（育）办主要负责人上一堂主题教育党课。

【食品安全主题教育】 2019年，晋江市教育局为深入推进"不忘初心、牢记使命"主题教育"群众点题"攻坚行动，联合市市场监督管理局、市卫健局成立"不忘初心、牢记使命"主题教育"群众点题"攻坚行动工作专班，泉州市委常委、晋江市委书记刘文儒任工作专班组长，晋江市副市长黄少伟任第一副组长，市教育局局长陈建生、市市场监督管理局局长叶荣聪、市卫健局局长纪刚宏任副组长，成员由市教育局、市市场监督管理局和市卫健局分管领导和各指定业务骨干担任，成员具体负责主题教育攻坚项目的推进和开展，明确推进工作的相关职责。工作专班深入全市学校及学校集体用餐配送企业进行现场督查、调研、座谈和协调，详细了解当前学校食品安全存在的问题和困难。9—10月，市教育局分别召开3场学校配餐工作征求意见会，配合市人大开展第0033号提案"关于加强学校食品安全卫生工作的建议"调研座谈，联合市委督查室、市市场监督管理局、晋江经济报社组建市民问政团，通过现场走访配餐企业、到学校检查配餐过程和召开座谈会等形式，收集市民对配餐企业的意见和建议，按照职责分解到各相关单位进行整改落实。创建青阳街道中心幼儿园等3家健康学校食堂。市教育局将食品安全与营养健康相关知识纳入学校健康教育教学内容，并为全市中小学、幼儿园发放《晋江市食品安全宣传片》等共计400余份，组织全市中小学师生收看宣传片与校园食堂及集体用餐配送企业食品安全现场检查直播。联合市食安办组织开展晋江市中小学生美术书法现场比赛、校园灯谜赛等活动，进一步突出学校食品安全宣传主题，提高广大师生食品安全意识。11月，联合市市场监督管理局，通过《晋江经济报》等媒体开展《学校食品安全与营养健康管理规定》《晋江市进一步加强中小学校集体配餐食品安全管理工作的意见（试行）》等文件的为主题专题宣传，提高全社会对文件精神的认识。

【安全"双优秀"单位】 2019年，晋江市教育局在2019年安全生产和消防安全督查考评中分别获评市直部门安全生产和消防安全目标责任"双优秀"单位。

层层压实责任，完善校园安全治理体系。建立综治安全季度例会工作制度，2019年先后召开9次综治安全工作会议。把每月16日确定为局机关安全检查督导日，全年共督促整改安全隐患294处。把全市划分为4个片区，每季度开展片区交叉检查，共排查整改安全隐患1045处。组织2776名教职工开展志愿者服务。在晋江市委政法委组织的"同谱平安红，喜迎世中运"志愿服务大赛中，市教育局获优秀组织奖。

加强安全教育，提升师生安全素养。委托中国教育学会分3期举办《中小学幼儿园应急疏散演练操作规程》实操培训晋江专场，全市701名安全员参加培训。发放36万余本《未成年人安全宝典》，累计向家长发送安全提醒短信890多万条、推送各类安全主题微信30余期(总阅读量180余万次)。开展第八个“晋江市学校交通和防溺水安全教育周”活动，通过开展一系列学校交通和防溺水安全教育活动，提高学生自护自救能力，增强家长履行监护责任意识。校每学年开设不少于12课时安全教育课程，利用“每天放学前五分钟”进行安全提醒。中小学每月、幼儿园每季度至少组织1次防地震、防火灾、防踩踏等应急疏散演练。全市学校累计开展4500多场次应急演练。

坚持标本兼治，提高综合治理水平。持续开展中小学幼儿园“消防安全伴我成长”三年行动，共排查整治消防隐患121处。组织2次学校危险化学品安全督查检查，共排查隐患26处，集中销毁实验室废弃危险化学品887千克。通过政府购买服务的形式，投入150万引入校车第三方监管，实时对校车运行、司机驾驶规范和随行老师履责情况进行监控。开展“2019年学校食品安全和营养健康共建年”系列活动，组织3期食品安全和营养健康培训班。实现“明厨亮灶”工程在学校和配餐公司全覆盖，做法得到《中国教育报》等教育权威媒体报道推广。发挥学校及周边综治领导小组及办公室作用，全年，共清查校园周边各类营业场所98家，取缔无证照经营12户，查处学校周边流动摊点1700余宗。加强监督检查，推动工作落实，把学校安全各项重点工作纳入学校综治安全目标责任制考评、平安单位考评。把综治安全工作绩效作为一项硬指标，作为干部职工年终考评、评先评优、奖惩提拔的重要依据。

【责任督学挂牌督导】 2019年，晋江市通过“全国中小学校责任督学挂牌督导创新县(市、区)”省级督导评估，为进一步推动责任督学挂牌督导工作的深入开展，晋江市根据挂牌督导工作存在的问题和实际需要，提出促进和完善全市责任督学挂牌督导工作的七项举措：挂牌督导工作运行机制再完善、责任督学督导结果运用再提升、责任督学队伍结构再优化、责任督学督导能力再提高、教育督导经费保障再落实、教育督导信息化程度再加强、督导过程性材料归档再规范。

【公安部督查组安全督查】 2019年9月9日，公安部督查组一行由河北省公安厅治安管理局副局长翟仕江带队先后到晋江市第一中学、晋江实验小学、第六实验小学开展校园安全督查。

【省教育厅安全工作专项检查】 2019年9月18日，省教育厅一行人到晋江市开展“保平安、迎大庆”学校安全工作专项检查，泉州市教育局副局长蔡琦瑜、晋江市教育局局长陈建生等陪同。青阳街道中和中心小学、平山中学、梅岭街道心养小学、梅岭街道心怡幼儿园接受检查。

【应急疏散演练操作规程实操培训】 2019年11月5日上午，晋江市中小学幼儿园应急疏散演练操作规程实操培训班开班仪式在泉州职业技术大学举行。

此次应急疏散演练操作规程实操培训分为3期，每期5天，培训总人数约750人，培训主要内容有演练操作规程解读、溺水自救、校车疏散、防暴恐怖袭击、火灾处置、地震避险疏散等实操培训。

【首届警校家企联动进校普法活动】 2019年11月19日，市教育局、陈埭镇教委办、陈埭镇交警中队、滨江派出所、涵埭村委会、涵埭小学校董会、涵埭小学和晋江市协发鞋塑公司等单位联合开展“不忘初心、牢记使命”的主题教育暨打造平安和谐校园环境系列活动在涵埭小学举行。这种将警、校、家、企四方联合行动进行校园内外的交通安全普法活动，在泉州市尚属首次。

当日，涵埭小学利用学生课间操时间，在学校内进行交通安全普法宣传，发放交通安全手册，授予学生交通安全小徽章，讲解校园安全和交通安全常识与法律法规。随后，学校组织学生、家长和企业代表参观交通安全展板。交警用活生生的交通事故案例讲解，让在场的师生们认识到交通安全的重要性。

校内普法活动后，陈埭交警中队民警和学校领导带领部分学生和家长、企业代表，到马路边，现场解说学生如何安全过马路、安全文明乘车，与如何识别不符合规定的车辆等知识。最后，交警让学生们戴上小红帽，身穿反光马甲，手持劝导旗，站在安全的区域内，体验交警执勤工作，当起一名小小的交通指挥员。

【“宪法晨读”活动】 2019年12月4日，市教育局、市司法局联合在平山实验小学设晋江分会场开展2019年教育系统国家宪法日“宪法晨读”活动。市教育局二级主任科员黄昌发、市司法局副局长张贻潜、梅岭街道教育办主任黄珍藏以及平山实验小学师生代表近200人参加活动。

活动中，全体人员通过北京主会场直播同步参加庄严升旗仪式后，黄昌发带领分会场全体人员同步跟读宪法部分章节，在庄严的仪式中感受宪法权威和精神。在北京主会场的引领下，全体成员齐唱《宪法伴我们成长》歌曲。随后，大家观看第四届全国学生“学宪法讲宪法”活动全国总决赛获奖学生展演节目，聆听教育部部领导讲话。晨读活动结束后，市司法局和平山实验小学举行简短的赠书仪式，张贻潜代表市司法局向平山实验小学赠送宪法读本。

【交通安全宣讲活动】 2019年1月3日，市教育局、市交通运输局、市交警大队、晋江交警一中队、池店中队、罗山运管站、交通综合执法四中队、交通综合执法一中队、泉州商混物流有限公司、泉州紫云物流发展有限公司、福建省盛航物流发展有限公司、晋江晋安运输有限公司、8家道路运输企业平安志愿者，分别走进晋江二中、梅岭街道心养小学校园，联合开展文明交通进校园宣讲活动。

3月12日，市教育局、市交通运输局、市交警大队、晋江公路分局、市邮政管理局等部门联合走进晋江市陈埭民族中学和永和镇启初小学开展交通安全宣传进校园活动。

【中国地震局携媒体到校采访】 2019年6月13日，中国地震局组织《中国日报》《科技日报》《中国新闻报》《新京报》《应急管理报》、新华社(福建分社)、福建电视台等中央及福建省内主流媒体一行到晋江市新侨中学开展地震预警信息发布和基层防震减灾能力建设采访活动。

中国地震局办公室新闻处副处长王甲光一行对学校的地震预警信息发布系统及防震减灾工作进行详细了解，晋江市新侨中学校长陈良平介绍学校地震预警信息发布系统的功能和使用，以及学校利用地震预警系统开展应急演练等情况，新侨中学全校师生能做到根据地震预警系统发布的信息，做到有效防震抗震及避险，遇震不恐慌，懂得如何避险及快速、有序、安全地进行疏散。随后各媒体对学生进行防震减灾能力和地震预警常识等方面进行采访。

【学校安全工作情况汇报会】 2019年1月25日，副市长黄少伟在市教育局二楼视频会议室主持召开学校安全工作情况汇报会，市政府办、教育局、住建局、交通运输局、应急管理局、交警大队、消防大队、福建省泉运实业有限公司（校车第三方监管单位）、梅岭街道、西园街道、安海镇等单位领导参加。

【校园保安员培训】 2019年7月25日至30日，市教育局联合市公安局、市创和保安服务有限公司开展2019年校园保安员培训，来自全市中小学、幼儿园的1200余名校园保安员参加培训，市教育局、市公安局、市创和保安服务有限公司相关领导出席在安海职校举行的动员大会。

【“十个一”安全教育活动】 2019年5月13日至19日，晋江市各级各类学校积极开展防溺水和交通安全教育活动，通过举办一系列学生及家长参与其中的主题活动，提高全民安全意识，营造全民安全共识，进一步健全家校协作、联防联控的工作机制。

举办一场启动仪式。5月13日，各级各类学校举行第八个“晋江市学校交通和防溺水安全教育周”启动仪式。

举行一场承诺签字仪式。组织全校师生、学生家长开展以“预防溺水、守护平安；文明出行、快乐成长”为主题的安全承诺签字仪式。

组织一次专题教育。利用国旗下讲话、班会、队会、团会活动，邀请交通民警专题讲座、红十字海上志愿者现场教学等，对学生进行“防交通事故、防溺水”主题安全教育。

开展一期主题活动。围绕交通和防溺水安全教育主题，开展班级板报、手抄报、等活动。

布置一处宣传阵地。在公共宣传栏、宣传橱窗、宣传廊设置警示教育专栏。

坚持每日一次提示。利用课间操、校园广播每日提示、告诫学生注意防溺水和交通安全。

开展一次家校联系。广泛开展“安全教育进家庭”活动，组织教师深入学生家庭，宣传安全知识，提醒家长履行好安全监管责任；与每位学生家长（监护人）签订《学生安全监护承诺书》。

开展一次隐患排查整治。配合开展学校及周边危险路段、危险水域安全隐患排查活动。全市教育系统累计出动4619人次，相关行动2275次，落实落实警示标志和安全防护设施2689处。

开展一次交通专项整治。协助相关部门排查接送学生车辆，配合开展整治活动。

组织一场全媒体报道。利用微信公众号每天推送一期主题公益微信或相关活动报道，《晋江经济报》、晋江广播电视台聚合相关平台，在活动周期间全媒体、全方位推出相关专题报道，定期滚动播放以交通安全和预防溺水为主题的公益广告，打造一场新闻盛宴。

【“生态司法教育实践体验馆”揭牌】 2019年10月29日，市人民法院、市教育局在陈埭民族中学举行“生态司法教育实践体验馆”揭牌仪式。揭牌仪式由丁银汉主持，洪完明、陈长义、陈水深、陈建生为“生态司法教育实践体验馆”揭牌。

生态司法教育实践体验馆由泉州中院、晋江法院、晋江市教育局、陈埭民族中学共建，建筑面积近200平方米。体验馆内分为生态环境之痛、生态治理前后、生态法制进程、生态司法历程、生态典型案例、生态环保互动6个展区，利用先进的声、光、电等科技和生动的图片或视频资料对人民法院历年来生态司法的发展历程、实践热点和经验成就进行全面的总结和展示。

【学校安全暨扫黑除恶专项斗争培训会】 2019年11月9日，晋江市学校安全工作暨扫黑除恶专项斗争工作培训会在泉州职业技术大学召开。参与此次培训会学习的成员由晋江市中小学幼儿园应急疏散演练培训班第一期学员及学员所在单位的分管副校（园）长组成。

学前教育

【概况】 2019年，全市幼儿园在园幼儿86868人，比2018年减少298人，减幅0.34%。其中，到晋江务工人员子女43311万人，占49.86%，比2018年减少1478人，减幅3.3%。全市学前三年入园率98.87%，学前一年入园率99.72%。

【学前教育普惠发展】 2019年，全市共有397所幼儿园实行普惠性收费，占幼儿园总数的89.8%；全市普惠性幼儿7.61万人，占在园幼儿的87.57%，提前实现福建省、泉州市提出的到2020年达到85%覆盖率的规划目标。继续推进全国学前教育改革发展实验区工作。开展幼儿园“小学化”专项治理。

公办资源再增量。2019年，晋江市开办安海实验幼儿园新园区、青阳象山、陈埭龙林中心、池店顺英等12所公办幼儿园，新增学位4710个。全市公办幼儿园在园幼儿从2万人增加到2.23万人，比增11.5%，占全市在园幼儿8.69万人的25.67%。组建安海实验幼儿园、衙口中心园、紫帽中心园、磁灶大埔中心园等6个教育集团，新增优质学位2160个。

优质资源再提质。2019年，第二实验幼儿园、第四实验幼儿园等2所幼儿园通过福建省示范性幼儿园的评估验收；第八实验幼儿园创建福建省示范性幼儿园通过泉州市级验收；东石镇塔头刘中心、锦青中心、金山中心、池店镇启梦等12所通过晋江市级示范幼儿园验收。全市各级示范性幼儿园93所，在园幼儿3.13万人，占8.69万人在园幼儿的36.02%。

【二装设计方案专家论证现场会】 2019年3月7日，晋江市安海实验幼儿园开展新园区二装设计方案专家论证现场会，特别邀请泉州附幼园长邹慧敏等3位专家参加，设计方艾英彤设计公司负责人员、安海实验幼儿园颜秀贵等园级领导和部分老师参加会议。

晋江市安海实验幼儿园新园区位于安海镇区西安村报恩路南侧，用地面积9337平方米，按18个教学班、在校生540人的规模设计，总建筑面积11293平方米，项目总投资约4000多万元。

【金井毓英中心园获“福建省语言文字规范化示范校”称号】 2019年4月15日，从省教育厅，省语言文字工作委员会公布第五批省级语言文字规范化示范校名单，晋江市金井镇毓英中心幼儿园榜上有名，且是泉州市唯一一所。

【国家级评选活动】 2019年10月21日，教育部公布的“全国幼儿园优秀游戏活动案例名单”，晋江市池店镇桥南中心幼儿园老师曾佳音的《大班水区游戏〈花样“引”水〉》和龙湖镇衙口中心幼儿园老师吕寒珊《我和海沙有个约会》2篇案例，均被评为全国幼儿园优秀游戏活动案例。这是晋江市幼儿教师首次在国家级评选活动中获奖，也是晋江市贯彻落实教育部《3—6岁儿童学习与发展指南》精神的又一成效。

【幼儿园男教师教学展示活动】 2019年4月26日，市教育局举办的“晋江市幼儿园男教师教学展示活动”在晋江市第二实验幼儿园举行。

此次活动有黄连鹏执教小班健康活动《小马宝莉》、陈垂俊执教中班科学活动《有趣的悬空》、何少波老师执教大班美术活动《奇怪的脸》，3个活动围绕不同领域不同年龄段，给予教师们广泛的参照面。活动结束后，3位男教师分别对自己组织的活动进行反思，也提出自己的见解与困惑。随后，福建省特级教师郑玉华对3个活动提出相应的意见与建议，阐明3个活动存在的5个共性，针对活动中存在的亮点与调整方向提出意见和建议。

【机构编制专项调研】 2019年10月23日，市委编办副主任尤国盘、综合科副科长陈镜安前往安海实验幼儿园开展机构编制专题调研活动。

调研小组人员通过查阅资料、实地查看、走访座谈等形式，广泛收集相关意见和建议。调研小组听取关于学园编制的基本情况和师资队伍建设的汇报，深入了解学园机构编制情况和存在的保健医生、专业艺术类老师短缺的困难。调研人员就这些实际情况与老师们进行具体分析和探讨，并对学园发展规划、人员编制管理等工作提出指导性建议。

【课程成果展示暨省级课题中期汇报】 2019年10月31日，池店镇桥南中心幼儿园举行“水文化”园本课程阶段成果展示暨省级课题《幼儿园项目式水区游戏的实践研究》中期汇报研讨活动。此次活动特邀课题顾问福建师范大学学前教育系主任、教授吴荔红、泉州幼师附幼园长邹慧敏现场指导。

参加活动的幼教同行们参观幼儿园的课程环境，感受桥南中心幼儿园将源于幼儿生活的内容“幼儿园10岁了”融入课程、融入环境的做法，目睹孩子们用稚嫩的想法为幼儿园装扮、做生日蛋糕、策划过生日等。

幼儿园向大家展示4个项目式水区游戏现场，分别是：大一班教师卓玉玲、黄雯雯组织的《有趣的喷泉》，大二班教师叶雅旋、黄彩铃组织的《瓶子船》，大三班教师林盈治、李雅菁组织的《水迷宫》，中四班教师蔡晴雯、邱春兰组织的《水滑道》，并将每个项目推进的过程展示在展板上，让观摩者清楚地了解桥南中心幼儿园项目式水区游戏的组织与实施。

观摩活动后，桥南中心幼儿园副园长郑净楣介绍项目式水区游戏的课题研究定位及课题实施的基本情况。接着，吴荔红对活动的点评肯定桥南中心幼儿园课题组一年来取得的成果。

【省、市教科所专家参观指导】 2019年12月13日，省教育科学研究所科学规划办主任冯云、泉州市教科所教科室副主任何玉凤、晋江市教师进修学校科研管理处主任许白恩等一行人到晋江市安海实验幼儿园总园区参观指导。

在参观过程中，园长颜秀贵向专家们介绍总园区正在建设的各大功能室及户外游戏场地施工情况，已投入使用的班级，了解班级的教育教学硬件及师资配备。专家们对总园区给予高度评价，对一园两区集团化管理中，各项活动有序进行给予肯定。

义务教育

【概况】 2019年，晋江市义务教育阶段小学学生188304人，同比增加4593人，增幅2.50%。其中，到晋江务工人员子女108538人，占57.64%，同比减少3103人，减幅2.78%。全市小学适龄儿童入学率100%。

晋江市义务教育阶段初中学生66497人，其中，来晋务工人员子女37295人。初中辍学率城区0.26%、农村0.56%。应届初中毕业生升入高中阶段教育的升学率98.13%。

晋江市现有1所特殊教育学校，1个市级特殊教育资源中心、1个镇级特殊教育指导中心，3个随班就读基地校，11个特殊教育辅读班。特教学校现有学生364人，11个特殊教育辅读班在校学生88人，6—14周岁三类残疾儿童入学率为97.78%。

【均衡发展】 2019年，晋江市实施小学毕业考试全市统考。试点中小学生课后延时服务工作，全市启动小学课后延时服务试点工作学校29所，组建服务班195个，8511名学生接受课后延时服务；10所中学积极开展课后服务工作。56所中小学校顺利通过省义务教育管理标准化学校。推进普特融合教育，新增2所开设特教辅读班小学、4所泉州市级融合教育试点校（园）。晋江一中池店校区、养正中学开发区校区获准筹建，撤并英墩中学、设立季延中学英墩校区，实现季延中学复办初中。全市各类教育集团、协作集团40个，成员校70所，覆盖生数8.9万人。开展全国助残日活动，受师生和社会捐款175万多元。推动《实施初中教育质量提升三年行动方案》，组织2019年初招、中招工作。组织遴选义务教育阶段人工智能教育试点学校。开展2019年优课评选、市普通中学教师“教坛新秀”评选活动。推进泉州市义务教育教改项目校培育工作、开展第二批25个普通中学重点建设学科。

【初中壮腰工程】　2019年，市教育局根据《晋江市初中教育质量提升三年行动方案（2018—2020年）》，持续实施初中教育质量壮腰工程，做好教学质量评价体系相关数据分析，对教学质量提升不理想的学校进行集体约谈，表扬2019届中考初中教学质量监测奖，激励各初中校关注“中考七率”（中考单科及格率、中考全科及格率、中考单科A率、高中阶段升学率、中招体育考试A率、中招体育考试及格率、按时毕业率），关注教育教学质量，全面提升晋江市初中学校教育教学质量。

【质量监测】　2019年5月23日、24日，晋江市养正中学等22所样本校接受2019年国家义务教育质量监测。10月22日、23日，晋江市实验中学等24所样本校接受福建省义务教育质量监测。5月23日，组织20所样本校（小学）参加国家义务教育阶段学生语文、艺术科质量监测。10月17日，组织18所样本校（小学）参加福建省义务教育科学、德育及体育与健康质量监测，晋江市完成本年度质量监测组织任务，为探索提高基础教育质量的有效途径提供政策研判的参考数据。

【第二批重点学科建设】　2019年，晋江市在第一批25个重点学科取得较好成效的基础上，组织开展第二批普通中学重点学科建设，遴选25个科次作为晋江市第二批重点建设学科，进一步引导晋江市各级各类学校加强学科建设，深化基础教育课程改革，构建“名师—名学科—名校”相辅相成、相互促进的优质资源形成机制，推动晋江市学科教学质量不断提高。

【控辍保学】　2019年，晋江市根据上级“控辍保学”工作要求，加强控辍保学工作领导：完善组织机制。市政府召开义务教育控辍保学工作推进会，制订印发控辍保学工作实施方案，明确控辍保学的主体责任，开展控辍保学专项督查，并建立健全控辍保学长效机制，力促全市形成控辍保学的合力，解决好“有人抓”“怎么抓”“抓进度”问题。完善督查机制。完善对镇督导，重视社会监督，并将工作纳入镇（街道）绩效考核内容。完善落实机制。落实注册、学籍更新、报告制度，较好完成控辍保学任务。

11月底，晋江市控辍保学任务全部提前完成，“疑似失学人员”台账“清零”，晋江市加强义务教育控辍保学工作的主要做法被《福建信息》录用。

2019年7月30日，由省教育厅教育督导处调研员林希顺任组长、省教育厅基础教育处干部林瀚斌和福建省学生资助管理中心干部方舒峰为成员的省控辍保学工作专项督导组深入晋江市开展控辍保学工作专项督导。省控辍保学工作专项督导组查阅晋江市的相关备检资料，全面了解晋江市控辍保学工作机制建设情况，包括地方政府牵头相关部门参与的核查工作小组、建立联控联保机制、落实控辍责任、落实家庭经济困难学生资助政策、建立控辍工作台账和月报制度情况。重点核查工作进展情况，包括首批控辍保学工作台账中辍学（失学）适龄儿童个体信息数据核查完成情况、多部门联合开展核查工作情况，辍学失学适龄儿童劝返工作机制和残疾学生送教机制落实情况等。

专项督导过程中，督导组还召开省控辍保学专项督导工作汇报会，听取泉州市、晋江市两级政府有关控辍保学的工作情况汇报，并提出指导性意见。

泉州市教育局局长黄世界，泉州市人民政府教育督导室主任徐昌裕、督学潘刚博，晋江市人民政府副市长黄少伟，晋江市教育局、公安局、民政局、卫健局、残联等单位领导及相关业务人员陪同参加专项督导活动。

【教育部参观考察】　2019年8月27日下午，教育部副部长钟登华一行在省教育厅相关领导、泉州市市长王永礼，泉州市委常委、晋江市委书记刘文儒及相关领导的陪同下，到晋江市实验小学参观考察。

考察组一行在校长傅彩虹的带领下，先后参观学校英华长廊、民俗园、科技园、百书门。观摩学校《基于项目学习，推进美育课程建设》教学研讨周的社团展示活动，分别观看掌中木偶、合唱团、美术、手工、书法、创客、编程、机器人等社团的展示，并同社团的学生进行了亲切交流。随后，考察组一行在接待室听取《〈育美　聚美　弘美〉基于项目学习，推进美育课程建设》的工作汇报，详细了解学校“励行尚美”的办学理念和学校“三阶课程”体系建设等工作，并一同观看学校《105周年印象片》。钟登华肯定学校基于学生全面发展所开设的多彩课程和对外交流，丰富师生的国际视野，增长学识涵养，培育师生探索美、追求美、赏识美，成全师生成为一个有“美”的文明人，给予“从走进实小校园，见到的、听到的，到处都散发着美”的评价。

【晋江市4篇评课稿获评泉州市优秀评课稿】　2019年，晋江市在2018年泉州市中小学美术、小学书法现场课教学比赛优秀评课稿评选活动中，晋江市市共有4篇评课稿获奖，分别是晋江市实验小学许春颖老师撰写的《传统书法教学遭遇现代教育信息技术》、青阳街道中和中心小学于欢欢老师撰写的《观课堂　品美育　寻文化——以〈有趣的线造型〉一课为例》、英林镇西塔小学裴榕源老师撰写的《美术课〈变形的魅力〉评课稿》和晋江市第二实验小学苏艳秋老师撰写的《当好引导自主探索这根提线的放飞线——听〈有趣的线造型〉一课有感》，优秀评课稿将陆续刊发在泉州教育电子刊（2019—2020年度）。

【义务教育优质均衡发展】　2019年，晋江市通过四项举措推动义务教育优质均衡发展。

深化集团化办学。全市小学有7个教育集团，2019年秋季开办第八实验小学、第三实验小学金针校区、第五实验小学涵口校区，增加第三实小、第五实小、第八实小等集团化办学规模，进一步扩大优质教育资源的覆盖面。

推进学校管理标准化创建进度。2019年，晋江市第六实验小学等44所学校被福建省教育厅确定为省义务教育管理标准化学校，全市共有95所小学被确认为福建省义务教育管理标准化学校，占公办学校的35.58%。

加强农村小规模学校的整合。撤销永和镇东华小学、观头小学，英林镇嘉排小学，金井镇榕霞小学，灵源街道英塘小学、大山后小学等6所小规模学校。通过“先建后撤”“整合提升”“利用闲置资源开办公办幼儿园”等政策，抬高优质均衡底部。

推动学校开展教育教学改革研究与探索。加强对全市18所省义务教育教改示范性建设学校的指导工作，其中晋江市实验小学等9所小学通过福建省义务教育教改示范性建设学校的中期绩效评估。全市12所中学通过福建省义务教育管理标准化学校创建工作验收，2所学校通过福建省义务教育教改示范性建设学校中期绩效评估。晋江市把接受省教改示范性建设验收的学校作为巩固均衡发展、推进教育现代化的重要载体，引领基础教育内涵发展和质量提升。

【课后延时服务】 2019年，晋江市根据《晋江市推进小学课后延时服务工作实施意见》文件精神，按照“政府主导、学校组织、学生自愿、社会参与、试点先行”的总体要求，建立健全小学课后延时服务体系，进一步增强教育服务能力，办人民满意的教育。2月，全市共30个试点学校全面启动课后延时服务，春季开设195个班，服务8511名学生，秋季开设198个班，服务9508名学生，惠及全市10000多个家庭。

【第二期特殊教育提升计划实施方案】 2019年8月1日，晋江市人民政府办公室印发《晋江市第二期特殊教育提升计划(2019—2021年)实施方案的通知》，明确晋江市特殊教育未来三年在特殊学生入学率和经费保障、资源教室基地校建设、送教上门、教师队伍建设等方面的工作要求，解决市特殊教育发展中的瓶颈问题。明确从2020年起，残疾学生生均经费省定标准普通初中的10倍核拨及各种补贴标准，完善特殊教育津贴等工资倾斜政策，特殊教育学校、普通学校特教班、参与“送教上门”教师按不低于普通学校20%的比例核增绩效工资总量。

【送教上门服务】 2019年，晋江市为贯彻落实《晋江市第二期特殊教育提升计划(2019—2021年)实施方案》精神，市教育局于2019年9月、12月在特殊教育学校召开中重度残疾儿童“送教上门”工作会议。全年共为149名中重度残疾儿童提供“送教上门”服务工作。通过送教上门工作逐步落实和完善“建籍”“送教”“考勤”“绩效”四项任务，探索重度适龄残疾儿童少年居家教育工作经验，逐步完善残疾儿童少年教育保障体系，进一步推进晋江市残疾人教育事业的发展。

【普特融合教育】 2019年，金井镇围江学校、永和镇群英小学设立特教班。水头小学、三民中心小学、第二实验幼儿园、第三实验幼儿园等4所校(园)被确认为泉州市普通学校(园)融合教育试点校(园)。5月9日，发挥特殊教育资源中心作用，在安海水头小学举行“普特融合携手共进——晋江市推进随班就读融合教育研修活动”，通过融合课展示、参观资源教室、资源中心主任骨干教师开设专题讲座等形式，展示残疾儿童随班就读的工作成效，推动晋江市普通教育和特殊教育的不断深入融合。

【晋江特教学校获全国助残先进集体】 2019年5月16日上午，第六次全国自强模范暨助残先进表彰大会在北京举行。晋江市特殊教育学校获“全国助残先进集体”称号，是全省教育系统唯一获得此称号的学校。特教学校党支部书记颜丽娜作为单位代表赴京接受表彰。

【全市特殊教育联络员会议】 2019年，市教育局为更好地贯彻落实《晋江市第二期特殊教育提升计划(2019—2021年)实施方案》和上级“控辍保学”精神，开展好2019年秋季中重度残疾儿童“送教上门”工作，晋江市教育局特在各镇街道设立特殊教育联络员，并于12月5日下午，在市特教学校召开晋江市特殊教育联络员会议。市教育局初幼教科科长蔡金禄、中教科负责人吴扬加、进修学校特教教研员黄莹、各镇街和中学特殊教育联络员共80余人参加此次会议。

【教育交流与合作】 2019年3月22日，以晋江市青阳街道普贤小学校长王虹英为队长的学校教育学习小组正式访问南京市青云巷小学。双方就双边教育交流与合作事宜广泛地交换意见。为进一步巩固和促进双边教育交流与合作，双方一致同意签订《南京市青云巷小学与晋江市青阳街道普贤小学教育交流与合作备忘录》。双边教育交流与合作内容有学生交流学习、教师交流学习、学术交流和校际合作、专项教育和培训项目合作等项目。参加此次签订备忘录活动的还有晋江市的柯村小学、塔头小学，梅岭岭山小学，金井光华小学，陈埭海尾小学，梅岭教育办主任黄珍藏、金井教委办教研员也一同参加访问。各校派出行政人员及优秀教师进行为期一周的学习交流活动。

【质量提升工作集体谈话会】 2019年3月26日下午，市教育局组织召开2019年春季初中教育教学质量提升工作集体谈话会。16所中学校长及分管教学副校长参加会议，会议由市教育局中教科负责人吴扬加主持。

根据《实施初中教育质量提升三年行动方案(2018—2020年)》文件精神，市教育局每学期均组织召开一场初中教育教学质量提升工作集体谈话会，分析总结制约教学质量提升的主要原因，共商下一阶段学校质量提升计划。

【体育中考工作】 2019年4月9日，泉州市教育局副局长陈军宣、体卫艺语科科长郑东伟一行在晋江市教育系统党委专职副书记蔡朝阳等相关人员的陪同下，到晋江市体育中心检查指导2019年体育中考各项工作。陈军宣一行向体育考试工作的负责人详细询问测试项目、形式以及各项具体事项安排情况，并分别到男生1000米跑、女生800米跑和跳绳等测试现场观看测试过程，仔细询问测试工作各个环节的设置情况。

为做好与福建省教育厅2020年中考体育考试政策衔接工作，根据《福建省教育厅关于印发福建省初中毕业升学体育考试指导意见(试行)的通知》的文件精神，泉州市确定2019年初中毕业升学体育考试以满分20分计入中考总分。根据泉州市招生文件规定，省一级达标高中录取的学生体育考试成绩须达到12分以上(含12分)。

2019年，晋江市初中毕业生升学体育考试，参加中招体育的考生有20243人，比2018年18501人增加1742人；其中报考游泳项目的人数271人，比2018年218人增加53人。考试从4月8日开始，至4月30结束。其中游泳考试安排在5月2日进行。

普高教育

【概况】 2019年，晋江市普高学生

27572人，同比增加825人，增幅3.08%。其中，来晋务工人员子女13041人，占47.30%，同比增加992人，增幅8.23%。高中阶段毛入学率达138.94%。全市有119人次在2018年全国中学生数学、化学、物理、信息学学科竞赛福建赛区获奖。高考本科总上线率达77.68%，比2018年的75.0%提高2.68个百分点。600分以上达297人，录取清华和北大达8人、985院校达301人、211院校达697人，约占泉州市的比例1/4左右。有6所高中通过省一级达标高中省厅复检。晋江一中、养正中学入选全省首批示范性普通高中建设名单。

【“双名一优”培养工程】 2019年3月17日，清华大学附属中学校长王殿军带队到晋江考察，并与晋江市政府签订“双名一优”培养工程项目合作协议。

根据协议，双方将按照“名师帮带、优师代培，教研互动、支教服务，优生拔尖、潜能挖掘，优势互补、资源共享，友好合作、共同发展”的原则，依托清华附中优质资源，进一步促进晋江市教师、校长队伍的专业成长和内涵提升，提升普通高中拔尖学生的学科视野和学科素养，培养更多名教师、名校长、优秀高中学生。

【筑梦清华夏令营活动】 2019年7月14—25日，晋江市借助清华创新教育培训中心优质资源，组织64名学生和6位教师参加为期12天的筑梦清华夏令营活动。为着眼晋江市建设国际化创新型品质城市的要求，此次夏令营活动更加注重培养学生的创新精神和科学探索能力，丰富、高端的课程及体验活动，进一步提升普通高中拔尖学生的学科视野，促进学生的全面发展。

【筹建东石中学高中部】 2019年，泉州市人民政府批复同意晋江市东石中学筹建普通高中部，晋江市将根据《福建省普通高中设置标准及管理办学暂行规定》的有关规定，加快推进东石中学升级完中校的建设项目工作。晋江市东石中学高中部待办学条件完全具备、经批准后正式招生，进一步满足晋江市普及高中阶段教育的需要。

【晋江市拔萃国际双语学校按计划招生】 2019年，作为晋江市引进高端教育的重要项目——晋江市拔萃双语学校实现按计划招生，学校位于晋江博览片区，总占地面积10.4公顷，总建筑面积约15万平方米，学校计划设置教学班123个，可容纳学生约4000名，将建成为一所集幼儿园、小学部、初中部和高中部于一体的寄宿制双语学校。

【高中达标复查】 2019年，省教育厅公布2019年上半年省一级达标高中复评结果，晋江市季延中学、侨声中学、南侨中学、毓英中学通过复评。晋江市6所接受省一级达标高中复评的学校全部通过(含之前通过的晋江一中、养正中学)，复评工作促进晋江市高中学校加强内涵建设、提升教育质量，实现优质特色发展，更加适应高考综合改革。

【聚焦中高考改革推动高质量发展】 2019年11月1日至2日，晋江市承办泉州市“聚焦中高考改革 推动高质量发展”专题培训班。市教育局作《聚焦“高质量”发展 构建“一盘棋”格局》典型发言。培训班的举办营造泉州市中高考改革提质的浓厚氛围，同时也扩大晋江市中学教育改革和质量提升的引领辐射作用。11月21日，晋江市受邀参加福建省基础教育重大改革专题研讨班活动，并做专题发言，分享提升高中质量的“晋江经验”。

【省二级达标高中泉州市复查评估】 2019年1月16—17日，泉州市教育局中教科孔福美带领评估组一行9人到首峰中学进行福建省二级达标高中复查评估。

评估组通过查阅资料、实地察看、随机访谈、深入课堂等形式，对学校的管理制度、校园文化、教学常规、教育科研、办学特色、软件环境、硬件设施等26项评估指标进行全面的了解与评估。

在反馈会上，评估组成员分别对检查结果逐项进行详细反馈，最后，曾俊杰宣布，首峰中学通过省二级达标高中泉州市复查评估。

【职业规划讲座】 2019年11月22日晚与11月25日晚，复旦大学微电子学博士，美国“贝尔实验室总裁金奖”获得者，芯盛电子公司、艾博科技公司董事长兼技术负责人曹先国到侨声中学为高二年段学生，到养正中学为高一年段学生带来一场高端知识讲座——“职业规划之‘芯’光大道”。

讲座中，曹先国首先从集成电路基础知识入手，以研制“虹芯一号”的时代背景、“中兴”事件、美国制裁华为、集成电路在国防科技上的应用和阅兵仪式上展示的国之利器为引子，启发同学对“核心科技必须掌握”“自力更生才能走得更远”“从容的前提是要有实力”的深思。并就集成电路行业的发展历程、现状与发展趋势进行科学系统而富有前瞻性地分析，对当前集成电路产业人才需求状况及人才培养状况等问题做了精彩地讲述。最后，和同学们分享个人成长发展过程中的成功经验。

【紫峰女篮获省赛“五连冠”】 2019年，晋江市紫峰中学女子篮球队在福建省中学生篮球联赛高中女子组再次捧起冠军奖杯，并获得体育道德风尚奖。

紫峰中学女子篮球队自2014年组建起，取得泉州市中学生篮球联赛高中女子组“五连冠”、福建省中学生篮球联赛高中女子组“五连冠”的成绩。

【优秀生源基地】 2019年6月25日，晋江市养正中学新校区举行南京大学、西北工业大学、集美大学等三所高校“优秀生源基地”授牌仪式。养正中学校长沈慈勇分别与三所高校的代表签署协议，并与高校代表互相赠送交换礼物，接受三所高校的“优秀生源基地”牌匾。

11月22日晚，南京大学博士生导师、教授朱国荣一行到季延中学举行南京大学优质生源基地授牌仪式并开展讲学、交流活动，授予季延中学“2019年度南京大学优质生源基地”。

【种胜教育基金会】 2019年8月10日上午，晋江市养正中学种胜教育基金会颁奖典礼在养正中学种胜体育馆举行。颁奖典礼上，共有29位被中国“12所著名高校”录取的学子获2019年养正中学种胜教育基金会的奖励。基金会拨出290万元专项奖励优秀学子，并拨出200万元奖励优秀教师。

【课题成果展示】 2019年7月2日，市教育局在晋江市教师进修学校举行福建省“十三五”专项课题“基于新高考学生选课需求的生涯规划的实践研究”“‘新高考’背景下晋江市域高中教学组织策略研究”课题成果展示活动。各完中分管教学校级领导、负责学生生涯教育中层干部以及课题组成员参加此次活动。

职业教育

·中等职业教育·

【概况】 2019年，晋江市中职在校生13308人，同比增长4.8%，其中，到晋江务工人员子女7190人，增长8.6%。

【职业教育特色发展】 2019年，市教育局举办2019年全国职教活动周启动仪式及职教成果展汇报演出。全省首创“二元制”（采用校企合作、双方共同参与教学的培养模式）民办学前教育师资学历水平提升项目，与泉州幼高专、泉州职业技术大学联合开展该项目试点工作，首批招收118名学员。持续深化产教融合、校企合作，推行现代学徒制，全市4所中职学校均获评2019年“福建省示范性现代职业院校建设工程”项目A类建设校。中职学生再夺国赛金牌，华侨职校4位老师获得全国职业院校教师技能大赛金牌，系全省唯一一校。建立民办学校审批进度督促制度，做好2018年度民办学校年检暨“双随机一公开”监管，加大无证园打击力度。2019年，晋江市教育局与泉州幼高专、泉州职业技术大学联合开展“二元制”民办学前教育师资学历水平提升项目试点工作，首批招收118名学员。10月11日，市教育局与泉州幼儿高等专科师范学校、泉州职业技术大学的民办学前教育师资学历提升“二元制”合作办学签约授牌暨开班仪式在晋江华侨职校举行。

【电子商务技能比赛】 2019年3月16日—17日，由泉州市教育局、泉州市职教中心主办，晋江市教育局、晋江市职教中心协办的2019年泉州市中等职业学校电子商务技能比赛在晋江职校新校区电商创业基地举行。

此次竞赛为团体赛，共吸引来自全市各中职学校的15支代表队参赛。晋江职校17级电商3班张嘉伟、李其南、张宁育和17级动漫唐豪骏组成的团队获得大赛一等奖（总第2名）；17级电商3班王彬濠、许荣坤、曾祥平和17级网2班陈俊烨获二等奖（总第3名）。晋江职校获得该赛项的省赛资格。

【首批泉州市“书法教育示范学校”】 2019年2月25日，泉州市教育局公布首批“书法教育示范学校”名单。晋江职校获评首批泉州市“书法教育示范学校”，成为晋江市唯一入选的中职学校。此次评选经各县（市、区）推荐和专家评审，共有73所学校入选。

【中央电教馆授予称号】 2019年1月12—13日，晋江华侨职校副校长黄培忠和信息化骨干教师李燕平，应邀参加南京信息技术职业学院召开的全国职业院校信息化建设与应用交流会。教育部职业教育与成人教育司综合处处长宁锐、中央电化教育馆副馆长韩骏等有关领导出席会议，来自全国31个省（自治区、直辖市）教育厅职业教育与成人教育处、电化教育馆（中心）的有关负责人以及340余所职业院校共计700余名代表参加此次会议。会上，晋江华侨职校作为第二批建设实验校通过中期评估，被中央电教馆授予“职业院校数字校园建设实验校”称号。

【《中国教育报》报道创建经验】 2019年4月12日，晋江市晋兴职校党建引领福建省示范性现代职业院校创建的经验，在《中国教育报》以“党建引领筑基石 凝心聚力创示范”为题进行专题报道。报道指出，晋兴职校自2016年启动福建省示范性现代职业院校建设工程项目起，始终秉持“围绕师德师风抓党建，围绕教育质量抓党建，围绕学校发展抓党建”的工作思路，以“党建引领、支部带动、党员示范”为党建模式，全面践行立德树人的根本任务，实现党在学校发展中的引领作用，走出一条特色创新发展道路。

【中等职业教育学科（专业）协作组活动】 2019年11月25—28日，晋江市教育局、晋江市职教中心分别在晋江市四所中职学校召开2019年秋季全市中等职业教育学科（专业）协作组共9个学科活动。

“互助、合作、共建、共享”——此次活动的举办，为晋江4所中职学校9个学科教师搭建起一个学习交流、抱团发展的良好平台，也为晋江市中等职业教育学科（专业）协作组活动开一个好头，迈出坚实的步伐。

【国家奖学金】 2019年10月30日—31日，晋江职校校长刘晓斌及教务处副主任林群英受邀参加福建省2018—2019学年国家奖学金及国家励志奖学金评审会议。晋江职校是泉州地区唯一受邀参加的学校。

晋江职校校长刘晓斌作为第二小组的评审组长，对审核情况做详细的汇报，对2020年的申报国家奖学金工作提出建议和意见。

【晋江职校教师获全国首届“物流职教名师”】 2019年10月7日，全国第一届物流职业教育教学名师评选结果揭晓，晋江职校物流名师工作室导师、物流教研组长贾铁刚获评全国第一届“物流职教名师”称号。

2019年6月至9月，全国物流职业教育教学指导委员会开展第一届“物流职业教育教学名师”评选工作，通过对候选人的教师风范、企业经历与行业影响力、教学能力与水平、社会服务能力、教学团队建设等方面进行重点考评，最终产生46名物流职业教育教学名师。其中全国中职学校只有9人入选，贾铁刚是福建省唯一入选教师。

（市教育局　施快乐　陈建生）

·高等职业教育·

【概况】 2019年，泉州市高教发展中心管理委员会办公室围绕市委、市政府工作部署，推动市域高教工作打开新局面、再上新台阶。泉州理工职业学院更名为泉州职业技术大学，成为全国首批、福建首家本科层次职业教育试点学校；泉州轻工职业学院入选福建省示范性现代职业院校建设工程2019年培育院校名单。

【升本创优】　2019年，泉州市高教发展中心管理委员会办公室坚持主动服务高校，支持泉州理工职业学院做好升本更名工作，引导泉州轻工职业学院对标福建省示范性现代职业院校创建要求，提升办学水平，推动升本创优。1月2日，泉州轻工职业学院机电一体化技术蔡荣盛工作室和电子商务专业罗素珍工作室、泉州理工职业学院机械制造与自动化专业郭霏霏工作室等3个工作室入选泉州市第二批高等职业教育技能名师工作室建设项目。1月11日，省教育厅公布职业院校名师名校长和专业带头人培养人选名单，泉州轻工职业学院和泉州理工职业学院共有省级职业院校名师培养人选1名，名校长培养人员1名，专业带头人培养人选5名。3月12日，泉州轻工职业学院与泉州海事学校签订五年制高职联合办学协议。3月25日，福建省示范性现代职业院校建设工程项目建设2018年度考核评估专家组一行到泉州轻工职业学院开展实地核查工作。5月18日，“一带一路”现代商贸流通职教联盟启动仪式暨职业教育服务“一带一路”高层论坛在江苏经贸职业技术学院举行，泉州理工职业学院是联盟发起单位之一。5月19日，厦门大学教育研究院院长别敦荣带领2018级博士团一行到泉州理工职业学院，进行为期6天的调研。泉州理工职业学院是厦门大学教育研究院在外设立的博士硕士研究生挂牌实习基地。5月27日，教育部正式函告福建省人民政府，同意泉州理工职业学院（本科）更名为泉州职业技术大学，系民办本科层次职业教育试点学校。中国民办教育协会等发来贺信，人民网、新华社、共青团中央、福建省教育厅、中青网教育等媒体给予相关报道。同年5月，泉州轻工职业学院成功入选福建省示范性现代职业院校建设工程2019年培育院校名单。6月10日，教育部公示《高等职业教育创新发展行动计划（2015—2018年）》项目认定名单，泉州理工职业学院机械制造与自动化，泉州轻工职业学院工业机器人技术、动漫制作技术和电子商务等骨干专业，泉州轻工职业学院现代服务业专业群生产性实训基地、休闲食品加工应用技术协同创新中心入选。6月14日，省教育厅公示省高校“三全育人”综合改革试点遴选结果，泉州轻工职业学院金龙商学院入选该名单。6月17日，教育部公告首批1+X证书制度试点院校名单，泉州职业技术大学入选为建筑信息模型（BIM）Web前端开发、物流管理、汽车运用与维修、智能新能源汽车试点院校名单，泉州轻工学院入选为建筑信息模型（BIM）、物流管理试点院校名单。7月，泉州轻工职业学院教师团队在2019年福建省职业院校教师教学能力比赛中获一等奖1项。9月7日，中国职业技术教育学会主办“奋进新时代　中华传统美德职教行”年度会议暨职业教育中华传统美德优秀成果展在广东轻工职业技术学院举办，泉州轻工职业学院《被需值引领下中华优秀传统美德育人工程》入选全国职业院校“奋进新时代　中华传统美德职教行”（美德品牌项目）入围。9月19日，中国大学生体育协会职业院校体育工作委员会组织全国高等职业院校体育工作第一批“一校一品”示范基地立项项目随机抽样现场调研诊断工作专家组到泉州职业技术大学，对“跑步育人”项目进行现场调研诊断工作。

2019年3月25日，福建省示范性现代职业院校建设工程项目建设2018年度考核评估专家组一行到泉州轻工职业学院开展实地核查工作　（市高教中心办　供）

【泉州职业技术大学更名揭牌】　2019年6月28日上午，“泉州职业技术大学”揭牌仪式在学校晋江校区举行。省教育厅发展规划处处长林海峰、省教育厅体育卫生艺术教育与语言文字处调研员陈丽红、省教育厅高校学生处副处长张龙飞，泉州市人民政府副市长周真平、泉州市关心下一代工作委员会主任宋长青、泉州市教育局局长黄世界，晋江市人民政府市长张文贤、副市长黄少伟等领导出席仪式。中国高等教育学科奠基人、厦门大学文科资深教授潘懋元、中国工程院院士胡永康、上海工程技术大学校长夏建国、西安欧亚学院校长刘瑾、台湾大叶大学副校长施英隆、重庆机电职业技术大学董事长吕中、华侨大学副校长彭霈、福州外语外贸学院创办人吴钦明等近百家省内外高校领导，体银商学院院长、体银智库创始人安福秀、国际体育仲裁法庭仲裁员安寿志、羽毛球世界冠军龚伟杰、赛艇世界冠军李彤、李萌、光明日报职教版主编练玉春、吴董事长抗美援越战友团、校企合作单位、校友等嘉宾，以及学校中层以上干部和学生代表们参加出席仪式。潘懋元、胡永康、林海峰、周真平、黄世界、张文贤、吴金营、臧树良共同为学校揭牌。揭牌仪式结束后，开展本科层次职业教育试点战略发展研讨会、现代职业教育与体育人才培养论坛、马克思主义学院成立仪式、泉州职业技术大学揭牌庆典暨2019届毕业晚会以及“城市旅游与职业教育”高峰论坛等系列活动。

【优惠政策】　2019年，泉州市高教发展中心管理委员会办公室按照晋江籍学生每生补贴1000元/年的政策标准，主动对泉州职业技术大学和泉州轻工

2019年6月28日，泉州职业技术大学举行更名揭牌仪式　　（市高教中心办　供）

职业学院等两所高职院校申请该补助学生的学籍和相关户籍信息进行核对并兑付晋江籍学生补助，共兑付2018—2019学年晋江籍学生补助42.9万元；协调泉州轻工职业学院足球场场地改造费用核查事宜，兑付其足球场改建及配套设施设备项目补助费用余款578.79万元；落实财政贷款贴息补助，共兑付泉州职业技术大学和泉州轻工职业学院等两所市域高职院校2018年度财政贷款贴息补助348万元。

【办学硬件】 2019年，泉州市高教发展中心管理委员会办公室与泉州轻工职业学院共同梳理该学院不动产权办理需协调解决事项，召开泉州轻工职业学院不动产权证办理协调会，帮助该学院解决不动产权证并证及办理不动产权证等问题。泉州职业技术大学和泉州轻工职业学院向晋江消防大队申请确认相关消防安全评估报告。

泉州轻工职业学院规划用地40公顷，2019年底，完成一期建设用地20.07公顷，其中具有土地证面积177729平方米，总投资5亿多元，建筑面积164053平方米，其中教学科研行政用房79140平方米、学生宿舍40140平方米；建设各专业校内实训基地25个，同时校外实训基地131个，校内教学科研仪器设备总值4200余万元，生均教学仪器设备值9600元，其中校园网主干最大带宽1000兆比特每秒(Mbps)、图书馆藏书38.55万多册、阅览室座位数550个，并配有中央空调和免费Wi-Fi；校园绿化面积超过50%。

2019年，泉州职业技术大学发挥体育产业对区域经济发展的联动效应，助力提升晋江体育产业发展水平，促进区域体育经济繁荣和发展。5月，学校与体银智库签订战略合作协议，共建“中国体育产业研究院”“体育产业研究院实践基地”。10月，建设不锈钢网球馆，12月按国际田联标准建设晋江第一条蓝色跑道。2019年，承办国际大体联亚洲杯、全国青少年校园足球夏令营、中国高校老教授网球赛、国际大体联足球世界杯、全国体育传统项目学校田径冠军赛等赛事。

【内涵建设】 2019年，泉州市高教发展中心管理委员会办公室联合晋江市委党校开展“党课进高校”活动，加强高校舆论阵地建设，提升高校思想政治工作实效，共在两所高职院校开展以习近平新时代中国特色社会主义思想、意识形态工作、宪法、两会精神解读等为主题的专题党课15场，助力高校意识形态工作。深入高校走访调研，引导高职院校结合市域产业实际调整自身专业方向。2019年，泉州职业技术大学在原本6个本科专业的基础上，结合晋江市人才需求增设学前教育等4个本科专业；泉州轻工职业学院增设环境工程技术和针织技术与针织服装等2个专业。推进高校改革试点项目，在二元制试点项目方面，泉州职业技术大学与晋江市教育局在学前教育专业开展合作，共招收学生24人；泉州轻工职业学院共招收学生2200多名。泉州轻工职业学院开展教育部现代学徒制试点，增选40名学生在鞋类设计与工艺专业上与安踏公司深化试点合作，2019年上述两所高职院校入选首批1+X证书制度试点院校名单。

【高校技术转移中心建设】 2019年，泉州市高教发展中心管理委员会办公室促成武汉体育学院晋江体育事业创新发展中心落地晋江，共建运动康复中心、大学生就业平台、校园足球师资培训、实习实训基地等项目。浙江大学、东华大学、陕西科技大学3个高校在晋江建设技术转移中心加强平台，管理运营公共服务平台，充实专业技术中介人才；深入企业挖掘人才和技术需求，举办校地高新技术产业化对接会，人才培养与引进、科研技术成果对接方面拓展校企合作空间，助推晋江制造业创新升级。联合技术转移中心举办2期领军人才高级研修班，开展4场技术总监沙龙，促成近20项校企合作。其中，东华大学晋江技术转移中心分别与创绿机械工贸有限公司、达亿经编织造有限公司联合申报福建省高新技术企业，并入选福建省2019年第二批拟入库备案省级高新技术企业公示名单。

【政策宣传和校园招聘活动】 2019年，市高教中心办依托省内外合作高校的人才资源，开展人才政策宣传，对接引进企业急需紧缺的高层次创业创新人才，9月16—20日，组织包括恒安集团、华宇集团、向兴集团等近30家晋江名企到西安工程大学、陕西科技大学、西安外国语大学、成都纺织高等专科学校、成都工业学院开展校园招聘。参会企业共提供605个招聘岗位，求职人员投递1565份简历，其中870份简历符合企业招聘需求，最后达成就业意向的有462人。

【招生及就业情况】 2019年，泉州职业技术大学和泉州轻工职业学院共招生7795人，毕业生3164人。其中，泉州轻工职业学院计划招生6088人（含二元制），实际录取4364人（含二元制），报到人数4021名（其中，二元制学生2039名，扩招新生357名，留学生63名，统招生1562名）；应届毕业生1405人，就业率100%。泉州职业技术大学计划招生4381人，实际录取3774人；应届毕业生1759人，就业率98.41%。2019年，泉州职业技术大学首批设置机械设计制造及其自动化、汽车服务工程、计算机应用工程、土木工程、油气储运工程、财务管理、电子商务、服装与服饰设计、数字媒体艺术、学前教育等10个职业本科专业”。本科10个专业计划招生1700人，实际录取1677人。专科22个专业计划招生2681个，实际录取2097人。

【校企合作】 2019年，泉州轻工职业学院与泉州市邮政管理局、国巨科技集团、天仓物流共建泉州市快递人才培养基地，与泉州美薪有限公司共建建筑室内设计实训室，与恒安集团共建校内自动化生产线实训室，与安踏集团共建服装校内生产性实训基地，与福建农林大学、友臣（福建）食品有限公司、亚明食品、荣誉酒店集团等共建食品加工与检测公共实训基地等，每个专业都有3家以上深度合作企业。1月20日，与厦门大学出版社举行战略合作签约仪式。4月28日下午，与泉州医学高等专科学校举行混合所有制办学签约仪式。6月19日，与晋江市装备制造协会举行“二元制”机械设计制造专业校企联合办学签约仪式。6月25日，泉州轻工职业学院老年大学揭牌仪式暨首届学员开学典礼举行。8月30日，与泉州跨境电商协会签约泉州跨境电商共建联盟战略合作协议。10月11日，由泉州市退役军人事务局和晋江市联合举办的“晋江市2019年秋季退役军人返乡欢迎仪式暨退役军人和现役军人家属就业创业推介会”活动在泉州轻工职业学院举行。

2019年，泉州职业技术大学逐步完善和加强校企合作运行机制，促使校企合作稳定健康发展。学校招生就业处牵头校外实习就业单位的建立；教务处侧重帮助二级学院梳理产教融合模式的总结提炼，遴选培育优质产教融合企业，共有8个二级学院38个专科专业与212家企业开展合作。其中，与163家单位协同融合创新育人模式，有竞赛、跟岗实习、顶岗实习、现代学徒制、“二元制”、校地项目、校企共建课程等。围绕福建省现代服务业、电子信息产业、互联网经济等九大产业领域和公共服务特殊需求领域，根据产业发展和岗位的不同需求，以竞赛、跟岗实习、顶岗实习、现代学徒制、“二元制”等形式与企业、行业、社区开展合作，与石油化工、电子商务、环境设计等领域延伸，与校内形成多元开放的办学格局。5月27日，与中共晋江市委党史和地方志研究室举行共建签约仪式。11月，与安踏电商合作举行大学生“双十一”职场文化体验节。11月7日下午，中营汽车学院党支部与晋江市盈众集团党支部在晋江黎刹广场共建签约和授牌仪式举行，双方正式结成党建共建结对单位。12月19日下午，中共泉州职业技术大学中营汽车学院党支部与中共泉州市海丝商贸职业技术学校党支部在海丝商贸学校举行中共泉州职业技术大学中营汽车学院党支部与中共泉州市海丝商贸职业技术学校党支部共建签约暨师资工作室实习基地揭牌仪式。

【境外合作办学】 2019年，泉州轻工职业学院董事会、党委深入学习领会习近平总书记教育思想和“一带一路”发展倡议，提出开放办学新思路，坚持以人文与艺术交流为媒，“走出去”与“引进来”并重，服务国家“一带一路”发展倡议。发挥闽南地缘和人文等特色资源优势，推进对外文化交流服务，依托“福建省海外华文教育基地”“晋江市海外青少年闽南文化培训中心”等平台，建立二级学院国际学院主导对外合作交流活动；坚持走国际化、开放式办学道路，先后与马来西亚晋江社团联合会以及泰国、菲律宾、马来西亚中学、高校等就学生互访、教师交流、学历晋升、共同培养人才等方面开展广泛交流合作。引进台湾优秀师资，设立并连续召开8次两岸职业教育论坛峰会；依托晋江地缘与人文优势，加强与马来西亚等东南亚国家合作办学，累计招收三届100名学历教育的马来西亚留学生；与百宏集团联合培养越南籍员工等合作事项，招收越南、柬埔寨、老挝等国外学生14名，服务“一带一路”经济发展。2月23日至3月1日，副校长王艳君率学院代表团一行6人赴马来西亚开展“一带一路”职业教育合作项目对接会，历时8天，访问18所学校，举办21场招生说明会，成效显著。3月1日，与马来西亚锦佳建筑有限公司，马来西亚宏展贸易及运输有限公司签订“鲁班工坊”订单班战略合作框架协议，开启“鲁班工坊”建设新篇章。4月9日，与马来西亚锦佳建筑有限公司举行首期“鲁班工坊”班开班仪式；4月17日，与中国航空技术国际控股有限公司肯尼亚“鲁班工坊”项目对接会如期举行。4月19—27日，泉州轻工职业学院执行董事、教授王树生一行参观柬埔寨公立崇正学校、公立瑞华学校、越南中国商会福建企业联合会以及越南（福建）百宏公司，对接“鲁班工坊”职业教育合作项目。6月4—6日，二级学院国际学院副院长何振鹏、苏涓涓到柬埔寨公立崇正学校、公立端华学校、中华国际学校、公立民生中学以及柬华理事会等单位，对接“鲁班工坊”职业教育合作项目。6月9—11日，王树生一行到泰国对接“鲁班工坊”职业教育合作项目。6月17—20日，王树生一行相继到马来西亚晋江社团联合会、安顺三民国民型华文中学、三民独立中学、南华国民型中学、吉华独立中学和Central Medicare，在吉华独立中学举行机器人移交仪式。10月12—14日，学校执行董事王树生、副校长何世伟、国际学院院长何振鹏赴菲律宾相继到菲律宾华文学校联合会、菲律宾晋江同乡总会、菲律宾达沃华助中心和菲律宾纳卯中华中学，商讨“一带一路”职业教育合作项目。

2019年，泉州职业技术大学与台湾东海大学、大叶大学建立姊妹校合作关系，和马来西亚独大教育中心、香港生涯规划协会、菲律宾华侨联合会达成合作关系;和台高校合作举办夏(冬)两季创意台湾教学周。与菲律宾华侨联合会联办2019中菲青年互访交流活动、与香港生涯规划协会联办2019“微影神州,印象晋江”香港青年研学夏令营;接待台湾澎湖科技大学青年交流团、金门大学交流团来访活动。同时,学校开展与菲律宾等游学活动。1月22日上午,2019春季游学全体人员参加由香港职业生涯规划协会举办的“联合国可持续发展目标—青年创客计划”活动。4月18—23日,2019年中菲青年互访交流游学活动在泉州职业技术大学举行。5月18日,泉州职业技术大学参加“一带一路”现代商贸流通职教联盟启动仪式暨职业教育服务“一带一路”高层论坛。

【技能竞赛】 2019年6月,泉州职业技术大学获2019年第一届福建省“邮政速递杯”大学生跨境电子商务技能大赛一等奖以及第五届“广联达杯”全国高校BIM毕业设计大赛一等奖,在2019年第五届“鲁班杯”全国高校BIM毕业设计作品大赛中,获2个一等奖;泉州轻工职业学院师生在第三届“国青杯”艺术设计大赛暨第五届“中国企业形象建设年会”大赛中获多个一、二、三等奖。7月20—21日,“龙翔杯”第九届全国海鲜烹饪技能大赛在泉州轻工学院举行,来自全国21个省市、直辖市的219名星级酒店、海鲜名店、旺销店的名厨参赛,中国烹饪协会副会长,中国烹饪协会名厨委员会主席高炳义和晋江市政府副市长张汉杰等出席活动。开幕式上,泉州轻工职业学院荣誉厨师学院和胡满荣大师工作室正式揭牌成立。7月26日下午,晋江市第二届物业管理行业“兴泰杯”维修电工技能竞赛在泉州轻工职业学院举行。8月27日,泉州职业技术大学获第五届福建省“互联网+”大学生创新创业大职教赛道暨第三届黄炎培海峡职业教育创新创业大赛金奖。参赛团队“溱淮—等离子相贯线切割机”获省金奖、最佳创意奖。“金鹏井控”获省银奖。“酷仙人助农扶贫创业项目”获省铜奖、十佳人气奖。9月,第五届福建省“互联网+”大学生创新创业大赛职教赛道暨第三届黄炎培海峡职业教育创新创业大赛落幕,泉州轻工学院“农优特农业服务体系—现代化农业•农业一二三产业倡导者”项目获银奖、“闽南(厝里厝话)系列文创产品”项目获铜奖。10月,泉州轻工职业学院在2019年福建省百万职工“五小”创新大赛获一等奖1项、二等奖1项、三等奖2项。11月17—19日,全国首届“黄炎培杯”中华职业教育非遗创新大赛暨非遗职业教育成果展示会在安徽歙县举行,泉州轻工职业学院获“最佳组织奖”,学校老师林智喜作品“泉州刻纸——闽南小吃”获三等奖。11月20—21日,第46届世界技能大赛福建省选拔赛砌筑赛项在泉州职业技术大学举行,泉州职业技术大学人居环境学院郑金泉夺得冠军,被省人社厅授予“福建省技术能手”称号,入围第46届世界技能大赛全国选拔赛。同期,第46届世界技能大赛福建省选拔赛时装技术赛项在泉州轻工职业学院举行,曾满榆获第2名。11月23—25日,教育部主办的“2019年全国职业院校技能大赛教学能力比赛”决赛在湖南株洲举办,泉州轻工职业学院代表队获2019年全国职业院校技能大赛教学能力比赛二等奖。12月15日,第三届福建省职业教育食品创新创意大赛评审会在晋江召开,泉州轻工职业学院获一等奖2项、二等奖2项、三等奖4项、优秀奖7项。

【首届服装与服饰毕业生作品展】 6月13日,福州大学厦门工艺美院晋江校区首届服装与服饰毕业生作品展在福州大学厦门工艺美院晋江校区图书馆长廊举行。此次作品展由福州大学、晋江市人民政府主办,福州大学晋江科教园管委会、福州大学厦门工艺美术学院、泉州市高教发展中心管理委员会办公室 、晋江市金井镇人民政府、晋江市福大科教园区发展中心承办,晋江市星瀚文化传播有限公司、中国海峡(晋江)人才市场协办,旨在进一步深化晋江市与福州大学的校地合作,推动高校人才、科研成果更好地服务晋江产业

2019年5月18日,泉州职业技术大学副校长蔡金佩参加“一带一路”现代商贸流通职教联盟启动仪式暨职业教育服务“一带一路”高层论坛,并宣读《2019:南京共识》

(泉州职业技术大学 供)

发展。现场同步举办人才对接活动，共吸引七匹狼、利郎、劲霸、隆盛、向兴等23家市域企业前来招聘，推动校企产学研合作。

【晋江市第十四期纺织鞋服行业技术总监沙龙】 2019年6月15日，晋江市第十四期纺织鞋服行业技术总监沙龙在龙湖镇三福纺织公司举办，深沪、安东、石狮等印染工业园区的各企业技术总监参加活动。此次沙龙由中纺学（石狮）产业研究院、东华大学晋江纺织应用技术转移中心承办，主题为“超临界无水印染技术在面辅料生产中的应用探讨”。大连工业大学郑来久教授团队做主题分享，介绍大连工业大学在超临界CO_2无水染色关键工艺技术的现状及规划，分享无水染色在面辅料生产中的中试案例，展示大连工业大学超临界无水染色的面辅料作品。沙龙活动上，各公司技术总监们和教授团队在工艺原理、技术步骤、设备投入、运营成本、产品质量要求、行业标准等方面进行交流。无水染色是新技术、新方向，在印染行业“扶优淘劣，集聚整合，控量提质，节能减排”总体要求下，实现无水染色产业化，提升企业核心竞争力，促进产业转型升级。

【2019年全国青少年校园足球夏令营第八营区（高中组）活动开营】 2019年7月22日，2019年全国青少年校园足球夏令营第八营区（高中组）活动开营。来自福建、江西、广东、海南的352名优秀足球少年及参加此次夏令营的国内外专家、各参营代表队领队、教练员、裁判员、志愿者和工作人员共计400余人参加开营仪式。2019年，全国青少年校园足球夏令营活动于2019年7月底至8月中旬举行，夏令营共分为小学、初中、高中三个组别24个分营。福建省教育厅承办高中组第八营区，泉州职业技术大学系福建省首家承办高校。

【教育部职成司副司长谢俐一行到泉州调研】 2019年8月16日上午，教育部职成司副司长谢俐到泉州轻工职业学院、泉州职业技术大学调研。在泉州轻工职业学院，谢俐一行实地考察该校鹿艺鞋楦生产性实训基地、安踏服装生产性实训基地、发酵食品生产性实训基地等校内专业化产教融合实训基地。听取学校负责人关于办学历程，“建设企业学院　实践省‘二元制’人才培养模式　因材施教培养多元化学生”和践行被需值教育及所取得成果的汇报。在泉州职业技术大学，谢俐一行先后参观校史馆、本科专业实验室、绿色建筑展厅、院士专家工作站及协同创新中心等。实地考察后，泉州职业技术大学召开本科层次职业教育试点工作座谈会。泉州职业技术大学执行校长吴滨如就开展本科层次职业教育试点工作情况进行汇报。

【吴金营获“全国模范退役军人”称号】 2019年7月26日，全国退役军人工作会议在北京召开。会议表彰401名全国模范退役军人、91个全国退役军人工作模范单位和76名全国退役军人工作模范个人。泉州职业技术大学创办人吴金营董事长获“全国模范退役军人”称号。福建省退役军人事务厅、福建新闻频道、新福建客户端、《今日头条》、《泉州晚报》、泉州网、泉州通客户端、照真传媒等官网、报纸、微信公众号相继报道先进事迹。

【国务院办公厅督查室到泉州轻工职业学院实地调研】 2019年7月25日，国务院办公厅督查室处长朱信永、干部陈琪，教育部干部李俊雅、邢鹏，人力资源和社会保障部干部赵岩露一行到泉州轻工职业学院调研高职扩招计划落实情况。省政府督查室调研员蔡其洁，省教育厅学生处调研员游金茂，省人社厅就业处二级调研员詹永忠，泉州市政府办公室副主任黄文成，泉州市教育局副局长毛伟雄，晋江市副市长庄天怀以及泉州市、晋江市政府督查室，教育局，高教中心办等部门有关领导陪同调研，泉州轻工职业学院合作办学企业百宏集团、盼盼集团、恒安集团、安踏集团代表，“二元制”学员代表，泉州轻工职业学院执行董事王树生，校长林松柏等参加调研座谈会。

【纺织鞋服产业人才研修班暨“泳”敢讲企业提升班二期】 2019年9月17日，由泉州市高教发展中心管理委员会办公室、晋江市纺织鞋服人才培养与技术研究中心、晋江市泳装产业协会组织的晋江纺织鞋服产业人才研修班暨“泳”敢讲企业提升班二期在浙江大学举行开班仪式，并由浙江大学中小企业成长与城镇发展研究所所长卫龙宝作“当前宏观经济分析与贸易形势解析”。课堂上，来自晋江纺织鞋服企业的近30位企业家，就“复杂环境下，出口制造业如何转型升级”问题展开小组讨论。19日，晋江纺织鞋服的企业家们走进浙江大学，由浙江大学特聘培训师刘志翔作“高效团队领导力与沟通实践”主题分享。20日，晋江纺织鞋服产业人才研修班暨“泳”敢讲企业提升班二期结束课程学习。

【第四届生态文明建设论坛在泉州职业技术大学举行】 2019年10

2019年8月16日，教育部职成司副司长谢俐（左一）一行到泉州轻工职业学院调研

（市高教中心办　供）

2019年12月18日,2009—2019泉州轻工职业学院10年办学成果展示周启动　(市高教中心办　供)

月30日下午,泉州职业技术大学召开第四届生态文明建设论坛会。泉州职业技术大学党委书记林其天出席并致欢迎辞,福建省生态文明建设促进会常务副会长林莹和泉州市社会科学界联合会副主席谢伯辉出席并致辞,晋江市社科联主席黄良获邀参加论坛。泉州职业技术大学人居环境学院吴铭辉院长、张艺能副院长、科研处任丽娟处长参加会议。

【泉州轻工职业学院10年办学成果展示周】　2019年12月17—22日,2009—2019泉州轻工职业学院10年办学成果展示周系列活动举行,主题是初心·使命·被需值。作为配套活动,17—19日,2019全国纺织服装职业教育教学指导委员会鞋服饰品及箱包专业指导委员会工作会议暨骨干教师研讨培训会在晋江召开。18日,泉州轻工职业学院10年办学成果展示周启动。启动仪式后,举行福建省中华职业教育社两岸四地有业者乐业——职业教育立德树人、文化育人研讨会和2019全国纺织服装职业教育教学指导委员会鞋服饰品及箱包专业指导委员会工作会议暨骨干教师研讨培训会开幕仪式,召开2019 福建省物流行业职业教育指导委员会年会、马来西亚师生家长座谈会、泉州市职业技术教育研究会第二次会员大会以及泉州轻工职业学院校友会换届大会等配套活动。18日,2019年福建省物流行业职业教育指导委员会年会在泉州轻工学院举行,会议主题是"深融合·促改革·赢未来",分为主旨报告和交流研讨两个阶段。18日晚,泉州轻工职业学院10年办学成果展示周文艺晚会在智慧书馆前广场举行,整场晚会分为:立德树人·职教办学、筑梦十年·桃李芬芳、明道笃行·被需前行等3个篇章。晚会上,举行蔡尤明太平局绅奖学金揭牌仪式。18—19日,由福建省中华职业教育社主办,泉州市中华职业教育社、泉州轻工职业学院承办的两岸"有业者乐业"——职业教育立德树人、文化育人研讨会在泉州轻工职业学院举行。与会者分别作主旨报告,共同探讨职业教育立德树人、文化育人的任务和举措、方式和路径。20日上午,2019年马来西亚华裔青少年寻根之旅冬令营——福建晋江营开营仪式在泉州轻工职业学院举行。为期8天,以"闽南文化"为主题,先后在晋江、泰宁等地参观交流、开展素质拓展活动,并与学院师生结对交流,学习和体验中华传统文化,品尝闽南传统美食,游览壮丽山河,感受闽南风土人情。

(市高教中心办　王俊宇　陈志刚)

群众文化

【文艺活动】 2019年，晋江市文化馆优化提升第三十二届戏剧展演节、第二十九届（安海）侨乡谜会、第十三届南音演唱节等品牌活动。注重传统文化传承发展，举办晋江市第十届“食安杯”校园灯谜赛、晋江市“麦德多杯”第二十四届中小学生南音演唱演奏比赛，在晋江市文化馆公益培训班中开设南音班、灯谜班。国庆期间上演“庆祝新中国成立70周年合唱音乐会”“我爱你中国——庆祝新中国成立70周年音乐会”“筑梦新时代 快乐向未来——庆祝新中国成立70周年童声合唱音乐会”“我和我的祖国——泉州市优秀青年歌手音乐会”等4场音乐会。举办艺术讲堂21期，内容涵盖摄影、钢琴、声乐、主持、古琴等多个领域。开设春季、暑期、秋季少儿公益培训班，成人古琴班、洞箫班、钢琴班，为青少年及市民提供学习艺术的平台。举办2019年晋江市教师暑期灯谜培训班。扶持晋江南音艺术团、晋江焕之声合唱团、晋江市民族乐团、晋江市文化馆少儿合唱团等本土文艺社团发展，晋江南音艺术团与澳门南音社、台北华声南乐团交流切磋，晋江焕之声合唱团分别获得首届中国（厦门）新时代新作品合唱展演金奖、中国青岛（即墨）国际合唱大会突出贡献合唱团队称号。投入泉州市公共文化示范区创建工作，举办12场流动展览，深入东石、内坑、金井等乡镇学校与文体中心，将文化送到基层。

（市文化馆　江　柠　郑丽玲）

2019年11月2日，晋江焕之声合唱团获得中国青岛（即墨）国际合唱大会突出贡献合唱团队称号　（市文化馆　供）

【文化惠民工程】 2019年，市文化和旅游局推动市委、市政府为民办实事项目“大美晋江”文化惠民工程，引进国内外演出62场，进基层、进校园演出111场。“乡村记忆乡村文化”为民办实事项目，投入近300万元补助12个村（社区）。组织实施“文化空间共享计划”，市级文化阵地共13个室内外文化场所向社会免费开放，全年共举办活动138场。结合重要节庆活动，安排各类群众喜闻乐见的文化惠民活动，营造浓厚的节日文化氛围。1月16—17日，分别走进东石镇文体活动中心（东石寨）、金井镇三坑村，组织2019年两节期间新时代文明实践——文化、科技、卫生集中性“三下乡”活动，精心策划文艺演出、惠民剪纸、书赠春联、家规家训图片展、义务摄影、科技成果咨询、流动科技馆、健康义诊等45个惠民服务项目，紧扣习近平新时代中国特色社会主义思想、中共十九大精神，移风易俗、扫黑除恶、晋江市情等主题，通过现场互动抢答、灯谜展猜等方式，推进形势政策进基层。在东石镇专场，举行晋江市新时代文明实践活动启动仪式，为“新时代大讲堂”志愿讲师团、“圆梦中国”文明实践志愿服务团、“法治晋江”文明实践志愿服务团、“爱心城市”文明实践志愿服务团、“绿

2019年1月16日，“两节”期间新时代文明实践——文化、科技、卫生集中性“三下乡”活动走进东石镇文体活动中心 （市委宣传部 供）

色家园”文明实践志愿服务团、“侨乡杏坛”教育志愿服务团、“大美晋江”文艺志愿服务团、“第一生产力”科普志愿服务团、“体育城市”志愿服务团、“时代新风”志愿服务团等10个新时代文明实践志愿服务专业分队授旗。在金井镇专场，举行金井镇新时代文明实践所授牌仪式、志愿服务分队授旗仪式。通过网络平台进行直播，累计吸引超16万人次观看。各镇街道、市直有关单位策划春节、元宵、端午、中秋等节日文化系列活动。春节元宵期间，全市举办2019年两岸民俗文化节暨“满园春灯心念乡”花灯会、永和山前村火把节、闽台东石灯俗系列活动、晋江市(安海)第三届元宵文化节、中国白陶瓷艺术展、民间绘画漆画展、蔡笃取艺术馆开馆暨油画作品展、闽台文化新春书画展、朱子家训宣传展示、“青春志愿行，奉献新时代”晋江青年志愿者春节“三下乡”及村(社区)邻里文化节等活动近300场，营造欢乐喜庆、文明祥和的节日氛围。端午节期间，举办第十一届海峡论坛——晋江市(安海)第八届两岸端午民俗旅游文化节，围绕“两岸两安平”主题，策划推出七大项目，“水上捉鸭”活动在线观看人数近200万。中秋节期间，举办晋江市(安海)第四届中秋文化节、第六届闽台(晋江金井•围头)乡村旅游文化节等。落实《晋江市基层宣传文化建设专项资金管理使用暂行规定》，开展2018年度基层宣传文化建设专项资金项目申报工作，经项目申报、评审，共为70个项目拨付406.686万元，保障“晋书房”、图书馆基层分馆、社会主义核心价值观主题社区、新时代文明实践站等公共文化设施建设和“三下乡”、戏曲进校园等公共文化活动开展。

（市委宣传部 朱诗琳 吴清淡 市文旅局 吴丽佳 李和范）

【文化交流】 2019年，市掌中木偶艺术保护传承中心创排木偶节目参加2019年央视戏曲春节联欢晚会、2019年泰国“欢乐春节”“一带一路”沿线国家菲律宾达沃中菲青年互访交流游学活动启动仪式、第十五届海峡旅游博览会等演出。木偶相关非遗传承人参加中华人民共和国外交部和福建省人民政府举办的主题为“新时代的中国：生态福建 丝路扬帆”的外交部福建全球推介活动。高甲经典剧目《骑驴探亲》参加第二届中国国际进口博览会“福建非遗精品展”，中国•博兴非遗(稀有)剧种小戏展演，“越传统 越世界”首届越剧小镇戏剧节暨“一带一路”沿线国家文化艺术展的展演。

市文联坚持“请进来”和“走出去”相结合，组织开展各类主题展览和交流活动20余场。4月25日，接待中国音乐家协会第五期全国优秀青年词曲作家高级研修班学员55人采风团到晋江采风。争取上级文艺交流项目落地晋江，拓展交流平台。5月19日，承办省书法家协会、《书法界》杂志社走进晋江书法作品赏评会；7月3日，组织举办陈毅达长篇小说《海边春秋》作品创作分享会，同日，省作家协会、福建文学杂志社“文学俱乐部”在晋江挂牌。组织文艺协会广泛开展文艺创作采风。6—8月，市作家协会组织“乡愁晋江”乡镇采风行，市摄影家协会组织“寻镜晋江”摄影采风走访全市旅游景点，蓝鲸诗社组织“美丽晋江”系列采风走进东石、金井、紫帽等镇。引进优质文艺资源，提升家门口的艺术体验。11月25日至12月1日，邀请文化和旅游部下属中国书法院到晋江举办“深入生活 扎根人民”庆祝中华人民共和国成立70周年中国书法院书法作品展。

（市文旅局 吴丽佳 李和范 市文联 连小妹 吴清淡）

【文艺普及】 2019年，市文联组织举办第十三届南音演唱节和第二十九届侨乡谜会等，提升成届期品牌文艺活动的影响力。在《晋江经济报》开设“文艺大观”和“五里桥”文艺专版，办好文联通讯和“晋江文艺”微信公众号，为全市文艺工作者及优秀文艺作品提供交流展示平台。加强与本地及上级媒体的联系，提升晋江文艺影响力。12月，中广网报道“潮起晋江——张及时油画艺术展”开幕；中国网报道晋江摄影家吴华明用镜头记录108名“新晋江人”。

【文艺援助】 2019年，市文联围绕晋江题材及海丝文化、乡愁文化、世中运等主题，共援助文艺项目32个，援助资金近96万元。以献礼改革开放40周年和中华人民共和国成立70周年为契机，邀请著名作家任林举创作出版长篇报告文学《晋江，奔流向海》。5月8日，《晋江，奔流向海》研讨会在中国作家协会举行，中国社科院文学研究所《文学评论》原副主编曾镇南、《人民文学》杂志社主编施战军、中国报告文学学会常务副会长李炳银、中国当代文学研究会会长白烨等知名作家、文学评论家和媒体人出席研讨会并给予高度评价。《晋江，奔流向海》入选2019年度“闽版好书”及2019年10月中国好书榜。

【文艺成果】 2019年，市文联组织文

2019年5月8日，《晋江，奔流向海》研讨会在中国作家协会举行　（市文联　供）

艺工作者参加各级展览、比赛和会演，共有50多人次在省级以上文艺赛事中入展、获奖。其中，晋江市包揽泉州市中小学生南音比赛一等奖前四名，晋江焕之声合唱团获青岛国际合唱节银奖，施育煌获首届吴昌硕国际艺术奖诗文组二等奖，蔡晓芳获第二届全国乡土诗歌大奖赛三等奖，蔡笃取、施美来美术作品入选第十三届全国美展，蔡乾坤、颜培蕾书法作品入选第十二届全国书法篆刻展，许言文学作品入选《中国作家》庆祝中华人民共和国成立70周年暨"英雄儿女"杯电影剧本征文。新增中国书法家协会会员3人、中国摄影家协会会员3人。

（市文联　连小妹　吴清淡）

非遗保护

【概况】 2019年，晋江市共有泉州市级及以上传承人57人（其中包括国家级代表性传承人9人，省级代表性传承14人，泉州市级34人）。从2014年开始，晋江市建立各级非遗传承人工作补贴制度，每年对国家级、省级、泉州市级非遗传承人每人每年分别给予10000元、5000元、3000元的工作补贴，专项用于传承人开展资料整理、展演展示、学术交流、带徒授艺等传承活动。

【文化和自然遗产日系列活动】 2019年，晋江市举办文化和自然遗产日系列活动，提升群众非遗保护意识。展示小吃类、传统技艺类等18个非遗项目，举办"偶韵薪传"2019年布袋木偶戏展演节暨非遗记忆活动、徐建水民间民俗手绘作品展等10多场配套活动。宣传普及文化遗产保护知识，展示文化遗产保护取得的新成果，增强全社会遗产保护意识。推动非物质文化遗产的"活态"传承，完善传承人保护和传承机制。

【非遗项目申报】 2019年，晋江市人民政府办公室公布第六批晋江市非物质文化遗产代表性项目名录共计13项。推荐晋江端午习俗（安海水上"掠鸭"）、永和山前火把节等非遗项目申报第六批泉州市级非物质文化遗产代表性项目名录。推荐晋江市木雕（潘山庙宇木雕）项目申报第五批国家级非物质文化遗产代表性项目。

（市文旅局　吴丽佳　李和范）

【高甲柯派表演艺术传承】 2019年，晋江市高甲柯派表演艺术中心参与非物质文化遗产地方剧种公益性下基层演出活动，全年业务演出133场，公益演出71场。开展与青阳象山小学共建活动，发挥青阳象山小学——"晋江市高甲戏柯派表演艺术传习基地"的作用；开展戏曲进校园演出活动，在校园内传承弘扬高甲文化，共同为保护高甲戏柯派表演艺术做贡献。《守约无陋俗，风清气自来》、闽南搭嘴古《做人心得正》参加晋江市2019年新时代文明实践——文化、科技、卫生集中性"三下乡"活动演出；《金童戏灯》赴福建大剧院参加"壮阔八闽潮　奋进新时代"——2019福建春节文艺晚会录制；庄伟国参演的戏曲小品《金猪拜年》参加由中央办公厅主办的2019年中共中央、国务院新春团拜会文艺演出；庄伟国参演的戏曲《金猪送福》在2019年元宵晚会上亮相；"忆传统　弘闽粹"2019届高甲戏表演班毕业汇报演出；庄伟国、卢文雄携带高

2019年9月28日，晋江市高甲柯派表演艺术中心举办以"晋苑绽芳华"为主题的大型戏曲晚会　（市高甲柯派表演艺术中心　供）

2019年8月2日晚，2019世界闽南文化节开幕式文艺晚会举行，晋江市高甲柯派表演艺术中心庄伟国、卢文雄携带高甲折子戏《骑驴探亲》参加演出　（市高甲柯派表演艺术中心　供）

甲折子戏《骑驴探亲》参加2019世界闽南文化节开幕式文艺晚会演出；高甲折子戏《骑驴探亲》参加2019中国滨州•博兴非遗(稀有)剧种小戏展演。为庆祝中华人民共和国成立70周年，中心举办以“晋苑绽芳华”为主题的大型戏曲晚会，邀请众多阔别舞台多年的著名高甲戏表演老艺术家重返舞台，与中心的中青少演员五代同台献艺。《骑驴探亲》受邀参加在上海隆重举行的第二届中国国际进口博览会，公子丑用闽南话主持，以“高甲丑”的样式去串联整个演出，既原汁原味地展现闽南文化，也增加节目的趣味性。福建省戏剧水仙花获奖者庄伟国、卢文雄、蔡秀意、姚飞受邀携带《新骑驴探亲》节目，参加“梨园百花迎新春”福建省戏剧水仙花奖获奖演员向人民汇报演出暨第十四届福建省戏剧水仙花奖颁奖仪式。

（市高甲柯派表演艺术中心　蔡础桥　庄伟国）

【掌中木偶艺术传承】 2019年，晋江市掌中木偶艺术保护传承中心举办南派布袋木偶戏保护传承与发展座谈会，邀请文化艺术各级主管领导、国内知名专家学者为南派布袋木偶戏保护传承和未来发展献计献策，该活动得到国家非遗中心、中国戏剧家协会等上级部门的支持，并在《中国文化报》《中国戏剧》《中国木偶皮影》等专业刊物、主流媒体进行成果展示。落实中国非物质文化遗产保护中心到晋江开展福建木偶戏后继人才培养计划调研、资料收集、实地拍摄等一系列采集相关工作。中心形成3名国家级非遗传承人、1名省级非遗传承人、4名泉州市级非遗传承人的传承梯队。

（市掌中木偶艺术保护传承中心　蔡婉玲　尤天相）

2019年6月26日，晋江市掌中木偶艺术保护传承中心举办南派布袋木偶戏保护传承与发展座谈会　（市掌中木偶艺术保护中心　供）

文化产业

【概况】 2019年，晋江市通过政策扶持、典型培育、打造平台、交流合作等多形式、多渠道助推文化产业发展，进一步打造配套完善、要素齐全的文化产业生态圈。全市文化产业增加值为113.81亿元(错年值)，位居泉州市第一位。重新修订出台文化产业政策及配套操作程序，着眼于激发文化产业活力，梳理近年来文化产业政策兑现情况，主要是删除兑现率低条款，调整并完善部分政策条款，个别调整政策门槛，减少政策弹性空间，加大对民营文创平台的扶持力度，并大幅增加影视政策条款，扶持文化创意、工业美术、广播影视、出版印刷等优势文化产业；用活文化产业政策资金，全年完成2批次本级文化产业政策申报，兑现文化产业政策资金约368万元，惠及文化产业项目69个。重点培育一批文化产业重点园区和新兴企业，五店市传统街区获评泉州文化产业重点园区，福建纸匠文化科技股份有限公司、泉州市荣兴丝绸材料研究院有限公司获评2019年福建省“最具成长性文化企业”，福建纸匠文化科技股份有限公司获评2017—2018年泉州市“文化产业发展十佳企业”，福建省咕咕文化传播有限公司获得2019年泉州市级文化产业发展专项资金。泉州市力度文化传播有限公司、晋江市知行合壹文化创意设计有限公司、泉州时空文化传媒有限公司、泉州七六零文化传播有限公司、晋江五店市传统街区运营有限公司等5家企业获评晋江市文化产业新

2019年10月25—31日，晋江市举办“文创助力世中运”文化产业周（市委宣传部 供）

星企业。

【文化产业周】 2019年10月25—31日，晋江市举办“文创助力世中运”文化产业周。本届文化产业周作为世中运倒计时一周年配套活动之一，共分为5大板块和16项系列活动，以洪山文创园、五店市传统街区、文化中心、书香花园等文创平台为载体，通过城市定向赛等活动向镇街拓展延伸，通过政策带动社会机构踊跃参与，通过打造形象标识及衍生品加强文化产业周的品牌意识和品牌价值，共同办好“晋江家门口的文博会”。坚持政府主导。发挥政府行政资源优势和统筹协调、服务功能，成立活动组委会，牵头做好主题设定、项目征集、方案整合、宣传推介和安全保障，并结合专项扶持政策，给予纳入文化产业周的项目经费补贴。突出市场主体。坚持以文创企业、园区和协会为主体策划生成活动项目，16项活动全部以市场为导向，各项活动承办单位通过冠名、广告及赞助等市场化运作方式解决经费问题，如世界城市定向挑战赛晋江站项目仅合作商家就达30多家。兼顾两个效益。坚持经济效益和社会效益相统一，在展示晋江本土文化元素的同时，引进国内高规格、高水平活动，推动本地特色和外来文化融合，为各项活动承办单位带来客流商机，带动本地广告策划、文化演出、旅游、餐饮等相关行业发展，促成一批文创机构落户晋江，达到以节会商、以节招商目的。活动期间累计线下超过15万人次参与，线上超过50万人次参与，新闻宣传阅读量超300万人次。

（市委宣传部 肖海阳 吴清淡）

【文化产业扶持发展】 2019年，市文化和旅游局推动文化产业高质量发展，扶持企业做强做大。加强文化企业、园区和项目的业务指导，推荐参评各级称号和专项资金。开展2018年晋江市第二批文化产业政策资金申报工作，9家企业兑现66.5万元。组织企业参与2019年晋江市第一批文化产业政策资金和2019年泉州市文化产业发展专项资金申报工作，了解企业需求，帮助企业更好地运用政策，及时解决政策落实中的问题。贯彻落实《晋江市互联网上网服务营业场所设立和执法监管暂行规定》，新设互联网上网服务营业场所2家，推动上网服务行业转型升级。

【文化产业交流活动】 2019年，晋江市组织文化企业和文化人才“走出去”。搭建文化产业人才交流平台，鼓励支持晋江市文化产业人才参加泉州市文化产业和旅游产业人才培训班。组织企业参加大型文化展会，提高参展文化园区、企业的知名度。11月，组织文化旅游企业以园区、协会等形式抱团亮相第十二届海峡两岸（厦门）文博会，涵盖工艺美术、文化旅游、文化创意、包装印刷、摄影文创等多个文化业态，共47个展位，展示晋江文化产业和文旅融合最新成果，吸引海峡两岸众多客商洽谈合作。并推荐参加“全福游、有全福”文化旅游投融资合作暨重大项目推介专场上台签约项目1项，确定对台签约项目1项，投融资项目3项。

（市文旅局 王燕瑜 李和范）

文化服务管理

【行政审批服务】 2019年，市文化和旅游局采取压缩办事承诺时限，简化办事流程、精简申报材料等多种措施，履行一次性告知义务，制订“最多跑一趟”清单及便民服务事项清单。入驻事项21项，均制订相应配套的办事须知。落实“互联网+政务服务”，加强福建省网上办事大厅应用，并通过网络对社会公开办事流程和申报材料，方便群众办事。推动企业信息共享。加快推进电子证照库运用，根据需要通过“泉州市电子证照共享服务系统”调用企业的“营业执照”“公众聚集场所投入使用、营业前消防安全检查合格证”等电子证照作为审批依据，大幅度减少纸质材料，并将审批结果新增电子证照入库。落实“双公示”制度，办件后及时将企业信息通过国家企业信用信息公示系统和泉州市联合惩戒（失信被执行人）系统进行公示，充分发挥公示系统作用，提升事中事后监管水平，维护市场良好秩序。加强市场准入管理,对日常监管中存在不良记录和失信的经营主体,严格审查其投资的文化旅游经营单位的设立审批并落实退出机制。

(市文旅局　王燕瑜　李和范)

【文艺培训】 2019年,市文联围绕导向引领、服务拓展和业务提升,组织举办各类文艺培训活动30余场。4月9日,组织召开全市文艺界学习贯彻习近平新时代中国特色社会主义文艺思想暨增强“四力”(脚力、眼力、脑力、笔力)教育实践活动培训班,邀请上级文联领导和文艺界专家做专题讲座,筑牢文艺工作的正确导向。延伸公益服务的触角,会同教育、文化等市直相关部门举办培训活动。6月,举办“结对子、种文化”——泉州市少儿舞蹈美育工程志愿者师资培训班和全市中小学教师剪纸教学能力与专业技能提升培训班。推进文艺协会建立和完善学习培训制度,营造内部浓厚的学习氛围。市摄影家协会坚持每周四晚上举办专题讲座并交流分享学习心得,市南音协会在每月5日组织集中排练和演出。

【文化市场监管】 2019年,晋江市以无证无照“黑网吧”、娱乐场所等整治专项行动为抓手,查处违法违规案件,拓宽案件办理类型。加强对营业性演出市场的监管,规范市场秩序;加强艺术品市场监管,摸清家底建立名录库;加强网络文化市场监管,多手段找寻案源;加大网络安全和信息内容执法协调力度;规范艺术考级市场,重点抓好寒暑假期间巡查。做好校园周边文化市场巡查,督促落实上网消费者身份实名制,保护青少年成长环境。开展“双随机”抽查,确保执法更加公开透明。及时受理各类信访举报和旅游投诉,完善举报处理机制,确保群众所关注的文化领域重难点问题事事有落实,件件有回音。全年检查演出团体10家次,网吧149家次、娱乐场所105家次,对网络文化公司和艺术品市场的摸底调查20家。其中,立案查处2家违规企业、1家违规艺术考级机构。开展“双随机”抽查36次,抽取执法人员72人次。及时处理举报,受理各类信访举报件66件(包括上级交办、市长专线、便民平台),查处率和回复率100%。

(市文旅局　王燕瑜　任　雪　李和范)

2019年10月25日,在五店市举办的文化产业周期间推出“匠人匠心”晋江市工艺美术作品展　(市工业联社　供)

工艺美术

【概况】 2019年,市工业联社以晋江工艺美术馆为平台,扩大工艺美术宣传推介。推出《慢生活四艺　文人会客厅——大夫第》工艺美术馆宣传片,在晋江电视台重点时段滚动播出。开展“廉政·明德”工艺美术作品展、清平乐·大夫第宋影人文展等主题展览,吸引晋江籍工艺美术匠人、工美企业入驻展馆。在文化产业周期间推出“匠人匠心”晋江市工艺美术作品展,以“匠人匠心”为主题,以晋江籍的工艺美术大师、匠人的70件代表性作品,向中华人民共和国成立70年献礼。

【工艺美术办展扶持】 2019年,市工业联社以展览交流为契机,加强办展扶持,组织工艺美术企业、艺人参加国内各工艺美术知名展会及赛事。首次组团参展第五十四届全国工艺品交易会,选送优秀作品参评2019“金凤凰”创新产品设计大赛,获金、银、铜奖各1件,优秀奖3件。在第十四届中国(莆田)海峡工艺博览会上设立晋江工艺美术馆,以闽南庙宇木雕为造型,彰显闽南建筑文化特色,集中展示晋江优秀工艺美术作品30多件,参评作品获第十四届中国(莆田)海峡工艺品博览会优秀作品评比金奖1件,第十届福建省工艺美术精品“争艳杯”大赛银奖2件、铜奖及优秀奖各1件。组团参展2019中国工艺美术博览会、第十一届中国(大连)轻工商品博览会、第十二届厦门文博会等省内外知名展会及赛事,加强展评交流,扩大对外宣传,提高晋江市工艺美术知名度和影响力。

(市工业联社　卢　韬　黄少欣)

五店市传统街区

【街区发展】 2019年6月28日,晋江市五店市被泉州市旅游产业发展领导小组办公室评定为“泉州市特色文化旅游示范基地”。10月18日,被世界休闲发展高峰论坛组委会授予“中国文旅融合创新奖”。11月29日,晋江市万达五店市商圈被福建省商务厅、财政厅核定为“2019年度省级示范商圈”。12月9日,晋江五店市传统街区被中国侨联评定为第七批“中国华侨国际文化交流基地”。12月17日,晋江市五店市传统文化旅游区被省旅游质量评定委员会评定为“福建省三钻级智慧景区”。2019年,五店市共接待游客约600万人次。共有46团处级以上领导到五店市考察指导,其中包括曾任第十八届中央政治局委员、中央政法委书记孟建柱,文化部、自然资源部、中组部、商务部,福建省委、省政府、省政协、省旅发委、省国安厅等各级领导。

【专题调研】 2019年,五店市传统街区共接待23团各类专题调研团,包括乡村建筑遗产保护状况调研团、2019年海峡旅博会境内外知名旅行商考察团、“新中国成立70周年伟大成就”专题考察团、2020年世界中学生运动会形象大使选拔赛全国总决赛考察团、“侨与晋江经验”调研成果交流座谈会考察团等。

【街区活动】 2019年,五店市主办、承办、协办各类活动128场。主要有:家风传承“我为五店市写春‘廉’”活动,10名书法家(省级及以上书法家协会会

2019年2月4—20日，两岸民俗文化节暨“满园春灯心念乡”花灯会在五店市举行

（五店市传统街区管委会 供）

员）为五店市书写廉洁文化、家风主题的春联；2月4日至2月20日期间，举办2019年两岸民俗文化节暨“满园春灯心念乡”花灯会；5月19日，晋江市2019年文化旅游节在五店市举行开幕仪式；6月8日，举办晋江市2019年文化旅游节闭幕式暨“文化和自然遗产日”活动等。

【街区影视拍摄】 2019年，央视大型纪录片《记住乡愁》在五店市拍摄。电视剧《爱拼会赢》《了不起的生活》《办税厅的故事》，电影《石狮爱情故事》在五店市内取景拍摄。

【交流考察】 2019年，五店市接待港澳台及海外嘉宾33个团。来自中国香港、澳门、台湾地区，以及美国、法国、伊朗、德国、菲律宾等国嘉宾到五店市交流考察。接待其他省市交流考察团61个团。来自浙江、山东、广东、江苏、山西、辽宁、甘肃、安徽、宁夏等全国各地政府官员、专家学者到五店市交流考察。

（五店市传统街区管委会 曾小兰 林铅海）

图 书

·图书馆工作·

【概况】 2019年，市图书馆全年接待读者1422333人次，文献外借总量为2675222册，日均接待读者4000余人次，文献日均流通量达8546册，新增办证读者16352人，总有效持证数为116950张。承办晋江市第九届“悦”读节，举办“4·23世界读书日”阅读跑、名家讲座、大型展览等主题系列活动417场次，参与读者达17.5万人次。继续探索总分馆服务模式。至12月31日，全市建成16家分馆、20家图书流通点、11家24小时城市书房、35座24小时街区自助图书馆。全市82个服务网点（少儿馆除外）文献外借量709723册次，物流配送246612册次。网站访问量270592次，数字资源平台访问量1105856次，官微新增读者粉丝近17922人，接收52个单位共2868份政府信息文件，加工后供市民查阅；2019年，获中国图书馆学会颁发的“中华传统文化经典·领读图书馆”“2019年阅读推广星级单位”、全国首届“图书馆杯全民英语口语风采展示活动组织之星”称号。

【馆藏资源建设】 2019年，市图书馆新增藏书109827万册，其中普通文献102078册，地方文献212册，台湾文献3172册，外文文献4366册。全年接收单位及个人赠书5914册。组织16人次参与图书现采共5次，分别是2019年北京图书订货会、第五届海峡读者节暨2019年春季馆藏图书订货会、2019年湖北三新春节订货会、第二十九届全国图书交易博览会以及第十五届海峡两岸图书交易博览会。多方面、多角度了解图书的出版动态，文献采选满足读者的阅读需求。

数字资源馆藏量达到39TB（百万兆），电子图书达到80.6万册。在推广服务上，针对近年来数字资源从“单一”到“多样”，从“专”到“广”再到“全”的发展趋势，开展一系列形式多样的数字资源推广活动。以微信公众号推送资源平台使用宣传，开展21天移动阅读打卡活动、百馆联动英语测评线上活动、“网络书香过大年”贺新春活动和2019年“4·23”世界读书日图书馆公开课直播活动等。通过展览、张贴海报、布置展板、发放传单手册的形式向读者宣传推广数字资源。推广重点文化工程，搭建数字共享通道，共享国家图书馆、福建省图书馆优秀的数字建设成果，推广文化共享工程和数字图书馆推广工程。

【总分馆建设】 2019年，市图书馆总分馆继续探索市少年儿童图书馆，青阳街道、安海以及内坑镇等4家分馆试点建设模式，在原有的基础上加强对分馆的管理力度，采用“技术+管理”“整合+服务”的集群化管理模式，完善构建现代公共文化服务体系制度。新建的10家24小时城市书房按照“统一建设、统一标识、统一服务、统一监管”的建设标准全面对外开放。依托现代智能“刷脸”技术进入，实现24小时无人值守、自助办证、自助阅览、通借通还等服务。总分馆体系新增人才港湾计划图书流通点。至12月，建成16家分馆、35座街区自助图书馆、11家城市书房以及20个图书流通点，合计82个公共文化服务网点。继续做好分馆、流通点工作人员岗前业务培训、每月业务数据统计及业务辅导等工作，实现工作流程规范化，提高工作效率。推行预借服务，利用遍布全市的街区自助图书馆设备为广大读者投递图书，实现家门口借阅。为发挥各分馆、流通点阅读推广服务职能，开展各种阅读推广活动，打造有影响力的品牌活动。如青阳街道分馆的“亲子共读坊”、内坑分馆的“烽火学堂”、佰翔世纪酒店的“亲子俱乐部”、华泰实验小学分馆的“阅读·悦读”读书活动。全年总分馆服务点新增办证量6589张，接待读者822573人次（不含少儿分馆、流通点），累计文献外借（含续借）709723册次（不含少儿分馆），完成预借配送3566册，读者活动开展38场，参与人数近7000人。

【基础业务培训】 2019年9月17—20日，晋江市创建国家公共文化服务体系示范区基础业务培训班在晋江市图书馆举办。市图书馆、文化馆和博物馆工作人员，各镇（街道）文体服务中心（社会事务办）负责人及业务骨干，市图书馆分馆及流通点工作人员135人参加培训。培训班采取专家授课方式进行。邀请中山大学、宁波大学、厦门市图书馆和宁德师范学院的教授及研究馆员分别作题为《面向示范区建设的公共图书馆年报编制与内部资料留存》《国际视野下公共图书馆服务创新——纽约三大公共图书馆体系的启示》《数字总分馆及文旅融合服务创新》的专题培训。

【志愿服务】 2019年，市图书馆立足实际，主动作为，打造志愿服务品牌，志愿服务的影响力、感召力不断提升，吸引越来越多的市民参与图书馆志愿服务工作。志愿者们参与图书物理加工、分拣上架、活动引导、文明督导等多项工作，成为图书馆服务读者的有益补充力量。全年1199名志愿者参与晋江市图书馆的志愿服务行动，服务总时长12625小时。其中，有205名小学生志愿者参与少儿分馆的志愿服务，总服务时长3678小时；有509名中学生志愿者参与图书馆暑假的“志愿我先行”活动，总服务时长5549小时。

（市图书馆　郑小娇　郑君平）

·晋江市第九届“悦”读节·

【概况】 2019年，市图书馆继续承办晋江市第九届“悦”读节，重点开展“绿港家园·书香流动”乡村校园共享计划、《中华传统文化百部经典》推介晋江行、“4·23”世界读书日共读活动、“庆祝建国七十周年”系列活动、“我爱学语言·助力世中运”公益语言培训班等。全年开展各类阅读活动417场（其中展览12场次，各类讲座23场次，培训班96场次），参与读者17.5万人次，中图学会、中国文明网、福建文明网、《泉州晚报》《东南早报》《晋江经济报》等媒体给予转载报道35次。

【主题讲座】 2019年，多名国内知名专家、学者受邀到馆开展贴近民意、满足读者多方需求的主题讲座。讲座主题内容丰富，涉及家庭教育、文学阅读、传统文化、海外文化等，全年共开展23场次，受众读者4000人次。主要讲座如下：

3月23日，新加坡南洋理工大学福建省校友会秘书长、晋江国际人才交流协会常务副会长陈文明受邀到晋江市图书馆开展异域工作坊——“我的留学经历”分享会，让100多名学校师生、公安干警、市民读者对新加坡的社会与教育有更清晰的了解。

4月15日，儿童文学作家格日勒其木格·黑鹤受邀到晋江市两所乡镇小学开展“倾听来自大草原的故事”主题读书会，让400多名小读者感受到阅读与写作的乐趣。

4月20日，福建省海纳百川高端人才、省哲学社科领军人才胥文玲教授到馆为160多名市民读者带来“大道至简：老子的教育思想及其当代启示”主题讲座，让读者从传统典籍中获得人生启示。

7月4日，知名儿童文学作家杨红樱带来“最美的遇见”主题讲座，300多名晋江读者与杨红樱相遇在最美的阅读中，收获阅读带来的快乐。

暑期期间，邀请3名晋江市名校的优秀骨干教师、学科带头人到馆，为600多名初高中学子带来初中英语、高中物理、高中英语等3个场次的学习课程。讲座提供良好的社会公益平台，吸引晋江各高中学校、甚至泉州市区的高中学子，使全市的学生均有机会享受到优秀的教学资源。

【展览】 2019年，市图书馆开展各类展览12场次，包括摄影、书法、年画、剪纸、书籍等内容的展览，受众4.5万人次。代表性展览如下：

1月16日至2月12日，“窥道之径·2019”晋江写生作品展在晋江市图书馆展出。展览展出伍海林等11名晋江青年画作家的60余幅作品，包括国画、水彩、油画等。这些作者绝大多数是晋江市美术家协会会员，大部分来自晋江中小学校的美术教师。他们长期坚持以晋江本土题材进行写生创作，多次利用周末业余时间，深入晋江各地进行采访写生。

4月16—30日，“激活经典　走向大众”《中华传统文化百部经典》首批10部典籍推介图文展在晋江市图书馆展出。展览以图文形式，简要介绍《周易》《尚书》《诗经》《论语》《孟子》《老子》《庄子》《管子》《孙子兵法》《史记》等10部书籍的精髓内容。现场还整理出200本相关馆藏图书，供读者外借。

5月22日至6月20日，中国年画展在晋江市图书馆一楼中庭开展。现场展出50幅具有代表性的传统年画，题材分为门画门神、历史故事、吉祥喜庆、节俗生活、戏文故事、神像纸马六类。

6月26日至7月10日，“纪念林则徐虎门销烟180周年晋江国际禁毒日主题系列创意优秀作品展览”在晋江市图书馆一楼开展。市禁毒委27个成员单位、

2019年10月1—31日，“新中国成立70周年图说历史开国大典图片展”等系列活动在晋江市图书馆举办

（市图书馆　供）

各镇（街道）分管领导、教育系统63名代表，以及相关志愿服务队参与活动；市领导陈长义、李志强出席活动并致辞。活动现场展出321幅禁毒宣传主题获奖作品，涵盖作文、书法、美术绘画、手抄报、微故事等5大类。

10月1—31日，“光辉的历程”中华人民共和国成立70周年主题书展、“新中国成立70周年图说历史开国大典图片展”在晋江市图书馆举办。展览以图文的形式，用35个版面介绍开国大典的历史性画面。此外，现场展出的100本相关馆藏图书供读者借阅。

【公益培训】 2019年，市图书馆的“语乐圈”公益培训班共开设6个培训项目。培训内容以“语言学习”为主题，包括针对成年读者开设的闽南语、韩语、日语等3个培训班，针对少儿读者设置的花样跳绳、古诗诵读等2个培训班，以及促进家庭互动学习的古琴亲子培训班。培训班公益免费，受到市民读者的热烈欢迎，培训效果良好。全年共开展96期，服务读者2200余人。具体如下：

3—6月，开展花样跳绳特色培训班。该班向晋江市在校小学生开设，分为低年级组（1～3年级学生）及高年级组（4～6年级学生），每组吸纳20名学员。活动共设置13个课时，专业教练现场教学双摇、单摇、交叉跳等跳法，在增强少儿读者的体魄的同时，丰富广大少儿读者的课余生活。

4—6月，针对新晋江人开设闽南语培训班。邀请晋江电视台闽南语节目主持人为50名新晋江人授课，课程共10期，培训内容主要为闽南语日常会话。

7—8月，针对少年儿童开展古诗诵读班。邀请中华诗词学会会员骆锦恋带领50名小读者诵读、理解唐诗作品，营造浓厚的传统文化学习氛围。

7—8月，针对少儿及家长开设古琴亲子培训班。邀请晋江市古琴学会秘书长为8组经过筛选而来的亲子家庭讲授古琴知识，并现场进行弹奏指导。

10—12月，开设小语种韩语培训班。邀请母语为韩国语的Helen Hong老师授课，设置10期课程，主要讲授韩语的基本音节、发音，并穿插介绍韩国的礼仪文化、饮食文化等。

10—12月，开设小语种日语培训班。邀请精通日语口译和笔译的老师带领50名学员学习日语五十音图。课程共8期，结合简单的日语语法、词汇和句子分析，融入日常情景对话，循序渐进地引导学员们进行学习。

【低幼儿品牌活动】 2019年，市图书馆的“悦读风尚我引领”巾帼志愿服务、长颈鹿课堂、奇奇妙妙爱手工、少儿3D电影展播等4个低幼儿品牌活动项目定期在晋江市图书馆开展，总参与读者3200余人次。具体如下：

3—12月，邀请晋江各学校的优秀老师每月到馆举办3场主题活动，包括闽南童谣、绘本阅读、英语活动、文明礼仪等新颖多样、互动性强的活动，全年共开展34场次。

每周三、周五举办长颈鹿课堂，采取“绘本阅读+科学小实验”的形式，给读者讲解优秀绘本，指导读者动手自制泡沫灭火器、“颜色分身术”“鸡蛋跳水”等有趣的科学小实验，全年共开展27期。

每周三下午开展“奇奇妙妙爱手工”手工制作活动，由馆员担任主讲人，从馆藏手工类图书中精选制作项目，指导来馆小读者制作新年挂饰、剪纸贴画、笔筒、生日蛋糕等手工制品，全年共开展19期。

每周日上午开展少儿3D电影展播活动，播放《海底总动员》《飞屋环游记》等适宜少儿的经典影片，延伸少儿阅读服务，全年共开展35期。

【青少年品牌活动】 2019年，市图书馆继续开展晋江市少儿“一生阅读计划”这一品牌活动，包括晋江市少儿“一生阅读计划”擂台总决赛，晋江市少儿英语全能王大赛、“年度阅读之星”评选等3个项目。具体如下：

5—6月，开展晋江市第九届少儿英语全能王大赛初复赛。该比赛面向全市幼儿园、小学在校学生开展，旨在为小读者们提供一个展现英语口语水平的舞台，进一步提升口语表达能力。经过激烈角逐，共产生金奖14人、银奖33人、铜奖59人。

7月13日上午，开展第三届晋江市少儿名著新编短剧比赛，让孩子在编演经典著作、传承传统文化中激发想象力和创新能力。现场，63名少儿将改编自经典名著的7个短剧剧目“搬到”舞台，经过角逐，团体一、二、三等奖分别由晋江市实验小学（编演《家国恨——一个心怀天下的阿斗》）、晋江市实验小学（编演《东郭先生和狼》）、晋江市磁灶镇张林中心小学（编演《新编晏子使楚》）摘得。

12月底，开展“年度阅读之星”评选活动，根据专属卡读者2019年全年的借阅量评选出10名获奖者，并奖励一定的购书基金，鼓励其继续畅游书海。

【国际文化交流活动】 2019年，市图书馆在晋江市筹备世中运的背景下，开展“大美晋江”国际英语沙龙、异域工作坊、语言培训班、中英文晋江故事等活动，营造国际化、包容化的城市文化氛围。开展“大美晋江”国际英语沙龙活动14场次，来自英国、美国、日本、澳大利亚、巴基斯坦等国家、地区的读者和晋江市民通过英语口语分享，介绍不同国家的节日风俗、文化差异，推动晋江城市文化深层次的交流。开展“我爱学语言·助力世中运”公益语言培训班，包括闽南语、韩语、日语等语种培训班，开展26期，参与者970余人次。开展异域工作坊活动，邀请社会贤达，通过讲座、沙龙、分享会等多种活动形式，向参与者介绍不同国家的留学规划、生活经验、生活方式、就业方向，以及各国的美食、民俗、旅游文化等主题内容，拓展参与者的国际文化视野。在微信公众平台推送“你身边的文化”中英文晋江故事，用中英文对照的形式，介绍晋江除夕、春节期间的特色民俗。

【大型系列活动】 2019年，晋江市开展“4·23”世界读书日系列活动、“绿港家园·书香流动”乡村校园共享计划、《中华传统文化百部经典》推介晋江行、“辉煌七十年·悦读幸福篇”庆祝中华人民共和国成立70周年主题系列活动等4个大型系列活动。具体如下：

开展“4·23”世界读书日系列活动。4月21日上午，晋江市第九届悦读节之“读吧！晋江”“4·23”世界读书日启动仪式在晋江市图书馆一楼举行。举行《中华传统文化百部经典》首批图书赠书及“绿港家园·书香流动”乡村校园共享计划漂流图书赠书，来自晋江各中小学学校、大型商场、传统文化教育机构的16名单位代表接受赠书。

2019年4月21日，晋江市第九届悦读节之“读吧！晋江”“4·23”世界读书日启动仪式在晋江市图书馆一楼举行　　（市图书馆　供）

此次赠送书籍为《周易》《尚书》《诗经》《论语》《孟子》《老子》《庄子》《管子》《孙子兵法》《史记》等10部典籍。《中华传统文化百部经典》相关公益宣传片也在各受赠对象的场所内进行宣传展播，让更多的市民读者了解到中华优秀典籍文化。4月23日，在晋江市图书馆的号召下，晋江市实验小学、晋江市第二实验小学、晋江市心养小学、晋江市实验中学等9所中小学及晋江阳光时代广场组织开展“4·23”世界读书日共读活动。这10个单位以“宣读世界读书日倡议书、共读一本书、短剧表演、图书漂流”等丰富多样的形式，引导学生、市民共同参与阅读，营造了良好的社会阅读氛围，参与人次达1.5万人次。“4·23”世界读书日期间还开展“相约晋·书房”24小时城市书房、“让书回家”取消滞纳金、“读吧！福建”第三届正谊杯诗文大赛决赛（晋江赛区）等多个系列共读活动，在全社会营造了浓厚的阅读氛围。

4—12月，开展“绿港家园·书香流动”乡村校园共享计划。该计划在晋江11所乡镇中小学内开展，共有3个项目活动，是公共阅读服务主动走进基层的一项活动，广受学校师生欢迎。开展优秀图书漂流活动。由图书馆购置1500册优秀图书，在合作学校内、以各个班级为单位进行图书漂流。这些学校遍布晋江各个乡镇，既有偏远乡镇的中小学，也有外来工子弟学校。图书采购采取“图书馆书目推荐+学校自由选书”的方式，让漂流图书更加契合学校的阅读需求，有效提高图书的使用率。开展各主题系列讲座。全年在磁灶大埔中心小学、池店浯潭小学、磁灶尚志中学等学校内开展传统文化与家庭教育、海外留学、文学阅读等主题讲座，共开展13场次，受众3000多人次。与部分合作学校开展图书馆流通车进校园服务，提供现场办证、借还图书等服务，全年走进安海慎中学校、永和邵厝小学等校园9场次，受众2000多人次。

开展“《中华传统文化百部经典》推介晋江行”活动。该活动与中国图书馆学会、福建省图书馆、晋江学校、大型商场、传统文化教育机构等单位联合举办，利用多种方式、多维度推广经典文化。联合中国图书馆学会、福建省图书馆开展“万卷共知　同城共读”及第三届“正谊杯”诗文大赛，并在9所学校里广泛发动师生参与，参与量达1.5万人次。开展经典书籍阅读推广讲座。邀请福建省海纳百川高端人才、省哲学社科领军人才教授胥文玲开讲《大道至简：老子的教育思想及其当代启示》主题讲座。开展《中华传统文化百部经典》首批图书赠书活动，图书赠书对象为5家合作单位，赠送书籍为《周易》《尚书》《诗经》《论语》《孟子》《老子》《庄子》《管子》《孙子兵法》《史记》等10部典籍。开展《中华传统文化百部经典》经典图书推介活动。在图书馆微信公众平台推送10部经典典籍，总阅读量为2921人次。开展“激活经典　走向大众”《中华传统文化百部经典》首批10部典籍推介图文展，并在部分合作学校内进行巡展。

10月，开展“辉煌七十年·悦读幸福篇”庆祝中华人民共和国成立70周年主题系列活动。活动趣味性强、影响力大，总参与读者共计2.6万人次。举办少儿百米绘画、大型双面沙画、剪纸、趣味体能训练、“创客·动力车”拼装比赛等七项丰富多样阅读活动。举办“光辉的历程”中华人民共和国成立70周年主题书展、“新中国成立70周年图说历史开国大典图片展”展览。推出“拼书大作战”微信活动。由晋江市图书馆提供30本书籍的封面作为挑战关卡，通过趣味拼图的方式，让参与读者在“玩转”阅读的同时记住这些优质图书的书名及封面。这些图书经过择优筛选，为第九届、第十届茅盾文学奖获奖图书，第十三届、第十四届文津图书奖获奖图书及《晋江市非物质文化遗产图录》。

（市图书馆　林瑞凤　郑君平）

·图书经销·

【概况】 2019年，福建新华集团晋江分公司（以下简称新华晋江分公司）提升分公司社会服务效能，推动晋江市全民阅读活动进一步开展。推进教材教辅及一般书的发行，通过校园服饰开创新局面。全年晋江分公司图书销售码洋9897.94万元，其中一般书完成销售码洋1640.68万元，多元化产品完成销售码洋473.76元，教材完成销售码洋4462.46万元，教辅完成销售码洋3321.04万元。

【教材发行】 2019年，新华晋江分公司教材发行工作人员通过与学校的及时沟通，以保证“课前到书、人手一册”为第一使命，备足备好各类中小学生教科书，提高工作效率，优化服务质量，确保征订、发行、结算和售后服务工作优质服务。针对生源不稳定的情况，要求各辖区做好一定的备货，及时跟进各个学校的退货情况，将退货情况统一汇总到分公司教材科，分公司教材科在第一时间内对全市的余量进行调配，对无法满足要求的品种，及时与邻近兄弟店交流调配，完成2019年春、秋两季教材发行工作。

2019年4月15日，作家黑鹤（右一）到晋江永和玉溪小学开展签售活动

（新华集团晋江分公司　供）

采取共享库存、内部协调、调剂发货等办法，解决因外来工流动性大导致教材报废率居高不下的问题，全年教材报废率0.15%左右。第二十六届全国爱国主义读书活动推文阅读量1.4万人次，相关读本发行4.3万册，获评"第二十六届全国青少年爱国主义读书教育活动发行先进奖""第二十六届全国青少年爱国主义读书教育活动组织优秀奖"。

【营销活动】 2019年，新华晋江分公司开展主题营销62场次，参加集团选品活动11次，各卖场举办37场次自主营销，吸引读者到书店参加阅读、亲子互动、手工活动等。共邀请黑鹤、张之路、郁雨君、杨红樱、萧袤5名作家，举办13场次的名家进校园活动。针对晋江未设立网点的乡镇，优先安排作家进校园，并开展流动售书。全年共开展流动售书41场次，覆盖晋江19个乡镇街道，覆盖率100%。

开展"寒假读一本书""暑假读一本书"活动，制作微信推文，通过相关部门联合推广。2019年"寒假读一本好书"活动的微信推文阅读量6.8万人次，"暑假读一本好书"阅读量9.8万人次，推动相关活动的开展，带动相关图书的销售。1月，新华晋江分公司创寒假期间单月销售新高，销售码洋154.15万，晋江书城取得寒假期间单日销售历史新高21.13万元，获评2019年福建省"假期（寒假）读一本好书"优秀销售奖。分公司不仅着重推广门市零售，而且增加开展流动供应的场地和次数。

【新业务营销】 2019年，新华晋江分公司补齐短板，各片区教材教辅发行工作人员将校园服饰、教育装备等作为重点产品，到各学校、教委宣传推广。教学教具有所突破，完成销售码洋46.2万元。分公司结合实际，提前解各个学校2019年初上报的校服采购信息，对采购信息进行研判并列出清单。经过公开招标，8月，集团校服"新华•蓝帝狮"品牌成为养正中学的校服品牌供应商，为做好服务，分公司在学校所在地安海书城设立专柜展示"新华•蓝帝狮"品牌服饰，满足尺码有个性需求的同学购买，在安海书城保持一定量的备货，保证做到立买立取。晋江分公司参与馆配、团购、大中专教材市场竞争，全年参与竞标3起，中标2起，取得供货码洋93.16万元；服务各校图书馆及公共馆馆配312.75万元。

【贯标和星级示范店创建】 2019年，新华晋江分公司参照《2018版新华书店实体店贯标评分标准》，成立"贯标和星级示范店"领导小组，组织对全店各门市进对照排查。通过对标，重新修订卖场规章制度，统一所有的门店的VI设计及服务规范，针对读者的需求，增设休闲座椅，提供热水供应。增设微信客服号，安排专人回复顾客咨询，帮其查找书籍并邮寄到位。对停车很不方便的读者，员工通过代顾客提前预约，将书送到车上，顾客不用下车即可完成购书。加强分公司考核，将贯标标准融入门市员工的日常考核上，分公司每季度评比一次，注重对员工服务质量和对企业贡献度的考核，并将考核结果与季度，年终绩效挂钩。针对农村乡镇网点少的问题，拓展农村小连锁网点，发展英林"心商店"小连锁。通过与农村公益商店开展图书销售合作，探索和改进农村出版物发行，进一步繁荣农村出版物市场。细化后续服务，针对相关单位阅览室图书陈列没有章法的情况，主动派业务能力强的员工为其承担全面的分类整理工作，用延伸的服务绑定客户。

【精品卖场打造】 2019年1月，福建新华发行集团立项晋江书城卖场升级改造，3月，在集团的指导下，引入5家有丰富设计经验的团队参与设计竞标，其中不乏设计过最美书店经验的优秀团队，中标的设计方案具有浓厚闽南乡土味，充满闽南文化情怀，为做强做优图书主业打好阵地基础。7月，启动编制预算。9月，启动编制审核等工作。前期工作基本完成，12月着手进入招投标流程。

（新华集团晋江分公司　庄嘉宏　李壁雄）

文　博

【申遗工作】 2019年，晋江市做好申遗点日常管理、安全保卫、卫生保洁和绿化养护等工作，在重大节庆日前举行申遗点反恐防暴应急演练；委派专业人员参加泉州海丝史迹志愿服务队。5月，联合国教科文组织世界遗产委员会委派国际古迹遗址理事会专家对草庵摩尼光佛造像、磁灶窑系金交椅山窑址进行现场评估，并考察申遗备选点安平桥，市文保中心承担申遗点的讲解任务，专家们对晋江市申遗工作给予好评。6月，安平桥正式纳入新增申遗点。开展历史遗迹调查，为申遗补充相关材料。联合安海、东石、深沪、新塘等镇街开展相关调查，如糖、酒、铁、瓷古代生产基地调研及古代造船遗址调查，海岸长桥（晋江段）历史遗迹调查，安海至泉

2019年5月30日，联合国教科文组织世界遗产委员会委派国际古迹遗址理事会专家对草庵摩尼光佛造像进行现场评估 (市文保中心 供)

州的历史运输沿线的古道、桥梁、水道调查。开展新增申遗点安平桥申遗工作，启动安平桥保护修缮工程前期工作，推进安海古码头水心亭渡头的环境整治、本体保护和展示工作。做好宣传推广，草庵摩尼光佛造像、磁灶窑系金交椅山窑址成为晋江市对外文化交流的重要窗口并列为中小学生研学的重要基地，全年接待国内外各类考察团共79批近3000人，青少年学生86批8000多人。

【文物保护】 2019年，晋江市安海龙山寺保护规划、西资寺石佛造像保护规划经国家文物局批复同意和省文物局核准后，由省政府同意公布实施。推进文物修缮工程。全市共有19处文保单位开展文物保护工程，其中国保单位3处、省保单位6处、市保单位5处，“三普”文物点5处(涉及抢险加固工程3处，保护修缮工程13处，迁移保护工程3处)。9月，市政府公布第六批市级文物保护单位名单及保护范围，共计17处，包括古建筑12处、古墓葬2处、近现代重要史迹及代表性建筑3处，涉及西园、梅岭、安海、内坑、永和、东石、池店、金井8个镇街。开展“解难题、化积案”专项工作，落实“找差距、抓落实、解难题、化积案”专项行动工作方案，开展“各类历史、文化遗存保护难题积案”化解工作，涉及国保单位1处、省保单位2处、市保单位3处。多部门开展联合实地检查，督促文保单位产权人、使用人按整改要求、时间节点抓紧完成整改任务。助力城市建设，晋江市域8号路英林斗林段发现宋代砖砌古井，组织考古并发掘就地保护；完成78宗土地审批文物核对工作。获国家文物局、省级、泉州市级文物保护补助经费合计738万元。

【文物安全】 2019年，晋江市开展文物安全检查。加强日常安全巡查，不定期开展联合督查，重大节日前重点开展省级以上文保单位及建筑类文保单位的全覆盖检查，以检查整改通知书、检查通报、抄告书的形式通知属地镇(街道)做好整改落实；不定期组织安全检查“回头看”活动，以“督”促“改”。提升文物安全防控水平。完成省级以上文保单位文物安全风险评估工作，并对文物风险点进行挂牌警示；启动省级以上建筑类文保单位智慧用电方案编制工作，提升文保单位的火灾防控能力；对国保单位宽带网络和用电线路进行升级改造，确保监控设备提升项目在年底全部完成并正常运行；对建筑类文保单位配备的灭火器进行年度检修、维护，省级以上文保单位增配悬挂式干粉灭火球276台。加强文物保护意识。召开晋江市2019年文物安全工作会议，加强责任意识；召开文物管理员消防安全培训及实战演练2场，将文物安全分发到文保单位上墙宣传，加强安全意识；组织收听收看全国打击文物犯罪专项行动部署电视电话会议，加强法制意识；派员参加泉州市文物消防安全培训和应急演练和《福建省消防安全责任制实施办法》《晋江市文化和旅游行业安全监督管理导则》专题培训会，提高文物安全管理水平。开展扫黑除恶专项行动。开展文物领域涉黑涉恶涉乱线索摸排，结合文物安全日常巡查，深入发动宣传，排查发现文物领域行业乱象线索3条。12月，泉州文物局在2019年度文物保护和安全工作绩效考评工作中，对晋江文物保护和安全工作给予肯定，认为晋江市在创新文物管理员制度，统一配置消防灭火器材，增加文物消防安全投入等具有创新性、代表性的做法值得借鉴。

【文物合理利用】 2019年，晋江市利用红色史迹开展爱国主义教育。依托省保单位俞大猷墓等民族英雄史迹、围头

2019年6月8日，市文保中心举行文物管理员消防安全培训及实战演练 (市文保中心 供)

2019年6月7日，市文保中心在龙泉书院举办端午节民俗体验活动　（市文保中心　供）

“八二三”炮战遗迹，及市保单位晋江革命烈士纪念碑、内坑烈士纪念碑、金井烈士陵园等红色史迹等，在清明节、烈士纪念日开展爱国主义教育、革命历史教育，激发青少年学生的民族自豪感和使命感。利用宗教文物开展文化交流。通过国保单位安海龙山寺、陈埭丁氏宗祠、草庵石刻、市保单位池店印度教石刻等宗教文物开展对台、对外宗教文化交流。印度驻广州总领事馆总领事高士、驻华大使唐勇胜考察市保单位池店印度教石刻，推动泉州与印度金奈建立友好城市关系。创新文物合理利用。依托市保单位桂山晋江县人民政府旧址、桂山庄材赐宅、桂山庄清泉宅开辟书吧、文创集市、文化馆、党员教育培训基地；依托市保单位庄杰线宅开辟咖啡馆，营造传统街区的南洋怀旧氛围。通过资源整合，充分发挥文物的公共服务和社会教育作用，推动文物资源的有效转化。加强文化阵地宣传。全年举办“龙泉书院国学讲堂”10场，吸引国学爱好者1000多人次参加；依托春节、元宵、端午等传统佳节，举办穿汉服、猜灯谜、射五毒等活动，弘扬优秀传统民俗文化。

（市文物保护中心　陈君兰　吴金鹏）

【主题展览】 2019年，晋江市发挥博物馆宣教作用，举办形式多样，内容丰富的临时性主题展览19场。1月，举办由国家文物局指导，20多家文博机构联合推出的“金猪拱福——己亥新春生肖文物图片联展”，让观众透过甄选出的文物、艺术品和珍贵标本图片，感知中华先民对猪的理解和认识，领略古今人们对于五谷丰登、六畜兴旺的美好向往；协办“光影流转一岁除，苏闽铜镜艺术展”和“百姓记忆·晋水传芳——中华姓氏现代雕塑艺术特展”。3月，协办“‘学习新思想　建设新泉州’书法作品展”，从宁夏回族自治区固原博物馆引进“青铜之路——宁夏固原春秋战国时期北方青铜文化特展”。5月，引进“延寿长相思——安康博物馆馆藏秦汉瓦当展”，承办“泉州市首届获全国奖书法家提名展”。6月，引进“雨林版纳　水的民族——傣族民俗展”。7月，协办“‘砥砺奋进　继往开来’庆祝新中国成立70周年开国将军书画展”和“邹鲁两地乡愁作品展”。9月，承办“‘古城展风采　盛世铸辉煌’晋江市庆祝新中国成立70周年摄影展”，协办“清气若兰——黄鸿琼书法作品展”和“笔墨放歌　礼赞祖国——庆祝新中国成立70周年书画作品展”。10月，承办“‘盛世丹青献礼华诞生’福建当代工笔画邀请展”，引进“千峰翠色——绍兴市越中艺术博物馆馆藏越窑青瓷展”。11月，协办“深入生活　扎根人民——庆祝新中国成立70周年中国书法院书法作品展”。12月，承办“展示夕阳美　传播正能量——晋江市老年大学书画摄影展”，协办“潮起晋江——张及时油画艺术展”，与中国闽台缘博物馆、南京市博物总馆（六朝博物馆）、泉州市博物馆联合主办“风雅六朝——南京、泉州文物联展”。

【巡展】 2019年，晋江市开展“进校园、进社区、进企业”主题展览巡展活动，全年开展巡展活动15场。“金猪拱福——己亥生肖文物图片联展”巡展活动共开展5场。其中，进瑶琼小学、老年大学等学校2场，走进万达社区参与东方比邻节1场，走进漳平、龙海博物馆2场，“清廉自律　慎守儒风——林则徐家风展”巡展共举办10场。进万达广场1场，进震龙鞋业有限公司1场，进养正中学、慎中实验学校、尚志中学、军民小学、灵水中心小学、檀声小学、育德小学、老年大学等学校8场。

由晋江市博物馆和八大山人纪念馆联合主办的“贴得人间喜事来——晋江博物馆典藏年画展”走进江西省南昌市八大山人纪念馆展出；由晋江市博物馆和仪征市博物馆联合主办的“贴得人间喜事来——晋江博物馆典藏年画展”走进江苏省仪征市博物馆展出；由晋江市博物馆与安康博物馆联合举办的“贴得人间喜事来——晋江博物馆典藏年画展”走进陕西省安康博物馆展出；由晋江市博物馆与威海市博物馆联合举办的“贴得人间喜气来——晋江博物馆典藏年画展”走进山东省威海市博物馆。

【惠民社教活动】 2019年，晋江市举办35场社教活动。开展东石中心小学亲子阅读会“走进家乡博物馆　传承历史文化”、晋江实验小学追风少年阅读分享会活动、“且听风吟”“书海拾贝”阅读小组第四期亲子阅读交流会、“书香共赏”阅读小组博物馆之旅和童来童往亲子交流阅读会等5场主题阅读活动。依托“5·18”国际博物馆日重要节日，邀请福建省文物鉴定中心主任、研究员王永平开展“中国古代玉器鉴赏”讲座和省文物专家免费为市民鉴宝活动等2场公益活动。做好“我们的节日——三八、端午、中秋、重阳”等主题惠民活动，开展“三八妇女节”烘焙DIY主题活动，举办“指尖艺术——剪画之美”亲子社教活动和“一轮明月，一盏心灯”迎中秋、庆国庆系列亲子活动等3场社教主题活动；举办“‘趣’博物馆，MARK晋江美百人亲子大型活动”和“乐赢乐高晋江博物馆奇妙之旅——搭大型场景海上丝绸之路”亲子活动等2场亲子活动；举办“赏青铜绘青铜”活动、“老年教育体验基地”共建协议签约暨揭牌仪式活动、“乐赢乐高——晋江市博物馆奇妙之旅搭安平桥”活动、“小考古家大博物”活动、2019年“情源晋江·菲律宾之行”青少年文化交流活动成员面试活动、晋江市第二实验小学读书会活动、“探究瓦当之美”学科研学实践公益活动和晋江市博物馆“12·5”国际志愿者日活动等8场社教活动。举办“小小讲解员”培训班活动、“小小讲解员”剪纸活动、“小小讲解员”讲解比赛共3场“小小讲解员”系列活动，开展第二届东方比邻节大型社区主题活动之——“家风家训”讲座、“爱国爱家——学习好习惯”亲子公益讲座、香港高校联合招生讲座、国学讲堂第一期，“国学与现代教育之‘字解少年强’”专题讲座、“爱国爱家——习劳知感恩”讲座、“爱国爱家——通往幸福家庭之路”家长专场公益讲座、“爱国爱家——教子有方 心性成长的秘密”亲子公益讲座、国学讲堂第二期：“我的幸福我做主——青少年快乐 幸福力修炼”公益讲座、“晋江传统节日与移风易俗”讲座、“爱国爱家——如何有效的亲子沟通”公益讲座和“晋江民俗——岁时节庆”等11场主题讲座。

【研学实践活动】 2019年，晋江市在博物馆研学实践基地开展适合大、中、小学生参与的各种体验活动。发扬“读万卷书，行万里路”的教育理念和人文精神，助力素质教育的全面实施。至年底，秉承着“让文物活起来”，市博物馆配合中小学校、晋江中小学生示范性综合实践基地开展136场形式多样的研学实践教育活动，参与人数6800人。

【文物征集】 2019年，市博物馆接收磁灶镇吴天宝捐赠4件瓷板画。接收山东济南乔凯捐赠山东玉皇宫院宋道士刘支离《咒水符石碣》拓片1张。接收晋江籍著名诗人蔡其矫捐赠839本书籍，347件（套）贝壳标本，16件/套63只蝴蝶标本，军旅画家杨克山《波浪》、画家罗尔纯《蔡其矫画像》等油画2幅，手稿17本762篇1530页，手录23本717页，人物拓片8张。接收安海镇政府退休人员黄鲤城捐赠1922年古眠床1套，衣橱1座，桌1座，琴椅2张。接收菲律宾厦门总领事馆向晋江市博物馆捐赠的菲律宾国父扶西·黎刹木雕像。

【馆藏文物保护和修复】 2019年，晋江市向上海馥鼎科技公司采购层板式、抽屉式恒温储藏柜各一台，用于部分馆藏有机文物及鉴赏室部分书画的存放；向莆田龙跃古典文化有限公司采购392件（套）无酸囊匣用于三级以上馆藏文物的存放；向北京美大科技公司采购一批PR脱氧保护封袋，以科技手段更专业做好馆藏文物的保护；请晋江市农业局协助邀请专家对蔡其矫捐赠的蝴蝶及贝类标本等进行清洗及养护。完成《民国陆品珪设色人物图》《紫气东来》《老子出关图》《清丹诏设色特丹飞鸟图》等文物的修复工作。委托福建省博物院编制《晋江市博物馆预防性保护方案》，并邀请省专家到馆实地勘看库房、展厅的环境，提出综合意见，拟申请专项经费进行项目建设。

【博物馆安全管理】 2019年，市博物馆按规定做好泉州市智慧安监信息管理平台、消防重点单位社会单位消防安全户籍化管理系统、安全生产检查和隐患整改、反恐、扫黑除恶、平安单位、文明单位、信息安全等工作的检查和申报。年度对电梯（特种设备）、空调、房屋、门窗等设施进行维护修理；采购部分安全设备并合理分配及维护办公电脑（及耗材）。节能减耗，确保安全。安防和消防整改列为2017—2019场馆提升主要内容，2018年度完成消防设备整改，2019对安防设备进行更新，完成设备采购和安装。2019年度未发生安全事故。

（市博物馆　庄钰颖　林铅海）

旅游资源和景点建设

【概况】 2019年，晋江市有国家AAAA级景区2个，AAA级旅游景区3个，中国乡村旅游模范村1个，中国乡村旅游金牌农家乐4家，国家工业旅游创新单位1个，中国乡村旅游创客示范基地1个，省级特色旅游景观名镇2个，省级特色旅游名村1个，福建省乡村旅游特色村8个，福建省旅游度假区1个，福建省“金牌旅游村”1个，泉州市特色文化旅游示范基地1个，泉州市旅游村1个，乡村旅游经营单位2个，农业旅游示范点7家。众多知名企业纷纷加入省市级观光工厂及工业旅游示范点的创建行列，有省级观光工厂5家，市级观光工厂5家，各级工业旅游示范点20家，五店市传统文化旅游区获评福建省首批三钻级智慧旅游景区，福建七匹狼实业股份有限公司获评首批“国家工业旅游创新单位”，晋江金井塘东滨海观光旅游休闲村、坫头森林人家被评为“全国休闲农业与乡村旅游三星级示范企业（园区）”。全市获评泉州特色伴手礼21种，晋江伴手礼42种。

【景点建设】 2019年，晋江市创建完成福建省旅游度假区1家、福建省乡村旅游村1家、福建省“金牌旅游村”1家、泉州市特色文化旅游示范基地1家、泉州市旅游村1家。其中紫帽山景区通过省级旅游度假区评定、东石镇潘山村通过省级乡村旅游村评定、围头村通过省级“金牌旅游村”认定、五店市传统文化旅游区通过泉州市特色文化旅游示范基地评定、围头村通过泉州市旅游村评定。

【配套设施】 2019年，晋江市新改建旅游厕所5座，分布在A级旅游景区、乡村旅游特色村等旅游景区（点），以满足游客出游需求。开展晋江伴手礼复核和第四批晋江伴手礼评选，30家伴手礼通过复核、14种商品新获评。开通首条旅游公交专线，途经五店市、文化中心、晋江市展馆、草庵、灵源山及安平桥等旅游景区（点）。

旅游宣传推介和主题活动

【旅游宣传推介】 2019年，晋江市在成都举行“海丝古邑 体育新城”为主题的城市形象宣传推介，全方位展现晋江城市魅力。组织旅游企业参加第二届中国（晋江）国际家装建材博览会、第十五届海峡旅游博览会暨2019第五届中国（厦门）国际休闲旅游博览会、晋江（海外）文化旅游推介、晋江（澳门）文化旅游暨招商推介会。编印出版《寻镜晋江》《大美晋江 吃喝玩乐购 畅游晋江攻略》，举办“‘侨’见晋江 礼赞祖国——庆祝中华人民共

2019年3月13日，晋江在成都举行“海丝古邑　体育新城”为主题的城市形象宣传推介活动

（市委宣传部　供）

和国成立70周年”摄影巡回展。

【旅游主题活动】 2019年，晋江市结合元宵、端午、中秋等传统节日，以及“5•19”中国旅游日、中国文化与自然遗产日等节庆，在旅游景区举办独具特色的民俗文化活动。晋江市（安海）第三届元宵文化活动在安海举办，活动以“古镇春风闹元宵”为主题。晋江市举办2019年文化旅游节，活动以“文旅融合品质晋江”为主题，包含晋江旅游推介会、五店市庭院音乐节、“寻镜晋江”新闻采风、“悦•游”晋江、晋江伴手礼品鉴展销、寻镜晋江“诗和远方”摄影文学书法融合展等活动，全面展示晋江文旅融合新姿态。晋江市（安海）第八届两岸端午民俗旅游文化节在安海举办，活动以“两岸两安平”为主题，有水上捉鸭、嗦啰嗹等民俗活动和摄影展、紫砂壶艺术展、文创集市等配套活动。晋江市第六届闽台（金井•围头）乡村旅游文化节在围头村举行，活动以“闽台一家　文旅融合”为主题，有沙滩音乐会、抖音挑战赛、闽台美食周等活动。晋江市（安海）第四届中秋文化节在安海镇举行，活动以“潮涌四海，月圆安平”为主题，有“红红火火”烧塔仔、“百里挑一”博状元饼等活动。穿越晋江•2019世界城市定向挑战赛在晋江文化中心举行，活动以“出彩世中运　多彩新晋江”为主题，设置了斗阵晋江成人线、助力世中运成人线、爱拼敢赢活力成人线、爱拼敢赢活力勇士线、晋江六艺亲子线、晋江市青年联合会六艺亲子线共四大主题六条线路，体现“文体互促、融合创新”理念。

（市文旅局　留美婉　李和范）

2019年，晋江市（安海）第八届两岸端午民俗旅游文化节在安海镇举办　（安海镇　供）

旅游管理

【概况】 2019年，晋江市旅游接待人数1127.91万人次，同比增长20.4%；旅游收入264.8亿元，同比增长18.5%。指导全市九家旅游星级饭店开展满三年复评迎检工作。严格执行星级酒店准入退出机制，晋江市振英酒店被泉州市星级评定委员会取消三星级旅游饭店资格。部署开展星级酒店双语标识规范工作，要求各星级酒店对照《公共服务领域英文译写规范》进行双语标识改造。晋江九洲旅行社和航空假日国际旅行社获评“2019年泉州市十佳诚信旅行社名单”，晋江导游丁倩旭、林志敏获评“2019年泉州市十佳导游名单”。举办晋江市首届十佳导游选拔赛和第十七届旅游系统岗位技能竞赛，以赛代训，切实提高导游和酒店员工服务技能和服务水平。协调公安、卫健、市场监管、消防大队等晋江市民宿管理工作领导小组相关成员单位受理日常民宿申请工作，组织民宿从业人员开展专题培训，“519”首批4家民宿得到授牌，并正式运营。

【行业培训】 2019年，市文化和旅游局组织全市星级酒店和部分非星级酒店参加旅游饭店智能化趋势知识讲授，引导鼓励晋江市旅游饭店走上智能化。组织全市导游参加泉州市2019年导游技能提升培训班、2019年第四期全省千名导游在职提升教育培训班。组织全市旅行社安全管理人员参加在漳州举办的全省旅行社安全知识培训班。

【市场监管】 2019年，市文化和旅游局配合开展“3•15国际消费者维权日”宣传活动，宣传普及旅游法律法规。定期开展旅游市场“不合理低价游”等旅游专项整治，联合有关部门开展旅游市场秩序检查，打造“放心游晋江”旅游环境，出动9次，检查旅游企业28家次。运行旅游投诉机制，通过“12301”全国旅游监管服务平台、福建省“12315”旅游服务监管平台、晋江便民热线“12345”和电话投诉等方式共受理旅游投诉17件，按时办结率100%。启动约谈机制，先后对企业经营不规范、安全生产工作不到位的顺风旅行社有限公司、旅游集散中心有限公司进行约谈，督促其规范经营。

（市文旅局　许暾志　李和范）

新闻广电

·晋江经济报·

【概况】 2019年，晋江经济报社始终坚持党管媒体原则和团结稳定鼓劲、正面宣传为主的方针，牢牢把握正确的政治方向和舆论导向，深入推进媒体融合工作。围绕晋江市委、市政府中心工作，为市委、市政府各项工作推进营造浓厚的舆论氛围。

【中华人民共和国成立70周年报道】 2019年，晋江经济报社推出“壮丽70年　奋斗新时代”“壮丽70年　奋斗新时代　高质量调研行”“礼赞70年晋江镜像”“爱国情　奋斗者”等大型系列报道及活动策划。开设“革命老区村风采”专栏，首次梳理晋江市革命老区70年发展历程。9月30日，推出“壮丽70年　奋斗新时代”72个版的特刊，展示晋江70年的历史性变革和成就，凝聚海内外晋江人的爱国爱乡情怀。

【习近平参加福建团审议报道】 2019年3月10日，中共中央总书记习近平参加十三届全国人大二次会议福建代表团审议并发表重要讲话，报社提前策划，整合报纸、微信等多种平台，全方位、多角度推出一系列高质量、有亮点的新闻报道。特别是在报纸头版头条、官微头条在全国率先推出报道“晋江经验”现在仍然有指导意义，在广大干部群众中反响强烈。又在第一时间组织策划，推出16个企业家如何“实实在在、心无旁骛做实业”的“16个一”故事，宣传晋江干部群众传承发展“晋江经验”，坚守实体经济的创新创造，获得业内业外称赞。

【晋江市中心工作报道】 2019年，晋江经济报社全年开辟“传承发展‘晋江经验’持续当好主力领军”专栏，为晋江市委、市政府各项工作顺利开展营造浓厚的舆论氛围。围绕三大任务冲刺年、城乡环境整治攻坚年、强基促稳、世中运、国际大体联足球世界杯等中心工作全力做好报道，并在关键节点推出特刊、专题、英文版，做好多角度解读。从11月份开始，英文版《新晋江》由原来每月一期改为每周一期，助力在晋江举办的国际大体联足球世界杯、世中运等大型国际赛事，更好地服务晋江走向国际。

【“市民问政团”活动报道】 2019年，晋江经济报社全新打造“市民问政团”，聚焦晋江营商环境、民生项目、重点工程等，通过实地考察、座谈等方式，借助社会力量共同关注和督导，更好地推动晋江跨越赶超和高质量发展。结合市委、市政府在“不忘初心　牢记使命”主题教育中推出的“群众点题”项目，推出系列市民问政团关注学校配餐、关注公园提质、关注医疗服务便民、关注公共停车位等，并推出公交暗访等系列报道。

【融媒体矩阵形成】 2019年，晋江经济报社优化整合报社媒体资源，形成融媒体矩阵，巩固壮大主流思想舆论阵地。《晋江经济报》微信公众号影响力排名长期稳定在福建省新闻类前20名，多次闯入榜单前十名，推文点击量在晋江所有公号综合类别中排名第一。其中，“为高温下的劳动者送清凉”特别策划公益活动推文在一天内阅读量就突破300万人次，留言2000多条，创《晋江经济报》历年公号阅读量之最。依托央视新闻移动网，入驻央视新闻+直播平台。首次尝试“互联网＋政务”融合新模式，与市长专线合作在官微开通“市长专线直通车”，打造全省首个24小时不打烊“网络问政”平台，成为服务群众、政务公开的新通道。创建的全省首个镇级融媒体中心——安海融媒体中心，融合纸媒、网站、微信、户外宣传等形式，立足基层，探索为镇一级打造全覆盖、立体化的创新型传播格局。

【“中国制鞋产区行”特别策划】 2019年，晋江经济报社在晋江体博会前，联合中国晋江鞋业发展指数办公室推出“中国制鞋产区行”特别策划，实地走访浙江温州、广东东莞、四川成都、山东高密等地，以调查报道的方式呈现制鞋产区产业发展的好经验、好思路，探寻晋江制鞋产业升级的方向和动力，得到主管部门的肯定。同时，进一步向国内其他制鞋产区推介中国·晋江鞋业发展指数，把指数的影响力进一步扩散。联合晋江泳装产业协会在抖音上开辟“我为晋江泳装打CALL”系列话题，在抖音上的总点击播放量近百万。

【“传承　接力　再出发”大型策划】 2019年，晋江经济报社结合中华人民共和国成立70周年，推出以“传承·接力·再出发”为主题的大型策划，先后采访晋工机械柯子江、七匹狼周少雄、匹克许志华、劲霸洪忠信等一批在泉州晋江经济界有影响力的企业家，通过他们讲述企业发展与传承的故事，反映晋江产业70年来的发展成就，并向更多的优秀企业家致敬。

（晋江经济报社　卢古质　李剑锋）

·晋江市融媒体中心·

【概况】 2019年11月11日，中共晋江市委机构编制委员会同意设立晋江市融媒体中心，加挂“晋江市广播电视台”“晋江市舆情监测中心”牌子，为市委直属公益一类事业单位，归口市委宣传部管理。下辖晋江电视台、晋江市人民广播电台、新媒体（官方网站、微信公众号等）平台、晋江乡讯社、晋江市舆情监测中心。电视台自办时政、财经、民生新闻、方言、少儿、综艺、专题等7大类9个栏目，每天自办节目播出总时长130分钟。广播电台自办10档直播节目，全天24小时播出。《晋江乡讯》主要设置8个版面。微信公众号粉丝25万人，日均访问量达18万多人次，视频、图文消息日阅读量超20万，实力位居全国县级台前列。中心拥有2个现代化的高清演播室、600平方米演播大厅，拥有1台数字高清电视转播车。

【宣传报道】 2019年，晋江市深化拓展广播电视媒体“头条”和网络视听媒体“首页首屏首条”建设。近20条重点新闻报道在中央电视台《新闻联播》《中国新闻》《新闻直播间》等重要栏目播出，115条新闻报道在福建电视台《福建新闻联播》《福建卫视新闻》《早安福建》等栏目播出，《学习强国》刊播40条。在全国、省、地级市举办的各类电视节目评奖中，获奖作品近30件次，多部创优作品获“全国对台港澳广播节目创优评析会”二等奖、“福建省新闻奖”二、三等奖，“泉州广播电视艺术奖”一等奖等奖项，获奖数量和质量位居全省县级台前列。

【融媒体建设】 2019年，市融媒体中心统筹对“老闽南”“聚集晋江”栏目设置进行优化；开设“督导问政”类节目“民生新闻眼”；开发市民“随手拍”小程序，引导市民参与新闻采集发布。

与晋江广电网络公司合作，晋江电视台成为省内首个在省高清电视云平台上线的县级台，实现10天可回看，拓宽群众观看渠道。

组建短视频工作室，重点发力短视频内容创作。策划制作《续写南洋传奇》系列、《晋江“体育之城”的“八个第一”》《悦见晋江》系列等短视频获得广泛关注；《“世界杯”5分钟精彩回顾》《“洋面孔”爱上晋江之美》等短视频在全网平台播放，观看量超过百万；大体联足球世界杯官方宣传片线上线下各类宣传平台播放量累计超过500万人次。

搭建“晋江电视台”“晋江人民广播电台”“老闽南”“财富晋江”微信矩阵，规范推文排版，微信公号影响力不断提升，晋江电视台微信公众号单条微信曾达67万阅读量。加大抖音公号经营力度，抖音粉丝数从4000人增加至2.8万人。

组建“融媒体直播团队”，入驻央视新闻移动网和新华社现场云App，逐步形成直播矩阵，对热点事件、大型活动和重要赛事开展融媒体直播，创下本地媒体首个年度直播1000万人观看量、首个单端直播超200万人观看量、首次“海陆空”直播、首次全英文直播、首次三平台同步直播等多个“首开先河”。

【对外、对台港宣传】 2019年，市融媒体中心的广播闽南语节目《相等五里桥》在台湾云嘉广播电台、台湾933乐活网同步播出，每周播出一小时。5—7月，精心创作的《指掌春秋》《因海而生番客婶》《祭祖》等5部专题节目，通过央视长城精品频道甄选，实现在美国、澳大利亚、老挝等国家落地播出，央视长城精品频道App在美国、法国、澳大利亚、日本等国和中国香港同步上线，并于9月在菲律宾菲中电视台展播。10月，《李焕之：七个音符 一部人生》《一个村 一座祠》《柯贤溪：一生一台戏》《坚持——百岁党员洪肇服》等4部优秀专题节目，参与《泉州故事》第2季“我和我的祖国”系列专题片展播，通过中央外宣办下属的中国黄河电视台在美国斯科拉卫视《中国泉州》栏目、菲律宾“菲中电视台”和中央长城精品频道播出。

【晋江乡讯社】 2019年，晋江乡讯社共出24期报纸（半月刊），主要设置8个版面，微信公众号每月发布4次，不定期在《今日头条》推出《晋江乡讯》头条号。该报定期以邮寄方式向海外30多个国家地区赠阅报纸，将晋江异地商会纳入赠阅对象。经多次改版提升后，发展成集报纸、公众号、头条号三位一体的全方位媒体。

（市融媒体中心 陈 燕 陈诗章）

·广播电视·

【广电网络建设】 2019年，福建广电网络集团晋江分公司（简称晋江广电网络）贯彻落实集团“三个面向、四大战略”工作要求，围绕年度目标任务，加强“四精”管理，坚持基础业务和集客业务两手抓，推进公司转型升级，获评2019年度全省广电网络系统优秀县（区）分公司。晋江广电网络下辖13个镇（街道）广电网络站、13个标准营业厅。

加强对EOC、CMTS终端合格率、光猫合格率等运维指标考核，提升宽带网络质量。持续推进广电双向网络建设，2019年完成45600个双向端口建设。加强零星工程管控，完成2234单零星抢修工单施工。

【服务水平提升】 2019年，晋江广电网络重点提升营业员主动服务、体验服务水平，提升客户服务满意率。建立“营业厅小广”客服微信，做好用户线上服务工作，共添加用户好友1.5万户。聘请镇、街道行风评议员，协助监督广电网络服务质量。

【优惠政策落实】 2019年，晋江广电网络与市民政局、市退役军人事务局联合，落实数字电视优惠政策，共为晋江市1566户重点优抚、五老和特困人员、3962户低保户减免基本收视维护费；为1140户重点优抚、五老人员减免高清、互动电视、宽带服务费，落实优惠政策资金91万元。

【安全播出传输】 2019年，完成报业大厦广电数据中心机房基础建设，完成全市机房动环监控建设。完成庆祝中华人民共和国成立70周年、中共十九届四中全会等重大安播期广播电视安全播出保障工作。

（广电网络晋江分公司 郭灿辉 施叔龙）

2019年，完成报业大厦广电数据中心机房基础建设　　（市广电网络晋江分公司 供）

社科　史志　档案

社会科学普及

【概况】 2019年，晋江市社科联开展社科普及活动，引导各级社科普及基地、市属社科社团做好社科普及工作。加强对社科联所属的讲坛、讲堂的管理，及时加强与社科社团的沟通对接，把意识形态工作的要求传达到位、落实到位。

【社科普及基地建设】 2019年，社科联争取上级资源倾斜支持晋江市开展社科各项活动，举办社会科学普及宣传周活动，在省级社科普及基地五店市传统街区举办社科普及宣传周启动仪式，引导各级社科普及基地、市属社科社团广泛开展社科普及宣传活动。省级社科普及基地五店市传统街区常年开展民俗展、家风书场等普及活动。市图书馆、磁灶镇岭畔村、晋江一中、内坑中学等泉州市级社科普及基地，通过读书日、陶艺体验、文化故事进校园、红色德育等活动，开展形式多样、有趣活泼的普及活动。调动社科社团积极性，创新社科普及形式，用好“互联网+社科”，依托市“1+N”网络微联盟，每月在晋江新闻网等本地网站头条推出社科知识专题宣传，扩大宣传普及覆盖面、受众面。

【社科普及品牌建设】 2019年，市社科联持续做好社科百场报告会，及时转发省社科联百场报告会通知，引导各单位用好报告会资源。扩大龙泉书院国学讲堂品牌效应，坚持每月一讲，邀请专家学者主讲《红楼梦》等国学经典，宣传推广国学知识。打造五店市讲古文化品牌，挖掘晋江优秀传统文化资源，在优化提升2018年讲古形式、内容的基础上，持续开展五店市讲古活动，开展互动式、通俗化的社科知识普及宣传。

【共建理论体系】 2019年4月11日至12日，市社科联与《福建日报》理论文艺部联合举办中国民间文化艺术之乡（闽南戏曲）晋江现象与乡村记忆文化研讨会；5月，与市妇联等单位联合举办晋江市家庭教育理论研讨会；6月14日至15日，与市农业农村局等单位联合承办2019年海峡两岸美丽乡村融合发展研讨会；与市委宣传部、党校联合开展“晋江经验”理论征文活动，举办座谈会，活动共收到应征稿件43篇，经评审，入选论文25篇。编辑出版《乡村记忆文化与现代教育》《民营经济与晋江经验》论文集，部分文章在《福建日报》发表。

【“晋江经验”传承弘扬】 2019年，市社科联为庆祝中华人民共和国成立70周年，配合开展第二批“不忘初心、牢记使命”主题教育活动，进一步宣传研究“晋江经验”，5月8日，赴北京召开《晋江，奔流向海》报告文学研讨交流会，推动系列评论文章先后在《人民日报》《中华读书报》等报刊发表。

9月12日，“晋江经验”主题座谈会在晋江召开。“晋江经验”学术论坛理论征文作者代表、中国社会科学院社会学研究所编写的《县域现代化的“晋江经验”》作者代表和其他专家学者围绕传承弘扬“晋江经验”进行座谈发言。代表和专家指出，晋江能够走出一条县域全面发展之路，成为全国县域经济发展典范、中小城市建设样板，得益于“晋江经验”的指引。

（社科联　洪国泰　黄　良）

党史编研与地方志编纂

【概况】 中共晋江市委党史和地方志研究室（以下简称市委党史方志室）于2018年12月成立，由原市委党史研究室与原市地方志编纂委员会办公室整合而成，是市委直属正科级事业单位，有在编工作人员14名。2019年，晋江市委党史和地方志工作在上级史志部门的指导和晋江市委、市政府的领导下，紧扣市委、市政府中心工作，围绕纪念中华人民共和国成立70周年、五四运动100周年等，发挥“存史、资政、育人”作用，在党史编研、志鉴编纂、宣传教育、开发利用等方面取得成果，有8项工作获得全国、省、泉州市各级表彰，史志工作走在全省前列。全年出版史志书籍9本，总计284万字。

【党史编研】 2019年，市委党史方志室一方面突出开创和发展中国特色社会主义时间段历史研究，另一方面深入挖掘地方红色资源、传承红色文化，深化党史编研。

出版《晋江现代史人物》。围绕纪念五四运动100周年，编辑出版《晋江现代史人物》。全书共计37.3万字，收录自1919年五四运动起，籍属晋江及籍属他地曾在晋江任职或活动，在政治、经济、军事、文教、科技、医疗卫生等领域有一定贡献或起较大影响的已故人物180余人。

出版《晋江重要文献选编》第十七辑（1997年）。该书收录1997年1—12月间的中共晋江市委、晋江市政府、人大、政协及人民武装部的重要文件资料。全书共计54.5万字。完成《晋江重要文献选编》第十八辑（1998年）初稿。

出版《晋江沿海革命斗争史话》。该书全面、翔实地再现晋江沿海地区人民在中共晋江地方组织领导下艰苦卓绝、英勇顽强的光辉革命斗争历程。

完成《风雨番仔楼——安海十九间郑厝革命斗争故事》初稿。本书从不同角度、全方位地再现郑厝一家三代在革命战争年代的辉煌斗争历程。完成《中国共产党晋江市大事记（2012.7—2017.12）》二稿的修改。该书全面、客观地记述晋江市5年来在政治、经济、文化、教育等方面持续发展的历史进程。同步完成2018年全市地方史大事记初稿，交付印刷厂排版印刷，并通过平台征求意见。征集整理2019年上半年全市地方史大事记。协助退役军人事务局做好《晋江市革命烈士英名录》书稿的修改、补充、编纂工作。

【志鉴编纂】 2019年，市委党史方志室以实现“两全目标”为工作重点修志编鉴，出版一批高质量的地方志成果。

出版《晋江年鉴（2018）》。2019年5月，《晋江年鉴（2018）》印刷出版发行，全书共计118.8万字，设38个类目、258分目、42个表格，反映2017年晋江市各行业、各部门工作和经济社会发展新貌。该年鉴入选“中国精品年鉴”名单（全国仅10部，其中县级2部）；11月，在2019年全国年鉴研讨会上，该书获评第六届全国地方志优秀成果（年鉴类）特等奖，全省县级市惟晋江获此称号。《福建日报》《泉州晚报》分别给予报道，受到泉州、晋江市领导王永礼、刘文儒、张文贤、吴忠刘的批示表扬。同步完成《晋江年鉴（2019）》总纂稿的编辑、修改、补充工作。

加大“晋江文库”编辑出版力度。提前完成2019年《政府工作报告》目标任务，加强典籍文献的挖掘、研究，整理出版3本典籍文献《艾庵密箴》《虚斋看河图洛书说》《太极图说》，总计32.4万字。

编纂出版地情丛书2本。《一起来读〈青阳志〉》共计14.6万字，不仅从不同的版本对明代晋江的方志文献《青阳志》进行勘误和点校，同时将《青阳志》运用于五店市的保护与开发中，进一步从学术及现实的角度思考地方志的开发利用，是地方志书进行保护和二次开发利用较为优秀的例子，是深入贯彻《全国地方志事业发展规划纲要（2015—2020年）》“提高地方志资源开发利用水平”“发挥地方志资源在地方公共文化服务中的重要作用”的又一次实践探索。《黄相国景昉文史资料选编》共21.4万字，主要收录中国社会科学院、南开大学等学者研究黄景昉的相关文章，以及黄景昉散见于各处的部分文史资料，是较为系统地研究黄景昉的文史资料集合。

完成《晋江市志（1988—2007）》“三审”工作。做好《泉州市志（1991—2010）》晋江部分的编撰工作。补充《晋江市方志志》2012—2018年相关方志资料。指导英林、磁灶等镇部分村（社区）编修村情村志。指导市老促会做好《晋江革命老区发展史》的编辑出版工作，该书送福建人民出版社出版。

【史志宣传教育】 2019年，市委党史方志室围绕纪念中华人民共和国成立70周年、五四运动100周年等，提前谋划，加大地方史志宣传力度，通过各种渠道，全方位、多角度广泛宣传地方党史方志工作成果，提升地方党史方志的影响力。

广泛开展史志文化“六进”工作。着力推动史志文化“进机关、进社区、进校园、进企业、进农村、进军营”，面向社会各界开展史志书籍捐赠、史志知识竞答、主题党日课等活动，有针对性地开展史志文化宣传教育工作。全年共开展10场史志文化“六进”活动，赠送各类史志书刊5000余本（册），中国网等各级媒体对相关活动进行报道。

创新打造史志宣传窗口。按时编辑出版《晋江史志》（季刊），并分发至全市市直各单位、镇（街道）、村居、中小学等各方面人士，每季度共寄发1200余本。做好“晋江史志”微信公众号的日常维护、信息更新工作，全年共发布、更新信息980条。

聚力开展主题宣传活动。围绕庆祝中华人民共和国成立70周年，与相关单位联合发文组织观看爱国主义题材教育电影《大会师》。协助省委史志办、省

2019年11月7日，市委党史方志室一行到泉州职业技术大学开展“书香校园行”活动

（市委党史方志室　供）

2019年6月14日，海峡两岸乡村记忆文化与现代教育座谈交流会在晋江举行

（市委党史方志室　供）

广播影视集团联合摄制大型纪录片《与新中国一起走过•晋江！晋江！》《中国影像志•福建晋江围头》入选“学习强国平台”。

扎实履行纪念馆室的业务指导职能。严格“许集美革命事迹陈列室”中关于党史方面的业务把关，到内坑镇砌坑村委会与村两委班子、布馆设计公司共同对《晋江市内坑镇砌坑村革命史迹陈列》开馆1年来的布馆情况进行验收。

开展晋江台湾史志文化交流。做好台湾宗教学会副理事长张家麟率领的台湾儒林张氏参访团赴晋江寻根踏勘协调工作，促进两岸同胞文化交流工作。配合做好香港教育局历史文化考察团到晋江考察交流。

【地方志服务乡村振兴】 2019年，市委党史方志室发挥“乡村记忆文化”项目指导作用。指导围头村做好泉州市“乡村记忆文化”项目首批试点单位建设，通过泉州市档案局、泉州市委党史和地方志研究室和晋江市文旅局、市委党史方志室、档案馆的验收，共获得泉州、晋江市补助款32万元。做好岭畔村、苏垵村和塘东村等泉州市“乡村记忆文化”项目第二批试点单位，助力地方志服务乡村振兴战略”项目。现场走访指导晋江市首批“乡村记忆乡村文化”试点村依法依规开展村志修编，引导晋江特色村志修编不断上新台阶，助推地方志服务乡村振兴战略实施。

联合举办海峡两岸乡村记忆文化与现代教育座谈交流会。海峡两岸社科界、教育界专家学者和乡村工作者等60人出席会议，结集出版《乡村记忆文化与现代教育论文选刊》。中国社会科学网作相关报道。

（市委党史方志室　吴安玲　陈伟荣）

档案工作

【保障中心工作】 2019年，市档案馆在福厦高铁新区项目征迁工作开展期间，指定专人对接指导，安排窗口周末轮值，先后配合项目指挥部及征迁区域百姓查找土地档案1.87万卷次、接待档案利用者2.25万人次，为征迁项目抢抓“晋江速度”提供查档服务保障。

【档案资政作用发挥】 2019年，市档案馆协助各大组团片区查找征迁协议700份，配合市政府办调阅退伍军人复退档案8500卷次，配合市委办、市委宣传部、市自然资源局等部门查阅“晋江经验”相关档案资料及老照片608份，及时为市委、市政府决策提供参考。

【赛事建档规则创建】 2019年，市档案馆采取上门指导、业务培训、多方调研等方式，提前介入2020年世界（晋江）中学生运动会筹办工作，并在全市首次编制出台《晋江市大型体育赛事档案工作方案》，分阶段、分批次将赛事阶段性成果接收进馆，保障赛事档案系统安全。

【窗口服务】 2019年，市档案馆坚持以人民为中心的发展思想，不断优化档案查询利用中心软硬件设施建设，提高档案数字化利用率。截至2019年度，市档案馆完成文书档案扫描60多万页，民国档案扫描4.1万页，档案前处理鉴定4.7万卷、12万件，移交进馆的文书档案同步接收档案数字化副本。2019年，累计接待档案利用者约5.9万人次，查阅档案约4.9万卷次，其中，土地、婚姻、退伍、职工等民生档案利用约3.9万卷次，

2019年，市档案馆一楼查档窗口为群众提供查档服务　（市档案馆　供）

约占80%。

【业务指导工作】 2019年，市档案局分级分类开展业务指导工作。加强机关、企事业单位档案工作指导。做好辖区内各单位、部门档案日常指导工作，指导水务集团、纵二线紫帽塘头至磁灶井边段、交通大厦周边整治工程等项目完成规范建档。做好机构改革涉改单位档案处置指导。细化制订《晋江市档案局关于做好市级机构改革中档案工作的意见》，跟踪指导涉及撤并的36个单位及时完成档案处置工作。加强专门领域档案业务指导。推进土地确权颁证登记档案规范化建设，指导完成档案整理及数字化等项目招投标及实施工作；联合市污普办编制出台《关于进一步做好第二次全国污染源普查档案管理办法的通知》，细化污染源普查档案整理办法，保障污染源普查档案的规范管理。推进农业农村档案工作。围绕贯彻落实习近平总书记提出"要让居民望得见山、看得见水、记得住乡愁"指示精神，对接方志、农业、文体等部门筹划"乡村记忆 乡村文化"项目，以金井镇围头村为试点，点面结合、以点带面，全面开展20个试点村乡村记忆文化建档和抢救保护工作。

【档案资源基础建设】 2019年，市档案馆依法开展"档案移交年"工作。做好全市到期应进馆档案及撤并单位档案移交的检查、清点、编目、消毒、上架入库工作，确保档案完整与安全。截至2019年，共接收文书档案23792件，罗裳片区、青阳组团征迁安置档案809卷，收养档案61卷，移民档案180卷，重大活动档案2个等。广泛征集民间珍贵档案资料。采取"征+展"的方式，面向金井镇中小学校征集教育老照片500余张，时间跨度近百年，涵盖62所学校，包括校舍建设、教学场景、体育赛事、校外活动等方面，举办"那年书香"晋江金井教育老照片巡展活动，馆藏教育类档案资料，丰富档案征集手段，扩大档案文化影响力。开展主题征集活动。利用"6•9"国际档案日期间，举办"定格一瞬间 记录一座城"中华人民共和国成立70周年图片征集活动，向全社会征集中华人民共和国成立后，展现晋江经济社会发展的各类新老照片313张，留住晋江记忆。

2019年10月9日，"不忘初心、牢记使命"主题教育档案文献展在市档案馆开幕

（市档案馆　供）

【档案文化社会影响项目建设】 2019年，市档案馆档案文化社会影响项目建设：举办主题展厅。发挥爱国主义教育基地职能作用，在全省县级层面，率先举办国家档案局、中央档案馆"不忘初心、牢记使命"主题教育档案文献展，展出馆藏和上级珍贵档案230余件，为全市开展主题教育搭建一个重要的线下学习平台。2019年，各类展馆、展厅共接待参观117批次，约3192人次。筹建梧林侨批馆。立足晋江侨乡特色，结合新塘街道梧林古村落总体建设规划，推进晋江侨批馆建设，将其打造成海内外晋江人情感连接的载体，以及新老华侨、华人时空对话的桥梁，打响具有晋江本土特色的"侨批文化"品牌。深耕侨批文化。深入挖掘晋江侨乡特色和本地文化底蕴，在全市首次以侨批档案为资料，聚焦特定地区，挖掘侨批价值，出版《十九世纪以来晋江侨乡与马尼拉之间经济文化研究——以晋江侨批为中心》新书。

（市档案馆　高少蓉　黄项飞）

卫生体育

综　述

【医疗卫生机构】　2019年，全市共有医疗卫生机构1058家。三级公立医疗机构2家（市医院为三级综合医院、中医院为三级甲等中医院），二级公立医疗机构7家（其中妇幼保健院为二级甲等妇幼保健院，安海医院、市医院晋南分院为二级甲等综合医院，陈埭中心卫生院、磁灶中心卫生院、东石中心卫生院、英墩华侨医院为二级乙等综合医院），其他镇卫生院9家，街道社区卫生服务中心6家，经济开发区卫生服务中心1家，第三医院（精神卫生中心）1家，市疾控中心1家，卫计执法大队1家，卫生进修学校1家，急救中心1家，各镇街道计生服务中心19家。民营医疗机构311家，社区卫生服务站114家，村卫生所584家。编制床位4175张，实有床位5235张（含民营医院1189张）。各类卫技人员7553人（不含乡村医生472人），其中，执业（助理）医师3129人，注册护士2829人，药剂师432人，技师（含检验人员）456人，其他卫生技术人员707人。全市千人卫技人员数3.56人（以总人口211.9万人计算），千人床位数2.47张。全市公立医院接诊720.46万人次，出院病人数14.89万人。

【卫计聚才共享计划】　2019年，市卫健局实施"名校招聘"计划。2019年10月，组织赴北京、上海等省外优质医学院校公开招聘，共招聘签约4人；使用18名事业编制参加泉州市事业单位统一招聘，共招聘签约16人；12月底，使用98名事业编制在福建医科大学公开招聘卫生类急需紧缺专业技术人员，共招聘签约34人。实施"名医引进"计划。协助推进医疗卫生单位现有渠道人才引进工作，收集各类卫生人才信息，与丁香园等医学知名第三方人才服务机构合作开展人才宣传，提高人才招引实效。2019年，共引进4名高级职称卫生人才。实施"泉医回归"计划。指导医疗卫生单位组建人才攻坚小分队到福州、上海等地对接泉籍名医专家，累计与30多位名医专家达成合作意向，建立定期服务机制，先后在安海医院、市医院晋南分院、中西医结合医院等开展多场大型公益义诊活动。实施"聚才共享"计划。提升院士专家工作站、名医工作站（室）成效，依托市医院成立的院士专家工作站和名医工作室签约8位院士和9位名医专家入驻，依托中医院成立的名医工作站已签约5位名医专家，在中西医结合医院设立的首个基层名医工作站，签约上海、福州、泉州等三甲医院专家11人，定期提供高水平坐诊、带教、手术等活动。打造医疗服务"航空港"。全市共有11家医院与树兰医疗集团、上海复旦大学附属儿科医院、福建省立医院等45家省内外三级医院建立协作关系，2019年，知名专家来晋坐诊、手术、会诊次数达3886人次。同时，组建人才攻坚小分队到福州、上海等地对接泉籍名医专家，逐步形成以市医院、市中医院、安海医院为龙头的三大医疗服务"航空港"，让高端人才在家门口就能"看好病、看名医"。

【服务平台搭建】　2019年，市卫健局实施"511"孵化工程。2019年，推动建立老中医师承带徒关系18对36人，选送160名医师到上级医院参加医师规范化培训，选派195名卫技人员到上级医院进修深造，累计开展10期"名医名院长大讲坛"。创建各类实训平台。市医院与复旦大学附属华山医院建立合作关系，陈世益带领专家团队每月定期指导；中医院中医急诊科创建成为省级重点学科，成立首个"医养结合"康养护理人才培训基地，开展"医养结合"专项业务培训；中西医结合医院创建成为省级基层卫生培训基地和泉州医高专实训基地。开展岗位技能练兵。举办大型活动赛事突发事件医疗应急处置及急救实战技能操作竞赛。组织各医院参加省、泉州市岗位练兵比赛评选活动，市医院获得首届泉台医护人员岗位职工技能竞赛团队第一名。深化市医院与树兰医疗集团合作项目。成立院士专家工作站，引入李兰娟、郑树森等8名院士入驻。设立名医专家工作室。引入叶再元胃肠外科、寿张飞肾病等共14个名医工作室。科研能力持续提升，获省厅级科研项目4项，获泉州卫健委科研资助项目25项，发表SCI论文19篇，获福建省医学科技进步奖三等奖1项，泉州科技进步奖二等奖1项。加快"六大中心"建设。依托3

家医共体整合医疗资源，完成临床检验、医学影像、远程会诊、心电诊断、病理检验等建设，有效提高检查诊断能力和体检服务能力。通过建设国际疑难病多学科远程会诊平台（iMDT），打通全市会诊通道，提供实时便捷的会诊服务。全年共开展远程门（会）诊279人次、院士查房69人次、发放免费专家号870个。建立的临床检验中心新增检验项目700余项，市医院体检项目达1117项。推动世中运人才队伍建设。围绕世中运医疗卫生保障工作，开展各类培训活动，加强对医疗、公卫和卫生监督等人员的培训；依托市医院成立医务人员英语培训平台，定期组织对医务人员开展医疗外语培训活动，累计举办30期。

【政策支撑聚才】 2019年，市卫健局贯彻泉州市人才“港湾计划”等人才政策。组织开展人才政策解读培训，指导各医疗卫生单位人才的申报认定，定期统计汇总；认定泉州高层次人才100名，其中，第三层次3名，第四层次19次，第五层次78人。细化博士待遇政策。制订《晋江市卫生类博士人才一次性安家费补助细化标准》，对新引进、本地培养的博士学历医务人员给予20～50万元的一次性安家补助。完成4名符合条件的对象补助费用发放。做好高层次人才医疗保障。落实人才生态链服务项目，推行高层次人才“4+N”医疗服务，在市医院、中医院、安海医院等3家市直公立医院为高层次人才开通绿色通道，提供专人专线服务、专组专档管理、住院暖心服务、深化体检服务等4项规定项目。人才家属服务延伸、名医坐诊号源预留、医疗服务精准宣传、人才定期走访关怀等N项自选项目，为晋江市高层次人才提供优质便捷的医疗卫生服务。

【卫计短板建设】 2019年，市卫健局开展补改提“八大行动”。持续推进新一轮医疗卫生单位硬件标准化建设，启动新一轮医疗卫生单位硬件标准化建设，在公立医疗机构建设方面，“十三五”期间晋江市共策划24个建设项目，建成项目8个，在建项目4个，正在办理手续及优化设计项目4个，正在筹划项目8个，累计完成投资15.31亿元。卫生监督业务用房、经济开发区社区卫生服务中心综合楼、安海医院文博科技大楼项目、磁灶中心卫生院迁建、东石中心卫生院迁建、灵源街道卫计综合楼、市医院晋南分院二期（后勤保障楼）、第三医院危房改造等8个项目建成；市医院迁建项目医疗综合楼正在进行二次装修，市口腔医院项目开始室内外装修及水电消防暖通等装修配套工程，内坑卫生院迁建项目室外工程开始入场施工，中医院紫帽院区建设项目开始主楼装修项目及室外配套工程施工；在民营医院建设方面，爱尔眼科医院、美年大健康体检中心、乐康精神专科医院、福利中心医养结合项目（青鸟世嘉康复医院）建成投用，百大妇产医院、龙华康复医院等民营医疗机构正在加紧施工建设。十三五期间末计划完成建设床位数3822张（其中公立医疗机构规划建设床位2764张，社会办医项目规划建设床位1058张）。

稳步推进家庭医生签约服务工作，户籍人口签约人数为47.4835万人，签约率为46.72%；重点人群签约人数为22.919万人，签约率为72.35%；扎实推进乡村一体化建设，全市拟建设一体化村卫生所60家。

持续改善医疗服务。深入开展“暖心服务”三年行动，在9家二级及以上公立医院设置医院服务中心，创新推行市直医疗卫生单位主要领导接听市长专线，全市推行叫号提醒、急诊首诊、夜间门诊和“先诊疗后结算”等便民措施，累计实行改善服务态度举措23项，改进服务流程举措32项，提升服务质量举措53项，美化服务环境举措37项，群众就医获得感和满意度不断提高。全市二级及以上公立医院服务中心设置率达100%，自助服务设施设备配置率达100%，提供医技结果查询、自动打印报告等互联网运用技术达100%；三级综合医院医技检查集成预约率达100%，院外预约提醒信息（电话）推送率达100%。加大中医重点学科（专科）建设力度，急诊科、脾胃科是省中医重点专科，针推科是省级第四批农村医疗机构中医特色专科建设项目，中医骨伤科、治未病科、中医产科是泉州市重点专科。晋江市医院康复医学科为福建省级农村重点专科建设单位。完善晋江市中医药互联服务工作，推进中医药适宜技术推广基地实质性运作，实现基层医疗机构中药饮片处方的信息化传输、中医院审方、调剂、代煎及配送。持续推进中医饮片处方激励机制，20家村级医疗机构中医药先进示范点规范运行。市中医院为全省首家县级三级甲等综合性中医医院。

2019年3月18日，晋江市120调度指挥系统投入使用，并先后启用MPDS急救优先分级调度系统（全省第二套、县级第一套）、院前急救电子病历子系统、院前院内服务一体化子系统，实现全市急救网点、救护车急救信息互联互通，“15分钟急救圈”基本形成。同时，在世中运相关的10个场所试点建设“AED安心场所”，配备AED（自动体外除颤仪）等急救设备，组织急救员培训，并纳入急救志愿者信息管理。自信息系统启用后，120受理求救电话93603个，调度派车数15728车次，转运病人11169人次，其中抢救急、危重病人数8385人次，平均急救反应时间14分39秒。圆满完成国际大体联足球世界杯、首届中国警察马拉松、晋江国际马拉松等大型赛事的医疗保障任务。

加强传染病防控工作，实现全市19个镇街道媒介生物监测全覆盖。加强慢性病综合防治工作，2019年5月创建省级慢性非传染病综合防控示范区。建成健康社区166个，健康单位、健康学校各10家，健康食堂6家，健康餐厅（酒店）5家，健康主题公园3个，健康知识一条街3条；试行“医患合作、患者互助、自我管理”的干预措施，以家庭医生签约为基础，组建慢病患者自我干预小组223个，为慢病患者搭建交流平台，加强患者自我管理保健。推行严重精神障碍患者网格化服务管理工作。全市划分网格884个，配备专兼职社区网格员903名、村医网格员437名、民警网格员178名。市第三医院为每个镇、街道配备1～2名挂钩联系精神专科医生，确保服务及时性。通过置换用地、拆除危建等恢复疗养院院区完整性，改善精神专科医院的服务环境。推进职业健康检查机构建设。指导市医院、中医院通过职业健康机构资质认证，具备检测五大类职业健康检查项目资质。

2019年6月，使用18名事业编制参加泉州市事业单位统一招聘，共招聘签约16人。10月，组织赴北京、上海等省外优质医学院校公开招聘，共招聘签约4人。12月底，使用98名事业编制在福建医科大学公开招聘卫生类急需紧缺专业技术人员，共招聘签约34人。2019年，共引进4名高级职称卫生人才。

加快信息化建设，组织全市医疗机构网络部署工作，完成一期31家医疗卫生单位网络部署，实现全市19个镇（街道）、398个行政村接入政务外网，完成149个试点村卫生所和卫生服务站接入卫生政务外网工作，建设“卫健系统高清远程视频会议平台”作为国际多学科疑难病远程会诊平台（iMDT）旁路系统支撑，智慧卫生信息工程二期-1项目基本建成。

推进卫生项目建设。2019年共规划建设卫生健康项目19个，累计完成投资4.5亿元，其中市医院晋南分院后勤保障楼、疗养院危房改造项目、经济开发区社区卫生服务中心、乐康精神病医院（民营）、青鸟世嘉康复医院（民营）等5个项目建成投用。同时，引导民营医疗门诊部专精发展，2019年新增专科门诊部23家，累计投资6950万元，其中，口腔类门诊部16家、中医类门诊部5家、血液透析中心1家、体检类门诊部1家。

提升医疗信息化水平。智慧卫生信息工程二期-1项目基本建成，同步推进国产密码在卫生信息平台的应用；保障市、镇、村三级卫健政务外网和智慧卫生网稳定运行，多次开展网络信息安全专项整治、网络信息安全培训工作，发现和排除各种网络和信息系统漏洞近300个，推动系统各单位做好网络信息安全防护工作；建设“卫健系统高清远程视频会议平台”作为国际多学科疑难病远程会诊平台（iMDT）旁路系统支撑，2019年共开展远程门（会）诊350人次、院士查房96人次、发放免费专家号1200个；支持各单位信息化建设，加强便民服务能力，如市卫健局以“健康微课”形式组织多期健康宣讲活动等。

【优化审批服务】 2019年，市卫健局按照审批事项“三集中三到位”的要求，规范办事流程，压缩审批时限，简化审批环节，精减申报材料，梳理“一趟不用跑”和“最多跑一趟”的办事清单，确保审批事项各个环节严格规范，合法合规，利民便民，从而推进“放管服”各项审批工作落到实处。

2019年共依法受理审批办件13138件。其中审核办结各类计生证明9268件，发放供水单位卫生许可证4家，发放公共场所卫生许可证398家，医疗机构设置及执业许可128家，放射诊疗许可证78家，放射工作人员证56件，医疗广告审查证明13件，医师执业注册1231件，护士执业注册1456件，乡村医生注册506件。规范自由裁量权，细化审查标准。按照泉州市《关于进一步深化规范行政审批服务自由裁量权的实施意见》的要求，规范自由裁量权，扎实推进依法行政，深入实施行政执法责任制。细化审查标准充分把握公开、公正、公平的原则。市卫健局对照审批事项，逐项依法依规裁量权力的标准，尤其是对涉及现场勘察事项，对现场勘察的内容以法律条款进行规范，细化审查标准，做到以事实为依据，以法规制度为准绳。提高授权率，进一步压缩审批时限。2019年，市卫健局对进驻中心审批事项进行全面梳理，简化审批程序，提高审批事项授权率和压缩审批承诺时限。2019年，审批事项授权至分管领导100%，到窗口负责人100%；压缩审批时限2个大项6个小项，共压缩审批时限64小时。并将放射许可证预评价和医疗机构变更负责人承诺件改为永久性即办件。加强“瘦身”工作，精简申报材料。根据《泉州市机关效能建设领导小组办公室泉州市审改办关于开展审批服务申报材料“瘦身”工作的通知》要求，对行政权力清单和公共服务事项清单审批服务申报材料全面清理，优化办理流程，精简申报材料，对所有申报材料找出相对应法律或设区市以上规范性文件依据，做好审批服务申报材料清单目录工作，逐项逐条查找依据，对无相关文件规定或重复性提供材料一律删除，共清理并删除57条申报材料，保证申报材料“合法、合理、便民”的原则，简化并更加合理优化申报材料。实施公共场所卫生许可证告知承诺制改革。根据国家卫健委办公厅《关于全面推开公共场所卫生许可告知承诺制改革有关事项的通知》和《福建省卫生健康委员会关于实施公共场所卫生许可告知承诺的通知》要求，严格执行公共场所卫生许可告知承诺的范围，明确公共场所卫生许可告知承诺的内容，修改完善公共场所卫生许可告知承诺的审批流程，一次告知承诺人申请的条件、所需材料和办理承诺时限。并修改审批系统，在网络平台公布办事须知。自实施公共场所承诺制后，办理公共场所卫生许可证398件。实施营利性医疗机构市场准入改革，积极支持社会化办医。根据国务院《关于在全国推开“证照分离”改革的通知》精神，落实好卫生健康领域“证照分离”改革优化准入服务事项，在简政放权，严格权责范围情况下，降低营利性医疗机构准入门槛，将营利性医疗机构实行设置审批与执业登记“两证合一”，对在执业登记前提供准入政策咨询。进一步梳理“最多跑一趟”的办事清单。市卫健局在第一轮梳理“最多跑一趟”的办事清单的基础上，进一步精简办事程序、简化审批环节，再次列出15项办事清单，作为第二轮“最多跑一趟”事项，对现在暂时未列入“最多跑一趟”项目清单的事项，最大限度按照“最多跑一趟”的目标进行规范办理。做到让群众少跑路、少费时，少操心。

（市卫健局　洪晓东　苏远连）

公共卫生体系建设

【概况】 2019年，晋江市进一步完善公共卫生体系（即突发公共卫生事件应急处置体系、疾病预防控制体系、卫生监督综合执法体系、医疗救治体系和公共卫生信息系统）建设，建立健全卫生应急机制。

【公共卫生服务项目】 2019年，晋江市制订《2019年晋江市基本公共卫生服务项目实施方案》和《2019年晋江市基本公共卫生服务项目绩效考核方案》，明确职责分工和年度目标任务。市、镇、村三级纵横联动机制顺畅，季度督导和指导落实到位，问题反馈和整改机制基本落实。市专业公共卫生机构全面参与项目工作，发挥公共卫生指导团队的技术支撑作用。各基层单位均结合实际细化实施方案，制订工作计划，进一步完善多部门沟通协调机制；推进家庭医生签约服务工作，全科团队日趋完善；深化卫计整合内涵，整合镇村计生服务资源，优化人口健康员职责，提升基本公共卫生服务力量；加强业务指导工作，明确镇村两级职责，量化村卫生室考核内容，加强村级督导管理；绩效考核稳步推进，考核奖惩逐步兑现，项目质量和群众满意度均有较大提升。设置健康教育宣传栏，向居民提供健康教育宣传材料、健康教育咨询和讲座服务。全市设置更新宣传栏127期，机构播放音像资料每天4.66小时；开展公众健康咨询活动189场次，参加咨询人数26070人次；开展健康知识讲座236次，参加人数20302人次；共印发宣传材料71.2万份。依托全市各基层医疗卫生单位工作人员深入社区(村)开展健康素养调查，共调查1903份，健康素养水平为20.97%(简易问卷)。全市居民电子健康档案共计179.9万份，电子建档率达85.23%；65岁及以上老年人健康管理人数6.26万，健康管理率66.32%；年内高血压、糖尿病患者分别建档6.64万份、2.59万份，健康管理率分别达到55.36%、63.05%；年内严重精神障碍患者健康管理人数8436人，检出率4.01‰，管理率89.49%，规范管理率84.8%；全市新生儿访视率94.36%，产后访视率93.23%，辖区内接受13次及以上随访的0～6岁儿童109749人，0～6岁儿童健康管理率95.59%，高危孕产妇管理率100%。全年各基层医疗卫生单位登记传染病病例9705例，报告率和及时报告率均保持在较高水平。

【卫生应急体系建设】 2019年，市卫健局完善应急预案体系建设。新增《晋江市城市大气重污染和突发环境事件卫生应急预案》《大体联足球世界杯突发公共卫生应急预案和相关专项预案》等预案5个。制订重点急性传染病、食物中毒、突发中毒、自然灾害和不明原因群体性疾病等专项或单项预案35个，逐步构建起纵向到底，横向到边的卫生应急预案体系。完善卫生应急队伍建设。参照《福建省市、县两级卫生应急队伍装备参考目录》，结合晋江市实际制订《晋江市卫生应急队伍装备参考目录(试行)》，下拨260万元完善应急队伍装备。举办晋江市卫生应急队伍授旗仪式。完善应急物资储备。继续加强“三级应急物资储备体系”建设，结合晋江市实际制订《晋江市卫生应急基本物资储备参考目录(试行)》，并下拨20万元分别对卫生防疫和医疗救治物资库进行物资的更新和完善，提高晋江市应急物资库的品种，以满足应急需要。加强应急培训演练。市级组织开展大型活动紧急医学救援、突发中毒、突发重大传染病、心理干预等应急培训6场次，累计培训700余人次，邀请国家疾控、省立医院和泉州市级专家授课。各医疗卫生单位结合本单位实际开展专项培训20场次。以综合赛事为背景，以应急实战为基础，在足球公园、安海镇开展大型赛事医疗保障紧急医学救援实战演练2场，举办输入性寨卡病毒病应急演练，参加反恐最小单元应急处突集结演练，承办全省突发急性呼吸道传染病疫情应急处置演练。市各医疗卫生单位结合实际开展应急演练22场次，提高卫生应急处置能力。开展风险评估。建立晋江市突发事件公共卫生风险评估专家库，每季度组织对晋江市突发公共卫生事件及需要关注的传染病开展风险评估，为公共卫生和传染病防控提供参考。持续推动应急救护知识“六进”活动。晋江市组建25支合180人应急救护师资志愿服务队，2018年启动后累计培训7万人次，其中卫健系统100%受训。及时处置突发事件。2019年，共报告一般突发公共卫生事件6起，其中诺如病毒感染性腹泻1起，本地登革热5起，均得到及时高效处置。无特重大、重大、较大突发公共卫生事件。

【提高防病意识】 2019年，市卫健局常态化开展“三减三健”专项行动。教育局组织各健康学校开展健康口腔、减糖专项行动。市场监督管理局组织各健康食堂、健康餐厅开展减盐、减油专项行动。梅岭街道办事处组织辖区内各健康社区开展健康骨骼专项行动。卫健局组织各健康单位开展健康体重专项活动。借力宣传媒介，构建传播平台。依托《晋江经济报》“婚育新风和健康专栏”栏目，每周刊发1期卫生健康知识专题宣传，共出刊19期。与晋江电视台合作。在结核病日、预防接种日、世界无烟日、健康生活方式日、世界艾滋病日等主要健康宣传活动期间，电视台共参与8场次健康宣传报道。依托疾控中心和“健康晋江”微信平台，疾控中心公众号刊出122篇健康信息，“健康晋江”公众号刊出月健康提示12篇，方便网民阅读到最新的疾病防治知识。发挥讲师团优势，提供健康课程服务。结合晋江市实际，组织健康教育讲师进机关、学校、社区和企业等四类重点场所，开展健康生活方式、传染病防治、除“四害”、艾滋病等疾病防控知识讲座活动。2019年讲师团通过进学校、企业、社区共开展17场授课活动，受益人数达5855余人。围绕宣传主题，普及防病知识。在各主要卫生日期间，围绕宣传主题，与有关部门联合，组织人员开展健康教育宣传活动。2019年共组织开展形式多样的健康宣传活动18场，参与活动人数约8250人次，发放结核病、慢性病、艾滋病、健康生活方式等宣传单、小册子、折页等12种共1.7万多份，展出各种健康知识展板共计42面。精心编印艾滋病、传染病、卫生消杀等15种内容的宣传材料共10.6万份。

【服务项目拓展】 2019年，晋江市为全市离休干部、5•12退休干部、处级(含享受)退休干部、全市在职、退休干部进行体检，体检28259人，其中：离退休、5•12退休干部114人，在职科级干部1122人。建立1122份重点保健对象体检健康电子档案。在市医院、中医院、第二医院、晋南分院4个基地(定点)医院设立保健办，开设干部保健门诊，指定干部保健联络专员，开展门诊预约诊疗和重点保健对象全程导诊服务，服务干部就诊就医。

【艾滋病防治管理】 2019年，晋江市坚持政府组织领导、部门各负其责、全社会共同参与；坚持预防为主、防治结合、依法防治、科学防治；坚持综合治理、突出重点、分类指导。加大宣传力度，促进艾滋病宣传进社区、进工厂，不断扩大HIV检测范围，最大限度发现感染者和病人，通过多种途径与方式有效控制性传播，减少注射吸毒传播、输血传播和母婴传播，重点针对高危人群与重点人群，进一步降低病死率，逐步提高感染者和病人生存质量，减少社会歧视。

(市卫健局　蔡良友　苏远连　郭伟坛)

医疗安全

【安全督查】 2019年，市卫健局树立安全生产意识。加强监管责任。印发《晋江市卫生健康局关于健全加强安全生产“党政同责，一岗双责”工作机制的通知》，完善挂钩检查负责制，建立健全系统“26号安全生产检查日”工作机制，明确工作职责和责任人员。先后12次听取安全生产工作汇报，研究部署各个时间节点的安全生产工作。每季度主持召开防范重特大生产安全事故形势分析会，分析总结当前阶段安全生产形势，研究部署下一阶段重点工作任务。贯彻落实《泉州市安办关于进一步落实生产经营单位安全生产主体责任的通知》，出台规定每月15日为业主单位“安全生产检查日”，要求各医疗卫生单位、民营医疗机构主要领导、负责人要在当天带队开展安全生产检查。每次季度会请安全生产和消防工作落实不到位的单位作PPT汇报。

抓重点、强落实，重点领域整治有序推进。围绕“消防综合整治年”“防风险 保平安 迎大庆火灾隐患整治年”的消防安全综合整治两个年活动为重点，组织开展安全生产隐患排查治理专项行动，推动消防、电气、有限空间、危化品、特种设备等重点专项领域整治，健全完善挂钩检查负责制，加强隐患闭环管理，确保各项工作落实到位。消防工作方面。重点整治医院内的“三合一”场所、人员密集场所、应急疏散通道、违规堆放易燃易爆物品等重点部位，加大技防物防投入，在2018年基础上继续推进创建消防安全标准化管理单位。完善制度。制订出台《卫健系统消防综合整治年活动方案》《“防风险 保平安 迎大庆”火灾隐患整治年行动方案》，明确整治重点内容、时间节点、工作要求。每月26号下发《集中开展“安全生产检查日”活动的通知》，将消防检查纳入每月检查重点。根据卫健系统实际情况，完善健全《卫健系统行业常见隐患排查导则》，将夜间防火巡查检查重点纳入其中。加强治理。全年亲自带队调研部分医疗卫生单位、民营卫生机构消防工作落实情况共12次，局各挂钩领导、科室按照“三个必须”原则和“党政同责、一岗双责”要求，每月26日带队检查挂钩单位消防隐患整改情况，全面完成301条消防安全隐患整改。进一步发挥挂牌督办作用，督促陈埭中心卫生院整改“三合一”场所消防隐患，完成市安办交办的美年大健康门诊部、永和镇卫生院安全生产问题整改，推进博海医院5楼未设消防门、金井镇卫生院高压配电站杂草丛生等市安办交办的消防隐患整改，加大磁灶中心卫生院消防喷淋灭火系统功能失效、顶楼试验阀水压为零以及腾达医院、阳光医院、同济医院存在“三合一”场所等较大消防隐患采取挂牌督办。全年完成11件挂牌督办件整改闭环。推进达标创建。先行先试推广安装电气火灾监测系统、电动车集中充电桩，推进梅岭街道社区卫生服务中心创建卫健行业消防安全标准化达标管理工作，并在第四季度会议上召开现场会，推广该中心在消防安全内档管理、智慧消防、夜间防火巡查等工作上的先进做法。第二医院、永和镇卫生院、英林中心卫生院完成并投用电气火灾监测系统，第二医院建设并投用电动车集中充电桩。做好夜间防火巡查。出台夜巡导则，对急诊部、住院部、消控室、疏散通道等重点部位明确了巡查要点，要求各单位规范本单位夜间防火巡查工作，落实每晚不少于2次巡查频次，完善巡查记录，全年共开展2000余次巡查检查。落实应急措施。结合重点时段，做好夏季、国庆期间、今冬明春等防火的应急处置，抓好应急值班值守，严格落实领导带班、关键岗位24小时值班制度，加强消防火灾等事故多发领域应急演练，重点提升应急逃生、抢险救援等实战技能，找准应急处置薄弱点，提升应急队伍的实战技能和处置能力。第二季度，联合市反恐办、磁灶镇等单位组织开展防暴恐暨消防安全应急演练。全年全系统共开展70余场次消防应急演练。加强协同合作。建立健全部门联合整治工作机制，开展消防安全集中整治专项行动，加强监管和跨部门打击力度，形成多部门联合检查执法力度。与市应急局、消防大队、内坑镇等单位部门对乐康医院、盛川医院消防安全隐患进行集中整治。与市住建局、应急局、消防大队、池店镇等单位部门对博海医院、闽海医院涉及新增经营场所消防隐患进行多部门会商整治。发挥舆论导向作用，加大对“消防安全综合整治年”“防风险 保平安 迎大庆火灾隐患整治年”宣传报道，在医院公众号、导诊台、电梯、LED屏等媒介宣传报道“消防四个能力”、防火视频，进一步宣传《中华人民共和国消防法》《生产安全事故应急条例》及其主题动漫。2019年，共播放5000余次宣传视频，分发1000余份“消防四个能力”宣传单。隐患排查治理专项行动方面。全面深入开展安全生产隐患排查治理工作，完成市安办督办的永和镇卫生院、美年大健康门诊部等2条安全生产问题治理，邀请2位专家参与整改情况验收工作，确保隐患整改到位；常态化开展危化品综合治理行动，排查治理有限空间、特种设备、燃气使用、在建工地等重点领域，对排查出来的隐患和问题建立清单台账，督促相关单位落实整改责任、措施、资金、时限、预案，全年完成整改221条有限空间、危化品、特种设备、燃气使用等隐患。整改《晋江市安全生产委员会关于2019年安全生产和消防重点工作专项督查情况的通报》指出的问题，组织各单位开展安全生产隐患排查治理专项行动的宣传，要求在各单位醒目位置设置安全生产隐患排查治理专项行动的横幅标语。

夯基础、促稳定，各项工作全面推进。市卫健局开展安全生产领域信用体系建设。结合卫健系统实际，细化安全生产领域失信“关注对象”核定标准，梳理安全生产领域联合惩戒“黑名单”报送流程，加大把隐患屡改屡回潮或不配合、拒绝整改隐患的纳入卫健系统安全生产不信任名单、安全生产失信“关注对象”和联合惩戒“黑名单”对象力度。2019年，将晋江市内坑盛川医院纳入卫健系统安全生产联合惩戒“黑名单”管理对象，将晋江市池店博海医院、晋江市池店闽海医院纳入“关注对象”。组织开展“防风险、除隐患、遏事故”第十八个安全生产月活动，引导职工、病患家属参与消防安全综合整治年活动、隐患排查治理专项行动等活动中，加强普及性安全生产宣传教育，抓好从业人员安全教育培训工作。市医院定期组织消防专家对医务人员开展消防教育培训。加快安全生产专业化建设，配合市安办驻点专家开展驻点服务，聘请第三方机构开展安全生产技术指导，解决永和镇卫生院、妇幼保健院等安全生产疑难杂症。市医院、中医院等单位聘请第三方中介机构指导做好本单位安全生产工作。

【健康宣传】 2019年，市卫健局加强法律法规知识培训。召开局党组理论学习中心组专题学习安全生产相关文件，加强党组对安全生产工作的领导，健全落实安全生产责任制，树立安全生产发展理念。加强安全知识培训。定期邀请安全生产专家对卫计系统各单位进行业务培训，重点加强消防安全知识、电气安全知识、职业健康知识等的培训，不断提升业务能力。开展“安全生产月”活动。开展卫计系统安全生产宣传月活动，用舆论导向激发职工的参与热情，让职工牢固树立“安全第一”的思想，把规范自己的行为、注重安全生产变为自觉活动。全年共制作安全生产宣传板报70多块、悬挂安全生产标语150多条，共发放宣传资料近4万份，接受群众医疗安全、卫生安全常识咨询近万人次。

（市卫健局　蔡良友　苏远连　郭伟坛）

行风和职业道德建设

【监督与专项整治】　2019年，市卫健局实施精准防控，靶向施策防范廉政风险。开展违规收费专项整治。联合市市场监管局和泉州医保局晋江分局，对全市25家医疗卫生单位收费情况进行专项督查，共查处实际违规收费金额4932545.01元，督促按规定退还群众或上缴财政，要求各医疗卫生单位引以为戒，不断加强收费管理。开展行业纠风专项整治。组织对卫健系统收受“红包”“回扣”、院外购药等行业不正之风进行专项督查，共查实收受“红包”、院外购药和私自收费各1起，依法依规对当事人进行严肃处理，持之以恒正风肃纪。开展行业乱象专项整治。结合卫健系统“扫黑除恶”专项斗争，成立7个专项整治组和1个综合监督组，精准聚焦13类行业乱象，推进卫健行业乱象的整治工作，全年立案查处“黑诊所”366件，罚没款563.95万元，实现案件查处、罚没款和月群众投诉件“两升一降”，净化晋江市医疗环境。开展漠视群众利益专项整治。结合“不忘初心、牢记使命”主题教育，聚焦百姓关注的“就医体验差”问题。采取接听市长专线、体验式暗访、交叉互访调研等多种形式，结合“上级点、群众提、互相帮、自己找、集体议”等查摆各类问题303个，逐一列出整改清单，明确责任人和完成时限，定期跟踪督促落实，以实际成效回应群众期盼。

【作风行风建设】　2019年，市卫健局推动主体责任落地生根。增强干部队伍战斗力。落实党组培养干部主体责任，提任正股8人、副股4人，规范清退5名借调人员，交流轮岗30名一般岗位人员，进一步明确科室职责，减少“推诿扯皮”，机关干事创业热情和执行力大幅提高，开展任前廉政谈话，筑牢廉洁底线。开展“基层减负年”工作。抓落实才是督查检查考核的核心要义，出台《卫健系统集中整治形式主义、官僚主义实施方案》，强力整治“文山会海”现象，全年累计减少发文151份，下降47.78%，其中，减少规范性文件17份，下降51.51%；累计减少会议数量8场次，下降44.44%，同时，取消计划生育“一票否决”事项，切实减轻基层负担，开展中央八项规定精神专项督导。紧盯重要时间节点，针对落实中央八项规定精神、纠正“四风”、加强廉洁自律工作等开展明察暗访15次，发出限期整改通知书23份，并全部督促整改到位，进一步严明廉洁纪律。同时，加强移风易俗工作，签订《不忘初心　廉洁同行家庭助廉倡议书》，落实婚丧喜宴报备制度，累计报备169人次。2019年，卫健系统共依规处置人员4人，集体廉政谈话16场次，提醒谈话43人次，其中，针对第二医院李海燕收受、索要“红包”的情况进行全系统通报。

【宣传教育】　2019年，市卫健局开拓宣传新阵地。与传统媒体开展宣传合作，与《福建日报》、中国网、中国新闻网、晋江电视台、《晋江经济报》、晋江新闻网长年开展合作。开拓新媒体渠道，在原有“健康晋江”微信公众号、新浪微博的基础上新开通“健康晋江”抖音、今日头条等，新媒体粉丝累计3万多人。

普及健康知识。在《晋江经济报》开设“卫生和健康”，每月月初推出当月健康提示，开设“晚晴名医馆”，普及老年常见病、慢性病的预防保健知识，开设“亲子成长智慧共享”关注儿童青少年身心健康发展等。与晋江电视台长期合作设置相关卫生计生栏目，通过和这些媒体合作宣传相关计生政策、政策解读及各种卫计宣传教育活动。在自媒体“健康晋江”和各医疗卫生单位微信公众号大力普及卫生健康宣传和健康教育知识，提高市民健康素养基本知识和技能宣传，倡导健康生活方式，提高全民科学健康素养水平。结合“三下乡”活动，普及卫生计生知识，通过节目表演、义诊、咨询、有奖问答、卫生知识图片展、急救演示等多样的形式，向群众普及卫生防病知识和健康生活方式，提高市民的健康素养。依托荔枝微课平台开设“健康晋江微课”，邀请晋江名医开展线上讲授健康知识，全年共开展21场次，受群众好评。

唱响卫健好声音。组织开展“十大卫健精彩瞬间”评选活动，发动广大市民参与推荐评选让人记忆深刻或备受触动或倍感暖心的卫健事件；开展晋江名医名科宣介活动，为市民推介全市各医疗单位知名度高病人群多口碑好的名医生和名科室，让群众看病就医不再难；持续三年联合晋江经济报发起“寻找身边好医生”活动，向广大市民征集身边好医生的故事，营造尊医崇医的良好氛围。

深化主题宣传活动。在三八妇女节、世界防治结核病日、世界人口日、世界卫生日、母亲节、爱国卫生月、预防接种日、世界无烟日、世界艾滋病日等卫生计生宣传日期间，围绕宣传主题与宣传口号，在全市各镇（街道）开展卫计宣传教育活动。活动形式多样，现场有节目表演、健康咨询、图片展示、健康咨询、义诊等。

（市卫健局　蔡良友　苏远连　郭伟坛）

医政管理

【医疗服务质量和水平提升】　2019年，市卫健局建立健全医疗质量控制体系。成立晋江市院感质控中心、急诊急救质控中心，临床用药质控中心正在筹备中；质控中心的成立有效指导、督促各医疗卫生机构落实医疗质量关键环节、重点部门管理标准与措施，有效防范、控制医疗风险，及时发现医疗质量和安全隐患，提升医疗安全水平。晋江市医院启动JCI认证相关工作，运用各项JCI质量改进工具和模式，对质控数据进行收集、分析，持续改进，共推进894项改进工作，医院流程改进、就医环境、服务质量得到稳步提升。加强药品安全管理。严格麻、精药品管理,组织举办麻、精药品使用和管理培训班,加强临床合理用药监测,做好辅助药物等重点监控药品的临床使用评价,严格落实药品用量动态监测和超常预警机制、不合理处方进行院内通报和点评制。深入开展抗菌药物临床应用专项整治活动,关注重点药品使用监管,定期向市卫计委报送抗菌药物使用管理情况。引导三级以上公立医疗机构门诊（儿科除外）逐步停止静脉使用抗菌药物,加强门急诊静脉输液处方点评,降低门急诊静脉输液率。

【公立医院综合改革】 2019年,市卫健局出台《晋江市建立现代医院管理制度实施方案》,在市医院、中医院、安海医院等5家公立医院启动试点，同步起草医院章程;健全医疗质量安全管理制度,细化18项医疗质量安全核心制度检查细则,并定期组织开展医疗质量安全检查；完善院内耗材准入遴选机制,更新医用耗材管理制度,定期跟踪分析耗材采购使用情况;出台院长年薪制管理规定和考核规定，在5家试点医院实施院长年薪目标制，年薪由市财政支付，年薪的40%作为发放基本年薪每月平均发放,60%待年终考核后根据考核办法结算发放;出台《晋江市公立医院工资总额管理暂行规定》,完成5家试点医院的总额测算。探索推行绩效分配“工分制”,5家试点医院对全院绩效数据进行梳理分析,对接软件公司进行方案设计和信息化建设。探索建立基层医疗机构公益“一类保障、二类管理”运行新机制,在市妇幼保健院、市第三医院先行试点;出台《晋江市公立医院总会计师制度方案》,聘请第三方专业机构购派驻总会计师,并进驻市医院和中医院。

【区域联动协作】 2019年,晋江市以市医院、中医院和安海医院为龙头组建三大医共体,医共体内开展多元化的协作,建立3个紧密型医共体,分别是市医院与经济开发区社区卫生服务中心、市中医院与紫帽卫生院、陈埭中心卫生院与西滨镇卫生院,实行人、财、物等统筹统一管理,提高合作和经营效率,其中,市中医院与紫帽卫生院医共体实现市、镇、村三级统筹,将市级优质医疗资源延伸至村级,该项工作得到国家中医药管理局局长于文明的肯定。2019年,晋江市医改各项指标位居全省前列,被省财政厅奖励补助金510万元。深化树兰医疗—晋江市医院合作,发挥院士专家工作站和名医工作室的作用,带动全市医疗技术水平的提升;全市共有13家医院与树兰医疗集团、复旦大学附属儿科医院、福医大附属协和医院等40家省内外三级医院建立协作关系，分别有8位院士和14位名医入驻晋江市院士工作站和名医工作室,2019年，知名专家来晋坐诊、手术、会诊次数达1500多人次,利用晋江市国际疑难病多学科远程会诊平台(iMDT)和磁灶镇卫生健康人才发展基金的作用，逐步形成以市医院、市中医院为龙头的4大医疗服务“航空港”,群众在家门口就能“看名医”。

【分级诊疗制度建设】 2019年,市卫健局深化全市5个紧密型医共体建设内涵，建设区域医疗服务技术平台，依托市直医院，建设市消毒供应中心、医学影像中心、临床检验中心、病理检查中心、心电诊断中心、远程会诊中心等六大医疗资源共享平台,建设区域医疗服务协作平台,依托医共体和六大中心逐步推进分级诊疗制度;明确市直医院和基层医疗机构的功能定位,逐步建立基层首诊制,规范双向转诊标准,推进市镇村一体化管理。截至年底,医共体牵头医院下派医生5441人次,服务群众310961人次,转诊301917人次,实施会诊9454人次，开展义诊150场，服务群众50007人次。

【世行贷款医改促进项目】 2019年,市卫健局结合晋江市医改工作实际开展情况,按时完成国家卫生统计信息网络直报网月报、快报、年报等报表报送,加快区域医疗“六大中心”信息化建设，完成第二批世行贷款医改促进项目资金15.74万美元（约合人民币108万元)申请,及时整理世行贷款资金流动数据，配合做好世行贷款项目资金审计。

【社会办医】 2019年，晋江市有社会办医疗机构281家(其中医院20家,门诊部45家,个体诊所216家,2019年新设置的有160家),社会办医疗机构执业(助理）医师725人、注册护士559人;2019年,社会办医医疗机构门诊量544134人次,住院量2698人次。“十三五”期间,晋江市为社会办医疗机构预留发展空间(占全市规划总床位数25%,共规划设置床位2000张)，社会办医疗机构床位1189张，占全市总床位比22.71%(全市总床位数5235张)。

【医疗服务】 2019年，市卫健局全面启动“暖心服务”三年行动,印发《晋江市公立医院“暖心服务”三年行动实施方案》，成立以市委常委任组长的领导小组,及时召开部署会,传达上级有关精神,全面部署启动晋江市“暖心服务”三年行动。组织梳理医疗服务难点、堵点、痛点问题清单,建立问题台账;在9家二级及以上公立医院设置医院服务中心，医院行政领导每日轮值服务中心,每月15日医院主要领导到服务中心接访群众,创新推行市直医疗卫生单位主要领导接听市长专线，倾听民声、开门纳谏。全市二级及以上公立医院服务中心设置率达100%,自助服务设施设备配置率达100%，提供医技结果查询、自动打印报告等互联网运用技术达100%;三级综合医院预约诊疗率达63%、复诊预约率达82%、分时段预约率达100%,医技检查集成预约率达100%,院外预约提醒信息(电话)推送率达100%。

【医疗质量管理】 2019年,晋江市二级及以上医疗机构建立健全医院质量管理委员会组织体系,包括医疗质量与安全管理委员会、伦理委员会、药事管理与药物治疗学委员会、医院感染管理委员会、病案管理委员会、输血管理委员会、护理质量管理委员会等。定期研究医疗质量管理等相关问题,记录质量管理活动过程。职能部门履行指导、检查、考核、评价和监督职能。各业务科室相应成立医疗质量管理小组。其他医疗机构设立医疗质量管理工作小组或者指定专(兼)职人员，负责具体管理工作。健全医疗质量安全管理制度,细化18项医疗质量安全核心制度检查细则,并定期组织开展医疗质量安全检查。完善院内耗材准入遴选机制,更新医用耗材管理制度,定期跟踪分析耗材采购使用情况。加强医疗技术临床应用管理,推进临床路径管理，落实患者安全管理,在成立晋江市院感质控中心、急诊急救质控中心基础上，加快筹备临床用药质控中心等质控组织，及时发现医疗质量和安全隐患，提升医疗安全水平。

【医患关系构建】 2019年，市卫健局贯彻落实《福建省医疗纠纷预防与处理办法》《泉州市医疗纠纷预防与处置规定》，全面推进“平安医院”创建活动，进一步落实医疗纠纷预防与处置“五位一体”工作机制，加强医院内部安全防范能力建设。根据《晋江市医疗纠纷突发事件应急处置工作预案（试行）》，按照分级响应原则妥善处理晋江市医疗纠纷。通过引导鉴定、调解等方式，全年妥善处置各类医疗纠纷46起。

【中医药服务能力建设】 2019年，晋江市进一步完善中医药互联服务工作，以中医院为核心，通过对现有的医院信息化管理进行升级改造，建设涵盖所有基层医疗卫生单位及部分村级医疗机构的中医药互联服务体系。巩固中医药工作先进单位复审成果，投入专项资金100万元，对村级医疗机构在政策扶持、中医科室设置、人员配备、中医医疗和康复服务、中医预防保健、信息化建设等多个方面加快实施，建设20家村级医疗机构中医药先进示范点。

【医务人员意外险】 2019年，晋江市投入资金46.04万元为全市公立医院5755名医务人员购买医疗意外险。

【麻醉药品、第一类精神药品的监督管理】 2019年，市卫健局加强对麻醉药品、第一类精神药品使用环节的日常监管，及时发现管理漏洞，随时纠错整改，杜绝麻醉药品、第一类精神药品流弊；部门间加强沟通协调，采取对麻醉药品、第一类精神药品协同监管的有效方式和措施，共同应对和处理麻醉药品、第一类精神药品监管和安全管理突发事件；加强规范培训和考核工作，提高相关人员守法意识和业务水平。

【精神卫生】 2019年，晋江市开展精神卫生工作。晋江市疗养院更名为晋江市第三医院，加挂“晋江市精神卫生中心”，建设过渡性钢结构病房并投入使用。完成市第三医院扩改建项目的征迁工作，解决飞跃物流历史遗留问题。继续做好严重精神障碍患者一体化管理，加强一历五单推送和社区患者随访管理，较好的建立患者闭环管理模式。利用宣传栏、LED宣传屏、微信公众号等宣传阵地开展宣传工作。10月10日世界精神卫生日，市第三医院心理科工作人员到电台FM91.4，跟听众朋友分享心理健康知识。9月28日—9月30日，为庆祝中华人民共和国成立70周年，市第三医院与晋江电视台合作制作时长4分多钟，主题为“我和我的祖国”医院宣传片，对医院整体状况和特色科室重点介绍，树立医院品牌。做好患者转诊工作。与泉州市第三医院协商转诊强制医疗病人住院治疗。开展严重精神障碍患者义诊。累计派出55人次骨干医生到各镇（街道）进行疑似精神障碍患者诊断和严重精神障碍患者危险性评估。拓展住院患者的康复能力。继续推行每天开展2次的五行健康操活动训练和“住院患者使用代币激励法”，开展患者节日活动，开展叠被子、打牌、象棋、手工活动等工娱活动，举行手指操活动践行暖心服务。加强精神卫生队伍建设。鼓励骨干力量到上级精神卫生专科医院进修学习，派遣业务骨干参加南京、福州、安溪、龙岩、三明等地精神科相关培训班。安排医技人员到省立医院超声科进修，提升医技水平。选派护士到苏州、厦门、泉州等精神专科医院进修，提升护理水平。举办晋江市突发事件心理干预知识及基层医院严重精神病管理培训班，提升全市精神卫生服务水平。

【重大活动医疗保障】 2019年，晋江市设立医疗卫生保障指挥部。赛事期间，市卫健局启动医疗卫生保障指挥部，设总指挥、副总指挥、医疗主管和调度员，实行24小时值班制度，为大型赛事保驾护航。建立大型活动（赛事）医疗卫生保障指挥子系统。该系统包含120急救指挥中心工作端、急救分中心/站工作端、医务人员工作手机App，实现任务指派、角色分配、急救物资药品线上管理、急救信息实时传输等功能的按时序场次任务指派式管理的保障指挥系统。对大型活动赛事医疗保障提供有力支持，标志着大型活动（赛事）医疗卫生保障进入智能化时代。联合市人大常委会组团赴南京、杭州、上海学习卫生应急和大型赛事保障经验，提高晋江市应急准备水平。完善医疗保障方案。制订《卡尔美2019年国际大体联足球世界杯医疗保障方案》《卡尔美2019年国际大体联足球世界杯突发公共卫生事件应急预案》等一系列预案、方案，指导大体联世界杯医疗卫生保障工作。开展风险评估。制订《晋江市2019年大体联足球突发事件公共卫生风险评估工作方案》，组织开展大体联世界杯公共卫生风险评估3场次，邀请省、泉州和晋江市专家参与评估，为赛事风险评估提供防控参考。制订《卡尔美2019年国际大体联足球世界杯流感监测方案》《卡尔美2019年国际大体联足球世界杯登革热和霍乱监测方案》《卡尔美2019年国际大体联足球世界杯健康申报和疫情监测工作方案》等方案，对涉赛事工作人员开展健康申报，在涉赛事场馆（酒店）和相关医疗卫生单位开展症状监测和重点传染病监测。监测期间未发现监测症状异常增多情况，也未发现和接报聚集性病例疫情。

【组织献血】 2019年，晋江市深入贯彻实施《中华人民共和国献血法》《福建省公民献血条例》，根据泉州市政府办的统一部署，加强组织协调，落实工作责任，广泛宣传发动，科学安排和实施献血计划和任务，确保晋江市临床医疗急救和突发公共事件应急用血需要，保障人民群众身体健康。

2019年，晋江市公民无偿献血达18005单位，任务完成率超过100%。

（市卫健局 林清火 陈志勇 陈志彬）

疾病防控

【概况】 2019年，全市公立医疗卫生机构的传染病网络直报率、传染病及时报告率和报卡审核及时率均为100%。法定传染病报告发病率455.25/10万、死亡率0.81/10万、病死率0.18%。无甲类传染病报告，无重大传染病暴发流行。报告乙类16种5415例，丙类6种4159例，传染病防控工作有效落实。

【霍乱、手足口病防治】 2019年，晋江市全年霍乱监测项目中外环境和食品采检水样225份，海水产品499份，哨点监测单位腹泻病人肠道标本954份，检验结果均为阴性；全市各医疗卫生单位疫情监测均未发现霍乱确诊病例、疑似病例及病原携带者。加强哨点医院手足口病监测工作技术指导，哨点医院实验室监测采集手足口病标本116份送泉州市疾控中心进行手足口病病原学检测，检测结果均反馈到送检单位并进行网络订正。开展业务培训，加大宣传工作，提高医务人员霍乱防控意识和水平。规范处理疫情，防止疫情的进一步扩散。全年晋江市未发现霍乱确诊病例、疑似病例及病原携带者。2019年，共发现手足口病疑似聚集性疫情30起，均及时进行调查处置，控制疫情扩散。开展专题督导工作，确保各种防控措施的落实。7月，组织开展医疗机构霍乱、手足口病等肠道传染病防控工作督导，对督导中发现的问题，存在的隐患逐一整改到位。

【鼠疫防控】 根据省级安排，2019年，晋江市暂停鼠疫监测点工作，但仍需继续做好防控工作所需药品、器械的贮备更新。结合相关宣传活动继续开展鼠疫防制宣传活动，通过发放鼠防传单及礼品，对群众进行鼠防知识教育，提高群众的自我保健意识，落实鼠防“三报”(报告不明原因的病鼠和自然鼠、报告疑似鼠疫病和不明原因的高热急死病人、报告鼠疫病人)工作，逐步构建群众性的防御屏障。

【出血热防控】 2019年，市疾控中心制订《2019年晋江市肾综合征出血热监测方案》，并严格按照规范要求开展各项监测。全年共调查处置20起散发疫情，均及时做好病例流调、主动搜索、病原消杀灭、健康教育、宿主动物监测等工作。全年总计布放鼠笼1024笼次，总捕获鼠类88只，总鼠密度为8.59%，采集鼠肺标本65份，检出阳性标本4份，阳性率6.15%；共接收医疗卫生单位送检标本253份，检出阳性12份，阳性率为4.74%。

【布鲁氏菌病防控】 2019年，市疾控中心制订《2019年晋江市布鲁氏菌病防控项目实施方案》，提高布鲁氏菌病疫情监测及处置能力，及时发现布鲁氏菌病现症病例，控制人间布鲁氏菌病疫情。全年共调查处置7起散发疫情，及时做好病例流调、主动搜索、环境消杀灭、健康教育等工作。在内坑镇及安海镇开展职业人群监测工作，共采集职业人群(牲畜饲养、交易人员，皮毛加工人员等)血样107份，经实验室检测，检出阳性4人(其中新发2例，老患2例)，阳性率3.74%；2家哨点综合医院送检发热疑似病人血样40份，经实验室检测结果均为阴性。开展布病防治知识基线调查和效果评估工作，其中基线调查203人，防治知识知晓率为51.48%；效果评估共调查224人，防治知识知晓率78.42%。

【人感染H7N9流感防控】 印发《晋江市2019年职业暴露人群和环境禽流感监测实施方案》，通过哨点医院流感样病例和外环境人感染H7N9流感病原学监测，对人感染H7N9流感推行常态化监测，及时掌握晋江市H7N9流感病毒活动强度，了解外环境污染情况，及时排查人感染H7N9流感病例，指导临床用药。在新塘沙塘菜市场、青阳韩林池菜市场、梅岭综合菜市场外围、深沪华峰综合市场、罗山柯厝菜市场等活禽交易市场开展职业暴露人群血清流行病学监测，共采集活禽屠宰/经营从业人员血液标本10份送检，均为阴性。开展5轮外环境监测，采集活禽交易市场共89份禽类外环境标本，经实验室检测6份H5N6阳性，阳性率6.74%；未发现H7N9及H5N1阳性标本。在哨点医院流感样病例采集标本162份，经实验室检测，流感病毒阳性标本17份，阳性率10.49%。

【登革热防控】 2019年，市疾控中心全年全市共报告87例登革热病例，其中输入性病例78例，本地感染病例9例；无重症和死亡病例。继续推行常态化加应急监测。印发《关于进一步做好登革热等蚊媒传染病防控工作的通知》等文件，在全市开展病媒生物监测、培训和指导。在各镇(街道)常态化开展病媒生物监测，及时掌握病媒生物季节消长规律变化，为防控登革热提供基础数据支持。3—11月，每月在各镇(街道)和医疗卫生单位开展布雷图指数监测，共监测9次，入户调查18995户，将监测结果通报相关单位，对监测不达标的镇(街道)和医疗卫生单位发出限期整改通知书限时整改。9月10日，启动登革热应急监测，实行“日报告”“零报告”制度，在各医疗卫生单位开展登革热症状与病例监测工作；在本地感染病例所在村(社区)开展入户主动搜索。3月，举办市级登革热等重点传染病防控师资培训班，并要求各医疗卫生单位对本单位及辖区村级医务人员进行二次培训，提升晋江市登革热防治水平。9月中旬至11月上旬，每日对新塘街道、内坑镇、池店镇、陈埭镇、青阳街道等发生本地感染病例的疫点开展登革热防控工作督导，通过查看现场、访谈工作人员和群众了解防控工作开展情况，发现问题当面提出并督促整改，确保各项防控措施落实到位，疫点疫区布雷图指数降到安全值5以下。

【艾滋病防治】 2019年，市疾控中心以“预防为主，减少艾滋病新发感染”为主要任务，结合“艾滋病综合防治示范区”工作，落实宣传教育、预防干预、监测检测、抗病毒治疗管理、关怀救助、职业暴露防控等措施，保障艾滋病防控工作任务完成。拓展宣传教育面。多部门合作，通过“三下乡”“进社区、进公共场所、进企业、进学校”及卫生宣传日开展社区居民、外来务工人员、妇女、青年学生、医务人员的宣传教育活动共74场，发放宣传材料约2.14万份。开展高危人群干预。干预暗娼人群7638人次；发放艾滋病宣传单、小册子共21402份，安全套32197个，检测1264人次；开展多次针对MSM人群的防艾宣传活动，被干预人数达1205人次，发放宣传材料1338份，安全套4600个，检测人数224人；干预吸毒人群达774人次，发放宣传材料1548份；面对面宣传干预性病门诊就诊者2605次，2605人接受艾滋病病毒检测，检测率达100%，共发放安全套10200个，性病服务包2605个；2019年开展老年人群干预48场次，干预4649人，发放艾滋病宣传单、小册子共4649份，检测3017人。加强艾滋病病例随访管理。加强感染者和病人的管理，对所有存活、现住址在晋江的AIDS/HIV做到定期随访和关怀，每月定期通知未完成检测人员及时到医疗机构进行检测，2019年，晋江市艾滋病疫情报告质量良好，HIV/AIDS病例随访检测率为90.8%，结核筛查率93.6%，配偶检测比例为74.4%。

【梅毒等性病防治】 2019年，市疾控中心每月向泉州报告梅毒病例报告订正情况，及时查询审核全市梅毒报告质量。组织开展2019年性病病例报告质量核查工作，深入市医院、中医院、第二医院、妇幼保健院、市医院晋南分院、陈埭中心卫生院6家性病报告单位，现场复核梅毒、淋病、生殖道沙眼衣眼原体感染报告质量准备性，抽查报告卡，开展性病漏报检查工作，对于核查发现的存在问题及时整改。

【麻风病防控】 2019年，市疾控中心以《全国麻风病防治规划（2011—2020）》的要求作为麻风病防治总目标，结合泉州市麻风病防治项目实施方案及晋江市2019年麻风病工作计划，开展麻风病人的早发现、早治疗、防畸形和康复工作，认真贯彻落实各项防治措施，保障人民群众身体健康。2019年麻风病的发病率控制在1/10万以下，达到基本消灭麻风病的目标。举办麻风病防治知识培训班，培训村医212人。调查麻风线索200条，未发现可疑病人；调查近10年现症病人家属6户密切接触者30人，未发现可疑新发麻风患者。

【免疫规划疫苗接种】 2019年，市疾控中心实施扩大国家免疫规划，严格按照疫苗免疫程序对所有适龄儿童开展国家免疫规划疫苗的常规免疫工作，加强管理，规范接种。2019年全市适龄儿童各苗（一类）预防接种率（基础苗）：卡介苗99.95%、脊髓灰质炎疫苗99.83%、百白破疫苗99.88%、含麻疹类疫苗第一针99.91%、乙肝疫苗99.93%（乙肝疫苗及时率为99.92%）、乙脑疫苗第一针99.87%、A群流脑疫苗99.84%、甲肝疫苗（一类）99.82%。各苗加强针接种率：脊髓灰质炎疫苗（第四针）99.84%，百白破疫苗（第四针）99.88%，白破疫苗99.85%，含麻疹类疫苗第二针99.88%，A+C群疫苗99.78%，乙脑疫苗第二针99.87%。

【脊髓灰质炎、麻疹、乙肝等重点免疫规划疫苗针对传染病防治】 2019年，市疾控中心按照《全国急性弛缓性麻痹（AFP）病例监测方案》要求，在市医院、中医院和第二医院等二级以上综合医院开展AFP病例的主动监测，做好AFP病例的调查、标本采送检、随访工作。2019年共主动监测108旬次，未发现漏报病例；共报告AFP病例14例，排除4例AFP病例，确诊10例AFP病例，报告发病率6.25/10万，达到报告发病率1/10万的指标要求。14例AFP病例中无高危AFP病例，无脊灰确诊病例和临床符合病例。48小时内调查率100%，14天内合格标本采集率90%，达到85%合格采便率的指标要求，7天内标本送达率90%；75天内随访率100%。

2019年，共确诊麻疹病例14例，报告发病率6.67/100万。年龄分布为未满8月龄儿童1例，8月龄～14周岁儿童6例，14周岁以上成人病例7例；居住地分布为10例本地户籍，4例为流动人口；免疫史分布为未到免疫月龄1例，免疫1剂次的3例、免疫2剂次的1例，无免疫史的2例，免疫史不详的7例。疫情发生后，严格按照监测方案要求，组织处置小组赶赴病家、医院等现场开展流行病学调查、主动搜索、疫点消杀、标本采检等处置工作；开展含麻疹类疫苗查漏补种及密切接触者应急接种工作，构筑免疫屏障；加强培训，提高各医疗单位病例监测敏感性；加强医院防控，严格落实预检分诊和隔离治疗，严防交叉感染；加强健康宣传教育工作。

2019年，共报告182例麻疹风疹疑似病例，排除麻疹风疹病例报告发病率为2.43/10万，达到全国麻疹监测方案2/10万的指标要求。按要求及时开展流行病学调查并录入专病系统，个案录入率100%，48小时内个案完整调查率98.35%，调查后48小时内录入个案率99.45%。血清标本及鼻咽拭子标本采集率均为100%，达到国家监测90%的采血指标要求。7例为麻疹确诊病例，124例为风疹确诊病例，51例均为其他疾病。

2019年，共报告乙肝病例终审卡1002例，所有报告病例均开展ALT检测，检测率100%，附卡填写完整率100%。对未能明确为慢性乙肝病例报告并采血送检7例，及时根据每月报告的检测结果开展流行病学调查并进行个案录入，病例调查率及录入率均达100%。将全年数据库上报省疾控中心。

根据《泉州市新生儿乙肝疫苗全程免疫后血清流行病学监测实施方案（试行）》要求，结合晋江市实际，制订《晋江市婴幼儿乙肝疫苗全程免疫后血清流行病学监测实施方案（试行）》，并将PVST监测结合基本公共卫生服务项目进行考核。

按照新生儿破伤风、乙脑、流脑等疾病监测方案和上级要求开展疫情监测，密切注视疫情动态，2019年晋江市报告1例流脑确诊病例和39例百日咳病例，无新生儿破伤风、白喉病例发生。

【疑似预防接种异常反应监测与处理】 2019年，市疾控中心严格按照《全国疑似预防接种异常反应监测方案》和上级的要求开展疑似预防接种异常反应（以下简称AEFI）监测。2019年全市共报告AEFI个案91例，镇（街道）覆盖率达100%，48小时内报告率为100%；需调查AEFI个案24例，48小时内调查率为100%，3日内调查表报告率为100%，个案调查表完整率为100%，AEFI分类率为100%，均达到全国监测方案指标要求。91例AEFI中，一般反应66例，占72.5%；异常反应24例，占26.4%；偶合症1例，占1.1%；无疫苗质量、实施差错事故、心因性反应及群体性AEFI情况发生。召开2次AEFI专家诊断会，对1例接种麻风腮疫苗引起的“血小板减少性紫癜”和1例接种23价肺炎疫苗引起的“败血症”进行专家诊断。

【查漏补种】 2019年，市疾控中心为巩固免疫规划工作基础，保持适龄儿童国家免疫规划疫苗高接种率，在全市开展“4.25”全国儿童预防接种宣传日活动和国家免疫规划疫苗查漏补种月活动。做好查漏补种月活动的前期准备工作，及时制订实施方案，成立领导小组、技术指导小组和异常反应专家诊断小组。设计制作并印发图文并茂的查漏补种宣传画2800张，查漏补种催种单33500张，各种表格10020张；制作通俗易懂的查漏补种相关微信内容；邀请晋江市电视台对查漏补种活动内容进行专题宣传报道；在“4•25”预防接种日宣传活动通过微信答题有奖游戏方式开展宣传工作，组织在荔枝平台上进行微课直播授课，扩大宣传效果。

各接种单位按照方案要求，开展人员培训。利用有线电视台、广播宣传、LED屏滚动字幕、悬挂横幅、张贴宣传画、发放宣传单、短信、打电话、口头告知等多种宣传形式，进行广泛宣传。共发放宣传单51500张，张贴宣传画1464张，悬挂宣传横幅74条。墙报274版次，利用镇(街道)有线电视宣传63次，广播宣传280次，通过发送15345条短信进行点对点通知宣传。此次活动全市共摸底调查需补种儿童数62233人，实际补种59396人，其中本地儿童应种数33726人，实际补种32444人；流动儿童应种数28507人，实际补种26952人。脊灰疫苗本地儿童应补种数5692人，实补种儿童数5499人，补种率96.61%；脊灰疫苗流动儿童应补种数4873人，实补种儿童数4674人，补种率95.92%；含麻类疫苗本地儿童应补种数3638人，实补种儿童数3541人，补种率97.33%；含麻类疫苗流动儿童应补种数3418人，实补种儿童数3292人，补种率96.31%。其他疫苗补种率均达到90%以上。

【入托、入学儿童查证补种】 2019年，市疾控中心为规范入托、入学儿童查验预防接种证工作，优化预防接种证查验证流程，提高查验质量和免疫规划疫苗接种率，加强幼托机构和学校的传染病防控，市疾控中心联合市教育局制订《关于开展2019年国家免疫规划疫苗查漏补种暨入托入学接种证查验活动的通知》，并举办疫苗查漏补种和入托入学接种证查验视频培训。2019年11月，组织对19家预防接种门诊和42所小学和幼儿园开展儿童入托、入学查验预防接种证工作督导检查。全市共708所学校，查验覆盖率为100%。新入托入学或转学共95160人，实际查验110197人，需补种36595人，完成补种34783人，补种率为95.05%，脊灰疫苗和含麻类疫苗补种率为95%以上，其他疫苗补种均在90%以上。

【预接种“妈妈”课堂推广】 2019年，市疾控中心为普及预防接种科学知识，促进家长和预防接种单位工作人员之间的交流和沟通，减少纠纷和投诉，全市有序开展预接种妈妈课堂活动，全市22家预防接种门诊全年共举办220期预防接种妈妈课。

【接种单位数字化及示教基地建设】 2019年，市疾控中心全市23家预防接种门诊建设数字化预防接种门诊并通过验收，数字化门诊覆盖率为95.8%；配合泉州市在东石中心卫生院召开数字化预防接种门诊建设现场会，并在会上介绍晋江数字化预防接种门诊建设经验。在磁灶中心卫生院和市医院晋南分院建设预防接种示教基地，构建免疫规划教学新平台，推行理论、实践一体化教学模式。

【疫苗管理督导】 全年共组织5轮预防接种门诊、产科门诊、犬伤门诊疫苗使用管理专项督导检查，及时发现疫苗管理中存在的问题，增强疫苗接种安全责任意识，规范晋江市疫苗的使用和管理。

【免疫规划岗位技能竞赛】 2019年，市疾控中心组织全市卫健系统免疫规划岗位技能竞赛，选派3名选手参加泉州市免疫规划竞赛，获得团体第三名成绩。

【慢性非传染性疾病防控】 晋江市2019年5月，通过省级慢性非传染性疾病综合防控示范区考评、验收。推进慢性非传染性疾病综合防控示范区工作，确保慢性非传染性疾病综合防控示范区工作稳步、长效开展，巩固示范区建设成果。开展慢性非传染性疾病监测工作，加强高血压、糖尿病患者的登记及管理工作，开展三减三健专项行动，推动控烟工作，全面建设无烟党政机关、无烟企事业单位、无烟医疗卫生机构、无烟学校，构建全方位的健康检测服务，提供个体化健康指导。死因监测工作覆盖全人群。2019年，全市共计报告7556例死亡个案，报告死亡率359.30/10万，报告数据统计分析显示，年内晋江市居民死因顺位前五位从高到低分别是恶性肿瘤、脑血管病、心脏病、损伤及中毒、呼吸系统疾病。全市各医疗机构共报告恶性肿瘤患者1056例。加强慢性病患者管理。年内高血压、糖尿病患者分别建档6.64万份、2.59万份，健康管理任务数完成率分别达到55.36%、63.05%；加强35周岁以上慢性病(高血压、糖尿病)高危人群的早期筛查登记报告工作，进一步完善慢性病防治一体化工作。开展国家心血管病高危人群早期筛查与综合干预项目。按照国家、省项目组的要求，承接2019—2020年度国家级心血管病高危人群早期筛查与综合干预项目工作任务。

【结核病防治】 2019年，市疾控中心实施市疾病预防控制中心、市医院、基层医疗卫生机构“三位一体”分工明确、协调配合的结核病防治服务模式。2019年，初诊可疑肺结核患者3561人，确诊并建档治疗851人（病原学阳性341人，病原学检查阴性481人，单纯结核性胸膜炎29人）。结核病人转诊到位率45%，追踪到位率99.8%，总体到位率97%。涂阳肺结核病人密切接触者共调查730人，发现涂阴肺结核患者1例；筛查可疑耐药者73例，对17例耐多药患者按耐多药项目要求进行随访管理。开展结核病宣传培训。3月24日，联合各相关部门在晋江市华侨职校举办“世界防治结核病日”免费宣传咨询、义诊活动，并举办结核病防治专题讲座，共分发宣传材料500余份，参与师生350余人。4月11日，召开2019年结核病工作会议并举办结核病防治知识培训班，共培训村医212人。制订学校结核病防控工作计划，开展学校结核病疫情监测。开展业务督导。全年对基层医疗卫生单位开展督导114次，访视患者230人次。

【地方病、寄生虫病防治】 2019年，市疾控中心开展8～10岁儿童盐碘监测。共采集216份碘盐，按照国家规定的碘盐含量18～33毫克/千克（福建省限值）进行判定分析，其中碘盐205份，非碘盐11份，碘盐覆盖率为94.9%。

孕妇盐碘含量监测情况。共采集106份孕妇盐，按照国家规定的碘盐含量18～33毫克/千克(福建省限值)进行判定分析，其中碘盐103份，非碘盐3份，碘盐覆盖率为97.2%。

甲状腺检查情况分析。共检查8～10岁儿童216名，甲状腺肿大人数为2名，甲状腺肿大率为0.9%。

寄生虫病防治。制订《晋江市2019年消除疟疾后监测方案》，保持疟疾防治工作能力，巩固防治成果，防止输入性疟疾引起继发传播。全年发现输入性疟疾病人3例，复发病人1例，均完成疫情处置，未发生第二代病例。举办寄生虫病防治培训班，培训各医疗卫生单位人员共39人次。全年各医疗卫生单位送“三热”病人血检片386人份，完成“三热"病人血检任务，发现阳性片1份，送泉州市鉴定为恶性疟原虫。未发现血吸虫、丝虫病例，无其他寄生虫病暴发疫情。开展宣传活动，在新塘街道开展"全国疟疾日"现场宣传活动，向前来咨询的群众面对面宣传疟疾防治的重要政策、疟疾的临床表现、治疗和预防等相关知识。此次宣传活动共发放宣传材料500余份。

【食品卫生监测】 2019年，市卫健局根据《2019年泉州市卫生系统食品化学污染物及食源性致病菌监测计划》，制订《晋江市2019年食品安全风险监测方案》，并组织采集检测各类相关食品。

配合泉州监测情况。2019年配合泉州市采样监测各类食品样品任务175份，监测完成率达100%。监测婴幼儿配方食品、婴幼儿谷物辅助食品、坚果与籽类及其加工制品类、蔬菜、鲜、活海鱼、贝类、土笋冻、中式糕点、玉米等14种食品175份，合格163份，合格率93.1%。监测中发现12份样品存在异常情况：10份蟹黄蟹膏检出镉超标、2份扇贝检出麻痹性贝类毒素。

本级食品安全风险监测。2019年晋江市本级共开展消毒餐饮具、即食蛋制品、即食藻类制品、红皮花生、地瓜粉、黄酒、冷冻饮品、学校直饮水、饮用水等9类食品样品监测任务855份，实际监测870份，监测完成率达到101.8%。其中，水质监测250份，合格率99.2%；集中式餐具消毒监测460份，合格率92.8%。其他食品监测160份，合格率79.8%。监测中发现8份样品存在异常情况：2份淀粉及淀粉制品铅超标，4份学校直饮水细菌总数超标，1份末梢水浑浊度超标、1份末梢水细菌总数超标。

开展食源性疾病病例监测。根据《2019年度食源性疾病监测工作方案》要求，晋江市11家哨点医院食源性疾病病例监测共审核上报1339例，完成率128%。其中，市医院报告184例（完成率153%），中医院报告154例（完成率128%），安海医院报告148例（完成率123%），晋南分院报告156例（完成率130%），妇幼院报告138例（完成率115%），陈埭卫生院报告131例（完成率109%），东石卫生院报告150例（完成率125%），磁灶卫生院报告179例（完成率149%），金井卫生院报告30例（完成率100%），英林卫生院报告30例（完成率100%），英墩华侨医院报告39例（完成率130%）。

开展食物中毒事件调查。根据《食品安全事故流行病学调查技术指南》（2012年版）的规定，2019年共调查疑似食物中毒事件14宗，调查完成率达100%，原因查明率基本达到100%，确认食物中毒事件7起。

开展食物消费量调查。在晋江一中开展典型人群调查，共调查152人（合计304人次）；利用晚间时间组织3次入户4个监测点内42户调查对象共计120人（合计360人次）。

开展学校膳食营养调查与指导。配合市场监督管理局、市教育局共同检查指导学校配餐机构、学校食堂食品安全与膳食营养工作；组织实施配餐机构、学校进行电子营养师软件操作、学生餐营养指南培训2场次。

【环境卫生监测】 2019年，市疾控中心开展公共场所健康危害因素监测。10月，按照上级要求完成辖区内住宿场所3家、沐浴场所2家、游泳场所1家和美容美发场所2家等4类8家公共场所的健康危害因素监测与调查任务。

【饮用水卫生监测】 2019年，市疾控中心开展市政供水末梢水监测。根据市食安办《2019年晋江市治理餐桌污染建设食品放心工程工作方案》的要求，对市政供水末梢水10个固定点监测120份，合格率99.2%。

城区二次供水监测。根据市食安办《2018年晋江市治理餐桌污染建设食品放心工程工作方案》的要求，对城区二次供水监测40份，合格率100%。

开展国家饮用水项目监测。2019年对10个自来水厂的基本情况进行重新核实，进一步深化明确晋江市生活饮用水的提供方式、制水工艺、饮用水卫生培训，消毒方式、水质检测安全、卫生安全隐患，实验室检测能力等内涵。对辖区内10家集中式供水单位的出厂水和末梢水进行抽检，共监测出厂水40份，合格率100%，监测末梢水160份，合格率为98.8%。出厂水和末梢水均符合生活饮用水卫生标准。

末梢水监督检测。根据人大要求对末梢水49个固定点监测9个项目抽检水质600份，合格595份，合格率99.2%，水质合格率达到治理餐桌污染工程市政末梢水合格率95%以上的要求。

【职业病防治】 2019年，市疾控中心根据《泉州市重点职业病风险监测与评估实施方案》的要求，2019年辖区内职业健康监护信息565家，合计61246人。其中，本年度岗前体检17209人，发现疑似职业病人数91人，禁忌征人数425人；接触有毒有害作业在岗工人数88306人，实检人数43893人，实检率49.3%，发现疑似职业病人数30人，禁忌征人数281人，调离人数93人；离岗实检人数144人，未发现疑似职业病。

开展尘肺病调查与分析。根据国家卫生健康委《2019年重点职业病监测项目工作方案》和省卫健委《福建省2019年重点职业病监测项目工作实施方案》要求，按照泉州市疾病预防控制中心提供的尘肺病病人名单，在晋江市范围内开展中华人民共和国成立起至2019年共有105个职业性尘肺病随访与回顾性调查，调查结果显示：尘肺病人存活69人，确认死亡13人，失访23人，失访率达21.9%，并将结果上报泉州市CDC。开展工作场所健康危害因素调查与监测情况分析。按要求完成企业基本情况调查74家。按照省里监测方案要求完成工作场所职业病危害因素监测企业74家，其中陶瓷生产39家、石材加工10家、化工6家、制鞋业18家（由于没有蓄电池制造企业，用1家制鞋业代替）、汽车制造1家。按要求完成工作场所健康危害因素检测74家。（1）涉尘企业49家（包括陶瓷制造39家、石材加工10家），检测岗位数725个，超标岗位数239个，超标率32.97%。检测定点工作场所777个，超标282个，超标率36.29；（2）涉毒企业23家，检测岗位数318个，超标岗位10个，超标率3.14%。检测定点工作场所379个，超标17个，超标率4.49%；（3）噪声企业74家，检测岗位数980个，超标岗位数226个，超标率23.06%。检测工作场所数1038点，超标220点，超标率21.19%。

职业病防治法宣传。2019年4月25日至5月1日是全国第17个《中华人民共和国职业病防治法》宣传周，为深入宣传贯彻《中华人民共和国职业病防治法》和《国家职业病防治规划》，进一步普及职业病防治知识，提升晋江市职业病防治水平，营造良好社会氛围，市职

2019年4月28日,《中华人民共和国职业病防治法》宣传周启动仪式暨现场主题咨询活动在磁灶镇海西广场举行　（市卫健局　供）

安办开展《中华人民共和国职业病防治法》宣传周活动。2019年4月28日由泉州市职业病防治相关部门领导、晋江市政府有关领导,晋江市职业病防治相关职能部门领导及相关工作人员及各镇(街道)、经济开发区、综合保税区分管领导及业务骨干、各医疗卫生单位1名主要领导及市医院、中医院相关工作人员、晋江市卫健局机关相关科室负责人、职业健康科全体人员、相关用人单位劳动者参与的2019年《中华人民共和国职业病防治法》宣传周启动仪式暨现场主题咨询活动在磁灶镇海西广场举行。现场组织执法人员、技术服务人员、职业病诊断治疗医师等为劳动者提供现场咨询服务,免费发放科普和法制宣传资料,展示宣传画报,还有健康急救培训、职业健康义诊及职业健康体检知识宣传、职业健康防护器材体验。活动持续了3个小时,吸引众多市民参与。

【放射卫生监测】　2019年,市疾控中心根据《泉州市卫生健康委关于印发2019年非医疗机构放射性危害因素监测工作方案的通知》要求,对19家存在非医疗机构放射性危害因素的企业进行调查。调查结果显示,6家企业停产,13家尚存,其中进行概况调查13家(均为测厚仪),详细调查2家(机场、内坑动车站均为行包检测仪,共81台)。

根据《泉州市卫生健康委关于印发2019年医疗机构医用辐射防护监测工作方案的通知》要求,对晋江市2017年度、2018年度调查剩余的16家医疗机构医用辐射单位进行放射诊疗机构基本情况、医疗机构开展放射诊疗频度调查。

【学校卫生监测】　2019年,市疾控中心开展学生健康体检工作。晋江市共有中小学校344所,学生285903人,其中视力情况体检257346人,体检率90.0%,视力不良检出174207人,检出率67.7%;龋齿情况体检257346人,检出78752人,检出率30.6%;肥胖情况体检257346人,检出30448人,检出率11.8%;营养不良情况体检257346人,检出19096人,检出率7.4%;沙眼情况体检257346人,检出190人,检出率0.07%。监测结果提示:全市中小学生常见病患病情况不容乐观,检出率依次为视力不良(67.7%)、龋齿(30.6%)、肥胖(11.8%)、营养不良(7.4%)沙眼(0.07%)。

教学环境卫生监测情况。2019年随机抽查晋江市中小学校教室采光和照明监测42所中小学,合格7所,合格率13.7%,其中小学检测33所,合格5所,合格率11.9%;中学检测9所,合格2所,合格率22.2%。检测项目合格率依次为:课桌面照度(88.1%)、教室采光(76.5%)、课桌椅配备(72.5%)、灯管垂直黑板(66.7%)、控照式灯具(43.1%)、黑板面照度(35.3%)。

托幼机构采光和照明检测情况。按照双随机监督抽检方案要求,派员配合监督检测托幼机构23家,检测项目为直接天然采光、采光系数、窗地面积比、照度标准值等4个项目,检测合格只有3家,合格率为13.4%。其中,直接天然采光合格率100%(23/23),采光系数合格率30.4%(7/23),窗地面积比合格率65.2%(15/23),照度标准值合格率43.5%(10/23)。

校外培训机构采光和照明检测情况。按照双随机监督抽检方案要求,派员配合监督检测童趣教育培训学校、小主人教育培训学校、环球雅思培训学校、YY艺术培训学校、雏鹰艺术培训学校等5家校外培训机构,检测项目:教室采光检测采光方向、采光系数、窗地面积比、防眩光措施、室内表面反射,教室照明检测装设人工照明、课桌面照度、黑板面照度、照明功率密度,检测结果综合分析5家培训机构全部不达标。

开展学校卫生保健人员情况调查:根据《福建省疾病预防控制中心关于开展全省学校卫生工作体系和能力建设调查工作的通知》精神,调查255家学校卫生工作体系和能力建设工作情况。

【消毒管理】　2019年,市疾控中心开展医疗机构消毒风险监测。对市级公立医疗机构消毒效果监测4家,共检测样本总数160份,合格率95.6%。其中医院环境空气监测12份,合格率100%;物体表面监测12份,合格率100%;医护人员手表面监测40份,合格率95%;使用中消毒剂监测40份，合格率100%；灭菌器监测8份，合格率100%；内镜监测16份，合格率93.8%，医院污水监测4份，合格0份。医疗机构消毒委托检测情况，对医疗机构消毒效果监测18家次，合格率94.4%，共监测总样本数516份，合格率99.8%。其中医院环境空气监测54份，合格率100%；物体表面监测180份，合格率100%；医护人员手表面监测90份，合格率98.9%；使用中消毒剂监测90份，合格率100%；灭菌器监测11份，合格率100%；紫外线灯监测90支，合格率100%。

开展幼托机构消毒风险监测。2019年对辖区内幼托机构消毒效果监测4家，共检测样本总数140份，合格率94.3%。其中环境空气监测20份，合格率100%；餐具监测40份，合格率95%；物体表面监测40份，合格率95%；手表面监测40份，合格率90%。

开展消毒产品企业环境卫生学检测。2019年对消毒产品企业生产环境卫生学检测4家，合格率100%。共监测总样本数68份，合格率100%。其中，生产与装配车间环境空气监测8份，合格率100%；工作台监测20份，合格率100%；工人手监测20份，合格率100%；紫外线照射强度监测20支，合格率100%。

实施集中式餐具消毒效果监测。2019年对辖区内2家持证单位进行消毒后餐具的监督抽检160份，合格率88.8%，抽检合格率不符合《2019年泉州市餐饮具集中消毒服务单位专项监督检查方案》规定的消毒餐具抽检合格率达到90%以上的指标要求。

【病媒监测】 2019年，市疾控中心开展蚊虫国家级和省级监测。根据《2019年晋江市蚊虫监测工作方案》要求，3至12月对晋江市蚊类及其密度进行监测。

布雷图指数法监测情况分析。2019年3—12月份对罗山、磁灶、龙湖、安海等4个监测点进行调查1003户，发现白蚊伊蚊蚊幼阳性积水容器数165个，布雷图指数平均为16.5。

勺捕法监测情况分析。2019年3—11月，定期对晋阳湖、绿洲公园、内沟河、八仙山小溪、竹树下水库、泽沟等6个大中型水体进行监测180处，向水体中捞取1800勺，阳性勺数0勺，阳性勺指数为0。监测结果认为晋江市大中型水体中无蚊幼孳生。

诱蚊灯法监测情况分析。2019年3—12月对居民区、公园、医院、民房、养殖场等10个监测点进行成蚊密度监测，共布放诱蚊灯数200个，捕获雌蚊数844只，每灯蚊诱密度指数为4.2只/夜。其中致倦库蚊812只，占比96.2%，白蚊伊蚊26只，占比3.1%。

双层叠帐法监测情况分析。2019年3—11月对宝龙小区、八仙山公园、高霞加油站轮胎堆积处等3个监测点进行成蚊帐诱指数监测，共布放双层叠帐108个，捕获白纹伊蚊雌蚊186只，平均帐诱指数为3.4[只/(帐次•时)]。

晋江市级蚊虫监测项目。根据《晋江市2019年登革热布雷图指数监测方案》要求，4—10月，对全市登革热伊蚊传播媒介开展布雷图指数监测，共监测19448户，发现阳性积水容器1653处，平均布雷图指数8.5。

开展四害密度控制水平评估。2019年晋江市3个季度四害监测评估及第3季度布雷图应急监测共出动病媒监测库成员64人次。各镇布雷图自行监测共出动卫生院公卫人员320人次。对基层医疗卫生单位防疫人员进行鼠类、蚊虫、蟑螂、蝇类等监测的理论培训与实地现场培训2场次，接受四害监测技术咨询服务上百次。

2019年四害密度控制水平监测与评估情况。2019年第一、二、四季度共3次对20个镇、街道、开发区的鼠类、蚊类、蝇类和蟑螂等四害密度控制水平抽样监测240次，达标（C级）139次，达标率57.9%。其中，四害达标率摆列前三名：梅岭街道（100%）、磁灶镇（83.3%）、紫帽英林（75%），四害达标率摆列后三名：金井镇（25%）、西滨镇（33.3%）、龙湖深沪陈埭（41.7%）。布雷图指数达标率前三名：深沪镇（100%）、经济开发区（87.5%）、梅岭青阳紫帽金井西滨（75%）布雷图指数达标率后三名：安海镇（0）、永和镇（0）、池店镇（0）。

布雷图指数监测与评估情况。2019于第一、二、四季度共3次对20个镇、街道、开发区的鼠类、蚊类、蝇类和蟑螂等四害密度控制水平抽样监测240次，达标（C级）139次，达标率57.9%。其中，四害达标率摆列前三名：梅岭街道（100%）、磁灶镇（83.3%）、紫帽英林（75%），四害达标率摆列后三名：金井镇（25%）、西滨镇（33.3%）、龙湖深沪陈埭（41.7%）。布雷图指数达标率前三名：深沪镇（100%）、经济开发区（87.5%）、梅岭青阳紫帽金井西滨（75%）布雷图指数达标率后三名：安海镇（0）、永和镇（0）、池店镇（0）。

【卫生安全保障】 2019年6月初，市疾控中心开展高考和中考考点30多个校医卫生安全操作指南培训，并组织人员对8家高考考点进行学校传染病防控和消杀技术指导，达到预期无发生传染病或突发公共卫生事件的目标要求。开展重大活动卫生安全保障工作。主要是国际大体联赛事期间卫生安全保障活动。

【监督检测支撑】 2019年，市疾控中心开展游泳池水质监督检测。2019年对各类游泳场所的游泳池水进行监督检测，共监督抽检60家，抽检水质120份，水质合格率71.7%。

开展住宿场所卫生监督检测。2019年对晋江市辖区内35家住宿场所提供给顾客使用的公共用品进行卫生监督检测，合格率97.1%。对床单、毛巾、茶杯等3类公共用品进行监督抽检350份，合格率99.1%。

开展沐浴场所卫生监督检测。2019年对辖区内5家沐浴场所提供给顾客使用的公共用品进行卫生监督检测，共监督检查场所5家，合格率100%。对被单、毛巾、茶杯、修脚工具等4类公共用品进行监督抽检50份，合格率100%。

开展美容美发场所卫生监督检测。2019年对辖区内美容美发场所提供给顾客使用的公共用品用具进行监督检查21家，合格率61.9%，对毛巾、理发工具、美容工具等各类用品进行监督检测105份，合格率85.7%。

开展集中空调通风系统卫生监督检测。2019年对辖区内3家集中空调通风系统进行监督检测，合格率66.7%。检测冷却水军团菌污染样品3份，合格率100%。检测送风管内表面的积尘量、细菌菌落总数和真菌菌落总数样品7份，合格率71.4%。

开展商店超市卫生监督检测。2019年对辖区内商场超市场所的空气质量进行监督检测3家，监测空气中二氧化碳、甲醛2个指标，合格率100%。

开展文化娱乐场所监督检测。2019年对辖区内影剧院、游艺厅场所的空气质量进行监督检测3家，监测空气中二氧化碳、甲醛2个指标，合格率100%。

开展消毒产品监督检测。2019年按照国家双随机监督抽检的原则对辖区内消毒产品生产企业生产的卫生巾、卫生护垫、纸尿裤等消毒产品进行监督检测，实际监督抽检17份，合格率100%。

（市卫健局　洪晓东　黄种竹　苏远连）

妇幼保健

【概况】 2019年，全市妇幼卫生工作认真贯彻落实“一法两纲”(一法指《中华人民共和国母婴保健法》，两纲指《中国妇女发展纲要》《中国儿童发展纲要》)和妇幼卫生工作方针，紧紧围绕医药卫生体制改革工作重点，以规范管理、创新机制、突出特色和项目带动为抓手，不断优化服务模式，拓展服务领域，妇幼卫生工作“两个”系统管理不断规范，公共卫生项目有序推进，服务能力持续得到提升，较好地完成各项工作目标任务，为保障母亲和婴儿健康、提高出生人口素质作出贡献。全市共有产妇13343人，住院分娩率100%；孕产妇系统管理率91.30%，产前检查率97.77%，产后访视率93.23%；孕产妇死亡率14.8/10万；5岁以下儿童死亡率3.40‰；婴儿死亡率2.29‰。各项妇幼卫生指标均达到或超过年初制定的目标要求。积极落实预防艾滋病、梅毒、乙肝母婴传播项目任务，共检测艾滋病25438人次，梅毒25462人次，检测乙肝25586人次，免费发放叶酸8507人。全市妇幼工作在泉州市县级妇幼卫生工作考核及县级妇幼卫生工作绩效考核中持续名列前茅。

【妇幼卫生工作会议】 2019年，市妇幼保健院举办3场全市妇幼卫生信息会议暨三网监测培训班，其中7月18日特邀泉州市妇幼保健院儿童医院主任庄镇漳、蔡丽如等多名专家针对《出生医学证明》、5岁以下儿童死亡监测、孕产妇死亡监测、妇幼信息等多项内容进行讲解，3场共计315人参加。5月16日，召开重大公共卫生知识培训班，共110人参加。7月30日，开展全市健康教育知识培训班，特邀福建省妇幼保健院妇产科护士长徐玉英讲授母乳喂养相关知识，共90人参加。10月26日，召开全市妇幼保健例会，其中特邀请福建省妇幼保健院保健部主任林娟讲授孕产妇妊娠风险评估管理规范、妊娠期糖尿病管理，共计76人参加。12月18日，举办全市预防艾滋病、梅毒和乙肝母婴传播培训班，共107人参加。

【助产技术服务机构监督管理】 2019年，市妇幼保健院加强母婴保健法律证件管理。通过“易联众—基层卫生信息系统”规范“出生医学证明”的管理、签发，协助公安部门核查“出生医学证明”。分别于7月、12月结合助产技术执法检查对全市助产机构出生医学证明管理工作进行督查。加强母婴保健技术服务机构和人员监管，协助市卫健局组织开展2019年晋江市母婴保健技术服务人员进行理论及技能考核。于6月下旬进行第十四期母婴保健技术服务人员资格认证及理论考试，并于8月13日进行技能考核，最终确认18人获得母婴保健技术助产服务资格。12月中旬开展第十五期母婴保健技术服务资格考试，晋江市8人通过。定期召开围产协作组会议，分别于5月、12月组织市围产保健协作组成员、市妇幼保健相关人员约40余人参与会议。继续巩固爱婴医院工作成效。经过两轮的爱婴医院复核评估，全市共11家助产机构通过省级爱婴医院的复核，获得“爱婴医院”的称号。结合妇幼卫生工作考核，进行一年两次的爱婴医院工作督导，针对不足，提出要求，落实整改，营造爱母、爱婴的社会氛围。根据《晋江市卫生健康局　晋江市财政局　晋江市妇女联合会关于落实2019年泉州市委市政府为民办实事——“实施乡村医疗卫生服务提升工程”和“继续实施呵护母婴健康工程”项目方案》精神，各单位按时序推进项目工作，如期完成任务。

【优生婚检整合】 2019年，市妇幼保健院将地中海贫血防控整合入“婚检—优检一条龙服务”，实行一站式全程服务，加大下乡、试点孕前优生对象的地贫筛查及婚检对象孕早期地贫的常规筛查，为符合条件的地贫患儿提供医疗补助费用的申请上报服务，加大地贫防控力度。通过改变婚检流程表、增加婚检温馨提示单及消防导诊图、加强婚检人员业务水平及沟通技能，不断提升婚检服务质量。多渠道开展孕前优生健康检查，不断提高晋江市出生人口素质，降低出生缺陷率。2019年，全市婚检总人数6766人次，检出疾病979人次，疾病检出率14.47%；孕前优生健康检查8840人次；地贫筛查4010对，检出地贫基因携带者47人。为促进晋江市婚前保健服务的不断完善与发展，提高社会经济效益，晋江妇幼保健院《基于“结构—过程—结果”三维评价理论的晋江市婚检服务质量评价及其改进策略研究》获得2018年泉州卫生健康科研资助项目计划。

【妇女病普查普治】 2019年，市妇幼保健院采取降低收费标准、主动上门服务等措施，定期开展妇科病普查普治。开展晋江市农村妇女宫颈癌和乳腺癌检查项目。2019年，共完成国家项目宫颈癌检查4100人，乳腺癌检查4100人，完成率100%，确诊宫颈癌3人，其中原位腺癌(AIS)1人，浸润癌2人，均手术治疗。确诊发现乳腺癌1人，病理为导管原位癌，已手术治疗。泉州市为民办实事项目宫颈癌筛查2700人，乳腺癌检查2700人，完成率均100%，确诊宫颈癌3人(其中微小浸润癌1人，浸润癌2人)，均已手术治疗。确诊乳腺癌5人，其中4人为浸润性导管癌，1人为浸润性小叶癌，均已手术治疗。延续全市女干部职工妇女病普查时间至2020年9月，根据对象预约情况合理安排检查时间，有效避免拥堵情况。通过邮寄报告单、电话告知异常等形式，减少被检人员的不便。2019年1月1日至2019年12月31日，妇女病普查2797人，检出妇科病537人，其中检出乳腺癌1人，宫颈癌0人，TCT检出HSIL-0人；LSIL-7人；ASC—US-31人。乳腺彩超为BIRADS3类有101人，BIRADS4类有10人，检查异常者行进一步检查或治疗。妇女健康状况得到改善。

【艾滋病母婴传播预防工作】 2019年，全市共确诊8例HIV阳性孕产妇，孕期转介1名（随访得知已行终止妊娠手术)，人工终止妊娠3名，难免流产1名，分娩3名。共随访14例艾滋病感染产妇所生儿童，续管2018年7例；新增7例，其中2例由南安和泉州转入；流动人口12例，本地人口2例；其中阻断成功2例，失访1例，转出1例（满月后回户籍地），在访10例。

【妇幼健康技能水平提升】 2019年，市妇幼保健院注重业务培训。通过选派到上级进修学习，举办晋江市业务培训等形式逐级拓展培训，提升业务人员素质。各基层卫生单位抓好村级孕管员培训，增强村级网底功能。10月19日在晋江市医院成立晋江市医学会妇产科医学分会，并举办泉州母胎医学进展学习班暨晋江市产科适宜技术培训班，旨在提升晋江市医疗机构服务水平，加快新技术的推广应用，提升产科危急重症的救治水平。完善危重症孕产妇转诊救治网络。成立组织机构，采取分级管理、分片挂钩形式，落实危重症孕产妇转诊救治。为扩大服务范围，9月12日晋江市第二家危重孕产妇及危重新生儿救治中心在晋江市第二医院揭牌成立。调整充实市围产保健协作组，组织开展孕产妇死亡和新生儿（围产儿）死亡评审，确保母婴生命安全。

【机构服务内涵拓展】 2019年，市妇幼保健院专设妇女病普查室，宫颈及乳腺检查门诊，开发妇女病普查软件，改进检查报告，优化服务流程；为适应广大育龄妇女的需求，晋江市多家医疗机构开展盆底康复治疗，其中市妇幼保健院项目开展成熟，在原有购置两台盆底康复治疗仪的基础上增购1台，并于10月19日市卫健局授予泉州市为民办实事项目——“晋江市产后康复中心”，为女性患者朋友进行产后盆底肌肉检查及评估，予以个性化治疗，改善盆底肌肉功能；完成孕期骨密度测量及心理保健、营养咨询门诊建设。并利用孕妇学校、微信公众号和宣传折页宣传新开展的业务。

【儿童早期发展项目实施】 2019年，市妇幼保健院通过“亲子班活动”、育儿专题对话等形式多样的宣传活动，提高群众早教意识；建立与晋江市第三方早教机构合作关系，加强与泉州妇幼保健院眼科、性早熟门诊以及厦门仙岳医院建立协作机制，推动晋江市妇幼保健院人才建设；进一步整合社会资源，逐步将项目拓展覆盖到村级。

【妇幼保健宣教】 2019年，市妇幼保健院结合党员义工进村社活动，开展知识讲座、下乡义诊、入户慰问等形式多样的宣教活动。全年派出志愿者75人次。编印3种国际妇幼健康教育宣传图册4.5万份和4种宣传品6000份，并发放给基层医疗卫生单位共计32001份。利用三八妇女节、“世界地贫日”“母乳喂养周”等时机，举办月子餐制作、孕期瑜伽教学、有奖知识竞答、手工diy等各类主题活动，浓厚宣教氛围。依托《泉州医界》《晋江经济报》“侨乡频道”、院刊等载体，开展妇幼保健宣教。定期举办孕妇学校，邀请临床一线医生担任讲师，为到院服务对象讲解孕产期保健相关知识，全年共举办217期。

（市卫健局　洪晓东　黄种竹　苏远连）

爱国卫生

【环境卫生整治】 2019年，市爱卫办组织全市开展多次城乡环境卫生整治、除四害活动。组织各镇（街道）、市直各单位，开展全市环境卫生整治和除四害工作。在全市开展爱国卫生和健康教育，普及流行性出血热、登革热、人感染禽流感等防控知识，倡导科学、文明、健康生活方式，提升广大人民群众的健康意识和健康素养，努力形成人人爱护环境、人人讲究卫生的良好社会风尚。

【卫生防病知识宣教】 2019年，市爱卫办通过大型广告牌、电子屏幕、宣传栏、刷写标语、发放宣传材料等方式切实加强卫生防病宣传。结合各种卫生宣传日（周）开展卫生防病知识宣传，利用世界卫生日、全国预防接种日、世界艾滋病日和职业病防治宣传周分别在广场、车站等场所开展大型主题宣传活动。印制卫生防病宣传材料，通过卫生、妇联和老年网络，发放到群众手中，宣传养成健康生活方式、除“四害”和禁烟等爱国卫生知识。利用有线电视和报刊、公交车车载电视等传媒工具，进行爱国卫生健康教育和健康促进宣传活动。4月，是全国第31个爱国卫生月，市爱卫办对集中整治城乡环境卫生、病媒生物防制、卫生创建、禁烟工作等爱国卫生月活动进行了周密部署，同时结合全国卫生城市创建工作，动员各镇（街道）、市直各单位，以LED电子屏幕宣传、手机短信、社区宣传栏等形式，在机关、学校、企事业单位、社会团体和城乡居民中，开展爱国卫生健康教育和健康促进宣传活动。4月19日，市爱卫办联合市卫健局、池店镇政府、执法大队、疾控中心、池店镇卫生院在池店镇新华都广场举办现场宣传活动，在活动现场开展义诊、咨询、有奖问答等活动，发放宣传品约300份及除四害药物200份。

【除“四害”活动】 2019年，市爱卫办实行除“四害”药物采购采用统一采购、直接配送各镇（街道）、爱卫办应急储备的方式。根据“四害”繁殖期，坚持采取“环境综合整治为主，药物消杀为辅”，消除“四害”栖息繁殖场所，降低和控制四害密度，做到统一布置、统一时间、统一药物、统一投药，进一步巩固除四害成效，降低“四害”相关疾病的发生与传播。全年共投入除“四害”活动经费130多万元，“四害”密度得到控制。

【公共场所控烟】 2019年，5月31日，市爱卫办联合市教育局、磁灶镇政府、市疾控中心、磁灶中学、磁灶中心卫生院在磁灶中学开展控烟宣传。在活动现场发放控烟知识问卷，对参与并作答正确的师生，给予发放600份小礼品。在宣传日期间，学校组织控烟知识相声、小品表演、举行控烟绘画大赛等一系列控烟知识校园拓展活动。为全面巩固政府机关、卫生健康系统、各承担赛事活动场馆的无烟环境建设，以健康美好的公共场所环境迎接各类赛事的举办，保障人民群众的健康，开展无烟政府机关、无烟卫生健康系统、无烟赛事场馆评估工作。

【改水改厕】 2019年，市爱卫办通过电视、广播等媒介广泛宣传，深入各镇村对广大群众进行改水改厕宣传教育；结合农村危房改造和农村生活污水治理项目因地制宜，科学改厕；2019年完成94户改厕任务。

【卫生专项督查】 2019年，市爱卫办

印发《晋江市2019年国际大体联赛事爱国卫生运动工作方案》，组织对各镇（街道）进行检查，主要对重点行业和场所环境卫生进行检查，及时通报检查中发现的问题，并做好指导责任单位整改工作。全面提高全市环境卫生面貌，营造整洁、优美、舒适的工作生活环境。

（市卫健局　洪晓东　黄种竹　苏远连）

乡村医生

【概况】 2019年，全市辖6个街道、13个镇、392个村居。村级医疗卫生机构（含个体诊所）905所，卫技人员1518人。全市村级卫技人员中执业医师466人，占30.70%；执业助理医师219人，占14.43%；乡村医生491人，占32.35%；其他人员342人，占22.53%。

【乡村卫生服务管理一体化】 2019年，市卫健局按照保基本、全覆盖的要求，通过全面调查摸底和严格审查，将全市纳入乡村卫生服务一体化管理村卫生所（社区卫生服务站）全面实施国家基本药物制度和药品零差率改革，并实现行政村（居）全覆盖。

【乡村卫生人才队伍建设】 2019年，市卫健局发挥区域资源优势，加强继续医学教育，提高业务技术水平。2019年9月17日至11月20日，举办全市乡村医生规范化培训。做好以提高业务水平和工作能力为核心的在岗乡村医生中专学历教育工作，至2019年12月底，全市村级医疗机构取得执业助理医师及以上资格的有685人，逐步建立起以执业助理医师和执业医师为主体的基层农村卫生服务队伍。

【乡村医生多渠道补偿机制】 2019年，晋江市决定对原有补助标准进行调整。建立退出长效补偿机制。凡是从事农村医疗卫生工作满40年（1970年12月31日前进入农村合作医疗站工作），男年龄达70周岁、女年龄达65周岁且在岗在册乡村医生，本实施意见（修订）正式实施后，不再从事农村医疗卫生工作或离开工作岗位的，仍可继续享受相应补助标准。至12月底，全市共发放乡村医生养老保障补助和岗位津贴合计274.22万元，享受补助人数1177人。

（市卫健局　叶　华　童方杰）

卫生监督

【卫生监督体系建设】 2019年，市卫健局实行执法片区定期轮换，优化调整绩效考核指标，健全KPI绩效考核管理方案。2019年，全市卫生监督覆盖率为98.5%，同比（与2018年同期相比）增加38.79%；查处案件392件，同比增加35.17%；罚没款金额611.6万元，同比增加20.27%。在2019年泉州市卫生计生监督员培训班上，晋江市卫生计生执法大队就在全省卫生监督机构中率先实行KPI绩效考核管理工作进行经验交流发言。

市卫生计生执法大队有专业技术人员24名，其中，高级2名、中级14名、初级8名。潘晓丰等制作的《两法衔接常见问题及案例分析》卫生监督微课，获得国家卫健委卫健监督中心2019年度卫生监督微课优秀作品评选三等奖。开展集中教育培训11期，选派业务骨干参加福建省、泉州市的业务培训37人次，卫生监督员网络培训完成率达100%。

卫计监督信息化建设。加强“晋江卫计监督”手机App及微信公众号项目建设，搭建起为民服务网络平台。进一步推进卫计监督执法全过程记录试点工作，加大信息化执法装备投入，加强行政执法记录影音资料管理。2019年，新增全过程记录设备1套、快检设备5台，投入6.6万元；刻录随案光盘51份，随案率达13.93%。

三级卫计监督网络不断健全。加强卫计监督协管队伍管理，加强卫计监督协管服务相关业务知识培训，重新聘任基层医疗卫生机构卫计监督协管员60名。发挥基层医疗卫生机构和镇街卫计办协管员“前哨”作用，加大无证行医巡查和回访复查力度，遏制无证行医行为。

【公共卫生监督】 2019年，市卫健局加强生活饮用水卫生监督。开展全市生活饮用水卫生监督监测（国家监督网、人大专项督查任务），加大监督监测频次，跟踪监督水质情况，及时发现和处置饮用水安全隐患，及时公示水质监督检测结果，全年监督抽检水样855份，合格率为96.26%。开展集中式供水、二次供水管理人员卫生知识培训。通过“晋江卫计监督”微信公众号开展居住小区二次供水“你点我查”活动，受到社会公众地广泛关注和热烈反响。联合市住建局、市水利局等部门开展全市二次供水水箱（池）清洗消毒专项排查工作。

加强公共场所卫生监督。2019年，开展“赛事保障 蓝盾护航”卫生监督蓝盾一号、蓝盾二号行动，对2019年大体联世界杯及“2020世中运”接待酒店和比赛（训练）场馆进行全面卫生监督检查，圆满完成2019年大体联世界杯卫生监督保障任务。加快推进公共场所卫生监督量化分级管理，完成量化617家，量化率达89%。举办游泳场所、集中空调通风系统使用单位和住宿场所等重点共场所卫生知识培训班，培训人员达353人次。

加强学校卫生监督。开展晋江市学校、托幼、校外培训机构采光照明专项抽查工作，做好中、高考卫生监督保障工作。继续推进学校卫生综合监督评价工作，截至2019年底，完成学校卫生综合评价324家（晋江市现有学校343家），覆盖率达94.46%。

加强消毒产品卫生监督。加大餐饮具集中消毒服务单位卫生监督检查力度，联合市疾控中心每季度开展一次监督抽检。开展全市消毒剂、抗（抑）菌制剂及卫生用品等专项整治行动，2019年通过国家卫健委对晋江市消毒产品卫生飞行检查。

【医疗卫生与传染病防治监督】 2019年，市卫健局开展全市医疗机构依法执业，母婴安全、养老机构医务室，中医类医疗机构中药饮片采购验收等医疗类专项监督。开展传染病防治分类监督综合评价、医疗废物处置、季节性重点传染病监督检查、疫苗预防接种和疫苗使用管理等传染病防治类专项监督。开展全市医疗卫生机构放射诊疗设备许可、口腔医疗机构放射诊疗设备管理等放射类专项督查，做好放射诊疗单位现场审查，协助环保部门督促医疗机构办理辐射安全许可证。开展打击“医托”专项整治行为，对涉嫌雇佣“医托”的医疗机构加强检查。结合扫黑除恶专项斗争工作，开展"亮剑"和"猎黑"等系列专项整治行动8场次；针对无证牙科较多的问题，开展"猎黑•拔牙"专项整治行动；开展中医养生保健服务乱象整治；进一步净化医疗服务市场环境。至年底，晋江市医疗卫生与传染病防治监督覆盖率分别达99.9%和99.49%；立案查处医疗卫生类（含传染病防治、放射卫生）案件349件，罚没款584.1万元；申请法院强制执行案件56件，依法移送司法机关追究刑事责任10件；报市检察院备案，并录入泉州行政执法与刑事司法信息公共平台7件；抄告无证行医基本信息给市场监管局56家次；给予不良执业行为记分的医疗机构78家次；通过"信用泉州"公示227件、省信用平台公示18件。

【卫生普法宣传】 2019年，市卫健局打造权威官方微信平台。通过"晋江卫计监督"官方微信平台，集中报道全市卫生健康监督执法重要政策措施、重大活动及重点工作，及时发布新出台实施的政策文件解读。集中推送及时回应社会热点、焦点问题，快速传播突发事件处置情况，营造良好的卫生健康监督执法舆论氛围。创建《卫监先锋》《以案说法》《执法动态》《在线互动》《卫监公开》《卫监百科》等6个卫监品牌栏目，筛选在卫生监督执法过程中具有典型教育意义、与公众关系密切的"典型案例"作为"释法"重点。在公众号编辑发布文章78篇；编发简讯64篇，其中省卫计监督所录用10篇，在全省县级卫计监督机构中排名第一。开展"送法四进"专项活动。派出一支由5名执法人员组成的宣讲团，深入开展"送法四进"（送法进医院、送法进学校、送法进企业、送法进村社）法治宣传专项活动。在日常监管、专项执法行动等工作节点，组织卫监法治宣传队伍，通过现场讲解、集中授课、案例分析点评、发放宣传资料等多种形式。2019年，开展各类卫生普法宣传活动11场次，参与人数达1212名。

（市卫健局　陈兴全　黄臻涛）

计划生育

【概况】 2019年，晋江市推进计生服务管理改革，全面提升计生工作服务管理水平。以"六项重点任务"和计生家庭美好生活新需要为着力点，推进计生服务事业建设发展，促进晋江市人口长期均衡发展。市计生协会被省人口和计生领导小组评为全省计划生育协会县级先进单位。

（市卫健局　叶　华　童方杰　市计生协会　周　达　王立民）

【利益导向机制】 2019年，晋江市兑现农村计生家庭奖励。实际发放人数11249人，奖励资金按政策发放2736.36万元；城镇计生家庭实际发放人数1951人，落实资金按政策发放金470.4万元；福建省独生子女死亡或伤残对象185人，落实资金按政策发放金222万元；晋江市计生特殊低保家庭奖励对象31户，落实资金按政策发放金37.2万元；福建省农村部分计划生育家庭贡献奖励对象1439人，落实资金按政策发放金51.804万元；晋江市农村部分计划生育家庭节育奖励及贡献奖励（上半年）对象14411人，落实资金政策发放金259.398万元。

【意外伤害保险】 2019年，晋江市通过购买服务为高龄孕产妇、新生儿投保，提高其抵御风险的能力，促进医患关系稳定。全年共计案件17起，理赔金额66.9万元（其中高龄孕产妇3例，涉及金额3万元，新生儿理赔案件14例，涉及金额63.9万元）。

【医养结合】 2019年，晋江市提升医养结合机构服务能力。老年专科医院建设纳入晋江市《十三五卫生计生规划》，5月，市康复医院与市级养老院配套建成，正式对外营业，全市24家公立医疗机构均设置老年病专科或老年（中医）康复科。全市共有养老服务机构287家（居家养老服务站252家，敬老院25家，养老机构10家），其中规模较大的15家养老服务机构均设立专门的医疗机构，实现"养中有医"；余下272家养老服务机构都与医疗卫生机构建立合作共建关系，实现"养医合作"。发展"医中有养"模式，市中医院紫帽新园区康养大楼正在建设中，龙华康复医院、盛川护理院等民营机构正抓紧筹建中。晋江市在全省率先取消养老机构内设医疗机构的规划限制，并且允许养老机构和内设医疗机构同步筹建，实现"无障碍"审批。

医养结合试点工作各具特色。发挥镇（街道）的主力作用，组织88个试点项目，其中5个纳入泉州市级试点、省级试点1个。在融合服务方面，磁灶镇致力于打造社区医养结合"六个一"服务体系、紫帽镇制订《紫帽镇生态养心小镇之健康行动三年（2018—2020）计划实施方案》，着力打造适老、助老的有医疗保障全方位居民健康小镇。在临终关怀方面，东石卫生院试行住院和居家相结合的临终老人"康宁护理"服务。智慧医养结合方面，梅岭街道晋阳社区与青阳街道普照社区依托互联网技术，为有需要的老人配备智能腕表，实时监测老年人的身体数据。

探索破解社区康养和居家康养难题。晋江市以老年人等为重点人群，在全市推开居民健康社区服务综合试点工作。东石镇肖下村、紫帽镇园坂村等19个试点村，探索将医养结合工作与乡村卫生服务一体化、家庭医生签约、公共卫生服务相融合，致力于打通社区康养和居家康养"最后一公里"，做到卫生所建在养老院、卫生院（医院）医生入驻村（社区）、家签服务覆盖重点人群、村级医保结报和上级医院绿色预约通道畅通，为老年人在社区提供就近便捷、公平可及、系统连续的健康服务。东石、紫帽、内坑、金井、英林、深沪、龙湖、青阳街道等镇街的健康社区试点投入使用，紫帽园坂村实现该村重点人群家庭医生签约率达100%。

化解推进专业人力资源缺乏困局。在晋江市中医院建立全省首个市级医养结合康养护理实训基地，为基层医护人员、社区健康管理员、养老机构（场所）护理人员，乃至志愿者和家庭护理人员等提供专业化培训。

创新重点人群康养保障服务。对农村二女、独女、失独、贫困等特殊计生家庭夫妻康养问题，在全市范围实施补助特殊计生家庭夫妻按2000元最高标准参加养老保险工作，2019年，督促指导各镇（街道）开展宣传发动工作，组织符合条件的对象自愿参加基本养老保险，至12月，晋江市自愿申请补助并符合条件的有9007人，市、镇两级补助748多万元。

【基层计生队伍建设】 2019年，市计生协会全面推进村级人口健康助理员队伍建设，加强能力培训，促使村级计生队伍在做好计划生育工作基础上，协助落实基本公共卫生、健康扶贫等工作，并相应兑现报酬。1—9月，各村(社区)人口健康助理员协助基层医疗卫生单位开展基本公共卫生服务165651人次，其中建立或更新居民健康档案71766人次、协助组织老年人体检16363人次、通知预防接种18548人次、协助做好产后访视4046人次、协助组织两癌筛查2322人次、协助组织慢性病体检8701人次、协助家庭医生入户签约32896人次，兑现绩效58.96万元。

【妇幼健康服务】 2019年，市计生协会按照省卫计委办公室印发《关于加快推进母婴设施建设的实施意见》要求，完善机关、企业、事业等用人单位女职工休息哺乳室等配置设施，建立健全母婴设施运行管理制度，确保母婴设施整洁卫生、功能正常。申报参选福建省卫健委、总工会、妇联联合举办的开展寻找“我最喜爱的妈妈小屋”活动。

【新药具发放渠道拓展】 2019年，市计生协会在针对全面两孩政策后不再强调落实长效节育措施，群众对避孕药具需求大幅增长的问题，晋江市开拓新药具发放渠道，在原有安全套免费微信领取、安全套自助免费发放机的基础上，对晋江市部分医院门诊手术室医自愿要求放置宫内节育器对象，给予免费赠送宫内节育器。依托市妇幼保健院“爱妇幼”App预约诊疗平台，同步推进常用药具使用科普宣传，定期更新宣传内容，加大药具宣传力度。

【流动人口健康教育和健康促进】 2019年，市计生协会开展流动人口卫生计生服务均等化服务工作。继续巩固创建成果，提高流动人口卫生计生均等化服务的可及性。

做好流动人口出生上报工作。推进网上流动人口生育服务登记工作，把流动人口出生信息核查作为一项常规工作，及时处理系统中的数据，减少出生错漏报。以出生信息为引导，重点突出生育对象的服务管理，及时核查流动人口出生和防疫信息，并予以及时上报或通报。

做好流动人口信息的采集、变动、通报和协查反馈工作。继续推广应用流动人口健康信息共享平台、流动人口信息移动采集后台子系统，实现流动人口基础数据和健康档案信息的智能比对、健康信息的查询和统计，提高成批采集信息准确率和工作效率。全面实行流动人口电子婚育证明。

持续推进流动人口计生家庭“五大项目”。主要是3个方面：兑现奖扶政策；开展生育关怀行动；提供免费技术服务。

开展流动人口社会融合均等化服务等宣传工作。通过印发宣传服务指南，定制健康宣传工具包，制作动画宣传短片，平面公益广告等形式，利用各新闻媒体、自媒体等加大宣传力度，让新市民了解、熟悉、掌握晋江市流动人口均等化服务和健康教育促进工作。

开展流动人口关怀关爱活动。加强健康教育和政策宣传服务；落实优惠政策和便民服务措施；开展关怀关爱和帮扶解困活动。

继续为流动人口结核病人提供免费抗结核药物治疗与管理服务。2019年，免费为流动人口结核病人拍摄胸片1000余张，免费痰涂片3000余张，为448名流动人口结核病人提供免费抗结核药物治疗和管理。

【奖励项目和扶助政策】 2019年，市计生协会规范各级人员职责，严格各项计生奖扶项目执行到位，确保奖励对象信息准确、奖励项目依法合规、奖励资金精准到位、档案管理有序统一。审批流程规范化。规范操作程序，严格审核标准。规范审批流程，按照各级文件精神梳理工作规范，并印制成册下发各级各类工作人员，严格按照“公开、公平、公正”的原则，坚持“本人申报、村级调查、镇级审核、公开公示”的规范程序，通过调查、审核、公示三个阶段确认奖扶扶助对象，将其资料进行存档，确保不错不漏，及信息的真实性、安全性。多层审核调查，确保信息准确。为保证奖扶对象信息百分百的准确率，以计生全员信息系统和公安户籍信息平台数据为基础，对符合奖励扶助基本条件的目标人群，由村级计生管理员负责开展调查摸底工作并收集相关佐证材料，完成初步审核后交由镇卫计办进行二次审核，多层面、多渠道详细调查了解奖扶对象的婚姻史、生育史、收养史、节育史、户口性质等情况，对新申报的奖扶对象做到“一调查”“二审核”“三申请”，确保奖扶对象信息准确无误；制度落实规范化。严格实施月报告制度。市要求各镇(街道)要每月初2日前(节假日顺延)向市人口计生领导小组报告奖扶对象滚动变化情况，没有变化的要“零报告”。市卫健局审批科汇总后向人口计生领导小组报送月报表。严格实施年审制度。奖扶对象每年上报拨付奖励金前，要组织做好各项奖扶对象年审。镇(街道)和村(社区)必须全面进行入户调查，核对奖励对象的生育情况是否变动、是否死亡、户籍是否变动、奖扶金领取情况等，按程序确认新增奖扶对象。因故未纳入本年度奖扶对象程序的，应纳入下一年度奖扶对象确认程序。对年内因死亡、再婚、户籍迁移、低保户资格变动、再生育、收养等正常退出的对象进行注销；对已确认并发放奖扶金后又发现不符合条件的要取消其资格，超生情况的将追回全部奖扶金。严格实施新增对象入户核查制度。每年新增对象，镇级要100%入户核查。市卫健局要分类组织入户核查，其中特扶对象要100%入户核查；其他奖励项目不低于30%比例抽样入户；信息平台规范化。依托信息平台，全市互联互通。运用国家、省和晋江市奖励扶助信息平台，整合资源，利用网络优势，实施平台共享，快速、高效对全市各类奖励人员分类管理，确保信息完整、真实、准确。动态管理信息，及时更新档案。依托计生工作例会和计生台账月报表制度，对奖励扶助对象信息实行动态管理，如奖扶对象因死亡、婚育情况变动等造成的不符合奖励扶助政策的，及时做好退出登记和奖扶资金退回工作，做到应奖必奖、应退必退，确保政策执行的合法性。档案管理规范化。注重档案内容的真实性。在办理所有奖励扶助对象过程中，要求镇村两级人员各负其责，层层把关，村级人员走访、核实，镇级人员复核、抽查，上下联动，确保每个奖励对象都符合办理要求，原始资料收集完整，避免错漏，确保档案内容的真实性。注重档案查阅的便利性。对于每个新增奖励对象，均按顺序整理纸质材料、打印档案目录、制作封面、及时装订卷宗，收纳入相应奖励类型年度档案盒，同步更新电子档案。在计生奖扶档案的整理工作中，做到分类准确、编号有序、目录清楚、装订整齐。透过整理使每卷档案达到完整、条理、精炼、方便检索的要求。注重档案要素的完整性。在总结分析历年计生奖励档案管理经验的基础上，从档案的分类、排序、编页、装订、归档、更新等主要环节入手，对计生奖扶涉及的六大类型档案重新进行整顿和梳理，进一步规范和明确管理具体流程和要求，确保档案要素的完整性；监督信息规范化。建立信息监督卡。年初，给全市奖励扶助对象每人发放一张计生奖励扶助联系监督卡，让符合条件对象充分了解奖励的内容及其享受的金额，并设立村级联系人和市级咨询电话与监督电话，便于群众全方位联系与监督。主动接受上级监督。将奖励扶助事项、审核条件和奖励对象每月定期汇总上报驻局纪检组，对审核群众的真实性和奖励资金到位的及时性全流程接受监督。

（市卫健局　叶　华　童方杰）

【计生协会组织建设】　2019年，市计生协会深化“四联创”工作推动争先创优，按照省协会“四联创”工作评估标准，把“四联创”纳入重要工作内容，明确目标任务，层层落实责任，加强对梅岭、安海等12个省级“四联创”先进镇、160余个一流村（社区）的工作指导，在全市营造争先创优的浓厚氛围。发挥罗山街道、兰峰社区和鸿官通信工程有限公司3家计生协会规范化建设典型试点作用，规范办公场所设置、会员活动阵地建设、规章制度建立健全、生育关怀和帮扶项目运作、计生政策宣传和氛围营造以及日常业务工作流程设置等方面，理顺了组织体系和管理服务关系，形成市、镇、村、企四级计生协会紧密联动的良好局面。

加强基层计生协会队伍建设。突出抓好业务培训，市计生协会举办专项培训班，对全市19个镇（街）、393个村（社区）协会的430名常务副会长、秘书长和专干进行培训，提升镇村两级协会开展工作能力水平。加大监督指导力度，市协会先后制定下发《关于进一步规范村级协会常务副会长任职问题的通知》《关于进一步规范村级计生协会小组长任职问题的通知》，强调村级协会常务副会长选举程序、任职条件、经费管理等要求，规范常务副会长、小组长队伍建设。

推进流动人口计生协会建设。探索新形势下流动人口计生协会工作新模式，满足流动人口需求。年初在福州召开省级异地晋江商会计生协会规范化建设现场观摩会暨儿童早期发展工作推进会，对福州、重庆和长沙3个省级异地晋江商会计生协会规范化示范点建设经验进行总结推广，并部署规范化建设及儿童早期发展工作。实地走访全市25个流动人口计生协会，切实掌握全市流动人口计生协会组织运行、作用发挥等工作开展情况，形成《关于激发晋江市流动人口和企业计生协会活力的思路与对策》的调研报告，在此基础上制订下发《关于加强流动人口计生协会建设的通知》，围绕流动人口计生协会情况底数、完善激励机制、加强保障力度、加大典型推广等方面进行指导，加强企业流动人口计生协会建设，促进流动人口计生协会作用发挥。

【计生宣传教育】　2019年，市计生协会深入开展宣传服务。制订下发《晋江市计生协会关于深入开展宣传服务工作的通知》，把宣传服务活动贯穿全年。5月初，通过线上“晋江计生协会”微信公众号征集、线下各镇（街）摸底上报，在全市开展“亲亲我的宝贝，我们一起成长”儿童早期发展礼包暖心送“母亲节”活动，为新生儿家庭送上母婴用具及《0—3儿童早期发展指导—育儿宝典》。联合泉州市计生协会在东石镇举办纪念“5·29”计生协会会员活动日暨儿童早期发展进万家宣传服务活动，并举行纪念“5·29”协会会员活动日大型文艺会演和趣味游园活动。

加强大龄孕产妇知识宣传。市计生协会联合市卫健局制作“高龄孕妇须知”“产后心理调适”“生育聪明宝宝”等

2019年5月29日，晋江市计生协会联合泉州市计生协会在东石镇举办纪念“5·29”计生协会会员日宣传服务活动　（市计生协会　供）

宣传展板，在全市10家二级助产科门诊、“妈妈班”等定期进行宣传并赠送《育儿宝典》，普及生产生育和儿童早期发展知识。每周通过“晋江计生协会”微信公众平台，推送2～3条大龄育龄妇女生育、孕前、孕中、产后医疗保健及心理调适等方面知识。

注重提升宣教实效。提炼总结的《规范化建设促进长远发展 创新性举措提升服务水平》和《深入开展保险工作 解决群众后顾之忧》2篇经验文章在《泉州晚报》发表，引起社会各界的关注。以“初心不改的协会人，和谐温馨的协会事”为主题，连载10期宣传各级协会工作者、志愿者及会员先进典型的主要事迹，激励新时期计生协会工作者担当作为。广泛发动协会理事、会员及育龄群众参加“我与新中国共成长”主题征文活动、主题演讲活动、生育关怀成就摄影图片展及“最美协会人”先进典型人物活动，1人获泉州市计生协会主题演讲比赛三等奖，5人被评为敬业奉献协会人。

【生育关怀行动】 2019年，市计生协会持续开展慰问关怀活动。年初，开展亲情万家行和“暖冬行”慰问活动，按照每户1000元的标准，组织对全市300户计生困难家庭和计生特殊家庭进行关怀慰问。开展生育关怀紧急救助，帮助遭受困难的计生家庭和基层计生工作者渡过难关，市计生协会本级共紧急救助遭受大病计生家庭和亲情关怀生活困难计生户58户，发放金额17万元。

深入开展计生家庭保险工作。鼓励引导多渠道出资，推进计生家庭意外伤害保险工作提质规范。采取公开招投标方式开展计生家庭意外伤害保险工作，全市共投入资金380万元，为3.8万户计生家庭办理意外伤害保险，使计生家庭多一份保障。积极宣传倡导，联合晋江人寿公司加强计生意外伤害保险宣传，进村入户开展12场次专题宣传活动，组织开展上门送保单、短信推送服务等工作，提高群众知晓率的同时，提升了群众参保和理赔意识。全年共受理理赔案件454例，理赔金额236万多元，理赔率达到63.6%，消除计生家庭后顾之忧，降低因病因灾返贫风险。

持续精准帮扶失独家庭。市计生协会坚持与晋江阳光家庭关爱服务中心合作，投入17.6万元购买社工服务，为失独家庭落实六个模块(心理服务、生活服务、健康服务、微生态支持圈服务、志愿者服务、宣传工作)专业化服务，帮助排解心理压力和痛苦，引导其走出心灵阴影，解除心理障碍，经验做法在央广网、中国网等省级以上主流媒体发表。先后到青阳、梅岭、池店、西园、安海等镇(街)同失独家庭进行座谈调研，了解社工参与失独家庭服务的实际效果，并提出“设立站点、形成机制、整合资源”的对策措施，为后续失独家庭服务提供更精准、更高效的服务内容。将开展党员义工志愿服务和失独家庭“关爱小组”活动有机结合起来，先后利用过小年、三八国际妇女节、端午节、中秋节和重阳节等时机，组织党员义工同失独家庭开展包饺子、插花、包粽子等互动交流活动，加强失独家庭心理疏导和安抚慰藉，不断提高帮扶的针对性实效性。

2019年7月10日，晋江市计生协会联合晋江市卫健局在晋江市医院建立生殖健康服务中心 (市计生协会 供)

【计生家庭】 2019年，市计生协会全面推进儿童早期发展工作。先后在青阳街道阳光中心幼儿园和东石镇中心幼儿园建立2个市级儿童早期工作指导中心，在19个镇(街)建立示范项目点，推动市中西医结合医院申报省级儿童早期发展示范项目点，以点带面推动项目全面开展。突出抓好儿童早期发展工作师资队伍建设，组织开展为期5天的儿童早期发展中级育婴师培训班，培训育婴师52名。

持续开展安居工程和成才工程项目。实施第十九期计生安居工程，投入720万元，采取帮助购房、批地建房、翻建危房、解决建房用地、修缮房屋等多种形式，帮助167户贫困计生家庭改善住房条件。深化开展成才工程，投入142.4万元对882名农村纯女户大学新生进行奖励，投入生育关怀资金30万元，资助困难学生150名。组织召开2017—2018年度计生精准帮扶学生座谈会，帮助解决困难计生女孩实际问题。

帮扶计生家庭发展就业。梳理幸福工程工作流程，规范幸福工程实施，投入26.5万元救助金，无偿资助53户自主创业的困难计生家庭发展生产。加强与晋江农商银行协作，争取降低贷款利率，简化办事流程，帮助50户计生户顺利贷出小额贴息贷款250多万元，为已到期的110户贷款对象贴付利息33万元。

逐步推进权益维护工作。各级计生协会共投入专项经费11.4万元，新增建立村级法律援助点28个，基本实现全市计生家庭法律援助网络全覆盖。对全市19个镇级计生法律援助工作站进行规范，统一上墙制度和工作流程，协调司法部门推动计生法律援助与人民调解工作有机结合，切实提高了服务质量。各级共聘请专业法援律师150人，举办业务培训班31场次，共计培训444人次，提高了队伍的专业水平；积极组织维权志愿活动，共招募志愿者837名，确保各个站(点)都有一支志愿者队伍，为计生协会积极融入社会治理提供重要的人才保证。全年共接受计生群众法律咨询312人次，受理法律援助案件39例，调节民事纠纷110起，协调维护计生户合法权益41件，挽回计生家庭经济损失达28.2万元。

【健康服务项目】 2019年，市计生协会拓展生殖健康服务。承接中国人口福利基金会“创建幸福家庭活动—生殖健康援助行动”，联合磁灶镇、灵源街道试点生殖健康援助“蓝氧”项目，推广妇科病普查和治疗活动，免费为1300多名育龄妇女提供生殖健康服务，相关疾病治愈率达95%以上，提高农村计生贫困母亲自我保健意识和生活质量。

开展不孕不育治疗。市计生协会联合市卫健局在晋江市医院建立生殖健康服务中心，举行生殖健康服务中心揭牌仪式，定期邀请省、市生殖医学专家坐诊，为不孕不育患者提供服务。全年举办4场义诊活动，为90户计生家庭开展不孕不育症诊疗。

逐步推进青春健康教育工作。在平山中学、毓英中学建立青春健康俱乐部和家长示范学校，按照“家校社一体”的思路，引导家庭、学校、社会共同提高青春健康教育的认识，广泛开展青春健康教育活动。

（市计生协会　周　达　王立民）

体　育

【群众体育】 2019年，晋江市、镇（街道）两级组织开展全民健身运动会，设置100多个项目，举行2000多场市、镇（街道）级活动（比赛）。举行“我们的节日”春节、元宵节、中秋节等传统节日群众体育活动。持续开展全民特色体育赛事，举办2019年“穿越三山”徒步越野赛、UTO环紫帽山越野赛、2019年金井特色小镇徒步定向挑战赛、传统“抓鸭子”等群众性多元化特色赛事。开展社会体育指导员培训活动，举办广场舞、柔力球、跆拳道、健跑等三级社会体育指导员培训班。2019年，晋江市全民健身中心投入使用，游泳馆、羽毛球、网球等运动项目低收费对外开放，国民体质监测室常年免费开放。

【青少年体育】 2019年，晋江市向上级共输送体育后备人才15人，高考录取9人。2019年泉州市第十一届运动会，晋江市约1100名运动员参加比赛，其中761名运动员参加少儿组28个大项、470个小项比赛，88名运动员参加群众组6个大项比赛，少儿组取得总分、金牌双第一的成绩。群众组羽毛球、笼式足球、气排球、篮球（男队）分别获得团体一等奖。2019年第二届全国青年运动会，24名晋江籍运动员代表福建参加击剑、散打、篮球、举重、蹦床、武术套路、跆拳道、田径、柔道9个大项比赛，为福建代表团夺得6枚金牌、4枚银牌和2枚铜牌。

【福建省体育产业高质量发展现场推进会】 2019年，福建省体育产业高质量发展现场推进会暨招商推介活动在晋江举行。2019年，晋江市与武汉体育学院建立合作关系，共建武汉体育学院晋江体育事业创新发展中心，打造由政府主导、学校实施、企业参与的校地校企“产学研融合发展”模式。

（市体育局　陈紫华　许紫竹）

2019年5月15日，2019年福建省体育产业高质量发展现场推进会暨招商推介活动在晋江举行　（市体育局　供）

精神文明建设

【新时代文明实践中心试点建设】 2019年，晋江市出台《晋江市新时代文明实践中心省级试点建设总体纲要》，编发实践所、站工作导则和晋江经济报"文明实践"专刊，摄制"文明实践在晋江"微视频宣传片，举办文明实践培训班，加强工作统筹、基层指导和大众传播。建设实践中心，整建永久用址，打造理论宣讲、社会宣传等"七个平台"和乡村讲师团、大美晋江文艺志愿服务团等"十支队伍"，落实37个市级示范站为民办实事项目、145个镇级先行站创建任务，整合一系列文明实践点，基本形成"三级设置、社会布点"和"所带站、站联点"格局，实践所、站创建率分别达80%和46%，涌现出东石、梅岭、陈埭和萧下、围头、岸兜、上垵等一批有示范意义的所站。结合宣传新思想、庆祝中华人民共和国成立70周年、人居环境整治和筹办第18届世界中学生运动会等工作，开展中国特色志愿服务，采取讲、演、扶、授、建、行"六种方式"，开展思想、政策、文化、技能、道德"五传活动"，推动党员干部融进去、村居群众领进来，促进线上线下一体化，全年开展各种形式文明实践志愿服务活动近2000场、服务群众超50万人次，志愿云、志愿汇实名注册志愿者发展到33.6万人，占常住人口比例15.9%。激发文明实践社会活力，探索资源整合、民办公助等方法，得到省委宣传部肯定，入选2019年福建省全面深化改革案例汇编，进入全国新时代文明实践中心建设试点市(县)行列。

(市委文明办　吴文博　陈多多)

【文明城市创建】 2019年，晋江市以问题为导向，不断巩固深化文明城市创建成果。结合人居环境整治工作，召开文明城市迎检工作协调会，会同市城管局、住建局、交警大队和消防大队开展住宅小区联合整治行动，完成247个文明城市测评实地考察点位申报和网上材料申报工作，通过全国文明城市和未成年人思想道德建设年度测评。完善创城管理机制，及时梳理创建实地工作存在的短板和不足，图文并茂，分类别、分区域，下发37份暗访非达标情况汇总表，督促相关单位做好整改反馈；喊响"共创文明城，喜迎世中运；争当文明人，精彩世中运"口号，筹划"一起出彩""东道晋江"和"微笑窗口"市民文明素质提升计划，激发广大市民的城市自豪感和主人翁精神；以"志愿云驿站""家风书场"为主题的文明城市宣传片在福建电视台播出。

(市委文明办　苏桂清　陈多多)

【移风易俗】 2019年，晋江市采取德治法治自治"三治融合"、领导倡导疏导"三管齐下"的办法，深化移风易俗弘扬时代新风三年行动。将移风易俗融入新时代文明实践和乡村善治，推动村居党组织、自治组织负责人担任红白理事会领导工作，推行移风易俗基层协商机制；扶持创办基层公益治丧场所，2019年，建成公共治丧场所6个、在建和拟建14个。推动移风易俗从"一村一居"向"连片共建"发展。以"控时长促简办"为基本手段的殡俗治理成效显著，严格执行治丧情况"一月一通报"，"殡事不过五、阵头不过三"得到较好落实，正常亡故人员丧事政策符合率达99.73%，节约丧事开支逾6000万元，涉丧公共秩序日趋好转，厚养薄葬观念渐入人心；以"抓重点带全面"为主要方法的喜俗治理渐进开展，党员公职人员和村居干部红白喜事操办行为监督得到加强，富裕阶层自律意识日渐提高，全年未发生嫁妆彩礼重大舆情事件，简办红白喜事捐赠慈善总会的资金近0.5亿元。2019年，青阳街道5个社区改革殡俗规约等典型做法受到各界肯定。罗山街道梧桐社区红白理事会会长陈枝执进入"泉州道德模范"行列。泉州市年终移风易俗"三率"调查中，晋江市群众知晓率、支持率、满意率分别为82%、97.9%和95.7%，知晓率和支持率分别比年中提高22%和1.5%。

【"家风书场"常态举办】 2019年，晋江市在五店市家风家训馆常态化开展"家风书场"活动，以相声、小品、快板、评书、对口词、木偶等曲艺形式和学校家风家教有关节目进行展示，全年共演出24场，参与单位近30个，演出人员500多人次，现场观众8000余人，并采用现场直播方式向社会、学校、家庭延伸，

2019年，晋江市在五店市家风家训馆常态化开展“家风书场”活动 （市委文明办 供）

成为传家训、扬家风的固定场所。东石镇梅塘家风家训馆进入泉州市示范行列，《写好六篇文章，深化“家+文化”》入选期刊《中国思想政治工作研究》。

【“我们的节日”主题活动品牌】 2019年，晋江市在春节、元宵、清明等重要传统节日期间，以庆祝中华人民共和国成立70周年为主题，通过策划多种形式的文化文体民俗活动，打响“我们的节日”主题活动品牌，不断提升“三大节庆”品牌，彰显城市人文特色，提升晋江城市形象。春节、元宵期间，先后举办第三届晋江市（安海）元宵文化节、“两岸一家亲，共赏元宵灯”金井“围头古街”首届元宵活动等民俗活动，着力丰富基层群众精神文化生活。清明节期间，开展祭扫革命烈士陵园、“网上祭英烈”签名寄语、“缅怀革命先烈 传承革命精神”主题教育等活动，引导干部群众和未成年人在慎终追远、缅怀先辈的情怀中认知传统、尊重传统、继承传统、弘扬传统。端午节期间，举办晋江市（安海）第八届端午民俗旅游文化节系列活动，在传承、展示端午习俗的同时，引导人们增进爱国爱乡情感。中秋节期间，突出团结、团圆、祥和主题，开展晋江市（安海）第四届中秋文化节，以“潮涌四海，月圆安平”为主题，围绕“礼赞新中国，奋进新时代”主线，突出人文传承、特色文化，注重慈善公益、共建共享，坚持俭朴实效、安全有序，为各方宾朋精心策划系列民俗、民生、文艺、学术活动。重阳节期间，举办第二届“孝心陪伴日”活动，围绕“孝老爱亲、向上向善，文明助力世中运”主题，精心推出孝老爱亲、敬老爱老助老典型事迹展播、新二十四孝“五个一”照片征集、孝心伴游五店市等10余项活动，组织志愿者为老年人提供健康指导、心理疏导、精神关怀等公益服务。

（市委文明办　张燕妮　陈多多）

【道德模范正能量凝聚】 2019年，晋江市继续把“美丽晋江人”活动作为弘扬社会正气、倡导道德新风、推动“好人建设”的重要平台，精心加以运作。年底召开美丽晋江人（道德模范）新春慰问座谈会，发放慰问金3万元。启动美丽晋江人学雷锋志愿服务队微宣讲，通过邀请美丽晋江人参观第二体育中心、陈埭镇岸兜村新文明实践站，出席全市各界人士工作通报会等重大节庆活动和文艺演出，礼赞道德行为，礼遇道德模范，彰显崇高社会地位，在全社会树立好人有好报的价值导向。开展向道德模范学习活动、“身边故事共同铭记”和“身边好人”评选活动，向上级推荐道德模范、身边好人等典型14名，其中吴奕澈获第七届全国道德模范提名奖，陈枝执、吴秀梨获第六届泉州市道德模范称号，蔡美娜入选“中国好人榜”，谢榕榕、洪水平入选“福建好人榜”，陈清松、王春芬获泉州市“最美人物”。

（市委文明办　陈志耐　陈多多）

【中华人民共和国成立70周年系列活动】 2019年，晋江市结合庆祝中华人民共和国成立70周年系列活动，策划开展“共创文明城·喜迎世中运”等群众性主题教育实践活动175项；开展“新时代好少年”“礼赞新中国·拥抱世中运”少儿文创市集等9项集中性主题教育实践活动，套配开展“我与祖国同框”“我给祖国写封信”等活动，培养家国情怀，提高文明素质。

（市委文明办　张燕妮　陈多多）

【第18届世界中学生运动会城市志愿服务筹备工作】 2019年，市委文明办经过多轮实地踩点、沟通，制订世中运城市志愿服务工作方案，明确世中运城市志愿服务以营造赛事城市氛围、展示市民文明形象、培育志愿服务理念为主旨，为赛事参与者、参观者和广大市民提供外延性辅助服务，包括市民宣传、行为劝导、秩序维护、咨询服务、急难帮助、口语翻译、院前救护以及协助专业人员和赛事志愿者开展的其他服务工作。世中运城市志愿服务依托世中运“城市V站”开展相关服务，“城市V站”依托既有公共服务和商业服务设施设置的世中运城市志愿服务站点，设置于市区、晋西、晋南等主赛区及其他重要区域可能产生服务需求的地点，并统一设计制作“世中运晋江V站”LOGO，计划建设366个V站。V站计划配置城市志愿者11000名，各站点以本体机构人员为主力，统一配发专用服饰及装备。

（市委文明办　吴文博　陈多多）

【志愿服务推进活动】 2019年，晋江市把志愿服务工作作为文明城市创建和群众性精神文明建设的重要内容。持续壮大志愿服务队伍，截至2019年底，晋江市在“志愿云”系统上注册的志愿者达33.6万人，占常住人口比例15.9%，志愿服务组织1329个，覆盖党政机关、企事业单位、社会团体、民间组织等各个层面，形成立体、多层面的新时代文明冲志愿服务队伍结构。坚持“与祖国同行 为人民服务”和服务中心工作导向，结合宣传新思想、庆祝中华人民共和国成立70周年、人居环境整治、世中运和公民道德建设宣传月等工作，采取讲、演、扶、授、建、行"六种方式",全年共开展思想、政策、文化、技能、道德"五传活动"近2000场,服务群众近50万人次。推进世中运城市志愿服务前期工作,制定世中运城市志愿服务"晋江V站"方案,力争建设近200个V站。策划开展活动,征集第四届志愿服务文化节项目210个。春运期间,组织志愿者近2000人次在晋江动车站、晋江长途车站和晋江国际机场开展"中国路·晋江情"新时代文明实践主题活动。注重先进典型宣传,志愿者张泽虎、詹曼艺获评泉州市岗位学雷锋标兵。持续推进"爱心奉茶站"加盟活动,截至年底,全市奉茶点达224个。运营SM广场、吾悦广场2个"白兰花"志愿云驿站。

(市委文明办　陈志耐　陈多多)

【未成年人思想道德教育】 2019年,晋江市持续推进未成年人思想道德建设。组织开展"扣好人生第一粒扣子"主题教育实践活动。以"扣好人生第一粒扣子"和"我和祖国共奋进"为主题,重点开展清明祭英烈、"新时代好少年"学习宣传、经典诵读等9项集中性主题教育实践活动。在南侨中学举办晋江市"办好思政课　潜心育新人"交流座谈会,推动晋江市思政课建设内涵式发展。在晋江一中开展晋江市中小学生"童心向党"歌咏活动,组织全市13所中小学校近700多名师生参与"助力世中运"和"红色经典"两个系列演唱。举办晋江市中小学"庆国庆　品经典　传美德　争做新时代好少年"经典诵读展演活动,中小学共31个作品参加,营造积极向上、健康文明的文化氛围。在泉州市开展"扣好人生第一粒扣子"主题教育实践活动中,晋江市获优秀组织奖;安海镇桥头中心小学、新塘街道沙塘中心小学、龙湖镇阳溪中心小学、西园街道版筑中心小学获评泉州市优秀乡村(城市)学校少年宫,平山实验小学《舞龙》入选泉州市优秀乡村(城市)学校少年宫"一宫一品"培育项目;安海镇养正中心小学颜禹成《高铁动车呜呜开》和黄洛颖《剪纸》、西滨镇中心小学曾国星《乡愁》获优秀童谣二等奖。推进校外未成年人心理健康辅导站建设。举办市新时代文明实践系列活动——市未成年人心理辅导工作会暨市辅导站心理咨询师业务研修活动,规范管理市校外未成年人心理健康辅导站(南山点、陈埭点),提升心理素质教育业务水平。晋江市平山中学心理辅导室被列为泉州市县级校外未成年人心理健康辅导示范站点。

【新时代好少年学习宣传】 2019年3月,晋江市组织开展"新时代好少年"学习宣传活动,在广泛开展事迹学习宣传活动的基础上,动员师生和家长参与,通过学生自荐、同学互荐,以及老师、家长和社会推荐等方式,积极选树班级、校级好少年。5月29日,泉州市委文明办举办首届泉州市"新时代好少年"先进事迹发布仪式,柯熙芃同学获评首届泉州市"新时代好少年"。5月31日,省委文明办举办2019年福建省"新时代好少年"先进事迹发布会,柯熙芃获评福建省"新时代好少年",是泉州市唯一入选省级的好少年。

【第二届少儿文创市集活动】 2019年9月28日,市委文明办在梅岭街道梅青社区成功举办第二届少儿文创市集活动。活动共设置68个展位,由全市45所中小学、四点钟学校参加作品义卖,其中26所学校带来少儿文艺、民俗、体育表演等文艺演出;开展"与国旗同框、为世中运祝福"拍照打卡、世中运主题灯谜竞猜和"我给祖国写封信"等3个配套活动,提升学校少年宫品牌效应,打造晋江少儿文创市集活动品牌。

【其他各类精神文明先进创建活动】 2019年,市公安局进入新一届全国文明单位重点培育对象行列,晋江一中、季延中学等5所学校成为全国文明校园创建先进校重点培育对象,磁灶镇大埔村继续保持全省"美丽乡村文明建设示范村"称号。联合市教育局,组织开展2017—2019年度首届泉州市级文明校园创建届末考评工作。启动2016—2018年度晋江市级文明单位、村镇、社区、校园等创建先进集体评选工作,围绕十三五期末文明村镇数量达50%的目标,拓展文明村镇评选范围,加大乡风文明培育力度,服务全面小康建设。

【涉改文明单位创建工作】 2019年,市委文明办配合党政机关机构改革工作推进,完成补申报涉及机构改革文明单位30个,确保涉改文明单位日常创建和届中初评平稳有序、顺利衔接;解决历史遗留问题,将教育局下属8个事业单位和19个镇街教委(育)办归并教育局、民主党派归并统战部合属创建。完成45个省级及以上文明单位、16个省级及以上文明社区、2个省级及以上文明旅游风景区(均含新报参评对象)届中材料网上申报审核工作。

(市委文明办　苏桂清　陈多多)

2019年9月28日,市委文明办在梅岭街道梅青社区举办第二届少儿文创市集活动

(市委文明办　供)

人力资源和社会保障

·事业单位工作人员管理·

【“1+X”专项督查】 2019年，市人社局联合相关单位组织开展“1+X”津补贴和评比表彰问题专项督查整治，规范晋江市津补贴发放。共开展一轮专项督查，对3个单位进行专项抽查，及时督促指导有关单位按规定严格整改，并通过举一反三，清退20个单位691200元。

【公立医院工资改革】 2019年，市人社局根据医改办医改工作进度安排，对市医院、中医院、安海医院、市医院晋南分院和中西医结合医院进行工资总额预核，正式拉开晋江市公立医院工资改革序幕。改革后，以上5家医院院长实行年薪制，由市财政全额保障；医院医务人员实行工资总额管理制度，由医院根据绩效和贡献进行分配；允许医务性收入扣除成本参与工资分配，并根据院长绩效考核情况、医务性收入增长情况确定医院工资总额的动态增长；按照医技、护理和行政管理5:4:1比例划分各类岗位工资总额占比，使工资总额向一线、关键岗位倾斜，缩小编内编外人员收入差距，逐步达到同工同酬。

【公开招考】 2019年，市人社局会同市委编办、市卫健局赴省外高校招聘卫生类工作人员54名，本地公开招聘16人；会同市教育局赴华中师范大学等多所高校招聘公办教师137人，全省统一招聘考试招聘96人，公费师范生专项招聘15人。2019年，参加泉州市统一组织的公开招聘，共招聘31人。

【职称评聘】 2019年，市人社局组织开展岗位设置和聘用工作，启动全市新一轮事业单位岗位设置管理和人员聘用工作。结合晋江市实际，将“增量”和“提质”有机结合，对专技高、中级岗位结构比例配置实行分三档差别化管理，首次设置附设岗位和特设岗位，并明确职称聘任向基层一线、农林水部门和高层次人才倾斜导向。做好专业技术人员任职资格申报推荐、资格确认和公布，共出具委托评审函219份，申报高级评审286人、中级评审348人。办理确认初级职称资格917人，公布中级职称资格890人、高级职称资格222人。深入开展职称评审工作，组建《晋江市中小学（幼儿园）教师中级专业技术职务评审委员库》，组织开展1期中小学（幼儿园）教师中级专业技术职务评审，共有696人通过评审（一级教师685人、二级教师11人）；组织开展1期土建专业初级职称评审，共有84人通过评审；组织开展3期非公有制企业初级职称评审，共有468人通过评审。做好各项职称（技能等级）考试报名初审工作，完成2019年度高级卫生专业技术职务实践技能考试申报初审，共有133名卫计人才通过初审；完成2018年度卫生专业技术资格考试报名初审工作，共有1058人通过初审（494人报考中级、564人报考初级）；组织75名工勤人员报名参加2018年机关事业单位工勤人员技能等级岗位（职务）升级考核，其中报考技师19人、高级工15人、中级工20人、初级工21人。

【学历更改】 2019年，市人社局加强对机关事业单位干部、职工学历管理工作，严格规范学历更改程序，严格审核申请对象的学籍档案、学历学位证书等证件材料，并按要求做好网上学历查询认证。共办理政府系统125名干部职工学历更改审批手续。

【绩效考核】 2019年，市人社局总结全省机关事业单位工作人员绩效考核试点工作经验，推行绩效考核工作，做好机关事业单位绩效考核等次和奖金的审核审批工作。组织开展年度考核工作，结合年度考核开展2019年度事业单位工作人员定期奖励。

【干部管理】 2019年，市人社局根据机构改革后科室相关职能调整，加强事业单位工作人员和机关工勤人员的职务聘任、辞职解聘等日常管理工作，规范事业单位工作人员管理。承办以市政府名义任免工作人员的行政任免事宜。依托“晋江市教育培训管理平台”，会同市委组织部、党校做好“晋江干部学堂”的授课计划发布、报名选学、考勤管理和统计分析等工作。全年共办理职员（专业技术人员）和机关工勤人员聘任83人、辞职（解聘）27人、自动离职1人，代市政府拟文40份，累计举办8期专题培训班，轮训股级干部1600人次。

（市人社局 张燕青 林晓军 柯发音）

·劳动就业·

【新增就业】 2019年，市人社局把高校毕业生、农民工、退役军人、下岗失业人员等重点群体就业创业工作摆在突出位置，采取有效措施，保持就业局势稳定。全市城镇新增就业22725人，城镇失业人员再就业8826人，城镇就业困难对象再就业108人，城镇登记失业率控制在0.18%。

【就业创业政策】 2019年，市人社局落实就业创业优惠政策，兑现灵活就业人员的社会保险补贴592人293.90万元、企业一次性稳定就业奖补43家174.37万元、企业薪酬及用工调查补贴322家9.66万元、失业动态监测补贴51家4.08万元、企业外出招聘补贴149家次37.25万元。

【就业创业活动】 2019年，晋江市开展“精准扶贫”“春风行动·四帮四扶”“2019年大中专毕业生对接会”“晋江市人才服务专员选拔”等活动，组织就业技能培训2675人，岗位技能提升培训3356人，举办7期职业技能鉴定，帮助208人取得职业资格证书。

（市人社局 张燕青 柯发音 林晓军）

·社会保险·

【参保扩面】 2019年，市人社局围绕“全面实施全民参保计划”目标和任务，稳步推进精准扩面工作，全市职工养老保险、工伤保险、失业保险参保人数分别增至36.67万人、28万人、15.85万人。其中，养老保险和工伤保险扩面任务完成数均位居泉州各县（市、区）第一位；工伤保险继续实现建筑领域全覆盖。

2019年5月,高铁新区被征地农民参加"企业保"申领补贴,图为参保受理现场

(市人社局 供)

【城乡居民保及被征地保障】 2019年,市人社局做好城乡居民社会养老保险及被征地养老保险相关工作。城乡居民基本养老保险实时参保人数增至60.70万人,续缴39.58万人。被征地人员养老保障紧跟市重点项目建设,实现即征即保,新增参保1万人,累计参保12.4万人,达龄领取人数10.04万人。完善被征地养老保障制度,在晋江高铁新区试点被征地人员以灵活就业人员身份参加企业职工养老保险的,给予最长10年缴费额50%社保补贴政策;先后组织到永和镇坂头村等15个村居开展政策宣传、现场办理。全年共兑现补贴51人,共13.795万元。

【社保调待】 2019年,市人社局做好机关企事业单位以及城乡居民退休人员待遇调整工作。涉及机关事业单位263个,退休对象6529人(其中,享受高龄倾斜增发206人,因退休过世发往单位核发的对象80人),一次性补发养老金1048.39万元。城乡居民社会养老保险基础养老金每人每月由170元提高至60~64周岁人员180元,65周岁以上人员185元。企业退休人员的养老金实现"十五连调",人均月增加养老金140.46元,人均月养老金达2384.69元。

【社保降费】 2019年,市人社局按照上级文件精神,推进降低社保费率各项工作任务,抓好社保费降率政策落实。2019年1—12月,全市养老、失业、工伤三项保险全年减收2.05亿元。其中,失业保险费征收入库数4552.99万元,优惠减免9105.99万元,惠及企业13801家;工伤保险费征收入库数4310.35万元,优惠减免4310.35万元,惠及企业13651家;企业职工基本养老保险征收入库数125707.38万元,其中5—12月优惠减免7125.36万元,惠及企业14817家。

【养老金追讨】 2019年,市人社局联合市公安局,制订《晋江市开展违规清退多领养老金及打击骗取社会保险金行为专项行动的实施方案》,组织各社保经办机构及镇街劳务所集中攻坚,开展打击骗保专项追讨行动,累计清退违规多领养老金398人,清退金额310.2万元。其中,城乡居民养老保险共清退389人,清退金额258.27万元;企业职工养老保险共清退9人,清退金额51.93万元。

【信息化建设】 2019年,晋江市被省人社厅和泉州市人社局确定为"基层平台信息化提升工程"试点县市之一,结合上级深化"放管服"改革精神,市人社局依托福建12333公共服务平台,加快社会保险综合柜员制改革,推进企业养老、工伤、失业保险业务"网上办、自助办、就近办",为企业提供更高效便捷的社保经办服务。截至12月底,共有3208家企业开通网上申报功能。

【社保卡制发】 2019年,晋江市新增银行"立等可取"社保卡制卡服务网点16个(总数达44个),实现工行、农行网点全覆盖,社保卡制发平稳有序继续保持零投诉。全年累计制发社保卡10.84万张。

【基金监管】 2019年,市人社局做好社保基金监管工作,加强内控制度规范化建设,组织实施经办机构工作人员目标管理和量化考评工作;会同驻局纪检监察,开展社保经办机构内控制度执行情况专项检查,进一步堵塞"漏洞",降低社保经办风险,确保社保基金运行安全。

(市人社局 张燕青 林晓军 柯发音)

·劳动保障·

【劳动关系和谐】 2019年,市人社局推进省级和谐劳动关系综合实验区建设,在陈埭镇建成全国乡镇(街道)劳动争议调解综合示范点,形成多元劳动争议调处模式;在人力资源产业园设立劳动关系咨询服务室,指导规范人力资源市场秩序;在阳光社区试行人社服务前移,设立便民窗口和"阳光调解室"就近服务群众;根据镇域经济特点,指导推动各镇(街道)开展和谐劳动关系"一镇一特色"建设。继续抓实劳动合同签订工作,建立劳动合同制度企业备案数达近1万家,劳动合同签订备案人数超746537名,签订任务完成率达99.54%,较2018年上升3.72个百分点。推动劳动保障诚信体系建设,全年共评价劳动保障守法诚信A级企业38家、B级企业1家、C级企业4家;工资支付行为守信单位44家、一般失信单位1家、严重失信单位3家;公布重大劳动保障违法行为4件,拖欠农民工工资"黑名单"企业5家;对5974家次取得政府政策性奖励、评优评先企业进行审查,做好服务企业工作。开展劳动关系和谐单位创建活动,推荐指导福建浔兴拉链科技股份有限公司获评全国模范劳动关系和谐企业。在泉州市年度非公有制企业构建和谐劳动关系情况考核中被评为优秀等次。

【普法宣传】 2019年,市人社局开展"领航新时代·和谐我先行"公益讲座、"面对面·人社服务进社区"政策宣传解答、"根治欠薪法治宣传活动"等"构建

2019年，市人社局引导部分群众在自助服务区自助办理业务　（市人社局　供）

和谐劳动关系——宣传服务进社区、进企业、进工地”系列活动；联合建设银行在营业网点设立劳动者港湾，打造和谐劳动关系的宣传阵地。全年共组织开展各类宣传活动20余场次，分发宣传材料7万余份，为安踏（中国）有限公司、厦门航空公司晋江分公司、晋江市人力资本有限公司等100余家企业提供法律咨询服务。

【劳动监察】 2019年，市人社局开展劳动保障监察执法，先后组织开展人力资源市场秩序整治、高温天气防暑降温和劳动保护、根治欠薪夏季行动、农民工工资支付情况专项检查和根治欠薪冬季攻坚行动等专项执法检查，全年共监察各类用人单位1210家，涉及劳动者10.69万人，发出整改指令书113份，询问通知书18份，对10家存在违法行为的用人单位进行行政处罚，共处罚金11.7万元；依法移送公安机关拒不支付劳动报酬罪案件4件，涉及劳动者245人，涉及劳动报酬317.71万元。在泉州市年度保障农民工工资支付工作考核、根治拖欠农民工工资和打击非法用工等违法犯罪综合治理考核，以及“强基促稳”实施促进劳资关系和谐专项行动考核中均被评为优秀等次。

【劳动争议处置】 2019年，市人社局完善市镇村企四级劳动争议预防和调处体系建设，通过调解的方式把劳动争议化解在基层，全市劳动争议案件调解率近90%，越级上访案件明显减少。全年共依法处置劳动争议7140起，其中10人以上群体性案件287起。

【工伤认定】 2019年，市人社局做好工伤案件认定工作，全年共受理各类工伤认定申请案件1603起，其中认定工伤或视同工伤1576起（死亡36起）、不予认定工伤19起（死亡4起），驳回申请8起。受理的案件中，参保案件1277起，未参保案件326起，案件参保率79.66%。另有不予受理24起，经调解撤回工伤认定申请19起。

【劳动仲裁】 2019年，市人社局做好劳动仲裁工作，开展“流动仲裁庭”进基层活动，增设英林镇基层仲裁庭，实现基层独立仲裁扩面至15个镇、街道，全年基层独立办（审）理劳动争议仲裁案件609件，占全市总案件数的39.39%。开展劳动人事争议仲裁工作，提升仲裁案件办理质量，全年共立案仲裁各类劳动争议案件1606件，其中，10人以上集体劳动争议案件76件，同比下降1.29%。

【无欠薪项目部创建活动】 2019年，市人社局开展“无欠薪项目部”创建活动，推行建筑工人实名制管理和工资专用账户管理制度，100%覆盖全市125个新建在建工程项目，累计通过工资专用账户代发工资1.4亿元。

（市人社局　张燕青　柯发音　林晓军）

·医疗保障·

【概况】 2019年3月，泉州市医疗保障局晋江分局（以下简称医保晋江分局）成立，执行泉州市基本医保（含城镇职工基本医保和城乡居民基本医保）、大病保险、医疗救助制度，同时保留原晋江特色保障，进一步扩大减免对象范围、提高医疗保障待遇。《“晋江经验”引领晋江医保创新“1323”服务模式》在新华社内参发表。

【城乡居民基本医保】 2019年，晋江市城乡居民基本医保筹资标准为740元/人，其中个人缴费220元/人，镇（街道）补助10元/人，晋江本级财政补助370元/人，国家、省、泉州市财政补助140元/人。

【城镇职工基本医保】 2019年，医保晋江分局按“基本保障、广泛覆盖、双方负担、统账结合”原则，适应社会主义市场经济体制，根据财政、企业和个人的承受能力，建立保障职工基本医疗需求的社会医疗保险制度。基本医疗保险费由用人单位和职工个人共同缴纳。用人单位按职工工资总额的7.5%缴纳，职工个人按其工资总额的2%缴纳，职工个人所缴的医保费，由单位直接从其工资中代扣代缴。

【生育保险】 2019年，医保晋江分局执行国家通过建立生育保险制度，为生育妇女提供生育津贴、医疗服务和产假待遇，保障其身体健康，并为婴儿的哺育和成长创造良好的条件。生育保险基金按“以支定收，收支基本平衡”的原则筹集。其中，企业生育保险费用由用人单位按职工工资总额的0.5%缴纳；机关事业单位生育保险费用由用人单位按职工工资总额的0.35%缴纳，个人无须缴纳生育保险费用。

【参保缴费】 2019年，医保晋江分局做好基本医疗、生育保险等基金征缴工作。2019年度城乡居民医保参保975016人，基金收入72151.19万元；城镇职工医保参保172638人，基金收入66951.19万元（其中：个人账户收入25427.34万元，统筹基金收入41523.85万元）；生育保险参保160610人，基金收入3264.56万元。

【医疗保障】 2019年，晋江市医保基金结报人次约253.34万人次，基金结报支付10.33亿元。各项叠加保障得到落实。医疗救助工作。2019年资助参保15882人，资助金额349.40万元；一站式结算医疗救助对象49194人次，金额955.16万元；一次性定额救助和重特大疾病救助7人次，金额2.15万元。2017年度进行10万以上医疗费用人员二次补偿发放工作。2019年，惠及城乡居民医保对象1207人，发放2052.17万元；惠及城镇职工医保对象296人，发放188.63万元。晋江特色保障工作。补助减免城乡居民最低生活保障对象、特困户等11类人员的参保费用。2019年，本级财政减免补助对象163746人，金额2318.33万元。提高特定人群报销待遇，2019年住院结报5436人次，结报金额1105.78万元；提高25种重点特大病种患者的市外转诊报销比例，2019年结报801人次，结报金额993.99万元。为城乡居民医保参保人投保意外险，赔付率达68%；为参保人投保晋江本级大病商业补充保险，赔付率达92.7%，补偿比例提高10～15个百分点。印发《关于调整晋江市城乡居民医保25种特大病种报销标准的通知》，于2020年1月1日开始执行，将25种特大病种分为两大类，实行转外就医差别化补充报销比例。

【经办服务优化】 2019年，医保晋江分局把5个类别服务窗口整合为参保登记和待遇支付两大类，整合定点医疗机构医保服务站，将服务前置延伸。增设基金业务审核岗位，建立窗口岗位日巡察、定期考核和轮值机制，对购买服务人员进行年度绩效考评，提升经办服务质量。全年管理部窗口及驻点服务站共办理日常业务278747件，同比增长17%。开启全城通办，为晋江以外泉州市域内群众提供服务13488人次。拓展医保服务异地商会“一站式”代办工作。将“外地就医备案”“特殊门诊资格确认”“商业大病补充保险结报”“商业附加意外险”等委托给异地商会一站式代办。2019年，跨省异地就医结算5317人次。医保基金晋江市域外结报6.74万人次。“968919”医保热线整合提速，日均来电量达200人次，为群众答疑解惑，异地就医备案月达300例。对咨询、信访举报按规定在第一时间处理，共办结各渠道获取的信访、诉求件209件。

【医保宣传】 2019年，医保晋江分局通过多种形式、载体建设医保宣传阵地，在中国新闻网报道2篇、《晋江经济报》报道8篇、晋江电视台报道5篇。10—12月，开展26场“服务人民 保障健康”暖心服务进村居宣讲活动，加大医保政策、资讯的宣传力度，提高群众知晓率，回应群众关注热点，营造良好的社会舆论氛围。

【定点机构常态监管】 2019年，医保晋江分局做好定点医药机构协议管理工作。2019年，新增定点医疗机构14家、定点药店2家，一体化公益性村卫生所全部纳入医保定点协议管理。晋江共有定点医疗机构49家、定点药店141家。落实常态化监管。细化“三函两牌”监管制度内部审批流程，实行“严管期”工作机制，将新增定点医药机构等五类重点对象共70家纳入严管期。制定规范培训班制度，将被暂停医保权限的定点医药机构等四类重点对象纳入规范培训对象，全年开办2期，70余人次参加规范学习和笔试考核。

【专项行动】 2019年，晋江市成立晋江市打击欺诈骗保专项工作小组，与晋江市卫健局建立会商联动工作机制。开展打击欺诈骗取医保基金“亮剑”专项行动，开展“打击欺诈骗保 维护基金安全”集中宣传巡回展示9场。重点精准发力，积极探索信息化智能稽核工作。组织各定点医疗机构开展为期2个月的自查自纠工作。推动专项监管计划化、常态化，2019年组织静脉穿刺置管术违规收费等8种常见违规行为专项监管。积极落实“4+7”药品采购月报制度，并对药品采购增长过快的4家定点医疗机构进行调查。

【稽核查处】 2019年，医保晋江分局开展省、泉州市两级打击欺诈骗保交叉检查工作，与卫健、市场监管部门对公立医院违规收费问题进行联合检查。实现辖区内定点医药机构监督检查全覆盖，开展“回头看”专项检查。共出动稽查人员948人次，检查定点医药机构287家次，发出“函、牌”190张，约谈定点单位28家次，暂停医保协议54家，解除定点协议1家，通报批评医保医师22人；拒付医保基金527.06万元，同比增长1186.77%，收取违约金485.84万元，同比增长413.52%。

【“三医联动”】 2019年，医保晋江分局全面落实跟进国家“4+7”药品集中采购和使用试点工作。晋江市中选药品采购金额1571.32万元，完成约定采购量的124.86%。药品平均降幅达到52%，为晋江市群众降低药费负担1378.56万元。做好定点医疗机构医疗诊疗项目管理。收集45家定点医疗机构报送备案的诊疗项目65204项。推进按病种收付费方式改革。跟进各定点医疗机构按病种收付费方式实行情况，为动态调整按病种付费价格提供依据。全市公立综合医院（市医院、中医院、安海医院）开展按病种收付费，按病种出院人次19084例，按病种出院人数占比34.38%，群众按病种报销比例比按项目报销提高约10个百分点。

（医保晋江分局　许培鑫　黄长沙）

民　政

·社会救助·

【概述】 2019年，晋江市通过全国社会救助综合改革试点、省级社区治理和服务创新实验区验收，市民政局获“全省民政系统先进集体”称号，社会工作经验得到省民政厅厅长池秋娜的批示肯定，“四帮四扶”救助工作模式获得省民政厅行文推介；市社会工作人才驿站被中共泉州市委组织部确定为第二批市级“人才之家”，成为全省首家市级社会工作人才之家。

【城乡低保】 2019年，全市低保标准为630元/月。推进“互联网+”低保精准救助模式，对全市新申请和正在享受低保的家庭经济状况进行跨部门联审，全年共复核对象及法定义务人5077户

12857人，清退938人，新增708人。优化和完善城乡低保、特困人员审批程序和认定办法，改进民主评议等审批环节，压缩审批时限。

【特困人员救助】 2019年，晋江市特困人员救助供养标准按全自理、半护理和全护理的护理需求分别为每月1010元、1235元、1460元，在机构集中供养的，原则上标准再提高20%。通过“收支两条线”综合评估家庭状况，将因病（伤）、因残、因学等支出型贫困家庭纳入保障范围，着力完善因病致贫家庭和无业重度残疾人低保兜底工作，全年新增救助对象708人。

【临时困难救助】 2019年，市民政局把临时救助金额3000元及以下的审批权限下放至各镇（街道），切实解决城乡居民及外来人员临时性、紧迫性基本生活困难，全市共发放救助金434.5398万元，救助困难群众1306人次。

【流浪乞讨人员救助管理】 2019年，晋江市“三无”人员救助帮扶体系不断健全，全年救助流浪乞讨人员422人次，主动外展巡查90多次，护送返乡34人次。

【残疾人“两项补贴”】 2019年，晋江市全面落实残疾人两项补贴政策，发放残疾人护理、生活两项补贴共2069.94万元，惠及7.66万人次。

【散居孤儿补助标准】 2019年，晋江市机构和社会散居孤儿补助标准分别提高到每人每月1500元和1000元。

【四帮四扶】 2019年，晋江市特困家庭“四帮四扶”工程进一步提标扩面，将符合条件的相对贫困帮扶对象、低保边缘户纳入帮扶范围，取消总帮扶金额10万元的限制。全市共投入1500多万元，帮扶233户困难家庭脱贫解困。实现保障标准稳步提升，全市共有最低生活保障和特困人员供养对象5001户8587人。

·养老服务·

【养老服务设施专项规划】 2019年，市民政局落实全市养老服务设施布局专项规划，落实24个住宅区项目配建养老设施面积共计9293平方米。

【镇级敬老院】 2019年，市民政局协调推进镇级敬老院项目建设。其中：磁灶镇敬老院、英林镇让德敬老院、东石镇敬老院、深沪镇敬老院、龙湖镇尚善养老院投入运营；陈埭镇敬老院一期、永和镇敬老院、金井镇敬老院基本完成建设；安海镇敬老院正抓紧建设。晋江市池店镇敬老院、内坑镇敬老院2个镇级敬老院正在筹建。

【村级敬老院】 2019年，全市建成50所村级敬老院，在建25所村级敬老院，投用29所村级敬老院，其中第三方运营的村级敬老院有5所。

【民办养老机构】 2019年，市政府制订下发《关于促进现代服务业新型业态加快发展若干措施的通知》，实施奖励扶持措施，支持发展养老养生项目，鼓励养老专业服务团队参与居家养老、社会养老和机构养老服务。全市建成民办养老院5所，公建民营养老院2所，在建和筹建民办养老机构7个。

【“嵌入式”养老机构试点】 2019年，晋江市在较为成熟、积极性较大的街道社区或小区，推进实施“嵌入式”养老机构试点工作，为失能、半失能、高龄、独居等社区老年人提供日托、全托养老护理服务。西滨镇（文体中心）养老照料中心、紫帽镇（霞茂山庄）养老照料中心、灵源街道（张前）养老照料中心、梅岭街道许厝社区（融泉花都）养老照料中心及青阳街道（高阳）养老照料中心均投入使用。

【社区居家养老服务站】 2019年，新建20个村（社区）居家养老服务站。全市建居家养老服务站305个，建站覆盖率达77%，全市约13万名老年人享受居家养老服务。打造27个智能化居家养老示范服务站。为27个示范站点各配备1套智能化设备和2名助老员。

【居家养老上门服务】 2019年，市民政局持续开展居家养老上门服务，通过向社会公开招投标的形式，委托社会组织，为全市近1500名特困人员、低保、失能、空巢等特殊困难老人提供助餐、助洁、健康护理、精神关怀和紧急救援等专业化上门服务。

【老年人长期照护保险】 2019年，晋江市投入750万元为全市70周岁及以上失能、半失能老人购买长期照护保险，补贴70周岁及以上失能老人300元/月，补贴70周岁及以上半失能老人150元/月，缓解老年人急剧增长的长期医疗照护和日常生活照护压力，提升老年人生活质量和人文关怀水平。

【养老机构责任保险】 2019年，市

2019年10月，东石镇敬老院投入使用　（市民政局　供）

民政局推行养老机构责任保险，为14所养老机构、800名老年人以及40个居家养老服务站办理2019年度养老机构责任保险，增强养老服务机构防范风险的能力。

【养老机构安全管理】 2019年，市民政局开展养老服务质量建设专项行动，创新安全生产检查方式，委托第三方机构开展检查，及时发现养老机构消防安全隐患问题，跟踪落实消防安全措施整改情况，确保养老机构的安全管理。

·基层组织建设·

【多元基层治理体系构建】 2019年，市民政局加强党建引领基层治理，加快村级组织运行机制，推行资产村经分离，干部选聘分离，村务专职工作者管理体制改革。推行乡村协商民主试点经验，以党建引领自治、法治、德治“三治融合”。

【城乡社区治理机制创新】 2019年，晋江市深化省级社区治理和服务创新实验区创建，实施社区公共服务设施建设提升工程，推进社区服务设施建设标准化、规范化“十个一”建设，全市395个村（社区）实现公共服务设施“十个一”全覆盖。稳步推进10个社区社工站、12个基层服务社会化试点、1个社区治理辅助项目、24个小区微治理案例创新等项目，进一步统筹城乡社区发展和推进社区治理机制创新。

【“民生微实事”项目】 2019年，晋江市组织实施“民生微实事”，重点征集“党群心连心、民生微实事”村级养老服务设施项目、暑期夏令营、老旧小区文体设施项目，共完成民生微实事项目205个。

【慈善帮扶体系建设】 2019年，晋江市入选“中国十大慈善城市”。慈善帮扶体系逐步完善，市、镇、村三级慈善网络不断完善。全市共培育慈善协会89家，市慈善总会募集各项慈善资金3.79亿元（历年累计募集35.69亿元），投入慈善工程1.91亿元（历年累计投入19.33亿元），帮扶困难群众3287人次（历年累计176794人次）。

【社会福利中心投入运营】 2019年，晋江市社会福利中心一期工程全部完工并投入使用，实行“公建民营”模式，引入专业运营团队参与管理运营，现设置养老床位188张（包括自理床位123张、护理床位65张）。老年专科医院青鸟世嘉康复医院于2019年5月21日投入运营。

·社会事务管理·

【社会组织发展与管理】 2019年，晋江市登记成立社会团体47家、社会服务机构11家、非公募基金会22家，现全市登记成立的社会组织1272家，居全省前列。推进社会组织“两个覆盖”和“党建入章”工作，全市“存量”社会组织完成党建入章796家、“增量”社会组织完成党建入章达100%。注重社会组织发展质量，清理规范注册社会组织，公布晋江市第一批26家社会组织异常名录。注销登记5家长期不开展活动、不进行年检、不正常换届的社会组织。

【社会工作人才队伍建设】 2019年，全市持有社会工作职业水平证书者1193人。有民办社工服务机构20家，专职从业人员328人，其中有省级优秀社工3人，泉州市级优秀社工7人。培育选拔3名“星级督导”、29名“星级社工”。在泉州市首届“筑梦港湾”社会工作创新创业大赛“社工人才奖”“项目成果奖”“项目创新奖”和“组织宣传奖”四项奖项中，取得3金8银12铜和6个优秀奖的成绩，占全部奖项60%。

【老区工作】 2019年，晋江市加大老区扶建力度，制订出台《晋江市扶持老区村建设三年规划（2019—2021年）》，老区村通过发动群众、乡贤及企业捐资捐地，筹集资金超2亿元。开展4场市领导老区村现场办公活动，下拨600万元支持4个老区村23个项目，积极争取上级优惠政策，2个项目享受中部优惠政策，获得中央预算内补助4000万元，6个项目获得省、泉州市补助资金85万元。下拨450万元扶持65个老区（基点）村70个项目。投入621.3万元为全市92个革命老区（基点）村28241名60岁以上老人缴交城乡居民医保个人参保费用，投入565万元支持革命遗址修缮、布馆。连续2次调整革命“五老”人员生活补助标准，革命“五老”人员每人每月达2164元，超过省定标准794元，位居全省前列，革命“五老”遗偶每人每月703元。

【婚姻登记管理】 2019年，市民政局推行结婚登记网上预约、周六上午、国庆节假日加班登记服务，优化婚姻登记环境和效率，全年共办理登记结婚6990对。

【区划地名管理】 2019年，晋江市在全省县级层面率先编制地名专项规划。推动城市道路设标工作，2019年起新命名街路30条，新设置单杠式路牌250座。完成《政区大典—晋江卷》编纂任务和全国第二次地名普查工作，编制《晋江市行政区划图》（2019年版）。完成晋江—南安县级行政区域界线联检工作和西滨—陈埭等8条乡级界线联检工作。推进新社区设置指导工作。

【殡葬服务管理】 2019年，市民政局殡葬服务水平提质增效，实施境内死亡人员遗体火化基本费用全免政策，全年共为7389户次群众减轻负担520多万元。开展违法违规私建“住宅式”墓地等突出问题专项摸排整治工作。共摸排违法违规私建“住宅式”墓地494个，整治大墓493个，整治活人墓1个。

【“康乐家园”挂牌成立】 2019年，晋江市首个省级精神障碍社区康复试点“康乐家园”挂牌成立。

（市民政局　陈建造　吴丽婷）

支前　双拥

【概况】 2019年，晋江市双拥共建工作贯彻习近平关于国防和军队建设、退役军人和双拥工作的重要论述、重要讲话精神，开展拥军优属、拥政爱民和军民共建活动，形成军政军民团结协作、融合发展的局面，通过全国双拥模范城创建工作中期考评。市退役军人事务局探索双拥宣传教育的方法和途径，把加强舆论导向、开展实践活动和传承双拥文化紧密结合起来，加强全民国防观念和双拥意识，营造浓厚的双拥社会氛围。“中国双拥”杂志、“中国双拥网”“福建省退役军人事务厅官网”、《福建双拥》《福建爱国拥军》等媒体推出晋江双拥报道15篇，晋江经济报社、晋江新闻网、晋江广播电视台等本地媒体，通过开设双拥宣传和国防教育专栏，及时宣传双拥政策法规，报道双拥工作动态，推广双拥先进典型，共推出相关报道100条次。策划推出《军人故事》系列报道，集中宣传报道吴金营、吴奕澈等优秀退役军人典型事迹。联合创作《青春在亚丁湾闪光》MV，在《当代海军》杂志上收获2.1万人次阅读量。承办海军泉州舰“我的家乡我的舰”双拥工作座谈会，30多家省内外媒体采编报道晋江双拥工作。结合重大节庆日精心组织形式多样、内容丰富的双拥共建活动。组织开展军训、军事日、小小少年军事夏令营等实践活动，参加人数达2.3万人，涵盖干部职工、学校师生、企业员工等不同群体。“八一”建军节期间，组织开展历时1个月的“双拥月”系列活动，包括科技拥军现场办公、慰问驻训部队、“关爱功臣”行动、市爱国拥军促进会慰问病困军人家庭和“八二三”炮战病困老民兵、市女企业家联谊会“军营联谊”、市青商会“军营一日”、剪纸协会“剪纸文化进军营”等13个大项21个小项，形成浓厚的社会氛围。传承双拥文化。依托爱国主义教育基地和国防教育基地，加强双拥国防教育。金井、安海、内坑烈士陵园，安业民烈士陵园、施琅将军纪念馆等各类教育基地共接待瞻仰祭扫、参观游览21万多人次。宣传双拥先进典型，礼遇关爱功臣英模和先进人物，组织开展为获中华人民共和国成立70周年纪念奖章的7名退役军人颁发奖章活动，走访慰问参加中华人民共和国成立70周年阅兵仪式的部队官兵，推荐支前老英模洪建财、吴秀梨参加建国70周年全省社会各界群众庆祝大会，军鹏特种装备公司董事长郑东升获《中国双拥》年度人物。加强双拥主题公园建设，深入挖掘围头村支前拥军历史积淀，讲好支前拥军故事，定期与周边驻军开展双拥活动，传承弘扬双拥文化。

【支前拥军】 2019年，市退役军人事务局紧贴部队需求，突出拥军重点，投入2100多万元帮助部队解决军事训练、设施建设和后勤保障等问题。保障部队备战行动。认真履责，配合部队军事行动，公安局协助部队重大军事行动安全保卫；交通运输局协调驻地企业参与东南沿海登陆演习，为驻闽某部运送重型装备；市退役军人事务局联合相关部门组织开展国防动员潜力数据统计，及时更新完善国防潜力数据。支持部队各项建设。实施科技文化拥军工程，市财政投入460万元（其中配套泉州拥军项目投入120万元），支持部队5个科技强军项目建设；实施后勤建设帮扶工程，市财政划拨资金147万元，争取泉州项目资金106.6万元，支持部队18个“六个一好”项目建设。投入9.3亿元，推进横九线龙湖段改造、快速通道东石连接线、晋新路军垦农场段、市域8号路一期等5个工程，完善“152030”快速交通圈，构建军民融合基础交通保障网。按照“优先立案、优先审理、优先判决、优先执行”原则，审理办结部队“停偿”案件，减免诉讼费用4.7万元。军转安置方面，完成转业军人移交接收和安置工作，团职干部100%安置为公务员，营职及以下干部85%安置为公务员及参公身份。随军家属安置方面，举办面向退役军人、随军家属的就业招聘会，妥善解决随军家属随调问题，划拨随军家属未就业生活补助金。部队子女入学方面，全年共照顾100名部队子女入学入园。

【基层双拥共建】 2019年，市退役军人事务局构建政府主导、社会参与的工作格局，全面推进基层双拥共建工作，提升社会化拥军工作水平。拓展基层双拥共建领域。以市直单位全面挂钩共建为表率，辐射带动镇（街道）、村（社区）、企业、学校与部队基层连队开展共建，实现驻军基层单位全覆盖。西园街道联合某部队、远华中学举办综合文艺演出，组织社会各界及师生近500人参加，增进军民融合。2019年，共建双方把思想政治共建与互办实事好事结合起来，促进军地双方共同发展。打造“两新组织”拥军品牌。广泛发动社会团体，行业协会参与双拥共建活动。春节期间，市爱国拥军促进会组织走访慰问部队、烈军属和现役军人困难家庭。先后组织慰问团前往云南慰问某部队外出演训官兵，组织慰问病困军人家属、“八二三”炮战病困老民兵，举办功臣模范先进代表座谈会、国防知识普及有奖竞答活动，组织退役军人跑团参加“晋江文旅”国际马拉松比赛。市女企业家联谊会、市青商会支持“拥军项目”建设。市剪纸协会、企

2019年10月11日，市退役军人事务局举办退役军人及随军家属专场招聘会

（市退役军人事务局 供）

2019年7月23日，市退役军人事务局开展“我为爸妈做双鞋”活动（市退役军人事务局　供）

业家书法协会等社会团队参与军营联谊和文化进军营活动。引导民营企业开展形式多样的拥军活动。美年大健康体检中心为100名重点优抚对象免费体检；马可维奇鞋业公司开展“我为爸妈做双鞋”活动；亿仁集团举办第五届“情系国防好家庭·亲子游”活动；俊能视眼科门诊、罗山创兴汽修厂联合举办“你为我守护、我为你分忧”拥军活动。推进社会拥军常态开展。按照“双拥在基层、关键在常态”，“部队有需求、地方有响应”的工作思路，推动社会拥军常态化。耀狮汽车公司连续10年开通“拥军专线”，2019年捐赠“拥军车票”价值50多万元。军鹏特种装备公司把拥军工作作为公司常规工作，为部队演训提供保障，为困难官兵排忧解难。围头村将每月第一个星期五确定为“双拥主题日”，与驻军开展互办实事好事活动。市退役军人事务局、青阳街道、高霞社区与驻军开展“不忘初心军民情、共建家园促和谐”活动，美化营区周边环境。

【优抚保障】　2019年，市退役军人事务局贯彻落实退役军人有关抚恤优待政策规定，加强服务管理保障，进一步提升退役军人荣誉感、获得感、幸福感。健全服务保障体系。按照“五个有”（有机构、有编制、有人员、有经费、有保障）要求，组建市镇村三级退役军人服务保障机构，核定60个事业编制用于市镇两级服务中心（站）建设。在全省率先推行“网格化+退役军人”管理模式，把退役军人事务全部纳入村（社区）网格化管理，打通退役军人政策落实和服务保障“最后一公里”。省、泉州市退役军人事务部门到晋江市开展服务保障体系建设和网络化管理工作。加强荣誉激励褒扬。在全省县一级率先举办光荣牌悬挂启动仪式，得到中国网、《中国社会报》宣传报道。推行“军人依法优先”“免费公交”“贷款贴息”“优先诊疗”等优待措施，提升退役军人获得感。开展节日“大走访、大慰问”“送春联年画、立功喜报”和“军人入伍、退役迎送”等活动，营造军人尊崇的社会氛围。深入开展退役军人先进典型学习宣传活动，加强正面导向，退役军人吴金营、吴奕澈分别获全国模范退役军人、全国道德模范称号。弘扬英烈精神，编撰《晋江市烈士英名录》，组织清明节、烈士纪念日祭扫活动，参加人数达3万余人，70多篇英烈祭扫文稿上传中华英烈网，数量居泉州各县（市、区）第一。落实优抚政策。及时调整抚恤补助标准，足额兑现各类优抚资金。全年共发放各类抚恤补助3798.44万元、立功荣誉津贴13.74万元、物价补贴268.2万元、节日慰问金125.25万元，义务兵家庭优待奖励金2130.91万元，一至六级残疾军人医疗费用157.7万元。持续开展“关爱功臣”行动，为重点优抚对象发放用电补贴29.4万元，减免高清数字电视安装费34.5万元，门诊补助和体检补助69.8万元，“安居工程”建设补助50万元。提升服务管理水平。加强享受国家抚恤补助优抚对象管理，严格实行“优抚数据半年一核查、减员情况每月一报送、资金发放情况每月一公示”动态管理，做到优抚对象精准核查，优抚待遇精准落实、优抚资金精准发放。扶持退役士兵就业创业，成立“三基地、一团队”（一个就业创业基地、两个教育培训基地、一支就业创业导师服务团队）就业创业服务平台，组织2100多名退役军人报名参加高职扩招，88名退役士兵参加汽车驾照培训，举办3场退役士兵招聘会，达成就业意向200多人。做好军休干部服务管理工作，落实政治待遇和生活待遇，开展政治学习、组织生活、党建活动11场次，发放医疗、交通、探亲等各类补助及节日慰问金102.71万元。

【拥政爱民】　2019年，驻晋江部队充分发挥自身优势，以开展构建“和谐晋江”拥政爱民活动为载体，参与驻地城

2019年2月2日，晋江市为烈属军属和退役军人等家庭悬挂光荣牌工作启动仪式

（市退役军人事务局　供）

2019年，晋江市举办清明节、烈士纪念日公祭活动　　（市退役军人事务局　供）

市建设、平安建设和文明创建活动，为第二故乡发展做出贡献。支持城市建设。开展“双拥+和谐家园”共建活动，派出官兵参加地方义务植树、环境整治、平安建设等工作。参与文明创建。选派军事教官帮助福州大学晋江科教园区以及10多所中小学校学生开展军训。派出官兵参加各类重大赛事和大型活动，并承担组委会赋予的各项任务。组织官兵开展学雷锋活动，深入华泰社区开展义诊、发放药品；深入高霞社区开展免费理发、维修家电；发动官兵参与无偿献血活动。开展扶贫助学。组织开展“双拥+扶贫”活动。部队挂钩帮扶贫困家庭，坚持经常性走访慰问，并组织所属基层连队与驻地贫困户开展结对帮扶。部队挂钩帮扶贫困家庭，要求挂钩营连做到“四个到位”（事先走访了解困难到位，制订帮扶计划到位、解决需求到位、帮扶资金到位）。组织开展助学兴教活动。开展“骄子护蕾”助学活动，帮扶家庭困难学生，走访慰问共建学校，共计捐资24万元。发动官兵开展捐资助学活动。

（市退役军人事务局　黄志刚　王奇志　余春华）

退役军人事务

·思想政治与优抚褒扬·

【支前双拥】 2019年，市退役军人事务局围绕支持国防建设和军队改革，开展驻晋部队科技强军项目建设，拨付项目资金607万元，争取上级资金106.6万元。保障部队战备行动，先后保障外来部队的驻训行动和驻晋部队的外出演训任务，投入慰问经费和保障物资40万元。解决官兵后顾之忧，解决100名部队子女就学问题、9名随军家属随调安置问题，发放随军家属未就业补助金89.66万元。拥政爱民活动，帮扶24名困难学生，挂钩帮扶驻地贫困家庭10户。晋江市蝉联省级全国双拥模范城“九连冠”。

【优抚政策落实到位】 2019年，市退役军人事务局共发放抚恤补助金3798.44万元，立功荣誉津贴13.74万元，核发义务兵家庭优待奖励金799人次、2130.9105万元，核发188人次医疗费用157.73万元，发放企业军转干部2019年度医疗补助经费145940元，发放2018年度自主就业退役士兵一次性地方经济补助金1856.218万元。

【优待措施】 2019年，市退役军人事务局开展“关爱功臣”活动，推行“优先诊疗”“高清收视”“免费公交”“军人依法优先”“拥军专线”等优待措施，全年共发放物价补贴268.2万元；减免高清数字电视收视、安装补贴2237户、34.527万元；发放用电补贴1225人次、29.4万元；投入50万元帮扶10户无房或居住危房对象建设安居房或购房；为100名家庭困难优抚退伍老兵免费体检，发放帮扶资金335922元。

【烈士褒扬工作】 2019年，市退役军人事务局完善烈士褒扬系统资料、烈士英名信息，精准编撰《晋江市烈士英名录》。做好清明节、烈士纪念日公祭活动，组织缅怀祭扫英烈活动131场，接待各单位、社会各界人士、学校师生3万余人次。

·接收安置与就业创业·

【安置工作】 2019年，市退役军人事务局接收安置军转干部、转业士官、军休干部、退役士兵，办理退役军人党员

2019年10月11日，在泉州轻工学院举行退役军人和现役军人家属就业创业推介会

（市退役军人事务局　供）

关系转接、档案移交工作。拓宽安置渠道，挖掘安置岗位，推行阳光安置，军转干部全部安置到机关事业单位。

【就业创业】 2019年，市退役军人事务局在泉州市率先成立“三基地、一团队”，授予中国海峡(晋江)人才市场为“晋江市退役军人就业创业基地”。授予泉州轻工学院、泉州职业技术大学为“晋江市退役军人教育培训基地”。组织专场招聘会，有随军家属、退役士兵参加并达成就业意向。

·服务保障·

【三级服务保障体系搭建】 2019年，晋江市镇村三级退役军人服务中心(站)全面组建挂牌。率先开展镇村两级服务站试点建设工作，先后培育安海、罗山两个镇级服务站，梅青社区、华泰社区两个村级服务站示范点，着力推动全市退役军人服务保障体系规范化、标准化、实体化运行。

【“网格化+退役军人”服务管理】 2019年，晋江市形成以村(社区)为主体、以网格为基本单元的精细化服务管理体系，依托网格开展各项退役军人服务管理保障工作，打通联系服务退役军人的“最后一公里”。

【军休干部服务工作】 2019年，市退役军人事务局落实军休干部政治待遇和生活待遇，组织开展军休干部党建、文体活动，做好退休费发放、遗属待遇、生活慰问等工作，提升军休工作服务水平。

(市退役军人事务局　王懿心　王奇志　王国强)

老区建设

【概况】 2019年，市老促会按照职能定位，服务老区工作。与市老区办紧密配合，围绕年初确定的目标任务，以“老区脱贫攻坚”为主线，加大老区扶持力度，进一步推动全市革命老区科学发展、跨越发展。

2019年7月2日，市领导刘文儒(左前四)、张文贤(左前三)到革命老区村内坑镇后山村现场办公
(市老促会　供)

【市领导现场办公】 2019年，市老促会把做好市领导到革命老区村现场办公作为一项重要工作抓紧抓好，向市委市政府主要领导和分管领导提出推荐建议。经批准后确定，内坑镇后山村、磁灶镇三吴村、龙湖镇龙园村、安海镇西安村为2019年市领导现场办公的革命老区村。市老促会与市民政局(老区办)联合分别深入上述4个老区村进行调研，了解上述老区村的基本情况、发展状况、存在困难和问题，与村领导共同探讨发展思路、研究扶持事项和扶建项目；反复与镇领导分析研究现场办公拟解决事项的可行性；对一些涉及政策法规事项的问题，又分别到市直相关部门进行征求意见，协调沟通确认，然后将调研情况和现场办公需协调解决事项向市委市政府作出书面报告，切实做好市领导现场办公的各项准备工作。

7—11月，泉州市委常委、晋江市委书记刘文儒，晋江市市长张文贤，副书记陈晋永，组织部部长吴忠刘，副市长庄天怀、王文晖，政协副主席叶荣宗等领导先后率市直有关部门到内坑镇后山村、磁灶镇三吴村、安海镇西安村、龙湖镇龙园村进行现场办公，协调解决21个扶持建设项目，统筹拨付专项资金600万元。市领导现场办公600万元专项资金全部下拨到位，4个现场办公老区村利用市领导现场办公扶持革命老区发展契机，发动群众、乡贤、热爱家乡、建设家乡的热情，4个老区村筹集建设资金超过2000万元，用于项目建设。形成加快老区发展的浓厚氛围，促进现场办公老区村的发展。

【制订三年规划】 2019年初，晋江市党政机构改革完成和人员到位后，晋江市老促会召开老建委成员(扩大)会议，总结第四个《晋江市扶持革命老区村建设三年规划(2016—2018年)》经验，部署制定并实施第五个《三年规划(2019—2021)》。老建委各成员单位坚持“老区优先、适当倾斜”原则，根据各自职能，制订扶持老区发展政策的措施。2019年11月，晋江市革命老根据地建设委员会印发《晋江市扶持革命老区村建设三年规划(2019—2021年)》，新的三年规划从项目、资金、资源、信息、人才等各个方面出台晋江市扶持革命老区脱贫奔小康的政策措施。

【资金扶建】 2019年，市老促会协助相关职能部门，做好项目筛选，争取上级支持老区县优惠政策，2019年，晋江市共有5个项目享受中央部委优惠政策，获得中央预算内补助8334万元。下拨2019年度省级老区扶贫发展资金10万元，扶持内坑亭顶村建设仓库翻建工程项目；争取泉州市老区扶建项目5个，补助资金75万元(其中泉州老促会扶建内坑镇下村下黄仓库翻建工程补助10万元，晋江市配套5万元），6个项目全部基本完工。做好黄仲咸教育基金1万元的发放工作。落实好革命老区医疗保障政策，投入621万元为全市革命老区（基点）村28241名60岁以上老人缴交城乡居民医保个人参保费用。协助老区办做好老区村建设专项资金350万元的下拨工作，扶持6个老区（基点）村66个项目，至年底扶建项目基本完成。做好老区跨越发展补助资金100万元的项目筛选和下拨工作，各下拨补助资金50万元用于支持内坑镇砌坑村陶西路至疏解公路连接线道路硬化和路仔尾室外工程项目，安海镇海东社区党群服务中心、青年创业就业服务中心、老年人活动室及科普活动室装修工程。

【资金监管】 2019年初，市老促会联合市财政局、老区办开展对2018年扶建的74个项目及2018年前尚未完成的12个项目共计436万元老区专项补助资金进行逐个项目实地检查验收，发现问题及时督促整改，并严格按照《晋江市革命老区发展专项资金管理办法》暂停3个未能开工项目的资金补助申请资格，将检查结果公布于《晋江老区建设》小报；开展对2013年以来15位革命“五老”人员享受安居工程落实情况的检查，已完成12个“五老”安居工程并投入使用，2个因资金、建房审批手续原因未能开工建设，下拨补助资金收回国库；2019年底，市老促会人员到市领导现场现场办公老区村进行回访，现场察看2019年市领导扶建项目的进展情况，了解询问存在困难、问题及需协助解决的问题，督促扶建项目落地，确保市领导现场办公扶建项目及时开工建设。

【加强宣传教育】 2019年，市老促会完成《晋江老区发展史》的编撰出版工作。办好《晋江老区建设》小报，推出《晋江老区建设》微信公众号，全年发布158篇推文。结合庆祝中华人民共和国成立70周年，市老促会联合老区办、晋江电视台制作播放《老闽南》。先后播放了10集有关晋江老区的革命斗争历史和晋江老区新貌的电视节目和报道；联合《晋江经济报》开展以“壮丽70年，奋进新时代——晋江革命老区风采”为主题的老区村系列宣传报道，先后报道12个老区村斗争历史、英雄人物和新风貌。系列节目和报道中，有15篇刊登于“学习强国福建学习平台”。联合市委组织部、党史和地方志研究室、英林镇党委、泉州市闽浙赣边区革命史研究会在英林镇举行“忆往昔峥嵘岁月，守初心砥砺前行”离退休干部纪念中华人民共和国成立70周年座谈会暨《晋江沿海革命斗争史话》赠书仪式。

【革命“五老”社会保障】 2019年，市老促会落实革命“五老”人员及遗偶抚恤政策，按自然增长机制调整革命“五老”人员及遗偶抚恤补助标准，革命“五老”每人每月生活补助2164元，革命“五老”遗偶抚恤标准为每人每月703元。完善动态管理，建立定期核查机制，及时进行补助人员的减增，提升服务和管理水平。春节、重阳节期间，配合市老区办做好革命“五老”人员及“五老”遗偶的走访慰问工作，协调晋商发展促进会和部分镇商会，春节期间走访慰问革命“五老”人员，2019年春节期间，现场发动晋商发展促进会和企业为居住困难的东石镇延都村一位老接头户捐资10万用于房屋修缮；晋江市老促会利用开展“不忘初心，牢记使命”党日活动，组织党员走访慰问内坑镇下村老区村贫困户，发放慰问金3000元。配合协助做好革命“五老”及遗偶的优待服务工作，完成2020年度革命“五老”人员城乡居民医疗保险缴纳，免除个人参保费用；实施社会救助和保障标准与物价上涨挂钩联运机制，发放5—9月价格临时补贴；实施革命“五老”人员安居工程，帮助革命“五老”人员解决住房困难；落实特困“五老”人员和高龄“五老”人员补助政策；组织革命“五老”健康检查，补助体检费用420元/人；落实革命“五老”人员用电补贴，免费安装有线电视政策；平时注意关心革命“五老”人员，采取多种形式及时帮助革命“五老”人员及其遗偶解决因病、因灾等原因造成的临时性困难。

（市老促会　郭文萍　黄小闽）

残疾人事业

【概况】 2019年，市残联以市委、市政府“深化残疾人帮扶工程”为重点，动员社会力量参与残疾人事业，促进残疾人事业高质量发展，推荐市特殊教育学校获国务院残工委授予“全国助残先进集体”称号，组建晋江市女子聋人篮球队参加全国第十届残运会暨第七届特奥会三人制聋人篮球比赛，获全国第八名和“全国体育道德风尚奖”，组建市特教学校排舞队代表福建省残联系统参加2019年第四届全国排舞公开赛获特等奖和“体育道德风尚奖”，市残联党支部获中共泉州市委授予的“先进党组织”称号，市残联机关伍绿羽获省残工委授予的“全省自强模范”称号。

【残疾人工作机制】 2019年6月，晋江市被确定为中残联基层残联组织专项改革试点单位，经市委、市政府同意，制订下发《晋江市基层残联组织专项改革试点实施方案》，分解立项，明确职责，扎实推进，于12月向上级残联报送试点工作情况。按照《福建省残疾人联合会改革方案》精神，结合工作实际，起草晋江市残联改革方案。

【残疾人基本民生】 2019年，市残联将“持续实施残疾人帮扶工程”纳入市委、市政府为民办实事项目。该项目计划投入230万元，累计投入261万元，超额完成年度计划。落实泉州市级为民办实事项目，为符合条件的“一户多残”家庭重度、轻度残疾人每人每月发放100元、50元生活补贴。全年共发放“一户多残”生活补贴186万元，受益残疾人2656人、1232户。建立完善残疾人基本福利制度。实施残疾人生活保障金普惠政策，为全市持证残疾人每人每年发放300元生活保障金，全年共发放846万元；补助残疾人参加基本养老保险，全市13462名残疾人参加城乡居民基本养老保险，部分已领取养老金，对需要缴交个人费用的残疾人给予补助，重度残疾人补助200元，轻度残疾人补助100元；对29315名残疾人参加城乡居民基本医疗保险给予补助、对个人参合费给予全额补助；为全市残疾人购买每人20元的意外伤害保险。开展“一助一”活动，市领导和市直各单位挂钩帮扶贫困残疾人98名；开展残疾人补助工程，在春节、助残日期间投入61.8万元为618名困难残疾人发放补助金。协助市民政局做好残疾人困难补贴和重度残疾人护理补贴审核工作，共审核困难残疾人生活补贴新增对象233人，重度残疾人护理补贴新增对象310人。实施“四帮四扶”工程。协助市民政局开展摸底调查工作，确定受助对象，市残联机关挂钩帮扶4户残疾人。

【精准服务行动】 2019年，市残联完成省老年残疾人精准康复试点工作。按照《福建省残疾人联合会关于下达2019年残疾人精准康复服务任务目标的通知》文件精神，晋江市被确定为福建省2019年老年残疾人精准康复服务试点市。6月完成工作方案和招投标工作，在对1008名残疾对象康复需求筛查和评估工作后，完成150名服务对象居家精准康复服务。做好泉州市低保和建档立卡贫困重度肢体残疾人居家养护补助工作，共补助294人，每人补助1000元，发放补助金29.4万元。实施2019年省级重度残疾人居家托养项目，为80名重度肢体、智力、精神残疾人发放补助，每人2000元，共发放16万元。开展晋江市0～16岁残疾儿童少年康复训练补助工作。2019年补助397名，发放补助金415.09万元。完成经济困难重度精神残疾人服药补助发放，为342名经济困难重度精神残疾人，每人给予服药补助1000元，共发放资金34.2万元。开展第20次全国爱耳日宣传教育活动和第三次全国残疾预防日宣传教育活动。宣传耳科及听力保健科学知识，增强群众爱耳护耳意识；宣传普及残疾预防知识，动员社会关注和支持残疾预防工作。新建晋江市残疾儿童室外康复活动园，项目投入35万元，面积610平方米，8月开工建设，12月竣工投用。开展残疾人辅具适配补贴工作。投入67.99万元为218名残疾人购买辅助器具进行补贴，保障晋江市残疾人得到基本型辅助器具适配服务，改善生存生活状况。

【残疾人就业创业】 2019年，市残联先后于6月和9月举办晋江市2019年第八届残疾人就业招聘会和晋江市残疾人专场就业招聘会。共组织75家企业、450名残疾人参会，现场与用人单位达成就业意向100人次。组织220名残疾人参加2019年晋江市“春风行动”公益性招聘会和泉州“春风行动”招聘会。举办1期电子商务培训班，培训40人。开展扶持贫困残疾人就业创业项目，共扶持10人，发放补助资金5万元。开展残疾人自主就业创业社会保险补贴工作，补助57人，发放补助金20万元。做好按比例安置残疾人用人单位残保金申报审核工作。2019年，晋江市征收残保金7585.8万元，审核认定安置残疾人用人单位57家。落实超比例就业奖励政策工作、对符合超比例安置残疾人就业的2家企业：晋江润德商业有限公司、深圳沃尔玛百货零售有限公司晋江SM分店发放奖励金4.5万元。开展高校残疾人毕业生就业服务。开展高校残疾人毕业生就业需求摸底调查，全年共9名残疾人毕业生，了解其就业情况、就业意向，录入实名制系统，建立残疾人大学生档案。

2019年，市残联举办2019年晋江市新增残疾评定机构评定医师培训班 （市残联　供）

【教育权利】 2019年，市残联开展泉州、晋江两级助学工程。投入73万元扶助550名在校残疾学生及贫困残疾人家庭子女。完成中央彩票公益金的3名学前残疾儿童助学审核和发放工作，完成晋江市文华书画社助学6名受助贫困残疾学生的摸底、审核和确认工作。选送40幅优秀书法绘画作品参加泉州市2019残疾人艺术作品展评比，其中有11幅作品获得2枚银牌、2枚铜牌，7幅作品被评为优秀的成绩，市残联获优秀组织奖。联合市慈爱社工服务中心开展2019年残疾人文化进家庭“五个一”活动，组织14户贫困残疾人和残疾人家属在14名助残志愿者的帮助下参加观影、游园、读书和参观展览等活动；联合市特教学校开展“书香中国阅读有我”系列活动，丰富残疾人精神文化生活。成立由市残联机关残障工作人员负责的“晋江市残联阿旦工作室”，开展“心心阅读”残疾人亲子活动课程，促进残疾儿童康复。残疾人竞技体育持续发展。在晋江市自强自立残疾人服务中心举办第十三次“全国特奥日”趣味运动会和第九届残疾人健身周活动。5月，组建晋江市女子聋人篮球队参加第十届全国残运会聋人篮球赛决赛，获全国第八名和全国体育道德风尚奖。9月，承办全国第五届残疾人民间足球争霸赛福建分区暨残疾人城市足球挑战赛，晋江代表队分别获特奥融合组第二名、聋人组第三名和体育道德风尚奖。12月，组建市特教学校排舞队代表福建省残联系统参加2019年第四届全国排舞公开赛获特等奖和体育道德风尚奖。市残联还联合市特教学校慰问、奖励参加全国、省、泉州三级残疾人体育赛事的运动员。

【政府购买服务】 2019年，市残联通过场所提供、资金扶助、人才支持、政策保障等方式，培育扶持社会组织。发挥现有76家扶残助残社会组织作用，参与残疾人康复、托养、教育、培训、就业、婚恋等系列扶残助残服务。推进政府购买服务。投入资金20.5万元购买残疾人婚恋辅导服务，全年服务残疾人超2100人次，6对残疾人喜结良缘，残疾人婚恋辅导服务项目获2019年泉州市“筑梦港湾”社会工作创新船业大赛“项目成果奖银奖”；投入75万元为37517名残疾人购买意外伤害保险，减轻残疾人意外伤害负担；投入2万元购买专项法律服务，为残疾人提供法律维权服务；投入1.3万元购买微信公众号服务，加强宣传，营造全社会扶残助残的氛围。

【志愿常态服务】 2019年，市残联围绕改善残疾人民生，全年共办理政协提案5件，日常接待来信来访事项22件，市残联理事长轮值接听市长热线，接到来电5件，均给予满意答复，做到事事有着落，件件有回音。开通法律援助网络服务平台、“12345”便民服务平台残疾人便民服务事项，畅通残疾人诉求渠道，维护残疾人合法权益。开通“绿色通道”，继续发挥市社保中心残疾人服务窗口作用，专人专岗为残疾人提供办证、信访维权、政策咨询等服务。在春节、中秋节等重要节日期间，市残联联合市红十字会、中国平安产险晋江支公司、泉州慧源文化有限公司TS8团队志愿者等助残志愿服务队开展新时代文明实践助残志愿服务活动，为残疾人送政策、送法律援助、送慰问金、送生活物资等多种形式的服务活动。

【残疾人工作队伍】 2019年，市残联按照市政府统一部署，会同市医院评定医生深入各镇街道开展现场核查工作，全年举办现场核查、入户核查70场，村级残疾人联络员核查专场2场，核查对象2.2万多人。举办全市新增残疾评定机构评定医师培训班，培训医师20名，筑牢残疾评定业务知识基础。做好残疾人证动态管理，与市殡仪馆对接，及时在办证系统中注销死亡对象，确保残疾人证精准管理。结合基层残联专项改革试点工作，选配第12批、第13批残疾人联络员；3月和10月，分两期举办2019年晋江市基层残疾人联络员培训班，培训内容涉及残疾人精准康复、社会工作、志愿服务基础知识、体育健身指导员等，共培训联络员619人次；6月，组织17名镇（街道）残疾人联络员参加泉州市乡镇（街道）残疾人联络员培训班，提高残疾人服务能力和业务水平。9月，开展2019年晋江市残疾人基本服务状况和需求信息数据动态更新工作，组织400多村、社区信息采集员参加培训，完成全市415个村、社区（含市直镇直）、37582名残疾人信息采集和录入工作，完成率100%。指导市精神残疾人及亲友协会开展助残活动，加强协会代表性和服务职能。

（市残联 蔡美玲 蔡尚才）

慈善事业

【概况】 市慈善总会成立于2002年12月18日。总会接受晋江市民政局的业务指导和监督管理。领导和决策机构为理事会，理事会每届任期五年。逐步形成捐赠为主、增值为辅的善款筹集机制，基本建立起包括日常募捐、定向捐赠、冠名基金、留本捐息、“慈善一元捐”以及重大突发性灾难紧急募捐等项目和方式在内的慈善募捐制度。2019年，新设立冠名慈善基金8个1642万元，新设立留本捐息慈善基金1个524万元，新增捐赠及定向捐赠1751万元。截至2019年底，共设立冠名慈善基金172个，留本付息慈善基金61个，基金总额29.93亿元。

2019年，市慈善总会共向社会募集慈善资金3.94亿元（历年累计35.85亿元），投入慈善工程2.06亿元（历年累计19.48亿元），帮扶困难群众4138人次（历年累计177645人次）。

【慈善工程】 2019年，市慈善总会为符合救助条件、情况属实的2442名贫困重病灾户开展救助活动，投入1043万元。慈善公益项目。根据捐赠者意愿，2019年定向投入教育、卫生、老人福利等慈善公益事业18736万元。配合市委市政府“四帮四扶”活动。根据市委市政府2019年“春风计划·四帮四扶”的通知精神，本会挂钩对象4名各补助1万元。关爱母亲工程。5月9日，联合市妇联、市女企业家联合会开展2019年“弘扬家国情 礼赞新时代”家教家风主题宣传月启动仪式暨“浓情五月 感恩母亲”母亲节活动，慰问100名贫困母亲，投入10万元。“两癌”特困妇女救助活动。联合市妇联开展“两癌”特困妇女救助活动，4月至5月进行全市调查摸底，对符合救助条件的130名“两癌”特困妇女实施救助，投入26万元。“海西春雨行动”新春社会服务活动。1月25日，联合市委统战部、统战系统党委、统战系统妇委会、各民主党派、灵源街道党委政府等部门开展“海西春雨行动·助力乡村振兴”新春社会服务活动，为群众义诊送药、义赠春联，提供法律咨询、义务医疗、卫生咨询等，并走访慰问贫困家庭43户，投入5万元。义诊活动。联合市老科协成立的老年义诊站，每月逢8日、18日、28日为老年人免费义诊，全年共义诊33次，其中：在老年大学义诊站开展义诊30次、配合部门下基层义诊3次（东石社区1次、配合市红十字会开展纪念市红十日义诊1次、市卫健局健康宣传周义诊1次），义诊老年群众10343人次。被征迁困难补助。配合市委市政府中心工作，2019年在晋江市高铁新区等项目安征迁过程中，投入善款475万元，救助497户安征迁特困群众。历年累计投入安征迁善款4511万元，救助5565人次。帮扶困难青少年活动。联合团市委开展困难青少年帮扶活动，对居住一年以上的贫

2019年5月9日，市慈善总会联合市妇联、市女企联开展家教家风主题宣传月启动仪式暨“浓情五月 感恩母亲”活动

（市慈善总会 供）

2019年6月1日，市慈善总会举行慈善儿童画展及拍卖会　　（市慈善总会　供）

困新晋江青少年调查摸底，走访慰问50名新晋江青少年，投入10万元。慈善助学童画展。6月1日，联合团市委、市妇联、市青联、市女企联、市青商会、市留联、麦田教育基金会、罗山街道妇工委、晋江福璞美术馆共同开展“画出彩虹·口袋里的梦”慈善助学儿童画展并举行慈善拍卖晚会，现场22件拍品共拍得15.35万元，一半捐给晋江市“爱心格子铺”和“爱心储蓄所”，另一半捐给麦田教育基金会“彩虹口袋”公益项目。高温慰问环卫工活动。8月1日，总会联合市城市管理局、灵源药业公司开展“高温慰问环卫工 防暑降温送清凉”公益活动。现场为环卫工人送上2000盒灵源茶，价值近10万元。助学工程。联合市关工委开展金秋助学工程活动，投入善款259.15万元，帮扶969名困难学生圆“就学梦”。中秋节送温暖活动。联合福建省麦都食品发展有限公司给全市各敬老院、福利院、育婴院、特教学校等赠送价值3万元的600盒月饼。协助市政府处理来信来访、市长热线电话信访78多人次。跟踪捐赠款的到位。2019年，经发出传真催款单100多份，电话短信催款80多个，催促到位善款5520万元，善款未到位7000多万元。

【慈善慰问】 2019年元旦、春节期间，市慈善总会牵头，各镇（街道）联络组配合，分别到各村、社区、企业慰问低保户、特困户、五保户、贫侨、下岗困难职工、来晋务工人员等846人次，走访慰问8个社会福利机构，共投入慰问资金180.8万元。1月23日，会长许连捷走访慰问市育婴院，并送去2万元慰问金和日常用品纸尿裤、纸巾，随后走访慰问安海静慈敬老院及内坑潘厝村革命烈士李定奕遗孀姚页，各送去1万元慰问金；1月23日，总会荣誉会长许经波代表总会慰问龙湖尚善敬老院，送去1万元慰问金。总会永远荣誉会长张道辉代表总会慰问金井山头敬老院及金井围头敬老院，分别送去1万元慰问金。1月24日，总会副会长王文品代表总会慰问内坑张坑护理院，并送1万元慰问金。1月24日，总会联合市人力资源和社会保障局举办来晋务工特困人员春节慰问座谈会，慰问90位特困到晋江务工人员。1月28日，牵头组织晋江市书法家在金锭慈善大厦为群众义写春联1000多幅。

对突发事件及时走访慰问。5月10日，总会联合泉州、晋江两级见义勇为协会赴江西省乐平市杨小华家及山东省临沂市苏保营家，分别为他们送上慰问金3.5万元和3万元。6月20日，总会联合晋江市见义勇为协会、内坑镇政府共同帮扶筹措安居补助金4.9万元，由晋江市副市长、市见义勇为人员奖励和保护工作委员会主任李志强带队入户慰问见义勇为人员张重兴并送去补助金。8月28日，晋江市见义勇为协会召开2019年度见义勇为助学仪式，市委常委、政法委书记陈长义参加仪式并向受助对象颁发见义勇为助学金和慈善总会助学金。9月6日，总会前往永春县下洋镇新坂村走访慰问挂钩困难户，送去2万元慰问金。

【慈善文化宣传】 2019年，市慈善总会围绕“互相关爱·构建和谐”宗旨，宣传慈善文化，拓展慈善宣传的覆盖面，发挥慈善正面引导作用。与各级新闻媒体联系，弘扬慈善先进典型，宣传报道晋江市慈善活动及慈善人物先进事迹20多条次。编印《晋江慈善》信息专刊14

2019年1月23日，市慈善总会会长许连捷（右一）春节前夕走访慰问晋江市育婴院
（市慈善总会　供）

期14000份，加强慈善总会网站管理，更新慈善信息和宣传内容。倡导移风易俗，简办婚丧喜庆活动，节约礼金捐赠慈善事业，理事会成员纷纷响应，持续参与捐赠礼金活动。全年共有8名理事会成员婚丧喜庆捐赠5420万元。自2003年倡议起，共收到婚丧喜庆捐赠16.11亿元。

市慈善总会参加各级慈善活动，开展慈善工作交流，宣传推介晋江慈善文化。3月6—7日，参加晋江市民政局组织召开的泉州市社会组织运营管理能力提升培训班。3月22日，参加省慈善总会在福州召开的福建省慈善总会第三届理事会第七次会议。4月10日，山东省潍坊市民政局一行21人由该局党组书记、局长王汉成带队到总会交流慈善工作经验。5月30日，厦门大学“侨与晋江经验”调研组在厦门大学学者俞云平、吕云芳的带领下到慈善总会调研慈善工作。6月18日，参加中华慈善总会在河南省召开的中华慈善总会第五次会员代表大会。7月3日，省民政厅副厅长赵荣生带队到晋江市慈善总会调研慈善工作。11月1日，河北省迁安市民政局由局党组书记、局长高雅利带队到总会交流慈善工作经验。

（市慈善总会　林桂林　龚子猛）

红十字事务

【基层组织建设】 2019年，市红十字会到社区、企业和学校进行宣传发动，发展红十字基层组织，成立晋江市红十字会九十九溪水上救护队。派员参加中国红十字会总会、泉州市红十字会举办的现场急救技能培训班和水上安全师资培训班。按照上级红十字会的统一部署，结合实际情况，决定在永和镇红十字会办公地点建立“博爱驿站”，并建立“四有”(有会员、志愿者活动场所，有“三救三献”服务窗口，有应急救护体验场所，有人道宣传传播平台)标准的组织。

【上级红十字会领导到晋江调研】 2019年4月10日，省红十字会党组成员、专职副会长毛文航带领调研组一行到晋江市开展工作调研。调研组到金井镇，实地考察市红十字会生命安全教育体验基地和围头海上救护队，肯定晋江市在生命健康安全教育、水上救生志愿服务及应急救护“六进”工作中取得的成绩。10月8日，泉州市红十字会常务副会长黄剑明一行到晋江市开展“推动博爱驿站平台建设，助力晋江高质量发展”工作调研。调研组到永和镇红十字会和围头海上救护队，听取基层组织代表、红十字救护师资代表和人道救援工作志愿者代表的意见和建议。

【应急救护技能“六进”活动】 2019年，市红十字会推进应急救护知识与技能的普及培训。加强应急救护培训的标准化建设，建立健全师资档案，加强应急救护培训内部质量控制和管理。到基层开展应急救护知识“六进”工作，培训红十字救护员364人，普及现场急救知识3万多人次，发挥红十字会在公众参与应急救护培训的主体作用。与市卫健局配合，筹集专项资金，在人流密集区域和公共场所设置AED和急救器材。接受福州乐达医疗科技有限公司捐赠迈瑞AED训练机10台，推进应急救护知识“六进”工作和全市10个“安心场所”的建设步伐。

【无偿献血】 2019年，市红十字会参与全市无偿献血的宣传发动工作。组织市红十字志愿者无偿献血服务队，坚持每月一次的街头无偿献血活动，参与全市无偿献血活动的后勤保障工作，推进晋江市无偿献血组织工作由指令计划向公民自愿参加的转变。市红十字会组织稀有血型爱心志愿者参加应急献血，成功抢救18位生命垂危的稀有血型急重病患者。

【造血干细胞捐献】 2019年，市红十字会抓住“5·8”世界红十字纪念日和“6·14”世界献血者日等契机，宣传捐献造血干细胞的科普知识，开展造血干细胞捐献志愿者征募工作。9—11月，红十字志愿者蔡武汉、赵万红分别在福州肿瘤医院完成造血干细胞捐献，挽救2名白血病患者，实现捐髓救人的心愿。

【“红十字博爱送万家”活动】 2019年元旦、春节期间，市红十字会筹集救济款物9.4万元，组织开展“红十字博爱送万家”活动，到农村做好调查，在摸清全市特困家庭情况的基础上。向175户生活特困户、残疾人、社会孤寡老人送去红十字会的温暖。4月初，组织开展“情系高原，助学圆梦”爱心物资援藏活动，为国家级贫困县——西藏洛隆县农牧民贫困生送去羽绒服200件。5月份，与市残联、慧源文化TS8团队联合，开展“关爱生命·爱心助残”公益活动，募集2.5万元，对市特教学校、晨露儿童潜能开发中心、新阳光培训部等3个扶残助残社会组织的50名自闭症儿童进行救

2019年9月5日，市红十字志愿者赵万红在福州肿瘤医院完成造血干细胞捐献

（市红十字会　供）

助。市红十字会坚持主动到基层，为生活困难的15户重大病患者送去临时救助款4.4万元。

【志愿服务工作】 2019年，市红十字会推进红十字志愿服务规范化和制度化建设。在学雷锋纪念日期间，组织红十字志愿者开展无偿献血、应急救护技能演练等活动，结合宣传造血干细胞、器官与遗体捐献知识。春节、五一国际劳动节期间，市红十字志愿者协会义诊队先后到东石镇第二社区、市老年活动中心开展义诊活动，共义诊600多人次，送药价值4500多元。市红十字会海尾江上救援队、围头海上救护队依法履行职责，热心服务群众，义务出船搜寻水上失踪人员，打捞漂尸5具，组织水上救援32次，救起落水人员59人，组织队员全年义务值守海边码头，巡视江边。防止学生、游客和钓鱼人员在江边发生溺水事故。市红十字会海尾江上救援队被泉州市委宣传部授予“泉州市学雷锋示范点”称号。

【学校红十字会工作】 2019年，市红十字会为加强对学校红十字会的指导，举办6场学校红十字会知识和现场急救讲座，传播红十字运动基本知识，提高学生防灾避险和自救互救的意识和能力。春节前夕，内坑中学红十字会开展“情暖回乡路”春运志愿服务活动，组织45名红十字志愿者前往晋江火车站，为还乡的旅客端茶递水、购买车票、搬运行李，用微笑和实际行动温暖回乡旅客。侨声中学红十字会组织学生书法社团前往东石第二社区举办“学子送祝福，春联抒真情”活动，30多名红十字青少年现场写春联。市毓英中学红十字会为身患重病的教师刘剑募集治病善款2万元。

【两岸交流活动】 2019年10月10—11日，金门大学43名学生在金门红十字会理事、金门大学讲师萧伟权带领下，到晋江开展“携手红十字•走进品牌之都”研习活动。研习团先后参观晋江城市展馆、安踏集团和泉州职业技术大学。

【“晋马”急救保障服务】 2019年，市红十字会为确保2019特步晋江国际马拉松赛事的进行，配合组委会做好赛道医疗急救工作，市红十字会选派84名持有红十字会急救合格证书的志愿者参与服务，在赛前请来专业的医生和资深的急救员为所有急救队员进行加强培训，针对各种突发状况进行模拟演练。赛事当天，志愿者连续开展10多个小时的急救保障服务。

（市红十字会　杨豪杰　曹荣山）

民族　宗教

·民族事务·

【民族团结进步创建】 2019年，晋江市推进民族团结进步创建进机关、进企业、进社区、进乡镇、进学校、进宗教场所等“六进”活动。联合陈埭镇举办“中华民族一家亲，同心共筑中国梦”民族团结进步暨“三下乡”宣传活动。联合市华侨职校举办“汉藏一家亲庆2019藏历新年晚会”。在内坑镇霞美畲族村举行庆祝“三月三”畲族文化活动及“民族团结进步杯”篮球邀请赛。在陈埭民族中学开展庆祝中华人民共和国成立70周年“我和祖国共奋进”等主题系列活动。在东石镇举行第十二个民族团结进步宣传月主题活动暨庆祝中华人民共和国成立70周年民族文艺会演活动等。

2019年9月23日，市委统战部在内坑镇举办第二届“民族团结进步杯”男子篮球邀请赛

（市委统战部　供）

【少数民族地区帮扶】 2019年，晋江市向上级民宗部门及本级财政申请民族补助资金311万元，推动民族村（社区）社会事业发展，壮大村集体经济收入。加大精准帮扶力度，通过市领导现场办公，带动相关部门投入343万元资金，帮助内坑镇霞美畲族村解决五大项目资金问题，助力民族村发展。助推龙湖镇后溪回族村民族特色村寨建设，指导督促帮扶项目落实到位。落实民族乡对口帮扶工作，投入100万元帮扶宁德市霞浦县盐田畲族乡项目建设，促进少数民族地区加快发展。

【城市民族工作】 2019年，市民宗部门摸清外来少数民族来晋务工基本情况，指导相关镇（街道）、企业做好后勤服务保障及民族政策宣传，春节期间走访慰问市华侨职校西藏班学生及外来少数民族务工人员。定期走访外来少数民族较集中的企业，帮助外来少数民族务工人员解决生产生活中存在的实际困难，支持外来少数民族较集中的企业开展民族文艺活动及建立图书室等，丰富外来少数民族的业余文化生活，使其更好地融入晋江生活。

（市委统战部　许美娟　范飞跃）

·宗教事务·

【概况】 2019年，晋江市宗教工作贯彻落实上级关于宗教工作的重大决策部署，推进宗教工作三级网络两级责任制，市、镇（街道）、村（社区）层层签订《宗教工作责任书》，宗教工作做到“四个纳入”。将民族宗教工作纳入综治网格化管理体系，推行“网格化”管理模

2019年9月28日，晋江市佛教慈善基金会举行成立大会暨第一届理监事会就职典礼

（市委统战部　供）

式，推动宗教工作关口前移、重心下移，夯实各级各部门主体责任。中央宗教工作调研组再次来到晋江开展实地检查和访谈，对晋江认真贯彻落实党的宗教政策、中央关于宗教工作的决策部署和治理宗教突出问题给予肯定，省委统战部发函进行表扬。

【宗教坚持中国化方向引导】 2019年，晋江市宗教界全面推进"国旗、宪法和法律法规、社会主义核心价值观以及中华优秀传统文化"进宗教活动场所，宗教场所覆盖率达100%，重大节日和重要宗教节日举行隆重的集体"升国旗"仪式成为常态。在宗教界深入开展"助力新时代，共筑中国梦"主题教育活动，举办"不忘初心，爱国爱教"晋江市宗教界爱国主义教育培训班，指导宗教界举办庆祝中华人民共和国成立70周年活动系列活动，筑牢宗教界人士"爱国爱教"意识。

【宗教领域安定稳定】 2019年，晋江市宗教工作每季度召开安全工作会议，采取以会代训的方式提升安全知识和安全技能，通过检查督导的方式推进安全隐患、消防隐患的整改落实。推动宗教场所安全生产风险分级管控成果的转化，创新编制《宗教领域安全生产监管导则》，指导宗教团体和宗教场所对安全风险和检查要点逐一细化。开展"春节安全攻坚战""防风险保平安迎大庆""安全生产重点整治百日行动"等专项行动，做好清明、斋月、浴佛节、汛期等重要宗教节日和重点时间节点的安全工作，化解宗教领域安全隐患。开展大型露天宗教造像、佛道教商业化、基督教私设聚会点等专项整治工作，构筑起立体化、无死角的"抵御渗透、防反邪教、遏制极端"警戒线，宗教领域持续保持"零安全事故、零维稳事件"态势。

【宗教事务管理】 2019年，晋江市规范寺院骨灰存放，解决8家寺院骨灰存放手续问题；指导宗教场所加强基础设施建设，改善宗教活动场所环境面貌；在全市开展民间信仰场所大普查，扩大民间信仰联系点规模和备案登记管理；开展"文明敬香"工作，推进"一少三无一规范"，"安全生态和谐寺观"创建工作有成效；指导市道教协会召开第五次代表大会，选举产生以蔡灿辉为会长的新一届领导班子；做好市人大常委会"宗教组织参与社会公益慈善"专题视察，做好市政协"宗教文化助力对台民间交流"专题协商，商讨发展政策措施，为科学决策提供依据。

【宗教正面作用发挥】 2019年，晋江市提倡"节俭办教"理念落地生根。成立全省首个县级宗教慈善组织"晋江市佛教慈善基金会"，全年宗教界共筹集800多万元款物用于开展社会公益慈善活动。组织宗教界人士到动迁一线，做好信教群众的思想动员工作，解决100多座寺观庙宇、宗祠祖厝和数以千计的牌位、坟墓搬迁安置，助力和谐征迁。

（市委统战部　林承标　范飞跃）

2019年7月4日，晋江市佛教协会在革命老区基点村内坑镇土垵村开展"感恩国土 情系老区"义诊慰问活动　（市委统战部　供）

街道　镇(场)

街　道

【青阳街道】 青阳街道位于晋江市区，东与陈埭镇接壤，北与池店镇相邻，西邻磁灶镇、梅岭街道，南邻罗山街道。青阳因坐落于镇北的青梅山之阳而得名。辖区面积约11平方千米，下辖阳光、锦青、青华、永福里、莲屿、霞行、曾井、青新、高霞、普照、洪宅垵、陈村、象山等13个社区。常住人口6.3万人，流动人口4.1万人。2019年，青阳街道财政收入14.1亿元，同比增长2.2%；规模以上工业产值25.1亿元，同比增长8.8%；限上批发零售业销售额528亿元，同比增长1.5%，继续领跑全市。25个市级重点项目完成投资37.52亿元，超额完成年度任务。

产业发展 发展平台整合提升，福隆里商圈完成改造提升并投入运营，和平广场——喜盈门建材家居项目推进，利郎创意园启动招商，“晋金私募汇”引入私募金融机构86家。洪山文创园的示范带动作用加强，引进各类文创机构276家，聚集各类人才2400人。发展后劲加强，探索培育一批夜间经济区，对阳光夜市400个摊点实行“四统一”规范管理，创新推出“驾照式”积分制管理，搭建网红直播平台，提升品牌效应，该做法被《侨区快讯》刊发。机场航站区扩建项目完成征迁并获省发改委批复，全年吞吐量突破800万人次。发展空间得到拓展延伸，推进产业“退二进三”，老旧工业区改造提升开篇破题，引进青华E城文化创意园项目，策划实施罗裳片区拓展区项目。惠企政策落实，协助辖区68家企业申请参展补助89万元，协助6家企业申请科技类奖励扶持资金122万元。

2019年9月20日，福隆里商圈完成改造提升并投入运营　　（青阳街道　供）

城区建设 城市配套日趋完善，全面推进9个社区污水管网改造工程；实施“厕所革命”，完成阳光、高霞等公厕改造；启动东岩苑小区外墙改造项目，投入400万元整改老旧小区消防安全问题，投入150万元启动八八商业城老旧小区改造。城市生态持续优化，开展生态水域污染源整治，实施普照溪和内沟河水质治理，全年清淤5.76千米，总清淤量6万立方米；打好污染防治攻坚战，有效清理燃煤锅炉，整治“散乱污”企业，定期对中央环保督察反馈的信访问题开展回头看，确保“不回潮”。城市面貌明显改观，开展人居环境整治，以莲屿社区为突破口，开展废品收购站清理整治行动，清除陈年垃圾9000多立方米，清理废品收购站91处，拆除简易搭盖76宗；重拳打击“两违”，全年拆违8880平方米；加强市容市貌整治，占道经营、建筑垃圾等得到治理。文明创建扎实有效，深化移风易俗工作，促成5个社区共同订立丧事简办“新乡约”，该做法在泉州市移风易俗工作现场会作典型介绍，推动普照、象山和民俗文化区“2+1”办丧点建设，全年未发生超期办丧现象。

社会稳定 深化社会治理创新，建立社会管理综合协调指挥中心，打造社会矛盾“1+N”快处体系，规范办理信访件71件，化解泉州级以上重点信访问题3件，办理市长专线155件、泉州“12345”便民服务平台52件、晋江“12345”便民服务平台1132件，连续三年实现“零非访”。治安形势持续好转，全年投入综治和社会管理经费604万元，推动治安防控体系立体化；全年立刑事案件780起，同比下降13.8%；阳光警务室、青华视频室成为全市社区警务和视频研判亮点。村级组织运行机制改革平稳推进，113名社区干部完成选聘分离，66名社区专职工作者、网格管理员平稳转岗安置。安全生产形势稳定，全年开展安全检查联合行动47次，检查企事业单位9377处，发出整改通知书5741份，及时消除各类安全隐患。

社会事业　做强“学在青阳”品牌，全年投入教育经费1530万元，教师节颁发奖教奖学金642.7万元；象山中心小学、象山幼儿园、中心幼儿园高霞园区3个优质校园项目开学；晋江一中高考再创佳绩，入选全省首批示范性普通高中建设名单。优化医疗养老服务设施，卫生服务中心新址加快建设，街道养老照料中心正式投入使用。完善社会保障体系，2019年度社保参保总数1.24万人，新农合参保总数3.97万人；推进计划生育家庭帮扶，累计补助低保户、优抚安置、“四帮四扶”、临时救助、残疾人等困难群体400多万元。落实保障性安居工程，完成38宗石结构危房改造审批，受理廉租房申请31户；完成陈普佳苑安置房回迁，莲屿、象山社区安置房基本建成。提升公共文体服务，完成10个社区综合文化服务中心建设，洪宅垵社区综合文化服务中心建设列入泉州市建设示范点；举办“城市基层党建杯”篮球邀请赛等6场全民健身赛事。

基层组织建设　开展“不忘初心、牢记使命”主题教育，坚持主题教育与中心工作一起抓，成立8个指导组派出32名指导员，进行全程督导；安排班子成员讲党课15场，撰写调研报告15篇。汇总群众反映强烈的重点问题21个，累计整改问题55个，一批积压多年的民生热点问题得到妥善解决。分类推动各领域党组织的融合互动，居民小区实现党建全覆盖，成立48个兼合党支部，青新社区试点推选公职党员“进班子”；新建非公党支部3个，新增覆盖企业25家，309家“三有”企业实现“党建入章”。加强社区干部队伍的培训锻炼，承办全市村(社区)主干培训班，不断提升履职能力。坚持城市基层党建联席会议制度，联合市直部门快速解决城市治理难题。社区集体经济不断壮大，全年社区集体经济总收入超4000万元，经营性收入超20万元社区达100%，超百万元社区8个、占72.73%；结合村级巡察问题整改，追讨集体资产租金953万元；按照精简高效的原则，清退社区自聘人员30人，每年节省村级开支50万元。压紧压实“两个责任”，抓好巡察和审计反馈问题整改，扎实做好统战、群团、人武、老干、双拥等工作，党工委统揽全局、协调各方能力不断加强。

(青阳街道办事处　张国荣　林水清)

2019年10月26日，青阳街道开展“不忘初心、牢记使命”主题教育党员集中轮训

(青阳街道　供)

【梅岭街道】　梅岭街道地处晋江市北部，晋江市区核心区。东与陈埭镇接壤，北与池店镇相邻，西临西园街道，南接青阳街道。梅岭街道因处于青梅山与岭山交界处而得名，地形自西向东稍微倾斜，地势较为平坦，辖区面积约11平方千米，下辖15个社区，常住人口约12万人。街道拥有国家AAAA级旅游景区五店市传统街区，绿洲公园、晋阳湖公园、江滨公园、竹树下公园、教委公园、桂山水库公园、敏月公园、八仙山公园、体育公园和崎山公园等十大公园，晋江荣誉大酒店、荣誉国际酒店、宝龙大酒店、爱乐国际酒店四大星级酒店和世茂御龙湾、万达城市广场、格林春天、中航城四大城市综合体。中心城区集文化、旅游、购物、休闲、娱乐、商贸服务为一体的三大商圈与五条特色街区成形。2019年，梅岭街道围绕“打造品质生态智慧城，建设商贸服务核心区”的总目标，不断推动社会各项事业持续、平稳、健康发展。

经济发展　15家规模以上工业企业完成产值58.38亿元，同比增长13.85%，完成全年任务的105.36%。45家在库项目完成固投6.7亿元，同比增长45.24%，完成全年任务的131.38%，其中工业投资额2.92亿元，同比增长36.47%，完成年度计划的132.76%。160家限额以上企业完成销售额256.15亿元，同比增长29.79%，完成全年任务的104%，其中零售额27.7亿元，同比增长6.67%，完成全年任务的92.48%。13家限额以上住宿餐饮业完成营业额7.72亿元，同比增长18.58%，完成全年任务的102.01%，其中限上住餐零售额5.84亿元，同比增长14.72%，完成全年任务的100.01%。财政总收入8.5亿元，同比减少16.67%。完成核查法人单位6067家(总量排全市第三，填表率87.44%，排全市第二)，清查法人单位5475家(新增33家，总量排全市第二)，核查个体单位6994家(总量排全市第二)，清查个体单位5666家(其中新增1616家)。国内生产总值127.3亿元(不包含房地产、建筑业、个体)，占全市15.8%，贡献度居全市第一。围绕“一轴两翼五街多点”产业规划，推进招商工作，三大商圈、五条特色街区雏形逐渐显现。中心“万五”商圈，日均人流量超11万人次，年零售额47亿元，商圈内商贸流通企业年纳税额4376万元，获评年度省级示范商圈。五店市入驻商家104家，入驻率90%。9月，中华品牌街开业，当月客流量高10万人次，销售额累计超1000万元。北翼“世中”商圈，世茂曼哈顿国际酒吧休闲街区日均客流量约3000人次，全年营业额1亿多元，商圈新引进那间KPA娱乐综合体等项目。南翼“聚兴”商圈新引进益医医药产业园、万豪酒店等项目。

重点项目建设 重点项目总计40个，竣工投产10个，延续项目30个。40个重点项目计划总投资264.01亿元，其中社会性投资254.73亿元，占总投资的96.5%，比重呈逐年上升趋势；政府性投资9.28亿元，占总投资的3.5%，比重呈逐年下降趋势。40个重点项目全年累计投资42.7亿元，完成年度计划115.3%，超时序进度23.6个百分点。

金融风险防控 贷款不良企业15家，涉及金额3.39亿元，化解8家（福建协兴实业有限公司、晋江华昱进出口贸易有限公司、晋江梅岭麦道建材批发部、晋江梅岭泉兴通讯贸易商行、晋江明伟鞋服有限公司、晋江市金鼠王鞋业有限公司、晋江振兴鞋塑有限公司、泉州市宾仕盾汽车贸易有限公司），化解金额2.42亿元，化解率71.37%。

城区建设 污水管网。赤西、沟头、双沟3个社区生活污水工程完工，竹树下、梅山、蔡厝3个社区生活污水工程施工，岭山社区生活污水工程进行招投标，完成2.71千米管径建设，累计完成投资额795.7万元。街头绿地。开展人居环境整治，新增社区绿地面积6493平方米，辖区绿化率超46%；改造竹园、岭山、桂山等5个社区10处微景观，面积约4000平方米。厕所革命。新建并投入使用公厕2座（沟头小学公厕、竹树下东区公厕），公厕1座（沟头社区）年底完工。近3年，街道累计新建公厕5座，辖区内21座公厕均张贴双语标识。道路硬化。投入210万元，实施社区区间道路硬化修复及路灯改造工程，完成双沟、梅山、赤西等5社区10条道路的硬化及修复，竹园、岭山社区6处路灯及公共停车设施改造。环卫保洁。实施全域化保洁模式，全年累计开展村庄清洁行动354次，发动党员义工1577人次，发动群众参与2055人次，清理卫生死角1922处，转运各类垃圾2万吨，在泉州、晋江两级城市卫生综合考评中，月均分数91.71分，位列晋江市第4名，排位较上一年度提高一个名次。地质灾害点、积水点整治。至年底，完成3处地质灾害点整治，新增竹树下地质灾害点，先行对挡土墙进行加固，但仍存在安全隐患，下阶段将进一步落实整治；完成竹树下积水点改造，对排水管道进行改良处理。生态环保。重点做好中央环保督察存在问题的跟踪整改工作，抓餐饮油烟污染、噪音扰民、违法排放污水等治理工作，信访件全部整改到位。巡河发现生活污水排放8处，查处整改7处（赤西社区生活污水、沟头社区生活污水、双沟社区生活污水、陈塘河排污口、晋阳湖排污口、宝龙酒店对面排污口、浦沟支流排污口），整改1处（内沟河赤西排污口）。查封小散乱污企业11家，辖区主要污染物排放总量控制在市下达目标任务内，污水处理率在95%以上，在建工程扬尘污染管控率达100%，生活垃圾处理率100%。

社会管理 处理省信访系统、市长专线、晋江“12345”、“110”应急平台、城管系统等各级信访系统信访件11248件，回复率、办结率、满意率均达到100%，无涉法涉诉信访案件。开展专项行动，扫黑除恶、治安巡逻等平安建设行动，排摸黑恶线索80起，办结75起，办结率93.8%，破获黑恶案件7起。清理被占用住宅152套、店面247间。加强阵地建设，利用社区闲置治安岗亭等设施建设平安“益”站，倡导居民争当平安志愿者，开展平安宣传、义务治安巡逻、民警“住村”、社区微公益、“爱心小站”等便民服务，累计发起志愿服务8场，服务居民超万人。推进智慧管理，完成26个物联网安防小区建设，其中桂华苑安置房小区作为晋江市物联网安防示范小区，共吸引12批次全国各地考察团参观。19个专项组有序开展隐患排查工作，排查整改安全隐患475条，辖区共接火警27起，比降46%，安全生产形势持续稳定，无较大以上安全生产事故发生，无“三合一”火灾事故发生。深化“五个一”机制，加强街道、社区、居委会、物业四位一体联动处置，处理化解各类投诉995件。新成立业委会4个，共有业委会28个。试点小区项目经理到社区报到机制，开展小区物业精细化考评，加强对物业公司的监管及指导。

民生事业 街道幼、小学生数9532人，较2015年翻一番。累计投入1.37亿元建设教育重点项目8个，街道本级财政累计投入教育事业0.24亿元，重点加快推进8大教育重点项目及20个教育提升项目建设。第二实验小学梅岭校区于9月28日正式进场动工；实验幼儿园拓改项目，进入财审阶段；平山幼儿园迁建，完成选址，办理土地手续；华侨中学改扩建项目，学生宿舍楼封顶；双沟小学扩建项目，全面拆除并清场，进行工程前期准备；心养小学体育馆完成公开招投标；第一实验小学（凤竹校区），完成教学楼与连廊的主体封顶；双沟学前教育一期用地完成动迁拆除；希信小学综合楼完成监理招标。完成碧山、许厝青少年宫建设，共有社区青少年宫3个（竹园、碧山、许厝），社区四点钟学校4个（竹园、桂山、梅青、晋阳）。在竹园社区设立梅岭首个签约运营的社区“医养结合”医疗服务点，完成碧山社区居家养老服务站建设，在许厝社区建立晋江市第一批嵌入式养老机构，筹建梅龙小区、桂园人家嵌入式养老机构。社区养老服务设施覆盖率100%，共有床位117张。社区集体经济收入进一步壮大，集体经济收入20万元以上社区10个，10万～20万元社区5个。

党建工作 深化红色体系建设，城市党建从社区下沉至小区，培育一批红色业委会、监委会、物业党支部等红色堡垒，街道有3篇调研文章先后在中组部《党建研究》《人民日报》党建内参、《福建支部生活》上刊发，7篇优秀案例入选全市首届城市基层党建创新案例。实施企业人才自助认定和现代服务技能人才奖励政策，竹树下社区被认定为泉州市级“人才社区”，泉州（晋江）国际人才港落户梅岭。在各社区、小区实现新时代文明实践所、站全覆盖，10月22日，省委常委、宣传部部长梁建勇调研梅岭街道时，肯定梅岭实践所整合资源和书香花园民办公助的做法。宣扬孝廉文化，梅岭石鼓蔡氏家风家训故事被编录“学习强国”平台。抓实党风廉政宣传教育，利用春节、清明、七一中国共产党建党纪念日等节假日，开展廉政教育；组织街道全体纪工委委员和15个社区109名两委成员到磁灶镇东山村参观晋江市农村基层党员干部廉洁履职教育馆，加强对社区基层党员干部的党风廉政教育；走访133名对象，引导社区党员干部加强党性修养，增强纪律观念。加强“四风”整治，紧盯重点对象和年节假期重要时间节点，组织开展13轮明察暗访，发现问题线索4个，提醒谈话1人，通报典型案例31起。开展社区“三资”管理情况、扶贫专项资金落实情况等9次督查，掌握问题线索6条，提醒谈话1人，诫勉谈话8人。严格落实党管武装工作，坚持把加强党管武装作为一项重大政治任务，把国防后备力量建设纳入街道经济社会发展总体规划，向部队输送优秀青年，超额完成上级的征兵工作任务。

(梅岭街道办事处　陈卫星　余　洁)

【西园街道】 西园街道位于晋江中心市区西北部，毗邻磁灶镇、池店镇、梅岭街道、罗山街道，是晋江中心市区西大门的重要门户。福厦高速公路、泉三高速公路、双龙路、博览大道、迎宾路贯穿全区，交通便利。辖区总面积21平方千米，下辖11个社区，103个居民小组，2019年户籍人口42706人，流动人口7241人。辖区内有大专院校1所(泉州轻工学院)、国家重点职业中专1所(晋江华侨职校)、市属公立小学1所(晋江第四实验小学)、市属公立幼儿园1所(晋江第四实验幼儿园)。西园街道围绕"晋江现代服务业基地，生态宜居新城区"目标，经济社会发展和党的建设取得新的进展。辖区企业主要涉及汽配、钢结构、卫生材料、现代物流等产业，规模以上企业19家，限额以上批发零售企业11家，限额以上餐饮企业2家，财税收入2.3亿元。

经济发展　保持定力，稳实体发展、调产业结构、强项目支撑，牢牢把握稳中求进总基调，经济指标稳中有升。完成规模以上工业产值18.79亿元，同比增长8.75%；固定资产投资3亿元；限额以上批发零售额35.38亿元，同比增长20.78%；限额以上住宿餐饮业营业额470.6万元。新建兴机械、安婷妇幼用品、联合纸业等6个重点技改项目完成投资9160万元，完成年度计划的107.76%。其中，晋江国源皮业有限公司宿舍楼建成，福建省鑫盛汽车部件有限公司生产线建设项目投入生产。用好用足企业帮扶政策，全面落实市政府减税降费28条措施，帮助2家企业落实政策帮扶资金18.4万元。化解企业不良贷款9笔2183.96万元，防控企业金融风险。

重点项目建设　深化项目带动，加强重点项目要素保障，加快推进项目攻坚突围。街道牵头组织实施24个省市重点项目完成投资18.04亿元，完成年度计划投资的122.65%，9个工业储备项目完成投资1.15亿元，完成年度投资计划的107.26%。完成拔萃双语学校配套道路、国际会展中心周边配套道路、百宏御璟府、中航城天玺等8个重点项目攻坚问题销号。拔萃双语学校一期竣工投用并正式招生，国际会展中心及周边配套道路建设加速推进，梅庭社区王厝安置房项目竣工验收，现代物流园区一期地块二土石方平整工程、地块三C标段竣工。九十九溪田园风光拓展区项目进展加快，完成土地流转257.34公顷。崎山公园完成土地征收59.2公顷、房屋57座、坟墓1000多座、葡萄园12.87公顷。葫芦山文教园区项目完成规划设计。

城区建设　加快生态建设和城乡建设，全面提升城乡品质。规范环卫作业，常态化整治巡查，整改环卫问题726条，清运垃圾7300吨。加强与上级部门协调配合，推进10个社区农村生活污水管网建设工程。开展"两高"及重要通道沿线环境整治及"两违"综合治理，拆除各类违章搭盖684处2.26万平方米，拆除"两违"27416平方米，完成年度任务的130.5%。整治移动广告牌349块，查扣"滴洒漏"车辆256辆。落实"引摊入市"，规范王厝社区、双龙路便民服务点运行，劝导户外经营和占道摆摊724处，推动占道经营、乱摆乱放等问题解决。加快实施裸房+平改坡整治，完成整治207宗，完成任务数的88.5%。抓好中央生态环保督察反馈问题整改，取缔关停26家企业，办理信访件6件。开展第二次全国污染源普查，完成企业污染源普查230家。加强霞浯直溪及其支流水质监测，常态化开展河道保洁，保障水源水质。建立"一项目一队伍"模式，帮扶社区集体经济发展，11个社区全年集体经营性收入全数突破10万元目标，总收入779.41万元，同比增长4.33%。

社会民生　坚持民生优先，增进人民福祉。实施为民办实事20件、民生补短板项目29个、民生微实事8件。泉州轻工职业学院入选福建省示范性现代职业院校建设工程2019年重点建设项目和培育院校，晋江华侨职业中专学校被中央电教馆授予全国职业院校数字校园建设实验校称号，版筑中心小学通过福建省义务教育管理标准化学校评估验收，版筑中心幼儿园被认定为全国足球特色幼儿园。拔萃双语学校投用，王厝安置区幼儿园、晋江市教师进修学校附属小学等项目加快推进建设。加大弱势群体关怀力度，完成14户特困家庭"四帮四扶"工作。办理临时困难救助申请85人，发放低保金、特困人员保障金、"四帮四扶"、临时救助等各类补助资金214.3万元；向2018年度自主就业退役士兵发放地方经济补助金110万元。督促街道及霞浯、后间、屿头、官前、赖厝等6个敬老院加快建设启用。完成危房翻建审批154宗，廉租住房申请37户。开办家长学校，推进后间社区、王厝社区流动人口子女爱心寄托点建设。

基层组织建设　加强思想引领，结合主题教育、"学习强国"，深化习近平新时代中国特色社会主义思想大学习活动。落实意识形态责任制，健全舆情处置机制，建立2个新时代文明实践示范站。召开3次专题研究会议、7场领导班子专题学习讨论，学习贯彻习近平在庆祝中华人民共和国成立70周年大会的讲话精神和中共十九届四中全会精神。开展"三进三送"，深入一线高质量完成项目调研，24个专项整治问题完成整改5个，阶段性完成并长期坚持19个。加强基层党组织党员教育管理工作，5名支部书记列入泉州、晋江两级带头人队伍，3名支部书记评定为农村(社区)治理人才。王厝双水湾小区"党群微治理"获评全市优秀案例，屿头社区做足土地文章壮大集体经济，屿头、霞浯社区开展7个民主协商项目推进"乡村善治"民主协商工作，多项优秀经验做法相继获《领导文萃》《八闽快讯》《侨区快讯》等各级刊物刊载与各级领导批示肯定。推动党建融入公司治理体系，"党建入章"企业数183家，完成率183%，泉州传化公路港"路连四方"案例获评市非公企业和社会组织"党建入章"二类案例。推进全面从严治党，压紧压实"两个责任"，抓好市委巡察反馈的4大方面33个问题整改，构建屿头社区"三资"监管信息化平台试点。

(西园街道办事处　吴翠云　尤国辉)

【罗山街道】 罗山街道位于晋江市中部，以其境内罗裳山得名，东邻新塘街道，西通西园街道、磁灶镇，南连灵源街道、永和镇，北接青阳街道、西滨镇，总面积25平方千米，下辖16个社区，常住人口58513人。福兴路、社马路、泉安路、和平南路、世纪大道纵横辖区，交通便捷，地理位置特殊，是晋江市新的行政中心区和城市核心区。

2019年，街道完成规模以上工业产

值150.44亿元;全社会固定资产投资总额9.5亿元,同比增长3.79%;限额以上批发和零售业销售总额144.26亿元,同比增长10.6%;限额以上住宿餐饮业营业额3.15亿元,同比增长19.77%;财政总收入4.85 亿元,同比增长14.46%。

经济发展 传统食品产业持续发展,久久王公司引进30条口香糖生产线及配套包装线,年产值达3亿元。雅客、麦德好、好彩头、泉利堂等企业创新营销方式,拓展销售渠道;一纸花约在电商领域崭露头角,"双十一" 销售火爆。社店食品市场启动环境整治,"旧貌换新颜",活力持续焕发。街道食品支柱产业全年累计产值82.39亿元。省级重点项目豪新食品市场正式开业,300余户商家顺利入驻,国内外20余个考察团相继来访。豪信新能源汽车市场启动首期招商,吸引投资1.5亿元,红旗、北汽新能源等汽车品牌入驻。SM广场改造升级,亲子主题空间全新而至,海底捞等多家网红餐厅竞相开业;安泰天街加速运营,福埔美食城、小吃一条街、华泰周边餐饮店铺逐步繁荣,SM商圈夜间休闲经济魅力初现。国科大智能制造学院落户罗山,中科院装备所获批国家级重大创新平台,三创园建立全市首个院士工作服务站,入驻首个外籍院士,累计入孵企业72家, 近200项成果在实体产业得到有效应用。石墨烯产业园、矽品电子等项目加快建设,新技术、新业态集聚成势。开展领导挂钩帮扶活动,坚持"随叫随到"、精细服务,运用好集体土地入市、促进民营经济健康发展若干措施等政策, 协助企业解决用地难等问题。常态化开展银企对接,化解企业不良贷款2.6亿元。及时兑现惠企补助资金92万元,落实减税降费措施,累计减税降费9174万元。

城区建设 攻坚高铁新区二期征迁项目,115个图编22.5万平方米房屋的签约任务,在项目正式动迁前一天全部完成,成为首个100%完成任务的工作组,获得市委、市政府主要领导高度肯定。加快解决罗裳片区、高铁一期近20个征迁遗留问题, 为街道发展拓展空间,六秋井、正荣房产、幸福里房产等项目顺利落地。19个市级重点项目投资17.35亿元, 完成年度计划的120.33%。推进 "厕所革命",9个新建或改建的社区公厕投入使用。全面铺开14个社区污水管网建设工程,12个社区基本完成。持续做好石结构房屋改造工作,完成审批翻建房屋133件。解决文渊路遗留问题,推动"断头路"尽快通车。结合人居环境整治,10余条社区道路得到改造、硬化、拓宽。集中力量推进6条重要通道沿线环境整治,拆除卫片图斑36宗3000平方米。加大"两违"打击力度,拆除违法建设463宗次5.6万平方米。健全环卫保洁工作机制,环卫考评继续保持全市前列。加大安全隐患房屋排查力度,累计排查12090宗,整治22座。加强市容市貌整治工作,处置占道经营75起,整治流动摊点98宗,清理大型户外广告牌14幅。做好数字化城市管理工作,办结案件6071件,结案率100%。落实中央第二轮环保督查问题整改, 坚持铁腕治污,查处违法排污企业22家,关停"小散乱污"企业30家,取缔洗沙场4处,梧桐溪、梧垵溪、缺塘溪水质得到明显改善,梧垵溪保持在五类水质。狠抓人居环境整治工作,累计组织整治行动156次,与群众签订借地协议200余份, 新增绿化6000余平方米。

2019年7月19日,省级重点项目豪新食品市场正式开业　　(罗山街道　供)

社会事业 注重民生底线兜底,帮扶17户"四帮四扶"对象,发放各类救助保障资金400余万元,11户建档立卡贫困户脱贫解困,464人享受最低生活保障待遇,推进10件民生"微实事"项目。落实卫健工作新要求,街道社区卫生服务中心被授予国家级协会常务理事单位。季延中学以优秀等级通过福建省一级达标中学验收,被推选为"全国文明校园的培育对象"。第六实验小学、荣宗小学等6所学校通过福建省义务教育管理标准化验收。季延中学高考再创佳绩, 文理科600分及以上99人,196名学生被国家重点高校录取, 居晋江第一、泉州第二。季延初级中学中考9A和8A人数稳居全市首位。罗山中学中考一级达标上线人数达183人, 全街道中小学、幼儿园师生获市级及以上教育主管部门奖项1300多人次。打造后林社区乡村记忆馆,继续做好草庵摩尼光佛造像、舜帝纪念堂等对外文化交流。13个社区完成社区综合文化服务所建设,健身路径、群众休闲点不断完善, 一批群众喜闻乐见的文体活动广泛开展。许坑社区建成晋江市首家社区青少年科学工作室。梧桐社区移风易俗工作获得各级肯定, 陈枝执获评"第六届泉州市道德模范"称号。加大违法犯罪打击力度, 刑事案件同比下降5.6%,诈骗立案同比下降10.1%,盗窃立案同比下降17.7%。建设4个社区公共法律服务工作室, 加快建立多元化调解机制,成功调解案件59件。开展扫黑除恶专项斗争,创建"六守六无"平安社区,兰峰社区获评晋江市 "六守六无" 平安社区。健全"最多投一次"阳光信访工作机制,核查办理"12345"便民平台交办的901件事项。排查整改企业安全隐患300余处,取缔关闭不合规企业6家,辖区未发生重大安全事故,兰峰获评全国综合减灾示范社区。

党建工作 开展"不忘初心、牢记使命"主题教育活动,坚持在学思践悟中守初心、担使命。城市党建效应持续提升，5个党群活动服务中心相继开馆，制定108项驻区单位社会责任清单项目和68项属地社区服务保障清单项目，开展公职党员志愿活动100余场。培育“一社区一形态”党建样本，3个小区治理模式入选市级“党群微治理”案例。践行一线工作法，抽调年轻干部参与成建制征迁、项目历史遗留问题处理等工作，促进压担成长。落实社区干部选聘分离，开展社区专职工作者择岗安置，修订社区工作绩效考评方案。实施“袋鼠计划”，整顿转化8家“软弱”非公党支部，超额完成216家企业党建入章；推进党员智慧红卡建设，打造智慧党建新样本。鸿官通信“鸿色”解放鞋案例获评晋江市“党建入章”一类案例，鸿官通信党支部获评泉州先进党组织。坚持抓早抓小，把握运用好“四种形态”；提醒谈话、批评教育、诫勉谈话28人次，执纪审查13起，其中开除党籍6人、留党察看6人、党内警告1人。健全机关效能管理制度，整治“四风”，改进文风和会风，尽量减少会议和文件。实施社区落实全面从严治党“两个责任清单”精细化管理，通过量化指标、考评推动、提醒约束倒逼责任落实，切实把责任和压力传导到“神经末梢”。落实意识形态责任制，加强思想政治引领，开展各类学习讲座10余场，组织外出参观学习5次，学习贯彻习近平新时代中国特色社会主义思想。加大意识形态领域管控力度，完善突发事件舆情处置应急管理预案和新闻发言人制度，及时跟踪辖区内的舆情动态，化解舆情风险2件，上报网络信息579条。加强意识形态阵地建设管理，加强宣传，不断传播罗山正能量和好声音。壮大社区集体经济，提前3个月达成100%村级集体收入10万元，60%村级集体收入20万元的年度目标。加强党管武装，加强“双拥共建”，做好国防教育，输送高质量新兵，街道获评“晋江市征兵工作先进单位”。支持人大工委、政协联络组履行职责，推进统战、群团、老干、工会、民族宗教等工作，香港梧桐同乡会运转顺利，推进香港晋江罗山同乡会、香港旅港社店同乡会成立前期工作，海内外新老罗山人联系更加紧密，各方力量进一步凝聚。

（罗山街道办事处　陈文财　杨青梅）

【灵源街道】 灵源街道地处晋江市中部，东接永和镇，西靠灵源山脉，南连安海镇，北与罗山街道交界。泉安公路、世纪大道、泉州绕城高速、福厦铁路晋江疏解公路、社马路、灵石路贯穿全区，交通十分便利。辖区内灵源山系国家AAA级风景区，文化积淀深厚。街道下辖林口、张前、英塘、林格、小浯塘、灵水、曾林、大山后、大布林、小布林等10个社区，辖区总面积20.6平方千米，常住人口31190人，外来人口44319人。灵源侨亲遍布港澳台及东南亚各国。街道有企业150家，其中规模企业12家，涉及纺织、食品、机械等主要行业企业。2019年，街道以“文旅集聚、产城互动”为抓手，不断传承弘扬“晋江经验”，团结拼搏、攻坚克难，“幸福新灵源”建设取得新成效。完成规模以上产值13.8亿元，同比增长2.6%；财政收入2.77亿元，同比增长7.8%。

经济发展　服务企业深耕细作，完成50多家企业调研，建立企业服务数据智囊库。组织华宇、百丝达等多家企业参加泉州市职业经理人高级研修班、“科技大讲堂”等活动，围绕“守业与创业”组织多场政策宣讲。15个市级重点项目超额完成投资4.86亿元，推动晋江足球公园项目完工投用，承办2019年国际大体联足球世界杯开闭幕式及一些重要场次比赛，赛事筹办工作得到组委会的发函感谢。完成欣兴泰新材料生产项目装修配套和投产，新增产值2亿元。

人才工作　深化打造“菁英领航+”人才品牌项目，以“互为智囊，共享智库”为抓手，举办资本市场、共享实验室等10余期主题人才沙龙，形成人才社群知识共享平台，促成石墨烯散热皮革、空间定位识别盘点系统等6个跨界项目合作。引导拓普旺公司聚焦全市食品、鞋服防霉抗菌领域科研，成立全省首家第三方民营科研机构海峡微生物研究院。与福大晋江科教园、福大工艺美院签订框架合作协议，成立灵源街道技术转化中心和福大、拓普旺共享实验室。举办第一届校地协同创新实验营，组织14家企业50多名高校学生参与打造“教学、设计、投资”合作通道，推动食品玩具等12个对接项目孵化，并签订2项成果转让和1项生产试售，项目得到省《领导文萃》刊发宣传，福建电视台、中新社等多个媒体跟踪报道。

文化旅游　蓝图规划逐渐清晰，完成灵源景区全局概念性规划和项目运营策划，明确古村落112.27公顷规划保护区，基本形成城市会客中心、艺术文化区、民俗体验区等11个运营区域，启动灵源山国家AAAA级旅游景区创建。景区品质不断提升，增设灵源山景区安全提示和路线标识标牌60余处，完成景区导览系统建设，新增2座旅游公厕。完成垃圾箱、休憩点、灾害防范等基础设施升级改造和布点设置，统一景区商铺招牌样式和摊位区域。完成古村落停车场和“美食广场”古厝设计，开展卫生整治、草坪绿化、仿古彩绘、污水管网建设，完成7000余平方米的局部景观提升。文化传承保护先行，加强紫竹寺等3个文物安全保护，完成古村落207栋古厝历史资料整档，《灵山秀水风物录》《灵水民俗文化故事》2本书籍定稿，制作完成大灵源景区宣传片。投入40余万元建设灵水村史馆，推动灵水古村落获得2019年度中央财政300万元资金支持。足球体育文化不断培育，完成紫华中学等3个足球场建设，新增14个校园笼式足球场和7套训练设备，成立全市首个镇级校园足球俱乐部，编制足球训练校本课程，举办“足球推广周”等活动，营造足球进校园氛围。

人居环境整治　召开“千人大会”动员部署，深入开展“一革命四行动”和“三拆一清”，加快推进曾林、张前社区垃圾分类试点，举办2期人居环境整治项目竞赛，完成30余处微景观、微庭院建设，投入超300万元。党员干部带头，林格“两委”兼做“园丁”，林口社区“破路有方”，张前社区爱心接力建球场，曾林社区创建乡村振兴示范村等事迹，被《晋江经济报》等各级媒体报道。功能配套逐渐完善，加快社区生活污水管网工程建设，完成4000余户居民纳管接户。推进“厕所革命”，投入110余万元完成林口紫竹寺等4座公厕改造。严格落实“河长制”，健全各级河长、河道专管员巡河制度。组织各社区“借地绿化”“见缝插绿”，累计完成2600米道路两侧林木种植，利用微景观、微庭院形式整治一批闲杂地块、路边旱厕等问题。开展爱国卫生运动，抓实夏季除“四害”行动，推进登革热防控。举办30余场次居民健康讲座和体检宣传，全年为社区老

2019年6月8日，灵源街道在曾林社区举办人居环境整治暨垃圾分类宣传活动

（灵源街道　供）

人、贫困人口、残疾人等人进行免费健康体检达1.2万余人次。做好中央、省环保督察问题整改，推进全行业整治。开展“散乱污”加工点整治，累计关闭取缔35处加工点。举办“变废为宝”小创意征集活动，征集400多件作品，推选64件优秀作品集中展览。

民生事业　教育资源逐步优化，完善街道与开发区教育资源整合方案，完成林口分园等3个项目建设，推动第八实验小学和大山后新校区完工投入使用。全年筹集410余万元社会资金用于灵水中学等3家学校设备添置和校园修缮，成立小浯塘教育发展促进会，推动紫华中学等3所教学单位获评福建省相关教改示范。医养结合成效初显，完善10个社区居家养老服务站建设，完成社区老年人照料中心和大布林等3个社区老年活动中心建设项目，推动林口等3个社区老年学校获评市级巩固老校。帮扶工程开展，建立健全挂钩帮扶机制，实行“一户一策”和兜底帮扶、巩固帮扶，新确定8户“四帮四扶”对象，累计复查168户在册低保对象，做到“应保尽保，应退则退”阳光施保。全年发放各类困难补助补贴约160万元，多元帮扶体系更加稳固。开展“强基促稳”三年行动，全面启动“乡村善治”协商民主，推进林口等12个协商项目形成《村民自治章程》。开展“六守六无”系列平安创建，推进扫黑除恶专项斗争和“法治六进”宣传活动，全年案件及事故数呈下滑趋势，新增4处法治文化宣传阵地，创新社区法律顾问服务模式。

基层组织建设　基层党建“五维”推进“一体两翼”，推进张前公共服务中心、篮球场、林口社区党群生活馆等项目建成投用。实施“红色引擎”小区党建，推选华林新豪园小区获评“党群微治理”案例。加快推进“红色覆盖”，超额完成121家“党建入章”企业数，推选华宇公司支部参选全国“党建入章”案例比赛。乡村振兴加快推进，10个社区实现全面“消薄”，其中70%的社区年经营性收入超20万元。主题教育扎实推进，分门别类开展“学”，制定细化33个具体学习措施；扎根基层务实“做”，开展“三往下”基层一线走访调研，完善10个社区《村情报告》，形成一批关于社区主干队伍建设的调研报告；坚持问题深入“改”，推进“群众点题”专项攻坚，解决第八实小污水管网工程纳管、小浯塘社区路灯改造等一批民生热难点问题，成立专项攻坚“尖刀连”，破解一批街道及社区的急难险重问题。优化机关“积分制”绩效管理办法，相关做法和成效入选“晋江经验”汇编，并作为唯一镇街代表受邀参与座谈会发言。探索建立社区主干“124”备案管理机制，相关做法得到《侨区快讯》的刊发报道。严格落实意识形态工作责任制，建设街道新时代文明实践所，设计“晋江经验”主题展馆，设立新时代讲堂，抓实“学习强国”学习平台推广运用，在全街道掀起“大学习”热潮。压紧压实“两个责任”，实行全面从严治党项目化管理，抓好各级巡视巡察反馈问题整改。深化作风建设，注重警示教育醒脑，规划“一馆一景一展”廉洁文化宣传线，开展“一镇一孝廉”活动，建设曾林廉洁文化长廊，启动廉洁扇面作品巡回展览。

（灵源街道办事处　王文灿　蔡文习）

【新塘街道】　新塘街道东邻石狮，西达罗山、青阳，南接永和，北通陈埭、西滨，交通便利，福兴路、晋新路、东西三路、侨辉路、泉州绕城高速贯穿其中，街道具有独具的区位、交通、后发等优势条件。总面积20平方千米，辖上郭、湖格、梧林、荆山、沙塘、后库、后洋、杏田、杏坂、南塘、塘市等11个社区，户籍人口3.6万人，外来人口近3万人。有后洋宗祠八角井、扶西•黎刹广场、梧林传统村落、闽台田野风光等景点。

2019年，新塘街道融入晋江发展大局，以晋江“芯”小镇建设为契机，保障高铁新区、晋华集成电路、矽品封装测试、梧林传统村落保护、闽台田野风光、食品专业市场、菜鸟物流、京通易购等省市重点项目落地实施。承接泉州、晋江、石狮和开发区新塘园、智能园的溢出效应，推动辖内企业转型升级，完善汽车销售全产业链，打造晋江经济发展新的增长点。规模以上工业年度总产值140.27亿，完成年度计划的103.52%，同比增长7.48%；限额以上企业年度销售总额95.26亿，完成年度计划的106.07%，同比增长24.04%，其中限额以上零售总额43.48亿，完成年度计划的107.01%，增长18.7%；全年完成固定资产投资5.5亿，完成年度计划的107.84%，同比增长19.04%，其中工业投资3.65亿，完成年度计划的117.74%，增长28.07%。全年财税收入4.13亿元，同比增长27.12%，年度增幅位居全市第一，较2015年实现年度财税收入翻一番。

经济发展　瞄准产业链“定制服务”，扩展汽车销售产业，发展汽车配件、保险、售后、二手车等“一条龙”产业闭环，新塘汽车销售走廊拥有各类汽车销售企业42家，汽车销售产业初具规模，成为街道“三产”主要增长极，全年销售总额48.96亿元，同比增长7.31%，其中限额以上企业销售总额35.25亿元，增长5.79%，新塘汽车销售走廊发展成为泉州地区最具影响力的三大汽车销售区域之一。创新招商引资模式，制作招商宣传电子图册、项目册、电子名片，通过电话、微信、视频等浅谈方式，启动线上招商“快进键”，对接洽谈济海共享经济产业园、集成电路产业上下游项目，加快豪新二期、豪新物流园、中探针、广塑控股、迈巴赫等项目落地。成立企业服务组，抓好服务企业工作，实行领导班子挂钩联系、企业帮扶联络员制和领办制，优化项目建设、企业经营环境，并通过进企业、查实情，听诉求、解难题，为企业经营活动中的困难提供帮助。开展“助企惠企”活动，与重点企业结对帮扶，及时、高效将惠企政策落实到位，帮扶企业破解发展重点、难点、热点和焦点问题。全年新增“四上企业”17家，落实各项惠企政策支持帮助各类企业申请上级补助26次，兑现补助金额56万元，帮助减免企业税收7790.18万元。

项目建设　街道24个市级重点项目，总投资35.51亿元，年度计划投资9.1亿元，全年完成年度投资11.57亿元，完成年度计划的127.18%，超时序进度27.18%，其中东西三路安置房、新塘实验幼儿园、菲新总部研发设计项目、梧林传统村落保护开发建设项目、卡尔美智能仓储物流配送中心、卡尔美展示研发中心等项目超时序进度40%以上；锦纶汽车城、一汽大众4S店、福兴路拆迁安置房、吉沃汽车4S店、流域综合治理工程、卡尔美智能仓储物流配送中心及展示研发中心等7个项目提前竣工并投产。推动项目征迁，累计征收固定、临时建筑140宗，提前完成高铁新区项目二期、空港物流园等项目征地45.44公顷，再现晋江“高铁速度”。

11月14日，晋江文旅集团、新塘国投公司、北京青普旅游文化发展有限公司正式签约组建梧林项运营公司、梧林业态投资公司，标志着梧林项目进入正式运营阶段，将引入中高端民宿、餐饮、文创、休闲等业态，树立梧林文旅差异化定位顶层优势。发挥新塘区位、空港等优势，加速现代物流业发展，京通易购(东南)智慧物联网运营中心开工建设，菜鸟物流启动扩容，5号仓库进场施工，薛航物流即将落地，经济效应和辐射带动作用逐步凸显。

城区建设　街道以改善生态环境质量为核心，开展污染防治攻坚战和蓝天保卫战，开展污染源普查，建档立卡排污口98个，治污修复整治污染源29处，清理水葫芦、水面漂浮物及杂物垃圾38余处，实施3个小沟渠整治，定期清理水面垃圾、清除沟底淤泥，完成梧垵溪、梧桐溪、缺塘溪整治工作，河道水质改善明显。分批分期淘汰区域内燃煤锅炉6台，1家具备通气条件尚未淘汰，整治率100%；加快推进社区污水管网建设，基本完工6个社区及良种场，其余5个社区均进入施工扫尾阶段，同时加强夜间和节假日错时执法检查，加大违法排污打击力度，全年排查企业和加工点121家，查封取缔“小散乱污”企业22家，行政处罚11件、行政拘留2人、查封扣押2件、罚款57.55万元。

开展“两违”综合治理工作，拆除违建18宗，拆除面积共3.03万平方米；加大整治市容环境，开展专项集中整治，取缔流动摊点、占道经营97起，拆除违规广告牌30块、乱张贴、乱悬挂67处，处置焚烧垃圾6起，查处滴洒漏7起、乱倒垃圾10起。实施全域保洁，推行社区环卫保洁的工作机制，落实梧林、福兴路、东西三路等生活垃圾分类试点工作，城乡环境卫生明显提升。

2019年，梧林传统村落一角　　（新塘街道　供）

深化“厕所革命”，投入200万元，完成塘市、上郭、后洋、杏田、沙塘、梧林等社区公厕新建、改造10座。加快社区交通路网建设，投入2045万元，实施“村村通”计划，完成南塘、杏田、后库、上郭等社区道路新建、拓宽、改造，建设总长约3千米。启动道路空港路（油库进出道路）建设。道路设计规模长413米、宽34米(含两侧5米绿化预留空地)，双向四车道沥青路面，并配套建设照明、给排水、绿化及护坡挡土墙等工程。

乡村振兴　做深抓党建促村建工程，统筹推进“两翼”专项行动，发挥“领头雁”带动作用，实施乡创联盟、跨村联带、结对共建，实现强人领路、经验共享。“奋蹄马”后洋社区规划建设项目17个，完成15个，集体经济突破百万元，以项目为载体打响“翻身仗”。做精协商议事机制，推广杏坂社区乡村协商民主试点经验，促进11个社区基建项目、纠纷调解、环境整治共42个项目协商落地。做实村级运行机制改革，完成社区人财物、事权责整合，改革社区干部和专职工作者管理体制，严格季度绩效考评，让村级工作人员真正做到“有位有为”。做强村级集体经济，落实“一把手”抓集体经济销号责任，摸清集体三资产，实施“一社一策”，11个社区收入均超10万元，其中7个社区突破20万元。提档支部书记形象，开展党支部书记素质提升工程，组织支部联盟共促共学和外出经验交流，4名社区党支部书记被认定为中级和初级人才。选优配强基层党组织书记，及时物色能人补缺社区党支部书记。实施后备干部“星火计划”，摸排成立人才资源库，建立“设岗定责”和“一对一”结对制度，为换届提前储备干部。利用乡村环境整治提升三年行动利好政策，全年实施109个乡村建设项目，总投资1836.50万元，开展一批乡村环境整治提升项目。

民生事业　开展低保、特困、五保对象精准核实，全年退保15户、46人，新增低保11户、20人，发放低保及用电优惠金111.9万元，特困人员供养金及用电优惠金27.43万元，协助25户困难群众申请临时救助共8.16万元。加大残疾人帮扶力度，发放“两项补贴”“一户多残”生活补贴20.5万元，补助残疾儿童少年11人0.95万元。加快补齐养老事业发展短板工作，建成泉州市四星级居家社区养老服务照料中心，配备生活、医疗保健、公共活动等场所，配套床位15张、护士2人、医生1人、护理员2人，提供助餐、助医、康复、家政、代办、维权、精神慰藉等服务。

制订《学校“校内午餐午休管理”试点工作实施方案》，开展午餐午休情况摸底调查，实行分类分期推进、以奖代补，完成辖区内15所小学、幼儿园明厨亮灶工程及9所公办小学自办食堂建设，实行操作间、洗消间、库房等关键部位和重点环节透明化监管，同时加强采购、人员、管理等环节管理，执行食品供应商资格审查，加强健康证、饭菜留样及食品进货台账等工作督促检查，保障师生饮食健康。

社会管理 推进危房改造工作，简化危房翻建审批流程，提速镇级手续办理，全年报送危房翻建申请66宗，批准同意翻建44宗。在全街道范围内开展房屋安全隐患排查整治专项行动，投入25万元聘请第三方服务机构深入开展房屋安全隐患排查，并建立包括房屋信息档案，全部完成11个社区及良种场房屋安全隐患排查工作，共排查房屋8977栋，排查二维码数11544户，二维码排查完成率100%；发现有重大及较危险房屋13栋并完成系统录入工作，采取停电措施1栋，完成鉴定2栋，拆除清理危旧房及简易搭盖190幢1.9万平方米。

开展安全生产隐患排查工作，督促企业做好各项安全生产工作，排查沿街店铺854家、生产性企业212家、公共聚集场所43家、建筑施工单位30家、危化品从业单位5家、出租房21家、“三合一”场所17家。建立“专家排查隐患、街道依法监管、企业落实整改”新模式，推行安全生产社会化服务，全年累计购买服务企业58家，共发现各类安全隐患总计769处，企业整体整改率达79.6%。率先试点城市智慧消防系统，探索建立“1+2+N”智慧消防架构，建设首个镇级消防云中心管理平台，制定3D立体预警电子地图，建立自主学习大数据分析模型，内设重点对象、微型消防站联勤联动、基础消防设施等板块，实现数据采集、数据共享、登记测算、信息标注、数据分析、实时指挥等综合应用。

突出扫黑除恶线索摸排，依法打击惩处。深入组织领域、建设领域、治安领域、信访领域等多个领域开展深入排查，排查接收办结线索26条，破获恶势力犯罪集团1个，起诉9人。推进信访问题化解，严格落实阳光信访制度及积案化解行动，建立风险隐患信息库，加强属地责任及领导包案，全年接收处置来信来邮来访、应急指挥平台诉求、市长专线、泉州“12345”政务平台612件，办结率均达100%。推进村级治安巡逻队改革，将村级巡逻队编制从90人缩减至65人，完善社区警务室、巡逻车辆和视频监控等硬件设施的配置，拓展巡逻队员“1+N”业务水平，打造社区“110”。有11支村级巡逻队，1支镇级巡逻队，1支园区巡逻队，共102人，通过“缩编制、提待遇、定职责、严管理”优化队伍，规范管理，提升基层平安力量。加强社区警务，推进民警“住村”，警力下沉，工作前移，辖区11个社区警务室24小时亮灯，全天候运转，打造“家门口派出所”，全年立刑事案件188起，同比下降16.4%。其中，八类案件发案7起，同比下降41.6%，破案率100%；诈骗案件85起，同比上升16.43%，破案率34.11%，同比上升16.31%；总破案126起，破案率67%，同比上升7%，破案率列全市第一。总体呈发案数下降、破案数上升态势。

基层组织建设 推动“不忘初心、牢记使命”主题教育。坚持“以上率下”，做到“真抓”。紧扣“初心使命”，引导“真学”；实施专题调研、专题党课、主题党日和整改承诺“四位一体”学习模式，实现“减负”与“增质”双赢。聚焦“强基促稳”。坚持“强基”导向，以提升组织力为重点，聚焦组织、队伍、活动、阵地、制度、保障“六个基本”，筑牢“促稳”基础桩，做法刊登在《泉州改革调研》上。坚持“惩防并重”。落实“从严”要求抓党建，保持“全面抓、从严抓、经常抓”的政治定力，抓好“一把手”关键作用发挥，层层传导压力，做到知责、明责、压责、问责，把书记抓、抓书记落到实处。建立“常效”制度抓督查，锁定“实打实”抓和“真对真”干，建立不发通知、不打招呼、不听汇报、不用陪同、直奔基层、直插现场“四不两直”随机与定期结合的党建督查机制，督导党建从严抓实，推动问题整改。坚持“问题”导向抓廉政，实行常态化监督，把日常检查和集中督查结合起来，挺纪在前，狠纠“四风”。完善党员干部谈心谈话工作机制，促进问题整改和干部履职。深化扶贫领域、作风问题、民生领域、移风易俗等方面专项治理，整治群众身边腐败。

（新塘街道办事处 曾运筹 尤丁贵）

镇(场)

【陈埭镇】 陈埭镇位于泉州湾畔繁华的三角地带，东临大海，居晋江入海口南岸，西与晋江市区毗邻，南与石狮市相连，北隔晋江与泉州市区隔江相望。镇域面积38.4平方千米，海岸线长13.6千米，是闽南重点侨乡和少数民族的聚居地。全镇常住人口近50万人，其中本地户籍人口8.1万人，办理居住证外来流动人口34万人，相当于中等县规模。率先试点户籍制度改革，积分优待政策实现落户1.5万人，流动人口同城化、均等化待遇稳步推进。共辖26个村（社区），其中回族村（社区）7个、2万余人，海外侨胞及港澳台同胞5万余人。2019年，陈埭镇传承发展“晋江经验”，推进高质量发展落实赶超，经济社会保持健康发展。完成工业总产值719.56亿元，同比增长6.7%，其中规模以上工业总产值632.03亿元，同比增长12.93%；财税收入32.18亿元，同比下降5.35%，综合实力位居全国千强镇排行榜第23位。

经济发展 拥有各类企业4000多家，其中规模以上工业企业228家，产值超亿元企业121家。整合产业优势，国际鞋纺城一期专业市场全面开业，交易份额占全市鞋材市场70%以上，与中国皮革协会正式签订“共同培育五星级市场战略合作协议”，市场虹吸效应初显。品牌工业城安踏一体化产业园一期正式投入使用，树立行业物流自动化标杆。鞋都市场转型升级工作进展顺利，市场一楼基本完成整体搬迁。滨江商务区政府统建大楼完成客户签约50户，面积约20000平方米，楼宇经济蓄势待发。跟踪推进市级重点项目39个、市级工业储备项目和重点技改储备项目34个，年度计划投资51.08亿元，全年累计完成投资68.08亿元，完成年度投资计划的133.28%。晋东新区“六大体系”项目盘子有序推进，晋江市第二体育中心建设进入收尾阶段，乔丹品牌工业园厂房、宿舍楼、办公楼主体封顶，国际鞋纺城商业中轴项目完成主体工程建设，规划设计专业市场二期。完善党政领导挂钩重点规模企业制度，举行2019年春风行动公益招聘会，联合税务局开展减税降费宣讲培训活动7场，全年落实减税降费政策减免税费4.16亿元，帮扶48家企业申请政策扶持，兑现扶持资金723万元，发放惠企政策资料超过16000份。打好防范化解金融风险攻坚战，金融生态进一步优化，化解不良贷款86笔，共计11.14亿元，超额完成年度风险防控目标，低于防控目标28.1%。年产旅游运动鞋7.5亿双，约占全国旅游运动鞋产量的40%，世界产量的16%，形成集制鞋设备、五金配件、皮革加工、橡胶化工、纺织、印刷包装以及相关配套服务业的制鞋产业链，涌现出安踏、361度、特步、贵人鸟、乔丹等一批知名运动品牌。获评中国"淘宝镇"，"淘宝村"总数18个，居全国第四、福建第一。

晋东新区　依托国际鞋纺城、滨江商务区、鞋都片区、品牌工业城、第二体育中心五个重大产城项目，新区"专业市场、楼宇总部、现代商贸、智能制造、体育产业"五大功能持续增强。国际鞋纺城定位为"亚太地区最大鞋纺专业市场、鞋纺产销连集成服务平台、生产性服务贸易重点基地"，分三期建设，一期市场全面开业，入驻鞋材类商户847户，招商入住率达93.6%。品牌工业城包括安踏、乔丹两家国内一线品牌企业，其中安踏一体化产业园目标打造成为国内鞋服行业标杆产业园和高度集成化、自动化与信息化为一体的数据处理平台，开始正式运营；乔丹品牌园拟建成集生产、仓储、员工配套为一体的品牌工业园，项目于2018年5月底启动主体建设，计划新增现代生产线20条。滨江商务区是泉州、晋江两级合力打造的总部经济特区，目标定位建成泉州"陆家嘴"。鞋都片区在完善市政道路基础设施的同时，还规划建设城市综合体、文保区等商贸服务配套。第二体育中心是2020年第十八届世界中学生运动会举行开、闭幕式、文化日活动以及篮球、游泳等竞赛项目的主场馆，集专业赛事、全民健身、休闲娱乐等功能为一体，体育馆为NBA标准场馆，最多可容纳15000名观众，为福建省最大的体育馆，各个场馆主体结构完成。在城市建设方面，晋东新区策划生成涵盖六大体系、55个项目、总投资122亿元的新区盘子。通过都市化标准、大规模地完善基础设施，带动片区土地升值和固定资产投资增量，集中建设晋东新区核心区和环泉州湾制高点，打造转型升级样板区。

城镇建设　以晋江市第二体育中心、国际鞋纺城为核心，完善鞋纺大道、市域三号路、鞋纺城南一路、鞋纺城南二路等路网建设，完成康龙东路、河滨北路、江滨南路、沿海大通道等道路改造工程。滨江商务区人工湖景观工程建成投用，加快建设国际鞋纺城片区滞洪区、第二体育中心体育公园、海滨公园等公园景观工程。完成高坑村、江头村等9个村农村生活污水管网工程施工任务，建成投用9座村级公厕。推进生态治理，树立生态红线意识，全年出动执法人员962人次，检查企业533家次，立案查处违法排污企业(加工点)50家，罚款201万元，查封扣押35起，移送公安机关行政拘留10起。加强燃煤锅炉污染治理和排放监管，淘汰燃煤锅炉企业108家，辖区淘汰率80.6%。推进有机废气整治，督促105家有机废气制鞋企业完成整治，查处散乱污企业21家。完成第二轮中央环保督察信访件查处18件，加快整改销号工作。深化河长制工作，启动全流域治理模式，推进河道清淤护砌整治，拆除清理"四乱"90余处，清理脏乱河道3000多平方米，取缔各类养殖点10余处，完成苏厝支流、西塔沟清淤整治工程。推行镇域环卫保洁市场化运作。开展"环境卫生整治年"活动，实施"每周一批、分批滚动"工作措施，全年开展人居环境整治统一行动177场，拆除违章临时搭盖24.85万平方米，取缔废品收集点481处，清理"脏乱差"空地22.63万平方米，清理陈年垃圾堆放点和卫生死角6.55万立方米，规范临时摆设摊点1221处，清理非法广告牌8129块，环境卫生考评成绩取得长足进步。启动机场连接线、江滨南路和双龙路沿线裸房整治工作，完成裸房整治250幢。开展空中管线整治，完成桂林村、鹏头村等15个村空中管线治理，治理总长达到25千米。

社会事业　全年投入教育资金

2019年，晋江市第二体育中心主场馆　　(陈埭镇　供)

9848.11万元，新增学位2160个。龙林幼儿园升格为镇属公办中心园，求聪中心小学、江头中心小学通过福建省“义务教育管理标准化学校”验收，完成花厅口小学、龙林中心小学等学校食堂改造工程。第五实验小学涵口分校开始招生，江浦分校主体工程完工，进行配套工程施工，南港分校进行施工图设计和土地报批。第五实验幼儿园主体封顶，南港分园和滨江分园加快办理前期手续。湖中幼儿园综合楼B区、民族中学体育馆、紫峰中学综合楼和体育馆等校园扩容项目按计划推进建设中。办好12件为民实事和6件“民生微实事”。推进公共文化服务示范区创建，首个村级文化中心岸兜村“和木文化中心”竣工投用，建成陈埭镇新时代文明实践所等文化阵地。陈埭中心卫生院洋埭村第一门诊部、涵埭村乡村卫生一体化综合试点面向群众开诊。陈埭敬老院工程完工，并完成第三方运营服务采购，四境社区敬老院建成投用。居家养老上门服务范围逐步扩大，24个居家养老服务站有序运营，被征地农民养老保险覆盖20个村。加快建设多层次社会保障体系，加强兜底保障功能，11个“四帮四扶”项目成效显著，困难帮扶工作更加精准，发放低保、“五保”“救急难”、残疾人两项补贴等各类补助资金454.84万元，受理群众危房翻建申请125宗，审批84宗。

乡村振兴 构建大调解工作格局，设立陈埭镇矛盾纠纷多元化解中心办公室，开创全市治保主任进驻派出所调解工作室的先河，启动社区民警“住村”试点工作，南霞美村、桂林村两个镇级法治公园建成投用。规范用工环境，依法调处各类劳资纠纷1367起，追回工资6012.5万元。开展扫黑除恶专项斗争，全镇立涉黑恶“九类”案件79起，破获77起，破案率达97.5%，刑事案件、治安案件数量实现双下降。深化“消防安全综合整治年”活动，严格落实每月26日安全生产统一行动制度和每周每村（社区）20家经营性单位的安全检查任务，全年排查整治生产经营性单位6303家、出租私房457幢，查封整治“三合一”场所320家，行政拘留2人。发生火灾57起，数量同比下降64.15%。指导岸兜村、坊脚村等5个改革试点村完成经联社建设，以发展集体物业、配套服务和流转盘活土地资源为重点，推进集体经济建设，全镇村级集体收入达到1845.66万元。规范村级组织运行机制，设立26个村级公共服务中心，完成224名村（社区）干部选聘分离工作，村级网格化服务管理全面升级。完善村级“三资”管理、建设工程管理、校董会资金管理等制度，健全村级民主议事决策机制。深化移风易俗工作，发挥村规民约作用，保护好农村传统文化、乡土文化，塑造文明乡风。

基层组织建设 推进“两学一做”学习教育常态化制度化，规范开展“三会一课”等组织生活，组织全镇党员干部深入学习贯彻中共十九大精神和习近平新时代中国特色社会主义思想，全方位掀起“大学习、大调研、大改革、再提升”热潮，引导党员干部牢固树立“四个意识”，坚决维护党中央权威和集中统一领导。狠抓意识形态工作，加强思想文化阵地建设，建好用活“陈埭视野”微信公众号平台等宣传载体，牢牢把握意识形态话语权。结合新一届村级班子运行情况，新认定“奋蹄马”薄弱村3个、“领头雁”示范培育对象5人、“领头雁”后备对象5人，7名村干部被认定为晋江市第二批农村（社区）治理人才。推进“先进帮后进”活动，组建江头村党支部和花厅口村党支部联盟，开展对口帮扶。江头村、横坂村两个转化类、促稳类“奋蹄马”薄弱村制定转化问题清单，并每周滚动整改进度，截至2019年底，除项目建设外，其余问题基本完成转化。完成45家“空壳”党组织、23家“半空壳”党组织的整顿转化。加强村级纪检组织建设，编印《陈埭镇村级纪检组织工作手册》，结合日常监督检查对各村（社区）纪检工作室开展情况进行督查，全面推进纪检工作室建设。坚持抓早抓小，持续在第一种形态上下功夫，累计运用第一种形态处理45人次，廉政集体谈话2次，使“红脸出汗”成为常态。坚持执纪为民，针对扶贫、民生、扫黑除恶、移风易俗等重要领域开展专项监督治理，严肃查处各种顶风违纪行为，累计办理基层党员违纪案件20件。办理人大代表建议4件、政协委员提案1件，办复率均达100%。政府网站主动公开政务信息80条，办理市长专线群众来电来信139件，办理社会治理便民服务平台群众投诉件3012件，办结率均达100%。深化经济发达镇行政管理体制改革，便民服务大厅全年办理业务59535件，办结率100%。贯彻“基层减负年”要求，改进文风会风，加强效能建设，绩效管理、服务水平明显提高。

（陈埭镇 吴琼娥 姚 腾）

2019年6月14日，陈埭镇首个村级文化中心岸兜村“和木文化中心”竣工投用（陈埭镇 供）

【池店镇】 池店镇位于晋江市北部、泉州市区南郊，地处晋江下游南岸，是泉州市区、晋江市区、泉州经济开发区的结合部，泉州、晋江同城化的咽喉之地，晋江对接泉厦重要的区位要地。镇域面积24平方千米，辖25个建制村（社区），户籍人口8.05万多人，外来人口约27万人，旅居海外华侨、港澳台同胞5万多人。2019年，池店镇围绕“创新转型提

质效 奋力谱写新时代池店高质量赶超新篇章”，贯彻实施“三大任务冲刺年”“城乡环境整治攻坚年”活动，全镇经济呈现良好发展态势，社会大局保持和谐稳定。

经济发展 紧抓实体，加强政企互动、精准扶企，经济运行平稳，产业转型步伐稳健。产业质效持续提升，安踏、舒华、名志等龙头企业做大做强，安踏收购国际体育巨头亚玛芬，舒华加快上市进程。推进11个工业企业技术项目，完成年度投资2.17亿元。城市综合体、楼宇经济、专业市场等多元业态不断发展壮大，桥南商圈更加繁荣，舒华、锡承大厦等楼宇建成招商，酒店用品市场开业融市，水产、果蔬等市场保持繁荣稳定。发展动能增强，开展征迁攻坚、拔钉清障、问题销号，推动35个市级重点项目完成年度投资78.3亿元，完成年度计划的131.16%，竣工项目5个、开工建设项目9个。推动池店轻工技术联盟中心有为运作，深化产学研协同创新，服务企业30余家，推进技术成果转化60多项，为企业创造销售额累计超1.2亿元。投入40万元打造池店人才就业服务平台，实现线上人才招聘、职业技能培训、劳动合同管理等功能。服务企业持续优化。累计减免企业税费超3亿元。加强惠企政策宣传解读，帮助39家企业申报“专精特新”、参展补助、科技创新、两化融合奖励等各级惠企扶企政策。组织55家企业参加国内外各种展销会，开展金融风险防控工作，处置银行不良贷款超8000万元。服务企业融资申请、信贷支持，帮助融资续贷企业269家、资金18.62亿元。

城镇建设 推进4条镇级道路改造及电力缆化工程，东唐路及陈泉路、陈池路部分路段建成通车，桥南、池店南等组团片区路网更加通畅。桥南中心公园、晋江下游南岸生态整治示范段建成投用，池店南片区景观水利工程一期完成招投标。严格管控“两违”，拆除“两违”面积2.7万平方米，查处各类违章广告牌约1959块，占道经营约3万宗次。桥南、滨江等片区乱摆摊设点、占道经营、乱停车等顽疾明显改善。推动住宅小区专项整治，排查小区安全隐患8个，新成立小区业委会5个，加强物业管理服务监管。完成环卫保洁新一轮招投标，完善监督机制，保洁水平稳步提升。深入开展“三拆一清”，拆除面积7916.14平方米。开展村庄清洁行动395次，整治乱搭乱堆、黑臭沟渠、家禽放养、裸露土地、废旧房屋等880多处。“两高”及重要通道沿线环境得到有效整治，共整治裸房433栋。抓好中央生态环保督察反馈问题整改，开展第二次全国污染源普查，重点开展大气、噪音、水体污染整治，投入近100万元，启动华洲渠清淤工程，完成仕春渠、华洲渠污染源排查。推进农村生活污水工程建设，完工的村6个，在建15个村。启动旱厕改建11座。

2019年，桥南中心公园建成投用　　（池店镇　供）

民生保障 实施13个教育项目，完成投资3.15亿元。第三实小金针校区、顺英幼儿园建成投用，新增学位1470个。泉州五中桥南校区全面内外装修，第七实小崇法校区及晋江二中、第三实小、池店中心幼儿园扩建工程加快施工。晋江一中池店校区、第三实小海丝校区、第七实小崇文校区、第七实小崇德校区等项目加快前期手续办理工作。推进“人才强教”战略，深化集团化办学，教育教学质量稳步提升。深化“四帮四扶”和精准扶贫工作，重点帮扶4户困难家庭。加强低保动态管理，办理慈善申请、临时救助、残疾人补助139例，为327名低保、特困人员发放保障金168万元。新建桥南、东山2个居家养老服务站，镇级敬老院揭牌，办理危房翻建117宗。兑现奖励扶持资金107万元，支持企业创新发展。加快建设镇级综合文化站，推进省级文保单位“钱头状元第”修缮工作，申报御辇村曾氏祠堂等6个市级文物保护单位。加快百大妇产医院建设，建设仕春村一体化卫生所及120急救站，补齐西片医疗短板。纵深推进扫黑除恶专项斗争，共摸排处置线索113条。开展“大入户、大宣传、大化解、大整治、大压案”等集中攻坚专项行动，大力破解诈骗、传销等社会治安难题。排查调处各类矛盾纠纷，办理群众来信来访、市长专线、“12345”平台热线2049件。开展安全隐患排查整治，推广安全生产社会化服务，推进智慧消防建设，安全生产底线不断筑牢，社会总体安定稳定。

基层组织建设 组织学习教育、调查研究、剖析检视、问题整改等环节，领导班子开展学习研讨6次、党课教育15次、调研课题16个。各党组织集体学习90多次，开办讲座30场次，志愿活动27次。重点推进“8+7”整治整改工作，查找问题40个，完成整改4个，阶段性完成30个，解决群众反映的就学就医、物业管理等热点难点问题，让群众切实感受到主题教育带来的变化。构建“四联工作法”居民小区党建工作机制，成立兼合党组织22个，实现所有小区党的组织和工作全面覆盖。开展“强基促稳”三年行动，抓好“领头雁”示范和“奋蹄马”治理工程，推进非公企业和社会组织党建工作，整顿转换“空壳”“半空壳”支部8家，“党建入章”完成率91.09%。坚持多岗锻炼，新老干部结对，发挥传帮带作用，完善年轻干部发现储备、培养锻炼和选拔使用链条。树好选人用人育人导向，搭建安征迁平台，在一线锻炼干部队伍。配合完成职级套改，推行线上绩效考评，激发干部干事创业精气神。压紧压实“两个责任”，抓好上级巡视巡察反馈问题整改，集中整治形式主义、官僚主义问题，落实基层减负，加强监督执纪，筑牢基层一线监督，排摸党员违纪线24起，立案13件，谈话函询9起。

（池店镇　李　盛　庄晓峰）

【安海镇】　安海镇是闽南著名侨乡，泉州南翼新城核心区的重要组成部分，也是福建省著名的文化古镇、经济强镇和商贸重镇。辖区面积55.72平方千米，镇区规划面积24平方千米，建成面积13.5平方千米，下辖36个村和6个社区，居住人口近20万人，其中本地户籍人口12万人。2019年，安海镇实现工农业总产值451.14亿元，同比增长11.86%；规模以上产值358.91亿元，同比增长10.5%；固定资产投资15.3亿元，同比增长18%；财政总收入16.293亿元，同比增长0.92%，位列2019年度全国综合实力千强镇第二十九位，获评中国历史文化名镇，安海土笋冻获评国家农产品地理标志，安平桥增补入列古泉州（刺桐）史迹申遗考察点。

经济发展　产业协同创新平台建成投用，技术、产品、品牌、管理和商业模式“五个创新”加速推进，落后产能加快淘汰，产业全链条全流程持续升级。实施行业技改和企业增资扩营项目5个、投资5.3亿元。申请专利911件、授权433件。3家企业科研项目获省科技进步三等奖，新认定国家高新技术企业10家、国家科技型中小企业6家，新增泉州高层次人才139人。装备制造业基地安海园基础设施不断完善，一批主次干道相继竣工，企业加速入驻，12家入驻企业产值突破10亿元、税收突破3000万元。恒安加快增资扩营，钢贸企业回归发展，纳税超千万元。中建城投绿色建材、荔松新型材料等7个项目顺利签约落地。落实上级各类减税降费等企业帮扶措施，服务引导企业拓展市场。发布惠企政策推文206条，落实企业补助资金300多万元。组织50多家企业参加广交会、亚洲博览会等展会，晋工机械亮相德国宝马展。品牌价值提升。恒安获“新中国70周年70品牌”“中国（造纸行业）十大领军品牌”，盼盼获2019年匠心品质大奖，兴业被工业和信息化部评为“工业产品绿色设计示范企业”，晋工机械获评“中国工业影响力70品牌”“全国工人先锋号”。

2019年，安海镇产业协同创新平台建成投用，产业全链条全流程持续升级　（安海镇　供）

城镇建设　坚持“办赛事”与“建城市”相结合，推动提升城镇功能品质。少体校等世中运场馆建设提速推进，内安路、世纪大道南拓段等重要通道景观改造绿化，鸿江中路、泉安路、东连接线及可慕灯控路口等破损路面修补完工，桥山路、龙山寺周边和南环路两侧市容环境明显改观。深化“三拆一清”行动，推进“两高”沿线环境整治，拆除乱搭乱建42处、5万平方米，整治裸房133宗，平改坡楼房49宗，平整绿化裸地1.8万平方米。抓好中央生态环境保护督察反馈意见整改，铁腕推进污染防治攻坚，整治改造“冲天炉”企业26家，取缔“散乱污”企业39家，完成煤改气23个。加快打造示范标杆河段，加强农村生活污水治理，推进鸿江河道、坝头溪、庄头溪等河道清淤，拆除涉河违章建筑6宗，改造村（社区）污水处理24个，建成污水收集管网162千米、污水处理设施7套，流域水质明显改善。完善垃圾处理机制，推进生活垃圾处理费收缴，撤销中心小学旁垃圾转运站。深化安平社区垃圾分类试点，开展垃圾分类村校企宣传共建活动，营造人人参与良好氛围。加强物业管理力度，加强“四位一体”“六个一”管理模式，成立宝龙豪苑、捷宏盛宴、嘉英豪苑等3个业委会，启动金沙城、捷龙盛世、瑞发花园等5个业委会筹备工作，宜居家园共建共享。

乡村振兴　加快农业规模化经营，规模化特色产业提质扩面，新增泉州“菜篮子”工程1处。梳理推动壮大村级集体经济措施77条，村级集体经济收入全部超10万元，29个村（社区）超20万元。深化“三拆一清”“一革命四行动”，推进“两高”沿线环境整治，组织城乡人居环境整治竞赛，建成河道微景观8个、乡村微景观32个。下洪村成为全市“两高”环境整治工作典型，新店、前埔、西门、下洪等4个村被纳入省级“千村整治、百村示范”美丽乡村创建村。创建善治乡村，推进“一体两翼”抓乡促村专项行动，15名村（社区）党支部书记入选“领头雁”示范工程，12名村（社区）党支部书记被认定为治理人才，同比增长400%、200%，策划生成“奋蹄马”治理项目43个。村级招投标工程建设不断完善，完成20万元以下工程备案177宗，公开招投标18宗。实行基层民主议事协商，生成32个民主协商议事项目，落地15个。完成村规民约修订，简办婚丧喜庆，开展慈善公益捐赠超2000万元。

民生保障　办好13件为民实事、30件民生微实事。对接高端医疗资源，晋江市第二医院（安海医院）与福建医科大学孟超肝胆医院组建肝病医疗联合体，携手上海晋江商会特邀17名泉籍专家开展大型义诊。推进卫计服务融合，实施计生“五大工程”，帮助2936户计生

2019年,安海镇下洪村成为全市“两高”环境整治工作典型　　（安海镇　供）

特殊家庭和计生低保户,减免城乡基本养老保险20万元,减轻医疗负担74万元。完成老旧危房石结构房屋联审849宗。深化精准扶贫“五帮一”机制,为546户城乡低保、特困人员发放保障金506万元,补助、救助临时困难人员490人次、161万元,组织慰问老弱病残、低保、五保、优抚人员1980人次、135万元。养老服务水平提升,慈静敬老院改造扩容,安海敬老院以及西边、后蔡、坑边等村级敬老院加快建设,19个居家养老服务站日趋完善,城乡老龄人服务需求得到有效满足。开展“强基促稳”三年行动,推进扫黑除恶专项斗争,破获涉黑涉恶案件20起,刑拘47人,逮捕28人,起诉62人。深化平安建设,开展民警驻村工作,实现“两抢”、命案零发案,八类案件侦破率100%,刑事案件比降28.5%。提升完善“3+1”社会综治模式,推动多元调解机制,受理调解法律咨询360起,化解各类矛盾纠纷42起、涉及金额519万元。省信访局局长现场调研,对该镇秀冬评理调解室相关做法给予肯定。

教育　市镇两级和教育基金会共投入1.43亿元,实施教育重点项目6个,安海实验幼儿园新园区建成投用,新增优质学位1080个。推进“集团化办学、小片区管理”模式,龙山小学新校区、杏坛小学新综合楼、苗苗幼儿园金沙城园区、第五幼儿园基本完工;安海实验幼儿园宝龙园区、苗苗幼儿园庵前园区、可慕幼儿园启动项目前期手续。17所学校完成“明厨亮灶”装备改造提升。养正中学入选全省首批示范性普通高中建设名单,安海中学、松熹中学及7所小学通过省级义务教育管理标准化学校评估。

文化旅游　深挖“五大文化”,推进文保工程,非遗数量继续攀升,“三大节庆”为群众和游客献上一场又一场的文化盛宴,文旅、文创成为新风尚,兆泰1988文创园成为最火网红打卡地,安海文化创意发展协会展馆闪耀第十二届海峡两岸文化产业博览会。出版安海题材书籍2本,24小时城市书房开放,48个社团开展常态化文艺展演,群众精神文化生活更加丰富。瑶前村入选第五批中国传统村落,安平桥上榜全国县域旅游竞争力百强榜推介。承办国际大体联足球世界杯安海赛区赛事,民间舞蹈《采莲舞》亮相2019央视戏曲春晚泉州分会场。

基层组织建设　派驻50名党建指导员分领域对基层党组织开展指导,组织班子成员围绕“推动产业、乡村、名镇‘三大振兴’,打造更高品质的‘安平古镇,海丝名城’”主题开展调研,全镇4400多名党员认领承诺5600多项。落实主业主责,实行基层民主议事协商机制,生成32个民主协商议事项目,落地完成15个。推进城市党建提质增效,组建小区兼合式党组织5个,26名在职党员“回家”报到,参与小区治理、志愿服务100多人次。推进“两新”组织“两个覆盖”和“党建入章”工作,“三有”规上企业实现党建全面覆盖,814家企业完成“党建入章”,健全8个非公党建片区工作站。开展专题调研和工作督查10次,召开22次党委会、党政联席会研究党建工作。抓牢意识形态工作主阵地,组织中心组专题学习12次,打造上垵、前蔡两个新时代文明实践示范站,启用安海融媒体中心。抓正风肃纪,逐一约谈42名村(社区)党组织书记,召开警示教育会4次、专题讲座1次,听取班子成员专题汇报2次,听取案件汇报、分析案情24次,督办信访35件,留党察看9人、警告处分7人。加强农村集体“三资”监管,收回长期流失资产2宗。

（安海镇　许志文　张天龙）

【磁灶镇】　磁灶镇地处晋江市西北部,镇域面积56平方千米,辖26个村(社区),户籍人口近10万人,外来人口5万人。因自南朝晚期开始烧制陶瓷而得名,有1700多年的烧陶历史,是闻名全国的建陶产业主要聚集基地,2000年6月,磁灶镇被中国建筑卫生陶瓷协会授予“中国陶瓷重镇”称号。2019年,磁灶镇坚持稳中求进工作总基调,践行新发展理念,推动产业升级、城建提质、乡村治理、生态创优、民生改善,经济社会持续保持平稳健康发展,再次入选全国“千强镇”。全年完成规上工业产值460.8亿元,同比增长14.7%;限额以上批发零售业销售额67.5亿元,同比增长19.4%;一般公共预算总收入7.5亿元,同比增长—3.2%。第四次全国经济普查完成。

经济建设　传统产业稳步改造提升,24个工业技改项目完成投资16.7亿元,同比增长28%。新增省级高新技术企业5家、市级上市后备企业4家、限额以上企业4家。组织企业参加进出口博览会、海丝行等展销活动,外贸出口增长14.6%。“磁灶陶瓷”成功注册地理标志证明商标。举办第二届中国(晋江)国际家装建材博览会,主展区接待客商6万多人次,现场签约额110.3亿元;区域快递业务总量超过3亿件,同比增长20%以上。30个市级重点项目完成投资59.1亿元，超年度计划26.2个百分点。特步产业园、五金机电城三期、众合联物流园、财富新城等项目动工建设，鸿仓供应链、豪优奥兴、冠兴包装等一批项目竣工投产，中骏丽景府一期封顶，世贸云玺二期建成。华南理工大学教学实习基地进驻落户，人工智能主题科技角、陶瓷生产线信息集成技术对接、产业创新对标广东行等活动持续举办，与厦门大学、陕西科技大学等高校产学研对接常态开展，依托泉州理工大学实施“二元制”技能人才培养，多家重点企业入选泉州市第三批高层次人才自主评价试点单位。申请专利347件、授权186件。完善领导挂钩联系机制，一对一跟踪服务129家重点企业，帮助企业申报获得各类扶持资金1200多万元，减税降费5600多万元，支持6家企业新办补办土地权证。开展老旧工业园改造提升工作，引导印刷基地企业多元盘活闲置厂房资源，以商招商引进项目8个。

城乡建设　深化实施城乡环境提升工程，功能品质和环境面貌持续提升。钱坡南路改造工程、工业三路大龙段建成通车，西环路南段、行政中心区间路、工业三路唐泉段基本完工，苏垵二桥连接线加快推进，获评泉州市“四好农村路”示范镇。推进香埔公园改造提升，将军山镇级公园概念性规划编制完成。新建改建公厕27座，超前完成“厕所革命”三年目标任务。加强镇容秩序管理，整治钱坡、瑶琼等马路市场。深化多部门协同“大治违”格局，拆除“两违”建筑面积3.2万平方米。加强土地执法监管，加强耕地保护工作，严抓卫片违法图斑整改，完成批而未供和闲置土地处置市定任务。完成第二次全国污染源普查工作，完成陶瓷企业干燥塔在线监控，立案查处违法排污企业28家，处罚金177万元。实行河道保洁服务外包，完成镇域入河排污口普查，清淤河道7.6千米，完成新垵水库截污沟晋江段建设。优化镇域污水管网建设专项规划，5个村级污水管网项目建设完成，16个村级污水管网项目在建。建立补充林地储备库，办理林权证2.69公顷，实施高标准农田整治123.53公顷，新增绿化66.67公顷。

乡村建设　入选省级乡村振兴特色乡镇，3个村申报全省“乡村振兴实绩突出村”。农村集体产权制度改革有序推进，农村土地经营权确权登记颁证工作基本完成，确权合同提交率位居全市前列。发展村级集体经济系列措施有效落实，26个村(社区)集体经营性收入均超10万元，其中17个超过20万元。开展“两高”及重要通道沿线环境整治，整村推进人居环境整治，各村(社区)“三拆一清”自发自主广泛铺开，整治裸房343宗、厂房200栋、屋面平改坡145栋，拆除杂乱搭盖447处。实施美丽乡村建设，145个村级项目获得上级补助700多万元，三吴、坝头2个村级公园、12个乡村微景观建成投用。推进5个村级基层议事协商机制试点，多点推开“乡贤议事参事”模式，延泽社区小区治理创新经验入选市级典型案例。东山村成为全省乡村治理暨乡风文明体系建设现场推进会观摩点，“五策”(民意问策、“两委”商策、支部议策、集体决策、村民督策)工作法获泉州市委乡村振兴办刊发推广。

民生建设　投入资金1.3亿元用于民生事业，占本级支出75%以上，完成16件为民办实事和15个民生微实事项目。整合提升教育资源，7个资源整合项目有序推进，4所学校通过“省义务教育管理标准化学校”评估验收，小学毕业统考平均成绩居全市前列。19户“四帮四扶”对象帮扶工作全部完成，8户精准扶贫对象稳定脱贫。大宅、前尾2个村级敬老院建成投用，“省级儿童早期发展示范基地”创建工作通过省级验收，镇中心卫生院入选国家卫健委“优质服务基层行”表扬名单，卫生健康发展促进会再募资金530万元。完成镇域供水主管网更新改造，推进跨区水务资源整合。优化建房审批程序，办理危房翻建486宗、宅基地审批17宗。镇新时代文明实践所和12个村级新时代文明实践站挂牌成立。磁灶陶瓷雕塑技艺、闽南红砖传统烧制技艺入选市级非遗代表性项目;“十佳幸福企业”评选出炉，举办文艺巡演、磁灶新歌声歌唱赛、公益徒步嘉年华、慈善杯篮球赛、小学生足球赛以及关爱环卫工、暖冬义卖助学等活动100多场。企业安全生产托管服务稳步实施，安全生产“152030”隐患排查治理机制有效落实，企业消防设施配置工作全面推进，完成电气火灾监控系统和线路改造市定任务。增设食品安全检测便民服务点，新增注册省食品安全“一品

2019年4月1—3日，第二届中国(晋江)国际家装建材博览会在晋江磁灶镇举办　(磁灶镇　供)

一码”可追溯系统企业89家。开展扫黑除恶专项斗争，打掉涉恶团伙2个，抓获在逃犯罪嫌疑人16人，刑事案件发案率同比下降11.1%。超额完成征兵任务，退役军人服务站挂牌成立，新增省级劳模工作室2个，获评“全国优秀共青团员”1人。

政风建设　加强作风建设，政务服务效能明显提升。开展“不忘初心、牢记使命”主题教育，深化“强作风、优服务、提效能”活动，办结“12345”便民服务热线交办事项992件，解决一批群众关切的热点难点问题。办理人大代表建议17件，办复率100%。整合“一村一顾问”法律服务资源，推进法律服务“五在场”。改进文风会风，主动公开政务文件60件、动态信息193条，全文电子化率100%。落实中央八项规定精神，落实政府采购、工程招投标等制度。

（磁灶镇　郑志伟　张广德）

【内坑镇】　内坑镇地处晋江南安交界，与安海、磁灶、官桥等镇接壤，镇域总面积47平方米，下辖28个村，户籍人口73178人。2019年，内坑镇实现工业企业产值298.8亿元，同比增长11.48%；规模以上工业企业产值260.98亿元，同比增长11.48%；限额以上批发零售业销售额24.47亿元，同比增长40.17%；零售额6.11亿元，同比增长1.8%；税收收入4.45亿元，同比下降19.49%，减免企业税费7866.84万元。“中国鞋都•拖鞋名镇”正式授牌。

经济发展　完成第四次全国经济普查，推动36个市级重点项目完成投资22.86亿元，超额完成30.02%，处置银行不良贷款3180万元，新增内外资企业324家，经济发展大盘保持平稳。传统产业。晋江拖鞋联盟注重培养企业设计人才，联盟出口服务中心自营出口额突破24.5万美元，组团参加春秋两季广交会，在晋江鞋体博会开设拖鞋专馆，设置展位136个，成为全市展位最多的镇街。建陶产业全面深化“五个创新”，持续加大技能改造力度，31个市级技改项目完成投资10.11亿元，9家建陶企业抱团参加晋江家博会，达成意向成交额达6.5亿元，品质陶瓷建材公司获评泉州市级龙头企业。改造提升老旧厂房，有序有效开展批而未供土地清理。新兴产业。加强品牌工业城、镇区工业区的集聚带动作用，恒安智能化生产基地一期、易宝高分子材料等项目增资扩营，恒安二期、嘉怡塑胶、普斯特针织、安婷妇幼、晓峰鞋服、宏淇汽配等一批新型制造项目加快推进，形成“五个一批”项目转化梯队。陆地港升级为国际港口，开通国际超级货运干线，泉州国际邮件互换局（交换站）正式运营。皇达食药材市场部分建成，加快普洛斯物流园二期、汇诚医药物流、南联新能源汽车市场前期工程，服务业成为经济发展新增长点。企业创新提质增效。建立“党建（人才）+经济（企业）+科技+商会”协同机制，建成桔里人才驿站、人才生态公园，创建“烽火XIN智汇”人才品牌，举办“走进九牧王”管理创新现场会，新增市级以上认定优秀人才49人，2家企业获评省级“专精特新”企业，易宝高分子材料入选泉州市瞪羚企业培育入库企业，美凯源鞋业、创源鞋业、安奥鞋业获得泉州市中小企业成长专项资金扶持。泉成机械科研项目获评省科技进步二等奖。力豪农业获得省农村创业创新大赛“成长组”一等奖，成为农业产业化省级重点龙头企业。

城镇建设　以举办国际体育重大赛事为契机，一手抓建设，一手抓管理，推动保利世茂•香槟云城、金龙城二期、九牧王商务运营中心等一批城建项目高效运转，拓宽镇区骨架，交通网络扩展升级，完成站前东西大道建设、古莲路（莲湖桥至莲山路段）改造，修复道路15千米，整治道路安全隐患106处，在全市农村公路养护管理考评中位列前三。基本建成内坑消防站工程，稳步推进五峰公园改造、自来水厂、电网电力提升等一批配套项目工程建设，增强城镇承载力。实施卫片监测图斑整改，重拳整治违章停车、占道经营、运输滴洒漏、卫生死角、工地扬尘等“城镇病”，建立并严格执行道路管护联合巡查执法制度，城镇管理日趋精细。成立上方安置小区业主委员会，提升小区物业管理水平。启动大件垃圾处理厂建设，推行垃圾分类试点，覆盖镇机关、黎山村、卫生院以及所有中小学校。

生态建设　开展第二次全国污染源普查，严格抓好中央生态环保督察反馈问题整改，铁腕推进污染源整治“霹雳”系列行动，累计取缔“小散乱污”企业44家、废塑非法加工点43家，立案行政处罚18件，罚款金额237.75万元，清理规范养殖场9家。完成陶瓷企业干燥塔在线监控安装并联网，清理露天堆场。28个村级生活污水工程全部开工，13个村完成建设，9个村打通拦污截污及污水管网“断头管”项目工程。综合整治河道4.77千米，治理水土流失33.53公顷，九十九溪安全生态水系双溪支流右汊河道、美人桥段、加塘溪河道整治工程（示范段）竣工验收，九十九溪左汊河段清淤工程施工中，河流水域环境明显改善，在全市河长制工作考评中位列第一。

新农村建设　长埔村、亭顶村分别入选省、晋江市乡村振兴示范村。实施人居环境考评机制，推进“一革命四行动”“三拆一清”和“两高”及重要通道沿线环境综合整治，新建22个乡村“微景观”，10个获得市级以上评比奖项，新建、改建公厕7个，整治裸房534宗，平整、绿化裸露地9.5万平方米，非规划造林和林分改造86.67公顷，拆除“两违”8.96万平方米。完成山头村石湖潭农田临时搭盖改造试点工作。长埔村、霞美村、黎山村获评市“四好农村路”示范村。深化农村土地制度、集体产权制度改革，办理集体经营性建设用地入市25宗，后山物流仓库启动建设、黎山村农贸市场加快前期，内湖菜市场、亭顶物流仓库建成投用，引进厦门理工学院、泉州师范学院在黎山村设立数据挖掘与智能推荐实践基地和专业实践基地。加强农村“三资”监管，在全市率先实现28个村集体经济收入全部突破20万元。推进“三治”融合，基层民主协商解决村庄发展问题29个。创新建立“3+3”矛盾纠纷调解模式，调处成功率实现100%。创建农村治理人才定点教育培养培训基地并投入使用，举办“村干”学历提升班，完成村干部选聘分离、村务工作者队伍管理体制改革，完善村级干部工作管理体制，完成黄塘、亭顶、山头、白垵等4个村“多规合一”改革试点各项工作。

民生保障　财政投入民生资金10729.20万元，占本级支出的73.6%，办好12件为民实事、7件市级民生“微实事”项目。提高社会救助标准，实施全民参保计划，建立社会保险、社会救助等无缝衔接的社会保障体系，发放应急救济、临时困难和“救急难”资金

15人次、7.5万元，帮扶建档立卡对象17户39人、“四帮四扶”家庭20户脱贫解困。支持住房困难户危房翻建552宗、房屋加层41宗，有效改善群众生活居住条件。

社会事业 泉州职业技术大学正式挂牌，获评全国首批职业教育试点学校，校足球场完成改造升级，承办国际大体联足球世界杯比赛9场次，成为第十八届世界中学生运动会足球项目比赛场地。柑市小学升格为镇级中心小学，推进丰光中学迁建、第二中心幼儿园和内坑实验小学建设等工程前期工作；内坑中学高考本科上线人数达208人，200%超额完成指标。内坑卫生院与市第二医院结成紧密型医共体，启动镇级敬老院规划设计，建成潘厝、亭顶后库、后坑敬老院，白垵敬老院投入运营，社会养老体系逐步成型。全力以赴创建省级文明乡镇，在全市率先打造镇级新时代文明实践所，建成市文化馆内坑镇分馆、前洪足球场等一批文体设施，深入开展惠民文化系列活动100余场。

平安建设 实施强基促稳“136”工程，16个村获评市“六守六无”平安村，建成全市中小学生铁路安全教育基地、上方村法治文化阵地，砌坑村获评省级“无邪教”创建村，上方村获评市“未成年人零犯罪示范村”。深入开展扫黑除恶专项斗争，建立民警背包住村模式，刑事发案比降18.1%，其中“两抢一盗”发案率比降50%。安全生产技术服务全面实施，“智慧消防”加快推进，风险分级管控体系更加健全，完成57家“三合一”场所安全隐患整治。在全市平安综治考评、强基促稳工作、消防安全目标责任落实等考评中获评优秀单位。推进退役军人服务管理，获评泉州市征兵先进单位。

基层组织建设 落实新时代党的建设总要求，开展“不忘初心、牢记使命”主题教育，策划生成“群众点题专项攻坚”项目15个，泉州中心县委历史纪念馆、亭顶红色粮仓、砌坑革命史陈列馆接受主题教育学习参观700余批次。严格落实意识形态工作责任制，在全市率先完成“一约四会”建设，率先打造镇级新时代文明实践所，培育品牌服务项目12个。组建专班推进霞美、后坑“奋蹄马”整顿转化。建成28个村党群服务中心，完成非公企业和社会组织党组织“空壳”“半空壳”治理整顿、12个机关事业单位基层党组织集中换届、公务员职级套改。整合调整下村干部队伍。完成泉州市农村发展党员违规违纪问题排查试点工作。加强基层纪检组织“五统一”规范化建设，抓好扫黑除恶专项巡察、村级巡察等各级巡视巡察反馈问题整改。镇团委获评泉州市五四红旗团委。镇“老党员之家”获评泉州市示范“老党员之家”。

优化提高行政服务效能，推进“互联网+政务服务”模式运转，简化行政审批服务流程，设立镇便民服务中心大厅自助服务区，规范群众信访处理流程，办结“12345”公共服务热线交办事项538件；受理市长专线、上级转交办信访件285件，办结率100%，信访量同比下降38.38%。加强法治政府建设，推行政务公开、法律顾问制度，接受人大法律监督，办理人大代表议案建议17件，政协委员提案11件，满意率、基本满意率100%。改进文风会风，落实中央八项规定精神，“三公”经费同比下降27.18%。

（内坑镇　陈长江　姚少志）

【紫帽镇】 紫帽镇位于晋江市的西北部；东与晋江市池店镇毗连，西接南安市官桥镇，南与磁灶镇隔梅溪相望，北邻鲤城区江南街道。镇域总面积20.4平方千米，全镇户籍人口1.6万人，下辖紫星、紫湖、园坂、塘头、洋店、浯垵、湖盘、霞茂等8个建制村，22个自然村。辖区内依山傍水、山清水秀，有紫溪、紫湖两大水库，泉州四大名山之一——紫帽山坐落西北，风光秀丽，文物古迹丰富，高尔夫球场拥山而落，国道324线从腹地经过，两翼有泉州综合保税区、泉州经济技术开发区，距泉州火车站10千米、晋江机场15千米，泉州南高速出入口在园坂村，福厦高铁从紫星村穿过，区位、交通、生态、公建配套等优势凸显，是泉州市南大门、晋江市后花园。2019年，实现规模上工业产值19.47亿元，完成年度目标的107.55%，财政总收入1.83亿元；固定资产投资7.59亿元，完成率110%，其中工业固投1.21亿元，完成率110%；限额以上批发零售业销售额33.26亿元，同比增长21.41%，完成率101.46%，其中零售额21.61亿元，同比增长15.60%，完成率101.64%。

经济发展 落实“六稳”工作要求，做好稳增长、促改革、调结构、惠民生、防风险各项工作，按时序推进各项工作，全镇经济社会保持平稳健康发展。15个重点项目完成投资24.86亿元，完成年度计划的140.28%。企业技改项目完成投资8600万元，完成年度计划的100%。依托麦都公司全国示范院士专家工作站，举办“共享发展·共赢未来”烘焙与发酵食品生物技术论坛，交流分享前沿研究成果；落实人才申报工作，1人入选福建省“百人计划”，10人入选晋江市高层次人才，13人入选泉州市高层次人才；引进驻点院士7人，项目团队3支，合作项目3个。

城镇建设 着力于对城镇进行系统“精装修”，提升城镇品质。紫帽片区加快开发，综合市场融市开业。324国道紫帽段、兴紫路、铁灶路等道路建成通车，市政道路第六标段等7条道路建设加快推进。张园公园、洋店绿地广场、高尔夫球场北侧绿地、紫湖山庄公园等项目有序推进中。完善安置房小区物业考评办法，小区物业管理不断加强。小区店招审批规范有序，安置房不动产权证办理稳步推进，完成4017宗不动产权证书办理，办理速度全市领先。开展“两违”专项整治行动，拆除简易、临时搭盖35宗2137平方米，拆除广告牌650平方米。加快美丽乡村建设，106个村级项目通过验收，发放美丽乡村建设补助资金333.5万元，村集体产权制度改革扎实推进。园坂、紫星村获评泉州市中级版“绿盈乡村”。以人居环境整治为契机，快速推进高铁沿线、重要通道环境综合整治工作，福厦高铁沿线(紫帽段)环境综合整治进入收尾阶段，完成裸房整治134栋、“三拆一清”122处，美化绿化5.45万平方米，南迎宾路重要通道(紫帽段)环境综合整治加快推进，完成裸房整治35栋、“三拆一清”12处，人居环境整治工作全市示范，泉州、晋江市领导多次现场调研并肯定。

生态建设 巩固人居环境整治成效，用良好的生态环境让家园更美丽、生活更舒心。完成生态修复。秉承“绿水青山就是金山银山”的发展理念，举办第七届紫帽山义务植树节，植树造林

90.13公顷。加强林业病虫害防治工作,采购布设高效诱捕器513套,撒放白(绿)僵菌1.4万颗,紫帽山沿路森林景观带项目加速推进,230.13公顷感染松材线虫的松树砍伐完毕,加强森林病虫害防控工作。落实森林资源"双增长"和森林防火责任制,清明节期间实现"零火警"。推进溪湖整治。落实"河长制",开展流域"五清"工程,清理疏通河道1.8千米,沿紫路污水管网道完成移交,合兴二路与井尾路截污工程完成建设,湖盘溪、下落沙溪和大坝溪河道综合整治工程进场施工。农村污水管网"断头网"闭合工程和小型污水处理站建设工程加快推进,紫星村、洋店村生活污水管网完成建设。推进紫帽山景区规划修编工作,登山古道修复工程、旅游厕所、停车场等一系列工程项目建成投用,木栈道二期、紫湖路管线改造及凌霄路拓宽工程加快推进,紫帽山景区获评省级旅游度假区。

2019年10月7日,紫帽镇居家社区养老服务照料中心揭牌投用　　(紫帽镇　供)

社会事业　坚持以人民为中心,为民办实事解难事做好事,让百姓幸福更有质感。聚焦"两不愁三保障"(不愁吃、不愁穿,义务教育、基本医疗、住房安全有保障),推进精准识别、精准帮扶、精准脱贫工作。完成危房改造38宗,推进民生微实事项目,落实城乡低保标准自然增长机制,开展临时困难救助、慈善救助、残疾人救助工作,重新核实确定低保43户65人,发放各类帮扶救助资金共40.3万元。推进计生家庭户意外伤害保险工程,为2000多户计生家庭户提供意外伤害保险补助,补助近10万元,为二女结扎户、独女办证户、计生低保户育妇及其配偶共521人投保重疾险。开展爱国卫生运动、垃圾分类试点、"厕所革命"。加大教育投入,紫帽中学宿舍楼,中心小学教学楼、运动场完成建设,教学环境显著改善。主动嫁接市区优质教育资源,紫帽中学、中心小学、中心幼儿园分别与晋江一中、晋江二小、晋江三幼进行一系列的师资互派、挂职锻炼、送研下乡等活动。实施中小学幼儿园英语特色教学,儿童之家四点钟学校开班,紫帽中心小学与厦门蓓蕾青少年足球俱乐部合作建设校园足球基地,教育氛围和教学水平显著提升。紫帽片区晋江学校项目进场施工。晋江市中医院紫帽院区主体结构完成建设,联合晋江中医院,设立园坂村试点健康服务办公室,探索建立"市—镇—村"卫生健康服务资源互通机制,打造泉州首个市镇村资源一体化医疗共同体,创建直通村级网底的健康资源新一体化管理模式。探索试行"嵌入式"养老新模式,镇级居家社区养老服务照料中心揭牌投用,全面启动全镇居家养老服务站建设工作,湖盘村级居家养老服务站通过建站验收。依托园坂卫生所,打造晋江唯一一家公办医养结合工作实践点,每月为失能、半失能老人提供陪护服务。开展青年男子篮球赛、中华人民共和国成立70周年文艺晚会、"新时代文明实践"系列活动等,成功举办第三届百心文化节、"美丽紫星•助力中世运"儿童滑步车联赛等活动。成立新时代文明所,实现村级新时代文明实践站、村级新时代文明实践志愿者服务队全覆盖,湖盘、园坂村成功申报晋江市级示范站。实现村级红白理事会全覆盖,推动"喜事简办、旧俗新办"成为新风尚。

社会管理　主动对标治理现代化要求,加强和创新社会治理,深化"强基促稳"三年行动,加强金融风险防控,被晋江农商银行评为"信用镇"。深化扫黑除恶专项斗争,深入开展"强基促稳"三年行动,落实民警背包住村模式,开展"七五普法"活动,"六守六无"平安系列创建扎实推进,群众对平安建设的参与率和知晓度不断提升。用好用活"最多投一次"阳光信访工作机制,建成9个"评理调解室",选任95名评理调解员,推动矛盾纠纷有效化解,全年受理信访件24件,市长交办件31件,泉州12345便民平台8件,领导接访259次,及时受理率100%,按期办结率100%,群众满意率100%,全镇8个村均获晋江市星级平安村。全年未发生非正常上访事件。加强安全生产工作。开展"安全生产月""消防安全综合整治年"等活动,加强安全生产监督检查,超额完成上级下达工贸企业智慧电气消防安装任务。排查整治"三合一"场所,完成市级下达全年"三合一"整治目标任务,全镇社会治安、信访维稳、安全生产等形势保持稳定。与8个村签订森林防火责任状,加强镇、村二级山林消防队伍建设,配齐灭火弹、铁扫把、探照灯等灭火、巡防设备。清明期间,组织全镇上下开展清明节期间的森林防火工作,设置防火检查点10处,分发传单5000张,悬挂宣传横幅50条,发送短信1.2万条,全面加强秋冬季森林防火宣传。2019年,全镇无发生重大安全事件、重大火情,社会整体安全稳定。

基层组织建设　聚焦党建主责主业,落实新时代党的建设总要求,把党建转化成现实生产力。创新主题教育学习方式,全镇党员集中轮训授课4场次、书记上党课33场次;组织特色主题党日、外出调研美丽乡村及党建历史展馆等活动10余场次,并开展"点对点"党员微信互动学习;开展共产党员户挂牌行动、老弱党员送学上门服务、周末红色影院等活动。周密部署,把主题教育与学习贯彻中共十九届四中全会精神、各项中心工作有效结合起来，立足“四个贯穿始终”(坚持把加强学习、提高认识贯穿始终，坚持把找准问题、聚焦“四风”贯穿始终，坚持把领导带头、开展批评和自我批评贯穿始终，坚持把边整边改、建章立制贯穿始终)，组织党员干部进村进企进项目4647次，协调解决问题83条。落实“海丝先锋”达标创星专项行动，抓好村级组织换届“回头看”各项工作，兑现考评结果，调整充实村干部；推进村级组织运行机制改革，完成村干部选聘分离和村务改革，细化试行村级绩效考评方案，试行村干部后备队伍培养，凝聚村干部发展合力，“领头雁”示范培育作用不断释放，园坂村获评“泉州市先进基层党组织”，塘头村实现“奋蹄马”治理转化。建立健全舆情风险点季度滚动排摸制度，以“紫帽新语”微信公众号为抓手，加强宣传舆论引导及监管，定期分析研判意识形态领域各项工作。以庆祝中华人民共和国成立70周年为主线，开展群众性爱国主义教育活动15场；成立9家新时代文明实践所、站，开展志愿服务活动50场；因地制宜规范各安置小区出殡路线，纳入村级绩效考评范畴。探索试行安置小区“137”党建模式，在各安置小区统筹建设一处党建微景观、一间党群活动室等，实现全镇安置小区党的元素全覆盖，规范党群服务中心建设；重视小区物业管理，构筑镇、村、小区三级协商议事制度，试点实施村“两委”包干安置小区责任制，设立楼栋长，实施季度考评安置小区，并开展送春联、粽乡情等暖心活动。安置小区“137”党建模式做法被《泉州通讯》刊载。探索支部联合共建新模式，采取单独组建、兼合组建等方式，扩大非公企业和社会组织党的组织全覆盖，引导25家企业将党建工作纳入公司章程，“党建入章”完成率100%，“空壳”“半空壳”党组织完成整顿转化；每月开展“强国积分送好礼”、企业职工趣味运动会、企业“金点子”等活动，“两新”组织党建更有活力。发挥“党建+旅游”效应，布置景区旅游业态全面整治提升；开展紫帽山植树节和“百心”文化节系列活动、“我和我的祖国”主题宣传教育活动，群众性参与“找寻初心”亲子百心墙DIY、“坚定初心”登高之旅、“不忘初心”给未来5年的一封信等活动，全方位、多角度创建有“温度”又有“高度”紫帽山。注重运用“四种形态”开展党风廉政各项工作，开展督查20次，发现问题10个，整改10个，集体谈话2场，出台文件1份，通报1人，提醒谈话15人。支持纪委围绕重点项目建设、征地拆迁等重点任务和中心工作开展工作，立案6起，自办案件4起。

机关效能建设 主动接受镇人大法律监督、工作监督，全年办结人大代表建议26件，办结率、满意率、基本满意率100%。接受社会监督和舆论监督，公开政务信息110条。全面实施“七五”普法，各村法律顾问全覆盖。善用“互联网+政务服务”市镇村三级一体平台，落实“最多跑一趟”“一趟不用跑”事项。贯彻落实“基层减负年”要求，改进文风会风，加强效能建设、绩效管理、审计监督，服务水平不断提升。始终坚持党管武装，夏秋季征兵开展，大学生比例达100%。统战联络工作取得新进展，港澳晋江紫帽同乡会成立。

(紫帽镇　李依婷　陈伟廉)

2019年5月26日，第三届紫帽百心文化节系列活动暨“我和我的祖国”群众性主题宣传教育活动启动仪式在紫帽山脚下举行　(紫帽镇　供)

【东石镇】 东石镇位于晋江市东南沿海，海岸线长28千米，北与安海镇毗邻，东与英林、永和两镇连接，西临龙江(石井江)，南与金门岛隔海相望，背山面水。辖34个村(社区)，面积65平方千米，人口11.14万人，侨、港、澳、台胞30余万人，是闽南重点侨乡和港澳台同胞祖籍地。2019年，农业耕地1100公顷，滩涂1333.33公顷，花岗岩矿区、荒山林地数百公顷，自然地理条件有利于开发一、二产业，发展第三产业。

全镇经济以外向型为主，以伞具制造、纺织服装、五金汽配、食品加工、木雕工艺等五大产业为支柱产业。乡镇企业约2998家(其中，内资企业2833家，外资企业165家)，个体5342家。2019年，实现工业总产值360.98亿元，同比增长4.7%；规模以上工业产值304.22亿元，同比增长3.45%；财政总收入8.4573亿元，同比增长0.37%。镇域综合实力位列全国科学发展百强镇前列。

经济发展 现代农业稳步发展，发展壮大新型职业农民队伍，新增晋江市级以上优秀农村实用人才5人，建成晋江农业领域首个院士工作站。建立农产品监测点5个，引进试验果蔬新品种30个，新增“一品一码”可追溯场户34个。推动梅峰、清透等新开垦复耕地块进行生产经营，新增耕作面积85.67公顷。胡萝卜全产业链产值首次突破4个亿，以东石为主产地的紫菜、胡萝卜先后获评国家农产品地理标志。34个村(社区)全部挂牌成立股份经济联合社。推进116项村集体经济发展项目，村集体经营性收入全部突破10万元，61.76%村居达20万元以上。伞具制造、纺织服装、五金汽配、食品加工等传统产业优势明显，全镇国家工程实验室1个、省级企业技术研发中心6个、工业设计中心2个；拥有国家级品牌6枚、中国驰名商标8枚、省著名商标14枚、省级名牌13枚、福建出口名牌14枚。商贸物流、文化创意、科技研发、金融服务等业态加速集聚，振东、鑫海湾商圈初具规模，木雕文化产业颇具潜力，艺达木雕获“2015—2017年度福建省林业产业化龙头企业”“福建省第八轮（2016—2020年）农业产业化省级重点龙头企业”称号；集成电路产业工业园落户东石镇。辖内旅游资源丰富，文物保护单位16处，其中国家级1处（南天禅寺）、省级4处（古檗山庄、东石古寨、白沙古战场遗址、玉记商行）、市级11处。

城镇建设　推进20个小城镇试点建设项目，累计投入22.82亿元。锦青北路、永埔路相继通车，泉厦漳城市联盟高速路、福厦高铁客运专线等一批省市级重点项目顺利推进；环湾大道、张清公路、金塔路等一批镇域交通项目加快实施，“五横四纵”的交通路网格局逐步构建。东石港海域开阔，水深无礁，可停泊5000吨货轮，是得天独厚的天然良港，被国家列为国家二类口岸，成为闽南金三角对外贸易起运点及台轮停泊点。

社会事业　完成382个乡村建设项目，培育潘山等6个晋江市级以上乡村振兴和人居环境整治提升典型示范村，社会事业全面发展，人民幸福感、安全感全面提升。开展“强基促稳”三年行动、“六守六无”平安创建工作，推行民警拎包驻村模式，整合成立东石巡逻中队，规范管理镇村巡逻队伍，推动东石镇警务服务中心、石佛山警务站有序运行，13个村（社区）获评平安单位。

实施21个校园建设项目，塔头刘中心幼儿园、金山中心幼儿园等一批新校园正式开办，廷都中心小学综合馆、南天小学教学楼等一批教育项目建成投用。侨声中学2019届高考本科上线率91.07%，全镇5所初中学校中考成绩“七率”持续稳居晋江前列。普惠性幼儿园覆盖率97.6%，全镇新增“全国足球特色幼儿园”2所，晋江市级以上示范性幼儿园3所，4所学校通过“福建省义务教育管理标准化”验收。

东石中心卫生院完成新院搬迁，挂牌“泉州市第一医院晋江东石分院”，与泉州第一医院、正骨医院等医院优质资源对接，常态化推进专家、院士坐诊，提升东石区域的医疗服务水平，辐射东石及周边地区近20万人口，最大限度满足群众就医需求，减轻群众看病负担。东石中心卫生院血液透析室投入使用，后勤保障楼奠基开工。与安海医院医共体建设稳步推进，常态化开展专家坐诊、异地商会义诊等活动。依托萧下村敬老院，打造晋江首个居民健康社区服务综合试点。减免农村二女户、计生特殊家庭和计生低保户基本养老保险977人，免费办理计生家庭意外险1829户，12个村居获评计生村民自治“六好”示范村。

2019年，东石镇举办“闽台东石灯俗”两岸同胞同数宫灯活动　（东石镇　供）

镇财政投入民生领域3898多万元，完成石结构危房改造607宗。办好8件为民实事和12件“民生微实事”，帮扶“四帮四扶”对象24户，暖心救助困难对象2552人，镇级敬老院正式投用，新增2个村级敬老院，建成31个村级居家养老服务站。

全镇34个村（社区）实现综合文化活动中心、文化活动室实现全覆盖，镇综合文化站被评为全国乡镇二级综合文化站。制订出台《东石镇基层公共文体服务体系建设专项资金（试行）》制度，全年投入公共文体服务体系建设专项资金75.191万元，扶持文体设施建设、文体社团活动、文化人才队伍建设、文化遗产保护等四大领域。文化氛围日益浓厚，打响“闽台东石灯俗”等民俗文化品牌，举办“闽台东石灯俗”、首届网络文化节等群众喜闻乐见的文化活动。“晋江型厝香龙习俗”入选泉州市第四批次非物质文化遗产项目；“龙江吟社闽南语吟唱”入选晋江市第五批非物质文化遗产项目。

（东石镇　颜丹霏　庄景煌）

【永和镇】　永和镇地处晋江市中南部，东临石狮市，南近深沪镇、金井镇，北临罗山街道，西接安海镇；新石东线、旧石东线、晋南快速通道、大深线、草马线、灵石线等数条市级主干公路纵横境内。全镇土地面积50平方千米，辖24个建制村，63个自然村，人口7.2万多人，旅居海外侨胞和港澳台同胞4万多人，是闽南著名侨乡之一。获评中国淘宝镇，被市政府评为电商镇，有8个中国淘宝村。

经济发展　科技创新加油充电，推动互联网、大数据、人工智能和实体经济深度融合，引导企业向智能制造、绿色制造、高端制造转型升级，实现厂房集约化、生产洁净化、废物资源化、能源低碳化发展，信泰科技获评国家级“绿色工厂”、2019年省级工业和信息化高成长培育企业、2019泉州市产业龙头企业，智铭鞋业、跃升机械、达亿经编入围2019年入库备案省级高新技术企业。落实民营经济健康发展26条措施、减税降费等惠企政策，减免企业税费3530万元。完成第四次全国经济普查，引导企业参加国内外优质展会15家次、申报科研项目6个，帮扶兑现政策资金218万元。支持中小企业技改提升、规模发展，引导办理农村集体土地入市9宗，促进项目落地。健全金融风险防控研判机制,常态化开展银企对接活动,帮扶破除融资难问题,处置逾期欠息104456万元。新兴产业集聚成势。发挥云裳小镇互联网经济产业园集聚效应,新增进驻企业16家,引进专业团队和人才,淘宝村增至12个,打造体系健全、配套完善的电商全产业链和淘宝村集群。做大做强现代物流业,推动佳尔仓卖布料辅料市场、三联烫画等一批新项目落地,电子商务、商贸物流、环保建材等新兴业态加速集聚。引进永固高档织物面料、益益化纤特种绗绣等重点项目,形成新的投资增量。

城镇建设 加大重点项目建设和招商引资力度,投资93656万元超额完成年度计划,高效推进32个重点项目,启动第一工业园区控规修编,完成43家退转非工艺石企业测绘工作,建立退出石材企业数据库,推动石材旧厂房"腾笼换鸟"及成片开发,老旧工业园区改造提升开篇破题。盘点存量储备土地30.62公顷,清理闲置土地3.3公顷,处置批而未供土地4.93公顷,成功移交多年未解的五里园村级安置地19.2公顷。加快高铁项目二期征迁,于6月27日提前完成房屋签约任务,居全市第一,并协助教育和卫计系统征收工作组于7月4日完成永和区域征迁房屋签约任务,多次受到上级批示肯定表扬。统筹推进泉厦漳城市联盟路、高铁项目一期、玉溪实验小学征迁扫尾任务。融入全市发展大局,基本完成镇总体规划修编和控制性总体规划编制,稳步推进"一心四区"建设,促进产业发展、城镇建设、土地利用、生态保护等规划有机衔接。完成学府路与学苑路周边环境综合整治一期工程,新建侨成足球公园;完成社马路英墩村红绿灯路口改造等一批道路提升项目,投入80万元整治交通事故隐患点89个,开通镇区第一条公交"微循环"路线;按时序完成9个村的农村生活污水处理工程,提升路网建设、供水供电、排洪排水等设施保障功能,增强城镇综合承载力。

生态环境 推进"城乡环境整治攻坚年"行动,推进"两高"及重要通道沿线环境整治、"三拆一清"、爱国卫生运动,植树造林80公顷,拆除"两违"10万平方米,拆除广告牌540宗,处理占道经营259宗,城乡"脏乱差"整治成效明显。加强升级环卫保洁"红黑榜",塘下村

2019年,永和镇上宅村微景观一角 (永和镇 供)

"垃圾不落地"和福田村"垃圾分类"试点成效初显。巩固流域整治成效。实施双河长制,运用"互联网+"智慧河流管理模式,清淤河道4.6千米,绿化河岸4千米、创建河道微景观3处,拆除溪边水库二级保护区内临时搭盖4万平方米、非法加工点50余处,梧垵溪英墩支流化学需氧量(COD)、氨氮、总磷监测数据全部达到V类水质标准,水流域整治工作成效明显。深化生态文明建设。落实各级环保督查反馈问题整改任务,推进第二次全国污染源普查。实施生态环境"五清"转型整治行动,专项整治"乱散

2019年,永和镇内厝村矿山迹地绿化 (永和镇 供)

污",依法取缔非法加工点200家,立案查处环境违法案件31件,处罚294.1万元。巩固石材退转和矿山综合治理成效,依法查处回潮企业3家次,清理矿渣37处、15.8万立方米,回填治理石窟3处、30万立方米,矿山迹地绿化5处、6.67公顷,推进8个石粉堆场生态修复。

乡村振兴 发展现代农业,发挥富华等农业龙头企业示范带动作用,引导农户发展规模经营,建成胡萝卜基地21个、100公顷,发展草莓采摘等休闲旅游农业。建设农产品质量安全追溯监管信息平台,加强食品和粮食安全监管,规范农业产品生产经营。成立益农信息社19个,培育新型职业农民27人、晋江市优秀农村实用人才2人。打造宜居乡村。深推美丽乡村建设,玉溪村入选省级乡村振兴试点村,玉湖、后埔、古厝入选晋江市农村人居环境整治示范村,投入16万元支持英墩、茂亭等4个老区村建设。新建改造公厕10座,建成微景观建设20个,推进锦岭公园、茂亭定山公园、巴厝休闲公园3个村级公园建设。全面推进"三治融合"治理,深化"人才反哺农村",开展医界乡贤反哺家乡卫健事业、"脱贫攻坚引领乡村振兴"专题讲座等系列人才反哺活动。促进农民增收。推进15个村农村地籍和房屋调查工作,完成2019年农业支持保护补贴信息录入5822户,补贴种植面积约1066.67公顷。24个村集体经济收入均达10万元以上,

2019年2月13日，举办永和镇山前火把节　　（永和镇　供）

其中17个村收入达20万元以上，总收入1002.51万元，累增671.89万元。

民生保障　致力教育强基，投入700万元支持教育事业发展，筹集玉溪实验小学、南峰中学、季延中学英墩校区等教育资金累计超1亿元，推进季延中学英墩校区等新建扩容提升，永和中心幼儿园通过“泉州市示范幼儿园”评估验收，永和中学、英墩中学获评省级“义务教育管理标准化学校”，在全市率先实现中学义务教育创建全覆盖。深耕“一校一品”建设，推动南峰中学“青少年法制教育基地”、邵厝小学民俗文化、集英小学军校和足球文化等特色校园文化。健全小学(幼儿园)校级干部绩效机制，搭建高端教育培训提升平台，加强“教、科、培”一体化建设，建立学科名师孵化工作室，推动全镇教育均衡提质发展。致力文化提质。新建新时代文明实践场所3个、文体场所4个，实现全镇村级文明促进会全覆盖，在巴厝、永和等村试点推行人文墙绘打造“书香永和”品牌。深挖文化资源，推进“戏曲进校园”“一村一品”，保护挖掘浙平国佛雕、明代杨诚斋墓、掷铙钹、比干精神等文化资源，打造永和古民居群“家+文化”园，文化内涵更加深入。承办中德友好城市夏令营在永和的文化交流活动，举办山前火把节、海峡两岸青年学子光明之城建筑文化体验营、摄影和老照片展览系列活动。完成15个镇级为民办实事项目、10个民生微实事项目。深化精准扶贫和“四帮四扶”，为低保户、特困人员、残疾人等发放保障资金733万元，投入43.4万元为223名新增达龄被征地人员办理养老保险。提升养老保障水平，村级居家养老服务站增至17个，促成伊护航家与镇级敬老院达成运营合作。完成危房翻建审批430宗、房屋安全隐患排查18551栋，处置重大危险房屋36宗。提升卫健服务，促成英墩华侨医院与厦门儿童医院达成医联体合作，建成晋江市名医工作站、永和镇人才反哺工程卫生健康服务基地，签约医界乡贤18人，累计开展坐诊25人次，在后埔村成立运营全镇首个市级居民健康社区服务综合试点卫生所。支持集成伞业公司镇级育婴室和永和中学、群滨小学、玉湖村等3个计生家庭青少年健康试点提优提质，新建永和中心幼儿园、群英幼儿园早教活动室。深化平安永和建设，投入300万元用于公共安全支出，完成镇综治协会改组换届，创新镇村治安巡逻队伍改革及民警背包住村模式，在全市首创晋江市安置帮教永和基地、永和电商行业人民调解委员会。开展高铁征迁、移风易俗、生态环保等领域扫黑除恶专项斗争，摸排上报线索5条，核查交办线索47条，打掉恶势力犯罪团伙4个，办理涉黑恶刑事案件10起。推进“消防安全综合整治年”和“防风险保平安迎大庆”火灾隐患整治年行动，完成智慧用电安装299家347台、电气线路套管铺设586家、“三合一”场所整治171家，排查整改安全隐患432处，查处交通违法行为10330起，刑事案件同比下降19.34%，社会保持安定稳定。

政府服务　开展“不忘初心、牢记使命”主题教育。完成生态环保领域扫黑除恶专项巡察、扫黑除恶专项斗争巡察问题整改37条，推进泉州市交叉巡察及永和镇所辖村巡察反馈问题整改并持续巩固整改成果。落实全面从严治党，履行意识形态工作责任制。贯彻中央八项规定，持之以恒纠正“四风”，整改官僚主义、形式主义。坚持依法行政，自觉接受镇人大及主席团的法律监督，落实上级、镇党委决策部署，办理人大建议37件，满意率、基本满意率100%。深化“马上就办”，深入开展效能监督，认真贯彻“基层减负年”要求，文风会风持续改进，工作效率明显提高，服务水平得到显著提升。

（永和镇　翁鸿翔　王振明）

【英林镇】　英林镇地处晋江市南部沿海，与金门隔海相望，面积29.8平方千米。全镇辖20个建制村，41个自然村，常住人口4.7万人，外来人员4.6万人，旅居海外乡亲和港、澳、台同胞约3万人，是晋江市的主要侨乡和港澳台同胞祖籍地，2009年被评为福建省商业重镇。2019年，英林镇落实“城乡环境整治攻坚年”“三大任务冲刺年”活动部署，推进“重塑商贸优势、创建泳装时尚小镇、营造人居环境特色‘三项工程’”，统筹做好稳增长、促改革、调结构、惠民生、防风险等工作，经济社会保持良好发展态势，全年完成规模以上产值301.4亿元，同比增长6.2%；固定资产投资13.4亿元，同比增长1.6%。综合实力位居全国千强镇第51位。

项目建设　开展“春季攻坚行动”，落实领导挂钩、定期会商、问题销号机制，完成市级问题销号6个，30个市级重点项目完成投资20.8亿元，占年度计划129.9%，灿炫、龙盛达等一批项目开工建设，逸锦化纤、奔浪体育等一批项目部分建成投产。列入市级“五个一批”项目7个，完成投资9.6亿元。实施工业技改项目25个，完成投资11亿元。开展招商引资，劲派经编、鸿英木板、再起纺织3个项目落户英林园区。落实减税降费政策，兑现惠企政策奖励补贴1066万元，减免税费约7000万元。化解企业融资难题，处置不良贷款8950万元。推动供应链金融在泳装行业落地，市泳装产

2019年,英林镇东埔村微景观一角 （英林镇 供）

业协会获农商银行20亿元授信。

企业创新 龙头企业发展趋稳、支撑有力，入选省、泉州市龙头企业各5家。劲霸男装成为首家签署联合国时尚产业气候行动宪章的中国品牌，柒牌邀请国际足坛明星C罗出任全新代言人，以中华美学引领时尚风向，推动男装产业加速向时尚化迈进。市泳装产业协会成立全市首个行业协会人才工作委员会，认定高层次人才57人，七彩狐获第二十九届华交会“创新奖”，新增省级高新技术企业2家。“电商换市”步伐加快，入选“中国淘宝镇”名单，新增淘宝村2个。

乡村振兴 推进美丽乡村建设，获评省级乡村振兴特色乡镇，东埔、嘉排、三欧、西埔4个村列入省级乡村振兴试点村，陈山村列入晋江市乡村振兴试点村。精准指导各村挖掘增收潜力，消除村集体经营性收入10万元以下村。农村集体产权制度改革工作走在全市前列，率先实现全镇20个村经联社登记发证、刻制公章。推行人居环境大整治竞赛评比活动，环境卫生考评综合成绩位列全市第3名，湖尾、沪厝垵、龙西、高湖、港塔、钞井、清内7个村列入晋江市农村人居环境整治示范村。启动生活垃圾分类，推进“裸房”整治，拆除“两违”1.98万平方米，完成一批绿化景观、村级公园、宣传墙绘等工程。开展两批“一村一景”暨英林心“环境生态年”活动微景观创建比赛，新增微景观40处，全镇微景观总数达155个，成为英林的一张“名片”。乡村善治案例做法入选民政部委托郑州大学开展的“美好社区治理经典案例”，全市开展乡村善治试验——推行基层协商机制现场推进会在英林镇召开，西埔村作为全省乡村治理体系暨乡风文明建设现场推进会参观点并入选“全国乡村治理示范村”名单，基层协商民主实践初步形成乡村善治“英林经验”。

城镇建设 完成镇区北部控制性规划编制报批，启动村级“两规合一”编制，城乡规划体系日趋完善。重点片区加快推进，泳装时尚小镇创建工作得到省里肯定，一批产业、基础设施项目加快推进。镇区商贸功能持续增强，英山壹号商住项目完成规划许可证办理，一流城镇配电网英林示范区正在前期施工，完成长存公园景观工程改造，镇综合文化站进入内外装修阶段。交通建设取得新进展，市域8号路港塔至西塔段铺设沥青路面，旧草马路马山段完成翻建工程，建成英塔西路、钞钞线道路，打通断头路3条，新增1条Z3微循环公交线路。加强城镇综合管理，增设一批停车位、电子警察、交通标志等设施，重点路段、重点区域占道经营、车辆乱停放等城镇顽疾得到有效治理。生态环境保护治理力度不断加强，实施清水、截污、绿化行动，石材行业整体退出，空气环境优良率达到96.8%，全年水质基本保持在Ⅴ类，新铺设污水管道50千米，埭边溪小流域末端水水质指数排名位居全市前列。

社会事业 办好10件为民办实事、8件民生微实事。巩固扶贫成效，落实“春风计划•四帮四扶”工程6户，加强低保户和特困人员动态管理，发放各类救助金34.8万元、救助62人次。新增2个村级居家养老服务站，养老设施和服务水平不断提升。开展房屋安全隐患排查整治行动，健全多层次住房保障机制，兜底保障体系功能有效发挥。教育资源规划布局进一步优化，停办嘉排中心小学，启动4所小规模小学撤并，筹建4所公办幼儿园，一批校园硬件设施完成改造提升。举办英林镇庆祝教师节“尊师

2019年,长存公园完成景观工程改造 （英林镇 供）

重教周”表彰活动暨“英林心”第四届奖教颁奖仪式，奖励教师712人，发放奖教金179.84万元。开展泉州市“乡村教育·名师课堂”活动8期、英林心大讲堂教育专场讲座6场次，新增省义务教育管理标准化学校1所。以英林中心小学为试点实行课后延时服务，建成柒牌“亲学堂”四点钟学校，完成中小学生免费健康体检8290人。英林中心卫生院与晋江市医院晋南分院达成建立紧密型医共体意向，定期邀请上级医院专家坐诊、服务群众1500多人次，建立“医养结合”试点4个，建成一体化卫生所2家。

社会管理　深化“平安英林”建设，开展扫黑除恶专项斗争，落实“强基促稳”三年行动，群众安全感明显提升。健全治安立体防控体系，英林派出所建成投用，镇级综治中心加快推进，基层治理社会化、智能化、专业化水平得到新提升。13个村获评“六守六无”平安创建星级平安村，星级平安村覆盖率65%。建立镇村两级“评理调解室”，化解基层矛盾纠纷12起。落实安全生产责任制，企业安全生产标准化和双重预防机制加快建设，完成整改重大隐患单位10处，48家完成企业风险分级管控工作。

政府效能建设　开展“不忘初心、牢记使命”主题教育，严格落实全面从严治党责任，履行意识形态工作责任制。做好泉州市委巡察英林镇反馈意见整改落实。健全依法决策机制，规范行政权力运行，依法履行政府职责。健全镇政府法律顾问体系建设，推进“一村一法律顾问”工作。贯彻“基层减负年”要求，改进会风文风。优化完善绩效考核体系，加大对重点工作、重大事项的绩效监测和督查推进力度。认真接受人大监督和社会舆论监督，8件建议、意见全部得到及时的受理和回复。完成夏秋季征兵工作，民兵预备役、双拥优抚等工作进一步加强。

（英林镇　陈铭钦　黄志向）

【金井镇】　金井镇位于晋江东南隅，地处福建东南沿海围头半岛，是祖国离大金门岛最近的地方。辖22个村（社区），陆域面积56.7平方千米，海岸线长26.5千米，全镇常住人口10.2万人，旅居海外侨胞、港澳台同胞10余万人，先后获全国特色小镇、全国重点镇、国家建制镇示范试点、全国宜居小镇示范镇等4项“国字号”称号，省级小城镇综合改革建设试点、“镇级小城市”培育试点、小城镇机构改革试点、全省首批特色小镇创建单位等4个省级示范试点。2019年，通过国家卫生乡镇考评验收，“四好农村路”成效接受交通运输部现场调研，被列为泉州市全镇域裸房整治试点，获评泉州市先进党组织、2019年度泉州市侨乡文化名镇，连续3年获评泉州市小城市培育试点建设优秀单位。全年完成规模以上工业产值325.9亿元，固定资产投资29亿元，财政收入7.03亿元。

经济发展　产业发展。福大晋江研究院等14个科研平台与大发、锐高等20家企业合作对接，15家重点企业投资4.3亿元实施技术改造。紧密对接20多家重大投资集团和投资方，促成宝能供应链创新产业园、斯凯奇区域总部等6个项目落地，总投资39.8亿元。中纺绿色纤维等大型项目达成初步意向。项目建设。28个市级重点项目完成投资34.82亿元，超额完成年度投资计划23个百分点，新竣工项目3个，完成问题销号2个。福大科教园启动区建成投用，首批本科生正式入学。项目二期仅用25天全面完成房屋征迁任务并启动建设，科技园A区建设有序推进。宏利服装全球运营总部中心开工建设，金龙华侨城、骏昇华庭等项目高效推进。企业帮扶。帮助39家次企业申报获得20项1671万元政策扶持资金，组织73家次企业参加培训、产品交易会。与市税务局签订共建协议，举办3场减税降费政策宣讲会，帮助企业减免税收1亿元以上。支持6家企业改扩建厂房4.9万平方米，化解不良贷款7691万元。

城镇建设　人居环境整治市级试点效应凸显，建成投用金井综合固废填埋场，环卫考评综合成绩跃居泉州前列、晋江第一。三坑村列为全市唯一的省级农村生活垃圾干湿分类试点村，启动有机垃圾处理站建设，构建生活垃圾“户分类、村收集、镇转运、市处理”体系。加宽加厚沿海防护林带，新增造林40公顷，建成3个村级公园。完成矿山生态修复总体规划编制，绿化矿山迹地1.47公顷，回填石窟2个。推进1个生态停车场、6条市政道路、9个村级污水处理设施、18个“厕所革命”项目建设。福大、毓英、职校等3座世中运比赛场馆基本完工。完成西环路路灯改造，东环路、经三路电力线路迁改工程。建成投用公共自行车一期交通系统，完成22个站点建设，投放400辆自行车，累计使用2.2万人次。完善规划编制，老镇区部分地块控制性详规完成公示，颐生园养老院项目控制性详规图则获批。拆除“两违”3.25万平方米，开工整治裸房294宗，修复市政设施362起，整改道路安全隐患点96处，整治占道经营等各类违规行为1863起。

乡村振兴　组织村（社区）主干赴浙江考察学习乡村振兴经验，指导围头、塘东、三坑、南江、福全、溜江等6个省级乡村振兴试点村制订实施方案，策划实施年度项目74个。支持各村（社区）申报美丽乡村验收项目278个。开展12个村“两规合一”编制工作，建设新型公厕18个，建成微景观17个。加强水利基础设施建设，开展防汛综合演练。推进村级溪流整治，完成5个村沟渠清淤。加强渔船管理，做好动物防疫及畜禽污染专项整治。围头村、三坑村分别获评全国一村一品示范村、福建省森林村庄，分别被列为省乡村治理、泉州乡村振兴现场会典型参观点。建立“一村一项目”台账，创新土地复垦复绿、集体土地入市、经营性项目入股等增收方式，滚动实施村集体经营性收入措施69项。基本完成农村土地确权登记颁证和产权制度改革，首宗集体建设用地入市交易。16个村成立股份经济联合社，15个村集体经济收入超过20万元。推进产业转型升级，培育17家市级科技示范农场，福大鲍鱼国家级良种场通过省级初审。建成1个新时代文明实践所和8个实践站，开展文明实践活动超百场。20个村（社区）完成综合性文化服务中心达标创建，金井家风旅游主题馆完善提升。开展移风易俗专项整治，慈善风尚持续浓厚，侨亲乡贤共同助力慈善事业，新增善款2000多万元，助推教育、养老、乡村振兴等项目加快建设。党员义工队、志愿服务组织活跃在基层一线，构建乡村文明的靓丽风景线。

社会事业　办好18件为民办实

事，办理发放各类救助、慰问、保障资金353万元。帮扶20户“四帮四扶”对象，推动9户24人脱贫解困，审批226宗个人石结构房屋翻建。毓英中学通过省一级达标高中校复评。双山中心小学、毓英中学初中部通过省义务教育管理标准化学校评估。在全市教育大会上金井镇学校和教师获24项表彰。推进乡村卫生一体化建设和医养康融合服务，丙洲、山头敬老院一体化卫生所建成投用，新增丙洲、洋下、山苏等3家居家养老服务站，创建2个社区康复站。举办第六届(闽台)乡村旅游文化节、金井特色小镇徒步定向挑战赛、鲍鱼文化节等群众文旅活动。围头村获评省级历史文化名村、省首批金牌旅游村。深化安全生产专项整治。推进扫黑除恶专项斗争，排查涉黑恶案件16起。“强基促稳”半年工作评议居全市第一，“三所一庭”调解机制入选泉州首批“强基促稳”典型案例，累计排查化解矛盾纠纷353起，调处成功率100%。开展乡村善治，22个村(社区)均建立民主协商机制，成功协商67条村级事务。全镇50%的村(社区)获评星级平安村(社区)，群众安全感位居全市前列。

政府效能建设 开展“不忘初心、牢记使命”主题教育，配合泉州巡察工作，细化制订144条整改措施，构建长效管理运行机制。严格落实基层减负，全年同比精简发文53%。建立健全督查反馈制度，编发《金井督察与反馈》12期，督查推进重点工作事项101项。接受人大和社会各界监督，人大代表建议办理满意率100%。深化“一村(社区)一法律顾问”工作，加大法律援助宣传力度，推进公共法律服务体系建设。抓好政务公开和政府信息公开，推进行政审批服务提质提速，窗口按时办结率100%。

(金井镇　柯丽娜　尹继雄)

【龙湖镇】 龙湖镇以湖得名，地处晋江东南沿海，辖区面积63.9平方千米，毗邻石狮市区，与英林、金井、深沪、永和四镇交界，是晋南重要的交通枢纽。全镇下辖42个建制村、84个自然村，2019年常住人口8.7万人，外来流动人口2.4万余人，海外华侨及港、澳、台同胞20.5万人，是闽南著名侨乡。全镇以

2019年，成立晋江首家镇级青年创新创业中心　(龙湖镇　供)

化纤纺织、服装拉链产业为主，获评“中国织造名镇”称号。

2019年，龙湖镇坚持稳中求进工作总基调，转型攻坚、加快跨越赶超，保持经济社会平稳健康发展。全年规模以上工业总产值完成396.33亿元，同比增长14.6%；固定资产投资完成17.74亿元，同比增长27.4%；财政收入完成7.52亿元，同比减少6.3%。

经济发展 全程跟踪服务项目建设，12个重点项目完成投资37.04亿元，完成年度计划的119.7%，百宏5期实现全面投产，6期、7期加速推进，宏伟服饰5亿元增资扩营项目一期基本建成；开展招商对接活动，引进一批大项目、好项目，“6·18”海峡项目成果交易会成功对接项目7个，促成华侨回乡投资项目8个；晋南地区唯一“全国百强房企”大唐地产“大唐府”项目住宅小区顺利开盘销售。优化融资环境，推进诚信体系建设，开展银企对接会5场，帮助化解风险企业5家，处置不良贷款1.6亿元，不良贷款存量远低于防控目标；盘活土地资源，清理批而未供和闲置土地9宗11.2公顷，老旧工业区改造提升开篇破题；集中攻克征迁扫尾问题，组织保障性施工5场，完成龙狮公路7个历史遗留积案的签约及拆除，石墨烯产业园区土地平整完成70%以上，时尚服饰织造园新增进场建设企业9家。落实提升营商环境“1+9”行动计划和细化69项任务措施，开展“访企送政策”活动4场，全年为企业减免税费2亿元以上；常态化召开政企座谈会，组织企业参加各类展洽活动36次；健全领导挂钩走访企业制度，累计走访企业348人次，协助企业完成用地报批20.4公顷，协调解决实际问题79条，帮助争取各类扶持资金9700万元。

产业升级 引导企业开展“产学研”合作，成立晋江首家镇级青年创新创业中心，建立东华大学晋江技术转移中心龙湖服务站等人才孵育基地，举办技术转移成果交流会等创新对接活动5场；百宏聚纤被认定为省级院士工作站，夜光达院士工作站挂牌成立，全年引进各级各类人才153人，新增申请专利4项，技术装备和自主研发能力不断提升。落实传统优势产业全链条全流程升级方案，产业链全球化布局加速推进，越南百宏聚酯工程顺利投产；伟泰、远大等5家企业技术改造稳步推进，恒盛动漫、仁豪科技等4家企业新增申报高新技术企业，高新技术企业产值占全镇规上工业产值比重达34.4%；百宏入选省级高成长培育企业名单，再度上榜中国民营企业制造业500强。夜光达反光材料工业园正式开园，科创板上市加快步伐；东溪田野风光兴起乡村旅游热，铭丰农业综合开发基地获评福建省家庭农场示范场；滨海体育观光再掀热潮，举办2019年世界沙滩排球巡回赛(晋江站)；生活性服务业和生产性服务业经营模式不

断创新，福华化工、来旺良品堂销售市场逐步扩大；全年限额以上批发销售额完成47.07亿元，同比增长22.9%，增幅高于第二产业，位居全市第二。

城镇建设　围绕“产城乡”融合，统筹全镇规划，推动城镇内涵式高质量发展。横九线龙湖段“白改黑”工程主路面全线贯通，龙狮公路龙湖段基本完工，靖海路路面修复工程全面完成，智造大道时尚园段、市域8号路有序推进，埭头、鲁东等农村道路完善提升；自来水管网改造工程加快实施，东厝路污水连接线工程竣工验收，龙玉、龙埔等25个农村污水管网项目完成建设，衙口、石厦等19个农村污水管网项目有序推进，20个村广电光纤免费升级和全镇主干道光纤布放全部完工。以落实“人居环境整治攻坚年”为抓手，出台《龙湖镇人居环境综合整治工作方案》，开展“两高”及重要通道沿线环境整治和占道经营、违规摆摊、违章停车整顿，组织统一行动46场次，拆除违规广告牌71处；落实森林资源“双增长”和森林防火责任，开展“全民绿化、植树造林”活动。创新城镇管理方式，推广数字城管运用，对接大数据管理中心，实现线上线下联动互通；推进道路交通、建筑工地、废弃矿山等专项治理，着手推进垃圾分类试点工作，充实更新校园周边道路交通安全标志，改造积水点5处，回填废弃矿山2处，核实整改卫片执法疑似图斑578宗，拆除“两违”建筑93宗，拆除面积39592平方米。

生态环保　配合第二轮中央生态环境督察，及时反馈交办信访件9件，落实完成信访销号7件；加强生态突出问题整改，完成后面溪周边村庄及9家企业污水纳管工作。打好污染防治攻坚战，办理环保案件13起，移交行政拘留2人次，移交刑事案件1起，处理环保信访件169起。启动第二批燃煤锅炉替代工作，拆除燃煤锅炉9台，完成清洁能源替代企业6家，开展“小散乱污”及非法加工点整治13处，石材行业退出成果有效巩固。实施流域治理“五个工程”，完善“河长制”联动机制，落实定期巡河制度，开展爱河护河行动，阳溪景观提升工程污水主管网全线贯通，东溪支流完成河道清淤3千米，鸳鸯溪河道完成整治700米，全镇4条流域水质逐步好转，东溪流域水质两次排名全市第一。对接泉州南部供水体系建立五级联动机制，落实“湖长制”一线攻坚，举办“守护母亲湖”系列活动，成立“晋金”警务室，增设警示牌30余块。全面清理龙湖湖面围网养殖，拆除2处围堰和11座便桥，实现龙湖一级保护区饮用水源地封闭管理，二级保护区范围内“两违”零增长，保障金门供水安全；瑚湖整治工程有序推进，湖区水质逐渐恢复。

乡村发展　围绕乡村振兴总目标，纵深推进乡村发展，鲁东成为省级财政奖补乡村振兴示范村，埭头被确定为省级乡村振兴试点村。推进“三治”融合，探索基层议事协商机制，规范老年协会等社团登记7个，龙园、南浔等5名村主干被认定为农村治理人才，162个村级建设项目有序推进，40个建制村公共服务场所完成规范化建设，基层服务社会化水平提升。推进“三拆一清”“一革命四行动”，34个公厕新建及改扩建项目全面完成；加快农村裸露房屋清理，完成房屋隐患排查22663座，完成农村危房改造430宗；实施“一村一景”工程，组织开展“微景观”营造大赛，完成“微景观”建设项目27个，“印象福林”获评泉州一等奖，“归乡”“有闲”“恩泽园”等7个作品获评晋江奖项。完成农村土地制度改革三项试点，新增湖北、仑上2宗集体土地入市。推进农村集体“三资”监管专项整治工作，核查村级集体资产资源180宗，收回村级账外资金108.92万元，收回村集体资源资产5处。健全村财纳统机制，村集体经济经营性收入全部达10万元以上，24个村突破20万元。开展基层公共文化服务体系建设，整合提升各村公共文体设施，42个村新时代文明实践站实现全挂牌，埭头、鲁东入选晋江示范站，福林获评第七批中国历史文化名村。开展文艺创作、惠民展演等活动21场，举办基层篮球赛、自行车、广场舞会演等活动36场，移风易俗、品鉴文化、体育锻炼成风。《龙湖侨史资料》基本完成编纂，侨界青年联合会加速筹备，全年侨捐资金1.12亿元。

社会民生　财政投入资金1.3亿元用于民生建设，占本级支出70%以上，推进12件为民办实事项目，22件民生微实事有力落实，退役军人服务站挂牌成立。残疾人服务、最低生活保障和特困人员救助供养等机制不断完善，18户“四帮四扶”对象得到重点帮扶，全镇纳入低保572户999人，覆盖率位居全市第一，纳入特困人员78户79人，集中供养人数位居全市第一；新增失地养老保险对象155人，组织6258名到晋江务工人员开展医疗互助活动，城乡居民养老保险、医疗保险缴费工作顺利完成。筹集教育资金5300万元，南侨中学通过省一级达标中学复评，尊道小学完成四方协议签订，正式成为泉州师范学院附属小学，衙口中心小学、尊道小学办学110周年成果汇报会顺利举办，光夏幼儿园新园区投入使用，恢斋幼儿园升格为公办幼儿园，累计新增公办幼儿园学位680个，远超全市平均水平。深化与树兰医疗等优质资源对接，组织专家义诊活动19场，市医院晋南分院后勤保障楼建成投用，全年门诊量41万人次，同比增长12.47%。深化乡村医疗一体化建设，成立2家晋南分院直属乡村卫生所，服务范围覆盖7个村。爱国卫生运动深入开展，登革热疫情有效防控。秀山、溪后等4个居家养老服务站完成建设，全镇65岁以上老年人享受免费健康体检。深化扫黑除恶专项斗争，落实“强基促稳”三年行动，推进“六守六无”平安创建，刑事发案同比下降27.7%，降幅位居全市第一。加强安全生产监管，安全生产技术顾问服务全面实施，“智慧消防”建设加快推进，新增配置微型消防车8辆。累计处理劳动争议68起，追回拖欠工资167.3万元，受理群众来访来信来电852件，反馈率100%，社会持续保持安定稳定。国防动员和“双拥”工作有序开展，年度征兵任务完成，获评泉州市2018年度先进征兵单位。

机关作风建设　开展“不忘初心、牢记使命”主题教育，落实全面从严治党，履行意识形态责任制和保密工作责任制，落实巡察反馈、审计反馈整改任务，执行中央八项规定精神，抓好“四风”整改。出台《龙湖镇便民服务中心服务规范管理办法(试行)》，重新梳理服务大厅的审批事项8个，完善办事服务信息58项，加强政务信息公开，公众微信号累计发布政务信息288篇。全年办理人大代表建议12件，答复代表率100%；受理市长专线97件，答复率100%。

(龙湖镇　施世强　林　楠)

【深沪镇】 深沪镇位于台湾海峡西岸东南沿海突出部,海岸线长18千米,山清水秀,风光旖旎,素有"峙海金狮"之美称。全镇辖12个村和7个社区,深沪镇域面积33.46平方千米,常住人口(含长期居住的外来人口)13万多人,是著名的侨乡和台胞祖籍地,旅外侨胞、港澳台同胞10万多人,是对台小额贸易试点及台轮停泊点。2019年,深沪镇全镇经济社会平稳健康发展。全年实现税收收入8.05亿元,完成规模以上工业产值378亿元,完成固定资产投资20亿元。跻身中国乡镇综合竞争力100强榜单,再获"中国内衣名镇"称号。

产业发展 内衣纺织企业稳步向先进制造业跃升。拉链产业、漂染产业技术改造覆盖面扩大,企业竞争力逐步提高。新增福田、龙兴隆、万兴隆、六源、精帛、旭麟等6家省级高新技术企业,浔兴公司获民营科技企业创新500强。浔兴、龙峰、浩沙、键升、龙兴隆等5家企业获得科技创新奖励。服装、水产、拉链、漂染等四大支柱产业产值分别完成239.55亿元、21.38亿元、28.71亿元、39.5亿元,同比分别增长12.81%、53.08%、7.62%、11.57%。完善项目攻坚机制,加快项目建设进度,31个市级重点项目完成投资23.1亿元,完成年度计划的121.31%。第二中心幼儿园、深沪中心幼儿园翡翠湾分园、深沪中心小学新校区、第二停车场、东海垵污水处理厂提标改造等项目建设步伐加快,华美针织服装生产项目二期、达利服装纺织二期等一批项目开工或投产,添越、达利、加维、永隆星级酒店等项目签约落地。开展企业政策宣讲"五个一"活动,引导企业用足用好各级惠企政策,帮助企业申报各级惠企资金超1200万元,落实减税降费超1.5亿元。完善党政领导挂钩联系企业机制,实现企业常态化服务全覆盖,协调解决企业用地用工难问题,累计获批农转用6宗,新增招引工人1000余人。全力协调企业信贷问题,防控化解企业金融风险。

社会事业 聚焦城乡一体,环境品质逐步改善。公交枢纽站建成投用,新增深沪至金井Z1公交线路,群众出行更加便捷。加快全镇污水管网建设进度,完成10个农村生活污水治理工程,深沪污水处理厂建成并投入试运行,全镇污水处理体系初步形成。海丝文化公园木栈道及北大门景观工程、疏港路立面改造二期工程基本完工,各村(社区)道路交通隐患点全部整改完成,交通安全系数进一步提升。抓好中央环保督察反馈问题整改,妥善处置反馈环保信访问题36件。加大湖漏溪排污管控和河道保洁力度,流域水质持续改善。福能晋南热电联产竣工并投入试运行,逐步实现开发区燃煤锅炉全替代,空气质量显著提升。推动落实"三拆一清""一革命四行动",完成11个公厕新改建工作。开展"全民动员、绿化晋江"活动,完成植树造林9.67公顷。完成东华等8个村"两规合一"编制工作。开展城乡环境整治,启动垃圾分类试点,实现环卫保洁"挂图作战"全覆盖,全镇环卫水平提档升级。开展深沪中心渔港环境卫生专项整治,有效提升中心渔港环卫水平。拆除"两违"面积超4300平方米,拆除搭盖面积超14800平方米,卫片图斑整改率达99.17%。推进农村集体产权制度改革工作,首峰、华峰等9个村(社区)挂牌成立股份经济联合社。完善村级财务管理制度和村(社区)集体资产管理办法,规范村集体资产管理,提高村集体收入。全镇19个村(社区)均实现村财收入超10万元,超20万元村(社区)占50%以上。投入新农村建设资金950万元,新改建公厕12座,新增华海、东山等一批乡村微景观。发放惠农补贴88.4万元,惠及农户3400多户。科任、华峰分别入选晋江市乡村振兴试点村和人居环境整治试点村,华海、运伙、东华等3个村入选省级乡村振兴试点村。

社会民生 坚持以人民为中心的工作理念,办好10件为民办实事项目,切实提高群众幸福感、获得感。实行党政领导挂钩帮扶机制,累计帮扶困难群众700多人次,发放低保金、补助金近300万元,完成26户困难家庭脱贫滚动。进一步扩大新农合、城乡居民保覆盖面,持续推进被征地人员养老保障提标扩面,累计办理新增人员194人,发放补助金41万元。成立镇村两级退役军人服务站,采集退役军人信息,悬挂光荣牌1006个。华峰、浔光村级敬老院建成投用,镇级敬老院入住率不断提高,医疗养老服务体系初步形成。举办首届晋江市特色小吃烹饪职业技能竞赛,深沪小吃美誉度不断提高。承办晋江市第五十七届中小学生田径运动会。首峰中学通过省"义务教育管理标准化学校"泉州市级评估验收,深沪中学中考、会考再创佳绩。120应急救助站投入运行,全镇卫健水平不断提高,惠及服务5000多人次。镇文化中心场所进一步整合提升,村级综合文化中心全部建成。成立镇级新时代文明实践所,打造后山、华海新时代文明实践示范站,推进新时代文明实践志愿服务活动规范化、常态化运作。庆祝中华人民共和国成立70周年系列活动异彩纷呈,寻味千年古镇——深沪徒步行等活动掀起全民健身热潮,群众文化获得感不断提升。移风易俗成果有效巩固,全面实现"殡事不过五",有效破除旧风陋习。后山社区吴奕澈获第七届"全国道德模范提名奖"。开展信访突出问题大排查、大化解专项行动,扎实推进"强基促稳""扫黑除恶"专项斗争和"六守六无"平安创建工作,加强信访维稳、矛盾纠纷化解、应急管理工作,调处矛盾纠纷295起,调解成功率99%,刑事案件发生数同比下降21.5%。获评2018年度五星级平安镇,东华、运伙等11个村(社区)被评为2018年度星级平安村(社区)。群众安全感、满意度双提升,上半年群众安全感居晋江市第1名。

机关效能建设 坚持把政府自身建设作为营造良好环境、增强发展保障的重要举措,将依法行政理念贯穿政府工作全过程。开展"不忘初心、牢记使命"主题教育,排查问题49条,制定整改措施84条,完成项目整改37项。做好泉州、晋江市委巡察整改工作,针对反馈的67个问题,制定整改措施158条,完善和建立制度19项,追回违规款项40多万元。听取各方建议,自觉接受人大监督,办结人大代表建议31件。严格贯彻中央八项规定精神,建立健全各项管理制度,加强财务规范管理,严控"三公"支出。切实落实基层减负,全年会议、发文数量分别压减16%、24%。

(深沪镇 林振贤 王晓闽)

【西滨镇】 西滨镇地处晋江东南部沿海平原,东靠军垦农场,南邻新塘街道与石狮市，西、北面接陈埭镇，是晋江中心市区规划控制区，又被列入泉州环湾发展规划区。全镇辖区面积2.1平方千米，下辖3个村（社区），分别是海滨社区、跃进村和思进村（三峡移民村），是全省最小的乡镇。2019年，本地人口1687人，外来人口10186人。先后获全国绿化造林百佳乡镇、省园林乡镇、省卫生镇、省级生态镇、省级安全社区、省级文明镇等称号，通过国家卫生镇技术评估。2019年，全镇完成规模以上工业产值108.56亿元，同比下降7.26%；限额以上批发零售业销售额105.11亿元，同比增长22.29%；固定资产投资5.18亿元，同比下降23.1%；财政总收入1.388亿元，同比下降38.75%。

经济建设　推进17个市镇重点项目建设，其中市级重点项目：西滨首个房地产项目——永隆江滨城，一期2.8万平方米于6月底开盘预售，二期4.8万平方米在建；宏泰机械公司完成投资5000万元，建成投产；森亿鞋材公司完成投资2000万元，1万平方米厂房封顶。推进产业链招商，先后引进宏海鞋材、星达鞋材、品尊鞋底等鞋产业企业，推动天航新材料、磐宇环保等新项目投建。开展零地招商，推进老旧工业区改造提升工作，抓好闲置厂房和闲置土地的招商工作，盘活闲置厂房8万平方米和闲置土地10.67公顷，落地企业12家。引导企业创新，鼓励传统企业提高数字化、智能化生产水平，实施宝昂（福建）鞋服有限公司年产50万双休闲鞋及泉州振兴纺织有限公司年增产高档面料1500吨项目；铭兴激光科技公司、石达塑胶精细有限公司、宏泰机械有限公司等3家企业获评“国家高新技术企业”，万人有效发明专利拥有量和专利加权指数全市第一。借助晋新路的有利区位发展物流业，推进象屿物流园区建设，引导安吉、远飞航、盛丰等物流入驻该园区，同时支持帮助红星物流园区、达发物流园区的进一步发展，在晋新路西滨段形成区域物流集聚区，发展现代生产性服务业。优化营商环境，落实重点企业、重点项目挂钩联系制度，开展“送政策、送管理、送服务、送信息”进企业活动，举办减税降费、企业融资等惠企讲座，全年共帮助企业落实政策性帮扶资金94.1万元，落实减税降费，企业少缴税费近2500万元。组织企业参加国内外各种展销，鼓励企业直营出口，引导、支持中小企业为品牌企业代工，帮助企业解决环评、项目落地、营业执照变更等手续报批问题25个，“亲”“清”新型政商关系进一步增强。全年新增市场主体170家，其中公司企业30家。

城镇建设　坚持“小而强、小而美”袖珍镇定位，组织实施21项人居环境整治项目，推进城乡统筹协调发展。投入40余万元用于完善全镇路网建设、维护等，晋新路军垦农场段历经多年建成通车；完成拥军路工业区路段改建的项目策划和关键前期工作，拟投资600万元，项目落地；改造拥军路危桥，完成晋新路中间隔离带建设及三个交通安全隐患整治，施划中心幼儿园周边停车位标志标线并设立指示牌。推进跃进村整村改造，全年新批5宗翻建手续，4宗在建。推进海滨社区裸房整治，共有6宗民房厂房改造建设。投入4.8万元完成思进村环村路绿化。投资1280余万元建设全镇生活污水管网（二期），完成设计图纸评审。投入15万元聘请专业疏通公司对海滨街雨水管道、海丰路污水管道和跃进村内沟渠进行清淤疏通，基本解决海滨社区积水问题，跃进村黑臭水沟得到初步治理。投入310万元进行小姐港思进村支流河道和金鸡沟、海丰路明沟的清淤整治，净化沟渠水质。投入122万元实施小姐港西侧整治及景观提升工程，基本完成路面平整。计划投入500万元建设镇中心公园，完成规划设计和手续报批前期工作。聘请专业保洁队负责全镇沟渠的水漂垃圾的打捞、清理工作，实现保洁工作从路面向水面的延伸。推进清洁能源替代，全镇燃煤（包括生物质）锅炉企业淘汰27家，淘汰率87.1%；整治取缔“散乱污”加工点2处，消除环境安全隐患。开展爱国卫生运动，以农村人居环境整治为主线，全面开展村庄清洁、灭“四害”行动12次。推进“厕所革命”，投资17万完成跃进村公厕建设并投入使用。每季度组织开展“家园清洁行动”，完善环卫保洁机制，落实每日巡查、巡到即改、每周督查、督到即罚的机制，全年因保洁不到位扣罚环卫保洁公司16.88万元，处罚3家乱倾倒建筑垃圾企业1.6万元，并形成案例开展警示宣传。加强绿化管养工作，按二级养护标准完成新一轮的管养承包，承包总额39.7万元，同比增长13%。加强镇容镇貌管理，严厉打击“两违”，加强农贸市场和户外广告及店面管理，加强建筑工地文明施工，取缔占道经营，设立2个便民服务点。国家卫生镇经省上报全国爱卫办命名。

社会事业　坚持民生优先理念，把教育、住房、医疗等群众反映的热点问题和群众的基本生活保障作为重点，完善公共服务体系，提升群众获得感。加强对低保户的动态管理，做到应保尽保、兜底保障；加大“救急难”和临时救助的帮扶力度，对因病因灾导致生活遇到突发性、临时性困难的对象

2019年9月29日，举行西滨镇老年人照料中心开业仪式　（西滨镇　供）

进行及时救助;社会特困人员、计生困难户、贫困残疾人、困难职工等158名对象得到暖心帮扶、爱心慰问,兑现帮扶资金超10万元;3户建档立卡贫困户脱贫销卡。投入10万元为600名户籍居民开展健康体检,投入1.73万元为433户户籍居民办理社会综治财产保险,投入6.5万元全额补助35名户籍儿童就读镇中心幼儿园,投入6.46万元为323名本地育妇购买女性安康保险。探索发展壮大村级集体经济的有效途径,引导各村(社区)策划增收项目,通过建设配套服务实体,开展物业租赁、发展楼宇经济等,助推乡村振兴,跃进村、海滨社区均实现村财经营性收入20万元以上,思进村达10万元以上。新推出一批公租房,完成25户公租房配租,配租率91.4%。投入教育经费430余万元,支持西滨中学建设学术报告厅,建设中心小学综合楼和智慧校园,支持中心幼儿园添置教学设备。推动医疗体制改革,西滨镇卫生院与陈埭中心卫生院建立紧密医共体关系,实行两个医疗卫生机构一套班子管理,整合医疗资源,提升服务水平。补助10.19万元,按时完成城乡居民基本医保参保缴费工作,参保率100%。100%完成城乡居民养老保险全民参保和养老保险待遇领取人员资格认证。镇居家养老照料中心作为晋江市级嵌入式养老机构建设试点,按照市场化经营模式进行试运营,养老床位50张。4项"民生微实事"项目通过验收,3个村(社区)共获得市级补助10.2万元。推进新时代文明实践站(所)建设,统筹组织开展镇村各类文明文化活动,举办第十五届男子篮球赛,"大美晋江 精品西滨"摄影比赛,庆祝中华人民共和国成立70周年文艺会演、书画摄影作品展等一系列文体活动。

社会管理 贯彻落实中共十九届四中全会精神,坚持依法治镇,创新社会管理,加强社会治理,提升治理能效。推进"强基促稳"三年行动,"六守六无"平安系列创建不断深化,思进村、跃进村、海滨社区分别获2018年度创建"六守六无"五星级、四星级、三星级平安村(社区)称号。禁毒工作取得一定成效,泉州市取消西滨镇禁毒通报警示;成立镇村"信访评理室",建立评理专家库,有效化解重大疑难信访问题,全年共接待群众来访来信18件69人次,初信初访事件均在规定期限内办结,办结率100%。扫黑除恶专项斗争深入开展,有效打击各种违法犯罪活动,未发现镇辖区内有黑恶势力、"村霸"等现象,全年发生刑事案件45起,同比下降4.3%,群众安全感进一步提升。坚持以网格化建设促进精细化管理,社会治理"一张网"实体化运作,重新调整网格化管理队伍,组建由村居党支部书记为格长、村(社区)两委为网格员的新一期网格化体系。推进治理体系和治理能力建设,健全自治、法治、德治相结合的乡村治理体系,推动公共法律服务体系建设。完善镇村公共法律顾问服务体系,每月5日、15日、25日定期在镇综治中心开展法律顾问轮值坐班制,在村(社区)设立法律援助窗口、在公共宣传栏张贴法律援助指南,全年律师顾问共参与调解案件5起,提供法律咨询22起,受理法律援助案件3起。移风易俗持续深化,村规民约作用有效发挥,文明乡风蔚然成风,全年开展各类移风易俗活动5场,村民简办喜事捐款35万元用于公益事业。开展"消防综合整治年""三合一"场所整治百日攻坚行动,成立8个行动小组,由8名镇领导任组长,带队深入企业、出租房、店面等,按照消防综合整治的要求,全面排查、严肃整治安全隐患,组织安全生产大检查41次,检查企业329场次,自行排查发现隐患119处,整改率100%,安装智慧用电172套、喷淋设施20套、电线套管82家、电动车集中充电场所20处,促进安全生产持续稳定。

基层组织建设 贯彻"守初心、担使命、找差距、抓落实"总要求,以深入开展"不忘初心、牢记使命"主题教育为抓手,推动全面从严治党向纵深发展。把读原著、学原文、悟原理贯穿始终,开展7个专题研讨,进行1次党员集中轮训,组织领导干部精心讲好党课12场,邀请专家辅导2次,观看短片视频7部,参观主题教育现场教学点2个,引导党员在深化学习教育中领悟初心、坚守初心。学习宣传贯彻习近平新时代中国特色社会主义思想,加强责任意识,加强舆论引导,管好阵地、把好导向,加强队伍建设,全面落实意识形态工作责任制,全镇意识形态领域保持平稳可控。全面完成40家非公企业的"两个覆盖"工作和"党建入章"任务,整顿半空壳化、空壳支部8个,整顿转化率100%,孵化党组织4个。同时,指导各基层党组织加强建设,创新服务载体,基层党组织整体功能得到提升。压实"两个责任",全力抓好村级巡察反馈问题整改,集中整治官僚主义、形式主义问题,作风建设取得实效。

机关效能建设 落实镇党委决策部署,接受镇人大代表和各界人士的监督,办复代表建议8件,满意率、基本满意率100%。执行中央八项规定精神,落实党风廉政建设责任制和"一岗双责"制度,开展镇机关部门负责人"廉政大家谈"活动,做好廉政风险防控,加强土地使用权出让、建设工程招投标、政府采购、资金使用等关键环节的反腐倡廉。全年共167项重要工作、重大事项提交党委扩大会研究决定。持之以恒反对"四风",加强绩效管理、行政问责,机关作风和行政效能进一步改善。坚持"不叫不到、随叫随到、服务周到、说到做到",健全"马上就办、办就办好"机制,推进政务服务中心规范化建设,完善镇级微信公共服务平台,有效方便群众办事。

(西滨镇 黄巧巧 林丹红)

【国营晋江市良种繁殖场】 晋江市良种繁殖场辖区总面积1.2平方千米,常住人口374人。2019年,晋江市良种场紧扣建设国际化创新型品质城市的新晋江主题,立足辖区工作实际,努力克服各种困难,大胆创新工作方法,推动经济健康稳步发展。全场实现规模以上企业总产值14.31亿元,完成固定资产投资1.1亿元。

企业发展 瑞盛服装有限公司、三丰金属加工有限公司、敦煌鞋服、锋鑫公司等项目建成,卡尔美运动服饰公司入驻,闽狮服饰有限公司规范建设,优兰发集团、佩克鞋业等一批企业办理相关报批手续。

基础建设 完成场农村生活污水管道二期工程验收,工程结算521.86万元,污水纳管443户,纳管率100%,实现辖区内污水收集纳管集中排放。协助新塘街道完成河长制各项工作。2018年7月正式与新塘街道优化工作运行机制后,与新塘街道沟通协调,健全完善各项工作机制，配合新塘街道完善污水管道工程施工收尾、入河排污口巡查整治、环卫保洁工作和污染源排查整治工作。全年未发现新增污染源或者污染源回潮现象。进行梧垵溪河道良种场段左岸绿化建设，助推美丽新塘新建设。融入参与新塘各项工作建设。按照街道党工委的安排部署，投入新分管的工作角色，同时主动争取、全力配合，主要领导主导落实新塘街道商会、青创会和车协的换届工作，分管领导完成高铁征迁、航空物流港、福兴路安置房、梧林等各项大型项目建设任务。

平安创建　推进安全生产网格化管理，构建安全生产齐抓共管、上下联动的工作格局。场安全生产工作组每天进驻企业进行安全生产检查，宣传安全生产知识，及时发现整治处理安全生产存在问题。组织参加消防安全演练3场，安全生产法律法规培训1场，企业业主和安全员150多人次参加，分发1150份安全生产宣传材料。协助新塘街道安办排查“三合一”场所11家，完成整改11家，其中停电查封2家并进行行政处罚，全年未发生一起重特大安全事故。

社会保障　抓好新农保参保工作，辖区居民新农保缴费率95%；抓好低保动态管理，继续为3户低保户、4名残疾人办理生活保障；开展“四帮四扶”活动，走访慰问困难家庭、退休干部职工、退伍军人等对象，发放慰问金3.6万余元。受理劳资纠纷7起，涉及人数11人、劳资金额约5万元，劳资纠纷数量较2018年同期大幅下降。组织74名退休人员参加健康体检，开展春节、重阳等节日慰问，配套完善老年人门球场健身器材和休闲石椅等基础设施建设。

组织建设　开展“两学一做”专题学习讨论活动3次，开展主题党日活动12次，开展谈心谈话累计16人次、干部职工集中学习共计12次，全体党员干部参与并做好学习笔记和心得体会的撰写记录；开展“不忘初心、牢记使命”主题教育活动，制订细化工作计划，查摆支部和个人存在问题并制定详细的整改措施并确保按时落实到位，开展机关党支部专题组织生活会1次、领导上专题党课3次。开展党风廉政教育活动共计12次、领导上廉政党课1次，组织参观泉州市党内政治生活体验馆和市档案文献展，张贴通报典型案例，增强机关干部职工拒腐防变的能力。压实党风廉政建设“两个责任”，制定年度党风廉政建设和反腐败工作计划，排查单位岗位和个人廉政风险，签订党风廉政目标责任书14份，召开党风廉政建设工作会议2次，其中1次党风廉政建设专题部署会。加强“一岗双责”制度，坚持“三重一大”制度原则，对涉及人事、大额资金使用等问题，及时向上级纪检监察部门汇报请示，并进行集体研究解决。

（晋江市良种繁殖场　许施恩　陈金德）

2019年6月11日，市良种场组织开展企业安全生产管理员消防演练　（晋江市良种繁殖场　供）

先进集体

【省部级表彰的先进单位】

表2　2019年晋江市获省部级表彰的先进单位名表

获奖单位	奖励名称	颁奖单位
晋江市	中国快递示范城市	国家邮政局
晋江市卫生健康局	全国艾滋病综合防治示范区	国务院
晋江市公安局刑侦大队	人民满意的公务员集体	中共中央组织部 中共中央宣传部
共青团晋江市委 (晋江市青年联合会)	地方青联组织社团基础试点(全国)	共青团中央 中共中央统战部 全国青联
晋江市公安局 灵源派出所	公安机关2017—2018年度 全国青年文明号	共青团中央 公安部
晋江市人民检察院公诉部	2017—2018年度全国青年文明号	共青团中央
晋江市公安局刑侦大队	集体一等功	公安部
晋江市档案馆	全国档案系统先进集体	人力资源与社会保障部 国家档案局
金井镇围头村	第五批中国传统村落	住房和城乡建设部 文化和旅游部 国家文物局 财政部 自然资源部 农业农村部
晋江市环境保护行政执法大队	2018年环境执法大练兵表现突出集体	生态环境部
金井镇围头村	第九批全国“一村一品”示范村	农业农村部

续表

获奖单位	奖励名称	颁奖单位
晋江市园绿园农林专业合作社	国家农民合作社示范社	农业农村部
英林镇西埔村	全国乡村治理示范村	中央农村工作领导小组办公室 农业农村部 中共中央宣传部 民政部 司法部
新塘街道梧林社区	2018年度全国综合减灾示范社区	国家减灾委员会 应急管理部 中国气象局 中国地震局
龙湖镇福林村	中国历史文化名村	住房和城乡建设部 国家文物局
晋江市人民政府	全国儿童青少年近视防控试点县	教育部
晋江疾控中心	全国农村饮用水卫生监测十年成绩突出集体	中国疾控中心
晋江市总工会	2018年度市级工会财务工作先进单位	中华全国总工会
福建晋工机械有限公司总部装车间	全国工人先锋号	中华全国总工会
安踏(中国)有限公司鞋业第三事业部	全国巾帼文明岗	全国妇联
晋江市公安局指挥中心	全国巾帼文明岗	全国妇联
晋江市审计局	2019年度全国审计通联工作先进集体	审计署
晋江市公安局治安管理大队	全国维护妇女儿童权益先进集体	全国妇联
晋江市五店市传统街区	第七批“中国华侨国际文化交流基地”	中国侨联
金井镇围头村青少年社会教育活动中心	第三批全国关心下一代党史国史教育基地	中国关心下一代工作委员会
晋江市特殊教育学校	全国助残先进集体	国务院残工委
金井镇围头村	第六批省级历史文化名村	福建省人民政府

【地厅级表彰的先进单位】

2019年晋江市获地厅级表彰的先进单位名表

表3

获奖单位	奖励名称	颁奖单位
晋江市	教育强县(市、区)	福建省人民政府教育督导委员会
晋江市	在省政府教育督导委组织开展的2018年度对县级人民政府教育工作督导评估中获评“优秀”等次	福建省人民政府教育督导委员会
晋江市	在省政府教育督导委组织开展的2018年度对县级党政主要领导干部抓教育工作督导考核中获评“优秀”等次	福建省人民政府教育督导委员会

续表

获奖单位	奖励名称	颁奖单位
晋江市	“项目攻坚2018”综合优秀集体	中共泉州市委 泉州市人民政府
晋江市	“项目攻坚2018”“两高整治、两违治理百日拆违”优秀集体	中共泉州市委 泉州市人民政府
晋江市	“项目攻坚2018”土地例行督察整改优秀集体	中共泉州市委 泉州市人民政府
晋江市	2019年“春季攻坚行动”招商季行动优秀集体	中共泉州市委 泉州市人民政府
晋江市	泉州市平安建设(综治工作)优秀县(市、区)	中共泉州市委 泉州市人民政府
晋江市人民政府	福建省“七五”普法中期先进县(市、区)	中共福建省委全面依法治省委员会办公室 福建省司法厅
晋江市人民政府	县级人民政府完成年度安全生产目标责任制优秀单位	泉州市人民政府
晋江市磁灶中心卫生院	2019年度全国优质服务基层行	国家卫生健康委 基层卫生健康司
晋江市公安局经侦大队	打击银行卡犯罪成绩突出单位	公安部经侦局
晋江市公安局网安大队	涉军维稳工作表现突出单位	公安部网安局
中共晋江市委统战部	2019年度全省统战信息工作先进单位	中共福建省委统战部
中共晋江市委宣传部	2018年度全省宣传文化系统调研和部刊工作先进单位	中共福建省委宣传部
晋江市委老干部局	2018年信息工作突出单位	中共福建省委老干部局
晋江市委老干部局	2018年宣传工作突出单位	中共福建省委老干部局
晋江市地震办	2019年度全省市县防震减灾工作综合考核先进单位	福建省地震局
晋江市地震办	2019年度全省市县防震减灾地震科普宣传工作先进单位	福建省地震局
中共晋江市委党校	2017—2018年省级节约型公共机构示范单位	福建省机关事务管理局 福建省工业和信息化厅 福建省财政厅
池店镇清濛村	福建省“老年人健身康乐家园”	福建省体育局 中共福建省委文明办 福建省卫生健康委员会 福建省民政厅 福建省老年人体育协会
晋江市教育局工会委员会	福建省模范职工之家	福建省总工会
福建柒牌时装科技股份有限公司工会委员会	福建省模范职工之家	福建省总工会
福建省晋江福源食品有限公司工会委员会	福建省模范职工之家	福建省总工会
福建省雨丝梦洋伞实业有限公司工会委员会	福建省模范职工之家	福建省总工会

续表

获奖单位	奖励名称	颁奖单位
泉州市烟草公司晋江分公司青阳专卖所（客服部）工会小组	福建省模范职工小家	福建省总工会
泉州寰球鞋服有限公司帮面车间第10生产小组工会小组	福建省模范职工小家	福建省总工会
福建七匹狼集团有限公司生产三厂缝制车间创新组工会小组	福建省模范职工小家	福建省总工会
三六一度（中国）有限公司五里厂区分工会	福建省模范职工小家	福建省总工会
福建百宏聚纤科技实业有限公司	福建省五一劳动奖状	福建省总工会
晋江市财政局 晋江市人民政府财政投资项目评审中心	福建省五一先锋号	福建省总工会
福建晋江天然气发电有限公司专职消防队	福建省工人先锋号	福建省总工会
晋江五店市传统街区运营有限公司联合基层工会	福建省工人先锋号	福建省总工会
福建恒安集团有限公司提案改善委员会	福建省工人先锋号	福建省总工会
爱尚（中国）有限公司	2018年福建省“安康杯”先进单位	福建省总工会 福建省应急管理厅
福建佶龙机械科技股份有限公司	2018年福建省“安康杯”先进单位	福建省总工会 福建省应急管理厅
福建省锦辉环境科技有限公司	2018年福建省“安康杯”先进单位	福建省总工会 福建省应急管理厅
晋江万兴隆染织实业有限公司	2018年福建省“安康杯”先进单位	福建省总工会 福建省应急管理厅
福建晋江天然气发电有限公司	2018年福建省“安康杯”先进单位	福建省总工会 福建省应急管理厅
国网福建省电力有限公司晋江市供电公司配网带电作业班	2018年福建省“安康杯”先进单位	福建省总工会 福建省应急管理厅
晋江新奥燃气有限公司设备维护抢修队	2018年福建省“安康杯”先进单位	福建省总工会 福建省应急管理厅
梅岭街道总工会	全省工会系统先进集体	福建省人力资源和社会保障厅 福建省总工会
晋江市城市管理局	全省住房和城乡建设系统先进集体	福建省人力资源和社会保障厅 福建省住房和城乡建设厅
晋江市民政局	全省民政系统先进集体	福建省人力资源和社会保障厅 福建省民政厅
池店镇霞福村幸福院	福建省五星级养老服务设施	福建省民政厅

续表

获奖单位	奖励名称	颁奖单位
东石镇潘山村民委员会	2019年度福建省乡村旅游村	福建省文化和旅游厅
晋江市公安局公关室	集体二等功	福建省公安厅
晋江市公安局交警大队车管所	集体二等功	福建省公安厅
晋江市公安局	2018年度全省公安机关执法质量优秀单位	福建省公安厅
晋江市公安局指挥中心	新中国成立70周年大庆安保维稳工作成绩突出集体	福建省公安厅
晋江市人民检察院非公经济发展法治教育基地	福建省首批省级法治文化建设示范基地	福建省司法厅
金井镇围头村	福建省首批金牌旅游村	福建省文化和旅游厅 福建省住房和城乡建设厅
金井镇围头村	2019年度省级“一村一品”示范村	福建省农业农村厅
福建晋江经济开发区管理委员会	福建省商务系统先进单位	福建省商务厅
晋江市创新创业创造园	晋江留学人员创业园	福建省人社厅
晋江市环境保护行政执法大队	2017—2018年度“清水蓝天”环保专项执法行动表现突出集体	福建省生态环境厅 福建省公安厅
晋江市司法局	福建省“七五”普法中期先进集体	中共福建省委全面依法治省委员会办公室 福建省司法厅
晋江市人民调解中心	2016—2018年度福建省人民调解先进集体	福建省司法厅
晋江市卫生健康局	省级慢性病非传染性疾病综合防控示范区	福建省卫生健康委
晋江市商务局	全省商务系统先进集体	福建省人力资源和社会保障厅 福建省商务厅
海峡青年创客坊	福建省众创空间	福建省科学技术厅
晋江五店市传统街区	福建省级示范商圈	福建省商务厅 福建省财政厅
晋江市紫帽镇中心小学	福建省“义务教育管理标准化学校”	福建省教育厅
共青团晋江市委	全省共青团系统先进工作集体	福建省人力资源和社会保障厅 共青团福建省委
共青团劲霸男装股份有限公司委员会	2018年度“福建省五四红旗团委”	共青团福建省委
共青团晋江市东石镇萧下村支部委员会	2018年度“福建省五四红旗团支部”	共青团福建省委
共青团晋江市人民法院总支	2018年度“福建省五四红旗团支部”	共青团福建省委
共青团晋江市人民法院总支	福建省五四红旗团总支	共青团福建省委

续表

获奖单位	奖励名称	颁奖单位
晋江市人民检察院未成年人检察部	2019年福建省“巾帼文明岗”	福建省妇联
金井镇围头村青少年社会教育活动中心	第二批全省关心下一代传承红色基因教育基地	福建省关工委
梅岭街道侨联	省级“侨胞之家”	福建省归国华侨联合会
民进晋江市总支部委员会	民进全省先进基层组织	民进福建省委
晋江市人大常委会人事代表委员会	全省人大系统先进集体	福建省人大常委会
晋江市人民法院陈埭人民法庭	全省优秀法庭	福建省高级人民法院
晋江市人民法院陈埭人民法庭	集体二等功	福建省高级人民法院
晋江市人民检察院办公室	信息工作先进单位	福建省人民检察院
晋江市人民检察院	第二批全国未成年人检察工作创新实践基地	最高人民检察院第九检察厅
福建晋江天然气发电有限公司	2018年度福建省电力行业安全生产工作先进单位	国家能源局福建监管办公室
英林镇	2019年省级乡村振兴特色镇	中共福建省委实施乡村振兴战略领导小组
英林镇嘉排村	2019年省级乡村振兴试点村	中共福建省委实施乡村振兴战略领导小组
英林镇东埔村	2019年省级乡村振兴试点村	中共福建省委实施乡村振兴战略领导小组
英林镇三欧村	2019年省级乡村振兴试点村	中共福建省委实施乡村振兴战略领导小组
英林镇西埔村	2019年省级乡村振兴试点村	中共福建省委实施乡村振兴战略领导小组
晋江市东石镇武装部	基层征兵工作先进单位	福建省征兵领导小组
晋江市计生协会	全省计划生育协会县级先进单位	福建省人口和计划生育领导小组
紫帽镇园坂村	2018年福建省森林村庄	福建省绿化委员会 福建省林业局
晋江经济开发区五里工业园区“新晋江人”服务中心	2019-2020年省级青年文明号	福建省创建青年文明号活动组委会
晋江市紫帽山景区	省级旅游度假区	福建省旅游资源规划开发质量等级评定委员会
梅岭街道梅青社区	2019年度福建省消防安全示范社区	福建省消防工作联席会办公室
梅岭街道梅庭社区	2019年度福建省消防安全示范社区	福建省消防工作联席会办公室

续表

获奖单位	奖励名称	颁奖单位
梅岭街道晋阳社区	2019年度福建省消防安全示范社区	福建省消防工作联席会办公室
新塘街道杏坂社区	2019年度福建省消防安全示范社区	福建省消防工作联席会办公室
新塘街道后库社区	2019年度福建省消防安全示范社区	福建省消防工作联席会办公室
晋江市掌中木偶艺术保护传承中心	第四届海艺节筹办工作先进集体名单（全域联动项目先进集体）	中共泉州市委 泉州市人民政府
共青团晋江市委(晋江青年志愿者协会)	泉州市“项目攻坚2018”活动优秀集体	中共泉州市委 泉州市人民政府
中共晋江市委宣传部	深化全国文明城市创建•创建工作先进集体	中共泉州市委 泉州市人民政府
晋江市池店镇人民政府	深化全国文明城市创建•创建工作先进集体	中共泉州市委 泉州市人民政府
共青团晋江市委(晋江青年志愿者协会)	深化全国文明城市创建•志愿服务工作先进集体	中共泉州市委 泉州市人民政府
中共晋江市委政法委员会（晋江市平安志愿服务队）	深化全国文明城市创建•志愿服务工作先进集体	中共泉州市委 泉州市人民政府
晋江市校外未成年人心理健康辅导站（南山站）	深化全国文明城市创建•未成年人思想道德建设工作先进集体	中共泉州市委 泉州市人民政府
中共晋江市池店镇霞福村支部委员会	先进党组织	中共泉州市委
中共晋江市残疾人联合会支部委员会	先进党组织	中共泉州市委
中共晋江市公安局机关委员会	先进党组织	中共泉州市委
中共晋江市金井镇委员会	先进党组织	中共泉州市委
中共晋江市龙湖镇鲁东村支部委员会	先进党组织	中共泉州市委
中共晋江市委新塘街道工作委员会	先进党组织	中共泉州市委
中共晋江市紫帽镇园坂村支部委员会	先进党组织	中共泉州市委
中共晋江市委宣传部支部委员会	先进党组织	中共泉州市委

先进个人

【省部级表彰的先进个人】

2019年晋江市获得省部级表彰的先进个人名表

表4

姓名	籍贯	工作单位	奖励名称	奖励单位
吴金营	晋江金井	泉州职业技术大学	全国模范退役军人	中央退役军人事务工作领导小组办公室 中共中央组织部 人力资源和社会保障部 退役军人事务部 中央军委政治工作部

续表

姓名	籍贯	工作单位	奖励名称	奖励单位
吴奕澈	晋江深沪	深沪镇后山社区居委会	全国道德模范提名奖	中共中央宣传部 中央文明办 中华全国总工会 共青团中央 全国妇联 中央军委政治工作部
曾喜玲(女)	江西石城	晋江市首峰中学	全国优秀教师	教育部
施文生	晋江龙湖	晋江市公安局	个人一等功	公安部
李新发	南　安	泉州市晋江生态环境局	长江入河排污口现场排查工作(第二批)表现突出人员	生态环境部
陈清松	漳州龙海	泉州市晋江生态环境局	长江入河排污口现场排查工作(第三批)表现突出人员	生态环境部

【地厅级表彰的先进个人】

2019年晋江市获地厅级表彰的先进个人名表

表5

姓名	籍贯	工作单位	奖励名称	奖励单位
林昇华(女)	晋江深沪	晋江市自然资源局	土地利用和管理形势观测分析工作成效突出个人	国家自然资源总督察办公室
蔡达因(女)	石　狮	晋江市审计局	2019年度全国审计通联工作先进个人	审计署 中国时代经济出版社
林泽峰	晋江内坑	中共晋江市委统战部	优秀信息工作者	中共福建省委统战部
蔡彩虹(女)	晋江东石	晋江市青少年宫	音乐情景剧《晋江赶上好时光》优秀编导奖	中共福建省委组织部 中共福建省委老干部局 中共福建省委离退休干部工作委员会
洪水平	晋江金井	金井镇围头村委会	首届福建省"国防人物"	中共福建省委宣传部 福建省双拥共建工作领导小组办室 福建省军区政治工作局
苏威镇	德　化	泉州市晋江生态环境局	2017—2018年度"清水蓝天"环保专项执法行动表现突出个人	福建省生态环境厅 福建省公安厅
林良德	晋江陈埭	泉州市晋江生态环境局	2017—2018年度"清水蓝天"环保专项执法行动表现突出个人	福建省生态环境厅 福建省公安厅
蔡文波	晋江东石	泉州市晋江生态环境局	2018年全省生态环境系统信息工作先进个人	福建省生态环境厅
林章艺	晋江青阳	晋江市公安局	平台之星	公安部刑事侦查局
庄雅雅(女)	晋江龙湖	晋江市公安局	涉军维稳工作表现突出个人	公安部网安局
林开鑫	莆田荔城	晋江市公安局	"净网2019"先进个人	公安部网安局
吴天补	晋江英林	晋江市公安局	新中国成立70周年大庆安保维稳工作成绩突出个人	福建省公安厅

续表

姓名	籍贯	工作单位	奖励名称	奖励单位
李雪云(女)	山东广饶	晋江市公安局	新中国成立70周年大庆安保维稳工作成绩突出个人	福建省公安厅
周剑华	晋江金井	晋江市公安局	新中国成立70周年大庆安保维稳工作成绩突出集体	福建省公安厅
吴迎春	晋江磁灶	晋江市公安局	全省公安机关70周年大庆安保维稳工作成绩突出个人	福建省公安厅
庄松树	德　化	晋江市公安局	全省公安机关70周年大庆安保维稳工作成绩突出个人	福建省公安厅
柯伟杰	安　溪	晋江市公安局	全省公安机关70周年大庆安保维稳工作成绩突出个人	福建省公安厅
杨添福	晋江东石	晋江市公安局	个人二等功	福建省公安厅
尤志贤	晋江内坑	晋江市公安局	个人二等功	福建省公安厅
颜清祥	晋江东石	晋江市公安局	个人二等功	福建省公安厅
苏　琪	泉州鲤城	晋江市公安局	个人二等功	福建省公安厅
林开鑫	莆田荔城	晋江市公安局	个人二等功	福建省公安厅
唐高奇	湖南永州	晋江市公安局	个人二等功	福建省公安厅
赖礼焕	德　化	晋江市公安局	个人二等功	福建省公安厅
吴跃锋	泉州洛江	晋江市公安局	个人三等功	福建省公安厅
颜远朗	晋江安海	晋江市公安局	个人三等功	福建省公安厅
张　鹏	吉林吉林	晋江市公安局	个人三等功	福建省公安厅
蔡鸿群	晋江东石	晋江市公安局	对“三非”外国人专项治理工作成绩突出个人	福建省公安厅
李　臻	青海平安	晋江市公安局	对“三非”外国人专项治理工作成绩突出个人	福建省公安厅
赖城贤	三　明	泉州职业技术大学	福建省职业院校技能大赛优秀工作者	福建省教育厅 福建省人力资源和社会保障厅 福建省财政厅等
赖景湖	漳　州	泉州职业技术大学	福建省职业院校技能大赛优秀工作者	福建省教育厅 福建省人力资源和社会保障厅 福建省财政厅等
许泽润	晋江龙湖	晋江市总工会	全省工会系统先进工作者	福建省人力资源和社会保障厅 福建省总工会
黄田新	晋江东石	晋江市安全生产监督管理局	2018年度福建省“安康杯”竞赛优秀先进个人	福建省总工会 福建省应急管理厅
傅贵华(女)	龙岩连城	福建省麦都食品发展有限公司	2019年福建省五一劳动奖章	福建省总工会

续表

姓名	籍贯	工作单位	奖励名称	奖励单位
李　苏	泉州鲤城	安踏(中国)有限公司	2019年福建省五一劳动奖章	福建省总工会
柯天启	晋江英林	晋江市英林镇政府	2019年福建省五一劳动奖章	福建省总工会
罗明芳(女)	三明尤溪	晋江市人民检察院	2019年福建省五一劳动奖章	福建省总工会
洪新民	晋江龙湖	晋江人民法院	全面停止军队有偿服务工作提供司法保障表现突出个人	福建省高级人民法院
林翠霞(女)	泉州洛江	晋江市人民检察院	2018年全省检察新媒体建设60强先进工作者	福建省人民检察院
谢丽明(女)	泉州洛江	晋江市人民检察院	信息工作先进个人	福建省人民检察院
许金升	晋江永和	信泰(福建)科技有限公司	第十五届福建青年五四奖章	共青团福建省委 福建省青年联合会
蔡少林	晋江永和	共青团晋江市委	2018年度"福建省优秀共青团干部"	共青团福建省委
陈移宣	晋江罗山	晋江市三力机车有限公司	2018年度"福建省优秀共青团员"	共青团福建省委
蔡宜航	晋江梅岭	国网晋江市供电公司	2018年度"福建省优秀共青团员"	共青团福建省委
吴文围	晋江永和	晋江市委老干部局	2018年信息工作表现突出个人	中共福建省委老干部局
郭劲彬	晋江罗山	晋江市委老干部局	2018年信息工作表现突出个人	中共福建省委老干部局
姚庆祝	晋江内坑	晋江市陈埭镇人民政府	2019年度福建省征兵工作先进个人	福建省征兵领导小组
陈金元	晋江磁灶	晋江市灵源街道办事处	2019年度福建省征兵工作先进个人	福建省征兵领导小组
丁秀德(女)	晋江陈埭	泉州三鑫织造有限公司	福建省三八红旗手	福建省妇联
陈松柏	晋江罗山	晋江市信访局	中华人民共和国成立70周年庆祝活动信访保障工作成绩突出个人	福建省信访工作联席会议办公室 中共福建省委信访局 福建省人民政府信访局
谢榕榕(女)	南　安	晋江市公安局	福建四月"好人榜"	福建省文明办
伍绿羽	晋江梅岭	晋江市残联	全省自强模范	福建省人民政府残疾人工作委员会
洪琼琼(女)	晋江东石	梅岭街道办事处	深化全国文明城市创建•创建工作先进个人	中共泉州市委 泉州市人民政府
赖聪河	晋江青阳	晋江市教育局	深化全国文明城市创建•未成年人思想道德建设工作先进个人	中共泉州市委 泉州市人民政府
丁长火	晋江陈埭	福建广电网络集团晋江分公司	深化全国文明城市创建•志愿服务工作先进个人	中共泉州市委 泉州市人民政府
刘岩澍	福建永泰	中共晋江市委精神文明建设办公室	深化全国文明城市创建•志愿服务工作先进个人	中共泉州市委 泉州市人民政府
叶光明	南平建瓯	晋江市青年志愿者协会	深化全国文明城市创建•志愿服务工作先进个人	中共泉州市委 泉州市人民政府
蔡文卿	晋江东石	晋江市商务局	2019年"春季攻坚行动"活动先进典型个人	中共泉州市委 泉州市人民政府

续表

姓名	籍贯	工作单位	奖励名称	奖励单位
施金钟	晋江龙湖	梅岭街道办事处	优秀党务工作者	中共泉州市委
尤泽龙	南　安	晋江市公安局	优秀党务工作者	中共泉州市委
叶子清	晋江东石	晋江市市场监督管理局	优秀党务工作者	中共泉州市委
肖贤丽(女)	晋江东石	东石镇萧下村委会	优秀党务工作者	中共泉州市委
洪我海	晋江英林	英林镇西埔村委会	优秀党务工作者	中共泉州市委
蔡燕双(女)	晋江罗山	灵源街道办事处	优秀党务工作者	中共泉州市委
许向楠	晋江安海	陈埭镇人民政府	优秀党务工作者	中共泉州市委
许国鑫	晋江龙湖	晋江市发展和改革局	优秀共产党员	中共泉州市委
黄颖漫	晋江安海	国家税务总局晋江市税务局	优秀共产党员	中共泉州市委
曾华群	晋江金井	晋江市医院晋南分院	优秀共产党员	中共泉州市委
黄思坦	晋江西滨	晋江市华银鞋材有限公司	优秀共产党员	中共泉州市委
许国鑫	晋江龙湖	晋江市发展和改革局	优秀共产党员	中共泉州市委
林西湖	晋江永和	永和镇马坪村党支部	优秀共产党员	中共泉州市委

热心家乡公益事业的单位

安踏集团
恒安国际集团
源泰公司
侨成房地产
宝龙集团
盼盼食品
许连椅家族
吴传劳家族
磁商置业有限公司
王济蚶先生慈善基金
晋江颐生园投资有限公司
旅菲石圳同乡会
陈章辉福信慈善基金会
乔丹体育股份有限公司
晋江市永和镇教育发展促进会
晋江市第六实验小学发展促进会
晋江市老年大学校董会
体育公益基金
安海医院生命救助慈善基金
安海教育发展慈善基金
浩利稳(厦门)房地产开发有限公司
福建锦辉科技有限公司
福建美明达鞋业发展有限公司
晋江市明晋会展有限责任公司
徐州天虹联合置业有限公司
福建好来屋食品工业有限公司慈善基金
菲律宾SM集团
福建省柒牌时装科技股份有限公司
福建省捌牌纺织科技有限公司
福建省中铭纺织科技有限公司
晋江市霸王城服装有限公司
厦门市壕鑫纺织有限公司
三明建华纺织有限公司
利郎中国有限公司
晋江市妇女联合会
晋江市磁灶镇苏垵村锦里慈善基金会
蜡笔小新
晋江市新达纸箱包装有限公司
晋江市灵源街道灵水社区吴世界家族慈善基金会
珠海德晋投资管理有限公司
中梁慈善基金
舒华慈善基金
教育公益基金
见义勇为慈善基金
爱警基金
晋江市远祥服装制造有限公司
福建佶龙机械科技股份公司
晋江市祺烽线带有限公司
长江钢管
福泰集团
晋江市兴泰无纺制品有限公司
锦兴(福建)化纤纺织品实业有限公司
晋江万友诚信服装织造有限公司

热心家乡公益事业的个人

青阳街道

蔡坤普(普照社区)　苏伟卿　苏承爽　庄鸿辉(青华工业区)　刘基增　陈永培　陈志谋　苏志茗
陈明达　庄永新

梅岭街道

陈澄清　李春兴　施远迎(格林春天地产)

罗山街道

曾国信(福埔社区)　郑育双　林聪勇　郑振忠　柯永生

灵源街道

柯文新(林口工业区)　林水杰(市五里工业园区)　张长春(市五里工业园区)　郑文献(市五里工业园区)

新塘街道

王孝沛(沙塘社区)

陈埭镇

丁和木(岸兜村)　李钰汞(涵埭村)　陈建民(涵口村)　陈国栋(涵口村)　丁金朝(溪边村)　陈文理(苏厝工业区)
丁水波(溪边村)　林海茶　丁金山　丁鹏鹏

池店镇

林玉燕(唐厝村)　杨建辉(古福村)

安海镇

许连捷(后林村)　赖新达　张时跑(西边村)　陈奕福(桥头村)　陈永福(桥头村)　许维波(可慕村)
施文博　吴清标　许松军　吴鸿岩　蔡润泽(社坛村)　苏大埕　颜海永　许自淡　许大座(后林村)
吴华春　王黑裳(后林村)

磁灶镇

苏火源　苏燕婷　苏国川　苏振佳　陈树宪(苏垵村)　庄克服　苏炳源(前埔村)　吴建发
吴海南(岭畔村)　吴金滨(磁灶社区)

内坑镇

杨连嘉(葛州村)　曾活泼(内湖村)　蔡清华

紫帽镇

曾论水(洋店村)

东石镇

陈明金(光渺村)　陈明旭(光渺村)　周丽卿(白沙村)　周海南(白沙村)　周加友(白沙村)　许联才(许西坑村)
刘清海(塔头刘村)　张年习(下庄村)　蔡荣兴(第四社区)　蔡丽双(第四社区)　蔡金铸　吴辉体　萧谦陆(萧下村)
陈诗照(平坑村)　陈远暖(平坑村)　孙鸿瑜、孙文雯(塔头孙村)　孙晋忠(塔头孙村)　王一平
黄文旦　刘丕周　刘清池　刘清海

永和镇

许远南(沪坑村)　许开忠(沪坑村)　蔡清波　邵胜妙　许文福　蔡文献　陈汉河　李天平　许恩典
许金潮　蔡　坑　蔡芳祥　曾荣托　林荣波　林时坤　邵　玉

英林镇

柯维汉(锦江村)　洪肇坚(龙西村)　吴志灿(东埔村)　柯文化(锦江村)　苏嘉鸿(湖尾村)　林金井、施婉秋(马山村)
许宗鸽(埭边村)　洪联煌(英林村)　柯文贵(锦江村)　洪天排(烧灰村)　洪文革(英林村)　林文旭、林加鑫(马山村)
洪青山

金井镇

陈祖昌、陈德雄(溜江村)　洪顶超(玉山村)　许文帛(三坑村)　杨鸿明(埔宅村)　蔡祥维(塘东村)　范健乐(岩峰村)
李东昌、蔡育毅(南江村)

龙湖镇

吴良溪(古湖村)　施文瑞(龙园村)　施纯衷(鲁东村)　施俊龙(洪溪村)　施人玮(埔头村)　施文聪(埔头村)
施志伴(埔头村)　吴金銤、施婉玉(枫林村)　施能狮(衙口村)　施荣煌(衙口村)　施培新(衙口村)
刘志仁　吴远北　许明旗(埔锦工业区)　吴远康(枫林工业区)　许维蓄(烧灰村)

新闻人物

【吴奕澈】 吴奕澈，男，汉族，1971年3月生，中共党员、退役军人，福建省泉州市晋江市深沪镇后山社区居民、党支部宣传委员。吴奕澈当过海军，尽管退役多年，依然保持着不怕牺牲的传统和坚决果敢的作风。在深沪渔民眼中，他不仅是社区宣传员、渔事调解员、抢险志愿者，还是“三跳救八命”的“海上救星”。14年来，他3次不计个人安危，从毒气弥漫的舱底、风急浪高的海上抢回8条生命。他的勇气，既来自中国渔民的传统美德，更源于共产党员的责任担当、革命军人的英雄气魄和基层干部的为民情怀，早已超越“救人一命胜造七级浮屠”的功德福报，给“见义勇为”写下一个崭新的时代注脚。

作为一名普通党员和退役军人，吴奕澈心里有份沉甸甸的职责和责任，他不顾个人安危，成功营救8条生命。“救人以后，看到家属欣慰的笑容，觉得很值得；再让我遇上谁有困难，该帮忙时，我照样会上。”吴奕澈朴实的话语，让人无不由衷的敬佩。吴奕澈的事迹在深沪镇广为流传，人们把他当作英雄、渔业码头的守护者。

国家一级渔港深沪湾位于闽南沿海，帆樯如林，万舸云集，渔民世世代代闯海打鱼。海上生涯给这里的人们留下一条不成文的祖训：只要遇上海难，不管是谁都要出手；如果为了生命，哪怕渔获再丰也得割舍。1971年出生的吴奕澈，从小在这种舍己为人的淳朴民风中长大，耳闻目睹不少海上抢险救生的壮举，祖训如同花岗岩上的碑刻，深深地缀入他的心间。1989年3月，18岁的吴奕澈当兵，成为海军航空兵××部队雷达某团的战士。军营如同火热的熔炉，不仅把这个渔家之子锤造成共产党员，更把“为人民服务”的信念和“不怕牺牲”的勇气熔铸在他的心里。1992年12月，吴奕澈退役回到深沪港，成为船上的渔民和码头的守护者，并在后山社区党支部担任宣传委员，时常志愿参加海上消防、救生等抢险工作，军人的作风和传统始终如一、矢志不渝。

2002年7月29日，闽晋渔05766号单拖发生一起硫化氢集体中毒事件，吴奕澈舍身一跳救起5名船员，使他成为当地渔民眼中的“海上救星”。那时正是伏季封海的前两天，渔船都已回到母港，船员们有的冲洗甲板，有的整理渔具，有的修补网绳，为休渔做着最后的准备。打过鱼的人都知道，鱼舱里残留的有机质在夏季高温和渔舱密闭的双重作用下，会发酵产生剧毒气体“硫化氢”，达到一定浓度便可夺人性命，号称渔船“头号杀手”。当闽晋渔05766号船的船员进入鱼舱的时候，死神突然露出狰狞的脸，一股强烈的臭鸡蛋气味扑面而来。最先下舱的两名船员猝不及防，一下子被熏倒了；抢前一步施以援手的另一名船员也被熏倒了；闻讯赶来救人的船长父子俩又被熏倒了……一支烟的工夫里，五名船员横七竖八地昏倒在黑漆漆的鱼舱，生命悬于一线。说时迟，那时快，吴奕澈以百米速度从码头冲上甲板，大喊一声“你们靠边，我下去，注意配合”，抓起绳子捆在腰间，脱下衣服捂住口鼻，打开水龙淋湿全身，不顾大家的阻拦，纵身一跃下到舱底。这生死之间的舍身一跳，冷酷的死神也会心惊！只见黑暗的船舱里，吴奕澈拼尽全身气力紧紧抱住一名昏迷的船员，大喊一声“拉！”，利用腰间的绳索连自己带船员被拖上甲板，呼吸一口新鲜空气又返身下到舱底……他接连五次下舱，又接连五次被拖回，五条生命挣脱死神的魔掌。每一次下舱，对昏迷的船员都是生存的希望，对吴奕澈自己却是死亡的威胁。当他连同最后一名船员被拖上甲板时，顿觉天旋地转、眼冒金星，由于受到硫化氢的毒害，吴奕澈手脚痉挛，呕吐不已，一下子栽倒在船员的怀里。

如果说，一次见义勇为很难排除“偶然”；那么，接二连三地见义勇为恐怕就是“必然”，靠的是内心的勇气、责任和自觉。2006年夏季一个天文大潮的黄昏，吴奕澈有了人生中的第二次舍身一跳。那天，台风即将来临，海上残阳似血，景色壮美如画，两名外地游客贪恋深沪湾美景，浑然忘记了时间和潮汐，被汹涌而来的潮水重重围困在离岸一百多米的礁盘上，随时都有没顶之灾。海水无情，人命关天，渔民有义。吴奕澈听到这个警讯，迅疾和冬泳队的伙伴们一同赶来。他们系好防护索，套上救生衣，一个猛子扎进海里。在潮水的冲击和绳索的牵制下，这些“浪里白条”使出浑身解数，依然无法登上不远处的礁盘。就在束手无策之际，只见吴奕澈解开保命绳，脱掉救生衣，一次次游向礁盘，又一次次被浪头打回。几经战风斗浪的搏击，费尽全身气力才冒险游过海沟、爬上礁盘，把两名游客救上岸来。平时两三分钟的距离，竟整整游了半个小时。这一解、一脱，如同在闽晋渔05766号单拖鱼舱里的一下、一上，给别人是生命的希望，给自己是死亡的危险！

吴奕澈的第三次舍身一跳，发生在2016年12月26日那个寒冷的冬夜。当晚8点多，贵州人李绪文趁着月色，在港阜滩涂捕鱼摸虾“讨小海”，由于防水服破裂漏水，不慎身陷淤泥，越是挣扎就陷得越深。当时正是涨潮，一波又一波海水瞬间包围了他，除了紧紧抱住一根竖在滩涂上的竹竿拼命呼救外，李绪文已不可自拔。说来也巧，吴奕澈正好骑着摩托车从沿海大通道经过。远远听到海上有人呼救，他立即停车熄火，不顾刺骨的冰冷跳入海中，领着三名群众一起逆潮游向李绪文。这时，月亮躲进云层，天色一片昏黑，海水格外幽暗冰冷。他们一边游，一边接连不断地大声喊话——“坚持住！”“别松手！”“我们来了！”，用话音在黑漆漆的海上辨识方向，鼓舞遇险者的求生欲望。逆风逆水搏浪200多米，他们终于把救生圈套到冻得几乎失去知觉的李绪文身上。又一个溺水者得救了，健儿们身上被礁石和牡蛎割开道道血口。

吴奕澈“三跳救八命”如同一部拍案惊奇，在深沪沿海不胫而走，许多渔民把他叫作“海上救星”。当奥运火炬手、福建省见义勇为先进分子、新长征突击手、中国好人、泉州市道德模范、十佳美丽晋江人、晋江市政府嘉奖等荣誉纷至沓来的时候，他仍然像深沪湾的桅杆，平凡、从容而又淡定。他说：我是党员，又是干部，还当过兵，我不上谁上？

这个连死神都为他让步的钢铁汉子，对自己的母校却充满柔情。2007年，吴奕澈凭海上救生的勇敢精神，当选北京奥运圣火传递江西瑞金站接力手，得到一支祥云火炬。他把这支火炬看作自己的“圣物”，堂堂正正地摆在厅堂上，准备作为传家宝传给后世子孙。2008年，深沪中心小学即将搬迁扩建，计划投入3000万元，发动海内外校友踊跃捐资。回想母校的养育之恩，吴奕澈有了回报的念头，但收入的微薄又使囊中羞涩。就在这时，无意中看到的一则新闻使他脑洞大开，在北京“奥林匹克博览会•中国嘉德拍卖专场”上，一支奥运火炬成交价近30万元。“我没多少钱，但我有火炬！”可心中爱物终究难舍，就在犹豫不决的时候，通情达理的妻子支持他，夫妻俩一起把火炬捐给母校，承诺拍卖所得全部用于添砖加瓦。每当回忆起这段往事，吴奕澈总是说：“我不后悔，这也是见义勇为”于是，深沪镇又有了“义捐祥云助母校”的故事。

作为后山社区支部的宣传委员，吴奕澈不仅要宣传党的惠渔政策，还经常要调解渔事纠纷。深沪港帆樯如林，渔船的磕磕碰碰、渔民的恩恩怨怨在所难免。每当有矛盾发生，大家总愿意找他解决，渔民们说“这个干部不偏心、没私心，我们信得过”。参加社区工作十多年来，经吴奕澈调解的纠纷不知有多少，无论撞船、缠网，还是海里、山上，抑或本地、外口，没有他解决不了的纠纷，每一次调解都让人口服心服。工作之余，他还是深沪湾志愿服务队、深沪镇海上义务救援队和冬泳队的干将，无论清海净滩、扶孤助寡，还是海上消防、陆上救援，都有他冲锋在前的身影。

2019年1月，晋江市人民政府给予吴奕澈通报嘉奖，表彰他的见义勇为。消息传开，曾一起服役的战友纷纷向他祝贺，称他是“雷达六团的骄傲”。吴奕澈在豆瓣里写道：“转眼离开军营多年，经常在梦中回到难忘的军旅。我永远不会忘记自己是一名党员，曾经是一名军人、一个出自雷达六团的战士。我郑重承诺：一定再接再厉，为社会多尽一份力，无愧于党和国家给予的荣誉，无愧于曾经穿过的海魂衫，无愧于磨炼我成长的雷达团。”

说声“到”，一生到。这就是共产党员的初心、革命军人的风范和基层干部的实干。三番见义、一世勇为的吴奕澈，时刻准备着下一次营救。

2002年12月，被授予“泉州市见义勇为先进分子”“泉州市新长征突击手”称号；2003年9月，被授予“福建省见义勇为先进分子”“福建省新长征突击手”称号；2004年，被授予“晋江市见义勇为先进分子”称号；2008年，担任北京奥运会奥运火炬手；2008年，被评为“泉州市劳动模范”；2009年6月，被授予“中国好人”称号；2009年，被评为第二届十佳“美丽晋江人”“第二届泉州市道德模范”；2019年1月，被晋江市人民政府通报嘉奖；2019年9月，获“第七届全国道德模范”提名奖。

（深沪镇）

【曾喜玲】 曾喜玲，女，汉族，1975年10月生，中共党员，本科文化，高级教师，晋江市首峰中学党支部组织委员兼初二年段长。2019年度获评“全国优秀教师”“泉州市最美教师”“泉州市最美劳动者”“晋江市五一劳动奖章”等称号。

1998年，曾喜玲从江西师大毕业后分配至晋江市深沪镇首峰中学任教，21年来，她始终抱有对教育的坚定理想信念，潜心教书育人，坚守在首峰中学这所海边的乡村学校。

“爱每一个学生”是曾喜玲的宗旨，她所带的班级连年被评为“文明班级”。在工作中，曾喜玲特别关注单亲家庭孩子和问题学生的成长，她曾有一个学生小惠（化名），3岁父母离异，那时候学校没有初中住宿生，小惠因家庭原因一个人住在高中生的宿舍，性格比较偏激，总是跟老师和同学发生冲突。面对这样的学生，曾喜玲无微不至地关心她，常常带着鸡蛋去宿舍看她，跟她谈心，教她如何做人，循循善诱、严而有爱，就这样慢慢地用爱打开了她的心门。初中三年，小惠的作业单家长签名处都是曾喜玲的名字，她的作业后面时不时都有鼓励和关爱的评语，曾喜玲用母爱般的关怀领着她在极其叛逆的1000多个日子里，从生活到学习不断地成长，在毕业留言中小惠这样写道：“老师，您就像妈妈一样爱着我，包容我，教导我，让我感受到了浓浓的关爱之情”。小惠毕业后上高中、大学还不断地发微信给曾喜玲寻求各种各样的指导和鼓励，这样的例子很多。在帮助学生成长的过程中，曾喜玲自身也得到成长，成为学生喜欢和敬佩的好老师。她依然致力于单亲家庭和问题家庭孩子的研究，建立年段单亲和问题孩子的档案，亲自一个一个去家访，找他们谈心，疏导心理、学习等问题，转变很多孩子的学习和生活态度。

曾喜玲认为，一名好老师对学生的

影响，离不开老师自身孜孜不倦的榜样。做优秀的老师才能让学生具有优秀的品质。2007年，在学校师资紧缺的条件下，她服从学校的安排，欣然接受初中生物学科的教学任务，坚持跨学科教学，最多的一年跨三个年段两个学科，同时兼任毕业班班主任的工作，超工作量工作成为她的常态，连续近10年跨体育、生物两个学科教学，同时担任10年班主任和年段长工作。

在从教的岁月里，曾喜玲勤奋好学，教而研，研而教，具备了一名好老师的基础素质——扎实的知识功底、过硬的教学能力、勤勉的教学态度、科学的教学方法。她先后分别参与晋江市级、泉州市级、省级等课题研究，撰写多篇论文和教学案例在晋江和泉州市级获一等奖；2011年，学校开展“先学后教，三清教学”模式课堂改革，她作为“成功教学之理念”的课改先锋模范教师，多次为课改年段上课改示范课和分享课改经验，受到师生的一致好评。跨学科教学，曾喜玲硬是以一股不服输的精神，用2年时间高质量地独立完成了初二生物“先学后教，三清教学”导学案编写。她的课堂以生动有趣，充实活泼著称，积极引导学生乐学善学，深受学生喜爱，教学绩效和教学评教经常位居全校第一。她在担任会考毕业班的教学7年间，生物统考和会考成绩都远超过晋江平均水平。

曾喜玲非常重视个人的专业成长，作为一名专业的体育教师，她勤学苦练，2014年，她参加晋江市体育教师技能比赛获得二等奖、泉州市的岗位练兵教师技能大赛一等奖。2015年，参加泉州市教师技能大赛获得特等奖。同年12月，代表泉州市参加福建省第三届中小学教师技能大赛获得二等奖。

为圆省一等奖的梦想，2017年，曾喜玲接到通知要泉州市中学组参加福建体育教师技能大赛的任务，这次的参赛项目多，难度大，涵盖教学设计、听评课、广播体操、武术操、专项技能、模拟微课等多项技能，43岁的她毅然接下参赛任务并担任队长一职，成为全省中学组参赛年龄最大的选手。由于赛前投入超强度的训练，在临近比赛前两天大腿内侧严重拉伤，在医生郑重告知她不能参加跨栏专项比赛时，作为中学组泉州代表队队长的她依然秉承体育人的顽强拼搏精神，带伤坚持完成高难度的跨栏专项比赛，最后取得了团体二等奖，个人一等奖的成绩。比赛期间，全班同学用微信发来“喜玲姐姐，加油”的视频鼓励他们的班主任！回到学校，她用自己努力拼搏、获奖的经历分享给自己的学生，用自己的亲身经历教育学生有梦想就要去努力、去实现的道理。

曾喜玲作为教学和德育管理的老教师，又是晋江市初中体育名师工作室领衔人，她率先垂范、以身作则，积极引导和帮助青年教师的专业成长，用自己的教学经验和教育感悟去辐射周边的青年老师，她为全校教师作《与学生的心有多近，课堂就有多宽》的课改培训讲座；在市级、校级班主任论坛中开展《我的班级，你们做主》《我的三个工作对象》等班主任培训交流；开展适岗教师《对话教师专业成长的》系列讲座；为晋江市首届教师技能大赛参赛教师做《片段教学的准备》《听评课的技巧》的经验讲座分享。作为2019年福建省体育教师技能大赛泉州代表队的指导教师，她指导多名老师获得二等奖。

21年的坚守，21年的执着，21年的收获，曾喜玲用一名好老师的标准，在首峰中学这所面朝大海的乡村学校热土辛勤耕耘，把全部精力和满腔真情献给教育事业，在教书育人的工作中不断创造新的业绩，曾获“晋江市优秀班主任”“晋江市优秀教师”“晋江市‘三八红旗手’”“福建省优秀教师”等称号。

（市教育局　施快乐　陈建生）

【蔡美娜】　蔡美娜，女，1982年生，晋江池店镇柴塔村人，国家二级演员，晋江掌中木偶剧团的“当家花旦”，南派掌中木偶第六代继承人，福建省非物质文化遗产代表性传承人，泉州文化名家。蔡美娜十三岁开始学习掌中木偶表演，二十多岁时成为国家二级演员，“非遗传承人”“当家花旦”“知名木偶演员”……无数个成功标签的背后，是蔡美娜在“木偶路”上无悔的青春。为弘扬南派掌中木偶艺术，作为文化交流的使者的她足迹走遍大江南北各省市巡演，数十次出访欧洲、非洲及东南亚国家和地区进行文化活动交流，为传播中华民族优秀文化艺术做出贡献。

艺无止境，甘于奉献。1994 年小学毕业后，蔡美娜选择去艺术学校学习木偶表演专业。二十多年的历程中，她几乎每天都和木偶在一起，自己的业余时间也几乎全部投入到木偶表演当中。但她从不偷懒，未叫过苦，也未曾怠慢。蔡美娜把每一个木偶的喜怒哀乐都在他们的声音变化中体现出丰富的情感变化，带给观众多重视听享受。2000年底她获福建省“水仙花”名家名段大赛银奖；2017年央视春节戏曲晚会，她的木偶戏《金鸡焕彩》亮相舞台，并用闽南语和普通话向全球华人拜年。

对外交流，传播文化。在2011年快要过年的时候，她突然接到文化部通知，要她随福建省艺术团赴非洲毛里求斯、塞舌尔参加“迎兔年春节庆典晚会”。当时适逢蔡美娜怀孕刚三个月，妊娠反应很严重，考虑再三她还是下定决心买车票到福州报到。从出发到目的地毛里求斯二次中途转机，飞程四十多小时，沿程又是呕吐，又是肚疼苦不堪言。特别是在途经迪拜机场转机候机的四小时内，妊娠反应剧烈躺在候机室偷偷流泪。蔡美娜的爱岗敬业精神，支撑她咬牙坚持到达目的地，成功完成演出任务，得到毛里求斯总统及官员的赞赏。

2018年，在世界中学生运动会申办和接旗仪式上，蔡美娜带着掌中木偶走出国门，向外国友人展示晋江的传统艺术，为晋江赢得了喝彩。

传承文化，初心不变。2006年6月晋江市布袋戏入选“首批国家级非物质文化遗产保护项目”，晋江市掌中木偶剧团成为传承单位，蔡美娜经专家组评定为省级传承人。掌中木偶艺术的保护与传承成为她的中心任务。为培养后继人才，2013年8月剧团与省艺校泉州分校招收掌中木偶学员班，蔡美娜继承恩师遗愿，自己请缨来到掌中木偶学员班任教，担任南派布袋戏的唱腔道白及生、旦行的教学。每周，只要没有外出演出，她都会前往泉州艺校的木偶班授课。她还同香港黄晖木偶皮影有限公司联合创建传承基地，应香港演艺学院邀请，走进香港校园巡回演出50多场，涵盖幼儿园、中小学和大学为在校学生进行讲学示范、排练木偶剧目等，这促使香港、晋江两地的木偶传承合作进一步深化。

蔡美娜始终将传承南派布袋戏传统艺术为己任。曾获得“金狮奖”全国木偶皮影中青年技艺大赛最高奖，第十一届上海国际艺术节“金玉兰”表演奖，福建省文化厅戏剧会演“表演奖一等奖”等。她坚持随团上山下乡，数度北上京、沪，南下两广、四川，西进甘肃、兰州参加各种演出活动。特别是2007年在北京世纪坛受到温家宝总理接见，并现场木偶展示和总理留影。她还时常到晋江各个学校、村居开展木偶表演和普及推广工作，以此拉近木偶与小学生和老百姓的距离。

（市文旅局　吴丽佳　李和范）

【周少雄】　周少雄，男，汉族，1965年11月生，民建会员，EMBA学位，经济师，现任福建七匹狼实业股份有限公司董事长，福建省工商业联合会副主席，泉州市工商业联合会副主席。2019年获“第五届全国非公有制经济人士优秀中国特色社会主义事业建设者”称号。

1983年，周少雄参加工作，在新华书店配书。一个偶然的机会，周少雄参加一个展商会，回来后他就把工作辞掉，开了一个贸易公司。1985年，周少雄开了家服装厂，成了晋江金井侨乡服装工艺厂的厂长。这就是“七匹狼”的雏形。而后，他听说上海有家布料加工厂，可以生产夹克衫和羽绒服。他凑5万现金，只身前往上海。住在每晚1.5元的地下室半个月，用一条香烟交好一家布料批发部负责人，囤齐布料再运回福建。但是做服装，没有自己的品牌可不是长久之计。于是1990年，7个一起创业的年轻人经过商议，敲定“七匹狼”作为服装品牌。周少雄说：“按闽南风俗‘七’代表‘众多’，寓意生命、活力和胜利的吉祥数字，既象征着一个由奋斗者组成的团队，又体现了年轻人同心协力、矢志不移的创业精神。而‘狼’与闽南话中‘人’谐音，所以说非常巧合。”从而创立福建省第一服装品牌“七匹狼”。

1993年建立“七匹狼”CIS系统，走在国内同行业前端；1995年，他创新营销思路，最早推行专卖店营销和代理制商业模式，开创服装行业渠道营销模式先河；随后，周少雄又以其敏锐的市场嗅觉，于2003年和2005年两度携手“皇马”中国行，成为国内首屈一指的成功体育营销案例。2004年，“七匹狼”股份成功上市，以福建省首家服装企业的身份登陆深交所中小企业板（002029），使“七匹狼”进入快速发展阶段。创立至今，七匹狼已发展成为一家以服装为主业，兼营股权投资及房地产文旅项目的综合性公司。

2019年第五届全国非公有制经济人士优秀中国特色社会主义事业建设者表彰大会举行，周少雄代表福建省民营企业家上台颁奖，是泉州唯一一位获此荣誉的民营企业家。2019年公司实现营业总收入为36.23亿元，较上年同期上升3.02%；营业利润4.21亿元，较上年同期下降9.22%；归属于母公司的净利润3.47亿元，较上年同期上升0.29%。

七匹狼从1990年创立，现已成为一家以服装为主业，兼营股权投资及房地产文旅项目的综合性公司。周少雄坦言，“其实并没有想过有幸获得这一荣誉。对于七匹狼而言，这是一种肯定，更是鼓励和激励。”

周少雄认为，获此荣誉与七匹狼用产业报国、彰显家国情怀不无关系。“改革开放以来，七匹狼一直坚持实业、坚持品牌的战略，以精益求精的理念探索企业发展的道路。在新时代中国经济迈向高质量发展的新征程中，民营企业拥有了自主创新的骨气和志气，下大力气攻克前瞻性技术，抢抓新一轮科技革命和产业变革机遇，成为创新驱动发展的重要力量。我们不仅要企业稳健的发展，更要它持续有更好的竞争力。”

此外，周少雄还热心公益事业，公司多年来举办并赞助各种公益活动：捐助灾区及希望工程，与北京大学新闻研究中心合作创立“七匹狼文化发展基金”，在全国十所大学中设立“七匹狼奖、助学金”等，使“七匹狼”在创造经济价值的同时也坚持以实际行动回馈社会。

（市工信局　洪树林　杨达妮）

逝世人物

【施至成】　施至成，1925年出生在晋江龙湖洪溪村。12岁，他身无分文，只身一人坐船到菲律宾。他最初是在他父亲的零售店中脱颖而出的。1945年二战结束后，在马尼拉开设一间专售鞋子的零售店，专注于卖鞋（美军剩余的廉价鞋），赚取人生的第一桶金。接下来几年在鞋店做经理，经过几年的奋斗，于1958年创建鞋市大商场、创造销售上亿双鞋的记录，成为远近闻名的“鞋业大王”。1985年投入巨资开设第一家SM大商城，1991年又建设当时亚洲最大的SM商城，现已开设60余家商城，控制菲律宾60%以上的零售市场，成为零售业的老大，现在他的业务领域已遍及超级市场、旅游业、金融业、地产业等，成为菲律宾第一大财团、商业帝国，拥有最大的银行之一BDO。在地产上拥有菲律宾最大地产开发公司之一——SMDC。被称为菲律宾的“百货大王”。在2018年的全球福布斯富豪排行榜，施至成凭借190多亿美元家族的净资产，位列排行榜第52位，比2017年上升19位，作为菲律宾首富，施至成连续10年登上福布斯全球富豪榜，其家族掌舵的SM集团一直是菲律宾商业地产及零售业龙头。自杜特尔特当总统以来，施至成的家族财富增加30亿美元以上，他的家族财产相当于菲律宾国内生产总值的5%以上。

改革开放以来，施至成数度到中国，曾在北京、江苏、桂林、厦门等地投资建设7家市场中心，在天津兴建一座购物中心，建筑面积超过5万平方米，像一朵盛开的花。1992年，施至成毅然选定在晋江这个县级市投资建设第一座SM广场。此举当时却受到了很多人的质疑，亲友们差不多100%反对。但他很坚持，他说，他可以到中国任何发达的省份去做，但到晋江做，完全是为了家乡。他在晋江福埔投资建筑面积17.6万平方米的SM广场。没有想到，建成后因投资政策等原因未能如期开业。而这一等就是10多年。期间，他的孩子曾劝他将晋江SM广场转卖，都被他拒绝了。因为在他心中，晋江SM广场便是他归祖归根的“祖厝”。2005年11月26日，承载着施至成家乡情结的晋江SM广场终于开业，在正式开业之前，从1999年到2008年，晋江SM广场举办十届的中国国际晋江鞋业博览会。如今，泉州晋江SM广场为成晋江最热闹、最火爆的商圈之一，带动周边商业氛围，推动城市商贸集群的形成，也改变不少晋江人的生活。

施至成这位在菲律宾素有“投资哪个地方、行业。哪个地方、行业看好”的“经营之神”，他说过：“成功并不完全靠好运气”，它是辛勤劳作，良好信用、机遇、时刻准备和恰当时机的化合物。尽管是首富，生活却十分简朴，容不得一点浪费。同时对子女的管教十分严格有方。还将学习家乡话列入家训，让子孙后代均会说出一口流利的闽南话。

2019年1月19日，施至成在菲律宾家中逝世，享年94岁。

【朱义斌】 朱义斌，1922年11月生于现晋江市内坑镇后山村。在晋江养正中学就学时候积极参加抗日宣传活动。

1941年2月，在养正中学加入中国共产党。同年7月毕业后以当小学教员为掩护，开展革命活动。8月任中共后山临时支部负责人。1942年春任中共后山支部书记。1945年4月任中共安海区委书记。6月“科任事件”发生后遭反动当局通缉。同年8月转移到海澄县太武乡隐蔽，参加中共泉州中心县委挺进工作队任特派员。在海澄县太武乡、浯屿岛等地开展工作。创建海上据点。1946年10月任中共晋(江)南(安)同(安)边区工委负责人。1947年2月任中共泉州中心县委委员。1949年4月，兼任闽浙赣人民游击纵队闽中支队泉州团队(归属中国人民解放军华东军区序列) 副指挥员。参与领导武装“攻打安海”、解放泉州等斗争。

1949年9月，朱义斌在泉州专署公安处协助工作。同年10月起历任中共南安县委常委、副书记，兼任南安县农协会(筹委会主任)主席，南安县第一届各届人民代表会议常务委员会主席、中共南安县委妇女运动委员会书记、农民工作委员会书记、县纪律检查委员会书记。1952年10月起历任中共惠安县委副书记、县长、惠安县委书记，政协惠安县第一届委员会主席。1954年10月兼任惠安县兵役局政委。1956年1月任中共晋江地委委员，文教部长。1957年因所谓“地方主义”案被错误处理，调任闽江水电工程局沙石料场场长。1962年平反后任中共福建省委监察委员会审理处处长，1963年6月任中共晋江地委常委、宣传部部长。1964年8月至1968年9月任中共晋江地委副书记。1969年11月起任中共龙岩地区革委会办公室主任。1970年9月至1971年6月任龙岩地区革委会党的核心小组成员。1971年8月起任中共龙岩地委常委、革委会副主任。1973年12月至1978年3月，任中共晋江地委常委、地区革委会副主任，期间于1974年1月至1976年1月兼任中共晋江县委常委、书记，县常委会主任。1982年1月，任中共晋江地委常委、行署副专员。1983年4月离休，1988年12月起担任泉州市关心下一代工作委员会主任，名誉主任，泉州市老区建设委员会会长、名誉会长，泉州市老干工作委员会副主任等职。

2019年1月20日，朱义斌在泉州逝世，享年97岁。

【陈永建】 陈永建，1957年出生于福建晋江安海后库，于2019年2月11日在香港养和医院逝世，享年63岁，陈永建于20世纪90年代旅居香港，先后在晋江、厦门、漳州和菲律宾投资房地产、酒店等产业。陈永建先生既是事业有成的企业家，也是言义的社会活动家、社团领袖和华人翘楚、慈善家，对社会、对国家、担负起自己的责任。

曾担任香港华城国际投资企业有限公司董事长、晋江市养正中学种胜教育基金会创始人、晋江市安海中心小学种胜教育基金会创始人，兼任养正中学校董会永远荣誉董事长、安海中心小学校董会荣誉董事长、福建省姓氏源流研究会陈氏委员会荣誉会长、闽台陈氏企业家联谊会创会会长、福建省开闽姓氏文化研究院名誉院长、中华陈氏祖地河南淮阳陈胡公文化研究总会名誉会长、陈氏文化研究院首席院长、晋江安海商会荣誉会长、湖南省福建总商会荣誉会长、晋江晋商发展促进会名誉会长、香港安海同乡会名誉会长、安海外商投资协会名誉会长、安海后库慈善会荣誉会长、晋江虞舜学术研究会永远名誉会长、《中华陈氏大典》出品人等诸多社会公职。

陈永建心系桑梓，乐善好施，先后捐资养正中学新校区建设人民币2000万元，安海中心小学人民币1500万元，安海镇监控系统、红绿灯等基础设施建设人民币1000万元，安海镇应急指挥中心、便民服务中心用房修缮、设施配备、软件开发等1000万元，安海慈善基金人民币500万元，2017年再次向养正中学种胜教育基金会捐款5000万元(后又追加捐赠5000万元) 及向安海龙山寺区域环境整治提升项目捐款500万元等等。陈永建历年来用于支持家乡及各种社会公益事业建设的慈善捐款累计近2亿元。

陈永建善举与付出获得了来自福建省人民政府及晋江市人民政府的肯定与赞誉：2012年获晋江市人民政府颁发“慈善公益事业功勋奖” 奖匾和荣誉证书；2016年获福建省人民政府颁发“福建省非公有制经济优秀建设者”金质奖章；2017年获福建省人民政府颁发“福建省捐赠公益事业特别贡献奖”奖匾和荣誉证书。

【洪伟辟】 洪伟辟，1940年4月出生于英林镇后湖村，毕业于福建师范大学美术系，国家二级美术师。1961年9月参加工作，在马甲中学任教；1971年在晋江文化馆工作；1988年9月起任晋江县文联常务副主席；1990年6月至1994年1月任晋江县(市)文化局局长；1994年1月至1996年6月任晋江市政协副主席、晋江市文化局局长；1996年6月起任晋江市政协副主席，2000年9月退休。于2019年2月13日逝世，享年80岁。

洪伟辟一生豪迈“诗画江湖”，潜心文学艺术创作，著有散文集《寻找高湖》和《洪伟辟油画选》，无论是文学作品或是书法绘画，都充满激情、饱含深情，展现出对家乡和生活的无限热爱，给人予心灵的感动和震撼，多幅作品入选全国、全省美展，独具特色、获奖无数。他热心书画艺术的推广传播与交流，曾任福建省美术家协会常务理事、泉州市美术家协会主席、泉州画院副院长，香港福建书画研究会顾问等职务，为省、晋江市的文化艺术发展做大量卓有成效的工作，被评为“晋江第一批优秀拔尖人才”，被国家文化部和福建省文化厅授予“现代民间绘画优秀辅导员”称号。

洪伟辟一生热爱祖国、热爱人民、热爱家乡，把毕生精力献给晋江经济社会发展，为文化艺术事业倾注了大量心血。在任教和工作期间，他始终保持着高尚情操和文化艺术执着追求，全身心投入到文化艺术的教育推广上，甘为人梯、牺牲个人创作时间，组织辅导业余美术书画创作，多次带团赴香港、澳门、菲律宾、马来西亚等地开展学术交流和参展活动，广泛宣传晋江秀美风光和人文风貌，激发和带动晋江本土文化人才的成长，培育和践行晋江人的文化自觉与文化自信，为晋江市获“全国文化先进县”“中国现代民间绘画之乡”“中国民间特色艺术（书法）之乡”等称号作出贡献。

2000年9月退休后，洪伟辟仍然挥洒毫笔，用画布勾勒家乡山水和人物美景，全力投身和关心支持晋江市文化艺术事业。特别是参与筹建晋江政协之友书画院，并担任常务副院长，多次组织策划开展丰富多彩的书画创作交流活动，为海内外书画爱好者共磋艺事搭建平台、创造机会，有效推动晋江市文化艺术事业繁荣发展。

人物表

说明：

1. 领导人名表，收录2019年晋江市党、政、军、统、群等五大系统实职副科级以上在职领导以及部分企事业单位的正职领导。编排原则以单位系人，任职上限空白者系2018年12月仍然任职，续任者系2019年继续任职，任职下限空白者系2019年12月仍然任职。专业技术职务人物表，收录2019年度在晋江市批准确认的高级专业技术职务人员。百岁及以上老年人名表收录至2019年底各街道、镇100周岁及以上老年人。

2. 本表资料由各有关单位提供，市委党史和地方志研究室汇编，市委组织部、卫生健康局、人社局审核。

·领导名表·

行政机关

一、中共晋江市委领导

中共晋江市委领导名表

表6

职　务	姓　名	籍　贯	任职时间	职　务	姓　名	籍　贯	任职时间
书　记	刘文儒	德　化	续任	常　委	陈长义	晋江罗山	续任
副书记	张文贤	安　溪	续任	常　委	刘文成	安徽肥东	续任
副书记	陈晋永	晋江磁灶	续任	市委正处级干部	薛宗炎	泉州鲤城	—2019.6
常　委	林惠玲（女）	泉州丰泽	续任	二级调研员	薛宗炎	泉州鲤城	2019.6—
常　委	许仰东	南　安	续任	副处级干部	吴淞江	晋江安海	续任
常　委	李自力	晋江池店	续任	副处级干部	陈云腾	晋江金井	续任
常　委	黄文福	晋江金井	续任	副处级干部	林　跃	晋江安海	—2019.12
常　委	潘子良	浙江温州	续任	二级调研员	林　跃	晋江安海	2019.12—
常　委	吴忠刘	南　安	续任	副处级干部	许畴料	晋江东石	2019.7—

二、晋江市人民政府领导

晋江市人民政府领导名表

表7

职　务	姓　名	籍　贯	任职时间	职　务	姓　名	籍　贯	任职时间
市　长	张文贤	安　溪	续任	副市长	张汉杰	晋江内坑	2019.6—
副市长	李自力	晋江池店	续任	副市长	庄天怀	晋江梅岭	续任
副市长	张淑语（女）	晋江英林	续任	副市长	王文晖	泉州丰泽	—2019.12
副市长	黄少伟	晋江安海	续任	副处级干部	颜宏达	晋江安海	续任
副市长	李志强	晋江池店	续任	副处级干部	黄思添	南　安	续任

三、党委部门

中共晋江市党委部门领导名表

表8

机构名称	职　务	姓　名	籍　贯	任职时间
市纪委	书　记	许仰东	南　安	续任
	副书记	庄祖奇	惠　安	续任
	副书记	陈雄松	石　狮	—2019.8
	副书记	蔡韵清(女)	晋江东石	2019.8—
	常　委	蔡韵清(女)	晋江东石	—2019.8
	常　委	林海东	泉州泉港	—2019.11
	常　委	郭培源(回)	石　狮	续任
	常　委	蔡龙添	惠　安	—2019.11
	常　委	庄剑泓	晋江青阳	2019.11—
	常　委	谢东红	晋江池店	2019.8—
	常　委	翁洵钰	晋江灵源	2019.11—
	办公室主任	史伯郎	晋江安海	2019.4—
	组织和宣传部部长	施聪智	晋江龙湖	续任
	党风廉政建设室主任	姚思明	晋江内坑	续任
	信访室主任	张清泉	晋江内坑	续任
	案件监督管理室主任	陈萍萍(女)	南　安	续任
	第一纪检监察室主任	苏远志	晋江龙湖	续任
	第二纪检监察室主任	黄进苹	南　安	—2019.11
	第二纪检监察室主任	蔡金情	晋江东石	2019.11—
	第三纪检监察室主任	张长仁	晋江梅岭	续任
	第四纪检监察室主任	郑金标	莆　田	续任
	第五纪检监察室主任	桂卓迎	晋江安海	续任
	第六纪检监察室主任	施祖烈	晋江龙湖	续任
	案件审理室主任	张彬彬(女)	晋江东石	—2019.1
	案件审理室主任	苏瑛玉(女)	晋江安海	2019.11—
	纪检监察干部监督室主任	林明温	晋江陈埭	续任

机构名称	职　务	姓　名	籍　贯	任职时间
市监察委员会	主　任	许仰东	南　安	续任
	副主任	庄祖奇	惠　安	续任
	副主任	陈雄松	石　狮	—2019.8
	副主任	蔡韵清(女)	晋江东石	2019.8—
	委　员	庄剑泓	晋江青阳	续任
	委　员	谢东红	晋江池店	2019.8—
	委　员	翁洵钰	晋江灵源	2019.4—
	委　员	王龙头	晋江安海	2019.12—
	委　员	黄进苹	南　安	2019.12—
市纪委监委派驻纪检监察组	驻市委办公室纪检监察组组长	蔡开阳(女)	晋江东石	续任
	驻市委组织部纪检监察组组长	蔡东毅	晋江金井	续任
	驻市委宣传部纪检监察组组长	彭志翔	泉州洛江	续任
	驻市委统战部纪检监察组组长	王腾阳	石　狮	—2019.5
	驻市委统战部纪检监察组负责人	施连续	晋江深沪	2019.11—
	驻市委政法委员会纪检监察组组长	罗敏(女)	广　东	续任
	驻市人大常委会机关纪检监察组组长	陈丽娜(女)	晋江罗山	续任
	驻市人民政府办公室纪检监察组组长	柯金买(女)	晋江新塘	续任
	驻市发展和改革局纪检监察组组长	谢长春	永　春	续任
	驻市工业和信息化局纪检监察组组长	张文盾	晋江东石	续任
	驻市商务局纪检监察组组长	杨竹裕	晋江安海	续任
	驻市教育局纪检监察组组长	王文出	晋江灵源	续任

续表

机构名称	职 务	姓 名	籍 贯	任职时间
市纪委监委派驻纪检监察组	驻市公安局纪检监察组组长	吴世钦	福州闽侯	续任
	驻市民政局纪检监察组组长	李文程	晋江池店	续任
	驻市财政局纪检监察组组长	黄工作	晋江安海	续任
	驻市人力资源和社会保障局纪检监察组组长	陈玲玲(女)	晋江罗山	—2019.11
		林承狮	晋江永和	2019.11—
	驻市自然资源局纪检监察组组长	柯清学	晋江灵源	续任
	驻市住房和城乡建设局纪检监察组组长	许永康	晋江东石	续任
	驻市城市管理局纪检监察组组长	蔡劲松	晋江池店	续任
	驻市交通运输局纪检监察组组长	施连续	晋江深沪	—2019.5
		吴炳灿	晋江西园	2019.11—
	驻市农业农村局纪检监察组组长	张明智	晋江内坑	续任
	驻市水利局纪检监察组组长	蔡天强	晋江东石	—2019.5
		陈玲玲(女)	晋江罗山	2019.11—
	驻市文化和旅游局纪检监察组组长	庄春霞(女)	惠 安	—2019.5
		陈丹蓉(女)	晋江安海	2019.11—
	驻市卫生健康局纪检监察组组长	陈激扬(女)	晋江永和	续任
	驻市市场监督管理局纪检监察组组长	高万里	晋江安海	—2019.1
		许竟峰	泉州鲤城	2019.11—
	驻市政协机关纪检监察组组长	陈建新	晋江金井	2019.1—
	驻市人民法院纪检监察组组长	林天宝	莆田仙游	续任
	驻市人民检察院纪检监察组组长	王云进	晋江内坑	续任
	驻市总工会纪检监察组组长	许文友	晋江永和	续任

机构名称	职 务	姓 名	籍 贯	任职时间
市委办	主 任	吴尊意	晋江金井	—2019.7
	主 任	谢建智	石 狮	2019.7—
	副主任	陈建军	晋江陈埭	续任
	副主任	柯晓钟	晋江罗山	续任
	副主任	曾伙明	晋江内坑	续任
	副主任	林灿煌	晋江陈埭	续任
保密局	局 长	柯晓钟	晋江罗山	续任
机要局	局 长	吴炳新	晋江磁灶	续任
台港澳办	主 任	陈建军	晋江陈埭	续任
档案局	局 长	谢建智	石 狮	2019.7—
市委综合系统党委	书 记	朱丹红(女)	晋江池店	续任
	专职副书记	宋豫闽	河南确山	续任
国家密码管理局	局 长	吴炳新	晋江磁灶	续任
督查室	主 任	王展招	晋江西园	续任
党群系统党委	书 记	林嘉达	晋江深沪	续任
	专职副书记	颜呈秒	晋江安海	续任
组织部	部 长	吴忠刘	南 安	续任
	常务副部长	林嘉达	晋江深沪	续任
	副部长	庄东航	晋江梅岭	—2019.7
	副部长	黄建华	南 安	续任
	副部长	许著赟	晋江安海	续任
公务员局	局 长	林嘉达	晋江深沪	续任
老干局	局 长	许著赟	晋江安海	续任
	副局长	张蓓蕾(女)	晋江梅岭	续任
直属机关工作委员会	书 记	吴忠刘	南 安	续任
	副书记	庄东航	晋江梅岭	—2019.7
非公有制企业党的工作委员会	书 记	庄东航	晋江梅岭	—2019.7
人才办	主 任	黄建华	南 安	续任
	专职副主任	蔡文思	晋江永和	续任
宣传部	部 长	林惠玲(女)	泉州丰泽	续任
	常务副部长	柯荣围	晋江安海	续任
	副部长	陈多多	晋江深沪	续任

续表

机构名称	职　务	姓　名	籍　贯	任职时间
宣传系统党委	书　记	黄华东	南　安	续任
	专职副书记	吴清淡	晋江东石	续任
精神文明建设办公室	主　任	陈多多	晋江深沪	续任
	副主任	吴成业	晋江磁灶	续任
统一战线工作部	部　长	黄文福	晋江金井	续任
	常务副部长	陈秋景	晋江永和	续任
	副部长	范飞跃	晋江金井	续任
	副部长	陈金尚	晋江罗山	续任
统战系统党委	书　记	陈金尚	晋江罗山	续任
	专职副书记	侯俊勇	南　安	续任
民族宗教事务局	局　长	范飞跃	晋江金井	续任
	副局长	林春旭	晋江磁灶	续任
侨务办公室	主　任	陈金尚	晋江罗山	续任
政法委员会	书　记	陈长义	晋江罗山	续任
	常务副书记	林劲松	晋江安海	续任
	副书记	陈清棋	晋江永和	续任
	副书记	王经勤	晋江安海	续任
	副书记	林如欲	晋江陈埭	续任
政法系统党委	书　记	杨思程	晋江陈埭	续任
	专职副书记	王义彬	莆田仙游	续任
机构编制委员会办公室	主　任	杨春雷	晋江龙湖	续任
	副主任	尤国盘	泉州洛江	续任
巡察办	主　任	蔡韵清(女)	晋江东石	—2019.1
	主　任	郭培源(回)	石　狮	2019.1—
	巡察一组组长	黄志坤	晋江安海	2019.1—
	巡察二组组长	张小鹏	晋江内坑	2019.1—
	巡察三组组长	高万里	晋江安海	2019.1—
	副主任	翁洵钰	晋江灵源	—2019.11
	副主任	张谋苗	晋江磁灶	续任
	副主任	张彬彬(女)	晋江东石	2019.1—

四、地方人大组织

晋江市人大常委会领导名表

表9

机构名称	职　务	姓　名	籍　贯	任职时间
晋江市人大常委会	主　任	洪于权	晋江英林	—2019.12
	主　任	林仁达	南　安	2019.12—
	副主任	郭鸿荣(回)	晋江罗山	续任
	副主任	曾献礼	晋江内坑	续任
	副主任	连泉富	泉州泉港	续任
	副主任	姚志强	安　溪	续任
	副处级干部	林友竹	晋江陈埭	续任
	办公室主任	陈锡岑	晋江罗山	续任
	办公室副主任	李蔚民	石　狮	续任
	办公室副主任	卢智健	漳州南靖	2019.12—
人事代表委员会	主　任	蔡银青	晋江永和	续任
	副主任	陈晶晶(女)	石　狮	续任
内务司法委员会	主　任	许良晓	晋江龙湖	续任
农村经济工作委员会	主　任	林明捷	南　安	续任
	副主任	林友彬	晋江青阳	续任
财政经济委员会	主　任	颜宏哲	晋江安海	续任
	副主任	黄宁生	福州仓山	续任
教育科学文化卫生委员会	主　任	施正琛	晋江龙湖	续任
	副主任	许燕辉(女)	晋江安海	续任
华侨民族宗教委员会	主　任	柯碧玲(女)	晋江罗山	续任
	副主任	李永宗	晋江内坑	—2019.6
环境与城镇建设委员会	主　任	陈晓辉	石　狮	续任
	副主任	陈萌雅(女)	晋江安海	续任

五、政府部门

晋江市人民政府工作部门负责人名表

表10

机构名称	职务	姓名	籍贯	任职时间
政府办	主任	陈进福	晋江磁灶	—2019.7
	主任	吴靖宇	晋江内坑	2019.7—
	副主任	李宝泉	晋江梅岭	续任
	副主任	蔡斯坤	晋江东石	续任
	副主任	王国杰	晋江内坑	—2019.5
	副主任	颜才镖	晋江安海	续任
	副主任	陈凌(女)	泉州鲤城	续任
	副主任	郑志杰	惠安	续任
	副主任	蔡祈斌	晋江东石	续任
外事办	主任	陈凌(女)	泉州鲤城	2019.5—
接待处	主任	颜玉苗	晋江东石	续任
政府综合系统党委	专职副书记	傅劲峰	漳州芗城	续任
驻深圳办事处	主任	施伟群	晋江深沪	续任
驻福州办事处	主任	蔡长坚	晋江东石	续任
发展和改革局	局长	陈伟勇	晋江西园	—2019.6
	局长	许国鑫	晋江龙湖	2019.6—
	副局长	饶一兵	湖北武穴	续任
	副局长	李文宏	晋江池店	续任
	副局长	吴荣世	晋江安海	续任
发展和改革系统党委	书记	庄庆福	晋江梅岭	续任
	专职副书记	林景锋	惠安	续任
教育局	局长	陈建生	晋江磁灶	续任
	副局长	蔡惠琼(女)	晋江紫帽	续任
	副局长	肖金铨	晋江东石	续任
	副局长	郭俊慨(回)	晋江金井	续任
教育督导室	主任	肖金铨	晋江东石	续任
教育系统党委	书记	蔡惠琼(女)	晋江紫帽	续任
	专职副书记	蔡朝阳	晋江梅岭	续任
科学技术局	局长	蒋家兴	德化	续任
	副局长	施文协	晋江深沪	续任

机构名称		职务	姓名	籍贯	任职时间
工业和信息化局		局长	林永红	晋江内坑	续任
		副局长	李忠思	晋江东石	续任
		副局长	陈连智	晋江罗山	续任
经信系统党委		书记	曾勇军	晋江罗山	续任
		专职副书记	黄艺君(女)	晋江安海	续任
公安局	市局	局长	陈文荣	永春	—2019.7
		局长	李森建	泉州鲤城	2019.7—
		政委	苏家明	泉州丰泽	续任
		党委副书记	赖培猛	晋江西园	续任
		副局长	苏琪	泉州鲤城	续任
		副局长	蔡水抽	晋江东石	续任
		副局长	李天平	晋江梅岭	续任
		副局长	曾朝阳	晋江内坑	续任
		副局长	颜清祥	晋江东石	—2019.12
		副局长	洪进南	晋江英林	续任
		副局长	黄泓	晋江梅岭	续任
		总工程师	施建忠	晋江深沪	续任
公安局机关党委		书记	赖培猛	晋江西园	续任
		专职副书记	尤志贤	晋江内坑	续任
公安局	政工室	主任	庄飞虎	晋江梅岭	续任
	警务保障室	主任	李章其	晋江金井	续任
	警察公共关系室	主任	陈耀宗	南安	续任
	警务督察大队	大队长	李建民	晋江安海	续任
	指挥中心	主任	龚志勇	石狮	续任
		教导员	陈勇	南平	续任
	国保大队	大队长	颜斯鸿	晋江安海	续任
		教导员	林拥军	晋江陈埭	续任
	经侦大队	大队长	王彬辉	晋江安海	续任
		教导员	林金福	漳州平和	续任
	治安大队	大队长	林康育	晋江池店	续任
		教导员	蔡长翼	晋江金井	续任
	法制大队	大队长	林宏展	晋江安海	续任
		教导员	赖晓山	龙岩武平	续任

续表

机构名称		职　务	姓　名	籍　贯	任职时间
公安局	出入境管理大队	大队长	许春江	晋江金井	续任
		教导员	龚晶莹(女)	石　狮	续任
	交警大队	大队长	张卫东	泉州丰泽	续任
	禁毒大队	大队长	蔡乔峰	晋江东石	续任
		教导员	庄剑能	龙岩上杭	续任
	户政管理大队	大队长	颜向阳	晋江安海	续任
		教导员	姚红日	晋江内坑	续任
	网安大队	大队长	洪松派	晋江金井	续任
		教导员	马永芳	三明宁化	续任
	刑侦大队	大队长	杨剑扬	晋江陈埭	—2019.11
		教导员	施文生	晋江龙湖	续任
	边防大队	政　委	许文鑫	泉　州	续任
	巡特警反恐大队	大队长	傅国平	河南滑县	续任
		教导员	刘　勇	山西平陆	续任
	拘留所	所　长	潘溶芳	泉州丰泽	续任
		教导员	李景峰	晋江池店	续任
	市看守所	所　长	黄鹏程	晋江安海	续任
		教导员	张贻东	晋江磁灶	续任
	消防大队	大队长	邱建鹏	漳州长泰	—2019.2
		教导员	郭首政	永　春	续任
	青阳派出所	所　长	王　伟	惠　安	续任
		教导员	欧阳荣	湖南衡东	续任
	梅岭派出所	所　长	陈黄河	晋江东石	续任
		教导员	谢世炎	晋江陈埭	续任
	西园派出所	所　长	施　建	晋江龙湖	续任
		教导员	庄育坪	晋江青阳	续任
	罗山派出所	所　长	陈世远	泉州泉港	续任
		教导员	肖　炜	晋江金井	续任
	灵源派出所	所　长	郭东汉	晋江罗山	续任
		教导员	王维柱	晋江东石	续任
	新塘派出所	所　长	陈峻峰	惠　安	续任
		教导员	杨周阳	安　溪	续任

机构名称		职　务	姓　名	籍　贯	任职时间
公安局	陈埭派出所	所　长	李建设	晋江梅岭	续任
		教导员	王炼武	福州闽清	续任
	滨江派出所	所　长	郑志朋	晋江罗山	续任
		教导员	许江洪	晋江安海	续任
	池店派出所	所　长	姚常青	晋江永和	续任
		教导员	邱德民	龙岩上杭	续任
	安海派出所	所　长	李卫阳	晋江罗山	续任
		教导员	李文权	南　安	续任
	磁灶派出所	所　长	李明星	晋江梅岭	续任
		教导员	江冬平	南平浦城	续任
	内坑派出所	所　长	李进益	晋江池店	续任
		教导员	郑丽绥(女)	永　春	续任
	紫帽派出所	所　长	苏世源	晋江磁灶	续任
		教导员	李瑞斌	晋江池店	续任
	东石派出所	所　长	张　飞	内蒙古商都	续任
		教导员	洪源杉	晋江英林	续任
	永和派出所	所　长	张长光	晋江青阳	续任
		教导员	柳良顺	晋江陈埭	续任
	英林派出所	所　长	蔡士达	晋江安海	续任
		教导员	唐劲松	泉州泉港	续任
	金井派出所	所　长	蔡宗晨	厦门同安	续任
		教导员	洪光约	晋江英林	续任
	龙湖派出所	所　长	柯长春	晋江新塘	续任
		教导员	施风扬	晋江深沪	续任
	深沪派出所	所　长	洪清昌	晋江英林	续任
		教导员	黄恒梁	永　春	续任
	西滨派出所	所　长	林荣武	晋江安海	续任
		教导员	魏建烽	宁德柘荣	续任
	安平派出所	所　长	林江涛	晋江陈埭	续任
		教导员	张谋泽	晋江英林	续任

续表

机构名称	职　务	姓　名	籍　贯	任职时间
民政局	党组书记	吴晋居	晋江磁灶	续任
	局　长	吴丽婷(女)	晋江磁灶	续任
	副局长	张连侨	晋江内坑	续任
	副局长	施建生	晋江龙湖	续任
司法局	局　长	许嘉丰	晋江金井	续任
	副局长	张春晓	晋江池店	续任
	副局长	张贻潜	晋江东石	续任
	青阳所所长	洪文峰	晋江龙湖	续任
	梅岭所所长	柯　涌	晋江新塘	续任
	罗山所所长	林祥星	晋江青阳	续任
	灵源所所长	蔡建华(女)	晋江东石	续任
	新塘所所长	谢阳明	泉州洛江	续任
	陈埭所所长	陈毅伟	晋江安海	续任
	安海所所长	佘胜琛	晋江永和	续任
	磁灶所所长	庄晓东	晋江梅岭	续任
	内坑所所长	王说佳	晋江金井	续任
	紫帽所所长	魏志强	泉州丰泽	续任
	东石所所长	庄舒怀(女)	晋江梅岭	续任
	永和所所长	赖雪芳(女)	晋江青阳	续任
	英林所所长	施少锋	晋江深沪	续任
	金井所所长	陈毅旺	晋江安海	续任
	龙湖所所长	李培耀	晋江内坑	续任
	西滨所所长	陈明霞(女)	南　安	续任
财政局	局　长	肖金树	晋江东石	续任
	副局长	吴绶明	晋江池店	续任
	副局长	陈元福	晋江磁灶	续任
	副局长	洪明照	晋江龙湖	续任
财政金融系统党委	书　记	吴东进	晋江永和	续任
	专职副书记	施永鑫	晋江龙湖	续任
财政国库支付中心	主　任	陈俊毅	晋江深沪	—2019.12

机构名称	职　务	姓　名	籍　贯	任职时间
人力资源和社会保障局	局　长	黄胜鑫	石　狮	—2019.7
	局　长	柯发音	晋江新塘	2019.8—
	副局长	尤金榜	晋江安海	续任
	副局长	吴清瑜	晋江东石	续任
	副局长	林晓军	晋江金井	续任
	副局长	张　杭	晋江西园	续任
社会保障系统党委	书　记	黄文铅	晋江东石	续任
	专职副书记	林金龙	永　春	续任
公共就业和人才服务中心	主　任	丁青青(女、回)	晋江陈埭	—2019.12
自然资源局	局　长	蔡清渠	晋江东石	续任
	副局长	朱文育	晋江安海	续任
	副局长	蔡建明	晋江池店	续任
	副局长	陈英俊	晋江金井	续任
	副局长	孙文欣	晋江东石	续任
	副局长	刘文斌	泉州泉港	续任
	副局长	张尧进	南平建瓯	续任
城乡规划局陈埭分局	分局长	邱志军	石　狮	续任
住房和城乡建设局	局　长	蔡逸卿	晋江东石	续任
	副局长	丁清松(回)	晋江陈埭	续任
	副局长	卓鸿源	晋江紫帽	续任
	副局长	曾绍鹏	晋江龙湖	续任
	总工程师	洪逸群	晋江英林	续任
建设系统党委	书　记	陈文星	晋江深沪	续任
	专职副书记	李培植	晋江安海	续任
人民防空办公室	主　任	陈文星	晋江深沪	续任
住房和城乡建设局陈埭分局	分局长	洪鸿飞	晋江英林	续任
城建项目管理服务中心	主　任	李俊颖	晋江池店	续任
交通局	局　长	吴鸿斌	晋江紫帽	续任
	副局长	肖奕志	晋江安海	续任
	副局长	连碧龙	泉州泉港	续任
	副局长	李再生	晋江罗山	续任
	总工程师	颜呈忠	晋江安海	续任

续表

机构名称	职务	姓名	籍贯	任职时间
交通运输系统党委	书记	谢春雷	南安	续任
	专职副书记	蔡于洋(女)	晋江东石	续任
国防动员会交通战备办公室	主任	尚建萍(女)	辽宁黑山	续任
交通综合行政执法大队	大队长	颜呈云	晋江安海	续任
农业农村局	局长	李友加	晋江罗山	续任
	副局长	许建林	晋江青阳	续任
	副局长	朱志新	晋江池店	续任
	总农艺师	蔡章棣	晋江永和	续任
农业系统党委	书记	施建成	晋江龙湖	续任
	专职副书记	王银姬(女)	晋江新塘	续任
市林业和园林绿化局	局长	王清龙	厦门	续任
	副局长	陈少慰	晋江金井	续任
	副局长	洪海港	晋江西园	续任
水利局	局长	柯发音	晋江新塘	—2019.8
	局长	蒋东晓	晋江金井	2019.8—
	副局长	蒋东晓	晋江金井	—2019.8
	副局长	陈一啸	晋江安海	续任
	副局长	蔡景福	晋江新塘	续任
	总工程师	刘地强	泉州泉港	续任
商务局	局长	蔡文卿	晋江东石	续任
	副局长	蔡伟达	晋江安海	续任
	副局长	苏孙慰	晋江安海	续任
	副局长	丁永贵(回)	晋江陈埭	续任
文化和旅游局	局长	柯国林	莆田	续任
	副局长	李和范	晋江罗山	续任
	副局长	施清凉	晋江龙湖	续任
卫生健康局	局长	纪刚宏	晋江金井	续任
	副局长	黄长沙	石狮	—2019.1
	副局长	陈鹭旭	晋江安海	续任
	副局长	张白茹(女)	晋江深沪	续任
	副局长	陈文添	晋江内坑	续任
	副局长	许辉荣	晋江内坑	续任

机构名称		职务	姓名	籍贯	任职时间
卫计系统党委		书记	翁国明	晋江灵源	续任
		专职副书记	雷鸣(畲)	龙岩上杭	续任
退役军人事务局		局长	王奇志	厦门翔安	续任
		副局长	陈孟桔	晋江磁灶	续任
应急管理局		局长	曾国灿	晋江罗山	—2019.7
		局长	施金钟	晋江龙湖	2019.8—
		副局长	柯荣锻	晋江新塘	续任
		副局长	曾云开	晋江梅岭	续任
审计局		局长	陈恩典	晋江永和	续任
		副局长	蔡向阳	晋江东石	续任
		副局长	肖子新	晋江东石	续任
		总审计师	曾辉英(女)	厦门	续任
市场监督管理局	市局	局长	叶荣聪	惠安	续任
		副局长	黄永豪	晋江安海	续任
		副局长	许宗智	南安	续任
		副局长	苏少森	晋江陈埭	续任
		食药总监	陈俊达	晋江深沪	续任
市场监督管理系统党委		书记	柯永顺	晋江安海	续任
		专职副书记	叶子清	晋江东石	续任
市场监督管理局	青阳所	所长	许伟文	石狮	续任
		教导员	丁永汉(回)	晋江陈埭	续任
	梅岭所	所长	庄志东	晋江青阳	续任
		教导员	王江萍(女)	石狮	续任
	西园所	所长	刘劲松	晋江东石	续任
		教导员	蔡培塔	晋江永和	续任
	罗山所	所长	谢海青	晋江英林	续任
		教导员	范维忠	晋江金井	续任
	灵源所	所长	肖子逊	晋江东石	续任
		教导员	陈小立	晋江青阳	续任
	新塘所	所长	林文斌	晋江永和	续任
		教导员	苏小奔	晋江陈埭	2019.12—
	陈埭所	所长	王金川	晋江紫帽	续任
		教导员	林晖	南安	续任
	池店所	所长	林俊峰	晋江金井	续任
		教导员	张少鹏	晋江英林	续任

续表

机构名称		职　务	姓　名	籍　贯	任职时间
市场监督管理局	安海所	所　长	曾华习	晋江金井	续任
		教导员	王有忠	永　春	续任
	磁灶所	所　长	林文艺	晋江永和	续任
		教导员	庄玉树	晋江青阳	续任
	内坑所	所　长	吴清波	晋江安海	续任
		教导员	施荣尧	晋江龙湖	续任
	紫帽所	所　长	张瑞裕	晋江磁灶	续任
		教导员	许青松	晋江龙湖	续任
	东石所	教导员	蔡有志	晋江安海	续任
	永和所	所　长	洪文志	晋江东石	续任
	英林所	所　长	许培坤	晋江青阳	续任
		教导员	高　轮	晋江安海	续任
	金井所	所　长	林聪谋	晋江深沪	续任
		教导员	许清显	晋江安海	续任
	龙湖所	所　长	苏凯东	泉州鲤城	续任
		教导员	尤江华	晋江内坑	续任
	深沪所	所　长	李海晖	晋江英林	续任
	西滨所	所　长	施德才	漳州云霄	续任
		教导员	周忠林	山东定陶	续任

机构名称	职　务	姓　名	籍　贯	任职时间
体育局	党组书记	陈茂和	晋江深沪	续任
	局　长	许紫竹	晋江安海	续任
	副局长	许鹏飞	晋江龙湖	—2019.5
统计局	局　长	张清山	晋江东石	续任
	副局长	陈聪鹏	石　狮	—2019.5
	副局长	吴其仁	晋江西园	续任
金融工作局	局　长	刘向阳	惠　安	续任
	副局长	张开端	晋江内坑	—2019.11
	副局长	陈希卓	晋江金井	续任
信访局	局　长	陈松柏	晋江罗山	续任
	副局长	朱良志	晋江内坑	续任
	副局长	蔡婉浈(女)	石　狮	续任
城市管理局	局　长	黄清泉	晋江东石	续任
	副局长	黄志杰	漳州南靖	—2019.5
	副局长	魏德赐	南　安	续任
	副局长	曾长兴	晋江安海	续任
城市管理局陈埭分局	分局长	吴长江	晋江灵源	续任

六、政府派出机构

政府派出机构工作部门责任人名表

表11

机构名称	职　务	姓　名	籍　贯	任职时间
经济开发区管理委员会	党工委书记	谢永彬	晋江磁灶	续任
	副书记	施奕超	晋江安海	续任
	副书记	蔡金星	晋江东石	续任
	纪工委书记	王　平	安徽灵璧	续任
	副主任	张玉玺	晋江东石	续任
泉州出口加工区	管委会主任	薛宗炎	泉州鲤城	续任
	管理局局长	张世雄	晋江英林	—2019.3

机构名称	职　务	姓　名	籍　贯	任职时间
行政服务中心管委会	党组书记	洪荣塔	晋江英林	续任
	主　任	颜志平(女)	莆田仙游	续任
	副主任	杨志勇	晋江安海	续任
泉州半导体高新技术产业园区晋江分园区管理委员会	主　任	陈志雄	晋江深沪	续任
	常务副主任	谢建新	晋江东石	续任
	副主任	苏华伟	安　溪	2019.12—

七、地方政协组织

政协晋江市委员会领导名表

表12

机构名称	职务	姓名	籍贯	任职时间
政协晋江市委员会	主席	林仁达	南安	—2019.12
	主席	许宏程	晋江英林	2019.12—
	副主席	林庆峰	永春	续任
	副主席	叶荣宗	漳州长泰	续任
	副主席	洪元程	台湾	续任
	副主席	洪忠信	晋江英林	续任
	秘书长	蔡晖	晋江深沪	续任
	办公室主任	蔡晖	晋江深沪	续任
	办公室副主任	蔡阿炳	晋江陈埭	续任
	办公室副主任	张晚金	惠安	—2019.5
	提案委员会主任	许天宝	晋江龙湖	续任
政协晋江市委员会	提案委员会副主任	丁青青(女、回)	晋江陈埭	2019.12—
	经济与法制委员会主任	张谋荣	晋江池店	续任
	经济与法制委员会副主任	张茂倩(女)	晋江安海	续任
	文史资料委员会主任	吴明哲	晋江龙湖	续任
	文史资料委员会副主任	黄诗瑜	晋江安海	续任
	联络委员会主任	张海滩	晋江东石	续任
	联络委员会副主任	林真真(女)	晋江英林	续任

八、中央、省、泉州市属单位

中央、省、泉州市属单位负责人名表

表13

部门		职务	姓名	籍贯	任职时间
国家税务总局晋江市税务局	市局	局长	王庆福	永春	—2019.2
		总经济师	庄稼仁	泉州	2019.2—
		副局长	刘建民	晋江	续任
		副局长	洪晓东	晋江	续任
		副局长	郑序紊	晋江	2019.2—
		副局长	施纯望	晋江	续任
		副局长	张一兵	晋江	续任
		副局长	杨苹(女)	晋江	续任
		副局长	杨清泽	晋江	续任
		副局长	曾振辉	晋江	续任
		纪检组组长	黄种波	南安	续任
	分局	局长	尤志贤	晋江	续任
		局长	陈文哲	晋江	续任
		局长	张伟煌	惠安	续任
		局长	聂招东	武平	续任
		局长	陈天星	晋江	续任
		局长	张连进	晋江	续任
国家税务总局晋江市税务局	分局	局长	骆炳招	惠安	续任
		局长	蔡明科	石狮	续任
		局长	吴振东	晋江	续任
		局长	陈永军	晋江	续任
		局长	陈哲瑜	晋江	续任
		局长	杨式禹	晋江	续任
泉州海警局晋江工作站		站长	李政杰	江西奉新	2019.5—
海事处		处长	许增智	安溪	—2019.5
		处长	柳明峰	泉州	2019.5—
		副处长	许玉林	泉州	—2019.6
		副处长	徐忠	山东莒县	续任
		副处长	林良健	泉州	2019.6—
		海事监管科科长	许荣辉	晋江	—2019.6
		海事监管科科长	林青峰	泉州	2019.6—

续表

部 门	职 务	姓 名	籍 贯	任职时间
海事处	围头海巡执法大队大队长	林青峰	泉 州	—2019.6
	围头海巡执法大队大队长	许荣辉	晋 江	2019.6—
	深沪海巡执法大队副大队长	朱明德	泉 州	续任
	深沪海巡执法大队副大队长	王小孟	宁 德	续任
泉州海关驻晋江办事处	主 任	邢广勇	河南泌阳	—2019.12
	主 任	辛锡龙	江苏无锡	2019.12—
	副主任	蔡水狮	南 安	续任
	副主任	王清松	泉州鲤城	—2019.12
	副主任	吴跃民	翔 安	续任
	综合保障科科长	张少娟(女)	漳 州	续任
	口岸监督科科长	郑韩晖	南 安	2019.1—
	口岸监督科科长	郑永泉	永 春	2019.1—2019.12
	综合业务一科科长	赵燕蓉(女)	惠 安	2019.1—
	综合业务二科科长	洪文哲	晋 江	2019.1—
	产品监管科科长	王良填	石 狮	2019.1—
	围头监管科科长	张志刚	泉 州	2019.1—
	陆地港监管科科长	吴鸿温	泉 州	2019.1—
	邮件监管科科长	黄琦山(女)	莆 田	2019.1—
	综合保税区监管科科长	王峻坚	泉 州	续任
	晋江机场旅检科科长	张乃勤	泉 州	续任
	快件监管科科长	戴大目	南 安	续任
	机场货管科科长	张财济	龙 岩	2019.1—

部 门	职 务	姓 名	籍 贯	任职时间
中国人民银行晋江市支行	行 长	骆裕明	惠 安	—2019.1
	行 长	苏亚民	永 春	2019.1—
	副行长	庄家训	惠 安	续任
	副行长	黄文忠	晋江安海	续任
晋江银保监管组	组 长	许一平	南 安	续任
泉州市医疗保障局晋江分局	局 长	黄长沙	石 狮	2019.5—
	副局长	陈清漂	晋江永和	2019.3—
晋江市邮政管理局	局 长	刘昭曙	泉州泉港	—2019.7
	局 长	陈荣裕	泉 州	2019.7—
晋江市经济报社	副总编辑	吴美章	三明大田	续任
	副总编辑	方锦枞	漳州龙海	续任
	编 委	李剑锋	南 安	续任
泉州市晋江生态环境局	局 长	林志雄	晋江永和	续任
	副局长	倪向群	晋江陈埭	续任
	副局长	卢敬东	晋江池店	续任
泉州市住房公积金中心晋江管理部	主 任	张晓光	晋江东石	续任
泉州公路局晋江分局	局 长	戴伟顺	南 安	续任
	教导员	罗 勇	厦 门	续任
	副局长	柳剑飞	莆 田	续任
	副局长	王宗龙	泉州泉港	续任
晋江市气象局	局 长	叶秀枝(女)	南平松溪	续任
	副局长	陈雅莲(女)	永 春	续任
	副局长	魏伟锐	广东汕头	—2019.12
晋江市烟草专卖局	局长、经理	庄进勇	泉州泉港	续任
	副经理	徐芳南	安 溪	续任
	副局长	张辉扬	安 溪	续任
	纪检员	颜天宝	晋江新塘	续任
晋江盐务局	局 长	林金田	安 溪	—2019.4
	局 长	张志强	南 安	2019.4—

九、民主党派

晋江市民主党派负责人名表

表14

机构名称	职务	姓名	籍贯	任职时间
中国国民党革命委员会晋江市委员会	主委	曾献礼	晋江内坑	续任
	专职副主委	张子牙	晋江东石	续任
台湾民主自治同盟晋江市支部委员会	主委	洪元程	台湾	续任
中国民主建国会晋江市委员会	主委	庄天怀	晋江梅岭	续任
	专职副主委	张榕(女)	晋江安海	续任
中国民主促进会晋江市委员会	主委	许维蓄	晋江龙湖	续任
	专职副主委	周莹(女)	南安	续任
中国农工民主党晋江市委员会	主委	王金象	晋江金井	续任
	专职副主委	张琳琳(女)	南安	续任
中国致公党晋江市委员会	主委	颜虹(女)	晋江安海	续任
九三学社晋江支社	主委	苏温州	晋江陈埭	续任
中国民主同盟晋江市委员会	主委	张开端	晋江内坑	续任
	专职副主委	粘文俊(满)	晋江龙湖	续任

十、群众团体

晋江市群众团体组织负责人名表

表15

机构名称	职务	姓名	籍贯	任职时间
总工会	主席	吴忠刘	南安	续任
	常务副主席	彭培育	石狮	续任
	副主席	颜劲松	晋江安海	续任
	副主席	王颖芳(女)	晋江池店	续任
残疾人联合会	理事长	蔡尚才	晋江东石	续任
	副理事长	林荣坤	晋江安海	续任
工商联(总商会)	主席(会长)	洪忠信	晋江英林	续任
	常务副主席(副会长)	郑科伟	晋江龙湖	续任
	副主席(副会长)、秘书长	黄沧海	晋江东石	—2019.1
	副主席(副会长)、秘书长	庄志森	晋江永和	2019.12—
妇女联合会	主席	钟文玲(女、畲)	泉州泉港	—2019.1
	主席	许清心(女)	晋江龙湖	2019.7—
	副主席	许清心(女)	晋江龙湖	—2019.7
	副主席	丁玉梅(女、回)	晋江陈埭	续任
红十字会	专职副会长	陈小妮(女)	晋江安海	—2019.5
国际贸易促进委员会	会长	蔡育树	石狮	续任
	副会长	陈冬生	晋江安海	续任
	副会长	孙水滨	晋江东石	续任
科学技术协会	主席	谢江漫	晋江金井	续任
	副主席	王鸿锦(女)	晋江永和	续任
共青团晋江市委员会	书记	蔡少林	晋江永和	续任
	副书记	卢奕珠(女)	德化	续任
	副书记	张雯(女)	南安	续任
文学艺术界联合会	主席	李伟才	安溪	—2019.8
归国华侨联合会	主席	庄晓芳(女)	晋江梅岭	续任
	副主席	王建新	晋江金井	续任
计划生育协会	会长	王庆芬	石狮	续任
	常务专职副会长	王立民	泉州鲤城	续任
	专职副会长	刘名军	江西兴国	续任
社会科学联合会	主席	黄良	晋江金井	续任
台湾同胞联谊会	会长	吴朝晖	台湾台北	续任

续表

机构名称	职　务	姓　名	籍　贯	任职时间
关心下一代工作委员会	主　任	陈长庚	晋江龙湖	续任
	常务副主任	许天祥	晋江东石	续任
	副主任、秘书长	陈龙琪	宁　德	续任
	副主任	郑清爽	晋江东石	续任
	副秘书长	张孙厚	晋江英林	续任
	副秘书长	朱福声	晋江内坑	续任
老区建设促进会	会　长	施并章	晋江龙湖	—2019.1
	会　长	黄小闽	晋江梅岭	2019.1—
	常务副会长	张景锻	晋江内坑	—2019.1
	常务副会长	许乔良	晋江梅岭	2019.1—
	副会长、秘书长	陈扶西	晋江深沪	—2019.1
慈善总会	会　长	许连捷	晋江安海	续任
	常务副会长、秘书长	龚子猛	晋江安海	续任

十一、镇、街道、场

晋江市镇、街道、场领导干部名表

表16

机构名称	职　务	姓　名	籍　贯	任职时间
青阳街道	书　记	许长俊	晋江安海	—2019.7
	书　记	洪永胜	晋江英林	2019.7—
	副书记、主任	吴靖宇	晋江内坑	—2019.7
	副书记、主任	曾国灿	晋江罗山	2019.7—
	人大工委主任	许小卫	晋江安海	续任
	副书记	王晓人	晋江金井	续任
	副书记	钟荣茂(畲)	晋江内坑	续任
	委　员(纪工委书记)	王建回	晋江永和	续任
	委　员(武装部部长)	蔡安怀	晋江梅岭	续任
	委　员(秘　书)	林水清	晋江陈埭	续任
	组织委员	丁晓岚(女,回)	晋江安海	续任
	宣传委员、统战委员	王荣誉	晋江东石	续任
	人大工委副主任	洪鸿雁	晋江英林	续任
	副主任	曾台店	晋江安海	续任
	副主任	朱智钰	晋江内坑	续任
	副主任(科　技)	黄志胜	晋江安海	—2019.12
	企业党委专职副书记	张剑锋	晋江东石	续任
梅岭街道	书　记	洪长江	晋江东石	续任
	副书记、主任	洪志强	晋江东石	续任
	人大工委主任	陈聪衍	石　狮	续任
	副书记	施金钟	晋江龙湖	—2019.8
	副书记	吴青山	石　狮	续任
	委　员(纪工委书记)	李育波	晋江池店	—2019.1
	委　员(纪工委书记)	李径宗	晋江罗山	2019.1—
	委　员(武装部部长)	吴连坛	晋江龙湖	续任
	委　员(秘　书)	余　洁	福州鼓楼	续任
	组织委员、统战委员	张金龙	晋江磁灶	续任
	宣传委员	洪琼琼(女)	晋江东石	续任
	人大工委副主任	陈德意	晋江罗山	2019.12—
	副主任	郑绍乐	永　春	续任
	副主任	陈文祥	晋江青阳	续任
	企业党委专职副书记	詹伟清	晋江安海	续任
西园街道	书　记	林晓为	晋江安海	续任
	副书记、主任	杨双华(女)	晋江新塘	续任
	人大工委主任	陈世裕	晋江东石	续任
	副书记	陈文聘	晋江安海	续任

续表

机构名称	职务	姓名	籍贯	任职时间
西园街道	副书记	刘小燕(女)	南安	续任
	委员(纪工委书记)	苏文璋	晋江安海	—2019.1
	委员(纪工委书记)	吴钰凯	晋江龙湖	2019.1—
	委员(武装部部长)	陈继祖	晋江罗山	续任
	委员(秘书)	尤国辉	永春	续任
	组织委员、统战委员	吴雅琳(女)	石狮	续任
	宣传委员	颜拥军	晋江安海	续任
	人大工委副主任	吴马愿	晋江罗山	2019.12—
	副主任	陈加星	晋江罗山	续任
	副主任	蔡鹰扬	晋江东石	续任
	副主任(科技)	陈飞娜(女)	晋江陈埭	续任
	企业党委专职副书记	张挺伟	晋江英林	续任
罗山街道	书记	陈文斗	晋江金井	续任
	副书记、主任	张志友	晋江东石	续任
	人大工委主任	王向阳	晋江安海	续任
	副书记	曾远漂	晋江安海	续任
	副书记	蔡北京	晋江东石	续任
	委员(纪工委书记)	吴黎水	晋江灵源	续任
	委员(武装部部长)	庄铭德	晋江梅岭	续任
	委员(秘书)、统战委员	杨青梅(女)	晋江紫帽	续任
	组织委员	陈德意	晋江罗山	—2019.12
	组织委员	陈长达	晋江深沪	2019.12—
	宣传委员	洪段宏	晋江东石	续任
	人大工委副主任	柯康灿	晋江金井	2019.12—
	副主任	陈达森	晋江金井	续任
	副主任	林时就	晋江内坑	续任
	副主任(科技)	陈长达	晋江深沪	—2019.12
	企业和社会组织党委专职副书记	姚晓翔	晋江安海	2019.12—
灵源街道	书记	苏振发	南安	续任
	副书记、主任	陈高攀	晋江磁灶	续任
	人大工委主任	林松庆	晋江陈埭	续任
	副书记	张小鹏	晋江内坑	—2019.1
	副书记	陈贻得	晋江金井	续任
	副书记	许上林	晋江英林	2019.5—
	委员(纪工委书记)	陈凌燕(女)	晋江安海	续任
	委员(武装部部长)	陈金元	晋江磁灶	续任
	委员(秘书)	蔡文习	晋江东石	续任
	组织委员	陈俊明	晋江深沪	—2019.11
	组织委员	杨彬	晋江新塘	2019.12—
	宣传委员、统战委员	庄燕燕(女)	晋江青阳	续任
	人大工委副主任	蔡娜娜(女)	晋江东石	2019.12—
	副主任	许文宣	晋江安海	—2019.12
	副主任	柯志力	晋江新塘	续任
	副主任	叶明阳	台湾台南	2019.12—
	副主任(科技)	许天苔	晋江英林	续任
	企业党委专职副书记	李其旦	晋江内坑	续任
新塘街道	书记	洪永胜	晋江英林	—2019.7
	书记	庄东航	晋江梅岭	2019.7—
	副书记、主任	谢建智	石狮	—2019.7
	副书记、主任	陈英煌	晋江青阳	2019.7—
	人大工委主任	林友栋	晋江罗山	续任
	副书记	颜婉媚(女)	晋江安海	续任
	副书记	施荣进	晋江龙湖	续任
	委员(纪工委书记)	黄若凡	晋江安海	续任
	委员(武装部部长)	蔡崇伟	晋江安海	续任
	委员(秘书)	尤丁贵	永春	续任
	组织委员	周嘉琛	南安	续任
	宣传委员、统战委员	陈欣欣(女)	泉州鲤城	续任

续表

机构名称	职 务	姓 名	籍 贯	任职时间
新塘街道	人大工委副主任	刘铮铭	晋江金井	2019.12—
	副主任	施文响	晋江龙湖	续任
	副主任	吴健军	晋江金井	续任
	副主任（科 技）	叶明阳	台湾台南	—2019.12
	企业党委专职副书记	张国钱	晋江东石	续任
良种场	场 长	许英蔚	晋江英林	续任
	副场长	唐玉梅(女)	晋江池店	续任
	副场长	陈金德	晋江罗山	续任
陈埭镇	书 记	潘子良	浙江温州	续任
	副书记、镇长	庄垂生	晋江梅岭	续任
	人大主席	曾逸峰	晋江安海	续任
	副书记	曾焕镖	晋江内坑	续任
	副书记	许自央	晋江安海	续任
	委 员（纪委书记）	张金祥	晋江英林	续任
	委 员（武装部部长）	姚庆祝	晋江内坑	续任
	委 员（秘 书）	姚 腾	晋江罗山	续任
	组织委员	丁永达	晋江陈埭	续任
	宣传委员、统战委员	陈荣辉	晋江西园	续任
	人大副主席	黄小凤(女)	晋江池店	续任
	副镇长	黄贤答	晋江东石	续任
	副镇长	王少欣	晋江金井	续任
	副镇长（科 技）	陈毓瑜	晋江磁灶	—2019.12
	副镇长（挂 职）	林浩星	德 化	续任
	企业党委专职副书记	蔡建明	晋江紫帽	续任
池店镇	书 记	许畴料	晋江东石	—2019.7
	书 记	吴尊意	晋江金井	2019.7—
	副书记	许长俊	晋江安海	2019.7—
	镇 长	许长俊	晋江安海	2019.8—
	人大主席	李逊庆	晋江青阳	续任
	副书记	庄自宝	晋江梅岭	续任

机构名称	职 务	姓 名	籍 贯	任职时间
池店镇	副书记	洪志新	晋江英林	续任
	副书记（挂 职）	傅文聪	南 安	续任
	委 员（纪委书记）	陈奕凯	晋江深沪	—2019.1
	委 员（纪委书记）	苏文璋	晋江安海	2019.1—
	委 员（武装部部长）	王振峰	晋江新塘	续任
	委 员（秘 书）	庄晓峰	晋江青阳	续任
	组织委员	吕少欣	晋江深沪	续任
	宣传委员、统战委员	叶志明	晋江东石	续任
	人大副主席	黄英瑜(女)	石 狮	续任
	副镇长	吴长挺	晋江深沪	续任
	副镇长	李 泱	晋江安海	续任
	副镇长（科 技）	张 琳(女)	晋江东石	续任
	企业党委专职副书记	肖志贤	晋江东石	续任
安海镇	书 记	唐春晓	晋江池店	—2019.4
	书 记	张健龙	晋江内坑	2019.7—
	副书记	张健龙	晋江内坑	—2019.7
	镇 长	张健龙	晋江内坑	—2019.7
	副书记、镇长	陈进福	晋江磁灶	2019.7—
	人大主席	柯煜煜	晋江新塘	续任
	副书记	曾焕铁	晋江新塘	续任
	委 员（纪委书记）	叶水滨	晋江东石	续任
	委 员（武装部部长）	林俊伟	晋江罗山	续任
	委 员（秘 书）	王耀民	晋江罗山	续任
	组织委员	林时炮	晋江内坑	续任
	宣传委员、统战委员	张培良	惠 安	续任
	人大副主席	苏华伟	安 溪	—2019.12
	人大副主席	陈毓瑜	晋江磁灶	2019.12—
	副镇长	吴清源	晋江永和	续任

续表

机构名称	职　务	姓　名	籍　贯	任职时间
安海镇	副镇长	张百夷	晋江东石	续任
	副镇长（科 技）	蔡娜娜（女）	晋江东石	—2019.12
	副镇长（挂 职）	蒋双增	德　化	续任
	企业党委专职副书记	蔡长久	晋江东石	续任
磁灶镇	书　记	黄延艺（女）	晋江安海	—2019.6
	书　记	王志宏	晋江灵源	2019.6—
	副书记	王志宏	晋江灵源	—2019.6
	镇　长	王志宏	晋江灵源	—2019.7
	副书记	张劲竹	晋江英林	2019.6—
	镇　长	张劲竹	晋江英林	2019.8—
	人大主席	周先进	晋江东石	2019.1—
	副书记	张振铃	晋江内坑	续任
	副书记	陈礼新	永　春	续任
	委　员（纪委书记）	吴贻锶	晋江龙湖	续任
	委　员（武装部部长）	曾培镜	晋江青阳	续任
	委　员（秘 书）	张广德	广东普宁	续任
	组织委员	吴松江	晋江东石	续任
	宣传委员、统战委员	杨志远	晋江新塘	续任
	人大副主席	蔡辉煌	晋江安海	续任
	副镇长	陈国良	晋江青阳	续任
	副镇长	许泳泳（女）	晋江安海	续任
	副镇长	张步贤	晋江东石	续任
	副镇长（科 技）	黄国裕	晋江东石	续任
	企业党委专职副书记	蔡建东	晋江内坑	续任
内坑镇	书　记	张劲竹	晋江英林	—2019.6
	书　记	黄胜鑫	石　狮	2019.7—
	副书记、镇长	陈其昌	晋江深沪	续任
	人大主席	洪国延	石　狮	续任
	副书记	张建群	晋江金井	续任
	副书记	王景珊	南　安	续任
	委　员（纪委书记）	林萍拉（女）	石　狮	续任
	委　员（武装部部长）	王宁强	晋江安海	续任
	委　员（秘 书）	姚少志	永　春	续任
	组织委员、统战委员	高斓斓（女）	晋江安海	续任
	宣传委员	粘磊石（满）	晋江深沪	续任
	人大副主席	张志向	晋江英林	续任
	副镇长	张辉永	晋江陈埭	续任
	副镇长	许天增	晋江安海	续任
	副镇长（科 技）	刘铮铭	晋江金井	—2019.12
	企业党委专职副书记	洪金清	晋江东石	续任
紫帽镇	书　记	吴再发	晋江西园	续任
	人大主席	王荣辉	晋江灵源	续任
	副书记	郑伟军	安　溪	续任
	副书记	王剑鸿	石　狮	续任
	委　员（纪委书记）	许文理（女）	晋江安海	续任
	委　员（武装部部长）	陈建辉	晋江磁灶	续任
	委员（秘书）、组织委员	陈伟廉	晋江安海	续任
	宣传委员、统战委员、副镇长	庄跃聪	晋江梅岭	续任
	副镇长	苏孙庚	晋江安海	续任
	副镇长（科 技）	吴马愿	晋江罗山	—2019.12
	企业党委专职副书记	肖文书	晋江东石	续任
东石镇	书　记	洪建立	晋江英林	续任
	副书记、镇长	李德铭	晋江池店	续任
	人大主席	陈文路	晋江罗山	续任
	副书记	曾志协	晋江金井	续任
	副书记	吴志峰	晋江安海	续任

续表

机构名称	职 务	姓 名	籍 贯	任职时间
东石镇	委 员（纪委书记）	陈建新	晋江金井	—2019.1
	委 员（纪委书记）	李育波	晋江池店	2019.1—
	委 员（武装部部长）	蔡达峰	晋江安海	续任
	组织委员	颜秋娥（女）	晋江安海	续任
	宣传委员、统战委员	庄景煌	泉州泉港	续任
	人大副主席	陈连升	晋江安海	续任
	副镇长	陈奕忠	晋江深沪	续任
	副镇长	赖渠鸿	晋江西园	续任
	副镇长	许竞宇	台湾台北	续任
	副镇长（科 技）	施建成	晋江龙湖	续任
	企业党委专职副书记	柯俊辉	晋江西园	续任
永和镇	书 记	吴超鹏	泉州鲤城	续任
	副书记、镇长	陈荣松	晋江罗山	续任
	人大主席	施金箱	晋江深沪	续任
	副书记	周宗仰	晋江安海	续任
	副书记	陈永溪	晋江安海	续任
	委 员（纪委书记）	兰雯雯（女、畲）	晋江安海	续任
	委 员（武装部部长）	罗 健	江西赣州	续任
	委 员（秘 书）	王振明	晋江青阳	续任
	组织委员、统战委员	吴式宏	晋江灵源	续任
	宣传委员	姚卡尔	晋江安海	续任
	人大副主席	洪志华	晋江安海	续任
	副镇长	陈海鸣	晋江安海	续任
	副镇长	王活泼	晋江安海	续任
	副镇长（科 技）	许成家	晋江东石	—2019.12
英林镇	书 记	李安辉	晋江池店	续任
	副书记、镇长	陈东聆（女）	晋江安海	续任
	人大主席	林德生	晋江陈埭	续任

机构名称	职 务	姓 名	籍 贯	任职时间
英林镇	副书记	蔡金章	晋江深沪	续任
	副书记	许国鑫	晋江龙湖	—2019.5
	委 员（纪委书记）	蔡永革	晋江永和	续任
	委 员（武装部部长）	林炳辉	晋江永和	续任
	委员（秘书）	陈清漂	晋江永和	—2019.3
	委员（秘书）	黄志向	晋江内坑	2019.12—
	组织委员	郑英奇	晋江安海	续任
	宣传委员、统战委员	柯康灿	晋江金井	—2019.12
	宣传委员、统战委员	蔡伟群	晋江安海	2019.12—
	人大副主席	林文尚	晋江内坑	续任
	副镇长	颜国升	晋江深沪	续任
	副镇长	蔡永钦	晋江金井	续任
	副镇长（科 技）	黄志向	晋江内坑	—2019.12
	企业党委专职副书记	王寿权	晋江灵源	续任
金井镇	书 记	丁鸿雨（回）	晋江陈埭	续任
	副书记、镇长	邱鸿荣	石 狮	—2019.7
	人大主席	庄松龄	晋江青阳	续任
	副书记	陈英煌	晋江青阳	—2019.7
	副书记	张建元	晋江内坑	续任
	委 员（纪委书记）	陈继添	晋江罗山	续任
	委 员（武装部部长）	林忠山	晋江陈埭	续任
	委员（秘书）	尹继雄	湖北天门	续任
	组织委员	洪少艾	晋江英林	续任
	宣传委员、统战委员	苏明春（女）	晋江英林	续任
	人大副主席	张东奇	惠 安	续任
	副镇长	林雨榨	晋江永和	续任
	副镇长	苏世杰	晋江磁灶	续任
	副镇长	尤燕红（女）	晋江安海	续任
	副镇长（科 技）	施元庚	晋江龙湖	续任
	企业党委专职副书记	许国立	晋江内坑	续任

续表

机构名称	职　务	姓　名	籍　贯	任职时间
龙湖镇	书　记	陈希轩	晋江金井	续任
	副书记、镇长	张志雄	晋江安海	续任
	人大主席	朱新旭	晋江池店	续任
	副书记	郭亨群(回)	晋江金井	续任
	副书记	施纯玺	晋江深沪	续任
	委　员(纪委书记)	陈流恭	晋江罗山	—2019.1
	委　员(纪委书记)	陈俊明	晋江深沪	2019.11—
	委　员(武装部部长)	庄添生	晋江青阳	续任
	委员(秘书)	林　楠(女)	晋江深沪	续任
	组织委员	黄美霞(女)	晋江东石	续任
	宣传委员、统战委员	张尚府	晋江东石	续任
	人大副主席	许荣题	晋江东石	续任
	副镇长	许上林	晋江英林	—2019.5
	副镇长	庄宏清	晋江梅岭	续任
	副镇长	洪国财	晋江内坑	2019.5—
	副镇长(科　技)	蔡伟群	晋江安海	—2019.12
	企业和社会组织党委专职副书记	陈俊毅	晋江深沪	2019.12—
深沪镇	书　记	许文倡	晋江英林	续任
	副书记、镇长	孙晋展	晋江东石	续任
	人大主席	王宏华	南　安	续任
	副书记	王斌斌	晋江青阳	续任
	委　员(纪委书记)	吴好景	晋江磁灶	续任
	委　员(武装部部长)	翁国栋	晋江灵源	续任
	委员(秘书)	王晓闽	晋江新塘	续任
	组织委员	吴秋品(女)	晋江磁灶	续任
	宣传委员、统战委员	陈奕友	晋江安海	续任
	人大副主席	曾振奋	晋江金井	—2019.12
	人大副主席	许成家	晋江东石	2019.12—
	副镇长	蔡夏溪	晋江东石	续任
	副镇长(科　技)	陈延裕	晋江龙湖	续任
	副镇长(挂　职)	陈海洋	晋江深沪	2019.1—
	企业党委专职副书记	陈　筑	安　溪	续任
西滨镇	书　记	王沂鸿	山东临沂	续任
	副书记、镇长	许特级	晋江东石	续任
	人大主席	王毓峰	晋江新塘	续任
	副书记	王国华	晋江内坑	续任
	副书记	许添福	晋江东石	续任
	委　员(纪委书记)	张清源	晋江英林	续任
	委　员(武装部部长)	洪国财	晋江内坑	—2019.5
	委员(秘书)、组织委员、统战委员	林丹红(女)	晋江青阳	续任
	宣传委员、副镇长	吴友峰	晋江磁灶	续任
	副镇长	吕良芽	南　安	—2019.12
	副镇长	黄志胜	晋江安海	2019.12—
	副镇长(科　技)	丁劲松	晋江安海	续任
	企业党委专职副书记	吴华东	晋江灵源	续任

审判司法机关

一、晋江市人民法院

晋江市人民法院领导班子名表

表17

职 务	姓 名	籍 贯	任职时间	职 务	姓 名	籍 贯	任职时间
院 长	陈水深	南 安	续任	副院长	曾晓军	南 安	续任
副院长	吴庆锥	晋江深沪	—2019.6	副院长	吴明铀	晋江罗山	2019.6—
党组副书记	吴庆锥	晋江深沪	2019.6—	审委会专职委员	叶佩芬(女)	晋江东石	续任
副院长	丁银汉(回)	晋江陈埭	续任	审委会专职委员	陈维山	晋江梅岭	续任
政治处主任	苏晓瑜	晋江东石	续任				

晋江市人民法院内设机构负责人名表

表18

职 务	姓 名	籍 贯	任职时间	职 务	姓 名	籍 贯	任职时间
政治部副主任	李培兴	南 安	2019.6—	执行局局长	吴明铀	晋江罗山	—2019.6
监察科副科长	林 萍(女)	晋江安海	2019.5—	执行局局长	苏友庆	晋江永和	2019.5—
办公室主任	苏友庆	晋江永和	—2019.5	法警大队大队长	丁育新	晋江安海	—2019.5
办公室主任	吴声坛	晋江安海	2019.5—	法警大队负责人	丁育新	晋江安海	2019.5—
立案庭庭长	黄永星	晋江安海	续任	法警大队政委	魏维平	晋江池店	—2019.5
审管办主任	颜 仪(女)	晋江安海	—2019.5	青阳庭庭长	林荣业	晋江深沪	—2019.6
审管办主任	洪民强	晋江池店	2019.5—	陈埭庭庭长	杨明护	晋江罗山	续任
刑一庭庭长	刘基荣	晋江东石	续任	安海庭庭长	蔡忠楚	晋江新塘	—2019.6
刑二庭庭长	陈永固	晋江永和	续任	磁灶庭庭长	吴景芳	晋江罗山	—2019.6
民一庭庭长	洪民强	晋江池店	—2019.5	东石庭庭长	姚志阳	晋江梅岭	续任
民一庭庭长	陈雁平(女)	晋江陈埭	2019.6—	金融审判庭庭长	吴铭清	晋江西园	—2019.6
民二庭庭长	庄马炮	晋江梅岭	—2019.6	行政审判庭庭长	姚加奖	晋江英林	—2019.6
生态环境审判庭庭长	郭灿培	晋江金井	续任	审监庭庭长	蔡佳民	晋江金井	—2019.6
知识产权庭庭长	张慧玲(女)	晋江西园	—2019.6	交通审判庭庭长	陈雁平(女)	晋江陈埭	—2019.6
知识产权庭庭长	吴景芳	晋江罗山	2019.6—				

二、晋江市人民检察院

晋江市人民检察院领导班子名表

表19

职 务	姓 名	籍 贯	任职时间	职 务	姓 名	籍 贯	任职时间
检察长	甘泽阳	惠 安	—2019.7	检委会专职委员	曾文聪	晋江罗山	续任
检察长	王文龙	安 溪	2019.7—	机关党委书记	王德县	安 溪	续任
党组副书记	陈国明	泉州丰泽	续任	政治处主任	王龙头	晋江安海	—2019.6
副检察长	陈紫凡	晋江永和	续任	政治部主任	姚婉萍	晋江内坑	2019.6—
副检察长	许昔翻	晋江东石	续任	检委会专职委员	黄挺进	南 安	续任
副检察长	王加贺	宁德福鼎	续任				

晋江市人民检察院内设机构负责人名表

表20

职　务	姓　名	籍　贯	任职时间
办公室主任	谢丽明(女)	洛江马甲	续任
侦监科科长	庄如梅(女)	晋江青阳	续任
公诉科副科长	叶贻峰	晋江安海	续任
执检局局长	詹雅须(女)	晋江深沪	续任
民行科副科长	苏瑛玉(女)	晋江安海	—2019.1
控申科科长、举报中心主任	许天谋	晋江东石	续任
研究室主任	吴仁义	晋江金井	续任
监察科科长	吴银鹏	晋江西园	续任
法警大队大队长	姚鸿苗	晋江英林	续任
案件管理中心负责人	许文族	晋江龙湖	续任
生态资源检察科科长	吴雅芳(女)	晋江磁灶	续任

驻晋部队

一、晋江市人民武装部

晋江市人民武装部负责人名表

表21

职　务	姓　名	籍　贯	任职时间
政　委	刘文成	安徽肥东	续任
部　长	赖中平	江西石城	续任
副部长	胡苏楠	重庆南岸	续任

二、武警泉州支队执勤二大队晋江中队

武警泉州支队执勤二大队晋江中队负责人名表

表22

职　务	姓　名	籍　贯	任职时间
中队长	许伟庆	永　春	续任
指导员	郑琼册	浙江洞头	续任

事业单位

一、市委直属事业单位

市委直属事业单位负责人名表

表23

机构名称	职　务	姓　名	籍　贯	任职时间
党　校	校　长	陈晋永	晋江磁灶	续任
	常务副校长	戴庆阳	南　安	续任
档案馆	馆　长	黄项飞	莆　田	续任
	副馆长	苏飞武	莆田仙游	续任
	副馆长	许晓东	晋江安海	续任
党史和地方志研究室	主　任	陈伟荣	晋江安海	续任
	副主任	洪春婷(女)	晋江深沪	续任
	副主任	颜清堤	晋江安海	续任
市融媒体中心	主　任	许自来	晋江东石	2019.12—
	副主任	黄昌木	南　安	2019.12—
	副主任	陈惠君(女)	晋江安海	2019.12—
	副主任	陈诗章	晋江安海	2019.12—

二、市政府直属事业单位

市政府直属事业单位负责人名表

表24

机构名称	职　务	姓　名	籍　贯	任职时间
深沪湾保护区管理处	主　任	苏文伟	南　安	续任
	副主任	蔡志忠	晋江东石	续任
	综合科科长	施伟楠	晋江深沪	续任
	科研科科长	柯华贵	晋江灵源	续任
	监察科科长	王建筑	晋江灵源	续任
晋江市供销社（市中联集团）	主　任	蔡水利	晋江永和	续任
	副主任	吴金猛	晋江东石	续任
	副主任	颜少英	永　春	续任
	副主任	金宏勃	晋江青阳	续任
城镇集体工业联合社	主　任	洪安和	南　安	续任
	副主任	黄少欣	晋江金井	续任

机构名称	职　务	姓　名	籍　贯	任职时间
晋江市教师进修学校	校　长	姚荣祖	永　春	续任
	副校长	陈淑端（女）	晋江磁灶	续任
	副校长	施世杰	晋江深沪	续任
	副校长	肖丽婷（女）	晋江东石	续任
高教中心办	主　任	陈志刚	晋江磁灶	续任
	副主任	姚晓翔	晋江安海	—2019.12
广播电视台	台　长	许自来	晋江东石	—2019.12
	副台长	卢智健	漳州南靖	—2019.12
	副台长	黄昌木	南　安	—2019.12
地震办	主　任	陈瑞伟	晋江安海	续任

三、市级部门直属事业单位

市级部门直属事业单位负责人名表

表25

机构名称	职　务	姓　名	籍　贯	任职时间
国土资源行政执法大队	大队长	蔡晓旭	晋江紫帽	续任
	教导员	蔡秀丽（女）	晋江东石	续任
市土地储备中心	主　任	洪炳钦	晋江英林	续任
不动产登记中心	主　任	庄晓红（女）	晋江青阳	续任
区划办	主　任	林群雄	晋江内坑	续任
森林公安分局	局　长	蒋灿阳	晋江金井	续任
沿海森林派出所	所　长	柯晓峰	晋江英林	续任
	教导员	吴欢迎	晋江东石	续任
农机站	站　长	陈飞熊	晋江东石	续任
农业行政执法大队	教导员	林国辉	晋江内坑	续任
海洋与渔业局行政执法大队	大队长	詹俊峰	晋江深沪	续任
市交通运输管理所	所　长	蔡志尧	晋江深沪	续任
防汛办	主　任	施文士	晋江深沪	续任
新安水库管理处	主　任	洪贻谋	晋江英林	续任

机构名称	职　务	姓　名	籍　贯	任职时间
文化市场综合执法大队	大队长	吴艺敏（女）	晋江安海	续任
卫生监督行政执法大队	大队长	何天票	晋江灵源	续任
	教导员	杨金锭	晋江东石	续任
流动人口与计生管理站	站　长	陈庆谊	晋江罗山	续任
市场服务中心	主　任	张清枝	晋江东石	续任
事业单位登记管理局	局　长	杨　彬	晋江新塘	—2019.12
市食品药品监管执法大队	大队长	洪德意	晋江龙湖	续任
市质量计量检测所	所　长	张英俊	晋江英林	续任
经济调查队	队　长	蔡家煌	晋江紫帽	续任
市企业上市服务中心	主　任	张晓如（女）	晋江青阳	续任
城市管理监控中心	主　任	陈海洋	晋江东石	续任
城市卫生管理考评中心	主　任	黄永东	晋江安海	续任

部分企业单位

部分企业单位

部分企业单位正职领导名表

表26

机构名称	职　务	姓　名	籍　贯	任职时间
新华书店	经　理	曾　鸣	晋江池店	续任
	副经理	李壁雄	晋江安海	续任
中国银行晋江市支行	行　长	陈志森	永　春	续任
中国农业银行晋江市支行	行　长	杜毓昆	泉　州	续任
中国建设银行晋江市支行	行　长	陈立新	惠　安	续任
中国工商银行晋江市支行	行　长	许志钦	泉　州	续任
福建兴业银行晋江市支行	行　长	陈志河	惠　安	续任
晋江市农村商业银行	行　长	杨金莲(女)	晋江青阳	续任
泉州银行晋江支行	行　长	邱志远	石　狮	续任
民生银行晋江支行	行　长	罗进川	南　安	续任
招商银行晋江支行	行　长	曾友余	晋　江	续任
交通银行晋江支行	行　长	曾世明	惠　安	续任
平安银行晋江支行	行　长	张华山	晋江池店	续任
邮政储蓄银行晋江市支行	行　长	王国良	惠　安	续任
中金财富证券晋江营业部	总经理	蔡命港	石　狮	续任
兴业证券晋江营业部	总经理	傅子勤	泉　州	续任
中国人民保险公司晋江市分公司	总经理	吴　劲	泉州鲤城	续任
中国人寿保险公司晋江市分公司	总经理	余晓烨	南　平	—2019.9
	总经理	陈善源	三明尤溪	2019.9—

机构名称	职　务	姓　名	籍　贯	任职时间
太平洋财产保险公司晋江市分公司	总经理	吴紫芳	泉州丰泽	续任
晋江市邮政分公司	总经理、书记	陈建全	惠　安	续任
中国电信晋江分公司	总经理	王杰飞	惠　安	续任
中国移动通信晋江分公司	总经理	尤秉志	永　春	续任
中国联通晋江分公司	总经理	黄乌辣(女)	晋　江	续任
国网晋江市供电公司	总经理	李清良	安　溪	—2019.6
	总经理	黄　中	南　平	2019.6—
泉州晋江机场	总经理	方庆强	莆田涵江	—2019.8
	总经理	黄剑峰	泉州鲤城	2019.8—
晋江天然气发电有限公司	总经理、工会主席	李秉正	内蒙古	—2019.4
	总经理	罗　睿	吉林辽源	2019.4—
福建广电网络集团晋江分公司	总经理	林君清	莆　田	—2019.1
	总经理	施权龙	石　狮	2019.1—
晋江市火车站	书　记	吴国富	莆　田	续任
	站　长	郑　超	漳　州	续任
晋江太平洋港口发展有限公司	总经理	张俊生	广东汕头	—2019.4
	总经理	杨志魁	漳　州	2019.4—
晋江热电有限公司	总经理	王　泉	三明宁化	续任
晋江新奥燃气有限公司	总经理	林建生	德　化	续任

·高级专业技术职务人物表·

2019年晋江市获得高级专业技术职务任职资格人员名表

表27

姓名	工作单位	专业技术职务	获任职资格时间
洪礼东	晋江市人民政府防汛抗旱指挥部办公室	高级工程师	2019年12月
蔡海斌	晋江市市政园林局总工室	高级工程师	2019年12月
蔡旺发	晋江市晋东水利管理站	高级工程师	2019年12月
林冬萍	山美水库晋江市灌区管理处	高级工程师	2019年12月
陈明星	晋江市市区水系运行综合调度中心	高级工程师	2019年12月
杨兴财	福建佶龙机械科技股份有限公司	高级工程师	2019年3月
黄进忠	泉州三川机械有限公司	高级工程师	2019年3月
王建辉	福建中联建工有限公司	高级工程师	2019年3月
李水拨	福建仙景建设有限公司	高级工程师	2019年3月
黄加福	福建仙景建设有限公司	高级工程师	2019年3月
庄衡衡	福建育才建设发展有限公司	高级工程师	2019年3月
李良培	福建育才建设发展有限公司	高级工程师	2019年3月
吴繁超	福建育才建设发展有限公司	高级工程师	2019年3月
陈聪白	福建晋兴建设有限公司	高级工程师	2019年3月
李思宁	福建省宏泰建设发展有限公司	高级工程师	2019年3月
吴炳忠	福建省晋南建设集团有限公司	高级工程师	2019年3月
吴志成	福建省尚航建设发展有限公司	高级工程师	2019年3月
林梅明	福建省尚航建设发展有限公司	高级工程师	2019年3月
黄辉煌	福建亿龙装饰设计工程有限公司	高级工程师	2019年3月
陈国雄	福建元品建设项目管理有限公司	高级工程师	2019年3月
陈东郁	福建聚智置业有限公司	高级工程师	2019年3月
蔡家宝	晋江市路桥建设开发有限公司	高级工程师	2019年10月
陈建福	晋江市农村合作经济经营管理站	高级农经师	2019年10月
陆猷良	福建嘉怡塑胶有限公司	高级经济师	2019年3月
苏荣华	晋江市医院	高级会计师	2019年10月
杨志庆	晋江市教育财务管理中心	高级会计师	2019年10月
陆亨玲	晋江经济报社	高级会计师	2019年10月
黄仁寿	金冠(中国)食品有限公司	高级会计师	2019年10月
庄碧强	墩煌(福建)实业有限公司	高级会计师	2019年10月
林双庆	福建省晋江福源食品有限公司	高级会计师	2019年10月
吴秋燕	晋江市政府干部档案管理中心	副研究馆员	2019年12月
尤天相	晋江市掌中木偶艺术保护传承中心	二级演员	2019年7月
陈代宫	晋江市掌中木偶艺术保护传承中心	二级演员	2019年7月
邵　琼	晋江市紫峰中学	正高级教师	2019年4月
张　涛	晋江市养正中学	高级教师	2019年5月
刘丽清	晋江市养正中学	高级教师	2019年5月
吴　浒	晋江市养正中学	高级教师	2019年5月
魏荣珍	晋江市磁灶中学	高级教师	2019年5月
罗　萧	晋江市磁灶中学	高级教师	2019年5月
蔡良才	晋江市磁灶中学	高级教师	2019年5月
李春娇	晋江市内坑中学	高级教师	2019年5月
江忠义	晋江市内坑中学	高级教师	2019年5月
黄碧波	晋江市内坑中学	高级教师	2019年5月
尤德林	晋江市内坑中学	高级教师	2019年5月
吴远东	晋江市内坑中学	高级教师	2019年5月

续表

姓名	工作单位	专业技术职务	获任职资格时间	姓名	工作单位	专业技术职务	获任职资格时间
徐　晖	晋江市侨声中学	高级教师	2019年5月	袁　花	晋江职业中专学校	高级讲师	2019年11月
蔡玉妹	晋江市侨声中学	高级教师	2019年5月	蔡双文	晋江职业中专学校	高级讲师	2019年11月
李安顺	晋江市永和中学	高级教师	2019年5月	庄晓东	晋江职业中专学校	高级讲师	2019年11月
吴国梁	晋江市永和中学	高级教师	2019年5月	陈　霞	晋江职业中专学校	高级讲师	2019年11月
李玩烨	晋江市永和中学	高级教师	2019年5月	陈冬琪	晋江职业中专学校	高级讲师	2019年11月
陈春妮	晋江市英林中学	高级教师	2019年5月	林火焰	晋江职业中专学校	高级讲师	2019年11月
王雅敏	晋江市毓英中学	高级教师	2019年5月	王文顶	晋江职业中专学校	高级讲师	2019年11月
蔡维琛	晋江市毓英中学	高级教师	2019年5月	吴瑞芳	晋江职业中专学校	高级讲师	2019年11月
李娟娟	晋江市毓英中学	高级教师	2019年5月	朱小娟	晋江华侨职业中专学校	高级讲师	2019年11月
刘用旺	晋江市毓英中学	高级教师	2019年5月	许文霞	晋江市晋兴职业中专学校	高级讲师	2019年11月
吴海梅	晋江市毓英中学	高级教师	2019年5月	王英成	晋江市晋兴职业中专学校	高级讲师	2019年11月
虞丽霞	晋江市首峰中学	高级教师	2019年5月	洪应党	晋江市晋兴职业中专学校	高级讲师	2019年11月
丘建钦	晋江市首峰中学	高级教师	2019年5月	黄尔青	晋江市晋兴职业中专学校	高级讲师	2019年11月
肖　龙	晋江市首峰中学	高级教师	2019年5月	柯永红	晋江市晋兴职业中专学校	高级讲师	2019年11月
洪景毅	晋江市首峰中学	高级教师	2019年5月	饶晓雪	晋江市晋兴职业中专学校	高级讲师	2019年11月
黄沧海	晋江市南岳中学	高级教师	2019年5月	庄荣江	晋江市晋兴职业中专学校	高级讲师	2019年11月
俞美仙	晋江市英墩中学	高级教师	2019年5月	蔡厚军	晋江市晋兴职业中专学校	高级讲师	2019年11月
许诒俭	晋江市松熹中学	高级教师	2019年5月	桂伟伦	晋江安海职业中专学校	高级讲师	2019年11月
蔡文攀	晋江市远华中学	高级教师	2019年5月	叶海燕	晋江安海职业中专学校	高级讲师	2019年11月
沈咏梅	晋江市平山中学	高级教师	2019年5月	林振盛	晋江安海职业中专学校	高级讲师	2019年11月
郑春培	晋江市江滨中学	高级教师	2019年5月	苏金钗	晋江安海职业中专学校	高级讲师	2019年11月
张必显	晋江市子江中学	高级教师	2019年5月	黄东昌	晋江安海职业中专学校	高级讲师	2019年11月
黄呈钢	晋江市子江中学	高级教师	2019年5月	吴英林	晋江安海职业中专学校	高级讲师	2019年11月
梁明恒	晋江市子江中学	高级教师	2019年5月	李银清	晋江安海职业中专学校	高级讲师	2019年11月
陆喜众	晋江市子江中学	高级教师	2019年5月	陈志勇	晋江安海职业中专学校	高级讲师	2019年11月
郑智勇	晋江市子江中学	高级教师	2019年5月	柯丽芬	晋江市实验小学凤竹校区	高级教师	2019年5月
张志高	晋江市子江中学	高级教师	2019年5月	施怡妮	晋江市第二实验小学	高级教师	2019年5月
陈宇回	晋江市子江中学	高级教师	2019年5月	王亚珍	晋江市第二实验小学	高级教师	2019年5月
蔡巧聘	晋江职业中专学校	高级讲师	2019年11月	孙燕妮	晋江市第二实验小学	高级教师	2019年5月
陈火焚	晋江职业中专学校	高级讲师	2019年11月	吴玉婷	晋江市第三实验小学	高级教师	2019年5月
石荣燕	晋江职业中专学校	高级讲师	2019年11月	吴琪红	晋江市第三实验小学	高级教师	2019年5月

续表

姓名	工作单位	专业技术职务	获任职资格时间
许华闽	晋江第四实验小学	高级教师	2019年5月
丁美玲	晋江市第五实验小学	高级教师	2019年5月
钟志向	晋江市第十实验小学	高级教师	2019年5月
颜丽娜	晋江市特殊教育学校	高级教师	2019年5月
庄素丽	晋江市青阳街道中和中心小学	高级教师	2019年5月
吴丰艺	晋江市青阳街道中和中心小学	高级教师	2019年5月
柯丽真	晋江市梅岭街道希信中心小学	高级教师	2019年5月
黄谋荣	晋江市梅岭街道赤西小学	高级教师	2019年5月
吴培瑜	晋江市心养小学	高级教师	2019年5月
肖雪媛	晋江市罗山街道荣宗小学	高级教师	2019年5月
吴碧瑜	晋江市华泰实验小学	高级教师	2019年5月
黄金针	晋江市灵源街道华林小学	高级教师	2019年5月
施英丽	晋江市灵源街道灵水中心小学	高级教师	2019年5月
王婉清	晋江市新塘街道瑞鹊小学	高级教师	2019年5月
吴丽明	晋江市新塘街道道南小学	高级教师	2019年5月
黄丽珍	晋江市陈埭中心小学	高级教师	2019年5月
颜永锵	晋江市陈埭镇仙石小学	高级教师	2019年5月
唐美贤	晋江市池店中心小学	高级教师	2019年5月
周文水	晋江市池店镇溜滨中心小学	高级教师	2019年5月
曾燕丽	晋江市池店雁山中心小学	高级教师	2019年5月
张瑞凤	晋江市池店镇浯潭小学	高级教师	2019年5月
蔡婷婷	晋江市安海镇养正中心小学	高级教师	2019年5月
陈绿绿	晋江市安海镇养正中心小学	高级教师	2019年5月
李晓君	晋江市安海镇西安小学	高级教师	2019年5月
蔡英烈	晋江紫帽教委办	高级教师	2019年5月
杨翠莲	晋江市东石镇廷都中心小学	高级教师	2019年5月

姓名	工作单位	专业技术职务	获任职资格时间
柯月明	晋江市英林中心小学	高级教师	2019年5月
施英雅	晋江市英林中心小学	高级教师	2019年5月
许小明	晋江市英林镇英埔中心小学	高级教师	2019年5月
陈良良	晋江市金井镇毓英中心小学	高级教师	2019年5月
施麦芽	晋江市龙湖镇尊道小学	高级教师	2019年5月
施美莲	晋江市龙湖镇衙口中心小学	高级教师	2019年5月
颜爱治	晋江市龙湖镇衙口中心小学	高级教师	2019年5月
范祝君	晋江市深沪镇狮峰中心小学	高级教师	2019年5月
丁姗莉	晋江市第四实验幼儿园	高级教师	2019年5月
许芳春	晋江市安海实验幼儿园	高级教师	2019年5月
刘美智	晋江市青阳街道中心幼儿园	高级教师	2019年5月
丁育钧	晋江市医院	主任医师	2019年12月
王鸿飞	晋江市医院	主任医师	2019年12月
张荣文	晋江市医院	主任医师	2019年12月
王天兵	晋江市医院	副主任医师	2019年12月
王丽明	晋江市医院	副主任医师	2019年12月
许永权	晋江市医院	副主任医师	2019年12月
许国玺	晋江市医院	副主任医师	2019年12月
朱金枝	晋江市医院	副主任医师	2019年12月
李美蓉	晋江市医院	副主任医师	2019年12月
张惠月	晋江市医院	副主任医师	2019年12月
罗忠飞	晋江市医院	副主任医师	2019年12月
黄美虹	晋江市医院	副主任医师	2019年12月
黄鸿源	晋江市医院	副主任医师	2019年12月
黄东昭	晋江市医院	副主任医师	2019年12月
施纯南	晋江市医院	副主任医师	2019年12月
姚金印	晋江市医院	副主任医师	2019年12月

续表

姓名	工作单位	专业技术职务	获任职资格时间
郭天注	晋江市医院	副主任医师	2019年12月
蔡文华	晋江市医院	副主任医师	2019年12月
许荣海	晋江市医院	副主任药师	2019年12月
庄丽珍	晋江市医院	副主任护师	2019年12月
张华清	晋江市医院	副主任护师	2019年12月
林和琴	晋江市医院	副主任护师	2019年12月
肖文焕	晋江市安海医院	主任医师	2019年12月
黄香莲	晋江市安海医院	主任医师	2019年12月
王文凯	晋江市安海医院	副主任医师	2019年12月
乐五九	晋江市安海医院	副主任医师	2019年12月
刘普照	晋江市安海医院	副主任医师	2019年12月
吴少秋	晋江市安海医院	副主任医师	2019年12月
沈伟冰	晋江市安海医院	副主任医师	2019年12月
李永裕	晋江市安海医院	副主任医师	2019年12月
陈青云	晋江市安海医院	副主任医师	2019年12月
陈　琳	晋江市安海医院	副主任医师	2019年12月
陈煊霸	晋江市安海医院	副主任医师	2019年12月
林文兰	晋江市安海医院	副主任医师	2019年12月
郭传芳	晋江市安海医院	副主任医师	2019年12月
颜坤元	晋江市安海医院	副主任医师	2019年12月
廖柯美	晋江市安海医院	副主任医师	2019年12月
蔡鸿图	晋江市安海医院	副主任医师	2019年12月
李丽玲	晋江市安海医院	副主任护师	2019年12月
李爱惜	晋江市安海医院	副主任护师	2019年12月
卓丽霜	晋江市中医院	副主任医师	2019年12月
张琴凤	晋江市中医院	副主任护师	2019年12月
朱志红	晋江市中医院	副主任护师	2019年12月
吴玉如	晋江市中医院	副主任护师	2019年12月
苏结纬	晋江市疾病预防控制中心	副主任技师	2019年12月

姓名	工作单位	专业技术职务	获任职资格时间
许少茹	晋江市妇幼保健院	基层主任医师	2019年12月
杨春年	晋江市妇幼保健院	基层主任技师	2019年12月
陈艳容	晋江市妇幼保健院	副主任医师	2019年12月
姚华蓉	晋江市妇幼保健院	副主任医师	2019年12月
施欣欣	晋江市妇幼保健院	副主任技师	2019年12月
阮周清	晋江市医院晋南分院	副主任医师	2019年12月
吴明怀	晋江市医院晋南分院	副主任医师	2019年12月
吴文怀	晋江市医院晋南分院	副主任医师	2019年12月
罗忠明	晋江市医院晋南分院	副主任医师	2019年12月
施荣攀	晋江市医院晋南分院	副主任医师	2019年12月
颜炳煌	晋江市医院晋南分院	副主任医师	2019年12月
阳素琼	晋江市疗养院	副主任医师	2019年12月
郑家仁	晋江市疗养院	副主任医师	2019年12月
潘洪润	晋江市疗养院	副主任医师	2019年12月
柯移新	晋江市新塘街道社区卫生服务中心	副主任医师	2019年12月
林敏娜	晋江市梅岭街道社区卫生服务中心	副主任护师	2019年12月
杨火燃	晋江市陈埭中心卫生院	副主任医师	2019年12月
张文册	晋江市陈埭中心卫生院	副主任医师	2019年12月
柯建向	晋江市陈埭中心卫生院	副主任医师	2019年12月
陈秀治	晋江市陈埭中心卫生院	副主任护师	2019年12月
李万辉	晋江市池店镇卫生院	副主任医师	2019年12月
吴友秦	晋江市磁灶中心卫生院	副主任医师	2019年12月
施水液	晋江市磁灶中心卫生院	副主任医师	2019年12月
刘春琼	晋江市东石中心卫生院	副主任医师	2019年12月
周永康	晋江市东石中心卫生院	副主任医师	2019年12月
谢俊杰	晋江市东石中心卫生院	副主任医师	2019年12月
蔡素娥	晋江市东石中心卫生院	副主任医师	2019年12月

·百岁以上老人名表·

表28

姓　名	性别	出生年月	民族	居住地
赖吓园	女	1915年6月	汉	晋江市青阳街道青华社区
许　也	女	1916年6月	汉	晋江市梅岭街道竹树下社区
柯　共	女	1916年9月	汉	晋江市青阳街道高霞社区
王珠娘	女	1918年5月	汉	晋江市青阳街道陈村社区
庄注来	女	1919年7月	汉	晋江市青阳街道陈村社区
林　守	女	1916年11月	汉	晋江市梅岭街道梅山社区
林　尺	女	1916年2月	汉	晋江市梅岭街道梅山社区
李余氏	女	1919年3月	汉	晋江市梅岭街道碧山社区
苏皆治	女	1919年12月	汉	晋江市西园街道霞浯社区
吕　页	女	1913年3月	汉	晋江市罗山街道社店社区
曾　目	女	1915年7月	汉	晋江市罗山街道后林社区
洪祖战	男	1918年11月	汉	晋江市罗山街道梧垵社区
柯　店	女	1919年12月	汉	晋江市罗山街道社店社区
蔡　宇	女	1919年8月	汉	晋江市罗山街道下埔社区
柯贤毛	男	1917年10月	汉	晋江市新塘街道塘市社区
林注治	女	1918年11月	汉	晋江市新塘街道沙塘社区
王淑惠	女	1919年7月	汉	晋江市新塘街道后库社区
叶　晟	女	1918年2月	汉	晋江市灵源街道英塘社区
柯红照	女	1918年7月	汉	晋江市陈埭镇梧埭村
赖走娘	女	1917年12月	汉	晋江市陈埭镇坊脚村
黄乌满	女	1917年4月	汉	晋江市陈埭镇西霞村
陈阿琴	女	1917年11月	汉	晋江市陈埭镇四境社区
曾吓素	女	1918年12月	汉	晋江市陈埭镇四境社区
丁　贺	女	1918年12月	回	晋江市陈埭镇溪边村
吴　柴	女	1919年10月	汉	晋江市陈埭镇桂林村
庄咸娘	女	1919年12月	汉	晋江市陈埭镇涵埭村
许鲑娘	女	1913年6月	汉	晋江市池店镇柴塔村
陈伴娘	女	1917年5月	汉	晋江市池店镇塘厝村
张朗剩	女	1918年8月	汉	晋江市池店镇华洲村
朱幼冷	女	1919年6月	汉	晋江市池店镇新店村
柯寄娘	女	1919年7月	汉	晋江市安海镇飞钱路
曾淑治	女	1919年11月	汉	晋江市安海镇外曾村
黄乌豆	女	1918年5月	汉	晋江市安海镇桐林村
林乌算	女	1917年5月	汉	晋江市安海镇梧棣村
黄玉燕	女	1919年10月	汉	晋江市安海镇咸德苑
许乌俭	女	1919年12月	汉	晋江市安海镇下山后村
翁乌晟	女	1917年5月	汉	晋江市安海镇庄头村
蔡瑞治	女	1912年11月	汉	晋江市磁灶镇钱坡村
赖　软	女	1917年1月	汉	晋江市磁灶镇磁灶社区
张　湖	女	1918年2月	汉	晋江市磁灶镇磁灶社区
张铿治	女	1919年9月	汉	晋江市磁灶镇下官路村
王　尝	女	1919年11月	汉	晋江市磁灶镇岭畔村
杨　味	女	1919年10月	汉	晋江市磁灶镇新垵村
苏东京	女	1914年3月	汉	晋江市内坑镇白垵村
林雅道	男	1916年2月	汉	晋江市内坑镇柑市村
陈　莉	女	1917年6月	汉	晋江市内坑镇湖内村
钟奕贤	男	1917年5月	畲	晋江市内坑镇霞美村
张　缠	女	1919年3月	汉	晋江市内坑镇吕厝村
陈　兜	女	1919年10月	汉	晋江市紫帽镇紫星村
郭红芬	女	1914年11月	汉	晋江市东石镇金瓯村
蔡乌碟	女	1918年4月	汉	晋江市东石镇白沙村
黄红良	女	1918年7月	汉	晋江市东石镇潘径村
曾乌常	女	1919年12月	汉	晋江市东石镇井林村
林秀呈	女	1914年8月	汉	晋江市永和镇力争村
许有志	男	1917年12月	汉	晋江市永和镇英墩村
陈阿双	女	1918年11月	汉	晋江市永和镇坂头村
许　觉	女	1919年4月	汉	晋江市永和镇力争村
吴乌味	女	1919年11月	汉	晋江市永和镇后埔村
张乌绢	女	1919年1月	汉	晋江市英林镇陈山村
吴乌香	女	1919年8月	汉	晋江市英林镇英林村
蔡乌算	女	1915年5月	汉	晋江市金井镇围头村
粘芳龙	男	1917年11月	汉	晋江市金井镇钞岱村
郑秀宝	女	1918年12月	汉	晋江市金井镇石圳村
吴秀玉	女	1918年4月	汉	晋江市金井镇岩峰村
周荷珠	女	1919年11月	汉	晋江市金井镇塘东村
丁乌笑	女	1918年6月	回	晋江市龙湖镇南浔村
王美娥	女	1916年10月	汉	晋江市深沪镇东垵社区
洪荷智	女	1918年3月	汉	晋江市深沪镇东垵社区

领导讲话

深入学习贯彻党的十九届四中全会精神 在决胜三大任务中谱写"晋江经验"新篇章

——在中共晋江市第十三届代表大会第四次会议上的报告

刘文儒

2019年12月13日

一、2019年工作成效

过去一年,市委坚持以习近平新时代中国特色社会主义思想为指导,认真贯彻党的十九大和十九届二中、三中、四中全会精神,深入开展"不忘初心、牢记使命"主题教育,用好用活省委"三四八"工作机制,团结带领全市广大党员和干部群众,共克时艰、接续奋斗,迸发干事创业磅礴合力。"晋江经验"奏响更强音。习近平总书记在全国"两会"期间强调"'晋江经验'现在仍然有指导意义",各级领导频频莅晋调研指导,"晋江经验"时代价值和实践意义更加彰显。国际赛事翻开新篇章。海内外500万晋江人精诚团结、合力办赛,世中运组委会一次会议顺利召开、倒计时一周年活动出彩举行,首届国际大体联足球世界杯成功举办,系列赛事打响发令枪。重大项目落地见成效。中国科学院大学、福大微电子研究院等名校大院相继落户,福大科教园迎来首批本科生,泉州职业技术大学顺利挂牌,三大本硕高校版图正式成型。集成电路龙头项目建成投产,高铁二期征迁再刷"晋江速度",发展后劲更强、动能更足。城市品牌更具美誉度。晋江元素在外交部、国新办等相关推介活动频频亮相、惊艳全球,城市投资潜力、营商环境排名跃居全国县域第二,成为入选福布斯"中国十大慈善城市"唯一县级市,整座城市正从"产业自信"向"城市自信"奋进,越来越多人认识晋江、点赞晋江、爱上晋江。

一年来,我们以"三大任务冲刺年""城乡环境整治攻坚年"活动为抓手,坚定不移推进人才强市、新型城镇化、国际化"三大战略",国际化创新型品质城市建设迈出坚实步伐。

(一)稳中求进,经济运行态势良好

面对严峻复杂的宏观形势,我们政企携手谋突围、心无旁骛抓实体,发展步子更稳、质量更高。预计全年地区生产总值、一般公共预算总收入、一般公共预算收入、城乡居民人均可支配收入分别比增8.0%、—4.3%、2.0%、8.0%,累计减免企业税费超30亿元。实业根基更加稳固。五大优势产业、五大新兴产业产值分别增长9.4%、13.4%,传统优势产业加快全链条全流程升级,高新产业集群发展加速成型成势,现代服务业持续培育壮大,外贸出口实现逆势增长,晋江品牌"双十一"销售突破60亿元,成功承办中国民营经济创新发展高峰论坛、国家制造强国建设专家论坛。项目后劲接续释放。安踏收购国际体育巨头亚玛芬,恒安、特步、乔丹、百宏等企业加快增资扩营,澳门闽商基金、展志钢贸等乡贤项目加速回归,中探针、宝能等产业链项目落地建设,大型锂电池储能等项目建成投产,国际鞋纺城、海峡石化、安踏一体化、菜鸟物流等三产大市场大平台效益持续释放。新旧动能加速转换。国家创新型县(市)建设深入推进,国际人才港顺利启航,全省首家县级国有人力资本公司挂牌成立,"国字号"科研平台加速融合,成功获批首家国家级产业技术创新战略联盟、首个国家地方联合工程研究中心,首次实现省科技进步一二三等奖全覆盖,新认定国家高新技术企业74家,新增院士专家工作站4家、各类高层次人才1928名。"亲清护企"持续升级。坚持"宁可政府过紧日子,也要让企业过好日子",全面落实减税降费28条措施,兑现各级扶持资金16.8亿元,处置银行不良贷款超70亿元,不良率回落至2.5%以内。梳理用地空间3.7万亩,清理批而未供土地超6000亩。常态推进产能对接,促成一批中小企业进入龙头企业供应链、代工圈。市场主体突破20万户，有效注册商标突破10万件。

（二）内外兼修，城市品质持续彰显

我们统筹办赛事与办城市，坚持“为民建城、为民管城、为民创城”，推动“面子”“里子”双提升。功能配套日臻完善。沿海大通道、江滨南路完成拓改，晋新路建设等历史遗留问题突破解决，一批断头路实现贯通。加快危旧房屋改造、安置房建设回迁、公共交通“一镇一枢纽”建设，智慧停车系统及一批立体停车场、充电站建成投用，公共交通全面实现新能源替代。五店市业态更加丰富，梧林传统村落保护开发有序推进，晋江南岸、崎山等一批公园绿地逐步开放，群众生活更添绿意、更加惬意。生态文明建设持续深化。认真抓好中央生态环保督察反馈问题整改，扎实开展第二次全国污染源普查，持续推进三大污染防治攻坚战，完成引水第二通道和市区3条流域生态补水工程建设，全面提速垃圾焚烧发电厂提标改造、污水处理厂及配套管网建设，建成金井综合固废填埋场、晋南热电厂集中供热项目，基本完成建成区燃煤锅炉淘汰工作，21条流域水质明显好转，空气优良率达96.8%。城市管理系统发力。深入推进16个专项行动，“数字城管”扩能提级，环卫、物业、交通等管理持续优化，启动生活垃圾分类试点，噪音扰民、占道经营等一批城市顽疾得到有效遏制。

（三）点面发力，乡村振兴提质升级

我们坚持“农村富才能全市富、农村美才能全市美、农村稳才能全市稳”，加快城市反哺农村，让农村与城市有一样的生活品质、不一样的生活体验。产业更加兴旺。持续打造“5515”现代农业产业园体系，“五色”产业提质扩面，“安海土笋冻”成为国家农产品地理标志，九十九溪田园风光、梧林传统村落、塘东村等成为新网红打卡地，全市兴起乡村旅游热。全面消除集体经营性收入10万元以下村社。环境更加宜居。稳步推进“两高”及重要通道沿线环境整治，深入开展“全民动员、绿化晋江”“全民动手、美化晋江”活动，推进“三拆一清”“一革命四行动”，完成植树造林9200亩，拆除“两违”超40万平方米，清洁家园逐渐成为群众自觉。治理更加有效。梳理整合村级人财物、事责权，全面推行基层议事协商，深入推进“三治”融合，完成村务（社区）专职工作者队伍管理体制改革，村庄规划工作经验亮相全国，乡村善治工作成为全省典型。

（四）量质并举，民生福祉稳步提高

我们坚持把群众“表情包”作为检验工作的“晴雨表”，扎实办好29件为民实事、224件民生微实事，让群众每年得到实惠、看到变化。社会保障有力有效。持续加大困难群体兜底帮扶力度，各项保障进一步提标扩面，237户困难家庭脱贫解困，城镇新增就业人员超2.6万人，高标准通过全国社会救助综合改革试点验收。教育更加优质均衡。国内高端教育资源加速落地，泉州五中桥南校区建设加快，晋江一中、养正中学入选全省首批示范性普通高中建设名单，全市新增优质学位8040个，获评省“教育强市”。医养服务扩面提质。全面打造3大医疗服务航空港，签约院士、名医分别突破10名、100名，市医院开发区院区建成投用，全省县域首套“医疗优先分级调派系统”上线运行，基本形成“15分钟生命急救医疗圈”。建成各类养老机构352所，试点运行嵌入式养老，社会福利中心老年康复医院投入运营，“三位一体”养老服务体系加速成型。文体事业繁荣发展。“古泉州（刺桐）史迹”申遗工作扎实推进，首届文旅节好戏连台，电视连续剧《爱拼会赢》正式开机，“大美晋江”惠民舞台精彩纷呈，南音、木偶、高甲戏等传统文艺常态展演，“15分钟文化生活圈”更加健全。安海镇、福林村入选第七批中国历史文化名镇名村，围头村、瑶前村入选第五批中国传统村落。全民健身中心、足球公园全面开放，CBA、马拉松、沙排等品牌赛事精彩演绎，晋江健儿时隔20年重夺泉州市运会金牌总分“双第一”，体育城市活力持续迸发。社会大局安定有序。“强基促稳”三年行动扎实推进，“扫黑除恶”专项斗争和“六守六无”平安系列创建不断深化，法治晋江、社会治安、安全生产、食品安全、防汛抗灾等工作协同推进，群众安全感满意度再创新高，刑侦大队获评全国“人民满意的公务员集体”。

（五）纵深推进，改革开放效应凸显

我们坚持向改革要动力、向开放要空间，全力争创发展新优势。重点改革蹄疾步稳。市级党政机构改革顺利完成，3项“国字号”改革试点圆满收官，获批全省首批县域集成改革试点，“放管服”改革持续提速提效，农村集体产权制度改革经验亮相全国，农村土地制度改革多项试点成果被新《土地管理法》吸收。开放之路越走越宽。稳妥应对贸易摩擦，组织政企代表团赴东南亚开展经贸合作交流，积极开拓“一带一路”市场，体博会、食交会国际影响力不断扩大，企业参与全球资源配置、开拓国际市场能力持续提升。陆地港获批国际港口代码，泉州晋江国际机场旅客吞吐量突破800万人次，启动全国首批“一带一路”通道。深化晋台交流，全面落实各级惠台政策，高效保障向金门供水工程。与菲律宾达沃市友城交往更加密切，与印度尼西亚梭罗市意向缔结友城，系列赛事赢得国际“朋友圈”频频点赞。

（六）深学笃行，主题教育扎实推进

认真贯彻“守初心、担使命、找差距、抓落实”总要求，结合创新发展“晋江经验”，推动“不忘初心、牢记使命”主题教育走深走实。坚持深入“学”。认真开展专题研讨，全面组织党员轮训，精心讲好专题党课，持续掀起“大学习”热潮，引导党员在深化学习教育中悟初心、守初心、践初心。推动精准“改”。全面落实中央及各级专项整治整改工作，查纠8方面40个突出问题，化解4批次108个难题积案，策划生成10方面33个“群众点题”攻坚项目，着力解决学校配餐、市区停车难等一批群众的操心事、烦心事、揪心事，让群众感受到主题教育带来的新变化。加强开门“做”。开展“三进三送”活动，聚焦“晋江五问”，围绕破解经济社会发展的机制体制障碍，深入调查研究，形成一批高质量调研成果，转化为推动高质量发展的思路方向和具体举措。

（七）从严从实，党的建设质量更高

我们聚焦党建主责主业，全面落实新时代党的建设总要求，把党建转化成现实生产力。基层基础更加牢固。加快推进党支部标准化规范化建设，深入实施“一体两翼”抓乡促村专项行动，推动非公企业“党建入章”扩面提质，顺利完成机关事业单位党组织集中换届，基层组织战斗堡垒作用得到全面加强。队伍建设全面过硬。认真贯彻新修订的《公务员法》和《干部任用条例》，鲜明亮出“一二三四”选人用人导向，推动党政机构改革队伍融合，稳妥完成公务员职级套改,一批经过实践检验的干部得到使用,队伍士气持续高涨、斗志更加昂扬。主旋律持续激昂。全面落实意识形态工作责任制,大力推进新时代文明实践中心试点建设,持续深化移风易俗、志愿服务、公民道德等文明创建,掀起庆祝中华人民共和国成立70周年等爱国热潮。政治生态保持清朗。压紧压实"两个责任",全力抓好各级巡视巡察反馈问题整改,扎实推进巡察工作,村级巡察实现全覆盖。集中整治形式主义、官僚主义问题,切实为基层减负。坚持党的集中统一领导,全力支持人大、政府、政协开展工作,保障司法机关独立行使职权,扎实做好统战、群团、人武、老干、党校、审计、双拥、民族、宗教、老区建设、对口帮扶等工作,党委总揽全局、协调各方能力不断加强。

各位代表,同志们,过去一年是晋江爬坡过坎、攻坚克难、全力冲刺的一年,不容易也不平凡,很辛苦但收获满满。一年来,我们始终同以习近平同志为核心的党中央保持高度一致,坚持"晋江经验"引领,在"变"的环境中保持定力,在"难"的形势中加快转型;我们坚持以事聚人、聚力成事,办成一系列大事要事好事,为高质量发展落实赶超奠定了坚实基础。这一切,得益于习近平新时代中国特色社会主义思想的科学指引,得益于上级党委政府的坚强领导,得益于历届领导班子、全市党员干部群众、海内外晋江人的团结一心、共同拼搏。在此,我代表中共晋江市委,向为晋江发展作出贡献的老干部、老领导,向全市人民群众、广大党员、海内外乡亲、企业家们,向所有关心和支持晋江发展的同志们、朋友们,致以衷心的感谢!

在看到成绩的同时,我们也要清醒地认识到,晋江发展还存在许多问题和不足,一些深层次、结构性问题日益凸显,主要是:产业集群大而不强,优势产业企业梯队不够明显,高新产业规模偏小,现代服务业层次偏低;创新能力短板依然突出,人才、空间等要素制约不断加剧,构建良好产业生态需求十分迫切;城乡品质仍需提升,优质公共服务供给与群众期盼还有差距,人居环境整治工作任重道远;一些党员干部的专业素养和法治思维还不能适应县域治理体系和治理能力现代化要求等。对这些问题,我们要勇于直面挑战,锐意改革创新,发挥好先行优势、比较优势,久久为功推动产业结构、城市品质、治理体系再次"脱胎换骨",才能在高质量发展新征程上持续当好主力领军。

二、深入学习贯彻党的十九届四中全会精神

党的十九届四中全会是在庆祝中华人民共和国成立70周年之际、在"两个一百年"奋斗目标历史交汇点上召开的一次具有开创性、里程碑意义的重要会议。全会深刻回答了"坚持和巩固什么、完善和发展什么"这个重大政治问题,体现了以习近平同志为核心的党中央高瞻远瞩的战略眼光和强烈的历史担当,向世界宣示了人类对美好社会制度追求的"中国方案",为实现我们党长期执政和国家长治久安、实现中华民族伟大复兴中国梦提供了根本制度保障。

习近平总书记在全会上的重要讲话,系统总结了一年多来党和国家的工作,科学分析了国内外形势的发展变化,深刻阐述了坚持和完善中国特色社会主义制度、推进国家治理体系和治理能力现代化的重要性和紧迫性,围绕制度自信深入回答了一系列方向性、根本性、全局性重大问题,对贯彻落实全会精神提出了明确要求。习近平总书记的重要讲话高瞻远瞩、总揽全局,提出了一系列新思想新论断新要求,深化了对社会主义建设规律的认识,是马克思主义国家制度建设和国家治理理论的创新发展,为坚持和完善中国特色社会主义制度、推进国家治理体系和治理能力现代化提供了科学指南和基本遵循。

省委十届九次全会、泉州市委十二届十次全会对深入学习贯彻党的十九届四中全会精神作出了重要部署。我们要把学习宣传贯彻党的十九届四中全会精神作为当前和今后一个时期的重大政治任务,在前一阶段学习宣传的基础上,进一步贯彻好省委、泉州市委的决策部署,在学深悟透做实上下功夫,做到学悟结合促深化、学研结合促消化、学用结合促转化,不折不扣落实好坚持和完善中国特色社会主义制度、推进国家治理体系和治理能力现代化各项任务。要从根本保证上学习领会,以世界眼光、历史视角深刻认识坚持和发展中国特色社会主义制度、推进国家治理体系和治理能力现代化的重大意义,切实增强贯彻落实的自觉性、坚定性,始终坚持以习近平新时代中国特色社会主义思想为指导,把树牢"四个意识"、坚定"四个自信"、坚决做到"两个维护"体现到国家治理各领域各方面各环节。要更加坚定中国特色社会主义制度自信,保持战略定力,倍加珍惜我们在国家制度和国家治理体系上取得的重大成果,毫不动摇坚持、与时俱进发展,让中国特色社会主义制度优越性在晋江充分发挥、有力彰显。要全面深入贯彻落实,找准结合点、切入点和落脚点,紧密结合晋江实际,扎实推进县域治理制度创新和能力建设,聚焦当前县域治理中存在的问题,鼓励大胆创新、大胆探索,不断完善各方面制度,提高治理效能和服务水平,推动形成晋江改革发展稳定的新局面新气象。全市各级党组织和广大党员干部要切实加强制度意识,带头维护制度权威,做制度执行的表率,带动全市上下自觉尊崇制度、严格执行制度、坚决维护制度,坚定不移推动四中全会各项决策部署在晋江落地见效。

三、创新发展"晋江经验",扎实做好2020年各项工作

习近平总书记当年总结"晋江经验"时,指出"'晋江经验'是晋江人民对中国特色社会主义发展道路的大胆探索和成功实践";今年全国"两会"期间,习近平总书记强调"'晋江经验'现在仍然有指导意义",对我们来说,既是鼓舞、更是鞭策,我们唯有深入把握"晋江经验"时代指导意义,深刻领会"晋江经验"的时代内涵,做到常学常新、常用常新,才能不辜负总书记、不辜负上级的厚望。

站在新的历史起点,面对百年未有之大变局,高质量发展之路必然挑战不断,但我们始终满怀信心。这种信心,源于以习近平同志为核心的党中央坚强领导,这是我们应对各种困难挑战的定海神针;这种信心,源于"晋江经验"的引领,无论过去、现在,还是将来,这是我们发展的制胜法宝;这种信心,源于镌刻在晋江人骨子里"敢为天下先、爱拼才会赢"的斗争精神,源于我们"政企一起上、干群一起拼、全市一条心"拧成的强大合力,这是我们决战决胜、扛旗领跑的精神动力。只要我们坚定信心、保持定力,只要我们接续奋斗、砥砺拼搏，我们定能乘风破浪、再创辉煌。

2020年是全面建成小康社会和"十三五"的收官之年，也是"十四五"的谋划之年。做好全年工作，责任重大、意义深远，明年工作的总体要求是：以习近平新时代中国特色社会主义思想为指导，全面贯彻党的十九大和十九届二中、三中、四中全会精神，深入学习贯彻习近平总书记重要讲话重要指示批示精神，全面落实习近平总书记在参加十三届全国人大二次会议福建代表团审议时的重要讲话精神，坚持稳中求进工作总基调，坚持新发展理念，坚持以供给侧结构性改革为主线，坚持以改革开放为动力，坚决打赢三大攻坚战，全面落实省委、泉州市委决策部署，推进县域治理体系和治理能力现代化，决胜高质量赶超、更高水平全面小康、重大赛事举办三大任务，加快国际化创新型品质城市建设，不断创新发展"晋江经验"。明年目标初步安排：地区生产总值增长7.5%，一般公共预算总收入增长3.0%，城乡居民人均可支配收入增长7.5%，确保三大任务顺利完成、"十三五"规划圆满收官。

实现上述目标，必须坚持以"晋江经验"为引领，大力实施"三大任务决胜年""城乡环境整治深化年""县域治理效能提升年"活动。"三大任务决胜年"，就是紧盯实现高质量赶超、建成更高水平全面小康、办好重大赛事目标，铆足决战决胜之力，加强决战决胜之效，确保当好主力领军、为大局多做贡献，确保交出优异答卷、群众更有获得感，确保赛事办得出彩、赢得世界喝彩。"城乡环境整治深化年"，就是坚持问题导向、目标导向、结果导向，全民动员、全民动手，持续造浓氛围，通过抓源头、建机制，不断提高城市绿化、亮化、净化、美化水平，让群众有更好的生活环境，让八方来客有更好的感观体验。"县域治理效能提升年"，就是以集成改革试点为契机，从顶层设计寻找解决方案，在基层实践破解卡点堵点，扎实推进县域治理体系和治理能力现代化，把制度优势转化为治理效能，加快形成集成改革的"晋江样本"、县域治理的"晋江方案"。

推进"三个年"活动，必须全力抓好产业高级化、服务高质量、城市高品质、民生高保障、治理高效能、改革开放高水平。

（一）聚焦高级化，全力夯实产业基础

紧扣供给侧结构性改革主线，实实在在、心无旁骛专注实体，持续发力"先进制造业立市、高新产业强市、现代服务业兴市"，推动产业基础高级化、产业链现代化，形成搬不走的产业优势。

1. 传统优势产业要强链条、固根基。推进全链条、全流程升级，在夯实基础中提高产业层次，让传统产业成为先进制造业，有更多"硬科技""硬实力"。开展企业梯队培育行动。支持龙头企业增资扩营、并购重组，提升品牌工业园，加强产业链资源整合，打造一批垂直供应链龙头、平台型企业。深化产能对接，引导中小企业对标提升，培育一批高端化、标准化代工企业，让龙头企业和中小企业"比翼齐飞"。加快军民融合发展，加速培育一批"民参军""军转民"示范企业。开展价值链对标跃升行动。持续引导企业开展"五个创新"，推行数字化、网络化、智能化改造，加快探索人工智能、5G、区块链等新技术潜在应用场景。注重以市场引技术、招项目，建立精准招商目录图谱，引导龙头企业以商招商，全力推进产业链、供应链协同攻坚，补强智能化系统集成、供应链平台、网红经济等短板，争取原辅材料、高端装备等关键环节实现配套本地化。开展资源空间整合提升行动。加快攻坚破题老旧工业园区改造提升，推出一批配套扶持政策，出清一批"小散乱污"企业，建成一批专精特新"微工业园"，打造一批典型示范，为企业发展拓空间、添后劲。细分领域整合重组一批产业联盟、行业协会，承接政府职能转移，带动企业抱团攻技术、拓市场、引资源、育人才，提升产业集群整体竞争力。

2. 高新产业要建链条、壮集群。坚持"龙头带动、搭好平台、做大规模、形成集群"，推动"幼苗成大树""珍珠串成链"。培育做大高新企业群体。坚持分类施策、梯队推进，用好高企优惠政策叠加，引导企业变"要我创新"为"我要创新"，既做市场开发、也做产品研发，加快核心技术迭代升级，培育一批专精特新"小巨人"和"单项冠军"。延伸拓展高新产业链条。紧盯集成电路、新材料、新能源、装备制造等领域，加强龙头项目带动作用，推进全产业链招商，吸引芯片设计、材料装备、终端应用等上下游企业落地，实现全链条发展。

3. 现代服务业要拓链条、升业态。我们既要办好"工厂"，也要办好"市场"和"商场"，既要守住"传统舞台"，也要打造"新兴平台"，大力发展新业态新模式，推动三产提质升级。发力生产性服务业。加快主辅分离，积极培育供应链管理、智慧物流、信息服务等业态，大力发展平台经济、数字经济，引领企业上云上平台，推动会展、专业市场、无车承运、供应链、大数据等平台做大规模、提升效益。培育新消费热点。补齐高端商贸、过夜旅游、健康服务等业态短板，差异化发展一批主题商圈、特色街区，打造一批地标性夜间经济集聚区，形成一批新网红打卡地，带动人气集聚，引领消费回流。

（二）聚焦高质量，优化提升服务水平

坚持创新第一动力、人才第一资源，全面融入福厦泉科技创新走廊和国家自主创新示范区建设，加快国家创新型县（市）建设，推动服务、科技、人才与产业深度融合，营造有利于创新创业创造的良好环境。

1. 健全创新链条。加快国科大福建智能制造学院、福大微电子研究院建设，完善"国字号"科研机构和三创园、福大科教园等平台载体运行、联动机制，推进归口统筹管理，打通"研发—孵化—加速—产业化"全链条。发挥领军企业带头、专业平台支撑、关联企业协同等作用，探索实验室共建、技术难题共克、研发成果共享等新模式，开展区域科技创新合作，推动平台特色优势转化为现实生产力。

2. 涵养人才生态。坚持既要"引得进"更要"用得好"，推动产城人融合，推行人才、科技、招商联动模式，招引一批"高精尖缺"创新型、实用型人才。依托国际人才港，系统优化人才服务体系，着眼人才身边事，造优人才社交圈，提升拴心留人的城市吸引力。

3. 优化金融供给。发挥财政资金引导和杠杆作用，做大"晋金私募汇"，提升私募股权融资比重，培育融资租赁、供应链金融，完善信用担保体系，推行"金融+平台大数据"融资新模式，引导金融活水更好服务科技创新、浇灌实体经济。稳妥做好企业信贷和资本市场风险防范化解。

4. 造优营商环境。加快"一门式"行

政服务大厅建设，探索“企业开办全程网上办”，深化联审联办，全面推行“一窗受理、集成服务”，让“办事像网购一样便利”。加强非公企业经济领域法治教育，加大知识产权保护力度，全力争创国家级知识产权快速维权中心，依法平等保护民营企业合法权益。坚持“不叫不到、随叫随到、服务周到、说到做到”，尽全力、无私利、有底线为企业发展加油助力，推动“亲清护企”模式再升级。

(三)聚焦高品质，在办赛事中办城市

一场重大赛事可以改变一座城市，我们要借由重大赛事举办契机，对城市进行系统“精装修”，全面提升城市品质，打响城市品牌。

1. 出彩办好重大赛事。坚持“以赛兴城、以赛促产、以赛惠民”，全力冲刺攻坚各项筹办工作，确保世中运办得出彩、赢得喝彩，大学生足球国际赛事扩大影响、擦亮品牌。紧盯节点抓好场馆建设。按时保质建成二体中心、少体校等赛事场馆，打造一批精品惠民百年工程。对标国际做好赛事组织。全面提升赛事组织和综合保障两项能力，全力冲刺竞赛信息、外事联络、宣传推介、人才培养、市场开发等各项工作，全方位提升食宿、医疗、交通、信息、安全、志愿服务等水平，培养储备一批专业办赛人才。文明同行当好东道主。大力弘扬讲文明、守秩序、团结友善、热情好客的良好风尚，当文明晋江人、办出彩世中运，让八方来客充分感受礼仪之邦、文明之城、体育之都的良好风貌。放大效应用好赛事资源。以赛事活动为牵引，做强一批赛事IP，拓展赛事运营、体育服务、体育旅游、康复理疗、专业培训等业态，大力发展赛事经济。加强赛后资源经营管理，激活体育消费，带动全民健身事业发展，让群众成为赛事举办的最大受益者。

2. 提升城市功能品质。上足“绣花功夫”，深入实施世中运16个专项行动，全面提升城市精细化建管水平，让城市既“大气好看”又“精致耐看”。加强内联外延能力。完善现代综合交通运输体系，加快二重环湾快速路、东部快速通道、晋江南高速出口连接线等重要通道建设，改造建设一批过街通道、停车和充电设施，大力发展新能源公共交通，优化交通科学组织，规范共享出行管理，整治关键堵点节点和停车难问题。坚持颜值内涵双修。启动5G网络设施建设，集中完善一批医教文卫、园林绿化等公共服务配套，美化空中景观，提升夜景工程，在各类城市家具中融入闽南特色、国际元素，推动城市品质与品牌同步跃升。精细城市经营管理。坚持“留白、留绿、留旧、留文、留魂”，加快国土空间总体规划编制，打造国土空间开发保护“一张图”。统筹执法队伍力量，推进综合行政执法改革，构建“大城管”治理格局。引导公众、企业、专家、社会组织参与城市治理，让群众成为“当家人”、人人都是受益者。加强多元化经营运作，提高资金使用精准度，把每一分钱用在关键处、花在刀刃上。

3. 深化人居环境整治。良好的生态环境是最普惠的民生福祉，我们要巩固好人居环境整治成效，让家园更美丽、生活更舒心。“全民动手、美化晋江”。全面实施57个城市品质提升项目，持续推进“一革命四行动”，建立健全垃圾分类全链条处置机制，有效解决违章搭盖、线缆裸露、建筑风格杂乱等问题，让城市从“一处美一时美”到“一片美长久美”。“全民动员、绿化晋江”。加快九十九溪田园风光、晋江南岸生态公园、崎山公园等项目建设，打造一批“天然氧吧”，建好山水田园城市和生态连绵带，让城市既增绿又添彩。“全域治理、净化晋江”。督察只是“一阵子”，生活却是“一辈子”，我们要以上级生态环保督察问题整改为契机，统筹国土空间综合治理，守护好晋江的蓝天白云、绿水青山。从严整治燃煤锅炉、恶臭异味、餐饮油烟、扬尘等问题，有序推进地形地貌、矿山石窟、海洋生态修复等工作。严格落实河湖长制，深入实施蓄水、活水、洁水三大工程，加快全流域治理，争创国家级节水型城市。加强危险废物监管，推进污泥处置中心建设，抓好土壤污染修复。完善环保基础设施建设，打造“智慧环保”监管体系，完成垃圾焚烧发电厂提标改造，加快西南片区污水处理厂深海排放工程，推进远东、南港、晋南等污水处理厂扩容提标，系统建设地下综合管廊，打通一批断头管、修整一批老旧管，推动农村污水处理设施全覆盖，让污染无处藏身。

4. 拓展城市增长空间。坚持精明增长，加强主辅联动，持续抓好六大新增长区域建设，重点发力“三区一走廊”，带动主城区优化提升、快速发展。提升晋东新区建设质效。主动对接泉州环湾辐射，发挥国际鞋纺城、二体中心等综合配套带动作用，加速形成功能完善、产服一体的转型样板区和环湾现代新区。高标准规划建设高铁新区。加快站前广场、道路、安置房、学校等配套建设，积极推进经营运作，吸引一批高端教育、医疗、养老和高新技术资源落地，发挥好高铁枢纽的带动效应，加快与中心市区连片发展。释放紫帽片区发展潜能。放大优质教育、高端商贸、生态环保等资源牵引效应，发挥泉州南大门地理优势，加速人气、商气集聚，积极创建省级旅游度假区。做活世纪大道创新活力走廊。精心做好科创新区规划建设，增强三创园、国科大智能制造学院、洪山文创园集聚效应，科学规划、系统推进罗裳片区开发工作，进一步优化布局、提升功能。

(四)聚焦高保障，建设更高水平全面小康

道路千万条，民生第一条。我们要坚持以人民为中心，满怀真情、千方百计为民办实事解难事做好事，让晋江发展更有温度、百姓幸福更有质感、全面小康更加“硬核”。

1. 全力推进乡村振兴。坚持城市反哺农村，引导项目、资金、技术、人才向农村集聚，推动乡村兴和美。提质增效强农业。坚持特色化、规模化发展，大力发展农产品精深加工、休闲农业、观光农业等新业态，推动一二三产融合发展，打造一批“一村一品”品牌，把农业培育成为有奔头的产业。内外兼修美农村。坚持示范带动、分类施策，持续推进精品村建设、空心村整治、历史文化村保护利用，培育40个“最美乡村”，打造更多原生态、乡土味微景观和美丽乡村示范线路。保护、挖掘、弘扬乡土文化，大力培育文明乡风、良好家风、淳朴民风。坚持“三治”融合，全面开展乡村善治试验，探索制定村级自治章程，完善村级组织运行机制，全力争创全国乡村治理试点示范县。拓宽渠道富农民。积极发展家庭农场等新型经营主体，壮大新型职业农民队伍。深化农村集体产权制度改革，清理盘活管好集体“三资”，明晰集体产权关系，持续增强农村造血功能，让百姓口袋更加殷实。

2. 筑牢民生保障体系。坚持问题导向，把牢民生脉搏，发力兜底线、强基础、优供给，精准精细补齐“七个民生保障体系”短板。提高社会保障水平。加强城乡社会救助，巩固脱贫成果，深化“四帮四扶”工程，积极探索边缘困难群体认定措施，进一步提高低保特困人员保障标准，确保小康路上不漏一户、不落一人。积极促进就业创业。实施更加积极的就业创业政策，加强困难家庭、高校毕业生、退役军人等重点群体就业创业服务，动态消除零就业家庭。健全完善住房保障。坚持“房住不炒”，加强精准施策、分类指导，规范住房租赁市场，促进房地产市场平稳健康发展，加快老旧小区、危旧房屋改造提升。完善“四位一体”机制，提升物业管理服务水平，打造一批示范项目。梳理完善“十个一”配套服务设施，补齐“一老一小”配套短板，让居民在家门口就有休闲娱乐好去处。办好人民满意教育。加快城乡教育资源整合提升、扩容提质，推广“名校办分校”“老校带新校”“强校扶弱校”等模式，推动城乡基础教育更加优质均衡发展。深化产教融合、校企合作，提升中、高等职业教育水平和办学容量。加大高端教育资源引进和供给力度，加快福大科教园二期建设，确保泉州五中桥南校区等建成投用。全力提升校园配餐服务质量，让学生吃得安心、家长满意称心。打造百姓放心医疗。深化与树兰医疗集团等战略合作，推动市医院新院、口腔医院等建成投用，打造更多名医名科名院，力争在“三甲”综合医院和高端专科引育上取得突破。深化医药卫生体制改革，完善“三医联动”工作机制，推进现代医院管理制度，上线运行智慧卫生信息平台，改善百姓就医体验。推动支持中医药事业传承发展。构建多元养老格局。加快推动镇级养老机构全覆盖，打造一批医养康融合、智慧养老、“嵌入式”养老典型。大力发展养老产业，探索发展长期护理保险工作，鼓励社会力量兴办专业养老机构，精准对接养老服务供给需求，让老年群体健健康康有体面、老年生活舒舒服服有品质。

3. 丰富群众精神食粮。坚持以群众需求为导向，充分挖掘文化资源、繁荣文化事业，让文化活水流进百姓心田。扩大公共文化供给。积极创建国家公共文化服务体系示范区，深入实施文化惠民工程，加强精品文艺创作，常态推动传统艺术上剧院、上文化广场、上镇村剧台，融入百姓生活。保护传承文化遗产。全力做好“古泉州（刺桐）史迹”申遗工作，持续做好梧林传统村落、安海龙山寺、安平桥等历史建筑、文物古迹的固态保护。更加注重活态传承，培养一批高甲、木偶、南音、木雕等传统技艺传承人。做大做强文化产业。把传统文化元素有机融入城市各领域，全面推进业态提升，培育壮大文旅、文创等产业，做强“食住行、游乐购”旅游全链条，打造精品旅游线路，推动“过境游”向“过夜游”提升。

（五）聚焦高效能，全力提升社会治理能力

主动对标治理现代化要求，加强和创新社会治理，深化“强基促稳”三年行动，确保人民安居乐业、社会安定有序，不断夯实县域治理基石。

1. 以“法治”强保障。善用法治精神、法治思维、法治方式破解治理难题。推动全民守法。提高领导干部尊法学法用法守法水平，深化“七五”普法，完善“一村社一法顾”等机制，将党建、廉政与法治元素有机融合，让守法深入人心、成为习惯。推进严格执法。深化“扫黑除恶”专项斗争，稳妥推进综合行政执法改革，加强执法规范化建设，着力解决执法不严格、不规范、不文明、不透明等问题，用法治守护人民群众生命安全和合法权益。坚持公正司法。持续深化政法改革，健全执法司法相互配合、相互制约体制机制，让群众在每一个司法案件中感受到公平正义。

2. 以“德治”强教化。大力倡导文明新风，加强公民道德教育，营造崇德向善、见贤思齐的浓厚氛围。深挖人文资源。发扬晋江人的精神特质，持续褒扬见义勇为、“美丽晋江人”等道德典范，形成惩恶扬善、激浊扬清的社会风尚。加强“软法”约束。持续推进移风易俗，下大力气解决一批陋风流弊，大力推进社会信用体系建设，完善守法诚信褒奖机制和违法失信惩戒机制，让守信者走遍天下、失信者寸步难行。深化文明实践。充分发挥新时代文明实践中心作用，巩固文明城市创建成果，引导群众积极参与志愿服务和慈善活动，倡导健康生活方式，养成文明行为习惯。

3. 以“自治”强活力。学习借鉴“枫桥经验”，深化“六守六无”系列平安创建，充分调动各类主体参与社会治理的积极性，构建共建共治共享的社会治理格局。健全网格化服务管理机制。完善网格化服务管理规范，全面推行村级组织“一个中心、若干网格”运行机制，推动实现“大事全网联动、小事一格解决”。构建新晋江人融合保障机制。探索成立和谐共融促进会、来晋党员志愿服务队，引导新晋江人参与社会治理，让新晋江人更有归属感。完善矛盾纠纷多元化解机制。加大矛盾纠纷隐患排查力度，坚持源头治理、综合治理、多元调解、联动化解，完善“1+3+N”调解格局，努力实现小事不出村、大事不出镇、矛盾不上缴。

4. 以“智治”强支撑。借力互联网技术、信息化手段，加快构筑智能感知防控网络，汇聚社情、警情、案情、舆情大数据，推动经验决策与大数据决策、人防物防与技防智防融合提升。完善“平安指数”系统建设。加强社会治安状态评估和预测，完善“雪亮工程”、一键视频报警系统，健全综合打击犯罪、立体治安防控等公共安全体系，全面提升防灾减灾救灾、重大风险防范化解能力。健全社会治理综合指挥体系。加快市镇两级综治中心建设，健全110应急、12345便民服务等工作机制，全面提升大数据集成应用水平，实现服务全程全时、管理高质高效。

（六）聚焦高水平，全面深化改革扩大开放

晋江因改革开放而兴、因改革开放而荣，我们要坚定不移用好这“关键一招”，推动改革再出发、开放迈新步。

1. 全面深化改革。坚持以改革激发活力，不断拓展领域、释放潜能，打造改革领域“晋江样板”。攻坚集成改革。深入推进全省县域集成改革试点工作，系统整合各项改革资源，发挥政策联动和叠加效应，全力推进15个领域改革，用好用足上级赋予的政策权限，着力突破土地、资金、编制等方面的要素瓶颈制约和体制机制障碍，不断优化县域治理的制度体系。高质量推进重点领域改革。扎实推进各级改革试点任务，持续放大农村综合改革成效红利，加快国企实体化改革进程，为经济社会发展提供持续动能。做好机构和行政体制改革“后半篇”文章，全面推进事业单位改革和镇(街道)管理机制改革、综合行政执法体制改革,整合编制资源,优先保障教育、卫生等社会民生事业发展。

2.打造区域重要节点。主动融入闽西南协同发展区建设、泉州环湾发展格局,做强差异化竞合优势,不断提升城市能级。加强基础设施互联互通。积极推进福厦客专、厦漳泉城市联盟路、城际轨道R1线等项目建设,深化能源、水利、生态环保等重大基础设施规划对接,推动人员往来、要素流动更加便捷、更加高效。加强产业发展协同协作。完善成本分担和财税、产值、投资分成等机制,推进集成电路、军民融合、纺织鞋服、文化旅游等领域深度合作,共同培育优势产业集群。加强公共资源共建共享。深化科技研发、人才培训、教育医疗、社会保障等各领域合作,探索异地研发、异地孵化等创新资源分享模式,让企业和群众在协同发展中得到更多实惠。深化山海协作,推进晋江(长汀)工业园建设,做好长汀、安溪对口帮扶,实现互动联动、互利共赢。

3.全力拓展开放空间。深耕“一带一路”,放大国际赛事效应,提升开放型经济和国际化城市水平。加快外贸转型升级。实施优进优出战略,有为应对贸易摩擦,提高出口产品档次和品牌影响力,引导企业开拓东南亚、中东等多元市场。扩大关键技术、高端设备、先进经验进口,积极争创国家进口贸易促进创新示范区。打造立体口岸体系。推动泉州综合保税区试行跨境电商综合试验区试点政策,推进机场扩能改造,支持陆地港建设保税物流中心,全面推进通关一体化改革。深化与台港澳交流合作。落实各级惠台措施,全力保障向金门供水工程,为台胞台企提供同等待遇,主动承接台湾技术、人才转移,深化拓展集成电路、食品饮料、文化创意、装备制造等领域合作,努力打造对台融合发展先行区、台胞台企登陆第一家园。加强港澳社团建设,凝聚港澳青年力量,团结引领港澳乡亲,发展壮大爱国爱港爱澳队伍,画出最大同心圆。加强多元国际交往。发挥侨的优势和赛事效应,加大城市形象宣传,广泛开展文化教育、体育旅游等领域的对外交流活动,拓展国际“朋友圈”。

四、推进全面从严治党,以高质量党建引领高质量发展

党政军民学、东西南北中,党是领导一切的。全市各级党组织要把提升党的建设质量作为党建工作的主线,按照新时代党的建设总要求,从严落实“五抓五看”“八个坚定不移”,推动全面从严治党向纵深发展,为书写晋江高质量发展时代答卷提供坚强政治保证。

(一)锤炼绝对忠诚政治品格

把党的政治建设摆在首位,坚持不懈用习近平新时代中国特色社会主义思想武装头脑,持续深入学习党的十九大和十九届二中、三中、四中全会精神,树牢“四个意识”、坚定“四个自信”、坚决做到“两个维护”,在思想上政治上行动上同以习近平同志为核心的党中央保持高度一致。健全“不忘初心、牢记使命”的制度,不断巩固和深化主题教育成果,让不忘初心、牢记使命成为加强党的建设的永恒课题和全体党员、干部的终身课题。

(二)守好意识形态前沿阵地

从严落实意识形态工作责任制,严格执行“六个纳入”,以刚性约束督促责任制落地落实。进一步规范管理新闻媒体、舆论阵地、民族宗教、网络空间等各类阵地,抓好融媒体中心、新时代文明实践中心建设,壮大主流舆论,传播好声音、唱响主旋律。加强事前防范化解,健全突发事件、敏感舆情应对处置“1+N”机制,提升应对工作水平,坚决打击政治谣言和有害信息,牢牢掌握意识形态工作领导权和主动权。

(三)筑牢坚强有力基层堡垒

严格落实基层党建工作责任制,以提升组织力为重点,加强政治功能,推动基层组织建设全面进步全面过硬。深化党支部“达标创星”活动,提升发展党员工作质量,整合建设大数据管理系统,实现党员全链条精准管理。坚持人才反哺农村,严格落实村(社区)党组织书记备案管理制度,实施村级组织后备人才培养计划。开展非公企业和社会组织党建“创业伙伴”系列行动,创新党务人才培养机制,把党建工作融入公司治理。突出围绕中心、建设队伍、服务群众,推动机关党建与业务工作深度融合,建设让党放心、让人民满意的模范机关。

(四)锻造全面过硬干部队伍

用政治标准统领干部的“选育管用”,坚持“一二三四”选人用人导向,选拔使用一批“冲锋陷阵型”“专业技能型”“老黄牛型”干部,让有为干部有舞台、有奔头、有希望。进一步打通机关企事业“三支队伍”流动通道,探索建立高校、科研院所等专业性人才来晋挂任职常态机制,压实党委(党组)主体责任,聚焦增进法治思维、专业精神开展培训,全面建立优秀年轻干部培养机制,着力推动干部队伍专业化、年轻化。坚持严管和厚爱结合、约束和激励并重,加大容错纠错、澄清保护力度,让冲锋陷阵的干部轻装上阵。

(五)保持正风肃纪高压态势

严明政治纪律和政治规矩,推进政治监督具体化、常态化,确保令行禁止、政令畅通。严格落实中央八项规定精神,严防“四风”问题隐形变异、反弹回潮,持续整治形式主义、官僚主义问题,切实为基层减负。压紧压实“两个责任”,抓好关键少数、管好绝大多数,正确运用监督执纪“四种形态”,抓早抓小“治未病”。坚持标本兼治,一体推进不敢腐、不能腐、不想腐体制构建,建立健全重点领域和关键环节权力运行机制,严肃查处领导干部违纪违法行为及群众身边的不正之风和腐败问题,巩固发展反腐败斗争压倒性胜利。深化政治巡察,稳步推动常规巡察全覆盖,持续抓好巡视巡察整改“后半篇”文章,确保改出成果、见到实效,充分彰显巡察利剑作用。

(六)巩固风清气正良好生态

充分发挥党委总揽全局、协调各方的领导作用,支持人大、政府、政协和纪委监委、法院、检察院依法依规履行职能、开展工作。加强党管武装,发挥工青妇等群团组织优势,做好老干部、关心下一代、双拥、党校等工作,巩固发展最广泛的爱国统一战线。加强市镇联动、部门协同,坚持讲大局、顾全局,破除只算眼前账、部门账、地方账的思维,做到心往一处想、智往一处谋、劲往一处使,真正合心合力合拍,持续营造正气充盈、心齐劲足的良好政治生态。

各位代表、同志们,晋江的发展从来没有等出来的辉煌,只有拼出来的精彩。我们已走过千山万水,但仍需翻山越岭、跋山涉水。站在新的历史起点,我们初心如磐、使命在肩;开启新的奋斗征程,我们满怀憧憬、步履坚实。让我们更加紧密地团结在以习近平同志为核心的党中央周围，在省委和泉州市委的坚强领导下，奋勇拼搏、接续斗争，加快建设国际化创新型品质城市，不断创新发展“晋江经验”，为“新福建”“五个泉州”建设作出新的更大贡献！

附注：

*省委“三四八”工作机制：时间维度上，抓好“年初研究部署、年中协调推进、年底总结提升”三个具体阶段；工作链条上，突出“全面学习领会、深化细化措施、扎实贯彻执行、检验落实成效”四个重点；工作进程上，抓好“严格对标对表、夯实主官主责、精细分解分工、加强盯办推进、确保落细落实、接受干群监督、加强激励奖惩、推进持续深化”等八个环节。

*16个城市专项行动计划：体育场馆保障计划、综合交通保障计划、城市景观提升计划、生态环境提升计划、城市管理提升计划、城市文明提升计划、城市形象推广计划、旅游服务提升计划、人才队伍培训计划、信息数据保障计划、医疗卫生食品安全保障计划、城市安全保障计划、城市电力保障计划、产业升级计划、赛事活动三年计划、财政保障和市场开发计划。

*“5515”现代农业产业园体系：第一个“5”指五色产业，即红色产业胡萝卜、黄色产业衙口花生、紫色产业晋江紫菜、蓝色产业鲍鱼养殖、绿色产业辣椒种植。第二个“5”指五微五营双创，“五微”即微景观、微菜园、微庭院、微森林、微墙绘；“五营”即大学生夏令营、国庆建造营、校园双微创意营、大树微景观工作营、大学生寒假社会实践营；“双创”即大学生农业农村创业创新。“15”指15片田园风光片区。

*“两高”及重要通道沿线：高速铁路、高速公路和城乡重要通道沿线。

*“三拆一清”：拆违建、拆搭盖、拆广告牌、清垃圾。

*“一革命四行动”：“厕所革命”，农村垃圾治理行动、农村污水治理行动、农房整治行动、村容村貌提升行动。

*“三治”融合：自治、法治、德治融合。

*3大医疗服务航空港：市医院、中医院、安海医院。

*“三位一体”养老服务体系：老年活动中心、居家养老服务站和敬老院三种服务载体有机结合的社区养老服务体系。

*“六守六无”：守诚无失信、守德无纷争、守约无陋俗、守规无事故、守法无案件、守廉无贪腐。

*“放管服”：简政放权、放管结合、优化服务。

*“三进三送”：进村户、进企业、进项目，送理论、送政策、送信息。

*“晋江五问”：如何当好高质量赶超主力领军、如何抢占区域发展制高点、如何踢好转型升级“后半场”、如何实现更高水平全面小康、如何持续提振队伍精气神。

*“一体两翼”抓乡促村专项行动：以镇（街道）党（工）委为“主体”，以先进村（社区）“领头雁”示范工程、薄弱村（社区）“奋蹄马”治理工程为“两翼”，通过抓两头促中间，带动提升村（社区）治理能力和治理水平。

*“一二三四”选人用人导向：“一个导向”，即“只要干得好就能用得好、哪里出政绩哪里就出干部”的用人导向；“两个一线”，即“一线考察干部、一线追责问责”；“三个更加注重”，即“更加注重选用基层干部，更加注重在项目一线发现干部，更加注重重用敢担当、善于攻坚克难的干部”；“四个绝对不能”，即“绝对不能怕得罪人不敢为，绝对不能遇到问题绕道走不作为，绝对不能等靠要慢作为，绝对不能简单把问题上交不愿为”。

*“两个责任”：落实党风廉政建设责任制，党委负主体责任，纪委负监督责任。

*“四个意识”：政治意识、大局意识、核心意识、看齐意识。

*“四个自信”：道路自信、理论自信、制度自信、文化自信。

*“两个维护”：坚决维护习近平总书记党中央的核心、全党的核心地位，坚决维护党中央权威和集中统一领导。

*“五个创新”：产品创新、技术创新、品牌创新、管理创新、商业模式创新。

*六大新增长区域：双创活力走廊、高新产业聚集区、“双高”道口经济区、科教产业集聚区、综合保税区、晋东新区。

*“七个民生保障体系”：就业、教育、医疗、住房、安全、环境和社会保障七个民生保障体系。

*“四帮四扶”：帮就业、帮就医、帮就学、帮安居和扶贫困、扶老幼、扶伤残、扶志气。

*物业管理“四位一体”机制：街道、社区、业主委员会、物业公司“四位一体”物业管理模式。

*社区“十个一”配套服务设施：社区组织办公场所、社区公共服务中心、社区综合文体活动室、社区警务室、社区卫生服务站、社区居家养老服务站、社区活动小广场、社区幼托所（幼儿园）、社区爱心慈善援助站和社区信息化管理服务中心配套服务设施。

*“三医联动”机制：医保体制改革、卫生体制改革与药品流通体制改革联动机制。

*“枫桥经验”：1963年11月，毛泽东同志批示肯定“发动和依靠群众，坚持矛盾不上交，就地解决。实现捕人少，治安好”的“枫桥经验”，并提出“要各地效仿，经过试点，推广去做”。

*“1+3+N”调解格局：指“1个中心、3大调解对接、N个调解委员会”。1个中心，即市矛盾纠纷多元化解联动指挥中心；3大调解对接，即诉调、公调、检调对接；N个调解委员会，即32个专业性行业性人民调解委员会。

*“五抓五看”：看有没有抓加强教育，看有没有抓制度建设，看有没有抓“一把手”，看有没有抓查处，看有没有抓部署、检查、落实。

*“八个坚定不移”：坚定不移维护核心，坚定不移学习贯彻习近平新时代中国特色社会主义思想，坚定不移落实党中央决策部署，坚定不移正风肃纪，坚定不移反对腐败，坚定不移加强党内监督，坚定不移深化监察体制改革，坚定不移紧抓“关键少数”。

*“六个纳入”：纳入理论学习计划、纳入年度工作要点、纳入党建责任范畴、纳入综合目标管理、纳入年终绩效考评、纳入党纪督查范围。

*“四风”：形式主义、官僚主义、享乐主义和奢靡之风。

*监督执纪“四种形态”：经常开展批评和自我批评、约谈函询，让“红红脸、出出汗”成为常态；党纪轻处分、组织调整成为违纪处理的大多数；党纪重处分、重大职务调整的成为少数；严重违纪涉嫌违法立案审查的成为极少数。

政府工作报告

——2019年12月25日在晋江市第十七届人民代表大会第四次会议上

晋江市人民政府市长　张文贤

一、2019年主要工作回顾

2019年是攻坚实施“十三五”规划的关键一年，我们坚持以习近平新时代中国特色社会主义思想为指导，全面贯彻党的十九大和十九届二中、三中、四中全会精神，在上级党委、政府和市委的坚强领导下，在市人大、市政协的监督支持下，坚持稳中求进工作总基调，从容应对挑战，积极有效作为，经济社会保持平稳健康发展。预计全年地区生产总值增长8.0%；一般公共预算总收入220亿元，增长—4.35%，其中本级收入137.9亿元，增长2.0%；城乡居民人均可支配收入4.34万元，增长8.0%。县域经济基本竞争力位居全国第四位，城市投资潜力、营商环境位居全国县域第二位，入选“中国十大慈善城市”，获批全省首批县域集成改革试点。

一年来，我们把政府工作报告确定的目标任务，分解为153个工作项目，以深入开展“两个年”活动为抓手，全力推动落实，主要工作和成效是：

(一)经济运行稳健向好

完成第四次全国经济普查，深入落实“六稳”工作要求，综合施策，定向发力，托稳经济发展大盘。惠企措施精准落地。新一轮产业扶持政策有效实施，减免企业税费30.97亿元，兑现惠企资金16.97亿元。沉着应对贸易摩擦，稳步优化出口布局，新增自营出口企业354家，外贸出口总值增长8.43%。精心开展领导挂钩帮扶活动，分行业推进“手拉手”产能对接，促成合作订单20亿元，市场主体突破20万户。要素支撑稳固有力。“晋金私募汇”引入私募基金52家，规模预计超27亿元。银企对接常态化开展，新增贷款160亿元。信贷风险有效防范，企业不良贷款率控制在2.5%以内。全面盘活土地资源，梳理用地空间3.7万亩，清理批而未供和闲置土地超6000亩，“445”工作法获全省推广，老旧工业区改造提升开篇破题。有效投资持续升温。“主官招商、全员招商”深入开展，成功签约中探针、宝能物流、展志钢材等项目83个、总投资650亿元。606个“五个一批”项目高效推进，515个在建重点项目完成投资675亿元，超额完成年度投资计划。京通易购、华宇织造等85个项目开工，锂电池储能、金融广场等93个项目投产投用，安海装备园、龙湖时尚园新入驻在建企业29家。43个国企经营运作项目稳步推进。

(二)产业能级持续跃升

新兴业态集聚成势。集成电路“三园一区”、石墨烯产业园加快建设，集成电路龙头项目投产营收。鞋都市场整体迁入国际鞋纺城，陆地港升级为国际港口。新增三产市场主体超4万家、限上商贸业和规上服务业企业200家、3A级以上物流企业3家。快递业务量突破5亿件，增长60%，占泉州比重42%，晋江获评中国快递示范城市，鞋都电商中心获评国家电子商务示范基地。第三产业增加值预计增长8.5%。传统动能加速升级。出台传统优势产业全链条全流程升级方案，安踏、特步等龙头企业收购国际品牌，加速产业链全球化布局。恒安、乔丹、百宏等龙头企业增资扩营势头强劲，带动全市技改投资增长24.6%。一批成长型企业深耕细分市场，挺进行业高端，新增产值超亿元企业44家、省级“专精特新”企业8家。中国民营经济创新发展高峰论坛、国家制造强国建设专家论坛成功举办，体博会、食交会、家博会交易额再创新高。创新活力竞相迸发。国家创新型县(市)建设深入推进，福大微电子研究院、国科大智能制造学院相继落户，中科院装备所获批国家级重大创新平台，制鞋产业技术创新战略联盟成为全省首家国家级试点联盟，10项成果获评省科学技术进步奖。引导企业把税费减免资金投向科技创新，有效落实研发费用税前加计扣除政策，146家企业实行智能装备改造，认定国家高新技术企业74家，新增国家技术创新示范企业1家、省级工业设计中心2家，专利申请量、授权量分别达到8.74万件、6.02万件，位居全国科技创新百强县第六位。国际人才港投用，新增各类高层次人才1928人、“海峡”团队21个、院士专家工作站4个。

(三)以赛兴城提速提质

统筹“办赛事”与“办城市”，扎实推进16个城市专项行动计划，城市颜值和内涵持续提升，晋江元素在外交部、国新办等推介活动上频频亮相。赛事筹办紧凑高效。世中运组委会第一次全体会议顺利召开，赛事LOGO、主题口号和形象大使闪亮揭晓，赛事官网、志愿者招募系统开通启用，足球公园等3个场馆建成投用，第二体育中心、少体校等场馆提速建设，顺利通过国际中体联三次赛前考察，倒计时一周年活动闪耀全城。世界沙滩排球巡回赛、国际马拉松赛、CBA联赛等11项体育赛事成功举办，首届国际大体联足球世界杯精彩上演，16个国家24支球队驰骋绿茵，体育晋江迈向世界。承载功能持续增强。高铁二期征迁顺利收官，晋东新区、紫帽片区加快开发。2个老旧小区完成改造，2个安置房项目实现回迁，国际人才社区启用入住，象山超高端人才社区动工开建。沿海大通道、江滨南路、深安线完成拓改，兴紫大道、晋新路军垦农场段建成通车，厦漳泉联盟路、福厦客专加快推进。晋江机场成为全国首批“一带一路”沿线国家人员出入境便利安排口岸，年吞吐量突破800万人次。2个公交枢纽站投用，公共交通全面实现新能源替代。完成1.5万户二次供水改造，新改建公厕102座。综合管理精细精致。中心市区停车收费启动实施，地下闲置停车位陆续盘活，停车难题有效破解。大数据管理中心建成投用，“数字城管”扩能提级，线上线下联动对接，小区物业、建筑工地、渣土车等专项治理有力推进。10个事故多发点、10个易堵点、35处积水点完成改造。开展133个生活垃圾分类试点，覆盖19个社区和所有学校医院。生态创建扎实有力。认真抓好中央生态环境保护督察反馈意见整改，铁腕推进污染源整治“霹雳”系列行动，查处违法排污企业330家，关停“散乱污”企业245家，石材行业整治成效持续巩固。完成陶瓷企业干燥塔在线监控，晋南热电厂集中供热项目投用。建成农村污水处理项目33个，打通污水“断头网”8条，铺设污水管道47.76公里。安东园、深沪污水处理厂试运行，南港二期扩建、泉荣远东三期提标工程开工建设。加强泉州湾河口湿地、深沪湾古森林遗址等自然保护区保护管理。划定水源保护红线、龙湖工程管理保护范围,深化饮用水源地和金门供水水源保护。实施173个河流整治项目,整治河道41.2公里,引水第二通道、市区生态水系连通工程正式通水,流域水质明显改善。

(四)乡村振兴纵深推进

注重点面发力,推动乡村发展,磁灶、英林2个镇获评省级乡村振兴特色乡镇,瑶前、华海、檗谷等20个村入选省级乡村振兴示范村。发展路径多元拓展。农村土地制度改革三项试点圆满完成,多项成果被新《土地管理法》吸收,农村集体产权制度改革、农村“双创”成为全国典型。新增省级以上农业产业化龙头企业9家,“安海土笋冻”获评国家农产品地理标志。村级集体经营性收入全部突破10万元,68%突破20万元。全面实施扶持革命老区建设三年规划,投入扶持资金1050万元。环境整治持续加强。深入开展“城乡环境整治攻坚年”活动,“两高”及重要通道沿线环境整治稳步推进,“三拆一清”“一革命四行动”扎实有力,整治裸房1442栋,拆除“两违”50.7万平方米。植树造林1.65万亩,回填废弃石窟11个,绿化矿山迹地195亩,崎山公园、晋江下游(南岸)生态公园部分开放,九十九溪万亩田园风光初具雏形。乡村治理更加有效。开展乡村善治试验,“三治”融合深入推进,农村治理人才认定机制全国首创,基层议事协商全面推行,“1+3+N”调解格局逐步完善。成功承办全省乡村治理暨乡风文明体系建设现场推进会,获评全国乡村治理体系试点示范县,村庄规划工作成为全国典型。

(五)美好生活更有质感

财政投入86亿元用于民生建设,占本级支出71.13%。惠民实事落细落实。办好29件为民实事和224件“民生微实事”,通过民生观察眼、市民考察团等活动,积极回应“群众点题”,学生配餐、交通出行、课后延时服务等一批难点问题有效破解。237户困难家庭得到暖心帮扶,4166宗石结构危房完成改造。公共服务扩面提质。获评“省级教育强市”,实施122个教育项目,新增优质学位8040个,普惠性幼儿园覆盖率达88.1%。精准做好控辍保学工作。福大科教园迎来首批本科生,泉州职业技术大学正式挂牌,拔萃双语学校顺利开办,晋江一中、养正中学入选全省首批示范性普通高中建设名单。晋江健儿时隔20年重夺泉州市运会金牌总分“双第一”。实施18个医疗卫生项目,新增病床位852张,深化与树兰医疗等优质资源对接,打造3个医疗服务“航空港”,成立全省首个卫生健康人才发展促进会,全国知名专家、院士坐诊1500多人次。全市26万名中小学生享受免费健康体检。深入开展爱国卫生运动,登革热等疫情有效防控,省级慢性病综合防控示范区通过验收。建成4个镇级敬老院、20个居家养老服务站、5个“嵌入式”小型养老机构,新增养老床位653张,社会福利中心老年康复医院投用,社会救助综合改革试点通过国家验收。首届文化旅游节成功举办,第六批市级文保单位和非遗代表性项目正式公布,梧林传统村落提速建设,五店市被确认为中国华侨国际文化交流基地,安海镇、福林村获评第七批中国历史文化名镇名村,晋江入选全国县域旅游竞争力百强。社会治理全面加强。安全生产技术顾问服务全面实施,“智慧消防”建设加快推进。深化扫黑除恶专项斗争,深入开展“强基促稳”三年行动,在全省首创民警背包住村模式,“六守六无”平安系列创建扎实推进,社会治安、信访维稳、安全生产、粮食安全、食品安全等形势保持稳定。公安局刑侦大队获评全国“人民满意的公务员集体”,晋江获评全省“七五”普法中期先进市。此外,民族宗教、统计档案、国防双拥、防灾减灾、对口帮扶、老干老龄、工青妇儿、红十字、残疾人、退役军人等工作都取得新成效。

(六)政务环境有效优化

深入开展“不忘初心、牢记使命”主题教育。严格落实全面从严治党,履行意识形态工作责任制。认真办理人大代表建议188件、政协委员提案218件,满意率、基本满意率100%。建成“互联网+政务服务”市镇村三级一体平台,所有审批服务事项承诺时限压缩至法定时限17.7%,“最多跑一趟”“一趟不用跑”事项占比达93%。落实政府机构改革,优化职能配置,认真贯彻“基层减负年”要求,大力改进文风会风,加强效能建设、绩效管理、审计监督,服务水平明显提高。

各位代表,习近平总书记在全国“两会”期间,强调“‘晋江经验’现在仍然有指导意义”,过去一年我们所取得的成绩,正是习近平新时代中国特色社会主义思想科学指引的结果,是省委省政府、泉州市委市政府和市委正确领导的结果,是海内外晋江人坚持用好“晋江经验”制胜法宝、齐心协力、团结奋斗的结果。在此,我谨代表市人民政府,向奋斗在各条战线上的广大干部群众、来晋创业务工人员,向给予我们不懈支持的人大代表、政协委员、离退休老领导老同志,各民主党派、工商联、社会各界人士,各级驻晋直属单位、部队官兵,向所有关心支持晋江发展的台港澳同胞、海内外乡亲和国际友人,表示崇高的敬意和衷心的感谢!

在看到成绩的同时,我们也清醒地认识到,政府工作仍然面临一些问题和困难:一是产业生态不够完善,传统产业层次效益不高,高新产业占比偏低,现代服务业相对滞后,企业梯队不够协调,创新活力释放不足,重大项目接续不够。二是城市能级还不高,功能品质、承载力与现代都市要求仍有差距,对优质企业、优秀人才的吸引力还不足。三是教育、医疗、养老等优质资源不够充足,社会治理能力有待提升,与群众期盼还有差距。四是空间要素制约明显,生态建设、环境整治任重道远,还要花更大力气加强生态治理,挖掘空间存量,提高资源绩效。五是政府制度建设有待完善,个别干部专业素养、作风能力有待提高。对此,我们不回避、不畏难,将采取有力措施,认真加以解决。

二、创新发展“晋江经验”,扎实做好2020年工作

2020年是全面建成小康社会和“十三五”规划的收官之年,也是“十四五”规划的谋划之年。根据市十三届党代会四次会议精神,政府工作的总体要求是:以习近平新时代中国特色社会主义思想为指导,全面贯彻党的十九大和十九届二中、三中、四中全会精神,深入学习贯彻习近平总书记重要讲话重要指示批示精神,全面落实习近平总书记在参加十三届全国人大二次会议福建代表团审议时的重要讲话精神,坚持稳中求进工作总基调,坚持新发展理念,坚持以供给侧结构性改革为主线,坚持以改革开放为动力,坚决打赢三大攻坚战，全面落实省委、泉州市委和晋江市委决策部署，推进县域治理体系和治理能力现代化，决胜高质量赶超、更高水平全面小康、重大赛事举办三大任务，加快国际化创新型品质城市建设，不断创新发展“晋江经验”。

经济社会发展主要预期目标是：地区生产总值增长7.5%，一般公共预算总收入增长3.0%、本级收入增长2.5%，规上工业产值增长9.5%，全社会固定资产投资增长7.5%，城乡居民人均可支配收入增长7.5%。

围绕实现上述目标，我们要大力实施“三大任务决胜年”“城乡环境整治深化年”“县域治理效能提升年”活动，全力推进产业高级化、服务高质量、城市高品质、民生高保障、治理高效能、改革开放高水平，重点抓好7个方面工作：

（一）强链建链拓链，持续完善产业生态

坚持“先进制造业立市、高新产业强市、现代服务业兴市”，坚守实体经济，加快产业基础高级化、产业链现代化，确保经济实现量的合理增长和质的稳步提升。

1. 强力推进传统产业全链条全流程升级。突出强链补链。全面落实五大传统优势产业升级行动方案，编制强链补链招商图谱。开展“项目攻坚2020”，实施42个产业升级项目，推进重点技改项目200个以上，培育智能制造示范项目10个以上，攻坚一批核心技术，加快补齐高端材料、研发设计、装备制造等缺失薄弱环节，构建全链条生态圈，打造搬不走的产业优势。突出梯队培育。坚持创新导向，用足高新技术企业优惠叠加政策，推动龙头企业就地“留根扩能”，实施“专精特新”企业培育三年行动，开展中小企业对标“精益之旅”。引导5家以上企业开展品牌并购，新增培育8家省级“专精特新”企业、3家省级以上制造业“单项冠军”，认定高新技术企业70家、力争总数突破200家。加强高资质建筑企业引育，建筑业产值增长20%以上。突出产业协同。围绕龙头企业开展上下游招商，支持恒安、特步等龙头企业建设品牌园，打造垂直供应链体系。搭建产能对接平台，培育改造30家精品代工企业，促成产能合作25亿元以上。依托文创园、工业园，搭建网红直播平台，对接知名网红资源，引导企业拓展新零售渠道。突出数字赋能。大力推进“互联网+”应用，对接华为、工业富联、中软国际等企业，建设工业互联网云平台，引导200家以上企业“设备上云”“流程上云”。支持做大一品嘉、辅城网、鞋创云等供应链平台，力争平台交易额突破100亿元。创新应用大数据、5G、区块链、人工智能等新技术，推进信泰大数据、柒牌5G、辅城区块链等应用项目，培育一批智慧企业、智慧工厂。

2. 强力推进高新产业建链齐链。大力发展集成电路产业。主动融入海峡两岸集成电路产业合作试验区，加快“三园一区”配套建设。推动集成电路龙头企业扩能壮大，推进创电、中探针等重大项目建设，对接一批上下游配套企业、重要供应商，完善设计研发、材料装备、终端应用等产业链条。大力发展新材料产业。紧盯合成树脂、合成纤维、弹性材料、食品生物添加剂等方向，策划招引一批实体项目，促成绿色纤维、医用新材料等项目落地。加速石墨烯技术产业化应用，加快石墨烯产业园、HDT高效太阳能电池项目建设，促成8英寸半导体石墨烯芯片项目开工。大力发展产业装备。扶持佶龙、海纳、信翼、凯嘉等本土产业装备企业做大做强，加快推动华宝鞋业智能成型线、食品自动包装线、陶瓷自动分拣包装线等技术项目落地转化。坚持“市场换技术”“市场换项目”，对接欧洲、日韩、台湾等地区，力争食品、陶瓷、鞋业、机织、数码印花等产业装备项目引进取得突破。

3. 强力推进现代服务业扩量提质。坚持存量挖潜、增量培育，实施服务业百大项目，全力促进产业和消费“双升级”。实施限上主体扩量攻坚。加快主辅分离，大力推动个转企、限下转限上，新增限上商贸企业150家以上。推动提升海峡石化、鞋纺城、五金机电、海西家居、豪新食品等专业市场运营水平，力争培育限上贸易额超百亿元市场3个。加快薛航、宝能、顺丰等物流项目建设，大力推动无车承运、供应链平台集中释放商贸物流业绩。创新活跃都市业态。规划城市商圈布局，繁荣壮大宝龙、万达等城市综合体，力争培育超30亿元大商圈3个以上。重点发展现代金融、财务会计、信息科技、电子商务等业态，加强世纪大道主轴、滨江商务区等市区商务楼宇招商运营，培育亿元楼宇3幢以上。建成投用国际会展中心，放大体博会、食交会、家博会等品牌展会效应，做强会展经济。挖掘商旅观光、文化影视、体育赛事等消费增长点，促成奥特莱斯、万豪酒店、六秋井工业创意园等项目落地，培育夜间经济集聚区5个以上。

（二）办赛事兴城市，持续提升城市品牌

办好世中运是国家赋予的光荣使命，也是晋江向世界作出的庄严承诺。我们要坚持“以赛兴城、以赛促产、以赛惠民”，统筹“办赛事”与“办城市”，扎实推进16个城市专项行动计划，以崭新姿态迎接世界宾客。

1. 出彩办好世中运。遵循国际标准，按照“赛事活动最精彩、影响力最深远、参与度最广泛”目标，统筹推进筹办举办工作。加强赛事组织。高标准完成第二体育中心、少体校等场馆建设，组建竞赛指挥中心、单项竞赛委员会、场馆运行管理团队，组织17场测试赛。建设世中运新闻中心、国际广播电视中心，高水平举办倒计时一百天、火炬传递、开闭幕式、文化交流等大型活动，向世界展示城市新形象。加强服务保障。成立世中运安保指挥中心，建强志愿者、外事外联、医疗卫生等服务团队，落实交通组织、通讯服务、接待抵离、住宿餐饮、供水供电等专项保障，全面提升综合保障能力。加强溢出效应。高效运营赛后资源，加强场馆综合开放利用，推动全民健身事业发展，创建国家全民运动健身模范市。统筹世中运、大体联足球世界杯、世界沙排、CBA联赛、国际马拉松等赛事资源，培育专项品牌赛事，策划开发赛事经济，发展体育培训、体育旅游、体育经纪等体育服务业，促进体育消费，拓展体育全产业链。引导企业把握全民健身事业发展机遇，用足赛事综合效应，推进体育制造业细分领域产品研发，占领国内外新市场。

2. 加强重点片区建设。基本完成国土空间总体规划编制，持续抓好六大新增长区域建设，重点发力“三区一走廊”，推动城市精明增长。晋东新区全面融入泉州环湾同城发展，精细做好功能区划，有节奏高品质深度开发，完善第二体育中心配套，加快鞋纺城二期、安踏一体化二期、乔丹品牌工业园建设，打通鞋纺大道、市域3号路等路网，打造体育公园、海滨公园等4个生态空间，实施第五实验幼儿园等4个教育项目，提升片区建设质效。高铁新区加强整体策划，加强项目招商，全面拉开建设架势。重点加快建设站前广场，实施5条交通道路、12个安置房项目，抓紧完善学校等公共配套。紫帽片区统筹生态保护和区域开发，加强旅游业态策划，放大优质教育资源牵引效应，建设青训、研学基地，推动安踏全球研发中心落地，引进高端商贸项目，充分释放发展潜能。世纪大道创新活力走廊重点规划建设科创新区，统筹优化三创园、洪山文创园、罗裳片区功能定位，支持中科院装备所做大做强，启动建设国科大智能制造学院，实施草庵文旅街区项目，推动中纺院、国家服装服饰质检中心搬迁入驻三创园，加快形成科技创新生态圈。

3. 加强城市综合保障。完善综合交通体系。推进15个市政交通项目，重点加快二重环湾、东部快速路、晋江南高速连接线建设，构建高铁新区连接田安大桥、晋江大桥、环城高速快速通道网络。打通龙狮公路、横九线、东石连接线、市域8号路，完善城市快速路骨架。推进池店南片区、会展中心区域等配套道路建设，打通3条断头路，完善区间路网。优化机场、动车站、高速出入口等重要枢纽交通环境，完善接驳换乘系统，提高通行效率。提升电力通讯保障能力。推动一流新型城镇配电网全域覆盖，投用2个110千伏输变电站，建成世中运智慧保电指挥平台，建设4个电力设施项目。高效运营大数据管理中心，投用世中运竞赛技术系统等5个信息化工程，设立5G基站1000个以上，基本实现中心市区、重点乡镇全覆盖。提升城市景观风貌。围绕酒店、场馆、景区等重要节点，晋新路、双龙路、晋光路等重要路线，以及重要城市展示面，同步推进道路空间、建筑立面、绿化景观、夜景照明综合整治，建设57个城市品质提升项目，扮靓城市颜值，彰显城市气质。

4. 提高城市治理水平。深化城市文明建设。全力迎接全国文明城市三年复评，围绕“当好东道主、喜迎世中运”，深入开展“一起出彩”志愿服务行动、“东道晋江”市民素质行动和“微笑窗口”行业服务行动，以饱满的热情和姿态迎接世中运。深化城市精细管理。开展环卫保洁提升行动，组织背街小巷卫生大整治，扩大垃圾分类试点范围，改造提升3个市区垃圾转运站。整修更新市政管线、公交站亭、道路围栏等城市家具，完善道路、景区、车站等公共场所双语标识系统。深化“两违”综合治理，持续规范店招广告、共享单车、摊点经营等街区秩序，加强路面停车管理，投用3个机械停车库，盘活7个小区地下停车场，打造干净、整洁、有序的城市形象。深化社会治理创新。纵深推进扫黑除恶专项斗争，持续开展“强基促稳”三年行动、“六守六无”平安系列创建，有效整合治安防控、综合执法、便民服务等功能，完善基层治理“一张网”。投用反恐防暴训练基地。建成智慧消防运维中心，健全安全生产“152030”隐患排查治理机制，深化消防、危化品、出租房、道路交通、建筑工程等领域专项整治，坚决防范遏制较大事故发生。全面推行“评理调解室”“最多投一次”阳光信访机制，集中化解信访积案。开展“百社解千难”活动，健全“三社联动”社区治理机制，构建共建共治共享的治理格局。加强退役军人服务保障，争创全国双拥模范城“七连冠”。

（三）改革创新开放，持续释放发展新动能

弘扬晋江人敢为天下先、爱拼才会赢的人文特质，全力实施省级县域集成改革试点，系统整合各项改革资源，发挥政策联动叠加效应，最大限度激活创新创业创造动能。

1. 加强要素保障。盘活发展空间。实行开发区、工业企业亩均效益评价，完善落后产能退出机制。建立闲置厂房空间数据库，清理批而未供和闲置土地2500亩以上。出台老旧工业区改造提升政策，允许已确权登记工业物业产权按幢按层分割办证和转让，推进10个以上改造项目，打造一批专精特新“微工业园”。提升金融服务。实施制造业贷款增量增速行动，推广银税互动、云电贷、助保贷、科创贷等金融创新产品。大力发展供应链金融，加大政府性产业基金在晋投资力度，加强政策性融资担保公司运作。加快金融广场融市繁荣，入驻基金、证券、担保等机构30家以上，推动“晋金私募汇”规模突破50亿元。新增上市公司3家以上，争取科创板上市实现突破。稳妥做好企业信贷和资本市场风险防范化解，严厉打击非法集资和互联网领域非法金融活动。打造人才洼地。绘制重点产业急需人才分布地图，引进各类高层次人才2000人以上。引导企业对接福大等高校、职校，设立一批产教融合实践基地，开展“二元制”“顶岗实习”等多形式合作，培育更多技能型实用型人才。高效运作国际人才港，大力培育人才社群。探索人才异地就医绿色通道，完善人才子女就学政策，精准优化人才服务体系。深化“放管服”改革。全面实施受审分离“一号一窗一网”改革，建成投用“一门式”行政服务大厅，设立综合服务窗口，实现“一窗通办”，严格落实“好差评”制度，提高服务满意度。深化“互联网+政务服务”，基本实现政务数据中心整合和政务数据全量汇聚。完善中介组织管理办法，建立红黑榜考评制度，促进中介服务提质。推行“两步申报”“两段准入”等通关改革试点，试行机场出境海关、安检“一次检查”模式，推进口岸通关提效。

2. 做优创新生态。完成国家创新型县（市）建设任务，全力打造福厦泉科技创新走廊和国家自主创新示范区的重要节点。释放科研平台效能。加快福大微电子研究院、福大科教园二期建设，实现在晋科研机构归口统筹管理、协同联动、一体发展。支持龙头企业与科研院校共建实验室，开展技术攻坚，实现成果转化无缝对接。设立军民两用技术交易中心，规划建设军民融合产业园，鼓励企业承接“军转民”科技成果，推动一批军工融合项目落地。畅通科技成果孵化链条。放大“海峡杯”系列赛事效应，做优科技大市场，常态化开展科技成果路演推介。提升孵化器、众创空间运营水平，建设一批中试加速车间，引导新生代企业家参与科创项目，完善“研发—孵化—加速—产业化”链条，推动更多技术成果、孵化项目落地转化。加强知识产权保护。建成鞋服食品知识产权国家级快速维权中心，加强信用管理和诚信体系建设，依法保护企业合法权益。

3. 深化国企改革。实施国有企业改革三年行动，推动国资监管从“管企业”向“管资本”转变。搭建国有资产运营平台，完成国有企业第二轮整合重组，优化布局结构。落实薪酬制度和绩效管理制度改革，培育专业化市场化的管理运营团队。嫁接大型央企、国企参与改革，支持市属国企参与片区园区开发经营。

建立健全重大项目投融资机制，推动国有企业整合盘活公共资源资产，承接生态治理、道路管护、管网资源等公用事业和公共服务。

4.加强对外开放合作。主动融入闽西南协同发展区和泉州环湾同城发展，推动厦漳泉联盟路建成通车，做细城际轨道R1线前期，加快福厦客专建设，快速推进机场扩能改造。积极参与区域协同协作，力争在产业开发、科技创新、公共服务、旅游观光、人才培训等多领域合作取得新突破。深化山海协作，做好长汀、安溪等对口帮扶。深度融入“一带一路”建设，深化“晋江品牌海丝行”活动，鼓励龙头企业设立海外展销中心、研发设计中心，开展并购，拓展市场。放大综合保税区政策效应，试行跨境电商综合试验区试点政策，支持陆地港建设保税物流中心，争创国家进口贸易促进创新示范区。加强海外联络联谊，凝聚海外乡亲合力，支持参与家乡建设发展。深化与台港澳交流合作，落实惠台措施，探索建立台湾青年创业就业一站式服务平台，拓展集成电路、装备制造、食品饮料、文化创意、工业设计等领域合作，努力打造对台融合发展先行区、台胞台企登陆第一家园。

(四)决胜更高水平全面小康，持续增强群众获得感幸福感

坚持七成以上财力投入民生，进一步加强普惠性、基础性、兜底性民生建设，把高质量发展更多体现在高保障民生上。

1.补齐民生短板。提升教育发展水平。优化中心城区、重点片区教育规划布局，实施106个教育项目，新增优质学位9020个。开展城镇小区配套幼儿园专项治理，新改建10所公办幼儿园。开办泉州五中桥南校区。推行民办学校分类管理，规范民办教育和校外培训机构。积极应对新高考综合改革。推进“5121”教育人才引育计划和“千百十一”孵化计划，实施教师“市管校聘”、职称全员竞聘等改革，深化师德师风建设。加强学生思想道德教育，建立心理危机干预机制，促进学生全面发展。提升医疗卫生服务水平。积极争取国家区域医疗中心试点落地。完成市医院搬迁，深化与树兰医疗合作，创建三甲综合医院。推进21个医疗卫生项目，新增病床位1605张。实施卫生人才“525”孵化提升工程，加快培育名医名科名医院。深化医药卫生体制改革，支持中医药事业发展，加强5个紧密型医共体建设，推进乡村卫生一体化服务管理。启用智慧卫生平台，实现13家试点医疗卫生机构检查结果互认、统一预约。推动120急救能力再提升，建设50个“AED安心场所”。加强疫情监测，加强重大传染病防控。开展第七次全国人口普查。提升养老服务水平。编制养老设施布局规划，落实住宅小区配建养老服务设施，推广“嵌入式”社区养老服务模式。投用社会福利中心二期，建设6个镇级养老照料中心（敬老院）、5个村级敬老院、20个居家养老服务站，让老年人生活更加健康、更加舒心。

2.办好群众关键小事。落实20件为民实事和200件“民生微实事”，及时解决群众“急难愁盼”。建设一镇街一食品安全快检室，完善食品“一品一码”追溯体系，让群众吃得更加放心。制定学生营养餐标准，建设20个小学自办食堂，分类分批收回中学食堂自主经营，提升学校配餐服务，加强全过程监管，用心守护好孩子们的“饭盒子”。坚持“房住不炒”，把握土地开发节奏，加强楼盘建设监管，规范住房租赁市场，促进房地产健康发展。开展小区物业专项整治，改造5个老旧小区，回迁4个安置房项目，改建10个社区治丧场所，完善“一老一小”文娱设施配套。开展农村饮水安全巩固提升行动，规范农村住宅加层审批，继续推进石结构危房改造。整治10个事故多发点、易堵点。提升公交服务，提高准点率和舒适度，试行社区巴士，完善市区镇区公共交通微循环体系。

3.兜牢民生底线。盯紧边缘困难群众，精准帮扶相对贫困对象256户、“四帮四扶”家庭200户，为低保、特困人员购买人身意外保险，完善“防返贫、控新贫、稳脱贫”长效机制，实现贫困人口动态清零。深化社会救助，提高城乡低保、重度残疾、孤残儿童、特困供养等补助标准，健全因病、因残、因灾致贫应急救助机制，确保困难群众求助有门、受助及时、生计有保障、生活有盼头。

(五)攻坚乡村振兴，持续推进农业农村现代化

按照“五个振兴、三个全面”总要求，冲刺乡村振兴三年行动，加快推动资源要素向农村流动、新型基础设施向农村延伸、公共服务向农村覆盖。

1.培育农业产业优势。深入推进特色现代农业“3+1+5”产业体系建设，实施10个农业产业化项目，建设蔬菜标准化种植基地10个、高标准农田2万亩以上。加大品种品质品牌建设，新增省级著名农产品2个。支持东石镇申报国家级胡萝卜产业强镇，建设深沪智慧渔港、金井福大鲍鱼科技示范基地，大力发展农产品精深加工、创意农业。建成九十九溪田园风光项目，打造10个乡村旅游精品村，促进农业全链条开发和一二三产深度融合。落实粮食安全行政首长责任制，加强粮食安全保障。

2.激活农村发展动能。深化农村集体产权制度改革，建立产权流转“一平台两中心”，规范农村集体资源资产交易行为。试点开展集体资源资产委托运营，重点扶持集体创收项目20个，确保村级集体经营性收入全部突破20万元。开展集体经济组织股权质押试点，加强农银对接，授信30亿元以上。加强农村“三资”监管，建立村级财务审计常态化机制，拓宽村财公开渠道。持续实施人才反哺农村计划、农村“双创”行动，推行青年设计师驻村服务，完善科技特派员制度。

3.提升乡村治理水平。深化全国乡村治理体系试点示范县创建，做优2个省级乡村振兴特色乡镇、20个省级乡村振兴试点示范村，建成2条泉州级乡村振兴示范精品线。新增编制50个村庄规划，管理覆盖率达85%以上。深化“三拆一清”“一革命四行动”，整村推进人居环境整治，建设一批小型停车场、体育设施等公共空间，打造集中连片示范典型村100个以上，新增200个乡村“微景观”。整合网格化服务管理平台，完善乡村善治考评体系，健全百姓议事会、红白理事会、道德评议会等机制，提升自治法治德治水平。

(六)攻坚生态综合治理，持续建设美丽晋江

坚持绿水青山就是金山银山，严格落实中央生态环境保护督察反馈意见整改，开展“全域治理、净化晋江”活动，坚决打好污染防治攻坚战，让绿色成为晋江高质量发展最鲜明底色。

1.完善环保基础设施。全面建成农村生活污水管网和小型处理设施，农村

生活污水收集率提高到85%以上。全面打通城镇污水“断头网”，修复五里园、安东园等园区污水管网。实现仙石污水处理厂再生水回用，建成南港污水处理厂二期，完成晋南污水处理厂二期主体建设，启动西南片区尾水排海工程，城市建成区污水处理率达95%以上。编制市区排水除涝专项规划，加快实施陈埭片区防洪排涝工程。垃圾焚烧厂提标改建项目投用，建筑垃圾资源化处理中心启动建设。

2. 推进生态全域治理。持续开展污染源整治“霹雳”系列行动，完成第二次全国污染源普查任务。深化水环境治理。严格落实河（湖）长制，实施185个河流整治项目，推进中心城区水环境综合治理，建成梧垵溪、梧桐溪、缺塘溪等3条标杆河道，确保5条流域水质稳定在五类以上。开展饮用水源地“一源一策”保护，确保水质稳定达标，保障金门供水安全。深化大气治理。开展堆场扬尘、预拌混凝土、建筑渣土、餐饮油烟等专项治理，推进陶瓷、皮革、印染等行业整治，全面淘汰东海垵集控区燃煤锅炉。深化土壤治理。开展电镀、制革、危废经营等重点行业用地污染状况调查，实施农药、化肥使用量零增长减量化等专项行动。建设污泥集中处置中心，规范印染、造纸等一般工业污泥全过程管控。

3. 打造绿色生态空间。开展“全民动员，绿化晋江”活动，植树造林7250亩以上。系统推进“一山一水”建设，建成崎山公园、晋江下游（南岸）生态公园，复绿紫帽山、灵源山、华表山、罗裳山，打造山水田园展示面。持续推进泉州湾河口湿地、安海湾生态整治。统筹国土空间生态修复，因地制宜，推进矿山综合整治。完成省级全民所有自然资源资产清查试点任务，编制森林资源保护规划，加强森林防火工作。

（七）保护传承历史文脉，持续提升城市文化软实力

文化是城市的根脉和灵魂。我们要大力弘扬闽南优秀传统文化，淬炼时代城市精神，让文化成为晋江更深厚、更持久的动力之源。

1. 以文化彰显城市底蕴。加强古泉州（刺桐）史迹申遗点保护，弘扬海丝文化，推动互鉴交流。制定历史建筑保护管理办法，实行“古镇、古村、古街、古厝”挂牌保护，实施龙山寺周边环境整治。建设文保单位安全风险防控管理系统，修缮钱头状元第、长顺建筑群、张瑞图宅等13处文保单位。创新活态传承，提升安海三大节庆、东石数宫灯、金井返亲节等民俗文化，建成非遗展示馆，加强人才培养，做活展演展示，让非遗融入城市、走进生活。

2. 以文化激发城市活力。深化国家公共文化服务体系示范区创建，加快工人文化宫、艺术（美术）馆建设，投用青少年妇女儿童活动中心，实现镇级文化站全覆盖。提升文化空间共享品质，推动市级文化场所向公益活动开放，盘活公共文化资源。打响“大美晋江”“国学讲堂”“艺术讲堂”等文化惠民品牌，开展文艺精品百场公益性演出。加大文化产业扶持力度，成立文旅产业联盟，支持利郎、兆泰1988等文创园区发展创意设计、工艺美术、动漫游戏等业态，促进文化与产业深度融合。推动闽南优秀传统文化创造性转化、创新性发展，挖掘灵水、福林、塘东等传统村落文化印记，加快五店市北区建设，开放运营梧林传统村落，创建灵源山国家4A级风景区、紫帽山省级旅游度假区，保护利用深沪湾、围头湾等滨海资源，策划提升精品旅游线路，完善“食住行、游乐购”全链条，推动“过境游”向“过夜游”提升。鼓励开展古城记忆、滨海风情、乡村田野等主题徒步活动，让更多人认识晋江、了解晋江、爱上晋江。

3. 以文化涵养城市精神。大力弘扬社会主义核心价值观，加强新时代爱国主义教育和公民道德建设，深化拓展文明实践中心全国试点工作，完善基层实践所站，常态化开展宣传教育、志愿服务、移风易俗等活动。大力弘扬“诚信、谦恭、团结、拼搏”的晋江精神，高质量创作《爱拼会赢》等文艺精品，加强红色文化遗址保护利用，提升市展馆展示内涵，讲好晋江人敢闯敢干的创业故事，凝聚全市上下拼搏奋进、共建美好家园的精神力量。

三、加强政府自身建设，构建职责明确依法行政的政府治理体系

各位代表，面对百年未有之大变局，面对转型升级的关键节点，面对“三大任务”的决胜攻坚，我们将始终牢记政府前面的“人民”二字，深刻把握治理体系和治理能力现代化要求，坚守初心使命，尽责担当作为，“拼”字当头，“干”字为先，努力建设人民满意的服务型政府。

（一）加强政治建设

严格落实新时代党的建设总要求，自觉加强政府党的建设，把政治标准和政治要求贯穿政府工作始终，巩固深化“不忘初心、牢记使命”主题教育成果，确保政治过硬。严格落实意识形态工作责任制，坚决维护意识形态安全，牢牢把握工作主动权。严格落实上级和市委决策部署，用好用活省委“三四八”工作机制，把既定的方针政策、战略决策、工作部署转化为作战图、项目书，确保落细落实。

（二）坚持依法行政

自觉接受市人大法律监督、工作监督和市政协民主监督，自觉接受人民群众监督和社会舆论监督。加强法治政府建设，政府公职人员带头尊法学法守法用法，把政府工作全面纳入法治轨道。深化政务公开，保障群众知情权、参与权和监督权，提高政府公信力。

（三）提高行政效能

持续转变政府职能，落实综合行政执法改革，深入推进简政放权、放管结合、优化服务。聚焦关键领域，推动全面深化改革向系统集成、协同高效拓展，科学编制“十四五”规划。加强政府公职人员专业知识培训，不断提高专业素养。大力发扬斗争精神，细化量化政府工作，见清单、见行动、见实效，以成果说话、以实绩交卷。

（四）建设廉洁政府

坚定不移推进政府系统党风廉政建设和反腐败斗争，持之以恒正风肃纪，严格落实廉洁自律准则，坚守底线、远离红线、不碰高压线。加强审批服务、行政执法、工程建设、资源开发、公共资源交易、公共财政支出等重点领域制度建设和监管，加强审计监督。严格落实中央八项规定精神，驰而不息纠治“四风”问题。践行“亲”“清”新型政商关系，有效提升营商环境，树好为民、务实、清廉的政府形象。

各位代表，行胜于言，落实为要。让我们更加紧密团结在以习近平同志为核心的党中央周围，在市委坚强领导下，以坚如磐石的信心、坚韧不拔的毅力、只争朝夕的拼劲，决战2020、决胜三大任务，谱写“晋江经验”新篇章！

附注：

*“中国十大慈善城市”：深圳、北京、佛山、杭州、上海、福州、广州、银川、香港、晋江。

*“两个年”：“三大任务冲刺年”“城乡环境整治攻坚年”。

*“六稳”：稳就业、稳金融、稳外贸、稳外资、稳投资、稳预期。

*“445”工作法：晋江开展清理批而未供土地工作法，即，四个一：一宗一档案、一宗一对策、一宗一保障、一宗一时间；四种模式：供、用、盘、撤(补齐手续、供应一批，化解问题、用好一批，调整用途、盘活一批，依法依规、撤销一批)；五个机制：分类处置机制、快速协同机制、高效服务机制、科学供地机制、精细管理机制。

*“五个一批”：谋划一批、签约一批、开工一批、投产一批、增资一批。

*“三园一区”：科学园、工业园、设计园(三创园)和综合保税区。

*16个城市专项行动计划：体育场馆保障计划、综合交通保障计划、城市景观提升计划、生态环境提升计划、城市管理提升计划、城市文明提升计划、城市形象推广计划、旅游服务提升计划、人才队伍培训计划、信息数据保障计划、医疗卫生食品安全保障计划、城市安全保障计划、城市电力保障计划、产业升级计划、赛事活动三年计划、财政保障和市场开发计划。

*农村土地制度改革三项试点：农村土地征收、集体经营性建设用地入市、宅基地制度改革。

*“两高”及重要通道沿线：高速铁路、高速公路和城乡重要通道沿线。

*“三拆一清”：拆违建、拆搭盖、拆广告牌、清垃圾。

*“一革命四行动”：“厕所革命”，农村垃圾治理行动、农村污水治理行动、农房整治行动、村容村貌提升行动。

*“三治”融合：自治、法治、德治融合。

*“1+3+N”调解格局：指“1个中心、3大调解对接、N个调解委员会”。1个中心，即市矛盾纠纷多元化解联动指挥中心；3大调解对接，即诉调、公调、检调对接；N个调解委员会，即32个专业性行业性人民调解委员会。

*3个医疗服务“航空港”：依托市医院、中医院、安海医院，与国内外知名医院开展交流合作，对接国内外顶级医疗专家来晋诊疗。

*“六守六无”：守诚无失信、守德无纷争、守约无陋俗、守规无事故、守法无案件、守廉无贪腐。

*三大攻坚战：精准脱贫、污染防治、防范化解重大风险。

*无车承运：指不拥有车辆而从事货物运输的个人或单位，一般不从事具体的运输业务，只从事运输组织、货物分拨、运输方式和运输线路选择等工作，收入来源主要是规模化的批发运输产生的运费差价。

*六大新增长区域：“双创”活力走廊、高新产业聚集区、“双高”道口经济区、科教产业集聚区、综合保税区、晋东新区。

*安全生产“152030”隐患排查治理机制：每月15日前报送隐患排查治理情况，每月20日前将隐患问题提请市领导协调，每月30日前通报整改落实情况。

*“百社解千难”活动：指动员引导百个社会组织聚焦脱贫攻坚、特殊群体、群众关切，在基本民生保障、基层社会治理、基本社会服务等方面，充分发挥自身在整合力量、调动资源和专业技术等方面优势，助力解决千余项民生热点难点问题。

*“三社联动”：以社区、社会组织、专业社工为载体，推动多方共同参与社区治理。

*“一号一窗一网”：“一号”指企业凭社会信用代码、群众任身份证一个号办事。“一窗”指审批服务事项归集于“一窗式”行政服务中心。“一网”指建设市镇村一体化“互联网+政务服务”服务平台。

*“两步申报”：进口货物概要申报与完整申报通关模式。

*“两段准入”：指海关以进境货物准予提离口岸海关监管作业场所为界，分段实施“是否允许货物入境”和“是否允许货物进入国内市场销售或使用”两类准入监管的作业方式。

*“5121”教育人才引育计划：到2020年，引进和培育高端人才5名以上、高级人才10名以上、骨干人才20名以上、优秀人才100名以上。

*“千百十一”孵化计划：2017—2020年，新选拔培养并确认各类名教师1000名以上，新培养教学名师(含学科教学带头人)100名以上，每年新设立名教师孵化工作室(含名师孵化工作室、名校长孵化工作室、名班主任孵化工作室)10个以上，让每所公办学校都有1名以上的名教师。

*“525”孵化提升工程：遴选优秀青年骨干(5名领军型人才、20名培养型人才和50名实用性人才)前往国内外知名医院进修学习。

*“AED”安心场所：在学校、住宅小区、村(社区)敬老院等公共场所配备自动除颤仪(AED)，组织急救技能培训并颁发急救员证。

*“四帮四扶”：帮就业、帮就医、帮就学、帮安居和扶贫困、扶老幼、扶伤残、扶志气。

*“五个振兴、三个全面”：产业振兴、人才振兴、文化振兴、生态振兴、组织振兴，农业全面升级、农村全面进步、农民全面发展。

*特色现代农业“3+1+5”产业体系：3个省级农业园区、1个渔港经济区、5个县级特色现代农业产业园。

*“一平台两中心”：农村集体产权综合管理服务平台、农村集体产权交易中心、农村土地承包经营权流转交易中心。

*农村“三资”监管：农村集体资金、资产、资源监管。

*省委“三四八”工作机制：时间维度上，抓好“年初研究部署、年中协调推进、年底总结提升”三个具体阶段；工作链条上，突出“全面学习领会、深化细化措施、扎实贯彻执行、检验落实成效”四个重点；工作进程上，抓好“严格对标对表、夯实主官主责、精细分解分工、加强盯办推进、确保落细落实、接受干群监督、加强激励奖惩、推进持续深化”等八个环节。

*“四风”：形式主义、官僚主义、享乐主义、奢靡之风。

文件选编

晋江市建设国家创新型县(市)实施方案

为全面落实习近平新时代中国特色社会主义思想，贯彻实施党中央、国务院关于建设创新型国家的重大战略部署，依据《国务院办公厅关于县域创新驱动发展的若干意见》《中共福建省委 福建省人民政府关于实施创新驱动发展战略建设创新型省份的决定》等文件精神，推进晋江国家创新型县(市)建设工作的开展，根据晋江的实际情况，特制定本方案。

一、建设基础

(一)基本情况

1.区域区位优势

晋江地处福建东南沿海，位处厦漳泉都市区中心地带，是海上丝绸之路的重要起点城市。1992年撤县设市，现辖13个镇、6个街道以及晋江经济开发区和泉州综合保税区，户籍人口116万，外来人口114万，海外侨胞和港澳台同胞300多万。全市陆域面积649平方公里，海岸线长122公里，城镇化率66.1%，是首批国家新型城镇化试点。与台湾一水之隔，距金门仅5.3海里，是大陆与金门距离最近的地方，是海峡两岸交流合作的“桥头堡”。

2.经济社会发展现状

改革开放以来，得益于改革开放的春风，伴随中国改革开放事业探索推进，晋江充分发扬“敢为天下先、爱拼才会赢”的精神，成功闯出了一条独具特色的县域发展路子。2017年，晋江全市地区生产总值(GDP)1981.5亿元，增长8.2%，是1978年的1366倍、2002年的7.2倍、2012年的1.6倍，晋江用福建省两百分之一的土地创造了全省十六分之一的GDP，经济密度达到3.05亿元/平方公里；财政总收入212.23亿元，增长5.6%，是1978年的1158倍、2002年的10.6倍、2012年的1.3倍。综合实力连续24年位居福建省县域首位、县域经济基本竞争力连续17届位居全国5—7位，先后荣获“全国文明城市”“国家园林城市”“国家生态市”等称号，并成功获得2020年第18届世界中学生运动会和连续4届国际大体联足球世界杯举办权。2002年，时任福建省省长的习近平总书记在七次深入晋江考察后，总结提出“六个始终坚持”和“正确处理五个关系”的“晋江经验”，成为推动晋江改革创新、实现高质量发展的制胜法宝和行动指南。

3.科技创新情况

创新机制日趋完善。成立以市主要领导为组长的全市科技创新领导组和福厦泉国家自主创新示范区晋江区域建设工作领导组，独立设立市科学技术局，每个镇街配备专职科技创新的副镇长，构建市镇两级协同抓科技创新的工作格局。健全完善创新政策体系，先继出台《晋江市贯彻落实<福建省实施创新驱动发展战略建设创新型省份的决定>的实施意见》《晋江市“十三五”科技发展和创新驱动规划》《加快推进高新技术产业发展若干措施》《关于大力推进科技创新能力建设的若干意见》《关于加快培育科技小巨人和创新型企业专项行动方案(2015—2020年)的通知》等文件，政策体系日趋完善。健全科技创新投入机制，2017年市本级财政科技支出3.59亿元，规模以上工业企业R&D投入占主营业务收入比重0.75%。

创新载体更加多元。构建福厦泉国家自主创新示范区、福建晋江经济开发区、泉州综合保税区、集成电路产业园等产业创新园区，成功引进中国科学院泉州装备所、中国皮革研究院等8家“国字号”科研机构。引进福州大学设立晋江科教园，建成三创园、洪山文创园等科创载体。设立国家技术转移海峡中心分中心、泉州(晋江)专利技术展示交易中心，在全省率先组建以海峡两岸技术转移为主题的海峡科技大市场，引进优质科技服务机构入驻，打造一站式综合服务平台。

创新主体作用凸显。拥有省级以上企业研发机构和研究中心101家，其中7家国家级企业技术中心，44家省级企业技术中心，省级以上工业设计中心11家，省级重点实验室、工程技术中心、新型研发机构26家，院士工作站13个。拥有省级科技企业孵化器1家、省级众创空间4家，省级科技小巨人领军企业168家、高新技术企业85家、省级创新型企业64家。企业创新意识不断增强，知识产权保护力度持续加码，专利申请量和授权量持续位列全省县域前列，2017年全市专利申请量7830件，专利授权量5550件，每万人有效发明专利拥有量6.86件。

创新生态持续优化。深入实施人才强市第一战略，制定全国县级首份优秀人才认定标准，在全省率先开展优秀创业团队和项目引进“海峡计划”，每年安排1亿元人才发展专项资金，累计引进认定国家“千人计划”等各类高层次人才2375人。引进设立规模500亿元集成电路产业安芯产业投资基金、7.6亿元福厦泉自主创新示范区科技成果转化及并购基金，推动金融机构开发创新金融产品，累积发放“专利贷”近4亿元、“高新贷”2255万元、“人才贷”总授信额度5亿元。定期举办“海峡杯”福建(晋江)创新创业大赛，“海峡杯”工业设计大赛、集成电路“创业之芯”大赛，成功承办第六届中国创新创业大赛(福建赛区)暨第五届福建省创新创业大赛，创新氛围持续高涨。

4.制约因素分析

(1)大院大所资源仍然不足。与大城市相比，县域层级偏低，公共服务能力偏弱，晋江市高校科研院所仍然偏少，科技创新型人才仍然不足，特别是“两院”院士、国家“千人计划”等领军型人才严重匮乏。尽管近年来成功引进8家“国字号”科研机构，在技术研发和转移、人才培养、企业服务、创业投资等方面发挥了较大作用，但与庞大的发展需求，尤其是优势产业、新兴产业创新转型需求，仍存在差距。

(2)科技创新人才仍然不足。人才总量仍然偏小，人才吸引力不强，尤其是高端研发人才更愿意到厦门、福州等周边大城市发展，企业科技创新人才仍然不足，特别是从事科技研发、成果转化的领军人才和团队更是匮乏。

(3)创新生态还有待进一步优化。推进科技创新、打通成果转化最后一公里，需要人、财、物等全方位的保障，但目前晋江政产学研资介等创新生态链还没完全闭合，企业创新意识不强，科技服务业、科技金融业还处于起步阶段,知识产权保护与开发有待进一步加强,科技创新对经济增长的贡献偏低,万人有效发明专利拥有量低于全省、全国水平,科技创新仍然任重道远。

(二)创新优势与特色

聚焦《科技部关于印发<创新型县(市)建设工作指引>的通知》中提出的申报条件和指标要求,根据晋江自身特点和发展定位,晋江市将以科技创新支撑产业发展为主题推进创新型县(市)建设,因为晋江市是实体经济大市,具有以下明显特点:一是民办特区。民营经济是晋江经济最鲜明的特色,民营市场主体突破16万户,民营企业突破5万家,民营经济创造出的经济总量、税收和就业岗位占比都在全市的95%以上,形成“十分天下有其九”的发展格局。二是产业集群。拥有2个超千亿产业集群(制鞋、纺织服装)、5个超百亿产业集群(建材陶瓷、食品饮料、装备制造、纸制品、新材料),全市工业产值高达4810亿元,体育产业产值1700多亿,实体经济对全市经济贡献率超60%。三是品牌之都。成功培育恒安、安踏、361度、特步、利郎、七匹狼、劲霸、盼盼等知名品牌企业,全市拥有43枚中国驰名商标,拥有国家体育产业基地、中国鞋都、世界茄克之都等14个区域品牌,9个品牌入围“2017中国500强最具价值品牌”。四是晋江板块。累计拥有上市企业46家,数量居全国县域首位,总市值超2000亿元,累计拥有“新三板”等场外挂牌17家,海交所青创板累计挂牌展示100家,资本运作活跃,民营资金雄厚。五是后劲十足。集成电路、石墨烯、新能源等一批高新产业龙头项目加快推进,国际鞋纺城等一批大市场、大平台建成投用,传统优势产业加速向先进制造业跃升,高新产业加速向全链条发展,现代服务业加速向专业化、个性化、高端化延伸,逐步形成“先进制造业立市、高新产业强市、现代服务业兴市”的现代化经济体系。

二、总体思路与目标

(一)指导思想

以习近平新时代中国特色社会主义思想为指导,深入贯彻落实党的十九大精神,坚持新发展理念,坚持质量第一、效益优先,紧紧围绕统筹推进“五位一体”的总体布局和协调推进“四个全面”战略布局,以供给侧结构性改革为主线,以“晋江经验”为引领,以科技创新支撑产业发展为主题,深入实施创新驱动发展战略,突出体制环境再造,突出平台载体建设,突出人才优先发展,突出企业创新主体,推动人才、科技、产业深度融合,打造现代化经济体系,如期建成国家创新型县(市)。

(二)建设原则

1.坚持改革引领。将改革贯穿于创新型城市建设的各个领域和环节,统筹推进科技体制改革和经济社会各领域改革,不断激发创新活力。

2.坚持企业主导。完善以企业为主体、市场为导向的产学研用合作机制,鼓励企业加大研发投入,不断增强企业创新动力、创新活力、创新实力。

3.坚持人才优先。坚持创新驱动实质是人才驱动,创新人才培养、使用和引进模式,大力吸引海内外高端创新创业人才。

4.坚持开放合作。坚持“走出去”和“引进来”相结合,打好“侨”牌,借助“侨”智,加强晋台合作,融入“一带一路”倡议,构建全球创新网络,增创开放创新新优势。

5.坚持协同发展。坚持政产学研资介一体发力,聚集各类创新要素,造浓创新氛围,构建一流的创新创业生态,推动人才、科技和产业深度融合、一体发展,全面激活创新动能。

(三)具体目标

到2020年,科技投入显著提高,科技创新创业人才队伍进一步壮大,科技创新产出大幅增加,产业转型升级取得显著成效,创新创业环境不断完善。

——科技研发投入显著提升。到2020年,规模以上工业企业研究与试验发展经费支出占主营业务收入比重达到0.85%;地方财政科技支出占一般公共预算支出的比重保持在3%以上。高新技术企业所得税优惠额和企业享受研发费用加计扣除优惠政策获得的税收减免额均突破3.6亿元。地区财政性教育经费支出与地区生产总值比例保持1%以上。

——科技创新创业人才队伍逐步壮大。到2020年,万名就业人员中研究与试验发展(R&D)人员数190人以上,规模以上工业企业研究与试验发展人员(R&D)占规模以上工业企业从业人员比重1.9%,市级以上科技特派员35人。

——科技创新转化大幅增加。到2020年,高技术产业主营业务收入占工业主营业务收入的比重1.48%,规模以上企业新产品销售收入占主营业务收入比重8.8 %,规模以上工业企业发明专利申请数300件以上,每万人有效发明专利拥有量达10件,技术市场成交合同额3000万元。

——产业转型升级成效显著。到2020年,高新技术企业达到160家,高新技术产业产值占规上工业产值的比重达到22%,规上工业全员劳动生产率25万元/人。省级以上农业产业化龙头企业36家,农产品“三品一标”80个。

——创新创业环境不断完善。到2020年,建成创新创业服务机构及研究开发机构数超过75个以上。规模以上工业企业中建立研发机构的企业数量占比5%以上,居民人均可支配收入46200万元。能耗总量较2015年降低17%。

三、建设定位

全面融入福厦泉国家自主创新示范区和晋江国际化创新型品质城市建设,坚持创新引领发展的第一动力,加快构建以市场为导向、企业为主体、政产学研资介深度融合的区域创新体系,全面提升科技创新支撑产业高质量发展的能力,努力将晋江打造成“机制活、要素齐、生态优、产业强”的国内一流创新型县(市),续写“晋江经验”新篇章。

四、建设内容

(一)实施产业创新转型计划

坚持创新引领,紧盯创新型产业培育,集成推进一批共性技术研发攻坚、科技成果转化和产业化,全面提升产业供给质量,推动产业向中高端发展,加快构建“先进制造业立市、高新产业强市、现代服务业兴市”的现代化经济体系。

1.推动先进制造业提档升级

纺织服装产业。坚持以创新潮流和时尚融合为提升方向,推动服饰产业向研发、创意、设计、品牌等高端环节延伸,向都市时尚产业转型。加强功能性、差别化纤维和高档面料、高性能产业用纺织品等产品的开发和应用,进一步优化提升面料研发、纺织化纤生产、坯布染整、成衣制造一条龙产业链体系。提升产业技术创新与设计服务能力,推动服装行业向差异化、功能化、智能化和自动化转变提升。鼓励重点企业、行业协会开展创意设计、时尚展示、消费体验和文化品牌打造等系列活动，探索发展个性定制、高端定制、规模定制产品供给模式，突出加强产品文化竞争力、影响力。

制鞋产业。充分发挥龙头企业品牌带动效应和区域品牌集聚效应，重点加大制鞋企业在设计、研发成果转化、市场定位策划等方面的扶持力度，加快开发高端鞋材面料、功能性原辅材料，通过嫁接植入互联网、电子信息等外部核心技术，积极拓展可穿戴设备产品领域，提升产品附加值。大力引导品牌鞋业企业实施差异化战略，紧盯个性化消费群体和户外运动流行趋势，深度开发功能型、时尚型、专业型、智能型鞋类产品，向精品化、个性化、专业化不断延伸拓展。鼓励支持制鞋企业改造建设信息化、自动化、智能化集成生产线，打造一批智能制鞋示范项目。鼓励二、三线品牌企业转型承接国际品牌ODM订单，带动技术革新、企管能力提升、转型OBM高端产品生产，向价值链高端拓展。

食品饮料产业。坚持走优质化、品牌化、差异化、规模化发展路径，重点围绕焙烤、糖果与巧克力、营养食品、健康食品等领域，加快新品类、跨品类、新产品开发，加强绿色食品、有机食品、快捷食品（如速冻、快熟食品）生产技术引进与研发，整体提升产业核心竞争力，进一步擦亮“中国休闲食品之都”区域品牌。加快食品产业园开发建设、创新提升，引导食品企业集聚发展，着力引进产业链健链、补链项目，促进区内企业细化分工协作，提升产业规模效益。积极对接、移植国内外顶级食品企业项目、技术，促进本地企业管理、技术升级。

建材陶瓷产业。突出功能化、绿色化、自动化、品牌化、国际化发展导向，加快传统陶瓷建材行业转型升级，巩固提升“中国陶瓷重镇”的产业地位。持续做强内墙、地板等优势品牌，打造一批陶瓷自主品牌，加快开拓境外市场；推进现代辊道窑、施釉线、压砖机等自动化、智能化改造，大量应用节能增效技术，加速淘汰落后产能，发展新型功能陶瓷材料、陶瓷薄砖、太阳能陶板等新产品以及环保、抗污、抗菌等高技术含量、高加工度、高附加值的特殊功能产品；加强瓷土配方研发和外观造型创意设计，全面提升生产工艺水平、艺术文化内涵，提升产业综合效益。

纸制品及包装印刷产业。加快调整纸制品产品结构，延长产业链条，打造绿色环保、品类丰富的现代化纸制品生产基地。生活用纸方面要抢抓当前人口政策调整红利，快速扩充妇幼卫生用品生产规模，延伸发展婴童产业。产业用纸方面要依靠龙头企业引领和重大项目带动，大力拓展产业用纸市场空间；文化用纸方面要积极拓展特色包装、创意艺术办公等系列产品，做大产业规模。印刷产业要大力推广纳米材料制版、绿色制版以及卷筒纸胶印、凹印、柔印等关键技术，引入数字印刷技术改造传统工艺，重点发展智能标签印刷、绿色环保印刷、创意设计印刷以及低克重、高强度、功能化高端纸箱、纸盒，推动包装印刷产品向高端延伸。

（责任单位：市发改局、工信局、科技局、财政局，各镇〈街道〉、经济开发区）

2.推动高新产业聚集发展

集成电路产业。重点建设晋华内存制造项目，研发自主产品技术。引进建设8英寸逻辑芯片制造晶圆厂，服务海西及华南地区集成电路设计企业，重点支持面向智能穿戴、工业控制、物联网、平板显示、LED、汽车电子等应用领域的各种逻辑芯片产品。引进台湾地区及国内龙头封装测试企业，完善集成电路产业链配套。支持发展逻辑芯片封测，主要服务福建区域，并逐步拓展至国内其他地区乃至全球市场。融合晋江优势产业，辐射福建相关产业，选择相关的核心芯片设计作为发力点。重点发展内存芯片设计，以完善内存产业链条。结合晋江传统优势产业，以及新兴产业规划，发展具前瞻性、创新性的智能化产品芯片设计。

石墨烯产业。围绕复合材料、触摸屏等应用领域，重点发展利用石墨烯改性的储能器件、改性橡胶、鞋材以及特种功能产品，基于石墨烯材料的传感器、触控器件、电子元器件等。突破石墨烯材料规模化制备和微纳结构测量表征等共性关键技术，开发大型石墨烯薄膜制备设备及石墨烯材料专用计量、检测仪器，实现对石墨烯层数、尺寸等关键参数的有效控制。

新能源产业。综合采取重大项目招商、科技项目孵化、高端技术对接、创投基金投资引进等方式，主动承接光伏电子产业发达地区产能转移，大力引进Ⅲ、Ⅳ族化合物集成电路、高效光伏技术以及LED外延片、芯片、驱动电源生产和高性能LED封装等前沿技术、核心技术产业项目，加快培育产业链配套项目，做大做强产业规模。

（责任单位：市发改局、工信局、科技局、财政局、泉州半导体高新技术产业园晋江分园区管委会，各镇〈街道〉、经济开发区）

3.推动现代服务业培育壮大

科创设计产业。突出“文化+科技、文化+创意、科技+创意”产业特色，加快文化创意、设计服务与制造业、建筑业、信息业、旅游业、体育产业等领域横向融合发展，推动行业、企业从“产品制造型”向“研发创意营销型”转变，区域经济从“制造优势”向“质造优势”转型。积极引进创意设计核心团队，带动发展产品制作、配套服务、衍生产品、品牌服务等后端环节，推动文化创意产业链纵向延伸，构建完善文化创意产业体系。大力发展动画动漫设计、网络游戏开发、数字化传媒制作等业态，加快培育一批具备原创实力和核心制作技术的专业化团队、企业、品牌。

商贸物流产业。加快发展以海港、空港、陆港和综合保税区、高铁物流为龙头的现代物流服务业，大力拓展物流信息和第三、第四方物流服务，完善“物流基地—分拨中心—配送中心”三位一体服务网络，巩固提升大宗货物海、陆、空、铁联运区域枢纽地位。依托国际鞋纺城、海峡五金机电、海西建材家居等大型专业市场的建设运营，大力发展品牌直销、国际采购、网络分销、展示销售、供应链保障等新型流通服务。以互联网思维策划、组织、运营传统展会，提升体博会、食博会、家博会等专业展会办展水平，积极拓展新品体验、科技成果交易等特色展会，配套发展广告设计、策划创意、场馆装修等服务业态，打响区域性、展贸一体会展经济品牌。更新盘活的城市空间，加快布局一批主题特色鲜明、集“生活需求、购物享受、社交服务”功能为一体的现代都市商圈，快速繁荣城市商贸产业。

互联网及信息服务产业。立足传统

产业转型、新兴产业提速、新型业态发育、社会治理创新等需求发展导向，大力培育“互联网+”、大数据、云计算、软件开发、网络安全、系统集成等网络信息服务业，加快信息经济与产业经济、社会事业融合发展。培育领军型软件企业，发展面向民生的App软件以及面向企业的研发设计、生产自动化、流程管理、跨平台协同等应用软件、嵌入式软件，做强本土化软件服务业。加强通信管网、无线基站等信息基础设施建设，提升信息公共服务保障能力。依托晋江陆地港等跨境电商公共平台、通关平台优势，培育壮大跨境电商规模，拓展电商海外市场。鼓励发展餐饮、外卖、娱乐、培训、家政等电商服务，完善生活型、社区型电商服务体系。

金融服务产业。围绕打造海西金融改革先导示范区战略目标，大力推进金融服务机制创新、产品创新、市场创新，拓展农地金融、科技金融等新型金融业态，推动金融业与实体经济融合发展。加快发展地方金融市场体系，培育小微金融、财富管理、私募基金、融资租赁以及知识产权、股权交易、商标质押等新型市场，大力发展创业、风险投资市场，打造融资租赁特区。健全企业征信系统，充分整合金融产品、融资需求、企业信用等信息资源，促进金融服务供需对接、良性互动。鼓励协会组织、企业联盟建设信用担保互助平台，推动融资风险化解社会化、市场化。支持专业化资产处置机构联合投资、信托等社会资本设立专项基金，服务企业资源优化重组、流转配置。

文化旅游产业。统筹规划自然生态、人文古迹、特色产业等旅游资源，深度挖掘中原文化、闽越文化、海交文化等传统文化以及近代战地文化、现代工业文明的丰富内涵，大力培育文化游、宗教游、滨海游、工业游、购物游等旅游线路、产品，拓展与“海丝”沿线国家（地区）的旅游协作，打造“海丝”沿线多元文化旅游目的地。

体育健康产业。充分发挥世界中学生运动会、国际大体联足球世界杯等赛事效应，全力推进体育城市建设，积极探索“大体育、大健康”产业融合模式，加快培育一批体育健身、养生保健等产业化项目。鼓励体育用品龙头企业发挥品牌、文化和市场网络优势，引入精品赛事、高端团队、顶级人才等体育资源，延伸发展体育赛事、训练、中介、文化传播、运动科学以及健身休闲等服务业态，带动体育产业全链条发展。顺应广大市民对健康生活方式的美好追求，引导养生保健行业向城市改造新拓空间集聚，合理布局中医养生、医疗美容、亚健康保健、高端体检等业态，提升城市健康生活保障功能，争创国家全民健身示范城市。

（责任单位：市现代服务业办、发改局、科技局、工信局、财政局、商务局、文旅局、卫健局、体育局、金融局，各镇〈街道〉、经济开发区）

（二）实施企业创新能力增强计划

坚持以市场为导向、以企业为主体，健全企业创新差异化培育机制，引导企业坚持以科技创新为核心，大力开展产品、技术、品牌、管理和商业模式“五个创新”，让真正企业成为技术创新决策、研发投入、科研组织和成果转化的主体，构建大企业“龙头”带动、中小微企业“专精特新”发展的创新格局。

1. 加快创新型领军企业培育。支持鼓励龙头企业整合科研院所、上下游企业资源，组建院士工作站、重点实验室、工程技术研究中心等研发机构，不断提升企业研发机构的研发能力和创新绩效。采取产学协同创新、高层次人才团队培育、对外科技合作等方式，推动企业加大技术创新、产品创新、品牌创新、商业模式创新和管理创新力度，增强企业核心竞争力。扩展企业的全球化的意识，加强与“一带一路”重点国家的科技合作，组织领军企业积极嫁接海内外的技术成果和创业成果。鼓励企业紧盯细分市场，实施多品牌运营战略，打造行业细分领域的单打冠军。

2. 聚焦高新技术企业培育。建立以高新技术企业为核心的企业成长链条（科技型中小企业—高新技术企业—瞪羚企业），加快新技术、新工艺、新装备、新材料在纺织鞋服、装备制造、食品加工等传统优势产业领域的应用推广步伐，推进高新技术融入传统制造，引导传统企业转型成为高新技术企业。瞄准石墨烯、集成电路、新能源等产业方向，重点引进扶持一批拥有自主知识产权、自主品牌、产品属于行业前列的高新技术企业做大做强。培育一批成长速度快、创新能力强、发展潜力大的高新技术企业成长为瞪羚企业，引导其走高质量、高效益的发展道路，成为科技创新支撑晋江产业发展的生力军。

3. 推进“专精特新”企业培育。采取科技信贷、股权投资、知识产权质押等方式，精准施策，激发中小企业创新活力，引导一批科技小巨人企业成长为“专精特新”中小微企业。试行发行“中小微企业服务券”，支持企业向入驻晋江“国字号”研发平台购买第三方研发、设计、检测等服务。筛选推荐一批“专精特新”企业入选福建省“科创板后备企业库”，加快晋江中小微企业赴科创板上市。

4. 加强知识产权创造应用。鼓励开展跨国知识产权许可，引导开展专利、品牌、版权收购运营，支持企业运用知识产权参与市场竞争，培育知识产权优势企业。激励企业、高校、科研机构加大专利创造力度，更加注重提升发明专利申请的质量，加快专利发展从数量规模型向质量效益型转变。着力培育高价值专利，推动专利密集型产业发展。大力推行企业知识产权管理规范国家标准，集成推进一批创新水平高、产业带动性强、具有自主知识产权的成果转化和产业化。

（责任单位：市科技局、发改局、工信局、市场监管局，各镇〈街道〉、经济开发区）

（三）实施创新平台提升计划

推进福厦泉国家自主创新示范区泉州片区晋江区域建设，构建一批重大创新载体和公共创新服务平台，提升晋江创新体系整体效能。

1. 做强科技创新载体。充分借鉴中关村政策创新成果，推动机制体制改革先行先试，在推动自主创新产业链升级创新改革实验等方面大胆探索。以晋华存储器集成电路项目为支撑，有效承接台湾技术转移，汇聚国际高端企业、研发团队和生产要素，力争打造国内一流、世界先进的高新技术产业聚集区。以福大晋江科教园为支撑，吸引境内外科研院校、创新人才、高成长性企业聚集发展，推动科技成果与本土产业对接转化，培育孵化一批高新企业，打造产学研用一体的综合性智力高地。实施经济开发区“一区多园”价值链、产业链“双提升”行动，推动园区业态升级、配套完善、服务提质，高标准推进新拓园区开发建设，提高园区承载转型发展的能级。依托中科院泉州装备所，全力推动国科大福建智能制造学院落地办学，建设晋江市科创新区，打造国家级科教融合和高新技术产业园区。

2.做精创新孵化基地。以创意创业创新园、洪山文创园为支撑，以世纪大道两侧重大设施配套为基础，引导建设一批便利化、全要素众创空间，大力培育科创孵化、文化创意、科技金融、科技中介等新业态，打造混合型创新创业活力走廊。引导众创空间向专业化、精细化方向升级，支持泉州轻工学院、泉州理工学院等高校院所围绕优势细分领域建设平台型众创空间。鼓励创新孵化平台建立开放共享的公共技术服务平台，构建从创业教育、导师辅导、交流社区、天使投资、创业孵化的全链条创业服务体系，为创新团队和个人提供全方位、多层次和多元化的一站式服务。鼓励开展离岸双创基地合作，组织与世界知名高校、科研院所、龙头企业及科技社团等开展合作，共同设立离岸双创基地。建设一批小型微型企业双创基地，推动小微企业“双创”基地向智慧化、平台化、生态化方向发展，提升小微企业“双创”基地建设和运营水平。

3.做优大院大所平台。加快中科院泉州装备所、中国皮革院、海西纺织研究院、石墨烯产业技术研究院等项目建设，优化完善“国字号”科研机构运行机制，全面放大其支撑全市科技创新、制造业装备提升、机器换工、产业转型升级和培育战略性新兴产业等方面的“智库”作用。鼓励“国字号”科研机构作为牵头单位进行产学研合作，由政府协调科研机构、高等院校作为核心联合生产企业进行分工协作，让企业参与到科研课题立项、研究、结题的全过程中。出台政策重点奖励科研院所、高校在晋建立技术测试基地，提供技术验证服务，加快研发成果从实验室向工业化规模生产进程，加速科技成果转移转化过程，提高企业应用新技术的积极性，降低企业应用新技术的风险。支持企业与高校、科研院所构建产业技术创新联盟，构建技术合作开发平台，打造产品从实验室到工厂大规模生产的完整链条，推进晋江市的科技成果转化率、转化水平。

4.做大成果转化平台。设立成果转化中试基地。高度重视众创空间、孵化器、加速器、创业投资基金等推动成果转化机构的发展，完善项目研发、风险投资、成果测试、产品生产的一条龙服务体系。发挥海峡科技大市场的中介作用，做好科技成果信息对称、搭建研发单位与应用企业之间的桥梁、畅通技术市场供需双方之间的信息渠道等工作，引导企业了解、用好平台，分享行业技术热点、解决行业技术难题，突破成果转化推广应用“最后一公里”瓶颈。推进以研发为主的企业主辅分离计划，鼓励企业、行业协会、产业技术创新战略联盟围绕晋江市产业重大技术需求，主动对接高等学校、科研院所等创办创新能力强，集基础研究、应用研究、产业化为一体的新型科研机构。

（责任单位：市科技局、发改局、工信局、高教中心办、文创园办、三创园办、泉州半导体高新技术产业园晋江分园区管委会，各镇〈街道〉、经济开发区）

（四）实施创新生态优化计划

有效整合政策、项目、金融等各类创新资源，创新体制机制，集成大众支持创新创业，最大限度激发全社会科技创新创业活力。

1.深化民营经济营商环境改革。坚持“不叫不到、随叫随到、服务周到、说到做到”，全力当好“引路人”“推车手”“服务员”三种角色，打造法治化国际化便利化营商环境。对标国际规则和先进城市经验，从企业开办、用地取得、项目审批、资金筹措、成本控制、知识产权保护等环节入手，深入实施营商环境提升行动。简化企业开办流程，推行全程电子化登记，进一步方便企业办理业务。推进企业登记事项下放，实现公司变更、注销登记市镇通办。提高土地利用效率，开展批而未供、闲置土地清理和园区用地整合专项行动，支持工业企业在符合规划、不改变原用途前提下，实现零增地技改。深化“放管服”改革，持续深化商事登记制度改革，实现事前审批转向事中事后监管。打造“一门式”行政服务大厅，大力推行马上办、网上办、就近办、一次办。实行“多评合一”“多图联审”，规范中介服务行为，压缩论证评审时限，力争投资项目施工许可全省最快。降低企业运营成本，推广国际贸易“单一窗口”模式，整体通关时间再压缩三分之一。

2.加强财政科技投入和政策引导。建立健全财政性科技投入稳定增长机制，统筹安排、优先保障重点科技支出需求。破除影响创新驱动的制度藩篱，加强科研资金管理，建立适应不同科技创新主体的财政支持机制，完善财政科技资金股权投资、贷款贴息、风险补偿等市场化手段支持技术创新机制，确保地方财政科技支出占一般公共预算支出的比重保持在3%以上。落实国家降低增值税税率、扩大增值税留抵退税范围，高新技术企业所得税减免、企业研发费用税前加计扣除和技术转让税收减免等激励创新政策。全面梳理税务函询、外调流程，推动政策性退税提速提效，对信用评级高、纳税记录好的企业简化手续、缩短退税时间，实行“每周一退”。

3.推进新型科技服务业态发展。发展技术转移、检验检测认证、知识产权、科技咨询等专业科技服务，提升科技服务对科技创新和产业发展的支撑能力。鼓励科技服务机构跨领域融合、跨区域合作，以市场化方式整合现有科技服务资源，创新服务模式和商业模式，发展全链条科技服务，形成集成化总包、专业化分包的综合科技服务模式。鼓励科技服务机构面向产业集群和区域发展需求，开展专业化的综合科技服务，培育发展壮大若干科技集成服务商。鼓励科技人员创办科技服务企业，积极支持合伙制科技服务企业发展。加快转变政府职能，充分发挥产业技术联盟、行业协会等社会组织在推动科技服务业发展中的作用。

4.促进科技金融深度融合。积极围绕科技创新链部署金融服务链，充分发挥财政资金杠杆作用和引导效应，撬动金融资源向科技型企业倾斜。打造产业引导基金组织体系，用好集成电路产业安芯产业投资基金、福厦泉自主创新示范区科技成果转化及并购基金，推动引导“智能装备”及“创新创业”等基金子基金有效运作，推动基金小镇建设，加快培育“晋金私募汇”，打造晋江市基金集聚区，发展股权投资业，大力扶持初创企业，为人才提供圆梦舞台。加大对创新创业的信贷支持力度，推进科技保险、科技创投等金融服务创新发展。多形式探索知识产权质押融资，鼓励金融机构加快产品创新，规范办理并逐步推广专利权质押等知识产权融资业务。引导金融机构探索采取实物抵押+专利权质押、担保(保证)+专利权质押、信用+专利权质押等方式为企业提供融资渠道。

5.构建知识产权立体保护体系。建设福建省鞋服知识产权中心,充分利用集成电路、鞋服产业优势申请设立国家级知识产权保护中心;开展知识产权人才引进和培育计划,设立晋江市知识产权优秀人才认定标准,设定高校、中学知识产权知识普及辅导课程;扶持高校开设知识产权专业,探索设立知识产权学院、知识产权研究院;设立两岸知识产权交流平台,加大海峡两岸知识产权人才、业务的互动;探索建立晋江市知识产权保护联席会议制度,加强行政、司法快速执法、联合执法能力;加强电商网络平台维权力度,联合网商平台开展执法行动。

(责任单位:市发改局、科技局、工信局、财政局、自然资源局、市场监管局、金融局、税务局、行政服务中心、人行,各镇<街道>、经济开发区)

(五)实施创新人才集聚计划

坚持以人才发展为引领,实行"招商与招才""引资与智"并举,培育全链条人才生态,建好人才交流合作平台,引进、培养一批掌握核心技术、创新科技成果、能解决实际问题的高层次人才、科技领军人才和急需紧缺人才。

1.精准引进重点产业人才。坚持人才链和产业链融合,持续推进优秀创业团队和项目引进"海峡计划",通过"人才+团队+项目"方式,针对性引进一批教育、医疗、金融、科研等领域紧缺人才,力争每年引进"海峡"团队20个、高层次人才200名以上。深入实施产业创新升级"远航计划",推动高端人才、高新技术、创新成果向产业聚集。定期开展用人单位人才需求调查,编制重点产业紧缺急需人才目录,建立定期发布和动态预警机制。结合重点产业发展路径,精准绘制与晋江市产业相对应的"人才分布地图"。推动招商与招才结合,建立全产业链招商引才联动模式,加快集成电路、石墨烯、新能源等高新产业领域高层次人才引进。突出企业人才认定主体作用,推行产业领军企业、高新技术企业自主开展人才评价机制,鼓励企业创新方式和机制引进产业人才。

2.加快集聚高技能人才。落实高技能人才振兴计划,加强校企合作和订单式引才,鼓励企业、人才资源机构、职业院校等社会力量引进技能人才。充分发挥行业协会在各类人才队伍中桥梁和纽带作用,鼓励条件成熟的行业协会制定本行业人才遴选办法,组织行业专家,有针对性地从未被各级政府评定的人才中遴选出作用发挥明显或有突出贡献的应用型、实用型人才。依据行业实际和发展需要,自行开展技能评价,使得技能评价更贴近企业生产需要、贴近技能岗位要求、贴近员工素质提升需求,推动行业人才数量倍增。

3.做优人才生态链条。提升"食住行、游乐购、医教养"城市环境,优化全链条人才生态。成立人才开发集团,深耕人才之家(驿站)社群,建成泉州(晋江)国际人才交流服务中心,实行线下"一站式"服务窗口、线上"一网通"服务平台,实施高层次人才服务"小保姆"制度,推行"月嫂"式标杆服务实行企业成长"一本通"、项目导办"一网通"、民生事项"一览通",细化服务事项,简化服务流程,打造全生命周期创业服务链条,促进人才服务、营商环境双提升。

(责任单位:市委人才办、市发改局、教育局、科技局、人社局、工信局、民政局、财政局、商务局、卫健局、金融局、文旅局、高教中心办,各镇<街道>、经济开发区)

(六)实施创新开放合作计划

主动融入"一带一路"国际创新合作,对接东南亚和台港澳地区,深化与海上丝绸之路沿线国家与地区的创新合作交流,打造"海丝"创新共同体。

1.构建海丝协同创新网络。鼓励支持企业与沿线国家新建一批联合研发中心。探索与"一带一路"沿线国家共建创新产业园区,推进数字经济、智慧城市、农业、能源等领域的科技创新合作。依托晋江籍华人华侨资源,与沿线国家建设科技合作联络站,为科技创新合作提供咨询帮助。与沿线国家举办科普展示交流活动,加强青少年科普交流。大力发展研发设计、中试熟化、创业孵化、检验检测认证、知识产权等各类科技服务机构,积极支持和培育专利代理、技术评估、技术咨询、国际技术转移等科技中介服务组织,构建面向中小微创新企业的社会化、专业化、网络化技术创新服务平台。加强与国家技术转移各区域中心间的联络与协作,扩大技术输入源,提升技术供给能力,推进技术合同认定登记,建立技术交易服务网络。鼓励企业积极推广重点领域先进适用技术,与沿线国家合作建设一批先进适用技术示范与推广基地。

2. 促进对台创新合作发展。依托"6·18"平台机制,两岸科技人员共同承担科研项目、开展产业技术联合攻关、拓展科技合作交流领域、对接高端产业技术等方面先行先试,促进更多先进科技成果在晋落地转化。加强与台湾高校、科研院所的合作与交流,鼓励和支持台湾企业、高校、科研院所、行业协会及其投资主体来晋创办各种形式的研发机构。支持和鼓励由台湾青年组成的创新创业团队或在晋江创立的企业参加"海峡杯"创新创业大赛,筛选优秀的创业项目在晋江进行孵化。以闽南文化为纽带,推进便捷往来通道建设,积极探索对台合作新机制,推动两地资金、技术、人才等要素自由流动。加强与台湾地区集成电路产业的合作,在产业基金扶持、投融资、企业成长激励、科研鼓励、人才优待及其他相关配套方面给予更优惠的政策。支持鼓励晋江集成电路企业与台湾地区集成电路企业、机构开展合作,支持鼓励本市其他类型企业与台湾地区集成电路企业合作研发产品,对具备一定示范性作用的企业,给予扶持。支持台湾地区中介公司来晋设立分支机构,提供培训、咨询等服务。聘请台湾地区集成电路相关专家到晋江担任顾问,提供晋江市集成电路产业发展规划、发展方向等方面的咨询指导。

(责任单位:市科技局、外办、市委台港澳办、市科协、泉州半导体高新技术产业园晋江分园管委会,各镇<街道>、经济开发区)

五、年度任务与进度安排

(一)2018年建设目标(已完成)

到2018年,以产业创新为重点,以知识创新、技术创新和公共服务平台建设等项目为载体,形成较为完善的先进制造业、高新技术产业创新支撑体系,为建成创新型城市奠定坚实基础。各项考核指标完成2020年任务的35%。适应科学发展的体制机制基本形成,对台交流合作重要口岸和前沿平台作用得到有效发挥，制造业和服务业联动的现代产业体系基本成型，海峡西岸先进制造业基地和最具竞争优势的现代服务业聚集区初步形成。

（二）2019年建设目标

到2019年，建设企业创新主体地位明确、产学研紧密结合、创新中介服务完备、创新资源配置合理、创新文化环境良好、政府创新管理体系运作高效、辐射引领作用强大的具有自身特色的国家创新型城市初具模型。各项考核指标完成2020年任务的70%。建立充满活力、富有效率、更加开放、有利于科技发展的体制机制，公共服务水平全面提高，社会保障体系进一步健全，经济社会与人口资源环境协调发展。

（三）2020年建设目标

到2020年，完成各项考核指标。全面建成企业创新主体地位明确、产学研紧密结合、创新中介服务完备、创新资源配置合理、创新文化环境良好、政府创新管理体系运作高效、辐射引领作用显著的独具特色的国际化创新型品质城市。

六、组织管理与运行机制

（一）加强组织领导和协调

把创新型城市建设作为“一把手”工程。成立市主要领导任组长、市分管领导任副组长、相关工作部门主要负责人任成员的晋江市国家创新型县（市）建设领导小组，领导小组下设办公室，负责晋江市创新型县（市）建设工作的指导协调、督查落实。建立科技资源配置的统筹机制，加强与省科技厅、泉州市科技局等上级政府部门的对接，积极争取在政策实施、项目安排、体制机制创新等方面的支持。市国家创新型县（市）建设领导小组定期召开会议，研究创新型城市建设的全局性、战略性问题。发挥市政府科技顾问作用，为创新型城市建设、发展战略性新兴产业、对台科技交流合作综合试点区建设等方面建言献策，提供指导、咨询等服务。

（二）建立监测和考评机制

建立一套科学、系统并具有区域特色和操作性强的创新型城市监测评价指标体系，把科技投入的增长、创新成果的转化、创新人才的聚集、创新体制的创设、创新产业的发展等创新型城市建设的指标纳入指标体系，动态跟踪、评价创新型城市建设进程。建立创新绩效考评机制，将晋江国家创新型城市建设重要任务细化分解，把创新型城市建设作为各级政府和部门的主要工作职责之一。将推进创新型城市建设的绩效作为各级工作考核的重要内容，纳入重点目标责任制考核。要加强对创新政策、目标和任务落实情况的督查工作和绩效评价，及时总结经验，发现问题，排忧解难，确保创新型城市建设工作有计划、有步骤地全面推进，各项工作落到实处。

七、配套政策与保障措施

（一）优化创新政策环境

紧紧围绕建设创新型城市目标，根据新形势、新任务和科技创新、产业发展等需要，重新修订出台推进科技创新能力建设、人才生态链整合提升、促进民营经济健康发展、培育壮大先进制造业、加快资本市场和金融业发展、推动服务业提升等配套政策措施，为创新型城市建设提供政策保障，不断完善创新发展环境。

（二）加大创新资金投入

建立健全财政性科技投入稳定增长机制，统筹安排、优先保障重点支出需求。完善财政科技资金股权投资、贷款贴息、风险补偿等市场化手段支持技术创新机制，通过政府财政资金引导科技产业带动社会创新投入。推动科技与金融的合作，创新金融服务。建立服务科技型中小企业融资需求的金融创新机制，综合利用基金、贴息、担保等方式，解决科技创新融资难题。

（三）激发创新创业活力

大力培育创新文化、创客文化，营造尊重人才、尊重创造和勇于探索、敢为人先、鼓励创新、宽容失败的浓厚氛围。加强对重大科技成果、杰出科技人物以及创新创业的宣传，加大对创新创造者的表彰奖励力度，关心爱护创新创业受挫人才，激发全社会创新创业活力。

附件：

1. 晋江市创建国家创新型县（市）指标

2. 晋江市国家创新型县（市）建设工作领导小组组成人员名单

中共晋江市委办公室

晋江市人民政府办公室

2019年4月30日

附件1

晋江市创建国家创新型县（市）指标

表29

	指标名称	2017年数据	2018年目标（已完成）	2019年目标	2020年目标
约束性指标	1. 本级财政科学技术支出（万元）	34300	36000	38000	40000
	2. 本级财政科学技术支出占当年本级财政一般公共预算支出比重（%）	3%	3%以上	3%以上	3%以上
	3. 万名就业人员中研究与试验发展（R&D）人员数（人/万人）	185	187	189	190
	4. 科技金融支持力度（市级以上政府股权引导基金引入总额）（万元）	0	500	800	1000
	5. 规模以上工业企业研究与试验发展经费支出占主营业务收入的比值（%）	0.75	0.78	0.82	0.85
	6. 规模以上工业企业研究与试验发展人员（R&D）占规模以上工业企业从业人员比重（%）	1.85	1.87	1.89	1.9

续表

	指标名称	2017年数据	2018年目标(已完成)	2019年目标	2020年目标
约束性指标	7. 规模以上工业企业中建立研发机构的企业数量占比(%)	4	4.3	4.7	5
	8. 创新创业服务机构及研究开发机构数(个)	68	70	73	75
	9. 企业享受研发费用加计扣除优惠政策获得的税收减免额(万元)	26500	30000	34000	36000
	10. 高新技术企业所得税优惠额(万元)	23700	30000	34000	36000
	11. 地区财政性教育经费支出与地区生产总值(GDP)比例(%)	1%	1%以上	1%以上	1%以上
	12. 市级以上科技特派员数(人)	2	16	28	35
	13. 高技术产业主营业务收入占工业主营业务收入的比重(%)	1.45	1.46	1.47	1.48
	14. 高新技术企业数(家)	85	115	140	160
	15. 规模以上企业新产品销售收入占主营业务收入比重(%)	8.52	8.65	8.75	8.80
	16. 规模以上工业企业发明专利申请数(件)	210	240	270	300
	17. 万人发明专利授权数(件/万人)	6.86	8	9	10
	18. 省级以上农业产业化龙头企业数(个)	34	34	34	36
	19. 农产品"三品一标"数(个)	65	72	78	80
	20. 居民人均可支配收入(元)	37022	40000	43000	46200
	21. 能耗总量较2015年降低比例(%)	14	15	16	17
	22. 高新技术产业产值占规上工业产值的比重(%)	17.5	19	21	22
	23. 规上工业全员劳动生产率(万元/人)	21.15	22	24	25
预期性指标	24. 技术市场成交合同额(万元)	621.63	1200	2300	3000
	25. 创新密集区数(个)	3	3	3	4

附件2

晋江市国家创新型县(市)建设工作领导小组组成人员名单

为深入实施创新驱动发展战略,加快推进国家创新型县(市)建设工作,决定成立国家创新型县(市)建设工作领导小组,现将领导小组成员通知如下:

组　　长:刘文儒　泉州市委常委、晋江市委书记
第一副组长:张文贤　市委副书记,市政府市长
常务副组长:王文晖　市政府副市长
副 组 长:李自力　市委常委,市政府副市长
潘子良　市委常委、陈埭镇党委书记
吴忠刘　市委常委、组织部部长、市直党工委书记,市总工会主席
李志强　市政府副市长
庄天怀　市政府副市长
成　　员:许畴料　池店镇党委书记(副处长级)
安海镇党委书记(副处长级)
黄延艺　磁灶镇党委书记(副处长级)
洪建立　东石镇党委书记(副处长级)
李安辉　英林镇党委书记(副处长级)
丁鸿雨　金井镇党委书记(副处长级)
陈希轩　龙湖镇党委书记(副处长级)
许文倡　深沪镇党委书记(副处长级)
吴尊意　市委办主任
黄建华　市委组织部副部长、人才办主任
陈进福　市政府办主任
陈伟勇　市发展和改革局局长

陈建生　市教育局局长
蒋家兴　市科学技术局局长
林永红　市工业和信息化局局长
吴丽婷　市民政局局长
肖金树　市财政局局长
黄胜鑫　市人力资源和社会保障局局长
蔡清渠　市自然资源局局长
李友加　市农业农村局局长
蔡文卿　市商务局局长
柯国林　市文化和旅游局局长
纪刚宏　市卫生健康局局长
叶荣聪　市市场监督管理局局长
许紫竹　市体育局局长
刘向阳　市金融工作局局长
谢永彬　晋江经济开发区党工委书记
蔡金星　晋江经济开发区党工委副书记、主任科员、三创园办主任
谢建新　泉州半导体高新技术产业园区晋江分园区管委会常务副主任（正科级）
颜志平　市行政服务中心管委会主任
谢江漫　市科协主席
陈志刚　泉州市高教发展中心管委会办公室主任
庄稼仁　泉州市税务局党委成员、总经济师，负责晋江税务局全面工作
骆裕明　中国人民银行晋江市支行行长
许长俊　青阳街道党工委书记，洪山文创办主任
洪长江　梅岭街道党工委书记
林晓为　西园街道党工委书记
陈文斗　罗山街道党工委书记
苏振发　灵源街道党工委书记
洪永胜　新塘街道党工委书记
张劲竹　内坑镇党委书记
吴再发　紫帽镇党委书记
吴超鹏　永和镇党委书记
王沂鸿　西滨镇党委书记

领导小组负责统筹推进创新型县（市）建设各项工作，协调解决发展中的重大问题。领导小组下设办公室，办公室设在市科学技术局，蒋家兴兼任办公室主任，领导小组其他成员单位分管负责人为办公室成员。

今后，领导小组成员因工作变动需要调整的，由调整后的单位主要负责人自动接任。

晋江市人民政府关于促进制造业全链条全流程升级的工作意见

为引领全市制造企业对标国际先进，加快规模化、精益化、专业化、差异化、国际化发展步伐，实现全链条、全流程升级，在全球市场竞争中发挥优势、抢占先机，支撑实现晋江高质量发展落实赶超目标，提出如下意见：

一、巩固产业集群基础

（一）充分发挥龙头企业协同带动效应，策划建设品牌工业园，集聚上下游配套企业，形成集群优势。年纳税超1亿元龙头企业发起建设的品牌工业园，引进入驻企业属于晋江市外上下游配套企业，自引进企业投产后5年内，参照其缴纳增值税、企业所得税本级留成部分的50%给予资金补助，用于降低其项目用地成本，具体补助上限视各个项目情况在投资协议中明确。（责任单位：工信局、自然资源局、财政局）

（二）集中倾斜有限的用地、用海、用林、用电、排污指标等要素资源，推动龙头企业引入先进技术、渠道及模式，往上下游延伸产业链，形成协同效应、做大规模、降低成本、提高利润。（责任单位：自然资源局、林业园林局、生态环境局、供电公司）

（三）落实兑现产业并购扶持政策，通过资金奖励、支持完善权证手续和减轻资产、股权交易环节成本负担等办法，鼓励龙头企业采取公司兼并或股权收购等方式，盘活同行业风险企业存量资产，集聚行业优质资源，实现低成本扩张。（责任单位：工信局、金融局、财政局）

（四）利用经改造提升的老旧工业园区策划建设专精特新“微工业园”，重点支持一批主营业务突出、竞争力强的专精特新企业搬迁入驻实施异地技术改造，导入生产智能化、流程可视化、系统集成化的智能制造新模式，打造一批流程型、离散型的精品示范工厂。（责任单位：工信局、自然资源局）

（五）定期邀请晋江市内品牌企业和晋江市外品牌授权商开展产品代工条件信息发布，继续组织实施贴牌加工补助政策，重点引导一批有条件的中小企业对接晋江市内外品牌企业供应链标准、生产工艺体系、内控管理制度实施改造提升，争取进入晋江市内外品牌企业供应链。（责任单位：工信局）

二、优化产业生态环境

（一）开展传统产业上下游链节布局调查，摸清传统产业薄弱、缺失环节，梳理建立强链补链招商项目库。（责任单位：工信局、商务局）

（二）紧盯传统产业薄弱、缺失环节，充分依托晋江传统优势产业集聚虹吸力，发挥本地龙头企业及在外晋江籍乡贤资源优势，采取“一事一议”办法，面向境内外开展强链补链项目招商攻坚，力争一批产业链缺失项目在晋江落地。尤其要重点瞄准台湾、日韩、欧洲等国家（地区）产业装备企业，力争推动一批高端产业装备项目落地。（责任单位：商务局、发改局、工信局）

（三）主动对接国内军工企业，引导本地龙头企业导入“军转民”技术，策划生成一批技术型产业项目。（责任单位：工信局）

(四)依托海峡科技大市场建立产学研常态化对接工作机制,常态化分行业组织境内外先进产业技术成果路演,拓展产品创新技术来源。(责任单位:科技局、工信局)

(五)加快分行业建设企业维权援助中心,整合集聚职能部门、专业律所及权威媒体力量,全力支持企业打假维权,激发企业自主创新积极性。(责任单位:市场监管局)

(六)通过试行发行"企业创新服务券",推动更多企业密切对接落地晋江的国家级创新公共服务平台,为创新转型提供技术和服务支撑。(责任单位:科技局)

(七)全力支持一品嘉、鞋创云、辅城网、制伞圈、拖鞋共享平台等供应链平台拓展线上用户资源、做大线上流量,构建基于技术、研发、供应链管理、信息咨询服务、融资等多功能融合的新型生态圈。(责任单位:工信局、商务局、金融局)

(八)深化推广以供应链平台大数据流量、用电量、纳税额、出口额等要素为信用贷款依据的融资新模式,推动隐形数据衍变成为授信增信依据,拓宽中小企业融资渠道。(责任单位:工信局、金融局、商务局、税务局、人行晋江支行、供电公司)

(九)主动对标厦门,面向重大招商项目,建立让投资者省心、省力、省钱、省时的高效便捷服务机制,全力打造一流营商环境。对总投资超10亿元的产业投资项目,由行政服务中心牵头设立全周期、专业化服务窗口提供一站式服务,项目所在地组建专班负责代业主办理所有审批手续;对项目推进中遇到的问题和困难,经项目所在地政府提请,挂钩市领导负责在一周内召开专题会商调度会议予以协调解决,会议议定事项列为市政府督查室督办事项。(责任单位:行政服务中心、商务局、市政府督查室)

三、提升产业发展能级

(一)支持企业实施零增地技改项目,重点支持办理生产厂房、行政办公及生活服务设施翻扩建手续,涉及提高容积率或增加建筑面积的,免收土地出让金和城市基础设施配套费。(责任单位:工信局、自然资源局、住建局、消防大队)

(二)制定并组织实施企业技术改造行动方案,深化开展智能生产技术推广,落实兑现各级技改、智能制造扶持政策,鼓励企业成台套引进先进设备改造传统生产流程,提升生产自动化、智能化水平。(责任单位:工信局、财政局)

(三)按照"政府牵头组织,协会具体运行,企业自愿参与"模式,阶段性整合汇聚行业设备、技术更新升级需求,对接境内外先进设备、适用技术供给商,开展设备、技术集中采购活动,增强行业设备、技术引进议价能力,降低企业采购成本。(责任单位:工信局、总商会)

(四)落实兑现企业研发费用加计扣除政策,全力拓展"科技贷"、专利质押融资覆盖领域,鼓励企业加大新技术、新产品研发投入。(责任单位:科技局、市场监管局、税务局、人行晋江支行)

(五)采取主管部门、镇街发起、协会(同业公会、商会、产业联盟)具体运作的办法,对标晋江市内外行业管理标杆,常态化组织精益管理学习考察,推广精益生产模式,提升企业精益化水平。(责任单位:工信局)

(六)落实兑现企业管理创新补助政策,鼓励企业导入境内外知名管理咨询机构,梳理优化供应、生产、管理、销售流程,向精益要品质、要效益。(责任单位:工信局)

(七)落实兑现两化融合、企业上云补助政策,鼓励企业导入ERP、SCM、CRM等综合性管理信息系统,支持企业使用工业云平台,推动企业设计、工艺、制造、采购、营销等内部流程再造。(责任单位:工信局)

(八)落实兑现品牌并购扶持政策,鼓励龙头企业通过并购国外高端品牌经营管理权、所有权、控制权,全面布局全球市场。(责任单位:工信局、金融局)

(九)全力支持协会(同业公会、商会、产业联盟)组织行业品牌赴"一带一路"沿线国家集中设立销售中心,举办"中国晋江品牌海丝行"以及晋江特色产品展览会、产销对接会,抱团开拓以"一带一路"沿线国家为重点的海外市场。(责任单位:商务局、工信局)

四、其他事项

(一)本意见的"龙头企业"是指经省、泉州市、晋江市认定的工业龙头企业。

(二)本意见发布实施后,发改、工信、科技等部门要分别牵头,按照"一个产业、一个牵头领导、一个牵头部门"原则,制定并组织实施体育用品、纺织服装、食品饮料、陶瓷建材、纸制品等五大传统优势产业升级实施方案。

(三)本意见由市工信局牵头会同有关部门负责解释并组织实施。

晋江市人民政府

2019年6月13日

市人大代表建议

关于加快改造提升老旧工业区的建议

近年来，晋江市工业园区建设已成为政府拉动经济发展的增长点，无论是入驻企业数量，还是工业总产值都取得了较快的增长。然而在工业园区运营过程中存在企业圈地规模大，但投资规模小、用地效率低等问题，已陆续出现土地、厂房闲置，甚至有的地块已荒草丛生，极大浪费了土地资源。一些早期建设的镇、村工业园区，由于国家产业政策调整、企业转型升级、倒闭停产，存在不少破旧厂房亟待整合利用。另一方面成长型的优质中小企业却存在没地可用、无地发展的现状，中小企业发展空间受到了土地资源不足的制约。

建议：

一是加强组织领导。要成立强有力的组织领导机构，积极争取上级自然资源、住建等部门的政策、资金支持和改革试点，制定具体可操作的工作细则，出台改造提升老旧工业区的实施意见和相关配套政策，加快老旧工业园区改造升级。

二是切实摸清底数。要全面摸清我市老旧工业区的闲置土地、废旧厂房的数量和现状，建立老旧工业区空间资源信息数据库，清理批而未供和闲置土地。

三是依法优化模式。闲置土地和厂房的流转应实行“亩均效益评价”，建立落后产能退出倒逼机制，全面畅通老旧工业区内的闲置厂房、低效厂房、闲置土地等空间资源交易供需渠道，创新老旧工业园区改造建设和运营管理模式，促进老旧工业区的闲置厂房、低效厂房、闲置土地等空间资源的合理整合和自由流通。

四是强化政策引导。要加强规划引领，推动工业园区规划与经济社会发展规划、国土空间规划、产业规划等有机衔接，强化刚性约束，突出集约发展、系统发展，提升土地资源利用效率。要优先推动符合产业政策发展导向的优势企业入园，引导资源利用率低下的淘汰企业、“僵尸”企业逐步清退用地。要出台消化处理历史遗留问题的配套政策，因园、因地、因企施策，分阶段整治老旧工业园区的土地和房产资源，依法核定各工业区闲置土地、厂房的产权属性。对超法律时限的闲置土地依法收回；对产权欠明晰无法流转的给予梳理确权；对引入技术、资产可以盘活的给予积极推动；对园区企业已确权登记的存量物业在政策条件下给予分割转让；对符合城市规划应该改变用途的给予依法收储。

五是坚持试点先行。结合我市产业发展特色和镇域产业特点，选取若干老旧工业区开展改造提升试点工作，条件成熟时全面铺开，稳步推进。要强化审批服务，落实用地保障，完善工改项目不动产权手续；要强化金融扶持，提升金融服务水平，支持企业实施制造业增量增速行动，支持企业应用先进技术更新改造设备设施；要严把准入门槛，招引优质企业入驻，减轻企业产权交易成本和租金负担，加快推进传统优势产业集聚发展，打造一批精品示范企业、“微工业园”。

关于深化农村人居环境整治的建议

加强农村人居环境整治，是认真贯彻落实习近平总书记关于改善农村人居环境、建设生态宜居美丽乡村的重要指示精神的一项具体措施，是紧扣市委开展“城乡环境整治深化年”活动部署要求，全市应结合推进乡村振兴战略和举办世中运，持续优化农村人居环境，以全新的面貌造福晋江百姓、迎接四海宾客。

近年来晋江市积极推进农村人居环境整治工作，人居环境发生很大变化，但仍存在以下问题：一是资金投入力度不够。一是资金缺口较大。全市用于人居环境整治经费高,财政投入的总体缺口还比较大。二是多元化资金投入机制尚未建立。目前,晋江人居环境整治项目的资金来源一般有市财政补助、乡镇和村级组织自筹组成,由于大部分的村集体经济比较薄弱,社会资本参与程度又比较低,村民自筹资金无法满足人居环境整治所需资金要求。二是宣传发动不够深入。引导群众参与环境整治的机制还不健全,宣传教育的氛围还不够浓厚,部分村(社区)对于提高群众环保意识的宣传工作针对性和实效性不够强,部分群众对改善人居环境、建设绿色家园的认识不足,主人翁意识不够强,配合参与农村人居环境整治工作的积极性还不够高,整治工作不同程度存在“上边热、下边凉”的现象。三是闲置土地利用难度大。在人居环境整治过程中,通过拆除违章临时搭盖、清理“脏乱差”空地及陈年垃圾堆放点和卫生死角,清理出大量空地,可用作建设投资小、见效快、群众有收益的项目,防止“脏、污、乱、堵”问题回潮反弹,实现人居环境整治规范化、长效化。但存在土地碎片化、土地性质为非建设用地等问题,导致土地利用起来难度大。

建议:

(一)广泛宣传,提升人居环境整治意识。一是加大宣传力度。利用广播经常放、宣传栏立到村、永久性标语贴到家等形式加强宣传教育,对人居环境整治中涌现的一些先进事迹及个人进行报道宣传,充分发挥榜样和先进的示范带头作用。二是提升居民意识。将农村人居环境整治内容纳入村规民约,通过开展农村美丽庭院评选、环境卫生光荣榜等活动,增强农民保护人居环境的荣誉感和主体意识。三是加强监督指导。建立对村域环境进行全天候监督巡查机制,确保“新增问题不出现,整治问题不反弹”。纪检监察部门针对农村人居环境整治工作中的不作为慢作为乱作为等问题开展工作监督。

(二)突出重点,提高人居环境整治水平。一是要加快推进农村垃圾治理。加大农村垃圾收运设施、无害化设施建设力度,加快清除历史存量垃圾,加快建立分级负责、健全“户分类、村收集、镇转运、市处理”城乡一体化处理体系,形成从生活垃圾产生到终端处理全过程的城乡一体、全域覆盖的链条式管理体系,全面提高农村垃圾减量化、资源化、无害化水平。二是加快推进农村厕所革命。坚持因地制宜、合理布局、分类施策,通过新建一批、改造一批、提升一批、开放一批,提升整体功能。三是全面开展农村污水治理。按照区位条件、村庄人口聚集度、污水产生量、经济发展水平等因地制宜,采取不同的农村生活污水收集处理设施建设模式,提升污水治理水平。进一步加快基础设施建设,尽快实现全市农村生活污水处理设施全覆盖。

(三)加大投入,健全多元化投入机制。一是充分发挥政府主导作用,整合各类相关资金投入农村人居环境整治工作,出台人居环境整治考核奖补办法,对村(社区)环境整治进行考核奖补。同时各职能部门要加大农村人居环境整治项目资金的争取力度,重点补齐基础设施和公共服务短板,进一步完善农村道路、垃圾处理、污水管网等基础设施,提升农村人居环境整治工作的硬件基础。二是探索建立多元化资金筹措机制,财政要逐步增加资金投入,相关职能部门要加大帮扶投入,探索通过村企协作共建、金融资本参与等方式,引导社会力量参与农村环境综合整治工作,进一步拓宽投融资渠道,并积极探索政府直接购买服务的模式,委托专业公司参与基础设施管理维护工作。

(四)加强引导,巩固人居环境整治成果。一是相关职能部门要引导和鼓励在村内运用耕地占补平衡政策合理规划农用地、经营性建设用地和宅基地的村庄布局,打破土地碎片化的困局,化解土地利用难题,提高村庄建设的规整性和美观度。二是上级主管部门要加强引导各村利用闲置土地谋划集体经济项目和村级景观建设,在巩固人居环境整治成果的同时,进一步发展壮大村集体经济。三是尊重不同村庄的自然环境、民俗习惯等,根据各村经济发展水平和规划建设等不同实际。对整治重点难点问题进行分类施策,同时,通过实施乡村振兴示范村、农村环境整治示范村培育工程,及时总结推广具体经验做法,通过以点带面、示范带动,促进人居环境整治工作的整体提升。

(市人大)

市政协委员提案

大力培育“专精特新”企业促进实体经济高质量发展

为助推实体经济高质量发展,市政协实地调研“专精特新”企业情况,走访提案承办单位,找准政策推进的重点、难点。为借他山之石,于5月和8月组织到上海市、宁德市考察,拓宽解决问题的办法思路。9月26日,市政协召开议政性常委会,对重点提案办理进行专题协商,提案承办单位与提案单位、提案者、政协常委、部分委员等进行面对面沟通交流、现场协商。市领导林仁达、王文晖、林庆峰、叶荣宗、洪元程参加会议。

会议建议:

1.进一步完善人才激励机制。一是为人才提供涵盖就业、落户、子女教育、住房等方面“一站式”服务,解决好人才的“后顾之忧”,通过多种形式多样化渠道建立人才交流机制和平台,营造城市归属感。二是创造人才实现价值平台。依托晋江的产业优势,引导企业打破家族固守观念,建立现代企业制度,通过股份吸引、留住人才,激发参与热情和创造活力。三是营造良好的就业创业氛围,如通过创业基金、税收政策进行扶持,进一步完善人才激励制度,创造更多的能力展示机会和条件。四是引导企业与院校合作,推动企业与院士专家对接,促进企业合作研究交流,或对重点科研项目进行资金、政策支持。继续推行和完善科技特派员制度,增加企业与高校和科研院所的技术交流对接,推进订单式人才培养和科技研发、技术攻关合作。

2.加强金融造血和输血功能。一是提高科技型金融中介对中小企业提供财务处理等专业化服务，引导企业主动做好信息披露，加强自身财务约束，规范关联交易管理，从而畅通金融信息、融资渠道，提高金融机构为轻资产的“专精特新”企业提供融资担保的信心及力度。二是鼓励金融机构抓住供应链金融的“风口”，为服务于本市龙头企业的上、下游中小企业量身定做金融产品及融资服务。三是商业银行要加强对企业穿透式风险管理、闭环资金流管理，依托产业链核心企业信用，为上下游企业提供无须抵押担保的订单融资、应收应付账款融资。四是设立创新风险补偿机制，将所得税、增值税、印花税地方留成部分，奖励返还或是注入中小企业创新风险补偿资金池，实现税收增长与“专精特新”企业发展良性循环。

3. 突出专业精准特色的政务服务。一是提供“保姆式”的政务服务，建议参照浙江经验，对“专精特新”企业，派驻对口干部，重点提供信息沟通交流、政策释问解答、问题协调解决、项目落地推进等全方位服务。二是整合各级激励培育政策的基础上，抓紧出台鼓励和培育“专精特新”企业系统化、个性化、阶段化支持方案奖扶配套政策，增强奖励资金集中程度和吸引力，调动企业参与的积极性，实现以点突破、示范带动。三是设立“专精特新”微特工业地产园，配套“专精特新”人才园区，让员工尊严、体面的工作。引导企业采用共享工厂、设备、车间，实现资源汇聚、整合、共享。

4. 筑牢升级产业链提高市场份额。一是构建功能齐全的中小企业协作服务平台，打通中小企业与大企业合作难、配套难的路径藩篱。二是注重筛选配套产业链上的中小企业，提高中小企业与大型企业的协作配套能力，重点帮扶延伸、细化和拓展合作的产业链。三是通过挖掘晋江侨力资源，搭建全球化视野平台，引导企业响应“一带一路”倡议，将过剩产能或低效产能转移，向大数据和智能化为核心的高科技方向转型，努力融入全球价值链体系制高点，借鉴宁德新时代“世界圈地”理念，高效对接本土资源优势与国际力量支持，提高产品竞争力。

5.补齐知识产权保护漏洞。一是争取与厦门、福州等地知识产权法庭协商建立证据互认等协作机制，提高知识产权案件的处理效率。二是完善知识产权保护体系，科技局、工信局、市场监管局、公检法等部门高效联动，设立专利维权运营保护专项基金，引导行业协会建立自律维权援助机制，加强整顿规范知识产权中介行为，形成专利申请、仲裁调解、信用管理、法律援助等全方位的保护体系，让“侵权难、好维权”成为现实。三是加强与新媒体合作，扩大普法宣传有效范围，发动全民学法、守法。同时，利用大数据等技术，向“专精特新”企业高管精准推送知识产权方面资讯，提高知识产权保护意识。

加快农村污水治理　推进环境整治攻坚

为推进环境整治攻坚，市政协组织提案承办单位、提案者和部分政协委员到内坑、安海、东石等地实地调研生活污水治理设施设备及污水管网建设情况，走访市水利局、农业农村局等单位，听取办理情况汇报，推进提案办理工作。9月26日，市政协召开议政性常委会，市领导林仁达、王文晖、林庆峰、叶荣宗、洪元程参加会议。

会议建议：

1.加强组织领导。建议从提高治理污水的思想认识入手，加强宣传政策，压实工作责任，充分调动市、镇、村三级治理污水的积极性。加强统筹协调，完善部门间协同联动工作机制，进一步明确市、部门、镇、村的职责分工，加强市镇村三级联动，紧抓责任落实。

2. 有序推进治理。建议按照全市“一盘棋”的工作思路，进一步完善市镇村三级污水管网规划，加强管网对接，形成城乡一体化、网络化、全覆盖的污水治理设施体系。增强污水治理的计划性，先易后难、突出重点、全面铺开，推动把农村污水治理与“一革命四行动”相结合，与新农村建设相结合，实现地上与地下、村里与户里联动推进，扎实推进治理工作。

3.注重治理成效。建议重视污水收集和处理，加强明渠或暗管排查工作，做到应接尽接，提高污水收集率，提高治理成效。加强科技力应用，对低洼地带管网及时增压和定期疏通，确保管网正常运转，提升晋江市污水处理终端的运行实效。综合考虑污水类型、水质特征、当地生产生活等方面情况，因地制宜选择污水治理模式，提高污水治理成效。

4.加强考核监督。建议把污水收集率、污水治理成效等作为衡量污水治理情况的重要指标，作为镇村干部绩效考核、年度述职评议的重要内容，定期检视污水治理情况，推进工作。要完善工程质量监督机制，加强工作监督，定期评议工程施工进展情况，切实把好污水管网质量“采购关”、实际“沉管关”，确保污水管网质量，提高污水治理水平。

5.落实要素保障。建议加强污水处理设施专管员队伍建设，加强学习培训，提高专业化水平。加大财政资金对农村污水处理投入，同时积极借鉴常熟等地经验，加大力度培育第三方服务机构参与污水处理工作，通过市场机制补齐管护短板，提高管护的精细化水平。建立农村生活污水智慧化管理平台，采用互联网、物联网等技术，把污水终端处理设施的运行情况纳入平台统一监管。

推动学前教育优质均衡发展进一步提高保教质量

为推动学前教育优质均衡发展，市政协组织有关提案单位、提案者、提案主办单位，到星星幼儿园、第三实验幼儿园桂山园区、池店镇启智幼儿园、桥南中心幼儿园、磁灶镇大埔中心幼儿园、陈埭镇阳光宝贝幼儿园等开展实地调研，了解学校办学规模、招生情况、教学管理、教师待遇、办学压力及存在的困难和问题等。9月26日，市政协召开议政性常委会，市领导林仁达、王文晖、林庆峰、叶荣宗、洪元程参加会议。

会议建议：

1.建立学前教育均衡发展机制。探索公助民办、合作办学、集体办学等不同办园体制、办学模式。如争取企业、社会团体的资金赞助，设立园所文化、内涵奖补、奖教等专项资金，解决民办幼儿园办学经费问题。充分调动镇（街道）、村（社区）、市直部门的办学积极性，发挥其在办园用地、经费投入、地方资源等方面的优势，让集体办幼儿园回归“名副其实”。集中各镇（街道）优势资源，着手在镇区打造2—3所优质幼儿园，通过集团办学、共同办学等方式，把优质公办幼儿园的先进管理办法、教师培育机制等向农村幼儿园、民办幼儿园辐射，提高办学质量。

2.配齐小区配套幼儿园。对小区配套幼儿园，已建的要尽快移交作为公办园；被出租用于其他用途的，要尽快回收用于公办幼儿园。对在建小区，未配建幼儿园的要尽快补建；对今后要开发的小区，达到一定人口数量，必须规划建设幼儿园；特别是城市改造区，应按照覆盖人口，整体规划幼儿园学位，避免土地分割招标带来的学位不足问题。

3.继续加大财政投入，建立科学的成本分担机制。建议结合晋江市财力实际，在确保达到“一般公共预算教育支出”和“按在校学生人数平均的一般公共预算教育支出”只增不减的前提下，按生均公用经费不低于500元标准，做足预算，及时下达资金。市发改局、财政局要科学制定收费政策，指导幼儿园科学进行成本测算，充分考虑居民人均可支配收入水平，确定政府、家庭的合理分担比例，建立幼儿园收费适时动态调整机制，提高幼儿园可持续发展能力。

4.建立公办幼儿园与民办幼儿园师资交流互派制度。通过选派公办教师到民办幼儿园（特别是普惠性民办幼儿园）挂职，带动民办幼儿园管理和教师专业发展；民办幼儿园选派中青年教师到公办园交流、学习，带动民办、村办幼儿园管理和教师队伍整体提升。

5.多形式培育高素质师资队伍。一是按照相关要求，尽量将存量编制向学前教育倾斜，争取为公办园配齐配足教师、保育员等相关岗位。二是严格从业人员准入机制，实施学前教育公费师范生定向培养计划，通过定向委托培养、园院联合培养、项目合作等方式，多途径保障幼儿师资队伍供给的优质有序。三是进一步完善幼儿园园长和教师培训体系，在保障公办幼儿园园长和教师全员培训的基础上，将培训机会向集体办、公办小学附设班、普惠性民办幼儿园的园长、教师倾斜。改进培训机制，加强与高校、实践基地的联合培训，提高培训实效，促进专业素养和教育教学能力提升。四是进一步完善有利条件的定向招聘等措施，多方向多措施鼓励教师到农村执教，并在待遇、职称评聘等方面给予倾斜。

（市政协办）

调研报告

加强基层卫技人员队伍建设　助力卫生健康事业高质量发展

习近平总书记指出，没有全民健康，就没有全面小康。全民健康的基础在基层，基层卫技人员队伍作为基层医疗卫生服务落实者，担负着实现全民健康的重要任务。党的十八大以来，以习近平同志为核心的党中央高度重视基层医务人员队伍建设，在首个“中国医师节”、全国卫生与健康大会等重要场合，多次发表重要讲话、作出重要指示，强调“各级党委、政府和全社会都要关心爱护医务人员，形成尊医重卫的良好氛围”。总书记对医务工作者重要指示，为新时代卫生健康事业发展提供了重要遵循，也为本次调研提供了重要理论支撑。现根据调研的有关情况，结合晋江实际，报告如下：

一、晋江市基层卫技人员队伍建设情况

长期以来，晋江市委、市政府高度重视卫生健康事业，认真贯彻落实习近平总书记关于卫生健康工作的重要指示精神，在加强基层医疗卫生机构建设、提升基层医疗服务能力上做了大量工作，卫技人员队伍建设取得了长足进步。

1.县域医疗服务体系初见成效。晋江市初步构建以“市直公立医院为龙头，镇卫生院（街道社区卫生服务中心）为枢纽，村卫生所（社区卫生服务站）为基础”的“3+4+5+X”的县域医疗服务体系，医联体、医共体带动效应持续扩大，带动一批优质服务资源向基层下沉。英墩华侨医院、磁灶中心卫生院等10多家基层医疗卫生单位与福医大附属第二医院、泉州市第一医院建立合作帮扶关系。新建成市中医院—紫帽镇卫生院、市医院—经济开发区社区卫生服务中心、安海医院—内坑镇卫生院、陈埭中心卫生院—西滨镇卫生院等4个紧密型医共体，实现“市管镇用”用人机制。

2.卫技人员队伍建设得到加强。截至2019年11月，全市基层医疗卫生单位共有工作人员2316人。从人员类别看，医生847人，占比37.57%；护理679人，占比29.32%；影像、检验等其他卫技人员435人，占比18.78%；财务、信息等非卫技人员（含工勤）355人，占比15.33%；从学历结构看，研究生9人，占比0.39%；本科914人，占比39.46%；大专902人，占比38.95%；中专及以下491人，占比21.20%；从职称结构看，正高9人，占比0.39%；副高98人，占比4.23%；中级489人，占比21.11%。

3.体制机制改革取得一定成效。出台《晋江市现代医院管理制度实施方案》等5份医改配套文件，将市医院晋南分院、磁灶中心卫生院2家基层单位列入2019年现代医院管理试点单位，实行院长目标年薪制和工资总额管理，出台医院章程，推进现代化精细化管理，进一步激发卫技人员主动干事创业活力。制定实施《晋江市公立医疗卫生单位综合绩效考核管理办法（试行）》，建立综合绩效考核机制，调动医务人员的积极性。

4.卫生育才平台得到拓展。聚焦提升卫技人员素质，组织实施“511”孵化工程，开展老中医药专家师承带徒工作，举办“名医名院长大讲坛”，145名医师到上级医院参加住院医师规范化培训，233名卫技人员到上级医院进修深造。市中医、市医院晋南分院、中西医结合医院等积极争创各级基层人才培训实训基地，成为康养护理培训、中医类别全科医师规范化培训、基层卫生培训等方面的行业示范。2018年以来，累计邀请各级各类名医专家来晋开展专题讲座105场，共8000余人次参加培训。

二、存在问题和原因分析

晋江市持续加大基层卫技人员队伍建设力度，取得了一些成效，全社会尊医重卫的氛围已经形成。但是对照习近平总书记“从提升薪酬待遇、发展空间、执业环境、社会地位等方面入手，关心爱护医务人员身心健康”（在全国卫生与健康大会上的讲话）的要求相比，与人民对健康的需求相比，与晋江市快速发展的经济社会现状相比，仍有一定距离，主要4个方面问题：

1.人员总数不足。晋江市千人床位数为2.53张、千人执业（助理）医师数为1.33人、千人注册护士数为1.23人，三个指标不足或仅值国家、省、泉州市“十三五”卫生发展规划平均水平的一半，达不到晋江市同期规划要求的三分之二。基层卫技人员队伍不足，是制约晋江市卫生健康事业发展的主要瓶颈之一。

2.人员编制紧缺。截至11月，晋江市基层卫技人员队伍中，编内人员1167人，占比50.39%，人事代理未入编41人，占比1.77%，编外人员1108人，占比47.84%；全市21家基层医疗卫生机构核编1191名，已用编1167名，余编仅24名，其中有8家已满（超）编。编外人员1108人。

3.队伍不够稳定。基层卫技人员队伍不够稳定，招人留人困难。2018年以来，全市基层医疗卫生单位新入编38人，退出减员48人，实际减少10人；发布编内招聘岗位31个，实际招聘12名；发布编外招聘岗位613个，实际招聘366人，同期有179人离职。

4.服务能力不够高。基层医疗机构硬件设施、人员队伍素质距离群众要求仍有一定距离，群众对基层医疗能力水平信任不够，县域内就诊率多年来仅保持在60%左右，与上级要求90%的病人留在县域内就诊的指标要求相差甚远。同时，晋江市多数医共体仍采取非紧密型的管理模式，分级诊疗和双向转诊难以实现，人才、技术等优质医疗资源无法下沉。始终难以实现最优配置。

上述问题不仅是晋江的问题，在全国各地基层普遍存在，结合晋江市实际，主要有以下几个方面原因：一是编制管理不够灵活。晋江市编制核定参考的服务人口数，一般采用公安部门统计常住人口数，难以客观反映实际服务人口数，导致核定的编制人数与基层卫生服务需求无法匹配，无法发挥编制的激励作用。二是政策保障不够有力。对比北上广等特大城市和厦门、泉州、莆田等省内其他地区，晋江市政策导向不够明显，福利待遇有“心理落差”。比如，晋江市对硕士、博士研究生补助待遇分别为1000元/月+5万购房补贴、3000元/月+10万购房补贴，其中卫生类博士人才安家费提高至20—50万元，与周边其他地方相比优势不够明显。调研中了解到，莆田市对“双一流”院校全日制应届硕士、博士研究生购买首套房时，分别给予36万元、60万元购房补助，对愿意留在莆田累计服务期满10年以上的硕士、博士再分别给予10万元、40万元购房补助，累计补助力度达到46万、100万；福州长乐区对到乡镇卫生院、街道社区卫生服务中心工作的全日制本科毕业生一次性给予30万元购房补贴。三是资金投入不足。2019年市财政安排经费4500万元用于基层医疗卫生单位人员工资补助，但与省、泉州市医改政策要求的11543万元，缺口仍然较大，难以保障政府办医的公益性。四是培养培训力度不够。一方面，基层医疗卫生单位卫技人员较少，外出培训多数为短期或以会代训的形式，客观上导致卫技人员的能力和专业技术水平无法得到更进一步的提升和锻炼；另一方面，由于医疗卫生单位经费渠道为差额拨款，培训费、交通费等培训产生费用需要单位承担，难以提高卫技人员培训的广度密度。五是职称评聘受限。科学合理的岗位设置和公平有效的岗位聘任是医院人事制度的重要内容。晋江市基层医疗卫生事业单位仍执行8%、35%、57%的高中初级专业技术岗位结构比例，部分基层医疗卫生单位高中级职数不足，部分单位业务骨干因职称职数限制无法聘任，影响队伍有序发展。

三、加强基层卫技人员队伍建设的意见建议

党的十九大提出“实施健康中国战略”，是以习近平同志为核心的党中央坚持和发展新时代中国特色社会主义的一项重大战略部署。把握国家层面推动健康战略的关键时机，加强基层卫技人员队伍建设，是提高基层医疗卫生单位服务能力、实现分级诊疗的关键所在，是解决广大群众“看病难、看病贵”的基础性工作，是实现人人享有基本医疗卫生服务的重要举措。

1.落实政府办医职责，加大财政资金投入。习近平总书记在全国卫生与健康大会上指出，要坚持基本医疗卫生事业的公益性。要按照上级医改政策要求，完善经费保障机制，逐年提高基层医疗卫生事业经费投入，足额保障基层卫技人员经费。借鉴广东、广西、吉林、安徽等省份以及省内厦门市在基层医疗卫生机构实施公益一类财政供给的做法，结合晋江实际，逐步将基层医疗卫生单位纳入全额拨款事业单位，落实政府办医职责。要创新投入机制，总结推广磁灶镇卫生健康人才发展基金经验做法，鼓励各镇（街道）联动社会各界力量设立卫生健康人才发展基金，市级设立卫生人才发展专项资金，拓宽基层卫技人员队伍发展资金保障渠道。

2.统筹医疗卫生资源，推进优质资源下沉。习近平在镇江市丹徒区世业镇卫生院了解农村医疗卫生事业发展和村民看病就医情况时指出，“要推动医疗卫生工作重心下移、医疗卫生资源下沉，推动城乡基本公共服务均等化，为群众提供安全有效方便价廉的公共卫生和基本医疗服务，真正解决好基层群众看病难、看病贵问题。”紧密型医共体是均衡医疗资源、提升基层医疗服务能力的重要抓手。要按照晋江市“十三五”区域卫生发展规划和医疗机构设置规划，进一步优化医疗卫生资源布局，明确市级医院、中心卫生院和基层卫生院的定位和职能，进一步完善市、镇、村三级医疗卫生服务网络。深入调研晋江市医共体、医联体建设情况，在现有医联体医共体建设的基础上，加快市直医院结对帮扶基层医疗卫生单位步伐，发挥优质资源辐射引领作用。加强对医共体内人、财、物的统筹管理，在职称评聘、绩效工资、交通补贴等方面适当向倾斜基层，提升基层岗位吸引力。

3.加强领导班子建设。习近平在会

见全国优秀县委书记的讲话中指出，"羊群走路靠头羊"。基层卫技人员队伍体量大、管理难度高、情况复杂，需要进一步加强基层医疗机构领导班子建设，发挥关键少数作用。要选优配齐配强基层卫生院领导班子成员，完善院长任期目标管理责任制，推进职业化建设。要建立健全镇卫生院院长、街道社区卫生服务中心主任轮训制度和新任人员培训制度，提升基层卫生院带头人队伍的整体素质。要继续选派市直医疗卫生单位优秀卫生人才到薄弱卫生院任职，发挥指导帮带作用。要重视医德医风建设，加强院长"一岗双责"制度，探索建立以需求为导向，以医德、能力、业绩为重点的人才评价体系，整治医疗服务中的不正之风，建立健康和谐的医患关系。

4.健全育才引才留才机制。坚持问题导向，聚焦资金投入、编制保障、教育培训、职务评聘等育才引才留才瓶颈，深化基层卫技人员队伍建设。贯彻落实习近平总书记在全国卫生与健康大会上提出的"两个允许"(允许医疗卫生机构突破现行事业单位工资调控水平，允许医疗服务收入扣除成本，并按规定提取各项基金后，主要用于人员奖励，同时实现同岗同薪同待遇，激发广大医务人员活力)，对长期服务基层的卫技人员给予薪酬待遇方面的政策倾斜，对不能进编的中级及以上职称基层卫技人员先行实施同工同酬，再根据实施情况逐步扩大覆盖范围，调动基层卫技人员积极性。借鉴安徽省实行编制"周转池"、广东省韶关市基层医疗卫生机构"人才池"等经验做法，探索建立卫健系统编制总量统筹管理机制，提高编制使用效率。要深化医教协同，创设培训平台，采取签约式培养的方式，委托省内医学院校培养基层卫技人才，建立健全住院医师、全科医生和急需紧缺专业人才常态化培训制度。卫健、人社等相关部门及时了解周边县市及其他地区做法，按照《关于公立医院岗位设置与聘任工作有关问题》(泉人社〔2015〕317号)文件"适当提高医疗卫生单位高级专业技术岗位结构比例：三甲医院28%、三乙医院25%、二甲医院22%、二乙医院20%、其他及基层卫生院18%以内"的要求，积极向上争取提高中高级职称的职数比例，扩大基层卫技人员职称晋升空间。探索制订出台符合晋江市卫生行业需求的卫生人才专项政策，提高晋江市卫生人才政策待遇标准，提升晋江市人才招引的影响力和竞争力。

坚持双向发力　展现一线作为
为传承发展"晋江经验"贡献智慧和力量

近年来，晋江市政协认真学习贯彻习近平总书记关于加强和改进人民政协工作的重要思想，在泉州市政协的指导下，秉持一线理念，坚持双向发力，推进政协工作常做常新，为传承发展"晋江经验"贡献智慧和力量。

一、注重思想政治引领，以工作覆盖、突出特色作用加强政协党建工作。坚持把政协工作置于市委的领导下，以"两个全覆盖"凝聚思想共识。突出党建引领。把自觉接受市委领导和工作主动作为统一起来，出台加强政协系统党建工作等多份文件，建立党组成员联系界别和党员委员、政协全会期间设立临时党委和党支部等一系列制度，形成"党委主导、政协主责、委员主体、全面覆盖"的工作格局。凸显党建特色。把建好班子、带好队伍作为重要任务，定期研究部署党建工作，汇聚党员和委员优势，打造"党建+"特色品牌，形成"一委一品"局面，增强党建凝聚力。提案委实施"双评双促"和重点提案培育、经法委助推"院士牵手企业行动"、文史委倡导"委员爱心先行行动"、联络委开展"委员助力回归创业行动"。发挥带头作用。突出党建"主心骨"，加强党组把方向、管大局、保落实的作用，定期开展"党组书记走访常委、党组成员走访委员"活动，实行镇(街道)党(工)委副书记兼任联络组组长、党员委员任相关界别召集人，引导委员企业加强党建工作，涌现了优兰发、柒牌等一批全国全省非公党建典型。一些联络组提议建立的镇(街道)"党政＋商会"联席会议制度，实行"问题当面摆清、思路当面理清、措施当面说清"做法，形成基层协商民主的有益经验。

二、注重健全协商机制，以明确责任、促进成果落实提升建言资政质量。积极打造政协协商载体，健全协商机制，提升协商质量，增强协商效果。加强协商统筹。采取党政点题和政协选题"双向推进"，建立市委、市政府、市政协"议题一起立、计划一起定、人员一起上、工作一起推"的协商机制，实行"四个一"工作模式，每个课题明确"一名市政协领导、一个责任委办、一个工作专班、一套工作方案"，试行界别、联络组自主选题，提高协商建言的精准度。畅通建言通道。实行委员列席常委会会议制度，设立委员论坛，保证协商频次，打造"122N"协商议政格局，即每年1次政协全会集中协商，2次市委书记、市长与政协委员"面对面"协商，2次政协常委会议专题协商，若干次提案办理协商、对口协商、界别协商等，进一步畅通建言议政渠道。力促成果转化。坚持政协建言与党政落实两手抓，建立市领导领衔督办重点提案、政协常委会通报办理情况、市委市政府督查室和政协办公室联合督办等机制，把协商意见的采纳情况纳入议政成效考量。近年来，形成的"推进'城市双修'，提升城市品质""发展晋江全域旅游"等协商成果，全部纳入督查事项常态化跟踪；"提升老旧工业园区"专题协商成果，以市委会议纪要形式印发，明确落实事项。

三、注重开拓工作思路，以控量提质、完善办理机制增强提案工作实效。以提高提案质量为主攻方向，以增强办理实效为努力目标。健全完善提案办理机制。实行提案办前、办中、办后"三见面"、提案承办单位向全体委员报告办理情况等制度，开展"同类提案集中协商""难点提案个别协商""重点提案多场次协商""重要提案实地调研协商""不满意件重新办理协商"等方式，增进"提""办""督"良性互动。提升提案工作水平。创新开展重点提案培育、提案质量和办理质量"双向评价、双评双促"、重点提案民主评议、提案办理情况"回头看"等四项工作，紧抓提案质量，提高提案工作实效。组织对2018年

30件重要提案开展提案质量和办理质量评价，对3件重点提案的办理情况民主评议，征集重点提案选题60个，遴选12个纳入重点提案培育库。提案办理纳入绩效评估。从全市开展绩效评估以来，就将提案办理落实情况纳入体系，明确提案未按照规定时间和要求办理、委员对提案办理结果不满意、重点提案办理民主评议不满意的扣分标准，使提案办理工作由“软任务”变成“硬指标”。2017年、2018年分别有1个单位被绩效扣分。

四、注重服务中心主线，以凝心聚力、全力推动工作展现政协一线作为。坚持双向发力，立足晋江侨乡、民营经济等优势，把“落实下去”和“凝聚起来”做实做好。凝聚发展合力。依托政协委员智力密集、联系广泛优势，做好“请进来、走出去”工作，持续多年邀请海外侨胞代表、海外社团负责人列席政协全会，组织港澳、异地委员视察座谈活动，通过政协平台延伸党政企互动，助力构建新型政商关系，形成助推发展合力。比如，在申办2020年世中运中，推荐10多名委员参与申办助选团，并通过政协发动宣传，社会公众支持率高达99.48%，海外乡亲支持率达100%。市政协副主席兼工商联主席担任青年企业家素质提升“领航班”班主任，已开展3期共培训100多名“创二代”。突出精准建言。围绕坚守实体经济、世中运筹办、城市品质提升、营商环境打造等中心工作，精心组织专题协商和视察调研，召开社情民意恳谈会，遴选150多名政协委员担任民主监督员，联合新闻媒体开展民生观察眼、委员督导团，积极引导委员围绕传承发展“晋江经验”和市委市政府重点工作，主动建言献策，并通过提案、政协专报等形式提出建议，确保建言议政更有精准度和实效性。一线项目攻坚。发扬“四套班子一起上，干部群众齐努力”传统，参与全市重点项目建设。市政协领导负责或参与的福州大学晋江科教园区仅用14个月就建成16万平方米校舍，高铁新区项目一期、二期分别用28天、23天就完成全部2500多幢158万平方米、1022幢103万平方米房屋征迁签约。在全市重点任务攻坚中，都有政协干部、政协委员参与，在各大项目监督组中委员占比26%。

五、注重活动载体创新，以树好形象、主动担当履职发挥委员主体作用。2018年至今持续组织实施“委员爱心先行行动”“委员助力回归创业行动”和助推“院士牵手企业行动”等“三个行动”，进一步创新履职形式，拓宽履职平台。委员爱心先行行动，立足开展移风易俗、公益慈善献爱心、结对帮扶、志愿服务等，引导委员先行一步、带头示范。2018年12月18日，牵头组织“晋江慈善之夜暨世中运”倒计时活动，募集善款超6亿元，其中各级政协委员捐款超半数。委员助力回归创业行动，以构建交流互动机制、发挥委员界别优势、扩展交流研讨平台、深化项目推介对接、牵线共享要素信息为切入口，助推项目回归35个、投资229.8亿元，人才回归186人。助推“院士牵手企业行动”，紧扣人才和产业发展需求，注重宣传发动，牵手院企开展对话交流，推动科研成果转化落地，促成16家企事业单位设立院士工作站。此外，今年还全面推进“界别活动月”“委员活动日”，以界别、联络组为纽带，拓宽委员活动渠道，通过界别与界别、界别与联络组、联络组与联络组之间优势互补、跨界跨组联合活动，激发委员履职积极性，提高履职实效性。

六、注重“两支队伍”建设，以全员培训、加强管理服务提升履职素质能力。重视政协委员和机关队伍建设，树牢履职“在一线”意识，加强履职作为。加强政协委员服务管理。制定政协委员履职工作规则，建立常委提交年度履职工作报告制度，推进委员履职“六个一”（参加一次全体会议、一次学习培训、一次视察考察调研、一次协商监督、提交一件提案或反映一条社情民意信息、一次界别或联络组活动），提高委员“四个能力”。实施“委员素质提升计划”，设立联络组“委员之家”，把委员培训纳入全市干训计划，创设“晋江政协讲堂”，开展全覆盖、订单式、差异化委员培训。先后组织2场政协常委专题培训、4场全体委员培训、10场“晋江政协讲堂”。改进和规范委员履职量化考评管理规定，更加注重质量要求，加强委员履职管理，2017、2018年委员参与各项履职活动2700多人次、3100多人次。加强政协干部队伍建设。连续3年召开工作务虚会，并通过学习培训、跟班锻炼、驻村蹲点、遴选干部、抽调重点项目建设等形式，不断提升政协干部履职“在一线”的综合素质和服务能力。坚持制度约束、长效管理，修订政协机关10多项工作制度，完善工作机制，规范工作流程，提高工作效率。

几年来，晋江市政协协商工作和委员履职得到了各级各界的肯定和赞许。今年1月全国政协副主席刘奇葆到福建调研地方政协工作，晋江市委作为唯一县级党委参加座谈，市委保障政协履职在一线的经验做法得到充分肯定；晋江市政协作为全省唯一的县级政协代表先后参加全国政协理论研讨会、全国地方政协工作经验交流会，并在全省政协系统党建工作座谈会、全省市县政协主席座谈会作典型发言。委员履职事迹得到各级主流媒体的广泛关注，在中宣部“壮阔东方潮　奋进新时代——庆祝改革开放40年”报道中，许多委员和委员企业成为人民日报、新华社、中央广播电视总台等媒体的重点报道素材；《人民政协报》、人民政协网、《福建日报》等媒体也多次聚焦委员履职风采，先后推出《践行“晋江经验”的一支生力军》《爱拼才会赢》《以诚相待》等多篇报道；“晋江政协”微信公众号清博指数、传播力排名全国县级政协前列。

关于进一步加强市县政协工作联动的建议意见：

1. 以“不忘初心、牢记使命”主题教育为契机，发挥各级政协委员主体作用，实行委员驻地报到、驻地服务、驻地活动，畅通社情民意渠道，打通联系群众最后一公里。

2. 加强政协工作上下联动，通过开展联合调研、联合外出考察等形式，推进工作“联通”、信息交流“畅通”、成果运用“互通”。加强对县市区政协工作的指导，规范县级政协工作机构设置，规范政协基层联络组设置。

3. 对接省政协线上履职平台，全面推进委员知情明政、履职管理、提案办理、社情民意反映等全方位的移动履职平台建设，进一步丰富履职形式，为政协委员精准履职、议政建言提供便捷高效服务。

4. 优化整合市县政协工作资源、人才资源、培训资源，加强智库建设、协商成果、培训师资等方面的互联互通，推进市县政协各种工作资源的全面共享，提高政协履职质量，构筑全市政协工作合力。

（市政协）

统计表

·2014—2019年晋江市社会经济主要指标表·

表30

指标名称	单位	2014年	2015年	2016年	2017年	2018年	2019年
年末人口(户籍人口数)	万人	110.81	111.82	113.23	114.71	117.63	119.37
地区生产总值(当年价)	万元	14928580	16204660	17442420	19815011	22289980	25461830
第一产业	万元	186351	195941	213221	198806	202988	204343
第二产业	万元	9989613	10324385	10600289	11953294	13336858	15868856
第三产业	万元	4752616	5684334	6628910	7662911	8750134	9388631
农业总产值	万元	358098	377127	411628	394674	405198	404485
全部工业总产值	万元	37223986	40024660	42503489	48704473	—	—
粮食总产量	吨	51630	48077	39577	44284	23329	23252
社会消费品零售总额	万元	4205481	5357097	5882818	6672889	7105294	15115615
已批"三资"企业项目(累计)	个	4387	4410	4439	4488	4574	4675
已批"三资"企业合同投资额(累计)	万美元	1269552	1297827	1334542	1364452	1449048	1479224
出口商品总值(自营出口)	亿美元	75.93	82.73	75.75	70.95	527.59	590.11
固定资产投资额	万元	7658660	9058834	9149009	10288574	—	—
财政收入	万元	1980198	2002899	2010200	2122345	2300055	2216242
财政支出	万元	1263935	1297465	1374144	1458274	1355106	1387888
金融机构存款余额	万元	12914820	13627437	14821794	15209089	16018809	17931066
金融机构贷款余额	万元	9831934	11345280	12864167	13960576	14253138	15031518
住户存款余额	万元	6920320	7563443	8021384	8506471	9063303	10272634
城镇居民人均可支配收入	元	37070	40035	42597	45883	49719	53185
农村居民人均可支配收入	元	16611	18166	19882	21870	23781	25965
各类学校数	所	347	347	347	344	342	338
各类学校在校学生数	人	264904	273226	281002	280250	287435	295648
各类教职工人数	人	12170	12529	12836	14287	14352	14322
卫生技术人员	人	5143	5025	5910	6357	6741	7553
医院编制床位数	张	3911	4104	4054	3884	3982	4175

·2019年晋江市户籍人口统计表·

表31

地区	年末总户数(户)	年末总人口									
		合　计	城镇人口	乡村人口	性别		年龄				
					男	女	0~15岁	0~17岁	18~34岁	35~59岁	60岁及以上
晋江市	330911	1193686	698524	495162	609515	584171	245621	267119	304135	443736	178696
青阳街道	19237	62378	62378	—	31522	30856	15221	16316	14582	23530	7950
梅岭街道	20159	59639	59639	—	28405	31234	18548	19496	14348	19938	5857
西园街道	10447	42731	18427	24304	22358	20373	8688	9528	11254	15852	6097
罗山街道	16006	58454	52288	6166	30197	28257	13476	14541	15494	21005	7414
新塘街道	10224	36922	31459	5463	19089	17833	6440	7153	9433	14272	6064
灵源街道	8099	30716	30716	—	15919	14797	6460	6998	8425	10911	4382
安海镇	34676	128864	76497	52367	64837	64027	27047	29363	32082	47319	20100
磁灶镇	24652	97801	47265	50536	51380	46421	20009	21722	26958	35062	14059
陈埭镇	20307	81904	81904	—	41909	39995	15191	16872	21959	30709	12364
东石镇	27810	108866	39762	69104	55814	53052	20690	22731	28137	41198	16800
深沪镇	14258	49585	22766	26819	25219	24366	7860	8655	11672	20423	8835
金井镇	16623	57012	16780	40232	28526	28486	9224	10239	13237	22598	10938
池店镇	24412	83397	83397	—	41116	42281	22700	24022	21103	27755	10517
内坑镇	18435	73095	21665	51430	37736	35359	15190	16604	18429	26931	11131
龙湖镇	28316	84833	23955	60878	44003	40830	13629	15054	21448	33476	14855
永和镇	18760	71368	5882	65486	37495	33873	13241	14679	18633	27374	10682
英林镇	13572	47610	14254	33356	24632	22978	8324	9134	12125	18483	7868
紫帽镇	4327	16804	7783	9021	8468	8336	3406	3703	4379	6200	2522
西滨镇	558	1635	1635	—	859	776	244	275	417	682	261
泉州出口加工区	33	72	72	—	31	41	33	34	20	18	—

·2019年晋江市各镇(街)所属村(社区)基本情况表·

表32

单位	居委会个数	村个数
合计	102	293
青阳街道办事处	13	—
梅岭街道办事处	15	—
西园街道办事处	11	—
罗山街道办事处	16	—
新塘街道办事处	11	—
灵源街道办事处	10	—
安海镇	6	36
磁灶镇	2	24
陈埭镇	2	24
东石镇	5	29
深沪镇	7	12
金井镇	2	20
池店镇	1	24
内坑镇	—	28
龙湖镇	—	42
永和镇	—	24
英林镇	—	20
紫帽镇	—	8
西滨镇	1	2

·2014—2019年晋江市农村经济主要指标表·

表33

	2014年	2015年	2016年	2017年	2018年	2019年
农林牧渔增加值(万元)	186242	195220	212631	206364	211908	211507
其中:农业增加值(万元)	38277	36864	37865	37652	41891	44759
林业增加值(万元)	345	296	283	306	304	496
牧业增加值(万元)	28538	24801	25304	18448	16089	19006
渔业增加值(万元)	112785	126626	142188	142400	145490	138387
农林牧渔服务业增加值(万元)	6296	6633	6991	7557	8135	8859
农林牧渔总产值(万元)	358098	377127	411628	394674	405198	404485
其中:农业总产值(万元)	61040	58919	60666	61310	68346	72962
林业总产值(万元)	654	563	540	600	597	974
牧业总产值(万元)	52986	46162	47224	34612	30250	35815
渔业总产值(万元)	229420	257684	288702	282855	289505	276734
农林牧渔服务业产值(万元)	13998	13798	14495	15298	16500	18000
农林牧渔业总产值发展速度(以1990年为100)	227.9	232.2	240.1	237.2	239.6	237.2
农林牧渔业总产值发展速度(环比)	102.4	101.9	103.4	98.8	101.0	99.0
农作物播种总面积(亩)	386805	406406	387603	383984	230424	236327
其中:粮食作物面积(亩)	146224	139210	111866	108987	54978	53908
油料作物面积(亩)	46265	39794	37970	38476	24894	26084
粮食作物总产量(吨)	51630	48077	39577	44284	23329	23252
其中:稻谷产量(吨)	15107	11955	8705	7874	4154	3071
油料作物总产量总产量(吨)	9948	8736	7409	8563	5860	6909
茶叶总产量总产量(吨)						
水果总产量(吨)	5916	6043	6943	7233	4221	4413
肉蛋奶总产量(吨)	24007	19121	17975	13656	13207	12593
稻谷亩产(千克)	355	367	407	405	403	424
水产品总产量(吨)	228078	243965	255524	247437	250877	245483
其中:海水产品产量(吨)	224146	239973	251031	244736	248319	242674
淡水产品产量(吨)	3932	3992	4493	2701	2558	2809

·2014—2019年晋江市全部工业总产值表·

表34

年　份	全部工业总产值(万元)	同比增长(%)	规模以上工业产值(万元)	比增(%)
2014	37223986	11.2	32975092	11.2
2015	40024660	9.1	36160735	9.3
2016	42503489	8.4	38539709	8.7
2017	48704473	9.0	43908276	9.5
2018			49830666	12.7
2019			55840618	9.5

说明:1.上表绝对数按当年价计算,增幅1990年及以前按1980年可比价计算,1991年至2003年按1990年可比价计算,2004年以后按价格指数缩减法计算,2005—2009年全部工业总产值按2008年第二次全国经济普查结果进行修正、调整。

2.2012年规模以上工业产值由主营业务收入500万元及以上调整为主营业务收入2000万元及以上。

·2014—2019年晋江市规模以上工业总产值表·

表35　　单位:万元

项　目	2014年	2015年	2016年	2017年	2018年	2019年
总　计	32975092	36160735	38539709	43908276	49830666	55840618
#国有控股企业	986611	995475	957663	981622	953051	1064344
#农村工业	59584	62612	70363			
一、按轻重分						
轻工业	25872060	28444129	30184126	34656770	39188374	43709071
重工业	7103032	7716606	8355583	9251506	10642292	12131547
二、按登记注册分						
国有						
集体	120668	108799				
股份合作企业	55701	62187	38386	15691	12411	13126
联营						
有限责任公司	2673139	3205331	3581898	8603126	7005634	2472086
股份有限公司	1495875	1989737	2033211	1842740	1163820	104664
私营企业	10523758	11221609	12739974	10864052	17171978	25721682
港澳台商投资企业	13731956	15099885	16130456	18672575	20707330	23428998
外商投资企业	4373995	4473187	4015784	3910092	3769493	4100062
其他企业						
三、按企业规模分						
大型企业	9456317	10507502	10258034	11252562	11554281	13142888

续表

项　目	2014年	2015年	2016年	2017年	2018年	2019年
中型企业	12966450	13814924	13896044	16013612	18680583	20095270
小型企业	10552325	11838309	14385631	16642102	19595802	22602460
纯小型企业	10468076	11448304	13914024	16197054	19216976	20752098
微型企业	84249	390005	471608	434231	378826	1850361

说明:2019年国家经普数据尚未正式反馈。

·2014—2019年晋江市交通运输主要指标表·

表36

年份	公路通车里程(千米)	货物运输量(万吨)	货物运输周转量(万吨千米)	客运量(万人)	客运周转量(万人千米)
2014	2388.26	3127.24	437288.82	1591.42	51273.03
2015	2388.26	3338.83	506073.34	780.04	39973.46
2016	2404.05	3765.33	553450.11	654.21	35392.81
2017	2404.05	4136.16	616647.07	189.03	29214.78
2018	2404.05	4387.61	662948.49	407.89	34913.64
2019	2412.64	4577.09	728861.74	384.29	19579.05

·2014—2019年晋江市社会消费品零售总额表·

表37　　　　单位:亿元

年份	绝对数	指数　上年=100
2014	420.55	112.60
2015	473.54	112.60
2016	588.28	109.10
2017	667.29	112.30
2018	710.53	109.70
2019	1511.56	108.0

·2019年晋江市利用外资基本情况表·

表38　　　　单位:万美元

项　目	本年累计	历年累计
1、投资总额	43689	2196069
其中:增资	21678	860953
2、合同外资	30176	1479224
其中:增资	14312	565365
3、外商实际到资额	22450	

·2019年晋江市财政收支情况表·

表39　　单位:万元

收入项目	入库数	支出项目	决算数
一、一般预算收入	1379111	一、一般预算支出	1387888
1、税收收入	922986	(一)一般公共服务	77325
(1)税务局	922986	其中:共产党事务	22433
其中:增值税	268242	政府办及相关机构事务	27072
营业税改增值税	101317	税收事务	5900
企业所得税40%	174873	(二)国防	2158
个人所得税40%	98924	(三)公共安全	81784
资源税	243	其中:武装警察	373
城市维护建设税	51921	公安	61749
房产税	34665	检察	469
印花税	21747	法院	6396
城镇土地使用税	31021	司法	2888
土地增值税	74018	(四)教育	311067
车船税	13368	其中:普通教育	234985
耕地占用税	7992	(五)科学技术	42984
契税	43564	(六)文化体育与传媒	40484
环境保护税	774	(七)社会保障和就业	148497
其他税收收入	317	(八)卫生健康	125091
2、非税收入	456125	其中:计划生育事务	7849
(1)专项收入	70254	(九)节能环保	12901
其中:教育费附加收入	24814	(十)城乡社区事务	123616
其他专项收入	45440	(十一)农林水事务	139629
(2)行政事业性收费	7020	(十二)交通运输	25299
(3)罚没收入	24562	(十三)资源勘探信息	111167
(4)其它收入	354289	(十四)商业服务业	28743
二、中央级收入	837131	(十五)金融	2773
1.税务局	837131	(十六)自然资源海洋气象	4902
①增值税及改征增值税	369559	(十七)住房保障	49682
②消费税100%	294	(十八)粮油物资储备	4945
③所得税60%	410696	(十九)灾害防治及应急管理	10981
④车辆购置税100%	56582	(二十)其他支出	109
		(二十一)债务付息及发行费用	43751
财政总收入	**2216242**	**财政总支出**	**1387888**

·2014—2019年晋江市金融机构信贷收支情况表·

表40　　　　　　　　　　　　　　　　　　　　　　　　　　　　　单位：万元

年份	各项存款	其中：居民储蓄	各项贷款
2014	12914820	6920320	9831934
2015	13627437	7563443	11345280
2016	14821794	8021384	12864167
2017	15209089	8506471	13960576
2018	16018809	9063303	14253138
2019	17931066	10272634	15031518

说明：2015年起“居民储蓄存款余额”指标更改为“住户存款余额”。

·2019年晋江市文化事业基本情况表·

表41

指标	单位	数量
艺术表演机构数	个	1
从业人员	人	63
国内演出场次	场	204
国内演出观众人次	千人次	163
艺术表演场所机构数	个	1
从业人员	人	63
演出场次	场	204
公共图书馆机构数	个	1
从业人员	人	49
总藏书量	千册(件)	1240
总流通人次	千人次	699
书刊外借册次	千册次	2675
文化馆机构数	个	1
从业人员	人	19
文化站机构数	个	19
从业人员	人	61
博物馆机构数(含纪念馆)	个	6
从业人员	人	52
参观人次	千人次	100

·2019年晋江市学校基本情况表·

表42　　　　　　　　　　　　　　　　　　　　　　　　　　单位:人

	学校数(所)	毕业生数	招生数	在校学生数	教职工数	
					合　计	其中:专任教师
普通中学	56	29423	33236	94069	6736	5964
其中:初中	37	20722	23226	66497	5001	4395
高中	19	8701	10010	27572	1735	1566
中职教育学校	4	3723	4960	13275	675	621
小　　学	278	27026	34325	188304	6911	6643
幼　儿　园	425	32292	30785	86859	8434	4729
特殊教育学校	1	75	106	364	87	85
职业技术培训机构						

说明:幼儿园学校数为班数+学前班数,特殊教育学校数为教学点数。

·2019年晋江市卫生机构、床位、人员数情况表·

表43

机构分类名称	机构数(个)	床位数(张)		职工总数(人)										
		编制床位	实有床位	合计	卫生技术人员							其他技术人员	管理人员	工勤技能人员
					小计	执业医师	执业助理医师	注册护士	药师(士)	技师(士)	其他			
全市合计	1058	4175	5235	9191	7553	2556	573	2829	432	456	707	411	184	556
一、市级医院	3	1678	2000	3057	2712	850	47	1284	132	175	224	137		208
市医院	1	650	680	1325	1214	356	31	560	40	82	145	63		48
中医院	1	520	600	1000	835	257	14	403	64	63	34	45		120
安海医院	1	508	720	732	663	237	2	321	28	30	45	29		40
二、市卫生计生执法大队	1			37	25						25		12	
三、市疾病预防控制中心	1			92	71	44	4			20	3	4		17
四、市妇幼保健院	1	100	63	253	221	76	5	93	9	20	18	23	3	6
五、市疗养院	1	200	284	131	106	25		63	2	4	12	1		24
六、英墩华侨医院	1			14	12						12	1	1	
七、市卫生进修学校	1			5	1			1				2	1	1
八、社区卫生服务中心、卫生院	21	1401	1699	2423	2062	674	103	705	167	157	256	157	52	152
九、计划生育技术服务机构	19			81	52	14	14	7			17	2	16	11
十、民营医疗机构	71	796	1189	1458	1125	370	83	437	77	80	78	74	95	134

续表

机构分类名称	机构数	床位数(张)		职工总数(人)										
		编制床位	实有床位	合计	卫生技术人员							其他技术人员	管理人员	工勤技能人员
					小计	执业医师	执业助理医师	注册护士	药师(士)	技师(士)	其他			
十一、村卫生室	584			879	392	141	202	49						
十二、社区卫生服务站	114			248	235	78	65	22	9		61	9	3	1
十三、诊所. 卫生所. 医务室	240			543	539	284	50	168	36		1	1	1	2

·2014—2019年晋江市城镇非私营单位从业人员年平均工资情况表·

表44

年份	工资总额(万元)	年平均工资(元)
2014	2018715	44553
2015	1866519	48477
2016	1974026	52891
2017	1692341	61642
2018	1891436	64701
2019	1965732	73048

·2014—2019年晋江市城镇居民人均可支配收入情况表·

表45 单位:元

年份	2014	2015	2016	2017	2018	2019
金额	37070	40035	42597	45883	49719	53185

说明:从2013年起,国家统计局开展了城乡一体化住户收支与生活状况调查,2014年数据来源于此项调查。与2013年前的分城镇和农村住户调查的调查范围、调查方法、指标口径有所不同

·2014—2019年晋江市农村居民人均可支配收入情况表·

表46 单位:元

年份	2014	2015	2016	2017	2018	2019
金额	16611	18166	19882	21870	23781	25965

说明:从2013年起,国家统计局开展了城乡一体化住户收支与生活状况调查,2014年数据来源于此项调查。与2013年前的分城镇和农村住户调查的调查范围、调查方法、指标口径有所不同,2014年起采用农民人均可支配收入

索引

说　明

一、本索引采用主题词分析法，按主题词首字汉语拼音字母顺序排列。

二、类目标题用黑体字。“专记”“大事记”“文献”“附录”等类目文件夹内容及“概况”条目不列入索引。

三、索引主题词后的数字表示页码，数字后的a、b、c表示栏别左中右。

四、空一字起排的款目为上一主题的说明项。

A

B

C

D

E

F

G

H

J

K

L

T